Direito Civil

PARTE GERAL

4ª Edição ♦ 2021

Cleyson de Moraes Mello

Vice-Diretor da Faculdade de Direito da UERJ
Professor do PPGD da UERJ e UVA
Advogado
Membro do IAB

Direito Civil

PARTE GERAL

4ª Edição ♦ 2021

Freitas Bastos Editora

Direitos exclusivos da edição e distribuição em língua portuguesa:

Maria Augusta Delgado Livraria, Distribuidora e Editora

Editor: *Isaac D. Abulafia*
Capa e Diagramação: *Jair Domingos de Sousa*

DADOS INTERNACIONAIS PARA CATALOGAÇÃO
NA PUBLICAÇÃO (CIP)

M477c

Mello, Cleyson de Moraes
Direito civil : parte geral / Cleyson de Moraes Mello. – 4. ed. –
Rio de Janeiro : Freitas Bastos Editora, 2021.
700 p. ; 23cm.

ISBN 978-65-5675-027-9

1. Direito civil - Brasil. I. Título.

CDD- 346.8

Freitas Bastos Editora

Tel./Fax: (21) 2276-4500
freitasbastos@freitasbastos.com
vendas@freitasbastos.com
www. freitasbastos.com

BEM-AVENTURADO o homem que não anda segundo o conselho dos ímpios, nem se detém no caminho dos pecadores, nem se assenta na roda dos escarnecedores.

Antes tem o seu prazer na lei do SENHOR, e na sua lei medita de dia e de noite.

Pois será como a árvore plantada junto a ribeiros de águas, a qual dá o seu fruto no seu tempo; as suas folhas não cairão, e tudo quanto fizer prosperará.

Não são assim os ímpios; mas são como a moinha que o vento espalha.

Por isso os ímpios não subsistirão no juízo, nem os pecadores na congregação dos justos.

Porque o SENHOR conhece o caminho dos justos; porém o caminho dos ímpios perecerá.

(Salmo 1: os justos e os ímpios)

Para Márcia, pela cumplicidade, incentivo e apoio em cada momento. Minha querida companheira de todas as horas.

Para *Matheus* ("oferta de Deus"), promessa e bênção em nossas vidas.

SUMÁRIO

Capítulo 1
RELAÇÃO JURÍDICA

1.1 Conceito

A relação jurídica é uma relação social qualificada pelo Direito. No entanto, nem toda relação social interessa ou é protegida pelo Direito. Os laços de amizade, as relações de cortesia, podem servir de exemplo de relações sociais que não fazem parte do fenômeno jurídico.

Manuel A. Domingues de Andrade define relação jurídica como toda a situação ou relação da vida real (social) juridicamente relevante (produtiva de consequências jurídicas), isto é, disciplinada pelo Direito[1]. Paulo Dourado de Gusmão ensina que a relação jurídica "é o vínculo que une duas ou mais pessoas, decorrente de um fato ou de um ato previsto em norma jurídica, que produz efeitos jurídicos, ou, mais singelamente, vínculo jurídico estabelecido entre pessoas, em que uma delas pode exigir de outra determinada obrigação"[2]. Francisco Amaral a define como "o vínculo que o direito reconhece entre pessoas ou grupos, atribuindo-lhes poderes e deveres. Representa uma situação em que duas ou mais pessoas se encontram, a respeito de bens ou interesses jurídicos"[3].

Das definições apresentadas acima, verifica-se que dois são os requisitos necessários para a existência de uma relação jurídica, a saber: a) a ocorrência de uma relação intersubjetiva que traduza um vínculo entre duas ou mais pessoas; e b) que este vínculo corresponda a uma hipótese normativa que venha a produzir efeitos jurídicos.

A relação jurídica brota a partir de acontecimentos ou fatos da vida social que o Estado considerou relevante regular através do Direito.

1.2. Elementos da Relação Jurídica

A doutrina é divergente quanto aos elementos da relação jurídica. Manuel A. Domingues de Andrade[4] enumera os sujeitos, o objeto, o fato jurídico e a

---

1 ANDRADE, Manuel A de Andrade. *Teoria geral da relação jurídica.* Vol. I. Coimbra: Livraria Almedina, 1997. p. 2.

2 GUSMÃO, Paulo Dourado de. *Introdução ao estudo do direito.* 33. ed. Rio de Janeiro: Forense, 2003. p. 254.

3 AMARAL, Francisco. *Direito civil:* introdução. 6. ed. Rio de Janeiro: Renovar, 2006. p. 159.

4 ANDRADE, Manuel A de Andrade. Op. Cit. p. 19.

garantia. Já Paulo Nader entende que integram a relação jurídica os seguintes elementos: sujeitos, objeto e vínculo de atributividade.[5] Miguel Reale anota que são quatro os elementos fundamentais de uma relação jurídica: um sujeito ativo, um sujeito passivo, um vínculo de atributividade e um objeto.[6]

1.3 Sujeitos da Relação Jurídica

O titular de poderes é chamado *sujeito ativo*, enquanto que o *sujeito passivo* é aquele responsável pelos *deveres*. As relações jurídicas podem apresentar ou não uma pluralidade subjetiva, ou seja, é possível que em um dos polos (ou nos dois polos) de uma relação jurídica exista mais de um sujeito. É o caso de uma relação jurídica em que num dos polos existe um *credor* e nos outros vários *devedores*.

Assim, os sujeitos da relação jurídica são aquelas pessoas em sentido jurídico que estão vinculadas, dentro da relação, uma como titular de poderes, proteções, faculdades que o ordenamento jurídico lhe confere, outra como titular de deveres, uma vez que se situam numa posição ativa ou passiva da relação jurídica.

1.4 Vínculo de Atributividade

É o "link jurídico" estabelecido entre os sujeitos de uma relação jurídica, isto é, através desse vínculo, por exemplo, que o sujeito ativo tem o direito de exigir o cumprimento do dever por parte do sujeito passivo. E este tem o dever jurídico de cumprir a obrigação.[7]

Karl Larenz designa relação jurídica como um "nexo jurídico" entre pessoas. O termo "nexo" indica que "toda relación significa una "vinculación" de uno o varios participantes, o de todos los demás en relación con el único titular -. La "vinculación" es primariamente de tipo normativo; fácticamente se traduce, por lo general, en que el "vinculado" (esto es, el obligado) há de contar con inconvenientes si actúa en contra su vinculación".[8]

1.5 Objeto da Relação Jurídica

É o fim específico almejado pelos sujeitos da relação jurídica. Em linhas gerais, o objeto de uma relação jurídica são as *coisas* que possuem existência

5 NADER, Paulo. *Introdução ao estudo do direito.* 21. ed. Rio de Janeiro: Forense, 2001. p. 292.

6 REALE, Miguel. *Lições preliminares de direito.* 27. ed. São Paulo: Saraiva, 2003, p. 217-218.

7 MELLO, Cleyson de Moraes. *Introdução ao estudo do direito.* Rio de Janeiro: Freitas Bastos, 2006, p. 323.

8 LARENZ, Karl. *Derecho civil:* parte general. Traducción y notas de Miguel Izquierdo y Macías-Picavea. Madrid: Editoriales de Derecho Reunidas, 1978, p. 248.

material. Ocorre que o objeto de uma relação jurídica pode ser, ainda, constituído de uma *ação* (comportamento positivo – fazer ou uma abstenção – não fazer), de um *direito* (cessão de um crédito) ou da *própria pessoa* (nos direitos pessoais de família – a disputa da guarda de um filho, a adoção de uma criança).[9]

1.6 Relação Jurídica Simples e Plurilateral

A relação jurídica *simples* é aquela que envolve apenas duas pessoas, uma no polo ativo e outra no polo passivo. Já as relações jurídicas plurilaterais contêm mais de uma pessoa em um dos polos da relação jurídica.

1.7 Relação Jurídica Relativa e Absoluta

A relação jurídica relativa (relação jurídica erga singuli) é aquela relacionada aos direitos pessoais (credor e devedor). Neste caso, o sujeito passivo é uma pessoa ou um grupo de pessoas. A relação jurídica absoluta (relação jurídica erga omnes) é aquela que trata dos direitos reais, direitos autorais e direitos personalíssimos. O sujeito passivo é a coletividade, já que toda a sociedade possui o dever jurídico de não ferir o direito subjetivo do agente (direito de propriedade, direito ao nome, a vida etc.).

1.8 Relação Jurídica de Direito Público e de Direito Privado

Na relação jurídica de direito público o Estado encontra-se como sujeito ativo desta relação jurídica, já que este atua impondo o seu poder de *imperium*. Daí a relação jurídica ser denominada de subordinação. A relação jurídica de direito privado é aquela que integrada apenas por particulares, em plano de igualdade. Nesse caso, a relação jurídica é de coordenação. Em raras situações, o Estado poderá figurar como sujeito em um dos polos da relação jurídica em igualdade de condições com o particular, ou seja, integra a relação jurídica sem o seu poder de império. Francisco Amaral ensina que qualquer relação jurídica, principalmente de direito privado, representa uma situação em que duas ou mais pessoas (elemento subjetivo) se encontram a respeito de uns bens ou interesses jurídicos (elemento objetivo).[10]

9 Ibid., p. 324.
10 AMARAL, Francisco. *Direito civil:* introdução. 3. ed. Rio de Janeiro: Renovar, 2000. p. 167.

Capítulo 2

OS DIREITOS SUBJETIVOS

2.1 Conceito

Os *direitos subjetivos* correspondem a um dos conceitos principais da construção jurídica e traduz um conceito relativamente moderno, já que sua formação foi lastreada na própria concepção do *pensamento individualista*. As regras do *direito objetivo* que regem a vida em sociedade são estabelecidas em função do próprio homem.

Todavia, a noção de direito concebido como atributo de um sujeito já era encontrado na baixa Idade Média (século XIII), a partir das obras de Duns Scoto e Guilherme de Occam. Esta concepção também é desenvolvida na Escola espanhola de Direito Natural (séculos XVI e XVII) em que o Direito em sentido subjetivo é visto como *potestas* e *facultas*. A sua visão moderna é comandada por Grocio e Pufendorf, através das correntes do jusnaturalismo racionalista dos séculos XVII e XVIII.

Para os defensores do direito natural, os direitos subjetivos estão relacionados com a própria essência do homem. Vários estudos e teorias foram criados para explicar os problemas dos direitos subjetivos nas esferas técnica e filosófica.

As principais teorias clássicas que procuram fundamentar os direitos subjetivos são: a *teoria da vontade*, a *teoria do interesse* e a *teoria eclética*.

A *teoria da vontade*, comandada por autores como Savigny, Puchta, Win dscheid, Del Vecchio, a partir de um pressuposto filosófico kantiano, procura relacionar os direitos subjetivos com a questão da autonomia da vontade. É famosa a definição dos direitos subjetivos realizada pelo alemão Windscheid como "*uma potência ou poder de vontade concedido pela ordem jurídica*", ou seja, uma vontade juridicamente protegida.

A *teoria do interesse* é orquestrada por Rudolf Von Ihering e trata a questão dos direitos subjetivos como um "*interesse juridicamente protegido*". Esta teoria está fundamentada em dois elementos, a saber: um substantivo, o interesse; e outro formal, o procedimento jurídico de defesa de tais interesses.

Estas teorias, em última análise, procuravam centrar seus esforços no desenvolvimento da seguinte questão: os direitos subjetivos são definidos pelo poder da vontade ou pela proteção dos interesses dos indivíduos. Estas teorias sofreram severas críticas, já que seria possível a existência de direitos subjetivos *sem vontade* e *sem interesse*.

Já a *teoria eclética*, protagonizada por Jellinek, procura mesclar as duas teses anteriores: a tese da vontade e a tese do interesse, ao afirmar que o conceito de direito subjetivo é "um interesse tutelado pela lei mediante o reconhecimento da vontade individual".

Vale destacar que existem *posições críticas* em relação às noções de direito subjetivo conforme mencionadas. São elas: a) as teorias sociológicas de Comte, Durkheim e Duguit; e b) as teorias de caráter nacional-socialista fundadas na visão totalitária do Estado, defendidas por Carl Schmitt e Karl Larenz.

Em suma, os direitos subjetivos podem ser concebidos como o poder que a ordem jurídica confere às pessoas de agir de determinada forma e exigir de outrem algum comportamento positivo ou negativo. O direito é chamado de subjetivo, já que pertence ao sujeito titular do direito, constituindo-se um poder de atuação do sujeito reconhecido e limitado pelo ordenamento jurídico.[1]

Francisco Amaral define direito subjetivo como "um poder de agir conferido a uma pessoa individual ou coletiva, para realizar seus interesses nos limites da lei, constituindo-se juntamente com o respectivo titular, o sujeito de direito, em elemento fundamental do ordenamento jurídico".[2]

Nesse sentido, melhor será considerar o direito subjetivo como um *poder de agir para a realização de um interesse*, pressupondo a existência de uma relação jurídica. (Poder legítimo de atuação individual).[3]

2.2 Classificação

2.2.1 Direitos absolutos e direitos relativos

Os direitos subjetivos, do ponto de vista dogmático, podem ser classificados como *direitos absolutos* e *direitos relativos*. Os primeiros são exercidos contra qualquer pessoa, já que são oponíveis *erga omnes*, tais como os *direitos da personalidade* (direito à vida, direito a integridade física e moral, direito à honra, direito ao nome etc.) e os *direitos reais*.

Os *direitos relativos*, pelo contrário, são chamados de *erga singuli*, e são exercitados contra aquele sujeito que deve cumprir a obrigação. Os direitos de crédito são relativos, já que dirigem precisamente a uma determinada pessoa.

---

1 MELLO, Cleyson de Moraes. *Introdução ao estudo do direito*. Rio de Janeiro: Freitas Bastos, 2006, p. 325.
2 AMARAL, Francisco. *Direito civil*: introdução. 3. ed. Rio de Janeiro: Renovar, 2000. p. 185.
3 Ibid., p. 191.

2.2.2 Direitos patrimoniais e direitos não patrimoniais

Os direitos subjetivos podem ser classificados em direitos patrimoniais e não patrimoniais. Aqueles apresentam objeto jurídico economicamente apreciável, estes não são suscetíveis de avaliação econômica, tais como os direitos da personalidade (vida, honra etc.). Estes são considerados inalienáveis e oponíveis *erga ommes.*

2.2.3 Direitos reais e direitos obrigacionais (direitos pessoais, direitos de crédito)

Os direitos obrigacionais têm por objeto uma prestação, ou seja, o sujeito passivo (devedor) deve cumprir uma obrigação (ação ou emissão) em favor do sujeito ativo (credor). Já os direitos reais estão relacionados a um objeto que é uma coisa. Os direitos reais são oponíveis *erga ommes*, enquanto os direitos obrigacionais são oponíveis *erga singuli.*

2.3 Direito Potestativo

2.3.1 Conceito

O adjetivo potestativo, do latim *potestativu,* é aquilo que é revestido de poder, ou seja, algo que fica subordinado à vontade ou ao arbítrio de uma ou outra das partes.

Os *direitos potestativos* são aqueles em que a faculdade de agir do titular não corresponde a uma obrigação de outrem. Este se mantém em estado de sujeição em relação aquele. O direito potestativo é, pois, o *poder jurídico* atribuído ao titular do direito no qual uma outra pessoa deve suportar os efeitos do ato (estado de sujeição).

Leoni Lopes de Oliveira afirma que os *direitos potestativos* são "aqueles em que se atribui ao seu titular o poder de produzir, mediante sua exclusiva declaração de vontade, a modificação, ou extinção de uma relação jurídica, com efeitos jurídicos em relação ao outro ou outros sujeitos da referida relação jurídica. Nos direitos potestativos os sujeitos que assumem a situação jurídica subjetiva passiva não têm como nos direitos subjetivos, uma situação de obrigação, mas estão submetidos a admitir os efeitos produzidos em decorrência da exclusiva manifestação de vontade do titular do direito potestativo".[4]

Vejamos alguns exemplos de direitos potestativos: a) o poder de o empregador despedir o seu empregado, b) a possibilidade de o mandante revogar a procuração concedida ao mandatário, dentre outros.

4 LOPES DE OLIVEIRA, J. M. Leoni. *Introdução ao direito.* Rio de Janeiro: Lumen Juris, 2004, p. 427.

Da mesma forma, "a cláusula de não renovação do seguro de vida, quando faculdade conferida a ambas as partes do contrato, mediante prévia notificação, independe de comprovação do desequilíbrio atuarial-financeiro, constituindo verdadeiro direito potestativo" (REsp 1.569.627/RS, Rel. Ministra Maria Isabel Gallotti, Segunda Seção, julgado em 22.02.2018, DJe 02.04.2018).

Igualmente "a despeito do caráter originalmente irretratável da compra e venda no âmbito da incorporação imobiliária (Lei 4.591/1964, art. 32, § 2º), a jurisprudência do STJ, anterior à Lei 13.786/2018, de há muito já reconhecia, à luz do Código de Defesa do Consumidor, o direito potestativo do consumidor de promover ação a fim de rescindir o contrato e receber, de forma imediata e em pagamento único, a restituição dos valores pagos, assegurado ao vendedor sem

culpa pelo distrato, de outro lado, o direito de reter parcela do montante (Súmula 543/STJ)" - (REsp 1.723.519/SP, Rel. Ministra Maria Isabel Gallotti, Segunda Seção, julgado em 28/8/2019, DJe 2/10/2019).

De acordo com orientação do Superior Tribunal de Justiça, "o direito de retirada imotivada de sócio de sociedade limitada por tempo indeterminado constitui direito potestativo à luz dos princípios da autonomia da vontade e da liberdade de associação" (REsp 1403947/MG, Rel. Ministro RICARDO VILLAS BÔAS CUEVA, TERCEIRA TURMA, julgado em 24/04/2018, DJe 30/04/2018).

Correspondendo a direito potestativo, sujeito a prazo decadencial, para cujo exercício a lei não previu prazo especial, prevalece a regra geral da inesgotabilidade ou da perpetuidade, segundo a qual os direitos não se extinguem pelo não-uso. Assim, à míngua de previsão legal, o pedido de desconsideração da personalidade jurídica, quando preenchidos os requisitos da medida, poderá ser realizado a qualquer tempo". (REsp 1312591/RS, Rel. Ministro LUIS FELIPE SALOMÃO, QUARTA TURMA, julgado em 11/06/2013, DJe 01/07/2013).

2.3.2 Classificação

O direito potestativo pode ser classificado como:[5] a) Constitutivo - é o caso do direito preferência6 que possui o locatário para a aquisição do imóvel locado, no momento em que o proprietário decidir aliená-lo etc.; b) Modificativo - por exemplo, no caso das obrigações alternativas, artigo 252 do Código Civil, onde a escolha da prestação cabe ao devedor etc. c) Extintivo - característico na renúncia ou revogação do mandato (art. 682, I - CCB), na anulação do contrato, na despedida do empregado etc.

5 Ibid., p. 197-198.
6 Artigo 27 da Lei 8.245/91.

2.3.3 Diferenças com o direito subjetivo

Francisco Amaral afirma que ao direito subjetivo contrapõe-se um dever, o que não ocorre com o direito potestativo,[7] onde o sujeito passivo encontra-se em estado de sujeição, devendo suportar os efeitos do ato.[8]

Assim, a distinção poderia ser estruturada da seguinte forma:

	Oposição ?	**Violação ?**	**Gera pretensão ?**
Direitos Subjetivos	Sim. Dever jurídico	Sim	Sim
Direitos Potestativos	Não. Somente Estado de sujeição	Não pode ser violado	Não. Ato pode ser modificado de forma unilateral

2.4 Faculdade jurídica

São os poderes de agir decorrentes do direito subjetivo. O artigo 1.228 do Código Civil brasileiro dispõe que o proprietário tem a *faculdade de usar, gozar e dispor* da coisa como bem lhe aprouver, ou seja, são as faculdades jurídicas que o proprietário possui originadas do direito de propriedade (direito subjetivo). Assim, a *faculdade* está compreendida no *direito*.

2.5 Dever Jurídico

É o comportamento (positivo ou negativo) que o sujeito passivo deve observar face ao direito subjetivo do titular da relação jurídica, consoante as regras estabelecidas pelo ordenamento jurídico. No direito de propriedade (direitos absolutos), toda a sociedade encontra-se com o dever jurídico de abstenção, ou seja, todos os indivíduos devem respeitar o direito subjetivo do proprietário para que este possa usar, gozar e dispor de seu bens, sem a interferência das demais pessoas. Neste caso, estaremos diante de um caso de relação jurídica *erga omnes*.[9]

---

7 Segundo o Dicionário Eletrônico Aurélio Século XXI, potestativo significa revestido de poder.

8 Ibid., p. 197.

9 Oponível a todos.

Capítulo 3

DIREITO CIVIL-CONSTITUCIONAL

3.1 Direitos Fundamentais

O termo "direitos fundamentais" é encontrado na dogmática jurídica em várias expressões, tais como: "direitos humanos", "direitos do homem", "direitos subjetivos públicos", "liberdades públicas", "direitos individuais", "liberdades fundamentais" e "direitos humanos fundamentais".[1]

No próprio texto constitucional, a expressão direitos fundamentais se apresenta de forma diversificada, tais como: a) direitos humanos (art. 4º, II da CRFB/88); b) direitos e garantias fundamentais (Título II e art. 5º, § 1º da CRFB/88); c) direitos e liberdades constitucionais (art. 5º, LXXI da CRFB/88) e d) direitos e garantias constitucionais (art. 60, § 4º, IV da CRFB/88).

A compreensão dos direitos fundamentais é vital para a superação do direito positivo, já que pretende aproximá-lo da filosofia do direito. É uma espécie de aproximação do direito com a moral. Daí a importância do estudo do direito civil em harmonia com os direitos fundamentais, na busca de uma fundamentação constitucional para as decisões dos casos concretos na esfera interprivada.

Gregorio Peces-Barba Martínez ensina que "en los derechos fundamentales el espíritu y la fueza, la moral y el Derecho están entrelazados y la separación los mutila, los hace incomprensibles. Los derechos fundamentales son una forma de integrar justicia y fuerza desde la perspectiva Del individuo propio de la cultura antropocentrica del mundo moderno".[2]

Não obstante o insucesso de consenso conceitual e terminológico relativo aos direitos fundamentais[3], alguns pontos de encontro entre tantos conceitos elaborados podem nos fazer chegar a uma conceituação aceitável, onde

---

1 SARLET, Ingo Wolfgang. *A eficácia dos direitos fundamentais*. 3. ed. Porto Alegre: Livraria do Advogado, 2003, p. 31.

2 MARTÍNEZ, Gregorio Peces-Barba. *Lecciones de derechos fundamentales*. Madrid: Dykinson, 2004, p. 31.

3 José Afonso da Silva entende que são "aqueles que reconhecem autonomia aos particulares, garantindo a iniciativa e a independência aos indivíduos diante dos demais membros da sociedade política e do próprio Estado". SILVA, José Afonso da. *Curso de Direito Constitucional Positivo*. 24. ed. São Paulo: Malheiros, 2004, p. 191.

os direitos fundamentais são prerrogativas/instituições (regras e princípios) que se fizeram e se fazem necessárias ao longo do tempo, para formação de um véu protetor das conquistas dos direitos do homem (que compreendem um aspecto positivo, a *prestação*, e um negativo, a *abstenção*) positivados em um determinado ordenamento jurídico, embasados, em especial, na dignidade da pessoa humana, tanto em face das ingerências estatais, quanto, segundo melhor doutrina, nas relações entre particulares (seja esta proteção positivada ou não, é inegável a constitucionalização do direito privado, e, por consequência, a força normativa da constituição nestas relações), onde, em ambos os casos podem possuir eficácia imediata (chamada eficácia direta dos direitos fundamentais nas relações privadas), ou imediata no primeiro caso e mediata no segundo (chamada eficácia indireta dos direitos fundamentais nas relações privadas), ou, ainda só possuindo eficácia no primeiro caso (não aplicabilidade dos direitos fundamentais nas relações privadas) conforme o ordenamento no qual se encontram os referidos direitos.

Na precisa lição de José Afonso da Silva[4] qualificar tais direitos como fundamentais é apontá-los como situações jurídicas essenciais sem as quais o homem "não se realiza, não convive e, às vezes nem sobrevive; fundamentais do *homem* no sentido de que a todos, por igual, devem ser, não apenas formalmente reconhecidos, mas concreta e materialmente efetivados", o que nos leva à intrínseca ligação de tais direitos ao princípio da dignidade humana e da igualdade.

Marçal Justen Filho afirma que direito fundamental "consiste em um conjunto de normas jurídicas, previstas primariamente na Constituição e destinadas a assegurar a dignidade humana em suas diversas manifestações, de que derivam posições jurídicas para os sujeitos privados e estatais".[5]

Jorge Miranda define os direitos fundamentais como "direitos ou as posições jurídicas ativas das pessoas enquanto tais, individual ou institucionalmente consideradas, assentes na Constituição, seja na Constituição formal, seja na Constituição material. [...] os direitos fundamentais podem ser entendidos *prima facie* como direitos inerentes à própria noção de pessoa, como direitos básicos de pessoa, como os direitos que constituem a base jurídica da vida humana no seu nível atual de dignidade".[6]

Marcelo Galuppo ensina que "os direitos humanos transformaram-se em direitos fundamentais somente no momento em que o princípio do discurso se transformou no princípio democrático, ou seja, quando a argumentação prática dos discursos morais se converte em argumentação jurídica li-

---

4 SILVA, José Afonso da, Op. cit., p. 178.

5 JUSTEM FILHO, Marçal. *Curso de Direito Administrativo*. 8. ed. Belo Horizonte: Fórum, 2012, p.140.

6 MIRANDA, Jorge. *Manual de Direito Constitucional*, Tomo IV, 3. ed. Coimbra: Coimbra Editora, 2000, p.7-10.

mitada pela faticidade do direito, que implica sua positividade e coercibilidade, sem, no entanto, abrir mão de sua pretensão de legitimidade. Os direitos fundamentais representam a constitucionalização daqueles direitos humanos que gozaram de alto grau de justificação ao longo da história dos discursos morais, que são, por isso, reconhecidos como condições para a construção e o exercício dos demais direitos".[7]

Já Bacelar Gouveia entende direitos fundamentais como "posições jurídicas ativas das pessoas integradas no Estado-Sociedade, exercidas por contraposição ao Estado-Poder, positivadas no texto constitucional".[8] Desta definição é possível perceber os três elementos dos direitos fundamentais, a saber: (a) subjetivo (contraponto entre o particular e o Estado-Poder), (b) objetivo (conjunto de vantagens que decorre na proteção conferida pelos direitos fundamentais) e (c) formal (consagração dos direitos fundamentais na Constituição).

Neste ponto vale destacar as lições de Cristina Queiroz quanto a dupla dimensionalidade dos direitos fundamentais: "a dupla natureza (*doppel Gestalt*) dos direitos e liberdades fundamentais [...] na medida em que não garantem apenas direitos subjetivos, mas também princípios objetivos básicos para a ordem constitucional democrática do Estado de direito".[9]

3.2 A concepção dos *direitos fundamentais* na Constituição de 1988

O Título II (Dos Direitos e Garantias Fundamentais) da Constituição da República Federativa do Brasil de 1988 apresenta um rol extenso de direitos fundamentais. Somente o artigo 5° constitucional contempla 77 incisos.[10] Já o artigo 7°, com seus 34 incisos, apresenta um vasto rol de direitos sociais dos trabalhadores.

O catálogo dos direitos fundamentais consagrados na Constituição abarca vários direitos em suas variadas dimensões: direito à vida, à liberdade, à propriedade, direitos sociais básicos, direito ao meio ambiente ecologicamente equilibrado (art. 225 da CRFB/88), proteção ao consumidor, dentre outros.

Os direitos fundamentais podem ser classificados, de acordo com sua multifuncionalidade, em dois grandes grupos, a saber:[11]

7 GALUPPO, Marcelo Campos. O que são direitos fundamentais? In: SAMPAIO, José Adércio Leite. (Coord.) *Jurisdição constitucional e direitos fundamentais*. Belo Horizonte: Del Rey, 2003, p. 213-250.

8 GOUVEIA, Jorge Bacelar. *Manual de Direito Constitucional*, V.II. 3. ed. Coimbra: Almedina, 2010, p.1031.

9 QUEIROZ, Cristina. *Direito Constitucional*: As Instituições do Estado Democrático e Constitucional. Coimbra: Coimbra Editora, 2009, p. 365.

10 O artigo 5° apesar de exaustivo, não apresenta cunho taxativo.

11 SARLET, op. cit., p. 246.

a) *direitos de defesa*, aí incluídos os direitos de liberdade, igualdade, as garantias, bem como parte dos direitos sociais (liberdades sociais) e políticos. São direitos que impõem uma abstenção por parte do Estado e, em regra, representam os direitos subjetivos;
b) *direitos a prestações* integrados pelos direitos a prestações em sentido amplo, tais como os direitos à proteção e à participação na organização e procedimento, assim como pelos direitos a prestações em sentido estrito, representados pelos direitos sociais de natureza prestacional.

É necessário lembrar a cláusula de abertura prevista pelo art. 5°, § 2° da Constituição. Nesse sentido cumpre referir que o "conceito materialmente aberto dos direitos fundamentais consagrado pelo art. 5°, § 2°, da CF aponta para a existência de direitos fundamentais positivados em outras partes do texto constitucional e até mesmo em tratados internacionais, bem assim para a previsão expressa da possibilidade de se reconhecer direitos fundamentais não-escritos, implícitos nas normas do catálogo, bem como decorrentes do regime e dos princípios da Constituição".[12]

Vale destacar que o catálogo dos direitos fundamentais constitui em si uma concretização do princípio fundamental da dignidade da pessoa humana (art. 1°, inciso III, da CRFB/88). Daí que o princípio da dignidade humana constitui um locus hermenêutico aberto que deve ser harmonizado com a diversidade de valores que se manifestam nas sociedades complexas e plurais. É a questão da intersubtividade e alteridade da norma jurídica, já que a dimensão intersubjetiva da dignidade humana, deve ser compreendida a partir da relação do ser humano com os demais membros da sociedade em que vive.

3.3 Diferença entre *direitos fundamentais* e *direitos humanos*

Segundo Ingo Wolfgang Sarlet a distinção é de que o termo *direitos fundamentais* "se aplica para aqueles direitos do ser humano reconhecidos e positivados na esfera do direito constitucional positivo de determinado Estado, ao passo que a expressão "direitos humanos" guardaria relação com os documentos de direito internacional, por referir-se àquelas posições jurídicas que se reconhecem ao ser humano como tal, independentemente de sua vinculação com determinada ordem constitucional, e que, portanto, aspiram à validade universal, para todos os povos e tempos, de tal sorte que revelam um inequívoco caráter supranacional (internacional)".[13]

Dessa maneira, os *direitos fundamentais* representam os direitos reconhecidos pelo ordenamento constitucional interno de cada Estado e os *direi-*

12 SARLET, op. cit., p. 79.
13 Ibid., p. 33-34.

tos humanos são aqueles reconhecidos pelo direito internacional com validade universal e de contornos mais amplos e imprecisos.

Da mesma forma, as lições de Antonio-Enrique Pérez Luño, "*Los derechos humanos suelen venir entendidos como un conjunto de facultades e instituciones que, en cada momento histórico, concretan las exigencias de la dignidad, la libertad y la igualdad humanas, las cuales deben ser reconocidas positivamente por los ordenamientos jurídicos a nivel nacional e internacional. En tanto que con la noción de los derechos fundamentales se tiende a aludir a aquellos derechos humanos garantizados por el ordenamiento jurídico positivo, en la mayor parte de los casos en su normativa constitucional, y que suelen gozar de una tutela reforzada*".[14]

3.4 As dimensões dos *direitos fundamentais*

O processo de reconhecimento dos direitos fundamentais no âmbito do direito positivo dá margem a sua compreensão a partir das características de seu conteúdo. Tais características podem ser agrupadas em dimensões (gerações):

a) *Direitos fundamentais da primeira geração*: São aqueles de índole liberal-individualista, fruto do pensamento liberal-burguês do século XVIII, que representam os direitos individuais frente ao Estado. Os direitos fundamentais de primeira geração estão relacionados aos direitos de cunho jusnaturalista, tais como: os direitos à vida, à liberdade, à propriedade, à igualdade (igualdade formal) perante a lei. Nesta dimensão estão incluídos, também, os direitos de participação política e as liberdades de expressão coletiva (liberdades de expressão, imprensa, manifestação, reunião, associação etc.)
b) *Direitos fundamentais da segunda geração*: Os direitos fundamentais da segunda geração estão relacionados aos direitos econômicos, sociais e culturais. Como observa Ingo Sarlet, estes direitos "não englobam apenas direitos de cunho positivo, mas também as assim denominadas 'liberdades sociais', do que dão conta os exemplos da liberdade de sindicalização, do direito de greve, bem como do reconhecimento de direitos fundamentais aos trabalhadores, tais como o direito a férias e ao repouso semanal remunerado, a garantia de um salário mínimo, a limitação da jornada de trabalho".[15]
c) *Direitos fundamentais da terceira geração*: Os direitos fundamentais da terceira geração são aqueles denominados de direitos de solida-

14 PEREZ LUÑO, Antonio-Enrique. *Los derechos fundamentales*. 8. ed. Madrid: Tecnos, 2004, p. 46.
15 SARLET, op. cit., p. 53.

riedade. É caracterizado pelos direitos transindividuais, também chamados direitos coletivos e difusos e que, no geral, compreendem os direitos do consumidor e dos direitos relacionados à proteção do meio ambiente, respectivamente.

d) *Direitos fundamentais da quarta geração*: Os direitos fundamentais da quarta geração são os direitos de manipulação genética, relacionados à biotecnologia e bioengenharia, e que tratam de questões sobre a vida e a morte, sobre cópias de seres humanos, e que requerem uma discussão ética prévia; e

e) *Direitos fundamentais da quinta geração*: Os direitos fundamentais da quinta geração estão relacionados aos direitos da realidade virtual, que surgem do grande desenvolvimento da cibernética.

f) *Direitos fundamentais da sexta geração?* Os direitos de *sexta dimensão* para Agra são aqueles relacionados com a questão dos direitos dos animais.[16] Aqui, a discussão é acirrada já que os animais, de acordo com o Código Civil brasileiro são considerados bens semoventes e não sujeitos de direito. Interessante notar que várias pesquisas em sede de mestrado e doutorado em direito caminham no sentido desta discussão, ou seja, o direito dos animais não humanos.[17]

Vale lembrar que a UNESCO proclamou, em 27 de janeiro de 1978, a *Declaração dos Direitos dos Animais*. A partir desta declaração os animais passam a ser protegidos ao se tornarem seres de direito.[18]

16 Ibid.

17 Neste sentido, ver: FRISKE, Gabriela. *O Direito dos Animais não Humanos*. Juiz de Fora: UNIPAC, Dissertação de Mestrado, 2013. Ver também: (1) EBERLE, Simone. *Deixando a Sombra dos Homens*: Uma Nova Luz sobre o Estatuto Jurídico dos Animais. 2006. 431 f. Tese de Doutorado (Direito Civil) – Faculdade de Direito da Universidade Federal de Minas Gerais. Belo Horizonte, 417 p.; (2) LOURENÇO, Daniel Braga. *Direito dos animais*: fundamentação e novas perspectivas. Porto Alegre: Sergio Antônio Fabris Editor, 2008, 566 p.; (3) OST, François. *A Natureza à Margem da Lei* – A ecologia à prova do direito. Trad. Joana
Chaves. Lisboa: Instituto Piaget, 1995, 172 p.; (4) SINGER, Peter. *Ética Prática*. Trad. Jefferson Luiz Camargo. São Paulo: Martins Fontes, 2002, 399 p.; (5) SINGER, Peter. *Libertação Animal*. Trad. Marly Winckler. Porto Alegre: Lugano, 2004 e (6) SUNSTEIN, Cass R. *The Rights of Animals*, in: The University of Chicago Law Review, vol. 70, 2003.

18 DECLARAÇÃO UNIVERSAL DOS DIREITOS DOS ANIMAIS
Art. 1º) Todos os animais nascem iguais perante a vida e têm os mesmos direitos à existência.
Art. 2º) O homem, como a espécie animal, não pode exterminar outros animais ou explorá-los violando este direito; tem obrigação de colocar os seus conhecimentos a serviço dos animais.
Art. 3º) 1) Todo animal tem direito a atenção, aos cuidados e a proteção dos homens. 2) Se a morte de um animal for necessária, deve ser instantânea, indolor e não geradora de angústia.
Art. 4º) 1) Todo animal pertencente a uma espécie selvagem tem direito a viver livre em

3.5 Direitos fundamentais no âmbito das relações entre particulares

Nos últimos anos, a questão do direito civil-constitucional está em voga, ou seja, discute-se a influência do direito constitucional na esfera jurídica civilística, onde se indaga o papel dos princípios e regras constitucionais aplicado às normas infraconstitucionais. É o fenômeno denominado de "constitucionalização do direito civil".

A dogmática e a codificação civilista não pode ser interpretada dissociada dos valores e princípios constitucionais. Daí a importância, cada vez maior, do estudo do direito civil em harmonia e consonância com a normativa constitucional.

Nesses termos, um pensamento originário começa a fluir no campo jurídico civilístico. Esse caminhar foi guiado não só pela filosofia constitucional, bem como por estudiosos do vigor de Luiz Edson Fachin, Francisco Amaral, Gustavo Tepedino, Maria Celina Bodin de Moraes, Teresa Negreiros, Judith Martins-Costa, Daniel Sarmento dentre outros, que já trilharam caminhos inesperados sempre adornados com novas cores. São estes autores que estão dispostos a conhecer e a buscar a essência do direito civil, em seu sentido originário.

---

seu próprio ambiente natural, terrestre, aéreo ou aquático, e tem direito a reproduzir-se, 2) Toda privação de liberdade, mesmo se tiver fins educativos, é contrária a este direito.
Art. 5º) 1) Todo animal pertencente a uma espécie ambientada tradicionalmente na vizinhança do homem tem direito a viver e crescer no ritmo e nas condições de vida e liberdade que forem próprias da sua espécie; 2) Toda modificação desse ritmo ou dessas condições, que forem impostas pelo homem com fins mercantis, é contrária a este direito.
Art. 6º) 1) Todo animal escolhido pelo homem para companheiro tem direito a uma duração de vida correspondente á sua longevidade natural; 2) Abandonar um animal é ação cruel e degradante.
Art. 7ª) Todo animal utilizado em trabalho tem direito à limitação razoável da duração e da intensidade desse trabalho, alimentação reparadora e repouso.
Art. 8º) 1) A experimentação animal que envolver sofrimento físico ou psicológico, é incompatível com os direitos do animal, quer se trate de experimentação médica, científica, comercial ou de qualquer outra modalidade; 2) As técnicas de substituição devem ser utilizadas e desenvolvidas.
Art. 9º) Se um animal for criado para alimentação, deve ser nutrido, abrigado, transportado e abatido sem que sofra ansiedade ou dor.
Art. 10º) 1) Nenhum animal deve ser explorado para divertimento do homem; 2) As exibições de animais e os espetáculos que os utilizam são incompatíveis com a dignidade do animal.
Art. 11º) Todo ato que implique a morte desnecessária de um animal constitui biocídio, isto é, crime contra a vida.
Art. 12º) 1) Todo ato que implique a morte de um grande número de animais selvagens, constitui genocídio, isto é, crime contra a espécie; 2) A poluição e a destruição do ambiente natural conduzem ao genocídio.
Art. 13º) 1) O animal morto deve ser tratado com respeito; 2) As cenas de violência contra os animais devem ser proibidas no cinema e na televisão, salvo se tiverem por finalidade evidencias ofensa aos direitos do animal.
Art. 14º) 1) Os organismo de proteção e de salvaguarda dos animais devem ter representação em nível governamental; 2) Os direitos do animal devem ser defendidos por lei como os direitos humanos.

Daí a necessidade de apresentar, de forma preliminar, no Curso de Direito Civil, a problemática da eficácia das normas de direitos fundamentais no âmbito das relações interprivadas. É um tema que se discute desde a década de 50 do século passado, em especial, na Alemanha sob a denominação de "efeito frente a terceiros dos direitos fundamentais" (*Drittwirkung der Grundrechte*). De igual forma, nos Estados Unidos o assunto é chamado de *state action doctrine*.

As teses ou orientações doutrinárias quanto à eficácia dos direitos fundamentais relativamente a terceiros podem ser agrupadas em: a) a tese de recusa de eficácia; b) a tese da eficácia mediata ou indireta; c) as teses dos deveres de proteção; d) a tese da eficácia direta ou imediata.[19]

Em Portugal e na Espanha vários autores já enfrentaram o referido tema. José Joaquim Gomes Canotilho, em seu artigo em homenagem a Paulo Bonavides, denominado de "Civilização do Direito Constitucional ou Constitucionalização do Direito Civil? A eficácia dos direitos fundamentais na ordem jurídico-civil no contexto do direito pós-moderno", apresenta alguns exemplos que merecem atenção de todos os juristas.[20] Vejamos:

"Caso 1 – A urbanização quimicamente branca ou a "*action under color of State law*". O caso conta-se em poucas palavras. Os compradores de moradias dentro de uma urbanização localizada numa cidade norte-americana teriam de aceitar a cláusula contratual de proibição de venda a indivíduos de raça negra. Um dos adquirentes violou a cláusula contratual, alienando a sua propriedade a um "cidadão preto". O problema aí está: será de imputar a violação do princípio da igualdade ao próprio Estado na medida em que este, através de seus tribunais, dá razão aos titulares da urbanização, reconhecendo a nulidade da venda em violação de uma cláusula contratual? Mas o que é que é "nulo": é a própria cláusula contratual por amor à Constituição (princípio da igualdade) ou a venda em violação da cláusula por amor à liberdade contratual?

Caso 2 – A "*terceira mulher*": da "*mulher diabolizada*" e da "*mulher exaltada*" à "*mulher criadora do seu papel*". Este caso é hoje sobejamente conhecido como o caso do "diferencialismo das executivas". A história tem mulheres de carne e osso e conta-se também em curtas palavras. Uma multinacional propõe a uma sua executiva de *top* a colocação imediata num importante posto de chefia com a cláusula de proibição de gravidez ou de "barriga de aluguer" durante 10 anos. A opção para a mulher de 26 anos é clara: ser mãe ou ser

---

19 NOVAIS, Jorge Reis. *Direitos fundamentais*: trunfos contra a maioria. Coimbra: Coimbra Editora, 2006, p. 71-72.

20 CANOTILHO, José Joaquim Gomes. Civilização do direito constitucional ou constitucionalização do direito civil? A eficácia dos direitos fundamentais na ordem jurídico-civil no contexto do direito pós-moderno. In: GRAU, Eros Roberto; GUERRA FILHO, Willis Santiago. Direito constitucional. Estudos em homenagem a Paulo Bonavides. São Paulo: Malheiros, 2001, p. 111-115.

mulher de sucesso. A "proibição de gravidez" é uma cláusula constitucionalmente proibida; mas como proibir, no mundo da autonomia contratual-global, a inserção de uma condição que mais não é, segundo alguns, que a invenção da "terceira mulher": a "mulher criadora do seu próprio papel"?

Caso 3 – *As antenas parabólicas dos emigrantes portugueses*. O caso vem relatado em revistas alemãs. Vale a pena conhecer a história. Um emigrante português solicitou ao senhorio do prédio que tomara de arrendamento a autorização necessária para colocar no telhado uma antena parabólica de televisão para melhor captar os programas de língua portuguesa. O senhorio denegou tal autorização, e, perante esta recusa, o emigrante português intentou a ação competente junto dos tribunais para o reconhecimento do seu direito fundamental à informação. O êxito junto aos tribunais ordinários foi nulo, mas o mesmo já não aconteceu quando, através de ação constitucional de defesa, o Tribunal Constitucional alemão se teve de pronunciar sobre o assunto. A ordem jurídica dos direitos fundamentais está presente na "ordem dos contratos". Os contratos de arrendamento não são espaços livres de direitos fundamentais como o direito de informar-se e ser informado".

Outros casos e hipóteses no direito português do problema metódico da aplicação dos direitos fundamentais nas relações jurídicas privadas são apontados por Canotilho em sua obra:[21]

(1) Uma empresa industrial celebrou contratos de trabalho em que os trabalhadores renunciaram a qualquer atividade partidária e à filiação em sindicados. Se as normas consagradoras dos direitos, liberdades e garantias (CRP, arts. 46º, 51º e 55º) vinculam entidades privadas, como reagir contra o "desvalor constitucional" de tais contratos de trabalho?

(2) Num congresso de um partido político destinado a escolher os candidatos desse partido às eleições parlamentares, foi excluída a participação de indivíduos de raça negra (hipótese próxima da discutida nos célebres casos da jurisprudência americana, *Smith v. Allright* (1944) e *Terry v. Adams* (1946)). O princípio da igualdade (CRP, art. 13º /2) vinculará ou não, diretamente, uma associação partidária?

(3) A senhora X havia sido contratada como professora por um colégio particular, vinculando-se à "cláusula do celibato". Posteriormente, ela celebrou casamento e a empresa proprietária do colégio desencadeou o procedimento do despedimento, invocando a violação de uma cláusula do contrato. A senhora X contestou a ação de despedimento, apelando diretamente para o art. 36.º /1 da CRP, que vincularia entidade privadas como a empresa proprietária do colé-

21 CANOTILHO, José Joaquim Gomes. *Direito constitucional e teoria da constituição*. 7. ed. Coimbra: Almedina, 2003, p. 1285-1286.

gio (caso já discutido em Portugal, mas com contornos um pouco diferentes, num Parecer da Comissão Constitucional).

(4) A empresa Z contratou dois indivíduos de sexo feminino para o seu serviço de informática, mas condicionou a manutenção do contrato de trabalho a três cláusulas (i) sujeitarem-se a testes de gravidez no momento da admissão; (ii) aceitarem como justa causa de despedimento o fato de ocorrer uma gravidez durante o contrato; (iii) considerarem também como justa causa de despedimento o fato eventual de virem a ser de "mães hospedeiras" (inseminação artificial) durante a vigência do contrato. Como conciliar estas cláusulas com direitos, liberdades e garantias com os direitos à intimidade pessoal (CRP, art. 26º) e o direito de constituir família (CRP, art. 36º /1)?

(5) As entidades patronais e as organizações sindicais celebraram um contrato coletivo de trabalho, onde incluíram a cláusula de *closed-shop*, ou seja, a proibição de contratação de operários não sindicalizados. Como conciliar esta cláusula contratual com os arts. 47º e 55º /6 da CRP?

(6) Uma escola particular de alunos deficientes, subsidiada pelo Estado, recusa-se a receber crianças deficientes não batizadas ou cujos pais professem uma religião diferente da ensinada nessa escola. Poderão os pais dessas crianças recorrer diretamente aos arts. 13º/2 e 41º/2/3?

Este é um dos dilemas atuais da dogmática jurídica contratual. Até que ponto os direitos fundamentais devem interferir na autonomia e liberdade contratual? Qual o limite que representa a perda da irredutível autonomia do direito privado, já que o conteúdo contratual, por vezes, é alterado pelos Tribunais de Justiça em prol da eficácia direta dos direitos fundamentais na ordem jurídica privada. O Direito civil está em crise.[22]

---

22 Exemplo interessante é apontado por Stefano Rodotà, destacado por Tepedino da seguinte forma: "a notícia publicada por um tablóide sensacionalista inglês, que pôs em dúvida a paternidade do príncipe William. Insinuou-se então que o herdeiro real poderia ser filho não de Charles, mas de um ex-professor de educação física da princesa Diana. O repórter, aproveitando-se de um descuido do jovem príncipe, acometido de uma gripe, apropriou-se de um lenço de papel por ele utilizado e jogado em uma lata de lixo. Valendo-se também de uma amostra do sangue (ou tecido) do pretenso pai, realizou o confronto das cadeias de DNA, cujo resultado negativo estancou a explosão nas vendas dos jornais populares e a apreensão geral relacionada à sucessão do trono. O Professor Rodotà, analisando a questão, esclareceu apropriadamente que não se tratava apenas de um lenço descartado (*res derelectae*), mas de informações que diziam respeito à própria essência da personalidade daqueles de quem foram apropriados". TEPEDINO, Gustavo. Normas constitucionais e direito civil na construção unitária do ordenamento. In: SOUZA NETO, Cláudio Pereira de; SARMENTO, Daniel. *A Constitucionalização do Direito*: Fundamentos Teóricos e Aplicações Específicas, Rio de Janeiro: Lumen Juris, 2007, p. 318.

Se por um lado devemos refletir sobre a eficácia dos direitos fundamentais na ordem jurídica civilística, por outro, devemos ficar atentos a essa influência, para não transformar o direito civil em um direito de "não-liberdade", já que a gênese do direito privado é a liberdade e autonomia das partes.

Em nome da autonomia da vontade e da liberdade contratual seria possível admitir a violação da dignidade da pessoa humana quando ameaçada por outros particulares? Jorge Reis Novais admite que dessa maneira seria "fazer prevalecer os direitos patrimoniais e o direito de propriedade sobre os direitos de liberdade pessoais, seria sacrificar os direitos fundamentais no altar de uma sacralização da livre iniciativa privada numa hierarquização de prioridades que, objetivamente, oculta o domínio dos economicamente mais poderosos".[23]

Aqui a divergência doutrinária resplandece. Vejamos as lições de Novais: "Por isso, diz-se, quem é mais pelos direitos fundamentais favorece a tese da aplicabilidade direta, quem é mais pela autonomia privada sustentará as outras teses. Quem é pela intervenção estatal de correção das assimetrias sociais e de limitação dos poderes privados, quem tem preocupações igualitárias, sustentará a aplicabilidade geral dos direitos fundamentais, incluindo as relações econômicas e sociais privadas; quem tem uma maior preocupação com a conservação de um *status* inigualitário favorecerá o acantonamento dos direitos fundamentais nas relações com o Estado, preservando a esfera privada das perturbações implicadas numa generalização indiscriminada dos destinatários dos direitos fundamentais".[24]

Na atualidade não se pode afirmar que os direitos fundamentais devam ser exercidos somente contra o Estado, deixando a liberdade contratual e a autonomia da vontade livres da interferência do Estado, a serem conduzidas somente pelos particulares.

Na aplicação dos direitos fundamentais nas relações entre particulares ocorrerá uma colidência ou conflito de um direito fundamental e o princípio da autonomia privada que também representa uma garantia jurídico-constitucional.

Contudo, o tema não é apresentado e discutido nos manuais de direito civil, razão pela qual a problemática somente é enfrentada em sede de pós-graduação em direito. Como tantos outros temas, tornou-se necessário enfrentar a questão da incidência dos direitos fundamentais e sua eficácia no âmbito das relações jusprivatíticas. Não obstante a controvérsia que permeia a dogmática jurídica constitucional, entende-se que os direitos fundamentais se projetam sobre as relações interprivadas de forma a conformá-las sob o manto constitucional. Daí a importância da interpretação do Código Civil à luz dos cânones e princípios constitucionais. Nesse contexto, Tepedino

23 NOVAIS, op. cit., 78.
24 Ibid., p. 78.

ensina que "propriedade, empresa, família, relações contratuais tornam-se institutos funcionalizados à realização dos valores constitucionais, em especial da dignidade da pessoa humana, não mais havendo setores imunes a tal incidência axiológica, espécies de zonas francas para atuação da autonomia privada. A autonomia privada deixa de configurar um valor em si mesma, e será merecedora de tutela somente se representar, em concreto, a realização de um valor constitucional".[25]

Dessa maneira, as relações jurídicas privadas devem ser conformadas pelos princípios jurídicos constitucionais, tais como, o princípio da dignidade da pessoa humana (CRFB/88, art. 1°, III), e os princípios do trabalho e da livre iniciativa como valores sociais (CRFB/88, art. 1°, IV), com vistas a construir uma sociedade livre, justa e solidária (CRFB/88, art. 3°, I), a garantir o desenvolvimento nacional (CRFB/88, art. 3°, II), erradicar a pobreza e a marginalização e reduzir as desigualdades sociais e regionais (CRFB/88, art. 3°, III), bem como promover o bem de todos, sem preconceitos de origem, raça, sexo, cor, idade e quaisquer outras formas de discriminação (CRFB/88, art. 3°, IV).

Não obstante a nossa Constituição da República Federativa do Brasil de 1988 não apresentar explicitamente o mandamento da eficácia dos direitos fundamentais a ordem jurídica privada, estes devem possuir eficácia tanto no plano das relações verticais (relações entre indivíduo e Estado) como nas relações horizontais (relações entre particular e particular), com o firme propósito de perseguir uma sociedade livre, justa e solidária.

3.6 A eficácia dos *direitos fundamentais*

A eficácia dos direitos fundamentais está relacionada com a força normativa dos preceitos constitucionais. O artigo 5°, § 1°, da Constituição da República Federativa do Brasil de 1988 determina que "as normas definidoras dos direitos e garantias fundamentais têm aplicação imediata". Além da clássica distinção entre as normas auto-aplicáveis (*self-executing*, *self-acting*, ou *self-enforcing*) e normas não-auto-aplicáveis (*not self-executing*, *not self-acting*, ou *not self-enforcing*) e das diversas concepções doutrinárias existentes, José Afonso da Silva apresenta uma teoria tricotômica das normas constitucionais, discriminando-as em três categorias:[26]

---

25 TEPEDINO, Gustavo. Normas constitucionais e direito civil na construção unitária do ordenamento. In: SOUZA NETO, Cláudio Pereira de; SARMENTO, Daniel. *A constitucionalização do direito*: fundamentos teóricos e aplicações específicas, Rio de Janeiro: Lumen Juris, 2007, p. 310-311.

26 SILVA, José Afonso da. *Aplicabilidade das normas constitucionais*. 3. ed. São Paulo: Malheiros, 1998.

I - *normas constitucionais de eficácia plena* – São as normas que dotadas de aplicabilidade direta, imediata e integral, não dependem da atuação do legislador ordinário para que alcancem sua plena operatividade;

II - *normas constitucionais de eficácia contida* – São normas constitucionais de aplicabilidade direta e imediata, mas possivelmente não-integral. Algumas normas desse tipo indicam "elementos de sua restrição que não a lei, mas certos conceitos de larga difusão no direito público, tais como ordem pública, segurança nacional ou pública, integridade nacional, bons costumes, necessidade ou utilidade pública, perigo público iminente etc".;[27]

III - *normas constitucionais de eficácia limitada ou reduzida*. São normas de aplicabilidade indireta e reduzida, já que necessário se faz a intervenção legislativa ordinária para a produção de seus efeitos jurídicos. Estas normas podem ser subdivididas em normas declaratórias de princípios institutivos ou organizativos e normas declaratórias de princípio programático.

Já Maria Helena Diniz classifica as normas constitucionais quanto ao seu efeito, em 4 grupos, a saber:[28]

a) *Normas com eficácia absoluta* – São normas intangíveis e insuscetíveis de alteração, até mesmo por Emenda Constitucional. São normas que independem da atuação do legislador ordinária para geração de efeitos;
b) *Normas com eficácia plena* – São normas que independem da atuação do legislador ordinário para geração de efeitos, criando desde logo direitos subjetivos. Todavia, são suscetíveis de alteração através de emenda constitucional;
c) *Normas com eficácia relativa restringível* – Apresentam aplicabilidade direta e imediata, gerando os efeitos jurídicos nela previstos. Estas normas estão sujeitas a restrições previstas na legislação ordinária ou podem depender de regulamentação posterior, reduzindo a sua aplicabilidade, e
d) *Normas com eficácia relativa complementável ou dependente de complementação legislativa, de aplicação apenas mediata (indireta)* – São aquelas que não geram efeitos jurídicos desde logo, abrangendo as normas de princípios institutivos e as normas programáticas.

---

27 Ibid., p. 103-104.
28 DINIZ, Maria Helena. *Norma constitucional e seus efeitos*. 6. ed. São Paulo: Saraiva, 2003.

Além das classificações anteriores, Luís Roberto Barroso apresenta a seguinte tipologia das normas constitucionais:[29]

a) *Normas constitucionais de organização* – São normas que têm por objeto organizar o exercício do poder político;
b) *Normas constitucionais definidoras de direitos* – São as normas que devem fixar os direitos fundamentais dos indivíduos, e
c) *Normas constitucionais programáticas* – São as normas constitucionais que procuram traçar os fins públicos a serem alcançados pelo Estado.

As diversas concepções e distinções das normas jurídicas constitucionais sob o aspecto da aptidão de geração de efeitos (eficácia jurídica) são fruto do entendimento doutrinário de que inexiste norma constitucional completamente destituída de eficácia. Daí a importância da análise e estudo da graduação da carga eficacial das normas jurídicas.

Para Ingo Wolfgang Sarlet, em todas as classificações se destacam dois grupos de normas:[30]

a) as normas que dependem, para a geração de seus efeitos principais, da intervenção do legislador infraconstitucional (normas constitucionais de baixa densidade normativa) e
b) as normas que, desde logo, por apresentarem suficiente normatividade, estão aptas a gerar seus efeitos e, portanto, dispensam uma *interpositio legislatoris* (normas constitucionais de alta densidade normativa).

Sarlet prefere acompanhar a sistematização binária da norma jurídica, distinguindo entre as normas de *eficácia plena* e as normas de *eficácia limitada ou reduzida*. Vale lembrar que até mesmo as normas constitucionais de baixa densidade normativa apresentam uma normatividade mínima, já que sempre apresentam certo grau de eficácia jurídica.[31]

Dessa forma, levando em consideração a distinção sistemática das normas constitucionais, bem como o teor da norma contida no artigo 5º, § 1º, da Constituição da República Federativa do Brasil de 1988, a melhor exegese deste dispositivo constitucional é no sentido de que ele apresenta um viés principiológico. Melhor dizendo: O artigo 5º, § 1º, de nossa Constituição representa uma espécie de "mandado de otimização (ou maximização), isto é,

29 BARROSO, Luís Roberto. *O direito constitucional e a efetividade de suas normas*. 5. ed. Rio de Janeiro: Renovar, 2001, p. 94.
30 SARLET, op. cit., p. 237-238.
31 Ibid., p. 238.

estabelecendo aos órgãos estatais a tarefa de reconhecerem a maior eficácia possível aos direitos fundamentais".[32]

A partir da exegese do artigo 5°, § 1°, da CRFB/88, podemos entender que os direitos fundamentais possuem aplicabilidade imediata e plenitude eficacial, bem como incumbe aos poderes públicos atribuir a estas maior eficácia possível (postulado otimizador).

3.7 A importância do direito civil-constitucional

A importância do direito civil-constitucional 'despontou com um artigo de Maria Celina Bodin de Moraes, publicado em 1991, e que se intitulava precisamente 'A caminho de um direito civil constitucional'.[33] Outro texto paradigmático é o artigo "Premissas metodológicas para a constitucionalização do direito civil", de Gustavo Tepedino.[34]

O Código Civil de 1916, fruto das doutrinas individualistas e voluntaristas tinha como seu valor fundamental o indivíduo (Código de Napoleão). Naquela época, as pessoas tinham por finalidade precípua desmantelar os privilégios feudais, ou seja, queriam contratar, adquirir bens, circular as riquezas sem os óbices legais. Melhor dizendo: O Código Civil de 1916 tinha uma visão individualista do direito e era baseado nos dogmas do Estado Liberal clássico. O princípio da autonomia da vontade era o alicerce de sustentação do Estado Liberal. Nessa época, o paradigma era a liberdade. Daí o contrato era considerado justo, desde que firmado sob a égide da autonomia e liberdade das partes. O Estado Liberal não interferia no conteúdo dos contratos. A função do Estado Liberal clássico, na esfera contratual, se resumia a garantir a liberdade das partes para contratar, já que atendia ao seguinte pressuposto: se as partes fossem livres, tudo o que elas ajustassem seria justo, porque atenderia aos seus interesses jusprivatísticos. Não seria de bom alvitre o Estado intervir na vontade das partes, já que esta era fruto da liberdade e autonomia contratual.

O Código Civil era tido como a Constituição do direito privado. Tal diploma legal era tido 'como estatuto único e monopolizador das relações privadas'.[35]

No século XX a burguesia ascende como classe dominante. É na modelagem capitalista que se encontra uma sociedade organizada em torno do lucro e da propriedade privada, sustentada no individualismo e na livre iniciativa. O capitalismo visa tornar a economia mais eficiente, gerando desta maneira

---

32 Ibid., p. 258.

33 Maria Celina Bodin de Moraes, A caminho de um direito civil constitucional in *Revista Direito, Estado e Sociedade*, nº 1, 2ª ed., jul-dez. 1991, Departamento de Ciências Jurídicas da PUC-Rio, p. 59-73 apud NEGREIROS, Teresa. *Teoria do contrato* – Novos Paradigmas. Rio de Janeiro. Renovar. 2002. p .63.

34 TEPEDINO, Gustavo. *Temas de direito civil*. Rio de Janeiro. Renovar. 1999. p. 1-22.

35 TEPEDINO, op. cit. p. 3.

mais recursos e riquezas, em um ambiente competitivo e desregulamentado, ou seja, sem as amarras do governo e da política.

Restou-se provado que a liberdade das partes em si e por si não garantia o equilíbrio contratual, isto porque, não obstante a existência da liberdade contratual, em havendo uma parte mais forte que a outra, seja economicamente, seja tecnicamente, a mais forte acabaria impondo a sua vontade, o seu interesse. Por isso, é que começou o dirigismo contratual a temperar o princípio da autonomia da vontade.

A partir do dirigismo contratual, o Estado vai se transformando em Estado intervencionista, começando a intervir na esfera contratual, com o firme propósito de proibir certas cláusulas consideradas abusivas ou impor a inserção de certas cláusulas para proteger o mais fraco.

Também, a estabilidade e a segurança do Código Civil de 1916 começa a declinar a partir dos anos 20, em razão da intervenção cada vez maior do Estado brasileiro na economia (época da eclosão da Primeira Grande Guerra). A partir de então, a dogmática civilística não mais atendia aos anseios sociais e o Estado legislador passou a publicar leis extravagantes, muitas em dissonância com os princípios basilares do Código Civil de 1916.[36]

A partir dos anos 30, o nosso Código Civil de 1916 já tinha perdido seu caráter exclusivo de regulador das relações interprivadas. A legislação extravagante, face à evolução econômica, disputava 'pari passu' a importância na sua aplicação. Nessa época devemos destacar, também, a política legislativa do Welfare State – fenômeno do dirigismo contratual (Constituição de 1934).[37]

A partir da Constituição brasileira de 1946, o Código Civil perde definitivamente seu papel de Constituição do direito privado. Os princípios constitucionais passam a ter maior relevância e influência na exegese dos temas relacionados ao direito privado, 'a função social da propriedade, os limites da atividade econômica, a organização da família, matérias típicas do direito privado' ganham proeminência na nova ordem pública constitucional.[38]

Essa publicização do direito civil atinge seu ápice com o advento da Constituição da República Federativa do Brasil de 1988, 'valorado e interpretado juntamente com inúmeros diplomas setoriais, cada um deles com vocação universalizante. – Era dos Estatutos'.[39] Daí que o direito privado é nominado de direito privado socializado, publicizado, constitucionalizado ou despatrimonializado, no sentido de maior relevo para a realização da personalidade e a tutela da dignidade da pessoa humana, nortes da nova ordem constitucional brasileira. Os princípios e valores constitucionais ganham proeminência no processo de interpretação e aplicação do Direito.

36 Ibid., p. 4.
37 Ibid., p. 6.
38 Ibid., p. 7.
39 Ibid., p. 8.

Com o advento do Código Civil brasileiro de 2002 ganham destaque às cláusulas gerais e os direitos da personalidade. As cláusulas gerais devem ser interpretadas em consonância com os princípios fundantes da Constituição da República, já que o intérprete jurídico deve colorir a exegese civilística com os matizes axiológicos da principiologia constitucional. Nesse momento, os valores civilísticos de índole liberal devem ser mitigados pelos valores coletivos de solidariedade e justiça social.

No mesmo sentido MARTINS-COSTA ensina que "hoje adquire alargada dimensão pelo generalizado acolhimento, inclusive no plano da dogmática civilista, da ideia de 'redescoberta', 'refundação' ou 'renovação' do direito privado centrada justamente na alteração do seu eixo, que passa da esfera patrimonial à esfera existencial da pessoa humana, à qual é reconhecida, inclusive no patamar constitucional".[40]

Os direitos da personalidade, inseridos no Código Civil de 2002, devem ser interpretados em sintonia com as cláusulas constitucionais protetivas da personalidade, quais sejam: dignidade humana como valor fundamental da Constituição da República (art. 1°, III, da CRFB/88) e igualdade substancial (art. 3°, III, da CRFB/88).

Na esteira da filosofia existencialista (Heidegger, Sartre, Jaspers), a personalidade humana deve ganhar status de valor jurídico de cunho existencialista, já que esta não pode ficar aprisionada ao rol de direitos subjetivos típicos adotado pelo Código Civil. Daí a importância do entrelaçamento principiológico entre o direito civil e os direitos humanos.

A personalidade jurídica não pode ser considerada como um reduto do poder do indivíduo, mas sim "como valor máximo do ordenamento, modelador da autonomia privada, capaz de submeter toda a atividade econômica a novos critérios de legitimidade".[41] Nesse sentido que o autor fala de uma verdadeira "cláusula geral de tutela e promoção da pessoa humana", tomada como valor máximo pelo ordenamento.[42] Vejamos as suas lições:[43]

Cabe ao intérprete ler o novelo de direitos introduzidos pelos arts. 11 a 23 do Código Civil à luz da tutela constitucional emancipatória, na certeza de que tais diretrizes hermenêuticas, longe de apenas estabelecerem parâmetros para o legislador ordinário e para os poderes públicos, protegendo o indivíduo contra a ação do Estado, alcançam também a atividade econômica privada, informando as relações contratuais. Não há negócio jurídico ou

40 MARTINS-COSTA, Judith. Direito e cultura: entre as veredas da existência e da história. In: MARTINSCOSTA, Judith; BRANCO, Gerson. Diretrizes teóricas do novo Código Civil. São Paulo: Saraiva. 2002, p. 180-181

41 TEPEDINO, Gustavo. Crise de fontes normativas e técnica legislativa na parte geral do código civil de 2002. In: TEPEDINO, Gustavo. (Org.) *A parte geral do novo código civil* – estudos na perspectiva constitucional. Rio de Janeiro: Renovar, 2002, p. XXV.

42 Ibid., p. XXV.

43 Ibid., p. XXVI.

espaço de liberdade privada que não tenha seu conteúdo redesenhado pelo texto constitucional.

Da mesma forma, antes do advento do novo Código Civil de 2002, Francisco Amaral já alertava sobre as tendências do direito civil contemporâneo, a saber:[44]

1. Interpenetração crescente do direito civil com o constitucional e a conseqüente superação da clássica dicotomia direito público-direito privado;
2. Personalização do direito civil, no sentido da crescente importância da vida e da dignidade da pessoa humana, elevadas à categoria de direitos e de princípio fundamental da Constituição. É o personalismo ético da época contemporânea;
3. Desagregação do direito civil, face ao surgimento de ramos jurídicos autônomos, que se formam devido à complexidade das relações jurídicas. Por exemplo, direito imobiliário, direito bancário, direito previdenciário etc.
4. Reservas à Codificação. O Código Civil deixa de ser o "estatuto orgânico da vida privada", em virtude da necessidade da releitura do Código Civil à luz dos princípios constitucionais;
5. Surgimento dos microssistemas jurídicos. É a chamada "Era dos Estatutos" que surgem para disciplinar temas específicos.

É nesta linha de pensamento que a personalidade jurídica não pode ser considerada somente como a aptidão de ser titular de direitos e deveres, conforme prescreve o artigo 1º do Código Civil, ou seja, considerada como sinônimo de capacidade jurídica. Ao contrário, a compreensão da personalidade jurídica deve se dar em duas vertentes: a primeira, como a possibilidade de ser sujeito de direitos e deveres e a segunda, e mais relevante, como o sentido existencial do próprio ser humano, visto como valor fundamental de nosso ordenamento jurídico. Neste caso, é o princípio da dignidade da pessoa humana ressoando em sua mais nobre originalidade.

Nesse caso, destaca-se a importância dos estudos avançados de hermenêutica jurídica e direito civil-constitucional, uma vez que aquela deixa de ser considerada como hermenêutica de orientação metodológico-científica (modo de conhecer) para ser estudada como hermenêutica ontológica (modo de ser).

Nessa linha, a clássica dicotomia direito público – direito privado não representa nos dias de hoje esferas distintas de atuação do intérprete jurídico, pelo contrário, constituem um conteúdo nuclear comum que representa a incidência de vetores axiológicos constitucionais no direito privado. Este

44 AMARAL, Francisco. *Direito civil* – introdução. 3. ed. Rio de Janeiro: Renovar, 2000, p. 151-153.

fenômeno é chamado de "constitucionalização do direito civil" ou "civilização do direito constitucional".

O núcleo comum constituído pelo entrelaçamento das normas do direito público e do direito privado refere-se à incidência da principiologia constitucional no âmbito do direito civil, especialmente, no que versa sobre direitos da personalidade, direito de família, direito de propriedade[45] e relações negociais, razão pela qual o direito civil deve ser estudado à luz dos paradigmas constitucionais com o firme propósito de construir-se uma sociedade justa e solidária.

Na sua peculiar lucidez, Gustavo Tepedino aponta que o direito público e o direito privado constituíram, para a cultura jurídica dominante na Escola da Exegese, "dois ramos estanques e rigidamente compartimentados. Para o direito civil, os princípios constitucionais equivaleriam a normas políticas, destinadas ao legislador e, apenas excepcionalmente, ao intérprete, que delas poderia timidamente se utilizar, nos termos do art. 4º da Lei de Introdução ao Código Civil, como meio de confirmação ou de legitimação de um princípio geral de direito".[46] Daí que, ainda hoje, muitos operadores do direito aplicam a legislação ordinária civilísta no âmbito das relações de direito privado, desatentos às normas e princípios constitucionais.

Nesse contexto, a dogmática jurídica utilizada nas salas de aula considera o Direito através da dicotomia: direito público e direito privado. São professores que pertencem ao departamento de direito público e professores integrantes do departamento de direito privado. Isso sem contar que as disciplinas de hermenêutica jurídica e direito da personalidade, quando muito, são consideradas disciplinas eletivas. É certo que esse modelo é fruto de uma tradição liberal-individualista-normativista no qual o Código Civil sempre desempenhou uma referência normativa predominante e exclusiva no recinto das relações interprivadas.

3.8 Um novo *locus hermenêutico* e a nova metódica do direito civil

A cultura jurídica operada em salas de aula e nos tribunais de justiça deve ser desconstruída (visão de um sistema fechado codicista) em busca de uma postura metodológica mais aberta, prospectiva que dê suporte a uma sociedade complexa e pluralista. Isso não quer dizer que o julgador desconsidere a segurança jurídica e passe a decidir de forma arbitrária (neste caso,

45 Vale destacar que a Constituição de 1934, em seu artigo 113, já determinava que o direito de propriedade não poderá ser exercido contra o interesse social e coletivo. Todavia, a Constituição de 1937 não proibia que o direito de propriedade fosse exercido contrariamente aos interesses sociais e coletivos. A Constituição de 1967 e a Emenda Constitucional de 1969 foram as primeiras Cartas que utilizam o termo "função social da propriedade", conforme art. 157 da Constituição de 1967 e artigo 160 da EC de 1969.

46 TEPEDINO, Gustavo. O código civil, os chamados microssistemas e a constituição: premissas para uma reforma legislativa. In: TEPEDINO, Gustavo (Org.) *Problemas de direito civil-constitucionalemas de direito civil.* Rio de Janeiro. Renovar. 2000. p. 3.

estaríamos diante de um Estado-Judiciário). Pelo contrário, a jurisprudência deve reconhecer a eficácia normativa dos princípios constitucionais no âmbito das relações jurídicas de direito privado, bem como recorrer à hermenêutica jurídica não como um conjunto de métodos (hermenêutica metodológica), mas sim como condição de possibilidade (hermenêutica filosófica). É a reconstrução do direito civil a partir do como hermenêutico, ou seja, um *locus hermenêutico* constitucional com fincas no princípio fundante da proteção da dignidade da pessoa humana.

Daí que a norma jurídica civilística não pode ser compreendida como um juízo hipotético ancorada nos princípios da lógica formal, a partir de um rigorismo da separação dos mundos do "ser" e "dever ser". O direito civil e o direito constitucional devem estar em perfeita harmonia a fim de que possam espelhar a realização e concretização do direito.

Diante disso, as lições de Friedrich Muller são esclarecedoras: "Assim se evidenciou que o positivismo legalista ainda não superado pela teoria e práxis refletidas, com a sua compreensão do direito como sistema sem lacunas, da decisão como uma subsunção estritamente lógica, e com a sua eliminação de todos os elementos da ordem social não reproduzidos no texto da norma é tributário de uma ficção que não pode ser mantida na prática".[47]

A tarefa da práxis do direito civil é a concretização de suas normas a partir de uma leitura constitucional de forma que "direito civil" e "realidade" sejam os lados de uma mesma moeda.

O operador do direito deve levar em conta a multiplicidade de situações da vida interprivada em que numa sociedade moderna (ou pós-moderna!) e complexa se impõe a necessidade de realizar uma (re)leitura da dogmática civilística à luz de uma axiologia constitucional.

Pode-se dizer, portanto, que a fundamentação da decisão jurídica deve ser conformada no espaço (*locus*) hermenêutico da juridicidade, vinculada a uma permanente reflexão crítica do homem enquanto ser-no-mundo. Isto significa dizer que as questões jurídicas concretas emergem num quadro cunhado por um horizonte hermenêutico, superando a relação sujeito-objeto.

Nas lições de Castanheira Neves é possível compreender que o problema da interpretação jurídica relaciona-se com o direito e não com a lei. Vejamos:[48]

> O problema da interpretação jurídica está, com efeito, a sofrer uma radical mudança de perspectiva no actual contexto metodológico. Deixou de conceber-se tão-só e estritamente como *interpretação da lei*, para se pensar como *actus* da *realização do direito*. E isto significa,

---

47 MÜLLER, Friedrich. *Métodos de trabalho do direito constitucional*. 3. ed. Rio de Janeiro: Renovar, 2005, p. 32-33.

48 NEVES, Castanheira. *O actual problema metodológico da interpretação jurídica* – I. Coimbra: Coimbra Editores, 2003, p. 11-12.

> por um lado, que a realização do direito não se identifica já com a interpretação da lei, nem nela se esgota; por outro lado, que não será em função da interpretação da lei, tomada abstractamente ou em si, que havemos de compreender a realização do direito – em termos de se dizer que esta será o que for aquela –, antes é pela própria problemática autônoma e específica realização do direito, e como seu momento metodológico-normativo, que se haverá de entender o que persista dizer-se interpretação da lei. Com o que o próprio conceito de interpretação jurídica se altera: de interpretação da lei converte-se em *interpretação do direito*, de novo a *interpretatio legis* se confronta com a *interpretatio iuris*.
> É que, se intencional e normativamente o direito deixou de identificar-se com a lei, também metodologicamente a realização do direito deixou de ser mera aplicação das normas legais e manifesta-se como o acto judicativamente decisório através do qual, pela mediação embora do critério jurídico possivelmente oferecido por essas normas, mas com ampla actividade normativamente constitutiva, se cumprem em concreto as intenções axiológicas e normativas do direito, enquanto tal. Dir-se-á que, nestes termos, o pensamento jurídico recuperou o concreto, que vai na essencial vocação do direito, depois que o positivismo legalista, com o seu normativismo analítico-dedutivo, o levara a refugiar-se no alienante abstracto.

Uma metódica do direito civil destinada a ir além de um núcleo normativo monolítico deve assumir uma postura de que o problema hermenêutico não está fincado no problema de método produzindo um conhecimento de segurança inabalável, mas sim está relacionado ao problema da hermenêutica filosófica. O fenômeno da compreensão perpassa a experiência da filosofia, a experiência da arte e a experiência da própria história. Todos esses modos de experiência nos apresenta (manifesta) uma verdade que não pode ser verificada com os meios metódicos da ciência.

O filósofo alemão Hans-Georg Gadamer (1900 – 2002), autor de *Verdade e Método* – esboços de uma hermenêutica filosófica, é um dos autores mais importantes acerca da hermenêutica contemporânea. Gadamer lastreado em estudos fenomenológicos entendia que a tradição não podia mais se apoiar nas interpretações metafísicas da razão. Daí que os estudos gadamerianos estão voltados para a consciência histórica, em que a historicidade do sentido tem papel relevante na autocompreensão que o ser humano alcança como participante e intérprete da tradição histórica.

Gadamer procura superar o problema hermenêutico relacionado ao conceito metodológico da moderna ciência. Na introdução de *Verdade e método*, Gadamer afirma que "o fenômeno da compreensão e da maneira correta de se interpretar o que se entendeu não é apenas, e em especial, um problema da doutrina dos métodos aplicados nas ciências do espírito. Sempre houve também, desde os tempos mais antigos, uma hermenêutica teológica e outra jurídica, cujo caráter não era tão acentuadamente científico e teórico, mas, muito mais, assinalado pelo comportamento prático correspondente e a serviço do juiz ou do clérigo instruído".[49]

A hermenêutica desenvolvida por Gadamer se afasta de uma doutrina de métodos das ciências do espírito e procura caminhar para um olhar além de sua auto-compreensão metódica através da experiência do homem no mundo. É um (re)pensar o universo da compreensão, já que o filósofo procura refletir sobre a questão da verdade nas ciências do espírito. É um afastamento dos modelos clássicos hermenêuticos, nos quais a exegese era considerada um conjunto de métodos.

Os estudos de Hans-Georg Gadamer estão entrelaçados na sua forma mais original com os estudos antecedentes de Husserl, Dilthey e Heidegger. Nas palavras de Gadamer: "A conscienciosidade da descrição fenomenológica, que Husserl nos tornou um dever, a abrangência do horizonte histórico, onde Dilthey situou todo o filosofar, e, não por último, a compenetração de ambos os impulsos, cuja iniciativa recebemos de Heidegger há décadas, assinalam o paradigma sob o qual se colocou o autor".[50]

3.8.1 O círculo hermenêutico e a questão dos preconceitos

O círculo hermenêutico deve ser compreendido a partir dos estudos heideggerianos, ou seja, a estrutura circular da compreensão é dada a partir da temporalidade do ser-aí (*Dasein*). É o círculo hermenêutico em um sentido ontológico originário, através do qual a verdade se manifesta através do desvelamento do ser.

A compreensão é sempre um projetar-se. Gadamer afirma que "quem quiser compreender um texto realiza sempre um projetar. Tão logo apareça um primeiro sentido no texto, o intérprete prelineia o sentido do todo".[51] Melhor dizendo: a compreensão é um constante reprojetar-se a partir de determinadas perspectivas do intérprete. As perspectivas do intéprete (opiniões prévias), ou seja, antecipações de sentido do texto não devem ser confundidas com arbitrariedade do julgador.

É nesse sentido que Gadamer ensina que "a compreensão somente alcança sua verdadeira possibilidade, quando as opiniões prévias, com as quais ela inicia, não são arbitrárias. Por isso faz sentido que o intérprete não se

49 GADAMER, Hans-Georg. *Verdade e Método*: traços fundamentais de uma hermenêutica filosófica. Tradução Flávio Paulo Meurer. Petrópolis: Vozes, 1997. p. 31.
50 Ibid., p. 36.
51 Ibid., p. 402.

dirija aos textos diretamente, a partir da opinião prévia que lhe subjaz, mas que examine tais opiniões quanto à sua legitimação, isto é, quanto à sua origem e validez".[52]

Com isso o intérprete deve deixar que o texto diga alguma coisa por si, para que se evite a possibilidade do mal-entendido (opiniões prévias que levam à arbitrariedade). Daí que o que importa é "dar-se conta das próprias antecipações, para que o próprio texto possa apresentar-se em sua alteridade e obtenha assim a possibilidade de confrontar sua verdade com as próprias opiniões prévias".[53]

Na verdade, porém, Gadamer fala dos preconceitos. Estes podem ser classificados em positivos e negativos. O caráter negativo está relacionado com a época da Ilustração/Iluminismo (*Aufklärung*) representando um "juízo não fundamentado" e decidido "diante do tribunal da razão"[54] (preconceitos limitadores).[55] Os preconceitos positivos são aqueles reconhecidos como legítimos e enlaçados com a questão central de uma hermenêutica verdadeiramente histórica.

3.8.2 A questão da pertença

Esse comportamento histórico-hermenêutico realizado através da comunidade de preconceitos fundamentais e sustentadores é o sentido da pertença.[56] Logo, *pertença* é o momento da tradição no comportamento histórico-hermenêutico.[57] É a consciência hermenêutica incluída na consciência histórica. Os preconceitos fundamentais e sustentadores são aqueles que tornam possível a compreensão (preconceitos produtivos). Daí que a compreensão é um comportamento produtivo e não (re)produtivo. É o texto "levado a sério na sua pretensão de verdade".[58]

3.8.3 O tempo em sua produtividade hermenêutica

A compreensão como comportamento produtivo dá-se como um existencial a partir da interpretação temporal aplicada ao modo de ser da pre-sença (*Dasein*), conforme ensinamentos heideggerianos. O tempo é o fundamento que sustenta o acontecer.[59] O *ser é tempo*.[60] Dessa maneira, a questão do tempo está relacionada com a questão central da hermenêutica, ou seja, nesse contexto devemos "distinguir os verdadeiros preconceitos, sob os quais

52 Ibid., p. 403.
53 Ibid., p. 405.
54 Ibid., p. 410.
55 Ibid., p. 416.
56 Ibid., p. 442.
57 Ibid., p. 442.
58 Ibid., p. 444.
59 Ibid., p. 445.
60 Para um estudo mais detalhado da temporalidade em Heideger: Ver obra *Ser e tempo*.

compreendemos, dos falsos preconceitos que produzem os mal-entendidos. Nesse sentido, uma consciência formada hermeneuticamente terá de incluir também a consciência histórica".[61]

Portanto, Gadamer afirma: "Entender é, essencialmente, um processo de história efeitual".[62]

3.8.4 A questão da história efeitual e situação hermenêutica

A consciência da história efeitual está relacionada com a consciência da *situação hermenêutica*. Nas palavras de Gadamer, "quando procuramos compreender um fenômeno histórico a partir da distância histórica que determina nossa situação hermenêutica como um todo, encontramo-nos sempre sob os efeitos dessa história efeitual".[63]

Nas lições de Jean Grondin, por história efeitual (*Wirkungsgeschichte*) entende-se, desde o século XIX, nas ciências literárias, "o estudo das interpretações produzidas por uma época, ou a história de suas recepções. Nela se torna claro, que as obras, em determinadas épocas específicas, despertam e devem mesmo despertar diferentes interpretações. A consciência da história efeitual, a ser desenvolvida, está inicialmente em consonância com a máxima de se visualizar a própria situação hermenêutica e a produtividade da distância temporal".[64]

Gadamer entende que a consciência da história efeitual funciona como um princípio no processo de compreensão. A compreensão a partir de uma compreensão objetivista guindada no viés metodológico, obnubila o entrelaçamento efeitual-histórico que deve permear o processo hermenêutico. Melhor dizendo: A fé no processo metodológico acaba por obscurecer a própria historicidade.

É dessa maneira que o magistrado, no processo de decisão judicial, deve considerar os efeitos da história efeitual no processo exegético, ou seja, é preciso tornar consciente a própria situação hermenêutica, para melhor "dizer o Direito". Isso ocorre na medida que o julgador analisa o caso concreto decidindo, a partir da interpretação da própria pré-compreensão, consoante ensinamentos heideggerianos. A história efeitual seria o "pano de fundo" do processo decisório, já que o julgador deve inserir-se na situação hermenêutica.

Segundo *Verdade e método*, Gadamer ensina que o conceito de situação "se caracteriza pelo fato de não nos encontrarmos diante dela e, portanto, não podemos ter um saber objetivo dela. Nós estamos nela, já nos encontramos sempre numa situação, cuja iluminação é a nossa tarefa, e esta nunca pode

61 Ibid.,p. 447.
62 Ibid.,p. 448.
63 Ibid.,p. 449.
64 GRONDIN, Jean. *Introdução à hermenêutica filosófica*. Tradução: Benno Dischinger. São Leopoldo: Unisinos, 1999, p. 190.

se cumprir por completo. E isso vale também para a situação hermenêutica, isto é, para a situação em que nos encontramos face à tradição que queremos compreender. Também a iluminação dessa situação, isto é, a reflexão da história efeitual, não pode ser plenamente realizada, mas essa impossibilidade não é defeito da reflexão, mas encontra-se na essência mesma do ser histórico que somos. *Ser histórico quer dizer não se esgotar nunca no saber-se*".[65]

3.8.5 A importância de ter horizontes. A fusão de horizontes

O conceito de situação hermenêutica encontra-se entrelaçado com o conceito de horizontes. Isso porque o julgador, no momento da prestação jurisdicional, deve ampliar e abrir seus horizontes. Segundo Gadamer, horizonte é "o âmbito de visão que abarca e encerra tudo o que é visível a partir de determinado ponto".[66] Aplicando-se ao meio jurídico falamos então que o magistrado não tem visão, seus horizontes são limitados ao Códex, da possibilidade de ampliar a exegese civilística aos princípios constitucionais, da abertura de novos horizontes jurídicos em razão do multiculturalismo, dos direitos humanos etc. Aquele juiz que não possui horizontes é um magistrado que não vê suficientemente longe e que, dessa forma, supervaloriza as regras do Código Civil (é um esforço intelectual reduzido preocupado apenas com o que lhe está mais próximo) sem o entrelaçamento devido com as normas e preceitos constitucionais. Pelo contrário, a leitura das regras jurídicas interprivadas à luz da axiologia constitucional significa não estar limitado ao mais próximo, mas poder ver para além disso. Aquele que tem horizontes sabe valorizar corretamente o significado de ser magistrado. Assim, a elaboração da *situação hermenêutica* pelo juiz significa a obtenção do horizonte de questionamento correto para as questões que se colocam frente ao magistrado.

Neste contexto, Gadamer afirma que "quem omitir esse deslocar-se ao horizonte histórico a partir do qual fala a tradição, estará sujeito a mal-entendidos com respeito ao significado dos conteúdos daquela. Nesse sentido, parece ser uma exigência hermenêutica justificada o fato de termos de nos colocar no lugar do outro para poder entendê-lo".[67]

Surge então a necessidade do julgador deslocar-se à situação histórica e procurar reconstruir seu horizonte. Por essa razão que Gadamer afirma que "o horizonte é, antes, algo no qual trilhamos nosso caminho e que conosco faz o caminho. Os horizontes se deslocam ao passo de quem se move".[68] O operador do direito ou magistrado que permanece alheio às mudanças sociais não realiza o "deslocar-se" para a situação hermenêutica.

65 GADAMER, op. cit., 1997, p. 451.
66 Ibid., p. 452.
67 Ibid., p. 453.
68 Ibid., p. 455.

Há, portanto, uma necessidade de compreender o outro homem a partir da intersubjetividade, considerando a alteridade da norma jurídica. Esse deslocar-se não é um ato de subjetividade ou arbitrariedade, nem a submissão do outro sob os padrões do julgador, mas significa uma ascenção a uma universalidade hermenêutica. Daí a importância de termos horizontes. Aplicando ao problema hermenêutica as questão de se ter horizontes, Hans-Georg Gadamer afirma que "ganhar um horizonte quer dizer sempre aprender a ver mais além do próximo e do muito próximo, não para apartá-lo da vista, senão que precisamente para vê-lo melhor, integrando-o em um todo maior e em padrões mais corretos".[69]

É evidente que para ganhar para si um horizonte histórico requer um esforço pessoal do magistrado. Ele não pode ficar limitado ao modelo de decisão judicial pautado na lógica formal, de padrão matematizante. Ele deve ir além na busca de novos horizontes e paradigmas de decidibilidade judicial, como ser-no-mundo e mundo vivido.

A questão da decidibilidade judicial é muito importante, em especial, em uma sociedade plural e complexa, em constantes mutações. Daí que essa questão é muito mais complexa do que se pensa, já que cabe ao magistrado proferir sentenças judiciais que não sejam aparentes e superficiais fincadas em uma hermenêutica de superfície, ao contrário deve partir do fato de que uma situação hermenêutica está delimitada pelos preconceitos que trazemos conosco. É um ir além do que já não se consegue ver com a hermenêutica metodológica. Na verdade, o horizonte do presente está num processo de constante formação e mutação que condiciona os nossos preconceitos. A cada momento devemos pôr à prova tais preconceitos, a partir da fusão de horizontes. É o encontro do passado com a tradição da qual nós mesmos procedemos.[70] Segundo Gadamer a fusão de horzintes ocorre constantemente na tradição, pois "nela o velho e o novo crescem sempre juntos para uma validez vital, sem que um e outro cheguem a se destacar explicitamente por si mesmos".[71]

Toda essa tarefa hermenêutica deve ser desenvolvida conscientemente pelo magistrado, já que em si experimenta por si mesma à relação de tensão entre o texto legal e o presente. O julgador não pode decidir a demanda judicial com um comportamento hermenêutico ingênuo, desconsiderando a situação hermenêutica da qual faz parte.

Se formos em direção às lições gadamerianas, encontraremos: "A consciência histórica é consciente de sua própria alteridade e por isso destaca o horizonte da tradição com respeito ao seu próprio. [...] O projeto de um horizonte histórico é, portanto, só uma fase ou momento na realização da compreensão, e não se prende na auto-alienação de uma consciência passada,

69 Ibid

70 Ibid., p. 457.

71 Ibid.

mas se recupera no próprio horizonte compreensivo do presente. Na realização da compreensão tem lugar uma verdadeira fusão horizôntica que, com o projeto do horizonte histórico, leva a cabo simultaneamente sua suspensão. Nós caracterizamos a realização controlada dessa fusão como a tarefa da consciência histórico-efeitual. Enquanto que, na herança da hermenêutica romântica, o positivismo estático-histórico ocultou essa tarefa, temos de dizer que o problema central da hermenêutica se estriba precisamente nela. É o problema da aplicação que está contido em toda compreensão".[72]

3.8.6 A hermenêutica como aplicação

O problema da hermenêutica jurídica de cariz metodológico sofre uma ruptura com Gadamer. Isso porque "compreender é sempre também aplicar".[73] Uma regra jurídica não pode ser compreendida desalinhada com sua aplicação no instante concreto da decidibilidade judicial. Uma lei somente será compreendida adequadamente se "compreendida em cada instante, isto é, em cada situação concreta de uma maneira nova e distinta".[74] É o afastamento da tarefa hermenêutica ao modelo metodológico. Gadamer ensina que "a compreensão é menos um método através do qual a consciência histórica se aproxima do objeto eleito para alcançar seu conhecimento objetivo do que um processo que tem como pressuposição o estar dentro de um acontecer tradicional. A própria compreensão se mostrou como um acontecer".[75]

Dessa forma, o sentido de um texto jurídico e sua aplicação a um caso jurídico concreto não são atos separados, ao contrário representam uma unidade exegética.

72 Ibid., p. 458.
73 Ibid., p. 461.
74 Ibid.
75 Ibid., p. 462.

Capítulo 4

DIGNIDADE DA PESSOA HUMANA

Não é qualquer direito mínimo que se transforma em mínimo existencial. Exige-se que seja um direito a situações existenciais dignas.

Sem o mínimo necessário à existência cessa a possibilidade de sobrevivência do homem e desaparecem as condições iniciais da liberdade. A dignidade humana e as condições materiais da existência não podem retroceder aquém de um mínimo, do qual nem os prisioneiros, os doentes mentais e os indigentes podem ser privados.

O mínimo existencial não tem dicção constitucional própria. Deve-se procurá-lo na ideia de liberdade, nos princípios constitucionais da dignidade humana, da igualdade, do devido processo legal e da livre iniciativa, na Declaração dos Direitos Humanos e nas imunidades e privilégios do cidadão.

Só os direitos da pessoa humana, referidos a sua existência em condições dignas, compõem o mínimo existencial. Assim, ficam fora do âmbito do mínimo existencial os direitos das empresas ou das pessoas jurídicas, ao contrário do que acontece com os direitos fundamentais em geral.

O direito à existência deve ser entendido no sentido que lhe dá a filosofia, ou seja, como direito ancorado no ser-aí (Da-sein) ou no ser-no-mundo (in-der-Welt-sein). Integra a "estrutura de correspondências de pessoas ou coisas", em que afinal consiste o ordenamento jurídico. Não se contunde com o direito à vida, que tem duração continuada entre o nascimento e a morte e extensão maior que o de existência, que é situacional e não raro transitória. A Corte Constitucional da Alemanha define o mínimo existencial como o que "é necessário à existência digna" (ein menschenwürdiges Dasein notwendig sei).[1]

[...]

O mínimo existencial não é um valor nem um princípio jurídico, mas o conteúdo essencial dos direitos fundamentais. (Ricardo Lobo Torres)[2]

---

1 TORRES, Ricardo Lobo. *O Direito ao Mínimo Existencial.* Rio de Janeiro: Renovar, 2009, p. 36.

2 Ibid., p. 83.

4.1 Construção Histórica

A análise da construção histórica da *dignidade humana* se impõe como necessário, pois existe uma distinção entre dignidade (a *dignitas* romana ou expressões gregas) como valor, honra e apreço e a expressão *dignidade da pessoa humana* como inerente à própria condição humana. Aquela é condicional, transitória, inigualitária e contingente; esta é universal e incondicional. A dignidade como valor, honra e apreço se refere a uma postura pessoal objetivamente apreciada pela sociedade; já a dignidade referida a condição humana possui caráter polissêmico e aberto encontrando-se em estado permanente de mutação e desenvolvimento ao longo do tempo e do espaço que está em constante concretização e delimitação pela práxis constitucional.[3] Daí a importância da distinção, pois ambas andam de mãos dadas nos dias atuais: ora a expressão dignidade pode ser utilizada como qualidade, apreço ou status social; ora pode ser entendida como ideia de igual dignidade inerente a todo e qualquer ser humano, especialmente, incorporada nos diplomas jurídico-constitucionais do segundo pós-guerra.

Na Roma antiga, a expressão *dignitas* estava relacionada ao status social do indivíduo na sociedade, tais como honra, respeito, deferência e consideração social até mesmo pela função pública que o sujeito exercia na comunidade. Era uma espécie de status privilegiado particular que o indivíduo ostentava no seio da sua comunidade.

De acordo com Ingo Sarlet, "no pensamento filosófico e político da antiguidade clássica, verificava-se que a dignidade (*dignitas*) da pessoa humana dizia, em regra, com a posição social ocupada pelo indivíduo e o seu grau de reconhecimento pelos demais membros da comunidade, daí poder falar-se em uma quantificação e modulação da dignidade, no sentido de se admitir a existência pessoas mais dignas ou menos dignas. Por outro lado, já no pensamento estóico, a dignidade era tida como a qualidade que, por ser inerente ao ser humano, o distinguia das demais criaturas, no sentido de que todos os seres humanos são dotados da mesma dignidade, noção esta que se encontra, por sua vez, intimamente ligada à noção de liberdade pessoal de cada indivíduo (o homem como ser livre e responsável por seus atos e seu destino), bem como a ideia de que todos os seres humanos, no que diz com a sua natureza, são iguais em dignidade. Com efeito, de acordo com o jurisconsulto político e filósofo romano Marco Túlio Cícero, é a natureza quem descreve que o homem deve levar em conta os interesses de seus semelhantes, pelo simples fato de também serem homens, razão pela qual todos estão sujeitos às mesmas leis naturais, de acordo com as quais é proibido que uns prejudiquem aos outros, passagem na qual (como, de resto, encontrada em outros autores

3 ROCHA, Cármen Lúcia Antunes. *O princípio da dignidade da pessoa humana e a exclusão social*. In: Revista interesse público. Belo Horizonte. nº 4. 1999. p. 24.

da época) se percebe a vinculação da noção de dignidade com a pretensão de respeito e consideração a que faz jus todo ser humano. Assim, especialmente em relação a Roma – notadamente a partir das formulações de Cícero, que desenvolveu um compreensão da dignidade desvinculada do cargo ou posição social – é possível reconhecer a coexistência de um sentido moral (seja no que diz às virtudes pessoais do mérito, integridade, lealdade, entre outras, seja na acepção estóica referida) e o sociopolítico de dignidade (aqui no sentido da posição social e política ocupada pelo indivíduo)".[4]

Dessa maneira, é possível afirmar que os primórdios da dignidade da pessoa humana encontram-se na antiguidade clássica e o seu sentido e alcance estava relacionado à posição que cada indivíduo ocupava na sociedade. Como dito acima, a palavra *dignidade* provém do latim *dignus* que representa aquela pessoa que *merece estima e honra*, ou seja, aquela pessoa que é importante em um grupo social.

No período medieval, a *dignidade da pessoa humana* passou a entrelaçar-se aos valores inerentes à filosofia cristã. Melhor dizendo: a ideia de dignidade passa a ficar vinculada a cada individuo, lastreada no pensamento cristão em que o homem é criação de Deus sendo salvo de sua natureza originária por Ele e possuindo livre arbítrio para a tomada de suas decisões. Severino Boécio (480-524) é o divisor de águas de dois tempos: a antiguidade e o medievo. Boécio é, pois, o precursor da definição filosófica de pessoa (humana), embora seu desenvolvimento pleno tenha se dado na metade do século XIII. O seu contributo foi situar a pessoa humana no horizonte da racionalidade a partir de sua condição de singularidade. A partir de Boécio, a noção de pessoa como substância individual e racional elevou o ser humano a uma nova esfera de dignidade e responsabilidade, implicando em nova perspectiva de ser e estar no mundo.

De acordo com Savian Filho[5] e Ricardo Antonio Rodrigues[6], "Boécio elabora no capítulo III, do texto *Contra Eutychen et Nestorium* a definição de Persona que se tornará clássica no pensamento medieval e moderno. Já presente no contexto das controvérsias teológicas dos primeiros séculos, em oposição com natura (*physis*) e essentia (*ousia*), persona torno-se palavra central também para a antropologia filosófica e teológica. Para um breve histórico dos principais passos da evolução do conceito convém considerar que há sempre controvérsias em torno dessa palavra, mas que passou por seu sig-

4 SARLET, Ingo Wolfgang. *A eficácia dos direitos fundamentais: uma teoria geral dos direitos fundamentais na perspectiva constitucional.* 10. ed. Porto Alegre: Livraria dos Advogados; 2011, p. 34-36.

5 BOÉCIO. *Escritos* (OPUSCULA SACRA). Tradução, introdução, estudos introdutórios e notas Juvenal Savian Filho. Prefácio de Marilena Chauí. São Paulo: Martins Fontes, 2005, p.225-227.

6 RODRIGUES, Ricardo Antonio. *Severino Boécio e a Invenção Filosófica da Dignidade Humana.* In: Seara Filosófica. Nº 5, Verão, 2012, p. 3-20.

nificado ligado ao teatro; sentido de máscara, inclusive ligada a antiguidade Greco-romana do culto à divindade Perséfone, onde a tal objeto se chamava *phersu*, e era usado nos rituais religiosos; depois o próprio sentido do teatro, inclusive é essa conotação mais aproximada se considerarmos a língua grega. O sentido geral dos romanos é que persona não era apenas o objeto em si, mas também o papel desempenhado por cada ator e ligando ao Direito e ao sentido político, tal máscara não caracterizava algo de essencial, pois era a expressão do papel mutável e não-essencial exercido por quem a usava. Tinha como uma conotação de personalidade no sentido do não essencial. Isso em se tratando do século I. Já para os gregos *prosopón* tinha uma conotação que transcendia o aspecto gramatical, jurídico, religioso, e fundava-se num caráter mais filosófico de insurreição contra o trágico da existência, que somos também contingência e isso implica numa luta para a afirmação da liberdade. Parece haver uma relação entre a leitura de Boécio, Agostinho e os padres Capadócios, pois a ideia de individualidade, substância etc têm relação direta com a leitura trinitária de Deus. Ou seja, não há como negar que a leitura filosófica e antropológica de Boécio sobre a pessoa humana tenha um viés fortíssimo da teologia trinitária cristã".

Para Boécio o primordial não é o coletivo como fundamento, mas o sujeito que pensa e reflete e, por isso, é capaz de viver em comunidade. Assim, a contribuição de Boécio foi deslocar o sentido de racionalidade e individualidade como condição primeira, destacando a noção de individualidade com o acento na racionalidade da pessoa. Na visão do autor, as coisas inanimadas, os animais, os vegetais não podem nunca serem elevados a condição de pessoa, mas somente dos seres portadores de alma racional. [7]

Boécio afirma que "disso tudo decorre que, se há pessoa tão somente nas substâncias, e naquelas racionais, e se toda substância é uma natureza, mas não consta nos universais, e, sim, nos indivíduos, a definição que se obtém de pessoa é a seguinte: "substância individual de natureza racional".[8] Aqui a pessoa humana um estatuto de 'superioridade' aos demais seres, exceto aos anjos e as pessoas divinas.

Boécio "ao enfatizar a dimensão da natureza racional e do caráter individual da pessoa, sua definição ao considerar que a pessoa humana, como na tradição cristã, é imagem da própria Trindade, essa ênfase na dimensão racional e individual acabou sendo o pressuposto central, não só no cristianismo, mas em toda cultura ocidental para o que denominamos de dignidade humana".[9]

Dessa forma, a compreensão da dignidade humana é vista a partir de um estatuto ontológico. A própria condição humana, o simples fato de ser-

7 Ibid.
8 Ibid.
9 Ibid.

mos humanos, representa a garantia de certos direitos fundamentais fundados numa dignidade que é a priori.

BOAVENTURA DE BAGNOREGIO (São Boaventura) também elaborou uma síntese filosófica sobre pessoa ao escrever o *De Trinitate* em 1254-7. De acordo com Ricardo Antonio Rodrigues, São Boaventura, "certamente tenha se dado conta de que a pessoa divina não pode ser interpretada dentro do mesmo estatuto epistêmico que se apreende e compreende intelectivamente qualquer ente, ou como algo similar a uma coisa, pois a relação que é uma herança da noção trinitária, e por analogia aplicada à pessoa humana. [...] a pessoa humana como relação, é condição de estar e ser-no-mundo com os demais seres e coisas, e, com isso, não esteja apenas orientada para um solipsismo, ou mesmo uma solidão fechada e desesperadora que angustia e oprime. Para o nosso autor, a pessoa como relação é abertura, projeção e orientação que tende ao transcendente, aos outros e ao mundo. A relação como categoria essencial (São Boaventura, Hex., col. 12, nº 14) dispõe a condição humana como singularidade, incomunicabilidade e suprema dignidade (São Boaventura, III Sent., d. 5, a. 2, q. 2, ad.1)". [10]

Assim, a expressão da pessoa humana como alguém e não como algo, portanto, para Boaventura lhe dá "um caráter de dignidade diferenciada, inspira-se num movimento imitativo, mas com as devidas proporções e diferenças da realidade trinitária. Com isso, é possível pensarmos a pessoa, segundo o autor, no caso do humano, não apenas como coisa ou mesmo supercoisa, mas como um existente em processo, e numa perspectiva do devir, que é sendo; uma recorrente vocação a ser o que se é e o que se deve ser num complexo feixe ou nó de relações, como no exemplo da Trindade, algo que racionalmente é apreensível, de certo modo e até certo ponto, mas, que em sua mais profunda realidade, mantém-se mistério. [...] Assim, dentro desse horizonte a pessoa humana como semelhança da trindade não é um produto acabado ou uma essência fechada, mas perspectiva, eterna possibilidade, uma incomunicabilidade que tende à saída de si como projeção que se identifica ao relacionar-se, ao tender com tudo e com todos. Não que lhe falte algo que se consiga através da relação, mas a relação aperfeiçoa, mas que só se dá pela singularidade e pela realidade concreta do que se é.[...] A pessoa humana na perspectiva bonaventuriana possui uma exigência própria de ser que o impele a ser mais sempre, quase que de uma forma imperativa no sentido do "torna-te quem tu deves ser". E esse ser mais tem um significado de que a relação que o situa e o identifica pode agregar ao seu ser, não um acréscimo identitário que lhe falte, mas a possibilidade de enriquecer ainda mais a sua realidade singular e pessoal ao encontrar-se com a alteridade".[11]

---

10 RODRIGUES, Ricardo Antonio. *A Pessoa Humana é Relação*. In: Thaumazein, Ano IV, número 08, Santa Maria (Dezembro de 2011), pp. 73-87.

11 Ibid.

Vale destacar que o conceito da pessoa humana na concepção bonaventuriana como relação é importantíssimo para o direito, já que traduz a relação com os outros, o cuidado, a alteridade, característica fundamental da norma jurídica. É essencial para a compreensão do direito como relação jurídica de cooperação, ou seja, o ser com os outros.

Santo Tomás de Aquino (1225-1274), a partir da sistematização plena da cultura grega e latina, desencadeou o chamado *humanismo filosófico*. Com ele a pessoa humana é vista como portadora de uma dignidade vigorosa por ser Imagem de Deus. Há indícios de que Tomás de Aquino tenha escrito a Suma Teológica, pelo menos a primeira parte, segundo alguns cronologistas entre 1265 e 1271, ou seja, mais ou menos uma década após Boaventura ter redigido suas conclusões sobre a Trindade.[12]

São Tomás de Aquino afirma que "o termo dignidade é algo absoluto e pertence à essência", situando-o como um requisito inerente à condição humana.[13] Bruno Amaro Lacerda diz que Tomás de Aquino, partindo da definição de "pessoa" formulada por Boécio ("substância individual de natureza racional"), explica que "o homem é uma substância racional porque tem o domínio de seus atos, agindo por si mesmo e não pelo comando de outros seres. Em outras palavras, o homem é livre, pois tem o poder de determinar-se, de agir por si mesmo. Isso lhe confere uma superioridade em relação a todas as outras substâncias (entes) que não compartilham da mesma potência. Essa superioridade é chamada expressamente de dignidade: "Ora, é grande dignidade subsistir em uma natureza racional. Por isso dá-se o nome pessoa a todo indivíduo dessa natureza, como foi dito" (Suma Teológica, I, 29, 3)".[14]

Dessa forma, com São Tomas de Aquino, a dignidade da pessoa humana fincou fundamento na ideia de que o ser humano fora criado à imagem e semelhança de Deus, mas sobretudo na capacidade de autodeterminação inerente à natureza humana. O ser humano é livre por sua natureza, vivendo em função de usa própria vontade. Nos estudos de São Tomas de Aquino é possível perceber o destaque para a liberdade do homem o que, certamente, auxiliou Kant em seus estudos sobre a autonomia ética do ser humano.

Outro destaque na filosofia relacionada à *dignidade da pessoa* é Giovanni Pico. Ele nasceu em Mirandola, norte da Itália, em 24 de fevereiro de 1463, e faleceu em Florença, também na Itália, em 17 de novembro de 1496. Dentre suas obras, é importante destacar o *Discurso sobre a dignidade do homem*, uma espécie de manifesto renascentista do homem, descrito como centro do mundo (antropocentrismo).

12 Ibid.

13 AQUINO, São Tomás de. *Suma de Teología*. 4. ed. Madri: Biblioteca de Autores Cristianos, 2001, p.411.

14 LACERDA, Bruno Amaro. *A Dignidade Humana Em Giovanni Pico Della Mirandola. In:* Revista *Legis Augustus* (Revista Jurídica) Vol. 3, nº 1, p. 16-23, setembro 2010.

De acordo com as lições de Bruno Amaro Lacerda, Giovanni Pico "não se limita a dizer que o homem é livre para escolher seus próprios fins, mas que, ao escolhê-los, o homem encontra a sua própria essência. O homem não é apenas o "animal racional" capaz de escolher, mas o ser que está fadado a escolher. É como se Deus houvesse condenado o homem à escolha, dado a ele a capacidade de, por seus atos livres, tornar-se o que deve ser. Percebe-se, então, que o homem está acima dos animais não simplesmente por ser racional, mas porque a razão o impele em direção a algo que nenhum animal pode conseguir: a determinação do seu próprio ser. É interessante relacionar essa constatação com outro aspecto da filosofia de Pico, o apreço pela magia, vista não como poder sobrenatural, mas como capacidade de conhecer a natureza, de descobrir seus segredos e transformá-la. O homem não está apenas "no mundo"; ele também atua "sobre o mundo", coloca-o a seu serviço. [...] Isto é interessante porque mostra de que modo o homem é semelhante a Deus. O homem, ser livre, é capaz de atos de criação, de transformação de si mesmo e do mundo onde vive. Sua dignidade decorre dessa capacidade criadora e inovadora, que o torna imagem de Deus, microcosmo que reflete, em escala menor, o poder divino da criação. O que torna Pico um dos primeiros renascentistas é essa visão da dignidade humana como capacidade de autodeterminação e criação a partir da transformação da natureza. A razão e a inteligência do homem não possuem exclusivamente um alcance ético, mas também um viés poiético (de poiésis: produção, fabricação). A originalidade de Pico, que o torna elo entre duas eras, a medieval e a moderna, está nessa visão do homem. A liberdade é o dom que o homem recebeu. Sua dignidade está em saber usá-lo bem, transformando o mundo e a si mesmo em direção ao melhor [...] O melhor, assim, é tudo aquilo que eleva o homem, que o torna construtor, criador, uma espécie de demiurgo do mundo, aproximando-o de Deus. É isso que, segundo Pico, converte o homem em um ser digno, merecedor de respeito por parte dos outros homens: o auto-aperfeiçoamento, a capacidade de se tornar, pelo uso da razão, um "animal celeste", próximo à máxima perfeição".[15]

Importante destacar, também, o contributo de Marsilio Ficino (1433-1499) no Humanismo renascentista, em especial, quanto à noção de dignidade da pessoa humana.[16]

De acordo com Guilherme Camargo Massaú "é possível visualizar em Ficino (como em Pico Della Mirandola) obra e atuação, uma ideia histórica diretamente ligada a um momento "original" da visão ocidental; trata-se de um percurso de representações teológicas específicas que contribuíram na formação do conceito de dignidade, estruturando pensamentos filosóficos puros, muitas vezes, ainda, de conceitualidade com base teológica.

15 Ibid.

16 MASSAÚ, Guilherme Camargo. Dignidade Humana e *Marsilio Ficino:* a perspectiva do Renascimento. In: *Revista Direitos Humanos e Democracia* Unijuí: Unijuí, ano 2, nº 3, jan./jun, 2014, p.128-124.

A ideia de dignidade de Ficino enraizou-se, sobretudo, na imagem e semelhança do homem com Deus [...] O conceito de semelhança de Deus do homem de Ficino não se baseia somente sobre o parentesco de essência presumido e principiológico entre o espírito humano e o divino. Tal perspectiva é fundamentada, especialmente, com a posição mediana cósmica do homem e seu papel intermediário no universo. A partir da representação platônica do provir e, simultaneamente, a do regresso, o florentino tenta demonstrar que o *mens* do homem origina-se do espírito divino e, ao mesmo tempo, da sua determinação finalística. A *mens* é *speculum Dei*, Deus é correlato da consciência da dignidade humana".[17]

Importante destacar também um grande autor que fincou a questão da dignidade humana na esfera social e política: *Francisco de Vitoria* (Burgos ou Vitória, 1483 – Salamanca, 12 de agosto de 1546), teólogo, filósofo, jurista e iniciador do movimento que, ao longo do século XVI, congregou romanistas, canonistas e teólogos e formou a chamada Escola Clássica Espanhola do Direito Natural e das Gentes, cuja contribuição doutrinária é altamente relevante na formação do Direito Internacional moderno. O pioneirismo de Vitoria contribuiu, fundamentalmente, para os sucessos do movimento de renovação da escolástica tomista no período renascentista.

Além de Francisco de Vitória, na questão da proteção dos povos indígenas, é importante mencionar Bartolemé de Las Casas (1474-1566), além dos discípulos de ambos: Melchor Cano (1509-1560) e Domingo Soto (1494-1560), e posteriormente Francisco Suarez (1548-1617).

O problema estava centrado no reconhecimento da *alteridade do índio*, ou seja, sobre a natureza humana do indígena. O enfrentamento desta questão era crucial para legitimar ou não a conquista de novas terras e a dominação dos indígenas. Esta disputa política foi parar na mais alta corte da época, o papa Paulo III. O papa teve que editar uma bula *Sublimis Deus*, em 9 de junho de 1537, favorável a alteridade indígena que dizia: "Determina-se, como coisa de fé, que os índios são verdadeiros homens como os demais, capazes de salvação e de todos os sacramentos". Este documento papal estabeleceu, pois, um marco de poder simbólico que possibilitou avançar na construção de discursos a favor da dignidade humana.

Outrossim, é a partir da filosofia Kantiana – pensamento antropocentrista – que o conceito de *dignidade humana* passa a ser uma qualidade peculiar e insubstituível do ser humano. Em Kant, o homem é compreendido como ser racional e não como mero objeto social. É a partir de sua racionalidade que o homem é qualificado como pessoa (um ser racional como um fim em si mesmo, provido de razão). Dessa maneira, somente o ser humano é pessoa, já que este é racional. Kant ensina que "age de tal sorte que consideres a Humanidade, tanto na tua pessoa como na pessoa de qualquer outro, sempre e simultanea-

17 Ibid.

mente como fim e nunca simplesmente como meio [...] os seres racionais estão submetidos à lei segundo a qual cada um deles jamais se trate a si mesmo ou aos outros simplesmente como meio, mas sempre e simultaneamente como fim em si [...] o homem não é uma coisa, não é, por consequência, um objeto que possa ser tratado simplesmente como meio, mas deve em todas as suas ações ser sempre considerado como um fim em si".[18] [19]

Em Kant, a dignidade deixa de ser considerada a partir da crença religiosa, buscando lastro na capacidade de atuação racional e autodeterminação e responsabilização moral da pessoa humana. Neste diapasão, Jorge Reis Novais afirma que "fosse a aptidão racional do homem concebida como dádiva de um Deus que o projectou como ser essencialmente livre ou, diversamente, fosse ela resultado de criação natural, desenvolve-se toda uma construção de dignidade assente sobre as ideias de razão, pensamento independente, valia intrínseca, igualdade, autonomia moral e auto-responsabilidade, ou seja, os atributos que são também inelimináveis no sentido moral e jurídico da dignidade em nossos dias".[20]

Dessa forma, a maior qualidade de uma pessoa é, pois, a sua dignidade, como elemento fundamental e inerente à pessoa humana.

4.2 Dignidade Humana e Instrumentos Internacionais

Verificou-se, pois, que o conceito de dignidade humana foi construído historicamente alinhado a evolução do pensamento humano.

No seio jurídico, a ideia de dignidade humana já possui uma bela demonstração em diversos textos internacionais.

A *Declaração Universal dos Direitos do Homem*, de 1948,[21] no artigo 1º, diz que "todos os seres humanos nascem livres e iguais em dignidade e em direitos. Dotados de razão e de consciência, devem agir uns para com os ou-

18 KANT, Immanuel. *Fondements de la métaphysique des Moeurs*. Paris: Librairie Philosophique J. Vrin, 1992. p. 105-111.

19 BARCELLOS, Ana Paula. *A Eficácia Jurídica dos Princípios Constitucionais*. O princípio da Dignidade da Pessoa Humana. Rio de Janeiro: Renovar, 2002, p. 107: "[...] Pode-se dizer que, para Kant, o homem é um fim em si mesmo - e não uma função do Estado, da sociedade ou da nação - dispondo de uma dignidade ontológica. O Direito e o Estado, ao contrário, é que deverão estar organizados em benefício dos indivíduos [...]".

20 NOVAIS, Jorge Reis. *A Dignidade da Pessoa Humana*: Dignidade e Direitos Fundamentais. Vol. 1. Coimbra: Almedina, 2015, p. 43.

21 *Preâmbulo* – *Considerando* que o reconhecimento da dignidade inerente a todos os membros da família humana e dos seus direitos iguais e inalienáveis constitui o fundamento da liberdade, da justiça e da paz no mundo; [...]
Considerando que, na Carta, os povos das Nações Unidas proclamam, de novo, a sua fé nos direitos fundamentais do homem, na dignidade e no valor da pessoa humana, na igualdade de direitos dos homens e das mulheres e se declararam resolvidos a favorecer o progresso social e a instaurar melhores condições de vida dentro de uma liberdade mais ampla; [...]

tros em espírito de fraternidade". No artigo 23, em relação ao direito do trabalho afirma que "quem trabalha tem direito a uma remuneração equitativa e satisfatória, que lhe permita e à sua família uma existência conforme com a *dignidade humana*, e completada, se possível, por todos os outros meios de protecção social".

A *Declaração dos Direitos da Criança*, de 1959;[22] determina em seu princípio 2.º que "a criança gozará de uma proteção especial e beneficiará de oportunidades e serviços dispensados pela lei e outros meios, para que possa desenvolver-se física, intelectual, moral, espiritual e socialmente de forma saudável e normal, assim como em condições de liberdade e *dignidade*. Ao promulgar leis com este fim, a consideração fundamental a que se atenderá será o interesse superior da criança".

A *Declaração das Nações Unidas sobre a Eliminação de todas as formas de Discriminação Racial*, de 1963, afirmando solenemente a necessidade de eliminar rapidamente todas as formas e todas as manifestações de discriminação racial em todas as partes do mundo e de assegurar a compreensão e o *respeito da dignidade da pessoa humana*, esclarece em seu artigo 1º que "a discriminação entre seres humanos com base na raça, cor ou origem étnica constitui um *atentado à dignidade humana* e deverá ser condenada enquanto negação dos princípios da Carta das Nações Unidas, bem como enquanto violação dos direitos humanos e liberdades fundamentais proclamados na Declaração Universal dos Direitos do Homem, obstáculo às relações amistosas e pacíficas entre as nações e fato susceptível de perturbar a paz e segurança entre os povos".

Posteriormente, o *Pacto Internacional relativo aos Direitos Civil e Políticos*, de 1966; em seu artigo 10, nº 1, dispôs que "todos os indivíduos privados da sua liberdade devem ser tratados com humanidade e com respeito da *dignidade inerente à pessoa humana*".

O *Pacto Internacional sobre os Direitos Econômicos, Sociais e Culturais*, de 1966,[23] ao cuidar do direito à educação, em seu artigo 13, nº 1, esclarece que "os Estados Partes no presente Pacto reconhecem o direito de toda a pessoa à educação. Concordam que a educação deve visar ao *pleno desenvolvimento da personalidade humana e do sentido da sua dignidade* e reforçar o respeito pelos direitos do homem e das liberdades fundamentais. Concordam também que

22 *Preâmbulo – Considerando* que os povos das Nações Unidas reafirmaram, na Carta, a sua fé nos direitos fundamentais, na dignidade do homem e no valor da pessoa humana e que resolveram favorecer o progresso social e instaurar melhores condições de vida numa liberdade mais ampla;

23 Considerando que, em conformidade com os princípios enunciados na Carta das Nações Unidas, o reconhecimento da *dignidade* inerente a todos os membros da família humana e dos seus direitos iguais e inalienáveis constitui o fundamento da liberdade, da justiça e da paz no Mundo; Reconhecendo que estes direitos decorrem da *dignidade inerente à pessoa humana*;

a educação deve habilitar toda a pessoa a desempenhar um papel útil numa sociedade livre, promover compreensão, tolerância e amizade entre todas as nações e grupos, raciais, étnicos e religiosos, e favorecer as actividades das Nações Unidas para a conservação da paz".

A *Declaração sobre a Eliminação da Discriminação contra as Mulheres*, de 1967, já afirmava em seu artigo 1º que a discriminação contra as mulheres, na medida em que nega ou limita a sua igualdade de direitos em relação aos homens, é fundamentalmente injusta e constitui uma *ofensa à dignidade humana.*

A *Proclamação de Teerão* (Conferência Internacional dos Direitos Humanos), de 1968, diz, em seu item 5, que "o objetivo primordial das Nações Unidas na área dos direitos humanos consiste em fazer com que cada indivíduo alcance a máxima liberdade e *dignidade*. Para a realização deste objectivo, as leis de todos os países devem conceder a cada pessoa, independentemente da respectiva raça, língua, religião ou convicção política, liberdade de expressão, de informação, de consciência e de religião, bem como o direito de participar na vida política, económica, cultural e social do seu país". Os participantes desta conferência, terminam o documento, instando "todos os povos e governos a dedicarem-se aos princípios consagrados na Declaração Universal dos Direitos do Homem e a redobrar os seus esforços com vista a proporcionar a todos os seres humanos uma vida compatível com a liberdade e a *dignidade* e favorável ao bem-estar físico, mental, social e espiritual".

Na *Declaração sobre a Proteção de Todas as Pessoas contra a Tortura e outras Penas ou Tratamentos Cruéis, Desumanos ou Degradantes*, adotada pela Assembléia Geral das Nações Unidas, em 1975, o artigo 2º diz que "qualquer ato de tortura ou qualquer outra pena ou tratamento cruel, desumano ou degradante constitui uma *ofensa à dignidade humana* e será condenado como violação dos objectivos da Carta das Nações Unidas e dos direitos humanos e liberdades fundamentais proclamados na Declaração Universal dos Direitos do Homem.

A *Declaração sobre a Raça e os Preconceitos Raciais*, de 1978, afirma no artigo 1º, nº 1, que todos os seres humanos pertencem à mesma espécie e descendem de uma origem comum. *Nascem iguais em dignidade* e em direitos e todos fazem parte integrante da Humanidade. O artigo 4º trata do apartheid e dos crimes contra a consciência e dignidade da pessoa humana. Vejamos: "1. Qualquer restrição à completa realização pessoal dos seres humanos e à livre comunicação entre eles que se baseie em considerações raciais ou étnicas é contrária ao princípio da igualdade em dignidade e direitos; não pode ser admitida. 2. O apartheid representa uma das mais graves violações deste princípio e constitui, como o genocídio, um crime contra a Humanidade, perturbando gravemente a paz e a segurança internacionais. 3. Outras políticas e práticas de segregação e discriminação racial constituem crimes contra a consciência e dignidade da espécie humana e podem provocar tensões políticas e comprometer gravemente a paz e a segurança internacionais". O artigo 9º do mesmo diploma internacional esclarece que "1. O *princípio da igualdade em dignidade e direitos de todos os seres humanos e todos os povos*, independentemente da respectiva raça, cor e origem, constitui um princípio de direito internacional geralmente aceite e reconhecido. Por conseguinte, qualquer forma de discriminação racial praticada pelo Estado constitui uma violação do direito internacional que dá origem a responsabilidade internacional. 2. Deverão ser tomadas medidas especiais para garantir a igualdade em dignidade e direitos dos indivíduos e grupos, sempre que necessário, evitando dar a estas medidas um carácter que possa parecer discriminatório no plano racial. A este respeito, deverá ser prestada particular atenção aos grupos raciais ou étnicos social ou economicamente desfavorecidos, de forma a garantir-lhes, em completa igualdade e sem discriminação ou restrição, a protecção da lei e regulamentos e os benefícios das medidas sociais em vigor, em particular nos domínios da habitação, emprego e saúde, respeitar a autenticidade da sua cultura e valores, e facilitar o seu progresso social e ocupacional, especialmente através da educação. 3. Os grupos populacionais de origem estrangeira, particularmente trabalhadores migrantes e suas famílias que contribuem para o desenvolvimento do país de acolhimento, deverão beneficiar de medidas adequadas destinadas a garantir-lhes segurança e o respeito da sua dignidade e valores culturais e a facilitar a sua adaptação ao meio de acolhimento e a progressão profissional com vista à posterior reintegração no respectivo país de origem e à sua contribuição para o desenvolvimento do mesmo; deverão ser tomadas medidas que permitam aos seus filhos aprender a sua língua materna. 4. Os desequilíbrios existentes nas relações económicas internacionais contribuem para exacerbar o racismo e os preconceitos raciais; por conseguinte, todos os Estados devem tentar contribuir para a reestruturação da economia internacional numa base mais equitativa".

Em 1981, foi proclamada a *Declaração sobre a Eliminação de todas as Formas de Intolerância e Discriminação baseadas na Religião ou Convicção.* O artigo 3º diz claramente que "a discriminação entre seres humanos por motivo de religião ou convicção constitui um *atentado à dignidade humana* e uma negação dos princípios da Carta das Nações Unidas, e deverá ser condenada enquanto violação dos direitos humanos e liberdades fundamentais proclamados na Declaração Universal dos Direitos do Homem e enunciados em detalhe nos Pactos Internacionais sobre Direitos Humanos, e enquanto obstáculo às relações amistosas e pacíficas entre nações".

A *Convenção Internacional sobre a Proteção de Todos os Trabalhadores Migrantes e dos Membros das suas Famílias*, de 1990, no artigo 17, nº 1. diz que estes devem ser tratados com humanidade e com respeito da *dignidade inerente à pessoa humana* e à sua identidade cultural.

Os *Princípios das Nações Unidas para as Pessoas Idosas* adotados pela resolução 46/91 da Assembléia Geral das Nações Unidas, de 1991, na parte que trata da assistência ao idoso, o item 14 dispõe que "os idosos devem ter a possibilidade de gozar os direitos humanos e liberdades fundamentais quando residam em qualquer lar ou instituição de assistência ou tratamento, incluindo a garantia do pleno respeito da sua *dignidade*, convicções, necessidades e privacidade e do direito de tomar decisões acerca do seu cuidado e da qualidade das suas vidas". Já os itens 17 e 18 tratam especificamente da *dignidade do idoso*. Vejamos: "17. Os idosos devem ter a possibilidade de viver com dignidade e segurança, sem serem explorados ou maltratados física ou mentalmente. 18. Os idosos devem ser tratados de forma justa, independentemente da sua idade, género, origem racial ou étnica, deficiência ou outra condição, e ser valorizados independentemente da sua contribuição económica".

Da mesma forma, é importante destacar, em 1992, a *Declaração sobre a Proteção de Todas as Pessoas contra os Desaparecimentos Forçados*. O artigo 1º diz claramente que qualquer ato de desaparecimento forçado constitui um atentado à dignidade da pessoa humana.[24]

A *Declaração e Programa de Ação de Viena*,[25] adotada a 25 de junho de 1993 pela Conferência Mundial sobre Direitos Humanos, que se realizou em Viena, Áustria, de 14 a 25 de junho de 1993, no item 11, ao tratar do direito ao desenvolvimento, diz que "todos têm direito a usufruir dos benefícios decorrentes do progresso científico e das suas aplicações práticas. A Conferência Mundial sobre Direitos Humanos toma nota de que alguns progressos, nomeadamente nas ciências biomédicas e da vida, bem como nas tecnologias

---

24 1. Qualquer acto de desaparecimento forçado constitui um atentado à dignidade humana. É condenado enquanto negação dos objectivos das Nações Unidas e uma grave e flagrante violação dos direitos humanos e liberdades fundamentais proclamados na Declaração Universal dos Direitos do Homem e reafirmados e desenvolvidos em outros instrumentos internacionais nesta matéria.
2. Todo o acto de desaparecimento forçado subtrai as pessoas que a ele são sujeitas à protecção da lei e provoca grandes sofrimentos a essas pessoas e às suas famílias. Constitui uma violação das normas de direito internacional que garantem, nomeadamente, o direito ao reconhecimento da personalidade jurídica, o direito à liberdade e segurança pessoal e o direito de não ser sujeito a tortura ou a outras penas ou tratamentos cruéis, desumanos ou degradantes. Também viola ou constitui uma grave ameaça ao direito à vida.

25 *Reconhecendo* e afirmando que todos os direitos humanos decorrem da dignidade e do valor inerentes à pessoa humana, que a pessoa humana é o sujeito central dos direitos humanos e das liberdades fundamentais, e que, consequentemente, deve ser o seu principal beneficiário e participar activamente na realização desses direitos e liberdades, [...]
Relembrando o Preâmbulo da Carta das Nações Unidas, em particular a determinação em reafirmar a fé nos direitos humanos fundamentais, na dignidade e no valor da pessoa humana, e na igualdade de direitos dos homens e das mulheres, assim como das nações, grandes e pequenas,

da informação, podem ter consequências potencialmente adversas para a integridade, a dignidade e os direitos humanos do indivíduo, apelando à cooperação internacional para garantir o pleno respeito pelos direitos humanos e pela *dignidade da pessoa humana* nesta área de preocupação universal".

Da mesma forma, no item 18, ao destacar os direitos humanos das mulheres e das crianças do sexo feminino, afirma que "a violência baseada no género e todas as formas de assédio e exploração sexuais, nomeadamente as que resultam de preconceitos culturais e do tráfico internacional, são incompatíveis com a *dignidade e o valor da pessoa humana* e devem ser eliminadas. Isto pode ser alcançado através de medidas de carácter legislativo e da acção nacional e cooperação internacional em áreas tais como o desenvolvimento sócio-económico, a educação, a maternidade segura e os cuidados de saúde, e a assistência social".

No item 20, a Conferência Mundial sobre Direitos Humanos reconhece a inerente *dignidade dos povos indígenas* e o contributo único destes povos para o desenvolvimento e o pluralismo da sociedade e reafirma fortemente o empenho da comunidade internacional no seu bem-estar económico, social e cultural e no seu gozo dos frutos do desenvolvimento sustentável.

No mesmo documento, item 25, afirma que a pobreza extrema e a exclusão social constituem uma *violação da dignidade humana* e que são necessárias medidas urgentes para alcançar um melhor conhecimento da pobreza extrema e suas causas, incluindo as que se relacionam com o problema do desenvolvimento, com vista a promover os direitos humanos dos mais pobres, a pôr fim à pobreza extrema e à exclusão social e a promover o gozo dos frutos do progresso social. É essencial que os Estados estimulem a participação das pessoas mais pobres no processo decisório da comunidade onde vivem, a promoção dos direitos humanos e os esforços para combater a pobreza extrema.

Por fim, trata no item 54 e seguintes da proibição da tortura, sublinhando que uma das violações mais atrozes da *dignidade humana* consiste no acto de tortura, cujos efeitos destroem a dignidade das vítimas e comprometem a sua capacidade para prosseguirem as suas vidas e as suas actividades.

Vale destacar, também, a *Declaração Universal sobre o Genoma Humano e os Direitos Humanos*, de 1997,[26] Parte A, que trata da dignidade humana e ge-

---

26 Recordando que o Preâmbulo da Constituição da UNESCO refere o "ideal democrático de dignidade, igualdade e respeito pela pessoa humana", rejeita qualquer "dogma da desigualdade das raças e dos homens", estabelece que "a difusão da cultura e a educação da humanidade para a justiça, a liberdade e a paz são indispensáveis à dignidade humana e constituem um dever sagrado que todas as nações devem cumprir com espírito de assistência mútua", proclama que "para que a paz subsista deverá assentar na solidariedade intelectual e moral da humanidade" e declara que a Organização procura promover "mediante a cooperação das nações do Mundo nos domínios da educação, da ciência e da cultura, os objectivos de paz internacional e bem-estar comum da humanidade, que

noma humano. O artigo 1º do documento diz que "o genoma humano tem subjacente a unidade fundamental de todos os membros da família humana, bem como o reconhecimento da sua inerente dignidade e diversidade. Em sentido simbólico, constitui o património da Humanidade". Todas as pessoas têm direito ao respeito da sua dignidade e dos seus direitos, independentemente das respectivas características genéticas (artigo 2º, a) e essa dignidade impõe que os indivíduos não sejam reduzidos às suas características genéticas e que se respeite o carácter único de cada um e a sua diversidade (artigo 2º, b).

Nenhuma pessoa poderá sofrer discriminação com base nas características genéticas, que tenha como objetivo ou como efeito atentar contra os direitos humanos, as liberdades fundamentais e a *dignidade humana* (artigo 6º).

Ademais, nenhuma investigação na área do genoma humano ou respectivas aplicações, em particular nas áreas da biologia, da genética e da medicina, deve prevalecer sobre o respeito pelos direitos humanos, pelas liberdades fundamentais e pela *dignidade das pessoas* ou, se for caso disso, dos grupos de pessoas (artigo 10).

As práticas que sejam contrárias à *dignidade humana*, como a clonagem de seres humanos para fins reprodutivos, não serão permitidas. Os Estados e as organizações internacionais competentes são convidados a cooperar na identificação de tais práticas e na adopção, a nível nacional ou internacional, das medidas necessárias para garantir o respeito dos princípios enunciados na presente Declaração (artigo 11).

O Artigo 12, alínea a, diz que "os benefícios dos progressos nas áreas da biologia, da genética e da medicina, relativos ao genoma humano, serão postos à disposição de todos, *tendo devidamente em conta a dignidade e os direitos humanos de cada pessoa*".

Cabe aos Estados tomar providências adequadas para proporcionar um enquadramento favorável ao livre exercício da investigação sobre o genoma humano tendo devidamente em conta os princípios enunciados na referida Declaração, a fim de salvaguardar o respeito pelos direitos humanos, liberdades fundamentais e *dignidade humana* e proteger a saúde pública. Devem

---

presidiram à criação da Organização das Nações Unidas e que a respectiva Carta proclama", [...]
Tendo também presente a Convenção sobre a Diversidade Biológica, das Nações Unidas, de 5 de Junho de 1992, e destacando a este respeito que o reconhecimento da diversidade genética da Humanidade não pode dar origem a qualquer interpretação de natureza social ou política que possa pôr em causa a "dignidade inerente a todos os membros da família humana e [os] seus direitos iguais e inalienáveis", em conformidade com o Preâmbulo da Declaração Universal dos Direitos do Homem, [...]
Reconhecendo que a investigação sobre o genoma humano e suas consequentes aplicações abre amplas perspectivas de progresso ao nível da melhoria da saúde dos indivíduos e da Humanidade no seu conjunto, mas sublinhando que tal investigação deve respeitar plenamente a dignidade humana, a liberdade e os direitos humanos, bem como a proibição de todas as formas de discriminação com base nas características genéticas,

tentar assegurar-se de que os resultados das investigações não são utilizados para fins não pacíficos, conforme artigo 15.

Por fim, vale lembrar o artigo 21 ao afirmar que "os Estados devem tomar medidas apropriadas para promover outras formas de investigação, formação e divulgação de informação que fomentem a sensibilização da sociedade e de todos os seus membros para as suas responsabilidades associadas às questões fundamentais relativas à *defesa da dignidade humana* que podem ser suscitadas pela investigação na área da biologia, da genética e da medicina, e suas aplicações. Devem também tentar facilitar uma discussão aberta, a nível internacional, sobre esta matéria, garantindo a livre expressão de diversas opiniões sócio-culturais, religiosas e filosóficas".

A *Declaração do Milênio das Nações Unidas*, adotada pela Assembléia Geral das Nações Unidas através da Resolução 55/2, de 8 de setembro de 2000, por ocasião da Cimeira do Milênio (Nova Iorque, 6 a 8 de setembro de 2000), reconhece no Capítulo I que, para além das responsabilidades que todos temos perante as nossas sociedades, temos a responsabilidade coletiva de respeitar e defender os *princípios da dignidade humana*, da igualdade e da equidade, a nível mundial. Como dirigentes, temos, pois, um dever para com todos os habitantes do planeta, em especial para com os mais vulneráveis e, em particular, as crianças do mundo, a quem pertence o futuro.

Considera, ainda, que determinados valores fundamentais são essenciais para as relações internacionais no século XXI. Entre eles, destaca-se a liberdade, afirmando que "os homens e as mulheres têm o direito de viver a sua vida e de criar os seus filhos com *dignidade*, livres da fome e livres do medo da violência, da opressão e da injustiça. A melhor forma de garantir estes direitos é através de uma governação democrática e participada baseada na vontade popular".

No capítulo VI cuida da proteção dos grupos vulneráveis, decidindo intensificar a cooperação internacional, designadamente a partilha de responsabilidades com os países que recebem refugiados, e a coordenação da assistência humanitária a estes países, e ajudar todos os refugiados e pessoas deslocadas a regressar voluntariamente às suas casas, em condições de segurança e de *dignidade*, e a reintegrarem-se sem dificuldade nas suas respectivas sociedades.

A *Conferência Mundial contra o Racismo, Discriminação Racial, Xenofobia e Intolerância Conexa* realizada na cidade de Durban, África do Sul, entre os dias 31 de Agosto e 8 de Setembro de 2001, representou um evento de importância crucial nos esforços empreendidos pela comunidade internacional para combater o racismo, a discriminação racial e a intolerância em todo o mundo, bem como a proteção da dignidade da pessoa humana.[27]

27 Declaração e Programa de Acção da III Conferência Mundial contra o Racismo e a Discriminação Racial (Durban, 2001). [...]

8. Reconhecemos que a religião, a espiritualidade e as convicções desempenham um papel central nas vidas de milhões de mulheres e homens, e na forma como vivem e tratam as outras pessoas. A religião, a espiritualidade e as convicções podem, na teoria e na prática, contribuir para a promoção da dignidade e do valor inerentes à pessoa humana e para Racismo, Discriminação Racial, Xenofobia e Intolerância Conexa 26 a erradicação do racismo, da discriminação racial, da xenofobia e da intolerância conexa; [...]
34. Reconhecemos que as pessoas de ascendência africana são desde há séculos vítimas de racismo, discriminação racial, xenofobia e intolerância conexa e da negação histórica de muitos dos seus direitos, e afirmamos que devem ser tratadas de forma justa e com respeito pela sua dignidade, não devendo sofrer qualquer tipo de discriminação. Deverão, assim, ser-lhes reconhecidos os direitos à cultura e à sua identidade própria; a participar livremente e em condições de igualdade na vida política, social, económica e cultural; ao desenvolvimento no contexto das suas próprias aspirações e costumes; a conservar, manter e dinamizar as suas próprias formas de organização, o seu modo de vida, a sua cultura, as suas tradições e as suas práticas religiosas; a manter e utilizar as suas línguas; à protecção dos seus saberes tradicionais e da sua herança cultural e artística; a utilizar, fruir e conservar os recursos naturais renováveis da zona onde vivem e à participação activa na concepção, aplicação e execução de sistemas e programas educativos, incluindo os de natureza específica e própria; e, se for caso disso, às terras ancestralmente habitadas; [...]
39. Reconhecemos que os povos indígenas são vítimas de discriminação desde há séculos e afirmamos que eles são livres e iguais em dignidade e em direitos e não devem sofrer qualquer discriminação, em particular com base na sua origem e identidade indígenas, e sublinhamos a contínua necessidade de medidas para ultrapassar o racismo, a discriminação racial, a xenofobia e a intolerância conexa que os continuam a afectar; [...]
54. Sublinhamos a urgência de fazer face às causas profundas das deslocações de pessoas e de encontrar soluções duradouras para os refugiados e deslocados internos, em particular o regresso voluntário em condições de segurança e dignidade aos seus países de origem, bem como a reinstalação em países terceiros e a integração local, se e sempre que apropriado e possível; [...]
65. Reconhecemos o direito dos refugiados a regressar voluntariamente aos seus lares e propriedades em condições de dignidade e segurança, e instamos todos os Estados a facilitar este regresso; [...]
82. Afirmamos que o Diálogo entre Civilizações constitui um processo que visa identificar e promover os elementos comuns às diversas civilizações, o reconhecimento e promoção da dignidade inerente a todos os seres humanos e da igualdade dos seus direitos, e o respeito dos princípios fundamentais de justiça; desta forma, pode dissipar ideias de superioridade cultural baseadas no racismo, na discriminação racial, na xenofobia e na intolerância conexa, e facilitar a reconciliação de todos os membros da família humana; [...]
92. Reconhecemos também a necessidade de promover a utilização das novas tecnologias da informação e comunicação, incluindo a INTERNET, para Declaração da Conferência Mundial contra o Racismo, Discriminação Racial, Xenofobia e Intolerância Conexa 45 contribuir para a luta contra o racismo, a discriminação racial, a xenofobia e a intolerância conexa; as novas tecnologias podem ajudar na promoção da tolerância e do respeito pela dignidade humana, e dos princípios da igualdade e não discriminação; [...]
101. A fim de encerrar esses capítulos negros da História e como forma de reconciliação e cicatrização de feridas, convidamos a comunidade internacional e os seus membros a honrar a memória das vítimas de tais tragédias. Constatamos também que alguns tomaram a iniciativa de lamentarem o sucedido, de manifestarem arrependimento ou de apresentarem desculpas, e apelamos a todos os que não contribuíram ainda para

restabelecer a dignidade das vítimas para que encontrem formas adequadas de o fazer e, neste sentido, agradecemos aos países que o fizeram; [...]
103. Reconhecemos que as consequências das formas passadas e contemporâneas de racismo, discriminação racial, xenofobia e intolerância conexa constituem sérios desafios à paz e segurança a nível global, ao respeito da dignidade humana e à realização dos direitos humanos e liberdades fundamentais de muitas pessoas do mundo, em particular africanos, pessoas de ascendência africana, pessoas de ascendência asiática e povos indígenas; [...]
105. Orientados pelos princípios consagrados na Declaração do Milénio e pelo reconhecimento de que temos uma responsabilidade colectiva de defender os princípios da dignidade humana, da igualdade e da justiça e de garantir que a globalização se torne numa força positiva para todos os povos do mundo, a comunidade internacional compromete-se a trabalhar em prol da integração benéfica dos países em desenvolvimento na economia global e a combater a sua marginalização, determinada em alcançar um crescimento económico acelerado e um desenvolvimento sustentável e em erradicar a pobreza, a desigualdade e a miséria; [...]
ESTRATÉGIAS PARA ALCANÇAR UMA PLENA E EFECTIVA IGUALDADE, NOMEADAMENTE COOPERAÇÃO INTERNACIONAL E REFORÇO DAS NAÇÕES UNIDAS E OUTROS MECANISMOS NO DOMÍNIO DO COMBATE AO RACISMO, À DISCRIMINAÇÃO RACIAL, À XENOFOBIA E À INTOLERÂNCIA CONEXA
63. Encoraja o sector empresarial, em particular a indústria do turismo e os fornecedores de acesso à INTERNET, a elaborar códigos de conduta, a fim de prevenir o tráfico de pessoas e proteger as vítimas deste tráfico, especialmente pessoas envolvidas na prostituição, contra a discrimina- ção baseada no género e a discriminação racial, e promover os seus direitos, a sua dignidade e a sua segurança; [...]
126. Encoraja todos os Estados, em cooperação com as Nações Unidas, a Organização das Nações Unidas para a Educação, Ciência e Cultura e outras organizações internacionais competentes, a instituir e desenvolver programas culturais e educativos destinados a combater o racismo, a discriminação racial, a xenofobia e a intolerância conexa, a fim de garantir o respeito pela dignidade e valor de todos os seres humanos e de reforçar a compreensão mútua entre todas as culturas e civilizações. Insta também os Estados a apoiar e levar a cabo campanhas de informação pública e programas de formação específicos na área dos direitos humanos, se necessário formulados nas línguas locais, a fim de combater o racismo, a discriminação racial, a xenofobia e a intolerância conexa e promover o respeito pelos valores da diversidade, do pluralismo, da tolerância, do respeito mútuo, da sensibilidade cultural, da integração e da inclusão. Estas campanhas e programas dever-se-ão dirigir a todos os sectores da sociedade, particularmente às crianças e aos jovens; [...]
NÍVEL INTERNACIONAL
148. Insta todos os intervenientes na cena internacional a construir uma ordem internacional baseada na inclusão, justiça, igualdade e equidade, dignidade humana, compreensão mútua e promoção e respeito da diversidade cultural e dos direitos humanos universais, e a rejeitar todas as doutrinas de exclusão baseadas no racismo, na discriminação racial, na xenofobia e na intolerância conexa; [...]
180. Convida a Assembleia Geral das Nações Unidas a considerar a possibilidade de elaborar uma convenção internacional completa e abrangente destinada a proteger e promover os direitos e a dignidade das pessoas com deficiência, incluindo, em especial, disposições que visem as prá- ticas e os tratamentos discriminatórios que as afectam; [...]
185. Manifesta a sua profunda preocupação pela gravidade do sofrimento humano das populações civis afectadas e pelo fardo suportado por muitos países receptores, particularmente países em desenvolvimento e países em transição, e solicita às instituições

Em 2006, é necessário lembrar os *Princípios de Yogyakarta*, na Indonésia, elaborados por especialistas em legislação internacional de direitos humanos, orientação sexual e identidade de gênero.[28] O Princípio 3º dispõe que "Toda pessoa tem o direito de ser reconhecida, em qualquer lugar, como pessoa perante a lei. As pessoas de orientações sexuais e identidades de gênero diversas devem gozar de capacidade jurídica em todos os aspectos da vida. A orientação sexual e identidade de gênero autodefinidas por cada pessoa constituem parte essencial de sua personalidade e um dos aspectos mais básicos de sua autodeterminação, *dignidade* e liberdade. Nenhuma pessoa deverá ser forçada a se submeter a procedimentos médicos, inclusive cirurgia de mudança de sexo, esterilização ou terapia hormonal, como requisito para o reconhecimento legal de sua identidade de gênero. Nenhum status, como ca-

---

internacionais competentes que garantam a manutenção de uma urgente e adequada assistência financeira e humanitária aos países de acolhimento, de forma a permitir-lhes auxiliar as vítimas e fazer face, numa base equitativa, às dificuldades das populações expulsas dos seus lares, e apela à concessão de salvaguardas suficientes, que permitam aos refugiados exercer livremente o seu direito de regressar aos seus países de origem voluntariamente, em segurança e dignidade; [...]

Reafirmamos que: A Europa é uma comunidade de valores partilhados, multicultural no seu passado, presente e futuro; a tolerância garante a manutenção da Europa enquanto sociedade pluralista e aberta, no seio da qual é promovida a diversidade cultural;

Todos os seres humanos nascem livres e iguais em dignidade e em direitos e com capacidade para participar de forma construtiva no desenvolvimento e bem-estar das nossas sociedades;

A igual dignidade de todos os seres humanos e o princípio do Estado de Direito deverão ser respeitados e a igualdade de oportunidades deverá ser promovida;

Profundamente convencida de que a Europa é uma comunidade de valores partilhados, incluindo o valor da igual dignidade de todos os seres humanos, e de que o respeito desta igual dignidade é a pedra angular de todas as sociedades democráticas;

28 Um grupo eminente de especialistas em direitos humanos preparou um documento preliminar, desenvolveu, discutiu e refi nou esses Princípios. Depois de uma reunião de especialistas, realizada na Universidade Gadjah Mada, em Yogyakarta, Indonésia, entre 6 e 9 de novembro de 2006, 29 eminentes especialistas de 25 países, com experiências diversas e conhecimento relevante das questões da legislação de direitos humanos, adotaram por unanimidade os Princípios de Yogyakarta sobre a Aplicação da Legislação Internacional de Direitos Humanos em relação à Orientação Sexual e Identidade de Gênero.

O relator da reunião, professor Michael O'Flaherty, deu uma contribuição imensa à versão preliminar e a revisão dos Princípios. Seu compromisso e esforço incansável foram críticos para o sucesso desse processo.

Os Princípios de Yogyakarta tratam de um amplo espectro de normas de direitos humanos e de sua aplicação a questões de orientação sexual e identidade de gênero. Os Princípios afirmam a obrigação primária dos Estados de implementarem os direitos humanos. Cada princípio é acompanhado de detalhadas recomendações aos Estados. No entanto, os especialistas também enfatizam que muitos outros atores têm responsabilidades na promoção e proteção dos direitos humanos. São feitas recomendações adicionais a esses outros atores, que incluem o sistema de direitos humanos das Nações Unidas, instituições nacionais de direitos humanos, mídia, organizações não-governamentais e financiadores.

samento ou status parental, pode ser invocado para evitar o reconhecimento legal da identidade de gênero de uma pessoa. Nenhuma pessoa deve ser submetida a pressões para esconder, reprimir ou negar sua orientação sexual ou identidade de gênero".

Outro documento de fundamental importância é a *Convenção sobre os Direitos das Pessoas com Deficiência*, de 2007, com entrada em vigor na ordem internacional, em maio de 2008. Ora, é mais que reconhecido que a discriminação contra qualquer pessoa com base na deficiência é uma violação da dignidade e valor inerente à pessoa humana. O objeto da referida Convenção, consoante o artigo 1º, é promover, proteger e garantir o pleno e igual gozo de todos os direitos humanos e liberdades fundamentais por todas as pessoas com deficiência e promover o respeito pela sua *dignidade* inerente.

Um dos princípios gerais da presente Convenção é o respeito pela dignidade inerente, autonomia individual, incluindo a liberdade de fazerem as suas próprias escolhas, e independência das pessoas (artigo 3º, a).

Neste documento, no artigo 8º (Sensibilização), os Estados Partes comprometeram-se a adotar medidas imediatas, efetivas e apropriadas para sensibilizar a sociedade, incluindo a nível familiar, relativamente às pessoas com deficiência e a fomentar o respeito pelos seus direitos e *dignidade*. Devem tomar, também, medidas apropriadas para promover a recuperação e reabilitação física, cognitiva e psicológica, assim como a reintegração social das pessoas com deficiência que se tornem vítimas de qualquer forma de exploração, violência ou abuso, incluindo da disponibilização de serviços de proteção. Tal recuperação e reintegração devem ter lugar num ambiente que favoreça a saúde, bem-estar, auto-estima, *dignidade e autonomia da pessoa* e ter em conta as necessidades específicas inerentes ao genero e idade (artigo 16, nº 4).

O artigo 24 desta Convenção trata da educação, reconhecendo o direito das pessoas com deficiência à educação. Com vista ao exercício deste direito sem discriminação e com base na igualdade de oportunidades, os Estados Partes deve assegurar um sistema de educação inclusiva a todos os níveis e uma aprendizagem ao longo da vida, direcionados para: a) O pleno desenvolvimento do potencial humano e *sentido de dignidade* e auto-estima e ao fortalecimento do respeito pelos direitos humanos, liberdades fundamentais e diversidade humana; b) O desenvolvimento pelas pessoas com deficiência da sua personalidade, talentos e criatividade, assim como das suas aptidões mentais e físicas, até ao seu potencial máximo; c) Permitir às pessoas com deficiência participarem efectivamente numa sociedade livre.

O artigo 25 cuida do direito à saúde das pessoas com deficiência. Deve-se, pois, exigir dos profissionais de saúde a prestação de cuidados às pessoas com deficiência com a mesma qualidade dos dispensados às demais, com base no *consentimento livre e informado*, inter alia, da sensibilização para os direitos humanos, *dignidade*, *autonomia* e necessidades das pessoas com deficiência através da formação e promulgação de normas deontológicas para o setor público e privado da saúde.

Assim, sobreleva notar que em diversas declarações e textos internacionais afirmam a proteção da dignidade da pessoa humana. Daí a necessidade de sua delimitação e concretização no sistema jurídico internacional. Ademais, a ideia de dignidade humana possui um amplo espectro epistemológico e tem servido de base a diversas decisões de cortes internacionais e comunitárias.

Constata-se, portanto, que a dignidade da pessoa humana, "na sua acepção jurídica, não pode ficar restrita a campos definidos pelo direito positivo, mas pressupõe para sua materialização jurídica perspectivas mais amplas do que permite o espaço jurídico positivado".[29]

Todavia, vale lembrar que *dignidade humana* não se confunde com *direitos humanos*. Neste sentido, André de Carvalho Ramos defende o princípio da consubstancialidade parcial da dignidade humana com os direitos humanos, ou seja, a unidade ou comunhão entre dignidade humana e direitos humanos é parcial não havendo sinonímia. O autor explica que "em um primeiro nível (primário), todos os direitos humanos consistem minimamente com uma projeção da dignidade humana; em um segundo nível essa presença é distante, o que redunda em uma consubstancialidade parcial".[30]

4.3 A Dignidade da Pessoa Humana Como Discurso Legitimador do Direito

Pensar o Direito em sua forma mais originária. Este é o desafio em direção às sendas da realização da tutela da dignidade da pessoa humana. É um pensar o Direito com as lentes voltadas para o mais essencial: a dignidade humana como valor fundamental da Constituição da República (art.1°, III, da CRFB/88).

O "saber" jurídico não pode ficar atrelado ao ente, dominado pela sua estrutura, mas sim deve caminhar sempre para além deste, ultrapassando-o, constantemente. O operador jurídico deve procurar superar o texto da lei, em busca do seu fundamento – em direção ao ser. O saber essencial do Direito não está posto, não é algo dado, objetificado (entitativo), mas sim desvelado ao julgador na análise do caso concreto decidendo. É um "saber" essencial que passa por cima do ente e procura atingir a sua forma mais originária. Somente quando ultrapassamos o ente, em busca do seu ser, as "proposições" jurídicas terão alguma justificação.

29 BARRETTO, Vicente de Paulo; MOTA, Mauricio. *Por que estudar Filosofia do Direito?* Aplicações da Filosofia do Direito nas Decisões Judiciais. Brasília: ENFAM, 2011, p. 191.

30 RAMOS, André de Carvalho. *Dignidade Humana como Obstáculo à Homologação de Sentença Estrangeira*. In: Revista de Processo, vol. 249. Ano 40. São Paulo: RT, 2015, p. 43.

Nesse contexto, HEIDEGGER, na obra *Sobre o Humanismo*, afirma que "somente na medida em que o homem, ec-sistindo na Verdade do Ser, pertence ao Ser, é que pode provir do próprio Ser a recomendação das prescrições que tornar-se-ão para o homem lei e regra. Em grego, recomendar é némein. O nómos não é apenas a lei, porém, mais originalmente, a recomendação protegida pelo destinar-se do Ser. Só essa recomendação pode dispor o homem para o Ser. E somente essa disposição pode trazer e instaurar obrigações. Do contrário, toda a lei permanecerá e continuará apenas um produto (das Gemächte) da razão humana. Mais essencial para o homem do que todo e qualquer estabelecimento de regras é encontrar um caminho para a morada da Verdade do Ser".[31]

O esquecimento da Verdade do Ser em favor da "coisificação" do Direito, não pensado em sua essência, é o sentido de sua decadência. Sem a percepção desta essência todo o esforço e o cuidado para se "dizer o direito" transborda no vazio. As normas jurídicas em abstrato devem ganhar mais plenitude e colorido se considerarmos os estudos avançados de hermenêutica jurídica e concretude judicial, uma vez que aquela deixa de ser considerada como hermenêutica de orientação metodológica-científica (modo de conhecer) para ser estudada como hermenêutica ontológica (modo de ser).

Vicente de Paulo Barretto e Mauricio Mota, baseados nos argumentos de Bernard Edelman, afirmam que o conceito de dignidade humana situa-se em outro plano epistemológico. "Ela não designa nem mais nem menos a essência do homem, como formulada nos direitos humanos, mas atribui outro significado a essa essência".[32] Dessa maneira, a dignidade humana "situa-se no cerne da luta contra o risco de desumanização, consequência do desenvolvimento desmesurado da tecnociência e do mercado. O inimigo não é mais unicamente e exclusivamente o poder do Estado, mas também o próprio produto do conhecimento humano e do sistema produtivo".[33] Daí a necessária diferenciação entre dignidade humana e direitos humanos. A conceituação de ambos estão atrelados à pessoa humana. Ocorre que a dignidade "de alguma forma situa-se em nível mais profundo na essência do homem".[34] Os autores traçam, pois a diferenciação entre o homem dos direitos humanos e a humanidade. Vejamos as lições: "verifica-se então como a dignidade humana encontra-se referida à questão não do indivíduo, mas da humanidade. O homem dos direitos humanos representa, juridicamente, o indivíduo universal

31 HEIDEGGER, Martin. *Sobre o Humanismo*. Tradução de Emmanuel Carneiro Leão. 2. ed. Rio de Janeiro: Tempo Brasileiro, 1995, p. 94-95.

32 EDELMAN, Bernard. La personne em danger. Paris: Presses Universitaires de France, 1999, p.508. In: BARRETTO, Vicente de Paulo; MOTA, Mauricio. *Por que estudar Filosofia do Direito?* Aplicações da Filosofia do Direito nas Decisões Judiciais. Brasília: ENFAM, 2011, p. 193.

33 Ibid.

34 Ibid, p.192.

no exercício de sua liberdade também universal. A humanidade, por sua vez, é a reunião simbólica de todos os homens enquanto seres humanos".[35]

A dogmática jurídica não pode esconder as vicissitudes da realidade material (mundo vivido) que o Direito deve tutelar, em especial, nas questões diretamente relacionadas ao Homem, sua dignidade e personalidade.

Sem focar o Direito na dignidade da pessoa humana, como pode o operador do direito aplicar as regras do direito posto? O primeiro passo é, pois, conhecer a dimensão ontológica do Direito.

A partir desse novo *lócus hermenêutico*, a relação jurídica deve ser compreendida como a realização do Direito, inserida no seu contexto histórico-cultural, ou seja, a ideia de relação jurídica deve estar em harmonia com os direitos fundamentais, com vistas a repersonalização da pessoa. É a realização do direito conduzida por uma questão prévia: a sintonia do Direito com os cânones da tutela da dignidade da pessoa humana. Daí a necessidade de uma nova racionalidade a partir de uma perspectiva ontológico-existencial.[36]

Melhor dizendo: é a possibilidade de análise do fenômeno jurídico a partir de suas vicissitudes totalitárias concretas no mundo da vida. É a relação jurídica ajustada a uma nova dinâmica social de inter-relação humana vista a partir de suas especificidades concretizantes. É o Direito inserido na pós-modernidade.

É justamente por isso que os operadores do direito precisam ajustar a dogmática jurídica ao novo, ao efêmero, ao *poder-ser*, a diversidade, à diferença, ao pluralismo, bem como enfrentar as relações jurídicas a partir de sua dinamicidade espaço-tempo cultural.

O jurista não pode fechar os olhos para esta nova realidade, refugiando-se num formalismo positivista que prescinda de aproximações com a hermenêutica filosófica e constitucional.

É desta forma que o Direito não pode se ancorar no paradigma epistemológico da filosofia da consciência e na subjetividade. Observa-se a entificação do Direito. O Direito deve restar harmonioso com o modo de ser-no-mundo (mundo da vida). Dessa maneira é possível reconhecer o fundamento da concretização normativa desejada.

O pensamento jurídico não pode ser concebido a partir de um predomínio imposto pelos limites da razão e edificado com os poderes da racionalidade abstrata. A transcendência existencial torna-se uma alavanca de evolução da ciência jurídica, já que a concretização normativa ficará garantida através dos pilares do círculo hermenêutico.

A superação da filosofia da consciência, da relação sujeito-objeto, do subjetivismo, é à busca do homem em sua essência, como possibilidade e modo de ser-no-mundo, ou seja, é o caminho em direção a uma humanização

35 Ibid, p.193.

36 MELLO, Cleyson de Moraes. *Hermenêutica e Direito*. Rio de Janeiro: Freitas Bastos, 2006.

do Direito. É o caminho para a (de)sentificação do Direito, já que um ente não pode fundar os entes. É a partir da hermenêutica como modo de ser-no-mundo que o Direito deve procurar caminhar por uma área de valores humanos peculiares, subtraídos à lógica formal do direito positivo.[37]

O Direito é um sendo, é um acontecer, é uma abertura de possibilidades. O ser deve ser compreendido a partir do homem em seu próprio acontecer, historicamente situado. A hermenêutica, com o viés da ontologia fundamental, procura interrogar o ser por meio da historicidade e da temporalidade do ser-aí, ou seja, compreender a questão do ser fora do contexto da tradição metafísica.

Desse modo, é a partir do pensar originário que a ciência jurídica vai desdobrando o seu jogo de preceitos legais. No viço dessa originalidade, pensar o Direito quer dizer: vir e chegar à plenitude de ser no Direito é a clareira, *aletheia*; é a essência do pensamento jurídico em seu desvelar-se, em seu dar-se originário. Vê-se, pois, a produção do Direito e não, simplesmente, a sua (re)produção jurídica. É essa operação do pensamento jurídico que possibilita a sua renovação pela (re)fundamentação de seu ser.

A compreensão é a própria abertura do ser-no-mundo, bem como é um existencial. Todo o compreender é derivado dessa compreensão existencial, que é a própria luz, iluminação, abertura, clareira, revelação do ser-aí, Aletháeia.

O Direito deve ser compreendido de modo originário e autêntico, desvinculado dos conceitos ingênuos e opiniões que a tradição em si as carrega. Há que se buscar uma abertura mais abrangente e mais originária do Direito.

É certo que na civilização moderna o conceito de pessoa brilha como estrela de primeira grandeza em seus mais diversos matizes nos campos da Moral, do Direito, da Filosofia, da Antropologia, da Sociologia, da Psicologia, da Religião etc. Daí as diversas linhas teóricas e paradigmas que possuem como epicentro o conceito de pessoa. Nesta perspectiva torna-se difícil à busca de uma definição precisa acerca da dignidade da pessoa humana, em especial, na seara jurídica.

Na filosofia moderna, duas linhas teóricas condicionam-se mutuamente:[38] "é a reformulação do conceito de pessoa no campo conceptual da meta-

37 Nessa linha de pensamento, Gianni Vattimo afirma que "se é verdade que é preciso procurar obter também no campo das ciências humanas uma forma de rigor e de exatidão que satisfaça as exigências de um ser metódico, isto deve fazer-se desde que se reconheça o que existe no homem de irredutível e peculiar; e esse núcleo é o humanismo da tradição, centrado em torno da liberdade, da escolha, da imprevisibilidade do comportamento, isto é, da sua constitutiva historicidade". VATTIMO, Gianni. *O Fim da Modernidade:* Niilismo e Hermenêutica na Cultura Pós-Moderna. Tradução Maria de Fátima Boavida. Lisboa: Presença, 1987. p.32.

38 VAZ, Henrique Cláudio Lima. *Antropologia Filosófica II*. 4. ed. São Paulo: Loyola, 2003, p. 195.

física da subjetividade, intentada por Descartes e pelos cartesianos, que é o alvo da crítica empirista; e é a polêmica com essa crítica que leva Kant a um último e mais radical aprofundamento da concepção de pessoa em direção ao terreno da subjetividade absoluta. Na verdade, de Descartes a Kant e de Hobbes a Hume o conceito de pessoa oscila entre a unidade da consciência-de-si e a pluralidade das representações do Eu, aquela primeira e originária, essas coordenadas nominalisticamente nas múltiplas designações de que a pessoa é objeto".

Portanto, que é o homem? A despeito da interrogação filosófica sobre o homem no correr dos séculos, considerando o paradigma heideggeriano, é na dimensionalidade do *Dasein* que a dignidade da pessoa humana e a sua personalidade se desvelarão, uma vez que neste espaço o homem não é um ente, senão o aí-do-ser. É um novo paradigma de fundamentação do direito, já que pautado na dimensionalidade ontológica da pessoa humana.

Hoje em dia, o dizer o Direito nos chega por meio de um pensamento jurídico alienante e silente, pautado em um positivismo legalista.

Angustiante por natureza, a busca desenfreada pela segurança jurídica sufoca cada vez mais o pensar original. Um sistema jurídico axiologicamente neutro, a-temporal, a-histórico já representa um perigo a ser evitado e uma ameaça a ser controlada pelos juristas. Caso contrário, imperar-se-á por toda a parte uma atitude de subserviência ao texto legal, representando, assim, a inautenticidade do Direito, isto é, a reificação do direito. Isso representa uma prestação jurisdicional restrita às atividades lógicas, científicas, cuja visão objetivista dos entes está em distonia com o mais digno de ser pensado, qual seja: o pensar o ser e a verdade da faticidade do ser-aí.

Dessa maneira o estatuto legitimador do Direito não será mais de cunho objetivista. Uma espécie de antropologia da faticidade abre-se como único lugar para a problematização do homem e da filosofia.[39] E por que não dizer do Direito? É, pois, um novo plano para se dizer o Direito em que se dão ente e ser , no nível do ente privilegiado. É a filosofia de Hedeigger ancorada nos teoremas da diferença ontológica e círculo hermenêutico. É neste nível que o Direito passa a receber seu estatuto legitimador.

Caberá, pois a jurisdição constitucional enfrentar as questões acerca da natureza da dignidade da pessoa humana a partir das especificidades dos casos concretos decidendos (concretude judicial), a partir de uma (re)fundamentação do pensamento jurídico.[40]

A dignidade da pessoa humana deve ser reconhecida pelo Direito, não como questão de validade da norma jurídica, senão como sentido do ser,

39 STEIN, Ernildo. *Nas Proximidades da Antropologia*: Ensaios e Conferências Filosóficas. Ijuí: Unijuí, 2003, p.16.

40 Neste contexto, existem doutrinadores que negam a possibilidade de os juízes ingressarem na esfera do conteúdo ético da dignidade, já que tal tarefa deve ser efetuada a partir de um debate público que se processará na esfera parlamentar.

como algo preexistente e anterior a todo fenômeno jurídico. É uma espécie de *a priori* do conhecimento na ontologia como hermenêutica da faticidade, como analítica existencial. É, pois, o Dasein como ser-no-mundo, como pressuposto de qualquer teoria do conhecimento ou fenômeno jurídico. A dignidade humana encontra-se na ordem daquilo que não é demonstrável, mas que existe como pré-condição.[41]

Em *Ser e Tempo*, Heidegger chama a atenção, logo no início, para a importância da compreensão pré-ontológica do ser. O filósofo afirma que "esse ente que cada um de nós somos e que, entre outras, possui em seu ser a possibilidade de questionar, nós o designamos com o termo pre-sença. A colocação explícita e transparente da questão sobre o sentido do ser requer uma explicação prévia e adequada de um ente (pre-sença) no tocante ao ser ser".[42]

Heidegger afirma, em entrevista ao *Der Spiegel*, que Dasein (pre-sença, ser-aí) "não é sinônimo nem de homem, nem de ser humano, nem de humanidade, embora conserve uma relação estrutural. Evoca o processo de constituição ontológica de homem, ser humano e humanidade. É na pre-sença que o homem constrói o seu modo de ser, a sua existência, a sua história etc".[43]

Dessa maneira a compreensão da dignidade da pessoa humana não é uma compreensão empírica de algo enquanto algo, e sim condição de possibilidade desta última.

É necessário, pois, que o elemento nuclear da noção de dignidade da pessoa humana seja reconduzido a uma matriz heideggeriana, cujo ser-no--mundo é constituição necessária e fundamental do *Dasein*. É um existencial.

O esquecimento da Verdade do Ser em favor da avalanche do ente, não pensado em sua essência, é o sentido da "decadência", mencionada em *Ser e Tempo*. Da mesma forma, o esquecimento da tutela da dignidade humana em favor da idéia minimalista do homem-objeto, é o sentido da "decadência" do Direito.

A metafísica pensa o homem a partir da animalitas. Ela não o pensa na direção de sua humanitas.[44] É dessa maneira que Heidegger remete o ser humano para o lugar da compreensão do ser. Em *Sobre o Humanismo*, o filósofo afirma que "só se pode dizer ec-sistência da Essência do homem, isto é, do modo humano de "ser", pois somente o homem, até onde alcança a nossa experiência, foi introduzido no destino da ec-sistência".[45]

Heidegger chama a ec-sistência do homem, o estar na clareira do Ser. "Esse modo de ser só é próprio do homem. Assim entendida, a ec-sistência

---

41 BARRETTO, Vicente de Paulo; MOTA, Mauricio. *Por que estudar Filosofia do Direito?* Aplicações da Filosofia do Direito nas Decisões Judiciais. Brasília: ENFAM, 2011, p. 193.

42 HEIDEGGER, Martin. *Ser e Tempo*. Parte I. Tradução de Márcia Sá Cavalcante Schuback. 12. ed. Petrópolis: Vozes, 2002, p. 33.

43 Revista Tempo Brasileiro, n.50, julho/set. 1977. In HEIDEGGER, Martin. *Ser e Tempo*. Parte I. Tradução de Márcia Sá Cavalcante Schuback. 12. ed. Petrópolis: Vozes, 2002, p.309

44 HEIDEGGER, op.cit., 1995, p. 40.

45 Ibid., p. 41

não é apenas o fundamento de possibilidade da razão, *ratio*. É também onde a Essência do homem con-serva a proveniência de sua determinação".[46]

Assim, o que o homem é repousa em sua ec-sistência. A ec-sistência em Heiddeger não se identifica com o conceito tradicional de existentia. Ele afirma que "Kant apresenta a existentia como sendo realidade, no sentido de objetividade da experiência. Hegel determina a existentia, como a idéia da subjetividade absoluta, que se sabe a si mesma. Nietzsche concebe a existentia, como o eterno retorno do mesmo".[47]

Dessa maneira, na esteira da concepção heideggero-gadameriana, a dignidade da pessoa humana deve ser pensada no âmbito da "compreensão do Ser", isto é, a partir da analítica existencial do "ser-no-mundo". Na concretude judicial, a partir das circunstâncias do caso concreto decidendo, sempre que o indivíduo for considerado como objeto cognoscível (como ente - direito coisificado), a sua dignidade será atingida de forma inequívoca.

É neste sentido que doutrina e jurisprudência possuem papel relevante nessa mudança de postura. A noção de dignidade da pessoa humana vai se conformando, a partir do momento em que o Direito é desvelado a partir da ec-sistência. Pois é ec-sistindo que o homem pode pensar a Verdade do Ser. A ec-sistência do homem é uma ec-sistência Histórica.[48] O que se percebe é a necessidade de contextualização histórico-cultural da dignidade da pessoa humana.

Os princípios que permeiam a dignidade da pessoa humana estão fincados no rol dos direitos da personalidade, bem como ancorados no conjunto de direitos fundamentais, de tal sorte que, caso ocorra (des)respeito pela vida, pela integridade psicofísica, pela moral, ou imagem do ser humano, ou suas condições mínimas de existência sejam violadas estar-se-á diante da violação da dignidade da pessoa humana.

O Ser não pode ser pensado partir do ente, tal qual a metafísica do "esquecimento do ser". A Verdade do Ser, como a própria clareira, permanece oculta à metafísica. Heidegger afirma que "o Ser se clareia para o homem no projeto ec-stático. Todavia, esse projeto não cria o Ser. Ademais, o projeto é Essencialmente um projeto lançado. O que lança no projeto, não é o homem mas o próprio Ser. Esse destina o homem na ec-sistência do Da-sein, como sua Essência".[49]

Heidegger procura "destruir" a metafísica ocidental, ancorada em concepções objetificantes, para introduzir uma relação entre ser humano e coisas que precede qualquer relação. É no viés ontológico que a compreensão do ser como *Dasein* supera os paradigmas objetificantes.

46 Ibid.
47 Ibid. p.43-44
48 Ibid., p.59.
49 Ibid., p.61.

Neste contexto Heidegger afirma que "ora, o que uma coisa é, em seu ser, não se esgota em sua objetividade e principalmente quando a objetividade possui o caráter de valor. Toda valorização, mesmo quando valoriza positivamente, é uma subjetivação. Pois ela não deixa o ente ser mas deixa apenas que o ente valha, como objeto de sua atividade (*Tun*). O esforço extravagante, de se provar a objetividade dos valores, não sabe o que faz. Dizer-se que "Deus" é o "valor supremo", é uma degradação da Essência de Deus. Pensar em termos de valor é aqui – como alhures – a maior blasfêmia, que jamais se possa pensar com relação ao Ser. Pensar contra os valores não significa, por conseguinte, tocar os tambores da desvalorização (*Wertlosigkeit*) e da nulidade (*Nichtigkeit*) do ente mas significa: pro-pôr ao pensamento, contra a subjetividade do ente, como simples objeto, a clareira da Verdade do Ser".[50]

Dessa forma, o pensamento jurídico objetificante somente será superado a partir da (re)fundamentação do Direito. O fundamento se dá a partir do ser-no-mundo. Mundo é a clareira do Ser, a qual o homem se expõe por sua Essência lançada.[51] Heidegger explica que o homem nunca é homem como um "sujeito" se referindo a objetos, de sorte que sua Essência esteja na relação sujeito-objeto. Ao contrário, o homem é, em sua Essência, primeiro ec-sistente na abertura do Ser.[52]

Na esfera jurídica, ao se pensar o Direito, deve-se pensar a questão da Verdade do Ser, ou seja, pensar a *humanitas do homo humanus*. É no pensamento da ec-sistência do Direito que se deixa de lado a obliteração e arbitrariedade do julgador. A concretização da dignidade da pessoa humana nesta perspectiva caminha na direção da Essência do homem, isto é, na direção da Verdade do Ser (o homem mais do que o *animal rationale*). É, pois, o humanismo do Direito que pensa a humanidade do homem na proximidade do Ser.

Daí que o substrato material da dignidade da pessoa humana somente será desvelado se o operador do direito caminhar inicialmente em direção ao seu fundamento mais originário, qual seja: *Dasein*, ser-no-mundo, ser-aí, pre-sença. É a partir deste *locus hermenêutico* que se irradiam os preceitos e regras que orientará o homem, experimentado a partir da ec-sistência do Ser, historicamente situado.

Somente na ec-sistência do homem na Verdade do Ser é que o Direito poderá ser (des)velado de forma legítima constituindo o lugar originário de sua dignidade e personalidade.

A dignidade da pessoa humana é, pois, um sendo. Melhor dizendo: uma conjuntura, sempre de acordo com o destino Histórico do homem que mora na Verdade do Ser. Logo, a contextualização histórico-cultural da dignidade da pessoa humana é necessária e relativa.

---

50 Ibid., p.78.

51 Ibid. p.79.

52 Ibid.

Daí a necessidade de correlação entre *direito* e *pessoa*. Bruno Amaro Lacerda já alerta que "as Constituições, todavia, não dizem *o que é* a dignidade humana, apenas garantem-na em seu texto como princípio fundamental. É preciso, então, preencher a norma *de sentido*: devemos compreender *o que é o homem e por qual razão ele possui uma dignidade que deve ser socialmente protegida*".[53]

Perez Luño ensina que "os direitos humanos surgem como um conjunto de faculdades e instituições que, em cada momento histórico, concretizam as exigências de dignidade, liberdade e igualdade humanas, as quais devem ser reconhecidas positivamente pelos ordenamentos jurídicos, nos planos nacional e internacional".[54]

Aqui, vale lembrar, o teor do art. 1º da Declaração Universal da ONU (1948) que diz: "todos os seres humanos nascem livres e iguais em dignidade e direitos. Dotados de razão e consciência, devem agir uns para com os outros em espírito e fraternidade".

Para José Alfredo de Oliveira Baracho "a pessoa é um *prius* para o direito, isto é, uma categoria ontológica e moral, não meramente histórica ou jurídica".[55] De acordo com o constitucionalista a "pessoa é todo indivíduo humano, homem ou mulher, por sua própria natureza e dignidade, à qual o direito se limita a reconhecer esta condição".[56]

Já a autora portuguesa Cristina Queiroz ensina que é fundamental a elucidação do conceito jurídico-constitucional de *dignidade*. Vejamos: "Este conceito de "dignidade" sofreu igualmente uma evolução. Não se refere ao indivíduo desenraizado da abstracção contratualista setecentista ("teorias do contrato social"), mas o ser, na sua dupla dimensão de "cidadão" e "pessoa", inserido numa determinada comunidade, e na sua relação "vertical" com o Estado e outros entes públicos, e "horizontal" com outros cidadãos. A idéia de "indivíduo" não corresponde hoje ao valor (individualista) da independência, mas ao valor (humanista) da autonomia onde se inclui, por definição, a relação com os outros, isto é a sociablilidade. O conceito de "pessoa jurídica" não constitui hoje somente a partir da "bipolaridade" Estado/indivíduo, antes aponta para um sistema "multipolar" no qual as grandes instituições sociais desempenham um papel cada vez mais relevante".[57]

No mesmo sentido, o Ministro Ricardo Lewandowski na Ação Direta De Inconstitucionalidade 3.510-0, diz que "a dignidade humana, não só consti-

---

53 LACERDA, Bruno Amaro. *A Dignidade Humana Em Giovanni Pico Della Mirandola. In:* Revista *Legis Augustus* (Revista Jurídica) Vol. 3, nº 1, p. 16-23, setembro 2010.

54 PEREZ LUÑO, Antonio Enrique. *Derechos humanos, Estado de derecho e Constitución*. 4. ed. Madrid: Tecnos, 1991, p.48.

55 BARACHO, José Alfredo de Oliveira. *Direito Processual Constitucional*. Belo Horizonte: Fórum, 2006, p. 106.

56 Ibid.

57 QUEIROZ, Cristina. *Direitos Fundamentais Sociais*. Coimbra: Coimbra, 2006, p. 19-20.

tui o cerne dos direitos fundamentais, como configura, igualmente, um dos pilares da própria República, conforme consigna, de modo solene, o art. 1º, III, da vigente Carta Magna. Daí cuidar-se de um valor que transcende a pessoa compreendida como ente individual, consubstanciando verdadeiro parâmetro ético de observância obrigatória em todas as interações sociais. [...] Cumpre ressaltar, porém, que a dignidade da pessoa humana, na qualidade de "núcleo essencial" da Carta de 1988, ou seja, enquanto valor que ostenta a maior hierarquia em nosso ordenamento jurídico, do ponto de vista axiológico, não se resume apenas a um imperativo de natureza ética ou moral, mas configura um enunciado dotado de plena eficácia jurídica, achando-se, ademais, refletido em diversas normas de caráter positivo, formal e materialmente constitucionais.

Esse enunciado, com efeito, não apenas empresta significado a diferentes dispositivos da Carta Magna, sobretudo àqueles que tratam dos direitos fundamentais em sentido estrito, como também encontra menção expressa em vários outros artigos disseminados em seu texto. Por exemplo, quando estabelece: no art. 170, que a ordem econômica "tem por fim assegurar a todos existência digna"; ou no art. 226, § 6º, que o planejamento familiar funda-se "nos princípios da dignidade humana e da paternidade responsável"; ou, ainda, no art. 227, *caput*, que a criança e o adolescente têm, com absoluta prioridade, dentre outros, o direito "à dignidade" e "ao respeito"".[58]

A expressão *dignidade humana* já era encontrada na Constituição Alemã de *Weimar* de 1919 (modelo de Constituição de Estado social de Direito). Ao tratar da vida econômica, disciplinou no artigo 151 que "*A ordem econômica deve corresponder aos princípios da justiça tendo por objetivo garantir a todos uma existência conforme à dignidade humana. Só nestes limites fica assegurada a liberdade econômica do indivíduo*". O que se buscava na época era uma "vida digna" para os trabalhadores, isto é, caberia ao Estado estabelecer e assegurar a todos os cidadãos um programa de vida digna e promocional da dignidade humana.

Da mesma forma, a Constituição da Finlândia de 1919 já afirmava que cabia a lei proteger a vida, a *dignidade*, a liberdade pessoal e a propriedade dos cidadãos.

José Afonso da Silva ensina que "a dignidade da pessoa humana não é uma criação constitucional, pois ela é um desses conceitos *a priori*, um dado preexistente a toda a experiência especulativa, tal como a própria pessoa humana. A constituição, reconhecendo a sua existência e a sua eminência, transformou-a num valor supremo da ordem jurídica".[59]

---

58 Disponível em: <http://www.stf.jus.br/arquivo/cms/noticiaNoticiaStf/anexo/adi3510RL.pdf>. Acesso em: 26 jun 2014.

59 SILVA, José Afonso da. *A Dignidade da Pessoa Humana como Valor Supremo da Democracia*. Revista de Direito Administrativo, nº 212, 1998, p.91.

Após a segunda guerra mundial, com a *Declaração Universal dos Direitos do Homem* em 1948, vários países adotaram o princípio da *dignidade da pessoa humana* em suas constituições. Podemos citar: A Alemanha (art. 1º, inciso I), a Espanha (preâmbulo e art. 10.1), a Grécia (art. 2º, inc. I), a Irlanda (preâmbulo) e Portugal (art. 1º). A Constituição da Itália (art. 3º – "dignidade social"), a Constituição da Bélgica (art. 23 – "aos belgas e estrangeiros que se encontram em território belga o direito de levar uma vida de acordo com a dignidade humana"), a Constituição da República Federativa do Brasil (art. 1º, inciso III), Paraguai (preâmbulo), Cuba (art. 8º), Venezuela (preâmbulo), Peru (art. 4º), Bolívia (art. 6, inciso II), Chile (art. 1), Guatemala (art. 4). Constituição da Rússia aprovada em 1993 (art. 12-1), dentre outras.[60]

A Constituição da Irlanda de 1937, por exemplo, apresenta em seu preâmbulo: "[...] E tratando de fomentar o bem comum, com a devida observancia das virtudes de Prudência, Justiça e Caridade, de tal modo que se garanta a *dignidade e a liberdade do indivíduo*, se atinja o autentico ordem social, se restaure a unidade de nosso país e se estabeleça a concordia com as demais Nações".

Já no segundo pós-guerra é possível destacar a Constituição italiana, de 1947, que afirma em seu artigo 3º: "Tutti i cittadini hanno pari dignità sociale e sono eguali davanti alla legge, senza distinzione di sesso, di razza, di lingua, di religione, di opinioni politiche, di condizioni personali e social. [...][61]

É possível perceber então que a questão da dignidade da pessoa humana surge com maior vigor após o segundo pós-guerra, resultado de uma consciência humanitária, sobretudo a partir da *Declaração Universal dos Direitos do Homem*.

Dessa maneira, a dignidade humana ganha status de princípio universal das sociedades democráticas, sendo reproduzida em diversos textos internacionais de proteção aos direitos humanos.

A *dignidade da pessoa humana*, hoje, é o epicentro do ordenamento jurídico e imprescindível seu entrelaçamento com o estudo dos direitos fundamentais e do direito constitucional de forma geral no contexto do Estado Democrático e Social de Direito instituído pela Constituição Federal de 1988.

É, pois, um conceito em eterno processo de construção e desenvolvimento – histórico-culturalmente situado no mundo da vida que vai se concretizando (aqui o papel do hermeneuta e exegeta é fundamental) a partir da práxis constitucional.

Em relação à dignidade da pessoa humana, Jürgen Habermas ensina que "é o sismógrafo que indica o que é constitutivo de uma ordem jurídica de-

---

60 SARLET, Ingo Wolfgang. *Dignidade da pessoa humana e os direitos fundamentais na constituição Federal de 1988*. Porto Alegre, RS: Livraria do Advogado, 2001, p. 63-65.

61 Constituição Italiana de 1947 – Artigo 3 – Todos os cidadãos terão a mesma dignidade social e serão iguais ante a lei, sem distinção de sexo, raça, língua, religião, opiniões políticas nem circunstâncias pessoas e sociais.

mocrática [...] o portal através do qual o conteúdo igualitário e universalista da moral é importado para o direito".[62]

Em Portugal, a Constituição da República Portuguesa de 1976, aponta no seu artigo 1º que "Portugal é uma República soberana baseada na dignidade da pessoa humana e na vontade popular e empenhada na construção de uma sociedade livre, justa e solidária". Dessa maneira, é possível afirmar que a pessoa humana antecede a organização política do Estado, bem como as relações jurídico-sociais têm como primazia a própria pessoa. É neste diapasão que CANOTILHO afirma que a elevação da dignidade da pessoa humana é a trave mestra de sustentação e legitimação da República e da respectiva compreensão da organização do poder político.[63]

Neste sentido, o Tribunal Constitucional Português, através do Conselheiro Bravo Serra, no Acordão nº 105/90[64], já decidiu acerca da *dignidade da pessoa humana* que "não se nega, decerto, que a «dignidade da pessoa humana» seja um valor axial e nuclear da Constituição portuguesa vigente, e, a esse título, haja de inspirar e fundamentar todo o ordenamento jurídico. Não se trata efectivamente — na afirmação que desse valor se faz logo no artigo 1º da Constituição — de uma mera proclamação retórica, de uma simples «fórmula declamatória», despida de qualquer significado jurídico-normativo; trata-se, sim, de reconhecer esse valor — o valor eminente do homem enquanto «pessoa», como ser autónomo, livre e (socialmente) responsável, na sua «unidade existencial de sentido» — como um verdadeiro princípio regulativo primário da ordem jurídica, fundamento e pressuposto de «validade» das respectivas normas». E, por isso, se dele não são dedutíveis «directamente», por via de regra, «soluções jurídicas concretas», sempre as soluções que naquelas (nas «normas» jurídicas) venham a ser vasadas hão-de conformar-se com um tal princípio, e hão-de poder ser controladas à luz das respectivas exigências (sobre o que fica dito, v., embora não exactamente no mesmo contexto, Vieira de Andrade, Os Direitos Fundamentais na Constituição Portuguesa de 1976, Coimbra, 1983, pp. 106 e segs. e, especialmente, pp. 130 e segs.). Quer tudo isto dizer — em suma — que o princípio da «dignidade da pessoa humana» é também seguramente, só por si, padrão ou critério possível para a emissão de um juízo de constitucionalidade sobre normas jurídicas.

Simplesmente, não pode também deixar de reconhecer-se que a ideia de «dignidade da pessoa humana», no seu conteúdo concreto — nas exigências ou corolários em que se desmultiplica —, não é algo de puramente aprioris-

---

62 HABERMAS, Jürgen. *Um Ensaio sobre a Constituição da Europa*. Tradução de Mirian Toldy; Teresa Toldy. Lisboa: Edições 70, 2012, p. 37.

63 CANOTILHO, Joaquim José Gomes. *Direito Constitucional e Teoria da Constituição*. 7. ed. Coimbra: Almedina, 2010, p. 235-236.

64 Disponível em: <http://www.tribunalconstitucional.pt/tc/acordaos/19900105.html.> Acesso em: 07 fev. 2014.

tico (cfr. Gomes Canotilho e Vital Moreira, Constituição da República Portuguesa Anotada, 1º vol., 2ª ed., Coimbra, 1984, p. 70, anotação IV) e ou a-histórico, mas algo que justamente se vai fazendo (e que vai progredindo) na história, assumindo, assim, uma dimensão eminentemente «cultural». Para dizer ainda com Vieira de Andrade: «o valor da dignidade da pessoa humana [...] corresponde a uma potencialidade característica do ser humano, que se vai actualizando nas ordens jurídicas concretas» (ob. cit., p. 113). Ora, este ponto reveste-se da máxima importância, quanto à possibilidade de emitir um juízo de inconstitucionalidade sobre determinada solução legal, com base tão-só em que ela viola esse valor, ideia ou princípio.

É que, se o conteúdo da ideia de dignidade da pessoa humana é algo que necessariamente tem de concretizar-se histórico-culturalmente, já se vê que no Estado moderno — e para além das projecções dessa ideia que encontrem logo tradução ao nível constitucional em princípios específicos da lei fundamental (maxime, os relativos ao reconhecimento e consagração dos direitos fundamentais) — há-de caber primacialmente ao legislador essa concretização: especialmente vocacionado, no quadro dos diferentes órgãos de soberania, para a «criação» e a «dinamização» da ordem jurídica, e democraticamente legitimado para tanto, é ao legislador que fica, por isso, confiada, em primeira linha, a tarefa ou o encargo de, em cada momento histórico, «ler», traduzir e verter no correspondente ordenamento aquilo que nesse momento são as decorrências, implicações ou exigências dos princípios «abertos» da Constituição (tal como, justamente, o princípio da «dignidade da pessoa humana»). E daí que — indo agora ao ponto — no controlo jurisdicional da constitucionalidade das soluções jurídico-normativas a que o legislador tenha, desse modo, chegado (no controlo, afinal, do modo como o legislador preencheu o espaço que a Constituição lhe deixou, precisamente a ele, para preencher) haja de operar-se com uma particular cautela e contenção. Decerto, assim, que só onde ocorrer uma real e inequívoca incompatibilidade de tais soluções com o princípio regulativo constitucional que esteja em causa — real e inequívoca, não segundo o critério subjectivo do juiz, mas segundo um critério objectivo, como o será, p. ex. (e para usar aqui uma fórmula doutrinária expressiva), o de «todos os que pensam recta e justamente» —, só então, quando for indiscutível que o legislador, afinal, não «concretizou», e antes «subverteu», a matriz axiológica constitucional por onde devia orientar-se, será lícito aos tribunais (e ao Tribunal Constitucional em particular) concluir pela inconstitucionalidade das mesmas soluções.

E, se estas considerações são em geral pertinentes, mais o serão ainda quando na comunidade jurídica tenham curso perspectivas diferenciadas e pontos de vista díspares e não coincidentes sobre as decorrências ou implicações que dum princípio «aberto» da Constituição devem retirar-se para determinado domínio ou para a solução de determinado problema jurídico. Nessa situação sobretudo — em que haja de reconhecer-se e admitir-se como legítimo, na comunidade jurídica, um «pluralismo» mundividencial ou de concepções — sem dúvida cumprirá ao legislador (ao legislador democrático) optar e decidir.

Ora, crê-se que quanto vem de expor-se é já suficiente para dever arredar-se a pretendida inconstitucionalidade da norma do artigo 1785°, n° 2, primeira parte, do Código Civil, por violação do princípio constitucional da «dignidade da pessoa humana»".

Para Luis Roberto Barroso, a dignidade da pessoa humana representa "um espaço de integridade moral a ser assegurado a todas as pessoas por sua só existência no mundo".[65]

Na Alemanha, através do artigo 1° da Lei Fundamental, a *dignidade da pessoa humana* se coloca como o valor central do Direito Constitucional, derivando, pois, o exercício de todos os demais direitos fundamentais básicos. Dessa forma, na Alemanha, a dignidade humana é considerada o "mais fundamental de todos os direitos do homem", não podendo ser violada sob quaisquer circunstâncias.

Neste sentido, Karl Larenz ensina que "[...] Haverá que dizer, sem vacilar, que à vida humana e, do mesmo modo, à dignidade humana, corresponde uma escalão superior ao de outros bens, em especial os bens materiais. O Tribunal Constitucional Federal dá claramente uma prevalência valorativa, mesmo frente a outros direitos fundamentais, aos direitos de liberdade de opinião e de liberdade de informação, por causa do seu <significado, pura e simplesmente constitutivo> para a convivência democrática [...]".[66]

Os direitos fundamentais carregam em si um patrimônio histórico-constitucional que devem desvelar um passado, presente e futuro, resultado de uma espiral hermenêutica onde o intérprete deve restar situado. Melhor dizendo: é um projetar-se em que passado e futuro se entrelaçam a partir de uma interpretação dos direitos fundamentais, tendo como epicentro o *princípio da dignidade da pessoa humana*.[67]

---

65 BARROSO, Luís Roberto. *Curso de Direito Constitucional Contemporâneo*. Os conceitos fundamentais e a construção do novo modelo. São Paulo: Saraiva, 2009, p. 252. "[...] A dignidade relaciona-se tanto com a liberdade e valores do espírito quanto com as condições materiais de subsistência. O desrespeito a esse princípio terá sido um dos estigmas do século que se encerrou e a luta por sua afirmação, um símbolo do novo tempo. Ele representa a superação da intolerância, da discriminação, da exclusão social, da violência, da incapacidade de aceitar o outro, o diferente, na plenitude de sua liberdade de ser, pensar e criar [...]".

66 LARENZ, Karl. *Metodologia da Ciência do Direito*. Lisboa: Fundação Calouste Gulbenkian, 1997, p.586.

67 SARMENTO, Daniel. *A Ponderação de Interesses na Constituição Federal. Rio de Janeiro*: Lumen Juris, 2002, p. 59-60: "[...] Nessa linha, o princípio da dignidade da pessoa humana representa o epicentro axiológico da ordem constitucional, irradiando efeitos sobre todo o ordenamento jurídico e balizando não apenas os atos estatais, mas também toda a

Neste contexto, as normas constitucionais principiológicas ganham força na construção do direito, já que este necessita de uma exegese constitucional adequada aos dias atuais, ou seja, uma construção aberta de forma a abarcar os novos paradigmas de uma sociedade pluralista e democrática. A sociedade atual é marcada por diversas diferenças, ideologias e projetos de vida que traduzem em si um relativismo social. A jurisprudência constitucional historicamente concreta deve refletir, pois, a abertura constitucional necessariamente adequada.

Ainda em relação a *dignidade da pessoa humana*, Luis Roberto Barroso aponta três observações relevantes. Vejamos: "A primeira: a dignidade da pessoa humana é parte do conteúdo dos direitos materialmente fundamentais, mas não se confunde com qualquer deles. Nem tampouco é a dignidade um direito fundamental em si, ponderável com os demais. Justamente ao contrário, ela é o parâmetro da ponderação, em caso de concorrência entre direitos fundamentais. Em segundo lugar, embora seja qualificada como um valor ou princípio fundamental, a dignidade da pessoa humana não tem caráter absoluto. É certo que ela deverá ter precedência na maior parte das situações em que entre em rota de colisão com outros princípios, mas, em determinados contextos, aspectos especialmente relevantes da dignidade poderão ser sacrificados em prol de outros valores individuais ou sociais, como na pena de prisão, na expulsão do estrangeiro ou na proibição de certas formas de expressão. Uma última anotação: a dignidade da pessoa humana, conforme assinalado acima, se aplica tanto nas relações entre indivíduo e Estado como nas relações privadas".[68]

Importante destacar, também, as lições de Jorge Miranda ao afirmar que "a Constituição confere uma unidade de sentido, de valor e de concordância prática ao sistema dos direitos fundamentais. E ela repousa na dignidade da pessoa humana, ou seja, na concepção que faz a pessoa fundamento e fim da sociedade e do Estado".[69]

No mesmo sentido, Flávia Piovesan ensina que "seja no âmbito internacional, seja no âmbito interno (à luz do Direito Constitucional ocidental), a dignidade da pessoa humana é o princípio que unifica e centraliza todo

---

miríade de relações privadas que se desenvolvem no seio da sociedade civil e do mercado. A despeito do caráter compromissório da Constituição, pode ser dito que o princípio em questão é o que confere unidade de sentido e valor ao sistema constitucional, que repousa na idéia de respeito irrestrito ao ser
humano – razão última do Direito e do Estado [...]".

68 BARROSO, Luis Roberto. *A Dignidade da Pessoa Humana no Direito Constitucional Contemporâneo*: Natureza Jurídica, Conteúdos Mínimos e Critérios de Aplicação. Disponível em: <http://www.luisrobertobarroso.com.br/wp-content/uploads/2010/12/Dignidade_texto-base_11dez2010.pdf>. Acesso em: 10 fev. 2014.

69 MIRANDA, Jorge. Manual de Direito Constitucional. v. 4. Coimbra: Coimbra Editores, 1988, p. 166.

o sistema normativo, assumindo especial prioridade. A dignidade humana simboliza, desse modo, verdadeiro super-princípio constitucional, a norma maior a orientar o constitucionalismo contemporâneo, nas esferas local e global, dotando-lhe de especial racionalidade, unidade e sentido".[70]

Na mesma linha, Ana Paula de Barcellos sustenta que "as normas-princípios sobre a dignidade pessoa humana são, por todas as razões, as de maior grau de fundamentalidade na ordem jurídica como um todo. A elas devem corresponder as modalidades de eficácia jurídica mais consistentes".[71]

Ives Gandra Martins Filho, em artigo, publicado no Jornal Correio Braziliense, intitulado "O que significa dignidade da pessoa humana?", merecendo transcrição, ensina que:[72]

"Muito se tem usado a expressão 'dignidade da pessoa humana' para defender direitos humanos fundamentais, mas sem se chegar ao âmago do conceito e seus corolários ineludíveis. Daí a invocação da expressão em contextos diametralmente opostos, para justificar seja o direito à vida do nascituro, seja o direito ao aborto. Diante de tal paradoxo, mister se faz trazer alguns elementos de reflexão sobre realidades e sofismas na fixação de um conceito de 'dignidade da pessoa humana' que sirva de base sólida à defesa dos direitos essenciais do ser humano, sob pena de deixá-los sem qualquer amparo efetivo e, por conseguinte, sem garantia de respeito.

A dignidade é essencialmente um atributo da pessoa humana: pelo simples fato de 'ser' humano, a pessoa merece todo o respeito, independentemente de sua origem, raça, sexo, idade, estado civil ou condição social e econômica. Nesse sentido, o conceito de dignidade da pessoa humana não pode ser relativizado: a pessoa humana, enquanto tal, não perde sua dignidade quer por suas deficiências físicas, quer mesmo por seus desvios morais. Deve-se, nesse último caso, distinguir entre o crime e a pessoa do criminoso. O crime deve ser punido, mas a pessoa do criminoso deve ser tratada com respeito, até no cumprimento da pena a que estiver sujeito. Se o próprio criminoso deve ser tratado com respeito, quanto mais a vida inocente.

Com efeito, a ideia de dignidade da pessoa humana está na base do reconhecimento dos direitos humanos fundamentais. Só é sujeito de direitos a pessoa humana. Os direitos humanos fundamentais são o 'mínimo existencial' para que possa se desenvolver e se realizar. Há, ademais, uma hierarquia natural entre os direitos humanos, de modo que uns são mais existenciais do que outros. E sua lista vai crescendo, à medida que a Humanidade vai toman-

---

70 PIOVESAN, Flávia. *Direitos Humanos e o Direito Constitucional Internacional*. 13. ed. São Paulo: Saraiva, 2012, p. 87.

71 BARCELLOS, Ana Paula de. *A Eficácia Jurídica dos Princípios Constitucionais*: O Princípio da Dignidade da Pessoa Humana. Rio de Janeiro: Renovar, 2002, p. 202-203.

72 MARTINS FILHO, Ives Gandra. *O que significa dignidade da pessoa humana?* Jornal Correio Braziliense de 08-09-08. p. 27.

do consciência das implicações do conceito de dignidade da vida humana. Por isso, Tomás de Aquino, ao tratar da questão da imutabilidade do Direito Natural, reconhecia ser ele mutável, mas apenas por adição, mediante o reconhecimento de novos direitos fundamentais. Nesse diapasão seguiram as sucessivas declarações dos Direitos Humanos Fundamentais (francesa de 1789 e da ONU de 1948), desenvolvendo-se a ideia de diferentes 'gerações' de direitos fundamentais: os de 1ª geração, como a vida, a liberdade, a igualdade e a propriedade; os de 2ª geração, como a saúde, a educação e o trabalho; e os de 3ª geração, como a paz, a segurança e o resguardo do meio ambiente.

Ora, só se torna direito humano fundamental a garantia de um meio ambiente saudável, quando se toma consciência de que o descuido da Natureza pode comprometer a existência do homem sobre o planeta. Assim, os direitos humanos de 3ª geração dependem necessária e inexoravelmente dos direitos de 1ª geração. Daí que, sendo o direito à vida o mais básico e fundamental dos direitos humanos, não pode ser relativizado, em prol de outros valores e direitos. Sem vida não há qualquer outro direito a ser resguardado.

Assim, a defesa do aborto, em nome da dignidade da pessoa humana, ao fundamento de que uma vida só é digna de ser vivida se for em 'condições ótimas de temperatura e pressão' é dos maiores sofismas que já surgiram, desde os tempos de Sócrates, quando Cálicles tentava demonstrar, com sua retórica, que o natural era a prevalência do mais forte sobre o mais fraco. Não é diferente com aqueles que defendem o sacrifício de vidas inocentes, em nome quer da cura de doenças graves, quer do bem-estar psicológico da mulher.

Uma coisa é o sacrifício voluntário do titular do direito à vida, para salvar outra vida. Outra coisa bem diferente é a imposição do sacrifício por parte do mais forte em relação ao mais fraco, que não tem sequer como se defender, dependendo que outros o façam por ele, por puro altruísmo (consola saber que 83% da população brasileira, em recente pesquisa jornalística, é contrária ao aborto de anencéfalos). Sempre pareceu um gesto de extrema covardia suprimir a vida nascente e indefesa, e mais ainda quando se procura revestir tal gesto de uma áurea de nobreza, em nome da dignidade. Seria o caso de perguntar àqueles que serão suprimidos se realmente não quereriam viver, nas condições que sejam. Do contrário, o que se está criando é a sociedade dos perfeitos, dos mais fortes e aptos, pura eugenia.

Desde a autorização para a instrumentalização de fetos humanos com vistas a pesquisas científicas (verdadeiras cobaias humanas, canibalizadas), passando pela discussão quanto ao aborto do anencéfalo (cujo índice de ocorrências subirá astronomicamente no caso de liberação, atestando-se anencefalia para toda criança indesejada), até se chegar ao aborto puro e simples, o caminho que vai sendo trilhado no desrespeito ao direito humano mais fundamental, sob o rótulo de se lutar por uma vida digna, faz com que as discussões judiciais sobre os demais direitos humanos passem a ser mera perfumaria em Cortes herodianas que já condenaram as mais indefesas das criaturas humanas. Daí a necessidade de se resgatar o conceito de dignidade da pessoa humana, limpando-o de matizações que acabam por reduzir a pessoa, de sujeito em mero objeto de direito alheio".

Vale lembrar, também, a importância do fenômeno denominado de *constitucionalização do direito*. Ricardo Guastini entende tal fenômeno como "*un proceso de transformación de un ordenamiento, al término del cual, el ordenamiento en custtión resulta totalmente 'impregnado' por las normas constitucionales. Un ordenamineto jurídico constitucionalizado se caracteriza por una Constitución extremadamente invasora, entrometida, capaz de condicionar tanto la legislación como la jurisprudencia y el estilo doctrinal, la acción de los actores políticos así como las relaciones sociales*".[73]

É, pois, uma nova essência contida na exegese das relações jurídicas interprivadas. Referimo-nos à chamada *alteridade* ou *alteritas*. É um agir pensando no *outro*, isto é, o "*eu*" reclama um agir pressupondo o "*outro*"; o *ego*, o *alter*. Não podemos pensar o "eu", sem nesse pensar ir já envolto o "outro". Esta alteridade é, pois, da essência do direito civil-constitucional. Desde Tomás de Aquino (1225-1274) até os recentes estudos do Existencialismo, a alteridade esteve e está presente. O *eu* e o *outro* são como os dois polos da relação jurídica, sempre *plural*, nunca *singular*. Ora é aqui que justamente se nos impõe a ideia de superação do individualismo de índole liberal, já que as relações jurídicas se aproximam mais à ideia de *colaboração*, *convivência*, *mundo vivido*, *solidariedade* e *justiça social*. É, pois, a essência da alteridade que se desvela ao mundo jurídico.

Estes elementos não podem ser pensados como grandezas estáticas, abstratas, formais. É uma ideia de relação jurídica interprivada que se equivale a uma coexistência, ou um existir lado-a-lado que se impõe em sua dinamicidade do mundo vivido. São grandezas dinâmicas de um movimento próprio a que podemos chamar de "ontológico".

Na esteira da filosofia de Heidegger, Sartre, Jaspers, a personalidade humana deve ganhar *status* de valor jurídico de cunho existencialista, já que esta não pode ficar aprisionada ao rol de direitos subjetivos típicos adotado pelo Código Civil. Daí a importância do entrelaçamento principiológico entre o *direito civil* e os *direitos humanos-direitos fundamentais*.

É não menos que (re)visitar os institutos jurídicos do direito civil a partir de uma hermenêutica plural individualizadora cunhada por uma essencial unidade socializadora, a partir da qual a relação jurídica de direito privado é vista como *uns* e *muitos*, como *eu* e *outro*, como uma relação jurídica irremediavelmente lastreada pelos princípios fundamentais de proteção da digni-

73 GUASTINI, Ricardo. *Estudios de teoria constitucional*. UNAM/Fontamara, México, 2003, p. 153.

dade da pessoa humana (art. 1º, III, CRFB/88), solidariedade social (art. 3º, I, CRFB/88), valor social da livre iniciativa (art. 1º, IV, CRFB/88) e igualdade substancial (art. 3º, III, CRFB/88). É, pois, uma essência-relacional de cariz civil-constitucional.

Ora, dentro deste diapasão, torna-se necessário o abandonamento do papel puramente *descritivo* das normas jurídicas, em especial, das normas constitucionais, com vistas a ser uma força normativa constitutiva do homem historicamente situado.

Daí a necessidade de uma reflexão crítica do direito constitucional tendo como ponto de partida a questão do sentido do homem e sua consequente mutabilidade social, isto é, a partir desta compreensão do direito, espera-se respostas concretas historicamente adequadas, a partir das novas questões que surgem na sociedade hodierna.

Aqui, mais uma vez, estamos a frente das seguintes questões: *o que é o direito? qual o seu sentido? como ele deve ser interpretado e aplicado? É possível dizer o direito dissociado de sua historicidade do mundo da vida?*

Importante destacar as lições de Gustavo Zagrebelsky ao afirmar que a "*historia constitucional es cambio, es contingencia política, es acumulación de experiencia del pasado en el presente, es realidad social, es relación entre pasado y futuro, es movimiento de sujetos a priori indefinibles, es imprevisibilidad de problemas y espontaneidad de soluciones*".[74]

Como visto acima, o conteúdo da dignidade da pessoa humana se relaciona estreitamente com o *núcleo dos direitos fundamentais*. Devemos reconhecer, ainda, que o princípio da dignidade da pessoa humana está, também, intrinsecamente correlacionado com o denominado "mínimo existencial", isto é, um conjunto de condições mínimas básicas para a existência da pessoa. Aqui, mais uma vez, vale destacar as lições de Ricardo Lobo Torres ao dizer: "[...] Não é qualquer direito mínimo que se transforma em mínimo existencial. Exige-se que seja um direito a situações existenciais dignas. [...] Sem o mínimo necessário à existência cessa a possibilidade de sobrevivência do homem e desaparecem as condições iniciais da liberdade. A dignidade humana e as condições materiais da existência não podem retroceder aquém de um mínimo, do qual nem os prisioneiros, os doentes mentais e os indigentes podem ser privados [...]".[75]

Barroso, da mesma forma, ensina que "[...] Dignidade da pessoa humana expressa um conjunto de valores civilizatórios incorporados ao patrimônio da humanidade. O conteúdo jurídico do princípio vem associado aos direitos fundamentais, envolvendo aspecto dos direitos individuais, políticos e sociais. Seu núcleo material elementar é composto do mínimo existencial,

74 ZAGREBELSKY. Gustavo. *Historia y Constitución*. Madrid: Trotta, 2005, p. 36.

75 TORRES, Ricardo Lobo. *O Direito ao Mínimo Existencial*. Rio de Janeiro: Renovar, 2009, p. 36.

locução que identifica o conjunto de bens e utilidades básicas para a subsistência física e indispensável ao desfrute da própria liberdade. Aquém daquele patamar, ainda quando haja sobrevivência, não há dignidade. O elenco de prestações que compõem o mínimo existencial comporta variação conforme a visão subjetiva de quem o elabore, mas parece haver razoável consenso de que inclui: renda mínima, saúde básica e educação fundamental. Há, ainda, um elemento instrumental, que é o acesso à justiça, indispensável para a exigibilidade e efetivação dos direitos [...]"[76]

Em apresentação de discurso na ONU, em 23 de junho de 2014, o Ministro Luis Roberto Barroso afirmou que "o núcleo essencial dos direitos humanos equivale a uma reserva mínima de justiça (Alexy) a ser respeitada ou promovida pela sociedade e pelo Estado. Chega-se aqui ao conceito de mínimo existencial, que inclui o acesso a algumas prestações essenciais - como educação básica e serviços de saúde -, assim como a satisfação de algumas necessidades elementares, como alimentação, água, vestuário e abrigo. Este conjunto mínimo de direitos sociais é exigível judicialmente e não deve ficar na dependência do processo político majoritário".[77]

Aqui vale lembrar, ainda, as lições de Humberto D´Ávila acerca dos postulados. Para o autor estes consubstanciam verdadeiras *metanormas*, isto é, normas que estabelecem a maneira pela qual outras normas devem ser aplicadas. Ora, neste sentido, seria possível afirmar que a *dignidade da pessoa humana* é *postulado normativo*, isto é, uma *metanorma*, conferindo, pois, significância aos *direitos fundamentais*.[78]

76 BARROSO, Luís Roberto. *Fundamentos Teóricos e Filosóficos do Novo Direito Constitucional Brasileiro*. Revista de Direito da Procuradoria Geral do Estado do Rio de Janeiro. Rio de Janeiro, volume 54, 2001, p. 72.

77 Disponível em: <http://www.migalhas.com.br/Quentes/17,MI203146,101048-Ministro+Barroso+Desenvolvimento+sustentavel+deve+incorporar+a>. Acesso em 24 jun 2014.

78 ÁVILA, Humberto. *Teoria dos Princípios*: da definição à aplicação dos princípios jurídicos. 5ª ed. São Paulo: Malheiros, 2006, p. 121-166.

Capítulo 5

DIREITO CIVIL

> Os novos princípios do código civil são o da socialidade, que limita o exercício dos direitos subjetivos, o da eticidade, que privilegia os critérios ético-jurídicos em detrimento dos tradicionais lógico-formais, no processo de construção ou concreção jurídica, e o da operabilidade, um princípio metodológico da realização do direito, que recomenda tenha-se em vista mais o ser humano in concreto, situado, do que o sujeito in abstrato, próprio do direito liberal da modernidade (século XIV e XX). (Francisco Amaral)[1]

5.1 Conceito e Importância

O direito civil é o direito que rege a vida do cidadão comum. É, pois, um dos ramos do direito privado destinado a regulamentar as relações interprivadas. O Código Civil procura disciplinar o modo de ser e agir das pessoas na vida privada, bem como as suas relações patrimoniais.

5.2 As Codificações

A palavra Código, do latim *codice,* significa uma coleção de leis ou "um conjunto metódico e sistemático de disposições legais relativas a um assunto ou a um ramo do direito".[2]

A *durabilidade* e a *organicidade* são características marcantes nos códigos. Estes são elaborados com o firme propósito de durar longo tempo sem que seja necessária a realização de constantes modificações. A organicidade retrata a interdependência e a interpenetração dos vários temas que fazem parte do código.

Em regra, os códigos se dividem em duas partes, a saber: a *parte geral* e a *parte especial*. Aquela parte é destinada à regulamentação de normas e princípios gerais que oferecem o fundamento às normas especiais do código. As partes dos códigos são subdivididas em livros, títulos, subtítulos, capítulos, seções, subseções, artigos, parágrafos, incisos, alíneas e itens, conforme a extensão do assunto em foco.

---

1 AMARAL, Francisco. *Direito civil*: Introdução. In: Prefácio à 5ª edição.

2 Dicionário eletrônico Aurélio Século XXI.

5.3 Direito Civil Brasileiro

As *Ordenações Filipinas*, decretadas em 11 de janeiro de 1603, embora muito alteradas, constituíram a base do direito português até à promulgação dos sucessivos códigos do século XIX. No Brasil, em 1822, ano da independência, tinham pleno vigor até o advento do Código Civil de 1916.

A Constituição Política do Império do Brasil, de 25 de março de 1824, já previa em seu artigo 179, inciso XVIII, a previsão de um Código Civil. Vejamos:

"Art. 179. A inviolabilidade dos Direitos Civis, e Politicos dos Cidadãos Brazileiros, que tem por base a liberdade, a segurança individual, e a propriedade, é garantida pela Constituição do Imperio, pela maneira seguinte. [...] XVIII. Organizar-se-ha quanto antes um Codigo Civil, e Criminal, fundado nas solidas bases da Justiça, e Equidade".

Antes mesmo da criação do nosso Código Civil, em 1851, Euzébio de Queiroz propôs a adoção do "Digesto Português", do jurista lusitano Corrêa Telles, como nosso Código Civil. A ideia foi rejeitada, à época, pelos advogados do Instituto da Ordem dos Advogados.

Em 1855, o advogado e jurista baiano Augusto Teixeira de Freitas (1816 - 1883) foi convidado a elaborar a Consolidação da legislação civil. Mais tarde, em 1858, ele foi contratado para elaborar o projeto de Código Civil. Este trabalho foi realizado em fascículos conhecido como "Esboço do Código Civil do Império do Brasil". Após a elaboração de cerca de cinco mil artigos, Teixeira de Freitas propôs ao Governo a realização de um novo projeto, que abrangeria a elaboração de um Código Geral e um Código Civil, este unificando os temas de direito civil e direito comercial.

Ocorre que o Governo não aceitou a sua proposta descartando, pois, o seu conhecido "Esboço", que foi aproveitado em grande parte pelo jurista argentino Velez Sarsfield, na realização do Código Civil argentino. O trabalho de Teixeira de Freitas, também, veio a influenciar a dogmática civilística do Uruguai e Paraguai.

Em 1872, Nabuco de Araújo assumiu a obrigação de elaborar o projeto do Código Civil. Os trabalhos não foram concluídos em razão do falecimento do autor.

Em 1881, Joaquim Felício dos Santos foi contratado e apresentou o seu projeto com o título de "Apontamentos para o Código Civil Brasileiro". Em 1884, o trabalho não foi aprovado pela Câmara.

Em 1889, uma Comissão se reuniu no Palácio Real, visando concluir o projeto e não obteve êxito, nem mesmo com a participação pessoal de D. Pedro II.

Com a Proclamação da República, Coelho Rodrigues foi contratado para a elaboração do projeto de Código Civil. Em 1893, este trabalho foi rejeitado.

Por fim, em 1899, Clóvis Beviláqua foi convidado a elaborar o projeto do Código Civil. Este trabalho foi encaminhado à Câmara dos Deputados e, discutido e aprovado, foi encaminhado ao Senado, em 1902. Este projeto foi sancionado em 1916 e vigente a partir de 1° de janeiro de 1917. As Ordenações Filipinas, portanto, subsistiram até 31 de dezembro de 1916.

A Lei 3.071, de 1 de janeiro de 1916, é o nosso Código Civil de 1916 que entrou em vigor em 1917, é fruto do Projeto Beviláqua com algumas alterações sofridas na Câmara dos Deputados. É um Código com forte influência da dogmática civilística alemã e é considerado, por muitos, um monumento legislativo de sua época.

5.4 Microssistemas Jurídicos

Não há codificação que resista ao tempo, já que a dinamicidade social é um dos elementos que fomentam a criação e/ou alteração das leis. Daí que, durante a vigência do Código Civil de 1916, microssistemas jurídicos foram criados com a finalidade de regular questões não contidas naquele, tais como: Lei dos Registros Públicos (Lei 6.015/73), Lei do Divórcio (Lei 6.515/77), o Estatuto da Criança e do Adolescente (Lei 8.069/90), o Código de Defesa do Consumidor (Lei 8.078/90), a Lei do Inquilinato (Lei 8.245/91).

5.5 Exposição de Motivos do Novo Código Civil

Em 6 de junho de 1975, Armando Falcão, Ministro da Justiça, encaminhou ao nosso Presidente da República o Projeto de Código Civil, cujo anteprojeto é de autoria dos Professores Miguel Reale, na qualidade de supervisor, José Carlos Moreira Alves, Agostinho de Arruda Alvim, Sylvio Marcondes, Ebert Chamoun, Clóvis do Couto e Silva e Torquato Castro, que elaboraram, respectivamente, a matéria relativa a Parte Geral, Direito das Obrigações, Atividade Negocial, Direito das Coisas, Direito de Família e Direito das Sucessões, tendo o Professor Moreira Alves acumulado, durante certo tempo, as funções de Coordenador da Comissão de Estudos Legislativos.

Miguel Reale, na Exposição de Motivos do Novo Código Civil, fundamenta e justifica a empreitada realizada, em conformidade com as seguintes diretrizes:

a) Compreensão do Código Civil como lei básica, mas não global, do Direito Privado, conservando-se em seu âmbito, por conseguinte, o Direito das Obrigações, sem distinção entre obrigações civis e mercantis, consoante diretriz já consagrada, nesse ponto, desde o Anteprojeto do Código de Obrigações de 1941, e reiterada no Projeto de 1965.

b) Considerar elemento integrante do próprio Código Civil a parte legislativa concernente às atividades negociais ou empresárias em geral, como desdobramento natural do Direito das Obrigações, salvo as matérias que reclamam disciplina especial autônoma, tais como as de falência, letra de câmbio, e outras que a pesquisa doutrinária ou os imperativos da política legislativa assim o exijam.

c) Manter, não obstante as alterações essenciais supraindicadas, a estrutura do Código ora em vigor, por considerar-se inconveniente, consoante opinião dominante dos juristas pátrios, a supressão da Parte Geral, tanto do ponto de vista dos valores dogmáticos, quanto das necessidades práticas, sem prejuízo, é claro, da atualização de seus dispositivos, para ajustá-los aos imperativos de nossa época, bem como às novas exigências da Ciência Jurídica.

d) Redistribuir a matéria do Código Civil vigente, de conformidade com os ensinamentos que atualmente presidem a sistemática civil.

e) Preservar, sempre que possível, a redação da atual Lei Civil, por se não justificar a mudança de seu texto, a não ser como decorrência de alterações de fundo, ou em virtude das variações semânticas ocorridas no decorrer de mais de meio século de vigência.

f) Atualizar, todavia, o Código vigente, não só para superar os pressupostos individualistas que condicionaram a sua elaboração, mas também para dotá-lo de institutos novos, reclamados pela sociedade atual, nos domínios das atividades empresárias e nos demais setores da vida privada.

g) Aproveitar, na revisão do Código da 1916, como era de se esperar de trabalho científico ditado pelos ditames do interesse público, as valiosas contribuições anteriores em matéria legislativa, tais como os Anteprojetos de Código de Obrigações, de 1941 a de 1965, este revisto pela douta Comissão constituída pelos ilustres juristas Orosimbo Nonato, Presidente, Caio Mário da Silva Pereira, Relator-Geral, Sylvio Marcondes, Orlando Gomes, Theophilo de Azeredo Santos e Nehe- mias Gueiros; e o Anteprojeto de Código Civil, de 1963, de autoria do Prof. Orlando Gomes.

h) Dispensar igual atenção aos estudos e críticas que tais proposições suscitaram, a fim de ter-se um quadro, o mais completo possível, das ideias dominantes no País, sobre o assunto.

i) Não dar guarida no Código senão aos institutos e soluções normativas já dotados de certa sedimentação e estabilidade, deixando para a legislação aditiva a disciplina de questões ainda objeto de fortes dúvidas e contrastes, em virtude de mutações sociais em curso, ou na dependência de mais claras colocações doutrinárias, ou ainda quando fossem previsíveis alterações sucessivas para adaptações da lei à experiência social e econômica.

j) Eliminar do Código Civil quaisquer regras de ordem processual, a não ser quando intimamente ligadas ao direito material, de tal modo que a supressão delas lhe pudesse mutilar o significado.

k) Incluir na sistemática do Código, com as revisões indispensáveis, a matéria contida em leis especiais promulgadas após 1916.

l) Acolher os modelos jurídicos validamente elaborados pela jurisprudência construtiva de nossos tribunais, mas fixar normas para superar certas situações conflitivas, que de longa data comprometem a unidade e a coerência de nossa vida jurídica.

m) Dispensar de formalidades excessivamente onerosas, como, por exemplo, a notificação judicial, onde e quando possível obter-se o mesmo resultado com economia natural de meios; ou dispensar-se a escritura pública, se bastante documento particular devidamente registrado.

n) Consultar entidades públicas e privadas, representativas dos diversos círculos de atividades e interesses objeto da disciplina normativa, a fim de que o Anteprojeto, além de se apoiar nos entendimentos legislativos, doutrinários e jurisprudenciais, tanto nacionais como alienígenas, refletisse os anseios legítimos da experiência social brasileira, em função de nossas peculiares circunstâncias.

o) Dar ao Anteprojeto antes um sentido operacional do que conceitual, procurando configurar os modelos jurídicos à luz do princípio da realizabilidade, em função das forças sociais operantes no País, para atuarem como instrumentos de paz social e de desenvolvimento".

Miguel Reale afirma, ainda, que "constituída em maio de 1969, a 'Comissão Revisora e Elaboradora do Código Civil', após vários meses de pesquisas e sucessivas reuniões, entregou ao então Ministro da Justiça, Prof. Alfredo Buzaid, o primeiro texto do Anteprojeto, solicitando que fosse publicado a fim de serem recebidas sugestões e emendas de todos os interessados.

Sobre esse primeiro anteprojeto, publicado em 7 de agosto de 1972, manifestaram-se não somente as principais corporações jurídicas do País, tribunais, instituições e universidades, mas também entidades representativas das diversas categorias profissionais, com a publicação de livros e artigos em jornais e revistas especializadas. Conferências e simpósios foram, outrossim, realizados em vários Estados, sobre a reforma programada, sendo as respectivas conclusões objeto da mais cuidadosa análise por parte da Comissão.

Valendo-se de todo esse precioso material, a Comissão voltou a reunir-se por diversas vezes, fiel ao seu propósito de elaborar um Anteprojeto correspondente às reais aspirações da sociedade brasileira, graças à manifestação dos diferentes círculos jurídicos, e de quantos se interessaram pelo aperfeiçoamento de nossa legislação civil.

De tais estudos resultou novo Anteprojeto, publicado em 18 de junho de 1974, abrangendo grande número de emendas e alterações que a Comissão houve por bem acolher, assim como outras de sua iniciativa, decorrentes de investigação própria.

Em virtude dessa segunda publicação, novas sugestões e emendas foram analisadas pela Comissão, daí resultando o texto final, que, no dizer de seus autores, transcende as pessoas dos que o elaboraram, tão fundamental e fecunda foi a troca de ideias e experiências com os mais distintos setores da comunidade brasileira".

5.6 A Filosofia do Código Civil Brasileiro

O Código Civil brasileiro de 2002 buscou superar a tendência de absolutização do indivíduo. Miguel Reale mencionava na Exposição de Motivos que "superado de vez o individualismo, que condicionara as fontes inspiradoras do Código vigente; reconhecendo-se cada vez mais que o Direito é social em sua origem e em seu destino, impondo a correlação concreta e dinâmica dos valores coletivos com os individuais, para que a pessoa humana seja preservada sem privilégios e exclusivismos, numa ordem global de comum participação, não pode ser julgada temerária, mas antes urgente e indispensável, a renovação dos códigos atuais, como uma das mais nobres e corajosas metas do governo".[3]

Os princípios fundamentais que nortearam o novo Código Civil podem ser identificados como: a) princípio da *realizabilidade* ou *operabilidade*; b) princípio da *concretude;* c) princípio da *socialidade*; e d) princípio da *Eticidade.*

Em relação ao princípio da *realizabilidade,* Miguel Reale afirma que "dar ao Anteprojeto antes um sentido operacional do que conceitual, procurando configurar os modelos jurídicos à luz do princípio da realizabilidade, em função das forças sociais operantes no País, para atuarem como instrumentos de paz social e de desenvolvimento".[4]

Da mesma forma, o mestre afirma, em sua *Filosofia do direito,* que "a Ciência do Direito, especialmente no Brasil, ainda está muito imbuída de 'racionalidade abstrata', no sentido de que a experiência jurídica possa toda ela ser reduzida a uma sucessão de silogismos ou de atos atribuíveis a uma entidade abstrata, ao 'homo juridicus'. A técnica jurídica, operando com meros dados lógico-formais, vai, aos poucos, firmando a convicção errônea de que o juiz deve ser a encarnação desse mundo abstrato de normas, prolatando sentenças como puros atos da razão. Na realidade, sabemos que o juiz, antes de ser juiz, é homem partícipe de todas as reservas afetivas, das inclinações e das tendências do meio social, e que nós não podemos prescindir do exame dessas circunstâncias, numa visão concreta da experiência jurídica, por mais que deve ser necessariamente a nossa aspiração de certeza e de objetividade.[5]

Os autores tentaram assegurar ao novo Código Civil brasileiro o sentido de "socialidade" e "concreção", os dois princípios que fundamentalmente informam e legitimam a obra.[6]

---

3 REALE, Miguel. *Exposição de Motivos do Novo Código Civil Brasileiro.* Diário do Congresso Nacional (Seção I) – Suplemento (B), de 13 de junho de 1975, p. 108.

4 Ibid., p. 110.

5 REALE, Miguel. *Filosofia do direito.* 19. ed. São Paulo: Saraiva, 1999, p. 136.

6 REALE, Op. Cit., 1975, p. 110.

Na Exposição de Motivos, Reale anota que "não procede a alegação de que a Parte Geral, como a do Código Civil alemão, ou do nosso, de 1916, não representa mais que uma experiência acadêmica de distínguos conceituais, como fruto tardio da pandectística do século passado. Quando a Parte Geral, além de fixar as linhas ordenadoras do sistema, firma os princípios ético-jurídicos essenciais, ela se torna instrumento indispensável e sobremaneira fecundo na tela da hermenêutica e da aplicação do Direito. Essa função positiva ainda mais se confirma quando a orientação legislativa obedece a imperativos de sociabilidade e concreção, tal como se dá no presente Anteprojeto.

Não é sem motivos que reitero esses dois princípios, essencialmente com- plementares, pois o tão grande risco da tão reclamada socialização do Direito consiste na perda dos valores particulares dos indivíduos e dos grupos; e o risco não menor da concretude jurídica reside na abstração e olvido de características transpessoais ou comuns aos atos humanos, sendo indispensável, ao contrário que o individual ou o concreto se balance e se dinamize com o serial ou o coletivo, numa unidade superior de sentido ético.

Tal compreensão dinâmica do que deve ser um Código implica uma atitude de natureza operacional, sem quebra do rigor conceitual, no sentido de se preferir sempre configurar os modelos jurídicos com a amplitude de repertório, de modo a possibilitar a sua adaptação às esperadas mudanças sociais, graças ao trabalho criador da Hermenêutica, que nenhum jurista bem informado há de considerar tarefa passiva e subordinada. Daí o cuidado de salvaguardar, nas distintas partes do Código, o sentido plástico e operacional das normas, conforme inicialmente assente como pressuposto metodológico comum, fazendo-se, para tal fim, as modificações e acréscimos que o confronto dos texto revela.

O que se tem em vista é, em suma, uma estrutura normativa concreta, isto é, destituída de qualquer apego a meros valores formais abstratos. Esse objetivo de concretude impõe soluções que deixam margem ao juiz e à doutrina, com frequente apelo a conceitos integradores da compreensão ética, tal como os de boa-fé, equidade, probidade, finalidade social do direito, equivalência de prestações etc., o que talvez não seja do agrado dos partidários de uma concepção mecânica ou naturalística do Direito, mas este é incompatível com leis rígidas de tipo físico-matemático. A exigência de concreção surge exatamente da contingência insuperável de permanente adequação dos modelos jurídicos aos fatos sociais *"in fieri"*.[6]

Por fim, o princípio da *eticidade* traduz uma hermenêutica lastreada nas noções de moral, ética, boa-fé, honestidade, lealdade e confiança.

5.7 O Código Civil Brasileiro

O nosso Código Civil se divide em *Parte Geral, Parte Especial* e *Livro Complementar.* A *Parte Geral* é composta por três livros, a saber: Livro I – *Das Pessoas;* Livro II – *Dos Bens;* Livro III – *Dos Fatos Jurídicos.* Já a *Parte Especial* é composta por cinco livros: Livro I – Do *Direito das Obrigações;* Livro II – Do *Direito de Empresa*; Livro III – Do *Direito das Coisas*; Livro IV – Do *Direito de Família*; Livro V – Do *Direito das Sucessões*. Por fim, o *Livro Complementar* se destina a regular as disposições finais e transitórias e as regras de direito intertemporal.

O Código Civil se destina, pois, a regular as relações jurídicas interprivadas (pessoas naturais e pessoas jurídicas), bem como as questões fundamentais do direito empresarial.

Quando existir um regulamento especial próprio, tais como o Código de Defesa do Consumidor, a Lei de Locação, a CLT, o Código será utilizado de forma subsidiária.

5.8 Início de Vigência do Código Civil de 2002

O artigo 2.044 do nosso Código Civil determina que: "Este Código entrará em vigor 1 (um) ano após a sua publicação".

A Lei n° 10.406, de 10 de janeiro de 2002, que instituiu o Código Civil, foi publicada no Diário Oficial da União em *11 de janeiro de 2002.*

A *Lei Complementar n° 95,* de 26 de fevereiro de 1998, dispõe sobre a elaboração, a redação, a alteração e a consolidação das leis, conforme determina o parágrafo único do art. 59 da Constituição Federal, e estabelece normas para a consolidação dos atos normativos que menciona.

O artigo 8° da Lei Complementar n° 95/98 informa que "a vigência da lei será indicada de forma expressa e de modo a contemplar prazo razoável para que dela se tenha amplo conhecimento, reservada a cláusula 'entra em vigor na data de sua publicação', para as leis de pequena repercussão".

E o § 1° do mesmo artigo determina que "A contagem do prazo para entrada em vigor das leis que estabeleçam período de vacância far-se-á com a inclusão da data da publicação e do último dia do prazo, entrando em vigor no dia subsequente à sua consumação integral. (Parágrafo incluído pela Lei Complementar n° 107, de 26.4.2001)".

Daí que se o nosso Código Civil (Lei 10.406/02) foi publicado em 11 de janeiro de 2002, com vacância de um ano após a sua publicação (art. 2.044), e de acordo com o § 1°, do artigo 8°, da Lei Complementar 95/98, o prazo será contado com a inclusão da data da publicação e do último dia do prazo, entrando em vigor no dia subsequente à sua consumação integral.

Se o último dia do prazo ocorreu em 11 de janeiro de 2003, o Código Civil deverá entrar em vigor no dia subsequente à sua consumação integral que é *12 de janeiro de 2003.*

Da mesma forma, o Código Civil, no artigo 132, § 3°, informa que "os prazos de meses e anos expiram no dia de igual número do de início, ou no imediato, se faltar exata correspondência". Neste caso, o prazo expira em 11 de janeiro de 2003 e o dia subsequente será *12 de janeiro de 2003.*

Capítulo 6
PESSOAS NATURAIS

6.1 Conceito

O artigo 1° do nosso Código Civil determina que "toda pessoa é capaz de direitos e deveres na ordem civil".[1] O sujeito de direito é o titular de direitos e deveres em uma determinada relação jurídica. São sujeitos de direito as pessoas naturais e as pessoas jurídicas, às quais o ordenamento jurídico atribui titularidade jurídica. Os animais não possuem personalidade jurídica, ou seja, não podem ser titular de direitos e deveres na ordem jurídica civilística. Sujeito de direito é uma categoria abstrata e universal associada ao conceito de direito subjetivo.

RAFAEL HENRIQUE RENNER afirma que "o papel transformador que a Constituição oferece às relações privadas apresenta relevantes consequências na tutela da pessoa humana, garantida constitucionalmente, em detrimento ao sujeito de direito, modelo do Código Civil. Saliente-se que não se trata de uma mera troca de *etiquetas,* mas de uma alteração que tem um significado profundo: do sujeito de direito (construído à luz de uma racionalidade prática que tencionava atribuir uma situação de igualdade perante todos) passa-se a considerar a pessoa humana, não mais como um ente abstrato, genérico e formal, mas sim na sua dimensão concreta e real, detentora de valores, sentimentos, qualidades, emoções. A pessoa é integrada à sociedade a qual faz parte, sendo uma peça-chave nessa engrenagem".[2]

A pessoa natural é, pois, o ser humano e sua dignidade é um dos fundamentos do Estado Democrático de Direito, conforme o artigo 1°, inciso III, da Constituição da República Federativa do Brasil.

CLÓVIS BEVILÁQUA anota que "pessoa é o ser, a que se atribuem direitos e obrigações. Equivale, assim, a sujeito de direitos".[3] O autor afirma, ainda, que "personalidade é a aptidão, reconhecida pela ordem jurídica a alguém, para exercer direitos e contrair obrigações".[4]

---

1 Correspondente ao art. 2° do CC de 1916.

2 RENNER, Rafael Henrique. *O novo direito contratual:* a tutela do equilíbrio contratual no código civil. Rio de Janeiro: Freitas Bastos, 2007.

3 BEVILÁQUA, Clóvis. *Código civil dos Estados Unidos do Brasil comentado por Clóvis Beviláqua.* V. 1. Edição histórica. Rio de Janeiro: Rio, 1976, p. 170.

4 Ibid.

LUIZ DA CUNHA GONÇALVES afirma que personalidade é uma investidura, "uma *representação* na cena jurídica, como bem se percebe pela etimologia da palavra latina *persona*, que proveio da linguagem teatral dos Romanos e significava certa máscara, que, além de cobrir o rosto do ator, tinha junto dos lábios umas lâminas metálicas, que engrossavam ou tornavam mais sonora a sua voz: *vox personabat*. Este termo foi, mais tarde, tornado extensivo ao *papel* representado pelo ator, e, por nova extensão, ao papel que todo o indivíduo representa na sociedade ou ao próprio indivíduo enquanto o representa, e, portanto, ao homem como sujeito de direitos e obrigações".[5]

A *personalidade* difere da *capacidade*. No mesmo sentido, FRANCISCO AMARAL ensina que a personalidade não se identifica com a capacidade. Pode existir personalidade sem capacidade, como se verifica com o nascituro, que ainda não tem capacidade. Já as pessoas jurídicas têm capacidade de direito e não dispõem de certas formas de proteção da personalidade.[6]

6.2 Início da Pessoa Natural

O artigo 2° do Código Civil diz: "A personalidade civil da pessoa começa do nascimento com vida; mas a lei põe a salvo, desde a concepção, os direitos do nascituro".[7] A pessoa é o ser humano, sujeito da relação jurídica, podendo auferir direitos e contrair obrigações e nascituro o ser humano já concebido que há de nascer.

Em relação ao início da personalidade da pessoa humana, existem várias teorias. Vejamos:

a) Teoria Natalista

Para a *teoria natalista* é necessário que a pessoa nasça com vida e o recém-nascido tenha respirado, ou seja, tenha entrado ar nos pulmões, ainda que por alguns instantes. A docimasia pulmonar hidrostática é o exame de investigação realizado na criança visando à verificação de entrada de ar nos pulmões.

A maioria dos autores defende que o nascituro não possui personalidade jurídica, até mesmo pela redação da primeira parte do artigo 2' do Código Civil brasileiro. Da mesma forma, admitindo a personalidade jurídica somente a partir do nascimento, o Código Civil português no seu artigo 66°, incisos 1 e 2, determina que "a personalidade adquire-se no momento do nascimento completo e com vida" e "os direitos que a lei reconhece aos nascituros dependem do seu nascimento", respectivamente. Na mesma vertente,

5 CUNHA GONÇALVES, Luiz da. *Tratado de direito civil*. Vol. I, Tomo I, 2. ed. São Paulo: Max Limonad, 1955, p. 191.

6 AMARAL, Francisco. *Direito civil:* introdução. 6. ed. Rio de Janeiro: Renovar, 2006, p. 218.

7 Correspondente ao art. 4° do CC de 1916.

o Código Civil espanhol – Real Orden de 29 de Julio de 1889, dispõe em seus artigos 29 e 30: Artígo 29: "El nacimiento determina la personalidad; pero el concebido se tiene por nacido para todos los efectos que le sean favorables, siempre que nazca con las condiciones que expresa el artículo siguiente" e Artigo 30: "Para los efectos civiles, sólo se reputará nacido el feto que tuviere figura humana y viviere veinticuatro horas enteramente desprendido del seno materno".

Alguns códigos estrangeiros exigem que a criança, além de nascer com vida, seja viável ou vivível, isto é, que dotada de uma conformação que seja possível viver algum tempo. Neste sentido os códigos francês, italiano e austríaco.

b) Teoria Concepcionista

A outra corrente, chamada de *concepcionista,* alega que a personalidade civil da pessoa começa a partir da concepção (momento de união do gameta masculino e feminino). É uma teoria alinhada com o projeto do Código Civil de Teixeira de Freitas, Nabuco de Araújo e Joaquim Felício dos Santos. Aqui, o ser que está para nascer já possui personalidade jurídica.

Todavia, entendemos que a personalidade civil da pessoa começa com a concepção em razão de vários argumentos e por parecer uma corrente mais técnica nos dias atuais:

A *Convenção Americana de Direitos Humanos* (1969), *Pacto de San José de Costa Rica,* adotada e aberta à assinatura na Conferência Especializada Interamericana sobre Direitos Humanos, em San José de Costa Rica, em 22 de novembro de 1969 foi ratificada pelo Brasil em 25 de setembro de 1992. O Decreto 678/92 refere-se à promulgação da Convenção Americana sobre Direitos Humanos (Pacto de São José da Costa Rica). O tratado ratificado no Brasil, possui patamar de norma constitucional (EC-n° 45).

O artigo 3° do Pacto de San José de Costa Rica trata do direito ao reconhecimento da personalidade jurídica ao afirmar que "toda pessoa tem direito ao reconhecimento de sua personalidade jurídica".

O artigo 4° faz menção ao direito à vida, dizendo que "Pacto de San José de Costa Rica. Artigo 4° – Direito à vida. 1. Toda pessoa tem o direito de que se respeite sua vida. Esse direito deve ser protegido pela lei e, em geral, desde o momento da concepção. Ninguém pode ser privado da vida arbitrariamente".

Ademais, o Código Civil brasileiro insere o nascituro em diversas relações jurídicas, tais como: a) art. 542, a doação feita ao nascituro valerá, sendo aceita pelo seu representante legal (aqui, o donatário é o nascituro); b) art. 1.609, parágrafo único, o reconhecimento do filho pode preceder o nascimento do filho ou ser posterior ao seu falecimento, se ele deixar descendentes (neste caso, no direito de família, o nascituro poderá demandar ação de investigação de parternidade); c) art. 1.779, dar-se-á curador ao nascituro, se o pai falecer estando grávida a mulher, e não tendo o poder familiar. Parágrafo único, se a mulher estiver interdita, seu curador será o do nascituro; d) art. 1.798, legitimam-se a suceder as pessoas nascidas ou *já concebidas* no momento da abertura da sucessão.

Na última hipótese, frise-se, que o artigo 1.798 trata da legitimidade a suceder as pessoas nascidas ou já concebidas no momento da sucessão. *Legitimidade* pressupõe *capacidade*, e está a *personalidade*. Portanto, o nascituro possui personalidade jurídica.

Isso, sem contar, que no *direito penal*, no caso de crime de auto-aborto, o sujeito passivo é o próprio nascituro.

Também, nos casos de *responsabilidade civil*, nas hipóteses em que a mãe venha a ingerir medicamentos que causem sequelas ao nascituro ou nos casos provenientes de erro médico que venham a causar danos ao nascituro.

O *direito do trabalho*, ao tratar da estabilidade provisória da gestante cujo escopo é, também, a tutela do nascituro.[8]

---

8 Nesse sentido, o Tribunal Superior do Trabalho já decidiu, em 12.8.2005, que "ESTABILIDADE PROVISÓRIA - GESTANTE - CONFIRMAÇÃO DA GRAVIDEZ - COMUNICAÇÃO AO EMPREGADOR. O fato gerador do direito de a empregada gestante manter-se no emprego, sem prejuízo dos salários, com consequente restrição ao direito de denúncia unilateral do contrato sem justa causa pelo empregador, sob pena de sujeitar-se às reparações legais, nasce com a concepção e se projeta até 5 meses após o parto - artigos 7°, VIII, da CF e 10, II, "b", das Disposições Constitucionais Transitórias. O escopo da garantia constitucional é, não só, a proteção da gestante contra a dispensa arbitrária, por estar grávida, mas principalmente a tutela do nascituro. Nesse sentido a interpretação teleoló- gica da norma constitucional conduz à conclusão de que, confirmada a gravidez durante a relação de emprego, nasce o direito da empregada à estabilidade provisória, com consequente restrição do direito de o empregador dispensá-la, salvo por justa causa. Comprovado que a reclamante estava grávida na época da dispensa, consoante se infere do acórdão recorrido, o fato de a reclamada desconhecer o seu estado gravídico não a isenta da responsabilidade pelo pagamento dos salários e demais vantagens, atento ao fato de que a responsabilidade é objetiva, na medida em que decorre de dois elementos: gravidez no curso do contrato e dispensa imotivada da empregada. Portanto, devido é o pagamento da indenização decorrente da estabilidade - artigo 10, II, "b", ADCT. Recurso de revista conhecido e provido (Decisão: Ac. unân. da 4ª T., publ. em 12.8.2005. Recurso: RR 2.060/2001.Relator: Rel. Min. Conv. José Antônio Pancotti).
Outra decisão interessante, relacionada a *personalidade jurídica do nascituro*, é aquela que trata do Seguro Obrigatório decidida pelo Tribunal de Justiça do Rio Grande do Sul. Vejamos: "Nascituro e Personalidade Jurídica. SEGURO OBRIGATÓRIO. Acidente. ABORTAMENTO. DIREITO À PERCEPÇÃO DA INDENIZAÇÃO. O

NASCITURO GOZA DE PERSONALIDADE JURÍDICA DESDE A CONCEPÇÃO. O NASCIMENTO COM VIDA DIZ RESPEITO APENAS À CAPACIDADE DE EXERCÍCIO DE ALGUNS DIREITOS PATRIMONIAIS. APELAÇÃO A QUE SE DÁ PROVIMENTO. Acordam os Desembargadores integrantes da Sexta Câmara Cível do Tribunal de Justiça do Estado, à unanimidade, em dar provimento ao apelo, o que decidem de conformidade e pelos fundamentos constantes das inclusas notas taquigráficas que integram o presente acórdão. Custas, na forma da lei. Participaram do julgamento, além do signatário, os eminentes Senhores Desembargadores, Cacildo de Andrade Xavier, Presidente, e Osvaldo Stefanello. Porto Alegre, 28 de março de 2001.
Relatório: Des. Carlos Alberto Álvaro de Oliveira (Relator) – Eminentes Colegas. Cuida-se de demanda movida por JOÃO DOLI DUTRA PORTO e VERA GLECI CHAVES contra HSBC - BAMERINDUS SEGUROS, em que os demandantes, vítimas de acidente de trânsito, postulam a condenação da ré ao pagamento de indenização referente ao seguro obrigatório, pela morte de dois filhos natimortos em decorrência do sinistro. Requerem o benefício da AJG, deferido a f. 45. A sentença, f. 69-72, extinguiu o processo, por impossibilidade jurídica do pedido. Custas e honorários advocatícios pelo demandante, esses fixados em 10% sobre o valor da causa, suspensa a exigibilidade em face da gratuidade judiciária. Contra a sentença insurgem-se os demandantes, por meio de apelação, f. 74-78, tempestiva e dispensada de preparo.
Sustentam que o nascituro é pessoa desde a sua concepção, de modo que é possível o pleito indenizatório. Ressaltam que há nexo causal entre o acidente e a morte dos filhos. Pedem a reforma da sentença para o acolhimento do pedido. Intimada, a ré deixou de oferecer resposta ao apelo. Os autos vieram-me conclusos para julgamento em 21.12.2000 e foram submetidos à revisão do eminente Desembargador Cacildo de Andrade Xavier. É o relatório.
Voto: Des. Carlos Alberto Álvaro de Oliveira (Relator) – Eminentes Colegas. Antes de nada, aprecio a preliminar de ilegitimidade passiva de f. 30-33. A ré não fez prova de que o veículo envolvido no sinistro estava coberto por seguro, deixando de indicar a seguradora que, nessa hipótese, seria responsável pela indenização. De outra parte, no caso de não identificação do veículo, ou da inexistência de cobertura securitária, conforme entendimento já pacífico nesta Câmara, a vítima do acidente pode demandar contra qualquer instituição seguradora. A FENASEG é mera administradora do consórcio e não está revestida de legitimidade passiva, ao contrário do que pretende a demandada. Por essas razões, rejeito a preliminar. A alegada impossibilidade jurídica do pedido confunde-se com o próprio mérito da demanda e com ele será examinado. Passando já ao exame do fundo da causa, entendo que a personalidade da pessoa humana começa com a própria concepção no ventre materno e não somente a partir do nascimento com vida. Em verdade, como bem leciona Silmara J. A. Chinelato e Almeida (Direito do nascituro a alimentos – uma contribuição do direito romano. In: *Revista de*

Giselda Hironaka entende que o conceito tradicional de nascituro "ampliou-se para além dos limites da concepção in vivo (no ventre feminino), com-

---

Direito Civil, Imobiliário, Agrário e Empresarial. São Paulo: Revista dos Tribunais, ano 14, outubro- -dezembro de 1990, p. 52-60) '... muitos dos direitos e *status* do nascituro não dependem do nascimento com vida, como os Direitos da Personalidade,
o direito de ser adotado, de ser reconhecido, atuando o nascimento sem vida como a morte, para os já nascidos. Aperfeiçoando mencionada corrente, sustentamos em nossa tese de doutorado e em trabalhos posteriores que a personalidade – que não se confunde com capacidade – não é condicional'.
Já o grande Teixeira de Freitas, adotando posição muito à frente de seu tempo, afirmava que 'pessoas por nascer existem, porque, suposto não sejam ainda nascidas, vivem já no ventre materno' (*Esboço do Código Civil,* Rio de Janeiro, Imprensa Nacional, 1952, vol. I, nota ao art. 53), reconhecendo também o início da personalidade do nascituro desde a sua formação no ventre materno.
Nessa linha de entendimento, Silmara Almeida (Início da personalidade da pessoa natural no projeto de código civil brasileiro. In: *Revista do Instituto dos Advogados de São Paulo,* São Paulo, Revista dos Tribunais, 1997, p. 78-91), acentua que '... a análise da legislação, bem como dos diversos Projetos de Código Civil que antecedem o Código ora vigente, demonstram que a paridade entre pessoa nascida e nascitura foi observada, segundo a regra geral do direito romano, distinguindo-se claramente o nascituro ou concebido, da prole eventual'.
Em verdade, o Código Civil, em seu art. 4°, quando trata do nascituro, apenas condicionou ao nascimento com vida alguns direitos patrimoniais, como, por exemplo, aqueles relativos à herança e à doação.
Procede, pois, o pleito formulado pelos autores, visto que os filhos então concebidos já gozavam, mesmo no ventre da mãe, da condição de pessoas, protegidas pela ordem jurídica, condicionados apenas alguns direitos patrimoniais ao efetivo nascimento com vida.
A ocorrência policial de f. 7 atesta que o sinistro ocorreu em 1.9.1997, causando lesões graves aos pais dos entes concebidos. As Certidões de Natimorto de f. 8 e 9 atestam que a morte dos filhos deu-se em 1.9.1997, quando tinham sete meses de vida intrauterina, sem dúvida em decorrência do acidente. Diante de tais elementos, resulta nítido o nexo causal entre o sinistro e a consequência fatal. Cumpria, claro está, à seguradora demonstrar o contrário, mas desse ônus não se desincumbiu.
Por essas razões, dou provimento ao apelo, para condenar a requerida a pagar aos autores a quantia de R$ 10.880,00, corrigida pelo IGP-M a partir desta data, e acrescida de juros de 6% ao ano, a contar da citação. Custas e honorários advocatícios pela ré, fixados estes em 20% sobre o montante da condenação, em face do zelo e do trabalho desenvolvido pelo profissional. É o voto. Des. Cacildo de Andrade Xavier (presidente-revisor) – De acordo. Des. Osvaldo Stefanello – De acordo. Decisor(a) de 1° Grau: Thais Coutinho de Oliveira".

preendendo também a concepção "in vitro" (ou crioconservação)"[9]. Ela ensina que "o conceito de nascituro abarca, portanto, o conceito de embrião, sendo desastrosa a separação jurídica ou legislada dos termos, pois que pode trazer mais confusão do que solução, pela interpretação (errada) de que sejam diferentes casos. Embrião, afinal, é singularmente um dos estágios de evolução do ovo, que se fará nascituro. Ainda que não implantado, o embrião está concebido e, desde que identificado como os doadores de gametas, a ele será possível conferir herança, assim, como ao nascituro, eis que o art. 1798 do Código Civil admite estarem legitimados a suceder não apenas as pessoas nascidas, mas também aquelas concebidas ao tempo da abertura da sucessão".[10]

No mesmo diapasão, Maria Helena Diniz, afirma que o conceito de nascituro abrange o embrião congelado.[11]

Vale lembrar que no julgamento, por maioria, da ADI nº 3510, o STF considerou que o embrião congelado sequer constitui vida humana.

Outrossim, ainda, em relação ao artigo 2° do nosso Código Civil, o Conselho da Justiça, na I Jornada de Direito Civil, aprovou os seguintes enunciados:

a) Enunciado 1 – Art. 2°: a proteção que o Código defere ao nascituro alcança o natimorto no que concerne aos direitos da personalidade, tais como nome, imagem e sepultura;
b) Enunciado 2 – Art. 2°: sem prejuízo dos direitos da personalidade nele assegurados, o art. 2° do Código Civil não é sede adequada para questões emergentes da reprogenética humana, que deve ser objeto de um estatuto próprio.

c) Teoria da Personalidade Condicional

Aqui a personalidade civil começa com o nascimento com vida, mas os direitos do nascituro ficam sujeitos a uma condição suspensiva (evento futuro e incerto), qual seja, o nascimento com vida. É, pois, um direito eventual. Os defensores desta teoria se baseiam no artigo 130 do CCB que permite ao titular de direito eventual. Esta teoria é, pois, um aprimoramento da teoria natalista.

d) Teoria da Nidação

Com a Teoria da Nidação defende-se que o embrião passaria a adquirir vida com sua implantação no útero da mulher. Anteriormente a este fenômeno, haveria apenas um aglomerado de células que constituiria posteriormente os alicerces do embrião.

---

9 HIRONAKA, Giselda Maria Fernandes. As inovações biotecnológicas e o direito das sucessões. *Direitos Culturais*, v.2, n.3, p. 63-72, 2007, p. 70.

10 Ibid.

11 DINIZ, Maria Helena. *Curso de Direito Civil Brasileiro*. Volume 1: Teoria Geral do Direito Civil. 25. ed. São Paulo: Saraiva, 2008, p. 198.

Mônica Sartori Scarparo afirma que "não seria viável falar de vida humana enquanto o blastócito ainda não conseguiu a nidação, o que se daria somente no sétimo dia, quando passa a ser alimentado pela mãe".[12]

Para esta teoria, não há viabilidade de vida para o embrião em laboratório, necessitando, portanto, ser implantado no útero da mulher.

6.3 A Questão dos Embriões

Os temas acerca da procriação humana assistida são polêmicos. A procriação artificial (ou reprodução assistida) pode ocorrer de duas formas: a) a inseminação artificial; b) a fecundação *in vitro*.

A inseminação artificial poderá ocorrer de duas maneiras distintas, a saber: a) homóloga; b) heteróloga.

A inseminação artificial é a inserção do sêmen no corpo da mulher, realizada artificialmente, quer através da via transabdominal ou pela via transvaginal. A inseminação artificial é denominada *homóloga* quando o sêmen inserido é do próprio marido; A inseminação é chamada *heteróloga* quando o sêmen inserido na mulher é de outro homem que não o marido. Neste caso, é normal a utilização de "bancos de sêmen".

Na fecundação *in vitro* ou fecundação extracorpórea, realizada em laboratório, em síntese, a mulher é submetida a uma estimulação hormonal para que se possa retirar vários óvulos; a seguir os óvulos são aspirados e colocados em contato com os espermatozóides numa placa. Estas placas são transferidas para uma estufa que simula o ambiente das trompas. Neste ambiente ocorrerá a fecundação e a transformação em embriões. De modo geral, quatro desses embriões são transferidos para o útero da mulher através de um cateter.

A polêmica é quanto à questão relativa ao destino dos embriões excedentários no âmbito das técnicas da concepção *in vitro*.

O artigo 1.597 do Código Civil determina que "presumem-se concebidos na constância do casamento os filhos:

> I - nascidos cento e oitenta dias, pelo menos, depois de estabelecida a convivência conjugal;
>
> II- nascidos nos trezentos dias subsequentes à dissolução da sociedade conjugal, por morte, separação judicial, nulidade e anulação do casamento;
>
> III – havidos por fecundação artificial homóloga, mesmo que falecido o marido;
>
> IV – havidos, a qualquer tempo, quando se tratar de embriões excedentários, decorrentes de concepção artificial homóloga;

12 SCARPARO, Mônica Sartori. *Fertilização Assistida:* questão aberta, aspectos científicos e legais. Rio de Janeiro: Forense Universitária, 1991, p.42.

V - havidos por inseminação artificial heteróloga, desde que tenha prévia autorização do marido".

Na Jornada de Direito Civil, promovida pelo Centro de Estudos Judiciários do Conselho da Justiça Federal – CJF, no período de 11 a 13 de setembro de 2002, sob a coordenação científica do Ministro Ruy Rosado, do STJ, ocorreram propostas de modificação do Código Civil.

Dentre as propostas formuladas, destacam-se:

a) 126 – Proposição sobre o art. 1.597, inc. III, IV e V:

Proposta: alterar as expressões "fecundação artificial", "concepção artificial" e "inseminação artificial" constantes, respectivamente, dos incs. III, IV e V do art. 1.597 para "técnica de reprodução assistida".

Justificativa: As técnicas de reprodução assistida são basicamente de duas ordens: aquelas pelas quais a fecundação ocorre in vivo, ou seja, no próprio organismo feminino, e aquelas pelas quais a fecundação ocorre in vitro, ou seja, fora do organismo feminino, mais precisamente em laboratório, após o recolhimento dos gametas masculino e feminino.

As expressões "fecundação artificial" e "concepção artificial" utilizadas nos incs. III e IV são impróprias, até porque a fecundação ou a concepção obtida por meio das técnicas de reprodução assistida é natural, com o auxílio técnico, é verdade, mas jamais artificial.

Além disso, houve ainda imprecisão terminológica no inc. V quando trata da inseminação artificial heteróloga, uma vez que a inseminação artificial é apenas uma das técnicas de reprodução in vivo; para os fins do inciso em comento, melhor seria a utilização da expressão "técnica de reprodução assistida", incluídas aí todas as variantes das técnicas de reprodução in vivo e in vitro.

b) 127 – Proposição sobre o art. 1.597, inc. III:

Proposta: alterar o inc. III para constar "havidos por fecundação artificial homóloga".

Justificativa: Para observar os princípios da paternidade responsável e dignidade da pessoa humana, porque não é aceitável o nascimento de uma criança já sem pai.

c) 128 – Proposição sobre o art. 1.597, inc. IV:

Proposta: o fim de uma sociedade conjugal, em especial quando ocorre pela anulação ou nulidade do casamento, pela separação judicial ou pelo divórcio, é, em regra, processo de tal ordem traumático para os envolvidos que a autorização de utilização de embriões excedentários será fonte de desnecessários litígios.

Além do mais, a questão necessita de análise sob o enfoque constitucional.

Da forma posta, e não havendo qualquer dispositivo no novo Código Civil que autorize o reconhecimento da maternidade em tais casos, somente a mulher poderá valer-se dos embriões excedentários, ferindo de morte o princípio da igualdade esculpido no *caput* e no inc. I do art. 5° da Constituição da República.

A título de exemplo, se a mulher ficar viúva ou se divorciar poderá, "a qualquer tempo", gestar o embrião excedentário, assegurado o reconhecimento da paternidade, com as consequências legais pertinentes; porém, o marido não poderá valer-se dos mesmos embriões, para cuja formação contribuiu com o seu material genético, e gestá-lo em útero sub-rogado.

Como o dispositivo é vago e diz respeito apenas ao estabelecimento da paternidade, sendo o novo Código Civil omisso quanto à maternidade, poder-se-ia indagar: se esse embrião vier a germinar em um ser humano, após a morte da mãe, ele terá a paternidade estabelecida, mas não a maternidade? Caso se pretenda afirmar que a maternidade será estabelecida pelo nascimento, como ocorre atualmente, a mãe será aquela que dará à luz, porém, neste caso, tampouco a paternidade poderá ser estabelecida uma vez que a reprodução não seria homóloga.

Caso a justificativa para a manutenção do inciso seja evitar a destruição dos embriões crioconservados, destaca-se que legislação posterior poderá autorizar que venham a ser adotados por casais inférteis.

Assim, prudente seria que o inciso em análise fosse suprimido.

Porém, se a supressão não for possível, solução alternativa seria determinar que os embriões excedentários somente possam ser utilizados se houver prévia autorização escrita de ambos os cônjuges, evitando-se com isso mais uma lide nas varas de família.

d) 129 – Proposição para inclusão de um art. no final do Cap. II, Subtítulo II, Cap. XI, Título I, do Livro IV, com a seguinte redação:

> "Art. 1.597. A maternidade será presumida pela gestação". Parágrafo único: Nos casos de utilização das técnicas de reprodução assistida, a maternidade será estabelecida em favor daquela que forneceu o material genético, ou que, tendo planejado a gestação, valeu-se da técnica de reprodução assistida heteróloga".

Justificativa: No momento em que o art. 1.597 autoriza que o homem infértil ou estéril se valha das técnicas de reprodução assistida para suplantar sua deficiência reprodutiva, não poderá o Código Civil deixar de prever idêntico tratamento às mulheres.

O *caput* do dispositivo dará guarida às mulheres que podem gestar, abrangendo quase todas as situações imagináveis, como as técnicas de reprodução assistida homólogas e heterólogas, nas quais a gestação será levada a efeito pela mulher que será a mãe socioevolutiva da criança que vier a nascer.

O parágrafo primeiro assegura à mulher que produz seus óvulos regularmente, mas que não pode levar a termo uma gestação, o direito à maternidade, uma vez que apenas a gestação caberá à mãe sub-rogada.

Por seu turno, o parágrafo segundo contempla a mulher estéril, ou que não pode levar a termo uma gestação. Esta mulher terá declarada sua maternidade em relação à criança nascida de gestação sub-rogada, na qual o material genético feminino não provém de seu corpo.

Importante destacar que em ambos os casos dos parágrafos em análise, em hipótese alguma poderá ser permitido o fim lucrativo por parte da mãe sub-rogada.

O projeto de Lei n° 6.960/2002, apresentado ao Congresso Nacional pelo Deputado Ricardo Fiúza, visando aprimorar o artigo 2° do nosso Código Civil ao dizer que "a personalidade civil da pessoa começa do nascimento com vida; mas a lei põe a salvo, desde a concepção, os direitos do embrião e do nascituro", talvez traga mais problemas e dúvidas do que soluções (neste caso, o embrião teria personalidade jurídica?).

Isso porque ainda se discute o que fazer com os milhares de embriões excedentários armazenados e congelados. Eles devem ser eliminados, ou deveveriam ser utilizados para a invetigação da cura de doenças? São questões que a bioética e o biodireito terão que enfrentar.

Giselda Hironaka entende que o conceito tradicional de nascituro "ampliou-se para além dos limites da concepção in vivo (no ventre feminino), compreendendo também a concepção "in vitro" (ou crioconservação)"[13]. Ela ensina que "o conceito de nascituro abarca, portanto, o conceito de embrião, sendo desastrosa a separação jurídica ou legislada dos termos, pois que pode trazer mais confusão do que solução, pela interpretação (errada) de que sejam diferentes casos. Embrião, afinal, é singularmente um dos estágios de evolução do ovo, que se fará nascituro. Ainda que não implantado, o embrião está concebido e, desde que identificado como os doadores de gametas, a ele será possível conferir herança, assim, como ao nascituro, eis que o art. 1798 do Código Civil admite estarem legitimados a suceder não apenas as pessoas nascidas, mas também aquelas concebidas ao tempo da abertura da sucessão".[14]

No mesmo diapasão, Maria Helena Diniz, afirma que o conceito de nascituro abrange o embrião congelado.[15]

Vale lembrar que no julgamento, por maioria, da ADI n° 3510, o STF considerou que o embrião congelado sequer constitui vida humana.

---

13 HIRONAKA, Giselda Maria Fernandes. As inovações biotecnológicas e o direito das sucessões. *Direitos Culturais*, v.2, n. 3, p. 63-72, 2007, p. 70.

14 Ibid.

15 DINIZ, Maria Helena. *Curso de Direito Civil Brasileiro.* Volume 1: Teoria Geral do Direito Civil. 25. ed. São Paulo: Saraiva, 2008, p. 198.

6.4 Capacidade de Direito (ou de Gozo) e Capacidade de Fato (ou de Exercício)

A capacidade de direito ou capacidade de gozo é a aptidão para ser titular de direitos e deveres no mundo jurídico. A capacidade de fato ou capacidade de exercício é a aptidão para a prática dos atos jurídicos, ou seja, é a possibilidade de alguém praticar atos jurídicos visando a aquisição, modificação ou extinção das relações jurídicas. A capacidade de fato é variável, já que depende do grau de entendimento e vontade própria da pessoa.

FRANCISCO AMARAL ensina que a capacidade de fato se desdobra em "*capacidade para os atos jurídicos*, consistentes na possibilidade de praticar, atos ou negócios jurídicos, em *capacidade processual*, que é a de atuar em juízo, na defesa de seus interesses, e em *capacidade penal*, possibilidade de ser responsável pela prática de ilícito penal".[16]

6.5 Capacidade e Legitimidade

A *capacidade* não se confunde com a *legitimidade*. A *capacidade* é a aptidão para ser titular de direitos e deveres no mundo jurídico e a *legitimidade* é a posição em que a pessoa se encontra em relação a um interesse, bens ou situação jurídica, sobre os quais possa agir. Melhor dizendo, a *legitimidade* é a possibilidade que a pessoa tem de agir, de manifestar sua vontade, autorizada pela lei, sobre um interesse, bens ou situação jurídica.

Em regra, a pessoa que possui *legitimidade* para agir sobre determinado interesse, bens ou situação jurídica é o próprio titular de direitos e deveres. Neste caso, legitimidade e titularidade coincidem. Porém, isto pode não acontecer. Há casos, no ordenamento jurídico, que terceiros estão legitimados a agir sem que sejam titulares de direitos e deveres, como no caso do pagamento efetuado por terceiro que não o devedor.

Uma pessoa proprietária de vários bens pode ter *capacidade* de realizar uma doação, mas não terá *legitimidade* de doar todos os seus bens sem reserva de parte, ou renda suficiente para a sua subsistência, já que a lei não autoriza a realização da referida manifestação de vontade (CC, art. 548), ou seja, falta de autorização para o exercício do ato jurídico.

6.6 Incapacidades

6.6.1 Conceito

A regra é a capacidade das pessoas em realizar os negócios jurídicos. Toda pessoa que se encontre no exercício de seus direitos tem capacidade para estar em juízo (artigo 70, CPC).[17]

---

16 AMARAL, Francisco. *Direito civil:* introdução. 6. ed. Rio de Janeiro: Renovar, 2006, p. 228.
17 CPC – Art. 75. Serão representados em juízo, ativa e passivamente: I – a União, pela

A *incapacidade* ou falta de capacidade é a restrição legal ao exercício dos atos da vida civil. Quanto à capacidade, as pessoas estão agrupadas em três espécies, a saber: a) as pessoas absolutamente incapazes, as pessoas relativamente incapazes e c) as pessoas capazes.

Um dos fundamentos do instituto jurídico da incapacidade é a proteção aos incapazes, na medida em que a lei restringe ou limita que a pessoa incapaz realize os atos da vida civil, sem a *representação* ou *assistência* de uma outra pessoa.

Daí que os incapazes serão representados ou assistidos por seus pais, tutores ou curadores, na forma da lei civil (CPC, art. 71).

No dia 06/07/2015 foi sancionada a Lei 13.146/2015 que instituiu o *Estatuto da Pessoa com Deficiência*, entrando em vigor 180 dias após a sua publicação. Esta norma jurídica altera substancialmente a *teoria das incapacidades*, com reflexos profundos em vários institutos do Direito de Família.

O artigo 3º do Código Civil foi revogado, permanecendo em vigor apenas o seu *caput* que diz: "são absolutamente incapazes de exercer pessoalmente os atos da vida civil os menores de 16 (dezesseis) anos".

Advocacia-Geral da União, diretamente ou mediante órgão vinculado; II – o Estado e o Distrito Federal, por seus procuradores; III – o Município, por seu prefeito ou procurador; IV – a autarquia e a fundação de direito público, por quem a lei do ente federado designar; V – a massa falida, pelo administrador judicial; VI – a herança jacente ou vacante, por seu curador; VII – o espólio, pelo inventariante; VIII – a pessoa jurídica, por quem os respectivos atos constitutivos designarem ou, não havendo essa designação, por seus diretores; IX – a sociedade e a associação irregulares e outros entes organizados sem personalidade jurídica, pela pessoa a quem couber a administração de seus bens; X – a pessoa jurídica estrangeira, pelo gerente, representante ou administrador de sua filial, agência ou sucursal aberta ou instalada no Brasil; XI – o condomínio, pelo administrador ou síndico.

§ 1º Quando o inventariante for dativo, os sucessores do falecido serão intimados no processo no qual o espólio seja parte.

§ 2º A sociedade ou associação sem personalidade jurídica não poderá opor a irregularidade de sua constituição quando demandada.

§ 3º O gerente de filial ou agência presume-se autorizado pela pessoa jurídica estrangeira a receber citação para qualquer processo.

§ 4º Os Estados e o Distrito Federal poderão ajustar compromisso recíproco para prática de ato processual por seus procuradores em favor de outro ente federado, mediante convênio firmado pelas respectivas procuradorias.

Art. 76. Verificada a incapacidade processual ou a irregularidade da representação da parte, o juiz suspenderá o processo e designará prazo razoável para que seja sanado o vício.

§ 1º Descumprida a determinação, caso o processo esteja na instância originária:

I – o processo será extinto, se a providência couber ao autor;

II – o réu será considerado revel, se a providência lhe couber;

III – o terceiro será considerado revel ou excluído do processo, dependendo do polo em que se encontre.

§ 2º Descumprida a determinação em fase recursal perante tribunal de justiça, tribunal regional federal ou tribunal superior, o relator:

I – não conhecerá do recurso, se a providência couber ao recorrente;

II – determinará o desentranhamento das contrarrazões, se a providência couber ao recorrido.

Dessa maneira, em regra, todas as pessoas com deficiências apontadas nos incisos do artigo 3º revogado passam a ser *plenamente capazes para os atos da vida civil*. Neste caso, o legislador visa a *inclusão social* destas pessoas, com vistas a *proteger a sua dignidade*. O artigo 6 da Lei 13.146/2015 afirma que "a deficiência não afeta a plena capacidade civil da pessoa, inclusive para: I - casar-se e constituir união estável; II - exercer direitos sexuais e reprodutivos; III - exercer o direito de decidir sobre o número de filhos e de ter acesso a informações adequadas sobre reprodução e planejamento familiar; IV - conservar sua fertilidade, sendo vedada a esterilização compulsória; V - exercer o direito à família e à convivência familiar e comunitária; e VI - exercer o direito à guarda, à tutela, à curatela e à adoção, como adotante ou adotando, em igualdade de oportunidades com as demais pessoas".

A capacidade jurídica hoje é considerada no rol dos direitos humanos. Vale lembrar que o artigo 12 da *Convenção sobre os Direitos das Pessoas com Deficiência*, aprovada em 13 de dezembro de 2006, em sessão solene da ONU,[18] diz que

> "Reconhecimento igual perante a lei.
> 1.Os Estados Partes reafirmam que as pessoas com deficiência têm o direito de ser reconhecidas em qualquer lugar como pessoas perante a lei.
> 2.Os Estados Partes reconhecerão que as pessoas com deficiência gozam de capacidade legal em igualdade de condições com as demais pessoas em todos os aspectos da vida.
> 3.Os Estados Partes tomarão medidas apropriadas para prover o acesso de pessoas com deficiência ao apoio que necessitarem no exercício de sua capacidade legal.
> 4.Os Estados Partes assegurarão que todas as medidas relativas ao exercício da capacidade legal incluam salvaguardas apropriadas e efetivas para prevenir abusos, em conformidade com o direito internacional dos direitos humanos. Essas salvaguardas assegurarão que as medidas relativas ao exercício da capacidade legal respeitem os direitos, a vontade e as preferências da pessoa, sejam isentas de conflito de interesses e de influência indevida, sejam proporcionais e apropriadas às circunstâncias da pessoa, se apliquem pelo período mais curto possível e sejam submetidas à revisão regular por uma autoridade ou órgão judiciário competente, independente e imparcial. As salvaguardas serão proporcionais ao grau em que tais medidas afetarem os direitos e interesses da pessoa.

---

18 Decreto n.6949/2009 – Promulga a Convenção Internacional sobre os Direitos das Pessoas com Deficiência e seu Protocolo Facultativo, assinados em Nova York, em 30 de março de 2007.

> 5.Os Estados Partes, sujeitos ao disposto neste Artigo, tomarão todas as medidas apropriadas e efetivas para assegurar às pessoas com deficiência o igual direito de possuir ou herdar bens, de controlar as próprias finanças e de ter igual acesso a empréstimos bancários, hipotecas e outras formas de crédito financeiro, e assegurarão que as pessoas com deficiência não sejam arbitrariamente destituídas de seus bens".

A *Convenção sobre os Direitos das Pessoas com Deficiência* da ONU foi inserida no sistema jurídico brasileiro pelo Decreto nº 6.949, de 25.08.2009, que a promulgou. Na medida em que a aprovação da Convenção obedeceu ao rito estipulado pela Emenda Constitucional nº 45/04, sua incorporação em nosso ordenamento se deu com status constitucional.

A Lei 13.146/2015 está em sintonia com o *reconhecimento dos direitos das pessoas com deficiência*, visando a sua *igualdade* e *inclusão social*.[19] O direito das pessoas com deficiência a tomar decisões sobre a sua vida e desfrutar sua capacidade jurídica, em condições de igualdade com os outros é uma das questões de *direitos humanos* mais importante na Europa.

O que se quer é uma postura de reconhecimento, visando a eliminação de barreiras que impedem as pessoas com deficiências de tomar o controle de suas vidas e se tornarem cidadãos ativos contribuindo propositivamente para a sociedade. É, pois, uma abordagem baseada nos direitos humanos para a deficiência. Melhor dizendo: as políticas que visam apenas cuidado, reabilitação médica e benefícios deve ser revista com vistas a inclusão social.

Na verdade, a Lei 13.146/2015 fornece uma mudança de paradigma nas políticas destinadas a pessoas com deficiência com vistas a igualdade e o processo de inclusão social. A maioria dos sistemas jurídicos apresenta noção obsoleta da capacidade jurídica. Dessa maneira, o artigo 3º do nosso Código Civil foi aprimorado à luz das normas de direitos humanos, e com especial referência ao artigo 12 da Convenção acima citado. É, pois, uma mudança que visa corrigir os defeitos que privavam as pessoas com deficiência sobre os seus direitos, especialmente, no direito de família, como o casamento, a interdição e a curatela.

---

19 Lei 13.146/15 – Institui a Lei Brasileira de Inclusão da Pessoa com Deficiência (Estatuto da Pessoa com Deficiência) – Esta Lei tem como base a Convenção sobre os Direitos das Pessoas com Deficiência e seu Protocolo Facultativo, ratificados pelo Congresso Nacional por meio do Decreto Legislativo nº 186, de 9 de julho de 2008, em conformidade com o procedimento previsto no § 3º do art. 5o da Constituição da República Federativa do Brasil, em vigor para o Brasil, no plano jurídico externo, desde 31 de agosto de 2008, e promulgados pelo Decreto nº 6.949, de 25 de agosto de 2009, data de início de sua vigência no plano interno.

Lamentavelmente, as pessoas com deficiência ainda sofrem discrinações e preconceitos na sociedade. Basta lembrar que a maioria das escolas não possuem preparo docente e infraestrutura para acolher as crianças com deficiência. As oportuniodades de negócios e empregos são raras, uma vez que a discriminação se desvela em cores vivas e os locais de trabalho são, em regra, inacessíveis.

Nesse sentido, vale destacar os comentários de Gustavo Caramelo, Sebastián Picasso e Marisa Herrera em relação as mudanças ocorridas no Código Civil Argentino:

> "El Alto Comisionado de Derechos Humanos de Naciones Unidas ha afirmado que la capacidad jurídica excede la posibilidad de tomar decisiones por sí o por un tercero; guarda relación con el ser persona. De allí que las restricciones a la capacidad deben valorarse con sumo cuidado y de modo excepcional, por constituir una restricción a un derecho humano. Una limitación total de la capacidad jurídica por la sola existencia de una discapacidad intelectual o psicosocial viola los principios de la Convención de Naciones Unidas.
> Así también lo ha entendido el Tribunal Europeo de Derechos Humanos en caso Shtukaturov c. Rusia. Consideró que la incapacitación de una persona constituye uma injerencia en la vida privada que debe calificarse de "muy grave", pues la incapacitación total supone la dependencia de un tutor en todos los ámbitos de su vida y se aplica por un periodo indefinido sin que pueda ser impugnada. Afirma asimismo el Tribunal que "la existencia de un trastorno mental, aunque sea grave, no puede ser la única razón para justificar la incapacitación total", debiendo contemplarse una "respuesta a medida" a fin de no limitar el derecho a la vida privada "más de lo estrictamente necesario".[20]

O reconhecimento da capacidade de uma pessoa para tomar suas próprias decisões é essencial para que esta pessoa possa decidir sobre a sua vida e participar efetivamente da sociedade em que vive.

Assim, a capacidade jurídica vai além da tomada de uma decisão, ou seja, faz parte da própria essência da pessoa e sua dignidade. As decisões que tomamos em nossa vida representam o nosso próprio caminho, desvelando o nosso próprio ser.

---

20 CARAMELO, Gustavo. *Código Civil y Comercial de la Nación comentado* / Gustavo Caramelo ; Sebastián Picasso ; Marisa Herrera. – 1ª ed. – Ciudad Autónoma de Buenos. Aires : Infojus, 2015, p. 59-60.

Dessa maneira, é preciso mudar a visão da capacidade civil, com o propósito de colocarmos a pessoa no epicentro do ordenamento jurídico, de forma coerente e harmônica com os direitos humanos, as liberdades fundamentais e a dignidade de todas as pessoas com deficiência.

No mesmo sentido, caminhou, também, o Novo Código Civil Argentino: Artículo 23. – *Capacidad de ejercicio. Toda persona humana puede ejercer por sí misma sus derechos, excepto las limitaciones expressamente previstas en este Código y en una sentencia judicial.*[21]

ROSE MELO VENCELAU MEIRELES destaca que "a principal contribuição do Estatuto do Deficiente constitui a desidentificação do deficiente com o incapaz. Trata-se do uso da lei na sua função promocional, com vistas a não discriminação. Contudo, nos casos em que houver falta de discernimento faz-se não só possível como imperiosa a curatela. Note-se que a curatela se limita aos atos patrimoniais e negociais, entendidos esses como negociais patrimoniais. O Estatuto do Deficiente, assim, foi ao encontro da teoria que propugna pela necessária tutela qualitativa das situações existenciais".[22]

A nova redação do artigo 3º do Código Civil, diz que são *absolutamente incapazes* apenas os menores de dezesseis anos, excluindo as pessoas "com enfermidade ou deficiência mental" e qualificando como relativamente incapazes os que, por causa transitória, não puderem exprimir sua vontade (na redação originária, eram absolutamente incapazes). É o que diz o artigo 84 do *Estatudo da Pessoa com Deficiência* ao afirmar que "*a pessoa com deficiência tem assegurado o direito ao exercício de sua capacidade legal em igualdade de condições com as demais pessoas*".

---

21 "El CCyC introduce en forma expresa el principio de capacidad de ejercicio de la persona. Como veremos a continuación, dicho principio conecta con la concepción actual de la capacidad como un derecho humano de la persona, lo que profundiza las exigencias al momento de admitir su eventual restricción. Establece en qué casos dichas restricciones pueden resultar admisibles. La referencia a las "limitaciones expresamente previstas" en el CCyC aluden a la situación de ninos, ninas y adolescentes que no presenten las condiciones de edad y madurez suficiente que más adelante se introducen; en cuanto a las personas mayores de edad, pueden sufrir restricciones a su capacidad jurídica como consecuencia de una sentencia dictada luego de transitar un proceso judicial, que también debe satisfacer los recaudos exigidos como reglas generales en el CCyC". CARAMELO, Gustavo. *Código Civil y Comercial de la Nación comentado* / Gustavo Caramelo ; Sebastián Picasso ; Marisa Herrera. – 1ª ed. – Ciudad Autónoma de Buenos. Aires : Infojus, 2015, p. 57.

22 MEIRELES, Rose Melo Vencelau. *A Necessária Distinção entre Negócios Jurídicos Patrimoniais e Existenciais*: o Exemplo da Capacidade Civil. In: MORAES, Carlos Eduardo Guerra de; RIBEIRO, Ricardo Lodi (Coord.); MONTEIRO FILHO, Carlos Edison do Rêgo; GUEDES, Gisela Sampaio da Cruz; MEIRELES, Rose Melo Vencelau. Coleção Direito UERJ 80 anos, Direito Civil. Vol. 2. Rio de Janeiro: Freitas Bastos, 2015, p. 178.

Todavia, em caráter excepcional, a pessoa com deficiência mental ou intelectual poderá ser submetida a curatela, no seu legítimo interesse. Essa curatela está delineada no artigo 84, § 1º do *Estatuto da Pessoa com Deficiência:* "Quando necessário, a pessoa com deficiência será submetida à curatela, conforme a lei".

A definição de curatela de pessoa com deficiência constitui *medida protetiva extraordinária*, proporcional às necessidades e às circunstâncias de cada caso, e durará o menor tempo possível (artigo 84, § 3º da Lei 13.146/2015).

Os curadores são obrigados a prestar, anualmente, contas de sua administração ao juiz, apresentando o balanço do respectivo ano (artigo 84, § 4º da Lei 13.146/2015).

Importante destacar que a curatela afetará tão somente os atos relacionados aos direitos de natureza patrimonial e negocial. A definição da curatela não alcança o direito ao próprio corpo, à sexualidade, ao matrimônio, à privacidade, à educação, à saúde, ao trabalho e ao voto.

Por ser medida extraordinária, a sentença judicial de curatela deve conter as razões e motivações de sua definição, preservados os interesses do curatelado.

No caso de pessoa em situação de institucionalização, ao nomear curador, o juiz deve dar preferência a pessoa que tenha vínculo de natureza familiar, afetiva ou comunitária com o curatelado.

Para emissão de documentos oficiais, não será exigida a situação de curatela da pessoa com deficiência (artigo 86 da Lei 13.146/2015).

Em casos de relevância e urgência e a fim de proteger os interesses da pessoa com deficiência em situação de curatela, será lícito ao juiz, ouvido o Ministério Público, de oficio ou a requerimento do interessado, nomear, desde logo, curador provisório, o qual estará sujeito, no que couber, às disposições do Código de Processo Civil. (artigo 87 da Lei 13.146/2015).

O CPC trata nos artigos 747 a 758 da interdição.[23] Nota-se que o CPC desconsiderou a *Convenção sobre os Direitos das Pessoas com Deficiência* (CDPD) – com força de emenda constitucional -, e o *Estatuto da Pessoa com Deficiência*

---

23 CPC – Da Interdição – Art. 747. A interdição pode ser promovida: I – pelo cônjuge ou companheiro; II – pelos parentes ou tutores; III – pelo representante da entidade em que se encontra abrigado o interditando; IV – pelo Ministério Público. Parágrafo único. A legitimidade deverá ser comprovada por documentação que acompanhe a petição inicial.

Art. 748. O Ministério Público só promoverá interdição em caso de doença mental grave: I – se as pessoas designadas nos incisos I, II e III do art. 747 não existirem ou não promoverem a interdição; II – se, existindo, forem incapazes as pessoas mencionadas nos incisos I e II do art. 747.

Art. 749. Incumbe ao autor, na petição inicial, especificar os fatos que demonstram a incapacidade do interditando para administrar seus bens e, se for o caso, para praticar atos da vida civil, bem como o momento em que a incapacidade se revelou.

Parágrafo único. Justificada a urgência, o juiz pode nomear curador provisório ao interditando para a prática de determinados atos.

(EPD), já que alude a "interdição", "interditando" e "incapaz", gerando, pois, estigma desnecessário às pessoas com deficiência mental ou intelectual.

O instituto jurídico da *interdição*, como medida de proibição do exercício de direitos, não se mostra adequado com a tendência atual de dignificação da pessoa com deficiência, quer através de sua inclusão, quer através da valoração da sua manifestação de vontade. Em *caráter excepcional*, como dito alhures, utiliza-se a *curatela*, com vistas à proteção da pessoa e à prática de determinados atos, que devem se restringir aos patrimoniais e negociais.

É possível afirmar que a *Convenção sobre os Direitos das Pessoas com Deficiência* (CDPD) e o *Estatuto da Pessoa com Deficiência* (EPD) trouxeram um importante avanço legal, determinando, expressamente, a supressão da deficiência como critério para a incapacidade absoluta. É, pois, a transposição da *dignidade-vulnerabilidade* em direção a *dignidade-igualdade* ou *dignidade-inclusão*.

Art. 750. O requerente deverá juntar laudo médico para fazer prova de suas alegações ou informar a impossibilidade de fazê-lo.
Art. 751. O interditando será citado para, em dia designado, comparecer perante o juiz, que o entrevistará minuciosamente acerca de sua vida, negócios, bens, vontades, preferências e laços familiares e afetivos e sobre o que mais lhe parecer necessário para convencimento quanto à sua capacidade para praticar atos da vida civil, devendo ser reduzidas a termo as perguntas e respostas.
§ 1º Não podendo o interditando deslocar-se, o juiz o ouvirá no local onde estiver.
§ 2º A entrevista poderá ser acompanhada por especialista.
§ 3º Durante a entrevista, é assegurado o emprego de recursos tecnológicos capazes de permitir ou de auxiliar o interditando a expressar suas vontades e preferências e a responder às perguntas formuladas.
§ 4º A critério do juiz, poderá ser requisitada a oitiva de parentes e de pessoas próximas.
Art. 752. Dentro do prazo de 15 (quinze) dias contado da entrevista, o interditando poderá impugnar o pedido.
§ 1º O Ministério Público intervirá como fiscal da ordem jurídica.
§ 2º O interditando poderá constituir advogado, e, caso não o faça, deverá ser nomeado curador especial.
§ 3º Caso o interditando não constitua advogado, o seu cônjuge, companheiro ou qualquer parente sucessível poderá intervir como assistente.
Art. 753. Decorrido o prazo previsto no art. 752, o juiz determinará a produção de prova pericial para avaliação da capacidade do interditando para praticar atos da vida civil.
§ 1º A perícia pode ser realizada por equipe composta por expertos com formação multidisciplinar.
§ 2º O laudo pericial indicará especificadamente, se for o caso, os atos para os quais haverá necessidade de curatela.
Art. 754. Apresentado o laudo, produzidas as demais provas e ouvidos os interessados, o juiz proferirá sentença.
Art. 755. Na sentença que decretar a interdição, o juiz: I – nomeará curador, que poderá ser o requerente da interdição, e fixará os limites da curatela, segundo o estado e o desenvolvimento mental do interdito; II – considerará as características pessoais do interdito, observando suas potencialidades, habilidades, vontades e preferências.

Destarte, todas as pessoas com deficiência se tornaram, regra geral, plenamente capazes para os atos da vida civil, visando precipuamente a sua plena inclusão social, em prol de sua dignidade. Neste diapasão, como dito alhures, frise-se, o artigo 6º da Lei 13.146/2015 (Lei Brasileira de Inclusão da Pessoa com Deficiência – Estatuto da Pessoa com Deficiência) determina que "a deficiência não afeta a plena capacidade civil da pessoa, inclusive para:

> I – casar-se e constituir união estável;
> II – exercer direitos sexuais e reprodutivos;
> III – exercer o direito de decidir sobre o número de filhos e de ter acesso a informações adequadas sobre reprodução e planejamento familiar;
> IV – conservar sua fertilidade, sendo vedada a esterilização compulsória;
> V – exercer o direito à família e à convivência familiar e comunitária; e
> VI – exercer o direito à guarda, à tutela, à curatela e à adoção, como adotante ou adotando, em igualdade de oportunidades com as demais pessoas".

---

§ 1º A curatela deve ser atribuída a quem melhor possa atender aos interesses do curatelado.
§ 2º Havendo, ao tempo da interdição, pessoa incapaz sob a guarda e a responsabilidade do interdito, o juiz atribuirá a curatela a quem melhor puder atender aos interesses do interdito e do incapaz.
§ 3º A sentença de interdição será inscrita no registro de pessoas naturais e imediatamente publicada na rede mundial de computadores, no sítio do tribunal a que estiver vinculado o juízo e na plataforma de editais do Conselho Nacional de Justiça, onde permanecerá por 6 (seis) meses, na imprensa local, 1 (uma) vez, e no órgão oficial, por 3 (três) vezes, com intervalo de 10 (dez) dias, constando do edital os nomes do interdito e do curador, a causa da interdição, os limites da curatela e, não sendo total a interdição, os atos que o interdito poderá praticar autonomamente.
Art. 756. Levantar-se-á a curatela quando cessar a causa que a determinou.
§ 1º O pedido de levantamento da curatela poderá ser feito pelo interdito, pelo curador ou pelo Ministério Público e será apensado aos autos da interdição.
§ 2º O juiz nomeará perito ou equipe multidisciplinar para proceder ao exame do interdito e designará audiência de instrução e julgamento após a apresentação do laudo.
§ 3º Acolhido o pedido, o juiz decretará o levantamento da interdição e determinará a publicação da sentença, após o trânsito em julgado, na forma do art. 755, § 3º, ou, não sendo possível, na imprensa local e no órgão oficial, por 3 (três) vezes, com intervalo de 10 (dez) dias, seguindo-se a averbação no registro de pessoas naturais.
§ 4º A interdição poderá ser levantada parcialmente quando demonstrada a capacidade do interdito para praticar alguns atos da vida civil.
Art. 757. A autoridade do curador estende-se à pessoa e aos bens do incapaz que se encontrar sob a guarda e a responsabilidade do curatelado ao tempo da interdição, salvo se o juiz considerar outra solução como mais conveniente aos interesses do incapaz.
Art. 758. O curador deverá buscar tratamento e apoio apropriados à conquista da autonomia pelo interdito.

A *nova teoria da incapacidade* fortaleceu o instituto jurídico da capacidade, quer através do suporte para as decisões, por meio da *tomada de decisão apoiada*, quer pela assistência aos negócios jurídicos, como no caso da curatela.[24]

A *Tomada de Decisão Apoiada*, de acordo com o artigo 1783-A do Código Civil brasileiro: "A tomada de decisão apoiada é o processo pelo qual a pessoa com deficiência elege pelo menos 2 (duas) pessoas idôneas, com as quais mantenha vínculos e que gozem de sua confiança, para prestar-lhe apoio na tomada de decisão sobre atos da vida civil, fornecendo-lhes os elementos e informações necessários para que possa exercer sua capacidade".[25]

---

24 CPC - Art. 759. O tutor ou o curador será intimado a prestar compromisso no prazo de 5 (cinco) dias contado da:
I - nomeação feita em conformidade com a lei;
II - intimação do despacho que mandar cumprir o testamento ou o instrumento público que o houver instituído.
§ 1º O tutor ou o curador prestará o compromisso por termo em livro rubricado pelo juiz.
§ 2º Prestado o compromisso, o tutor ou o curador assume a administração dos bens do tutelado ou do interditado.
Art. 760. O tutor ou o curador poderá eximir-se do encargo apresentando escusa ao juiz no prazo de 5 (cinco) dias contado:
I - antes de aceitar o encargo, da intimação para prestar compromisso;
II - depois de entrar em exercício, do dia em que sobrevier o motivo da escusa.
§ 1º Não sendo requerida a escusa no prazo estabelecido neste artigo, considerar-se-á renunciado o direito de alegá-la.
§ 2º O juiz decidirá de plano o pedido de escusa, e, não o admitindo, exercerá o nomeado a tutela ou a curatela enquanto não for dispensado por sentença transitada em julgado.
Art. 761. Incumbe ao Ministério Público ou a quem tenha legítimo interesse requerer, nos casos previstos em lei, a remoção do tutor ou do curador.
Parágrafo único. O tutor ou o curador será citado para contestar a arguição no prazo de 5 (cinco) dias, findo o qual observar-se-á o procedimento comum.
Art. 762. Em caso de extrema gravidade, o juiz poderá suspender o tutor ou o curador do exercício de suas funções, nomeando substituto interino.
Art. 763. Cessando as funções do tutor ou do curador pelo decurso do prazo em que era obrigado a servir, ser-lhe-á lícito requerer a exoneração do encargo.
§ 1º Caso o tutor ou o curador não requeira a exoneração do encargo dentro dos 10 (dez) dias seguintes à expiração do termo, entender-se-á reconduzido, salvo se o juiz o dispensar.
§ 2º Cessada a tutela ou a curatela, é indispensável a prestação de contas pelo tutor ou pelo curador, na forma da lei civil.

25 CCB - Art. 1.783-A. A tomada de decisão apoiada é o processo pelo qual a pessoa com deficiência elege pelo menos 2 (duas) pessoas idôneas, com as quais mantenha vínculos e que gozem de sua confiança, para prestar-lhe apoio na tomada de decisão sobre atos da vida civil, fornecendo-lhes os elementos e informações necessários para que possa exercer sua capacidade.
§ 1º Para formular pedido de tomada de decisão apoiada, a pessoa com deficiência e os apoiadores devem apresentar termo em que constem os limites do apoio a ser oferecido e os compromissos dos apoiadores, inclusive o prazo de vigência do acordo e o respeito à vontade, aos direitos e aos interesses da pessoa que devem apoiar.
§ 2º O pedido de tomada de decisão apoiada será requerido pela pessoa a ser apoiada, com indicação expressa das pessoas aptas a prestarem o apoio previsto no *caput* deste artigo.

De acordo com as conclusões de JOYCEANE BEZERRA DE MENEZES a *tomada de decisão apoiada*[26] constitui um "acordo por meio do qual a pessoa interessada e, somente ela, apresenta ao juiz os termos e duração do apoio que requer, indicando duas ou mais pessoas idôneas com as quais mantenha vínculo e relação de confiança para que sejam suas apoiadoras.

O objeto do apoio pode ser matéria de natureza patrimonial ou existencial.

O apoio pode se manifestar por variadas formas, seja favorecendo a informação, a comunicação, a compreensão dos fatos etc., conforme demandar a necessidade do requerente.

O pedido dever ser dirigido ao juiz da vara de família ou àquele que exerça competência nesta área.

Não há transferência de poderes do apoiado para o apoiador.

Não há necessidade de registro da sentença que homologa o acordo de apoio.

Os negócios celebrados pela pessoa apoiada, ainda que sem a presença do apoiador, serão plenamente válidos, haja vista que preservam a capacidade civil íntegra.

---

§ 3º Antes de se pronunciar sobre o pedido de tomada de decisão apoiada, o juiz, assistido por equipe multidisciplinar, após oitiva do Ministério Público, ouvirá pessoalmente o requerente e as pessoas que lhe prestarão apoio.

§ 4º A decisão tomada por pessoa apoiada terá validade e efeitos sobre terceiros, sem restrições, desde que esteja inserida nos limites do apoio acordado.

§ 5º Terceiro com quem a pessoa apoiada mantenha relação negocial pode solicitar que os apoiadores contra-assinem o contrato ou acordo, especificando, por escrito, sua função em relação ao apoiado.

§ 6º Em caso de negócio jurídico que possa trazer risco ou prejuízo relevante, havendo divergência de opiniões entre a pessoa apoiada e um dos apoiadores, deverá o juiz, ouvido o Ministério Público, decidir sobre a questão.

§ 7º Se o apoiador agir com negligência, exercer pressão indevida ou não adimplir as obrigações assumidas, poderá a pessoa apoiada ou qualquer pessoa apresentar denúncia ao Ministério Público ou ao juiz

§ 8º Se procedente a denúncia, o juiz destituirá o apoiador e nomeará, ouvida a pessoa apoiada e se for de seu interesse, outra pessoa para prestação de apoio.

§ 9º A pessoa apoiada pode, a qualquer tempo, solicitar o término de acordo firmado em processo de tomada de decisão apoiada.

§ 10. O apoiador pode solicitar ao juiz a exclusão de sua participação do processo de tomada de decisão apoiada, sendo seu desligamento condicionado à manifestação do juiz sobre a matéria.

§ 11. Aplicam-se à tomada de decisão apoiada, no que couber, as disposições referentes à prestação de contas na curatela.

26 MENEZES, Joyceane Bezerra de. Tomada de Decisão Apoiada: Instrumento de Apoio ao Exercício da Capacidade Civil da Pessoa com Deficiência instituído pela Lei Brasileira de Inclusão (Lei Nº 13.146/2015). In: *Revista Brasileira de Direito Civil*. Vol.–Jul/Set 2016, p. 31-57. Disponível em: < https://www.ibdcivil.org.br/rbdc.php?ip=123&titulo=VOLUME%209%20|%20Jul-Set%202016&category_id=147&arquivo=data/revista/volume9/rbdcivil_vol_9_completo-(final).pdf>. Acesso em: 31 out. 2016.

Os apoiadores têm deveres em relação à pessoa apoiada, respondendo civilmente pelos prejuízos que causarem-na por negligencia, imprudência ou imperícia.

A qualquer tempo o apoiado pode pedir a extinção da medida.

Os apoiadores podem requer sua liberação do encargo ao juiz, ocasião em que devem prestar contas à semelhança do que se impõe ao curador.

Não há fungibilidade entre os pedidos de decisão apoiada e curatela, muito embora seja deferido ao juiz o poder de adaptação dos procedimentos para melhor atender ao direito material da parte requerente, nos limites da lei".

"Uma pessoa humana que pode exprimir as suas vontades (e, por conseguinte, se afasta do conceito de incapacidade), por conta de um certo grau de deficiência psíquica, física ou intelectual, pode exigir uma ação diferenciada, com vistas a assegurar a sua própria dignidade e igualdade substancial. Nessa ambiência, surge, então, a Tomada de Decisão Apoiada – TODA, contemplada nos art. 1.783-A do Código Civil, como um tertium genus protetivo (ao lado da curatela e da tutela), dedicando à assistência da pessoa com deficiência que preserve a plenitude de sua capacidade civil. Esse novo modelo jurídico se coloca de forma intermediária entre os extremos das pessoas sem deficiência (sob o prisma físico, sensorial e psíquico) e aquelas pessoas com deficiência e que foram qualificadas pela impossibilidade de expressão de sua vontade – e que, por conta disso, são curateladas e consideradas relativamente incapazes".[27]

6.6.2 Absolutamente incapazes

Os absolutamente incapazes são aqueles que não podem exercer os atos da vida civil desacompanhados. O ato jurídico somente poderá ser praticado pelo seu representante legal.

O artigo 3° do nosso Código Civil trata dos *absolutamente incapazes.* Como visto acima, ficam nesta categoria apenas os menores de 16 anos. Melhor dizendo: a idade passou a ser o único critério para se estabelecer a incapacidade absoluta, uma vez que os incisos do artigo 3° foram revogados pela Lei 13.146/2015.

HELOISA HELENA BARBOZA e VITOR ALMEIDA JUNIOR, inclusive, apontam a insuficiência do Código Civil, após as alterações promovidas pelo Estatuto da Pessoa com Deficiência, para proteger a pessoa com deficiência mental ou intelectual com relação à nulidade dos atos por ela praticados.[28] [29]

---

27 FARIAS, Cristiano Chaves de; CUNHA, Rogério Sanches; PINTO, Ronaldo Batista. Estatuto da pessoa com deficiência comentado: artigo por artigo. 2. ed. Salvador: Juspodivm, 2016. p. 341.

28 BARBOSA, Heloisa Helena; ALMEIDA JUNIOR, Vitor de Azevedo. Notas sobre o regime das invalidades e a (in)capacidade da pessoa com deficiência intelectual. In: TEPEDINO, Gustavo; TEIXEIRA, Ana Carolina Brochado; MATOS, Ana Carla Harmatiuk. Direito civil, Constituição e unidade do sistema: Anais do Congresso Internacional de Direito Civil Constitucional – V Congresso do IBDCivil. Belo Horizonte: Fórum, 2019, p. 301

29 "Ninguém pode ser considerado absolutamente incapaz para todos os atos da vida, mas

Antes da entrada em vigor do *Estatuto da Pessoa com Deficiência*, a incapacidade absoluta era fixada também pela por aqueles que por enfermidade ou deficiência mental, não tiverem o necessário discernimento para a prática dos atos da vida civil, além dos que mesmo por causa transitória, não puderem exprimir sua vontade.

Assim os *menores de dezesseis anos* são *absolutamente incapazes*, já que o legislador deduziu que eles não possuem um desenvolvimento intelectual maduro para a prática dos atos jurídicos e para a condução própria de sua vida sem a representação de seus pais, tutures ou curadores.

O artigo 7°, inciso XXXIII, da Constituição da República Federativa do Brasil de 1988 proíbe "trabalho noturno, perigoso ou insalubre a menores de dezoito e de qualquer trabalho a menores de dezesseis anos, salvo na condição de aprendiz, a partir de quatorze anos".[30]

Da mesma forma, o artigo 60 do Estatuto da Criança e Adolescente (Lei 8.069, de 13 de julho de 1990) proíbe "qualquer trabalho a menores de 14 (quatorze) anos de idade, salvo na condição de aprendiz".

Considera-se *criança* a pessoa até 12 (doze) anos de idade incompletos, e *adolescente* aquela entre doze e dezoito anos de idade (ECA, art. 2°).

A criança e o adolescente gozam de todos os direitos fundamentais inerentes à pessoa humana, sendo assegurado todas as oportunidades e facilidades, a fim de lhes facultar o desenvolvimento físico, mental, moral, espiritual e social, em condições de liberdade e de dignidade (ECA, art. 3°).

É dever da família, da comunidade, da sociedade em geral e do Poder Público assegurar, com absoluta prioridade, à criança e ao adolescente a efetivação dos direitos referentes à vida, à saúde, à alimentação, à educação, ao esporte, ao lazer, à profissionalização, à cultura, à dignidade, ao respeito, à liberdade e à convivência familiar e comunitária (ECA, art. 4°).

O Conselho da Justiça Federal, na III Jornada de Direito Civil, publicou o Enunciado 138, que diz: "A vontade dos absolutamente incapazes, na hipótese do inc. I do art. 3°, é juridicamente relevante na concretização de situações existenciais a eles concernentes, desde que demonstrem discernimento bastante para tanto".

Isso porque no mundo da vida ou mundo vivido é comum as pessoas com menos de dezesseis anos firmarem contratos. É o caso, por exemplo, de

---

nada impede que uma avaliação realizada não só por médico, mas por equipe multidisciplinar, determine a absoluta impossibilidade de exprimir validamente sua vontade em determinado ato jurídico, autorizando assim a declaração de sua nulidade" (BARBOSA, Heloisa Helena; ALMEIDA JUNIOR, Vitor de Azevedo. Notas sobre o regime das invalidades e a (in)capacidade da pessoa com deficiência intelectual. In: TEPEDINO, Gustavo; TEIXEIRA, Ana Carolina Brochado; MATOS, Ana Carla Harmatiuk. Direito civil, Constituição e unidade do sistema: Anais do Congresso Internacional de Direito Civil Constitucional – V Congresso do IBDCivil. Belo Horizonte: Fórum, 2019, p. 308).

30 Inciso XXXIII com redação dada pela Emenda Constitucional n° 20, de 15.12.98. Redação Anterior: XXXIII – proibição de trabalho noturno, perigoso ou insalubre aos menores de dezoito e de qualquer trabalho a menores de quatorze anos, salvo na condição de aprendiz;

uma criança de oito anos que vai para a escola sozinha e de ônibus (contrato de transporte). Ou, talvez, a criança que, no horário do intervalo escolar, adquire um lanche na cantina do colégio (contrato de compra e venda). O instituto da incapacidade foi criado, pois, para a proteção dos incapazes e não para causar-lhes embaraços e dificuldades no cotidiano.

Dessa maneira, a exegese do artigo 166, inciso I, do Código Civil não pode ser realizada de forma ortodoxa. O dispositivo determina que "é nulo o negócio jurídico quando celebrado por pessoa absolutamente incapaz".

Caso contrário, as pessoas menores de dezesseis anos, sozinhas, jamais poderiam fazer um lanche num *shopping center* ou padaria, utilizar os meios de transporte coletivo (ônibus, trem, metrô) etc.

A velhice, a cegueira, a surdez, a mudez e a ausência não são causas de incapacidade.

A *representação* é o instituto jurídico de proteção aos incapazes, já que por intermédio da representação ocorre a substituição do incapaz por seu representante (pessoa capaz). [31]

6.6.3 Relativamente incapazes

A incapacidade relativa é a limitação a certos atos, ou à maneira de os exercer. Os relativamente incapazes podem manifestar sua vontade, mas devem ser *assistidos*.

A *assistência* é o instituto jurídico que representa a intervenção nos atos jurídicos praticados pelos relativamente incapazes. São assistentes: pais e tutores. Dessa maneira, são representados (representação) os absolutamente incapazes e assistidos (assistência) os relativamente incapazes.

O artigo 4º, também modificado pela Lei 13.146/2015, determina que "são incapazes, relativamente a certos atos ou à maneira de os exercer:

I – os maiores de dezesseis e menores de dezoito anos;

II – os ébrios habituais e os viciados em tóxico;[32]

III – aqueles que, por causa transitória ou permanente, não puderem exprimir sua vontade;[33] [34]

---

31 CC – Art. 1.690. Compete aos pais, e na falta de um deles ao outro, com exclusividade, representar os filhos menores de dezesseis anos, bem como assisti-los até completarem a maioridade ou serem emancipados.

32 Redação dada pela Lei nº 13.146, de 2015.

33 Redação dada pela Lei nº 13.146, de 2015.

34 Através da Resolução CFM nº 1.407/94, o Conselho Federal de Medicina adotou os *Princípios para a Proteção de Pessoas Acometidas de Transtorno Mental e para a Melhoria da Assistência à Saúde Mental*, da Organização das Nações Unidas, de 17.12.91. (DOU; Poder Executivo, Brasília, DF, 15 jun. 1994. Seção 1, p. 8.799). Dentre os princípios, destacam-se:

PRINCÍPIO 1 – LIBERDADES FUNDAMENTAIS E DIREITOS BÁSICOS

1 – Todas as pessoas têm direito à melhor assistência disponível à saúde mental, que deverá ser parte do sistema de cuidados de saúde e sociais.

2 – Todas as pessoas acometidas de transtorno mental, ou que estejam sendo tratadas como tal, deverão ser tratadas com humanidade e respeito à dignidade inerente à pessoa humana.
3 – Todas as pessoas acometidas de transtorno mental, ou que estejam sendo tratadas como tal, têm direito à proteção contra exploração econômica, sexual, ou de qualquer outro tipo, contra abusos físicos ou de outra natureza, e tratamento degradante.
4 – Não haverá discriminação sob pretexto de um transtorno mental. "Discriminação" significa qualquer distinção, exclusão ou preferência que tenha o efeito de anular ou dificultar o desfrute igualitário de direitos. Medidas especiais com a única finalidade de proteger os direitos ou garantir o desenvolvimento de pessoas com problemas de saúde mental não serão consideradas discriminatórias. Discriminação não inclui qualquer distinção, exclusão ou preferência realizadas de acordo com os provimentos destes Princípios e necessários à proteção dos direitos humanos de uma pessoa acometida de transtorno mental ou de outros indivíduos.
5 – Toda pessoa acometida de transtorno mental terá o direito de exercer todos os direitos civis, políticos, econômicos, sociais e culturais reconhecidos pela Declaração Universal dos Direitos do Homem, pela Convenção Internacional de Direitos econômicos, Sociais e Culturais, pela Convenção Internacional de Direitos Civis e Políticos, e por outros instrumentos relevantes, como a Declaração de Direitos das Pessoas Portadoras de Deficiência, e pelo Corpo de Princípios para a Proteção de Todas as Pessoas sob Qualquer Forma de Detenção ou Aprisionamento.
6 – Qualquer decisão em que, em razão de um transtorno mental, a pessoa perca sua capacidade civil, e qualquer decisão em que, em consequência de tal incapacidade, um representante pessoal tenha que ser designado, somente poderão ser tomadas após uma audiência equitativa a cargo de um tribunal independente e imparcial estabelecido pela legislação nacional. A pessoa, cuja capacidade estiver em pauta, terá o direito de ser representada por um advogado. Se esta pessoa não puder garantir seu representante legal por meios próprios, tal representação deverá estar disponível, sem pagamento, enquanto ela não puder dispor de meios para pagá-la. O advogado não deverá, no mesmo processo, representar um estabelecimento de saúde mental ou seus funcionários, e não deverá também representar um membro da família da pessoa cuja capacidade estiver em pauta, a menos que o tribunal esteja seguro de que não há conflito de interesses. As decisões com respeito à capacidade civil e à necessidade de um representante pessoal deverão ser revistas a intervalos razoáveis, previstos pela legislação nacional. A pessoa, cuja capacidade estiver em pauta, seu representante pessoal, se houver, e qualquer outra pessoa interessada terão o direito de apelar a um tribunal superior contra essas decisões.
7 – Nos casos em que uma corte ou outro tribunal competente concluir que uma pessoa acometida de transtorno mental está incapacitada para gerir seus próprios assuntos, devem-se tomar medidas no sentido de garantir a proteção dos interesses da pessoa, adequadas às suas condições e conforme suas necessidades.
PRINCÍPIO 3 – VIDA EM COMUNIDADE
Toda pessoa acometida de transtorno mental deverá ter o direito de viver e trabalhar, tanto quanto possível, na comunidade.
PRINCÍPIO 6 – CONFIDENCIALIDADE
Deve-se respeitar o direito de todas a pessoas às quais se aplicam estes Princípios, à confidencialidade das informações que lhes concernem.
PRINCÍPIO 12 – INFORMAÇÃO SOBRE OS DIREITOS
1 – O usuário em um estabelecimento de saúde mental deverá ser informado, tão logo quanto possível após sua admissão, de todos os seus direitos, de acordo com estes

IV – os pródigos.

Parágrafo único. A capacidade dos indígenas será regulada por legislação especial (artigo 4º, parágrafo único).[35]

Princípios e as leis nacionais, na forma e linguagem que possa compreender, o que deverá incluir uma explicação sobre esses direitos e o modo de exercê-los.

2 – Caso o usuário esteja incapacitado para compreender tais informações, e pelo tempo que assim estiver, seus direitos deverão ser comunicados ao representante pessoal, se houver e for apropriado, e à pessoa ou pessoas mais habilitadas a representar os interesses do usuário e dispostas a fazê-lo.

3 – O usuário com a capacidade necessária terá o direito de nomear a pessoa que deverá ser informada em seu nome, bem como a pessoa para representar seus interesses junto às autoridades do estabelecimento.

PRINCÍPIO 13 – DIREITOS E CONDIÇÕES DE VIDA EM ESTABELECIMENTOS DE SAÚDE MENTAL

1 – Todo usuário de um estabelecimento de saúde mental deverá ter, em especial, o direito de ser plenamente respeitado em seu:

(a) Reconhecimento, em qualquer lugar, como pessoa perante a lei;

(b) Privacidade;

(c) Liberdade de comunicação, que inclui liberdade de comunicar-se com outras pessoas do estabelecimento; liberdade de enviar e receber comunicação privada não censurada; liberdade de receber, privadamente, visitas de um advogado ou representante pessoal e, a todo momento razoável, outros visitantes; e liberdade de acesso aos serviços postais e telefônicos, e aos jornais, rádio e televisão;

(d) Liberdade de religião ou crença.

2 – O ambiente e as condições de vida nos estabelecimentos de saúde mental deverão aproximar-se, tanto quanto possível, das condições de vida normais de pessoas de idade semelhante, e deverão incluir, particularmente:

(a) Instalações para atividades recreacionais e de lazer;

(b) Instalações educacionais;

(c) Instalações para aquisição ou recepção de artigos para a vida diária, recreação e comunicação;

(d) Instalações, e estímulo para sua utilização, para o engajamento do usuário em ocupação ativa adequada à sua tradição cultural, e para medidas adequadas de reabilitação vocacional que promovam sua reintegração na comunidade. Essas medidas devem incluir orientação vocacional, habilitação profissional e serviços de encaminhamento a postos de trabalho para garantir que os usuários mantenham ou consigam vínculos de trabalho na comunidade.

3 – Em nenhuma circunstância o usuário será submetido a trabalhos forçados. O usuário terá o direito de escolher o tipo de trabalho que quiser realizar, dentro de limites compatíveis com as suas necessidades e as condições administrativas da instituição.

4 – O trabalho dos usuários em estabelecimentos de saúde mental não será objeto de exploração. Tais usuários deverão ter o direito de receber, por qualquer trabalho realizado, a mesma remuneração que seria paga pelo mesmo trabalho a um não usuário, de acordo com a legislação ou o costume nacional. E deverão também, em todas as circunstâncias, ter o direito de receber sua participação equitativa em qualquer remuneração que seja paga ao estabelecimento de saúde mental por seu trabalho.

35 Redação dada pela Lei nº 13.146, de 2015.

Este artigo também foi modificado pelo *Estatuto da Pessoa com Deficiência* (Lei 13.146/2015). O inciso II não apresenta mais referência as pessoas com discernimento reduzido (não são mais consideradas pessoas relativamente incapazes). Manteve-se, entretanto, a referência aos ébrios habituais (e.g., alcoólatras) e aos viciados em tóxicos. Neste caso, torna-se necessário o ajuizamento de uma ação de interdição relativa, com vistas ao reconhecimento da sua incapacidade.

Da mesma forma, o inciso III foi alterado para não mais citar os excepcionais sem desenvolvimento completo. Aqui, é necessário observar que a nova redação faz menção as pessoas que, por causa transitória ou permanente, não puderem exprimir a sua vontade. O que antes da mudança era considerado causa de incapacidade absoluta (previsto no inciso III do artigo 3º – atualmente revogado), hoje, é uma situação prevista no rol da incapacidade relativa.

O artigo 171, inciso I, do CCB determina que é anulável o negócio jurídico por incapacidade relativa do agente.

Os maiores de dezesseis anos e menores de dezoito anos são considerados relativamente incapazes, conforme artigo 4°, inciso I, do CCB. Certos atos, entretanto, podem praticar sem a assistência de seus representantes legais, tais como:

a) Ser eleitor, já que o voto secreto e direto é facultativo para os maiores de dezesseis e menores de dezoito anos;[36]

b) podem ser admitidos como testemunha;

c) podem se casar;[37]

d) podem ser mandatário;[38]

e) podem fazer testamento.[39]

36 CRFB/88 – Art. 14 – A soberania popular será exercida pelo sufrágio universal e pelo voto direto e secreto, com valor igual para todos, e, nos termos da lei, mediante:
§ 1° – O alistamento eleitoral e o voto são: I – obrigatórios para os maiores de dezoito anos; II – facultativos para: *a)* os analfabetos; *b)* os maiores de setenta anos; *c)* os maiores de dezesseis e menores de dezoito anos.

37 CC 2002 – Art. 1.517. O homem e a mulher com dezesseis anos podem casar, exigindo-se autorização de ambos os pais, ou de seus representantes legais, enquanto não atingida a maioridade civil.

38 CC 2002 – Art. 666. O maior de dezesseis e menor de dezoito anos não emancipado pode ser mandatário, mas o mandante não tem ação contra ele senão de conformidade com as regras gerais, aplicáveis às obrigações contraídas por menores.

39 CC 2002 – Art. 1.860. Além dos incapazes, não podem testar os que, no ato de fazê- lo, não tiverem pleno discernimento. Parágrafo único. Podem testar os maiores de dezesseis anos.

De acordo com o artigo 1.634 do Código Civil, compete a ambos os pais, qualquer que seja a sua situação conjugal, o pleno exercício do poder familiar, que consiste em, quanto aos filhos: I – dirigir-lhes a criação e a educação; II – exercer a guarda unilateral ou compartilhada nos termos do art. 1.584; III – conceder-lhes ou negar-lhes consentimento para casarem; IV – conceder-lhes ou negar-lhes consentimento para viajarem ao exterior; V – conceder-lhes ou negar-lhes consentimento para mudarem sua residência permanente para outro Município; VI – nomear-lhes tutor por testamento ou documento autêntico, se o outro dos pais não lhe sobreviver, ou o sobrevivo não puder exercer o poder familiar; VII – representá-los judicial e extrajudicialmente até os 16 (dezesseis) anos, nos atos da vida civil, e assisti-los, após essa idade, nos atos em que forem partes, suprindo-lhes o consentimento; VIII – reclamá-los de quem ilegalmente os detenha; IX – exigir que lhes prestem obediência, respeito e os serviços próprios de sua idade e condição.

Da mesma forma, compete aos pais, e na falta de um deles ao outro, com exclusividade, representar os filhos menores de dezesseis anos, bem como assisti-los até completarem a maioridade ou serem emancipados (CC, art. 1.690).

6.6.3.1 Os pródigos

O pródigo é aquele indivíduo que dissipa o seu patrimônio. A prodigalidade, no Brasil, já estava prevista nas Ordenações Filipinas, "[...] pessoa que, como pródigo, desordenadamente gasta e destrói sua fazenda", Livro IV, Título 103, § 6º.

O Código Civil de 1916 tratava da figura da prodigalidade no artigo 6° e o Código Civil de 2002 manteve o instituto no rol dos *relativamente incapazes*, conforme o artigo 4°, inciso IV.

O *pródigo* é, pois, uma pessoa perdulária, já que dissipa imoderadamente o seu patrimônio, ou seja, é um gastador contumaz. O pródigo é aquele que pode exercer todos os atos da vida civil, salvo aqueles relacionados ao seu patrimônio. De acordo com a regra do artigo 1.782 do Código Civil, "a interdição do pródigo só o privará de, sem curador, emprestar, transigir, dar quitação, alienar, hipotecar, demandar ou ser demandado, e praticar, em geral, os atos que não sejam de mera administração".

A prodigalidade não se presume, deve ser demonstrada através de perícia e declarada pelo juiz em sentença. Na decisão, o magistrado deve considerar a contumácia, a habitualidade dos gastos, sempre em atendimento aos princípios da proporcionalidade e da razoabilidade. A prodigalidade resta configurada por gastos excessivos, alienações a preço vil, doações reiteradas que importem em prejuízo patrimonial.

Os pródigos estão sujeitos a curatela conforme a regra do artigo 1.767, inciso V, do Código Civil e pode ser promovida pelo cônjuge ou companheiro

(CRFB/88, art. 226, § 3º), por qualquer parente ou tutores, pelo representante da entidade em que se encontra abrigado o interditando e pelo Ministério Público (CPC, art. 747).

6.6.3.2 A capacidade dos indígenas

O parágrafo único do artigo 4° do Código Civil afirma que a capacidade dos indígenas será regulada por legislação especial.

Historicamente, *índio* é a designação genérica dada às populações que habitavam a América quando da chegada dos conquistadores europeus; atualmente, aplica-se a qualquer indivíduo que pertence a grupo étnico descendente ou supostamente descendente daquelas populações.[40]

A Constituição da República Federativa do Brasil de 1988, em seu artigo 231, reconhece aos índios sua organização social, costumes, línguas, crenças e tradições, e os direitos originários sobre as terras que tradicionalmente ocupam, competindo à União demarcá-las, proteger e fazer respeitar todos os seus bens.[41] Compete privativamente à união legislar sobre "populações indígenas", conforme o artigo 22, inciso XIV, da CRFB/88.

---

40 Dicionário Eletrônico Aurélio Século XXI.

41 CRFB/1988 - Art. 231 e 232. Dos Índios.

CRFB/1988 - Art. 231. São reconhecidos aos índios sua organização social, costumes, línguas, crenças e tradições, e os direitos originários sobre as terras que tradicionalmente ocupam, competindo à União demarcá-las, proteger e fazer respeitar todos os seus bens. § 1° - São terras tradicionalmente ocupadas pelos índios as por eles habitadas em caráter permanente, as utilizadas para suas atividades produtivas, as imprescindíveis à preservação dos recursos ambientais necessários a seu bem-estar e as necessárias a sua reprodução física e cultural, segundo seus usos, costumes e tradições. § 2° - As terras tradicionalmente ocupadas pelos índios destinam-se a sua posse permanente, cabendo-lhes o usufruto exclusivo das riquezas do solo, dos rios e dos lagos nelas existentes. § 3° - O aproveitamento dos recursos hídricos, incluídos os potenciais energéticos, a pesquisa e a lavra das riquezas minerais em terras indígenas só podem ser efetivados com autorização do Congresso Nacional, ouvidas as comunidades afetadas, ficando-lhes assegurada participação nos resultados da lavra, na forma da lei. § 4° - As terras de que trata este artigo são inalienáveis e indisponíveis, e os direitos sobre elas, imprescritíveis. § 5° - É vedada a remoção dos grupos indígenas de suas terras, salvo, *ad referendum* do Congresso Nacional, em caso de catástrofe ou epidemia que ponha em risco sua população, ou no interesse da soberania do País, após deliberação do Congresso Nacional, garantido, em qualquer hipótese, o retorno imediato logo que cesse o risco. § 6° - São nulos e extintos, não produzindo efeitos jurídicos, os atos que tenham por objeto a ocupação, o domínio e a posse das terras a que se refere este artigo, ou a exploração das riquezas naturais do solo, dos rios e dos lagos nelas existentes, ressalvado relevante interesse público da União, segundo o que dispuser lei complementar, não gerando a nulidade e a extinção direito a indenização ou ações contra a União, salvo, na forma da lei, quanto às benfeitorias derivadas da ocupação de boa-fé. § 7° - Não se aplica às terras indígenas o disposto no art. 174, §§ 3° e 4°.

CRFB/88 - Art. 232 - Os índios, suas comunidades e organizações são partes legítimas para ingressar em juízo em defesa de seus direitos e interesses, intervindo o Ministério Público em todos os atos do processo.

O termo "índios" foi substituído por "indígenas" pela Lei nº 13.146/2015.

A Lei nº 6.001, de 19 de dezembro de 1973, dispõe sobre o Estatuto do Índio. Esta Lei regula a situação jurídica dos índio ou silvícolas e das comunidades indígenas, com o propósito de preservar a sua cultura e integrá-los, progressiva e harmonicamente, à comunhão nacional.[42]

Índio ou silvícola é todo indivíduo de origem e ascendência pré-colombiana que se identifica e é intensificado como pertencente a um grupo étnico cujas características culturais o distinguem da sociedade nacional (art. 3°, Lei 6.001/73).

Comunidade Indígena ou Grupo Tribal é um conjunto de famílias ou comunidades índias, quer vivendo em estado de completo isolamento em relação aos outros setores da comunhão nacional, quer em contatos intermitentes ou permanentes, sem, contudo estarem neles integrados (art. 3°, Lei 6.001/73).

Os índios são considerados: I – Isolados – Quando vivem em grupos desconhecidos ou de que se possuem poucos e vagos informes através de contatos eventuais com elementos da comunhão nacional; II – Em vias de integração

– Quando, em contato intermitente ou permanente com grupos estranhos, conservem menor ou maior parte das condições de sua vida nativa, mas aceitam algumas práticas e modos de existência comuns aos demais setores da comunhão nacional, III – Integrados – Quando incorporados à comunhão nacional e reconhecidos no pleno exercício dos direitos civis, ainda que conservem usos, costumes e tradições característicos da sua cultura (art. 4°, Lei 6.001/73).

---

42 ESTATUTO DO ÍNDIO – Lei n° 6.001/73 – Art. 2°. cumpre à União, aos Estados e aos Municípios, bem como aos órgão das respectivas administrações indiretas, nos limites de sua comparência, para a proteção das comunidades indígenas e a preservação dos seus direitos; I – estender aos índios os benefícios da legislação comum, sempre que possível a sua aplicação; II – prestar assistência aos índios e às comunidades indígenas ainda não integradas à comunhão nacional; III – respeitar, ao proporcionar aos índios meio para seu desenvolvimento, as peculiaridades inerentes à sua condição; IV – assegurar aos índios a possibilidade de livre escolha dos seus meios de vida e subsistência; V – garantir aos índios a permanência voluntária no seu habitat, proporcionando-lhes ali recursos para seu desenvolvimento e progresso; VI – respeitar, no processo de integração de índio à comunhão nacional, a coesão das comunidades indígenas, os seus valores culturais, tradições, usos e costumes; VII – executar sempre que possível mediante a colaboração dos índios, os programas e projetos tendentes a beneficiar as comunidades indígenas; VIII – utilizar a cooperação de iniciativa e as qualidades pessoais do índio, tendo em vista a melhoria de suas condições de vida e a sua integração no processo de desenvolvimento; IX – garantir aos índios e comunidades indígenas, nos termos de Constituição, a posse permanente das terras que habitam, reconhecendo-lhes o direito ao usufruto exclusivo das riquezas naturais e de todas as utilidades naquelas terras existentes; X – garantir aos índios o pleno exercício dos direitos civis e políticos que em fase da legislação lhes couberem. Parágrafo único. Vetado.

Os índios e as comunidades indígenas ainda não integrados à comunhão nacional ficam sujeitos ao regime tutelar do Estatuto do Índio (art. 7°, Lei 6.001/73).

São *nulos* os atos praticados entre índios não integrados e qualquer pessoa estranha à comunidade indígena quando não tenha havido assistência do órgão tutelar competente (art. 8°, Lei 6.001/73).

Não será nulo o ato praticado pelo índio que revele consciência e conhecimento do ato praticado, desde que não lhe seja prejudicial, e da extensão dos seus efetivos (art. 8°, parágrafo único, da Lei 6.001/73).

De acordo com o artigo 9° da Lei 6.001/73, qualquer índio poderá requerer ao Juízo competente a sua liberação do regime tutelar, investindo-se na plenitude da capacidade civil, desde que preencha os requisitos seguintes:

I - idade mínima de 21 anos;

II- conhecimento da língua portuguesa;

III -habilitação para o exercício de atividade útil, na comunhão nacional;

IV - razoável compreensão dos usos e costumes da comunhão nacional.

O juiz decidirá após instrução sumária, ouvidos o órgão de assistência ao índio e o Ministério Público, transcrita a sentença concessiva no registro civil.

Satisfeitos os requisitos, e a pedido escrito do interessado, o órgão de assistência poderá reconhecer ao índio, mediante declaração formal, a condição de integrado, cessando toda restrição à capacidade, desde que, homologado juridicamente o ato, seja inscrito no registro civil (art. 10, Lei 6.001/73).

A emancipação da comunidade indígena e de seus membros poderá ser declarada mediante decreto do Presidente da República, desde que requerida pela maioria dos membros do grupo e comprovada, em inquérito realizado pelo órgão federal competente, a sua plena integração na comunhão nacional (art. 11, Lei 6.001/73).

6.7 Normas Protetivas aos Incapazes

Além dos institutos jurídicos da *representação* e *assistência* que visam à proteção dos incapazes, o nosso ordenamento jurídico apresenta outros dispositivos da mesma natureza. Vejamos:

a) O artigo 181 reza que "ninguém pode reclamar o que, por uma obrigação anulada, pagou a um incapaz, se não provar que reverteu em proveito dele a importância paga".

b) Não corre a prescrição: I – contra os incapazes de que trata o art. 3° (CC, art. 198, I).

c)O mútuo feito a pessoa menor, sem prévia autorização daquele sob cuja guarda estiver, não pode ser reavido nem do mutuário, nem de seus fiadores (CC, art. 588), salvo as hipóteses do artigo 589: I – se a pessoa, de cuja autorização necessitava o mutuário para contrair o empréstimo, o ratificar posteriormente; II – se o menor, estando ausente essa pessoa, se viu obrigado a contrair o empréstimo para os seus alimentos habituais; III – se o menor tiver bens ganhos com o seu trabalho. Mas, em tal caso, a execução do credor não lhes poderá ultrapassar as forças; IV – se o empréstimo reverteu em benefício do menor; V – se o menor obteve o empréstimo maliciosamente.

d) As dívidas de jogo ou de aposta não obrigam a pagamento; mas não se pode recobrar a quantia, que voluntariamente se pagou, salvo se foi ganha por dolo, ou se o perdente é menor ou interdito (CC, art. 814).

e) Não podem os pais alienar, ou gravar de ônus real, os imóveis dos filhos, nem contrair, em nome deles, obrigações que ultrapassem os limites da simples administração, salvo por necessidade ou evidente interesse da prole, mediante prévia autorização do juiz (CC, art. 1.691).

6.8 Cessação da Incapacidade

A menoridade cessa aos dezoito anos completos, quando a pessoa fica habilitada à prática de todos os atos da vida civil (CC, art. 5°).[43]

OConselho da Justiça Federal, na I Jornada de Direito Civil, editou o Enunciado 3, que dispõe: "a redução do limite etário para a definição da capacidade civil aos 18 anos não altera o disposto no art. 16, I, da Lei n° 8.213/91, que regula específica situação de dependência econômica para fins previdenciários e outras situações similares de proteção, previstas em legislação especial".

6.8.1 Emancipação

A emancipação é a antecipação da maioridade. É, pois, um mecanismo através do qual a pessoa com idade inferior à maioridade legal adquire maturidade suficiente para reger a si e seus bens. Um menor emancipado está livre de qualquer autoridade de seus pais ou do responsável legal.

A filosofia geral por trás das leis de emancipação é a ideia de que adolescentes amadurecem em idades diferentes, não apenas biologicamente, mas também mentalmente, emocionalmente e socialmente.

A emancipação está prevista no artigo 5°, parágrafo único, do nosso Código Civil, ao informar que "cessará, para os menores, a incapacidade:[44]

> I - pela concessão dos pais, ou de um deles na falta do outro, mediante instrumento público, independentemente de homo-

---

43 NOVO CÓDIGO CIVIL. MENORIDADE. ATENUANTE. O fato de o art. 5° do novo Código Civil afirmar que a menoridade cessa aos dezoito anos em nada influi na aplicação da atenuante relativa ao agente menor de vinte e um anos (art. 65, I, do CP). Para efeito de incidência daquela atenuante, não há que se cogitar a respeito de capacidade civil, pois se cuida, sim, de mero critério etário adotado pela legislação penal. Resta, então, que não há que se falar em revogação implícita. HC 40.041-MS, Rel. Min. Nílson Naves, julgado em 17.3.2005. (Informativo STJ 0239).

44 Correspondente ao art. 9° do CC de 1916.

logação judicial, ou por sentença do juiz, ouvido o tutor, se o menor tiver dezesseis anos completos;
II - pelo casamento;
III - pelo exercício de emprego público efetivo;
IV - pela colação de grau em curso de ensino superior;
V - pelo estabelecimento civil ou comercial, ou pela existência de relação de emprego, desde que, em função deles, o menor com dezesseis anos completos tenha economia própria.

A emancipação prevista no artigo 5°, parágrafo único, inciso I, do Código Civil é a denominada *emancipação voluntária* e, dos demais incisos, chama-se *emancipação legal.*

A emancipação extingue o poder familiar (CC, art. 1.635, inciso II).

Para efeito do *Serviço Militar* cessará a incapacidade civil do menor, na data em que completar 17 (dezessete) anos. DECRETO N° 57.654, DE 20 DE JANEIRO DE 1966. Regulamenta a Lei do Serviço Militar (Lei n° 4.375, de 17 de agosto de 1964), retificada pela Lei n° 4.754, de 18 de agosto de 1965 (Lei 4.375/64. Lei do Serviço Militar - Art. 73).

6.8.1.1 Por concessão dos pais ou ato do magistrado

A emancipação de acordo com o inciso I, parágrafo único, do artigo 5°, do nosso Código Civil poderá ocorrer pela concessão dos pais, ou de um deles na falta do outro, mediante *instrumento público*, independentemente de homologação judicial, ou por sentença do juiz, ouvido o tutor, se o menor tiver dezesseis anos completos.

Verifica-se que, neste caso, não existe necessidade de homologação judicial. A *emancipação voluntária* significa um ato jurídico unilateral de ambos os pais, que declaram que o filho (maior de dezesseis anos e menor de dezoito anos) está maduro para exercer os atos da vida civil.

Esta regra está em harmonia com o artigo 226, § 5°, pelo qual "os direitos e deveres referentes à sociedade conjugal são exercidos igualmente pelo homem e pela mulher".

Da mesma forma, o artigo 21 do ECA afirma que "o pátrio poder será exercido, em igualdade de condições, pelo pai e pela mãe, na forma do que dispuser a legislação civil, assegurado a qualquer deles o direito de, em caso de discordância, recorrer à autoridade judiciária competente para a solução da divergência".

O ato jurídico será realizado através de escritura pública,[45] sob pena de

45 CC - Art. 215. A escritura pública, lavrada em notas de tabelião, é documento dotado de fé pública, fazendo prova plena. § 1° Salvo quando exigidos por lei outros requisitos, a escritura pública deve conter: I - data e local de sua realização; II - reconhecimento da identidade e capacidade das partes e de quantos hajam comparecido ao ato, por si, como representantes, intervenientes ou testemunhas; III - nome, nacionalidade, estado civil,

nulidade, conforme artigo 166, inciso IV, do CCB. As escrituras de emancipações serão registradas no registro civil de pessoas naturais, conforme a regra estabelecida na Lei de Registro Público, artigo 29, inciso IV. No cartório do 1° Ofício ou da 1ª subdivisão judiciária de cada comarca serão registrados, em livro especial, as sentenças de emancipação, bem como os atos dos pais que a concederem, em relação aos menores nela domiciliados (LRP, art. 89).

Nélson Nery Júnior e Rosa Maria de Andrade Nery alertam que "a norma fala em ato de concessão dos pais, de modo que não exige a intervenção do filho emancipado para o aperfeiçoamento e validade do ato de emancipação. Contudo, para que não se coloque em dúvida a intenção dos pais, nem se alegue que a emancipação está sendo feita para que os pais se livrem da obrigação de sustento do filho, é conveniente que o filho emancipado participe do ato como anuente".[46]

Em regra, a obrigação de sustento do filho cessa com a maioridade ou emancipação, no entanto, existem exceções, inclusive, já enfrentadas por nossos Tribunais. O Tribunal de Justiça do Distrito Federal decidiu que "ALIMENTOS – EXONERAÇÃO – MAIORIDADE – FREQUÊNCIA A CURSO SUPERIOR. O dever de sustento oriundo do poder familiar cessa com a maioridade ou emancipação, contudo tal regra é afastada quando o alimentando acha-se cursando escola superior e até que ele perfaça 24 anos, hipótese essa em que a obrigação alimentar, excepcionalmente, não se extingue em face da simples maioridade do filho, salvo se comprovado que o mesmo é capaz de prover a sua mantença. A exoneração de alimentos quanto ao filho menor de 18 anos está condicionada à transferência judicial da sua guarda ao alimentando, o que, entretanto, reclama a propositura de ação própria e autônoma, que não se contenta com a alegada transferência de fato da guarda em comento. Recurso improvido (AG-AI 2003.00.2.004053-5, da 1ª Turma Cível, em 3.9.2003, de relatoria do Desembargador Nívio Gonçalves)".

---

profissão, domicílio e residência das partes e demais compare- centes, com a indicação, quando necessário, do regime de bens do casamento, nome do outro cônjuge e filiação; IV – manifestação clara da vontade das partes e dos inter- venientes; V – referência ao cumprimento das exigências legais e fiscais inerentes à legitimidade do ato; VI – declaração de ter sido lida na presença das partes e demais comparecentes, ou de que todos a leram; VII – assinatura das partes e dos demais comparecentes, bem como a do tabelião ou seu substituto legal, encerrando o ato. § 2° Se algum comparecente não puder ou não souber escrever, outra pessoa capaz assinará por ele, a seu rogo. § 3° A escritura será redigida na língua nacional. § 4° Se qualquer dos comparecentes não souber a língua nacional e o tabelião não entender
o idioma em que se expressa, deverá comparecer tradutor público para servir de intérprete, ou, não o havendo na localidade, outra pessoa capaz que, a juízo do tabelião, tenha idoneidade e conhecimento bastantes. § 5° Se algum dos comparecentes não for conhecido do tabelião, nem puder identificar-se por documento, deverão participar do ato pelo menos duas testemunhas que o conheçam e atestem sua identidade.

46 NERY JÚNIOR, Nélson; ANDRADE NERY, Rosa Maria de. *Código civil comentado*. 4. ed. São Paulo: Revista do Tribunais, 2006, p. 171.

Da mesma forma, a decisão do Tribunal de Justiça do Estado do Rio Grande do Sul: "AÇÃO DE EXTINÇÃO DA OBRIGAÇÃO ALIMENTAR. ALEGAÇÃO DE EMAMCIPAÇÃO POR SER O REQUERIDO FUNCIONÁRIO DE EMPRESA PARAESTATAL. Afastada a alegação de que o requerido seria emancipado pelo fato de ser funcionário de empresa paraestatal, por ser acolhida a tese de que a referida emancipação seria apenas para alguns atos da vida civil, não tendo o condão de afastar a obrigação alimentar. Não há o que se falar em exoneração da prestação alimentícia quando seu filho ainda é menor e cursa terceiro grau. Sentença mantida. Apelo desprovido. Unânime (Apelação Cível n° 70004688164, Segunda Câmara Especial Cível, Tribunal de Justiça do RS, Relator: Sérgio Luiz Grassi Beck, Julgado em 11.12.2002)".

De acordo com o artigo 725, inciso I do Código de Processo Civil, o pedido de emancipação processar-se-á na forma dos procedimentos especiais de jurisdição voluntária.[40 41]

No caso do menor estar na condição de tutelado, a emancipação poderá ser concedida pelo tutor, através de homologação judicial. O artigo 1.763, inciso I, determina que "Cessa a condição de tutelado: I – com a maioridade ou a emancipação do menor;".

Quando faltarem os pais, ou não exercendo eles o poder familiar, aplica-se a regra estabelecida no artigo 148 do ECA: "A Justiça da Infância e da Juventude é competente para: [...] Parágrafo único – Quando se tratar de criança ou adolescente nas hipóteses do art. 98, é também competente a Justiça da Infância e da Juventude para o fim de: a) conhecer de pedidos de guarda e tutela; b) conhecer de ações de destituição do pátrio poder, perda ou modificação da tutela ou guarda; c) suprir a capacidade ou o consentimento para o casamento; d) conhecer de pedidos baseados em discordância paterna ou materna, em relação ao exercício do pátrio poder; e) *conceder a emancipação, nos termos da lei civil, quando faltarem os pais;*".

Finalmente, vale lembrar que o Enunciado 397, da V Jornada de Direito Civil, estabelece que "A emancipação por concessão dos pais ou sentença do juiz está sujeita à desconstituição por vício de vontade".

6.8.1.2 Pelo casamento

O casamento acarreta a emancipação. O homem e a mulher com dezesseis anos podem casar, exigindo-se autorização de ambos os pais, ou de seus representantes legais, enquanto não atingida a maioridade civil (CC, art. 1.517). De acordo com o artigo 1.520, "excepcionalmente, será permitido o casamento de quem ainda não alcançou a idade núbil (art. 1517).

Ocorre que, em 13 de março de 2019, foi publicada a Lei nº 13.811/2019, que altera o art. 1.520 do Código Civil, para impossibilitar, em qualquer caso (inclusive no caso de gravidez), o casamento de menores de 16 anos. O referido dispositivo legal passou a vigorar com a seguinte redação: "Art. 1.520. Não será permitido, em qualquer caso, o casamento de quem não atingiu a idade núbil, observado o disposto no art. 1.517 deste Código".

Texto anterior	Texto atual
Art. 1.520. Excepcionalmente, será permitido o casamento de quem ainda não alcançou a idade núbil (art. 1.517), para evitar imposição ou cumprimento de pena criminal ou em caso de gravidez.	"Art. 1.520. Não será permitido, em qualquer caso, o casamento de quem não atingiu a idade núbil, observando o disposto no art. 1.517 deste Código.

FLÁVIO TARTUCE explica que "a verdade é que o casamento do menor de 16 anos – denominado por parcela da doutrina como casamento infantil – já era proibido pelo nosso sistema jurídico, mesmo antes da mudança e como premissa geral, havendo apenas duas exceções previstas no anterior art. 1.520 do Código Civil que tinham sido sobremaneira mitigadas, a saber: a) para evitar a imposição e o cumprimento de pena criminal; e b) em caso de gravidez.

Tal afirmação é retirada da dicção do art. 1.517 da codificação material, que não sofreu modificação pela norma emergente, segundo o qual "o homem e a mulher com dezesseis anos podem casar, exigindo-se autorização de ambos os pais, ou de seus representantes legais, enquanto não atingida a maioridade civil". Em suma, por este último preceito, a capacidade específica para o casamento é atingida aos 16 anos, sendo essa a idade núbil para todos os gêneros".[47]

Vale destacar que a dissolução da sociedade conjugal não tem o condão de restabelecer a incapacidade anterior dos cônjuges. Thelma Araújo Esteves Fraga afirma que "ainda na hipótese de o casamento vir a ser declarado nulo, permanecerão os efeitos da emancipação para o terceiro de boa-fé, independentemente de ter sido contraído com boa-fé ou má-fé pelos cônjuges".[48]

6.8.1.3 Pelo exercício do emprego público efetivo

O exercício do emprego público efetivo, também, dá azo a emancipação. Aqui deve prevalecer o *status* de servidor público, já que denota maturidade e discernimento para os atos da vida civil. No mesmo sentido, Vicente Ráo

47 TARTUCE, Flavio. A lei 13.811/2019 e o casamento do menor de 16 anos – Primeiras reflexões. Disponível em: <https://migalhas.uol.com.br/coluna/familia-e-sucessoes/298911/a-lei-13-811-2019-e-o-casamento-do-menor-de-16-anos-primeiras-reflexoes> Acesso em: 03 fev. 2021.

48 FRAGA, Thelma Araújo Esteves; MELLO, Cleyson de Moraes. *Direito civil:* introdução e parte geral. Niterói: Impetus, 2004, p. 85.

anota que emancipados "hão de ser havidos sempre que adquirirem o *status* de servidor público, exercendo constantemente qualquer serviço ou função administrativa, seja qual for o modo de sua investidura; e a ideia de *status*, já dissemos, envolve a de um modo constante de ser, na sociedade".[49]

Da mesma forma, aqueles que ostentam a qualidade de servidor público em autarquias devem ser considerados emancipados.

6.8.1.4 Pela colação de grau em curso de ensino superior

Esta é uma hipótese de emancipação de difícil ocorrência, já que é incomum uma pessoa conseguir colar grau em curso de nível superior com menos de dezoito anos de idade.

6.8.1.5 Pelo estabelecimento civil ou comercial, ou pela existência de relação de emprego, desde que, em função deles, o menor com dezesseis anos completos tenha economia própria.

Aqui a emancipação ocorrerá pelo estabelecimento civil ou comercial, ou pela existência de relação de emprego, que não seja trabalho eventual, possibilitando ao menor com dezesseis anos completos uma economia própria. Daí que os requisitos necessários para esta hipótese de emancipação são: a) estabelecimento civil ou comercial ou relação de emprego, e b) idade mínima de dezesseis anos completos.

6.8.2 Os efeitos da redução da menoridade civil nos procedimentos de imposição de medida socioeducativa (Estatuto da Criança e do Adolescente - ECA)

A exegese do artigo 5° da Lei 10.406/2002 (Código Civil brasileiro de 2002) frente aos procedimentos de imposição de medida socioeducativa do ECA já foi enfrentada pelo Superior Tribunal de Justiça - STJ, no Recurso Especial N° 696.278 - RJ (2004/0143457-0), de relatoria do Ministro Nílson Naves, em 8.3.2006, com a seguinte decisão: "Em acórdão da 6a Câmara Criminal do Tribunal de Justiça do Rio de Janeiro, discutiram-se os efeitos da redução da menoridade civil (art. 5° da Lei n° 10.406/02) nos procedimentos de imposição de medida socioeducativa (Estatuto da Criança e do Adolescente, Lei n° 8.069/90). Eis o voto condutor da apelação: "Ora, deve ser grifado que, com a vigência do novo Código Civil (Lei n° 10.406, de 10.1.2002), a partir de 11.1.2003, houve uma drástica redução da idade para a capacidade plena da pessoa, limitada aos dezoito anos completos, com fulcro no art. 5° (A menoridade cessa aos dezoito anos completos, quando a pessoa fica habilita-

49 RÁO, Vicente. *O direito e a vida dos direitos*. 4. ed. V. 2. São Paulo: Revista dos Tribunais, 1997, p. 719. RÁO, Vicente. *O direito e a vida dos direitos*. 4. ed. V. 2. São Paulo: Revista dos Tribunais, 1997, p. 719.

da à prática de todos os atos da vida civil), aliás, a modesto ver, com imediata repercussão nas normas dos Códigos Penal e Processo Penal e no Estatuto da Criança e do Adolescente, especialmente, no seu parágrafo único, do art. 2° da Lei n° 8.069/90 (Nos casos expressos em lei, aplica-se excepcionalmente este Estatuto às pessoas entre 18 (dezoito) e 21 (vinte e um) anos de idade) e no § 5° de seu art. 121 (A liberação será compulsória aos 21 (vinte e um) anos de idade), que deverão ser interpretados como dezoito, e não como vinte e um, anos de idade.

E mais, ainda que se admitisse que não se pode dar interpretação ao referido § 5°, do art. 121 do ECA, ou seja que a redução do limite da maioridade do Código Civil não pode interferir em sua redação, de outro modo, não se pode olvidar que tal excepcionalidade refere-se, apenas, a medidas socioedu- cativas de internação, que não pode ser estendida às demais medidas, especialmente, às de semiliberdade ou de liberdade assistida.

Há que ser demonstrado que a jurisprudência do Eg. Superior Tribunal de Justiça vem lecionando no sentido de que não se deve aplicar medida de internação divorciada do que dispõe o art. 121 do ECA, ou seja, para casos semelhantes ao sub examem, praticados sem violência ou grave ameaça à pessoa. [...]

Destarte, importa ressaltar que o apelante que não sendo mais adolescente e que, nos dias atuais, contando com mais de dezoito anos, porque nascido em 14.7.83, conforme se observa nas diversas peças constantes dos autos, portanto, penalmente responsável, não deve continuar internado, pois, não se justifica a manutenção da medida de internação aplicada, que está cumprindo no Instituto Padre Severino, haja vista que a preocupação do Juízo da Infância e da Juventude, precisa direcionar-se, especialmente neste Estado, aos infratores menores de dezoito anos que, em número elevado, perambulam pelas ruas da capital e deixar aos maiores, civil e penalmente responsáveis, como *in casu*, responderem por seus atos com fulcro no Código Penal se, novamente, voltarem a delinquir. [...]

Pelas razões expedidas, destaco e acolho, por outro fundamento, a preliminar defensiva para declarar extinta a medida socioeducativa de internação, em virtude de o apelante haver atingido a maioridade, determinando em seu favor a expedição do competente alvará de soltura, para cumprimento se não estiver internado'. Inconformado, alegou o Ministério Público do Estado do Rio de Janeiro, em recurso especial, afronta a lei federal (art. 121, § 5°, da Lei n° 8.069/90) e divergência jurisprudencial.

O Ministério Público Federal, pela palavra do Subprocurador-Geral Roberto Santoro, é pelo provimento do recurso, em manifestação assim ementada: 'Recurso especial. Direito penal juvenil. Estatuto da Criança e do Adolescente. Ato infracional. Declaração de medida socioeducativa aos 18 anos de idade. Violação do § 5°, do art. 121, do ECA. Não revogação pelo novo Código Civil. Recurso Especial provido.

Não obstante o Novo Código Civil tenha diminuído a maioridade para 18 anos de idade, não houve revogação do parágrafo 5°, do artigo 121, do ECA, eis que o fundamento de se estabelecer o limite de 21 anos de idade para a aplicação da medida socioeducativa de internação e de semiliberdade é a possibilidade de resgatar o adolescente da vida criminosa e reintegrá-lo no convívio social, não importando, para tanto, a sua capacidade civil. Recurso Especial provido'. Com efeito, de acordo com a jurisprudência consolidada pelas Turmas que compõem a Terceira Seção, de fato, o Estatuto da Criança e do Adolescente não sofreu alteração com a chegada do novo Código Civil.

Confiram-se, a propósito, estes julgados: HC-36.044 (Ministro Arnaldo Lima, DJ de 17.12.04); HC-28.332 (Ministro Hamilton Carvalhido, DJ de 1°.2.05); HC-38.019 (Ministro Quaglia Barbosa, DJ de 27.6.05).

Contudo, ao que cuido, prejudicado encontra-se este recurso especial. Vejamos. O adolescente M. de C., ora recorrido, nasceu em 14.7.83. Assim, completou 21 (vinte e um) anos de idade em 14.7.4.

Ora, o Estatuto da Criança e do Adolescente fixa o limite de 21 (vinte e um) anos para a incidência das medidas socioeducativas de internação (art. 121, § 5°) e de liberdade assistida (art. 120, § 2°). Dessa forma, 21 (vinte e um) anos é a idade limite para a concessão de liberdade compulsória àqueles que estejam cumprindo quaisquer das medidas socioeducativas aplicadas com base no aludido estatuto. Nesse sentido, os seguintes julgados: "Habeas Corpus. ECA. Medida socioeducativa. Internação. Maioridade civil. Impossibilidade de extinção da medida. Esta Corte tem sufragado o entendimento de que deve ser considerada a idade do menor infrator à data do fato, consoante dispõe o art. 104, parágrafo único, da Lei n° 8.069/1990, sendo que a liberação obrigatória deverá ocorrer somente quando o mesmo completar 21 anos de idade, a teor do art. 121, § 5°, do Estatuto da Criança e do Adolescente. Ao contrário do que defende o impetrante, esse dispositivo legal não foi revogado pelo atual Código Civil (Lei n° 10.406/2002). Ordem denegada'. (HC-31.852, Ministro Arnaldo Esteves, DJ de 7.6.4.) 'Estatuto da Criança e do Adolescente. Ato infracional. Internação provisória. Requisitos. Recorrido com mais de 21 anos. Extinção do feito e da medida socioeducativa. A medida socioeducativa de internação é extinta quando o adolescente completa 21 (vinte e um) anos, não subsistindo qualquer providência aplicada ao menor pela prática de ato infracional. Recurso prejudicado, com a liberação compulsória do recorrido (artigo 121, § 5° do ECA)'. (REsp-626.184, Ministro Paulo Medina, DJ de 17.12.4.) Tal o contexto, julgo prejudicado o recurso a teor do art. 38 da Lei n° 8.038/90 e do art. 34, XI, do Regimento. Publique-se. Brasília, 07 de fevereiro de 2006. Ministro Nílson Naves Relator (Ministro NÍLSON NAVES, 8.3.2006)".

Aqui vale destacar o Enunciado 530 e sua justificativa, publicado na VI Jornada de Direito Civil do CJF, em abril de 2013 que diz: "ENUNCIADO 530 – A emancipação, por si só, não elide a incidência do Estatuto da Criança e do Adolescente.

Artigo: 5°, parágrafo único, do Código Civil

Justificativa: A emancipação, em que pese assegurar a possibilidade de realizar pessoalmente os atos da vida civil por aqueles que não alcançaram a maioridade civil, não tem o condão, isoladamente considerada, de afastar as normas especiais de caráter protetivo, notadamente o Estatuto da Criança e do Adolescente. O Estatuto da Criança e do Adolescente insere-se em um contexto personalista, garantindo tutela jurídica diferenciada em razão da vulnerabilidade decorrente do grau de discernimento incompleto. Assim, a antecipação da aquisição da capacidade de fato pelo adolescente não significa que ele tenha alcançado necessariamente o desenvolvimento para afastar as regras especiais".

6.9 Extinção da Personalidade Natural

De acordo com a regra do artigo 6° do nosso Código Civil, "a existência da pessoa natural termina com a morte; presume-se esta, quanto aos ausentes, nos casos em que a lei autoriza a abertura de sucessão definitiva".[50]

6.9.1 Morte real

A *morte real* é causa de extinção da personalidade natural, conforme artigo 6°, 1ª parte, do Código Civil. A morte da pessoa é provada pelo atestado de óbito, de acordo com o *caput* do artigo 77 da Lei de Registro Público (LRP) que diz "nenhum sepultamento será feito sem certidão, do oficial de registro do lugar do falecimento, extraída após a lavratura do assento de óbito, em vista do atestado de médico, se houver no lugar, ou em caso contrário, de duas pessoas qualificadas que tiverem presenciado ou verificado a morte".

No caso de *óbito de criança* de menos de um ano, caberá ao oficial de registro do lugar de falecimento verificar se houve registro de nascimento, que, em caso de falta, será previamente feito (LRP, art. 77, § 1°).

A *cremação de cadáver* somente será feita daquele que houver manifestado a vontade de ser incinerado ou no interesse da saúde pública e se o atestado de óbito houver sido firmado por 2 (dois) médicos ou por 1 (um) médico legista e, no caso de morte violenta, depois de autorizada pela autoridade judiciária (LRP, art. 77, § 2°).

---

50 Correspondente ao art. 10 do CC de 1916.

6.9.2 Comoriência ou morte simultânea

Se duas ou mais pessoas falecerem na mesma ocasião, não se podendo afirmar quem morreu primeiro, presumir-se-ão simultaneamente mortas. A comoriência é fundamental no direito sucessório, já que não existe transmissão de bens entre os comorientes.

O artigo 8° do CCB preceitua que "se dois ou mais indivíduos falecerem na mesma ocasião, não se podendo averiguar se algum dos comorientes precedeu aos outros, presumir-se-ão simultaneamente mortos".[51]

J. M. de Carvalho Santos,[52] à luz das regras do Código Civil de 1916, apresenta o seguinte exemplo: "Imagine-se um avô e o neto morrendo no mesmo desastre ferroviário. O avô não tem outro parente senão um irmão; o neto é casado. Se o avô morrer primeiro o neto será seu herdeiro; a viúva do neto herdará, por isso, não só o que pertencia ao seu marido mas também a herança do avô que aquele havia tocado. Se ao contrário, é o neto que falece em primeiro lugar, a mulher ficará com a sua meação, herdando o avô a outra metade. E o irmão do avô herdará os bens deste, acrescidos já da metade dos bens do neto. Está claro que no primeiro caso a viúva terá de provar que o avô morreu primeiro que o neto; no segundo caso, o tio-avô terá de provar o contrário, isto é, que o avô foi quem sobreviveu".

O interesse em averiguar a existência ou não da *comoriência* somente procederá quando duas ou mais pessoas morrerem no mesmo acidente, sendo uma herdeira ou beneficiária da outra. Isto porque, como dito acima, não existe transmissão de bens entre os comorientes.[53] Se existir prova de quem faleceu primeiro, a solução será diferente. Daí que a dúvida sobre a comoriência poderá causar grandes litígios.

Diogo Leite de Campos ensina que "a prova do momento da morte interessa para determinar a ordem dos sucessores. Com efeito, para que alguém seja chamado a sucessão, é preciso que exista no momento da morte do de cujus, que o seu falecimento seja posterior ao deste. Se isso não suceder, serão chamadas outras pessoas, que ocupem na sucessão o lugar imediato ao

---

51 Correspondente ao art. 11 do CC de 1916.

52 CARVALHO SANTOS, J. M. *Código civil brasileiro interpretado.* Volume I. 6. ed. Rio de Janeiro: Freitas Bastos. 1953. p. 313.

53 Comoriência. Falecimento de marido e mulher em acidente aéreo. Pecúlio previ- denciário pago aos pais do falecido varão. Pretendida devolução em face da transmissão do direito à mulher. Descabimento. Intransmissibilidade de direitos entre comorientes. CCB, art. 11. (Cita doutrina). "Comoriência. Falecimento de marido e mulher no mesmo desastre. CCB, art. 11. Se marido e mulher falecem ao mesmo tempo, não haverá transmissão de direitos entre eles. É que os direitos a serem transmitidos não encontrariam sujeito para os receber. Assim, o pecúlio previdenciário do marido é desde logo atribuído a seus dependentes ou ascendentes, sem contemplação aos da esposa, porque ela não sobreviveu a ele". (TJRJ – Apelação Cível 877/89 – RJ – Rel.: Des. Paulo Roberto de A. Freitas – J. em 25.8.1989 – Jurisprudência Brasileira 158/000269).

dele para sucederem em vez dele. Normalmente, não só é possível fixar o momento da morte, como é fácil provar que este momento é anterior ao do falecimento dos seus sucessíveis: que estes existiam ainda neste momento. Quando duas pessoas morrem ao mesmo tempo, e interessa provar a ordem dos falecimentos, a norma geral é a de que a prova do momento da morte se faca por qualquer meio, sendo utilizados mesmo presunções de fato (um dos falecidos era muito mais resistente fisicamente que o outro) para formar a convicção do juiz. Assim, na morte simultânea do pai e do filho, a herança do pai será diferenciada aos seus herdeiros (com a exclusão do filho morto simultaneamente) e a do filho também aos seus herdeiros, com exclusão do pai".[54] [55]

---

54 CAMPOS, Diogo Leite. *Direito da família e das sucessões*. 2. ed. Coimbra: Coimbra, 2007, p. 479.

55 Vejamos a decisão da Medida Cautelar n° 3.482-SE (2001/0002797-0), de relatoria do Ministro Sálvio de Figueiredo Teixeira, em 6.2.2001: "1. Em consequência do falecimento de Corina Teles Sobral Hagenbeck e de seus dois filhos menores, Henrique e Bruna, em acidente de automóvel, foi providenciada pela ora requerente, mãe da primeira, a abertura do inventário da sua filha. Afirmou a requerente que teria havido comoriência, de sorte que os bens de Corina não teriam sido transmitidos aos filhos, ocasionando a sucessão na linha ascendente, em cuja ordem de vocação hereditária seria ela, Edênia Barbosa Teles Sobral, a única herdeira desse patrimônio.

O marido de Corina e pai de Bruna e Henrique, ora requerido, promoveu por seu lado a abertura do inventário tanto de Corina quanto da filha Bruna, afirmando que, segundo o laudo da polícia técnica elaborado no local do acidente, mas três horas após o evento, a filha Bruna teria sido retirada das ferragens do automóvel ainda com vida, vindo a falecer no trajeto até o hospital, pelo que a hipótese de comoriência estaria afastada e os bens de Corina teriam sido transmitidos a Bruna, sendo ele o único herdeiro da filha na linha ascendente.

O Juiz de Direito da 6a Vara Cível de Aracaju houve por bem extinguir o inventário aberto pela requerente ao fundamento de não assistir à mãe a legitimidade ativa ad causam, uma vez que 'a documentação acostada pelo marido e pai dos falecidos no trágico acidente, demonstra a possibilidade de averiguar-se o momento do falecimento de Bruna, portanto, em relação à mesma não houve comoriência', concluindo que, 'tendo Bruna Sobral Hagenbeck tornado-se herdeira de Corina Teles Sobral Hagenbeck, ainda que por breve momento, com o seu falecimento tornou-se o seu genitor o seu único sucessor, e por via de consequência, de todos os bens que a menor herdou de sua genitora'.

Interpôs a vencida apelação, argumentando que a questão da comoriência, como fundamento para a decretação de plano da sua ilegitimidade, fora mal decidida pelo magistrado, estando a merecer exame pela via ordinária, sendo-lhe possível produzir prova em sentido contrário, que poderia demonstrar essa circunstância. A menina, segundo sua assertiva, fora levada ao hospital apenas porque não se achava, como os demais ocupantes do veículo acidentado, presa nas ferragens, embora tivesse falecido também no momento do impacto. Concomitantemente, foi ajuizada pela apelante, perante o Tribunal de Justiça de Sergipe, ação cautelar com pedido liminar, para ser suspenso o inventário aberto pelo ora requerido, na pendência da apelação. Concedida a liminar pelo Presidente do Tribunal, manifestou o apelado agravo regimental, provido pelo Grupo II da Câmara Cível, em acórdão de cuja ementa se lê: 'Agravo Regimental – Ação Cautelar inominada – Sucessão – Comoriência – Inventário duplo – Extinção de um dos processos – Apelação – Ação cautelar para impedir a prática de atos de inventariante e andamento do processo restante

O Código Civil português adotou a regra da *comoriência* no artigo 68°, n° 2, que se traduz em presumir, em caso de dúvida, que duas ou mais pessoas faleceram simultaneamente, sem que uma delas tenha sobrevivido à outra. A regra preceitua que "Art. 68° (Termo da personalidade). 2. Quando certo efeito jurídico depender da sobrevivência de uma a outra pessoa, presume-se, em caso de dúvida, que uma e outra faleceram ao mesmo tempo".

Da mesma forma, o Código Civil espanhol, em seu artigo 33, determina que "si se duda, entre dos o más personas llamadas a sucederse, quién de ellas ha

---

– Liminar – Deferimento – Ausência de um dos requisitos autorizadores – Inexistência do periculum in mora – Liminar cassada – Agravo conhecido e provido – Decisão unânime. 'Da decisão que concede ou nega efeito suspensivo ao agravo, que concede liminar em mandado de segurança sujeito à competência do Tribunal, que concede liminar em ação cautelar ou em outra ação qualquer, cabe agravo regimental desde que comprovadas as suas hipóteses, como a ausência do *fumus boni iuris* e o *periculum in mora*'.
Adveio recurso especial interposto pela agravada, fundamentado em alegação de negativa de vigência dos artigos 798 e 804, CPC, ainda não admitido, tendo sido aforada também a cautelar em exame com a finalidade de emprestar a esse recurso efeito suspensivo, 'no sentido de suspender os efeitos do Acórdão n° 1891/2000, de sorte a continuar em vigor a liminar deferida na ação cautelar inominada n° 006/2000 em trâmite no TJ/SE, que determinou a suspensão do Processo de Inventário n° 2000.1060023-3 ajuizado perante a 6a Vara Cível da Comarca de Aracaju/SE'.
O *periculum in mora* acha-se caracterizado, argumenta a requerente, uma vez que, com a suspensão daquela liminar concedida em segundo grau, "os bens da inventariada passarão, mediante formal de partilha, em definitivo à propriedade de herdeiros não legítimos, mormente o requerido, o que demandará a posteriori demasiado esforço da requerente em anular todo esse processo', acrescentando, mais adiante, estar 'a ação suscetível de causar dano grave e de difícil reparação à autora, mediante a consumação dos atos de partilha e consequentemente fruição dos bens divididos, por parte daqueles cuja legitimidade ainda não está positivada, sendo que o espírito do art. 798 está exatamente voltado à prevenção, mais eficiente do que a reparação posterior'.
2. Não descortino o *periculum in mora* nas circunstâncias apontadas pela requerente. Esse requisito da tutela cautelar ocorre quando há possibilidade de dano de difícil ou incerta reparação, o que não ocorre pelo prosseguimento do inventário, que demanda a adoção das providências administrativas a ele concernentes, mediante arrolamento e avaliação dos bens e pagamento dos tributos devidos. A questão que requer a realização de prova ampla, outrossim, não pode ser solucionada no inventário, que somente se presta à definição das questões de direito ou das questões de fato cuja demonstração seja documental, nos termos do art. 984, CPC (a propósito, REsp 4.625-SP, DJ de 20.5.91). E nada impede que a requerente apresente solicitação perante o juízo do inventário, promovido pelo viúvo, do resguardo dos direitos que esteja pleiteando na via ordinária, circunstância que enfraquece ainda mais o periculum in mora por ela alegado.
A situação posta a exame não favorece a concessão de liminar por este Tribunal Superior, a fim de emprestar efeito suspensivo ao recurso especial interposto pela ora requerente contra o acórdão que, julgando agravo interno manifestado pelo seu adversário processual contra a liminar a ela concedida pelo Presidente do Tribunal de origem, imprimira efeito suspensivo à apelação por ela interposta contra a sentença terminativa do inventário que ajuizara.
3. À luz do exposto, indefiro a liminar e a própria cautelar".

muerto primero, el que sostenga la muerte anterior de una o de otra, debe probarla; a falta de prueba, se presumen muertas al mismo tiempo y no tiene lugar la transmisión de derechos de uno a otro".

No mesmo sentido, o Código Civil italiano adota, em seu artigo 4°, o instituto jurídico da comoriência, afirmando que "Art. 4. Commorienza – Quando un effetto giuridico dipende dalla sopravvivenza di una persona a un'altra e non consta quale di esse sia morta prima, tutte si considerano morte nello stesso momento".

6.9.3 Morte civil

O Código Civil sustenta a *morte civil,* timidamente, quando trata dos excluídos da sucessão. O artigo 1.816 dispõe que "são pessoais os efeitos da exclusão; os descendentes do herdeiro excluído sucedem, *como se ele morto fosse antes da abertura da sucessão*".

6.9.4 Morte presumida

6.9.4.1 Morte presumida com declaração de ausência

De acordo com a regra do artigo 6° do nosso Código civil, "a existência da pessoa natural termina com a morte; presume-se esta, quanto aos ausentes, nos casos em que a lei autoriza a abertura de sucessão definitiva".[56]

O instituto da *ausência* encontra-se tipificado em nosso Código Civil, na Parte Geral, Livro I – Das pessoas, Título I – Das Pessoas Naturais, Capítulo – Da Ausência, Seções I a III, nos artigos 22 a 39. A ausência comporta 3 momentos distintos: a curadoria dos bens do ausente (arts. 22 a 25), a sucessão provisória (arts. 26 a 36) e a sucessão definitiva (arts. 37 a 39).

Assim, a *morte é presumida* quanto aos ausentes, nos casos em que a lei autoriza a abertura da sucessão definitiva. Isto ocorre quando o ausente desaparece de seu domicílio sem notificar seu paradeiro ou deixar representante.

A sentença declaratória de ausência deverá ser registrada em registro público (CC, art. 9°, IV).

O Ministro PAULO DE TARSO SANSEVERINO já decidiu que "o instituto da ausência e o procedimento para o seu reconhecimento revelam um iter que se inaugura com a declaração, perpassa pela abertura da sucessão provisória e se desenvolve até que o decênio contado da declaração da morte presumida se implemente.

Transcorrido o interregno de um decênio, contado do trânsito em julgado da decisão que determinou a abertura da sucessão provisória, atinge sua

56 Correspondente ao art. 10 do CC de 1916.

plena eficácia a declaração de ausência, consubstanciada na morte presumida do ausente e na abertura da sua sucessão definitiva.

A lei, fulcrada no que normalmente acontece, ou seja, no fato de que as pessoas, no trato diário de suas relações, não desaparecem intencionalmente sem deixar rastros, elegeu o tempo como elemento a solucionar o dilema, presumindo, em face do longo transcurso do tempo, a probabilidade da ocorrência da morte do ausente.

Estabelecida pela a lei a presunção da morte natural da pessoa desaparecida, é o contrato de seguro de vida alcançado por esse reconhecimento, impondo-se apenas que se aguarde pelo momento da morte presumida e a abertura da sucessão definitiva". (REsp 1298963/SP, Rel. Ministro PAULO DE TARSO SANSEVERINO, TERCEIRA TURMA, julgado em 26/11/2013, DJe 25/02/2014).

O reconhecimento da morte presumida do segurado, com vistas à percepção de benefício previdenciário (art. 78 da Lei n° 8.213/91), não se confunde com a declaração de ausência prevista nos Códigos Civil e de Processo Civil, razão pela qual compete à Justiça Federal processar e julgar a ação (REsp 256.547/SP, Rel. Ministro FERNANDO GONÇALVES, SEXTA TURMA, julgado em 22.8.2000, DJ 11.9.2000 p. 303).

Da mesma forma, "PREVIDENCIÁRIO. PROCESSUAL CIVIL. DECLARAÇÃO DE AUSÊNCIA. BENEFÍCIO. INTERPRETAÇÃO LÓGICO-SISTEMÁTICA DO PEDIDO E DA CAUSA DE PEDIR. JULGAMENTO EXTRA PETITA. INEXISTÊNCIA. 1. Trata-se, na origem, de Ação movida por cônjuge de desaparecido em que se visa declarar ausência para recebimento de benefício previdenciário. 2. A sentença de procedência foi mantida pelo Tribunal a quo. 3. Na causa de pedir, a agravada demonstra vontade de perceber o benefício decorrente da declaração judicial da morte presumida do seu marido. 4. O art. 78 da Lei 8.213/91 dispõe que a concessão da pensão provisória pela morte presumida do segurado decorre tão somente da declaração emanada da autoridade judicial, depois do transcurso de 6 meses da ausência. Dispensa-se pedido administrativo para recebimento do benefício. 5. "O acolhimento de pedido extraído da interpretação lógico-sistemática de toda a argumentação desenvolvida na peça inicial, e não apenas do pleito formulado no fecho da petição, não implica julgamento *extra petita*" (AgRg no Ag 1.351.484/RJ, Rel. Ministro Gilson Dipp, Quinta Turma, DJe 26.3.2012). 6. Agravo Regimental não provido. (AgRg no REsp 1309733/RJ, Rel. Ministro HERMAN BENJAMIN, SEGUNDA TURMA, julgado em 02/08/2012, DJe 23/08/2012).

6.9.4.2 Morte presumida sem declaração de ausência

O artigo 7° do Código Civil brasileiro permite que seja declarada a morte presumida, *sem decretação de ausência*, nos seguintes casos:

I- se for extremamente provável a morte de quem estava em perigo de vida;

II - se alguém, desaparecido em campanha ou feito prisioneiro, não for encontrado até dois anos após o término da guerra.

A declaração da morte presumida, nesses casos, somente poderá ser requerida depois de esgotadas as buscas e averiguações, devendo a sentença fixar a data provável do falecimento (CC, art. 7°, parágrafo único).[57]

A sentença declaratória de morte presumida será registrada em registro público (CC, art. 9°, IV).

Quanto ao desaparecimento em campanha, os óbitos serão registrados em livro próprio, para esse fim designado, nas formações sanitárias e corpos de tropas, pelos oficiais da corporação militar correspondente, autenticado cada assento com a rubrica do respectivo médico chefe, ficando a cargo da unidade que proceder ao sepultamento o registro, nas condições especificadas, dos óbitos que se derem no próprio local de combate (LRP, art. 85).

Será também admitida a *justificação* no caso de desaparecimento em campanha, quando provados a impossibilidade de ter sido feito o registro no referido livro e os fatos que convençam da ocorrência do óbito (LRP, art. 88, parágrafo único).

Quanto ao *desaparecimento de pessoas em naufrágio, inundação, incêndio, terremoto ou qualquer catástrofe,* poderão, também, os juízes togados admitir justificação para o assento de óbito, desde que provada a sua presença no local do desastre e não for possível encontrar-se o cadáver para exame (LRP, art. 88).[58]

Um exemplo de *morte presumida sem declaração de ausência* foi a tragédia com o avião da Air France (vôo AF 447) que caiu no Oceano Atlântico. Neste caso, aplica-se o artigo 7º do Código Civil brasileiro combinado com o artigo 88 da Lei de Registro Público (LRP) visando à declaração de morte presumida sem declaração de ausência. Esta declaração substitui judicialmente o atestado de óbito, possibilitando, pois, que os parentes possam obter indenizações, heranças, pensões por morte e seguro decorrentes do acidente.

Em relação à pensão previdenciária, o Superior Tribunal de Justiça já decidiu que a concessão do benefício por morte presumida começa a contar da data do desaparecimento do segurado (e.g., no caso da tragédia do voo AF 447, a data da morte foi considerada aquela em que ocorreu o último contato da aeronave com a torre de controle de voo).

---

57 Sem correspondência ao CC de 1916.

58 CPC – Art. 381. A produção antecipada da prova será admitida nos casos em que: I – haja fundado receio de que venha a tornar-se impossível ou muito difícil a verificação de certos fatos na pendência da ação; II – a prova a ser produzida seja suscetível de viabilizar a autocomposição ou outro meio adequado de solução de conflito; III – o prévio conhecimento dos fatos possa justificar ou evitar o ajuizamento de ação.

O artigo 78 da Lei nº 8.213/91, que trata dos planos de benefícios da Previdência Social, determina que, "por morte presumida do segurado declarada pela autoridade judicial competente, depois de 6 (seis) meses de ausência, será concedida pensão provisória". O § 1º do referido dispositivo legal indica que, mediante prova do desaparecimento do segurado em consequência de acidente, desastre ou catástrofe, seus dependentes farão jus à pensão provisória independentemente da declaração e do prazo deste artigo.

6.9.5 Desaparecimento em razão de atividade política

A Lei 9.140, de 4.12.95, reconhece como mortas pessoas desaparecidas em razão de participação, ou acusação de participação, em atividades políticas, no período de 2 de setembro de 1961 a 15 de agosto de 1979.

São reconhecidas como mortas, para todos os efeitos legais, as pessoas que tenham participado, ou tenham sido acusadas de participação, em atividades políticas, no período de 2 de setembro de 1961 a 5 de outubro de 1988, e que, por este motivo, tenham sido detidas por agentes públicos, achando-se, deste então, desaparecidas, sem que delas haja notícias (art. 1° da Lei 9.140/95 com redação dada pela Lei n° 10.536, de 2002).

6.10 Registro Civil das Pessoas Naturais

Os artigos 9° e 10 do Código Civil brasileiro tratam da necessidade de registro público da condição da pessoa frente à nossa sociedade. Vejamos o teor dos dispositivos:

> Art. 9° Serão registrados em registro público:
> I – os nascimentos, casamentos e óbitos;[59]
> II – a emancipação por outorga dos pais ou por sentença do juiz;
> III – a interdição por incapacidade absoluta ou relativa;
> IV – a sentença declaratória de ausência e de morte presumida.
>
> Art. 10. Far-se-á averbação em registro público:[60]

59 LICC - Art. 18. Tratando-se de brasileiros, são competentes as autoridades consulares brasileiras para lhes celebrar o casamento e os mais atos de Registro Civil e de tabelionato, inclusive o registro de nascimento e de óbito dos filhos de brasileiro ou brasileira nascidos no país da sede do Consulado. (Redação dada pela Lei n° 3.238, de 1°.8.1957).

60 LRP – Art. 29. Serão registrados no registro civil de pessoas naturais: I – os nascimentos; II – os casamentos; III – os óbitos; IV – as emancipações; V – as interdições; VI – as sentenças declaratórias de ausência; VII – as opções de nacionalidade; VIII – as sentenças que deferirem a legitimação adotiva. § 1° Serão averbados: a) as sentenças que decidirem a nulidade ou anulação do casamento, o desquite e o restabelecimento da sociedade conjugal; b) as sentenças que julgarem ilegítimos os filhos concebidos na constância do casamento e as que declararem a filiação legítima; c) os casamentos de que resultar a legitimação de filhos havidos ou concebidos anteriormente; d) os atos judiciais ou extrajudiciais de reconhecimento de filhos ilegítimos; e) as escrituras de adoção e os atos que a dissolverem;

I - das sentenças que decretarem a nulidade ou anulação do casamento, o divórcio, a separação judicial e o restabelecimento da sociedade conjugal;

II - dos atos judiciais ou extrajudiciais que declararem ou reconhecerem a filiação;

O inciso III que tratava da averbação dos atos judiciais ou extrajudiciais de adoção foi revogado pela Lei 12.010/2009.[61]

6.10.1 O registro civil dos nascimentos

Todo nascimento que ocorrer no território nacional deverá ser registrado, no lugar em que tiver ocorrido o parto ou no lugar da residência dos pais, dentro do prazo de quinze dias, ampliado em até três meses para os lugares distantes mais de trinta quilômetros da sede do cartório (LRP, art. 50).

Os índios, enquanto não integrados, não estão obrigados à inscrição do nascimento (LRP, art. 50, § 2°). O registro do índio deverá ser feito em livro próprio do órgão federal de assistência aos índios.

Os nascimentos ocorridos a bordo, quando não registrados no primeiro porto a que se chegar, deverão ser declarados dentro de cinco dias, a contar da chegada do navio ou aeronave ao local do destino, no respectivo cartório ou consulado (LRP, art. 51).

Estão obrigados a fazer declaração de nascimento: 1°) o pai; 2°) em falta ou impedimento do pai, a mãe, sendo neste caso o prazo para declaração prorrogado por quarenta e cinco (45) dias; 3°) no impedimento de ambos, o parente mais próximo, sendo maior achando-se presente; 4°) em falta ou impedimento do parente referido no número anterior os administradores de hospitais ou os médicos e parteiras, que tiverem assistido o parto; 5°) pessoa idônea da casa em que ocorrer, sendo fora da residência da mãe (LRP, art. 52).

No caso de ter a criança nascido morta ou no de ter morrido na ocasião do parto, será, não obstante, feito o assento com os elementos que couberem e com remissão ao do óbito (LRP, art. 52).

---

f) as alterações ou abreviaturas de nomes. § 2° É competente para a inscrição da opção de nacionalidade o cartório da residência do optante, ou de seus pais. Se forem residentes no estrangeiro, far-se-á o registro no Distrito Federal.

61 Quanto ao artigo 10 do nosso Código Civil, o Conselho da Justiça Federal, na IV Jornada de Direito Civil, publicou os seguintes enunciados:

a) Enunciado 272 - Art. 10. Não é admitida em nosso ordenamento jurídico a adoção por ato extrajudicial, sendo indispensável a atuação jurisdicional, inclusive para a adoção de maiores de dezoito anos.

b) Enunciado 273 - Art. 10. Tanto na adoção bilateral quanto na unilateral, quando não se preserva o vínculo com qualquer dos genitores originários, deverá ser averbado o cancelamento do registro originário de nascimento do adotado, lavrando-se novo registro. Sendo unilateral a adoção, e sempre que se preserve o vínculo originário com um dos genitores, deverá ser averbada a substituição do nome do pai ou da mãe natural pelo nome do pai ou da mãe adotivos.

O assento do nascimento deverá conter: 1°) o dia, mês, ano e lugar do nascimento e a hora certa, sendo possível determiná-la, ou aproximada; 2°) o sexo do registrando; 3°) o fato de ser gêmeo, quando assim tiver acontecido; 4°) o nome e o prenome, que forem postos à criança; 5°) a declaração de que nasceu morta, ou morreu no ato ou logo depois do parto; 6°) a ordem de filiação de outros irmãos do mesmo prenome que existirem ou tiverem existido; 7°) Os nomes e prenomes, a naturalidade, a profissão dos pais, o lugar e cartório onde se casaram, a idade da genitora, do registrando em anos completos, na ocasião do parto, e o domicílio ou a residência do casal. 8°) os nomes e prenomes dos avós paternos e maternos; 9°) os nomes e prenomes, a profissão e a residência das duas testemunhas do assento, quando se tratar de parto ocorrido sem assistência médica em residência ou fora de unidade hospitalar ou casa de saúde (LRP, art. 54).

O interessado, no primeiro ano após ter atingido a maioridade civil, poderá, pessoalmente ou por procurador bastante, alterar o nome, desde que não prejudique os apelidos de família, averbando-se a alteração que será publicada pela imprensa (LRP, art. 56).

No caso de gêmeos, será declarada no assento especial de cada um a ordem de nascimento. Os gêmeos que tiverem o prenome igual deverão ser inscritos com duplo prenome ou nome completo diverso, de modo que possam distinguir-se (LRP, art. 63).

6.10.2 O registro civil dos casamentos

Do matrimônio, logo depois de celebrado, será lavrado assento, assinado pelo presidente do ato, os cônjuges, as testemunhas e o oficial, sendo exarados: 1°) os nomes, prenomes, nacionalidade, data e lugar do nascimento, profissão, domicílio e residência atual dos cônjuges; 2°) os nomes, prenomes, nacionalidade, data de nascimento ou de morte, domicílio e residência atual dos pais; 3°) os nomes e prenomes do cônjuge precedente e a data da dissolução do casamento anterior, quando for o caso; 4°) a data da publicação dos proclamas e da celebração do casamento; 5°) a relação dos documentos apresentados ao oficial do registro; 6°) os nomes, prenomes, nacionalidade, profissão, domicílio e residência atual das testemunhas; 7°) o regime de casamento, com declaração da data e do cartório em cujas notas foi tomada a escritura antenupcial, quando o regime não for o da comunhão ou o legal que sendo conhecido, será declarado expressamente; 8°) o nome, que passa a ter a mulher, em virtude do casamento; 9°) os nomes e as idades dos filhos havidos de matrimônio anterior ou legitimados pelo casamento. 10) à margem do termo, a impressão digital do contraente que não souber assinar o nome. Parágrafo único. As testemunhas serão, pelo menos, duas, não dispondo a lei de modo diverso (LRP, art. 70).

6.10.3 O registro civil dos óbitos

Nenhum sepultamento será feito sem certidão, do oficial de registro do lugar do falecimento, extraída após a lavratura do assento de óbito, em vista do atestado de médico, se houver no lugar, ou em caso contrário, de duas pessoas qualificadas que tiverem presenciado ou verificado a morte (LRP, art. 77).

Antes de proceder ao assento de óbito de criança de menos de 1 (um) ano, o oficial verificará se houve registro de nascimento, que, em caso de falta, será previamente feito (LRP, art. 77, § 1°).

A cremação de cadáver somente será feita daquele que houver manifestado a vontade de ser incinerado ou no interesse da saúde pública e se o atestado de óbito houver sido firmado por 2 (dois) médicos ou por 1 (um) médico legista e, no caso de morte violenta, depois de autorizada pela autoridade judiciária (LRP, art. 77, § 2°).

São obrigados a fazer declaração de óbito: 1°) o chefe de família, a respeito de sua mulher, filhos, hóspedes, agregados e fâmulos; 2°) a viúva, a respeito de seu marido, e de cada uma das pessoas indicadas no número antecedente; 3°) o filho, a respeito do pai ou da mãe; o irmão, a respeito dos irmãos e demais pessoas de casa, indicadas no n° 1; o parente mais próximo maior e presente; 4°) o administrador, diretor ou gerente de qualquer estabelecimento público ou particular, a respeito dos que nele faleceram, salvo se estiver presente algum parente em grau acima indicado; 5°) na falta de pessoa competente, nos termos dos números anteriores, a que tiver assistido aos últimos momentos do finado, o médico, o sacerdote ou vizinho que do falecimento tiver notícia; 6°) a autoridade policial, a respeito de pessoas encontradas mortas (LRP, art. 79).

A declaração poderá ser feita por meio de preposto, autorizando-o o declarante em escrito, de que constem os elementos necessários ao assento de óbito (LRP, art. 79, parágrafo único).

O assento de óbito deverá conter: 1°) a hora, se possível, dia, mês e ano do falecimento; 2°) o lugar do falecimento, com indicação precisa; 3°) o prenome, nome, sexo, idade, cor, estado, profissão, naturalidade, domicílio e residência do morto; 4°) se era casado, o nome do cônjuge sobrevivente, mesmo quando desquitado; se viúvo, o do cônjuge pré-defunto; e o cartório de casamento em ambos os casos; 5°) os nomes, prenomes, profissão, naturalidade e residência dos pais; 6°) se faleceu com testamento conhecido; 7°) se deixou filhos, nome e idade de cada um; 8°) se a morte foi natural ou violenta e a causa conhecida, com o nome dos atestantes; 9°) lugar do sepultamento; 10) se deixou bens e herdeiros menores ou interditos; 11) se era eleitor (LRP, art. 80).

Sendo o finado desconhecido, o assento deverá conter declaração de estatura ou medida, se for possível, cor, sinais aparentes, idade presumida, vestuário e qualquer outra indicação que possa auxiliar de futuro o seu reconhecimento; e, no caso de ter sido encontrado morto, serão mencionados esta circunstância e o lugar em que se achava e o da necropsia, se tiver havido (LRP, art. 81).

Os assentos de óbitos de pessoas falecidas a bordo de navio brasileiro serão lavrados de acordo com as regras estabelecidas para os nascimentos, no que lhes for aplicável, salvo se o enterro for no porto, onde será tomado o assento (LRP, art. 84).

Os óbitos, verificados em campanha, serão registrados em livro próprio, para esse fim designado, nas formações sanitárias e corpos de tropas, pelos oficiais da corporação militar correspondente, autenticado cada assento com a rubrica do respectivo médico chefe, ficando a cargo da unidade que proceder ao sepultamento o registro, nas condições especificadas, dos óbitos que se derem no próprio local de combate (LRP, art. 85).

O assentamento de óbito ocorrido em hospital, prisão ou outro qualquer estabelecimento público será feito, em falta de declaração de parentes, segundo a da respectiva administração; e o relativo a pessoa encontrada acidental ou violentamente morta, segundo a comunicação, ex-ofício, das autoridades policiais, às quais incumbe fazê-la logo que tenham conhecimento do fato (LRP, art. 87).

6.10.4 Declaração de Nascido Vivo - DNV

A Lei nº 12.662, de 05 de junho de 2012, assegura validade nacional à Declaração de Nascido Vivo - DNV

A Declaração de Nascido Vivo tem validade em todo o território nacional até que seja lavrado o assento do registro do nascimento. (art. 2º, da Lei 12.662/12).

A Declaração de Nascido Vivo será emitida para todos os nascimentos com vida ocorridos no País e será válida exclusivamente para fins de elaboração de políticas públicas e lavratura do assento de nascimento. (art. 3º, da Lei 12.662/12).

A Declaração de Nascido Vivo deverá ser emitida por profissional de saúde responsável pelo acompanhamento da gestação, do parto ou do recém-nascido, inscrito no Cadastro Nacional de Estabelecimentos de Saúde - CNES ou no respectivo Conselho profissional. (art. 3º, § 1, da Lei 12.662/12).

A Declaração de Nascido Vivo não substitui ou dispensa, em qualquer hipótese, o registro civil de nascimento, obrigatório e gratuito, nos termos da Lei. (art. 3º, § 2º, da Lei 12.662/12).

6.10.4.1 Conteúdo da Declaração de Nascido Vivo - DNV

De acordo com o artigo 4º da referida Lei, a Declaração de Nascido Vivo deverá conter número de identificação nacionalmente unificado, a ser gerado exclusivamente pelo Ministério da Saúde, além dos seguintes dados:

I – nome e prenome do indivíduo;
II – dia, mês, ano, hora e Município de nascimento;
III – sexo do indivíduo;
IV – informação sobre gestação múltipla, quando for o caso;
V – nome e prenome, naturalidade, profissão, endereço de residência da mãe e sua idade na ocasião do parto;
VI – nome e prenome do pai; e;
VII – outros dados a serem definidos em regulamento.

Capítulo 7
DIREITOS DA PERSONALIDADE

A repersonalização reencontra a trajetória da longa história da emancipação humana, no sentido de repor a pessoa humana como centro do direito civil, passando o patrimônio ao papel de coadjuvante, nem sempre necessário. (...) A restauração da primazia da pessoa humana nas relações civis é a condição primeira de adequação do direito aos fundamentos e valores constitucionais (Paulo Lôbo)[1]

7.1 Introdução

Os *direitos da personalidade* são aqueles constituídos pela estrutura-base dos direitos do Homem, ou seja, aqueles inerentes aos seus caracteres essenciais: físicos, psíquicos e morais, incluindo suas projeções sociais.

Nos direitos da personalidade incluem-se os direitos à vida, à integridade psicofísica, à honra, à intimidade, ao nome, à reputação, bem como ao repouso, ao descanso, ao sono, ao sossego, a um ambiente de vida humano, sadio e ecologicamente equilibrado, à sexualidade, ao direito fundamental à qualidade de vida, dentre outros. São direitos extrapatrimoniais que ao colidirem com os de índole patrimonial ou com valorização econômica, em regra, logram prevalência.

O vocábulo pessoa, do latim *persona*, significa cada ser humano considerado na sua individualidade física ou espiritual, portador de qualidades que se atribuem exclusivamente à espécie humana, quais sejam, a racionalidade, a consciência de si, a capacidade de agir conforme fins determinados e o discernimento de valores.

7.2 A Filosofia Prática Kantiana. A Ideia do Sujeito Moderno

Em Kant, *o homem se reencontra*. Em 1785, Immanuel Kant publicou a *Fundamentação da metafísica dos costumes*, que serviu de base à sua *Crítica da razão prática* (1788). Kant procura mostrar que o interesse especulativo da razão somente poderá ser satisfeito em termos práticos, ou seja, as ideias da razão devem ser efetivadas nas ações humanas no mundo real de modo que possuam um sentido moral. Melhor dizendo: as ideias da razão respondem a

1 LÔBO, Paulo. *Direito Civil*: parte geral. 3. ed. São Paulo: Saraiva, 2012, p. 59.

uma intenção prática e se justificam por meio das ações humanas. É o reencontro do homem consigo mesmo, com sua própria natureza.

Kant procura novos caminhos para se atingir os objetos da metafísica: a consciência moral ou razão prática. É a partir do conjunto de princípios que constituem a consciência moral que o pensamento kantiano encontra as raízes nas quais o homem pode ser conduzido à apreensão dos objetos metafísicos. A mudança de pensamento filosófico perpassa não somente o mundo do conhecimento, mas também o da ação; a consciência moral atua na razão. Não relacionada àquela razão especulativa (razão enquanto se aplica ao conhecimento, encaminhada a determinar a essência das coisas), mas sim a razão aplicada à ação, à prática, à moral. Outrora, a posição privilegiada que no conhecimento é atribuída à ciência convém na ação à moral ou moralidade, isto é, no âmbito do prático, a moralidade reivindica validade universal e objetiva. Assim, para Kant, só há uma razão, que é exercida de forma prática ou teórica. Esta, relacionada ao uso teórico, aquela, ao uso prático da razão.[2]

Uma análise dos princípios da consciência moral conduz Kant aos qualificativos morais; por exemplo: bom, mau; moral, imoral; meritório, pecaminoso etc.[3] Estes qualificativos morais não estão em harmonia com as coisas, já que quando dizemos que uma coisa é boa ou má, estamos diante de uma relação de mérito/demérito. Somente o homem, a pessoa humana, é digno de predicar-se a bondade e a maldade. Os predicados morais não correspondem àquilo que o homem faz efetivamente, mas sim àquilo que ele quer fazer.

É neste querer-fazer que conseguimos notar os predicados morais, ou seja, a única coisa que pode ser verdadeiramente boa ou má é a vontade humana. Daí, o surgimento do imperativo hipotético e imperativo categórico kantiano, uma vez que todo ato voluntário do homem se apresenta à razão, à reflexão, na forma de um imperativo.[4] O imperativo hipotético é aquele que apresenta, em sua forma lógica, uma estrutura no sentido de sujeitar o mandamento, ou imperativo mesmo, a uma condição. De forma contrária, o imperativo categórico, o mandamento, não se apresenta sob condição nenhuma, ou seja, o mandamento é absoluto e sem limitações.[5] Este como imperativo é um dever-ser; ele exorta-nos a agir de determinada maneira; e esta exortação é a única que é válida sem limitação. Por isso, a fórmula do imperativo categórico inicia-se com um "age...!". Somente *a posteriori* o imperativo categórico diz em que consiste a ação moral, a saber, em máximas

---

2 MELLO, Cleyson de Moraes. *Introdução ao estudo do direito.* Rio de Janeiro: Freitas Bastos, 2006, p. 245-246.

3 MORENTE, Manuel García. *Fundamentos de filosofia:* lições preliminares. Tradução Guilhermo de la Cruz Coronado. 8. ed. São Paulo: Mestre Jou, 1980. p. 255.

4 Ibid., p. 255.

5 Ibid., p. 256.

universalizáveis.[6] Para Kant, uma vontade é plena e realmente pura, moral, valiosa, quando suas ações estão regidas por imperativos autenticamente categóricos.[7]

Desse modo, "em toda ação há uma matéria, que é aquilo que se faz ou aquilo que se omite, e há uma forma, que é o porque-se-faz ou o porque-se-omite".[8] No pensamento kantiano, uma ação representa uma vontade pura e moral quando é realizada por respeito ao dever (e não por consideração ao seu conteúdo empírico), ou seja, como imperativo categórico (o mandamento não está colocado sob condição nenhuma) e não como imperativo hipotético (um sujeitar-se a um mandamento). Daí, a fórmula conhecida do imperativo categórico kantiano que representa a lei fundamental da razão prática pura expressa na *Crítica da razão prática*: "Age de tal modo que a máxima de tua vontade possa sempre valer ao mesmo tempo como princípio de uma legislação universal".[9]

O imperativo categórico nomeia o conceito e a lei sob os quais a autonomia da vontade se encontra; a autonomia possibilita cumprir as exigências do imperativo categórico.[10] A vontade moral pura é vontade autônoma dissociada do mundo dos fenômenos, fora do mundo dos objetos a conhecer e, portanto, livre. Daí, da mesma forma que dos fatos da ciência extraímos as condições da possibilidade do conhecimento, de igual forma, do fato da consciência moral é possível a extração das condições da possibilidade da consciência moral. E é a vontade livre, a liberdade volitiva, uma primeira condição da possibilidade da consciência moral.[11]

---

6 HOFFE, Otfried. *ImmanuelKant*. Tradução Christian Viktor Hamm e Valerio Rohden. São Paulo: Martins Fontes, 2005. p. 198.

7 Morente adverte que "os atos em que não há a pureza moral exigida, os atos em que a lei foi cumprida por temor do castigo ou por esperança de recompensa, são atos nos quais, na interioridade do sujeito, o imperativo categórico tornou-se habilmente, imperativo hipotético. Em lugar de escutar a voz da consciência moral, que diz 'obedece a teus pais', 'não mates teu próximo', este imperativo categórico converte-se neste outro hipotético: 'Se queres que não te aconteça nenhuma coisa, desagradável, se queres não ir ao cárcere, não mates teu próximo'. Então o determinante aqui foi o temor; e esta determinação de temor tornou o imperativo que na consciência moral é categórico) um imperativo hipotético; e o tornou hipotético ao colocá-lo sob essa condição e transformar a ação num meio para evitar tal ou qual castigo ou para obter tal ou qual recompensa". MORENTE, Op. Cit., p. 256-257.

8 Ibid., p. 257.

9 KANT, Immanuel. *Crítica da razão prática*. Tradução Valerio Rohden. São Paulo: Martins Fontes, 2002. p. 51.

10 HOFFE, Op. Cit., p. 216.

11 Immanuel Kant, na obra *Crítica da razão prática*, assim se manifesta com relação a essa liberdade: "Já que a simples forma da lei pode ser representada exclusivamente pela razão e, por conseguinte, não é nenhum objeto dos sentidos, consequentemente tampouco faz parte dos fenômenos, assim a representação dessa forma como fundamento determinante da vontade é diversa de todos os fundamentos determinantes dos eventos da natureza segundo a lei da causalidade, porque nestes os próprios fundamentos determinantes

É, pois, a liberdade o primeiro postulado kantiano acerca da metafísica.[12] A partir da liberdade ingressamos no mundo inteligível de coisas "em si" que está além do mundo sensível, num plano superior ao mundo sensível dos fenômenos, ou seja, a vontade humana no mundo inteligível não está sujeita às formas de espaço, tempo e categorias.

Os caminhos trilhados na *Crítica da razão prática*, que não são os caminhos do conhecimento científico, mas que apresentam vias que têm sua gênese na consciência moral, na atividade da consciência moral (frise-se: não na consciência cognoscente) atinge Kant os objetos metafísicos no mundo suprassensível (mundo puramente inteligível) de dimensões não cognoscitiva, mas valorativa e moral que, outrora, na *Crítica da razão pura* tinha afirmado inacessíveis para o conhecimento teórico-especulativo, para o qual o conhecimento físico, científico, é o conhecimento de fenômenos, de objetos a conhecer, mas não de coisas em si mesmas.[13]

Kant, no final do século XVIII, findou seu sistema filosófico com a proclamação da primazia da razão prática sobre a razão pura.

Em síntese, a filosofia prática kantiana converge para a ideia do sujeito moderno, já que a noção da livre vontade humana, tanto do ponto de vista de um sujeito universal, do sujeito racional, quanto do ponto de vista do indiví-

---

têm que ser fenômenos. Mas, se nenhum outro fundamento determinante da vontade, a não ser meramente aquela forma legislativa universal, pode servir a esta como lei, então uma tal vontade tem que ser pensada como totalmente independente da lei natural dos fenômenos, a saber, da lei da causalidade em suas relações sucessivas. Uma tal independência, porém, chama-se liberdade no sentido mais estrito, isto é transcendental. Logo, uma vontade, à qual unicamente a simples forma legislativa da máxima pode servir de lei, é uma vontade livre". KANT, Op. Cit., 2002. p. 48.

12 Segundo Kant, a liberdade é um dos três objetos da metafísica. Vejamos a definição kantiana: "a *liberdade*, pela qual há que começar, visto que deste suprassensível dos seres mundanos só conhecemos as leis, sob o nome de leis morais, e *a priori*, portanto, dogmaticamente, e apenas com um propósito prático, segundo o qual unicamente é possível o fim último; segundo essas [leis], portanto, a *autonomia* da razão pura prática reconhece-se ao mesmo tempo como *autocracia*, isto é, como poder de atingir ainda aqui na vida terrestre o que concerne à condição formal do mesmo [poder], a moralidade, apesar de todos os impedimentos que sobre nós, enquanto seres sensíveis e, no entanto, também simultaneamente seres inteligíveis, possam exercer as influências da natureza, isto é, a *fé na virtude*, como princípio *em nós* de alcançar o soberano bem. KANT, Op. Cit., 1995, p. 67.

13 Segundo Morente, a nossa personalidade total "é a confluência de dois focos, por assim dizer: um, nosso eu como sujeito cognoscente, que se expande amplamente sobre a Natureza, na sua classificação em objetos, na reunião e concatenação de causas e efeitos e seu desenvolvimento na ciência, no conhecimento científico, matemático, químico, biológico, histórico etc. Mas, ao mesmo tempo, esse mesmo eu, que quando conhece se põe a si mesmo como sujeito cognoscente, esse mesmo eu é também consciência moral, e sobrepõe a todo esse espetáculo da Natureza, sujeita às leis naturais de causalidade, uma atitude estimativa, valorizadora, que se refere a si mesmo, não como sujeito cognoscente, mas como ativo, como agente; e que se refere aos outros homens na mesma relação". MORENTE, Op. Cit., p. 259.

duo, está ligada à ideia de uma intenção. Somente o próprio indivíduo poderá avaliar se sua ação foi livre, moral, ou não.

7.3 A Relação Jurídica Fundamental

O personalismo ético de Kant influenciou o mundo ideológico dos criadores do Código Civil alemão, bem como a doutrina do direito natural do século XVIII influenciou os autores do Código Geral prussiano e do Código Civil austríaco. Larenz afirma que a ética e a filosofia jurídica de Kant, bem como a tradição do direito natural, que perdurava à época, foram transmitidas por Savigny à ciência do direito na Alemanha durante o século XIX.[14]

O personalismo ético *atribui ao homem, precisamente porque é "pessoa" um sentido ético, um valor em si mesmo, uma* dignidade. *Nas lições de Larenz isto representa que todo* "ser humano tiene frente a cualquier otro el derecho a ser respetado por él como persona, a no ser perjudicado en su existencia (la vida, el cuerpo, la salud) y en un ámbito propio del mismo y que cada individuo está obligado frente a cualquier otro de modo análogo. La relación de respeto mutuo que cada uno debe a cualquier otro y puede exigir de éste es la 'relación jurídica fundamental', la cual, según esta concepción, es la base de toda convivencia en una comunidad jurídica y de toda relación jurídica en particular. Los elementos esen- ciales de esta relación jurídica fundamental son el derecho (la pretensión justificada) y el deber, así como la reciprocidad de los derechos y deberes en las relaciones de las personas entre sí.

La relación designada aquí como 'relación jurídica fundamental' es caracterizada por Kant de la siguiente forma: 'Toda persona tiene legítimo derecho al respeto por sus semejantes y, recíprocamente, está también obligada a ello frente a cualquiera otra'. Más brevemente y en forma más recordable afirma Hegel: 'Por ello el imperativo jurídico es: Sé persona ye respeta a los otros como personas".[15]

Dessa forma, a pessoa como sujeito de diretos ou como destinatária de deveres jurídicos está atrelada a um sentido que corresponde ao personalismo ético de Kant.

7.4 O Desenvolvimento dos Direitos da Personalidade

A Magna Carta (1215), a Declaração de Direitos do Bom Povo de Virgínia (1776) e a Declaração de Direitos do Homem e do Cidadão (1789) são documentos que, de certa forma, procuravam valorizar a tutela da personalidade e a defesa dos direitos individuais.

14 LARENZ, Karl. *Derecho civil:* parte general. Traducción y notas de Miguel Izquierdo y Macías-Picavea. Madrid: Editoriales de Derecho Reunidas, 1978, p. 44-45.
15 Ibid., p. 45-46.

A *Magna Carta* (Magna Charta Libertatum), outorgada por João sem Terra em 15 de junho de 1215, e confirmada, seis vezes por Henrique III; três vezes por Eduardo I; catorze vezes por Eduardo III; seis vezes por Ricardo II; seis vezes por Henrique IV; uma vez por Henrique V, e uma vez por Henrique VI afirmava que "Nenhum homem livre será detido ou sujeito à prisão, ou privado dos seus bens, ou colocado fora da lei, ou exilado, ou de qualquer modo molestado, e nós não procederemos nem mandaremos proceder contra ele senão mediante um julgamento regular pelos seus pares ou de harmonia com a lei do país".

A *Declaração de Direitos do Bom Povo de Virgínia*, de 16 de junho de 1776, declarava que "todos os homens são, por natureza, igualmente livres e independentes, e têm certos direitos inatos, dos quais, quando entram em estado de sociedade, não podem por qualquer acordo privar ou despojar seus pósteros e que são: o gozo da vida e da liberdade com os meios de adquirir e de possuir a propriedade e de buscar e obter felicidade e segurança".

E a *Declaração de Direitos do Homem e do Cidadão*, de 26 de agosto de 1789, determinava que "Os representantes do povo francês, reunidos em Assembleia Nacional, tendo em vista que a ignorância, o esquecimento ou o desprezo dos direitos do homem são as únicas causas dos males públicos e da corrupção dos Governos, resolveram declarar solenemente os direitos naturais, inalienáveis e sagrados do homem, a fim de que esta declaração, sempre presente em todos os membros do corpo social, lhes lembre permanentemente seus direitos e seus deveres; a fim de que os atos do Poder Legislativo e do Poder Executivo, podendo ser a qualquer momento comparados com a finalidade de toda a instituição política, sejam por isso mais respeitados; a fim de que as reivindicações dos cidadãos, doravante fundadas em princípios simples e incontestáveis, se dirijam sempre à conservação da Constituição e à felicidade geral. Em razão disto, a Assembleia Nacional reconhece e declara, na presença e sob a égide do Ser Supremo, os seguintes direitos do homem e do cidadão: Art. 1° Os homens nascem e são livres e iguais em direitos. As distinções sociais só podem fundamentar-se na utilidade comum".

Por outro lado, não obstante as lições de Larenz que relaciona o *personalismo ético de Kant* a *relação jurídica fundamental*, o Código Civil alemão (Burgerliches Gesetzbuch – BGB), o Código Civil francês, o Código Civil italiano e o Código Civil brasileiro de 1916 não faziam menção expressa ou traziam um capítulo específico sobre os direitos da personalidade.

Após a II Grande Guerra Mundial e as atrocidades praticadas pelo nazismo, os direitos da personalidade ganham proeminência na medida de uma maior valorização da pessoa humana.

Em 23 de maio de 1949, em Bonn, é aprovada a *Lei Fundamental* alemã, concedendo especial atenção aos direitos fundamentais, compreendidos como direitos imanentes a todo e qualquer ser humano.

O ordenamento constitucional alemão no artigo 1°, 1, afirma que "A dignidade da pessoa humana é inviolável. Todas as autoridades públicas têm o dever de respeitá-la e proteger". A seguir, o artigo 2°, 1, da Lei Fundamental alemã preceitua que "Todos têm o direito ao livre desenvolvimento da sua personalidade, desde que não violem os direitos de outrem e não atentem contra a ordem constitucional ou a lei moral".

Com a implantação de uma Corte Constitucional, na Alemanha, em 12 de março de 1951 (art. 92 da Lei Fundamental alemã), ganha destaque a *jurisdição constitucional*, provocando a irradiação da interpretação constitucional a todo o ordenamento jurídico, inclusive, no direito privado.

A partir da Lei Fundamental alemã, o conceito de pessoa de cunho jus--naturalístico ganha novas cores e passa a ser conformado por um "mínimo ético" que não pode ser violado pelo Estado nem pelos membros da sociedade.

Dessa maneira, a Alemanha, através da jurisdição constitucional, foi o primeiro país de tradição continental a ser guardião dos direitos fundamentais dos indivíduos contra agressões provenientes tanto do Poder Público como de particulares. Neste sentido, MARIA CELINA BODIN DE MORAES cita o *leading case* chamado "caso Luth", ocorrido em 1950 "quando um proeminente cineasta já "desnazificado" iria estrear um novo filme. Erich Luth, então presidente do Clube de Imprensa de Hamburgo, pressionou distribuidores e donos de cinemas para que não o incluíssem em sua programação. Sustentava Luth que caso o filme entrasse em cartaz, seria dever dos "alemães decentes" não assistir a ele. O produtor e o distribuidor da obra, então, processaram-no por perdas e danos perante o juízo cível, o qual, aceitando as ponderações feitas, considerou aquelas declarações como uma incitação ao boicote e contrárias à moral e aos bons costumes. O réu foi proibido, como base no § 826 do BGB, de manifestar-se a respeito do filme. Luth apresentou uma reclamação constitucional, valendo-se do direito fundamental à liberdade de expressão (art. 5° da Lei Fundamental). A decisão do Tribunal Constitucional reformou, em favor de Luth, a sentença do juízo cível e considerou ter havido, no caso, violação do seu direito à liberdade de expressão".[16]

Mais recentemente, na jurisprudência francesa, temos o caso do *"arremesso do anão"* anotado por GUSTAVO TEPEDINO:[17] "o prefeito de *Morsang-sur-Orge*, valendo-se do seu poder de polícia, interditou o espetáculo, em cartaz numa certa discoteca, constituído pelo arremesso de um homem de pequena estatura – um anão – pelos clientes, de um lado a outro do recinto, em certame com objetivos de entretenimento.

16 MORAES, Maria Celina Bodin de. *Princípios do direito civil contemporâneo*. Rio de Janeiro: Renovar, 2006, p. 4.

17 TEPEDINO, Gustavo. Direitos humanos e relações jurídicas privadas. In: *Temas de direito civil*. Rio de Janeiro: Renovar: 1999, p. 58-59.

A decisão da Prefeitura, que pretendia debelar a visível humilhação a que era submetido o anão, teve fundamento no art. 3° da Convenção Europeia de Salvaguardas dos Direitos do Homem e das Liberdades Fundamentais, cujo texto consagra o princípio da dignidade da pessoa humana. O problema é que o próprio anão, litisconsorciado com a empresa interessada, recorreu ao Tribunal Administrativo, obtendo êxito em primeira instância, ao argumento de que aquela atividade não perturbava 'a boa ordem, a tranquilidade ou a salubridade públicas', aspectos em que se circunscreve o poder de polícia municipal. Em outras palavras, a tutela da dignidade humana, só por si, segundo a jurisprudência francesa até então vigente, não integrava o conceito de ordem pública. O pedido fundamentava-se, ainda, no fato de que a atividade econômica privada e o direito ao trabalho representam garantias fundamentais do ordenamento jurídico francês. O caso acabou sendo submetido, em grau de recurso, ao Conselho de Estado, órgão de cúpula da jurisdição administrativa que, alterando o entendimento dominante, reformou a decisão do Tribunal de Versalhes, assentando que 'o respeito à dignidade da pessoa humana é um dos componentes da (noção de) ordem pública; (e que) a autoridade investida do poder de polícia municipal pode, mesmo na ausência de circunstâncias locais específicas, interditar um espetáculo atentatório à dignidade da pessoa humana'.

Observou-se, ainda no exame da mesma hipótese, que o Conselho de Estado, ao se valer de princípio insculpido na Convenção europeia, adotou orientação em sentido análogo à tendência do Conselho Constitucional da França, o qual, na ausência de norma expressa, decidiu, em 1994, ao examinar a arguição de inconstitucionalidade de uma lei versando sobre doação e utilização de elementos e partes do corpo humano, 'elevar' o princípio da dignidade da pessoa humana ao *status* de '*principe à valeur constitutionelle*'. E o fez utilizando-se não de uma disposição da Constituição em vigor (de 1958), mas de uma declaração de princípios inserida na Constituição do pós-guerra (1946).

No Brasil, a Constituição da República Federativa do Brasil de 1988 não contém uma previsão expressa do direito ao livre desenvolvimento da personalidade como o faz o ordenamento constitucional alemão. Entretanto, existe o princípio fundamental da dignidade da pessoa humana, expresso no artigo 1°, III, da CRFB/88, que conforma todo o processo exegético. Dessa maneira, é possível afirmar que o direito ao livre desenvolvimento da personalidade encontra-se amparado por este dispositivo constitucional.

Com a preocupação maior em assegurar a plenitude dos direitos do homem e do cidadão além da ampla cidadania e a dignidade da pessoa humana, previstos no artigo 1°, incisos II e III, da CRFB88, os direitos da personalidade estão resguardados pelo diploma constitucional através do artigo, 5°, ao afirmar que "Todos são iguais perante a lei, sem distinção de qualquer natureza, garantindo-se aos brasileiros e aos estrangeiros residentes no País a inviolabilidade do direito à vida, à liberdade, à igualdade, à segurança e à propriedade". O rol exemplificativo apresentado nos incisos do citado artigo 5° procuram assegurar os direitos e garantias fundamentais, lastreados na dignidade da pessoa humana:

a) Inciso IV – "é livre a manifestação do pensamento, sendo vedado o anonimato";
b) Inciso V – "é assegurado o direito de resposta, proporcional ao agravo, além da indenização por dano material, moral ou à imagem";
c) Inciso X – "são invioláveis a intimidade, a vida privada, a honra e a imagem das pessoas, assegurado o direito à indenização pelo dano material ou moral decorrente de sua violação";
d) Inciso XLII – "a prática do racismo constitui crime inafiançável e imprescritível, sujeito à pena de reclusão, nos termos da lei";
e) Inciso XLIX – "é assegurado aos presos o respeito à integridade física e moral";
f) Inciso LXI – "ninguém será preso senão em flagrante delito ou por ordem escrita e fundamentada de autoridade judiciária competente, salvo nos casos de transgressão militar ou crime propriamente militar, definidos em lei";
g) Inciso LXIII – "o preso será informado de seus direitos, entre os quais o de permanecer calado, sendo-lhe assegurada a assistência da família e de advogado";
h) Inciso LXIV – "o preso tem direito à identificação dos responsáveis por sua prisão ou por seu interrogatório policial";
i) Inciso LXXV – "o Estado indenizará o condenado por erro judiciário, assim como o que ficar preso além do tempo fixado na sentença".

Ademais, de acordo com a regra estabelecida no artigo 34 de nossa Constituição, "A União não intervirá nos Estados nem no Distrito Federal, exceto para: [...] VII – assegurar a observância dos seguintes princípios constitucionais: b) *direitos da pessoa humana*;".

Também, o texto do *caput* do artigo 170 da CRFB/88 faz menção ao desenvolvimento da personalidade ao dizer que "A ordem econômica, fundada na valorização do trabalho humano e na livre iniciativa, tem por fim assegurar a todos existência digna, conforme os ditames da justiça social, observados os seguintes princípios:".

Da mesma forma, o artigo 182 preceitua que "A política de desenvolvimento urbano, executada pelo poder público municipal, conforme diretrizes gerais fixadas em lei, tem por objetivo ordenar o pleno desenvolvimento das funções sociais da cidade e garantir o bem-estar de seus habitantes".

O livre desenvolvimento da personalidade aparece também nas normas relacionadas à família, tais como os artigos 226 e 230 da CRFB/88: "Art. 226 – A família, base da sociedade, tem especial proteção do Estado. [...] § 7° – Fundado nos princípios da dignidade da pessoa humana e da paternidade responsável, o planejamento familiar é livre decisão do casal, competindo ao Estado propiciar recursos educacionais e científicos para o exercício desse direito, vedada qualquer forma coercitiva por parte de instituições oficiais ou privadas".

"Art. 230. A família, a sociedade e o Estado têm o dever de amparar as pessoas idosas, assegurando sua participação na comunidade, defendendo sua dignidade e bem-estar e garantindo-lhes o direito à vida".

Outrossim, a Declaração Universal dos Direitos Humanos (Assembleia Geral da Organização das Nações Unidas, em 10.12.1948) afirma em seu artigo 2. I, que "Todo o homem tem capacidade para gozar os direitos e as liberdades estabelecidos nesta Declaração sem distinção de qualquer espécie, seja de raça, cor, sexo, língua, religião, opinião política ou de outra natureza, origem nacional ou social, riqueza, nascimento, ou qualquer outra condição".

E o Pacto Internacional dos Direitos Civis e Políticos, ratificado pelo Brasil em 24 de janeiro de 1992, em seu artigo 6°, n° 1, estabelece que "o direito à vida é inerente à pessoa humana. Esse direito deverá ser protegido pelas Leis. Ninguém poderá ser arbitrariamente privado de sua vida". [18]

7.5 Titularidade dos Direitos da Personalidade

O *ser humano* na sua essência e as *pessoas jurídicas*, estas últimas com base no artigo 52 do Código Civil ("aplica-se às pessoas jurídicas, no que couber, a proteção dos direitos da personalidade") são os titulares dos direitos da personalidade. As empresas devem zelar pelo seu bom nome e sua imagem institucional. A propaganda negativa pode afetar a vendagem de um produto e ensejar ação de reparação por danos materiais e morais.

Pessoa jurídica pode sofrer dano moral, mas apenas na hipótese em que haja ferimento à sua honra objetiva, isto é, ao conceito de que goza no meio social. Embora a Súm. n° 227/STJ preceitue que "a pessoa jurídica pode sofrer dano moral", a aplicação desse enunciado é restrita às hipóteses em que há ferimento à honra objetiva da entidade, ou seja, às situações nas quais a pessoa jurídica tenha o seu conceito social abalado pelo ato ilícito, entendendo-se como honra também os valores morais, concernentes à reputação, ao crédito que lhe é atribuído, qualidades essas inteiramente aplicáveis às pessoas jurídicas, além de se tratar de bens que integram o seu patrimônio. Talvez por isso, o art. 52 do CC, segundo o qual se aplica "às pessoas

18 MELLO, Cleyson de Moraes. e FRAGA, Thelma Araújo Esteves (Orgs.) *Direitos humanos:* coletânea de legislação. Rio de Janeiro: Freitas Bastos Editora. 2003, p. 80.

jurídicas, no que couber, a proteção aos direitos da personalidade", tenha-se valido da expressão "no que couber", para deixar claro que somente se protege a honra objetiva da pessoa jurídica, destituída que é de honra subjetiva. O dano moral para a pessoa jurídica não é, portanto, o mesmo que se pode imputar à pessoa natural, tendo em vista que somente a pessoa natural, obviamente, tem atributos biopsíquicos. O dano moral da pessoa jurídica, assim sendo, está associado a um "desconforto extraordinário" que afeta o nome e a tradição de mercado, com repercussão econômica, à honra objetiva da pessoa jurídica, vale dizer, à sua imagem, conceito e boa fama, não se referindo aos mesmos atributos das pessoas naturais. Precedente citado: REsp 45.889-SP, DJ 15/8/1994. REsp 1.298.689-RS, Rel. Min. Castro Meira, julgado em 23/10/2012.[19]

---

19 Mais recentemente, o STJ decidiu: DIREITO CIVIL. RECURSO ESPECIAL. PUBLICAÇÃO DE MATÉRIA JORNALÍSTICA CONSIDERADA LESIVA À HONRA DE PESSOA JURÍDICA. DANO MORAL CONFIGURADO. INDENIZAÇÃO DEVIDA. DECLARAÇÕES DO RÉU QUE TRANSBORDAM OS LIMITES DO DIREITO DE CRÍTICA. ABUSO DO DIREITO. DANO MORAL CONFIGURADO. INDENIZAÇÃO DEVIDA.

1. O litígio revela, em certa medida, colisão entre dois direitos fundamentais, consagrados tanto na Constituição Federal de 1988 quanto na legislação infraconstitucional, como o direito à livre manifestação do pensamento, de um lado, e a tutela dos direitos da personalidade, como a imagem e a honra, de outro, técnica extensível, na medida do possível, à pessoa jurídica, nos termos do art. 52 do Código Civil. Realmente, é consagrado na jurisprudência do STJ o entendimento de que "a pessoa jurídica pode sofrer dano moral" (Súm. 227 STJ).

2. Embora seja livre a manifestação do pensamento – mormente quando se trata de veículo de comunicação –, tal direito não é absoluto. Ao contrário, encontra rédeas tão necessárias para a consolidação do Estado Democrático quanto o direito à livre manifestação do pensamento. Não pode haver censura prévia, mas certamente controle posterior de matérias que ofendam a honra e a moral objetiva de cidadãos e instituições.

3. A liberdade de se expressar, reclamar, criticar, enfim, de se exprimir, esbarra numa condicionante ética, qual seja, o respeito ao próximo. O manto do direito de manifestação não tolera abuso no uso de expressões que ofendam os direitos da personalidade, extensíveis, na forma da lei, às pessoas jurídicas.

4. No caso, o comportamento adotado pelos recorridos, a pretexto de criticar eventual mau uso do dinheiro público ou dos meios de contratação/concessão de benefícios pelo governo, não enunciou propósito específico de denunciar a conduta do recorrente, mas, ao revés, de forma sub-reptícia, impingiu-lhe (e a seu sócio) diversas condutas criminosas, em verdadeiro abuso de direito. Tudo isso por se tratar de instituto que tem como um de seus sócios ministro da Suprema Corte, e por ter em seu corpo docente professores do alto escalão de todos os Poderes da República.

5. Realmente, infere-se a partir da leitura da matéria que, apesar de se pautar por algumas informações públicas, o contexto em que foram utilizadas acabou por ofender a honra objetiva do instituto recorrente, na medida em que o texto jornalístico – valendo-se de afirmações deletérias – traz ao leitor a nítida impressão de que a questão envolvida é policialesca, narrando uma onda de supostos crimes licitatórios, também contra a ordem econômica, tráfico de influência, além de diversos atos passíveis de improbidade administrativa.

6. Recurso especial parcialmente provido.

(REsp 1504833/SP, Rel. ministro LUIS FELIPE SALOMÃO, QUARTA TURMA, julgado em

7.6 Características dos Direitos da Personalidade

Os direitos da personalidade como direitos subjetivos absolutos possuem além de sua oponibilidade *erga omnes*, as seguintes características:

a) *generalidade*, no sentido de que todos os seus titulares estão protegidos dos direitos da personalidade

b) *extrapatrimonialidade*, os direitos da personalidade não são aferidos objetivamente por um critério econômico.[20]

c) *Intransmissibilidade* e *irrenunciabilidade*, conforme artigo 11 do Código Civil,[21] significa que estes não podem sofrer mutação subjetiva[22] e não podem ser abdicados, recusados ou rejeitados pelo titular do direito, respectivamente.

d) *Imprescritibilidade*, está ligada a inexistência de prazo para o seu efetivo exercício;

e) *Impenhorabilidade*, característica intrínseca a indisponibilidade, significa que o direito não pode ser abarcado por penhora.[23]

f) *Vitaliciedade*, já que são inatos e permanentes à pessoa.

7.7 O Código Civil de 2002

O Código Civil brasileiro não apresenta uma cláusula específica sobre a tutela geral da personalidade. Diferentemente, o Código Civil português, por exemplo, faz menção expressa à tutela geral da personalidade. O artigo 70° (tutela geral da personalidade) do ordenamento jurídico civilístico português determina que "1. A lei protege os indivíduos contra qualquer ofensa ilícita ou ameaça de ofensa à sua personalidade física ou moral. 2. Independentemente da responsabilidade civil a que haja lugar, a pessoa ameaçada ou ofendida pode requerer as providências adequadas às circunstâncias do caso, com o fim de evitar a consumação da ameaça ou atenuar os efeitos da ofensa já cometida".

O Código Civil brasileiro introduziu no ordenamento jurídico pátrio um capítulo específico sobre os Direitos da Personalidade, nos artigos 11 a 21.

01/12/2015, DJe 01/02/2016)

20 Vale lembrar que os direitos autorais, são direitos subjetivos absolutos, porém se dividem em direitos morais (inseridos no subgrupo dos direitos da personalidade) e direitos patrimoniais (obra literária, artística e científica avaliada em dinheiro) do autor. Ver artigo 27 da Lei 9.610/98 que reza que os direitos morais do autor são inalienáveis e irrenunciáveis.

21 Artigo 11 do Código Civil – "Com exceção dos casos previstos em lei, os direitos da personalidade são intransmissíveis e irrenunciáveis, não podendo o seu exercício sofrer limitação voluntária".

22 São inalienáveis – gratuita ou onerosamente.

23 Direito real que vincula coisa móvel, ou mobilizável, a uma dívida, como garantia do pagamento desta.

O artigo 11 do nosso Código Civil estabelece que "com exceção dos casos previstos em lei, os direitos da personalidade são intransmissíveis e irrenunciáveis, não podendo o seu exercício sofrer limitação voluntária".

Em relação à exegese do artigo 11, o Conselho da Justiça Federal, nas I, III, IV e VI Jornadas de Direito Civil, editou os seguintes enunciados:

a) I Jornada de Direito Civil: CJF – Enunciado 4 – Art. 11: o exercício dos direitos da personalidade pode sofrer limitação voluntária, desde que não seja permanente nem geral;
b) III Jornada de Direito Civil: CJF – Enunciado 139 – Art. 11: Os direitos da personalidade podem sofrer limitações, ainda que não especificamente previstas em lei, não podendo ser exercidos com abuso de direito de seu titular, contrariamente à boa-fé objetiva e aos bons costumes;
c) IV Jornada de Direito Civil: CJF – Enunciado 274 – Art. 11. Os direitos da personalidade, regulados de maneira não exaustiva pelo Código Civil, são expressões da cláusula geral de tutela da pessoa humana, contida no art. 1°, III, da Constituição (princípio da dignidade da pessoa humana). Em caso de colisão entre eles, como nenhum pode sobrelevar os demais, deve-se aplicar a técnica da ponderação.

d) VI Jornada de Direito Civil – ENUNCIADO 531 – A tutela da dignidade da pessoa humana na sociedade da informação inclui o direito ao esquecimento.[24] [25]

---

24 Justificativa: Os danos provocados pelas novas tecnologias de informação vêm-se acumulando nos dias atuais. O direito ao esquecimento tem sua origem histórica no campo das condenações criminais. Surge como parcela importante do direito do ex-detento à ressocialização. Não atribui a ninguém o direito de apagar fatos ou reescrever a própria história, mas apenas assegura a possibilidade de discutir o uso que é dado aos fatos pretéritos, mais especificamente o modo e a finalidade com que são lembrados.

25 DIREITO CIVIL. DIREITO AO ESQUECIMENTO. A exibição não autorizada de uma única imagem da vítima de crime amplamente noticiado à época dos fatos não gera, por si só, direito de compensação por danos morais aos seus familiares. O direito ao esquecimento surge na discussão acerca da possibilidade de alguém impedir a divulgação de informações que, apesar de verídicas, não sejam contemporâneas e lhe causem transtornos das mais diversas ordens. Sobre o tema, o Enunciado 531 da VI Jornada de Direito Civil do CJF preconiza que a tutela da dignidade da pessoa humana na sociedade da informação inclui o direito ao esquecimento. Na abordagem do assunto sob o aspecto sociológico, o antigo conflito entre o público e o privado ganha uma nova roupagem na modernidade: a inundação do espaço público com questões estritamente privadas decorre, a um só tempo, da expropriação da intimidade (ou privacidade) por terceiros, mas também da voluntária entrega desses bens à arena pública. Acrescente-se a essa reflexão o sentimento, difundido por inédita "filosofia tecnológica" do tempo atual pautada na permissividade, segundo o qual ser devassado ou espionado é, em alguma medida, tornar-se importante e popular, invertendo-se valores e tornando a vida privada um prazer ilegítimo e excêntrico, seguro

sinal de atraso e de mediocridade. Sob outro aspecto, referente à censura à liberdade de imprensa, o novo cenário jurídico apoia-se no fato de que a CF, ao proclamar a liberdade de informação e de manifestação do pensamento, assim o faz traçando as diretrizes principiológicas de acordo com as quais essa liberdade será exercida, reafirmando, como a doutrina sempre afirmou, que os direitos e garantias protegidos pela Constituição, em regra, não são absolutos. Assim, não se pode hipertrofiar a liberdade de informação à custa do atrofiamento dos valores que apontam para a pessoa humana. A explícita contenção constitucional à liberdade de informação, fundada na inviolabilidade da vida privada, intimidade, honra, imagem e, de resto, nos valores da pessoa e da família – prevista no § 1º do art. 220, no art. 221 e no § 3º do art. 222 da CF –, parece sinalizar que, no conflito aparente entre esses bens jurídicos de especialíssima grandeza, há, de regra, uma inclinação ou predileção constitucional para soluções protetivas da pessoa humana, embora o melhor equacionamento deva sempre observar as particularidades do caso concreto. Essa constatação se mostra consentânea com o fato de que, a despeito de o direito à informação livre de censura ter sido inserida no seleto grupo dos direitos fundamentais (art. 5º, IX), a CF mostrou sua vocação antropocêntrica ao gravar, já no art. 1º, III, a dignidade da pessoa humana como – mais que um direito – um fundamento da república, uma lente pela qual devem ser interpretados os demais direitos. A cláusula constitucional da dignidade da pessoa humana garante que o homem seja tratado como sujeito cujo valor supera ao de todas as coisas criadas por ele próprio, como o mercado, a imprensa e, até mesmo, o Estado, edificando um núcleo intangível de proteção oponível *erga omnes*, circunstância que legitima, em uma ponderação de valores constitucionalmente protegidos, tendo sempre em vista os parâmetros da proporcionalidade e da razoabilidade, que algum sacrifício possa ser suportado, caso a caso, pelos titulares de outros bens e direitos. Ademais, a permissão ampla e irrestrita de que um fato e pessoas nele envolvidas sejam retratados indefinidamente no tempo – a pretexto da historicidade do evento – pode significar permissão de um segundo abuso à dignidade humana, simplesmente porque o primeiro já fora cometido no passado. Nesses casos, admitir-se o "direito ao esquecimento" pode significar um corretivo – tardio, mas possível – das vicissitudes do passado, seja de inquéritos policiais ou processos judiciais pirotécnicos e injustos, seja da exploração populista da mídia. Além disso, dizer que sempre o interesse público na divulgação de casos judiciais deverá prevalecer sobre a privacidade ou intimidade dos envolvidos, pode violar o próprio texto da Constituição, que prevê solução exatamente contrária, ou seja, de sacrifício da publicidade (art. 5º, LX). A solução que harmoniza esses dois interesses em conflito é a preservação da pessoa, com a restrição à publicidade do processo, tornando pública apenas a resposta estatal aos conflitos a ele submetidos, dando-se publicidade da sentença ou do julgamento, nos termos do art. 155 do Código de Processo Civil e art. 93, IX, da Constituição Federal. Por fim, a assertiva de que uma notícia lícita não se transforma em ilícita com o simples passar do tempo não tem nenhuma base jurídica. O ordenamento é repleto de previsões em que a significação conferida pelo direito à passagem do tempo é exatamente o esquecimento e a estabilização do passado, mostrando-se ilícito reagitar o que a lei pretende sepultar. Isso vale até mesmo para notícias cujo conteúdo seja totalmente verídico, pois, embora a notícia inverídica seja um obstáculo à liberdade de informação, a veracidade da notícia não confere a ela inquestionável licitude, nem transforma a liberdade de imprensa em direito absoluto e ilimitado. Nesse contexto, as vítimas de crimes e seus familiares têm direito ao esquecimento, se assim desejarem, consistente em não se submeterem a desnecessárias lembranças de fatos passados que lhes causaram, por si, inesquecíveis feridas. Caso contrário, chegar-se-ia à antipática e desumana solução de reconhecer esse direito ao ofensor – o que está relacionado com sua ressocialização – e retirá-lo dos ofendidos, permitindo que os canais de informação se enriqueçam mediante a indefinida exploração das desgraças privadas pelas quais passaram. Todavia, no caso de familiares de vítimas de crimes passados, que só querem esquecer a dor pela qual passaram em determinado momento da vida, há uma infeliz constatação: na medida em que o tempo passa e se vai

VI Jornada de Direito Civil – ENUNCIADO 532 – É permitida a disposição gratuita do próprio corpo com objetivos exclusivamente científicos, nos termos dos arts. 11 e 13 do Código Civil.[26]

Artigos: 11 e 13 do Código Civil.

---

adquirindo um "direito ao esquecimento", na contramão, a dor vai diminuindo, de modo que, relembrar o fato trágico da vida, a depender do tempo transcorrido, embora possa gerar desconforto, não causa o mesmo abalo de antes. Nesse contexto, deve-se analisar, em cada caso concreto, como foi utilizada a imagem da vítima, para que se verifique se houve, efetivamente, alguma violação aos direitos dos familiares. Isso porque nem toda veiculação não consentida da imagem é indevida ou digna de reparação, sendo frequentes os casos em que a imagem da pessoa é publicada de forma respeitosa e sem nenhum viés comercial ou econômico. Assim, quando a imagem não for, em si, o cerne da publicação, e também não revele situação vexatória ou degradante, a solução dada pelo STJ será o reconhecimento da inexistência do dever de indenizar. REsp 1.335.153-RJ, Rel. Min. Luis Felipe Salomão, julgado em 28/5/2013.
DIREITO CIVIL. DIREITO AO ESQUECIMENTO. Gera dano moral a veiculação de programa televisivo sobre fatos ocorridos há longa data, com ostensiva identificação de pessoa que tenha sido investigada, denunciada e, posteriormente, inocentada em processo criminal. O direito ao esquecimento surge na discussão acerca da possibilidade de alguém impedir a divulgação de informações que, apesar de verídicas, não sejam contemporâneas e lhe causem transtornos das mais diversas ordens. Sobre o tema, o Enunciado 531 da VI Jornada de Direito Civil do CJF preconiza que a tutela da dignidade da pessoa humana na sociedade da informação inclui o direito ao esquecimento. O interesse público que orbita o fenômeno criminal tende a desaparecer na medida em que também se esgota a resposta penal conferida ao fato criminoso, a qual, certamente, encontra seu último suspiro com a extinção da pena ou com a absolvição, ambas irreversivelmente consumadas. Se os condenados que já cumpriram a pena têm direito ao sigilo da folha de antecedentes – assim também a exclusão dos registros da condenação no Instituto de Identificação –, por maiores e melhores razões aqueles que foram absolvidos não podem permanecer com esse estigma, conferindo-lhes a lei o mesmo direito de serem esquecidos. Cabe destacar que, embora a notícia inverídica seja um obstáculo à liberdade de informação, a veracidade da notícia não confere a ela inquestionável licitude, nem transforma a liberdade de imprensa em direito absoluto e ilimitado. Com efeito, o reconhecimento do direito ao esquecimento dos condenados que cumpriram integralmente a pena e, sobretudo, dos que foram absolvidos em processo criminal, além de sinalizar uma evolução humanitária e cultural da sociedade, confere concretude a um ordenamento jurídico que, entre a memória – conexão do presente com o passado – e a esperança – vínculo do futuro com o presente –, fez clara opção pela segunda. E é por essa ótica que o direito ao esquecimento revela sua maior nobreza, afirmando-se, na verdade, como um direito à esperança, em absoluta sintonia com a presunção legal e constitucional de regenerabilidade da pessoa humana. Precedentes citados: RMS 15.634-SP, Sexta Turma, DJ 5/2/2007; e REsp 443.927-SP, Quinta Turma, DJ 4/8/2003. REsp 1.334.097-RJ, Rel. Min. Luis Felipe Salomão, julgado em 28/5/2013.

26 Justificativa: Pesquisas com seres humanos vivos são realizadas todos os dias, sem as quais não seria possível o desenvolvimento da medicina e de áreas afins. A Resolução CNS nº 196/96, em harmonia com o Código de Nuremberg e com a Declaração de Helsinque, dispõe que pesquisas envolvendo seres humanos no Brasil somente podem ser realizadas mediante aprovação prévia de um Comitê de Ética em Pesquisa – CEP, de composição multiprofissional, e com a assinatura do Termo de Consentimento Livre e Esclarecido – TCLE pelo participante da pesquisa, no qual devem constar informações claras e relevantes acerca do objeto da pesquisa, seus benefícios e riscos, a gratuidade pela participação, a garantia de reparação dos danos causados na sua execução e a faculdade de retirada imotivada do consentimento a qualquer tempo sem prejuízo para sua pessoa.

7.8 Os Bens Jurídicos Tutelados

Os bens jurídicos tutelados pelos direitos da personalidade podem ser agrupados da seguinte forma:[27]

a) físicos, como: a vida, o corpo (próprio e alheio); as partes do corpo; o físico; a efígie (ou imagem); a voz; o cadáver; a locomoção;
b) psíquicos, como: as liberdades (de expressão; de culto ou de credo); a higidez psíquica; a intimidade; os segredos (pessoais e profissionais);
c) morais, como: o nome (e outros elementos de identificação); a reputação (ou a boa fama); a dignidade pessoal; o direito moral de autor (ou de inventor); o sepulcro; as lembranças de família e outros.

Os direitos da personalidade possuem uma tipicidade aberta, já que não se esgotam na codificação civilística. PAULO LÔBO diz que "os tipos previstos na Constituição e na legislação civil são apenas enunciativos, não esgotando as situações suscetíveis de tutela jurídica à personalidade. O tipo, conquanto menos abstrato que o conceito, é dotado de certa abstração, pois se encontra em plano menos concreto que os fatos da vida".[28]

No mesmo sentido, MARIA CELINA BODIN DE MORAES ensina que "a personalidade, consequentemente, não é um direito, mas um valor, o valor fundamental do ordenamento, que está na base de uma série (aberta) de situações existenciais, nas quais se traduz sua incessantemente mutável exigência de tutela. [...] não há um número fechado (numeros clausus) de hipóteses tuteladas: tutelado é o valor da pessoa, sem limites, salvo aqueles postos no seu interesse e no interesse de outras pessoas".[29]

7.9 O Direito à Vida

O nosso ordenamento jurídico protege a vida como um dos maiores direitos do homem, sendo certo que esta proteção se estende aos nascituros, estes com personalidade jurídica adquirida a partir da sua concepção.

O direito à vida é protegido por várias normas, já que se pune, na esfera penal, o delito de *homicídio simples* (CP, art. 121),[30] o *homicídio qualificado* (CP,

---

27 BITTAR, Carlos Alberto. *Os direitos da personalidade*. 7. ed. Rio de Janeiro: Forense Universitária, 2004, p. 64.

28 LÔBO, Paulo. Op cit,. p. 136.

29 MORAES, Maria Cecília Bodin de. O conceito de dignidade humana: substrato axiológico e conteúdo normativo. In: SARLET, Ingo Wolfgang (org). *Constituição, Direitos Fundamentais e Direito Privado*. 3. ed. rev. e ampl. Porto Alegre: Livraria do Advogado, 2010, p. 141.

30 Homicídio simples. Art 121. Matar alguém: Pena – reclusão, de seis a vinte anos. Caso de diminuição de pena: § 1° Se o agente comete o crime impelido por motivo de relevante

art. 121, § 2°),[31] o *homicídio culposo* (CP, art. 121, § 3°),[32] o *induzimento, instigação ou auxílio a suicídio* (CP, art. 122),[33] o *infanticídio* (CP, art. 123),[34] o crime de *aborto provocado pela gestante ou com o seu consentimento* (CP, art. 124),[35] o crime de *aborto provocado por terceiro* (CP, art. 125)[36] e o delito de *provocar aborto com o consentimento da gestante* (CP, art. 126).[37]

Não se pune o aborto praticado por médico, de acordo com o artigo 128 do Código Penal, nas seguintes situações:

a) *Aborto necessário.* I – se não há outro meio de salvar a vida da gestante;

b) *Aborto no caso de gravidez resultante de estupro.* II – se a gravidez resulta de estupro e o aborto é precedido de consentimento da gestante ou, quando incapaz, de seu representante legal.

---

valor social ou moral, ou sob o domínio de violenta emoção, logo em seguida a injusta provocação da vítima, o juiz pode reduzir a pena de um sexto a um terço.

31 Homicídio qualificado. § 2° Se o homicídio é cometido: I – mediante paga ou promessa de recompensa, ou por outro motivo torpe; II – por motivo fútil; III – com emprego de veneno, fogo, explosivo, asfixia, tortura ou outro meio insidioso ou cruel, ou de que possa resultar perigo comum; IV – à traição, de emboscada, ou mediante dissimulação ou outro recurso que dificulte ou torne impossível a defesa do ofendido; V – para assegurar a execução, a ocultação, a impunidade ou vantagem de outro crime: Pena – reclusão, de doze a trinta anos.

32 Homicídio culposo. § 3° Se o homicídio é culposo: Pena – detenção, de um a três anos. Aumento de pena.
§ 4° No homicídio culposo, a pena é aumentada de 1/3 (um terço), se o crime resulta de inobservância de regra técnica de profissão, arte ou ofício, ou se o agente deixa de prestar imediato socorro à vítima, não procura diminuir as consequências do seu ato, ou foge para evitar prisão em flagrante. Sendo doloso o homicídio, a pena é aumentada de 1/3 (um terço) se o crime é praticado contra pessoa menor de 14 (quatorze) ou maior de 60 (sessenta) anos. § 5° – Na hipótese de homicídio culposo, o juiz poderá deixar de aplicar a pena, se as consequências da infração atingirem o próprio agente de forma tão grave que a sanção penal se torne desnecessária.

33 CP, Art. 122 – Induzir ou instigar alguém a suicidar-se ou prestar-lhe auxílio para que o faça: Pena – reclusão, de dois a seis anos, se o suicídio se consuma; ou reclusão, de um a três anos, se da tentativa de suicídio resulta lesão corporal de natureza grave.

34 CP – Infanticídio. Art. 123 – Matar, sob a influência do estado puerperal, o próprio filho, durante o parto ou logo após: Pena – detenção, de dois a seis anos.

35 CP – Aborto provocado pela gestante ou com seu consentimento. Art. 124 – Provocar aborto em si mesma ou consentir que outrem lho provoque: Pena – detenção, de um a três anos.

36 CP – Aborto provocado por terceiro. Art. 125 – Provocar aborto, sem o consentimento da gestante: Pena – reclusão, de três a dez anos.

37 CP – Art. 126 – Provocar aborto com o consentimento da gestante: Pena – reclusão, de um a quatro anos. Parágrafo único. Aplica-se a pena do artigo anterior, se a gestante não é maior de quatorze anos, ou é alienada ou débil mental, ou se o consentimento é obtido mediante fraude, grave ameaça ou violência.

7.9.1 O aborto nos casos de malformação grave do feto (anencefalia)

Como dito acima, o nosso Código Penal considera lícito somente duas formas de aborto, quais sejam: o *aborto necessário ou terapêutico,* quando não há outro meio para salvar a vida da gestante, e o *aborto no caso de gravidez resultante de estupro*, também chamado de aborto sentimental.

Atualmente, o que se discute, de forma polêmica, em sede doutrinária e jurisprudencial é a possibilidade de autorização de aborto tendo em vista a malformação grave do feto, como no caso, da *anencefalia.* Vejamos a ADPF número 54.

A *questão da inviabilidade do feto em razão da anencefalia* foi debatida na ADPF n° 54 (Medida Cautelar em Arguição de Descumprimento de Preceito Fundamental – ADPF 54 MC/ DF – Distrito Federal), cujo relator foi o ministro Marco Aurélio, em 1.7.2004. Vejamos a decisão:

> Partes: ARGUIÇÃO DE DESCUMPRIMENTO DE PRECEITO FUNDAMENTAL n° 54-8. PROCED.: DISTRITO FEDERAL. ARGTE.(S): CONFEDERAÇÃO NACIONAL DOS TRABALHADORES NA SAÚDE – CNTS. ADV.(A/S): LUÍS ROBERTO BARROSO E OUTRO(A/S).
>
> Despacho: "DECISÃO-LIMINAR ARGUIÇÃO DE DESCUMPRIMENTO DE PRECEITO FUNDAMENTAL – LIMINAR – ATUAÇÃO INDIVIDUAL – ARTIGOS 21, INCISOS IV E V, DO REGIMENTO INTERNO E 5°, § 1°, DA LEI N° 9.882/99. LIBERDADE – AUTONOMIA DA VONTADE – DIGNIDADE DA PESSOA HUMANA – SAÚDE – GRAVIDEZ – INTERRUPÇÃO – FETO ANEN- CEFÁLICO. 1. Com a inicial de folha 2 a 25, a Confederação Nacional dos Trabalhadores na Saúde – CNTS formalizou esta arguição de descumprimento de preceito fundamental considerada a anencefalia, a inviabilidade do feto e a antecipação terapêutica do parto. Em nota prévia, afirma serem distintas as figuras da antecipação referida e o aborto, no que este pressupõe a potencialidade de vida extrauterina do feto. Consigna, mais, a própria legitimidade ativa a partir da norma do artigo 2°, inciso I, da Lei n° 9.882/99, segundo a qual são partes legítimas para a arguição aqueles que estão no rol do artigo 103 da Carta Política da República, alusivo à ação direta de inconstitucionalidade. No tocante à pertinência temática, mais uma vez à luz da Constituição Federal e da jurisprudência desta Corte, assevera que a si compete a defesa judicial e administrativa dos interesses individuais e coletivos dos que integram a categoria profissional dos trabalhadores na saúde, juntando à inicial o estatuto revelador dessa representatividade. Argumenta que, interpretado o arcabouço normativo com base em visão positivista pura, tem-se a possibilidade de os profissionais da saúde virem a sofrer as

agruras decorrentes do enquadramento no Código Penal. Articula com o envolvimento, no caso, de preceitos fundamentais, concernentes aos *princípios da dignidade da pessoa humana, da legalidade, em seu conceito maior, da liberdade e autonomia da vontade bem como os relacionados com a saúde.* Citando a literatura médica aponta que a má-formação por defeito do fechamento do tubo neural durante a gestação, não apresentando o feto os hemisférios cerebrais e o córtex, leva-o ou à morte intrauterina, alcançando 65% dos casos, ou à sobrevida de, no máximo, algumas horas após o parto. A permanência de feto anômalo no útero da mãe mostrar-se-ia potencialmente perigosa, podendo gerar danos à saúde e à vida da gestante. Consoante o sustentado, impor à mulher o dever de carregar por nove meses um feto que sabe, com plenitude de certeza, não sobreviverá, causa à gestante dor, angústia e frustração, resultando em violência às vertentes da dignidade humana – a física, a moral e a psicológica – e em cerceio à liberdade e autonomia da vontade, além de colocar em risco a saúde, tal como proclamada pela Organização Mundial de Saúde – o completo bem-estar físico, mental e social e não apenas a ausência de doença. Já os profissionais da medicina ficam sujeitos às normas do Código Penal – artigos 124, 126, cabeça, e 128, incisos I e II -, notando-se que, principalmente quanto às famílias de baixa renda, atua a rede pública. Sobre a inexistência de outro meio eficaz para viabilizar a antecipação terapêutica do parto, sem in- compreensões, evoca a Confederação recente acontecimento retratado no Habeas Corpus n° 84.025-6/RJ, declarado prejudicado pelo Plenário, ante o parto e a morte do feto anencefálico sete minutos após. Diz da admissibilidade da ANIS – Instituto de Biotécnica, Direitos Humanos e Gênero como *amicus curiae,* por aplicação analógica do artigo 7°, § 2°, da Lei n° 9.868/99. Então, requer, sob o ângulo acautelador, a suspensão do andamento de processos ou dos efeitos de decisões judiciais que tenham como alvo a aplicação dos dispositivos do Código Penal, nas hipóteses de antecipação terapêutica do parto de fetos anencefálicos, assentando-se o direito constitucional da gestante de se submeter a procedimento que leve à interrupção da gravidez e do profissional de saúde de realizá-lo, desde que atestada, por médico habilitado, a ocorrência da anomalia. O pedido final visa à declaração da inconstitucionalidade, com eficácia abrangente e efeito vinculante, da interpretação dos artigos 124, 126 e 128, incisos I e II, do Código Penal – Decreto-Lei n° 2.848/40 – como impeditiva da antecipação terapêutica do parto em casos de gravidez de feto anencefálico, diagnosticados por médico habilitado, reconhecendo-se o direito subjetivo da gestante de assim agir sem a necessidade de apresentação prévia de autorização judicial ou qualquer outra forma de permissão específica do Estado. Sucessivamente, pleiteia a arguente, uma vez rechaçada a pertinência desta medida, seja a petição inicial recebida como reveladora de ação direta de inconstitucionalidade. Esclarece que, sob esse prisma, busca a interpretação conforme a Constituição Federal dos citados artigos do Código Penal, sem redução de texto, aduzindo não serem adequados à espécie precedentes segundo os quais não cabe o controle concentrado de constitucionalidade de norma anterior à Carta vigente. A arguente protesta pela juntada, ao processo, de pareceres técnicos e, se conveniente, pela tomada de declarações de pessoas com experiência e autoridade na matéria. À peça, subscrita pelo advogado Luís Roberto Barroso, credenciado conforme instrumento de mandato – procuração – de folha 26, anexaram-se os documentos de folha 27 a 148. O processo veio-me concluso para exame em 17 de junho de 2004 (folha 150). Nele lancei visto, declarando-me habilitado a votar, ante o pedido de concessão de medida acauteladora, em 21 de junho de 2004, expedida a papeleta ao Plenário em 24 imediato. No mesmo dia, prolatei a seguinte decisão: AÇÃO DE DESCUMPRIMENTO DE PRECEITO FUNDAMENTAL – INTERVENÇÃO DE TERCEIRO – REQUERIMENTO - IMPROPRIEDADE. 1. Eis as informações prestadas pela Assessoria: A Conferência Nacional dos Bispos do Brasil – CNBB – requer a intervenção no processo em referência, como *amicus curiae,* conforme preconiza o § 1° do artigo 6° da Lei 9.882/1999, e a juntada de procuração. Pede vista pelo prazo de cinco dias. 2. O pedido não se enquadra no texto legal evocado pela requerente. Seria dado versar sobre a aplicação, por analogia, da Lei n° 9.868/99, que disciplina também processo objetivo – ação direta de inconstitucionalidade e ação declaratória de constitucionalidade. Todavia, a admissão de terceiros não implica o reconhecimento de direito subjetivo a tanto. Fica a critério do relator, caso entenda oportuno. Eis a inteligência do artigo 7°, § 2°, da Lei n° 9.868/99, sob pena de tumulto processual. Tanto é assim que o ato do relator, situado no campo da prática de ofício, não é suscetível de impugnação na via recursal. 3. Indefiro o pedido. 4. Publique-se. A impossibilidade de exame pelo Plenário deságua na incidência dos artigos 21, incisos IV e V, do Regimento Interno e artigo 5°, § 1°, da Lei n° 9.882/99, diante do perigo de grave lesão. 2. Tenho a Confederação Nacional dos Trabalhadores na Saúde - CNTS como parte legítima para a formalização do pedido, já que se enquadra na previsão do inciso I do artigo 2° da Lei n° 9.882, de 3 de novembro de 1999. Incumbe-lhe defender os membros da categoria profissional que se dedicam à área da saúde e que estariam sujeitos a constrangimentos de toda a ordem, inclusive de natureza penal. Quanto à observação do disposto no artigo 4°, § 1°, da Lei n° 9.882/99, ou seja, a regra de que não será admitida arguição de descumprimento de preceito fundamental quando houver qualquer outro meio eficaz de sanar a lesividade, é emblemático o que ocorreu no Habeas Corpus n° 84.025-6/RJ, sob a relatoria do ministro Joaquim Barbosa. A situação pode ser assim resumida: em Juízo, gestante não logrou a autorização para abreviar o parto. A via-crúcis prosseguiu e, então, no Tribunal de Justiça do Estado do Rio de Janeiro, a relatora, desembargadora Giselda Leitão Teixeira, concedeu liminar, viabilizando a interrupção da gestação. Na oportunidade, salientou: A vida é um bem a ser preservado a qualquer custo, mas, quando a vida se torna inviável, não é justo condenar a mãe a meses de sofrimento, de angústia, de desespero. O presidente da Câmara Criminal a que afeto o processo, desembargador José Murta Ribeiro, afastou do cenário jurídico tal pronunciamento. No julgamento de fundo, o Colegiado sufragou o entendimento da relatora, restabelecendo a autorização. Ajuizado Habeas Corpus, o Superior Tribunal de Justiça, mediante decisão da ministra Laurita Vaz, concedeu a liminar, suspendendo a autorização. O Colegiado a que integrado a relatora confirmou a óptica, assentando: HABEAS CORPUS. PENAL. PEDIDO DE AUTORIZAÇÃO PARA A PRÁTICA DE ABORTO. NASCITURO ACOMETIDO DE ANENCEFALIA. INDEFERIMENTO. APELAÇÃO. DECISÃO LIMINAR DA RELATORA RATIFICADA PELO COLEGIADO DEFERINDO O PEDIDO. INEXISTÊNCIA DE PREVISÃO LEGAL. IDONEIDADE DO WRIT PARA A DEFESA DO NASCITURO. 1. A eventual ocorrência de abortamento fora das hipóteses previstas no Código Penal acarreta a aplicação de pena corpórea máxima, irreparável, razão pela qual não há se falar em impropriedade da via eleita, já que, como é cediço, o writ se presta justamente a defender o direito de ir e vir, o que, evidentemente, inclui o direito à preservação da vida do nascituro. 2. Mesmo tendo a instância de origem se manifestado, formalmente, apenas acerca da decisão liminar, na realidade, tendo em conta o caráter inteiramente satisfativo da decisão, sem qualquer possibilidade de retrocessão de seus efeitos, o que se tem é um exaurimento definitivo do mérito. Afinal, a sentença de morte ao nascituro, caso fosse levada a cabo, não deixaria nada mais a ser analisado por aquele ou este Tribunal. 3. A legislação penal e a própria Constituição Federal, como é sabido e consabi- do, tutelam a vida como bem maior a ser preservado. As hipóteses em que se admite atentar contra ela estão elencadas de modo restrito, inadmitindo-se interpretação extensiva, tampouco analogia *in malam partem*. Há de prevalecer, nesse casos, o princípio da reserva legal. 4. O Legislador eximiu-se de incluir no rol das hipóteses autorizativas do aborto, previstas no art. 128 do Código Penal, o caso descrito nos presentes autos. O máximo que podem fazer os defensores da conduta proposta é lamentar a omissão, mas nunca exigir do Magistrado, intérprete da Lei, que se lhe acrescente mais uma hipótese que fora excluída de forma propositada pelo Legislador. 5. Ordem concedida para reformar a decisão proferida pelo Tribunal a quo, desautorizando o aborto; outrossim, pelas peculiaridades do caso, para considerar prejudicada a apelação interposta, porquanto houve, efetivamente, manifestação exaustiva e definitiva da Corte Estadual acerca do mérito por ocasião do julgamento do agravo regimental. Daí o habeas impetrado no Supremo Tribunal Federal. Entretanto, na assentada de julgamento, em 4 de março último, confirmou-se a notícia do parto e, mais do que isso, de que a sobrevivência não ultrapassara o período de sete minutos. Constata-se, no cenário nacional, o desencontro de entendimentos, a desinteligência de julgados, sendo que a tramitação do processo, pouco importando a data do surgimento, implica, até que se tenha decisão final – proclamação desta Corte -, espaço de tempo bem superior a nove meses, período de gestação. Assim, enquadra-se o caso na cláusula final do § 1° em análise. Qualquer outro meio para sanar a lesividade não se mostra eficaz. Tudo recomenda que, em jogo tema da maior relevância, em face da Carta da República e dos princípios evocados na inicial, haja imediato crivo do Supremo Tribunal Federal, evitando-se decisões discrepantes que somente causam perplexidade, no que, a partir de idênticos fatos e normas, veiculam enfoques diversificados. A unidade do Direito, sem mecanismo próprio à uniformização interpretativa, afigura-se simplesmente formal, gerando insegurança, o descrédito do Judiciário e, o que é pior, com angústia e sofrimento ímpares vivenciados por aqueles que esperam a prestação jurisdicional. Atendendo a petição inicial os requisitos que lhe são inerentes – artigo 3° da Lei n° 9.882/99 -, é de se dar sequência ao processo. Em questão está a dimensão humana que obstaculiza a possibilidade de se coisificar uma pessoa, usando-a como objeto. Conforme ressaltado na inicial, os valores em discussão revestem-se de importância única. A um só tempo, cuida-se do direito à saúde, do direito à liberdade em seu sentido maior, do direito à preservação da autonomia da vontade, da legalidade e, acima de tudo, da dignidade da pessoa humana. O determinismo biológico faz com que a mulher seja a portadora de uma nova vida, sobressaindo o sentimento maternal. São nove meses de acompanhamento, minuto a minuto, de avanços, predominando o amor. A alteração física, estética, é suplantada pela alegria de ter em seu interior a sublime gestação. As percepções se aguçam, elevando a sensibilidade. Este o quadro de uma gestação normal, que direciona a desfecho feliz, ao nascimento da criança. Pois bem, a natureza, entrementes, reserva surpresas, às vezes desagradáveis. Diante de uma deformação irreversível do feto, há de se lançar mão dos avanços médicos tecnológicos, postos à disposição da humanidade não para simples inserção, no dia a dia, de sentimentos mórbidos, mas, justamente, para fazê-los cessar. No caso da anencefalia, a ciência médica atua com margem de certeza igual a 100%. Dados merecedores da maior confiança evidenciam que fetos anencefálicos morrem no período intrauterino em mais de 50% dos casos. Quando se chega ao final da gestação, a sobrevida é diminuta, não ultrapassando período que possa ser tido como razões em foco. Daí o acolhimento do pleito formulado para, diante da relevância do pedido e do risco de manter-se com plena eficácia o ambiente de desencontros em pronunciamentos judiciais até aqui notados, ter-se não só o sobrestamento dos processos e decisões não transitadas em julgado, como também o reconhecimento do direito constitucional da gestante de submeter-se à operação terapêutica de parto de fetos anencefálicos, a partir de laudo médico atestando a deformidade, a anomalia que atingiu o feto. É como decido na espécie. 3. Ao Plenário para o crivo pertinente. 4. Publique-se. Brasília, 1° de julho de 2004, às 13 horas. ministro MARCO AURÉLIO, relator".

7.9.2 O Aborto no caso de Interrupção Voluntária da Gestação no 1º trimestre

A proibição ao aborto é clara no Código Penal brasileiro, mas deve ser relativizada pelo contexto social e pelas nuances de cada caso.

No julgamento do Habeas Corpus 124.306, a 1ª Turma do STF, por maioria, entendeu que a interrupção da gravidez até o terceiro mês de gestação não pode ser equiparada ao aborto. No caso, duas pessoas foram presas acusadas de atuar em uma clínica de aborto. A decisão não é vinculante. Vejamos, abaixo, a ementa proferida pelo Ministro Luis Roberto Barroso, do Supremo Tribunal Federal, em 29/11/2016:

"DIREITO PROCESSUAL PENAL. HABEAS CORPUS. PRISÃO PREVENTIVA. AUSÊNCIA DOS REQUISITOS PARA SUA DECRETAÇÃO. INCONSTITUCIONALIDADE DA INCIDÊNCIA DO TIPO PENAL DO ABORTO NO CASO DE INTERRUPÇÃO VOLUNTÁRIA DA GESTAÇÃO NO PRIMEIRO TRIMESTRE. ORDEM CONCEDIDA DE OFÍCIO.

1. O habeas corpus não é cabível na hipótese. Todavia, é o caso de concessão da ordem de ofício, para o fim de desconstituir a prisão preventiva, com base em duas ordens de fundamentos.

2. Em primeiro lugar, não estão presentes os requisitos que legitimam a prisão cautelar, a saber: risco para a ordem pública, a ordem econômica, a instrução criminal ou a aplicação da lei penal (CPP, art. 312). Os acusados são primários e com bons antecedentes, têm trabalho e residência fixa, têm comparecido aos atos de instrução e cumprirão pena em regime aberto, na hipótese de condenação.

3. Em segundo lugar, é preciso conferir interpretação conforme a Constituição aos próprios arts. 124 a 126 do Código Penal – que tipificam o crime de aborto – para excluir do seu âmbito de incidência a interrupção voluntária da gestação efetivada no primeiro trimestre. A criminalização, nessa hipótese, viola diversos direitos fundamentais da mulher, bem como o princípio da proporcionalidade.

4. A criminalização é incompatível com os seguintes direitos fundamentais: os direitos sexuais e reprodutivos da mulher, que não pode ser obrigada pelo Estado a manter uma gestação indesejada; a autonomia da mulher, que deve conservar o direito de fazer suas escolhas existenciais; a integridade física e psíquica da gestante, que é quem sofre, no seu corpo e no seu psiquismo, os efeitos da gravidez; e a igualdade da mulher, já que homens não engravidam e, portanto, a equiparação plena de gênero depende de se respeitar a vontade da mulher nessa matéria.

5. A tudo isto se acrescenta o impacto da criminalização sobre as mulheres pobres. É que o tratamento como crime, dado pela lei penal brasileira, impede que estas mulheres, que não têm acesso a médicos e clínicas privadas, recorram ao sistema público de saúde para se submeterem aos procedimentos cabíveis. Como consequência, multiplicam-se os casos de automutilação, lesões graves e óbitos.

6. A tipificação penal viola, também, o princípio da proporcionalidade por motivos que se cumulam: (i) ela constitui medida de duvidosa adequação para proteger o bem jurídico que pretende tutelar (vida do nascituro), por não produzir impacto relevante sobre o número de abortos praticados no país, apenas impedindo que sejam feitos de modo seguro; (ii) é possível que o Estado evite a ocorrência de abortos por meios mais eficazes e menos lesivos do que a criminalização, tais como educação sexual, distribuição de contraceptivos e amparo à mulher que deseja ter o filho, mas se encontra em condições adversas; (iii) a medida é desproporcional em sentido estrito, por gerar custos sociais (problemas de saúde pública e mortes) superiores aos seus benefícios.

7. Anote-se, por derradeiro, que praticamente nenhum país democrático e desenvolvido do mundo trata a interrupção da gestação durante o primeiro trimestre como crime, aí incluídos Estados Unidos, Alemanha, Reino Unido, Canadá, França, Itália, Espanha, Portugal, Holanda e Austrália.

8. Deferimento da ordem de ofício, para afastar a prisão preventiva dos pacientes, estendendo-se a decisão aos corréus".

No El País, em 2/12/2016, uma reportagem apresentou a síntese da decisão do Ministro Luis Robeto Barroso em dez pontos da decisão que embasam o voto do ministro contra a criminalização do aborto nos três primeiros meses de gravidez. Vejamos:[38]

38 Disponível em: <http://brasil.elpais.com/brasil/2016/12/01/

1. "A criminalização é incompatível com os seguintes direitos fundamentais: os direitos sexuais e reprodutivos da mulher, que não pode ser obrigada pelo Estado a manter uma gestação indesejada; a autonomia da mulher, que deve conservar o direito de fazer suas escolhas existenciais; a integridade física e psíquica da gestante, que é quem sofre, no seu corpo e no seu psiquismo, os efeitos da gravidez; e a igualdade da mulher, já que homens não engravidam e, portanto, a equiparação plena de gênero depende de se respeitar a vontade da mulher nessa matéria".
2. "Ao se afirmar a incompatibilidade da criminalização com a Constituição, não se está a fazer a defesa da disseminação do procedimento. Pelo contrário, o que ser pretende é que ele seja raro e seguro".
3. "Como pode o Estado – isto é, um delegado de polícia, um promotor de justiça ou um juiz de direito – impor a uma mulher, nas semanas iniciais da gestação, que a leve a termo, como se tratasse de um útero a serviço da sociedade, e não de uma pessoa autônoma, no gozo de plena capacidade de ser, pensar e viver a própria vida?"
4. "A criminalização viola, também, os direitos sexuais e reprodutivos da mulher, que incluem o direito de toda mulher de decidir sobre se e quando deseja ter filhos, sem discriminação, coerção e violência, bem como de obter o maior grau possível de saúde sexual e reprodutiva".
5. "Há, por exemplo, uma visão idealizada em torno da experiência da maternidade, que, na prática, pode constituir um fardo para algumas mulheres. Na medida em que é a mulher que suporta o ônus integral da gravidez, e que o homem não engravida, somente haverá igualdade plena se a ela for reconhecido o direito de decidir acerca da sua manutenção ou não".
6. "A tipificação penal produz também discriminação social, já que prejudica, de forma desproporcional, as mulheres pobres, que não têm acesso a médicos e clínicas particulares, nem podem se valer do sistema público de saúde para realizar o procedimento abortivo. Por meio da criminalização, o Estado retira da mulher a possibilidade de submissão a um procedimento médico seguro. Não raro, mulheres pobres precisam recorrer a clínicas clandestinas sem qualquer infraestrutura médica ou a procedimentos precários e primitivos, que lhes oferecem elevados riscos de lesões, mutilações e óbito".

---

politica/1480609655_165840.html> Acesso em: 15 jan. 2017.

7. "Na verdade, o que a criminalização de fato afeta é a quantidade de abortos seguros e, consequentemente, o número de mulheres que têm complicações de saúde ou que morrem devido à realização do procedimento. Trata-se de um grave problema de saúde pública, oficialmente reconhecido".
8. "Deixe-se bem claro: a reprovação moral do aborto por grupos religiosos ou por quem quer que seja é perfeitamente legítima. Todos têm o direito de se expressar e de defender dogmas, valores e convicções. O que refoge à razão pública é a possibilidade de um dos lados, em um tema eticamente controvertido, criminalizar a posição do outro".
9. "Em temas moralmente divisivos, o papel adequado do Estado não é tomar partido e impor uma visão, mas permitir que as mulheres façam sua escolha de forma autônoma. O Estado precisa estar do lado de quem deseja ter o filho. O Estado precisa estar do lado de quem não deseja – geralmente porque não pode – ter o filho. Em suma: por ter o dever de estar dos dois lados, o Estado não pode escolher um".
10. "É preciso verificar se as restrições aos direitos fundamentais das mulheres decorrentes da criminalização são ou não compensadas pela proteção à vida do feto".

7.9.3 A Ação Direta de Inconstitucionalidade (ADI) 3.510 e a Lei de Biossegurança

Objeto de grande questionamento foram as disposições da Lei de Biossegurança, Lei Federal nº 11.105, de 24 de março de 2005, notadamente o teor de seu artigo 5º que assim dispõe:

> Art. 5º É permitida, para fins de pesquisa e terapia, a utilização de células-tronco embrionárias obtidas de embriões humanos produzidos por fertilização in vitro e não utilizados no respectivo procedimento, atendidas as seguintes condições:
>
> I – sejam embriões inviáveis; ou
>
> II – sejam embriões congelados há 3 (três) anos ou mais, na data da publicação desta Lei, ou que, já congelados na data da publicação desta Lei, depois de completarem 3 (três) anos, contados a partir da data de congelamento.
>
> § 1º Em qualquer caso, é necessário o consentimento dos genitores.
>
> § 2º Instituições de pesquisa e serviços de saúde que realizem pesquisa ou terapia com células-tronco embrionárias humanas deverão submeter seus projetos à apreciação e aprovação dos respectivos comitês de ética em pesquisa.

> § 3º É vedada a comercialização do material biológico a que se refere este artigo e sua prática implica o crime tipificado no art. 15 da Lei nº 9.434, de 4 de fevereiro de 1997.

Trata-se da possibilidade de pesquisa com células-tronco embrionárias (de embriões humanos fertilizados *in vitro*) que sejam inviáveis ou que estejam congelados a três ou mais anos na forma que prescreve a lei citada.

Por células-tronco (que podem ser adultas ou embrionárias) podemos entender as células indiferenciadas que possuem a propriedade de se autorrenovarem e um grande potencial de diferenciação o que faz com que as células-tronco possam em meios propícios gerarem células especializadas, originando tecidos e órgãos humanos diversos (coração pulmão, ossos, músculos etc.).

O avanço das pesquisas médicas em torno de tais células é considerável, visto que por meio delas pode-se gerar meio de curar ou amenizar graves patologias que acometem a humanidade.

Entretanto, no que concerne à pesquisa com células-tronco embrionárias e, por consequência o uso de embriões, a polêmica gira em torno do fato de se estar violando ou não o direito à vida.

O Supremo Tribunal Federal enfrentou esta tormentosa questão no julgamento da Ação Direta de inconstitucionalidade nº 3.510 que impugnava as disposições da referida lei de Biossegurança, Lei Federal 11.105/2005, especificamente seu art. 5º.

Enorme foi a repercussão do tema em todos os setores da sociedade (mobilizando inclusive o campo religioso brasileiro) que pela foi inaugurado o instituto das audiências públicas no âmbito do STF na forma descrita nas Leis 9.868/99 e 9.882/99, que disciplinam processo e julgamento das ações diretas de inconstitucionalidade, ações declaratórias de constitucionalidade e arguições de descumprimento de preceito fundamental. Audiência esta que se realizou em 20 de abril de 2007.

Entendeu a Corte Suprema brasileira que no caso em questão não se haveria de falar em violação ao direito à vida nas pesquisas com células-tronco embrionárias com fins terapêuticos, nos seguintes termos de seu acórdão:

> CONSTITUCIONAL. AÇÃO DIRETA DE INCONSTITUCIONALIDADE. LEI DE BIOSSEGURANÇA. IMPUGNAÇÃO EM BLOCO DO ART. 5º DA LEI Nº 11.105, DE 24 DE MARÇO DE 2005 (LEI DE BIOSSEGURANÇA). PESQUISAS COM CÉLULAS-TRONCO EMBRIONÁRIAS. INEXISTÊNCIA DE VIOLAÇÃO DO DIREITO À VIDA. CONSTITUCIONALIDADE DO USO DE CÉLULAS-TRONCO EMBRIONÁRIAS EM PESQUISAS CIENTÍFICAS PARA FINS TERAPÊUTICOS. DESCA-

RACTERIZAÇÃO DO ABORTO. NORMAS CONSTITUCIONAIS CONFORMADORAS DO DIREITO FUNDAMENTAL A UMA VIDA DIGNA, QUE PASSA PELO DIREITO À SAÚDE E AO PLANEJAMENTO FAMILIAR. DESCABIMENTO DE UTILIZAÇÃO DA TÉCNICA DE INTERPRETAÇÃO CONFORME PARA ADITAR À LEI DE BIOSSEGURANÇA CONTROLES DESNECESSÁRIOS QUE IMPLICAM RESTRIÇÕES ÀS PESQUISAS E TERAPIAS POR ELA VISADAS. IMPROCEDÊNCIA TOTAL DA AÇÃO.

I - O CONHECIMENTO CIENTÍFICO, A CONCEITUAÇÃO JURÍDICA DE CÉLULAS-TRONCO EMBRIONÁRIAS E SEUS REFLEXOS NO CONTROLE DE CONSTITUCIONALIDADE DA LEI DE BIOSSEGURANÇA. As "células-tronco embrionárias" são células contidas num agrupamento de outras, encontradiças em cada embrião humano de até 14 dias (outros cientistas reduzem esse tempo para a fase de blastocisto, ocorrente em torno de 5 dias depois da fecundação de um óvulo feminino por um espermatozoide masculino). Embriões a que se chega por efeito de manipulação humana em ambiente extracorpóreo, porquanto produzidos laboratorialmente ou "in vitro", e não espontaneamente ou "in vida". Não cabe ao Supremo Tribunal Federal decidir sobre qual das duas formas de pesquisa básica é a mais promissora: a pesquisa com células-tronco adultas e aquela incidente sobre células-tronco embrionárias. A certeza científico-tecnológica está em que um tipo de pesquisa não invalida o outro, pois ambos são mutuamente complementares.

II - LEGITIMIDADE DAS PESQUISAS COM CÉLULAS-TRONCO EMBRIONÁRIAS PARA FINS TERAPÊUTICOS E O CONSTITUCIONALISMO FRATERNAL. A pesquisa científica com células-tronco embrionárias, autorizada pela Lei n° 11.105/2005, objetiva o enfrentamento e cura de patologias e traumatismos que severamente limitam, atormentam, infelicitam, desesperam e não raras vezes degradam a vida de expressivo contingente populacional (ilustrativamente, atrofias espinhais progressivas, distrofias musculares, a esclerose múltipla e a lateral amiotrófica, as neuropatias e as doenças do neurônio motor). A escolha feita pela Lei de Biossegurança não significou um desprezo ou desapreço pelo embrião "in vitro", porém uma mais firme disposição para encurtar caminhos que possam levar à superação do infortúnio alheio. Isto no âmbito de um ordenamento constitucional que desde o seu preâmbulo qualifica "a liberdade, a segurança, o bem-estar, o desenvolvimento, a igualdade e a justiça" como valores supremos de uma sociedade mais que tudo "fraterna". O que já significa incorporar o advento do constitucionalismo fraternal às relações humanas, a traduzir verdadeira comunhão de vida ou vida social em clima de transbordante solidariedade em benefício da saúde e contra eventuais tramas do acaso e até dos golpes da própria natureza. Contexto de solidária, compassiva ou fraternal legalidade que, longe de traduzir desprezo ou desrespeito aos congelados embriões "in vitro", significa apreço e reverência a criaturas humanas que sofrem e se desesperam. Inexistência de ofensas ao direito à vida e da dignidade da pessoa humana, pois a pesquisa com células-tronco embrionárias (inviáveis biologicamente ou para os fins a que se destinam) significa a celebração solidária da vida e alento aos que se acham à margem do exercício concreto e inalienável dos direitos à felicidade e do viver com dignidade (ministro Celso de Mello).

III – A PROTEÇÃO CONSTITUCIONAL DO DIREITO À VIDA E OS DIREITOS INFRACONSTITUCIONAIS DO EMBRIÃO PRÉ-IMPLANTO. O Magno Texto Federal não dispõe sobre o início da vida humana ou o preciso instante em que ela começa. Não faz de todo e qualquer estádio da vida humana um autonomizado bem jurídico, mas da vida que já é própria de uma concreta pessoa, porque nativiva (teoria "natalista", em contraposição às teorias "concepcionista" ou da "personalidade condicional"). E quando se reporta a "direitos da pessoa humana" e até dos "direitos e garantias individuais" como cláusula pétrea está falando de direitos e garantias do indivíduo-pessoa, que se faz destinatário dos direitos fundamentais "à vida, à liberdade, à igualdade, à segurança e à propriedade", entre outros direitos e garantias igualmente distinguidos com o timbre da fundamentalidade (como direito à saúde e ao planejamento familiar). Mutismo constitucional hermeneuticamente significante de transpasse de poder normativo para a legislação ordinária. A potencialidade de algo para se tornar pessoa humana já é meritória o bastante para acobertá-la, infraconstitucionalmente, contra tentativas levianas ou frívolas de obstar sua natural continuidade fisiológica. Mas as três realidades não se confundem: o embrião é o embrião, o feto é o feto e a pessoa humana é a pessoa humana. Donde não existir pessoa humana embrionária, mas embrião de pessoa humana. O embrião referido na Lei de Biossegurança ("in vitro" apenas) não é uma vida a caminho de outra vida virginalmente nova, porquanto lhe faltam possibilidades de ganhar as primeiras terminações nervosas, sem as quais o ser humano não tem factibilidade como projeto de vida autônoma e irrepetível. O Direito infraconstitucional protege por modo variado cada etapa do desenvolvimento biológico do ser humano. Os momentos da vida humana anteriores ao nascimento devem ser objeto de proteção pelo direito comum. O embrião pré-implanto é um bem a ser protegido, mas não uma pessoa no sentido biográfico a que se refere a Constituição.

IV – AS PESQUISAS COM CÉLULAS-TRONCO NÃO CARACTERIZAM ABORTO. MATÉRIA ESTRANHA À PRESENTE AÇÃO DIRETA DE INCONSTITUCIONALIDADE. [...]

V – OS DIREITOS FUNDAMENTAIS À AUTONOMIA DA VONTADE, AO PLANEJAMENTO FAMILIAR E À MATERNIDADE. [...]

VI – DIREITO À SAÚDE COMO COROLÁRIO DO DIREITO FUNDAMENTAL À VIDA DIGNA. [...]

VII – O DIREITO CONSTITUCIONAL À LIBERDADE DE EXPRESSÃO CIENTÍFICA E A LEI DE BIOSSEGURANÇA COMO DENSIFICAÇÃO DESSA LIBERDADE. [...]

VIII – SUFICIÊNCIA DAS CAUTELAS E RESTRIÇÕES IMPOSTAS PELA LEI DE BIOSSEGURANÇA NA CONDUÇÃO DAS PESQUISAS COM CÉLULAS-TRONCO EMBRIONÁRIAS. [...]

IX – IMPROCEDÊNCIA DA AÇÃO. Afasta-se o uso da técnica de "interpretação conforme" para a feitura de sentença de caráter aditivo que tencione conferir à Lei de Biossegurança exuberância regratória, ou restrições tendentes a inviabilizar as pesquisas com células-tronco embrionárias. Inexistência dos pressupostos para a aplicação da técnica da "interpretação conforme a Constituição", porquanto a norma impugnada não padece de polissemia ou de plurissignificatividade. Ação direta de inconstitucionalidade julgada totalmente improcedente. (ADI 3510, relator(a): Min. AYRES BRITTO, Tribunal Pleno, julgado em 29/05/2008, DJe-096 DIVULG 27-05-2010 PUBLIC 28-05-2010 EMENT VOL-02403-01 PP-00134 RTJ VOL-00214- PP-00043) (grifo nosso)

7.9.4. Eutanásia

Eutanásia, também chamada de "morte suave", "morte bela" ou *homicídio piedoso* é a referência à morte provocada por outrem (homicídio) nos casos em que certa pessoa (paciente) seja portadora de doença gravíssima ou incurável (terminais) que provoca estado agonizante. Para liberá-la desta tormentosa situação e do sofrimento insuportável sua vida é ceifada.

Tal ato pode ocorrer com ou sem o consentimento do portador deste grave sofrimento, não obstante, no maior número de casos os doentes (pacientes) já se encontram em estado vegetativo sem condições de expressar de forma válida sua vontade.[39]

Na lição de Uadi Lammêgo Bulos, nos moldes nada "carta de 1988 não é dado a ninguém dispor de sua vida no sentido de fulminá-la, razão pela qual a eutanásia ativa e a eutanásia passiva (ortotanásia) são flagrantemente inconstitucionais".[40]

39 SILVA, José Afonso da. *Op. cit.*, p. 202.

40 BULOS, Vadi Lammego. *Curso de Direito Constitucional*, 2. ed. São Paulo: Saraiva, 2008, p. 417.

Com visto acima devemos fazer a separação entre *eutanásia* propriamente dita (prática ativa no sentido de interrupção da vida de um doente incurável e agonizante) e a *ortotanásia* (ou eutanásia omissiva, que é o ato de não mais forçar a manutenção da vida do paciente de forma somente a administrar paliativos para que seus últimos momentos se passem com o maior grau de suportabilidade possível). Distinguem-se, de igual forma de *distanásia*, que é prolongamento da vida do paciente independentemente de seu sofrimento ou não, podendo levá-lo à uma morte dolorosa e vagarosa por meio de recursos médicos.

O Código de Ética Médica (Resolução 1246/88) traz a respeito que é vedado ao médico:

> "Art. 41. Abreviar a vida do paciente, ainda que a pedido deste ou de seu representante legal.
> Parágrafo único. Nos casos de doença incurável e terminal, deve o médico oferecer todos os cuidados paliativos disponíveis sem empreender ações diagnósticas ou terapêuticas inúteis ou obstinadas, levando sempre em consideração a vontade expressa do paciente ou, na sua impossibilidade, a de seu representante legal".

Existe no anteprojeto do Novo Código Penal (Projeto de lei - PL - 236/2012) previsão da eutanásia como fato típico nos seguintes termos:

> Art. 122. Matar, por piedade ou compaixão, paciente em estado terminal, imputável e maior, a seu pedido, para abreviar-lhe sofrimento físico insuportável em razão de doença grave:
> Pena - prisão de dois a quatro anos.
> § 1º O juiz deixará de aplicar a pena avaliando as circunstâncias do caso, bem como a relação de parentesco oi estreitos laços de afeição do agente com a vítima.
> Exclusão de ilicitude
> § 2º Não há crime quando a agente deixa de fazer uso de meios artificiais para manter a vida do paciente em caso de doença grave irreversível, e desde que essa circunstância esteja previamente atestada por dois médicos e haja consentimento do paciente, ou, na sua impossibilidade, de ascendente, descendente, cônjuge, companheiro ou irmão.

Entretanto, ainda vigora o entendimento de que tanto a eutanásia propriamente dita, quanto a ortotanásia, são fatos tipicamente previstos na legislação penal, Código Penal, art. 121, § 1º, na modalidade de homicídio privilegiado (causa de diminuição de pena) por relevante valor moral[41].

41 JÚRI. HOMICÍDIO PRIVILEGIADO. RELEVANTE VALOR SOCIAL. RECURSO MINISTERIAL PRETENDENDO A ANULAÇÃO DO JULGAMENTO. INOCORRÊNCIA

Tal condição poderá ser alterada com a entrada em vigor das disposições do Novo Código penal como acima destacado, com a previsão da exclusão da ilicitude da ortotanásia. [42] [43]

DO PRIVILEGIUM. DECISÃO MANIFESTAMENTE CONTRÁRIA À PROVA DOS AUTOS. RECURSO PROVIDO PARA ANULAR O JULGAMENTO. - "O relevante valor social ou moral do motivo - que deve ser sempre considerado objetivamente, segundo a média existente na sociedade, e não segundo a opinião do agente - deve ser relevante, isto é, considerável, importante. A morte dada a um traidor da pátria, a um bandido; o homicídio piedoso (eutanásia) ou praticados em certos casos de honra, são exemplos de relevante valor social ou moral" (Heleno Cláudio Fragoso, Lições de Direito Penal, Forense, RJ, 9ª ed., 1987, vol. 1, pág. 47). - In specie, inocorreu o relevante valor social, pois conforme demonstrado nos autos, o réu se conduziu de modo excessivamente arbitrário, tal como um vingador, pois queria eliminar a vítima, pessoa benquista na comunidade, a qual, segundo a sua ótica, fora, hipoteticamente, a autora do fechamento da serraria instalada no assentamento Rio dos Patos. (TJSC, Apelação Criminal nº 1988.061364-4, de Fraiburgo, Rel. Des. Alberto Costa).

42 "Enquanto a Suprema Corte do Reino Unido não define a legalidade da eutanásia e do suicídio assistido, outra questão que envolve o direito de morrer e viver continua a ocupar a pauta de julgamento dos tribunais. Recentemente, a Corte Superior de Justiça da Inglaterra decidiu que os médicos deviam suspender a respiração artificial de um bebê de pouco mais de um ano, que jamais respirou sozinho e nunca deixou o hospital. A decisão foi tomada contra a vontade da família.

A ortotanásia, como é chamado o ato de suspender tratamento médico para um paciente terminal, é aceita no Reino Unido e foi validada pela Suprema Corte em outubro. Em alguns casos, ela é inclusive recomendada e ordenada pela Justiça, já que o princípio que rege a saúde inglesa é fazer sempre o que for melhor para o doente. Uma pessoa pode, por exemplo, se recusar a receber qualquer tratamento e mesmo alimentação, até morrer. A Justiça entra em cena quando o doente não é capaz de decidir por si só.

Foi o que aconteceu na curta vida do pequeno Reyhan, que nasceu em junho de 2012 com Síndrome de Down e outros problemas de saúde que jamais o deixaram sair da UTI do hospital. Reyhan era o mais novo dos seis filhos de um casal de muçulmanos. Desde que nasceu, nunca conseguiu fazer nada sozinho, nem respirar, nem se alimentar. Tudo era feito a partir de equipamentos médicos ligados 24 horas.

No início de 2013, a família de Reyhan e a equipe médica iniciaram uma disputa judicial sobre o destino do bebê. A família pedia para que ele fosse tratado em casa, mesmo sabendo que sua vida seria curta. O plano era montar uma UTI na casa dos pais e contar com o atendimento médico frequente. Já a equipe médica defendia que o melhor para o bebê era desligar os aparelhos e deixar que ele morresse, já que o sofrimento causado com todas as intervenções era grande demais e o pequeno não tinha nenhuma qualidade de vida.

A discussão foi parar na Corte Superior de Justiça da Inglaterra no segundo semestre do ano passado. Lá, foram ouvidos depoimentos de especialistas e da equipe médica que cuidava de Reyhan. Todos foram unânimes: a vida do menino seria curta, com muito sofrimento e praticamente nenhum prazer. Ele não tinha consciência sobre o que acontecia ao se redor, praticamente não interagia, mas sentia dor e desconforto.

A família, do seu lado, defendeu que o bebê matinha um mínimo de interação com eles e experimentava um pouco de prazer e conforto quando estava perto dos pais. Por isso, insistiam para que ele fosse mantido vivo em casa. O único consenso entre médicos e família é que nenhum tratamento novo invasivo deveria ser feito. Se o estado de saúde do menino deteriorasse, era para deixá-lo morrer.

Ao pesar os dois lados, a Corte Superior de Justiça considerou que o melhor para Reyhan era que os aparelhos que o mantinham vivo fossem desligados. O juiz responsável pelo julgamento, Peter Jackson, reconheceu o sofrimento da família, mas explicou que cabia

Para José Afonso da Silva[44] "cumpre observar que não nos parece caracterizar eutanásia a consumação da morte pelo desligamento de aparelhos que, artificialmente, mantenham vivo o paciente, já clinicamente morto. Pois, em verdade, a vida já não existiria mais, senão vegetação mecânica".

Destaca-se que como bem aponta Uadi Bulos, o direito à vida não abre brechas para o império de artifícios médicos destinados a abreviar doenças incuráveis ou terríveis. É por esse motivo que a ordem jurídica proíbe todas as formas de manifestação da eutanásia. Ainda que seja impossível prever ou impedir o exato momento em que alguém, *sponte própria*, elimina sua vida, mais certo ainda é que não é facultado ao homem dispor de sua própria morte[45].

à Justiça se colocar no lugar do paciente e decidir a alternativa que lhe causasse menos sofrimento. "Manter a respiração artificial seria fútil e causaria a ele cada vez mais sofrimento, sem oferecer nada em termos de experiência positiva de vida, vida esta só mantida com intervenções médicas invasivas", explicou.
A decisão da Corte Superior foi na anunciada para a família em setembro e foi marcada para o final de outubro uma nova audiência para que decidissem como executar a ordem de desligar os aparelhos. Dias antes dessa audiência, no entanto, Reyhan morreu. O julgamento da corte só foi publicado em dezembro". PINHEIRO, Aline. Disponível em: <http://www.conjur.com.br/2014-jan-11/corte-inglesa-manda-desligar-aparelhos-mantem-bebe-vivo>. Acesso em: 11 fev. 2014.

43 "A professora aposentada Marie Fleming vai continuar viva, mesmo contra sua vontade. Nesta quinta-feira (10/1), a Corte Superior da Irlanda negou à Marie o direito à eutanásia. Ela foi diagnosticada com esclerose múltipla há 23 anos e já perdeu praticamente todos os movimentos do corpo. Para fazer o que deseja e acabar com sua vida, Marie depende da ajuda de um terceiro, o chamado suicídio assistido.
O suicídio assistido é crime na Irlanda. Quem ajuda uma pessoa a se matar, mesmo a pedido desta, pode ser condenado a mais de 10 anos de cadeia. Ao recorrer à Justiça, Marie pediu que a lei que criminaliza o suicídio assistido fosse considerada inconstitucional por restringir a liberdade de escolha pessoal.
Ao rejeitar o pedido da aposentada, a corte considerou que a lei não viola a Constituição do país e nem a Convenção Europeia de Direitos Humanos porque não se trata de interferência desproporcional e indevida na vida do cidadão. O tribunal observou que é direito do paciente rejeitar tratamento médico mesmo que isso custe a sua vida, mas há uma distância tremenda entre esse direito e permitir que uma pessoa ativamente ajude outra a cometer suicídio.
Ao rejeitar o pedido, a corte explicou que a criminalização do suicídio assistido é uma forma de proteger abusos como, por exemplo, que um deficiente ou um idoso impulsivamente peçam ajuda para se matar só por temerem virar um fardo para a família. Na decisão, o juiz observa que, nos países onde o suicídio assistido é permitido, o número de casos em que uma pessoa é morta sem um pedido explícito é muito alto. De 0,4% a 1% de todas as mortes na Suíça, Holanda e Bélgica são classificadas como suicídio assistido sem pedido expresso do suicida.
O suicídio assistido é proibido em praticamente todos os países da Europa. Apenas em quatro países — Suíça, Bélgica, Holanda e Luxemburgo — os profissionais de saúde podem auxiliar uma pessoa a se matar. Nesta semana, a Corte de Apelo da Inglaterra aceitou discutir o direito de morrer de pacientes terminais". Disponível em: < http://www.conjur.com.br/2013-jan-10/corte-irlandesa-nega-doente-terminal-direito-eutanasia>. Acesso em: 11 fev. 2014.

44 *Ibid*., p. 203.

45 BULOS, *Op. cit*., p. 417.

Cumpre trazer um conceito correlato ao assunto em questão, o *testamento vital*, que é um documento no qual uma pessoa no gozo pleno de suas faculdades mentais dispõe sobre a autorização ou restrição de procedimentos pelos quais poderia ou aceitaria passar em caso de não mais poder exprimir sua vontade, é também conhecido como instruções prévias ou testamento biológico, no qual pode ficar previamente determinado, inclusive, qual a vontade do testador para a duração de certo procedimento, a continuidade de um tratamento ou até mesmo o período que ele consideraria para a manutenção de seu eventual estado vegetativo.

A liberdade para elaboração do "testamento vital" foi reconhecida pelo Conselho de Justiça Federal, na V Jornada de Direito Civil, através do enunciado nº 528, *verbis*: "é válida a declaração de vontade, expressa em documento autêntico, também chamado 'testamento vital' em que a pessoa estabelece disposições sobre o tipo de tratamento de saúde, ou não tratamento, que deseja no caso de se encontrar sem condições de manifestar a sua vontade".

A justificativa apresentada para o enunciado está atrelado ao comando normativo do artigo art. 1.729, § único do Código Civil brasileiro no sentido de que o negócio jurídico deve ser formalizado por testamento ou qualquer outro documento autêntico. Daí ser possível admitir qualquer documento autêntico no sentido de retratar as declarações sobre o direito à autodeterminação da pessoa quanto aos tratamentos médicos que deseja submeter ou recusa expressamente.

Por fim, vale destacar a Resolução CFM nº 1.995/2012 que dispõe sobre as diretivas antecipadas de vontade dos pacientes (DAV's).

Para o Conselho Federal de Medicina, as diretivas antecipadas de vontade representam um conjunto de desejos, prévia e expressamente manifestados pelo paciente, sobre cuidados e tratamentos que quer, ou não, receber no momento em que estiver incapacitado de expressar, livre e autonomamente, sua vontade.[46]

---

46 RESOLUÇÃO CFM nº 1.995/2012
(Publicada no D.O.U. de 31 de agosto de 2012, Seção I, p.269-70)
Dispõe sobre as diretivas antecipadas de vontade dos pacientes.
O CONSELHO FEDERAL DE MEDICINA, no uso das atribuições conferidas pela Lei nº 3.268, de 30 de setembro de 1957, regulamentada pelo Decreto nº 44.045, de 19 de julho de 1958, e pela Lei nº 11.000, de 15 de dezembro de 2004, e CONSIDERANDO a necessidade, bem como a inexistência de regulamentação sobre diretivas antecipadas de vontade do paciente no contexto da ética médica brasileira; CONSIDERANDO a necessidade de disciplinar a conduta do médico em face das mesmas;
CONSIDERANDO a atual relevância da questão da autonomia do paciente no contexto da relação médico-paciente, bem como sua interface com as diretivas antecipadas de vontade;
CONSIDERANDO que, na prática profissional, os médicos podem defrontar-se com esta situação de ordem ética ainda não prevista nos atuais dispositivos éticos nacionais;
CONSIDERANDO que os novos recursos tecnológicos permitem a adoção de medidas desproporcionais que prolongam o sofrimento do paciente em estado terminal, sem trazer

benefícios, e que essas medidas podem ter sido antecipadamente rejeitadas pelo mesmo;
CONSIDERANDO o decidido em reunião plenária de 9 de agosto de 2012,
RESOLVE:
Art. 1º Definir diretivas antecipadas de vontade como o conjunto de desejos, prévia e expressamente manifestados pelo paciente, sobre cuidados e tratamentos que quer, ou não, receber no momento em que estiver incapacitado de expressar, livre e autonomamente, sua vontade.
Art. 2º Nas decisões sobre cuidados e tratamentos de pacientes que se encontram incapazes de comunicar-se, ou de expressar de maneira livre e independente suas vontades, o médico levará em consideração suas diretivas antecipadas de vontade.
§ 1º Caso o paciente tenha designado um representante para tal fim, suas informações serão levadas em consideração pelo médico.
§ 2º O médico deixará de levar em consideração as diretivas antecipadas de vontade do paciente ou representante que, em sua análise, estiverem em desacordo com os preceitos ditados pelo Código de Ética Médica.
§ 3º As diretivas antecipadas do paciente prevalecerão sobre qualquer outro parecer não médico, inclusive sobre os desejos dos familiares.
§ 4º O médico registrará, no prontuário, as diretivas antecipadas de vontade que lhes foram diretamente comunicadas pelo paciente.
§ 5º Não sendo conhecidas as diretivas antecipadas de vontade do paciente, nem havendo representante designado, familiares disponíveis ou falta de consenso entre estes, o médico recorrerá ao Comitê de Bioética da instituição, caso exista, ou, na falta deste, à Comissão de Ética Médica do hospital ou ao Conselho Regional e Federal de Medicina para fundamentar sua decisão sobre conflitos éticos, quando entender esta medida necessária e conveniente.
Art. 3º Esta resolução entra em vigor na data de sua publicação.
Brasília-DF, 9 de agosto de 2012
ROBERTO LUIZ D'AVILA HENRIQUE BATISTA E SILVA
Presidente secretário-geral
EXPOSIÇÃO DE MOTIVOS DA RESOLUÇÃO CFM nº 1.995/12
A Câmara Técnica de Bioética do Conselho Federal de Medicina, considerando, por um lado, que o tema diretivas antecipadas de vontade situa-se no âmbito da autonomia do paciente e, por outro, que este conceito não foi inserido no Código de Ética Médica brasileiro recentemente aprovado, entendeu por oportuno, neste momento, encaminhar ao Conselho Federal de Medicina as justificativas de elaboração e a sugestão redacional de uma resolução regulamentando o assunto. Esta versão contém as sugestões colhidas durante o I Encontro Nacional dos Conselhos de Medicina de 2012.
JUSTIFICATIVAS
1) Dificuldade de comunicação do paciente em fim de vida
Um aspecto relevante no contexto do final da vida do paciente, quando são adotadas decisões médicas cruciais a seu respeito, consiste na incapacidade de comunicação que afeta 95% dos pacientes (D'Amico et al, 2009). Neste contexto, as decisões médicas sobre seu atendimento são adotadas com a participação de outras pessoas que podem desconhecer suas vontades e, em consequência, desrespeitá-las.
2) Receptividade dos médicos às diretivas antecipadas de vontade
Pesquisas internacionais apontam que aproximadamente 90% dos médicos atenderiam às vontades antecipadas do paciente no momento em que este se encontre incapaz para participar da decisão (Simón-Lorda, 2008; Marco e Shears, 2006). No Brasil, estudo realizado no Estado de Santa Catarina, mostra este índice não difere muito. Uma pesquisa entre médicos, advogados e estudantes apontou que 61% levariam em consideração as vontades antecipadas do paciente, mesmo tendo a ortotanásia como opção (Piccini et al, 2011). Outra pesquisa, também recente (Stolz et al, 2011), apontou que, em uma escala de 0 a 10, o respeito às vontades antecipadas do paciente atingiu média 8,26 (moda 10). Tais resultados, embora bastante limitados do ponto de vista da amostra, sinalizam para

7.9.4.1 Diferenças entre *eutanásia*, *ortotanásia* e *distanásia*

De acordo com Carlos Eduardo Martins é preciso distinguir os conceitos de eutanásia, ortotanásia e distanásia. Vejamos:[47]

"A ortotanásia advém das expressões gregas Orthos, que significa correta, e Thánatos, que significa morte. Ortotanásia é o nome dado à conduta que os médicos tomam quando — ao ver que o estado clínico do paciente é irreversível e que sua morte é certa — permitem que o paciente faleça, a fim de poupar-lhe mais sofrimento. [...]

Distanásia (do grego, Dis – mal; Thánatos – morte), é o nome dado à prática de se prolongar a vida, fazendo-se uso de aparelhos ou fármacos, mui-

a ampla aceitação das vontades antecipadas do paciente por parte dos médicos brasileiros.
3) Receptividade dos pacientes
Não foram encontrados trabalhos disponíveis sobre a aceitação dos pacientes quanto às diretivas antecipadas de vontade em nosso país. No entanto, muitos pacientes consideram bem-vinda a oportunidade de discutir antecipadamente suas vontades sobre cuidados e tratamentos a serem adotados, ou não, em fim de vida, bem como a elaboração de documento sobre diretivas antecipadas (in: Marco e Shears, 2006).
4) O que dizem os códigos de ética da Espanha, Itália e Portugal
Diz o artigo 34 do Código de Ética Médica italiano: "Il medico, se il paziente non è in grado di esprimere la propria volontà in caso di grave pericolo di vita, non può non tener conto di quanto precedentemente manifestato dallo stesso" (O médico, se o paciente não está em condições de manifestar sua própria vontade em caso de grave risco de vida, não pode deixar de levar em conta aquilo que foi previamente manifestado pelo mesmo – traduzimos). Desta forma, o código italiano introduziu aos médicos o dever ético de respeito às vontades antecipadas de seus pacientes. Diz o artigo 27 do Código de Ética Médica espanhol: "[...] Y cuando su estado no le permita tomar decisiones, el médico tendrá en consideración y valorará las indicaciones anteriores hechas por el paciente y la opinión de las personas vinculadas responsables". Portanto, da mesma forma que o italiano, o código espanhol introduz, de maneira simples e objetiva, as diretivas antecipadas de vontade no contexto da ética médica. O recente Código de Ética Médica português diz em seu artigo 46: "4. A actuação dos médicos deve ter sempre como finalidade a defesa dos melhores interesses dos doentes, com especial cuidado relativamente aos doentes incapazes de comunicarem a sua opinião, entendendo-se como melhor interesse do doente a decisão que este tomaria de forma livre e esclarecida caso o pudesse fazer". No parágrafo seguinte diz que o médico poderá investigar estas vontades por meio de representantes e familiares. Deste modo, os três códigos inseriram, de forma simplificada, o dever de o médico respeitar as diretivas antecipadas do paciente, inclusive verbais.
5) Comitês de Bioética
Por diversos motivos relacionados a conflitos morais ou pela falta do representante ou de conhecimento sobre as diretivas antecipadas do paciente, o médico pode apelar ao Comitê de Bioética da instituição, segundo previsto por Beauchamps e Childress (2002, p. 275). Os Comitês de Bioética podem ser envolvidos, sem caráter deliberativo, em muitas decisões de fim de vida (Marco e Shears, 2006; Savulescu; 2006; Salomon; 2006; Berlando; 2008; Pantilat e Isaac; 2008; D'Amico; 2009; Dunn, 2009; Luce e White, 2009; Rondeau et al, 2009; Siegel; 2009). No entanto, embora possa constar de maneira genérica esta possibilidade, os Comitês de Bioética são raríssimos em nosso país. Porém, grandes hospitais possuem este órgão e este aspecto precisa ser contemplado na resolução.
Carlos Vital Tavares Corrêa Lima – relator.

47 MARTINS, Carlos Eduardo. Disponível em: <http://www.conjur.com.br/2013-set-17/carlos-martins-ortotanasia-aceita-nosso-ordenamento-juridico>. Acesso em: 11 fev. 2014.

tas vezes em prejuízo do conforto do paciente. A manutenção da vida passa a ser prioridade em relação à qualidade de vida. A longanimidade é vista como o único fim. A distanásia é entendida por Maria Helena Diniz como o prolongamento do processo de morte.

Eutanásia (do grego, Eu – bom; Thánatos – morte), prática mais famosa das três analisadas, por sua vez, refere-se à interrupção da vida, de forma ativa. É a ação de se interromper ativamente a vida do paciente, priorizando sua dignidade, ao tentar reduzir seu sofrimento, em detrimento de sua longanimidade.

O quadro a seguir ilustra bem o paralelo entre distanásia, ortotanásia e eutanásia.

Distanásia	Prolonga-se a vida do paciente, independente do conforto. Faz-se de uso de aparelhos e fármacos que contribuam para a longanimidade do paciente, sem levar-se em consideração se este prolongamento está causando-lhe sofrimento ou não.
Ortotanásia	Permite-se que a vida do paciente cesse naturalmente. Admitem-se cuidados paliativos, a fim de garantir ao paciente o maior conforto possível em seu tempo restante de vida. Não ocorre a ação de interromper a vida do paciente, mas sim a omissão em forçar sua manutenção.
Eutanásia	É a prática de interromper, ativamente, a vida do paciente, geralmente em estado irreversível, a fim de cessar seu sofrimento.

Segue-se, por isso, que ortotanásia é um conceito situado entre dois extremos: distanásia e eutanásia. Mas tanto distanásia quanto ortotanásia, ou eutanásia, dizem respeito a pacientes em estado irreversível, quando já fora aplicado os cuidados médicos necessários para a recuperação do paciente".

7.10 Proteção aos Direitos da Personalidade

O artigo 12 do nosso Código Civil estabelece a possibilidade de a pessoa lesionada, ou ameaçada em seus direitos da personalidade, exigir a cessação imediata do ato, reclamando perdas e danos, sem prejuízo de outras sanções previstas em lei.[48] Em seu parágrafo único, o Código Civil dispõe sobre a legi-

48 CC 2002 – Art. 157. Ocorre a lesão quando uma pessoa, sob premente necessidade, ou por inexperiência, se obriga a prestação manifestamente desproporcional ao valor da prestação oposta. § 1° Aprecia-se a desproporção das prestações segundo os valores vigentes ao tempo em que foi celebrado o negócio jurídico. § 2° Não se decretará a anulação do negócio, se for oferecido suplemento suficiente, ou se a parte favorecida concordar com a redução do proveito.

CC 2002 – Art. 186. Aquele que, por ação ou omissão voluntária, negligência ou impru-

timidade de proteção no caso de ofensa aos direitos da personalidade de pessoa morta. A jurisprudência hodierna estende esses direitos ao companheiro e companheira na esteira evolutiva do nosso direito de família.

Quanto ao artigo 12, o Conselho da Justiça Federal, nas I, III, IV e V Jornadas de Direito Civil, editou os seguintes enunciados:

a) I Jornada de Direito Civil: CJF – Enunciado 5 – Arts. 12 e 20: 1) as disposições do art. 12 têm caráter geral e aplicam-se, inclusive, às situações previstas no art. 20, excepcionados os casos expressos de legitimidade para requerer as medidas nele estabelecidas; 2) as disposições do art. 20 do novo Código Civil têm a finalidade específica de regrar a projeção dos bens personalíssimos nas situações nele enumeradas. Com exceção dos casos expressos de legitimação que se conformem com a tipificação preconizada nessa norma, a ela podem ser aplicadas subsidiariamente as regras instituídas no art. 12.
b) III Jornada de Direito Civil: CJF – Enunciado 140 – Art. 12: A primeira parte do art. 12 do Código Civil refere-se às técnicas de tutela específica, aplicáveis de ofício, enunciadas no art. 461 do Código de Processo Civil, devendo ser interpretada com resultado extensivo.
c) IV Jornada de Direito Civil: CJF – Enunciado 275 – Arts. 12 e 20. O rol dos legitimados de que tratam os arts. 12, parágrafo único, e 20, parágrafo único, do Código Civil também compreende o companheiro.
d) V Jornada de Direito Civil: CJF – Enunciado 398 – Art. 12, parágrafo único. As medidas previstas no art. 12, parágrafo único, do Código Civil podem ser invocadas por qualquer uma das pessoas, ali mencionadas, de forma concorrente e autônoma;
e) V Jornada de Direito Civil: CJF – Enunciado 399 – Arts. 12, parágrafo único, e 20, parágrafo único. Os poderes conferidos aos legitimados para a tutela *post mortem* dos direitos da personalidade, nos termos dos arts. 12, parágrafo único, e 20, parágrafo único, do CC, não compreendem a faculdade de limitação voluntária;
f) V Jornada de Direito Civil: CJF – Enunciado 400 – Arts. 12, parágrafo único, e 20, parágrafo único. Os parágrafos únicos dos arts. 12 e 20 asseguram legitimidade, por direito próprio, aos parentes, cônjuge ou companheiro para a tutela contra a lesão perpetrada *post mortem*.

7.11 Direito à Integridade Física

Nossa Constituição da República em seu art. 5º, inciso III, nos traz que ninguém será submetido a tortura, a tratamento desumano ou degradante

---

dência, violar direito e causar dano a outrem, ainda que exclusivamente moral, comete ato ilícito.

em respeito à inviolabilidade do direito à vida que implica o direito à integridade física, já que "agredir o corpo humano é um modo de agredir a vida, pois esta se realiza naquele".[49]

A República brasileira que é signatária da Convenção Americana de Direitos Humanos de 1969 (Pacto São José da Costa Rica) assumiu compromisso no plano internacional de fazer respeitar suas disposições que assim rezam sobre a integridade pessoal:

> Artigo 5º – Direito à integridade pessoal
>
> 1. Toda pessoa tem direito a que se respeite sua integridade física, psíquica e moral.
>
> 2. Ninguém deve ser submetido a torturas, nem a penas ou tratos cruéis, desumanos ou degradantes. Toda pessoa privada de liberdade deve ser tratada com o respeito devido à dignidade inerente ao ser humano.
>
> 3. A pena não pode passar da pessoa do delinquente.
>
> 4. Os processados devem ficar separados dos condenados, salvo em circunstâncias excepcionais, e devem ser submetidos a tratamento adequado à sua condição de pessoas não condenadas.
>
> 5. Os menores, quando puderem ser processados, devem ser separados dos adultos e conduzidos a tribunal especializado, com a maior rapidez possível, para seu tratamento.
>
> 6. As penas privativas de liberdade devem ter por finalidade essencial a reforma e a readaptação social dos condenados.

A prática da tortura de há muito vem sendo contestada por ofender não só o direito à vida, mas, também o *princípio da dignidade da pessoa humana*. Ao tratar de tal prática Cesare Beccaria[50] argumentava que no processo de apuração de um crime, por exemplo, a tortura era um maio de condenar o inocente débil e absolver o criminoso forte, visto que aquele que suportasse a tortura e não confessasse o que de fato havia realizado seria absolvido e, aquele que mesmo inocente fosse fraco e não suportasse os suplícios abriria mão de sua inocência para se ver livre do sofrimento que lhe era imposto.

Importante destacar que a Constituição da República brasileira traz em seu art. 5º, XLIII, que: "a lei considerará crimes inafiançáveis e insuscetíveis de graça ou anistia à prática da tortura, o tráfico ilícito de entorpecentes e drogas afins, o terrorismo e os definidos como crimes hediondos, por eles respondendo os mandantes, os executores e os que, podendo evitá-los, se omitirem".

A lei 9.455 de 1997 define os crimes de tortura nos seguintes termos:

---

49 SILVA, José Afonso da, *Op. cit.*, p. 199.

50 BECCARIA, *Op. cit.*, p. 39.

> Art. 1º Constitui crime de tortura:
>
> I – constranger alguém com emprego de violência ou grave ameaça, causando-lhe sofrimento físico ou mental:
>
> a) com o fim de obter informação, declaração ou confissão da vítima ou de terceira pessoa;
>
> b) para provocar ação ou omissão de natureza criminosa;
>
> c) em razão de discriminação racial ou religiosa;
>
> II – submeter alguém, sob sua guarda, poder ou autoridade, com emprego de violência ou grave ameaça, a intenso sofrimento físico ou mental, como forma de aplicar castigo pessoal ou medida de caráter preventivo.
>
> Pena – reclusão, de dois a oito anos.
>
> § 1º Na mesma pena incorre quem submete pessoa presa ou sujeita a medida de segurança a sofrimento físico ou mental, por intermédio da prática de ato não previsto em lei ou não resultante de medida legal.
>
> § 2º Aquele que se omite em face dessas condutas, quando tinha o dever de evitá-las ou apurá-las, incorre na pena de detenção de um a quatro anos.
>
> § 3º Se resulta lesão corporal de natureza grave ou gravíssima, a pena é de reclusão de quatro a dez anos; se resulta morte, a reclusão é de oito a dezesseis anos.
>
> § 4º Aumenta-se a pena de um sexto até um terço:
>
> I – se o crime é cometido por agente público;
>
> II – se o crime é cometido contra criança, gestante, portador de deficiência, adolescente ou maior de 60 (sessenta) anos; (Redação dada pela Lei nº 10.741, de 2003)
>
> III – se o crime é cometido mediante sequestro.
>
> § 5º A condenação acarretará a perda do cargo, função ou emprego público e a interdição para seu exercício pelo dobro do prazo da pena aplicada.
>
> § 6º O crime de tortura é inafiançável e insuscetível de graça ou anistia.
>
> § 7º O condenado por crime previsto nesta Lei, salvo a hipótese do § 2º, iniciará o cumprimento da pena em regime fechado.
>
> Art. 2º O disposto nesta Lei aplica-se ainda quando o crime não tenha sido cometido em território nacional, sendo a vítima brasileira ou encontrando-se o agente em local sob jurisdição brasileira.
>
> [...]

Ainda sobre o tema da tortura destacamos o julgamento da ADPF 153 perante o STF, no qual se discutia a anistia dada aos agentes públicos que cometeram crimes políticos e outros a estes conexos durante o período do regime militar, perdão este que se encontra nas disposições da lei 6.683 de 1979, Lei de Anistia, que assim dispõe:

> Art. 1º É concedida anistia a todos quantos, no período compreendido entre 02 de setembro de 1961 e 15 de agosto de 1979, cometeram crimes políticos ou conexo com estes, crimes eleitorais, aos que tiveram seus direitos políticos suspensos e aos servidores da Administração Direta e Indireta, de fundações vinculadas ao poder público, aos Servidores dos Poderes Legislativo e Judiciário, aos Militares e aos dirigentes e representantes sindicais, punidos com fundamento em Atos Institucionais e Complementares (vetado).
>
> § 1º – Consideram-se conexos, para efeito deste artigo, os crimes de qualquer natureza relacionados com crimes políticos ou praticados por motivação política.
>
> § 2º – Excetuam-se dos benefícios da anistia os que foram condenados pela prática de crimes de terrorismo, assalto, sequestro e atentado pessoal.
>
> § 3º – Terá direito à reversão ao Serviço Público a esposa do militar demitido por Ato Institucional, que foi obrigada a pedir exoneração do respectivo cargo, para poder habilitar-se ao montepio militar, obedecidas as exigências do art. 3º.
>
> [...]

Tendo em vista que se trata de uma lei anterior ao ordenamento jurídico brasileiro inaugurado com a promulgação da Constituição de 1988, o tema da referida ADPF 153 girava em torno da recepção ou não da dita lei da anistia (que também é anterior à lei que define a prática de tortura, lei 9.455/97). Lembrando que, como vimos, o atual ordenamento jurídico pelo art. 5º, XLIII, CRFB/88, tem como insuscetível de anistia a prática de tortura.

No julgamento desta Ação de Descumprimento de Preceito Fundamental foi decidido por sua improcedência entendendo o STF pela compatibilidade da referida lei com a Constituição estendendo a anistia a todo e qualquer crime praticado (político ou comum, o que abrange a tortura) naquele período pelos agentes do regime militar. Eis o teor do referido acórdão:

> LEI Nº 6.683/79, A CHAMADA "LEI DE ANISTIA". ARTIGO 5º, *Caput*, III E XXXIII DA CONSTITUIÇÃO DO BRASIL; PRINCÍPIO DEMOCRÁTICO E PRINCÍPIO REPUBLICANO: NÃO VIOLAÇÃO. CIRCUNSTÂNCIAS HISTÓRICAS. DIGNIDADE DA PESSOA HUMANA E TIRANIA DOS VALORES. INTERPRETAÇÃO DO DIREITO E DISTINÇÃO ENTRE TEXTO NORMATIVO E NORMA JURÍDICA. CRIMES CONEXOS DEFINIDOS PELA LEI Nº 6.683/79. CARÁTER BILATERAL DA ANISTIA, AMPLA E GERAL. JURISPRUDÊNCIA DO SUPREMO TRIBUNAL FEDERAL NA SUCESSÃO DAS FREQUENTES ANIS-

TIAS CONCEDIDAS, NO BRASIL, DESDE A REPÚBLICA. INTERPRETAÇÃO DO DIREITO E LEIS-MEDIDA. CONVENÇÃO DAS NAÇÕES UNIDAS CONTRA A TORTURA E OUTROS TRATAMENTOS OU PENAS CRUÉIS, DESUMANOS OU DEGRADANTES E LEI Nº 9.455, DE 7 DE ABRIL DE 1997, QUE DEFINE O CRIME DE TORTURA. ARTIGO 5º, XLIII DA CONSTITUIÇÃO DO BRASIL. INTERPRETAÇÃO E REVISÃO DA LEI DA ANISTIA. EMENDA CONSTITUCIONAL Nº 26, DE 27 DE NOVEMBRO DE 1985, PODER CONSTITUINTE E "AUTOANISTIA". INTEGRAÇÃO DA ANISTIA DA LEI DE 1979 NA NOVA ORDEM CONSTITUCIONAL. ACESSO A DOCUMENTOS HISTÓRICOS COMO FORMA DE EXERCÍCIO DO DIREITO FUNDAMENTAL À VERDADE.

[...]

3. Conceito e definição de "crime político" pela Lei nº 6.683/79. São crimes conexos aos crimes políticos "os crimes de qualquer natureza relacionados com os crimes políticos ou praticados por motivação política"; podem ser de "qualquer natureza", mas [i] hão de terem estado relacionados com os crimes políticos ou [ii] hão de terem sido praticados por motivação política; são crimes outros que não políticos; são crimes comuns, porém [i] relacionados com os crimes políticos ou [ii] praticados por motivação política. A expressão crimes conexos a crimes políticos conota sentido a ser sindicado no momento histórico da sanção da lei. A chamada Lei de anistia diz com uma conexão sui generis, própria ao momento histórico da transição para a democracia. Ignora, no contexto da Lei nº 6.683/79, o sentido ou os sentidos correntes, na doutrina, da chamada conexão criminal; refere o que "se procurou", segundo a inicial, vale dizer, estender a anistia criminal de natureza política aos agentes do Estado encarregados da repressão. 4. A lei estendeu a conexão aos crimes praticados pelos agentes do Estado contra os que lutavam contra o Estado de exceção; daí o caráter bilateral da anistia, ampla e geral, que somente não foi irrestrita porque não abrangia os já condenados --- e com sentença transitada em julgado, qual o Supremo assentou --- pela prática de crimes de terrorismo, assalto, sequestro e atentado pessoal. 5. O significado válido dos textos é variável no tempo e no espaço, histórica e culturalmente. A interpretação do direito não é mera dedução dele, mas sim processo de contínua adaptação de seus textos normativos à realidade e seus conflitos. Mas essa afirmação aplica-se exclusivamente à interpretação das leis dotadas de generalidade e abstração, leis que constituem preceito primário, no sentido de que se impõem por força própria, autônoma. Não àquelas, designadas leis-medida (Massnahmegesetze), que disciplinam diretamente determinados interesses, mostrando-se imediatas e concretas, e consubstanciam, em si mesmas, um ato administrativo especial. No caso das leis-medida interpreta-se, em conjunto com o seu texto, a realidade no e do momento histórico no qual ela foi editada, não a realidade atual. É a realidade histórico-social da

migração da ditadura para a democracia política, da transição conciliada de 1979, que há de ser ponderada para que possamos discernir o significado da expressão crimes conexos na Lei nº 6.683. É da anistia de então que estamos a cogitar, não da anistia tal e qual uns e outros hoje a concebem, senão qual foi na época conquistada. Exatamente aquela na qual, como afirma inicial, "se procurou" [sic] estender a anistia criminal de natureza política aos agentes do Estado encarregados da repressão. A chamada Lei da anistia veicula uma decisão política assumida naquele momento --- o momento da transição conciliada de 1979. A Lei nº 6.683 é uma lei-medida, não uma regra para o futuro, dotada de abstração e generalidade. Há de ser interpretada a partir da realidade no momento em que foi conquistada. 6. A Lei nº 6.683/79 precede a Convenção das Nações Unidas contra a Tortura e Outros Tratamentos ou Penas Cruéis, Desumanos ou Degradantes --- adotada pela Assembleia Geral em 10 de dezembro de 1984, vigorando desde 26 de junho de 1987 --- e a Lei nº 9.455, de 7 de abril de 1997, que define o crime de tortura; e o preceito veiculado pelo artigo 5º, XLIII da Constituição --- que declara insuscetíveis de graça e anistia a prática da tortura, entre outros crimes --- não alcança, por impossibilidade lógica, anistias anteriormente a sua vigência consumadas. A Constituição não afeta leis-medida que a tenham precedido. 7. No Estado democrático de direito o Poder Judiciário não está autorizado a alterar, a dar outra redação, diversa da nele contemplada, a texto normativo. Pode, a partir dele, produzir distintas normas. Mas nem mesmo o Supremo Tribunal Federal está autorizado a rescrever leis de anistia. 8. Revisão de lei de anistia, se mudanças do tempo e da sociedade a impuserem, haverá --- ou não --- de ser feita pelo Poder Legislativo, não pelo Poder Judiciário. 9. A anistia da lei de 1979 foi reafirmada, no texto da EC 26/85, pelo Poder Constituinte da Constituição de 1988. Daí não ter sentido questionar-se se a anistia, tal como definida pela lei, foi ou não recebida pela Constituição de 1988; a nova Constituição a [re] instaurou em seu ato originário. A Emenda Constitucional nº 26/85 inaugura uma nova ordem constitucional, consubstanciando a ruptura da ordem constitucional que decaiu plenamente no advento da Constituição de 5 de outubro de 1988; consubstancia, nesse sentido, a revolução branca que a esta confere legitimidade. A reafirmação da anistia da lei de 1979 está integrada na nova ordem, compõe-se na origem da nova norma fundamental. De todo modo, se não tivermos o preceito da lei de 1979 como ab-rogado pela nova ordem constitucional, estará a coexistir com o § 1º do artigo 4º da EC 26/85, existirá a par dele [dicção do § 2º do artigo 2º da Lei de Introdução ao Código Civil]. O debate a esse respeito seria, todavia, despiciendo. A uma por que foi mera lei-medida, dotada de efeitos concretos, já exauridos; é lei apenas em sentido formal, não o sendo, contudo, em sentido material. A duas por que o texto de hierarquia constitucional prevalece sobre o infraconstitucional quando ambos coexistam. Afirmada a integração da anistia de 1979 na nova ordem constitucional, sua adequação à Constituição de 1988 resulta inquestionável. A nova ordem compreende não apenas o texto da Constituição nova, mas também a norma-origem. No bojo dessa totalidade --- totalidade que o novo sistema normativo é --- tem-se que "[é] concedida, igualmente, anistia aos autores de crimes políticos ou conexos" praticados no período compreendido entre 02 de setembro de 1961 e 15 de agosto de 1979. Não se pode divisar antinomia de qualquer grandeza entre o preceito veiculado pelo § 1º do artigo 4º da EC 26/85 e a Constituição de 1988. 10. Impõe-se o desembaraço dos mecanismos que ainda dificultam o conhecimento do quanto ocorreu no Brasil durante as décadas sombrias da ditadura. (ADPF 153, relator(a): Min. EROS GRAU, Tribunal Pleno, julgado em 29/04/2010, DJe-145 DIVULG 05-08-2010 PUBLIC 06-08-2010 EMENT VOL-02409-01 PP-00001 RTJ VOL-00216- PP-00011)

A súmula vinculante nº 11, do STF traz em suas disposições que "só é lícito o uso de algemas em casos de resistência e de fundado receio de fuga ou de perigo à integridade física própria ou alheia, por parte do preso ou de terceiros, justificada a excepcionalidade por escrito, sob pena de responsabilidade disciplinar, civil e penal do agente ou da autoridade e de nulidade da prisão ou do ato processual a que se refere, sem prejuízo da responsabilidade civil do Estado", o que se encontra em consonância com o dever de garantir a integridade física e moral do preso, bem como coibir tratamento desumano e degradante (art. 5º, III e XLIX, CRFB/88).

Por fim, cumpre destacar a Lei 12.847 de 2013 que institui o Sistema Nacional de Prevenção e Combate à Tortura - SNPCT[51], com o objetivo de fortalecer a prevenção e o combate à tortura, por meio de articulação e atuação cooperativa de seus integrantes, dentre outras formas, permitindo as trocas de informações e o intercâmbio de boas práticas; cria o Comitê Nacional de Prevenção e Combate à Tortura - CNPCT[52], com a função de prevenir

51 Art. 4º São princípios do SNPCT: I - proteção da dignidade da pessoa humana; II - universalidade; III - objetividade; IV - igualdade; V - imparcialidade; VI - não seletividade; e VII - não discriminação.

Art. 5º São diretrizes do SNPCT:

I - respeito integral aos direitos humanos, em especial aos direitos das pessoas privadas de liberdade;

II - articulação com as demais esferas de governo e de poder e com os órgãos responsáveis pela segurança pública, pela custódia de pessoas privadas de liberdade, por locais de internação de longa permanência e pela proteção de direitos humanos; e

III - adoção das medidas necessárias, no âmbito de suas competências, para a prevenção e o combate à tortura e a outros tratamentos ou penas cruéis, desumanos ou degradantes.

52 Art. 6º Fica instituído no âmbito da Secretaria de Direitos Humanos da Presidência da República o Comitê Nacional de Prevenção e Combate à Tortura - CNPCT, com a função de prevenir e combater a tortura e outros tratamentos ou penas cruéis, desumanos ou degradantes, mediante o exercício das seguintes atribuições, entre outras:

e combater a tortura e outros tratamentos ou penas cruéis, desumanos ou degradantes e o Mecanismo Nacional de Prevenção e Combate à Tortura – MNPCT[53], órgão integrante da estrutura da Secretaria de Direitos Humanos

---

I – acompanhar, avaliar e propor aperfeiçoamentos às ações, aos programas, aos projetos e aos planos de prevenção e combate à tortura e a outros tratamentos ou penas cruéis, desumanos ou degradantes desenvolvidos em âmbito nacional;
II – acompanhar, avaliar e colaborar para o aprimoramento da atuação de órgãos de âmbito nacional, estadual, distrital e municipal cuja função esteja relacionada com suas finalidades;
III – acompanhar a tramitação dos procedimentos de apuração administrativa e judicial, com vistas ao seu cumprimento e celeridade;
IV – acompanhar a tramitação de propostas normativas;
V – avaliar e acompanhar os projetos de cooperação firmados entre o Governo brasileiro e organismos internacionais;
VI – recomendar a elaboração de estudos e pesquisas e incentivar a realização de campanhas;
VII – apoiar a criação de comitês ou comissões semelhantes na esfera estadual e distrital para o monitoramento e a avaliação das ações locais;
VIII – articular-se com organizações e organismos locais, regionais, nacionais e internacionais, em especial no âmbito do Sistema Interamericano e da Organização das Nações Unidas;
IX – participar da implementação das recomendações do MNPCT e com ele se empenhar em diálogo sobre possíveis medidas de implementação;
X – subsidiar o MNPCT com dados e informações;
XI – construir e manter banco de dados, com informações sobre a atuação dos órgãos governamentais e não governamentais;
XII – construir e manter cadastro de alegações, denúncias criminais e decisões judiciais;
XIII – difundir as boas práticas e as experiências exitosas de órgãos e entidades;
XIV – elaborar relatório anual de atividades, na forma e no prazo dispostos em seu regimento interno;
XV – fornecer informações relativas ao número, tratamento e condições de detenção das pessoas privadas de liberdade; e
XVI – elaborar e aprovar o seu regimento interno.

53 Art. 9o Compete ao MNPCT:
I – planejar, realizar e monitorar visitas periódicas e regulares a pessoas privadas de liberdade em todas as unidades da Federação, para verificar as condições de fato e de direito a que se encontram submetidas;
II – articular-se com o Subcomitê de Prevenção da Organização das Nações Unidas, previsto no artigo 2 do Protocolo Facultativo à Convenção das Nações Unidas contra a Tortura e Outros Tratamentos ou Penas Cruéis, Desumanos ou Degradantes, promulgado pelo Decreto nº 6.085, de 19 de abril de 2007, de forma a dar apoio a suas missões no território nacional, com o objetivo de unificar as estratégias e políticas de prevenção da tortura e de outros tratamentos e práticas cruéis, desumanos ou degradantes;
III – requerer à autoridade competente que instaure procedimento criminal e administrativo mediante a constatação de indícios da prática de tortura e de outros tratamentos e práticas cruéis, desumanos ou degradantes;
IV – elaborar relatório circunstanciado de cada visita realizada nos termos do inciso I e, no prazo máximo de 30 (trinta) dias, apresentá-lo ao CNPCT, à Procuradoria-Geral da República e às autoridades responsáveis pela detenção e outras autoridades competentes;
V – elaborar, anualmente, relatório circunstanciado e sistematizado sobre o conjunto de visitas realizadas e recomendações formuladas, comunicando ao dirigente imediato do

da Presidência da República, responsável pela prevenção e combate à tortura e a outros tratamentos ou penas cruéis, desumanos ou degradantes, nos termos do artigo 3º do Protocolo Facultativo à Convenção das Nações Unidas contra a Tortura e Outros Tratamentos ou Penas Cruéis, Desumanos ou Degradantes, promulgado pelo Decreto no 6.085, de 19 de abril de 2007.

Para fins da referida lei na forma de seu art. 3º, considera-se:

> I – tortura: os tipos penais previstos na Lei no 9.455, de 7 de abril de 1997, respeitada a definição constante do artigo 1 da Convenção Contra a Tortura e Outros Tratamentos ou Penas Cruéis, Desumanos ou Degradantes, promulgada pelo Decreto no 40, de 15 de fevereiro de 1991; e
>
> II – pessoas privadas de liberdade: aquelas obrigadas, por mandado ou ordem de autoridade judicial, ou administrativa ou policial, a permanecerem em determinados locais públicos ou privados, dos quais não possam sair de modo independente de sua vontade, abrangendo locais de internação de longa permanência, centros de detenção, estabelecimentos penais, hospitais psiquiátricos, casas de custódia, instituições socioeducativas para adolescentes em conflito com a lei e centros de detenção disciplinar em âmbito militar, bem como nas instalações mantidas pelos órgãos elencados no art. 61 da Lei nº 7.210, de 11 de julho de 1984.

---

estabelecimento ou da unidade visitada e ao dirigente máximo do órgão ou da instituição a que esteja vinculado o estabelecimento ou unidade visitada de qualquer dos entes federativos, ou ao particular responsável, do inteiro teor do relatório produzido, a fim de que sejam solucionados os problemas identificados e o sistema aprimorado;

VI – fazer recomendações e observações às autoridades públicas ou privadas, responsáveis pelas pessoas em locais de privação de liberdade, com vistas a garantir a observância dos direitos dessas pessoas;

VII – publicar os relatórios de visitas periódicas e regulares realizadas e o relatório anual e promover a difusão deles;

VIII – sugerir propostas e observações a respeito da legislação existente; e

IX – elaborar e aprovar o seu regimento interno.

§ 1º A atuação do MNPCT dar-se-á sem prejuízo das competências atribuídas aos demais órgãos e entidades que exerçam funções semelhantes.

§ 2º Nas visitas previstas no inciso I do *caput*, o MNPCT poderá ser representado por todos os seus membros ou por grupos menores e poderá convidar representantes de entidades da sociedade civil, peritos e especialistas com atuação em áreas afins.

§ 3º A seleção de projetos que utilizem recursos oriundos do Fundo Penitenciário Nacional, do Fundo Nacional de Segurança Pública, do Fundo Nacional do Idoso e do Fundo Nacional para a Criança e o Adolescente deverá levar em conta as recomendações formuladas pelo MNPCT.

§ 4º O Departamento de Polícia Federal e o Departamento de Polícia Rodoviária Federal prestarão o apoio necessário à atuação do MNPCT.

7.11.1 Direito ao Próprio Corpo

Em relação ao Código Civil brasileiro, os artigos 13 e 14 tratam do direito ao próprio corpo, em vida ou após a morte. O artigo 13 determina que "salvo por exigência médica, é defeso o ato de disposição do próprio corpo, quando importar diminuição permanente da integridade física, ou contrariar os bons costumes. Parágrafo único. O ato previsto neste artigo será admitido para fins de transplante, na forma estabelecida em lei especial".

O Conselho da Justiça Federal, nas I, IV, V e VI Jornadas de Direito Civil, publicou os seguintes enunciados:

a) I Jornada de Direito Civil: CJF – Enunciado 6 – Art. 13: a expressão "exigência médica" contida no art. 13 refere-se tanto ao bem-estar físico quanto ao bem-estar psíquico do disponente.
b) IV Jornada de Direito Civil: CJF – Enunciado 276 – Art. 13. O art. 13 do Código Civil, ao permitir a disposição do próprio corpo por exigência médica, autoriza as cirurgias de transgenitalização, em conformidade com os procedimentos estabelecidos pelo Conselho Federal de Medicina, e a consequente alteração do prenome e do sexo no Registro Civil.
c) V Jornada de Direito Civil: CJF – Enunciado 401 – Art. 13. Não contraria os bons costumes a cessão gratuita de direitos de uso de material biológico para fins de pesquisa científica, desde que a manifestação de vontade tenha sido livre e esclarecida e possa ser revogada a qualquer tempo, conforme as normas éticas que regem a pesquisa científica e o respeito aos direitos fundamentais.
d) VI Jornada de Direito Civil: CJF – Enunciado 532 – É permitida a disposição gratuita do próprio corpo com objetivos exclusivamente científicos, nos termos dos arts. 11 e 13 do Código Civil.[54]

7.11.1.1 Transgenitalismo

A RESOLUÇÃO CFM n° 1.652/2002 dispõe sobre a *cirurgia de transgenitalismo* e revoga a Resolução CFM n° 1.482/97. "O Conselho Federal de Medicina, CONSIDERANDO ser o paciente transexual portador de desvio psicológico permanente de identidade sexual, com rejeição do fenótipo e ten-

54 Justificativa: Pesquisas com seres humanos vivos são realizadas todos os dias, sem as quais não seria possível o desenvolvimento da medicina e de áreas afins. A Resolução CNS n° 196/96, em harmonia com o Código de Nuremberg e com a Declaração de Helsinque, dispõe que pesquisas envolvendo seres humanos no Brasil somente podem ser realizadas mediante aprovação prévia de um Comitê de Ética em Pesquisa – CEP, de composição multiprofissional, e com a assinatura do Termo de Consentimento Livre e Esclarecido -TCLE pelo participante da pesquisa, no qual devem constar informações claras e relevantes acerca do objeto da pesquisa, seus benefícios e riscos, a gratuidade pela participação, a garantia de reparação dos danos causados na sua execução e a faculdade de retirada imotivada do consentimento a qualquer tempo sem prejuízo para sua pessoa.

dência à automutilação e ou autoextermínio; CONSIDERANDO que a cirurgia de transformação plástico-reconstrutiva da genitália externa, interna e caracteres sexuais secundários não constitui crime de mutilação previsto no artigo 129 do Código Penal, visto que tem o propósito terapêutico específico de adequar a genitália ao sexo psíquico; CONSIDERANDO a viabilidade técnica para as cirurgias de neocolpovulvoplastia e ou neofaloplastia; CONSIDERANDO o que dispõe o artigo 199 da Constituição Federal, parágrafo quarto, que trata da remoção de órgãos, tecidos e substâncias humanas para fins de transplante, pesquisa e tratamento, bem como o fato de que a transformação da genitália constitui a etapa mais importante no tratamento de pacientes com transexualismo; CONSIDERANDO que o artigo 42 do Código de Ética Médica veda os procedimentos médicos proibidos em lei, e não há lei que defina a transformação terapêutica da genitália *in anima nobili* como crime; CONSIDERANDO que o espírito de licitude ética pretendido visa fomentar o aperfeiçoamento de novas técnicas, bem como estimular a pesquisa cirúrgica de transformação da genitália e aprimorar os critérios de seleção;

CONSIDERANDO o que dispõe a Resolução CNS n° 196/96; CONSIDERANDO o estágio atual dos procedimentos de seleção e tratamento dos casos de transexualismo, com evolução decorrente dos critérios estabelecidos na Resolução CFM n° 1.482/97 e do trabalho das instituições ali previstas; CONSIDERANDO o bom resultado cirúrgico, tanto do ponto de vista estético como funcional, das neocolpovulvoplastias nos casos com indicação precisa de transformação do fenótipo masculino para feminino; CONSIDERANDO as dificuldades técnicas ainda presentes para a obtenção de bom resultado tanto no aspecto estético como funcional das neofaloplastias, mesmo nos casos com boa indicação de transformação do fenótipo feminino para masculino; CONSIDERANDO que o diagnóstico, a indicação, as terapêuticas prévias, as cirurgias e o prolongado acompanhamento pós-operatório são atos médicos em sua essência; CONSIDERANDO, finalmente, o decidido na Sessão Plenária de 6 de novembro de 2002, RESOLVE:

Art. 1° Autorizar a cirurgia de transgenitalização do tipo neocolpovulvoplastia e/ou procedimentos complementares sobre gônadas e caracteres sexuais secundários como tratamento dos casos de transexualismo.

Art. 2° Autorizar, ainda a título experimental, a realização de cirurgia do tipo neofaloplastia e/ou procedimentos complementares sobre gônadas e caracteres sexuais secundários como tratamento dos casos de transexualismo.

Art. 3° Que a definição de transexualismo obedecerá, no mínimo, aos critérios abaixo enumerados: Desconforto com o sexo anatômico natural; Desejo expresso de eliminar os genitais, perder as características primárias e secundárias do próprio sexo e ganhar as do sexo oposto; Permanência desses distúrbios de forma contínua e consistente por, no mínimo, dois anos; Ausência de outros transtornos mentais.

Art. 4° Que a seleção dos pacientes para cirurgia de transgenitalismo obedecerá a avaliação de equipe multidisciplinar constituída por médico psiquiatra, cirurgião, endocrinologista, psicólogo e assistente social, obedecendo os critérios abaixo definidos, após, no mínimo, dois anos de acompanhamento conjunto: Diagnóstico médico de transgenitalismo; Maior de 21 (vinte e um) anos; Ausência de características físicas inapropriadas para a cirurgia.

Art. 5° Que as cirurgias para adequação do fenótipo feminino para masculino só poderão ser praticadas em hospitais universitários ou hospitais públicos adequados para a pesquisa.

Art. 6° Que as cirurgias para adequação do fenótipo masculino para feminino poderão ser praticadas em hospitais públicos ou privados, independente da atividade de pesquisa. Parágrafo 1° – O Corpo Clínico destes hospitais, registrado no Conselho Regional de Medicina, deve ter em sua constituição os profissionais previstos na equipe citada no artigo 4°, aos quais caberá o diagnóstico e a indicação terapêutica. Parágrafo 2° – As equipes devem ser previstas no regimento interno dos hospitais, inclusive contando com chefe, obedecendo os critérios regimentais para a ocupação do cargo. Parágrafo 3° – A qualquer ocasião, a falta de um dos membros da equipe ensejará a paralisação de permissão para a execução dos tratamentos. Parágrafo 4° – Os hospitais deverão ter Comissão Ética constituída e funcionando dentro do previsto na legislação pertinente.

Art. 7° Deve ser praticado o consentimento livre e esclarecido.

Art. 8° Esta resolução entra em vigor na data de sua publicação, revogando-se a Resolução CFM n° 1.482/97. Brasília-DF, 6 de novembro de 2002".

7.11.1.1.1 A retificação do registro civil de transexual

A jurisprudência brasileira vem admitindo a retificação do registro civil de transexual, a fim de adequar o assento de nascimento à situação decorrente da realização de cirurgia para mudança de sexo.

Isso porque manter uma pessoa, por um lado mulher, psíquica e anatomicamente reajustada, e por outro lado homem, juridicamente, em nada vai contribuir para a preservação da ordem social e da moral.

Essa é a tendência que se observa no mundo: a de alterar-se o registro adequando-se o sexo jurídico ao sexo aparente.

Nesse sentido a decisão do Tribunal de Justiça do Estado do Rio Grande do Sul, em 17 de agosto de 2006: "Apelação cível. Transexualismo. Retificação de registro civil. Nome e sexo. Cerceamento do direito de defesa reconhecido. Procedimento cirúrgico de transgenitalização realizado. É possível a alteração do registro de nascimento relativamente ao sexo e ao nome em virtude da realização da cirurgia de redesignação sexual. Vedação de extração de certidões referentes à situação anterior do requerente. Apelo provido. Vistos, relatados e discutidos os autos. Acordam os desembargadores integrantes da Oitava Câmara Cível do Tribunal de Justiça do Estado, à unanimidade, em dar provimento ao apelo. Custas na forma da lei. Participaram do julgamento, além do signatário, os eminentes senhores des. Luiz Ari Azambuja Ramos (presidente) e des. José Ataídes Siqueira Trindade. Porto Alegre, 17 de agosto de 2006. Des. Claudir Fidélis Faccenda, relator".

Vale destacar que o *transexual* difere do *homossexual* e do *bissexual*. O *homossexual* tem preferência por pessoa do mesmo sexo; o *bissexual* apresenta indistinta satisfação com ambos os sexos; e o *transexual* é o que não aceita sua conformação física, rejeitando, pois, o seu sexo biológico e, psicologicamente, identifica-se como o sexo oposto, mesmo não sendo portador de qualquer anomalia.

A operação e a mudança de sexo permite que a pessoa tenha uma vida social normal, já que estará livre de um sofrimento psíquico decorrente do descompasso entre o sexo anatômico e o psicológico.

O conceito de sexo não é mais identificado apenas pelo aspecto anatômico, mas sim a partir de uma apreciação plurivetorial, resultante de fatores genéticos, somáticos, psicológicos e sociais.

O nome das pessoas é fator determinante na identificação e vinculação destas a um determinado grupo familiar e social. O nome encerra, também, fatores de ordem pessoal, na qualidade de direito personalíssimo, constituindo, pois, um atributo da personalidade.

Os direitos fundamentais visam à concretização do princípio da dignidade da pessoa humana, conforme norma fincada no inciso III do art. 1° da Constituição Federal.

O art. 1° da Declaração Universal da ONU (1948) afirma: "todos os seres humanos nascem livres e iguais em dignidade e direitos. Dotados de razão e consciência, devem agir uns para com os outros em espírito e fraternidade [...]".

Para a Organização Mundial de Saúde – OMS: "Saúde é o completo estado de bem-estar físico, psíquico ou social". Daí a importância do bem-estar físico, psíquico ou social do transexual.

No mesmo sentido, a jurisprudência: "Apelação cível. Registro civil. Alteração do registro de nascimento relativamente ao sexo. Transexualismo. Possibilidade, embora não tenha havido a realização de todas as etapas cirúrgicas, tendo em vista o caso concreto. Recurso provido (Apelação Cível n°. 70011691185, Oitava Câmara Cível, Tribunal de Justiça do RS, relator: Alfredo Guilherme Englert, Julgado em 15.9.2005)".

Da mesma forma: Registro civil. Transexualidade. Prenome. Alteração. Possibilidade. Apelido público e notório. O fato de o recorrente ser transexual e exteriorizar tal orientação no plano social, vivendo publicamente como mulher, sendo conhecido por apelido, que constitui prenome feminino, justifica a pretensão já que o nome registral é compatível com o sexo masculino. Diante das condições peculiares, nome de registro está em descompasso com a identidade social, sendo capaz de levar seu usuário a situação vexatória ou de ridículo. Ademais, tratando-se de um apelido público e notório justificada está a alteração. Inteligência dos artigos 56 e 58 da Lei n° 6.015/73 e da Lei n° 9.708/98. Recurso provido (Apelação Cível n° 70000585836, Sétima Câmara Cível, Tribunal de Justiça do RS, relator: Sérgio Fernando de Vasconcellos Chaves, Julgado em 31.5.2000).

No mesmo diapasão a jurisprudência: APELAÇÃO CÍVEL. REGISTRO CIVIL. Alteração do registro de nascimento. Nome e sexo. Transexualismo. Sentença acolhendo o pedido de alteração do nome e do sexo, mas determinando segredo de justiça e vedando a extração de certidões referentes à situação anterior. Recurso do Ministério Público insurgindo-se contra a não publicidade do registro. Sentença mantida. RECURSO DESPROVIDO. (Segredo de Justiça) (Apelação Cível n° 70006828321, Oitava Câmara Cível, Tribunal de Justiça do RS, relator: Catarina Rita Krieger Martins, Julgado em 11.12.2003).

Por último, a jurisprudência do STJ ao tratar de pedido de homologação de sentença estrangeira, SE n° 1058, de relatoria do ministro Barros Monteiro, que afirma: "A jurisprudência brasileira vem admitindo a retificação do registro civil de transexual, a fim de adequar o assento de nascimento à situação decorrente da realização de cirurgia para mudança de sexo".

7.11.1.2 Disposição gratuita do próprio corpo

O artigo 14 do Código Civil brasileiro dispõe que "é válida, com objetivo científico, ou altruístico, a disposição gratuita do próprio corpo, no todo ou em parte, para depois da morte. Parágrafo único. O ato de disposição pode ser livremente revogado a qualquer tempo".

O Conselho da Justiça Federal, na IV Jornada de Direito Civil, editou o Enunciado CJF - 277 - Art. 14. "O art. 14 do Código Civil, ao afirmar a validade da disposição gratuita do próprio corpo, com objetivo científico ou altruístico, para depois da morte, determinou que a manifestação expressa do doador de órgãos em vida prevalece sobre a vontade dos familiares, portanto, a aplicação do art. 4° da Lei n° 9.434/97[55] ficou restrita à hipótese de silêncio do potencial doador".

Já na V Jornada de Direito Civil foi publicado o Enunciado 402 que diz: "Art. 14, parágrafo único. O art. 14, parágrafo único, do Código Civil, fundado no consentimento informado, não dispensa o consentimento dos ado-

55 Lei 9.434, de 4 de fevereiro de 1997 – Dispõe sobre a remoção de órgãos, tecidos e partes do corpo humano para fins de transplante e tratamento e dá outras providências.

lescentes para a doação de medula óssea, prevista no art. 9°, § 6°, da Lei nº 9.434/1997, por aplicação analógica dos arts. 28, § 2° (alterado pela Lei nº 12.010/2009), e 45, § 2°, do ECA".

O legislador não avançou no tema, eis que não tratou da possibilidade de mudança de sexo através da cirurgia transexual. Tal cirurgia implicaria, para alguns, diminuição permanente da integridade física, sendo, portanto, vedado pelo ordenamento jurídico.

É o chamado *caso difícil do direito,* já que o julgador enfrentaria uma antinomia, ou seja, a *cirurgia transexual* implicaria a diminuição permanente da integridade física ou a realização do ato adequaria a pessoa a uma situação de vida mais consentânea para o desenvolvimento de sua personalidade (direito à integridade psicofísica).

A Resolução CFM n° 1.623/01 trata do funcionamento dos serviços onde são desenvolvidos a captação, processamento, armazenamento, distribuição e efetivação de transplante de tecidos e células para fim terapêutico; deve estar condicionado à aprovação da Comissão de Ética Médica da instituição a que estão vinculados. (DOU, Poder Executivo, n° 143, 25 jul. 2001. Seção 1, p. 79) e a Resolução CFM n° 1.752/04 trata da autorização ética do uso de órgãos e/ou tecidos de anencéfalos para transplante, mediante autorização prévia dos pais.

A *Convenção para a Proteção dos Direitos do Homem e da Dignidade do Ser Humano face às Aplicações da Biologia e da Medicina,* adotada e aberta à assinatura em Oviedo, a 4 de abril de 1997, tem por objeto a proteção do ser humano na sua dignidade e na sua identidade e garante a toda pessoa, sem discriminação, o respeito pela sua integridade e pelos seus outros direitos e liberdades fundamentais face às aplicações da biologia e da medicina.

O interesse e o bem-estar do ser humano devem prevalecer sobre o interesse único da sociedade ou da ciência (artigo 2° – Primado do ser humano).

Qualquer intervenção no domínio da saúde só pode ser efetuada após ter sido prestado pela pessoa em causa o seu consentimento livre e esclarecido. Esta pessoa deve receber previamente a informação adequada quanto ao objetivo e à natureza da intervenção, bem como às suas consequências e riscos. A pessoa em questão pode, em qualquer momento, revogar livremente o seu consentimento (artigo 5°).

O Protocolo Adicional à Convenção para a Proteção dos Direitos do Homem e da Dignidade do Ser Humano face às Aplicações da Biologia e da Medicina, proíbe a Clonagem de Seres Humanos, adotado e aberto à assinatura em Paris, a 12 de Janeiro de 1998, com entrada em vigor na ordem internacional em 1 de março de 2001.

7.11.1.3 Wannabes

A síndrome conhecida por *"Body Integrity Identity Disorder"* (BIID) é responsável por gerar uma incompatibilidade entre a experiência corporal do indivíduo e a atual estrutura do seu corpo.[56]

São os conhecidos *wannabes* (apotemnofilia ou melotalista). Eles sentem uma discrepância entre o corpo real e o vivenciado, desenvolvem desejos de amputação de membros saudáveis e indesejados por considerá-los estranhos ao corpo.

O termo Body Integrity Identity Disorder foi criado em 2005 pelo psiquiatra Michael First, da Universidade de Columbia, em Nova York. Todavia, a primeira menção a um caso, que pode ser enquadrado como BIID, data de 1785, quando um homem pediu a um cirurgião que amputasse sua perna, sem necessidade médica aparente, tendo ficado satisfeito com o resultado.80 81

Vale destacar que tanto o transexual como os *wannabes* querem amputar parte de seus corpos, ou seja, ambos querem realizar mutilação corporal.

Ora, o ordenamento jurídico não pode considerar válida a manifestação de vontade dos *wannabes*, já que retrata uma grave violação à integridade física (autolesão - *self-injury* ou a mutilação de partes do corpo). Todavia, a questão é controvertida uma vez que esta mutilação poderia ser comparada aos diversos atos de disposição do corpo, tais como: tatuagens, *piercings*, bifurcação da língua, cortes de orelha, uso de alargadores, escarificação e o *branding*. Estes dois últimos procedimentos de alteração corporal são menos conhecidos. A escarificação consiste na produção de cicatrizes ou queloides na pele por meio de instrumentos cortantes. Já o *branding* deixa cicatrizes na pele, através de um ferro quente ou de cauterização.

Daí, que o direito ao desenvolvimento da personalidade e identidade física e psíquica exige uma solução que assegure a dignidade humana. Cabe ao magistrado um olhar atento e prospectivo com vista a uma realidade contextualizada, temporal e culturalmente. Neste sentido, Pietro Perlingieri, ensina que "não existem instrumentos válidos em todos os tempos e em todos os lugares: os instrumentos devem ser construídos pelo jurista, levando-se em conta a realidade que ele deve estudar. [...] O conhecimento jurídico é uma ciência jurídica relativa: precisa-se levar em conta que os conceitos e os instrumentos caracterizam-se pela sua relatividade e por sua historicidade. É grave erro pensar que, para todas as épocas e para todos os tempos, haverá sempre os mesmos instrumentos jurídicos. É justamente o oposto: cada lugar, em cada época, terá seus próprios mecanismos".[57]

---

56 BAYNE, Tim e LEVY, Neil. Amputees By Choice: Body Integrity Identity Disorder and the Ethics of Amputation. Journal of Applied Philosophy, vol. 22, n° 1, p. 75-86, 2005

57 PERLINGIERI, Pietro. *Normas constitucionais nas relações privadas.* Revista da Faculdade de Direito da UERJ, nº 6 e 7, 1998/1999, p. 63-64.

A *dignidade da pessoa humana* é, pois, o epicentro do ordenamento jurídico e o eixo fundamental da hermenêutica constitucional. Neste sentido, Cristina Queiroz ensina que "[...] o princípio da dignidade da pessoa humana, como "premissa antropológica do Estado constitucional" e "conceito chave de direito constitucional", poderá ser chamado a desempenhar, em sede de interpretação e aplicação de direitos fundamentais sociais, o papel de motor do "desenvolvimento" e "aperfeiçoamento" da ordem jurídico-constitucional. Isso tanto por "impulso" do legislador político democrático (...), como por parte dos órgãos específicos de controle da constitucionalidade, genericamente, os tribunais e o poder judicial.[58]

7.11.1.4 Bodyart e bodymodification

Alterações do próprio corpo e o limite da transformação. "Modificar o corpo com adornos, pinturas, perfurações, implantes, deformações ou mutilações faz parte dos hábitos e tradições dos mais diferentes povos, de africanas pescoçudas e índios brasileiros "bocudos" a velhinhas chinesas com pés de boneca – foi moda durante muito tempo na China enfaixar os dedos virados para baixo desde a infância para o pé parecer menor. Hoje, com a explosão das tatuagens e piercings, homens e mulheres de todo canto do planeta se sentiram motivados a modificar seus corpos radicalmente".[59]

Vale destacar as lições de ANDERSON SCHREIBER ao afirmar que "práticas como o *bodyart* e o *bodymodification* não podem ser tratadas como ameaças capazes de atrair a rejeição do direito, por mais repulsivas que possam se afigurar ao senso estético dominante. Em uma sociedade plural, conceder aptidão proibitiva a uma noção tão imprecisa como a de "bons costumes" implicar frear atitudes que podem vir a configurar modos inovadores de expressão artística, de manifestação intelectual ou de simples entretenimento".[60]

7.11.1.5 O caso do homem lagarto

Interessante é o caso do *homem lagarto*. Erik Sprague ficou conhecido como 'homem lagarto'. Sprague abandonou, em 1999, o doutorado em filosofia para se dedicar à carreira de artista performático em tempo integral. Ele se transformou no "homem lagarto" após ter tatuado seu corpo com escamas em tom de verde, serrado seus dentes e operado sua língua (agora bífida) para se sentir mais "à vontade" com seu corpo.

---

58 QUEIROZ, Cristina Direitos Fundamentais Sociais: funções, âmbito, conteúdo, questões interpretativas e problemas de justiciabilidade. Coimbra: Ed. Coimbra, 2006, . p, 156.

59 Disponível em: http://g1.globo.com/Noticias/PlanetaBizarro. Acesso em: 22 jan 2016.

60 SCHREIBER, Anderson. *Direitos da Personalidade*. 2.ed. São Paulo: Atlas, 2013, p.37.

O "homem lagarto" (The Lizard Man), que possui apenas seus olhos verdes inalterados, também possui tatuado no peito a palavra "freak" (aberração), nada muito distante de sua realidade. Tranquilo, afável e educado, Sprague é consciente do interesse que desperta nas pessoas e, por isso, o potencializa se for necessário – rodando sua língua bífida sem parar, por exemplo.

Em entrevista à Agência Efe, o "homem lagarto" se qualificou como "artista". De fato, este texano de 40 anos se dedica à comédia e ao preparo de espetáculos com espadas, lanças afiadas e, é claro, com a exibição de seu corpo, 70% tatuado na cor verde. Mas, segundo o próprio artista, a intenção e preenchê-lo ao total.[61]

O "freak" texano justifica sua mudança ao afirmar que gosta "do aspecto dos lagartos", já que "os répteis simbolizam o poder, desde as histórias do Éden aos dragões". "Esta foi uma oportunidade de me transformar em um símbolo de poder", apontou Sprague.[62]

"Em relação ao sentimento de poder, o "homem lagarto", como artista, afirmou que essa característica nasce do desejo de chamar a atenção de quem olha, mas, principalmente, da "reação surrealista" que sua imagem proporciona. Segundo Sprague, ele queria contribuir com algo "diferente" e "raro" dentro da sociedade.

Dentro das transformações alcançadas pelo o homem lagarto, a mais dolorosa, "sem nenhuma dúvida", foi os cinco implantes de bolas de teflon que implantou sobre seus supercílios e que reproduzem o inchaço característico dos lagartos nessa parte do corpo.

"Cheguei a vomitar e a ter muitas alucinações", apontou Sprague ao relatar que a cirurgia foi feita sem anestesia. Os implantes foram feitos por um engenheiro especialista neste tipo de material, autorizado para realizar este tipo de cirurgia, mas, curiosamente, sem licença para administrar uma dose de anestesia.

Sprague, que é casado há nove anos, também apontou que sua esposa também não pediu em nenhum momento para ele desistir dessa transformação.

"Ela me conheceu enquanto eu estava em um palco com um maiô mínimo, exibindo meu corpo e fazendo números com espadas, no qual eu introduzia pontas afiadas na cara e na boca. Acho que eu agradei desde o princípio", ironizou o artista que é vegetariano porque não gosta 'do sabor da carne'. Apesar de se alimentar de "pizza, frutas e cerveja", os insetos, verdadeiros banquetes dos répteis, também estão presentes em seus espetáculos.

"Eu poderia ganhar muito dinheiro, mas quero o suficiente para ser feliz e, para isso, não preciso de muito", aponta o homem lagarto, que se nega a quantificar quanto custou esta sua transformação".[63]

---

61 Dsisponível em: <http://g1.globo.com/planeta-bizarro/noticia/2012/10/homem-lagarto-diz-nao-se-arrepender-de-transformacoes.html>. Acesso em: 03 nov. 2016.
62 Ibid.
63 Ibid.

Inclusive, esta situação fática já foi objeto de prova discursiva para a carreira da Defensoria Pública do Estado do Rio de Janeiro:

> PROVA ESCRITA DISCURSIVA DE CARÁTER GERAL DO XXIII CONCURSO PARA INGRESSO NA CARREIRA DA DEFENSORIA PÚBLICA DO ESTADO DO RIO DE JANEIRO (7 linhas para resposta)
>
> 12ª Questão: Um indivíduo hipossuficiente, interessado em participar da prática de modificação extrema do corpo (*body modification extreme*), decidiu se submeter a cirurgias modificadoras, a fim de deixar seu rosto com a aparência de um lagarto. Para tanto, pretende enxertar pequenas e médias bolas de silicone acima das sobrancelhas e nas bochechas, e, após essas operações, tatuar integralmente sua face de forma a parecer a pele do anfíbio.
>
> Frustrado, após passar por alguns hospitais públicos, onde houve recusa na realização das mencionadas operações, o indivíduo decidiu procurar a Defensoria Pública para assisti-lo em sua pretensão.
>
> Pergunta-se: você, como Defensor Público, entende ser viável a pretensão? Fundamente a resposta. (7,0 pontos)

Neste caso, parece que o candidato ao cargo de defensor público deveria responder a questão no sentido de ajuizamento de uma ação com base no direito à felicidade.

Para LÊNIO STRECK este é um bom exemplo de pan-principiologismo, "pois, diante de uma excelente amostra do patamar que atingiu o pan-principiologismo e o estado de natureza hermenêutico em *terrae brasilis*, que sustentam ativismos e decisionismos. Por certo, deve haver uma espécie de "direito fundamental a alguém se parecer com um lagarto" ou algo do gênero. Como se o direito estivesse à disposição para qualquer coisa. Não parece ser um bom modo de exercitar a cidadania o incentivo – por intermédio de pergunta feita em concurso público – a que advogados de hipossuficientes, pagos pelo contribuinte, venham a se utilizar do Poder Judiciário para fazer "laboratório" ou até mesmo estroinar com os direitos fundamentais".[64]

O STF já entendeu que o direito de buscar à felicidade é um direito fun-

64 STRECK, Lenio. O pan-principiologismo e o sorriso do lagarto. Disponível em: < http://www.conjur.com.br/2012-mar-22/senso-incomum-pan-principiologismo-sorriso-lagarto>. Acesso em: 02 nov. 2016.

damental implícito, não podendo o Estado, por meio de leis ou atos administrativos impedir que a pessoa busque ser feliz. Na ADPF 132, esse foi um dos seus fundamentos, considerando a união de pessoas do mesmo sexo como entidade familiar, equiparando-a à união estável.

7.11.1.6 Instalação de microchips em seres humanos

Uma casa nortuna (Clube Noturno Baja Beach), em Barcelona, instalou microchips (cápsula medindo 1,3 milímetros por 1 milímetro – cerca do tamanho de um grão de arroz- injetado dentro de sua pele) em seus clientes VIP´s. Os chips são inseridos com seringa nos braços dos clientes da boate.

O chip funciona como um cartão de débito para que os membros possam pagar suas contas. O chip é feito de vidro e não oferece risco de reagir dentro do corpo. Ele emite frequencias de rádio tão baixas que não interferem no sistema de segurança de aeroportos. O chip responde a um sinal quando o scanner é passado próximo a ele e transmite o número de identificação. O número é ligado a um banco de dados que se comunica com os dados da casa noturna, que então cobra os clientes. Se este desejar deixar o clube, basta que o chip seja removido cirurgicamente, um processo muito simples, semelhante ao de instalá-lo.

7.11.1.7 Festa satânica da UFF

O evento causou polêmica quando alunos reuniram-se no campus da universidade, em Rio das Ostras, para realizar performances ligadas a seminários da disciplina "Corpo e Resistência". Alguns ficaram nus, e uma mulher chegou a ter a vagina costurada.

"O evento vai além das barreiras culturais, e declara apoio a outros movimentos sociais, como o "Não vai ter Copa" e "Marcha das Vadias" e "Marcha das Maconha". Uma das participantes da festa, Raíssa Vitral, foi a mesma que teve a genitália costurada. Ela é a mesma que introduziu a imagem de uma santa na vagina em uma missa celebrada no ano passado pelo Papa Francisco em Copacabana, durante a Jornada Mundial da Juventude (JMJ)".[65] [66]

---

65 Disponível em: < http://oglobo.globo.com/sociedade/educacao/festa-satanica-da-uff-tera-ato-de-apoio-12687369>. Acesso em: 03 nov. 2016.

66 "É espantoso! É estupefaciente! É grotesco! Mas é tudo verdade. A reitoria da Universidade Federal Fluminense (UFF) informou que foi criada uma comissão para apurar a denúncia de uma suposta orgia sadomasoquista ocorrida no polo da universidade em Rio das Ostras, na região dos Lagos, no Rio. Conversa mole! Não vai dar em nada!
Calma, caros leitores! Vamos tentar explicar. Houve em tal instituição de ensino, sustentada com o nosso dinheiro, um evento intitulado "Corpo e Resistência — 2° Seminário de Investigação & Criação do Grupo de Pesquisas CNPq Cultura e Cidade Contemporânea". E isso indica, então, que você está pagando duas vezes pelo troço: a) porque o dinheiro

que sustenta as universidades federais é de todos os brasileiros; b) porque o, digamos, "acontecimento" conta com recursos do Conselho Nacional de Pesquisa e Desenvolvimento Científico e Tecnológico.
Muito bem! E a tal "orgia"? Não foi bem isso! Antes fosse! Seria muito menos grave. É que a festa, o happening, que encerrou seminário recebeu o sugestivo nome de "Xereca Satânik – A Festa". Por que "satânik", com essa grafia? Não sei. Deve haver alguma razão teórica que explique. Até aí, ok. Não precisamos ficar espantados com palavras, não é?
Um dos convidados do evento era um dito grupo de teatro que resolveu realizar performances em que pessoas foram cortadas com estiletes. É pouco! Uma moça — dita "atriz" — teve a vagina costurada. O nome da fera é Raíssa Vitral. É aquela que já usou a própria genitália com outra finalidade durante a missa celebrada pelo papa Francisco em Copacabana: introduziu na dita cuja a imagem de uma santa. Uma revolucionária mesmo essa moça!
Delinquências intelectuais dessa natureza ganham o estatuto de arte de resistência no vale-tudo em que estão se transformando as nossas universidades, especialmente na era PT, partido que comanda as instituições federais.
O professor Daniel Caetano, chefe do Departamento de Artes e Estudos Culturais da UFF, defende com entusiasmo a performance, embora diga não ter assistido ao espetáculo. Resolveu partir para o ataque em sua página no Facebook, segundo informa o *Globo* "Reações de censura às performances no Xereca Satânica evidenciaram o quão conservador, hipócrita, moralista e legalista é o mundo ao nosso redor. Um mundo que precisa ser abalado em suas estruturas para acabar com todas as formas de opressão e exploração. Estamos apenas no começo!".
Viram só? Esse cara ganha o pão que come do estado brasileiro, mas ele é contra a sociedade "legalista" e acha que todo mundo que não concorda que vaginas sejam costuradas sob o pretexto de fazer arte — ou contestar o sistema — é "conservador, hipócrita e moralista".
Ele partiu para as ameaças. Escreveu: "(...) qualquer pessoa em cargo público que porventura se posicionar contra a performance será por nós inquirida acerca de suas atitudes prévias contra os estupros em Rio das Ostras". Como??? O que quer dizer "será por nós inquirida"??? Quem esse cara pensa que é para inquirir pessoas?
Atenção, população de Rio das Ostras! Ele disse contar com a compreensão do reitor da UFF, Roberto Salles, e do prefeito da cidade, Alcebíades Sabino. Daniel Caetano tem a pretensão de ser professor de Deus: "Infelizmente, há pessoas que acreditam que o mundo deve ser moldado à sua imagem e semelhança, sem permitir qualquer espécie de desvio do padrão ou mesmo qualquer espécie de afronta à sua sensibilidade confortável, conformista e preguiçosa".
É mesmo?
Esse idiota não sabe o tamanho da sua ignorância. Não tem noção da extensão de sua burrice. Vaginas costuradas estão, por exemplo, no livro *A Filosofia na Alcova*, do Marquês de Sade. E já ali se tem claro, numa leitura não estúpida da obra, que não se trata exatamente de liberdade, mas de opressão. No reino do vale-tudo, só é proibido ser livre. A liberdade, ao contrário, é um atributo da disciplina, da contenção, do limite — do mundo que este senhor deve achar "careta".
Assistam, se tiverem algum desprendimento, ao filme *Salò ou Os 120 Dias de Sodoma*, de Pasolini. É nas tiranias absolutas que tudo é possível. Sade é do fim do século 18; "Salò" é de 1975. Este senhor, coitado!, está mais perdido que cachorro caído de mudança em pleno 2014 — e esta é a hipótese virtuosa: a de que seja ignorante. A não virtuosa é matéria para o divã.
A professora de Jornalismo do Instituto de Arte e Comunicação Social (IACS) da UFF de Niterói Sylvia Moretzshon não aprova o evento. Disse ao *Globo*: "Acho que estamos vivendo tempos meio confusos, com a derivação das manifestações de junho para atividades

7.11.1.8 Testamentos Biológicos

"Trata-se de uma declaração de vontade emitida por uma pessoa natural, em pleno gozo de suas capacidades, cujo conteúdo é uma autorização ou uma restrição total ou parcial à submissão do declarante a certos procedimentos médico-terapêuticos, na hipótese de não mais ser possível emitir esse comando, em face da perda de autodeterminação, seja por lesões cerebrais, seja por ele se encontrar em estado terminal. [...]

A declaração de vontade, sob o nome vulgar de "testamento vital", pode ter por objeto disposições sobre: a) a realização ou não de procedimentos médico-terapêuticos; b) a delimitação de quais procedimentos poder-se-iam realizar; c) a pré-exclusão de certos procedimentos; d) o estabelecimento de um lapso para a continuidade dos tratamentos, após o qual, permanecendo o estado vegetativo, se teria a recusa prévia a sua continuidade.

Não se discutirá, ao menos por agora, a relação entre o testamento vital e os limites ao exercício pleno da autodeterminação sobre tratamentos ou procedimentos médicos futuros. Essas questões ficarão para outro momento. Por agora, veja-se qual o marco infralegal existente sobre o tema, o que nos remete, de modo específico, ao texto da Resolução 1.995/2012, do Conselho Federal de Medicina, publicada na Primeira Seção do Diário Oficial da União, de 31 de agosto de 2012, que "dispõe sobre as diretivas antecipadas de vontade dos pacientes".[67]

"O testamento, considerado um negócio jurídico personalíssimo e ato de última vontade de uma pessoa, é instituto não restrito a valores ou bens

---

pirotécnicas. Acho que a universidade não deveria abrigar esse tipo de performance. Eles acham que qualquer performance é válida porque a liberdade é infinita, mas nenhum direito é absoluto, nem a liberdade. Racismo está aí para provar isso; é crime inafiançável. E minha liberdade de matar os outros? Os nazistas faziam performances fantásticas. Daqui a pouco podem abordar o assassinato como belas-artes. E aí?".
Endosso cada linha de sua consideração. É evidente que nada vai acontecer com o professor que convidou o tal grupo ou com esse coordenador arrogante, que ainda se dá o direito de intimidar seus críticos.
Ah, sim: o "Xereca Satânik" também emprestou apoio ao "Não Vai ter Copa", à "Marcha das Vadias" e à "Marcha da Maconha".
Sobre a censura ao "Cumpâdi Washington", eles não se manifestaram.
Acreditem: ou aquela gente sai logo de lá — refiro-me ao Palácio de onde emana a barbárie — ou não haverá mais ponto de retorno. A próxima etapa será subir na copa das árvores e começar a andar de... cipó". AZEVEDO, Reinaldo. *Universidade Federal em tempos petistas: vagina é costurada num evento chamado "Xereca Satânik" na UFF. Vocês estão lendo direito. Chefão do departamento diz que os críticos da festa são "conservadores e defensores do estupro. Veja como a coisa toda foi duplamente financiada com o seu dinheiro.* Disponível em: <http://veja.abril.com.br/blog/reinaldo/geral/universidade-federal-em-tempos-petistas-vagina-e-costurada-num-evento-chamado-xereca-satanik-na-uff-voces-estao-lendo-direito-chefao-do-departamento-diz-que-os-criticos-da-festa-s/>. Acesso em: 03 nov. 2016.

67 *RODRIGUES JUNIOR, Otávio Luiz. Testamento vital e seu perfil normativo (parte 1). Disponível em: <http://www.conjur.com.br/2013-ago-14/direito-comparado-testamento-vital-perfil-normativo-parte>. Acesso em: 22 jan 2016.*

patrimoniais, mas extensivo a situações existenciais. E justamente na eventualidade de inexistência do exercício da manifestação da vontade é que se revela eficaz o ato que decidiu sobre esse momento, o qual se conhece como testamento vital, ou *living will*, servindo, sobretudo, para oficializar a escolha do médico que apressou os últimos momentos de existência unicamente vegetativa".[68]

7.11.1.9 Diretivas Antecipadas de Vontade (DAVs)

O artigo 1º da Resolução 1.995/2012, do Conselho Federal de Medicina define que o objeto das "diretivas antecipadas de vontade" (DAVs) corresponde ao "conjunto de desejos, prévia e expressamente manifestados pelo paciente, sobre cuidados e tratamentos que quer, ou não, receber no momento em que estiver incapacitado de expressar, livre e autonomamente, sua vontade". A resolução exonera o médico do dever de cumprir o conteúdo das DAVs quando estas se revelarem desconformes ao Código de Ética Médica (parágrafo 2º do artigo 2º). No entanto, as DAVs "prevalecerão sobre qualquer outro parecer não médico, inclusive sobre os desejos dos familiares" (parágrafo 3º do artigo 2º).

É possível que essas DAVs sejam comunicadas *diretamente* ao médico pelo paciente, o que, a despeito da Resolução do CFM não o afirmar de modo expresso, pressupõe a hipótese de: a) revogação de DAVs anteriormente elaboradas; b) a necessidade de comprovação dessas novas disposições (parágrafo 4º do artigo 2º).

Se as DAV's (a) não forem conhecidas ou se (b) não houver representante designado pelo paciente para expressá-las ou (c) familiares do paciente que assim o façam, bem como se (d) não houver consenso entre os familiares, "o médico recorrerá ao Comitê de Bioética da instituição, caso exista, ou, na falta deste, à Comissão de Ética Médica do hospital ou ao Conselho Regional e Federal de Medicina para fundamentar sua decisão sobre conflitos éticos, quando entender esta medida necessária e conveniente" (parágrafo 5º do artigo 2º).

7.12 A Autonomia do Paciente em Submeter-se a Tratamento Médico

O artigo 15 do Código Civil protege o indivíduo na medida em que este não poderá ser constrangido a submeter-se a tratamento médico ou a intervenção cirúrgica sem a sua anuência.

Aqui surge a polêmica de como resolver a colisão entre o *direito à vida* e a *liberdade religiosa,* nos casos dos pacientes que professam a religião *Testemunhas de Jeová*. Isso porque eles, em certas ocasiões, se internam em hospitais públicos munidos de instrumento particular, registrado em Cartório,

---

68 RIZZARDO, Arnaldo. *Direito das sucessões*. 6 ed. Rio de Janeiro: Forense, 2011. p .219.

por meio do qual expressam a vontade de não serem submetidos a qualquer procedimento que implique transfusão de sangue, ainda que em decorrência haja o resultado morte.

Neste caso, caberá ao médico a terrível escolha: respeitar a autonomia da vontade do paciente ou procurar salvar a vida da pessoa em situações que necessitem a realização do procedimento de transfusão de sangue?

O Tribunal de Justiça do Estado de Minas Gerais já enfrentou a questão ao garantir, através de medida liminar, a transfusão de sangue em pessoa que professa a religião "Testemunha de Jeová". Vejamos: "O juiz da 10ª Vara Cível da Comarca de Belo Horizonte, José Nicolau Masselli, autorizou um hospital a efetuar uma transfusão de sangue em um paciente idoso, internado em estado grave, que se opunha à realização do procedimento. Adeptos da religião Testemunhas de Jeová, paciente e familiares alegam que não podem receber sangue de terceiros.

Apresentando um quadro de Hematêmese (vômito com sangue), diabetes e hipertensão, a realização da transfusão é necessária "em face do quadro eminente de risco de morte", segundo o relatório médico apresentado.

O pedido de Liminar apresentado baseou-se na Constituição da República, que, mesmo assegurando a liberdade de credo, preceitua que a vida é o bem maior de todo homem, e no Código Penal, Art. 135, que caracteriza como crime "deixar de prestar assistência, quando possível fazê-lo sem risco pessoal (...) à pessoa em grave e iminente perigo". Finalmente, amparou-se também, segundo o hospital, "na esperança de que acima da liberdade de credo, está o direito à vida".

Sobre a matéria, também já se manifestou o Conselho Federal de Medicina, que diante dos frequentes problemas envolvendo adeptos da religião Testemunhas de Jeová e procedimentos médicos publicou uma Resolução em que conclui que "se houver iminente perigo de vida, o médico praticará a transfusão de sangue, independente de consentimento do paciente ou de seus responsáveis".

Para o Juiz que deferiu a Liminar, "a ninguém é dado o direito de dispor da vida, de modo que o direito à liberdade religiosa não pode sobrepor ao direito à vida, nosso bem, constituindo dever de todos preservá-la".

A decisão foi publicada no Minas Gerais no dia 5 de setembro e, por ser de 1a instância, dela cabe recurso".[69]

O Conselho da Justiça Federal, na V Jornada de Direito Civil, editou o Enunciado CJF – 403 — Art. 15. O Direito à inviolabilidade de consciência e de crença, previsto no art. 5°, VI, da Constituição Federal, aplica-se também à pessoa que se nega ao tratamento médico, inclusive transfusão de sangue, com ou sem risco de morte, em razão do tratamento ou da falta dele, desde

69 TJ-MG, em 8.9.2006.

que observados os seguintes critérios: a) capacidade civil plena, excluído o suprimento pelo representante ou assistente; b) manifestação de vontade livre, consciente e informada; e c) oposição que diga respeito exclusivamente à própria pessoa do declarante.

Já na VI Jornada de Direito Civil, realizada em abril de 2013, foi publicado o Enunciado 533 que diz "O paciente plenamente capaz poderá deliberar sobre todos os aspectos concernentes a tratamento médico que possa lhe causar risco de vida, seja imediato ou mediato, salvo as situações de emergência ou no curso de procedimentos médicos cirúrgicos que não possam ser interrompidos.[70]

7.12.1 Testemunhas de Jeová - Transfusão de Sangue

Interessante destacar a consulta oriunda do Hospital Universitário Pedro Ernesto - HUPE, unidade integrante da Universidade do Estado do Rio de Janeiro - UERJ, acerca do procedimento a ser adotado com relação à paciente que se declara Testemunha de Jeová e manifesta recusa em receber "transfusão de sangue total, glóbulos vermelhos, glóbulos brancos, plaquetas ou plasma". No Anexo I apresentamos os seguintes pareceres e votos publicados na Revista de Direito, volume 65, da Procuradoria Geral do Estado do Rio de Janeiro:[71]

7.13 Direito ao Cadáver[72]

7.13.1 Introdução

O artigo 6° do Código Civil Brasileiro diz que "a existência da pessoa natural termina com a morte". Daí que é necessário saber qual a natureza

---

70 Justificativa: O crescente reconhecimento da autonomia da vontade e da autodeterminação dos pacientes nos processos de tomada de decisão sobre questões envolvidas em seus tratamentos de saúde é uma das marcas do final do século XX. Essas mudanças vêm-se consolidando até os dias de hoje. Inúmeras manifestações nesse sentido podem ser identificadas, por exemplo, a modificação do Código de Ética Médica e a aprovação da resolução do Conselho Federal de Medicina sobre diretivas antecipadas de vontade. O reconhecimento da autonomia do paciente repercute social e juridicamente nas relações entre médico e paciente, médico e família do paciente e médico e equipe assistencial. O art. 15 deve ser interpretado na perspectiva do exercício pleno dos direitos da personalidade, especificamente no exercício da autonomia da vontade. O "risco de vida" será inerente a qualquer tratamento médico, em maior ou menor grau de frequência. Por essa razão, não deve ser o elemento complementar do suporte fático para a interpretação do referido artigo. Outro ponto relativo indiretamente à interpretação do art. 15 é a verificação de como o processo de consentimento informado deve ser promovido para adequada informação do paciente. O processo de consentimento pressupõe o compartilhamento efetivo de informações e a corresponsabilidade na tomada de decisão.

71 Disponível em: <http://www.rj.gov.br/web/pge/exibeConteudo?article-id=464993>. Acesso em: 18 fev 2013.

72 MELLO, Cleyson de Moraes. *Direitos da Personalidade*. Rio de Janeiro: Processo, 2020.

jurídica do cadáver. Grosso modo, o cadáver é um corpo sem vida. ADRIANO DE CUPIS entende que o corpo humano após a morte representa uma "coisa" extra-commercium.73 Isto porque o direito ao cadáver é, pois, reconhecido como um desdobramento do direito de personalidade.

O *direito ao cadáver e suas partes* representa, portanto, um direito da personalidade, que compreende o direito ao sepultamento digno (a depender da manifestação de vontade em vida do falecido: enterro, cremação,[74] criogenia etc.), bem como a disposição de seu corpo ou parte dele após a morte (*e.g.*, doação de órgãos).

Ainda que alguns defendam que o Estado possa determinar a destinação do cadáver e sua forma de sepultamento (o que está ocorrendo neste momento de pandemia do coronavirus no Brasil e no mundo), está questão está afeta ao direito privado (primado da autonomia individual), especialmente, no que diz respeito aos direitos da personalidade (direito ao cadáver e suas partes). Ora, a autonomia da vontade é a essência do direito privado e só poderá sofrer objeções se violar mandamento legal ou bons costumes vivenciados em nossa sociedade. Daí que cadáver e suas partes são objeto de proteção jurídica, ainda que despido de personalidade, uma vez que "a existência da pessoa natural termina com a morte".

7.13.2 Destinação dos Restos Mortais: Criogenia

O STJ no Recurso Especial nº 1.693.718 – RJ (2017/0209642-3) enfrentou uma questão acerca da destinação dos restos mortais do falecido. Na realidade a discussão foi travada entre irmãs paternas sobre a destinação do corpo do genitor. Uma das filhas alegava que o desejo de seu pai, manifestado em vida, era o de ser criopreservado (criogenia – técnica de congelamento do corpo humano morto, com o intuito de reanimação futura), enquanto as outras sustentavam que ele devia ser sepultado na forma tradicional, ou seja, enterrado. Uma das filhas conviveu e coabitou com seu genitor por mais

73 DE CUPIS, Adriano. *Os Direitos da Personalidade*. Tradução de Adriano Vera Jardim e Antonio Miguel Caeiro. Lisboa: Morais Editora, 1961, p.93.

74 O § 2º do art. 77 da Lei nº 6.015/1973 (Lei de Registros Públicos) disciplina a cremação do cadáver, ao estabelecer o seguinte: Art. 77. Nenhum sepultamento será feito sem certidão do oficial de registro do lugar do falecimento ou do lugar de residência do de cujus, quando o falecimento ocorrer em local diverso do seu domicílio, extraída após a lavratura do assento de óbito, em vista do atestado de médico, se houver no lugar, ou em caso contrário, de duas pessoas qualificadas que tiverem presenciado ou verificado a morte. (Redação dada pela Lei nº 13.484, de 2017) § 1º Antes de proceder ao assento de óbito de criança de menos de 1 (um) ano, o oficial verificará se houve registro de nascimento, que, em caso de falta, será previamente feito. (Redação dada pela Lei nº 6.216, de 1975).

§ 2º A cremação de cadáver somente será feita daquele que houver manifestado a vontade de ser incinerado ou no interesse da saúde pública e se o atestado de óbito houver sido firmado por 2 (dois) médicos ou por 1 (um) médico legista e, no caso de morte violenta, depois de autorizada pela autoridade judiciária. (Incluído pela Lei nº 6.216, de 1975).

de 30 (trinta) anos, sendo a maior parte do tempo em cidade bem distante da que residem suas irmãs (recorridas), além de possuir procuração pública lavrada por seu pai, outorgando-lhe amplos, gerais e irrestritos poderes. Circunstâncias fáticas que permitem concluir que a sua manifestação é a que melhor traduz a real vontade do de cujus.[75] De acordo com o Recurso Especial, o falecido já se encontra submetido ao procedimento da criogenia há quase 7 (sete) anos.

Vejamos o que diz a ementa:

> [...] Ausência de previsão legal sobre o procedimento da criogenia. Lacuna normativa. Necessidade de integração da norma por meio da analogia (LINDB, art. 4º). Ordenamento jurídico pátrio que, além de proteger as disposições de última vontade do indivíduo, como decorrência do direito ao cadáver, contempla diversas normas legais que tratam de formas distintas de destinação do corpo humano em relação à tradicional regra do sepultamento. Normas correlatas que não exigem forma específica para viabilizar a destinação do corpo humano após a morte, bastando a anterior manifestação de vontade do indivíduo. Possibilidade de comprovação da vontade por qualquer meio de prova idôneo. Legitimidade dos familiares mais próximos a atuarem nos casos envolvendo a tutela de direitos da personalidade do indivíduo *post mortem*.[76]

Vamos entender o caso concreto com lastro na decisão judicial: "Enquanto a recorrente busca mantê-lo submetido ao procedimento de criogenia nos Estados Unidos da América, sustentando ser esse o desejo manifestado em vida por seu pai, as recorridas pretendem promover o sepultamento na forma tradicional (enterro).

A criogenia ou criopreservação é a técnica de congelamento do corpo humano morto, em baixíssima temperatura, com o intuito de reanimação futura da pessoa, caso sobrevenha alguma importante descoberta médica ou científica capaz de ressuscitar o indivíduo.

O procedimento da criogenia em seres humanos não possui previsão legal em nosso ordenamento jurídico. Nesses casos, para preencher a lacuna normativa sobre a matéria, o art. 4º da Lei de Introdução às Normas do Direito Brasileiro – LINDB enumera as técnicas de integração da norma ju-

---

75 Disponível em: < https://scon.stj.jus.br/SCON/decisoes/toc.jsp?livre=1.693.718&b=DTXT&thesaurus=JURIDICO&p=true#DOC3> Acesso em: 13 maio 2020.

76 Ibid.

rídica, estabelecendo que: "Quando a lei for omissa, o juiz decidirá o caso de acordo com a analogia, os costumes e os princípios gerais de direito".

Na hipótese, deve-se aplicar a analogia jurídica (iuris), pois o nosso ordenamento jurídico, além de proteger as disposições de última vontade do indivíduo, como decorrência do direito ao cadáver, contempla diversas normas legais que tratam de formas distintas de destinação do corpo humano após a morte em relação à tradicional regra do sepultamento, dentre as quais podemos citar o art. 77, § 2º, da Lei de Registros Públicos, que disciplina a possibilidade de cremação do cadáver; a Lei nº 9.434/1997, que dispõe sobre a remoção de órgãos, tecidos e partes do corpo humano para fins de transplante e tratamento; o art. 14 do Código Civil, que possibilita a destinação do corpo, após a morte, para fins científicos ou altruísticos, dentre outras.

Da análise das regras correlatas dispostas no ordenamento jurídico, considerando a necessidade de extração da norma jurídica a ser aplicada ao caso concreto, verifica-se que não há exigência de formalidade específica para a manifestação de última vontade do indivíduo, sendo perfeitamente possível, portanto, aferir essa vontade, após o seu falecimento, por outros meios de prova legalmente admitidos, observando-se sempre as peculiaridades fáticas de cada caso.

Ademais, o ordenamento jurídico brasileiro, em casos envolvendo a tutela de direitos da personalidade do indivíduo *post mortem*, legitima os familiares mais próximos a atuarem em favor dos interesses deixados pelo de cujus. São exemplos dessa legitimação as normas insertas nos arts. 12, parágrafo único, e 20, parágrafo único, do Código Civil, que tratam especificamente sobre direitos da personalidade, bem como no art. 4º da Lei nº 9.434/1997, que diz respeito à legitimidade dos familiares em relação à autorização para a remoção de órgãos, tecidos e outras partes do corpo humano para fins de transplante, dentre outras.

Nessa linha de entendimento, extraindo-se os elementos necessários à integração da lacuna normativa pela analogia, é de se concluir que, na falta de manifestação expressa deixada pelo indivíduo em vida no sentido de ser submetido à criogenia após a morte, presume-se que sua vontade seja aquela manifestada por seus familiares mais próximos.

Na hipótese dos autos, não obstante as partes litigantes – recorrente e recorridas – tenham o mesmo grau de parentesco com o falecido, pois todas são descendentes de 1º grau (filhas), é razoável concluir que a manifestação da filha Lígia Monteiro, ora recorrente, é a que traduz a real vontade de seu genitor em relação à destinação de seus restos mortais, visto que, sem dúvida alguma, é a que melhor pode revelar suas convicções e desejos, em razão da longa convivência com ele, que perdurou até o final de sua vida.

Com efeito, revela-se incontroverso nos autos que a recorrente conviveu e coabitou com seu pai por mais de 30 (trinta) anos, após ele ter se divorciado da mãe das recorridas, sendo a maior parte desse tempo - mais de 20 (vinte) anos - em cidade bem distante da que residem suas irmãs (recorridas).

Também é fato incontroverso que Luiz Felippe Dias de Andrade Monteiro lavrou procuração pública em favor de sua filha Lígia (recorrente), com quem residia, outorgando-lhe amplos, gerais e irrestritos poderes, o que indica a confiança irrestrita inerente a uma convivência duradoura entre pai e filha.

Por outro lado, as autoras da ação (recorridas) não se desincumbiram de refutar, de forma concreta, o fato de que sua irmã Lígia, por ter convivido com o genitor delas por mais de 30 (trinta) anos, teria melhores condições de traduzir sua vontade, sobretudo porque a causa de pedir está totalmente fundada no desejo delas próprias de realizar o sepultamento de seu pai em território nacional, e não na aferição da manifestação de última vontade dele.

Vale destacar que o corpo do genitor das litigantes já se encontra submetido ao procedimento de criogenia, no Cryonics Institute, localizado na cidade de Michigan (EUA), desde julho de 2012, isto é, há quase 7 (sete) anos.

Tal fato deve ser levado em consideração na análise do presente caso, visto que, embora legítimo o interesse das recorridas em tentar sepultar o pai em território nacional, não se pode ignorar que a situação jurídica, de certa forma, já se consolidou no tempo.

De fato, negar provimento ao presente recurso especial para que o corpo seja repatriado e, posteriormente, sepultado e enterrado no Rio de Janeiro/RJ, cidade na qual as recorridas nem sequer residem, não se mostra razoável, pois, além de restabelecer o difícil sentimento de perda e sofrimento já experimentado quando do falecimento, essa situação, certamente, não teria o condão de assegurar a pacificação social almejada pelo direito.

A solução da controvérsia perpassa pela observância ao postulado da razoabilidade, porquanto, a par do reconhecimento de que o de cujus realmente desejava ser submetido ao procedimento da criogenia após a morte, não se pode ignorar, diante da singularidade da questão discutida, que a situação fático-jurídica já se consolidou no tempo, impondo-se, dessa forma, a preservação do corpo do pai da recorrente e das recorridas submetido ao procedimento da criogenia no referido instituto. Recurso especial provido. [...]"[77] (grifo nosso).

7.13.3 Proteção à imagem do cadáver

7.13.3.1 Caso Daniela Perez (filha da escritora Gloria Perez)

Na jurisprudência do STJ, destaca-se acórdão da Quarta Turma, relatoria do Ministro César Asfor Rocha, que reconheceu proteção à honra de

77 Ibid.

pessoa falecida (cadáver), em conhecido caso envolvendo a filha da escritora Glória Perez, que fora assassinada. A ementa do acórdão foi a seguinte, *verbis*:

> CIVIL E PROCESSUAL CIVIL. REEXAME DE PROVA. DIVERGÊNCIA. DANOS MORAIS E MATERIAIS. DIREITO À IMAGEM. SUCESSÃO. SUCUMBÊNCIA RECÍPROCA. HONORÁRIOS.
>
> 1. Os direitos da personalidade, de que o direito à imagem é um deles, guardam como principal característica a sua intransmissibilidade.
>
> Nem por isso, contudo, deixa de merecer **proteção a imagem de quem falece**, como se fosse coisa de ninguém, porque ela permanece perenemente lembrada nas memórias, como bem imortal que se prolonga para muito além da vida, estando até acima desta, como sentenciou Ariosto. Daí porque não se pode subtrair da mãe o direito de defender a imagem de sua falecida filha, pois são os pais aqueles que, em linha de normalidade, mais se desvanecem com a exaltação feita à memória e à imagem de falecida filha, como são os que mais se abatem e se deprimem por qualquer agressão que possa lhes trazer mácula.
>
> Ademais, a imagem de pessoa famosa projeta efeitos econômicos para além de sua morte, pelo que os seus sucessores passam a ter, por direito próprio, legitimidade para postularem indenização em juízo.
>
> [...] Recursos não conhecidos. (REsp 268.660/RJ, Rel. Ministro CESAR ASFOR ROCHA, QUARTA TURMA, julgado em 21/11/2000, DJ 19/02/2001, p. 179).

O Ministro PAULO DE TARSO SANSEVERINO, no Recurso Especial nº 1.835.438 – MG (2019/0259993-3), em 19/09/2019, decidiu que "com efeito, o espólio não pode sofrer dano moral por constituir uma universalidade de bens e direitos, sendo representado pelo inventariante (art. 12, V, do CPC) para questões relativas ao patrimônio do *de cujus*.

Entretanto, o cônjuge sobrevivente e os herdeiros da pessoa falecida podem postular uma reparação pelos prejuízos causados, após a sua morte, por um ato ilícito que atinge a imagem e a memória da pessoa falecida, conforme previsto no art. 12, parágrafo único, do Código Civil de 2002".[78]

78 Disponível em: < https://scon.stj.jus.br/SCON/decisoes/toc.jsp?livre=GLORIA+PROX2+PEREZ&b=DTXT&thesaurus=JURIDICO&p=true#DOC1> Acesso em: 13 maio 2020.

7.13.3.2 Dano Moral – Eficácia Post Mortem

Aqui o caso concreto se refere a contratação de cartão de crédito após a morte do usuário, ensejando a inscrição do seu nome nos cadastros de devedores inadimplentes. É possível a propositura de ação declaratória de inexistência de contrato de cartão de crédito, cumulada com pedido de indenização por danos morais, pelo espólio e pela viúva.

A viúva possui legitimidade ativa tanto para o pedido declaratório como para o pedido de indenização pelos prejuízos decorrentes da ofensa à imagem do falecido marido, conforme previsto no art. 12, parágrafo único, do Código Civil. Ausência de legitimidade ativa do espólio para o pedido indenizatório, pois a personalidade do "de cujus" se encerrara com seu óbito, tendo sido o contrato celebrado posteriormente (REsp 1209474/SP, Rel. Ministro PAULO DE TARSO SANSEVERINO, TERCEIRA TURMA, julgado em 10/09/2013, DJe 23/09/2013).

Aqui se desvela divergência doutrinária acerca da possibilidade de uma eficácia *post mortem* dos direitos da personalidade. Vejamos:[79]

> Na doutrina, três correntes foram construídas acerca do tema, merecendo lembrança a didática síntese feita por Ney Rodrigo Lima Ribeiro, em seu artigo denominado Direito à proteção de pessoas falecidas. Enfoque luso-brasileito, na obra Direitos da Personalidade, coordenada pelos Professores Jorge Miranda, Otávio Luiz Rodrigues Junior e Gustavo Bonato Fruet, (São Paulo: Atlas, 2012, p. 442):
> a) sustentam que a personalidade cessa com a morte (art. 6º do CC), ou seja, que é uma regra absoluta e, por conseguinte, a morte tudo resolve (*mors omnia solvit*), bem como não há extensão dos direitos de personalidade, os seguintes doutrinadores: Sílvio de Salvo Venosa; Cristiano Chaves; Pontes de Miranda e Silvio Romero Beltrão;
> b) defendem que a personalidade cessa com a morte (art. 6º do CC), entretanto, é uma regra relativa e, por decorrência, o brocardo jurídico *mors omnia solvit* não é absoluto, há extensão dos direitos de personalidade após a morte e também é cabível a indenização diante de lesão à pessoa falecida, os seguintes autores: Álvaro Villaça, Silmara J. Chinellato; Rubens Limongi França; Ingo Wolfgang Sarlet; Gustavo Tepedino; Maria Helena Diniz; Flávio Tartuce; Paulo Lôbo; Francisco Amaral e José Rogério Cruz e Tucci;

79 Ministro PAULO DE TARSO SANSEVERINO, no Recurso Especial nº 1.835.438 - MG (2019/0259993-3), em 19/09/2019. Ibid.

c) a doutrina brasileira é quase uníssona em afirmar que o princípio da dignidade da pessoa humana (art. 1º, III, da CF/88) é o sustentáculo de proteção das pessoas falecidas.[80]

7.13.4 Direito ao cadáver e a exposição *À Corps Ouvert*

Aqui vale destacar o caso concreto apresentado pelo professor de Direito Civil da Faculdade de Direito da Universidade do Estado do Rio de Janeiro - UERJ, ANDERSON SCHREIBER, em sua obra *Direitos da Personalidade*: Vejamos: "Se é certo que o direito, como fenômeno cultural, se compadece com cerimônias e costumes religiosos, ligados à visitação aos cemitérios e outras homenagens aos mortos, também é preciso estar aberto ao novo. Daí o aceso debate despertado por decisão do Poder Judiciário francês que, em 2009, determinou o encerramento da exposição *À Corps Ouvert*, que fazia grande sucesso em Paris.

Compunham a mostra 12 cadáveres de chineses, sem pele, conservados por meio de uma técnica que permite colocá-los em posição que simulam ações cotidianas, como jogar basquete. A exposição foi recusada por alguns museus e espaços culturais que alegaram razões éticas para não recebê-la. Quando foi

---

80 No Direito português, o Código Civil de 1966, em seu art. 71, nº 1, prevê uma permanência genérica dos direitos da personalidade post mortem, nos seguintes termos, verbis:
Art. 71º (Ofensa a pessoas já falecidas) 1. Os direitos de personalidade gozam igualmente de protecção depois da morte do respectivo titular.
2. Tem legitimidade, neste caso, para requerer as providências previstas no nº 2 do artigo anterior o cônjuge sobrevivo ou qualquer descendente, ascendente, irmão, sobrinho ou herdeiro do falecido.
3. Se a ilicitude da ofensa resultar da falta de consentimento, só as pessoas que o deveriam prestar têm legitimidade, conjunta ou separadamente, para requerer as providências a que o número anterior se refere.
Na mesma linha, no Direito brasileiro, apesar do encerramento dos direitos da personalidade com a morte de seu titular, há previsão legal expressa de proteção post mortem desses direitos em alguns casos específicos.
O Código Civil brasileiro de 2002 estatuiu duas formas de tutela póstuma dos direitos da personalidade nos parágrafos únicos dos seus artigos 12 e 20, verbis:
Art. 12. Pode-se exigir que cesse ameaça, ou lesão, a direito da personalidade, e reclamar perdas e danos, sem prejuízo de outras sanções previstas em lei.
Parágrafo único. Em se tratando de morto, terá legitimidade para requerer a medida prevista neste artigo o cônjuge sobrevivente, ou qualquer parente em linha reta, ou colateral até o quarto grau.
Art. 20. Salvo se autorizadas, ou se necessárias à administração da justiça ou à manutenção da ordem pública, a divulgação de escritos, a transmissão da palavra, ou a publicação, a exposição ou a utilização da imagem de uma pessoa poderão ser proibidas, a seu requerimento e sem prejuízo da indenização que couber, se lhe atingirem a honra, a boa fama ou a respeitabilidade, ou se se destinarem a fins comerciais.
Parágrafo único. Em se tratando de morto ou de ausente, são partes legítimas para requerer essa proteção o cônjuge, os ascendentes ou os descendentes.

enfim inaugurada, *À Corps Ouvert* atraiu cerca de 120 mil visitantes em Paris. A diversão encerrou-se com a decisão proferida em ação judicial proposta por entidades humanitárias, que suscitaram, além de questões éticas, um suposto extravio de cadáveres de prisioneiros chineses. A ordem de fechamento da exibição foi expedida ao argumento de que "lugar de cadáver é no cemitério".[81]

7.14 O Direito ao Nome

O *direito ao nome,* nele compreendido o nome e o sobrenome, está resguardado pelos artigos 16 a 19 do nosso Código Civil.[82]

A regra geral é a imutabilidade do nome, entretanto, existem exceções nos casos de homonímia e nomes que exponham ao ridículo a pessoa.[83] Não pode o nome expor a pessoa ao ridículo na sociedade, pois o nome é um *elemento de identificação social.* Vejamos alguns nomes esquisitos, tais como "Aberta Demais de Oliveira, Ácido Acético Etílico da Silva, Amável Pinto, Antonio Manso Pacífico de Oliveira Sossegado, Antônio Morrendo das Dores, Faraó do Egito Sousa", dentre outros. Daí que o artigo 55, parágrafo único, da Lei de Registros Públicos (Lei 6.015/73) informa que "os oficiais do registro civil não registrarão prenomes suscetíveis de expor ao ridículo os seus portadores. Quando os pais não se conformarem com a recusa do oficial, este submeterá por escrito o caso, independente da cobrança de quaisquer emolumentos, à decisão do Juiz competente".

Todo nascimento que ocorrer no território nacional deverá ser dado a registro, no lugar em que tiver ocorrido o parto ou no lugar da residência dos pais, dentro do prazo de quinze dias, que será ampliado em até três meses para os lugares distantes mais de trinta quilômetros da sede do cartório (LRP, artigo 50).

O artigo 16 do nosso Código Civil determina que "toda pessoa tem direito ao nome, nele compreendidos o prenome e o sobrenome".[88]

---

81 SCHREIBER, Anderson. *Direitos da Personalidade.* 2.ed. São Paulo: Atlas, 2013, p.50.

82 Direito ao Nome – Apelantes requerem que lhes seja reconhecido o direito de colocar em sua filha o nome que escolheram, o qual não consta da lista regulada pela lei nacional. Alegam violação do artigo 8° da Convenção Europeia de Direitos Humanos. Foi reconhecida a aplicabilidade do referido dispositivo, mas não a sua violação pelo Governo Francês. (Guillot v. France, Corte Europeia de Direitos Humanos). MELLO, Celso D. de Albuquerque e TORRES, Ricardo Lobo. *Arquivos de direitos humanos.* Volume 1. Rio de Janeiro: Renovar. 1999. p. 247

83 LRP -Art. 56. O interessado, no primeiro ano após ter atingido a maioridade civil, poderá, pessoalmente ou por procurador bastante, alterar o nome, desde que não prejudique os apelidos de família, averbando-se a alteração que será publicada pela imprensa.

LRP -Art. 57 – Qualquer alteração posterior de nome, somente por exceção e motivadamente, após audiência do Ministério Público, será permitida por sentença do juiz a que estiver sujeito o registro, arquivando-se o mandato e publicando-se a alteração pela imprensa. § 1° Poderá, também, ser averbado, nos mesmos termos, o nome abreviado, usado como firma comercial registrada ou em qualquer atividade profissional. § 2° A mulher solteira, desquitada ou viúva, que viva com homem solteiro, desquitado

Verifica-se, pois, que o nome faz parte dos direitos da personalidade da pessoa, promovendo não só a identificação desta pessoa no seio social, mas sobretudo a sua individualização em sua própria esfera íntima.

Já o sobrenome identifica a pessoa em relação a sua identidade familiar. O nome da família carrega a origem de nossos antepassados. O nome e sobrenome se destacam nos primeiros anos de vida. O bebê reconhece desde logo o seu nome e a partir do processo de alfabetização, o aluno apreende a escrever, preliminarmente, o seu nome e sobrenome. A escrita do nome é uma conquista inicial do educando no mundo das letras, ou seja, o conjunto de letras que representa o seu nome proporciona ao aluno a percepção de si próprio no ambiente escolar e social. O nome e sobrenome desvela sua identidade, filiação e história. O nome e sobrenome representa para o educando a sua própria existência (é a sua identidade pessoal como pessoa no mundo).

Neste sentido, VITOR ALMEIDA ensina que a tutela do nome deve ser balizada pelo direito à identidade pessoal, de modo que o nome possa espelhar o projeto de vida escolhido por cada pessoa. Vejamos: "O direito à identidade pessoal, em sua integralidade, deve condicionar e balizar o direito ao nome, eis que mais abrangente que este. [...] Desse modo, por mais que atue como elemento externo de identificação da pessoa, o nome deve refletir as próprias escolhas direcionadas ao projeto de vida pessoal, não podendo servir como um fator de discriminação e exclusão sociais, na medida em que aquele nome registral não mais condiz com a identidade expressa pela pessoa, estigmatizando-a e prejudicando sua própria afirmação enquanto ser na sociedade. Portanto, a verdade registral do nome da pessoa humana só encontra relevância e cumpre sua função se corresponder à sua verdade pessoal".[84]

A identificação do nome e familiar é tão importante que considerando a formação de novas famílias no mundo da vida, o enteado ou a enteada, havendo motivo ponderável, poderá requerer ao juiz competente que, no registro de nascimento, seja averbado o nome de família de seu padrasto ou de sua madrasta, desde que haja expressa concordância destes, sem prejuízo de seus apelidos de família. (LRP, artigo 57, § 8º).

Além desta hipótese de parentalidade socioafetiva, a alteração do nome poderá ocorrer nas seguintes situações:

a) Adoção, já que a sentença judicial que será inscrita no registro civil, conferirá ao adotado o nome do adotante e, a pedido de qualquer deles, poderá determinar a modificação do prenome (ECA, art. 47, § 5º);

---

84 ALMEIDA, Vitor. A proteção do nome da pessoa humana entre a exigência registral e a identidade pessoal: a superação do princípio da imutabilidade do prenome no direito brasileiro. In *Revista trimestral de direito civil - RTDC*. Vol. 52, outubro a dezembro de 2012. Rio de Janeiro: Ed. Padma, 2000. p. 215-216.

b) União estável;[85]

c) Casamento;[86 87]

d) Para substituição por apelidos públicos notórios;[88 89 80]

---

85 Art. 57 da LRP: A alteração posterior de nome, somente por exceção e motivadamente, após audiência do Ministério Público, será permitida por sentença do juiz a que estiver sujeito o registro, arquivando-se o mandado e publicando-se a alteração pela imprensa, ressalvada a hipótese do art. 110 desta Lei. (...) § 2º – A mulher solteira, desquitada ou viúva, que viva com homem solteiro, desquitado ou viúvo, excepcionalmente e havendo motivo ponderável, poderá requerer ao juiz competente que, no registro de nascimento, seja averbado o patronímico de seu companheiro, sem prejuízo dos apelidos próprios, de família, desde que haja impedimento legal para o casamento, decorrente do estado civil de qualquer das partes ou de ambas. § 3º – O juiz competente somente processará o pedido, se tiver expressa concordância do companheiro, e se da vida em comum houverem decorrido, no mínimo, 5 (cinco) anos ou existirem filhos da união.

86 Artigo 1.565 do CC/2002: Pelo casamento, homem e mulher assumem mutuamente a condição de consortes, companheiros e responsáveis pelos encargos da família. § 1º – Qualquer dos nubentes, querendo, poderá acrescer ao seu o sobrenome do outro

87 Desde que não haja prejuízo à ancestralidade, nem à sociedade, é possível a supressão de um patronímico, pelo casamento, pois o nome civil é direito da personalidade. Recurso Especial a que não se conhece. (REsp 662.799/MG, Rel. ministro CASTRO FILHO, TERCEIRA TURMA, julgado em 8.11.2005, DJ 28.11.2005 p. 279).

88 Art. 58 da LRP: O prenome será definitivo, admitindo-se, todavia, a sua substituição por apelidos públicos notórios. Parágrafo único. A substituição do prenome será ainda admitida em razão de fundada coação ou ameaça decorrente da colaboração com a apuração de crime, por determinação, em sentença, de juiz competente, ouvido o Ministério Público

89 Vejamos a seguinte decisão: "Como se depreende dos autos, o Apelante pretende, a retificação aditiva de seu apelido ao seu nome, para que altere de Sebastião Pereira Soares para Sebastião Capu Pereira Soares.

Como cediço na matéria sub judice a regra é a imutabilidade do prenome (art. 58 da Lei nº 9.708/98), com o que se busca assegurar a perfeita identificação da pessoa, propiciando segurança e a estabilidade nas relações sociais.

Até porque, o nome da pessoa apresenta interesse público, na medida em que se constitui em um dos fundamentais direitos pertinentes à personalidade. Ele não se põe, no entanto, fundamental apenas na esfera de interesses individuais da pessoa, mas também em esferas de interesse público, no sentido de permitir, a qualquer momento, a perfeita e induvidosa identificação do indivíduo.

Efetivamente, o nome transcende à pessoa, representando, antes de tudo, um interesse público, pelo que, somente em situações excepcionalíssimas, tais como erro gráfico, exposição ao ridículo e/ou proteção a testemunhas, admitem-se alterações.

Daí o interesse social e público em que ele, no decorrer da existência da pessoa, não experimente significativas alterações, capazes de dificultar uma perfeita identificação ou tumultuar os registros importantes de sua vida.

No caso em comento, a meu ver, a inserção do apelido "Capu" no prenome do requerente trará maior notoriedade, posto que preservados estão o primeiro nome (Sebastião) como os sobrenomes (Pereira Soares). Ademais, na medida em que se refere a apelido público e notório que será incorporado à sua personalidade, o fim do nome que é a distinção entre as pessoas está amplamente resguardada.

Destaco que o nome é direito de qualquer cidadão e o acompanha em todos os atos da sua vida civil, não me parece justo que não haja a inclusão do apelido, sobremodo quando não se vislumbra na alteração qualquer prejuízo a terceiros.

Certo que a regra é da imutabilidade do prenome, entretanto, a lei também deve servir de

e) Por opção, quando atingida a maioridade, devendo ser exercida no prazo de um ano;[91]
f) Pelo estrangeiro, quando do processo de naturalização;[92]
g) Para a proteção a vítimas ou testemunhas de crime.[93] [94]

---

instrumento para manter a paz social e harmonizar a vida das pessoas, solucionando seus conflitos, razão pela qual não se justifica um rigorismo exacerbado.
Diante do exposto, DOU PROVIMENTO ao apelo, a fim de incluir o apelido ao prenome do Apelante, para que passe a constar SEBASTIÃO CAPU PEREIRA SOARES.
É como voto. ACÓRDÃO. Vistos, relatados e discutidos os autos em epígrafe, a SEGUNDA CÂMARA CÍVEL do Tribunal de Justiça do Estado de Mato Grosso, sob a Presidência do DES. A. BITAR FILHO, por meio da Câmara Julgadora, composta pela DESA. MARIA HELENA GARGAGLIONE PÓVOAS (relatora), DES. A. BITAR FILHO (Revisor) e DES. DONATO FORTUNATO OJEDA (Vogal), proferiu a seguinte decisão: RECURSO PROVIDO, À UNANIMIDADE E EM CONSONÂNCIA COM O PARECER ORAL DO MINISTÉRIO PÚBLICO. Cuiabá, 29 de abril de 2009". Disponível em: < http://www.anoreg.org.br/index.php?option=com_content&view=article&id=13353:imported_13324&catid=55&Itemid=125>. Acesso em: 01 nov. 2016.

90 APELAÇÃO CÍVEL. AÇÃO DE RETIFICAÇÃO DE REGISTRO CIVIL. PRETENSÃO DE INCLUSÃO DA EXPRESSÃO PAPAI NOEL. INADMISSIBILIDADE. ADMISSIBILIDADE SOMENTE NA HIPÓTESE DE ERRO GRÁFICO OU DE EXPOSIÇÃO A RIDÍCULO. Como exceção à regra, permite-se a retificação do nome civil, por exemplo, na hipótese de evidente erro gráfico, quando se pretende adotar apelido público notório ou quando se pretende acrescer ou excluir sobrenome de genitores e/ou padrastos. Em sede de ação de retificação de registro civil, o pedido de inserção da expressão "Papai Noel" no nome do requerente é improcedente, na medida em que não se refere ao apelido público e notório que possa ser incorporado à sua personalidade para o fim de distingui-lo das outras pessoas, mas de apelido, no sentido pejorativo, pelo qual ficou conhecido em algumas comunidades em virtude de suas atividades filantrópicas promovidas às vésperas dos festivos natalinos e de sua semelhança física com o personagem fictício que se tornou símbolo cristão de domínio público. Ainda que prove realizar tais ações filantrópicas assumindo o famoso personagem imaginário, a hipotética admissão da inusitada retificação do nome, longe de resultar em justiça, ordem e correção, tornaria o requerente suscetível à exposição ao ridículo na esfera de suas relações civis, além de inverter a lógica jurídica que deve orientar as questões atinentes ao registro civil, de inegável interesse público. (TJMG - 1ª CÂMARA CÍVEL - Apelação Cível 1.0024.05.880241-4/001 - Rel. Des. Armando Freire - Julgamento: 13/02/2007- Publicação: 02/03/2007)

91 Art. 56 da LRP: O interessado, no primeiro ano após ter atingido a maioridade civil, poderá, pessoalmente ou por procurador bastante, alterar o nome, desde que não prejudique os apelidos de família, averbando-se a alteração que será publicada pela imprensa.

92 Art. 115 da Lei 6.815/80: O estrangeiro que pretender a naturalização deverá requerê-la ao ministro da Justiça, declarando: nome por extenso, naturalidade, nacionalidade, filiação, sexo, estado civil, dia, mês e ano de nascimento, profissão, lugares onde haja residido anteriormente no Brasil e no exterior, se satisfaz o requisito a que alude o artigo 112, item VII e se deseja ou não traduzir ou adaptar o seu nome à língua portuguesa.

93 Art. 58 da LRP: O prenome será definitivo, admitindo-se, todavia, a sua substituição por apelidos públicos notórios. Parágrafo único. A substituição do prenome será ainda admitida em razão de fundada coação ou ameaça decorrente da colaboração com a apuração de crime, por determinação, em sentença, de juiz competente, ouvido o Ministério Público.

94 A Lei 9.807/99, que instituiu o Programa Federal de Assistência a Vítimas e a

Neste último caso, a Lei 9.807/99, que instituiu o *Programa Federal de Assistência a Vítimas e a Testemunhas Ameaçadas*, prevê a substituição do prenome, e até do nome por colaborar com a apuração de um crime. A mudança pode ser determinada em sentença judicial, ouvido o Ministério Público. A alteração poderá estender-se ao cônjuge, companheiro, filho, pai ou dependente que tenha convivência habitual com a vítima ou testemunha. A lei determina ainda que, cessada a coação ou ameaça que deu causa à alteração, a pessoa protegida pode solicitar ao juiz que volte a adotar seu nome original, conforme sua certidão de nascimento.

Vale lembrar também que WALTER CENEVIVA, comentando o artigo 56 da LRP diz que: "O STJ reconheceu a possibilidade de retificação, mesmo antes da maioridade, por menor impúbere representado por seus pais, permitindo que pessoa chamada Maria Aparecida acrescentasse prenome Simone, antes do seu, pelo qual foi conhecida desde o nascimento. Reformou, nessa decisão, pronunciamentos anteriores de primeiro e segundo grau. A autora alegou que: "desde que nasceu, é chamada de Simone; seu pai, pessoa simples, do campo, ao registrá-la – somente oito meses depois do seu nascimento – fê-lo sob o nome de Maria Aparecida; o registro civil, contudo, não modificou o modo como sempre foi chamada por todos, parentes, amigos, conhecidos, permanecendo o nome Simone; ao começar a frequentar a escola surgiram os problemas, pois professores e colegas de classe a chamam de Maria Aparecida, o que lhe causa embaraços e constrangimento para explicar a duplicidade de nomes".[95]

Assim, a jurisprudência do STJ tem flexibilizado a regra temporal prevista no artigo 56 da Lei 6.015/73 (LRP), admitindo que menores, devidamente assistidos por seus pais, possam postular retificação no registro civil, desde que se verifique o justo motivo.[96]

Neste diapasão, a decisão do ministro SÁLVIO DE FIGUEIREDO TEIXEIRA, Quarta Turma, no Recurso Especial 66.643/SP, julgado em

---

Testemunhas Ameaçadas, prevê a substituição do prenome, e até do nome por colaborar com a apuração de um crime. A mudança pode ser determinada em sentença judicial, ouvido o Ministério Público. A alteração poderá estender-se ao cônjuge, companheiro, filho, pai ou dependente que tenha convivência habitual com a vítima ou testemunha. A lei determina ainda que, cessada a coação ou ameaça que deu causa à alteração, a pessoa protegida pode solicitar ao juiz que volte a adotar seu nome original, conforme sua certidão de nascimento.

95 CENEVIVA, Walter. *Lei dos Registros Públicos comentada*. 17. ed. São Paulo: Saraiva, 2007, p. 142.

96 Alguns exemplos de situações em que se admitiu a modificação de nome: a) inclusão do patronímico de companheiro (REsp 1206656/GO,); b) acréscimo do patronímico materno (REsp 1256074/MG); c) substituição do patronímico do pai pelo do padrasto (Ag 989812/SP); d) inclusão do patronímico do padrasto (REsp 538187/RJ); e) alteração da ordem dos apelidos de família (REsp 1323677/MA); f) inclusão do nome de solteira da genitora, adotado após o divórcio (REsp 1041751/DF)

21.10.1997, DJ 09.12.97: "CIVIL. REGISTRO PÚBLICO. NOME CIVIL. PRENOME. RETIFICAÇÃO. POSSIBILIDADE. MOTIVAÇÃO SUFICIENTE. PERMISSÃO LEGAL. LEI 6.015/1973, ART. 57. HERMENÊUTICA. EVOLUÇÃO DA DOUTRINA E DA JURISPRUDÊNCIA. RECURSO PROVIDO. I – o nome pode ser modificado desde que motivadamente justificado. No caso, alem do abandono pelo pai, o autor sempre foi conhecido por outro patronímico. II – a jurisprudência, como registrou Benedito Silverio Ribeiro, ao buscar a correta inteligência da lei, afinada com a "lógica do razoável", tem sido sensível ao entendimento de que o que se pretende com o nome civil é a real individualização da pessoa perante a família e a sociedade".[97]

---

97 Outra decisão importante foi proferida no TJRJ: APELAÇÃO CÍVEL. ALTERAÇÃO DE REGISTRO CIVIL. MUDANÇA DO PRENOME "RAIMUNDA". ARTIGOS 57 E 58 DA LEI DE REGISTROS PÚBLICOS. EXCEÇÃO AO PRINCÍPIO DA IMUTABILIDADE DO PRENOME. Recorrente que sofre intenso abalo psicológico oriundo do fato de se chamar Raimunda, sendo pessoa humilde, de pouca instrução, exercente da função de merendeira na APAE de Volta Redonda e assistida pela Defensoria Pública. Art. 57 da LRP, que permite excepcionalmente que o nome seja alterado após esgotado o prazo de um ano contado da maioridade, desde que presente razão suficiente para tal. Jurisprudência do eg. STJ, que admite a aludida alteração, desde que preenchidos os requisitos autorizadores da alteração do nome e ausentes expedientes escusos visando a esquiva de eventuais credores. Prova dos autos. Parecer psicológico que sinaliza que a recorrente sente-se constrangida e expressa grande angústia ante a exposição de seu nome e, devido a esta dificuldade de aceitação, apresenta complicações nas relações interpessoais quando seu nome se torna conhecido pelos outros. Depoimento testemunhal a corroborar que a recorrente não pugna pela alteração de seu prenome por mero capricho pessoal, mas sim em razão do constrangimento pessoal que sofre em razão do nome Raimunda. Crachá funcional e depoimento testemunhal que confirmam que a recorrente é conhecida em seu meio social como Marina, apelido público notório, cuja adoção, em substituição ao prenome, é admitida pelo art. 58 da Lei nº 6015/73. Depoimento pessoal que comprova que a pessoa é alvo de constantes deboches, humilhações, chacotas e trocadilhos, a tornar nítido que a medida pleiteada visa atender anseios garantidores da dignidade da pessoa humana, assegurada na Carta Magna. Precedente do STJ, de lavra da ministra Nancy Andrighi, que confirma expressamente o prenome "Raimunda" como vexatório e hábil a causar constrangimento pessoal. Motivo excepcional hábil a autorizar a alteração do nome nos moldes do art. 57 da LRP, que resta constatado. Perquirição acerca do outro requisito elencado pela jurisprudência, qual seja, a demonstração de que o pleito não configura expediente escuso para fugir de credores. "Nada consta" em certidões de protestos e dos distribuidores cíveis e criminais. Existência de uma restrição cadastral, registrada em 29/06/2004 por uma pequena loja de calçados. Informação a ser excluída do cadastro, por ser referente, nesta data, a período superior a 5 anos. Inteligência do art. 43, § 1º, do CDC e da súmula nº 323 do STJ. Fato isolado, de somenos importância quando cotejado com a relevância dos direitos da personalidade, dos quais o direito ao nome é espécie, a dignidade da pessoa humana, o bem-estar psicológico e o ajuste social e afetivo da apelante. Ressalto a importância da segurança das relações jurídicas em nosso ordenamento jurídico. Julgador que deve encontrar solução que atenda ao legítimo interesse da recorrente sem prejudicar o direito de terceiro, titular de um crédito em face da recorrente desde 29/06/2004, que ainda não foi objeto de ação judicial. Nítida ponderação de interesses, a indicar que o melhor deslinde para a causa é o acolhimento da pretensão de alteração do nome, resguardando-se o direito do credor através de intimação

Resta claro, portanto, que o nome está inserido nos direitos da personalidade, ou seja, aqueles de conteúdo não patrimonial, reconhecidos à pessoa na sua identidade pessoal e nos desdobramentos do convívio em sociedade.

Da mesma forma, o brasileiro que adquiriu dupla cidadania pode ter seu nome retificado no registro civil do Brasil, desde que isso não cause prejuízo a terceiros, quando vier a sofrer transtornos no exercício da cidadania por força da apresentação de documentos estrangeiros com sobrenome imposto por lei estrangeira e diferente do que consta em seus documentos brasileiros. (STJ. 3ª Turma. REsp 1.310.088-MG, Rel. Min. João Otávio de Noronha, Rel. para acórdão Min. Paulo de Tarso Sanseverino, julgado em 17/5/2016).

Outrossim, o nome da pessoa não pode ser empregado por outrem em publicações ou representações que a exponham ao desprezo público, ainda quando não haja intenção difamatória (CC, art. 17).

O artigo 18 do CCB preceitua que "sem autorização, não se pode usar o nome alheio em propaganda comercial".[98]

O Conselho da Justiça Federal, na IV Jornada de Direito Civil, editou o Enunciado 278, que informa: "A publicidade que venha a divulgar, sem autorização, qualidades inerentes a determinada pessoa, ainda que sem mencionar seu nome, mas sendo capaz de identificá-la, constitui violação a direito da personalidade".

Vale lembrar que, consoante o artigo 19 do nosso Código Civil, o pseudônimo também foi elencado no rol dos direitos da personalidade, ou seja, nosso ordenamento jurídico protege o nome adotado por um escritor, por um artista em suas atividades.[99]

A Lei nº 11.924, de 17 de abril de 2009, acrescentou ao artigo 57 da Lei dos Registros Públicos o § 8º, dispondo que o "enteado ou a enteada, havendo motivo ponderável e na forma dos §§ 2º e 7º deste artigo, poderá requerer ao juiz competente que, no registro de nascimento, seja averbado o nome de família de seu padrasto ou de sua madrasta, desde que haja expressa concordância destes, sem prejuízo de seus apelidos de família".

Outra mudança legislativa importante foi a Lei nº 13.484, de 26 de setembro de 2017, alterando o artigo 97 da Lei nº 6.015/73, dispensando a manifestação do Ministério Público para a lavratura das averbações, salvo se o "oficial suspeitar de fraude, falsidade ou má-fé nas declarações ou na documentação apresentada para fins de averbação". Neste caso, ele "não praticará

para que tenha ciência de que a devedora teve o seu prenome modificado, evitando-se, com isso, qualquer burla ao seu direito creditório. Determinação de retificação do registro civil da apelante, procedendo-se às anotações de estilo. PROVIMENTO DO RECURSO. TJRJ, 18ª Câmara Cível, Apelação Cível nº 0006866-11.2006.8.19.0066, Rel. Des. Célia Meliga Pessoa, j. 04/08/2009, DJ 04/08/2009.

98 Sem Correspondente ao CCB de 1916.

99 Sem Correspondente ao CCB de 1916.

o ato pretendido e submeterá o caso ao representante do Ministério Público para manifestação, com a indicação, por escrito, dos motivos da suspeita".

Outra alteração ocorreu no artigo 110 da LRP (Lei 6.015/73), desjudicializando o procedimento ao dispor que a retificação do registro, da averbação ou da anotação será feita pelo oficial "de ofício ou a requerimento do interessado, mediante petição assinada pelo interessado, representante legal ou procurador, independentemente de prévia autorização judicial ou manifestação do Mi-nistério Público, nos casos de:

I — erros que não exijam qualquer indagação para a constatação imediata de necessidade de sua correção;

II — erro na transposição dos elementos constantes em ordens e mandados judi-ciais, termos ou requerimentos, bem como outros títulos a serem registrados, averba-dos ou anotados, e o documento utilizado para a referida averbação e/ou retificação ficará arquivado no registro no cartório;

III — inexatidão da ordem cronológica e sucessiva referente à numeração do li-vro, da folha, da página, do termo, bem como da data do registro;

IV — ausência de indicação do Município relativo ao nascimento ou naturalida-de do registrado, nas hipóteses em que existir descrição precisa do endereço do local do nascimento; V — elevação de Distrito a Município ou alteração de suas nomenclaturas por força de lei. (§§ 1º a 4º revogados)

§ 5º Nos casos em que a retificação decorra de erro imputável ao oficial, por si ou por seus prepostos, não será devido pelos interessados o pagamento de selos e taxas".

7.14.1 Laços afetivos permitem registro de trio em certidão

"Em razão dos laços afetivos que se estabelecem nas relações humanas, uma criança terá, em sua certidão de nascimento, os nomes do pai, da mãe biológica e da madrasta. A decisão foi do juiz Élio Braz Mendes, da 2ª Vara da Infância e Juventude de Recife. Em seu entendimento, a afetividade é a principal elemento na constituição da família, seja ela de qual natureza for. Assim, fica garantido ao trio o direito de registrar e cuidar da criança em conjunto.

Quando a criança nasceu, a mãe passava por dificuldades financeiras e abriu mão, provisoriamente, de sua guarda, passando-a para a madrasta, companheira do pai da criança, que possui a guarda fática da criança desde seu nascimento. Assim, o pai e sua companheira poderiam cuidar do bebê.

Deste então, o pai e sua esposa vêm garantindo os direitos básicos e indispensáveis para o desenvolvimento do garoto, e a mãe, mesmo sem a guarda, manteve o convívio com seu filho, estabelecendo o vínculo afetivo.

"No plano da realidade, ambas, a requerente e a genitora biológica, são responsáveis pela criação do infante, cabendo a elas, em conjunto, a responsabilidade pelo dever de guarda, sustento e educação", afirmou o juiz. Em seu entendimento, tanto a genitora, quanto a madrasta, possuem laços filiares com a criança, e não se pode afirmar quem melhor desempenha a função materna.

Na decisão, Mendes também explica que o Direito de Família tem sido sabiamente conduzido através dos laços de afetividade que nascem a partir das relações humanas.

O juízo segue o entendimento colocado pelo Tribunal de Justiça de São Paulo em agosto de 2012, que permitiu a inclusão da madrasta na certidão de nascimento de um rapaz, revertendo a sentença da primeira instância, que reconheceu a situação, mas argumentou não haver espaço na lei para a inscrição de duas mães.

À época, a vice-presidente do Instituto Brasileiro de Direito de Família (IBDFAM), Maria Berenice Dias, afirmou que a decisão transporta para o direito uma situação real. Para o professor Flávio Tartuce, diretor do instituto em São Paulo, o novo entendimento terá efeitos em principalmente em questões de herança e pensão. *Com informações da Assessoria de Imprensa do Tribunal de Justiça de Pernambuco".*[100]

7.14.2 Restabelecimento do Nome de Solteiro

"O direito ao nome é um dos elementos estruturantes dos direitos da personalidade e da dignidade da pessoa humana, pois diz respeito à propriedade identidade pessoal do indivíduo, não apenas em relação a si, como também em ambiente familiar e perante a sociedade.

Impedir a retomada do nome de solteiro na hipótese de falecimento do cônjuge implicaria em grave violação aos direitos da personalidade e à dignidade da pessoa humana após a viuvez, especialmente no momento em que a substituição do patronímico é cada vez menos relevante no âmbito social, quando a questão está, cada dia mais, no âmbito da autonomia da vontade e da liberdade e, ainda, quando a manutenção do nome pode, em tese, acarretar ao cônjuge sobrevivente abalo de natureza emocional, psicológica ou profissional, em descompasso, inclusive, com o que preveem as mais contemporâneas legislações civis.

Na hipótese, a justificativa apresentada pela parte – reparação de uma dívida moral com o genitor, que foi contrário à assunção do patronímico do cônjuge, e com isso atingir a sua paz interior – é mais do que suficiente para autorizar a retomada do nome de solteiro pelo cônjuge sobrevivente. [...] (REsp 1724718/MG, Rel. Ministra NANCY ANDRIGHI, TERCEIRA TURMA, julgado em 22/05/2018, DJe 29/05/2018).

100Disponível em: <http://www.conjur.com.br/2013-fev-22/justica-autoriza-registro-mae-pai-madastra-certidao-nascimento> Acesso em: 25 fev 2013.

7.14.3 Transgênero e nome

O Supremo Tribunal Federal já permite que o transgênero mude seu nome e gênero no registro civil, mesmo sem procedimento cirúrgico de redesignação de sexo. A alteração poderá ser feita por meio de decisão judicial ou diretamente no cartório.

Vejamos a tese definida, em repercussão geral, foi a seguinte: "O transgênero tem direito fundamental subjetivo à alteração de seu prenome e de sua classificação de gê-nero no registro civil, não se exigindo, para tanto, nada além da manifestação da vontade do indivíduo, o qual poderá exercer tal faculdade tanto pela via judicial como diretamente pela via administrativa".

7.15 Direito à honra

O *direito à honra* faz parte do rol dos direitos da personalidade e está intimamente relacionado à integridade e identidade moral da pessoa. É um direito constitucionalmente assegurado pelo artigo 5°, inciso X, da CRFB/88. É um bem jurídico imaterial que está intrinsecamente relacionado a dignidade da pessoa humana. Em algumas hipóteses este direito encontra-se amparado e nominado como direito ao bom nome e à reputação da pessoa.

O direito à honra, ao crédito e ao bom nome pretende proteger os indivíduos contra imputações difamatórias que, pela sua falsidade, coloquem em causa a imagem moral externa do indivíduo e o seu estatuto social, podendo comprometer a sua capacidade de ação e interação nas esferas da vida social onde ele pretenda movimentar-se.[101]

Nos documentos internacionais, por exemplo, O Pacto São José da Costa Rica determina em seu artigo 11 que "Proteção da honra e da dignidade – 1. Toda pessoa tem direito ao respeito da sua honra e ao reconhecimento de sua dignidade. 2. Ninguém pode ser objeto de ingerências arbitrárias ou abusivas em sua vida privada, em sua família, em seu domicílio ou em sua correspondência, nem de ofensas ilegais à sua honra ou reputação. 3. Toda pessoa tem direito à proteção da lei contra tais ingerências ou tais ofensas".

Já no Pacto Internacional de Direitos Civis e Políticos, o seu artigo 17 afirma que "1. Ninguém poderá ser objeto de ingerência arbitrárias ou ilegais em sua vida privada, em sua família, em seu domicílio ou em sua correspondência, nem de ofensas ilegais às suas honra e reputação. 2. Toda pessoa terá direito à proteção da lei contra essas ingerências ou ofensas".

Adriano De Cupis conceitua a honra como sendo "a dignidade pessoal

---

101CANOTILHO, J. J. Gomes; MOREIRA, Vital. *Constituição da República Portuguesa Anotada.* Vol. I Coimbra: Coimbra, 2007, p. 466.

reflectida na consideração dos outros e no sentimento da própria pessoa".[102]

Já Carlos Alberto Bittar decompõe a honra em objetiva e subjetiva. Vejamos: "o reconhecimento do direito em tela prende-se à necessidade de defesa da reputação da pessoa (honra objetiva), compreendendo o bom nome e a fama de que desfruta no seio da coletividade, enfim, a estima que a cerca nos seus ambientes, familiar, profissional, comercial ou outro. Alcança também o sentimento pessoal de estima, ou a consciência da própria dignidade (honra subjetiva), de que separamos, no entanto, os conceitos de dignidade e de decoro, que integram, em nosso entender, o direito ao respeito, ou seja, modalidade especial de direito da personalidade apartada do âmbito geral da honra (que, na doutrina, vem, em geral, contemplada no mesmo conjunto".[103]

Como dito acima, a honra é um direito da personalidade e representa um bem fora do comércio, sendo impossível de ser avaliado economicamente.

Os titulares ao direito à honra, preliminarmente, são os indivíduos, isto é, as pessoas físicas, de caráter *erga omnes*. O artigo 12 do nosso Código Civil estabelece a possibilidade de a pessoa lesionada, ou ameaçada em seus direitos da personalidade, exigir a cessação imediata do ato, reclamando perdas e danos, sem prejuízo de outras sanções previstas em lei. Em seu parágrafo único, o Código Civil dispõe sobre a legitimidade de proteção no caso de ofensa aos direitos da personalidade de pessoa morta. A jurisprudência hodierna estende esses direitos ao companheiro e companheira na esteira evolutiva do nosso direito de família.

Os parágrafos únicos dos arts. 12 e 20 asseguram legitimidade, por direito próprio, aos parentes, cônjuge ou companheiro para a tutela contra a lesão perpetrada *post mortem*.[104]

102DE CUPIS, Adriano. *Os Direitos da Personalidade*. Tradução de Adriano Vera Jardim e Antonio Miguel Caeiro. Lisboa : Livraria Morais, 1961. p. 112.

103BITTAR, Carlos Alberto. *Os Direitos da Personalidade*. 6. ed. Rio de Janeiro : Forense Universitária, 2003, p. 133.

104Quanto ao artigo 12, o Conselho da Justiça Federal, nas I, III, IV e V Jornadas de Direito Civil, editou os seguintes enunciados:

a) I Jornada de Direito Civil: CJF – Enunciado 5 – Arts. 12 e 20: 1) as disposições do art. 12 têm caráter geral e aplicam-se, inclusive, às situações previstas no art. 20, excepcionados os casos expressos de legitimidade para requerer as medidas nele estabelecidas; 2) as disposições do art. 20 do novo Código Civil têm a finalidade específica de regrar a projeção dos bens personalíssimos nas situações nele enumeradas. Com exceção dos casos expressos de legitimação que se conformem com a tipificação preconizada nessa norma, a ela podem ser aplicadas subsidiariamente as regras instituídas no art. 12.

b) III Jornada de Direito Civil: CJF – Enunciado 140 – Art. 12: A primeira parte do art. 12 do Código Civil refere-se às técnicas de tutela específica, aplicáveis de ofício, enunciadas no art. 461 do Código de Processo Civil, devendo ser interpretada com resultado extensivo.

c) IV Jornada de Direito Civil: CJF – Enunciado 275 – Arts. 12 e 20. O rol dos legitimados de que tratam os arts. 12, parágrafo único, e 20, parágrafo único, do Código Civil também compreende o companheiro.

7.15.1 Direito à honra e pessoa jurídica

E quanto à pessoa jurídica? A pessoa jurídica também deve ser vista como titular dos direitos da personalidade, especialmente, nos casos de direito ao nome, à marca, aos símbolos e à honra etc. Neste sentido, o artigo 52 do CCB possui a seguinte redação: "*Aplica-se às pessoas jurídicas, no que couber, a proteção dos direitos da personalidade*".

Se a plenitude dos direitos da personalidade está correlacionada à tutela da dignidade da pessoa humana, é possível estender, hermeneuticamente, tais direitos, no que couber, à proteção da pessoa jurídica.

Cabe aqui citar as lições de Alexandre Ferreira de Assumpção Alves ao dizer que "é dever do Estado proteger o nome e a reputação da pessoa jurídica, fulcrando a tutela constitucional precisamente no s incisos V e X do art. 5º, com o escopo de preservar tais entes, coibindo a prática de atos irresponsáveis e gravosos que podem provocar danos morais, com ou sem reflexos de índole patrimonial".[105]

Quanto à concessão de danos morais à pessoa jurídica, conforme entendimento do STJ, consolidado com a edição da Súmula 227, admite-se a possibilidade de indenização por danos morais a pessoa jurídica quando o abalo atingir a sua honra objetiva.[106]

---

d) V Jornada de Direito Civil: CJF – Enunciado 398 – Art. 12, parágrafo único. As medidas previstas no art. 12, parágrafo único, do Código Civil podem ser invocadas por qualquer uma das pessoas, ali mencionadas, de forma concorrente e autônoma;

e) V Jornada de Direito Civil: CJF – Enunciado 399 – Arts. 12, parágrafo único, e 20, parágrafo único. Os poderes conferidos aos legitimados para a tutela post mortem dos direitos da personalidade, nos termos dos arts. 12, parágrafo único, e 20, parágrafo único, do CC, não compreendem a faculdade de limitação voluntária;

f) V Jornada de Direito Civil: CJF – Enunciado 400 – Arts. 12, parágrafo único, e 20, parágrafo único. Os parágrafos únicos dos arts. 12 e 20 asseguram legitimidade, por direito próprio, aos parentes, cônjuge ou companheiro para a tutela contra a lesão perpetrada *post mortem*.

105ALVES, Alexandre Ferreira de Assumpção, *A Pessoa Jurídica e os Direitos da Personalidade*. Rio de Janeiro: Renovar, 1998, p. 123.

106PROCESSO CIVIL. RESPONSABILIDADE CIVIL. DANO MORAL REFLEXO. PESSOA JURÍDICA. SÓCIO-GERENTE COM NOME INDEVIDAMENTE INSCRITO NO CADASTRO DE INADIMPLENTES. NEGATIVA DE EMPRÉSTIMO À SOCIEDADE. LEGITIMIDADE ATIVA AD CAUSAM DA PESSOA JURÍDICA. ABALO DE CRÉDITO. NÃO OCORRÊNCIA DE DANO IN RE IPSA. NECESSIDADE DE COMPROVAÇÃO DA OFENSA À HONRA OBJETIVA.

1. O dano moral reflexo, indireto ou por ricochete é aquele que, originado necessariamente do ato causador de prejuízo a uma pessoa, venha a atingir, de forma mediata, o direito personalíssimo de terceiro que mantenha com o lesado um vínculo direto. Precedentes.

2. A Súmula 227 do STJ preconiza que a pessoa jurídica reúne potencialidade para experimentar dano moral, podendo, assim, pleitear a devida compensação quando for atingida em sua honra objetiva.

3. No caso concreto, é incontroversa a inscrição indevida do nome do sócio-gerente da recorrente no cadastro de inadimplentes, acarretando a esta a negativa de empréstimo

Vejamos, pois, o voto do ministro Ruy Rosado de Aguiar que fundamenta a separação da *honra subjetiva* da *objetiva*:

"Quando se trata de pessoa jurídica, o tema da ofensa à honra propõe uma distinção inicial: a honra subjetiva, inerente à pessoa física, que está no psiquismo de cada um e pode ser ofendida com atos que atinjam a sua dignidade, respeito próprio, autoestima etc., causadores de dor, humilhação, vexame; a honra objetiva, externa ao sujeito, que consiste no respeito, admiração, apreço, consideração que os outros dispensam à pessoa. Por isso se diz ser a injúria um ataque à honra subjetiva, à dignidade da pessoa, enquanto que a difamação é ofensa à reputação que o ofendido goza no âmbito social onde vive. A pessoa jurídica, criação da ordem legal, não tem capacidade de sentir emoção e dor, estando por isso desprovida de honra subjetiva e imune à injúria. Pode padecer, porém, de ataque à honra objetiva, pois goza de uma reputação junto a terceiros, possível de ficar abalada por atos que afetem o seu bom nome no mundo civil ou comercial onde atua". (STJ. REsp 60.033-2 (DJ 27.11.1995, p.40893).

No mesmo sentido: "Pessoa jurídica pode sofrer dano moral, mas apenas na hipótese em que haja ferimento à sua honra objetiva, isto é, ao conceito de que goza no meio social. Embora a Súm. nº 227/STJ preceitue que "a pessoa jurídica pode sofrer dano moral", a aplicação desse enunciado é

---

junto à Caixa Econômica Federal. Assim, ainda que a conduta indevida da recorrida tenha atingido diretamente a pessoa do sócio, é plausível a hipótese de ocorrência de prejuízo reflexo à pessoa jurídica, em decorrência de ter tido seu crédito negado, considerando a repercussão dos efeitos desse mesmo ato ilícito. Dessarte, ostenta o autor pretensão subjetivamente razoável, uma vez que a legitimidade ativa ad causam se faz presente quando o direito afirmado pertence a quem propõe a demanda e possa ser exigido daquele em face de quem a demanda é proposta.

4. O abalo de crédito desponta como afronta a direito personalíssimo – a honradez e o prestígio moral e social da pessoa em determinado meio – transcendendo, portanto, o mero conceito econômico de crédito.

5. A jurisprudência desta Corte já se posicionou no sentido de que o dano moral direto decorrente do protesto indevido de título de crédito ou de inscrição indevida nos cadastros de maus pagadores prescinde de prova efetiva do prejuízo econômico, uma vez que implica "efetiva diminuição do conceito ou da reputação da empresa cujo título foi protestado", porquanto, "a partir de um juízo da experiência, [...] qualquer um sabe os efeitos danosos que daí decorrem" (REsp 487.979/RJ, Rel. Min. RUY ROSADO DE AGUIAR, DJ 08.09.2003).

7. Não obstante, no que tange ao dano moral indireto, tal presunção não é aplicável, uma vez que o evento danoso direcionou-se a outrem, causando a este um prejuízo direto e presumível. A pessoa jurídica foi alcançada acidentalmente, de modo que é mister a prova do prejuízo à sua honra objetiva, o que não ocorreu no caso em julgamento, conforme consignado no acórdão recorrido, mormente porque a ciência acerca da negação do empréstimo ficou adstrita aos funcionários do banco.

8. Recurso especial não provido.

(REsp 1022522/RS, Rel. ministro LUIS FELIPE SALOMÃO, QUARTA TURMA, julgado em 25/06/2013, DJe 01/08/2013)

restrita às hipóteses em que há ferimento à honra objetiva da entidade, ou seja, às situações nas quais a pessoa jurídica tenha o seu conceito social abalado pelo ato ilícito, entendendo-se como honra também os valores morais, concernentes à reputação, ao crédito que lhe é atribuído, qualidades essas inteiramente aplicáveis às pessoas jurídicas, além de se tratar de bens que integram o seu patrimônio. Talvez por isso, o art. 52 do CC, segundo o qual se aplica "às pessoas jurídicas, no que couber, a proteção aos direitos da personalidade", tenha-se valido da expressão "no que couber", para deixar claro que somente se protege a honra objetiva da pessoa jurídica, destituída que é de honra subjetiva. O dano moral para a pessoa jurídica não é, portanto, o mesmo que se pode imputar à pessoa natural, tendo em vista que somente a pessoa natural, obviamente, tem atributos biopsíquicos. O dano moral da pessoa jurídica, assim sendo, está associado a um "desconforto extraordinário" que afeta o nome e a tradição de mercado, com repercussão econômica, à honra objetiva da pessoa jurídica, vale dizer, à sua imagem, conceito e boa fama, não se referindo aos mesmos atributos das pessoas naturais. Precedente citado: REsp 45.889-SP, DJ 15/8/1994. REsp 1.298.689-RS, Rel. Min. Castro Meira, julgado em 23/10/2012.

7.15.2 Direito à honra e pessoa jurídica de direito público

A pessoa jurídica de direito público não tem direito à indenização por danos morais relacionados à violação da honra ou da imagem. Neste sentido, a decisão do ministro Luis Felipe Salomão do STJ. Vejamos: "A reparação integral do dano moral, a qual transitava de forma hesitante na doutrina e jurisprudência, somente foi acolhida expressamente no ordenamento jurídico brasileiro com a CF/1988, que alçou ao catálogo dos direitos fundamentais aquele relativo à indenização pelo dano moral decorrente de ofensa à honra, imagem, violação da vida privada e intimidade das pessoas (art. 5º, V e X). Por essa abordagem, no atual cenário constitucional, a indagação sobre a aptidão de alguém de sofrer dano moral passa necessariamente pela investigação da possibilidade teórica de titularização de direitos fundamentais. Ocorre que a inspiração imediata da positivação de direitos fundamentais resulta precipuamente da necessidade de proteção da esfera individual da pessoa humana contra ataques tradicionalmente praticados pelo Estado. Em razão disso, de modo geral, a doutrina e jurisprudência nacionais só têm reconhecido às pessoas jurídicas de direito público direitos fundamentais de caráter processual ou relacionados à proteção constitucional da autonomia, prerrogativas ou competência de entidades e órgãos públicos, ou seja, direitos oponíveis ao próprio Estado, e não ao particular. Porém, em se tratando de direitos fundamentais de natureza material pretensamente oponíveis contra particulares, a jurisprudência do STF nunca referendou a tese de titularização por pessoa jurídica de direito público. Com efeito, o reconhecimento de direitos fundamentais – ou faculdades análogas a eles – a pessoas jurídicas de direito público não pode jamais conduzir à subversão da própria essência desses direitos, que é o feixe de faculdades e garantias exercitáveis principalmente contra o Estado, sob pena de confusão ou de paradoxo consistente em ter, na mesma pessoa, idêntica posição jurídica de titular ativo e passivo, de credor e, a um só tempo, devedor de direitos fundamentais. Finalmente, cumpre dizer que não socorrem os entes de direito público os próprios fundamentos utilizados pela jurisprudência do STJ e pela doutrina para sufragar o dano moral da pessoa jurídica. Nesse contexto, registre-se que a Súmula 227 do STJ ("A pessoa jurídica pode sofrer dano moral") constitui solução pragmática à recomposição de danos de ordem material de difícil liquidação. Trata-se de resguardar a credibilidade mercadológica ou a reputação negocial da empresa, que poderiam ser paulatinamente fragmentadas por violações de sua imagem, o que, ao fim, conduziria a uma perda pecuniária na atividade empresarial. Porém, esse cenário não se verifica no caso de suposta violação da imagem ou da honra de pessoa jurídica de direito público. REsp 1.258.389-PB, Rel. Min. Luis Felipe Salomão, julgado em 17/12/2013.

Em sentido contrário, a Pessoa Jurídica de Direito Público tem direito à indenização por danos morais relacionados à violação da honra ou da imagem, quando a credibilidade institucional for fortemente agredida e o dano reflexo sobre os demais jurisdicionados em geral for evidente. (REsp 1.722.423-RJ, Rel. Min. Herman Benjamin, Segunda Turma, por unanimidade, julgado em 24/11/2020, DJe 18/12/2020).

"Cinge-se a controvérsia a determinar se é possível o INSS, pessoa jurídica de direito público, ser vítima de danos morais.

Inicialmente, Também não afasta a pretensão reparatória o argumento de que as pessoas que integram o Estado não sofrem "descrédito mercadológico".

O direito das pessoas jurídicas à reparação por dano moral não exsurge apenas no caso de prejuízos comerciais, mas também nas hipóteses, mais abrangentes, de ofensa à honra objetiva. Nesse plano, até mesmo entidades sem fins lucrativos podem se atingidas.

Assim, não se pode afastar a possibilidade de resposta judicial à agressão perpetrada por agentes do Estado contra a credibilidade institucional da autarquia, a qual implica em dano reflexo sobre os demais segurados da Previdência e os jurisdicionados em geral é evidente, tudo consubstanciado por uma lesão de ordem extrapatrimonial".[107]

Vejamos a ementa da decisão:

107 Disponível em: <https://processo.stj.jus.br/jurisprudencia/externo/informativo/> Acesso em: 06 fev. 2021.

CIVIL E ADMINISTRATIVO. "CASO JORGINA DE FREITAS". LESÕES EXTRAPATRIMONIAIS CAUSADAS POR AGENTES DO ESTADO AO INSS. PREJUÍZOS INSUSCETÍVEIS DE APRECIAÇÃO ECONÔMICA E DE EXTENSÃO INCALCULÁVEL. DANOS EXTRAPATRIMONIAIS. INDENIZAÇÃO. CABIMENTO.

HISTÓRICO DA DEMANDA

1. Trata-se, na origem, de demanda proposta pelo INSS com o fim de obter reparação por danos decorrentes de fraude praticada contra a autarquia no contexto do denominado "caso Jorgina de Freitas", cuja totalidade dos prejuízos, segundo as instâncias ordinárias, superou 20 (vinte) milhões de dólares.

2. Consignou-se no acórdão recorrido: "repetindo a sistemática empregada tantas outras vezes, a advogada requereu fossem preparados novos cálculos; o contador os elaborou, alcançando resultado claramente exagerado; o procurador autárquico anuiu prontamente com o mesmo; e o magistrado, em tempo bastante expedito, homologou as contas e determinou a expedição do alvará de levantamento em favor da advogada, fechando-se assim o ciclo – sendo certo que, via de regra, os segurados não chegavam a receber qualquer parcela do montante desviado, que era partilhado entre os membros da organização criminosa" (fl. 2.370, e-STJ).

3. O Tribunal de origem manteve a condenação à reparação dos danos materiais, mas afastou o "pagamento de uma compensação por danos morais, posto que inviável cogitar-se, diante da própria natureza das atividades desempenhadas pelo INSS, de impacto negativo correspondente a descrédito mercadológico" (fl. 2.392, e-STJ).

RECONHECIMENTO DE DANO MORAL: DISTINÇÃO PRESENTE NO CASO DOS AUTOS 4. Embora haja no STJ diversas decisões em que se reconheceu a impossibilidade da pessoa jurídica de Direito Público ser vítima de dano moral, o exame dos julgados revela que essa orientação não se aplica ao caso dos autos.

5. Por exemplo, no Recurso Especial 1.258.389/PB, da relatoria do Min. Luis Felipe Salomão, o que estava sob julgamento era ação indenizatória ajuizada por município em razão de programas radiofônicos e televisivos locais que faziam críticas ao Poder Executivo. No Recurso Especial 1.505.923/PR, Relator Min. Herman Benjamin, a pretensão indenizatória se voltava contra afirmações de que autarquia federal teria produzido cartilha

com informações inverídicas. No Recurso Especial 1.653.783/SP, Relator Min. Mauro Cambpell, discutiu-se o uso indevido de logotipo do Ibama.
6. Diversamente do que se verifica no caso dos autos, nesses precedentes estava em jogo a livre manifestação do pensamento, a liberdade de crítica dos cidadãos ou o uso indevido de bem imaterial do ente público.
DANOS EXTRAPATRIMONIAIS 7. Também não afasta a pretensão reparatória o argumento de que as pessoas que integram o Estado não sofrem "descrédito mercadológico".
8. O direito das pessoas jurídicas à reparação por dano moral não exsurge apenas no caso de prejuízos comerciais, mas também nas hipóteses, mais abrangentes, de ofensa à honra objetiva. Nesse plano, até mesmo entidades sem fins lucrativos podem se atingidas.
9. Transcreve-se no acórdão recorrido trecho da condenação criminal, relativa aos mesmos fatos, em que o Órgão Especial do Tribunal de Justiça do Estado do Rio de Janeiro afirmou: "além do descrédito da Justiça, as conseqüências concretas dos delitos, representadas pelas perdas patrimoniais, foram extremamente graves. Somente pelas cifras apuradas nestes autos evidencia-se o colossal prejuízo causado ao erário, que será impossível reparar cabalmente, a despeito das medidas assecuratórias adotadas" (fl. 2.366, e-STJ).
10. Não se pode afastar a possibilidade de resposta judicial à agressão perpetrada por agentes do Estado contra a credibilidade institucional da autarquia.
VOTO VOGAL DO MIN. OG FERNANDES 11. Quanto à imposição de condenação na instância superior, devem ser acolhidas as bem lançadas razões apresentadas pelo eminente Min.Og Fernandes.
12. Considerando que "o acórdão recorrido limitou-se a reconhecer a impossibilidade jurídica do pedido de indenização por danos morais", afirmou Sua Excelência que "o provimento jurisdicional a ser exarado na instância extraordinária deve apenas afastar tal premissa, não sendo possível reconhecer, desde logo, a procedência do pleito indenizatório".
CONCLUSÃO 13. Recurso Especial provido, com determinação de retorno dos autos, para que, tendo como fixada a viabilidade jurídica da reparação por danos morais, o Tribunal de origem reaprecie a questão como entender de direito.
(REsp 1722423/RJ, Rel. Ministro HERMAN BENJAMIN, SEGUNDA TURMA, julgado em 24/11/2020, DJe 18/12/2020).

7.15.3 Ziraldo e o Castelo das Bundas

O cartunista Ziraldo Alves Pinto está livre de pagar indenização por danos morais às herdeiras do Barão de Itaipava, Eugênia Cecília Smith de Vasconcellos Aragão e Maria Cecília Smith de Vasconcellos Aragão. Elas entraram com ação contra a revista *Bundas* por considerar ofensiva a foto do Castelo de Itaipava, publicada no periódico, como se fosse o "Castelo de Bundas".

A foto era uma sátira à revista *Caras*, que mantém um castelo onde recebe os famosos e ricos para temporadas. Segundo as herdeiras, a reportagem veiculou versão irônica e depreciativa de que o Barão Smith de Vasconcellos teria feito sua fortuna com os lucros de uma fábrica de papéis higiênicos.

A 3ª Turma do Superior Tribunal de Justiça rejeitou o recurso das herdeiras e tratou da liberdade de expressão e dos limites que devem ser impostos à criação artística. As informações são do STJ.

Eugênia Cecília e Maria Cecília entraram com ação, com base na Lei de Imprensa, pedindo indenização de 100 salários-mínimos contra a Editora Pererê Revistas e Livros e de 10 salários-mínimos contra Ziraldo.

Em primeira e segunda instâncias o pedido foi julgado improcedente. A Justiça considerou que não se pode impedir a criação artística ou a ironia feita com o intuito de fazer rir e não de denegrir, desmoralizar, desacreditar ou conspurcar a imagem do castelo ou de seus donos.

Inconformadas, as filhas do Barão recorreram ao STJ. Elas alegaram ser evidente a dor sofrida em razão da "reportagem jocosa" publicada na revista.

Ao rejeitar o recurso, a relatora do processo, ministra Nancy Andrighi, afirmou que não há ofensa na reportagem, uma vez que o texto está dentro dos limites daquilo que se entende por prática humorística e em veículo destinado a esse fim, sem qualquer carga de seriedade.

Para a ministra, não ocorreu, no caso, nada além de crítica genérica de costumes. Não houve ataque pessoal à memória do Barão, mesmo porque a expressão tida por injuriosa pertence ao domínio público e foi utilizada em sentido meramente alegórico, em total coerência com as finalidades da publicação.

Segundo Nancy Andrighi, não cabe ao Poder Judiciário analisar a característica da publicação, tachada pelas herdeiras como uma revista de humor "chulo".

A ministra afirmou que a tarefa de examinar aquilo que se poderia chamar de "inteligência" do humor praticado cabe aos setores especializados da imprensa, que concedem prêmios aos artistas de acordo com o desempenho por eles demonstrado em suas obras. Sua decisão foi acompanhada pelos ministros Humberto Gomes de Barros e Carlos Alberto Menezes Direito.

O ministro Castro Filho, para quem a foto do Castelo de Itaipava na revista, como se fosse o "Castelo de Bundas", certamente trouxe grandes prejuízos e danos à família, foi vencido".[108]

Vejamos a ementa da decisão: "Civil. Ação de compensação por danos morais. Revista humorística. Matéria satírica que teria maculado a honra de antepassado das recorrentes. Crítica social que transcende a memória do suposto ofendido para analisar, por meio da comparação jocosa, tendência cultural de grande repercussão no País.

– Dentro do que se entende por exercício da atividade humorística, a matéria não teve por objetivo a crítica pessoal ao antepassado das recorrentes, mas a sátira de certos costumes modernos que ganharam relevância e que são veiculados, hodiernamente, por mais de uma publicação nacional de grande circulação.

– O 'mote' supostamente lesivo, ademais, foi atribuído ao domínio público.

– A conduta praticada não carrega a necessária potencialidade lesiva, seja porque carecedora da menor seriedade a suposta ofensa praticada, seja porque nada houve para além de uma crítica genérica de tendências culturais, esta usando a suposta injúria como mera alegoria.

– Não cabe aos Tribunais dizer se o humor praticado é 'popular' ou 'inteligente', porquanto à crítica artística não se destina o exercício da atividade jurisdicional. Recurso especial não conhecido. (REsp 736.015/RJ, Rel. ministra NANCY ANDRIGHI, TERCEIRA TURMA, julgado em 16/06/2005, DJ 01/07/2005, p. 533)".

7.15.4 Caso Mephisto

Outro caso interessante, com destaque na jurisprudência alemã, foi o caso concreto envolvendo a publicação de livro de romance denominado *Mephisto*, de Klaus Mann. Aqui, mais uma vez, se desvelou um conflito entre a liberdade de expressão (especificamente a liberdade de manifestação artística) e o direito de personalidade da honra. Vejamos, abaixo, a Reclamação Constitucional:

"BVERFGE 30, 173

(MEPHISTO)

Reclamação Constitucional contra decisão judicial 24/02/1971

MATÉRIA:

O reclamante é uma editora que teve um produto seu, o livro *Mefisto – romance de uma carreira*, de Klaus Mann, proibido por decisão (Urteil) final do Tribunal Federal (BGH) de 20 de março de 1968, que corroborou a decisão do Superior Tribunal Estadual de Hamburg. No processo original, o autor era o filho adotivo do ator Gustav Gründgens, que, devido a sua falta

108Disponível em: http://www.conjur.com.br/2005-jun-21/ziraldo_livra_condenacao_danos_morais. Acesso em: 03 nov. 2016.

de escrúpulos durante os anos 1930, se tornou uma grande celebridade sob a égide da Alemanha nazista. O personagem principal do romance de Klaus Mann, Hendrik Höfgen, era notoriamente, principalmente para os leitores habituais de Klaus Mann, inspirado em Gründgens. O Superior Tribunal de Hamburg enxergou no romance uma violação da honra pessoal do recém falecido ator, além da violação de sua imagem e reputação social, assim como uma agressão à sua memória. A reclamante alegou violação de seus direitos fundamentais derivados dos Art. 1, 2 I, 5 I e III, 14 e 103 I GG, assim como do princípio constitucional da proporcionalidade e da segurança jurídica. O TCF julgou a Reclamação Constitucional improcedente, não obstante a grande divisão no Primeiro Senado, que levou à igualdade entre os votos que embasaram a decisão com suas "razões fundamentais" (tragende Gründe) e os votos discordantes 295 . O TCF não vislumbrou, sobretudo, uma violação da liberdade artística (Art. 5 III GG), que, todavia, examinou amplamente".[109] [110]

109Disponível em: <http://biblio.juridicas.unam.mx/libros/5/2241/17.pdf>. Acesso em: 22 jun 2014.

1101. O Art. 5 III 1 GG é uma norma reguladora e definidora da relação do âmbito da arte com o Estado. Garante, ao mesmo tempo, um direito individual de liberdade.

2. A garantia da liberdade artística abrange não apenas a atividade artística, mas também a apresentação e divulgação da obra de arte.

3. Um editor de livros pode se valer do direito da liberdade artística.

4. Para a liberdade artística não valem nem as restrições do Art. 5 II GG nem as do Art. 2 I, 2° subperíodo GG.

5. Um conflito entre a garantia da liberdade artística e o âmbito da personalidade protegido constitucionalmente deve ser resolvido segundo a ordem constitucional; aqui deve se considerar principalmente a dignidade humana garantida no Art. 1 I GG.

Decisão (Beschluss) do Primeiro Senado de 24 de fevereiro de 1971

- 1 BvR 435/68 -

(...)

RAZÕES

A Reclamação Constitucional dirige-se contra a proibição, conseguida pelo filho adotivo e sucessor do falecido ator e administrador teatral Gustaf Gründgens, de que a reclamante imprima, distribua e publique o livro *Mefisto, romance de uma carreira*, de Klaus Mann.

O autor, que emigrou da Alemanha no ano de 1933, publicou o romance em 1936 na Editora Querido, em Amsterdã. Após sua morte em 1949, o romance foi publicado em 1956 na Aufbauverlag, em Berlim Oriental.

O romance descreve a ascensão do talentoso ator Hendrik Höfgen, que renegou sua convicção política e deixou para trás todas as relações humanas e éticas para fazer carreira artística a partir de um pacto com os donos do Poder da Alemanha nazista. O romance apresenta todas as condições psíquicas, intelectuais e sociológicas que
possibilitaram a sua ascensão. O ator Gustaf Gründgens serviu de modelo à personagem do romance, Hendrik
Höfgen. (...)

(...).

1. – 3. (...).

B. – I. – II. (...)

C. I. – II. (...)

III.

O Art. 5 III 1 GG declara a arte, assim como a ciência, a pesquisa e o ensino, como livre. Com essa garantia de liberdade, o Art. 5 III 1 GG contém, segundo seu texto e sentido, primeiramente uma norma objetiva, reguladora da relação entre o âmbito da arte e o Estado. Ao mesmo tempo, a disposição garante àquele que trabalha nesse âmbito um direito individual de liberdade.
1. O âmbito da vida "arte" deve ser definido por meio das características estruturais próprias a ela e moldadas por sua essência. Delas deve partir a interpretação do conceito de arte da Constituição. O essencial da atividade artística é a criação livre, na qual as impressões, experiências, vivências do artista são trazidas à exposição direta pelo médium de uma certa linguagem das formas. Toda a atividade artística é um entrelaçamento de processos conscientes e inconscientes que não podem ser dissolvidos racionalmente.
Na criação artística atuam conjuntamente intuição, fantasia e compreensão da arte; não é primariamente comunicação, mas expressão, a expressão mais direta da personalidade individual do artista. A garantia da liberdade artística abrange de igual modo tanto o "âmbito do obra" quanto o "âmbito do efeito" da criação artística. Ambos os âmbitos formam uma unidade indissolúvel. Não apenas a atividade artística (âmbito do obra), mas, além disso, a apresentação e a divulgação da obra de arte são objetivamente necessárias para o encontro com a obra como um processo específico da arte; esse "âmbito do efeito" no qual se proporciona ao público o acesso à obra de arte é o solo no qual cresceu, sobretudo, a garantia de liberdade do Art. 5 III GG (...).
2. (...).
(...).
3. O Art. 5 III 1 GG garante amplamente a liberdade da atividade no campo da arte. Por isso, se para se estabelecer as relações entre artista e público são necessários meios editoriais, também as pessoas que exercem uma tal atividade intermediadora são protegidas pela garantia da liberdade artística. (...).
4. A arte está garantida, em seu caráter de autonomia e que obedece a leis próprias, sem reservas pelo Art. 5 III 1 GG [não há nenhuma reserva legal ou outro limite expresso fixado pelo dispositivo]. As tentativas de limitar a garantia de liberdade artística mediante diminuição axiológica do conceito de arte, por interpretação ou analogia extensiva decorrente de regras de limites de outros dispositivos constitucionais, não devem ter êxito em face do claro dispositivo do Art. 5 III 1 GG. Como o Tribunal Federal (BGH), com razão, admite, particularmente inaplicável é o Art. 5 II GG, que limita os direitos fundamentais do Art. 5 I GG. A separação sistemática dos âmbitos de garantia do Art. 5 GG identifica o parágrafo 3º (Art. 5 III GG) desta norma como sendo lex specialis em relação ao parágrafo 1º (Art. 5 I GG) e, por isso, proíbe que os limites do parágrafo 2º (Art. 5 II GG) sejam aplicados também nos âmbitos mencionados no parágrafo 3º (Art. 5 III GG). Tampouco seria admissível separar partes isoladas do contexto de uma obra de arte literária e vê-las como expressão do pensamento consoante o Art. 5 I GG, sobre a qual se aplicariam os limites do parágrafo 2º (Art. 5 II GG). Também a gênese do Art. 5 III GG não oferece suporte para a tese de que o legislador quis ver a liberdade artística como um subcaso da liberdade de expressão do pensamento.
(...).
Também se deve rejeitar a ideia de que a liberdade artística, conforme o Art. 2 I, 2ª Parte GG, estaria limitada pelos direitos dos outros, pela ordem constitucional e pela lei moral. Esta posição é incompatível com a relação de subsidiariedade do Art. 2 I GG, reconhecida pelo Tribunal Federal em jurisprudência consolidada sobre a especialidade dos direitos de liberdade individual (cf. entre outros BVerfGE 6, 32 [36 et seq.]; 9, 63 [73]; 9, 73 [77]; 9, 338 [343]; 10, 55 [58]; 10, 185 [199]; 11, 234 [238]; 21, 227 [234]; 23, 50 [55 s.]), relação essa que não admite uma extensão da reserva comunitária (Gemeinschaftsvorbehalt) 296 do Art. 2 I, 2o subperíodo GG às áreas da vida protegidas por direitos fundamentais

7.15.5 Caso Rafinha Bastos e Wanessa Camargo

Vejamos, abaixo, a decisão do caso no STJ (RECURSO ESPECIAL Nº 1.487.089 – SP (2014/0199523-6):

---

especiais. Pelas mesmas considerações, proíbe-se aplicar o Art. 2 I GG como regra de interpretação para exegese do sentido do Art. 5 III 1 GG. Essa regra limite também não deve ser aplicada no "âmbito do efeito" da arte.

5. Por outro lado, o direito de liberdade não é concedido irrestritamente [sem reservas]. A garantia de liberdade do Art. 5 III 1 GG parte, assim como todos os direitos fundamentais, da concepção de pessoa humana da Grundgesetz, i.e, do ser humano como personalidade responsável por si mesma, que se desenvolve livremente dentro da comunidade social (BVerfGE 4, 7 [15 et seq]; 7, 198 [205]; 24, 119 [144]; 27, 1 [7]). Todavia, a ausência de reservas do direito fundamental tem como significado o fato importante de os limites da garantia da liberdade artística só poderem ser determinados pela própria Constituição. Como a liberdade artística não contém
reserva [em favor] do legislador ordinário, ela não pode ser relativizada, nem pela ordem jurídica geral, nem por uma cláusula indeterminada, que, sem base constitucional e sem salvaguardas suficientes do devido processo legal [próprias da realização do princípio do Estado de direito], acabem por ameaçar os bens necessários para a existência da comunidade do Estado. Pelo contrário, um conflito a ser observado no contexto da garantia da liberdade artística deve ser resolvido por meio da interpretação constitucional, segundo o paradigma da ordem axiológica da Grundgesetz, observando-se a unidade de seu sistema axiológico fundamental. Como parte do sistema axiológico dos direitos fundamentais, a liberdade artística está ligada principalmente à dignidade humana garantida no Art. 1 GG, que domina todo o sistema axiológico dos direitos fundamentais como valor máximo (BVerfGE 6, 32 [41]; 27, 1 [6]). Porém, a garantia da liberdade artística pode colidir com o âmbito da personalidade igualmente protegido pela Constituição, porque uma obra de arte também pode desenvolver seus efeitos ao nível social.
(...).
6. – 7. (...).

IV.
O Tribunal Constitucional Federal tem que decidir se os tribunais, em sua ponderação entre o âmbito da personalidade, protegido pelo Art. I 1 GG, do falecido Gustaf Gründgens e seu filho adotivo e a liberdade artística garantida pelo Art. 5 III 1 GG, levaram em consideração os princípios expostos. Na decisão desta questão, o resultado no Senado foi empate. Consequentemente, não pôde ser constatado, conforme o § 15 II 4 BVerfGG, que as decisões impugnadas violam a Grundgesetz.
1. – 3. (...).
V.
(...)
(ass.) Dr. Müller, Dr. Stein, Ritterspach, Rupp-v. Brünneck, Dr. Brox Opinião divergente do Juiz Dr. Stein sobre a decisão (Beschluss) do Primeiro Senado do Tribunal Constitucional Federal de 24 de fevereiro de 1971 – 1 BvR 435/68 -
I. – II. (...)297
(ass.) Dr. Stein
Opinião divergente da Juíza Rupp-v. Brünneck sobre a decisão (Beschluss) do Primeiro Senado do Tribunal Constitucional Federal de 24 de fevereiro de 1971 – 1 BvR 435/68 – Eu aquiesço à opinião divergente do Juiz Dr. Stein e gostaria de brevemente destacar e completar o seguinte: 1. – 4. (...).
(ass.) Rupp-v. Brünneck

[...] Depreende-se da petição inicial que MARCUS BUAIZ, WANESSA GODOI CAMARGO BUAIZ e JOSÉ MARCUS DOUTEL DE CAMARGO BUAIZ (este último à época da propositura da demanda em outubro de 2011 nascituro, e, atualmente, menor representado por seus pais) ajuizaram ação de indenização por danos morais em face de RAFAEL BASTOS HOCSMAN, igualmente conhecido pela alcunha de "Rafinha" ou "Rafinha Bastos", em razão de, em data de 19/09/2011, na condição de apresentador do programa televisivo "CQC" – Custe o Que Custar transmitido pela Rede Bandeirantes de Televisão, após o comentário tecido pelo âncora Marcelo Tas acerca da beleza gravídica da autora, ter o réu, relativamente a Wanessa e o então nascituro, proferido a seguinte frase: "Eu comeria ela e o bebê, não tô nem aí! Tô nem aí!", conduta essa, segundo os requerentes, capaz de denotar ter o apresentador o desejo/intenção de manter relações sexuais com a autora apesar de ela ser casada e estar grávida, o que geraria dano moral *in re ipsa*, e a consequente obrigação de indenizar visto a ausência de excludentes, sequer o *animus jocandi* (intenção de brincar, gracejar, zoar).

Alegam que, em seguida ao episódio, o réu não se retratou do comentário tecido, mesmo após ter sido, ao tempo, afastado do programa. Fez incluir em seu twitter fotografias com mulheres seminuas massageando-o dando-lhes o título: "Que noite triste pra mim..".. Promoveu, ainda, a circulação pela internet de vídeo por ele próprio encenado no interior de uma churrascaria onde recusava ofertas de "baby beef", "fraldinha", e "coisas pra bebê (bebida)", e mantido em espetáculos teatrais que realiza frases do tipo "Vocês esperavam o quê? Piada de português? Eu como bebê gente, sou canibal!". O magistrado, julgando antecipadamente o feito, após afastar a ilegitimidade ativa do nascituro, deu procedência ao pedido a fim de condenar o réu ao pagamento de indenização por dano moral em dez salários mínimos para cada um dos autores, com juros de mora desde a data do fato, correção monetária a partir da publicação, custas e honorários de sucumbência fixados em 15% sobre o valor do débito final. [...]

O Tribunal a quo negou provimento ao reclamo do réu, rejeitou a preliminar de ilegitimidade ativa do nascituro, bem como reconheceu o dano moral infligido aos autores. No que tange ao recurso adesivo, deu-lhe provimento a fim de majorar a verba indenizatória para R$ 150.000,00 (cento e cinquenta mil reais), sendo R$ 50.000,00 (cinquenta mil) para cada um dos autores. O acórdão recebeu a seguinte ementa:

> AÇÃO INDENIZATÓRIA - NASCITURO - ILEGITIMIDADE ATIVA - Inocorrência - Inteligência do art. 2º, do CC - Capacidade ativa, de ser parte; estar em juízo - Nascimento com vida que leva à investidura na titularidade da pretensão de direito

material exposta na inicial. DIREITO DE EXPRESSÃO - ABUSO - Configuração - Uso deste que deve se dar com responsabilidade - Impossibilidade de se tentar justificar o excesso no bom uso de tal direito, sob a alegação de que apenas se pretendeu fazer humor - Agressividade contida nas palavras trazidas na vestibular que afasta se tome o dito como piada. SOBREPRINCÍPIO DA DIGNIDADE DA PESSOA HUMANA - Comprometimento - Situação que leva ao sopesamento dos direitos envolvidos - Precedência, no caso, da dignidade da pessoa humana sobre a liberdade de expressão - Inteligência dos art. I°, inc. III; 5°, inc. IX e X; 220, § 2°; e 221, inc. I, todos da CR. DANO MORAL - Ocorrência - Indenização - Valor que merece incremento em virtude da gravidade da conduta do réu e de suas conseqüências. Recurso de apelação improvido. Recurso adesivo ao qual se dá provimento.

[...]

Confira-se, por oportuno, trechos do acórdão:

"Descabe perquirir a respeito da intenção verdadeira ou não de o réu pretender manter relações sexuais com Wanessa e José Marcus, embora se acredite que não fosse intuito daquele ver materializado aquilo que disse a pretexto de fazer humor. Todavia, dito o que foi dito, é necessário anotar que o poder do discurso é capaz de causar repercussão social e impulsionar comportamentos, especialmente quando tal discurso é feito em programa televisivo, de grande audiência, no qual é usada a via do humor como forma direta de comunicação, passando a ideia de que tudo o que ali é falado, sempre e somente, o é para fazer rir.

Ocorre que, na hipótese em análise, foi suplantado o limite do humor, e o réu, na realidade, aos se pronunciar na forma acima assinalada procedeu de modo extremamente agressivo contra os autores. Ora, pelo quanto consta do processo, diversas pessoas de variadas mídias perceberam e afirmaram ter o réu ido além do limite do aceitável ao se manifestar na forma nos autos questionada, e, na média de tais críticas, se extrai que o limite do humor antes referido é a graça. Logo, quando o humor seja sem graça, mais ofenda que divirta, não cumpre sua função: o fazer rir. Assim, não se pode admitir venha alguém querer se escudar no fato de fazer humor para escapar à responsabilidade quanto ao conteúdo de certa manifestação que tenha emitido. Também não se pode aceitar que a título de liberdade de expressão possa alguém dizer o que bem entende, mesmo de forma agressiva, ofensiva, sem esperar venha a ser responsabilizado pelos seus ditos. Aliás, não se cuida aqui de uma mera piada, a qual, como considerada pelo próprio MD. Relator, seria "...extremamente infeliz, grosseira e de mau gosto", porém de brevíssimo discurso, todavia, carregado de informações extremamente negativas, que aviltam a imagem tanto da mulher, como da criança e, reflexamente, do esposo e pai destas, todos atingidos de forma a se ter por comprometida a sua dignidade enquanto pessoas humanas. Não se tome o quanto aqui se afirma por censura, pois é fato que não se pode retirar de quem quer que seja o direito de se expressar, dizer tudo o que entenda razoável e adequado dizer, o que, inclusive, está constitucionalmente consagrado (art. 5º, inc. IX; e art. 220, § 2º, da CR). Entretanto, deve se entender que ao par desta liberdade está a responsabilidade que a mesma gera (art. 5º, inc. X, da CR), a qual atua como fator repressivo de eventuais excessos, do mau uso de comentada liberdade. Para evitar-se este inadequado uso, é necessário que o profissional que, atue na área da comunicação, tal como o réu, tenha preocupações éticas – como orienta o disposto no inc. IV, do art. 221, da Constituição da República –, perceba que, estando a participar de um dos maiores meios de comunicação de massa da atualidade, a televisão, não pode usar de sua liberdade de expressão de modo a por em risco valores ainda maiores, como a dignidade da pessoa humana, esta que, de acordo com o inc. III, do art. 1º, da Constituição da República, aparece como um dos fundamentos de nossa Nação (cf. José Miguel Garcia Medina. Constituição Federal Comentada. São Paulo: RT, p. 30-31). É a dignidade da pessoa humana sobreprincípio, que tem, assim, um peso maior que outros princípios, sendo em nosso ordenamento embasador de todos os direitos e garantias elencados no art. 5º, da Constituição da República, o que nos dá a perfeita noção de que quando em conflito este valor com o representado pela liberdade de expressão, deve prevalecer o primeiro, sem que venha a implicar isto derrogação do último. (grifos nossos)

[...]

Portanto, adequado o acórdão recorrido no que tange à responsabilização civil do ora recorrente, bem como do quantum indenizatório fixado, visto que o comentário tecido pelo insurgente em programa de televisão aberta ultrapassou o mero aborrecimento, tendo causado efetivo dano moral aos autores. [...]".

7.16 Direito à imagem

Quanto à imagem (também nos casos de divulgação de escritos e transmissão da palavra), as pessoas poderão, sem prejuízo de indenização, proibir a sua publicação, exposição ou utilização se a honra, a boa fama ou a responsabilidade foram atingias, ou ainda, se estas se destinarem para fins comerciais, salvo nos casos previstos no artigo 20 do nosso Código Civil.

O direito à privacidade e à intimidade (formas de controlar a indiscrição alheia nos assuntos particulares) também são considerados direitos da personalidade, e estão previstos no artigo 21 do diploma civilístico e no artigo 5°, inciso X, da Constituição da República Federativa do Brasil de 1988, onde "são invioláveis a intimidade, a vida privada, a honra e a imagem das pessoas, assegurado o direito a indenização pelo dano material ou moral decorrente de sua violação".

A proteção à transmissão da palavra abrange a tutela da voz, conforme o inciso XXVIII, a, do artigo 5º da CRFB/88: "XXVIII - são assegurados, nos termos da lei: *a)* a proteção às participações individuais em obras coletivas e à reprodução da imagem e voz humanas, inclusive nas atividades desportivas".

Nesse sentido, a jurisprudência do STJ: "DUBLAGEM. DIREITO AUTORAL. DANO MORAL. OMISSÃO. NOMES Os recorridos realizaram a dublagem de personagens em película de desenho animado. Para tanto, receberam os valores correspondentes a suas interpretações. Sucede que houve a divulgação de suas vozes também na forma de disco de vinil e fita cassete, acompanhados da comercialização da estória no formato de livro, sem que houvesse prévia autorização dos dubladores da cessão a terceiros ou mesmo da transferência da gravação original para outra forma de suporte material. Note-se que os discos sequer trazem seus nomes. Diante disso, apesar de não conhecer dos recursos especiais, a Turma entendeu que, da interpretação do disposto nos arts. 1º e 94 da Lei nº 5.988/1973, não se pode inferir que os direitos de autor excluam os direitos conexos ou vizinhos, que também são protegidos. Assim, é de se manter a indenização fixada em razão da transgressão do direito moral dos dubladores, verdadeiro direito da personalidade (arts. 97 e 126 da referida lei). REsp 148.781-SP, Rel. Min. Barros Monteiro, julgado em 2.9.2004. (Informativo STJ 0220)".

Em relação ao citado artigo 20 do nosso Código Civil, o Conselho da Justiça Federal, nas I e IV Jornadas de Direito Civil, publicou os seguintes enunciados:

a) I Jornada: CJF - Enunciado 5 - Arts. 12 e 20: 1) as disposições do art. 12 têm caráter geral e aplicam-se, inclusive, às situações previstas no art. 20, excepcionados os casos expressos de legitimidade para requerer as medidas nele estabelecidas; 2) as disposições do art. 20 do novo Código Civil têm a finalidade específica de regrar a projeção dos bens personalíssimos nas situações nele enumeradas. Com exceção dos casos expressos de legitimação que se conformem com a tipificação preconizada nessa norma, a ela podem ser aplicadas subsidiariamente as regras instituídas no art. 12.

b) IV Jornada de Direito Civil: CJF – Enunciado 275 – Arts. 12 e 20. O rol dos legitimados de que tratam os arts. 12, parágrafo único, e 20, parágrafo único, do Código Civil também compreende o companheiro.

c) IV Jornada de Direito Civil: CJF – Enunciado 279 – Art. 20. A proteção à imagem deve ser ponderada com outros interesses constitucionalmente tutelados, especialmente em face do direito de amplo acesso à informação e da liberdade de imprensa. Em caso de colisão, levar-se-á em conta a notoriedade do retratado e dos fatos abordados, bem como a veracidade destes e, ainda, as características de sua utilização (comercial, informativa, biográfica), privilegiando-se medidas que não restrinjam a divulgação de informações.

O *direito à imagem* possui duplo conteúdo: um moral, já que representa um direito de personalidade; outro patrimonial, porque a ninguém é lícito locupletar-se à custa alheia. Quanto ao direito à imagem, a obrigação da reparação decorre do próprio uso indevido do direito personalíssimo. O direito à imagem é caracterizado como direito de personalidade, extrapatrimonial, de caráter personalíssimo, por proteger o interesse que tem a pessoa de opor-se à divulgação dessa imagem, em circunstâncias concernentes à sua vida privada.[111]

---

111 "A recorrente ajuizou ação indenizatória cumulada com preceito cominatório, alegando que as recorridas são autoras de contrafação, pois produzem papéis para cigarros, valendo-se, sem sua autorização, de suas marcas exclusivas. Além dos prejuízos inerentes a tal conduta, aduz que sua imagem perante os consumidores foi afetada. Assim, a questão cinge-se em definir se decorrem danos morais indenizáveis da violação do direito de marca. Para a Min. relatora, a premissa de fundamental importância para o deslinde da controvérsia é que o dano moral da pessoa jurídica corresponde, hoje, em nosso sistema legal, à lesão a direito de personalidade, ou seja, a bem não suscetível de avaliação em dinheiro. Deve-se questionar se o direito de marca integra a personalidade do seu titular. A resposta é negativa. A marca apenas designa um produto e sua violação traz diretamente danos materiais. O contrafator beneficia-se porque usurpa a clientela do titular da marca ou porque deixa de lhe pagar *royalties* devidos. Esse é o claro conteúdo do art. 210 da Lei nº 9.279/1996. Ocorre que o problema não se esgota nessa primeira observação. A contrafação de marca pode ter consequências que vão além da simples diferença entre o que foi vendido e o que poderia ter sido comercializado. No julgamento de precedente deste Superior Tribunal, entendeu-se que produtos voltados a público exclusivo foram vulgarizados com a exposição comercial do produto falsificado. Não só a marca era violada naquela situação, mas a própria reputação comercial de seu titular era atingida na medida em que este prezava a imagem de exclusividade de seus produtos

Vale destacar, aqui, a decisão do ministro Luis Felipe Salomão do STJ: "DIREITO CIVIL. OBRIGAÇÃO DE FAZER E NÃO FAZER. VÍDEOS DIVULGADOS EM SITE DE COMPARTILHAMENTO (YOUTUBE). CONTRAFAÇÃO A ENVOLVER A MARCA E MATERIAL PUBLICITÁRIO DOS AUTORES. OFENSA À IMAGEM E AO NOME DAS PARTES. DEVER DE RETIRADA. INDICAÇÃO DE URL'S. DESNECESSIDADE. INDIVIDUALIZAÇÃO PRECISA DO CONTEÚDO DO VÍDEO E DO NOME A ELE ATRIBUÍDO. MULTA. REFORMA. PRAZO PARA A RETIRADA DOS VÍDEOS (24 H). MANUTENÇÃO.

1. Atualmente, saber qual o limite da responsabilidade dos provedores de internet ganha extrema relevância, na medida em que, de forma rotineira, noticiam-se violações à intimidade e à vida privada de pessoas e empresas, julgamentos sumários e linchamentos públicos de inocentes, tudo praticado na rede mundial de computadores e com danos substancialmente potencializados em razão da natureza disseminadora do veículo. Os verdadeiros "ape-

perante consumidores de alta renda. Por isso, concluiu-se que a prática de falsificação, em razão dos efeitos que irradia, fere o direito à imagem do titular da marca, o que autoriza, em consequência, a reparação por danos morais. Para além da questão da vulgarização, deve-se reconhecer que a contrafação também pode lesar a honra objetiva do titular da marca na medida em que os produtos contrafeitos revelem qualidade precária. A má qualidade dos produtos é acompanhada da insatisfação do consumidor, que deixa de comprar produtos semelhantes e, sobretudo, passa a ter uma imagem negativa do fornecedor. No entanto, quem passa a ser mal visto não é o contrafator, mas o empresário vítima da contrafação. Na hipótese, há peculiaridades, pois não se sabe se o produto contrafeito distingue-se perante o consumidor por exclusividade ou por qualidade. Por esses motivos, o mais correto é tratar o produto (papel de cigarro) como uma *commodity*, ou seja, um bem básico com qualidades uniformes. Nessa espécie peculiar de contrafação, há pelo menos um aspecto a ser considerado. Aqui, como em outras hipóteses, o consumidor é enganado e vê subtraída, de forma ardilosa, sua faculdade de escolha. O consumidor compra o produto contrafeito na crença de que adquire o original. Sob essa perspectiva, fica mais fácil visualizar que, se o consumidor não consegue perceber quem lhe fornece o produto, também é verdade que o fabricante não consegue ser identificado por boa parte de seu público-alvo. O fornecedor mostra-se ao consumidor mais por suas marcas exclusivas que propriamente por seu nome comercial. A marca designa o produto e, direta ou indiretamente, também indica quem é seu fabricante. Assim, a contrafação é verdadeira usurpação de parte da identidade do fabricante. O contrafator cria confusão de produtos e, nesse passo, faz-se passar pelo legítimo fabricante de bens que circulam no mercado. O prejudicado, além da violação da marca, pode buscar ressarcimento pela diluição de sua identidade junto ao público consumidor. A identidade é deturpada quando o causador do dano consegue criar, na mente dos consumidores, confusão sobre quem são os diversos competidores do mercado, duplicando os fornecedores de um produto que deveria ser colocado em circulação apenas por aquele que é titular de sua marca. Nessa linha de raciocínio, a usurpação de marca alheia pode ser vista como a violação desse essencial direito de personalidade, qual seja, o direito à identidade. Assim, concluiu a Min. relatora que houve violação dos arts. 209 da Lei nº 9.279/1996, 186 e 927 do CC/2002, pois a recorrente teve seu direito de identidade lesado pela contrafação levada a cabo pela recorrida e, por isso, faz jus à reparação dos danos morais sofridos. REsp 1.032.014-RS, Rel. Min. Nancy Andrighi, julgado em 26/5/2009.

drejamentos virtuais" são tanto mais eficazes quanto o são confortáveis para quem os pratica: o agressor pode recolher-se nos recônditos ambientes de sua vida privada, ao mesmo tempo em que sua culpa é diluída no anonimato da massa de agressores que replicam, frenética e instantaneamente, o mesmo comportamento hostil, primitivo e covarde de seu idealizador, circunstância a revelar que o progresso técnico-científico não traz consigo, necessariamente, uma evolução ética e transformadora das consciências individuais. Certamente, os rituais de justiça sumária e de linchamentos morais praticados por intermédio da internet são as barbáries típicas do nosso tempo.

Nessa linha, não parece adequado que o Judiciário adote essa involução humana, ética e social como um módico e inevitável preço a ser pago pela evolução puramente tecnológica, figurando nesse cenário como mero expectador.

2. Da leitura conjunta da inicial e do que ficou decidido nas instâncias de origem, o presente recurso especial cinge-se à obrigação remanescente relativa aos vídeos com o título difamante, tenham sido eles indicados precisamente pelas autoras (com a menção das URL's), ou não, mas desde que existentes no site, com aquele preciso título, depois de o provedor ter sido formalmente notificado de sua existência.

3. Por outro lado, há referência nos autos acerca de perícia já realizada na qual se constatou a viabilidade técnica de controle dos vídeos no site YouTube, concluindo o perito judicial que apenas por questões de conveniência e oportunidade o provedor não o realiza.

4. Com efeito, dada a moldura fática delineada, e diante da precisão do conteúdo do vídeo indicado e da existência de perícia nos autos a sugerir a possibilidade de busca pelo administrador do site, reafirma-se entendimento segundo o qual o provedor de internet – administrador de redes sociais -, ainda em sede de liminar, deve retirar informações difamantes a terceiros manifestadas por seus usuários, independentemente da indicação precisa, pelo ofendido, das páginas em que foram veiculadas as ofensas (URL's).

5. A jurisprudência da Casa é firme em apregoar que a responsabilidade dos provedores de internet, quanto a conteúdo ilícito veiculado em seus sites, envolve também a indicação dos autores da informação (número de IP).

6. Multa cominatória reajustada para que incida somente a partir deste julgamento, no valor de R$ 500,00 (quinhentos reais) por dia de descumprimento, mantido o prazo de 24 (vinte e quatro) horas para a retirada dos vídeos difamantes.

7. Recurso especial parcialmente provido, apenas no tocante ao valor das astreintes.

(REsp 1306157/SP, Rel. ministro LUIS FELIPE SALOMÃO, QUARTA TURMA, julgado em 17/12/2013, DJe 24/03/2014).[112]

7.16.1 O direito à imagem de morto ou de ausente

Em se tratando de *morto ou de ausente*, são partes legítimas para requerer essa proteção o cônjuge, os ascendentes ou os descendentes (CC, Art. 20, parágrafo único). Assim decidiu o Superior Tribunal de Justiça, através do ministro César Asfor Rocha, no Recurso Especial 521.697/RJ, na Quarta Turma, em 16.2.2006: "CIVIL. DANOS MORAIS E MATERIAIS. DIREITO À IMAGEM E À HONRA DE PAI FALECIDO. Os direitos da personalidade, de que o direito à imagem é um deles, guardam como principal característica a sua intransmissibilidade. Nem por isso, contudo, deixa de merecer proteção a imagem e a honra de quem falece, como se fossem coisas de ninguém, porque elas permanecem perenemente lembradas nas memórias, como bens imortais que se prolongam para muito além da vida, estando até acima desta, como sentenciou Ariosto. Daí porque não se pode subtrair dos filhos o direito de defender a imagem e a honra de seu falecido pai, pois eles, em linha de normalidade, são os que mais se desvanecem com a exaltação feita à sua memória, como são os que mais se abatem e se deprimem por qualquer agressão que lhe possa trazer mácula. Ademais, a imagem de pessoa famosa projeta

---

112 Informações adicionais a decisão: O provedor de internet não pode alegar incapacidade técnica de varredura de conteúdos difamantes, à luz do princípio "*venire contra factum proprium*", porquanto, assim como a ampla liberdade de acesso e o anonimato, a ausência de ferramenta de controle de manifestações no ambiente virtual contribui para o incremento de usuários, caracterizando-se como atrativo eficiente de usuários às ações de marketing necessária à venda de produtos. Se não houver ferramenta técnica que proporcione a solução de problemas, deve a fabricante providenciar uma solução, sob pena de responsabilizar-se por eventuais consequências geradas pela falta de controle dos usuários-clientes, os quais fomentam seu lucro.
(VOTO VENCIDO EM PARTE) (MIN. MARIA ISABEL GALLOTTI)
É necessária a indicação pela parte prejudicada do URL ("Uniform Resource Locator") da página a ser suprimida do resultado de buscas do provedor de pesquisa e do provedor de hospedagem. Outros vídeos, com teor diverso, ainda que difamatórios da marca que se quer protegida, não devem ser incluídos na ordem judicial de exclusão. O prazo de cumprimento da decisão judicial depende do caso concreto, a depender, por exemplo, da gravidade da ofensa e do prejuízo causado à vítima. Isso considerado, considerando-se as dificuldades técnicas para a exclusão de URL e não sendo tão grave o prejuízo comercial alegado pela parte autora, deve-se conferir 72 horas para que o Google cumpra as providências necessárias à referida exclusão da.
(VOTO VENCIDO EM PARTE) (MIN. RAUL ARAÚJO)
É insuficiente o prazo de 24 ou 48 horas para que grandes corporações, que atuam em âmbito mundial, possam cumprir determinações judiciais. O prazo que entendo razoável seria de 5 dias, até para que ela possa planejar algum pedido perante o juiz, explicando alguma dificuldade. O próprio interessado é quem deve indicar as URL que devem ser excluídas do âmbito do sítio eletrônico; e, se tomar conhecimento de outras, deve comunicar à requerida para que esta promova a exclusão.

efeitos econômicos para além de sua morte, pelo que os seus sucessores passam a ter, por direito próprio, legitimidade para postularem indenização em juízo, seja por dano moral, seja por dano material. Primeiro recurso especial das autoras parcialmente conhecido e, nessa parte, parcialmente provido. Segundo recurso especial das autoras não conhecido. Recurso da ré conhecido pelo dissídio, mas improvido".

7.16.2 Topless praticado em cenário público

Quanto ao topless praticado em cenário público, o Superior Tribunal de Justiça já decidiu: "DIREITO CIVIL. DIREITO DE IMAGEM. TOPLESS PRATICADO EM CENÁRIO PÚBLICO. Não se pode cometer o delírio de, em nome do direito de privacidade, estabelecer-se uma redoma protetora em torno de uma pessoa para torná-la imune de qualquer veiculação atinente a sua imagem. Se a demandante expõe sua imagem em cenário público, não é ilícita ou indevida sua reprodução pela imprensa, uma vez que a proteção à privacidade encontra limite na própria exposição realizada. Recurso Especial não conhecido. (REsp 595.600/SC, Rel. ministro CÉSAR ASFOR ROCHA, QUARTA TURMA, julgado em 18.3.2004, DJ 13.9.2004 p. 259)".

7.16.3 Direito à imagem. Celebridades

Neste caso, o magistrado deverá realizar uma ponderação de interesses envolvendo a liberdade de imprensa e o dano moral. Um caso polêmico que retrata esta colidência de direitos é aquele relacionado ao vídeo de Daniella Cicarelli na Espanha e a empresa YouTube Inc.

A decisão da Justiça paulista negou o pedido de proibição do polêmico vídeo de Cicarelli na Espanha. Segue, abaixo, a decisão monocrática proferida pelo Juiz de Direito GUSTAVO SANTINI TEODORO, da 23ª Vara Cível de São Paulo, em 18 de junho de 2007.[113]

---

113 Consta da petição inicial que os autores RENATO AUFIERO MALZONI FILHO e DANIELLA CICARELLI LEMOS, namorados, viajaram de férias para a Espanha em agosto de 2006. Longe do país e do assédio da mídia nacional, foram inadvertida e sorrateiramente filmados por um paparazzo espanhol, quando desfrutavam de lazer na Praia de Tarifa, em momentos de intimidade. O réu YOUTUBE INC., sem autorização do casal, divulgou em seu site o filme sob o título "Daniella Cicarelli transando no mar". Veículos de comunicação da internet brasileira, entre eles os réus IG – INTERNET GROUP DO BRASIL LTDA. e ORGANIZAÇÕES GLOBO DE COMUNICAÇÃO divulgaram fotos e links para o vídeo. Tudo isso, ausente qualquer interesse público, implicou violação à imagem e à honra dos autores, os quais, com a presente AÇÃO INIBITÓRIA, pretendem obrigar os réus a cessarem imediatamente, sob pena de multa diária, a exibição do vídeo e das fotos dele extraídas, seja diretamente ou via links, para evitar maiores transtornos à sua vida privada.
Tutela antecipada foi indeferida por este Juízo (fls. 42 e verso), o que levou à interposição de agravo de instrumento, em que concedida a liminar (fls. 63-70), confirmada por

maioria no julgamento final (fls. 126-145).
Diante do descumprimento do v. acórdão proferido no agravo de instrumento, o coautor Renato Aufiero Malzoni Filho requereu bloqueio de acesso ao site YouTube aos internautas brasileiros, o que foi indeferido por este Juízo (fls. 173 e verso). Interposto agravo de instrumento, foi deferida a colocação de filtros impeditivos do acesso ao vídeo (fls. 234, item 37; fls. 238241), com o esclarecimento posterior de que, na impossibilidade técnica de cumprimento da medida, não deveria haver bloqueio do acesso ao site todo (fls. 339-341). Sobre a questão, vieram aos autos informações da Embratel, da Tim Celular, da Impsat Comunicações (fls. 352-363, 369-374, 381, 383-384, 402, 404).
O réu YOUTUBE LCC (nova denominação de YouTube Inc.) apresentou contestação (fls. 450-484). Preliminarmente, arguiu nulidade da carta rogatória, em razão de nulidade da citação e falta de documentos indispensáveis à sua instrução. No mérito, expôs que não tem relação alguma com os corréus. Aduziu que os direitos da personalidade de pessoa pública, como a coautora, sofrem restrição em local público. Acrescentou que os autores, quando resolveram namorar à luz do dia em famosa praia da Espanha, abriram mão do direito à intimidade e à privacidade, em prol talvez de uma fantasia ou algo do gênero. Fez considerações sobre colisão de direitos e censura. Sustentou ser tecnicamente impossível dar cumprimento integral à obrigação de fazer pleiteada pelos autores. Alegou que, como provedor de serviço, sua responsabilidade sobre o conteúdo exposto pelos usuários é limitada. Destacou que não descumpriu a liminar concedida no agravo de instrumento. Pediu o acolhimento da preliminar ou a improcedência da ação.
Por sua vez, a ré GLOBO COMUNICAÇÃO E PARTICIPAÇÕES S/A, na contestação (fls. 599-604), sustentou que, muito embora tenha cumprido a ordem judicial proveniente do agravo de instrumento, não praticou ilícito, pois o local dos fatos não assegurava privacidade ao casal. Aduziu que os autores tinham pleno conhecimento da situação e do risco inerente ao explícito ato obsceno por eles protagonizado. Sustentou que, como provedor, não tem como controlar tudo o que é publicado por bloggers, dada a impossibilidade de filtrar milhões de informações, na busca desenfreada de eventuais mensagens difamantes. Concluiu pela improcedência.
A contestação do réu INTERNET GROUP DO BRASIL LTDA. não foi diferente (fls. 608-628). Depois de destacar que os autores são pessoas conhecidas – que foram acompanhados de perto por órgãos de imprensa em viagem anterior feita à praia de Mikonos, na Grécia -, afirmou que deveriam saber que idêntico interesse seria despertado na viagem à Espanha, razão pela qual carece de credibilidade a afirmação de que foram para lá com o objetivo de evitar o incansável assédio da mídia nacional. Aduziu que a praia onde foram filmados e fotografados nada tem de deserta, pois se trata de local badalado. O próprio paparazzo espanhol esclareceu que, no dia do vídeo, havia mais de duzentas pessoas no local. Arguiu ilegitimidade passiva ad causam, pois se limitou a disponibilizar informações via link, e não o vídeo ou as fotos dele extraídas. Sustentou que exerceu seu direito de informar e que os autores consentiram tacitamente com a divulgação do fato. Pediu sua exclusão da lide ou o julgamento de improcedência.
Houve réplicas (fls. 1453-1477 e 1483-1521).
É o relatório.
Fundamento e decido.
Nos termos do artigo 330, inciso I, do Código de Processo Civil, o processo comporta julgamento na fase em que se encontra.
1. As preliminares devem ser rejeitadas.
Não ocorreu nulidade no cumprimento da carta rogatória, pois foram observadas as formalidades cabíveis, com citação e intimação por meio de pessoa "autorizada a aceitar", conforme certidão a fls. 335-337.

De todo modo, o corréu YouTube compareceu nos autos e se defendeu amplamente, o que permite concluir que eventual irregularidade na carta rogatória não prejudicou seu direito de defesa.
Além disso, na verdade, a nulidade arguida objetiva adiar o termo inicial de incidência da multa cominatória fixada no v. acórdão, o que, porém, em razão do resultado quanto ao mérito (infra, item 6), torna-se irrelevante.
A legitimidade passiva do corréu Internet Group decorre do fato de os autores terem pedido sua condenação a retirar de sua página na web o link para o vídeo questionado nesta ação.
Portanto, rejeito as duas preliminares.
2. Ainda no campo exclusivamente processual, impõe-se revogar o segredo de justiça, imposto por este Juízo em atendimento a requerimento dos autores (fls. 42-vo).
Realmente, sem embargo daquela determinação, houve ampla divulgação dos atos processuais. Os autores não pediram providências para apurar as responsabilidades pela publicidade indevida.
Portanto, a medida se mostrou inócua e também desnecessária, razão pela qual não mais deve subsistir.
3. No mérito, é pertinente analisar o caso a partir de precedente em situação semelhante, da Quarta Turma do Colendo Superior Tribunal de Justiça, no Recurso Especial n° 595.600 – SC, relator ministro César Asfor Rocha, j. 18 de março de 2004.
3.1. Do voto do Excelentíssimo senhor ministro relator, extrai-se que os fatos diziam respeito a publicação desautorizada da autora – que não era atriz, nem modelo amador ou profissional, nem pessoa famosa ou que sobrevivesse da comercialização de sua imagem -, em topless, fotografada em praia pública, em momento de lazer.
Em primeiro grau, a ação foi julgada improcedente, sob o argumento de que a ré "exerceu sua liberdade de imprensa que tem amparo constitucional, sem ferir as garantias da autora, que, por sua vez, exerceu sua liberdade pessoal, consciente ou inconscientemente, produzindo notícia, pela prática de topless, em público".
No julgamento da apelação, a r. sentença foi reformada por maioria de votos, sob estes fundamentos:
"O direito a própria imagem, como direito personalíssimo, goza de proteção constitucional, sendo absoluto e, pois, oponível a todos os integrantes da sociedade, para os quais cria um dever jurídico de abstenção. A publicação de imagem de alguém fotografado imprescinde, sempre, de autorização do fotografado. Inexistente essa autorização, a veiculação da imagem materializa violação ao direito do respectivo titular, ainda que inexistente qualquer ultraje à moral e aos bons costumes. A ocorrência do dano, em tal hipótese, é presumida, resultando tão somente da vulneração do direito à imagem".
Em razão do voto vencido, houve interposição de embargos infringentes, que foram acolhidos, nestes termos:
"DIREITO À IMAGEM. IMPRENSA. TOPLESS. FOTOGRAFIA OBTIDA EM LOCAL PÚBLICO. DIVULGAÇÃO. INDENIZAÇÃO INDEVIDA. A partir do momento que uma jovem, por sua vontade livre e consciente, desnuda os seios em local público, expõe-se ela à apreciação das pessoas que ali se fazem presentes, de tal sorte que se jornal de circulação estadual e tido como idôneo lhe fotografa, apenas registra um fato que ocorreu numa praia, ampliando a divulgação de uma imagem que se fez aberta aos olhos do público. (...)
Honra é o sentimento de dignidade própria que leva o indivíduo a procurar merecer a consideração geral. Se não há fato lesivo à honra, tampouco, não existe o dever de indenizar.
A imagem das pessoas constitui uma forma do direito à intimidade. Quem quer

preservar sua honra e sua intimidade não expõe os seios para deleite da multidão. Se a embargada resolveu mostrar sua intimidade às pessoas deve ter maturidade suficiente para suportar as consequências de seus atos e não atribuir à imprensa a responsabilidade pelo ocorrido.
É importante salientar que a praia estava cheia e era feriado. A fotografia não foi obtida de recinto ou propriedade particular, ou de ambiente exclusivamente privado. Mas muito pelo contrário, o fotógrafo simplesmente registrou o que estava à mostra para todos os presentes na Praia Mole, naquele momento.
A embargada, mostrando-se da forma que estava, em pé, não estava em condições de ignorar que se tornaria objeto de atenções e aceitou implicitamente a curiosidade geral. Da mesma forma que tinha direito, diante da liberdade que lhe é assegurada, de praticar topless, o fotógrafo usou da liberdade para fazer seu trabalho e registrou esta cena, e, no dia posterior, o jornal veiculou esta fotografia, exercendo seu direito de liberdade de imprensa.
O jornal não fez uso irregular da fotografia, nem fez chamada sensacionalista. Como ficou registrado, não houve nenhum destaque e o nome da autora sequer foi referido na reportagem que a fotografia ilustra. (...)
A honra da embargada, é importante salientar, não foi violada de maneira alguma. Poderia, em tese, admitir-se o pleito aqui deduzido em hipótese outra, por exemplo, na foto de uma moça, em uma praia, no momento em que acabava de recuperar-se de uma onda, totalmente desprevenida e que se encontrava com a peça superior de sua roupa de banho fora do lugar. Nesse caso, sim, absolutamente, inidônea e oportunista a atitude do jornal.
Mas a partir do momento em que a embargada não teve objeção alguma de que pessoas pudessem observar sua intimidade, não pode ela, vir à Justiça alegar que sua honra foi violada pelo fato de o *Diário Catarinense* ter publicado uma foto obtida naquele momento numa praia lotada e em pleno feriado".
3.2. Observe-se bem que, muito embora o caso julgado não se refira a hipótese de vídeo de casal em carícias mais íntimas, mas sim a fotografia de topless, a discussão relativa aos limites do direito à imagem é idêntica ao destes autos. De um lado, está o argumento segundo o qual o direito à própria imagem é personalíssimo e absoluto, oponível a todos em qualquer situação, o que impõe sempre a obtenção de consentimento expresso para a divulgação. De outro, a conclusão de que, em certas circunstâncias, não há dever de abstenção na divulgação da imagem, quando esta é exibida pela própria pessoa em local público.
É certo também que topless e relações íntimas na praia não são situações semelhantes. Entretanto, tanto em uma quanto em outra situação, de parte da privacidade se abre mão, no exercício do que se entende por liberdade, o que permite analisar ambas sob o mesmo enfoque. Não cabe aqui tecer considerações sobre a licitude ou ilicitude dessas condutas, porque não é isso que está em causa. O fulcro da questão é outro: definir se existe o dever de não divulgar vídeo ou foto de pessoa que expõe sua imagem em local público, numa situação não exatamente corriqueira, que pode chamar a atenção de terceiros.
Bem por isso é que também se mostra irrelevante o fato de o precedente ser relativo a ação de indenização, enquanto o caso sub judice trata-se de uma ação dita inibitória, que objetiva obrigar os réus a cessarem imediatamente, sob pena de multa diária, a exibição do vídeo e das fotos dele extraídas, seja diretamente ou via links. O fundamento das duas pretensões é o mesmo. O titular do direito violado, sob o argumento do descumprimento daquele dever, pode buscar, em tese, tanto a indenização quanto a condenação na obrigação de não mais divulgar a imagem.
Há ainda outra diferença, que também não interfere: no precedente, a autora da

ação não era atriz, nem modelo amador ou profissional, nem pessoa famosa ou que sobrevivesse da comercialização de sua imagem. É o caso, aparentemente, do coautor, mas, certamente, não da coautora da presente demanda. Contudo, é mitigada a proteção à imagem de pessoa famosa, razão pela qual esta não pode se insurgir contra alegada violação se, em situação similar vivenciada por pessoa não famosa, foi proclamada a inocorrência do ilícito.
No caso anteriormente julgado a autora da ação expôs os seios para deleite da multidão. A praia estava cheia e era feriado. A fotografia não foi obtida de recinto ou propriedade particular, ou de ambiente exclusivamente privado. Nestes autos, basta assistir ao vídeo, que está nos autos gravado em meio eletrônico, para ver que havia várias outras pessoas na praia, quando da troca das carícias na areia.
Em dado momento, as legendas do vídeo anunciam a busca de intimidade. As imagens mostram o casal indo para a água, o que, evidentemente, não lhes trouxe privacidade alguma, que mereça proteção jurídica. A situação continuou a ser de exposição pública da própria imagem, a simples consumação do que se iniciou na areia, e não a "busca de um lugar reservado, longe das poucas pessoas que ali se encontravam", como equivocadamente dito na réplica do autor (fls. 1457, item 13).
Dizer, como fez o coautor (fls. 1455, item 8), que o ocorrido "não se deu em ato público, mas sim em ato da vida privada do casal (ainda que em local público)" é jogar com as palavras, numa diferenciação que não faz sentido.
3.3. Portanto, as diferenças fáticas analisadas no item anterior não são significativas a ponto de afastar a adoção, nestes autos, da conclusão a que chegou o Colendo Superior Tribunal de Justiça no caso anteriormente julgado, conforme excertos do voto do Excelentíssimo ministro relator, transcritos a seguir.
"Desse modo, o deslinde da controvérsia, como se desprende, reclama a conciliação de dois valores sagrados das sociedades culturalmente avançadas, quais sejam o da liberdade de informação (no seu sentido mais genérico, aí incluindo-se a divulgação da imagem) e o da proteção à intimidade, em que o resguardo da própria imagem está subsumido.
É certo que 'em se tratando de direito à imagem, a obrigação da reparação decorre do próprio uso indevido do direito personalíssimo, não havendo de cogitar-se da prova da existência de prejuízo ou dano, nem a consequência do uso, se ofensivo ou não' (Segunda Seção, EREsp 230.268/SP, relatado pelo eminente ministro Sálvio de Figueiredo Teixeira, DJ 4.8.2003).
Todavia, a proteção à intimidade não pode ser exaltada a ponto de conferir imunidade contra toda e qualquer veiculação de imagem de uma pessoa, constituindo uma redoma protetora só superada pelo expresso consentimento, mas encontra limites de acordo com as circunstâncias e peculiaridades em que ocorrida a captação.
Esta Turma, em situação que aproveita à espécie, decidiu:
'CIVIL. DIREITO DE IMAGEM. REPRODUÇÃO INDEVIDA. LEI N° 5.988/73 (ART. 49, I, "F"). DEVER DE INDENIZAR. CÓDIGO CIVIL (ART. 159).
A imagem é a projeção dos elementos visíveis que integram a personalidade humana, e a emanação da própria pessoa, é o eflúvio dos caracteres físicos que a individualizam.
A sua reprodução, consequentemente, somente pode ser autorizada pela pessoa a que pertence, por se tratar de direito personalíssimo, sob pena de acarretar o dever de indenizar que, no caso, surge com a sua própria utilização indevida.
É certo que não se pode cometer o delírio de, em nome do direito de privacidade, estabelecer-se uma redoma protetora em torno de uma pessoa para torná-la imune de qualquer veiculação atinente a sua imagem; todavia, não se deve exaltar a liberdade de informação a ponto de se consentir que o direito à própria imagem seja postergado, pois a sua exposição deve condicionar-se à existência de evidente interesse jornalístico

que, por sua vez, tem como referencial o interesse público, a ser satisfeito, de receber informações, isso quando a imagem divulgada não tiver sido captada em cenário público ou espontaneamente.
Recurso conhecido e provido'. (REsp 58.101/SP, por mim relatado, DJ 09.3.1998).
Na espécie, a recorrida divulgou fotografia, sem chamada sensacionalista, de imagem da recorrente praticando topless 'numa praia lotada em pleno feriado' (fl. 196).
Isto é, a própria recorrente optou por revelar sua intimidade, ao expor o peito desnudo em local público de grande movimento, inexistindo qualquer conteúdo pernicioso na veiculação, que se limitou a registrar sobriamente o evento sem sequer citar o nome da autora.
Assim, se a demandante expõe sua imagem em cenário público, não é ilícita ou indevida sua reprodução sem conteúdo sensacionalista pela imprensa, uma vez que a proteção à privacidade encontra limite na própria exposição realizada".
4. É certo que, no caso destes autos – diferentemente da situação analisada pelo Colendo Superior Tribunal de Justiça -, a exibição da cena protagonizada pelo casal se fez de maneira sensacionalista. Mais ainda, a divulgação não ocorreu num jornal de circulação estadual, mas sim em inúmeros meios de comunicação e na internet, em proporção infinitamente maior.
Como dito nas réplicas, houve "exibição ilimitada do vídeo na internet, inclusive em websites que carregam a mais baixa e desqualificada pornografia sexual" (fls. 1456, item 11), com a veiculação de momentos íntimos do casal "em escala mundial" (fls. 1498, terceiro parágrafo).
Entretanto, nada disso decorreu de conduta dos réus.
De fato, como bem ressaltado na contestação do réu Internet Group do Brasil Ltda. (fls. 610, item 6), sem impugnação nas réplicas, os autores, em sua viagem à praia de Mikonos, na Grécia, já haviam sido acompanhados de perto pela imprensa (fls. 738-739), razão pela qual deveriam saber que não poderia ser diferente na viagem à Espanha.
Ademais, não bastasse assistir ao próprio vídeo para ver que agiram despreocupadamente, uma reportagem de conhecida revista masculina, não impugnada pelos autores em seu conteúdo, transcreveu relevante informação do paparazzo responsável pela filmagem (fls. 841): "Havia cerca de 200 pessoas na praia naquela tarde, eles fizeram aquilo na frente de todo mundo". Portanto, o estrépito resultou da conduta (casal conhecido, trocando carícias íntimas na praia), e não propriamente da divulgação do vídeo no site do corréu YouTube e das fotos e links nos sites dos corréus Globo e IG.
5. Outrossim, com os recursos atuais da tecnologia, os autores deveriam saber que suas imagens poderiam ser captadas por qualquer um e colocadas na internet. Deixaram que sua intimidade fosse observada em local público, razão pela qual não podem argumentar com violação da privacidade, honra ou imagem para cominar polpudas multas justamente aos corréus.
Aliás, há nos autos documento, não impugnado em seu conteúdo (fls. 583), que menciona a existência "das cenas picantes de sexo implícito do casal" em "centenas de outros sites que replicaram a peça". Com as palavras cicarelli malzoni praia, os sites de busca mais conhecidos, nesta data, revelam também milhares de links para o assunto: Live Search, 1588 resultados; Terra, 1630 resultados; UOL Busca, 1592 resultados; Yahoo Cadê, 7270 resultados;
Google, 52300 resultados. Até na biografia da autora, na Wikipedia, há referência ao "vídeo polêmico".
Na verdade, os autores, sabidamente alvo da curiosidade do público antes mesmo do acontecimento objeto deste processo, resolveram trocar intimidades em local não reservado. Cominar multa aos réus para que não divulguem o vídeo, as fotos extraídas do vídeo ou os respectivos links não tem utilidade alguma – salvo enriquecimento sem causa dos autores -, pois continuarão a existir na internet, às centenas ou milhares, o

vídeo, as fotos e os links sobre o assunto.
É de conhecimento de qualquer pessoa minimamente integrada ao mundo atual que ocorre essa multiplicação exponencial da informação via internet. A utilização dos mecanismos jurídicos tradicionais, como o desta ação, é completamente inócuo e até mesmo cômico. Como corretamente sustentado pelo corréu Internet Group (fls. 623-624, itens 61, 62 e 65), a conduta dos autores viola o princípio da boa-fé objetiva, pois não lhes é permitido agir de "dada maneira em público e depois afirmar que isso não poderia ser veiculado publicamente".
Em outras palavras, bem utilizadas na contestação desse corréu, "a boa-fé objetiva impede que os autores exijam que os órgãos de imprensa tratem como privada a conduta que elegeram como pública. Viver honestamente, princípio primeiro do direito, implica agir de modo coerente". O argumento se aplica também a serviços como o mantido pelo Youtube. Ou seja, os autores deveriam ter maturidade suficiente para suportar as consequências de seus atos, e não culpar os réus pela alegada violação de privacidade.
6. Porque pertinente, à luz do que antes exposto, transcreve-se o que este Juízo decidiu quando da apreciação da tutela antecipada:
"O deferimento da medida não prescinde de uma análise, ainda que sumária
- própria desta fase do processo – da verossimilhança do argumento, que permeia a petição inicial, segundo o qual os réus teriam praticado ato ilícito, com a divulgação em seus sites, dita não autorizada ou consentida, de vídeo em que os autores aparecem como protagonistas.
Assistindo-se ao vídeo, percebe-se claramente que eles, à luz do sol, trocaram intimidades numa praia, local em princípio aberto ao público, desprovido de qualquer restrição de acesso, onde havia inclusive outras pessoas, sem sinal do constrangimento que agora dizem sentir. A alegação de que se tratava de praia calma, em local considerado rústico, aparentemente não é confirmada pelas imagens.
Procedendo desse modo, os autores, por livre e espontânea vontade, expuseram-se em ambiente que permitiu a captação das imagens pelas lentes de uma câmera, cujo operador, é bom que se diga, não encontrou absolutamente nenhuma barreira natural, tampouco empecilho, para a filmagem.
Nessas circunstâncias, à primeira vista, não há como vislumbrar, na conduta dos réus, violação de direito à imagem ou desrespeito à honra, à intimidade ou à privacidade dos autores, pois não se tratou de cenas obtidas em local reservado, que se destinasse apenas a encontros amorosos, excluída a visualização por terceiros. Agora não basta, para que se conclua o contrário, a simples afirmação na petição inicial. Só com cognição exauriente é que, em tese, a conclusão poderá se alterar".
A cognição exauriente, nestes autos, obteve-se por meio do contraditório e da prova documental produzida com as contestações. Provas pericial e oral mostram-se inúteis e desnecessárias, pois as questões relevantes para a solução do litígio, antes examinadas, prescindem de conhecimentos técnicos ou de esclarecimentos em audiência.
Ressalte-se que a cognição, na apreciação da tutela antecipada em segundo grau, também é sumária e provisória, destinada, portanto, a ser substituída quando do julgamento definitivo, razão pela qual não se pode dizer que a conclusão a que se chegou nesta sentença viole o que decidiu a superior instância quando do julgamento dos agravos interpostos pelos autores. As medidas perdem sua eficácia.
7. Ante o exposto, JULGO IMPROCEDENTE a ação. DECLARO cessada a eficácia das medidas concedidas no julgamento dos agravos de instrumento e prejudicada a aplicação da multa cominada. REVOGO o segredo de justiça. Sucumbentes, os autores arcarão solidariamente com custas, despesas processuais e honorários advocatícios, fixados estes, nos termos do artigo 20, parágrafo 4°, do Código de Processo Civil, em dez mil reais, para cada um dos corréus, com atualização monetária pela tabela prática do Tribunal de Justiça do Estado de São Paulo a partir desta sentença. Quando operado o trânsito em julgado ou interposto recurso sem efeito suspensivo, requeira a parte credora, se for de

7.16.4 Direito à imagem. Campanha eleitoral

A utilização da imagem da pessoa em fotografia em "outdoor" de campanha eleitoral, sem prévia autorização, também, poderá ensejar ação de indenização por danos morais. Vejamos: "Ação de indenização. Danos morais. Campanha eleitoral. Publicação não autorizada de fotografia em "outdoor". Cerceamento de defesa. Inocorrência. Assistência judiciária gratuita. Alcance. Legitimidade passiva do candidato a cargo eletivo. Ocorrência do dano moral. Alegação de ofensa a dispositivo constitucional. Dissídio jurisprudencial não comprovado. – O fato de a petição com o rol das testemunhas ter sido juntada apenas na data da audiência de instrução e julgamento não serve como justificativa para o recorrente ter deixado de efetuar a antecipação das despesas de locomoção e intimação, se ele foi intimado na audiência de conciliação a efetuar o preparo das diligências alusivas às intimações das testemunhas. – A assistência judiciária gratuita alcança, tão somente, a pessoa contemplada pelo benefício. – O candidato a cargo eletivo e o partido político respondem solidariamente pelos excessos praticados na divulgação da propaganda eleitoral. – Hipótese em que a autora, inconformada com a associação de sua imagem de pessoa carente e doente renal à campanha de candidato a cargo eletivo, ajuizou ação de indenização por danos morais e materiais, decorrentes da utilização de sua fotografia em "outdoor" de campanha eleitoral, sem prévia autorização ou contraprestação, apenas em face dos candidatos. – Alegações de ofensa à Constituição Federal escapam ao âmbito de competência atribuída ao Superior Tribunal de Justiça. – A comprovação do dissídio jurisprudencial exige a juntada de cópia autenticada dos acórdãos ou a citação do repositório oficial em que se achem publicados e o confronto analítico a evidenciar a similitude fática entre o acórdão recorrido e o julgado paradigma. Recurso Especial não conhecido (REsp 663.887/GO, Rel. MIN. NANCY ANDRIGHI, TERCEIRA TURMA, julgado em 23.11.2005, DJ 1.2.2006 p. 538)".

7.16.5 Direito à imagem. Fotografia

"O uso indevido da imagem alheia ensejará dano sempre que for ela explorada comercialmente sem autorização ou participação de seu titular no ganho através dela obtido, ou, ainda, quando a sua indevida exploração acarretar-lhe algum prejuízo. A autorização da apelante para a veiculação da

seu interesse, o cumprimento do julgado, na forma dos artigos 475-B, *caput*, e 475-I, do Código de Processo Civil. Se não houver requerimento em seis meses, aguarde-se eventual provocação em arquivo (artigo 475-J, parágrafo 5°).
P.R.I.
São Paulo, 18 de junho de 2007. GUSTAVO SANTINI TEODORO Juiz de Direito. Site Consultor Jurídico.

propaganda presume-se tácita, a uma por ter a mesma participado espontaneamente da feitura do material referente a seu próprio trabalho; a duas, porque é notório que na atividade artística, quanto maior a divulgação, maior o seu benefício. Inexistência de dano moral a ser ressarcido. Desprovimento do apelo. RESPONSABILIDADE CIVIL. FOTOGRAFIA PUBLICADA EM MATÉRIA DE PROPAGANDA. INOCORRÊNCIA DE VIOLAÇÃO DO DIREITO À IMAGEM. DANO MORAL INEXISTENTE. 2005.001.47280 - APELAÇÃO CÍVEL DES. LETÍCIA SARDAS - Julgamento: 7.2.2006 - OITAVA CÂMARA CÍVEL"[114]

Todavia, "se o autor foi retratado apenas de forma incidental, num contexto em que o objetivo não era a exploração de sua imagem, não há dano moral a ser reparado; tanto mais quando a exposição não é feita de forma vexatória ou ofensiva a seu decoro. Recurso desprovido. 2005.001.44890. APELAÇÃO CÍVEL DES. NAMETALA MACHADO JORGE - Julgamento: 7.12.2005 - DÉCIMA TERCEIRA CÂMARA CÍVEL".[115]

Em relação ao *uso de fotografia,* o Tribunal de Justiça do Estado do Rio de Janeiro - TJRJ já decidiu:

---

114 Da mesma forma: "RESPONSABILIDADE CIVIL. DANO MORAL. MATÉRIA DIVULGADA NA IMPRENSA. Liberdade de Informação dos veículos de comunicação garantida pelos artigos 5°, IX e 220 §§ 1° e 2° da Constituição Federal. Inviolabilidade da intimidade, vida privada, honra e imagem das pessoas, prevista no inciso X do art. 5° da Carta Magna. Princípio da unidade constitucional. Os direitos individuais, conquanto previstos na Constituição, não podem ser considerados ilimitados e absolutos, em face da natural restrição resultante do princípio da convivência das liberdades, pelo que não se permite que qualquer deles seja exercido de modo danoso à ordem pública ou às liberdades alheias. Princípio da proporcionalidade. Uso depreciativo da imagem da pessoa dos Apelantes, feito de forma abusiva, de modo a causar-lhe uma situação desprimorosa. Provimento do recurso. 2005.001.33256 - APELAÇÃO CÍVEL JDS. DES. SUIMEI MEIRA CAVALIERI - Julgamento: 29.11.2005 - QUINTA CÂMARA CÍVEL".

115 No mesmo sentido: "REPORTAGEM EM REVISTA, ILUSTRADA COM FOTOGRAFIA - USO INDEVIDO DE IMAGEM - MENOR - DANO MORAL. Ação ordinária de indenização. Dano moral. Ação proposta por quem teve sua foto estampada na sessão "Click" da Revista *Playboy*. Foto de menor com quatorze anos de idade que, apesar de apenas retratar acontecimento do seu dia a dia como profissional do futebol feminino, que sem dúvida causa interesse ao público, foi publicada em revista de conhecido apelo sexual induzindo, em terceiros, que ouçam referência à foto na Revista Playboy, que outro será o tema da reportagem. Dano moral que se reconhece, dada a circunstância da menoridade e do tipo de revista em que foi fotografada, havendo exploração indevida da imagem, visto tratar-se de revista que cuida da divulgação de matérias sensacionalistas e ligadas ao sexo, de modo que qualquer pose feminina sensual tem cunho comercial para a revista, incidindo a regra do artigo 12 do Código Civil, combinado com o 5., inciso X da CF. Considerando, porém, que foi retratada em evento público, com outras pessoas e em momento de descanso das atividades esportivas, a foto não é ofensiva e por isso foi o dano bem avaliado pela sentenca, que deve ser mantida. 2004.001.16737 - APELAÇÃO CÍVEL. DES. MARIA AUGUSTA VAZ - Julgamento: 21.6.2005 - PRIMEIRA CÂMARA CÍVEL".

"AÇÃO DE INDENIZAÇÃO – PUBLICAÇÃO JORNALÍSTICA – USO NÃO AUTORIZADO DE FOTOGRAFIA – DESCABIMENTO DE PERDAS E DANOS. Direito Civil. Reparação de danos. Fotografia do autor publicada em periódico trajando farda militar. Alegação de sofrimento moral por ter sido exposto no local onde reside. Descabimento. Direito Constitucional. Preponderância de direitos fundamentais. Imagem e informação. Matéria de cunho eminentemente jornalístico realizada em local público. Ausência de comprovação do nexo de causalidade entre a publicação e eventuais danos sofridos. "É certo que não se pode cometer o delírio de, em nome do direito de privacidade, estabelecer-se uma redoma protetora em torno de uma pessoa para torná-la imune de qualquer veiculação atinente à sua imagem; todavia, não se deve exaltar a liberdade de informação a ponto de se consentir que o direito à própria imagem seja postergado, pois a sua exposição deve condicionar-se à existência de evidente interesse jornalístico que, por sua vez, tem como referencial o interesse público, a ser satisfeito, de receber informações, isso quando a imagem divulgada não tiver sido captada em cenário público ou espontaneamente" (STJ, REsp n° 58101/SP, 4ª Turma, relator ministro César Asfor Rocha). Desprovimento do recurso. 2004.001.05971 – APELAÇÃO CÍVEL DES. NAGIB SLAIBI FILHO – Julgamento: 24.8.2004 – SEXTA CÂMARA CÍVEL".

"DIREITO A IMAGEM – DIREITO DA PERSONALIDADE – USO DE FOTOGRAFIA EM PROMOÇÃO PUBLICITÁRIA – BEM IMÓVEL – INOCORRÊNCIA DE VIOLAÇÃO. DANO À IMAGEM. Fachada de Casas. Divulgação de Fotos Em Stand de Vendas, Violação dos Direitos à Imagem e à Intimidade. Inocorrência. O Direito à imagem, por ser personalíssimo, exclusivo da pessoa física, não se estende a coisas e animais, pelo que não se pode falar em dano moral pelo simples fato de terem sido divulgadas fotos de casas residenciais no stand de vendas da empresa construtora, sem violação da intimidade nem da vida privada dos seus proprietários ou moradores. Inocorre, igualmente, dano material se as fotos divulgadas não acarretaram nenhuma redução patrimonial para os autores, mas, pelo contrário, até valorização do imóvel. Desprovimento do recurso. 2004.001.06005 – APELAÇÃO CÍVEL DES. SÉRGIO CAVALIERI FILHO – Julgamento: 20.4.2004 – SEGUNDA CÂMARA CÍVEL".

7.16.6 Direito à imagem. Programa de televisão

O uso indevido da imagem em programas de televisão, também, já foi enfrentado pelo Tribunal de Justiça do Estado do Rio de Janeiro – TJRJ, da seguinte forma:

"PROGRAMA DE TELEVISÃO - USO INDEVIDO DE IMAGEM - OFENSA À HONRA - DANO MORAL. Imagens veiculadas por órgão de divulgação (TV) de conteúdo ofensivo à honra da autora. Dever de exigir prévia autorização à respectiva divulgação. Possível colidência de direitos fundamentais estabelecidos no artigo 5° da Constituição Federal. O direito a informação, liberdade de expressão e manifestação intelectual contraposto ao direito à honra, privacidade e imagem. Harmonização para preservação da unidade da Constituição. Processo de ponderação de bens com sacrifício mínimo dos direitos questionados. Responsabilidade do órgão de imprensa pela notícia veiculada. Divulgação ofensiva e comprovadamente vexatória. Inexistência de colisão de direitos fundamentais, posto que não inserida no âmbito de proteção da liberdade de expressão a prática de ilícitos contra a honra. Dever de indenizar os danos morais decorrentes. A indenização deve representar compensação razoável pelo constrangimento experimentado, cuja intensidade, aliada a outras circunstâncias peculiares de cada conflito de interesses, deve ser considerada para fixação do valor. Majoração do valor indenizatório para que guarde compatibilidade com a extensão do dano. Negado provimento ao recurso autônomo e provimento parcial do recurso subordinado.

2005.001.17968 - APELAÇÃO CÍVEL. DES. ANTÔNIO SALDANHA PALHEIRO - Julgamento: 13.7.2005 - SEGUNDA CÂMARA CÍVEL". "RESPONSABILIDADE CIVIL - PROGRAMA DE TELEVISÃO - USO INDEVIDO DE IMAGEM - DANO MORAL - INDENIZAÇÃO. Responsabilidade Civil. Dano moral. Programa de televisão onde é realizado leilão de sunga de ator de novelas, contratado de outro canal, veste que teria sido utilizada na peça teatral "Paixão de Cristo", tradicionalmente encenada na Semana Santa. Ato realizado sem autorização do ator. Utilização indevida de sua imagem. Reiteração em outro programa dominical. É personalíssimo o direito à imagem e à intimidade. Se, com o intuito de angariar maior audiência, conhecido programa dominical de televisão utiliza a imagem de consagrado galã de novelas, contratado de emissora concorrente, fazendo alarde de um leilão de peça íntima que teria sido usada por ele quando participara da tradicional peça teatral "Paixão de Cristo", realizada no Estado da Paraíba durante a "Semana Santa", sem obter previamente a indispensável autorização para essa exposição pública, respondem concorrentemente o apresentador do programa e a emissora pelo efeito lesivo daí decorrente. O fato de ser dito que o produto obtido seria destinado à instituição de caridade, não descaracteriza a ofensa ao direito do ator. Sendo um profissional de atividade artística, consagrado na mídia, sua imagem não pode ser utilizada, sem a sua anuência, como atração para aumentar a performance de empresa com a qual não mantém vínculolo contratual. A indenização pelos danos morais não é limitada pelos valores contidos na Lei de Imprensa, porquanto, como é sabido, essa limitação não foi recepcionada pela Constituição vigente. A indenização, entretanto, deve situar-se na faixa do razoável, para evitar, de um lado, que perca o seu caráter pedagógico de desestímulo a condutas ofensivas, e de outro, que sirva de pretexto para enriquecer o lesado à custa do ilícito. Apelações improvidas. Vencido em parte o relator, que reduzia à metade a condenação. 2004.001.03797 - APELAÇÃO CÍVEL. DES. LAERSON MAURO - Julgamento: 4.5.2004 - NONA CÂMARA CÍVEL".

7.16.7 Direito à imagem. Internet

O uso indevido do nome na internet é causa de violação do direito da personalidade. Vejamos a decisão do desembargador Nagib Slaibi Filho do Tribunal de Justiça do Estado do Rio de Janeiro - TJRJ: "INTERNET - NOME - USO INDEVIDO - DANO MORAL - VIOLAÇÃO DO DIREITO DA PERSONALIDADE. Direito Civil. Responsabilidade civil. Indevida inclusão do nome de Auditor Fiscal da Receita Federal no sítio da internet de empresa concessionária de serviço telefônico como advogado de causas fiscais. Lesão à personalidade do ofendido como causa conducente à reparação do dano moral. O nome é inerente à condição humana, direito do personalidade, meio de identificação e modo de expressão da imagem da pessoa, a impor ao juiz interpretação que transcenda a insuficiência da letra da lei para se motivar o valor da dignidade humana que a Constituição de 1988 erige como fundamento, do Estado Democrático de Direito (art. 1°) e proclama como direito fundamental (art. 5°, X). A utilização com fins econômicos do nome da pessoa, sem a sua devida autorização, constitui locupletamento indevido, ensejando a indenização que decorre do próprio uso indevido do direito personalíssimo, não havendo que se cogitar de prova da existência de prejuízo ou dano. Em outras palavras, o dano é a própria utilização com fins lucrativos, não sendo necessária a demonstração do prejuízo material ou moral (Precedentes do Superior Tribunal de Justiça). Mostra-se adequado e razoável a reparação do dano moral na quantia arbitrada, levando em conta inclusive o procedimento administrativo disciplinar a que foi submetido em sua repartição. Desprovimento do recurso. 2002.001.28389 - APELAÇÃO CÍVEL. DES. NAGIB SLAIBI FILHO - Julgamento: 1.4.2003 - SEXTA CÂMARA CÍVEL".

7.16.8 Programa Humorístico "Pânico na TV"

"A RedeTV! foi condenada a pagar R$ 35 mil de indenização por danos morais para a atriz Carolina Dieckmann. Motivo: a atriz se sentiu ofendida, porque o programa humorístico *Pânico na TV* forçou sua participação no quadro Sandálias da Humildade.

A emissora também está proibida de fazer referência ao nome da atriz e de exibir sua imagem ou do local onde mora. A decisão é do juiz Rogério de Oliveira Souza, da 20ª Vara Cível do Rio de Janeiro. Cabe recurso.

A atriz alegou que teve sua vida e tranquilidades violadas por ter sido perseguida pelos personagens do programa, Repórter Vesgo e Silvio Santos. A situação atingiu o ápice quando os dois, em agosto do ano passado, foram ao condomínio onde ela mora com guindaste e megafone, chamando-a pelo nome. O fato atraiu a atenção dos vizinhos, o que, segundo ela, lhe expôs a perigo, tornando público o local de sua residência.

Carolina disse ainda que a situação causou grande constrangimento a seu filho, o que a fez entrar com uma ação na Vara da Infância, da Juventude e do Idoso.

A emissora, em sua contestação, alegou que o *Pânico na TV* se caracteriza como um simples programa humorístico e não houve qualquer intenção de denegrir a imagem e a honra da atriz, violar sua privacidade, nem de exibir imagens de seu filho. A RedeTV! disse ainda ter o dever constitucional de informar e que a atriz pretende censurar suas atividades. O juiz desconsiderou a alegação.

"A natureza do programa não é jornalística ou informativa, mas essencialmente humorística, conforme a ré esclarece em sua contestação. Desta forma, a tese defensiva de que devem ser preservados a liberdade de imprensa e o direito de informar não se aplica ao caso", entendeu Rogério de Oliveira Souza.

Para o juiz, o programa ultrapassou a gaiatice e a graça inocente para se apresentar como verdadeiro julgador de conduta, como júri do comportamento alheio. "A conduta do réu não toca nenhum direito relacionado à liberdade de imprensa. A personalidade agradável ou desagradável de determinado cidadão não diz respeito a quem quer que seja".

De acordo com a decisão, o inciso II do artigo 5º da Constituição Federal determina que "ninguém será obrigado a fazer ou deixar de fazer alguma coisa senão em virtude da lei". Segundo o magistrado, "a atriz não tem nenhuma obrigação de ser simpática com ninguém, eis que não existe nenhuma lei que lhe imponha tal obrigação".

O juiz também baseou sua sentença no artigo 20 do Código Civil, que diz que salvo "se autorizadas, ou se necessárias à administração da justiça ou à manutenção da ordem pública, a divulgação de escritos, a transmissão ou a publicação da palavra, a exposição ou a utilização da imagem de uma pessoa poderão ser proibidas, a seu pedido e sem prejuízo da indenização que couber, se lhe atingirem a honra, a boa fama, ou a respeitabilidade, ou se se destinarem a fins comerciais"".[116] [117]

---

116 Disponível em: http://www.conjur.com.br/2006-jul-28/atriz_carolina_dieckmann_ganha_acao_redetv. Acesso em: 03 nov. 2016.

117 Processo 2005.001.117530-6
ESTADO DO RIO DE JANEIRO PODER JUDICIÁRIO 20ª VARA CÍVEL DA COMARCA DA CAPITAL Processo nº 2005.001.117530-6 Autor: Carolina Dieckmann Réu: TV Omega Ltda. Procedimento comum ordinário S E N T E N Ç A Vistos etc. Carolina Dieckmann propõe ação em face de TV Omega Ltda. alegando que foi alvo de atenção de programa humorístico mantido pelo réu, intitulado ´Pânico na TV´, com o intuito de forçar sua participação no quadro ´As Sandálias da Humildade´.
Informa que, embora manifestasse claramente sua vontade de não participar de qualquer forma no programa, os apresentadores do réu, conhecidos como ´Vesgo´ e ´Sílvio´ passaram a persegui-la em seus afazeres diários, procurando forçar sua participação no quadro.
A situação alcançou o seu cúmulo em 05.08.2005, quando os mesmos apresentadores dirigiram-se ao condomínio onde mora, levando consigo um caminhão com guindaste e megafone, chamando a autora por seu nome e incitando a atenção dos vizinhos. Em razão disso, seu filho menor sofreu grande constrangimento, levando a propositura de ação no juízo competente para preservar sua integridade física e moral, evitando que o mesmo fosse filmado.
Entende que teve sua vida privada e tranquilidade violados pelo réu, inclusive com exposição a perigo, tornando público o local de sua residência. Requer a condenação do réu ao pagamento de indenização por dano moral, além de sua condenação a se abster de persegui-la, forçando sua participação no programa, proibindo a exibição de qualquer imagem ou fazer qualquer manifestação a sua pessoa, ao seu nome ou ao local de sua residência. Mandato às fls. 27 e documentos às fls. 28/64. Citação às fls. 68v.
Resposta em forma de contestação às fls. 69/111, esclarecendo que o programa ´se caracteriza por um simples quadro humorístico´, negando qualquer intenção ou vontade de denegrir a imagem e a honra da autora, não havendo qualquer interesse em exibir imagens de seu filho menor. Salienta que o programa se volta para ´por cobro a toda e qualquer dúvida em relação a simpatia de personalidades que, equivocadamente, em algum momento de suas carreiras, passaram ao público uma impressão equivocada de que não são simpáticos ou humildes´.
Esclarece que jamais teve a intenção de violara a privacidade ou a intimidade da autora, não alcançando o guindaste o segundo andar do prédio. Entende que a autora pretende obter uma ´censura prévia´ das atividades que o réu desenvolve. Sustenta que a autora não pode proibir a veiculação de imagens do edifício. Aduz que tem ´o dever constitucional de informar´. Nega a ocorrência de danos morais. Mandato às fls. 112. Documentos às fls. 113/209. Réplica às fls. 212/220. Audiência de instrução e julgamento às fls. 267, com oitiva de testemunhas às fls. 268/270.
É o relatório.
FUNDAMENTOS DA DECISÃO.
Ação de natureza condenatória proposta por particular em face de empresa de televisão, a fim de sua condenação ao pagamento de indenização pelos danos morais causados por comportamento ofensivo de seus empregados em programa humorístico, além de proibir que a mesma exiba sua imagem, do imóvel onde reside ou faça menção ao seu nome em sua programação. O processo desenvolveu-se regularmente, tendo as partes se desincumbido da produção das provas das respectivas alegações, encontrando-se o feito apto a receber julgamento.
O pedido deve ser reconhecido. O programa ´Pânico na TV´ e seu quadro ´As Sandálias do Pescador´ são de conhecimento público e dispensam qualquer comentário quanto ao seu conteúdo e finalidade. A natureza do programa não é jornalística ou informativa,

mas essencialmente humorística.
Conforme bem esclarece o réu em sua contestação o programa ´se caracteriza por um simples quadro humorístico´ e tem como escopo maior ´por cobro a toda e qualquer dúvida em relação a simpatia de personalidades que, equivocadamente, em algum momento de suas carreiras, passaram ao público uma impressão equivocada de que não são simpáticos ou humildes´ (contestação, fls. 72).
Desta forma, a tese defensiva de que devem ser preservados a liberdade de imprensa e o direito de informar não se aplica, em absoluto, ao caso concreto. Tendo natureza humorística, deve ficar assente que a brincadeira só é boa quando ambos os participantes estão acordes no gracejo; quando apenas um dos presentes retira toda a graça da situação e o outro sucumbe integralmente ao gracejo de todos, a reação do sujeito assume relevância essencial para o fim de averiguar a natureza da conduta adotada.
A reação da pessoa que foi vítima de uma brincadeira pode ser boa ou ruim; optando por ´entrar na brincadeira´, a situação se esgota no próprio episódio da graça; no entanto, se o sujeito recebe o gracejo como ofensa pessoal, é de se averiguar, então, se sua reação encontra-se dentro dos limites impostos pela situação social concreta, pelas regras do grupo social em que convive. A brincadeira é saudável quando todos os participantes se divertem em alguma medida; quando um deles se sente ofendido em sua dignidade, a brincadeira se transmuda em achincalhe.
No caso dos autos, fica evidente que a Autora foi eleita pelos apresentadores do Réu como ´alvo por excelência´ do programa, do quadro e, ao cabo, da programação da rede televisiva. No entanto, a Autora foi clara e precisa, quando abordada inicialmente, ao manifestar sua vontade de que não queria fazer parte do quadro ou do programa exibido pelo Réu, não desejando emprestar sua imagem, sob qualquer ótica ou pretexto, para ser veiculada na programação do Réu.
É do conhecimento de todos que ´ninguém será obrigado a fazer ou deixar de fazer alguma coisa senão em virtude da lei´, conforme dispõe o inciso II do artigo 5o da Constituição Federal. A Autora não tem nenhuma obrigação de ser simpática com quem quer seja, eis que não existe nenhuma lei que lha imponha tal obrigação. A conduta meramente moral não pode ser exigida pela via legal.
A primeira reação produzida pela Autora ao negar sua participação voluntária no quadro do programa de humor mantido pelo Réu, já seria suficiente para que o Réu tivesse como certa sua oposição às investidas dos apresentadores jocosos. No entanto, o Réu insistiu e cada vez mais e com mais intensidade, pressionou a Autora em suas atividades cotidianas, em suas chamadas no programa de rádio e de televisão, nas referências nominais ao seu nome, ao seu comportamento considerado ´antipático´, de forma a sempre manter viva a lembrança da resistência empedernida oferecida pela Autora em não participar do programa.
O Réu, inclusive, transformou a resistência da Autora, manifestada clara e francamente desde os primórdios do episódio, em motivo de maior atenção e chacota de sua imagem e de sua personalidade tida como ´antipática´. Saliente-se que não foi o último acontecimento produzido pelo Réu, levando um guindaste para frente do condomínio onde reside a Autora com seu filho menor, vociferando seu nome em megafones, aguçando a curiosidade dos vizinhos e demais moradores e transeuntes do bairro, que serviram de substrato fático ao sofrimento da Autora.
Tal fato significou apenas o estopim de toda uma cadeia anterior de eventos, maliciosamente tecidos pelo Réu e seus apresentadores, mantendo a atenção de seus telespectadores e ouvintes voltada para cada reação da Autora que era considerada pelo Réu e seus comediantes como ´antipática´. O uso de guindaste representou a famosa ´gota d'água´ que entornou a paciência que a Autora mantinha em relação às incansáveis investidas do Réu e seus apresentadores.

De nenhuma relevância a alegação de que a Autora não se encontrava em casa, que seu filho não foi filmado, que o guindaste apenas alcançava o segundo andar, quando a Autora reside no 14º andar do prédio. Reitere-se: a ofensa ao direito da Autora se consolidou e se corporificou desde sua primeira manifestação de vontade de que não queria e não desejava participar ou ceder sua imagem para qualquer programa do Réu. Ao perseguir a Autora por dias, semanas, meses a fio, comparecendo em seu local de trabalho e culminando por montar verdadeira parafernália circense em frente do condomínio onde reside, o Réu ultrapassou as raias da gaiatice, da mera diatribe infantil, da graça inocente, para se apresentar como verdadeiro julgador de condutas, como júri do comportamento alheio, impondo a participação forçada da pessoa que expressa e claramente manifestou sua vontade de ´não participar da brincadeira´.

A conduta do Réu não toca a nenhum direito de informar, a nenhum direito relacionado à liberdade de imprensa, a nenhuma censura prévia. A personalidade agradável ou desagradável de determinado cidadão não diz respeito a quem quer seja, porquanto inexiste obrigação legal de se apresentar desta ou daquela forma, rindo ou ´de cara amarrada´, introvertido ou extrovertido. Tais comportamentos de personalidade de determinado cidadão, em princípio, não constituem objeto de notícia e tampouco gera qualquer direito da sociedade de ser informada quanto a estes traços de comportamento pessoal.

A circunstância de a Autora exercer profissão que a torna pessoa pública e de relativo fácil acesso dos fãs, não impõe à mesma a participação em atividade que não é do seu interesse e na qual é apresentada como pessoa de difícil trato. Logo, não existe nenhuma liberdade de imprensa ou direito de informação que devem ser preservados em benefício do Réu. Ao contrário, existe direito à liberdade da Autora de não querer fazer alguma coisa a qual não está legalmente obrigada a fazer.

Tampouco se afigura censura prévia ou censura à imprensa, falada ou escrita, conforme sustentado pelo Réu. De nenhuma relevância o conhecimento do teor da matéria produzida no programa do Réu, sabendo-se que a mesma diz respeito à Autora e à exibição de sua imagem. Não autorizada tal exibição, mas, ao contrário, tendo sido manifestada direta e contundente oposição por parte da Autora, o Réu não poderia insistir na veiculação do programa ou de referências à personalidade arredia da Autora, o próprio mote do quadro humorístico.

O artigo 20 do Código Civil estatui que ´salvo se autorizadas, ou se necessárias à administração da justiça ou à manutenção da ordem pública, a divulgação de escritos, a transmissão da palavra, ou a publicação, a exposição ou a utilização da imagem de uma pessoa poderão ser proibidas, a seu requerimento e sem prejuízo da indenização que couber, se lhe atingirem a honra, a boa fama ou a respeitabilidade, ou se se destinarem a fins comerciais´. A hipótese fática com que a Autora se defrontou com o Réu se adequa com perfeição ao regramento legal. À míngua de autorização ou aquiescência da Autora, o Réu deve ser proibido de exibir a imagem da Autora ou fazer referencias ao seu nome em sua programação humorística.

O comportamento ofensivo do Réu contamina todos os desdobramentos inerentes ao programa, especialmente o quadro que deslocou um guindaste para frente do condomínio onde reside a Autora.

Do exposto, JULGO PROCEDENTE o pedido formulado por Carolina Dieckmann em face de TV Omega Ltda. a fim de condenar o réu ao pagamento de indenização por danos morais no importe de R$35.000,00 (trinta e cinco mil reais), atualizados monetariamente pelo INPC desde a data de publicação da sentença e acrescido de juros legais desde a citação e de proibir que o Réu exiba a imagem da autora, faça referência ao seu nome ou exiba a imagem ou faça referência ao local onde reside, em sua programação, sob pena de multa incidente sobre cada inserção indevida, de R$5.000,00 (cinco mil reais).

O réu suportará as custas do processo e a verba honorária de 10% (dez por cento) sobre o

7.17 Direitos da Personalidade, tecnologia e privacidade

7.17.1 Nude Selfie

É muito comum, nos dias atuais, o compartilhamento de fotos íntimas em *sites* e aplicativos de *smartphone*, tais como o *WhatsApp*. Ocorre que muitas pessoas acabam tendo a sua intimidade violada na internet, de forma que fotografias, vídeos e conversas com conteúdo erótico ou pornográfico são veiculadas sem a devida autorização. É, pois, uma nova cultura desvelada pelos avanços da tecnologia.

Ocorre que uma vez que este tipo de conteúdo é compartilhado, ou seja, está on-line, perde-se completamente o controle da foto ou do vídeo íntimo publicado. Por exemplo, em outubro de 2015, o ator Stênio Garcia e sua mulher Marilene Saade tiveram fotos íntimas vazadas em redes sociais.[118]

Em abril de 2014, uma estudante de 19 anos teve suas fotografias divulgadas na internet. A aluna fazia sexo grupal com cinco homens, alguns deles alunos da Universidade Mackenzie.[119]

Em novembro de 2013, uma adolescente se suicidou em Parnaíba (PI) depois que um vídeo seu fazendo sexo começou a circular nas redes sociais.

A divulgação deste material (fotos, vídeos e outros materiais com teor sexual sem o consentimento do dono) é crime. O ato pode ser classificado como difamação (imputar fato ofensivo à reputação) ou injúria (ofender a dignidade ou decoro), segundo os artigos 139 e 140 do Código Penal.

O artigo 241 do Estatuto da Criança e do Adolescente (ECA) qualifica como crime grave a divulgação de fotos, gravações ou imagens de crianças ou adolescentes em situação de sexo explícito ou pornográfica. Prevê pena de 3 a 6 anos de reclusão e multa para quem publicar materiais que contenham essas cenas com menores de 18 anos.

A Lei 12.737, de 30 de novembro de 2012, dispõe sobre a tipificação criminal de delitos informáticos. Esta lei é conhecida como lei "Carolina Dieckmann" (Carolina Dieckmann teve 36 fotos nuas vazadas na internet. O caso deu o que falar e a atriz conseguiu mover ações que devem mudar o rumo da segurança da informação no Brasil. A partir deste caso, a Câmera

---

valor da condenação. Publique-se. Registre-se. Intimem-se. Após o trânsito em julgado, nada requerendo as partes, remetam-se os autos ao arquivo com as devidas anotações.
Rio de Janeiro, 4ª feira, 26 de julho de 2006
Rogério de Oliveira Souza
Juiz de Direito

118 Disponível em: <http://g1.globo.com/rio-de-janeiro/noticia/2015/10/stenio-garcia-quer-punicao-culpado-por-vazamento-de-fotos-intimas.html.> Acesso em: 03 nov. 2016.

119 Disponível em: <http://g1.globo.com/sao-paulo/noticia/2014/04/jovem-nega-estupro-e-policia-vai-apurar-divulgacao-de-fotos-de-sexo.html.> Acesso em: 03 nov. 2016.

aprovou um projeto que tipifica os chamados crimes cibernéticos ou praticados via internet.).[120]

A Lei 12.965, de 23 de abril de 2014, conhecida como Marco Civil da Internet, tem a *proteção da privacidade* como um dos seus princípios básicos. O artigo 7º, inciso I, diz que "o acesso à internet é essencial ao exercício da cidadania, e ao usuário são assegurados os seguintes direitos: I – inviolabilidade da intimidade e da vida privada, sua proteção e indenização pelo dano material ou moral decorrente de sua violação;"

7.17.2 Caso Ashley Madison

"A invasão de hackers do site Ashley Madison – criado com o objetivo de promover casos extraconjugais – gerou burburinho em uma cidade em especial: Ottawa, a capital do Canadá, onde supostamente 1 em quase cada 5 habitantes está cadastrado no site.

---

120 "Invasão de dispositivo informático
Art. 154-A. Invadir dispositivo informático alheio, conectado ou não à rede de computadores, mediante violação indevida de mecanismo de segurança e com o fim de obter, adulterar ou destruir dados ou informações sem autorização expressa ou tácita do titular do dispositivo ou instalar vulnerabilidades para obter vantagem ilícita:
Pena – detenção, de 3 (três) meses a 1 (um) ano, e multa.
§ 1º Na mesma pena incorre quem produz, oferece, distribui, vende ou difunde dispositivo ou programa de computador com o intuito de permitir a prática da conduta definida no *caput*.
§ 2º Aumenta-se a pena de um sexto a um terço se da invasão resulta prejuízo econômico.
§ 3º Se da invasão resultar a obtenção de conteúdo de comunicações eletrônicas privadas, segredos comerciais ou industriais, informações sigilosas, assim definidas em lei, ou o controle remoto não autorizado do dispositivo invadido:
Pena – reclusão, de 6 (seis) meses a 2 (dois) anos, e multa, se a conduta não constitui crime mais grave.
§ 4º Na hipótese do § 3º, aumenta-se a pena de um a dois terços se houver divulgação, comercialização ou transmissão a terceiro, a qualquer título, dos dados ou informações obtidos.
§ 5º Aumenta-se a pena de um terço à metade se o crime for praticado contra:
I – Presidente da República, governadores e prefeitos;
II – Presidente do Supremo Tribunal Federal;
III – Presidente da Câmara dos Deputados, do Senado Federal, de Assembleia Legislativa de Estado, da Câmara Legislativa do Distrito Federal ou de Câmara Municipal; ou
IV – dirigente máximo da administração direta e indireta federal, estadual, municipal ou do Distrito Federal".
"Ação penal
Art. 154-B. Nos crimes definidos no art. 154-A, somente se procede mediante representação, salvo se o crime é cometido contra a administração pública direta ou indireta de qualquer dos Poderes da União, Estados, Distrito Federal ou Municípios ou contra empresas concessionárias de serviços públicos".

Apelidada por alguns de "a cidade que a diversão esqueceu", Ottawa teria, segundo os números divulgados, uma alta taxa de pessoas com propensão ao adultério em relação às demais cidades em que o Ashley Madison atua. Foi chamada por alguns órgãos da mídia de "capital mundial da infidelidade".

De acordo com dados do site – cujo slogan é "A vida é curta. Tenha um caso" -, há 189 mil perfis registrados em Ottawa, cidade de 883 mil habitantes.

Em meados de julho, o site foi hackeado, e os invasores ameaçaram divulgar informações sigilosas dos cadastros, como dados bancários, fotos nuas e nomes dos cerca de 37 milhões de perfis do Ashley Madison. [...]"[121]

7.17.3 Caso Marcela Temer

O hacker Silvonei José de Jesus Souza que clonou o celular da primeira-dama Marcela Temer e a extorquiu ameaçando revelar fotos íntimas foi condenado a 5 anos, 10 meses e 25 dias de prisão pelo crime de extorsão e estelionato. Souza chegou a pedir 300 mil reais à Marcela e sua família e foi preso em 11 de maio de 2016.

7.17.4 Exposição Pornográfica Não Consentida

A "exposição pornográfica não consentida", da qual a "pornografia de vingança" é uma espécie, constituiu uma grave lesão aos direitos de personalidade da pessoa exposta indevidamente, além de configurar uma grave forma de violência de gênero que deve ser combatida de forma contundente pelos meios jurídicos disponíveis. Assim, não há como descaracterizar um material pornográfico apenas pela ausência de nudez total. O fato de o rosto da vítima não estar evidenciado nas fotos de maneira flagrante é irrelevante para a configuração dos danos morais, uma vez que a mulher vítima da pornografia de vingança sabe que sua intimidade foi indevidamente desrespeitada e, igualmente, sua exposição não autorizada lhe é humilhante e viola flagrantemente seus direitos de personalidade. O art. 21 do Marco Civil da Internet não abarca somente a nudez total e completa da vítima, tampouco os "atos sexuais" devem ser interpretados como somente aqueles que envolvam conjunção carnal. Isso porque o combate à exposição pornográfica não consentida – que é a finalidade deste dispositivo legal – pode envolver situações distintas e não tão óbvias, mas que geram igualmente dano à personalidade da vítima. (Informativo nº 672)

Assim, na exposição pornográfica não consentida, o fato de o rosto da vítima não estar evidenciado de maneira flagrante é irrelevante para a configu-

121 Disponível em: http://g1.globo.com/tecnologia/noticia/2015/07/roubo-de-dados-da-ashley-madison-expoe-cidade-como-capital-da-infidelidade.html. Acesso em: 03 nov. 2016.

ração dos danos morais. (REsp 1.735.712-SP, Rel. Min. Nancy Andrighi, Terceira Turma, por unanimidade, julgado em 19/05/2020, DJe 27/05/2020).

7.17.5 SEXTING, "revenge porn" - pornografia de vingança

Uma nova forma de violação a privacidade de uma pessoa é o "sexting". Ocorre quando vídeos e imagens com conteúdo sexual vazam na internet ou via celulares sem o consentimento de todos os envolvidos, especialmente, por motivo de vingança.

De acordo com ANDRÉIA MARTINS, "a palavra "sexting" é uma junção das palavras sex [sexo] e texting [envio de mensagens] e poderia ser apenas a troca de imagens eróticas ou sensuais entre casais, namorados ou pessoas que estão em algum tipo de relacionamento, mas acabou tornando-se uma prática "criminosa" e vingativa. Não à toa ganhou o apelido de "pornografia de revanche", já que em muitos casos são ex-namorados ou ex-maridos que publicam na internet fotos e vídeos das namoradas como forma de vingança após o fim do relacionamento.

Entre os casos de sexting levados à justiça no Brasil, a maioria são de vingança. Os danos são muitos e o acesso à imagem pode fugir do controle, sendo difícil retirar o material de sites e dos sistemas de busca on-line. Uma das soluções buscadas pelas autoridades para inibir a prática é a punição dos responsáveis.

Os adolescentes são o grupo que mais preocupa psicólogos, pais e especialistas em segurança na internet. Usuários das redes sociais, muito expostos e hiperconectados, eles acabam sendo alvo fácil de casos de sexting por não se preocuparem com a segurança de suas informações".[122]

Tiziana Cantone, de 31 anos, italiana, cometeu suicídio, pois ficou psicologicamente abalada depois de lutar por meses para que um vídeo em que aparece fazendo sexo fosse removido da internet.

"Tiziana, de 31 anos, tinha enviado o vídeo no ano passado para o ex-namorado e três outros homens, supostamente como retaliação pelo fim do namoro. Mas os homens postaram o vídeo nas redes sociais.

Mais de 1 milhão de pessoas assistiram às cenas de sexo. Tiziana se tornou alvo de piadas e abuso.

Ela se suicidou na casa de uma tia, em Mugnano, cidade do sul da Itália próxima a Nápoles.

Depois que o vídeo viralizou, Tiziana deixou seu emprego e se mudou para a região da Toscana. Estava em meio a um processo de mudança de nome, mas a história continuava perseguindo-a.

---

122 MARTINS. Andréia. Sexting: Vingança, exposição e a intimidade compartilhada na internet. Disponível em: <http://vestibular.uol.com.br/resumo-das-disciplinas/atualidades/sexting-vinganca-exposicao-e-a-intimidade-compartilhada-na-internet.htm>. Acesso em: 03 nov. 2016.

A frase "Está filmando? Bravo", que ela falou no vídeo, virou piada nas mídias sociais e foi até impressa em camisetas e canecas.

Tiziana tinha conseguido na justiça a retirada do vídeo de diversos sites, ferramentas de busca e mídias sociais, mas apenas depois de meses – tempo suficiente para que o vídeo fosse distribuído pela internet à exaustão. Mas a decisão do juiz também incluiu uma determinação para que a mulher pagasse 20 mil euros em custos processuais – algo que a mídia italiana chamou de "insulto final"".[123]

Motivada principalmente pelo sentimento de vingança, a prática é cada vez mais comum entre os adolescentes e, além do constrangimento e humilhação das vítimas, pode ter consequências criminosas como a pedofilia, cyberbulling e invasão digital.[124]

7.17.6 Direito ao Esquecimento

Na VI Jornada de Direito Civil, em abril de 2013, foi publicado o Enunciado 531 acerca do direito ao esquecimento. Vejamos: "A tutela da dignidade da pessoa humana na sociedade da informação inclui o direito ao esquecimento".[125]

---

123 Disponível em: < http://www.bbc.com/portuguese/internacional-37383852>. Acesso em: 03 nov. 2016.

124 MARTINS. Andréia. Sexting: Vingança, exposição e a intimidade compartilhada na internet. Disponível em: <http://vestibular.uol.com.br/resumo-das-disciplinas/atualidades/sexting-vinganca-exposicao-e-a-intimidade-compartilhada-na-internet.htm>. Acesso em: 03 nov. 2016.

125 DIREITO CIVIL. DIREITO AO ESQUECIMENTO.
A exibição não autorizada de uma única imagem da vítima de crime amplamente noticiado à época dos fatos não gera, por si só, direito de compensação por danos morais aos seus familiares. O direito ao esquecimento surge na discussão acerca da possibilidade de alguém impedir a divulgação de informações que, apesar de verídicas, não sejam contemporâneas e lhe causem transtornos das mais diversas ordens. Sobre o tema, o Enunciado 531 da VI Jornada de Direito Civil do CJF preconiza que a tutela da dignidade da pessoa humana na sociedade da informação inclui o direito ao esquecimento. Na abordagem do assunto sob o aspecto sociológico, o antigo conflito entre o público e o privado ganha uma nova roupagem na modernidade: a inundação do espaço público com questões estritamente privadas decorre, a um só tempo, da expropriação da intimidade (ou privacidade) por terceiros, mas também da voluntária entrega desses bens à arena pública. Acrescente-se a essa reflexão o sentimento, difundido por inédita "filosofia tecnológica" do tempo atual pautada na permissividade, segundo o qual ser devassado ou espionado é, em alguma medida, tornar-se importante e popular, invertendo-se valores e tornando a vida privada um prazer ilegítimo e excêntrico, seguro sinal de atraso e de mediocridade. Sob outro aspecto, referente à censura à liberdade de imprensa, o novo cenário jurídico apoia-se no fato de que a CF, ao proclamar a liberdade de informação e de manifestação do pensamento, assim o faz traçando as diretrizes principiológicas de acordo com as quais essa liberdade será exercida, reafirmando, como a doutrina sempre afirmou, que os direitos e garantias protegidos pela Constituição, em regra, não são absolutos. Assim, não se pode hipertrofiar a liberdade de informação à custa do atrofiamento dos valores que apontam para a pessoa humana. A explícita

contenção constitucional à liberdade de informação, fundada na inviolabilidade da vida privada, intimidade, honra, imagem e, de resto, nos valores da pessoa e da família – prevista no § 1º do art. 220, no art. 221 e no § 3º do art. 222 da CF -, parece sinalizar que, no conflito aparente entre esses bens jurídicos de especialíssima grandeza, há, de regra, uma inclinação ou predileção constitucional para soluções protetivas da pessoa humana, embora o melhor equacionamento deva sempre observar as particularidades do caso concreto. Essa constatação se mostra consentânea com o fato de que, a despeito de o direito à informação livre de censura ter sido inserida no seleto grupo dos direitos fundamentais (art. 5º, IX), a CF mostrou sua vocação antropocêntrica ao gravar, já no art. 1º, III, a dignidade da pessoa humana como – mais que um direito – um fundamento da república, uma lente pela qual devem ser interpretados os demais direitos. A cláusula constitucional da dignidade da pessoa humana garante que o homem seja tratado como sujeito cujo valor supera ao de todas as coisas criadas por ele próprio, como o mercado, a imprensa e, até mesmo, o Estado, edificando um núcleo intangível de proteção oponível *erga omnes*, circunstância que legitima, em uma ponderação de valores constitucionalmente protegidos, tendo sempre em vista os parâmetros da proporcionalidade e da razoabilidade, que algum sacrifício possa ser suportado, caso a caso, pelos titulares de outros bens e direitos. Ademais, a permissão ampla e irrestrita de que um fato e pessoas nele envolvidas sejam retratados indefinidamente no tempo – a pretexto da historicidade do evento – pode significar permissão de um segundo abuso à dignidade humana, simplesmente porque o primeiro já fora cometido no passado. Nesses casos, admitir-se o "direito ao esquecimento" pode significar um corretivo – tardio, mas possível – das vicissitudes do passado, seja de inquéritos policiais ou processos judiciais pirotécnicos e injustos, seja da exploração populista da mídia. Além disso, dizer que sempre o interesse público na divulgação de casos judiciais deverá prevalecer sobre a privacidade ou intimidade dos envolvidos, pode violar o próprio texto da Constituição, que prevê solução exatamente contrária, ou seja, de sacrifício da publicidade (art. 5º, LX). A solução que harmoniza esses dois interesses em conflito é a preservação da pessoa, com a restrição à publicidade do processo, tornando pública apenas a resposta estatal aos conflitos a ele submetidos, dando-se publicidade da sentença ou do julgamento, nos termos do art. 155 do Código de Processo Civil e art. 93, IX, da Constituição Federal. Por fim, a assertiva de que uma notícia lícita não se transforma em ilícita com o simples passar do tempo não tem nenhuma base jurídica. O ordenamento é repleto de previsões em que a significação conferida pelo direito à passagem do tempo é exatamente o esquecimento e a estabilização do passado, mostrando-se ilícito reagitar o que a lei pretende sepultar. Isso vale até mesmo para notícias cujo conteúdo seja totalmente verídico, pois, embora a notícia inverídica seja um obstáculo à liberdade de informação, a veracidade da notícia não confere a ela inquestionável licitude, nem transforma a liberdade de imprensa em direito absoluto e ilimitado. Nesse contexto, as vítimas de crimes e seus familiares têm direito ao esquecimento, se assim desejarem, consistente em não se submeterem a desnecessárias lembranças de fatos passados que lhes causaram, por si, inesquecíveis feridas. Caso contrário, chegar-se-ia à antipática e desumana solução de reconhecer esse direito ao ofensor – o que está relacionado com sua ressocialização – e retirá-lo dos ofendidos, permitindo que os canais de informação se enriqueçam mediante a indefinida exploração das desgraças privadas pelas quais passaram. Todavia, no caso de familiares de vítimas de crimes passados, que só querem esquecer a dor pela qual passaram em determinado momento da vida, há uma infeliz constatação: na medida em que o tempo passa e se vai adquirindo um "direito ao esquecimento", na contramão, a dor vai diminuindo, de modo que, relembrar o fato trágico da vida, a depender do tempo transcorrido, embora possa gerar desconforto, não causa o mesmo abalo de antes. Nesse contexto, deve-se analisar, em cada caso concreto, como foi utilizada a imagem da

Na VII Jornada de Direito Civil publicou-se o enunciado 576: "O direito ao esquecimento pode ser assegurado por tutela judicial inibitória.[127]

Isso significa dizer que as pessoas possuem o direito subjetivo de serem esquecidas pela opinião pública e até mesmo pela imprensa e internet. A tese do direito ao esquecimento sustenta que atos praticados no passados não podem se eternizar no mundo da vida.

Nos tribunais brasileiros e no exterior o direito ao esquecimento cada vez mais ganha espaço e novas cores.

---

vítima, para que se verifique se houve, efetivamente, alguma violação aos direitos dos familiares. Isso porque nem toda veiculação não consentida da imagem é indevida ou digna de reparação, sendo frequentes os casos em que a imagem da pessoa é publicada de forma respeitosa e sem nenhum viés comercial ou econômico. Assim, quando a imagem não for, em si, o cerne da publicação, e também não revele situação vexatória ou degradante, a solução dada pelo STJ será o reconhecimento da inexistência do dever de indenizar. REsp 1.335.153-RJ, Rel. Min. Luis Felipe Salomão, julgado em 28/5/2013.

126 Justificativa: Os danos provocados pelas novas tecnologias de informação vêm-se acumulando nos dias atuais. O direito ao esquecimento tem sua origem histórica no campo das condenações criminais. Surge como parcela importante do direito do ex-detento à ressocialização. Não atribui a ninguém o direito de apagar fatos ou reescrever a própria história, mas apenas assegura a possibilidade de discutir o uso que é dado aos fatos pretéritos, mais especificamente o modo e a finalidade com que são lembrados".

127 Justificativa: Recentemente, o STF entendeu ser inexigível o assentimento de pessoa biografada relativamente a obras biográficas literárias ou audiovisuais (ADIn 4815), asseverando que os excessos devem ser coibidos repressivamente (por meio do direito de resposta, de uma indenização por danos morais ou pela responsabilização criminal por delito contra a honra). Com isso, o STF negou o direito ao esquecimento (este reconhecido no Enunciado 531 da VI Jornada de Direito Civil) quando em confronto com a liberdade de publicar biografias, mas sem eliminar a possibilidade de seu reconhecimento em outros casos concretos. É hora, pois, de reafirmar a existência do direito ao esquecimento. Esta é a posição conciliadora de Gustavo Tepedino (Opinião Doutrinária acerca da interpretação conforme a Constituição dos arts. 20 e 21 do CO, Organizações Globo, 15.06.2012, p. 25), ao afirmar que o direito ao esquecimento cede espaço ao interesse público inerente à publicação de biografias. Sobretudo, mais do que ser reconhecido, o caso concreto pode exigir que o direito ao esquecimento seja protegido por uma tutela judicial inibitória, conforme admitiu o STJ em dois precedentes (REsp 1.334.097/RJ e REsp 1.335.153/RJ). Isso porque a violação do direito à honra não admite a restitutio in integrum. A compensação financeira apenas ameniza o abalo moral, e o direito de resposta proporcional ao agravo sofrido também é incapaz de restaurar o bem jurídico violado, visto ser impossível restituir o status quo. Como afirma Marinoni, é dever do juiz encontrar, dentro de uma moldura, a técnica processual idônea à proteção do direito material, de modo a assegurar o direito fundamental a uma tutela jurisdicional efetiva (art. 5º, XXXV, CF/88). Disso se conclui que não se pode sonegar a tutela judicial inibitória para resguardar direitos dessa natureza, pois nenhuma outra é capaz de assegurá-los de maneira tão eficiente.

7.17.6.1 Direito ao Esquecimento nos Tribunais brasileiros

No Brasil, a 4ª Turma do STJ enfrentou o tema *direito ao esquecimento* em dois casos importantes, a saber: (a) a situação da "chacina da Candelária" (REsp 1.334.097); (b) O caso "Aída Curi" (REsp 1.335.153).

7.17.6.1.1 O Caso "Aída Curi"

Aqui, cabe destacar a importante decisão do ministro Luis Felipe Salomão, no Recurso Especial - REsp 1.335.153-RJ, julgado em 28/5/2013. Vejamos: "A exibição não autorizada de uma única imagem da vítima de crime amplamente noticiado à época dos fatos não gera, por si só, direito de compensação por danos morais aos seus familiares. O direito ao esquecimento surge na discussão acerca da possibilidade de alguém impedir a divulgação de informações que, apesar de verídicas, não sejam contemporâneas e lhe causem transtornos das mais diversas ordens. Sobre o tema, o Enunciado 531 da VI Jornada de Direito Civil do CJF preconiza que a tutela da dignidade da pessoa humana na sociedade da informação inclui o direito ao esquecimento. Na abordagem do assunto sob o aspecto sociológico, o antigo conflito entre o público e o privado ganha uma nova roupagem na modernidade: a inundação do espaço público com questões estritamente privadas decorre, a um só tempo, da expropriação da intimidade (ou privacidade) por terceiros, mas também da voluntária entrega desses bens à arena pública. Acrescente-se a essa reflexão o sentimento, difundido por inédita "filosofia tecnológica" do tempo atual pautada na permissividade, segundo o qual ser devassado ou espionado é, em alguma medida, tornar-se importante e popular, invertendo-se valores e tornando a vida privada um prazer ilegítimo e excêntrico, seguro sinal de atraso e de mediocridade. Sob outro aspecto, referente à censura à liberdade de imprensa, o novo cenário jurídico apoia-se no fato de que a CF, ao proclamar a liberdade de informação e de manifestação do pensamento, assim o faz traçando as diretrizes principiológicas de acordo com as quais essa liberdade será exercida, reafirmando, como a doutrina sempre afirmou, que os direitos e garantias protegidos pela Constituição, em regra, não são absolutos. Assim, não se pode hipertrofiar a liberdade de informação à custa do atrofiamento dos valores que apontam para a pessoa humana. A explícita contenção constitucional à liberdade de informação, fundada na inviolabilidade da vida privada, intimidade, honra, imagem e, de resto, nos valores da pessoa e da família - prevista no § 1º do art. 220, no art. 221 e no § 3º do art. 222 da CF –, parece sinalizar que, no conflito aparente entre esses bens jurídicos de especialíssima grandeza, há, de regra, uma inclinação ou predileção constitucional para soluções protetivas da pessoa humana, embora o melhor equacionamento deva sempre observar as particularidades do caso concreto. Essa constatação se mostra consentânea com o fato de que, a despeito de o direito à informação livre de censura ter sido inserida no seleto grupo dos direitos fundamentais (art. 5º, IX), a CF mostrou sua vocação antropocêntrica ao gravar, já no art. 1º, III, a dignidade da pessoa humana como – mais que um direito – um fundamento da república, uma lente pela qual devem ser interpretados os demais direitos. A cláusula constitucional da dignidade da pessoa humana garante que o homem seja tratado como sujeito cujo valor supera ao de todas as coisas criadas por ele próprio, como o mercado, a imprensa e, até mesmo, o Estado, edificando um núcleo intangível de proteção oponível erga omnes, circunstância que legitima, em uma ponderação de valores constitucionalmente protegidos, tendo sempre em vista os parâmetros da proporcionalidade e da razoabilidade, que algum sacrifício possa ser suportado, caso a caso, pelos titulares de outros bens e direitos. Ademais, a permissão ampla e irrestrita de que um fato e pessoas nele envolvidas sejam retratados indefinidamente no tempo – a pretexto da historicidade do evento – pode significar permissão de um segundo abuso à dignidade humana, simplesmente porque o primeiro já fora cometido no passado. Nesses casos, admitir-se o "direito ao esquecimento" pode significar um corretivo – tardio, mas possível – das vicissitudes do passado, seja de inquéritos policiais ou processos judiciais pirotécnicos e injustos, seja da exploração populista da mídia. Além disso, dizer que sempre o interesse público na divulgação de casos judiciais deverá prevalecer sobre a privacidade ou intimidade dos envolvidos, pode violar o próprio texto da Constituição, que prevê solução exatamente contrária, ou seja, de sacrifício da publicidade (art. 5º, LX). A solução que harmoniza esses dois interesses em conflito é a preservação da pessoa, com a restrição à publicidade do processo, tornando pública apenas a resposta estatal aos conflitos a ele submetidos, dando-se publicidade da sentença ou do julgamento, nos termos do art. 155 do Código de Processo Civil e art. 93, IX, da Constituição Federal. Por fim, a assertiva de que uma notícia lícita não se transforma em ilícita com o simples passar do tempo não tem nenhuma base jurídica. O ordenamento é repleto de previsões em que a significação conferida pelo direito à passagem do tempo é exatamente o esquecimento e a estabilização do passado, mostrando-se ilícito reagitar o que a lei pretende sepultar. Isso vale até mesmo para notícias cujo conteúdo seja totalmente verídico, pois, embora a notícia inverídica seja um obstáculo à liberdade de informação, a veracidade da notícia não confere a ela inquestionável licitude, nem transforma a liberdade de imprensa em direito absoluto e ilimitado. Nesse contexto, as vítimas de crimes e seus familiares têm direito ao esquecimento, se assim desejarem, consistente em não se submeterem a desnecessárias lembranças de fatos passados que lhes causaram, por si, inesquecíveis feridas. Caso contrário, chegar-se-ia à antipática e desumana solução de reconhecer esse direito ao ofensor – o que está relacionado com sua ressocialização – e retirá-lo dos ofendidos, permitindo que os canais de informação se enriqueçam mediante a indefinida exploração das desgraças privadas pelas quais passaram. Todavia, no caso de familiares de vítimas de crimes passados, que só querem esquecer a dor pela qual passaram em determinado momento da vida, há uma infeliz constatação: na medida em que o tempo passa e se vai adquirindo um "direito ao esquecimento", na contramão, a dor vai diminuindo, de modo que, relembrar o fato trágico da vida, a depender do tempo transcorrido, embora possa gerar desconforto, não causa o mesmo abalo de antes. Nesse contexto, deve-se analisar, em cada caso concreto, como foi utilizada a imagem da vítima, para que se verifique se houve, efetivamente, alguma violação aos direitos dos familiares. Isso porque nem toda veiculação não consentida da imagem é indevida ou digna de reparação, sendo frequentes os casos em que a imagem da pessoa é publicada de forma respeitosa e sem nenhum viés comercial ou econômico. Assim, quando a imagem não for, em si, o cerne da publicação, e também não revele situação vexatória ou degradante, a solução dada pelo STJ será o reconhecimento da inexistência do dever de indenizar. (REsp 1.335.153-RJ, Rel. Min. Luis Felipe Salomão, julgado em 28/5/2013).

7.17.6.1.2 "Chacina da Candelária" (REsp 1.334.097)

No mesmo sentido: "RECURSO ESPECIAL. DIREITO CIVIL-CONSTITUCIONAL. LIBERDADE DE IMPRENSA VS. DIREITOS DA PERSONALIDADE. LITÍGIO DE SOLUÇÃO TRANSVERSAL. COMPETÊNCIA DO SUPERIOR TRIBUNAL DE JUSTIÇA. DOCUMENTÁRIO EXIBIDO EM REDE NACIONAL. *LINHA DIRETA-JUSTIÇA*. SEQUÊNCIA DE HOMICÍDIOS CONHECIDA COMO CHACINA DA CANDELÁRIA. REPORTAGEM QUE REACENDE O TEMA TREZE ANOS DEPOIS DO FATO. VEICULAÇÃO INCONSENTIDA DE NOME E IMAGEM DE INDICIADO NOS CRIMES. ABSOLVIÇÃO POSTERIOR POR NEGATIVA DE AUTORIA. DIREITO AO ESQUECIMENTO DOS CONDENADOS QUE CUMPRIRAM PENA E DOS ABSOLVIDOS. ACOLHIMENTO. DECORRÊNCIA DA PROTEÇÃO LEGAL E CONSTITUCIONAL DA DIGNIDADE DA PESSOA HUMANA E DAS LIMITAÇÕES POSITIVADAS À ATIVIDADE INFORMATIVA. PRESUNÇÃO LEGAL E CONSTITUCIONAL DE RESSOCIALIZAÇÃO DA PESSOA. PONDERAÇÃO DE VALORES. PRECEDENTES DE DIREITO COMPARADO.

1. Avulta a responsabilidade do Superior Tribunal de Justiça em demandas cuja solução é transversal, interdisciplinar, e que abrange, necessariamente, uma controvérsia constitucional oblíqua, antecedente, ou inerente apenas à fundamentação do acolhimento ou rejeição de ponto situado no âmbito do contencioso infraconstitucional, questões essas que, em princípio, não são apreciadas pelo Supremo Tribunal Federal.

2. Nos presentes autos, o cerne da controvérsia passa pela ausência de contemporaneidade da notícia de fatos passados, que reabriu antigas feridas já superadas pelo autor e reacendeu a desconfiança da sociedade quanto à sua índole. O autor busca a proclamação do seu direito ao esquecimento, um direito de não ser lembrado contra sua vontade, especificamente no tocante a fatos desabonadores, de natureza criminal, nos quais se envolveu, mas que, posteriormente, fora inocentado.

3. No caso, o julgamento restringe-se a analisar a adequação do direito ao esquecimento ao ordenamento jurídico brasileiro, especificamente para o caso de publicações na mídia televisiva, porquanto o mesmo debate ganha contornos bem diferenciados quando transposto para internet, que desafia soluções de índole técnica, com atenção, por exemplo, para a possibilidade de compartilhamento de informações e circulação internacional do conteúdo, o que pode tangenciar temas sensíveis, como a soberania dos Estados-nações.

4. Um dos danos colaterais da "modernidade líquida" tem sido a progressiva eliminação da "divisão, antes sacrossanta, entre as esferas do 'privado' e do 'público' no que se refere à vida humana", de modo que, na atual sociedade da hiperinformação, parecem evidentes os "riscos terminais à privacidade e à autonomia individual, emanados da ampla abertura da arena pública aos interesses privados [e também o inverso], e sua gradual mas incessante transformação numa espécie de teatro de variedades dedicado à diversão ligeira" (BAUMAN, Zygmunt. Danos colaterais: desigualdades sociais numa era global. Tradução de Carlos Alberto Medeiros. Rio de Janeiro: Zahar, 2013, pp. 111-113). Diante dessas preocupantes constatações, o momento é de novas e necessárias reflexões, das quais podem mesmo advir novos direitos ou novas perspectivas sobre velhos direitos revisitados.

5. Há um estreito e indissolúvel vínculo entre a liberdade de imprensa e todo e qualquer Estado de Direito que pretenda se autoafirmar como Democrático. Uma imprensa livre galvaniza contínua e diariamente os pilares da democracia, que, em boa verdade, é projeto para sempre inacabado e que nunca atingirá um ápice de otimização a partir do qual nada se terá a agregar. Esse processo interminável, do qual não se pode descurar – nem o povo, nem as instituições democráticas -, encontra na imprensa livre um vital combustível para sua sobrevivência, e bem por isso que a mínima cogitação em torno de alguma limitação da imprensa traz naturalmente consigo reminiscências de um passado sombrio de descontinuidade democrática.

6. Não obstante o cenário de perseguição e tolhimento pelo qual passou a imprensa brasileira em décadas pretéritas, e a par de sua inegável virtude histórica, a mídia do século XXI deve fincar a legitimação de sua liberdade em valores atuais, próprios e decorrentes diretamente da importância e nobreza da atividade. Os antigos fantasmas da liberdade de imprensa, embora deles não se possa esquecer jamais, atualmente, não autorizam a atuação informativa desprendida de regras e princípios a todos impostos.

7. Assim, a liberdade de imprensa há de ser analisada a partir de dois paradigmas jurídicos bem distantes um do outro. O primeiro, de completo menosprezo tanto da dignidade da pessoa humana quanto da liberdade de imprensa; e o segundo, o atual, de dupla tutela constitucional de ambos os valores.

8. Nesse passo, a explícita contenção constitucional à liberdade de informação, fundada na inviolabilidade da vida privada, intimidade, honra, imagem e, de resto, nos valores da pessoa e da família, prevista no art. 220, § 1º, art. 221 e no § 3º do art. 222 da Carta de 1988, parece sinalizar que, no conflito aparente entre esses bens jurídicos de especialíssima grandeza, há, de regra, uma inclinação ou predileção constitucional para soluções protetivas da pessoa humana, embora o melhor equacionamento deva sempre observar as particularidades do caso concreto. Essa constatação se mostra consentânea com o fato de que, a despeito de a informação livre de censura ter sido inserida no seleto grupo dos direitos fundamentais (art. 5º, inciso IX), a Constituição Federal mostrou sua vocação antropocêntrica no momento em que gravou, já na porta de entrada (art. 1º, inciso III), a dignidade da pessoa humana como – mais que um direito – um fundamento da República, uma lente pela qual devem ser interpretados os demais direitos posteriormente reconhecidos.

Exegese dos arts. 11, 20 e 21 do Código Civil de 2002. Aplicação da filosofia kantiana, base da teoria da dignidade da pessoa humana, segundo a qual o ser humano tem um valor em si que supera o das "coisas humanas".

9. Não há dúvida de que a história da sociedade é patrimônio imaterial do povo e nela se inserem os mais variados acontecimentos e personagens capazes de revelar, para o futuro, os traços políticos, sociais ou culturais de determinada época. Todavia, a historicidade da notícia jornalística, em se tratando de jornalismo policial, há de ser vista com cautela. Há, de fato, crimes históricos e criminosos famosos; mas também há crimes e criminosos que se tornaram artificialmente históricos e famosos, obra da exploração midiática exacerbada e de um populismo penal satisfativo dos prazeres primários das multidões, que simplifica o fenômeno criminal às estigmatizadas figuras do "bandido" vs. "cidadão de bem".

10. É que a historicidade de determinados crimes por vezes é edificada à custa de vários desvios de legalidade, por isso não deve constituir óbice em si intransponível ao reconhecimento de direitos como o vindicado nos presentes autos. Na verdade, a permissão ampla e irrestrita a que um crime e as pessoas nele envolvidas sejam retratados indefinidamente no tempo – a pretexto da historicidade do fato – pode significar permissão de um segundo abuso à dignidade humana, simplesmente porque o primeiro já fora cometido no passado.

Por isso, nesses casos, o reconhecimento do "direito ao esquecimento" pode significar um corretivo – tardio, mas possível – das vicissitudes do passado, seja de inquéritos policiais ou processos judiciais pirotécnicos e injustos, seja da exploração populista da mídia.

11. É evidente o legítimo interesse público em que seja dada publicidade da resposta estatal ao fenômeno criminal. Não obstante, é imperioso também ressaltar que o interesse público – além de ser conceito de significação fluida – não coincide com o interesse do público, que é guiado, no mais das vezes, por sentimento de execração pública, praceamento da pessoa humana, condenação sumária e vingança continuada.

12. Assim como é acolhido no direito estrangeiro, é imperiosa a aplicabilidade do direito ao esquecimento no cenário interno, com base não só na principiologia decorrente dos direitos fundamentais e da dignidade da pessoa humana, mas também diretamente do direito positivo infraconstitucional. A assertiva de que uma notícia lícita não se transforma em ilícita com o simples passar do tempo não tem nenhuma base jurídica. O ordenamento é repleto de previsões em que a significação conferida pelo Direito à passagem do tempo é exatamente o esquecimento e a estabilização do passado, mostrando-se ilícito sim reagitar o que a lei pretende sepultar. Precedentes de direito comparado.

13. Nesse passo, o Direito estabiliza o passado e confere previsibilidade ao futuro por institutos bem conhecidos de todos: prescrição, decadência, perdão, anistia, irretroatividade da lei, respeito ao direito adquirido, ato jurídico perfeito, coisa julgada, prazo máximo para que o nome de inadimplentes figure em cadastros restritivos de crédito, reabilitação penal e o direito ao sigilo quanto à folha de antecedentes daqueles que já cumpriram pena (art. 93 do Código Penal, art. 748 do Código de Processo Penal e art. 202 da Lei de Execuções Penais). Doutrina e precedentes.

14. Se os condenados que já cumpriram a pena têm direito ao sigilo da folha de antecedentes, assim também a exclusão dos registros da condenação no Instituto de Identificação, por maiores e melhores razões aqueles que foram absolvidos não podem permanecer com esse estigma, conferindo-lhes a lei o mesmo direito de serem esquecidos.

15. Ao crime, por si só, subjaz um natural interesse público, caso contrário nem seria crime, e eventuais violações de direito resolver-se-iam nos domínios da responsabilidade civil. E esse interesse público, que é, em alguma medida, satisfeito pela publicidade do processo penal, finca raízes essencialmente na fiscalização social da resposta estatal que será dada ao fato. Se é assim, o interesse público que orbita o fenômeno criminal tende a desaparecer na medida em que também se esgota a resposta penal conferida ao fato criminoso, a qual, certamente, encontra seu último suspiro, com a extinção da pena ou com a absolvição, ambas consumadas irreversivelmente. E

é nesse interregno temporal que se perfaz também a vida útil da informação criminal, ou seja, enquanto durar a causa que a legitimava. Após essa vida útil da informação seu uso só pode ambicionar, ou um interesse histórico, ou uma pretensão subalterna, estigmatizante, tendente a perpetuar no tempo as misérias humanas.

16. Com efeito, o reconhecimento do direito ao esquecimento dos condenados que cumpriram integralmente a pena e, sobretudo, dos que foram absolvidos em processo criminal, além de sinalizar uma evolução cultural da sociedade, confere concretude a um ordenamento jurídico que, entre a memória – que é a conexão do presente com o passado – e a esperança – que é o vínculo do futuro com o presente -, fez clara opção pela segunda. E é por essa ótica que o direito ao esquecimento revela sua maior nobreza, pois afirma-se, na verdade, como um direito à esperança, em absoluta sintonia com a presunção legal e constitucional de regenerabilidade da pessoa humana.

17. Ressalvam-se do direito ao esquecimento os fatos genuinamente históricos – historicidade essa que deve ser analisada em concreto -, cujo interesse público e social deve sobreviver à passagem do tempo, desde que a narrativa desvinculada dos envolvidos se fizer impraticável.

18. No caso concreto, a despeito de a Chacina da Candelária ter se tornado – com muita razão – um fato histórico, que expôs as chagas do País ao mundo, tornando-se símbolo da precária proteção estatal conferida aos direitos humanos da criança e do adolescente em situação de risco, o certo é que a fatídica história seria bem contada e de forma fidedigna sem que para isso a imagem e o nome do autor precisassem ser expostos em rede nacional. Nem a liberdade de imprensa seria tolhida, nem a honra do autor seria maculada, caso se ocultassem o nome e a fisionomia do recorrido, ponderação de valores que, no caso, seria a melhor solução ao conflito.

19. Muito embora tenham as instâncias ordinárias reconhecido que a reportagem se mostrou fidedigna com a realidade, a receptividade do homem médio brasileiro a noticiários desse jaez é apta a reacender a desconfiança geral acerca da índole do autor, o qual, certamente, não teve reforçada sua imagem de inocentado, mas sim a de indiciado.

No caso, permitir nova veiculação do fato, com a indicação precisa do nome e imagem do autor, significaria a permissão de uma segunda ofensa à sua dignidade, só porque a primeira já ocorrera no passado, uma vez que, como bem reconheceu o acórdão recorrido, além do crime em si, o inquérito policial consubstanciou uma reconhecida "vergonha" nacional à parte.

20. Condenação mantida em R$ 50.000,00 (cinquenta mil reais), por não se mostrar exorbitante.

21. Recurso especial não provido. (REsp 1334097/RJ, Rel. ministro LUIS FELIPE SALOMÃO, QUARTA TURMA, julgado em 28/05/2013, DJe 10/09/2013).

No caso concreto conhecido como "Chacina da Candelária" há, pois, um conflito aparente entre princípios fundamentais de Direito: Informação "vs" Vida Privada, Intimidade e Imagem. (Processo nº 2009.005.00079, 19ª Câmara Cível, relator Des. Marcos Alcino A. Torres, julgado em 26 de maio de 2009).

Vale a pena, mais uma vez advertir que a utilização do princípio da dignidade da pessoa humana como vetor limitador da liberdade de expressão não deve ser utilizado de forma arbitrária, absoluta e/ou a partir do subjetivismo do julgador.

No campo comunicativo, Christiano de Oliveira Taveira alerta que "justamente com a finalidade de se repelir compressão desproporcional às liberdades públicas atinentes à difusão da informação, e em decorrência do regime estabelecido pela Carta de 1988, se advoga a concepção relativa do princípio da dignidade da pessoa humana, que a despeito de desfrutar, em tese, de uma evidente primazia axiológica no ordenamento brasileiro, não a alça, em concreto, a um patamar absoluto no processo ponderativo".[128]

No mesmo sentido, Machado adverte que "[...] por se tratar de um conceito de contornos abertos, disputado e contestado por inúmeras ontologias, mundividências, epistemas e concepções da vida e o bem, o conceito de dignidade da pessoa humana deve ser utilizado pelos operadores do jurídico com especial prudência e contenção, quando se trata de restringir as liberdades comunicativas. Isso, a fim de impedir a sua transformação num expediente retórico de racionalização autoritária da restrição da liberdade de expressão das minorias e dos indivíduos, contra as suas próprias e autônomas razões, convicções e aspirações [...]".[129]

A liberdade de expressão é tida, também, como algo essencial para o desenvolvimento psicossocial e da sociabilidade do ser humano[130].

Por fim, o ministro Gilmar Ferreira Mendes ensina que "se a pessoa deixou de atrair notoriedade, desaparecendo o interesse público em torno dela, merece ser deixada de lado, como desejar. Isso é tanto mais verdade com relação, por exemplo, a quem já cumpriu pena criminal e que precisa reajustar-se à sociedade. Ele há de ter o direito a não ver repassados ao público os fatos que o levaram à penitenciária".[131]

7.17.6.1.3 Direito ao Esquecimento e Delito Histórico

Existindo evidente interesse social no cultivo à memória histórica e coletiva de delito notório, incabível o acolhimento da tese do direito ao es-

---

128 TAVEIRA, Christiano de Oliveira. *Democracia e Pluralismo na Esfera Comunicativa*: Uma Proposta de Reformulação do Papel do Estado na Garantia da Liberdade de Expressão. Tese de Doutorado, RJ: UERJ, 2010, p.115.

129 MACHADO. Op.Cit., p. 133.

130 *Ibid.*, p. 350.

131MENDES, Gilmar Ferreira; COELHO, Inocêncio Mártires; BRANCO, Paulo Gustavo Gonet. *Curso de Direito Constitucional*. São Paulo: Saraiva, 2007, p. 374.

quecimento para proibir qualquer veiculação futura de matérias jornalísticas relacionadas ao fato criminoso cuja pena já se encontra cumprida (REsp 1.736.803-RJ, Rel. Min. Ricardo Villas Bôas Cueva, Terceira Turma, por unanimidade, julgado em 28/04/2020, DJe 04/05/2020).

A controvérsia cinge-se em analisar os limites do direito ao esquecimento de pessoa condenada por crime notório, cuja pena se encontra extinta. Inicialmente, importante reconhecer o caráter não absoluto do direito ao esquecimento. Incorporar essa dimensão implica assumir a existência de um aparente conflito no qual convivem, de um lado, o próprio direito ao esquecimento, os direitos à personalidade e à vida privada; e, de outro, a liberdade de manifestação do pensamento, a vedação à censura prévia e o interesse público no cultivo à memória coletiva.Sob a faceta de projeção da liberdade de manifestação de pensamento, a liberdade de imprensa não se restringe aos direitos de informar e de buscar informação, mas abarca outros que lhe são correlatos, tais como os direitos à crítica e à opinião. Por também não possuir caráter absoluto, encontra limitação no interesse público e nos direitos da personalidade, notadamente à imagem e à honra das pessoas sobre as quais se noticia. Ademais, a exploração midiática de dados pessoais de egresso do sistema criminal configura violação do princípio constitucional da proibição de penas perpétuas, do direito à reabilitação e do direito de retorno ao convívio social, garantidos pela legislação infraconstitucional, nos arts. 41, VIII e 202, da Lei nº 7.210/1984 e 93 do Código Penal. Contudo, apesar de haver nítida violação dos mencionados direitos e princípios, apta a ensejar condenação pecuniária posterior à ofensa, inviável o acolhimento da tese do direito ao esquecimento.Ressalta-se que o interesse público deve preponderar quando as informações divulgadas a respeito de fato criminoso notório forem marcadas pela historicidade, permanecendo atual e relevante para a memória coletiva.Assim, diante de evidente interesse social no cultivo à memória histórica e coletiva de delito notório, incabível o acolhimento da tese do direito ao esquecimento para proibir qualquer veiculação futura de matérias jornalísticas relacionadas ao fato criminoso, sob pena de configuração de censura prévia, vedada pelo ordenamento jurídico pátrio. (Informativo 670)[132]

7.17.6.1.4 Outras Jurisprudências

DIREITO DO CONSUMIDOR. NECESSIDADE DE CORRESPONDÊNCIA ENTRE O ARGUMENTO E O RESULTADO DE PESQUISA EM PROVEDOR DE BUSCA.

O provedor de busca cientificado pelo consumidor sobre vínculo virtual equivocado entre o argumento de pesquisa (nome de consumidor) e o resul-

132 Ibid.

tado de busca (sítio eletrônico) é obrigado a desfazer a referida indexação, ainda que esta não tenha nenhum potencial ofensivo. Para além do afastamento da responsabilidade civil pelos danos eventualmente sofridos, o STJ reconheceu a impossibilidade de se obrigar provedor de busca a excluir dos resultados de pesquisa determinados termos os quais conduziriam à exibição do conteúdo danoso. Essa conclusão foi extraída a partir da premissa de que, retirado o conteúdo nocivo da rede, automaticamente estaria excluído o resultado da busca (REsp 1.316.921-RJ, Terceira Turma, DJe 29/6/2012). Na prática, contudo, essa premissa tem se mostrado irreal. Note-se que, constitui novo contexto fático (até o momento não enfrentado pelo STJ) a hipótese em que o conteúdo nocivo é prontamente corrigido – independentemente de ação judicial e ordem judicial – na página em que divulgado originariamente, mas o índice de provedor de busca permanece exibindo o *link* como se na página indicada ainda houvesse o conteúdo retirado. Diante desse novo contexto fático, convém revisitar a essência do serviço prestado, a fim de aferir a existência de eventual falha, bem como sua correspondente aptidão para configurar, ou não, um acidente de consumo, a impor a responsabilização direta do fornecedor. Como assentado em julgados anteriores do STJ, os sítios de busca consistem na disponibilização de ferramenta para que "o usuário realize pesquisas acerca de qualquer assunto ou conteúdo existente na *web*, mediante fornecimento de critérios ligados ao resultado desejado, obtendo os respectivos *links* das páginas onde a informação pode ser localizada" (REsp 1.316.921-RJ, Terceira Turma, DJe 29/6/2012). Para tanto, forma-se uma espécie de índice do conteúdo disponível na internet, qualquer que seja esse conteúdo, facilitando o acesso às informações disponíveis, livre de qualquer filtragem ou censura prévia. No intuito de agregar velocidade ao sistema de pesquisas e reduzir o tempo de resposta, alcançando resultados mais relevantes e úteis aos usuários, a base de dados trabalha em uma crescente, sempre adicionando novos resultados e novos conteúdos. Desse modo, não se pode afirmar peremptoriamente que os resultados um dia existentes serão necessariamente excluídos. Isso porque, de fato, algumas páginas serão varridas novamente – segundo uma periodicidade que variará de acordo com um sistema exclusivo de *ranking* das páginas, que toma em consideração a quantidade de vezes que ela é mencionada na rede por outros usuários e o volume de consultas e acessos -, porém, outras páginas, por sua ínfima relevância no meio virtual, serão ignoradas em novas varreduras, mantendo-se íntegro o resultado atrelado na base de dados do provedor de pesquisa aos argumentos de pesquisa inseridos pelos internautas. Por essa linha de raciocínio, impõe-se concluir que, ao espelhar um resultado, que um dia esteve disponível mas não se encontra publicado na rede mundial na data da busca, a ferramenta de pesquisa apresenta-se falha em seu funcionamento, não correspondendo adequadamente ao fim a que se destina.

Frisa-se que a falha não está relacionada estritamente à esfera individual do consumidor cujo nome estava vinculado indevidamente ao sítio eletrônico, mas, de forma objetiva, à exibição de resultado que já não corresponde, não guarda nenhuma pertinência, ao argumento objeto de busca. Nesse diapasão, não se pode olvidar a cediça incidência do CDC aos serviços prestados por meio da internet. Desse modo, ainda que se trate de fornecimento de serviços sem contraprestação financeira direta do consumidor, o fornecedor do serviço virtual não se exime da entrega da prestação em conformidade com a legítima expectativa consumerista, atraindo por analogia a incidência do art. 20 do CDC. Nos termos do referido art. 20 e seu § 2°, estabelece o CDC o dever de os fornecedores em mercado de consumo entregarem serviços que se mostrem adequados aos fins que razoavelmente deles se esperam, cominando, no caso de descumprimento, a obrigação de: i) reexecutar o serviço; ii) restituir a quantia paga; ou iii) abater proporcionalmente o preço, conforme opção a ser exercida pelo consumidor. Não se ignora que as regras do CDC, pensadas no início dos anos 1990, têm redação por vezes imperfeitas para a compreensão imediata de questões da dinâmica era digital, no entanto, sua interpretação teleológica fornece instrumentos suficientes para sua adequada aplicação. Desse modo, tratando-se de serviço gratuito não cabe mesmo as opções previstas nos incisos II e III do *caput* do art. 20 do CDC, mas se mantêm hígidos tanto a obrigação de entregar serviço adequado à sua finalidade como o dever de reexecução para correção das falhas existentes. Nessa trilha, a compreensão de que um provedor de pesquisa deve corrigir sua base de dados e adequá-la aos resultados de busca atuais, fazendo cessar a vinculação do nome do consumidor à página por ele indicada, é medida que concretiza diretamente aquele seu dever, enquanto fornecedora do serviço de busca, de entregar respostas adequadas ao critério pesquisado. Claro que no ambiente intensamente dinâmico, falhas e incorreções podem porventura ser identificadas, entretanto, não há espaço para a inércia do empresário em corrigir uma clara falha de seu serviço, quando cientificada pelo consumidor, em especial, diante da fácil constatação de que o vínculo original não mais se sustenta e a mera reindexação é manifestamente suficiente para essa correção. No cenário global, também é esse o entendimento que vem despontando como solução razoável em torno dos mecanismos de busca disponíveis na internet: os resultados de busca devem ser passíveis de correções e adequações, de forma a se preservar o direito individual daqueles atingidos pela disponibilização da informação. Nesse sentido, houve decisão do Tribunal de Justiça europeu, em maio de 2014, reconhecendo a obrigação de um provedor de busca de apagar dos resultados de pesquisa – enquanto materialização do direito ao esquecimento – os dados de um cidadão espanhol que, embora verdadeiros, foram considerados irrelevantes para o livre acesso público à informação (C-131/12), bem como a consequente responsabilização civil em caso de descumprimento da decisão judicial. Com efeito, desde o referido precedente da Corte europeia, tem-se admitido em solo europeu a obrigação de pronta correção ou exclusão de dados pessoais, sempre que, sob o crivo da Justiça, se verificar a incorreção, irrelevância, desnecessidade ou excesso na informação existente em meio virtual, inclusive quanto aos dados mantidos no banco de provedor de pesquisa. Ressalte-se, ademais, que esse entendimento também não conflita com o atual Marco Civil da Internet (Lei nº 12.965/2014) que, em seu art. 19, igualmente, admite a responsabilização do provedor de aplicações na hipótese de descumprimento de decisão judicial. Diante dessas considerações, a inércia quanto à correção da falha do serviço entregue à comunidade consumidora da internet não tem respaldo legal e merece repúdio e correção pelo Poder Judiciário. REsp 1.582.981-RJ, Rel. Min. Marco Aurélio Bellizze, julgado em 10/5/2016, DJe 19/5/2016.

7.17.6.1.5 O Direito ao Esquecimento no STF

A ideia de um direito ao esquecimento é incompatível com a Constituição Federal, conforme entendimento do ministro Dias Toffoli, relator do recurso extraordinário que discute a matéria no Supremo Tribunal Federal (Recurso Extraordinário 1.010.606 Rio de Janeiro).

No Brasil, esse direito ao esquecimento não consta de nenhuma lei — foi criado por juízes. Foi o mote seguido por Toffoli em seu voto. O que existe no ordenamento jurídico, de acordo com o ministro, "são expressas e pontuais previsões em que se admite, sob condições específicas, o decurso do tempo como razão para supressão de dados ou informações". Para ele, tem potencial interesse público "o que possa ser licitamente obtido e divulgado".[133]

O relator destacou como um dos parâmetros essenciais para delimitar o alcance ao direito ao esquecimento é a licitude da informação. Não basta, porém, a licitude da informação para caracterizar o pretenso direito ao esquecimento, defendeu o ministro.[134]

"No cerne da alegação em favor de um direito a esquecer fatos passados está a compreensão de que não obstante se trate de fatos verdadeiros, sua utilização temporalmente distante da sua ocorrência os tornaria descontextualizados. É nesse aspecto que surge o segundo elemento definidor do direito ao esquecimento: o decurso do tempo", explicou.[135][136]

133 Disponível em: <https://www.conjur.com.br/2021-fev-04/toffoli-direito-esquecimento-incompativel-constituicao> Acesso em: 06 fev. 2021.

134 Ibid.

135 Ibid.

136 Toffoli sugeriu a seguinte tese com repercussão geral: "É incompatível com a Constituição a ideia de um direito ao esquecimento, assim entendido como o poder de obstar, em razão da passagem do tempo, a divulgação de fatos ou dados verídicos e licitamente obtidos e publicados em meios de comunicação social analógicos ou digitais".

"Eventuais excessos ou abusos no exercício da liberdade de expressão e de informação devem

Vejamos, abaixo, o voto do Ministro Dias Toffoli:

> [...]
> II. 2. ELEMENTOS ESSENCIAIS DO "DIREITO AO ESQUECIMENTO"
> (a) Licitude da Informação
> Começo destacando que, para fins de abordar o direito ao esquecimento, é necessário apartar de sua abrangência as informações ilícitas, ou seja: é preciso desconsiderar as informações inverídicas e as informações adquiridas ou utilizadas contrariamente à lei.
> Para a proteção contra informações inverídicas ou ilicitamente obtidas/utilizadas, o ordenamento jurídico é farto, seja em âmbito penal, seja em âmbito cível.
> Penalmente, tutela-se, por exemplo, a honra por meio de tipificação das condutas de injúria, calúnia e difamação (arts. 138 a 140 do CP); pune-se a divulgação de fatos inverídicos em âmbito eleitoral (art. 323 do Código Eleitoral); protegem-se as comunicações eletrônicas privadas por meio da tipificação das invasões a dispositivo informático (Lei nº 12737/12); tutela-se, ainda, a vítima de estupro relativamente à divulgação da cena do crime (Lei nº 13.718/18, assinada por mim no exercício interino da Presidência da República).
> No âmbito cível, a par da previsão de indenização nos crimes contra a honra (art. 953 do CC/02), inúmeras normas asseguram medidas para impedir ou fazer cessar o comportamento ilícito dirigido ao nome ou à imagem, sendo exemplo mais genérico a proteção do art. 12 do CC/02: "Pode-se exigir que cesse a ameaça, ou a lesão, a direito da personalidade, e reclamar perdas e danos, sem prejuízo de outras sanções previstas em lei".
> No contexto digital, observa-se, em escala global, intensa movimentação jurídica.
> A título de exemplo, a par do sistema de autorregulação – no qual as plataformas digitais e as empresas de publicidade estabelecem para si normas de conduta –, observam-se países adotando severas medidas regulatórias. Nesse sentido, a Alemanha aprovou, em 2017, lei que confere grande responsabilidade às plataformas digitais pela disseminação de notícias falsas ou de discursos de ódio. Dentre as principais obrigações previstas na lei, consta a determinação de que as redes sociais e as plataformas de compartilhamento de vídeo criem sistemas de denúncia pelos próprios usuários. Os conteúdos manifestamente ilegais devem ser removidos no prazo de 24 horas, a contar da reclamação ou de determinação judicial.

---

ser analisados caso a caso, a partir dos parâmetros constitucionais — especialmente os relativos à proteção da honra, da imagem, da privacidade e da personalidade em geral — e as expressas e específicas previsões legais nos âmbitos penal e cível".

A França aprovou, no final de 2018, lei de combate à desinformação mirando o período eleitoral, a qual também obriga as plataformas digitais a criar um sistema de denúncias. Ademais, exige-se transparência por parte dessas plataformas quanto aos algoritmos por elas utilizados.

No Reino Unido, o Parlamento Britânico divulgou um relatório em julho de 2018 propondo medidas para combater a desinformação, dentre elas a instituição de um código de ética para as plataformas online que determine a remoção de conteúdos danosos a partir de denúncias dos usuários e a adoção de medidas para o aumento da transparência das plataformas relativamente aos usuários e ao Poder Público.

No Brasil, foi editado o Marco Civil da Internet (Lei nº 12.965/14). Como já mencionado, no tema, o Supremo Tribunal Federal reconheceu a repercussão geral, em processo da minha relatoria, da matéria relativa à constitucionalidade do art. 19 do Marco Civil da Internet no que tange à exigência de ordem judicial para a retirada ou indisponibilização de conteúdo ilícito e a responsabilização do provedor (Tema nº 987, RE nº 1037396-RG, DJe de 4/4/18). O debate instaurado no aludido processo insere-se na reflexão relativa à necessidade ou não de decisão judicial para a remoção sobretudo de conteúdo falso da internet, a qual está no cerne dos debates acerca dos mecanismos adequados para o combate à desinformação.

Diferentemente, o que se invoca com o direito ao esquecimento é a proteção jurídica para impedir a divulgação de fatos ou dados verdadeiros licitamente obtidos, amparando-se na alegação, em essência, de que, pelo decurso do tempo, as informações de outrora não guardariam relevância jurídica, ao passo que sua ocultação (ou ocultação dos elementos pessoais dos envolvidos) melhor serviria aos propósitos constitucionais, sobretudo à proteção dos direitos da personalidade.

Não desconheço, ressalte-se, que parcela da doutrina trata do direito ao esquecimento abarcando fatos lícitos e ilícitos. Porém, como salientei, o ordenamento brasileiro é farto em dispositivos voltados à proteção da pessoa, da personalidade e da privacidade humana diante de divulgação ilícita (fato inverídico ou dado coletado/utilizado em desconformidade com a lei).

Não por acaso, foi justamente porque invocado um direito a não publicação de fatos ou dados verdadeiros licitamente obtidos que a pretensão nominada 'direito ao esquecimento' ganhou notoriedade e centralidade em diversos debates em âmbito nacional e internacional.

Reafirmo, portanto, ser necessário esse recorte para melhor precisar o conceito do direito ao esquecimento: as informações cuja comunicação se pretende obstar devem ser lícitas.

Como definiu Sérgio Branco, abordando uma das facetas da licitude da informação:

> "A veracidade da informação deve estar presente para invocar o direito ao esquecimento. Tratando-se de informação falsa, outros

> devem ser os mecanismos a serem preferencialmente utilizados, tais como o direito de resposta ou o dever de o meio de comunicação atualizar a informação com os dados mais novos ou mais precisos (...). Ainda que nestes casos vá-se ao extremo de se suprimir a informação de acesso ao público por ordem judicial, não se deve qualificar tal hipótese como direito ao esquecimento, já que não é algo que se queira esquecer, apagar, mas tão somente informação que, por ser falsa, deve ser combatida por violar outros direitos" (BRANCO, Sérgio. Memória e esquecimento na internet. Porto Alegre: Arquipélago Editorial, 2017. p. 174).

Não basta, todavia, a licitude da informação para caracterizar o pretenso direito ao esquecimento. No cerne da alegação em favor de um direito a esquecer fatos passados está a compreensão de que não obstante se trate de fatos verdadeiros, sua utilização temporalmente distante da sua ocorrência, os tornaria descontextualizados. É nesse aspecto que surge o segundo elemento definidor do direito ao esquecimento: o decurso do tempo.

(b) Decurso do Tempo: o aspecto temporoespacial

Pode-se afirmar que a passagem do tempo constitui a viga central do apontado "direito ao esquecimento". As falas em defesa de sua existência na audiência pública evidenciam essa relação. Transcrevo, a título de exemplo, as diversas menções ao que viria a ser o direito em tela, sempre apresentado na sua relação com o tempo:

> "Também não se pode pretender, com o direito ao esquecimento, reescrever-se a história. Não é isso que se busca: reescrever-se a história ou alterar-se a verdade dos fatos. O que se busca é não ter a identidade de um determinado indivíduo estigmatizada por fatos ocorridos no passado que deixaram de ter uma relevância pública" (Cíntia Rosa Pereira de Lima, pela Faculdade de Direito de Ribeirão Preto).
>
> "[A] questão que eu vejo que é de máxima relevância é: até quando a inexorabilidade de fatos justifica o prevalecimento da liberdade de expressão aos direitos de personalidade? Existe um tempo? Porque, vamos dizer, a difusão dos veículos de comunicação, como disseram, é regra constitucional, mas eles estão marcados no tempo ou eles podem, *ad perpetuam*, estabelecer que essa liberdade de expressão da comunicação vai prevalecer ao direito de personalidade, de imagem, de honra do titular desse direito de personalidade? Ele tem um tempo ou ele é perpétuo? Essa é a questão que está sendo debatida" (Desembargador José Carlos Costa Netto – em fala pelo Tribunal de Justiça de São Paulo).

> "[O direito ao esquecimento] não atribui a ninguém o direito de apagar fatos - não se discute isso -, ou reescrever a própria história - também não se discute isso -, mas apenas assegura a possibilidade de discutir o uso que é dado a fatos pretéritos, mais especificamente ao modo e à finalidade [com] que são lembrados" (Professor Renato Opice Blum (Instituto de Ensino e Pesquisa - INSPER)

Como se observa, a pretensão encerrada no título 'direito ao esquecimento' tem o tempo como elemento central porque seria ele propulsor de degradação da informação do passado, a qual - mesmo verídica - se faria desatualizada e descontextualizada, porque divulgada em momento significativamente díspar da ocorrência dos fatos, induzindo a uma percepção fragmentada sobre a pessoa do envolvido. Isso também foi expresso em outra fala da audiência pública:

> "Nesses países europeus, a noção técnica de direito ao esquecimento corresponde a um direito a não ser perseguido pelos fatos do passado que já não mais refletem a identidade atual daquela pessoa. Trata-se, assim, essencialmente, de um direito contra uma recordação opressiva dos fatos pretéritos que projete o ser humano, na esfera pública, de forma equivocada, porque não atual, impedindo-o de ser reconhecido pelo público como quem realmente é. Não se trata, portanto, de um direito a serviço do ocultamento ou da mentira, mas, sim, da verdade. Não se trata de um direito contra a história, mas de um direito a favor da história completa que não apresente o ser humano apenas por meio de um rótulo do passado, o qual não mais corresponde à realidade" (Professor Doutor Anderson Schreiber (Instituto Brasileiro De Direito Civil - IBDCIVIL. Audiência Pública STF. Disponível em http://www.stf.jus.br/arquivo/cms/audienciasPublicas/anexo/AUDINCIAPBLICASOBREODIREITOAOESQUECIMENTO_Transcries.pdf. Acesso em 10/10/20)

A pretensão ao direito ao esquecimento vincula-se, então, a um elemento temporoespacial: a passagem do tempo seria capaz de tornar opacas as informações no contexto espacial, a tal ponto que sua publicação não retrataria a completude dos fatos nem a atual identidade dos envolvidos.

Os efeitos dessa descontextualização, é certo, são apreciados de forma distinta pelos autores.

Para Mayer-Schönberger, a apreciação de apenas fragmentos da realidade (trechos do passado com trechos atuais), induz a que a memória digital negue o tempo ("digital remembering negates time"). (MAYERSCHÖNBERGER, Viktor. Delete: The Virtue of Forgetting in the Digital Age; with a New Afterword by the Author. Princeton University Press, 2011, p. 113).

A referência feita ao meio virtual indica a memória digital como implacável, em contraste com a memória humana, que teria a recordação como exceção e não como regra, sob mecanismo refinadamente formado no caminho evolutivo humano para permitir o desenvolvimento da personalidade.

Em linha semelhante de raciocínio, é suscitado, com frequência, o "mecanismo de repressão de memórias", proposto por Sigmund Freud como sendo

> "mais um engenho, voluntário ou não, de que se vale o cérebro humano (mais especificamente, determinadas regiões do córtex pré-frontal e dorso-lateral) para reduzir ou suprimir da consciência memórias que se preferem olvidar, acontecimentos desagradáveis que remetem a uma dor, uma humilhação ou uma vergonha. Desse modo, fatos que não se desejam manter na consciência são suprimidos e ficam de certa forma impedidos de regressar[ ] à evocação voluntária. Com isso, memórias indesejáveis são mantidas [a] distância, ainda que não sejam apagadas completamente" (MAURMO, Julia Gomes Pereira. O Direito ao esquecimento sob a perspectiva da saúde individual. Disponível em: https://revistaconsinter.com/revistas/ano-iv-numero-vi/direitosdifusos-coletivos-e-individuais-homogeneos/o-direito-aoesquecimento-sob-a-perspectiva-da-saude-individual/. Acesso em 28/1/21).

Essa mesma abordagem foi trazida na audiência pública pelo Dr. Roberto Algranti Filho, advogado dos recorrentes, que destacou, com enfoque nas vítimas de divulgação de fatos passados traumáticos, a associação entre direito ao esquecimento e promoção do direito à saúde, como forma de superação do estresse pós-trauma.

Para parcela dos defensores do direito ao esquecimento, assim, a perpetuação na memória coletiva de acontecimentos que, naturalmente, teriam seu espaço reduzido na consciência de certos indivíduos, impõe a esses, além da sua estigmatização, prejuízo a sua psique.

Relevante, ainda, observar a construção doutrinária segundo a qual a passagem do tempo imporia a perda do interesse público na divulgação da informação. Apreciando essa concepção, Viviane Maldonado destaca:

> "De acordo com esse princípio, a revelação de fatos individuais somente é possível quando estes são relevantes e presentes. Nessa linha lógica, pode-se compreender que, embora em um determinado momento haja pertinência na existência da informação pública, esta relevância pode desaparecer como efeito do próprio transcurso do tempo" (MALDONADO, Viviane Nóbrega. O direito ao esquecimento. Disponível em http://www.tjsp.jus.br/download/EPM/Publicacoes/ObrasJuridicas/ii%207.pdf?d=636680444556135606. Acesso em 28/1/21).

Por fim, também digna de nota é a percepção segundo a qual, com a passagem do tempo ao indivíduo "é dada a liberdade de alterar, mudar seu comportamento, sob pena de predeterminar e amarrar sua história pessoal", de modo que

> "impor uma coerência imutável às escolhas existenciais, sem permitir que haja mudanças na história pessoal, é acorrentar o indivíduo ao seu passado, sem possibilitar que tenha uma vida futura, livre em suas opções" (BUCAR, Daniel. Controle temporal de dados: o direito ao esquecimento. Disponível em http://civilistica.com/wpcontent/uploads/2015/02/Bucar-civilistica.com-a.2.n.3.2013.pdf. Acesso em 28/1/21).

O que se observa é que, conquanto os efeitos da passagem do tempo sejam apresentados de distintas formas pelos doutrinadores (descontextualização, fragmentação, prejuízo à psique do envolvido, apelo ao perdão ou perda do interesse público), é ponto comum que o elemento temporal definidor do pretenso "direito ao esquecimento" não seria computado pelo transcurso de um exato número de dias, meses ou anos, mas sim por decurso temporal suficiente para descontextualizar a informação relativamente ao momento de sua coleta.

É sob essa concepção de que a passagem do tempo pode descontextualizar as informações ou os dados pessoais comparativamente ao momento em que produzidos ou coletados que se aproximam a concepção original do direito ao esquecimento (advinda do *droit à l'oubli* e mais associada à defesa dos direitos da personalidade) e sua perspectiva mais recente (a partir do julgado do TJUE no caso Google Espanha e ligada à proteção dos dados pessoais, com maior influência da doutrina do direito de ser deixado em paz – *the right to be alone*).

Relevante afirmação de Koops sobre o direito ao esquecimento reforça essa aproximação entre suas vertentes:

> "apesar dos inúmeros conceitos, parece haver um denominador comum na literatura[, quando] uma pessoa possui um interesse (...) em não ser confrontado por outros com elementos do seu passado, ou particularmente com dados do seu passado que não são mais relevantes para decisões sobre ela no presente" (Koops, Bert-JAAP. Forgetting Footprints, Shunning Shadows: A Critical Analysus of the 'Right To Be Forgotten' in a Big Data Practice. Disponível em https://papers.ssrn.com/sol3/papers.cfm?abstract_id=1986719. Acesso em 2/2/21.)

A menção é importante porque, desde a decisão do TJUE, diversos autores passaram a nominar o direito ao esquecimento apenas na vertente do controle de dados, o que amplificou a dificuldade de uniformização do conceito de direito ao esquecimento.

Todavia, neste voto, nos ateremos ao que aproxima as diferentes vertentes do direito ao esquecimento, tendo em vista o interesse de quem o invoca de não vir a ser confrontado por outros elementos de seu passado (informações ou dados) que se alega não serem mais relevantes no presente.

É notório, que as pretensões relativas ao direito ao esquecimento são desmembráveis em subtipos, consoante o objeto do "esquecimento" (fatos ou dados) e o meio de comunicação adotado para veiculação da notícia (plataformas tradicionais ou virtual). De tais subdivisões, porém, não concebo a índole de pretensões distintas, razão pela qual considero pertinente a apreciação em conjunto (sem prejuízo do reconhecimento das especificidades de cada linha do tema).

Nesse sentido, adoto a ponderação de Daniel Bucar, para quem,

> "**apartar a mídia televisiva de outros meios de comunicação é emprestar à informação tratamento fragmentado não condizente com a sua perspectiva unitária, haja vista que uma informação terá o mesmo conteúdo qualquer que seja o seu meio de transmissão.** Portanto, afora tecnicalidades específicas de cada mídia, **a disciplina jurídica em torno da informação independe do meio de comunicação em que é veiculada, não se justificando, desta forma, a exclusão do ambiente virtual quanto à aplicação de eventual direito ao esquecimento,** sobretudo porque é este o locus próprio para o seu estudo na contemporaneidade, tornando-se anacrônico o fracionamento e a demarcação da disciplina apenas para a mídia televisiva" (BUCAR, Daniel. Controle temporal de dados: o direito ao esquecimento. Disponível em http://civilistica.com/wp-content/uploads/2015/02/Bucarcivilistica.com-a.2.n.3.2013.pdf. Acesso em 28/9/20, grifos nossos).

Do mesmo modo, Denise Pinheiro aponta que, não obstante a maior complexidade do ambiente virtual,

> "[o] cenário diferente não é argumento suficiente para cindir o estudo, que deve se concentrar na fluência temporal como um possível obstáculo à livre expressão independentemente do veículo que se pretende promover a comunicação. Por este motivo, defende-se a importância de um estudo conjunto dos elementos essenciais sobre o tema, embora não se negue a existência de especificidades quando a questão [se concentra] no ambiente da internet" (PINHEIRO, Denise. A liberdade de expressão e o passado: desconstrução da ideia de um direito ao esquecimento. Disponível em: https://repositorio.ufsc.br/bitstream/handle/123456789/169667/342648.pdf?sequence=1&isAllowed=y. Acesso em 28/9/20).

Em conclusão, a partir desses elementos essenciais, podemos entender o nominado direito ao esquecimento como a pretensão apta a impedir a divulgação, seja em plataformas tradicionais ou virtual, de fatos ou dados verídicos e licitamente obtidos, mas que, em razão da passagem do tempo, teriam se tornado descontextualizados ou destituídos de interesse público relevante. É, então, sob tais elementos da pretensão, que, nestes autos, se deve apreciar a aceitação ou não pelo ordenamento jurídico pátrio de um direito correspondente.

[...]

Casos como o de Aída Curi, Ângela Diniz, Daniella Perez, Sandra Gomide, Eloá Pimentel, Marielle Franco e, mais recentemente, da juíza Viviane Vieira, entre tantos outros, não podem e não devem ser esquecidos. [137]

ANTE O EXPOSTO, VOTO PELO NÃO PROVIMENTO DO RECURSO EXTRAORDINÁRIO E PELO INDEFERIMENTO DE PEDIDO DE REPARAÇÃO DE DANOS FORMULADO CONTRA A RECORRIDA".

Por decisão majoritária, em 11/02/2021, o Supremo Tribunal Federal (STF) concluiu que é incompatível com a Constituição Federal a ideia de um direito ao esquecimento que possibilite impedir, em razão da passagem do tempo, a divulgação de fatos ou dados verídicos em meios de comunicação. Segundo a Corte, eventuais excessos ou abusos no exercício da liberdade de expressão e de informação devem ser analisados caso a caso, com base em parâmetros constitucionais e na legislação penal e civil. [138]

7.17.7 Direito ao Esquecimento e Internet

Qualquer indivíduo tem o direito ao "esquecimento" e pode pedir a remoção da internet de links que considere negativos para sua imagem, mesmo que o original corresponda à verdade e tenha sido postado legalmente. Até então, a remoção era realizada apenas em casos onde era comprovado algum dano moral ou difamação.

O *Tribunal de Justiça da União Europeia* (TJUE) já se manifestou sobre o direito ao esquecimento. Este Tribunal decidiu que "em determinadas condições" os sites de busca na internet são obrigados a eliminar de sua lista de resultados (obtidos depois de uma busca com o nome de uma pessoa) os links para páginas da Web publicadas por terceiros que contenham informações relativas a essa pessoa.

7.17.7.1 Direito comparado – Caso *Google Spain v AEPD and Mario Costeja González*

> "O alto tribunal especifica que o interessado deve apresentar seu pedido "diretamente" ao administrador do site de busca (Google, Yahoo, Bing ou qualquer outro), que deve examinar se tem fundamento. Caso o buscador não concorde em retirar a informação, a

137Disponível em: <https://portal.stf.jus.br/noticias/verNoticiaDetalhe.asp?idConteudo=460414&ori=1> Acesso em: 24 fev. 2021.

138 Disponível em: <https://www.conjur.com.br/dl/voto-toffoli-nao-reconhece-direito.pdf> Acesso em: 06 fev. 2021.

pessoa afetada pode procurar a autoridade de controle ou os tribunais para que eles façam as comprovações necessárias e, se for o caso, ordenem ao motor de buscas que retire a informação. Em outras palavras, o TJUE abriu as portas para um exame, caso por caso, de cada uma das queixas apresentadas a qualquer buscador. O Tribunal de Luxemburgo se pronunciou assim em relação ao chamado "direito ao esquecimento" no processo litigioso em que se enfrentam a Agência Espanhola de Proteção de Dados (AEPD) e o Google.

[...]

Na realidade, o TJUE resolve as questões legais colocadas pela Audiência Nacional num processo aberto há nove anos. O processo começou quando o advogado Mario Costeja recorreu à AEPD para que o Google tirasse uma informação publicada no jornal La Vanguardia com links para um leilão de imóveis relacionado a um embargo por dívidas com a Seguridade Social. Apesar de essas dívidas já terem sido pagas, Costeja continuava a aparecer no buscador. A Agência de Proteção de Dados instou a empresa gigante da Califórnia a eliminar de seus resultados de buscas os links que faziam referência a dados pessoais. O Google recorreu da decisão diante da Audiência Nacional, e assim começou uma longa batalha no tribunal da União Europeia. "Era uma decisão injusta que punha em questão a neutralidade e transparência das buscas", explicaram fontes da multinacional.

Quando se teclava o nome de Mario Costeja no Google, o buscador remetia em primeiro lugar a uma página do *La Vanguardia* de 1998 em que havia um anúncio de um leilão de imóveis devido a embargos. Além de estar resolvido havia anos, o caso tinha deixado de ter relevância pública. Mesmo assim, a AEPD deu razão ao *La Vanguardia*, porque a publicação das informações tinha uma justificação legal, mas sua posição diante da Google Spain foi diferente: exigiu que retirasse os dados.

Para a AEPD, o pronunciamento do alto tribunal, que tem a última palavra no que diz respeito à interpretação do direito na União Europeia, "esclarece definitivamente o regime de responsabilidades dos buscadores na internet no que diz respeito à proteção dos dados pessoais e põe fim a uma situação de desproteção dos afetados gerada pela negativa da companhia Google em submeter-se à norma espanhola e europeia reguladora da matéria".

Contra o veredito anunciado hoje, em julho do ano passado o advogado geral da UE, Niilo Jääskinen, deu razão ao motor de buscas, ao entender que ele não pode ser considerado "responsável pelo tratamento" dos dados contidos nas páginas Web que processa. A disponibilização de uma ferramenta de localização de informações não implica controle algum sobre o conteúdo incluído em páginas Web de terceiros, assinalou o advogado geral. Já o TJUE, pelo contrário, considera em sua sentença que o buscador é "responsável" pelas informações que figuram em sua lista de resultados de uma busca, destacando que sua atividade pode afetar "significativamente" os direitos fundamentais de respeito à vida privada e de proteção dos dados pessoais. A justiça europeia tampouco traça qualquer distinção pelo fato de a empresa matriz do buscador estar radicada em um país fora da União Europeia, já que a publicidade que o alimenta figura nos resultados das buscas feitas por internautas europeus.

Depois do julgamento realizado na Audiência Nacional, o tribunal espanhol colocou uma questão prejudicial ao Tribunal da UE para averiguar o âmbito de aplicação da normativa europeia e nacional em matéria de proteção de dados e para saber se a atividade do Google se encaixa no conceito de tratamento de dados contido na diretiva. Também questionou se os direitos de supressão e bloqueio de dados incluem a possibilidade de o interessado dirigir-se aos buscadores para impedir a indexação da informação referente à sua pessoa e a competência das agências nacionais de proteção de dados, como recorda o advogado de Costeja, Joaquín Muñoz.

O advogado geral da UE considerou que os provedores de serviços de motor de buscas na internet não são responsáveis, com base na norma sobre Proteção de Dados, pelos dados pessoais incluídos nas páginas Web que tratam, mas, em sua opinião, a norma nacional de proteção de dados se aplica a eles quando, com a finalidade de promover e vender espaços publicitários em seu motor de busca, abrem um escritório num Estado membro da UE que orienta sua atividade para os habitantes desse Estado, mesmo que o tratamento técnico dos dados seja realizado em outro país.

O fato de o Google Spain comercializar na Espanha a publicidade que aparece nas páginas dos internautas fazia supor que a companhia deveria se submeter às leis espanholas. Mas a empresa sempre declarou que aquela era uma informação lícita.

Pere Simón, professor de Direito Constitucional da Universidade de Girona e especialista em questões relacionadas ao direito de esquecimento na internet, qualificou a sentença de "surpreendente", por ter diferido substancialmente do parecer do advogado geral da UE. "O impacto é muito importante: há muitos casos pendentes desta decisão, e a tendência é que o número de reclamações suba muito", ele destaca. "Hoje temos 200 casos sem resolver, mas dentro de alguns anos esse número vai aumentar exponencialmente". Contra a decisão do tribunal europeu, Simón considera que a responsabilidade "não cabe unicamente ao motor de busca", mas que deve ser dividida com o autor da informação original. "Especialmente no caso das publicações em boletins oficiais", ele destaca. "A entidade que publica a informação dispõe de ferramentas suficientes para ocultar a informação nos buscadores".

> Verónica Alarcón, diretora jurídica da firma de advocacia ePrivacidad, que tem vários casos na Audiência Nacional relacionados ao direito ao esquecimento, afirma que a sentença do TJUE foi uma decepção grande para o Google, "que viu todas suas pretensões rejeitadas", ao reconhecer que os cidadãos "têm o direito de dirigir-se ao Google para pedir a retirada de seus dados pessoais dos resultados de busca com base na norma de proteção de dados, sempre que existam motivos relativos à situação pessoal concreta do afetado". Acrescenta que a sentença é um reconhecimento do esforço para proteger a intimidade e privacidade das pessoas que pleitearam a retirada. Alarcón destaca que a legislação da UE e nacional sobre a proteção de dados se aplica ao Google, já que este tem como seu representante na Espanha a Google Spain S.L, escritório ou filial que tem como atividade principal a venda de espaços publicitários dirigidos a cidadãos espanhóis. "Até agora, em seus recursos junto à Audiência Nacional, o Google mantinha a separação completa entre Google Inc e Google Spain S.L"., ela lembra.
> A sentença do tribunal de Luxemburgo se alinha com a corrente mais avançada do Parlamento Europeu em matéria de proteção de dados. [...]"[139]

OTÁVIO LUIZ RODRIGUES JUNIOR faz uma análise dos pontos abordados no acórdão do Tribunal de Justiça da União Europeia. Vejamos:

> 1. *Marco normativo analisado.* A controvérsia tem como objeto o pedido de interpretação, em caráter judicial, dos artigos 2°, alíneas *b* e *d*; 4°, inciso 1, alíneas *a* e *c*; 12, alínea *b*, e 14, parágrafo primeiro, alínea *a*, todos da Diretiva 95/46/CE do Parlamento Europeu e do Conselho, de 24 de outubro de 1995, bem assim do artigo 8° da Carta dos Direitos Fundamentais da União Europeia
> 2. *Natureza da atividade dos motores de busca.* O primeiro desafio do tribunal europeu foi caracterizar as atividades dos motores de busca. A tese do Google é de que ele não faz tratamento específico dos dados que surgem na internet em páginas de terceiros. E, ainda que se admita que o Google realiza um tratamento de dados, isso não pode torná-lo responsável juridicamente, na medida em que ele não conhece o teor desses dados e não exercer sobre eles qualquer controle.
> Em contradição à tese do Google, o reclamante Mario Costeja González, os Governos espanhol, italiano, austríaco e polonês, além da Comissão Europeia, sustentaram que a ação do motor de busca deve ser considerada como tratamento de dados, no sentido que lhe é conferido

139Disponivel em: http://brasil.elpais.com/brasil/2014/05/12/sociedad/1399921965_465484.html. Acesso em: 05 nov. 2016.

pela Diretiva 95/46. Desse ponto é que decorreria a responsabilidade do Google, na medida em que ele dá finalidade ao acesso aos dados e define quais os meios para seu tratamento.

A conclusão do tribunal europeu, quanto a esse ponto, foi no sentido de que "*não se discute que entre os dados encontrados, indexados e armazenados pelos motores de busca e postos à disposição dos seus utilizadores figuram também informações sobre pessoas singulares identificadas ou identificáveis e, portanto, 'dados pessoais' na acepção do artigo 2°, alínea a), da referida diretiva*". Em tal ordem de ideias, "*ao explorar a internet de forma automatizada, constante e sistemática, na busca das informações nela publicadas, o operador de um motor de busca 'recolhe' esses dados, que 'recupera', 'registra' e 'organiza' posteriormente no âmbito dos seus programas de indexação, 'conserva' nos seus servidores e, se for caso disso, 'comunica' e 'coloca à disposição' dos seus utilizadores, sob a forma de listas de resultados das suas pesquisas*". De acordo com o artigo 2°, alínea *b*, da Diretiva 95/46, a ação do Google é uma forma de tratamento de dados, "*independentemente de o operador do motor de busca efetuar as mesmas operações também com outros tipos de informação e não as distinguir dos dados pessoais*".

3. *A responsabilidade do Google pelo tratamento dos dados*. Como decorrência do enfrentamento da tese da natureza da atividade desenvolvida pelo Google, surge a questão de sua responsabilidade. Nesse ponto, o Tribunal de Justiça da União Europeia concluiu que "*é o operador do motor de busca que determina as finalidades e os meios dessa atividade e, deste modo, do tratamento de dados pessoais que ele próprio efetua no contexto dessa atividade e que deve, consequentemente, ser considerado 'responsável' por esse tratamento por força do referido artigo 2°, alínea d)*".

A organização dos dados pelos motores de busca implica a "*organização e a agregação das informações publicadas na internet*", com o "*objetivo de facilitar aos seus utilizadores o acesso às mesmas*", o que "*conduzir, quando a pesquisa desses utilizadores é feita a partir do nome de uma pessoa singular, a que estes obtenham, com a lista de resultados, uma visão global mais estruturada das informações sobre essa pessoa, que se podem encontrar na internet, que lhes permita estabelecer um perfil mais ou menos detalhado da pessoa em causa*".

A ação dos motores de busca, nesse sentido, pode afetar de modo sensível "*os direitos fundamentais à vida privada e à proteção dos dados pessoais*". De tal sorte que "*o operador desse motor, como pessoa que determina as finalidades e os meios dessa atividade, deve assegurar, no âmbito das suas responsabilidades, das suas competências e das suas possibilidades, que essa atividade satisfaça as exigências da Diretiva 95/46, para que as garantias nesta previstas possam produzir pleno efeito e possa efetivamente realizar-se uma proteção eficaz e completa das pessoas em causa, designadamente do seu direito ao respeito pela sua vida privada*".

4. *A questão da competência territorial*. A segunda questão prejudicial

analisada pelo Tribunal de Justiça da União Europeia consiste na possibilidade de se considerar a atividade do Google como sujeita às leis e às instituições judiciárias europeias.

Entendeu-se que havia uma divisão de tarefas entre a matriz norte-americana (responsável pelo tratamento de dados) e a filial espanhola (responsável pela comercialização de publicidade do grupo na Espanha). A defesa do Google consistiu no argumento de que "*o tratamento de dados pessoais em causa no processo principal é efetuado exclusivamente pela Google Inc., que explora o Google Search sem intervenção alguma da Google Spain, cuja atividade se limita a fornecer apoio à atividade publicitária do grupo Google que é distinta do seu serviço de motor de busca*".

Para o Tribunal de Justiça, no entanto, a Diretiva 95/46 tem por finalidade "*assegurar uma proteção eficaz e completa das liberdades e dos direitos fundamentais das pessoas singulares, nomeadamente do direito à vida privada, no que diz respeito ao tratamento de dados pessoais*", de tal modo que "*esta última expressão não pode ser objeto de interpretação restritiva (v., por analogia, acórdão L'Oréal e o., C-324/09, EU:C:2011:474, n.os 62 e 63)*".

Haveria, por isso, uma ligação indissociável entre a empresa matriz e a filial, ainda que entre estas haja uma divisão de trabalho, até porque "*as atividades relativas aos espaços publicitários constituem o meio para tornar o motor de busca em causa economicamente rentável e que esse motor é, ao mesmo tempo, o meio que permite realizar essas atividades*".

5. A existência de um "direito de apagar dados pessoais". O terceiro capítulo do acórdão de maior interesse para esta coluna é o que responde ao problema de se saber se "*o operador de um motor de busca é obrigado a suprimir da lista de resultados exibida na sequência de uma pesquisa efetuada a partir do nome de uma pessoa as ligações a outras páginas web, publicadas por terceiros e que contêm informações sobre essa pessoa, também na hipótese de esse nome ou de essas informações não serem prévia ou simultaneamente apagadas dessas páginas web, isto, se for caso disso, mesmo quando a sua publicação nas referidas páginas seja, em si mesma, lícita*".

A tese do Google é de que os pedidos de "apagar dados", com base no princípio da proporcionalidade, deveriam ser dirigidos ao editor do sítio no qual as informações forma lançadas. O reconhecimento puro e simples de um direito a apagar dados implica desconsiderar os "*direitos fundamentais dos editores de páginas web, dos outros internautas nem do próprio operador*".[140]

[...]

Conforme os juízes do caso Google Espanha decidiram, no ordenamento europeu, existe um direito de oposição, de natureza condicio-

140RODRIGUES JÚNIOR, Otávio Luiz. *Direito de apagar dados e a decisão do tribunal europeu no caso Google* (Parte I). Disponível em: http://www.conjur.com.br/2014-mai-21/direito-apagar-dados-decisao-tribunal-europeu-google-espanha. Acesso em: 05 nov. 2016.

nada, ao modo como se opera o tratamento de dados pessoais, cujo fundamento é o artigo 14 da Diretiva 95/46:

"Artigo 14.Direito de oposição da pessoa em causa. Os Estados-membros reconhecerão à pessoa em causa o direito de:

a) Pelo menos nos casos referidos nas alíneas e) e f) do artigo 7º, se opor em qualquer altura, por razões preponderantes e legítimas relacionadas com a sua situação particular, a que os dados que lhe digam respeito sejam objeto de tratamento, salvo disposição em contrário do direito nacional. Em caso de oposição justificada, o tratamento efetuado pelo responsável deixa de poder incidir sobre esses dados;
b) Se opor, a seu pedido e gratuitamente, ao tratamento dos dados pessoais que lhe digam respeito previsto pelo responsável pelo tratamento para efeitos de mala direta; ou ser informada antes de os dados pessoais serem comunicados pela primeira vez a terceiros para fins de mala direta ou utilizados por conta de terceiros, e de lhe ser expressamente facultado o direito de se opor, sem despesas, a tais comunicações ou utilizações.
Os Estados-membros tomarão as medidas necessárias para garantir que as pessoas em causa tenham conhecimento do direito referido no primeiro parágrafo da alínea b)".

Segundo o Tribunal de Justiça da União Europeia, o direito de oposição operacionaliza-se desse modo: a) a pessoa requer ao ente responsável pelo tratamento dos dados a sua alteração ou supressão; b) o pedido deve ser examinado, observando-se se há fundamento e causa para ser atendido; c) se o responsável pelo tratamento não der sequência ao requerimento, a pessoa poderá levar o conflito à autoridade administrativa (no caso espanhol, a agência de proteção de dados) ou aos tribunais judiciários, a fim de que se avalie a procedência da pretensão e que tomem as medidas adequadas.

As autoridades administrativas locais, nos termos do artigo 28, incisos 3 e 4, da Diretiva 95/46, segundo o acórdão do Tribunal de Justiça da União Europeia, são competentes para investigar o pedido de oposição e para adotar medidas como "*o bloqueio, o apagamento ou a destruição de dados, ou proibir temporária ou definitivamente esse tratamento*".

Em síntese, para a corte europeia, o *right to erasure* não é absoluto. Ele deve ser apreciado levando-se em conta "*um justo equilíbrio, designadamente, entre esse interesse e os direitos fundamentais dessa pessoa nos termos dos artigos 7° e 8° da Carta*". O tribunal europeu, no entanto, reconhece que, "*regra geral, os direitos da pessoa em causa protegidos por esses artigos prevalecem também sobre o referido interesse dos internautas, este equilíbrio pode, todavia, depender, em determinados casos particulares, da natureza da informação em questão e da sua sensibilidade para a vida privada da pessoa em causa, bem como do interesse do público em dispor dessa informação, que pode variar, designadamente, em função do papel desempenhado por essa pessoa na vida pública*".

O equilíbrio almejado pelo tribunal europeu teria os seguintes parâmetros: a) natureza da informação divulgada na rede; b) o caráter sensível dessa informação para a vida privada da pessoa atingida; c) o interesse público em se divulgar a informação, que será variável a depender da posição do indivíduo na vida pública.

Direito a ser esquecido

No capítulo final do acórdão do caso *Google Spain v AEPD and Mario Costeja González*, o tribunal europeu respondeu a esta questão: é lícito que uma pessoa exija do operador do motor de busca a supressão "*da lista de resultados, exibida na sequência de uma pesquisa efetuada a partir do nome dessa pessoa, as ligações a páginas web publicadas legalmente por terceiros e que contenham informações verdadeiras sobre ela, com o fundamento de que essas informações são suscetíveis de a prejudicar ou de que deseja que sejam 'esquecidas' decorrido algum tempo*"? Houve, neste ponto, uma divisão de opiniões entre as partes envolvidas no processo:

a) Google Spain, Google Inc., os Governos grego, austríaco e polonês, além dos representantes da Comissão Europeia manifestaram-se pela resposta negativa a esse quesito.
A matriz e a sucursal do Google, os poloneses e a Comissão Europeia entenderam que a Diretiva 95/46 só autoriza ao indivíduo a requerer uma mudança no tratamento dos dados se houver incompatibilidade direta com dispositivo da norma comunitária ou "*por razões preponderantes e legítimas relacionadas com a sua situação particular, e não pelo simples motivo de que entendem que esse tratamento é suscetível de as prejudicar ou de que desejam que os dados objeto do referido tratamento caiam no esquecimento*". Os Governos grego e austríaco "*consideram que a pessoa em causa se deve dirigir ao editor do sítio* web *em questão*".

b) O requerente Mario Costeja González e os Governos espanhol e italiano defenderam que o direito de oposição à indexação dos dados pessoais por um motor de busca é lícito "quando a difusão desses dados por intermédio desse motor" possa ser prejudicial ao indivíduo e "*quando os seus direitos fundamentais à proteção dos referidos dados e ao respeito pela vida privada, que englobam o 'direito a ser esquecido', prevaleçam sobre os interesses legítimos do operador do referido motor e sobre o interesse geral da liberdade de informação*".

O Tribunal de Justiça da União Europeu definiu que o direito de oposição será exercitável quando os dados (i) foram inexatos; (ii) inadequados; (iii) impertinentes ou (iv) excessivos. Essa qualificação deverá considerar os seguintes fatores: (a) atualização do tratamento de dados ou (b) conservação dos dados por tempo superior ao necessário, "*a menos que a sua conservação se imponha para finalidades históricas, estatísticas ou científicas*".

O elemento temporal ganhou enorme relevo na fundamentação do acórdão, pois se anotou que "*mesmo um tratamento inicialmente lícito de dados exatos se pode tornar, com o tempo, incompatível com esta diretiva, quando esses dados já não sejam necessários atendendo às finalidades para que foram recolhidos ou tratados*". O caso do espanhol Mario Costeja González seria um exemplo dessa inadequação superveniente, pois os dados sobre a hasta pública deixaram de ser adequados com o passar do tempo.

Na colisão entre o interesse econômico da empresa que opera o motor de busca e o direito fundamental da pessoa que pretende apagar os dados, deve prevalecer este último. Idêntico resultado ocorrerá na hipótese de colisão entre o "direito de apagar dados pessoais" e o interesse do público em "*encontrar a referida informação durante uma pesquisa sobre o nome dessa pessoa*". A única ressalva admitida pelo tribunal europeu recairia sobre a hipótese de "*se afigurar que, por razões especiais como, por exemplo, o papel desempenhado por essa pessoa na vida pública, a ingerência nos seus direitos fundamentais é justificada pelo interesse preponderante do referido público em ter acesso à informação em questão em virtude dessa inclusão*".
O tribunal, em conclusão, afirmou que não mais fazia sentido manter a informação sobre a hasta pública de imóvel de Mario Costeja González, passados 16 anos e sem que houvesse mais razão que justificasse a mantença desses dados na rede. Desse modo, o requerente tem direito a que o órgão jurisdicional espanhol aprecie o direito da pessoa interessada em "*exigir a supressão das referidas ligações dessa lista de resultados*".

Tribunal de Justiça da União Europeia
Por uma questão de espaço, a próxima coluna continuará o exame da decisão *Google Spain v AEPD and Mario Costeja González*. É importante, no entanto, deixar algumas informações que contextualizam a solução do tribunal europeu:

1. O parecer do procurador-geral do Tribunal de Justiça Niilo Jääskinen, apresentado em junho de 2013, foi no sentido da inexistência,

no marco jurídico europeu, de um direito geral a ser esquecido. Essa possibilidade de restrição ao livre trânsito de informações poderia ser possível, mas em estrita referência às normas de Direito europeu. No caso de Mario Costeja González, porém, observados seus elementos descritivos, não se teria como deferir sua pretensão. A leitura da íntegra do acórdão revela que a argumentação do procurador-geral foi solenemente *esquecida*, com o perdão do trocadilho infame.

2. A participação no julgamento de tantos representantes dos estados que integram a União Europeia, para não se falar dos agentes indicados pela Comissão Europeia, é reveladora de que havia um interesse político no julgamento. Para além da óbvia importância *política* do caso, esse interesse pode ser assim qualificado por força de litígios entre a Europa e o Google em alguns setores, como os direitos autorais e a proteção do conteúdo elaborado por jornais e editoras europeus, que se ressentem do não pagamento pelo acesso a essas informações pelos usuários do motor de busca.

3. Diferentemente do que havia até o julgamento do caso *Google Spain v AEPD and Mario Costeja González*, é possível hoje admitir que, no âmbito europeu, há uma *tendência em favor do direito a ser esquecido*, que se alastra agora pela prerrogativa de se postular a eliminação de dados pessoais disponíveis na internet".[141]

Importante destacar aqui as lições de SCHREIBER: "A internet não esquece. Ao contrário dos jornais e revistas de outrora, cujas edições antigas se perdiam no tempo, sujeitas ao desgaste do seu suporte físico, as informações que circulam na rede ali permanecem indefinidamente. Pior: dados pretéritos vêm à tona com a mesma clareza dos dados mais recentes, criando um delicado conflito no campo do direito. [...] A internet, com a perenidade dos seus dados e a amplitude dos seus sistemas de pesquisa, catapultou a importância do direito ao esquecimento, colocando-o na ordem do dia das discussões jurídicas. [...]

O direito ao esquecimento não atribui a ninguém o direito de apagar fatos ou reescrever a História (ainda que não se trate tão somente da sua própria história). O que o direito ao esquecimento assegura é a possibilidade de se discutir o uso que é dado aos fatos pretéritos, mais especificamente o modo e a finalidade com que são lembrados".[142]

---

141 RODRIGUES JÚNIOR, Otávio Luiz. *Direito de apagar dados e a decisão do tribunal europeu no caso Google* (Parte II). Disponível em: http://www.conjur.com.br/2014-mai-28/direito-apagar-dados-decisao-tribunal-europeu-google-espanha. Acesso em: 05 nov. 2016.

142 SCHREIBER, Anderson. Direitos da personalidade. São Paulo: Atlas, 2011, p. 164-165.

7.18 Direitos da Personalidade, Liberdade de Expressão e Discurso do Ódio *(hate speech)*

Nos Estados Unidos o discurso de ódio é visto como um problema político. Até que ponto a liberdade de expressão se coaduna ou não com os discursos de ódio? Esta é uma questão tormentosa nos Estados Unidos, já que a partir de uma dimensão igualitária existe uma tendência constitucional política a proteger o conteúdo do discurso, independentemente de seu mérito. A igualdade política passa a ser questionada a partir do momento que grupos racistas e segregacionistas manifestam seus discursos ancorados na liberdade de expressão. A questão é polêmica uma vez que "reprimir a expressão desses grupos seria amputar o leque político de uma de suas alas, impedindo-lhes o acesso de parcela do espectro ideológico à esfera pública deliberativa. Por outro lado, dar livre curso ao preconceito pode causar sérios danos a integrantes de grupos étnicos e sociais minoritários".[143]

A seguir, com o propósito de ilustrar a polêmica acima mencionada, vale destacar os casos concretos apontados por Júlio César Casarin Barroso Silva, em sua tese de doutorado apresentada à Faculdade de Filosofia, Letras e Ciências Humanas, do Departamento de Ciência Política da USP. Vejamos:

(a) "Um caso importante foi *Beauharnais* v. *Illinois*. Uma lei estadual de Illinois criminalizava a publicação ou exibição de publicação que retratasse "depravação, criminalidade, lubricidade ou falta de virtude de uma classe de cidadãos, de qualquer raça, cor, credo ou religião" ou que expusesse "qualquer raça, credo ou religião a desprezo, escárnio, vilipêndio" e que por isso fosse capaz de produzir a "quebra de paz ou distúrbios". Joseph Beauharnais foi condenado por ter feito uma mobilização e recolhido assinaturas instando as autoridades públicas municipais de Chicago a impedir "a invasão de bairros brancos pelos 'crioulos'" e a impedir a "mistura" destes – associados no panfleto a "agressões, estupros, roubos, facas, armas de fogo e maconha" – com a raça branca [*sic*]. Frankfurter, falando pela Corte numa decisão tomada por estreita maioria de 5 a 4, apoiou a lei de Illinois. Não o fez, contudo, não em nome de alguma concepção de igualdade ou com o intuito de proteger as categorias raciais atacadas. As razões apresentadas para justificar a decisão foram baseadas na exclusão histórica de difamação (*libel*) do que se entendia por liberdade de expressão, na necessidade de deferência judicial ao Poder Legislativo em que se tratando de matéria controversa e complexa e, fundamentalmente, nos riscos que expressões de ódio poderiam trazer à coesão e à harmonia social".[144] [145]

---

143 SILVA, Júlio César Casarin Barroso. *Democracia e Liberdade de Expressão*: Contribuições para uma Interpretação Política da Liberdade da Palavra. Tese de Doutorado. São Paulo: USP, 2009, p.140.

144 Ibid., p. 141.

145 *U.S. Supreme Court*

(b) Caso Skokie. "É o caso de Skokie, cidadezinha próxima a Chicago que na época que os eventos ocorreram, na segunda metade da década de 1979, tinha uma parcela considerável de população judia, inclusive um número significativo de sobreviventes do Holocausto. Foi aí que, provocativamente, o Partido Nazista dos Estados Unidos decidiu fazer uma manifestação, marchando pela cidade portando suas suásticas e outros símbolos de ódio. Apesar dos esforços jurídicos e políticos das autoridades locais para impedir semelhante manifestação, o Partido Nazista acabou recebendo a permissão do Sétimo Circuito da Justiça Federal estadunidense para realizá-la. A marcha acabou não se realizando por decisão dos neonazistas, que, ao que parece, contentaram-se apenas com o reconhecimento de que tinham o direito de realizá-la. Mas poderia ter sido realizado, e o que nos interessa aqui é o fato de que o judiciário a autorizou com base na liberdade de expressão".[146]

(c) Caso *R. A.V.* v. *City of Saint Paul*. "Robert A. Viktora, um adolescente branco, foi condenado por ter queimado, junto com amigos, uma cruz de madeira no quintal de uma família negra. Como se sabe, a queima de cruzes é uma forma de manifestação política de grupos racistas, defensores da "supremacia branca" e da segregação racial nos EE. UU., sendo frequentemente associada ao grupo *Ku Klux Klan*. Mas ao mesmo tempo em que traduz uma manifestação política, racista e abjeta, no nosso entender, mas uma manifestação política, enfim, a queima de cruzes é muitas vezes usada como "advertência", ou, fazendo as pazes com o léxico e chamando as coisas pelo nome que elas têm, como ameaça a negros e a membros de outras minorias que desafiam as regras de separação racial defendidas pela KKK.

Beauharnais v. Illinois, 343 U.S. 250 (1952)
Beauharnais v. Illinois
No. 118
Argued November 28, 1951
Decided April 28, 1952
343 U.S. 250
CERTIORARI TO THE SUPREME COURT OF ILLINOIS
Syllabus
Over his claim that the statute violated the liberty of speech and of the press guaranteed as against the States by the Due Process Clause of the Fourteenth Amendment and was void for vagueness, petitioner was convicted in a state court for distributing on the streets of Chicago antinegro leaflets in violation of Ill.Rev.Stat., 1949, c. 38, § 471, which makes it a crime to exhibit in any public place any publication which "portrays depravity, criminality, unchastity, or lack of virtue of a class of citizens, of any race, color, creed or religion" which "exposes the citizens of any race, color, creed or religion to contempt, derision, or obloquy". Disponível em: < https://supreme.justia.com/cases/federal/us/343/250/case.html>. Acesso em 22 jun 2014.

146 SILVA, Júlio César Casarin Barroso. *Democracia e Liberdade de Expressão*: Contribuições para uma Interpretação Política da Liberdade da Palavra. Tese de Doutorado. São Paulo: USP, 2009, p.142.

Não sabemos se a ação se resumiu a uma brincadeira de mau gosto dos adolescentes desocupados ou se se tratava de fato de uma ameaça à família negra. Mas as circunstâncias do caso concreto interessam-nos menos aqui do que a decisão da Corte e a moralidade política que a sustenta. O fato é que os adolescentes foram presos e julgados por violação de uma lei local de 1989 que criminalizava a exibição de cruzes ardentes, suásticas e quaisquer símbolos capazes de produzir, "raiva, alarme, ressentimento em outros com base na raça, cor, credo, religião ou gênero".".[147]

7.18.1 Caso "Ellwanger"

No Brasil é importante destacar o caso "Ellwanger" enfrentado no âmbito do Supremo Tribunal Federal (STF). A Corte, em setembro de 2003, por 7 votos a 3, condenou, pelo crime da prática de racismo, o editor Siegfried Ellwanger, uma vez que este, de maneira sistemática e deliberada, publicava livros notoriamente antissemitas, como os *Protocolos dos Sábios de Sião*, bem como denegava o fato histórico do Holocausto, como autor do livro *Holocausto – judeu ou alemão? Nos bastidores da mentira do século.*[148]

---

147 Ibid., p.143.

148 "STF nega Habeas Corpus a editor de livros condenado por racismo contra judeus – O Supremo Tribunal Federal manteve a condenação do editor Siegfried Ellwanger imposta a ele pelo Tribunal de Justiça do Rio Grande do Sul por crime de racismo. O julgamento do Habeas Corpus (HC 82424) ajuizado pela defesa de Ellwanger foi concluído hoje (17/9). Por maioria de sete a três, o Plenário negou o recurso, vencidos os ministros Moreira Alves, Marco Aurélio e Carlos Ayres Britto. Os dois primeiros consideraram o crime prescrito. Ayres Britto concedia o recurso de ofício para absolver o livreiro por falta de provas.

A discussão foi retomada com o voto-vista do ministro Marco Aurélio. Ele concedeu o Habeas Corpus ao julgar que o editor gaúcho não cometeu crime de racismo. Considerou, também, que sua punição estaria prescrita acompanhando, nesse ponto, o voto do relator, ministro Moreira Alves.

Em quase 72 laudas e meia, o ministro Marco Aurélio defendeu o direito à liberdade de expressão, definindo o julgamento como um dos mais importantes do STF , desde que chegou ao Tribunal, há 13 anos. Marco Aurélio justificou ponto de vista de proteção à manifestação individual de pensamento, por entender que o livreiro quis fazer uma revisão histórica.

De acordo com o ministro, a Constituição Federal não se referiu ao povo judeu, mas ao preconceito contra os negros, ao tratar da prática do crime de racismo, que considera imprescritível, no inciso XLII, artigo 5º. Isto porque, segundo Marco Aurélio, a Constituição de 1988 se aplica ao povo brasileiro.

O ministro também considerou que a não prescrição de crimes iria contra a garantia constitucional dos direitos fundamentais. "O instituto da imprescritibilidade de crime conflita com a corrente das garantias fundamentais do cidadão, pois o torna refém, eternamente, de atos ou manifestações – como se não fosse possível e desejável a evolução, a mudança de opiniões e de atitudes, alijando-se a esperança, essa força motriz da humanidade -, gerando um ambiente de total insegurança jurídica, porquanto permite ao Estado condená-lo décadas e décadas após a prática do ato", apontou.

Marco Aurélio rememorou voto do colega Carlos Ayres Britto; historiou sobre

censura e liberdade de expressão; falou sobre tolerância; distinguiu entre preconceito e discriminação e defendeu o ponto de vista de que o livreiro quis fazer uma revisão histórica. Sua defesa da liberdade individual de manifestação do pensamento foi reiterada em todo o voto.
"Há de se proclamar a autonomia do pensamento individual como uma forma de proteção à tirania imposta pela necessidade de adotar-se sempre o pensamento politicamente correto. As pessoas simplesmente não são obrigadas a pensar da mesma maneira", defendeu ele.
"Por exemplo, estaria configurado o crime de racismo se o paciente, em vez de publicar um livro no qual expostas suas ideias acerca da relação entre os judeus e os alemães na Segunda Guerra Mundial, como na espécie, distribuísse panfletos nas ruas de Porto Alegre com dizeres do tipo "morte aos judeus", "vamos expulsar estes judeus do País", "peguem as armas e vamos exterminá-los". Mas nada disso aconteceu no caso em julgamento. O paciente restringiu-se a escrever e a difundir a versão da história vista com os próprios olhos", disse adiante.
"A questão de fundo neste Habeas Corpus diz respeito à possibilidade de publicação de livro cujo conteúdo revele ideias preconceituosas e antissemitas. Em outras palavras, a pergunta a ser feita é a seguinte: o paciente, por meio do livro, instigou ou incitou a prática do racismo? Existem dados concretos que demonstrem, com segurança, esse alcance? A resposta, para mim, é desenganadamente negativa", justificou.
Em seguida, os ministros Celso de Mello, Carlos Velloso e Gilmar Mendes, Nelson Jobim e Ayres Britto ratificaram votos já proferidos sobre a matéria e, à exceção de Britto, indeferiram o pedido feito pela defesa do livreiro.
Último a concluir voto, já no inicio da noite, o ministro Sepúlveda Pertence acompanhou a corrente majoritária que negou o Habeas Corpus, "A discussão me convenceu de que o livro pode ser instrumento da prática de racismo. Eu não posso entender isso como tentativa subjetivamente séria de revisão histórica de coisa nenhuma", votou ele.
HISTÓRICO
O julgamento do pedido de Habeas Corpus (HC 82424) de Sigfried Ellwanger, iniciado em dezembro do ano passado, levou nove meses para ser concluído. O pedido, no entanto, foi negado em junho, quando a maioria dos ministros entendeu que a prática de racismo abrange a discriminação contra os judeus.
Após o voto do ministro Moreira Alves, em 12 de dezembro de 2002, um pedido de vista do ministro Maurício Corrêa suspendeu o julgamento por divergir do relator. Moreira Alves defendeu a tese de que os judeus não podem ser considerados como "raça" e Maurício Corrêa questionou "a interpretação semântica".
Em abril deste ano, o recurso voltou ao Plenário. Maurício Corrêa disse que a genética baniu o conceito tradicional de raça e que a divisão dos seres humanos em raças decorre de um processo político-social, originado da intolerância dos homens. Foi a vez do ministro Gilmar Mendes pedir vista. Na mesma sessão, no entanto, o ministro Celso de Mello preferiu antecipar seu voto, no mesmo sentido das razões defendidas pelo ministro Maurício Corrêa.
Em junho, o Habeas Corpus voltou a julgamento com o Plenário completo, já com a presença dos novos ministros Carlos Ayres Britto, Cezar Peluso e Joaquim Barbosa. Dos três, o ministro Joaquim Barbosa foi o único a não votar por ter assumido a vaga do relator do pedido, Moreira Alves.
Na sessão de 26 de junho deste ano, após o voto do ministro Antônio Peluso houve o pedido de vista do ministro Carlos Ayres Britto. Nesta mesma sessão, votaram os ministros Gilmar Mendes, Carlos Velloso, Nelson Jobim, e Ellen Gracie. A votação já havia atingido a maioria com o indeferimento do pedido, por 7 votos a 1. O ministro Marco Aurélio, no entanto, pediu vista do recurso.
O Habeas Corpus finalmente voltou hoje (17/9) ao Plenário com os votos dos ministros Marco Aurélio e Sepúlveda Pertence. Após a concessão do recurso pelo ministro Marco

Aurélio, os ministros Celso de Mello, Carlos Velloso, Gilmar Mendes, Nelson Jobim e Cezar Peluso reiteraram seus votos. O ministro Sepúlveda Pertence encerrou o julgamento.

VEJA ABAIXO COMO VOTARAM OS MINISTROS:

Voto do ministro Moreira Alves - O ministro Moreira Alves entendeu que "os judeus não podem ser considerados uma raça", por isso, não se poderia qualificar o crime por discriminação, pelo qual foi condenado Siegfried Ellwanger, como delito de racismo. O relator concedia o Habeas Corpus, declarando extinta a punibilidade do acusado, pois já teria ocorrido a prescrição do crime.
Voto do ministro Maurício Corrêa - Corrêa divergiu do relator, ao negar o Habeas Corpus sob o argumento de que a genética baniu de vez o conceito tradicional de raça e que a divisão dos seres humanos em raças decorre de um processo político-social originado da intolerância dos homens. Para Maurício Corrêa, a Constituição coíbe atos desse tipo, "mesmo porque as teorias antissemitas propagadas nos livros editados pelo acusado disseminam ideias que, se executadas, constituirão risco para a pacífica convivência dos judeus no país".
Voto do ministro Celso de Mello - O ministro acompanhou a dissidência, afirmando que "só existe uma raça: a espécie humana". E frisou: "Aquele que ofende a dignidade de qualquer ser humano, especialmente quando movido por razões de cunho racista, ofende a dignidade de todos e de cada um". Achou correta a condenação de Ellwanger, negando-lhe o Habeas Corpus.
Voto do ministro Gilmar Mendes – Gilmar Mendes também negou a ordem de Habeas Corpus, por entender que "o racismo configura conceito histórico e cultural assente em referências supostamente raciais, aqui incluído o antissemitismo". Para Mendes, "não se pode atribuir primazia à liberdade de expressão, no contexto de uma sociedade pluralista, em face de valores outros como os da igualdade e da dignidade humana". Por isso o texto constitucional erigiu o racismo como crime inafiançável e imprescritível.
Voto do ministro Carlos Velloso - Carlos Velloso também indeferiu o Habeas Corpus, por acreditar que o antissemitismo é uma forma de racismo. Segundo o ministro, nos livros publicados por Ellwanger, os judeus são percebidos como raça, porque há pontos em que se fala em "inclinação racial e parasitária dos judeus", o que configuraria uma conduta racista, vedada pela Constituição Federal.
Voto do ministro Nelson Jobim - O ministro Nelson Jobim julgou que Ellwanger não editou os livros por motivos históricos, mas como instrumentos para produzir o antissemitismo. Para ele, esse é um "caso típico" de fomentação do racismo, por isso acompanhou a ala dissidente, negando o Habeas Corpus.
Voto do ministra Ellen Gracie - Em seu voto, a ministra Ellen Gracie trouxe a definição de raça presente na Enciclopédia Judaica, na qual "a concepção de que a humanidade está dividida em raças diferentes encontra-se de maneira vaga e imprecisa na Bíblia, onde, no entanto, como já acentuavam os rabinos, a unidade essencial de todas as raças é sugerida na narrativa da criação e da origem comum de todos os homens". Nessa linha, negou a ordem.
Voto do ministro Cezar Peluso - Peluso seguiu a maioria e votou pela denegação do Habeas Corpus. "A discriminação é uma perversão moral, que põe em risco os fundamentos de uma sociedade livre", disse.
Voto do ministro Carlos Ayres Britto – Carlos Ayres Britto concedia o Habeas Corpus de ofício – por iniciativa do próprio Supremo – pois entendeu não haver justa causa para instauração de ação penal contra Ellwanger. Em seu voto, Britto absolvia, então, o réu, por atipicidade do crime, porque a lei que tipificou o crime de racismo por meio de comunicação foi promulgada depois de Ellwanger ter cometido o delito.
Voto do ministro Marco Aurélio - O ministro Marco Aurélio também concedia o Habeas Corpus, defendendo a tese da liberdade de expressão. "A questão de fundo neste Habeas Corpus diz respeito à possibilidade de publicação de livro cujo conteúdo revele ideias

7.18.2 Marcha da Maconha

Outro caso, no Brasil, bem conhecido é aquele que ficou nominado de "Marcha da Maconha". "Em decisão unânime (8 votos), o Supremo Tribunal Federal (STF) liberou a realização dos eventos chamados "marcha da maconha", que reúnem manifestantes favoráveis à descriminalização da droga. Para os ministros, os direitos constitucionais de reunião e de livre expressão do pensamento garantem a realização dessas marchas. Muitos ressaltaram que a liberdade de expressão e de manifestação somente pode ser proibida quando for dirigida a incitar ou provocar ações ilegais e iminentes.

Pela decisão, tomada no julgamento de ação (ADPF 187) ajuizada pela Procuradoria-Geral da República (PGR), o artigo 287 do Código Penal deve ser interpretado conforme a Constituição de forma a não impedir manifestações públicas em defesa da legalização de drogas. O dispositivo tipifica como crime fazer apologia de "fato criminoso" ou de "autor do crime".

O voto do decano da Corte, ministro Celso de Mello, foi seguido integralmente pelos colegas. Segundo ele, a "marcha da maconha" é um movimento social espontâneo que reivindica, por meio da livre manifestação do pensamento, "a possibilidade da discussão democrática do modelo proibicionista (do consumo de drogas) e dos efeitos que (esse modelo) produziu em termos de incremento da violência".

Além disso, o ministro considerou que o evento possui caráter nitidamente cultural, já que nele são realizadas atividades musicais, teatrais e performáticas, e cria espaço para o debate do tema por meio de palestras, seminários e exibições de documentários relacionados às políticas públicas ligadas às drogas, sejam elas lícitas ou ilícitas.

Celso de Mello explicou que a mera proposta de descriminalização de determinado ilícito penal não se confunde com o ato de incitação à prática do delito nem com o de apologia de fato criminoso. "O debate sobre abolição

---

preconceituosas e antissemitas. Em outras palavras, a pergunta a ser feita é a seguinte: o paciente, por meio do livro, instigou ou incitou a prática do racismo? Existem dados concretos que demonstrem, com segurança, esse alcance? A resposta, para mim, é desenganadamente negativa". Em sua opinião, somente estaria configurado o crime de racismo se Ellwanger, em vez de publicar um livro "no qual expõe suas ideias acerca da relação entre os judeus e os alemães na Segunda Guerra Mundial, como na espécie, distribuísse panfletos nas ruas de Porto Alegre com dizeres do tipo 'morte aos judeus', 'vamos expulsar estes judeus do País', 'peguem as armas e vamos exterminá-los'. Mas nada disso aconteceu no caso em julgamento". Segundo Marco Aurélio, Ellwanger restringiu-se a escrever e a difundir a versão da história vista com os próprios olhos.
Voto do ministro Sepúlveda Pertence - Sepúlveda Pertence optou por negar o Habeas Corpus ao editor gaúcho. Para o ministro, "a discussão me convenceu de que o livro pode ser instrumento da prática de racismo. Eu não posso entender isso como tentativa subjetivamente séria de revisão histórica de coisa nenhuma", votou". Disponível em: <http://www.stf.jus.br/portal/cms/verNoticiaDetalhe.asp?idConteudo=61291.>. Acesso em: 08 jul 2014.

penal de determinadas condutas puníveis pode ser realizado de forma racional, com respeito entre interlocutores, ainda que a ideia, para a maioria, possa ser eventualmente considerada estranha, extravagante, inaceitável ou perigosa", ponderou.

Mesmo acompanhando o relator, o ministro Luiz Fux achou necessário estabelecer parâmetros para a realização das manifestações. Fux ressaltou que elas devem ser pacíficas, sem uso de armas e incitação à violência. Também devem ser previamente noticiadas às autoridades públicas, inclusive com informações como data, horário, local e objetivo do evento.

Ele acrescentou ser "imperioso que não haja incitação, incentivo ou estímulo ao consumo de entorpecentes" durante a marcha e deixou expresso que não pode haver consumo de entorpecentes no evento.

Por fim, ressaltou que crianças e adolescentes não podem ser engajados nessas marchas. "Se a Constituição cuidou de prever a proteção dos menores dependentes químicos, é corolário dessa previsão que se vislumbre um propósito constitucional de evitar tanto quanto possível o contato das crianças e dos adolescentes com a droga e com o risco eventual de uma dependência", afirmou.

Nesse ponto, o ministro Celso de Mello observou que o dispositivo legal que estabelece o dever dos pais em relação a seus filhos menores é uma regra que se impõe por si mesma, por sua própria autoridade. Ele acrescentou que demais restrições impostas a eventos como a "marcha da maconha" estão determinados na própria Constituição.

A ministra Cármen Lúcia Antunes Rocha acompanhou o voto do relator citando a seguinte afirmação de um jurista americano: "Se, em nome da segurança, abrirmos mão da liberdade, amanhã não teremos nem liberdade nem segurança". Ela manifestou simpatia por manifestações de rua e lembrou que, há 30 anos, sua geração era impedida de se expressar pela mudança de governo na Praça Afonso Arinos, contígua à Faculdade de Direito, em Belo Horizonte (MG), onde a ministra se formou.

Segundo Cármen Lúcia, é necessário assegurar o direito de manifestação sobre a criminalização ou não do uso da maconha, pois manifestações como essas podem conduzir a modificações de leis".[149]

7.18.3 Caso Rachel Sheherazade

Outro caso concreto no Brasil é aquele que ficou conhecido como "caso Rachel Sheherazade". A jornalista Rachel Sheherazade entoou um discurso polêmico e raivoso defendendo os "vingadores" que espancaram e amarram um jovem a um poste no Rio de Janeiro. Daí que "a Procuradoria Geral da Repú-

149 Disponível em: <http://www.stf.jus.br/portal/cms/verNoticiaDetalhe.asp?idConteudo=182124.> Acesso em: 08 jul 2014.

blica (PGR) aceitou nesta quinta-feira (27) a representação feita pela deputada federal Jandira Feghali (PCdoB/RJ) contra a jornalista Rachel Sheherazade, do SBT. A parlamentar solicita uma investigação, alegando que a âncora do *SBT Brasil* cometeu na bancada do telejornal o crime de apologia e incitamento à tortura e ao linchamento, caracterizado no artigo 287 do Código Penal.

De acordo com o procurador-geral da República, Rodrigo Janot, os vídeos que mostram a opinião exposta por Rachel no *SBT Brasil* sobre o caso envolvendo um grupo que puniu um menor infrator no Rio de Janeiro serão avaliados. "Não se pode pregar contra o Estado democrático. Isso é muito sério", opina Janot. "Se você faz um discurso de ódio para a sociedade, não há como controlar o que ocorre depois por aí", completa.

Em nota enviada ao *Purepeople*, Jandira Feghali explica que seu pedido de investigação se justifica. "As pessoas não podem se sentir legitimadas por um discurso neofascista e sair por aí julgando e executando outros cidadãos. E, no geral, os executados em sua maioria são os mais pobres e negros" , diz. "Não queremos que se crie um paradigma na televisão de incitação à violência na busca da audiência e do lucro. É preciso repensar o que está sendo feito", critica.

Polêmica

Em fevereiro deste ano, um adolescente foi espancado e preso nu pelo pescoço a um poste através uma trava de bicicleta por homens no Aterro do Flamengo, na Zona Sul da capital fluminense. O jovem cometia furtos na região. Com a notícia, Rachel Sheherazade, que ficou conhecida por causa de suas opiniões fortes, deu o seu parecer sobre o fato no *SBT Brasil.*

"No país que ostenta incríveis 26 assassinatos a cada 100 mil habitantes, que arquiva mais de 80% de inquéritos de homicídio e sofre de violência endêmica, a atitude dos vingadores é até compreensível. O Estado é omisso, a polícia é desmoralizada, a Justiça é falha. O que resta ao cidadão de bem que, ainda por cima, foi desarmado? Se defender, é claro", disse.

"O contra-ataque aos bandidos é o que chamo de legítima defesa coletiva de uma sociedade sem Estado contra um estado de violência sem limite. E, aos defensores dos Direitos Humanos, que se apiedaram do marginalzinho preso ao poste, eu lanço uma campanha: faça um favor ao Brasil, adote um bandido", encerrou Rachel".[150]

7.19 *Happy Slapping*

O "happy slapping" é uma prática que surgiu em 2004 em escolas dos arredores de Londres. "Bofetada divertida", numa tradução livre, é uma nova forma de cyber-violência que consiste num ataque inesperado a uma vítima

150 Disponível em: <http://www.pbagora.com.br/conteudo.php?id=20140331085158&cat=politica&keys=-apos-denuncia-aceita-pela-pgr-rachel-sheherazade-entra-ferias-sbt.> Acesso em: 22 jun 2014.

enquanto um colega do agressor filma a agressão com um celular para depois postar as imagens nas redes sociais.[151]

De acordo com ANDERSON SCHREIBER, o *happy slapping* é uma "prática adotada por adolescentes na Inglaterra que consiste em atacar, aleatoriamente, um passante, enquanto se filma a agressão com um aparelho celular ou uma câmera, para posterior difusão. O slapping, nem de longe happy para a vítima, vem despertando no meio jurídico europeu acesa preocupação no que concerne ao aumento do potencial lesivo colocado à disposição de crianças e adolescentes".[152]

7.20 A Proteção à Intimidade

Por fim, o artigo 21 do nosso Código Civil afirma que "a vida privada da pessoa natural é inviolável, e o juiz, a requerimento do interessado, adotará as providências necessárias para impedir ou fazer cessar ato contrário a esta norma".

É mais um dispositivo do Código Civil que se encontra em harmonia com o artigo 5°, inciso X, da nossa Constituição, já que "são invioláveis a intimidade, a vida privada, a honra e a imagem das pessoas, assegurado o direito a indenização pelo dano material ou moral decorrente de sua violação".

O Conselho da Justiça Federal, na V Jornada de Direito Civil, editou os seguintes Enunciados:

a) CJF – Enunciado 404 – Art. 21. A tutela da privacidade da pessoa humana compreende os controles espacial, contextual e temporal dos próprios dados, sendo necessário seu expresso consentimento para tratamento de informações que versem, especialmente, o estado de saúde, a condição sexual, a origem racial ou étnica, as convicções religiosas, filosóficas e políticas;
b) CJF – Enunciado 405 – Art. 21. As informações genéticas são parte da vida privada e não podem ser utilizadas para fins diversos daqueles que motivaram seu armazenamento, registro ou uso, salvo com autorização do titular.

---

151 "The assault usually involves a stranger being hit over the head while other people take photographs/video on their camera phones. The pictures are then circulated by mobile phone or put on the internet. In recent years happy slapping has become an unpleasant and dangerous craze. There have been a number of high profile cases in which attackers have been jailed for killing people in this way.
Where happy slapping attacks have happened in school playgrounds pupils have been afraid to return to school. Anyone who thinks this is just a bit of harmless fun should think about the consequences. Anyone assaulted in this way should tell their parents who should make a complaint to the police". Disponível em: http://www.bullying.co.uk/cyberbullying/what-to-do-if-you-ve-been-happy-slapped/. Acesso em: 03 nov. 2016.

152 Disponível em: <http://www.andersonschreiber.com.br/downloads/os_direitos_da_personalidade_e_o_codigo_civil_de_2002.pdf>. Acesso em: 03 nov. 2016.

7.21 Direitos da Personalidade e proteção de dados Pessoais

A Lei Geral de Proteção de Dados Pessoais (Lei nº 13.709/2018, ou "LGPD"), dispõe sobre o tratamento de dados pessoais, inclusive nos meios digitais, por pessoa natural ou por pessoa jurídica de direito público ou privado, com o objetivo de proteger os direitos fundamentais de liberdade e de privacidade e o livre desenvolvimento da personalidade da pessoa natural.

A LGPD é, pois, um novo paradigma de proteção dos dados, até mesmo porque os dados coletados não são considerados de titularidade de quem os coleta, mas sim da pessoa natural referidos.

A disciplina da proteção de dados pessoais tem como fundamentos (artigo 2º da LGPD):

I – o respeito à privacidade;

II – a autodeterminação informativa;

III – a liberdade de expressão, de informação, de comunicação e de opinião;

IV – a inviolabilidade da intimidade, da honra e da imagem;

V – o desenvolvimento econômico e tecnológico e a inovação;

VI – a livre iniciativa, a livre concorrência e a defesa do consumidor; e

VII – os direitos humanos, o livre desenvolvimento da personalidade, a dignidade e o exercício da cidadania pelas pessoas naturais.

A lei aplica-se a qualquer operação de tratamento realizada por pessoa natural ou por pessoa jurídica de direito público ou privado, independentemente do meio, do país de sua sede ou do país onde estejam localizados os dados, desde que (artigo 3º da LGPD):[153] [154]

---

153 § 2º Excetua-se do disposto no inciso I deste artigo o tratamento de dados previsto no inciso IV do *caput* do art. 4º desta Lei.

154 Art. 4º Esta Lei não se aplica ao tratamento de dados pessoais:

I - realizado por pessoa natural para fins exclusivamente particulares e não econômicos;

II - realizado para fins exclusivamente:

a) jornalístico e artísticos; ou

b) acadêmicos, aplicando-se a esta hipótese os arts. 7º e 11 desta Lei;

III - realizado para fins exclusivos de:

a) segurança pública;

b) defesa nacional;

c) segurança do Estado; ou

d) atividades de investigação e repressão de infrações penais; ou

IV - provenientes de fora do território nacional e que não sejam objeto de comunicação, uso compartilhado de dados com agentes de tratamento brasileiros ou objeto de transferência internacional de dados com outro país que não o de proveniência, desde que o país de proveniência proporcione grau de proteção de dados pessoais adequado ao previsto nesta Lei.

§ 1º O tratamento de dados pessoais previsto no inciso III será regido por legislação específica, que deverá prever medidas proporcionais e estritamente necessárias ao

I – a operação de tratamento seja realizada no território nacional;

II – a atividade de tratamento tenha por objetivo a oferta ou o fornecimento de bens ou serviços ou o tratamento de dados de indivíduos localizados no território nacional; ou (Redação dada pela Lei nº 13.853, de 2019)

III – os dados pessoais objeto do tratamento tenham sido coletados no território nacional.

Consideram-se coletados no território nacional os dados pessoais cujo titular nele se encontre no momento da coleta (artigo 3º, § 1º, da LGPD).

7.22 O Direito Comparado: Código Civil Português

O Código Civil português disciplina os direitos da personalidade através de seus artigos 70° a 81°, estabelecendo a proteção aos mortos, ao direito ao nome, ao pseudônimo, à imagem, vida privada etc. Vejamos:

> **SECÇÃO II**
> **Direitos de personalidade**
>
> ARTIGO 70°
> (Tutela geral da personalidade)
> 1. A lei protege os indivíduos contra qualquer ofensa ilícita ou ameaça de ofensa à sua personalidade física ou moral.
> 2. Independentemente da responsabilidade civil a que haja lugar, a pessoa ameaçada ou ofendida pode requerer as providências adequadas às circunstâncias do caso, com o fim de evitar a consumação da ameaça ou atenuar os efeitos da ofensa já cometida.
>
> ARTIGO 71°
> (Ofensa a pessoas já falecidas)
> 1. Os direitos de personalidade gozam igualmente de protecção depois da morte do respectivo titular.
> 2. Tem legitimidade, neste caso, para requerer as providências previstas no n° 2 do artigo anterior o cônjuge sobrevivo ou qualquer descendente, ascendente, irmão, sobrinho ou herdeiro do falecido.

---

atendimento do interesse público, observados o devido processo legal, os princípios gerais de proteção e os direitos do titular previstos nesta Lei.

§ 2º É vedado o tratamento dos dados a que se refere o inciso III do *caput* deste artigo por pessoa de direito privado, exceto em procedimentos sob tutela de pessoa jurídica de direito público, que serão objeto de informe específico à autoridade nacional e que deverão observar a limitação imposta no § 4º deste artigo.

§ 3º A autoridade nacional emitirá opiniões técnicas ou recomendações referentes às exceções previstas no inciso III do *caput* deste artigo e deverá solicitar aos responsáveis relatórios de impacto à proteção de dados pessoais.

§ 4º Em nenhum caso a totalidade dos dados pessoais de banco de dados de que trata o inciso III do *caput* deste artigo poderá ser tratada por pessoa de direito privado, salvo por aquela que possua capital integralmente constituído pelo poder público. (Redação dada pela Lei nº 13.853, de 2019)

3. Se a ilicitude da ofensa resultar da falta de consentimento, só as pessoas que o deveriam prestar têm legitimidade, conjunta ou separadamente, para requerer as providências a que o número anterior se refere.

ARTIGO 72°

(Direito ao nome)

1. Toda a pessoa tem direito a usar o seu nome, completo ou abreviado, e a opor-se a que outrem o use ilicitamente para sua identificação ou outros fins.

2. O titular do nome não pode, todavia, especialmente no exercício de uma actividade profissional, usá-lo de modo a prejudicar os interesses de quem tiver nome total ou parcialmente idêntico; nestes casos, o tribunal decretará as providências que, segundo juízos de equidade, melhor conciliem os interesses em conflito.

ARTIGO 73°

(Legitimidade)

As acções relativas à defesa do nome podem ser exercidas não só pelo respectivo titular, como, depois da morte dele pelas pessoas referidas no número 2 do artigo 71°

ARTIGO 74°

(Pseudónimo)

O pseudónimo, quando tenha notoriedade, goza da protecção conferida ao próprio nome.

ARTIGO 75°

(Cartas-missivas confidenciais)

1. O destinatário de carta-missiva de natureza confidencial deve guardar reserva sobre o seu conteúdo, não lhe sendo lícito aproveitar os elementos de informação que ela tenha levado ao seu conhecimento.

2. Morto o destinatário, pode a restituição da carta confidencial ser ordenada pelo tribunal, a requerimento do autor dela ou, se este já tiver falecido, das pessoas indicadas no n° 2 do artigo 71°; pode também ser ordenada a destruição da carta, o seu depósito em mão de pessoa idónea ou qualquer outra medida apropriada.

ARTIGO 76°

(Publicação de cartas confidenciais)

1. As cartas-missivas confidenciais só podem ser publicadas com o consentimento do seu autor ou com o suprimento judicial desse consentimento; mas não há lugar ao suprimento quando se trate de utilizar as cartas como documento literário, histórico ou biográfico.

2. Depois da morte do autor, a autorização compete às pessoas designadas no n° 2 do artigo 71°, segundo a ordem nele indicada.

ARTIGO 77°

(Memórias familiares e outros escritos confidenciais)

O disposto no artigo anterior é aplicável, com as necessárias adaptações, às memórias familiares e pessoais e a outros escritos que tenham carácter confidencial ou se refiram à intimidade da vida privada.

ARTIGO 78°

(Cartas-missivas não confidenciais)
O destinatário de carta não confidencial só pode usar dela em termos que não contrariem a expectativa do autor.
ARTIGO 79°
(Direito à imagem)
1. O retrato de uma pessoa não pode ser exposto, reproduzido ou lançado no comércio sem o consentimento dela; depois da morte da pessoa retratada, a autorização compete às pessoas designadas no n° 2 do artigo 71°, segundo a ordem nele indicada.
2. Não é necessário o consentimento da pessoa retratada quando assim o justifiquem a sua notoriedade, o cargo que desempenhe, exigências de polícia ou de justiça, finalidades científicas, didácticas ou culturais, ou quando a reprodução da imagem vier enquadrada na de lugares públicos, ou na de factos de interesse público ou que hajam decorrido publicamente.
3. O retrato não pode, porém, ser reproduzido, exposto ou lançado no comércio, se do facto resultar prejuízo para a honra, reputação ou simples decoro da pessoa retratada.
ARTIGO 80°
(Direito à reserva sobre a intimidade da vida privada)
1. Todos devem guardar reserva quanto à intimidade da vida privada de outrem.
2. A extensão da reserva é definida conforme a natureza do caso e a condição das pessoas.
ARTIGO 81°
(Limitação voluntária dos direitos de personalidade)
1. Toda a limitação voluntária ao exercício dos direitos de personalidade é nula, se for contrária aos princípios da ordem pública.
2. A limitação voluntária, quando legal, é sempre revogável, ainda que com obrigação de indemnizar os prejuízos causados às legítimas expectativas da outra parte.

7.23 Jurisprudência Comparada

Considerando a importância da análise jurisprudencial, apresenta-se, a seguir, um repertório de decisões acerca do direito da personalidade do direito português:

O Tribunal da Relação de Lisboa, no processo 0070827, de relatoria de Maria Amélia Ribeiro, em 26.2.2002, destacou o direito ao repouso como direito da personalidade ao decidir que "É hoje entendimento que a personalidade humana constitui a estrutura-base dos direitos do Homem, o que significa prevalecer, inequivocamente, o direito ao repouso sobre qualquer direito de natureza patrimonial. II – Mantendo-se em funcionamento num armazém situado a 30 metros de distância de uma residência habitacional potentes motores frigoríficos que emitem ruídos e, por isso, perturbadores do sossego e do repouso, comete-se um ato ilícito que viola o disposto no art. 70° do Código Civil".

Da mesma forma, o relator Santos Martins, em 19.3.2002, no processo 00128977 afirmou que "I – Nos direitos da personalidade incluem-se os direitos ao repouso, ao descanso, ao sono e ao sossego, bem como a um ambiente de vida humano, sadio e ecologicamente equilibrado. II – Os ruídos causados pela poluição sonora, com origem na circulação rodoviária poderão causar incômodos insuportáveis, sobretudo no que tange às pessoas que vivem junto ou próximo dos locais onde passam autoestradas. III – A proteção dos direitos da personalidade, neste caso, passa pela colocação de barreiras acústicas nas zonas habitacionais".

O Tribunal da Relação do Porto enfrentou a colidência dos direitos da personalidade e direitos patrimoniais, no processo 0051365, de relatoria de Ribeiro de Almeida, em 18.12.2000 ao decidir que "I – No conflito entre direitos de personalidade e direito ao ambiente e à qualidade de vida com direitos de índole patrimonial ou com valorização económica deve dar-se prevalência àqueles em detrimento destes. II – O princípio da proporcionalidade exige que os direitos em confronto cedam na medida do necessário a fim de que todos produzam os seus efeitos sem prejuízo para qualquer das partes. III – Na desproporção entre a medida requerida e a situação a proteger pode o juiz construir uma medida concreta, alternativa à requerida, para assegurar a efectividade do direito ameaçado".

No mesmo sentido, a decisão no processo 0051055, de Fonseca Passos, em 23.10.2000, ao decidir que "I – O direito de propriedade confere ao seu titular o gozo pleno e exclusivo de usar e fruir o que lhe pertence dentro dos limites da lei e com observância das restrições por ela impostas. II – O direito de propriedade, como qualquer outro, deve ser exercido dentro dos limites decorrentes dos princípios da boa-fé, dos bons costumes e do seu fim económico ou social, sob pena de poder ser considerado abusivo. III – Aquele que, com dolo ou mera culpa, violar ilicitamente o direito de outrem ou qualquer disposição legal destinada a proteger interesses alheios fica obrigado a indemnizar o lesado pelos danos resultantes da violação – artigo 483 n° 1 do Código Civil. IV – Provando-se que a instalação de um centro comercial junto da residência do Autor veio a prejudicá-lo com ruídos, emissão de sons, provocados pelas turbinas de ar condicionado dos geradores eléctricos e música constante das 8h30 às 24 horas, bem como por uma maior poluição do ar, provocada pela emissão de gases dos automóveis que utilizam o parque de estacionamento do centro comercial; que o parque de estacionamento, na parte mais alta, permite ver tudo para o pátio da casa do Autor; que a qualidade de vida do Autor se deteriorou devido ao aumento do movimento diurno e nocturno da zona; e que o Autor não consegue repousar ou descansar, como anteriormente, não tendo a tranquilidade e o sono que antes desfrutava, estes factos, emergentes da construção efectuada pela Ré, puseram e põem em causa o direito à saúde e ao repouso que são essenciais a uma vivência tranquila, violando direitos absolutos, tutelados quer pela Lei ordinária – artigo 70 do Código Civil – quer pela Lei Fundamental – seus artigos 24 e 25. V – Colidindo o direito de personalidade, na vertente direito à saúde, sossego e tranquilidade, e a um ambiente sadio e ecologicamente equilibrado, com o direito de propriedade, deve prevalecer o direito de personalidade. VI – O licenciamento, concedido administrativamente, significa apenas a autorização dada pela autoridade administrativa competente para a laboração de determinado estabelecimento, mas não isenta de responsabilidade civil os seus proprietários por qualquer violação dos direitos de outra pessoa, máxime dos direitos de propriedade. VII – Tem o Autor, pois, o direito a ser indemnizado por danos não patrimoniais, que, tendo-se recorrido à equidade e tendo em conta os elementos a que o artigo 494 do Código Civil, manda atender, bem fixados foram em 1800 contos".

7.24 Quadro Sinóptico

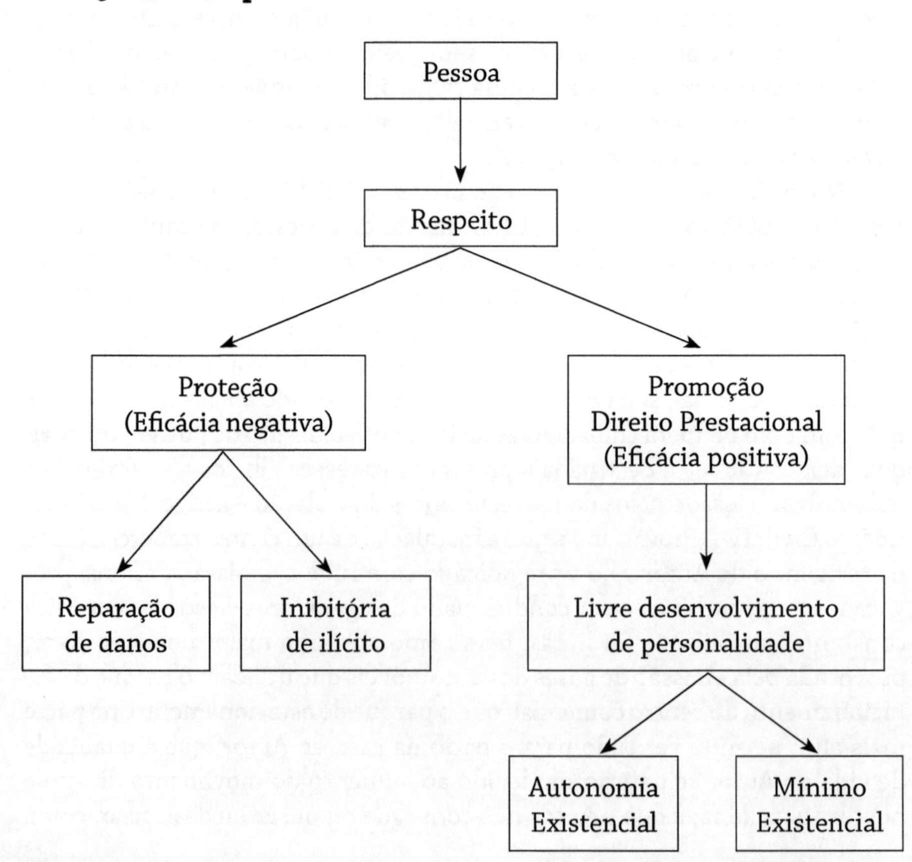

Capítulo 8

DA AUSÊNCIA

8.1 Introdução

O instituto jurídico da *ausência* encontra-se em nosso Código Civil, na Parte Geral, Livro I – Das pessoas, Título I – Das Pessoas Naturais, Capítulo – Da Ausência, Seções I a III, nos artigos 22 a 39. A ausência comporta três momentos distintos, a saber: a *curadoria dos bens do ausente* (arts. 22 a 25), a *sucessão provisória* (arts. 26 a 36) e a *sucessão definitiva* (arts. 37 a 39).

De acordo com o artigo 22,[1] a pessoa *ausente* é aquela que desaparece de seu domicílio sem dar notícias de seu paradeiro e sem deixar um representante ou procurador para administrar seus bens.[2]

8.2 Da Curadoria dos Bens do Ausente

Verificado, pois, o desaparecimento da pessoa, do seu domicílio, sem que dela haja notícia, e sem que tenha nomeado procurador ou representante a quem caiba administrar-lhes os bens, o magistrado, a requerimento de qualquer interessado (cônjuge, companheiro, parentes etc.), ou do Ministério Público, declarará a ausência e nomeará curador (CC, art. 22).[3]

Da mesma forma, o juiz declarará a ausência e nomeará curador, quando o ausente deixar mandatário que não possa ou não queira exercer ou continuar o contrato de mandato, ou se os seus poderes forem insuficientes,

---

1 Correspondente ao art. 463 do CC de 1916.

2 CPC – Seção VII – Dos Bens dos Ausentes (artigos 744 e 745).

3 CPC – Art. 626. Feitas as primeiras declarações, o juiz mandará citar, para os termos do inventário e da partilha, o cônjuge, o companheiro, os herdeiros e os legatários e intimar a Fazenda Pública, o Ministério Público, se houver herdeiro incapaz ou ausente, e o testamenteiro, se houver testamento.

§ 1º O cônjuge ou o companheiro, os herdeiros e os legatários serão citados pelo correio, observado o disposto no art. 247, sendo, ainda, publicado edital, nos termos do inciso III do art. 259.

§ 2º Das primeiras declarações extrair-se-ão tantas cópias quantas forem as partes.

§ 3º A citação será acompanhada de cópia das primeiras declarações.

§ 4º Incumbe ao escrivão remeter cópias à Fazenda Pública, ao Ministério Público, ao testamenteiro, se houver, e ao advogado, se a parte já estiver representada nos autos.

conforme a regra do artigo 23 do nosso diploma civilístico.[4]

Ao curador são atribuídos poderes e obrigações, sendo o mesmo responsável pela administração e conservação do patrimônio do ausente (CC, art. 24).[5]

De acordo com o artigo 744 do Código de Processo Civil, o juiz mandará arrecadar os bens do ausente seguindo os procedimentos previstos nos artigos 744 e 745 do diploma processual civil.

Feita a arrecadação, o juiz mandará publicar editais na rede mundial de computadores, no sítio do tribunal a que estiver vinculado e na plataforma de editais do Conselho Nacional de Justiça, onde permanecerá por 1 (um) ano, ou, não havendo sítio, no órgão oficial e na imprensa da comarca, durante 1 (um) ano, reproduzida de 2 (dois) em 2 (dois) meses, anunciando a arrecadação e chamando o ausente a entrar na posse de seus bens (artigo 745 do CPC).[6]

O artigo 25 trata da escolha do curador ao preceituar que "o cônjuge do ausente, sempre que não esteja separado judicialmente, ou de fato por mais de dois anos antes da declaração da ausência, será o seu legítimo curador".[7] [8] [9] Em falta do cônjuge, a curadoria dos bens do ausente incumbe aos pais ou aos descendentes, nesta ordem, não havendo impedimento que os iniba de exercer o cargo (CC, art. 25, § 1°).[7] Entre os descendentes, os mais próximos

---

4 Correspondente ao art. 464 do CC de 1916.

5 Correspondente ao art. 465 do CC de 1916.

6 CPC – Seção VII – Dos Bens dos Ausentes

Art. 744. Declarada a ausência nos casos previstos em lei, o juiz mandará arrecadar os bens do ausente e nomear-lhes-á curador na forma estabelecida na Seção VI, observando-se o disposto em lei.

Art. 745. Feita a arrecadação, o juiz mandará publicar editais na rede mundial de computadores, no sítio do tribunal a que estiver vinculado e na plataforma de editais do Conselho Nacional de Justiça, onde permanecerá por 1 (um) ano, ou, não havendo sítio, no órgão oficial e na imprensa da comarca, durante 1 (um) ano, reproduzida de 2 (dois) em 2 (dois) meses, anunciando a arrecadação e chamando o ausente a entrar na posse de seus bens.

§ 1º Findo o prazo previsto no edital, poderão os interessados requerer a abertura da sucessão provisória, observando-se o disposto em lei.

§ 2º O interessado, ao requerer a abertura da sucessão provisória, pedirá a citação pessoal dos herdeiros presentes e do curador e, por editais, a dos ausentes para requererem habilitação, na forma dos arts. 689 a 692.

§ 3º Presentes os requisitos legais, poderá ser requerida a conversão da sucessão provisória em definitiva.

§ 4º Regressando o ausente ou algum de seus descendentes ou ascendentes para requerer ao juiz a entrega de bens, serão citados para contestar o pedido os sucessores provisórios ou definitivos, o Ministério Público e o representante da Fazenda Pública, seguindo-se o procedimento comum.

7 Correspondente ao art. 467 do CC de 1916.

precedem os mais remotos (CC, art. 25, § 2°).[8] Na falta das pessoas mencionadas, compete ao juiz a escolha do curador (CC, art. 25, § 3°).[12 13]

O Conselho da Justiça Federal, na I Jornada de Direito Civil, em relação ao artigo 25 do nosso Código Civil, publicou o Enunciado 97 que diz "no que tange à tutela especial da família, as regras do Código Civil que se referem apenas ao cônjuge devem ser estendidas à situação jurídica que envolve o companheiro, como, por exemplo, na hipótese de nomeação de curador dos bens do ausente (art. 25 do Código Civil)".

Nomeado o curador, a este incumbe representar a herança em juízo ou fora dele, com assistência do órgão do Ministério Público, ter em boa guarda e conservação os bens arrecadados e promover a arrecadação de outros porventura existentes, executar as medidas conservatórias dos direitos da herança, apresentar mensalmente ao juiz um balancete da receita e da despesa e prestar contas a final de sua gestão.

8.3 Da Sucessão Provisória

Consoante o artigo 26 do Código Civil brasileiro, a *sucessão provisória* será aberta:

a) Decorrido um ano da arrecadação dos bens do ausente, ou

b) Decorridos três anos da arrecadação dos bens do ausente, se este deixou representante ou procurador.

8.3.1 Dos interessados na abertura da Sucessão Provisória

O artigo 27 do Código Civil brasileiro elenca os interessados na abertura da sucessão provisória. São eles: I – o cônjuge não separado judicialmente (da mesma forma o companheiro face o artigo 226, parágrafo 3°, da CRFB/88); II – os herdeiros presumidos, legítimos ou testamentários; III – os que tiverem sobre os bens do ausente direito dependente de sua morte; IV – os credores de obrigações vencidas e não pagas.[9]

Vale lembrar que não havendo interessados na sucessão provisória, cumpre ao Ministério Público requerê-la ao juízo competente (art. 28, parágrafo primeiro, do CCB).[10]

A sentença determinando a *abertura da sucessão provisória* produzirá efeito após 180 dias depois de publicada pela imprensa, mas logo após o trânsito em julgado, proceder-se-á à abertura do testamento, se houver, e ao inventário e partilha de bens, como se o ausente fosse falecido (CC, art. 28).[11]

---

8 Correspondente ao art. 467, p. u. do CC de 1916.

9 Correspondente ao art. 470 do CC de 1916.

10 Correspondente ao art. 471, § 1° do CC de 1916.

11 Correspondente ao art. 471 do CC de 1916.

Não comparecendo herdeiro ou interessado para requerer o inventário até 30 dias do trânsito em julgado da sentença, proceder-se-á à arrecadação dos bens do ausente (art. 28, parágrafo 2°, do CCB).[23 24]

Averbar-se-á no assento de ausência, a *sentença de abertura de sucessão provisória*, após o trânsito em julgado, com referência especial ao testamento do ausente se houver e indicação de seus herdeiros habilitados. (LRP, art. 104, parágrafo único).

Nesse mesmo livro será feita a averbação das sentenças que puserem termo à interdição, das substituições dos curadores de interditos ou ausentes, das alterações dos limites de curatela, da cessação ou mudança de internação, bem como da cessação da ausência pelo aparecimento do ausente, de acordo com o disposto nos artigos anteriores (LRP, art. 104).

8.4 Da prestação de garantias pelos herdeiros

Os herdeiros que se imitirem na posse dos bens do ausente, darão garantia da restituição deles, mediante penhores ou hipotecas equivalentes aos quinhões respectivos, conforme disposto no artigo 30 do Código Civil brasileiro.[12] Aquele que não puder prestar a referida garantia, será excluído, mantendo-se os bens que lhe deviam caber sob a administração do curador, ou de outro herdeiro designado pelo juiz, e que preste essa garantia. (CC, art. 30, § 1°).[13] Todavia, os ascendentes, os descendentes e o cônjuge, uma vez provada a sua qualidade de herdeiros, poderão, independentemente de garantia, entrar na posse dos bens do ausente (CC, art. 30, § 2°).

Quanto aos bens imóveis do ausente, a regra do artigo 31 do CCB proíbe a sua alienação, ressalvada a hipótese de desapropriação e de venda para evitar a sua ruína.[14]

Os sucessores provisórios representarão ativa e passivamente o ausente nas ações pendentes e as posteriormente movidas (CC, art. 32).[15]

Em relação aos rendimentos e frutos produzidos pelos bens entregues aos cônjuges e companheiros, ascendentes ou descendentes, com estes ficarão em sua totalidade, enquanto que os demais sucessores deverão capitalizar a metade desses frutos e rendimentos, ouvido o Ministério Público e devendo prestar contas anualmente ao juiz competente (CC, art. 33).[16]

O Código Civil brasileiro de 2002 traz regra nova no parágrafo único do artigo 33, dispondo que se o ausente aparecer, e ficar provado que a ausência foi voluntária e injustificada, perderá ele, em favor do sucessor, sua parte nos frutos e rendimentos.

---

12 Sem Correspondente ao CC de 1916.

13 Correspondente ao art. 473, § Único do CC de 1916.

14 Correspondente ao art. 475 do CC de 1916.

15 Correspondente ao art. 476 do CC de 1916.

16 Correspondente ao art. 477 do CC de 1916.

O sucessor excluído da posse provisória, face à impossibilidade de prestar a garantia prevista no artigo 30 do CCB, poderá justificadamente, requerer que lhe seja entregue metade dos rendimentos do quinhão que lhe tocaria (CC, artigo 34).[17]

Se durante a posse provisória se provar a época exata do falecimento do ausente, considerar-se-á, nessa data, aberta a sucessão em favor dos herdeiros, que o eram àquele tempo (CC, art. 35).[18]

No caso do aparecimento do ausente, ou ficando provado a sua existência, depois de estabelecida a posse provisória, cessarão para logo as vantagens dos sucessores nela imitidos, ficando, todavia, obrigados a tomar as medidas assecuratórias precisas, até a entrega dos bens a seu dono (CC, art. 36).[19]

8.5 Da Sucessão Definitiva

Os interessados poderão requerer a *sucessão definitiva* visando o levantamento das cauções prestadas, quando: a) Passados 10 anos após o julgado da sentença que concedeu a abertura da sucessão provisória; (CC, art. 37);[33 34] b)

Provando-se que o ausente conta com 80 anos de idade, e que de 5 datam as últimas notícias dele, ou seja, o ausente contava com pelo menos 75 anos de idade na época do seu desaparecimento (CC, art. 38).[35 36]

8.6 Do Retorno do Ausente

Com a abertura da sucessão definitiva, os herdeiros deixam de ser provisórios e assumem a condição de proprietários dos bens recebidos. Dessa forma existe a possibilidade de disposição dos referidos bens. A propriedade é resolúvel (CC, art. 39, § único). Daí que caso retorne o ausente ou algum dos seus descendentes ou ascendentes, nos 10 anos seguintes após a abertura da sucessão definitiva, receberão os bens no estado em que se encontrarem, podendo, inclusive, receber aqueles sub-rogados ou ainda o preço resultante da sua alienação (CCB, art. 39).[20] Ultrapassados os referidos dez anos, o ausente nada receberá.[21]

Se nos dez anos seguintes após a abertura da sucessão definitiva o ausente não regressar, e nenhum interessado promover a sucessão definitiva, os bens arrecadados passarão ao domínio do Município ou do Distrito Fede-

17 Correspondente ao art. 478 do CC de 1916.

18 Correspondente ao art. 479 do CC de 1916.

19 Correspondente ao art. 480 do CC de 1916.

20 Correspondente ao art. 483, *caput*, do CC de 1916.

21 O Código Civil brasileiro de 2002 traz regra nova no parágrafo único do artigo 33, dispondo que se o ausente aparecer, e ficar provado que a ausência foi voluntária e injustificada, perderá ele, em favor do sucessor, sua parte nos frutos e rendimentos.

ral, se localizados nas respectivas circunscrições, incorporando-se ao domínio da União, quando situados em território federal. (CCB, art. 39, parágrafo único).[22]

8.7 O Registro Civil das Sentenças Declaratórias de Ausência

De acordo com o artigo 94 da LRP, "o registro das sentenças declaratórias de ausência, que nomearem curador, será feita no cartório do domicílio anterior do ausente, com as mesmas cautelas e efeitos do registro de interdição, declarando-se: 1°) data do registro; 2°) nome, idade, estado civil, profissão e domicílio anterior do ausente, data e cartório em que foram registrados o nascimento e o casamento, bem como o nome do cônjuge, se for casado; 3°) tempo de ausência até a data da sentença; 4°) nome do promotor do processo;

5°) data da sentença, nome e vara do Juiz que a proferiu; 6°) nome, estado, profissão, domicílio e residência do curador e os limites da curatela".[23]

8.8 Dissolução da Sociedade Conjugal

A declaração de ausência e abertura de sucessão provisória, e a definitiva, conforme os artigos 22 e seguintes do Código Civil, constitui causa de dissolução da sociedade conjugal, de acordo com o estabelecido no § 1°, do artigo

1.571 do nosso Código Civil, que diz: "Art. 1.571. A sociedade conjugal termina: [...] § 1° O casamento válido só se dissolve pela morte de um dos cônjuges ou pelo divórcio, aplicando-se a presunção estabelecida neste Código quanto ao ausente".[24]

Isto quer dizer que se o ausente retornar após a presunção de sua morte e aberta a sucessão definitiva o seu casamento não prevalecerá se o seu cônjuge tiver contraído novo matrimônio nesse ínterim.

---

22 Correspondente ao art. 483 do CC de 1916.

23 LRP - Art. 107. O óbito deverá ser anotado, com as remissões recíprocas, nos assentos de casamento e nascimento, e o casamento no deste. § 1° A emancipação, a interdição e a ausência serão anotadas pela mesma forma, nos assentos de nascimento e casamento, bem como a mudança do nome da mulher, em virtude de casamento, ou sua dissolução, anulação ou desquite. § 2° A dissolução e a anulação do casamento e o restabelecimento da sociedade conjugal serão, também, anotadas nos assentos de nascimento dos cônjuges.

CPC - Art. 755, § 3° - A sentença de interdição será inscrita no registro de pessoas naturais e imediatamente publicada na rede mundial de computadores, no sítio do tribunal a que estiver vinculado o juízo e na plataforma de editais do Conselho Nacional de Justiça, onde permanecerá por 6 (seis) meses, na imprensa local, 1 (uma) vez, e no órgão oficial, por 3 (três) vezes, com intervalo de 10 (dez) dias, constando do edital os nomes do interdito e do curador, a causa da interdição, os limites da curatela e, não sendo total a interdição, os atos que o interdito poderá praticar autonomamente.

24 Sem correspondente ao CCB de 1916.

Da mesma forma, no *direito civil alemão,* de acordo com o artigo 18, a *declaração de falecimento* cria a presunção de que o matrimônio do ausente se dissolveu por sua morte. Daí que se o outro cônjuge celebra um novo matrimônio, este é válido e o primeiro fica dissolvido (Código Civil alemão, arts. 1.309 a 1.326).[25]

No *direito civil português,* de acordo com o artigo 116° do Código Civil, se o ausente regressar depois de decretada sua morte presumida e o seu cônjuge não tiver contraído novo matrimônio, o casamento subsistirá; caso contrário, se o cônjuge tiver contraído novo casamento, considera-se dissolvido o primeiro, por divórcio, à data do decretamento da morte presumida.

25 Von TUHR, Andreas. *Derecho civil:* teoria general del derecho civil alemán. Vol. I. Tradução: Tito Ravà. Buenos Aires: Depalma, 1946, p. 35.

Capítulo 9

DAS PESSOAS JURÍDICAS

9.1 Conceito

Thelma Fraga entende por *pessoa jurídica* "a representação decorrente da união de algumas pessoas naturais e/ou jurídicas ou, ainda, da destinação de um patrimônio com o intuito da consecução de certos fins, reconhecida pela ordem jurídica, como sujeito de direitos e obrigações".[1]

Na definição de Arnaldo Rizzardo, a *pessoa jurídica* é "o ente personalizado composto de duas ou mais pessoas físicas, unidas por um nexo visando a uma finalidade específica, e com a capacidade para realizar vários atos da vida civil; ou o ente público instituído por lei, mas que pressupõe normalmente a presença de vários indivíduos; ou o acervo de bens com destinação especial, no qual também se congregam indivíduos".[2]

As pessoas, no mundo da vida, com interesses comuns, procuram criar relações de cooperação unificando seus interesses através das pessoas jurídicas. A pessoa jurídica, como ente juridicamente personalizado, é sujeito de direitos e obrigações.

É o direito que investe a pessoa jurídica como titular de direitos e deveres, uma vez que ela difere da existência da pessoa natural. Esta possui existência biológica, aquela existência normativa. Tais entidades não possuem unicidade em sua denominação. No Brasil, na Alemanha, na Espanha e na Itália optou-se pelo termo *pessoa jurídica*. Na Argentina é utilizado o nome de *"entes de existência ideal"* e em Portugal é empregada a expressão "pessoas coletivas".

9.2 Natureza Jurídica

A natureza jurídica da pessoa jurídica é permeada por divergências doutrinárias, fruto dos diversos pensamentos filosófico de seus idealizadores.

As principais teorias para explicar a natureza e o fundamento dessa entidade podem ser agrupadas da seguinte forma:[3]

---

1 FRAGA, Thelma Araújo Esteves; MELLO, Cleyson de Moraes. *Direito civil:* introdução e parte geral. Niterói: Impetus, 2005, p. 142.

2 RIZZARDO, Arnaldo. *Parte geral do código civil.* 4. ed. Rio de Janeiro: Forense, 2006, p. 249.

3 Trabalhos da Com. da Câmara, vol 2º, p. 294. In: SÁ FREIRE, Milcíades Mário de. *Manual*

1°) a que considera as pessoas jurídicas puras criações do Estado, e, portanto, ficções da lei (Savigny, Laurent e Vauthier etc.);

2°) a que afirma ser este gênero de pessoas uma simples aparência escogitada para a facilidade das relações, sendo o verdadeiro sujeito de direitos, que se lhes atribuem, os indivíduos que as compõem ou em benefício dos quais elas foram criadas (Yhering e Bolze);

3°) a que contorna a dificuldade, dizendo que, no caso das chamadas pessoas jurídicas ou sociais, os bens não têm proprietários, os direitos não têm sujeitos (Windscheid, Brinz e Demelius);

4°) a que considera a vontade como o sujeito dos direitos, tanto em relação aos indivíduos, quanto às corporações e às fundações (Zietelmann e Meuren);

5°) a que pretende ver nas pessoas jurídicas simples manifestações de propriedade coletiva (Planiol);

6°) a que enxerga nas pessoas jurídicas (corporações, sociedades e fundações) substâncias reais e vivas como as que servem de base às pessoas físicas (Gierke, Endemann, D'Aguano, Giorgi, Fadda, Benza etc.).

Além das teorias acima mencionadas, é possível ainda indicar:

7°) a *teoria normativista formalista* kelseniana que entende que a personificação das pessoas jurídicas é fruto da norma jurídica que obriga e confere direitos e deveres a elas. Kelsen afirma que "a pessoa física ou jurídica 'tem' como sua portadora - deveres jurídicos e direitos subjetivos e estes deveres são direitos subjetivos, são um complexo de deveres jurídicos e direitos subjetivos cuja unidade é figurativamente expressa no conceito de pessoa. A pessoa é tão somente a personificação desta unidade".[4] Em relação à pessoa jurídica (corporação), Kelsen explica que "uma tal corporação é, em regra, definida como uma comunidade de indivíduos a que a ordem jurídica impõe deveres e confere direitos subjetivos que não podem ser vistos como deveres ou direitos dos indivíduos que formam esta corporação como seus membros, mas competem a esta mesma corporação".[5]

8°) A *teoria da realidade técnica* adotada pelos franceses, em especial, Saleilles, Geny, Capitant etc., sustenta que a pessoa jurídica possui existência real que não equivale à das pessoas físicas. É uma espécie de realidade *técnica*, pela qual se traduzem os fenômenos jurídicos existentes.

9°) A *teoria da vontade diretora* proposta por Ferrara "identifica os sujeitos de direito, não como os destinatários das vantagens ou interesses, mas como os *depositários da vontade* das pessoas jurídicas, que são os seus mem-

---

do código civil brasileiro: parte geral. Vol. II. Rio de Janeiro: Jacintho Ribeiro dos Santos, 1930, p. 175.

4 KELSEN, Hans. *Teoria pura do direito*. Tradução João Baptista Machado. São Paulo: Martins Fontes, 1995, p. 192-193.

5 Ibid., p. 194.

bros, ou, tal seja sua situação, os *administradores*, considerados, uns e outros, sob seu aspecto *orgânico* e não individual".[6]

10°) Ateoria institucionalista, defendida por Maurice Hauriou e desenvolvida por Georges Bonnard, tem um fundamento sociológico, já que considera a pessoa jurídica uma organização social destinada à realização de um determinado serviço ou ofício socialmente útil e necessário.

Em linhas gerais, alguns autores preferem agrupar as teorias em dois grandes grupos, a saber: a) as teorias afirmativistas e b) as teorias negativas. Os defensores destas teorias afirmam que as pessoas jurídicas não estão sujeitas a direitos e obrigações. Somente os indivíduos que as integram podem exercer tal titularidade. É uma teoria ultrapassada, já que se encontra em distonia com a realidade uma vez que os entes jurídicos societários podem ser sujeitos de direitos e obrigações na ordem jurídica civilística. Uma variação desta teoria é a da ficção, não admitindo a pessoa jurídica salvo como uma construção fictícia, ou seja, uma ficção artificial do ordenamento jurídico. A pessoa jurídica não existe de forma autônoma, mas sim através de seus membros. São estes que praticam os atos jurídicos e não a pessoa jurídica.

Já para os defensores da *teoria da realidade*, a pessoa jurídica é um ente realmente existente na vida social. A natureza da pessoa jurídica é uma realidade, sendo autônoma e distinta dos membros que a integram, ou seja, a pessoa jurídica possui personalidade própria.

No Brasil, desde o Código Civil brasileiro de 1916, adota-se esta teoria.

O anterior diploma civilístico afirmava no *caput* do artigo 20 que "as pessoas jurídicas têm existência distinta da dos seus membros". Daí, que a consequência imediata é a distinção da personalidade jurídica da pessoa jurídica com a dos membros que a compõem. A personalidade jurídica da pessoa jurídica é, pois, uma realidade.

9.3 Requisitos

Os requisitos para a constituição da pessoa jurídica são em princípio: a) a união de várias pessoas com a intenção de criação de um ente jurídico com personalidade jurídica distinta da dos seus membros (*affectio societatis*); b) a elaboração de um ato constitutivo, requisito formal exigido por lei, que poderá ser o *estatuto* (no caso das associações), o *contrato social* (quando se tratar de sociedade simples ou empresárias) ou *escritura pública* ou *testamento* (no caso das fundações); c) o registro do referido ato constitutivo no órgão competente; d) licitude de suas finalidades, ou do objeto social motivacional de sua criação.

---

6 RAO, Vicente. *O direito e a vida dos direitos*. 4. ed. Vol. 2. São Paulo: *Revista dos Tribunais*, 1997, p. 739.

9.4 Classificação

9.4.1 Quanto ao campo de ação

Quanto ao campo de ação e de acordo com o artigo 40 do nosso Código Civil, "as pessoas jurídicas são de direito público, interno ou externo, e de direito privado".[7]

9.4.1.1 Pessoa jurídica de direito público

As *pessoas jurídicas de direito público* são aquelas que procuram atender às finalidades do Estado, são criadas pela Constituição da República ou através de lei.[8]

As *pessoas jurídicas de direito público* subdividem-se em pessoas de direito público *interno* e direito público *externo*.

As *pessoas jurídicas de direito público interno* englobam os órgãos da administração direta (União, Estados, Distrito Federal, Territórios e Municípios) e da administração indireta (autarquias, fundações públicas e demais entidades de caráter público criadas por lei).

As *pessoas jurídicas de direito público externo* são aquelas regidas pelo Direito Internacional Público, tais como a UNESCO e a ONU.

---

7 Correspondente ao art. 13 do CC de 1916.

8 CPC - Art.75 - Art. 75. Serão representados em juízo, ativa e passivamente:
I - a União, pela Advocacia-Geral da União, diretamente ou mediante órgão vinculado;
II - o Estado e o Distrito Federal, por seus procuradores;
III - o Município, por seu prefeito ou procurador;
IV - a autarquia e a fundação de direito público, por quem a lei do ente federado designar;
V - a massa falida, pelo administrador judicial;
VI - a herança jacente ou vacante, por seu curador;
VII - o espólio, pelo inventariante;
VIII - a pessoa jurídica, por quem os respectivos atos constitutivos designarem ou, não havendo essa designação, por seus diretores;
IX - a sociedade e a associação irregulares e outros entes organizados sem personalidade jurídica, pela pessoa a quem couber a administração de seus bens;
X - a pessoa jurídica estrangeira, pelo gerente, representante ou administrador de sua filial, agência ou sucursal aberta ou instalada no Brasil;
XI - o condomínio, pelo administrador ou síndico.
§ 1º Quando o inventariante for dativo, os sucessores do falecido serão intimados no processo no qual o espólio seja parte.
§ 2º A sociedade ou associação sem personalidade jurídica não poderá opor a irregularidade de sua constituição quando demandada.
§ 3º O gerente de filial ou agência presume-se autorizado pela pessoa jurídica estrangeira a receber citação para qualquer processo.
§ 4º Os Estados e o Distrito Federal poderão ajustar compromisso recíproco para prática de ato processual por seus procuradores em favor de outro ente federado, mediante convênio firmado pelas respectivas procuradorias.
;

9.4.1.1.1 Pessoa jurídica de direito público interno

O artigo 41 do Código Civil brasileiro informa que são pessoas jurídicas de direito público interno: [9]

I - a União;
II - os Estados, o Distrito Federal e os Territórios;
III - os Municípios;
IV - as autarquias, inclusive as associações públicas;[10]
V - as demais entidades de caráter público criadas por lei.

O parágrafo único do artigo 41, sem correspondente ao nosso Código Civil de 1916, informa que "salvo disposição em contrário, as pessoas jurídicas de direito público, a que se tenha dado estrutura de direito privado, regem-se, no que couber, quanto ao seu funcionamento, pelas normas deste Código".

Em relação a este dispositivo legal, o Conselho da Justiça Federal, na III Jornada de Direito Civil, editou o Enunciado 141 afirmando que "a remissão do art. 41, parágrafo único, do CC às 'pessoas jurídicas de direito público, a que se tenha dado estrutura de direito privado', diz respeito às fundações públicas e aos entes de fiscalização do exercício profissional".

As *pessoas jurídicas de direito público interno* estão submetidas ao direito administrativo e a organização político-administrativa da República Federativa do Brasil compreende a União, os Estados, o Distrito Federal e os Municípios, todos autônomos, nos termos desta Constituição, conforme o artigo 18 da Constituição da República Federativa do Brasil de 1988.

José dos Santos Carvalho Filho anota que a "Administração Direta do Estado abrange todos os órgãos dos Poderes políticos das pessoas federativas cuja competência seja a de exercer a atividade administrativa".[11]

O ministro Celso de Mello, em decisão no Recurso Extraordinário 251542/SP, afirma que "a autonomia municipal erige-se à condição de princípio estruturante da organização institucional do Estado brasileiro, qualificando-se como prerrogativa política, que, outorgada ao Município pela própria Constituição da República, somente por esta pode ser validamente limitada, [...]".[12]

Os Territórios Federais integram a União, e sua criação, transformação em Estado ou reintegração ao Estado de origem serão reguladas em lei complementar (CRFB/88, art. 18, § 2°).

---

9 Correspondente ao art. 14, *caput*, do CC de 1916.
10 Redação dada pela Lei n° 11.107, de 2005.
11 CARVALHO FILHO, José dos Santos. Manual de direito administrativo. 15. ed. Rio de Janeiro: Lumen Juris, 2006, p. 373.
12 CANELLAS, Alfredo. *Constituição interpretada pelo STF, tribunais superiores e textos legais.* 2. ed. Rio de Janeiro: Freitas Bastos, 2006, p. 171.

Os Territórios Federais de Roraima e do Amapá foram transformados em Estados Federados, mantidos seus atuais limites geográficos. (CRFB/88, artigo 14 do ADCT).

O Território Federal de Fernando de Noronha foi extinto e sua área reincorporada ao Estado de Pernambuco (CRFB/88, artigo 15 do ADCT).

Os Estados podem incorporar-se entre si, subdividir-se ou desmembrar-se para se anexarem a outros, ou formarem novos Estados ou Territórios Federais, mediante aprovação da população diretamente interessada, através de plebiscito, e do Congresso Nacional, por lei complementar (CRFB/88, art. 18, § 3°).

A criação, a incorporação, a fusão e o desmembramento de Municípios, far-se-ão por lei estadual, dentro do período determinado por Lei Complementar Federal, e dependerão de consulta prévia, mediante plebiscito, às populações dos Municípios envolvidos, após divulgação dos Estudos de Viabilidade Municipal, apresentados e publicados na forma da lei (CRFB/88, art. 18, § 4°).

Quanto ao desmembramento e incorporação de municípios, Canellas destaca, em sua obra, as seguintes Ações Diretas de Inconstitucionalidades, julgadas no STF:[13]

a) *ADI n° 2.812* – RS relator: Min. Carlos Velloso. Ementa: Constitucional. Municípios: desmembramento: Plebiscito: Exigibilidade. Lei n° 11.599/2001, do Rio Grande do Sul. CF, Art. 18, § 4°. I. – Seja qual for a modalidade de desmembramento, exige-se o plebiscito ou a consulta prévia às populações diretamente interessadas, ou "às populações dos Municípios envolvidos". CF, Art. 18, § 4°. Lei n° 11.599/2001, do Rio Grande do Sul: inconstitucionalidade. II. – ADI julgada procedente.
b) *ADI n° 2.967/BA* – relator: Min. Sepúlveda Pertence. Ementa: I. Ação direta de inconstitucionalidade: cabimento contra lei de criação, incorporação, fusão e desmembramento: jurisprudência do STF: precedentes. II. Município: desmembramento. A subtração de parte do território de um município substantiva desmembramento, seja quando a porção desmembrada passe a constituir o âmbito espacial de uma nova entidade municipal, seja quando for ela somada ao território de município preexistente. III. Município: desmembramento: EC 15/1996: inconstitucionalidade da criação, incorporação, fusão e do desmembramento de municípios desde a promulgação da EC 15/1996 e até que lei complementar venha a implementar sua eficácia plena, que, entretanto, não ilide a imediata revogação do sistema anterior (precedente: ADInMC 2381, 20.6.01, Pertence, DJ 24.5.2002). IV. Município: desmembramento: exigibilidade de plebiscito. Seja qual

for a modalidade de desmembramento proposta, a validade da lei que efetive estará subordinada, por força da Constituição, ao plebiscito, vale dizer, à consulta prévia das "populações diretamente interessadas" - conforme a dicção original do art. 18, § 4° - ou "às populações dos Municípios envolvidos" - segundo o teor vigente do dispositivo. Informativo STF n° 340.

c) *ADI n° 2.994-BA* e *ADI 3.013-BA* - relatora: Min. Ellen Gracie. Ações Diretas de Inconstitucionalidade. Lei n° 8.264/02, do Estado da Bahia. redefinição dos limites territoriais do município de Salinas da Margarida. desmembramento de parte de município e incorporação da área separada ao território da municipalidade limítrofe, tudo sem a prévia consulta, mediante plebiscito, das populações de ambas as localidades. Ofensa ao Art. 18, § 4° da Constituição Federal. 1 - Pesquisas de opinião, abaixo-assinados e declarações de organizações comunitárias, favoráveis à criação, à incorporação ou ao desmembramento de município, não são capazes de suprir o rigor e a legitimidade do plebiscito exigido pelo § 4° do art. 18 da Carta Magna. 2 - O descumprimento da exigência plebiscitária tem levado este Supremo Tribunal Federal a declarar, por reiteradas vezes, a inconstitucionalidade de leis estaduais "redefinidoras" dos limites territoriais municipais. Precedentes: ADI 2.812, Rel. Min. Carlos Velloso, julg. em 9.10.2003, ADI 2.702, Rel. Min. Maurício Corrêa, julg. 5.11.2003 e ADI 2.632-MC, Rel. Min. Sepúlveda Pertence, DJ 29.8.2003. 3 - As questões relativas à idoneidade da lei de criação de município como objeto do controle concentrado e às consequências da eficácia limitada da norma inscrita no art. 18, § 4° da CF, já foram suficientemente equacionadas no julgamento cautelar da ADI 2.381, Rel. Min. Sepúlveda Pertence, DJ 14.12.2001. Ações diretas de inconstitucionalidade julgadas procedentes. Informativo STF n° 350.

Já a *autarquia* é a pessoa jurídica de direito público interno, que integra a Administração Indireta do Estado, criada por lei, com a finalidade de desempenhar funções próprios do Estado, desprovidas de cariz econômico. Entre as autarquias, vinculadas à União Federal, podemos citar: o INSS - Instituto Nacional do Seguro Social; o Banco Central do Brasil; a Comissão de Valores Mobiliários, dentre outras.

O Decreto-Lei n° 200/67, em seu artigo 5°, traz a definição de autarquia como o serviço autônomo, criado por lei, com personalidade jurídica, patrimônio e receita próprios, para executar atividades típicas da administração pública, que requeiram, para seu melhor funcionamento, gestão administrativa e financeira descentralizada.

As autarquias podem ser federais, estaduais, distritais e municipais, considerando a sua instituição pela União, pelos Estados, pelo Distrito Federal e pelos Municípios.

As autarquias podem ser classificadas, de acordo com os seus diferentes objetivos em:[13]

a) *autarquias assistenciais*, destinadas a minorar as desigualdades regionais e sociais, por exemplo, o INCRA – Instituto Nacional de Colonização e Reforma Agrária; a ADA – Agência de Desenvolvimento da Amazônia; a ADENE – Agência de Desenvolvimento do Nordeste;
b) *autarquias previdenciárias*, voltadas para a atividade de previdência social, como o INSS;
c) *autarquias culturais*, dirigidas à educação e ao ensino, como a UFRJ (Universidade Federal do Rio de Janeiro);
d) *autarquias profissionais*, destinadas a inscrição de certos profissionais e a fiscalização de suas atividades, por exemplo, a OAB (Ordem dos Advogados do Brasil), o CRM (Conselho Regional de Medicina) etc.
e) *autarquias administrativas*, de cariz residual, se destinam às várias atividades administrativas, tais como o BACEN (Banco Central do Brasil), o INMETRO (Instituto Nacional de Metrologia, Normalização e Qualidade Industrial) etc.
f) *autarquias de controle*, com a finalidade precípua de exercer o controle sobre as entidades que prestam serviços públicos ou atuam na área econômica por força de concessões e permissões de serviços públicos, v.g., a ANATEL (Agência Nacional de Telecomunicações), ANP (Agência Nacional do Petróleo) etc. São as chamadas agências reguladoras.

Tanto a *administração pública direta* como a *administração pública indireta*, de qualquer dos Poderes da União, dos Estados, do Distrito Federal e dos Municípios, obedecerá aos princípios de legalidade, impessoalidade, moralidade, publicidade e eficiência (CRFB/88, art. 37, *caput*).

A fiscalização contábil, financeira, orçamentária, operacional e patrimonial da União e das entidades da administração direta e indireta, quanto à legalidade, legitimidade, economicidade, aplicação das subvenções e renúncia de receitas, será exercida pelo Congresso Nacional, mediante controle externo, e pelo sistema de controle interno de cada Poder (CRFB/88, art. 70, *caput*).

Prestará contas qualquer pessoa física ou jurídica, pública ou privada, que utilize, arrecade, guarde, gerencie ou administre dinheiro, bens e valores

---

13 CARVALHO FILHO, José dos Santos. *Manual de direito administrativo*. 15. ed. Rio de Janeiro: Lumen Juris, 2006, p. 390-391.

públicos ou pelos quais a União responda, ou que, em nome desta, assuma obrigações de natureza pecuniária (CRFB/88, art. 70, parágrafo único).

Quanto às *associações públicas* previstas no artigo 41, inciso IV, pessoa jurídica de direito público interno, incluída pela Lei n° 11.107, de 6.4.2005, que alterou o Código Civil brasileiro, são pessoas derivadas da formação de consórcio público.

Neste sentido, José dos Santos Carvalho Filho ensina que "formado o consórcio público com a fisionomia jurídica de associação pública – sempre para a consecução de objetivos de interesse comum dos entes pactuantes e para a implementação do sistema de gestão associada, esta com base no art. 241, da CF – terá ela personalidade jurídica de direito público e natureza jurídica de autarquia".[14]

Por fim, as *fundações de direito público* são aquelas que possuem personalidade jurídica de direito público e são caracterizadas como verdadeiras autarquias, "razão por que são denominadas, algumas vezes, de *fundações autárquicas* ou *autarquias fundacionais*. Seriam elas uma espécie do gênero autarquias".[15]

9.4.1.1.2 Pessoa jurídica de direito público externo

São *pessoas jurídicas de direito público externo* os Estados estrangeiros e todas as pessoas que forem regidas pelo direito internacional público (CC, art. 42).[16]

9.4.1.2 Pessoa jurídica de direito privado

De acordo com o artigo 44 do nosso Código Civil, as *pessoas jurídicas de direito privado* são:

I - as associações;

II- as sociedades;

III - as fundações.

IV - as organizações religiosas; (Incluído pela Lei n° 10.825, de 22.12.2003)

V- os partidos políticos. (Incluído pela Lei n° 10.825, de 22.12.2003)

VI - as empresas individuais de responsabilidade limitada (Incluído pela Lei 12.441, de 2011).

---

14 Ibid., p. 403

15 Ibid., p. 423.

16 Sem Correspondente ao CC de 1916.

Na III Jornada de Direito Civil, o Conselho da Justiça Federal concluiu que "a relação das pessoas jurídicas de Direito Privado, constante do art. 44, incs. I a V, do Código Civil, não é exaustiva" (Enunciado 144).

Na V Jornada de Direito Civil, o CJF publicou o Enunciado 469 que diz "Arts. 44 e 980-A. A empresa individual de responsabilidade limitada (EIRELI) não é sociedade, mas novo ente jurídico personificado."

As *associações* são tratadas no Código Civil brasileiro nos artigos 53 a 61. As *sociedades* constituem tema de direito empresarial e estão disciplinadas a partir do artigo 981 do CC. E as *fundações* são regidas pelos artigos 62 a 69 do diploma civilístico.

Qual a diferença entre associação e sociedade? Numa associação, as pessoas estão reunidas para uma finalidade que não é econômica (CC, artigo 53). Constituem-se as associações pela união de pessoas que se organizem para fins não econômicos), já a sociedade tem um fim econômico, mesmo que não seja lucrativo.

O artigo 44, § 2°, do nosso Código Civil determina que "as disposições concernentes às associações aplicam-se subsidiariamente às sociedades que são objeto do Livro II da Parte Especial deste Código. (Incluído pela Lei n° 10.825. de 22.12.2003)"

9.4.2 Quanto à nacionalidade

Quanto à nacionalidade, a pessoa jurídica pode ser classificada como nacional e estrangeira. Aquela é organizada em conformidade com a legislação brasileira, e que tenha no País a sede de sua administração. O Código Civil brasileiro trata da sociedade nacional nos artigos 1.126 a 1.133.[17] A *sociedade estrangeira*, por sua vez, não pode, sem autorização do Poder Executivo, funcionar, no País, ainda que por estabelecimentos subordinados, podendo, todavia, ressalvados os casos expressos em lei, ser acionista de sociedade anônima brasileira. No Código Civil, a sociedade estrangeira é disciplina nos artigos 1.134 a 1.141.[18]

17 Art. 1.126. É nacional a sociedade organizada de conformidade com a lei brasileira e que tenha no País a sede de sua administração. Parágrafo único. Quando a lei exigir que todos ou alguns sócios sejam brasileiros, as ações da sociedade anônima revestirão, no silêncio da lei, a forma nominativa. Qualquer que seja o tipo da sociedade, na sua sede ficará arquivada cópia autêntica do documento comprobatório da nacionalidade dos sócios.

18 Art. 1.127. Não haverá mudança de nacionalidade de sociedade brasileira sem o consentimento unânime dos sócios ou acionistas.

Art. 1.128. O requerimento de autorização de sociedade nacional deve ser acompanhado de cópia do contrato, assinada por todos os sócios, ou, tratando-se de sociedade anônima, de cópia, autenticada pelos fundadores, dos documentos exigidos pela lei especial. Parágrafo único. Se a sociedade tiver sido constituída por escritura pública, bastará juntar-se ao requerimento a respectiva certidão.

Art. 1.129. Ao Poder Executivo é facultado exigir que se procedam a alterações ou adita-

mento no contrato ou no estatuto, devendo os sócios, ou, tratando-se de sociedade anônima, os fundadores, cumprir as formalidades legais para revisão dos atos constitutivos, e juntar ao processo prova regular.
Art. 1.130. Ao Poder Executivo é facultado recusar a autorização, se a sociedade não atender às condições econômicas, financeiras ou jurídicas especificadas em lei.
Art. 1.131. Expedido o decreto de autorização, cumprirá à sociedade publicar os atos referidos nos arts. 1.128 e 1.129, em trinta dias, no órgão oficial da União, cujo exemplar representará prova para inscrição, no registro próprio, dos atos constitutivos da sociedade. Parágrafo único. A sociedade promoverá, também no órgão oficial da União e no prazo de trinta dias, a publicação do termo de inscrição.
Art. 1.132. As sociedades anônimas nacionais, que dependam de autorização do Poder Executivo para funcionar, não se constituirão sem obtê-la, quando seus fundadores pretenderem recorrer a subscrição pública para a formação do capital. § 1° Os fundadores deverão juntar ao requerimento cópias autênticas do projeto do estatuto e do prospecto. § 2° Obtida a autorização e constituída a sociedade, proceder-se-á à inscrição dos seus atos constitutivos.
Art. 1.133. Dependem de aprovação as modificações do contrato ou do estatuto de sociedade sujeita a autorização do Poder Executivo, salvo se decorrerem de aumento do capital social, em virtude de utilização de reservas ou reavaliação do ativo.
19 Art. 1.134. A sociedade estrangeira, qualquer que seja o seu objeto, não pode, sem autorização do Poder Executivo, funcionar no País, ainda que por estabelecimentos subordinados, podendo, todavia, ressalvados os casos expressos em lei, ser acionista de sociedade anônima brasileira. § 1° Ao requerimento de autorização devem juntar-se: I – prova de se achar a sociedade constituída conforme a lei de seu país; II – inteiro teor do contrato ou do estatuto; III – relação dos membros de todos os órgãos da administração da sociedade, com nome, nacionalidade, profissão, domicílio e, salvo quanto a ações ao portador, o valor da participação de cada um no capital da sociedade; IV – cópia do ato que autorizou o funcionamento no Brasil e fixou o capital destinado às operações no território nacional; V – prova de nomeação do representante no Brasil, com poderes expressos para aceitar as condições exigidas para a autorização; VI – último balanço. § 2° Os documentos serão autenticados, de conformidade com a lei nacional da sociedade requerente, legalizados no consulado brasileiro da respectiva sede e acompanhados de tradução em vernáculo.
Art. 1.135. É facultado ao Poder Executivo, para conceder a autorização, estabelecer condições convenientes à defesa dos interesses nacionais. Parágrafo único. Aceitas as condições, expedirá o Poder Executivo decreto de autorização, do qual constará o montante de capital destinado às operações no País, cabendo à sociedade promover a publicação dos atos referidos no art. 1.131 e no § 1° do art. 1.134.
Art. 1.136. A sociedade autorizada não pode iniciar sua atividade antes de inscrita no registro próprio do lugar em que se deva estabelecer. § 1° O requerimento de inscrição será instruído com exemplar da publicação exigida no parágrafo único do artigo antecedente, acompanhado de documento do depósito em dinheiro, em estabelecimento bancário oficial, do capital ali mencionado. § 2° Arquivados esses documentos, a inscrição será feita por termo em livro especial para as sociedades estrangeiras, com número de ordem contínuo para todas as sociedades inscritas; no termo constarão:
I - nome, objeto, duração e sede da sociedade no estrangeiro; II – lugar da sucursal, filial ou agência, no País; III – data e número do decreto de autorização; IV – capital destinado às operações no País; V – individuação do seu representante permanente. § 3° Inscrita a sociedade, promover-se-á a publicação determinada no parágrafo único do art. 1.131.
Art. 1.137. A sociedade estrangeira autorizada a funcionar ficará sujeita às leis e aos tri-

Quanto à estrutura interna, a pessoa jurídica pode ser classificada em: *corporação (universitas personarum)* e *fundação (universitas bonorum)*. Aquela representa a união de pessoas para a consecução dos seus fins e podem ser divididas em *associações* e *sociedades*; esta, ao contrário, é composta de um patrimônio estabelecido pelo instituidor destinado a um fim, como exemplo, a Fundação Vale do Rio Doce - FVRD.

9.5 Associações

9.5.1 Introdução e garantias constitucionais

As associações são constituídas pela união de pessoas que se organizam para fins não econômicos (CC, art. 53). [19]

A liberdade de associação é uma garantia constitucional, já que o artigo 5°, inciso XVII, da nossa Constituição determina que "é plena a liberdade de associação para fins lícitos, vedada a de caráter paramilitar".

A criação de *associações* e, na forma da lei, a de *cooperativas* independem de autorização, sendo vedada a interferência estatal em seu funcionamento,

---

bunais brasileiros, quanto aos atos ou operações praticados no Brasil. Parágrafo único. A sociedade estrangeira funcionará no território nacional com o nome que tiver em seu país de origem, podendo acrescentar as palavras "do Brasil" ou "para o Brasil".

Art. 1.138. A sociedade estrangeira autorizada a funcionar é obrigada a ter, permanentemente, representante no Brasil, com poderes para resolver quaisquer questões e receber citação judicial pela sociedade. Parágrafo único. O representante somente pode agir perante terceiros depois de arquivado e averbado o instrumento de sua nomeação.

Art. 1.139. Qualquer modificação no contrato ou no estatuto dependerá da aprovação do Poder Executivo, para produzir efeitos no território nacional.

Art. 1.140. A sociedade estrangeira deve, sob pena de lhe ser cassada a autorização, reproduzir no órgão oficial da União, e do Estado, se for o caso, as publicações que, segundo a sua lei nacional, seja obrigada a fazer relativamente ao balanço patrimonial e ao de resultado econômico, bem como aos atos de sua administração. Parágrafo único. Sob pena, também, de lhe ser cassada a autorização, a sociedade estrangeira deverá publicar o balanço patrimonial e o de resultado econômico das sucursais, filiais ou agências existentes no País.

Art. 1.141. Mediante autorização do Poder Executivo, a sociedade estrangeira admitida a funcionar no País pode nacionalizar-se, transferindo sua sede para o Brasil. § 1° Para o fim previsto neste artigo, deverá a sociedade, por seus representantes, oferecer, com o requerimento, os documentos exigidos no art. 1.134, e ainda a prova da realização do capital, pela forma declarada no contrato, ou no estatuto, e do ato em que foi deliberada a nacionalização. § 2° O Poder Executivo poderá impor as condições que julgar convenientes à defesa dos interesses nacionais. § 3° Aceitas as condições pelo representante, proceder-se-á, após a expedição do decreto de autorização, à inscrição da sociedade e publicação do respectivo termo.

19 CC 2002 - Art. 2.031. As associações, sociedades e fundações, constituídas na forma das leis anteriores, bem como os empresários, deverão se adaptar às disposições deste Código até 11 de janeiro de 2007. (Redação dada pela Lei n° 11.127, de 2005).

é o que determina o artigo 5°, inciso XVIII, da nossa Constituição.[20] A partir da análise do texto constitucional é possível perceber que a *associação* difere da *cooperativa*. Esta é uma espécie de sociedade com fins econômicos e não se confunde com a associação. A Lei 5.764, de 16.12.71, define a Política Nacional de Cooperativismo, institui o regime jurídico das sociedades cooperativas, e dá outras providências.[21]

Logo, o Estado não pode interferir no funcionamento da associação e esta poderá ser criada independentemente de autorização governamental.

O *direito de desassociação*, também, é garantido a todos, já que o inciso XX, do artigo 5°, da nossa Constituição garante que "ninguém poderá ser compelido a associar-se ou a permanecer associado".

Inclusive, o artigo 199 do Código Penal tipifica o crime de *Atentado contra a liberdade de associação* ao dizer que comete ilícito penal aquele que "constranger alguém, mediante violência ou grave ameaça, a participar ou deixar de participar de determinado sindicato ou associação profissional: Pena - detenção, de 1 (um) mês a 1 (um) ano, e multa, além da pena correspondente à violência".

Assim, o associado poderá desligar-se da associação, a qualquer tempo, através de mera declaração receptícia de vontade, já que o direito de desassociação possui garantia constitucional e representa um direito potestativo do associado. Vale destacar que nenhuma cláusula estatutária ou qualquer avença estabelecida em assembleia dos associados poderá impedir o referido ato.

Neste sentido, o Tribunal de Alçada Cível do Rio de Janeiro, na Apelação 4256/95, em 9.8.95, decidiu, pela pena do magistrado Rudi Loewenkron, que "A Carta Magna Federal garante os direitos de não se associar ou de permanecer associado e por isso as associações de moradores que não são entidades com poder fiscal, nem condomínios regulares, só podem congregar facultativamente, para o benefício de todos, os moradores ou proprietários de unidades imobiliárias, localizadas em uma área comum, consultadas as

---

20 CF/88 - Art. 174. § 2° . A lei apoiará e estimulará o cooperativismo e outras formas de associativismo. § 3° - O Estado favorecerá a organização da atividade garimpeira em cooperativas, levando em conta a proteção do meio ambiente e a promoção econômico-social dos garimpeiros.

21 Lei n° 5.764, de 16.12.71_Publicada no DOU de 16.12.71 Define a Política Nacional de Cooperativismo, institui o regime jurídico das sociedades cooperativas, e dá outras providências.

Lei n° 8.949, de 9.12.94 Publicada no DOU de 12.12.94 Acrescenta parágrafo ao art. 442 da Consolidação das Leis do Trabalho (CLT) para declarar a inexistência de vínculo empregatício entre as cooperativas e seus associados.

Lei n° 9.867, de 10.11.99 Publicada no DOU de 11.11.99. Dispõe sobre a criação e o funcionamento de Cooperativas Sociais, visando à integração social dos cidadãos, conforme especifica.

Decreto n° 4.855, de 9.10.2003 Publicado no DOU de 10.10.2003 Acrescenta parágrafo ao art. 1° do Decreto n° 4.562, de 31 de dezembro de 2002, estabelece prazo para o enquadramento jurídico das cooperativas de eletrificação rural e dá outras providências.

suas vontades. Essas associações têm que reconhecer o direito a renúncia à filiação mas o pagamento pelo uso e gozo dos serviços comunitários poderá contudo ser exigido do dissidente, não como taxa de associado mas pelo princípio que veda o enriquecimento ilícito, provado o serviço e arbitrado o valor correspondente, que nada terá a ver com as somas votadas em Assembleias das quais não participa o demandado".

As entidades associativas, quando expressamente autorizadas, têm legitimidade para representar seus filiados judicial ou extrajudicialmente (CRFB/88, art. 5°, inciso XXI).[22]

Ao comentar o inciso XXI do art. 5° de nossa Constituição, Alfredo Canellas aponta as seguintes decisões que ilustram a temática:[23]

"A autorização para que as entidades associativas tenham legitimidade para representar seus filiados judicialmente tem que ser expressa (CF, art. 5°, XXI), não bastando a previsão genérica constante em seu estatuto, nem a decisão tomada por maioria na

Assembleia Geral no sentido de autorizar a AJURIS a promover tal ação, já que a ata não menciona quais associados que divergiram (AO 152, Rel. Min. Carlos Velloso, DJ 3.3.2000)".

"A autorização para que as entidades associativas tenham legitimidade para representar seus filiados judicialmente tem que ser expressa (CF, art. 5°, XXI), sendo necessário a juntada de instrumento de mandato ou de ata da Assembleia Geral com poderes específicos, não bastando previsão genérica constante em seu estatuto (RE 233.297, Rel. Min. Octavio Gallotti, DJ 4.6.99)".

Não há, entre os associados, direitos e obrigações recíprocos. (CC, art. 53, parágrafo único). Isto quer dizer que inexiste relação jurídica entre os associados, já que estes apenas se vinculam à própria associação. Daí que o interesse desta transcende o interesse dos seus associados.

Ainda em relação ao artigo 53 do CCB, cabe lembrar o Enunciado 534 publicado na VI Jornada de Direito Civil, em abril de 2013 que informa: *"Enunciado 534 – As associações podem desenvolver atividade econômica, desde que não haja finalidade lucrativa.*

---

22 CF/88 – Art. 5°. LXX – o mandado de segurança coletivo pode ser impetrado por: a) partido político com representação no Congresso Nacional; b) organização sindical, entidade de classe ou associação legalmente constituída e em funcionamento há pelo menos um ano, em defesa dos interesses de seus membros ou associados.
CF/88 – Art. 8°. III – ao sindicato cabe a defesa dos direitos e interesses coletivos ou individuais da categoria, inclusive em questões judiciais ou administrativas;
CDC – Art. 82, IV. Da Defesa do Consumidor em Juízo – IV – as associações legalmente constituídas há pelo menos um ano e que incluam entre seus fins institucionais a defesa dos interesses e direitos protegidos por este código, dispensada a autorização assemblear.
CC 2002 – Art. 115. Os poderes de representação conferem-se por lei ou pelo interessado.

23 CANELLAS, Alfredo. *Constituição interpretada pelo STF, tribunais superiores e textos legais.* 2. ed. Rio de Janeiro: Freitas Bastos, 2006, p. 36-37.

Justificativa: Andou mal o legislador ao redigir o *caput* do art. 53 do Código Civil por ter utilizado o termo genérico "econômicos" em lugar do específico "lucrativos". A dificuldade está em que o adjetivo "econômico" é palavra polissêmica, ou seja, possuidora de vários significados (econômico pode ser tanto atividade produtiva quanto lucrativa). Dessa forma, as pessoas que entendem ser a atividade econômica sinônimo de atividade produtiva defendem ser descabida a redação do *caput* do art. 53 do Código Civil por ser pacífico o fato de as associações poderem exercer atividade produtiva. Entende-se também que o legislador não acertou ao mencionar o termo genérico "fins não econômicos" para expressar sua espécie "fins não lucrativos".

9.5.2 Estatuto da associação

Em relação ao estatuto da associação, o artigo 54 do nosso Código Civil estabelece que "sob pena de nulidade, o estatuto das associações conterá:

I - a denominação, os fins e a sede da associação;

II - os requisitos para a admissão, demissão e exclusão dos associados;

III - os direitos e deveres dos associados;

IV - as fontes de recursos para sua manutenção;

V - o modo de constituição e de funcionamento dos órgãos deliberati vos; (Redação dada pela Lei n° 11.127, de 2005)

VI - as condições para a alteração das disposições estatutárias e para a dissolução.

VII – a forma de gestão administrativa e de aprovação das respectivas contas. (Incluído pela Lei n° 11.127, de 2005)".

O estatuto é o documento formal que contém várias cláusulas estabelecidas pelos fundadores da associação e estes devem levar o documento ao registro público. A partir do registro, a associação possui personalidade jurídica, podendo ser titular de direitos e deveres.

A denominação, a finalidade e a sede da associação devem estar declaradas expressamente no estatuto. A associação deve atuar em harmonia com os fins declarados no seu registro de criação.

9.5.3 Direitos e deveres do associado

Os associados devem ter iguais direitos, mas o estatuto poderá instituir categorias com vantagens especiais (CC, art. 55).

A possibilidade de instituição de categorias de associados com vantagens especiais admite a atribuição de pesos diferenciados ao direito de voto, desde que isso não acarrete a sua supressão em relação a matérias previstas no art. 59 do CC. (VII Jornada de Direito Civil, enunciado 577).[24]

A qualidade de associado é intransmissível, se o estatuto não dispuser o contrário (CC, art. 56).

Se o associado for titular de quota ou fração ideal do patrimônio da associação, a transferência daquela não importará, de per si, na atribuição da qualidade de associado ao adquirente ou ao herdeiro, salvo disposição diversa do estatuto (CC, art. 56, parágrafo único). Daí que a associação poderá prever *quota de patrimônio* ou não. Naquele caso, o adquirente ou o herdeiro das quotas não terá a qualidade de associado, salvo se o estatuto dispuser de forma contrária.

A exclusão do associado só é admissível havendo justa causa, assim reconhecida em procedimento que assegure direito de defesa e de recurso, nos termos previstos no estatuto (CC, art. 57, com redação dada pela Lei nº 11.127, de 2005).[25] A regra traduz a garantia constitucional do *due process of law* que deve permear todas as relações jurídicas.

Na aplicação da pena ao associado deverá ser levada em conta adequada proporção entre a conduta deste e o conteúdo da punição. Melhor dizendo: é a aplicação do critério da proporcionalidade, devendo em cada caso concreto

24 Justificativa: O direito de voto e o de representação em assembleias é apontado por Pontes de Miranda como modalidades de direitos específicos preferentes. Somente haverá a possibilidade de estipulação de padrões diversificados de voto quando em contraste com os direitos específicos gerais de que são titulares todos os indivíduos. O poder de veto da escolha de administradores seria um bom exemplo. O CO 2002 tratou, no art. 59, das competências da Assembleia Geral para alterar o estatuto, mediante um quórum em que considerados todos os integrantes, sem qualquer menção à possibilidade de exclusão de voto de alguma categoria. Ou seja, o voto é direito comum a todos os associados quanto às matérias deliberadas em assembleia e, ao que tudo indica, não era admitida a sua exclusão em 1916, e continua a não ser em 2002. A liberdade de associação não autoriza, assim, que a representação seja fulminada mediante a exclusão de um direito comum a todas as categorias, conforme o art. 58 CO. Importante esclarecer, todavia, que uma coisa é a vedação da exclusão do direito de voto, outra bem diversa é a previsão de critérios diferenciadores de voto, segundo a categoria do associado. Para efeito de controle normativo dos padrões deliberativos, basta investigar se o associado concordou previamente com a configuração de alguma especificidade do seu voto, se o ato constitutivo o previu ou se constou da própria deliberação permitida por ele (art. 58 do CO). Estes balizadores da definição dos critérios diferenciados de voto devem guardar estrita observância com elementos justificadores do discrímen concebido.

25 Conselho da Justiça Federal – IV Jornada de Direito Civil. CJF – Enunciado 280 – Arts.44, 57 e 60. Por força do art. 44, § 2°, consideram-se aplicáveis às sociedades reguladas pelo Livro II da Parte Especial, exceto às limitadas, os arts. 57 e 60, nos seguintes termos: a) Em havendo previsão contratual, é possível aos sócios deliberar a exclusão de sócio por justa causa, pela via extrajudicial, cabendo ao contrato disciplinar o procedimento de exclusão, assegurado o direito de defesa, por aplicação analógica do art. 1.085; b) As deliberações sociais poderão ser convocadas pela iniciativa de sócios que representem 1/5 (um quinto) do capital social, na omissão do contrato. A mesma regra aplica-se na hipótese de criação, pelo contrato, de outros órgãos de deliberação colegiada.

decidendo se apurar a proporcionalidade da sanção que poderá ser graduada entre as penas de exclusão, suspensão, multa, advertência e censura, prevista no instrumento estatutário, em conformidade com a conduta praticada pelo associado.

O procedimento a ser adotado pelo órgão competente para julgar o caso será aquele previsto no estatuto. Este procedimento deverá atender aos ditames constitucionais e deverá conter as fases procedimentais básicas, tais como: a) imputação; b) citação do associado; c) instrução, com a realização de provas; d) julgamento; e) recursos.

O parágrafo único do artigo 57 foi revogado pela Lei n° 11.127/05.

Nenhum associado poderá ser impedido de exercer direito ou função que lhe tenha sido legitimamente conferido, a não ser nos casos e pela forma previstos na lei ou no estatuto (CC, art. 58). O artigo 58 do nosso Código Civil reforça a garantia constitucional do devido processo legal.

9.5.4 Assembleia Geral

A Assembleia Geral é tida como o órgão máximo da associação. De acordo com o artigo 59 do Código Civil, compete privativamente à Assembleia-Geral: (Redação dada pela Lei n° 11.127, de 2005)

I - destituir os administradores; (Redação dada pela Lei n° 11.127, de 2005)

II - alterar o estatuto. (Redação dada pela Lei n° 11.127, de 2005)

Para as deliberações a que se referem os incisos I e II do referido artigo é exigido deliberação da assembleia especialmente convocada para esse fim, cujo quórum será o estabelecido no estatuto, bem como os critérios de eleição dos administradores (CC, art. 59, parágrafo único, com redação dada pela Lei n° 11.127, de 2005).

A convocação dos órgãos deliberativos far-se-á na forma do estatuto, garantido a 1/5 (um quinto) dos associados o direito de promovê-la. (CC, art. 60 com redação dada pela Lei n° 11.127, de 2005).[26]

26 Conselho da Justiça Federal – IV Jornada de Direito Civil. CJF – Enunciado 280 – Arts.44, 57 e 60. Por força do art. 44, § 2°, consideram-se aplicáveis às sociedades reguladas pelo Livro II da Parte Especial, exceto às limitadas, os arts. 57 e 60, nos seguintes termos: a) Em havendo previsão contratual, é possível aos sócios deliberar a exclusão de sócio por justa causa, pela via extrajudicial, cabendo ao contrato disciplinar o procedimento de exclusão, assegurado o direito de defesa, por aplicação analógica do art. 1.085; b) As deliberações sociais poderão ser convocadas pela iniciativa de sócios que representem 1/5 (um quinto) do capital social, na omissão do contrato. A mesma regra aplica-se na hipótese de criação, pelo contrato, de outros órgãos de deliberação colegiada.

9.5.5 Dissolução da associação e destino dos bens

O artigo 61 do nosso Código Civil determina que dissolvida uma associação deve-se primeiramente apurar seu patrimônio líquido (é o valor do ativo deduzido o passivo). São regras que deverão ser seguidas pelo liquidante da associação ou pelo magistrado. O que fazer com o remanescente do patrimônio líquido, se houver?

O artigo 61 determina que "dissolvida a associação, o remanescente do seu patrimônio líquido, depois de deduzidas, se for o caso, as quotas ou frações ideais referidas no parágrafo único do art. 56, será destinado à entidade de fins não econômicos designada no estatuto, ou, omisso este, por deliberação dos associados, à instituição municipal, estadual ou federal, de fins idênticos ou semelhantes (CC, art. 61).[27]

Esclarece o artigo 61, § 1°, que "por cláusula do estatuto ou, no seu silêncio, por deliberação dos associados, podem estes, antes da destinação do remanescente referida neste artigo, receber em restituição, atualizado o respectivo valor, as contribuições que tiverem prestado ao patrimônio da associação".[28]

Não existindo no Município, no Estado, no Distrito Federal ou no Território, em que a associação tiver sede, instituição nas condições indicadas, o que remanescer do seu patrimônio se devolverá à Fazenda do Estado, do Distrito Federal ou da União (CC, art. 61, § 2°).[29]

9.5.6 Espécies de associações

De acordo com a sua finalidade e objeto, as associações podem ser agrupadas em várias espécies, dentre as quais destacamos:

a) as *associações beneficentes* ou *filantrópicas,* têm como escopo as atividades de caridade e ajuda. Por exemplo, a Associação Beneficente de Amparo a Doentes de Câncer – ABADOC é uma instituição filantrópica não governamental e sem fins lucrativos, cujo trabalho é voltado à assistência aos doentes de câncer de baixa renda, essencialmente doando medicamentos específicos e complementares ao tratamento desta doença, a Associação Beneficente Bate-Coração, a APAE etc.
b) as *associações de assistência social,* tais como creche, asilo, hospitais etc.
c) as *associações estudantis*, que buscam atender aos interesses da comunidade discente. Como exemplo, a ABES (Associação Baiana

27 Correspondente ao art. 22, *caput*, do CC de 1916.
28 Sem Correspondente ao CC de 1916.
29 Correspondente ao art. 22, *caput*, do CC de 1916.

Estudantil Secundarista) é uma entidade representativa que é o instrumento de luta dos estudantes baianos, luta pela melhoria da educação, pelos direitos estudantis e da sociedade.

d) as *associações culturais*, tais como as literárias, artísticas etc. A Associação Cultural Museu da Computação e Informática – MCI (Sorocaba – SP), associação civil de direito privado sem fins lucrativos, de natureza cultural e científica, é um exemplo.

e) as *associações de profissionais liberais*, tais como a ABRAWEB – Associação Brasileira de Webdesigners e Webmasters, a Associação Médica Brasileira, fundada em 26 de janeiro de 1951 e que, atualmente, congrega cerca de 250 mil médicos sócios em todo Brasil etc.

f) as *associações desportivas*, tais como a Associação Desportiva Ferroviária Vale do Rio Doce que em 17 de junho de 1963, nasceu da fusão dos times, Vale do Rio Doce, Ferroviário, Cauê, Guarany e Cruzeiro, todos formados por funcionários da Companhia Vale do Rio Doce; a Associação Desportiva para Deficientes – ADD, em São Paulo etc.

g) as *associações de amigos de bairro*, como a Associação de Moradores e Amigos de Santa Teresa – AMAST, a Associação de Moradores e Amigos da Barra da Tijuca (AMABARRA), no Rio de Janeiro etc.

Em relação à associação de moradores, vale destacar que a taxa por serviços prestados não pode ser cobrada de proprietário de imóvel que não seja associado. É o que decidiu o Tribunal de Justiça do Estado de São Paulo, na Apelação Cível 207.802-4/4-00, em 23.3.2006, de relatoria do desembargador Ênio Zuliani, ao afirmar que "A Associação apelante não é um ente criado por contrato. Surgiu da vontade de alguns e está com o objetivo de patrulhar as ruas de um bairro de uma determinada cidade, o que não deixa de ser uma tentativa para conter a violência que ameaça a paz nos grandes, médios e pequenos centros populacionais. Contudo, apesar dessa ideologia, que no papel, teria função relevante, na prática do dia a dia, somente com adesão voluntária poderá contar essa voluntariosa entidade, porque de pagamentos compulsórios não poderá sobreviver. É antijurídico obrigar o proprietário a pagar por serviços particulares de segurança contratados por uma associação da qual não é filiado, por representar uma violência moral contra o cidadão.

O Estado-juiz não deve prestigiar esse tipo de práticas em sentenças, porque, se o fizer, estará reconhecendo poder paralelo para que essa e outras entidades do gênero possam, de ora avante, se intitularem substitutivas dos serviços públicos necessários e que são obrigatoriamente prestados pelo Poder Público, para, dessa forma e sem licença ou concessão oficial, exercerem, com lucros, trabalhos relevantes sob o prisma social. E o proprietário, já onerado com o recolhimento de impostos que são exigidos para morar bem e com tranquilidade social, será forçado a pagar preços fixados por essas prestadoras de serviços de segurança ou de limpeza de ruas, ou para embelezar praças, ou para controlar circulação de animais, ou para cadastrar a entrada e saída de carros, ou para demarcar estacionamentos de ruas, ou para afastar as mulheres que passeiam nas calçadas com roupas decotadas, ou para acabar com o jogo de bola da molecada etc. O tema polêmico cindiu a jurisprudência do STJ, tendo ocorrido divergência nos julgamentos da Terceira e Quarta Turma, o que motivou o julgamento, contra a cobrança do proprietário não associado, das taxas que são aqui cobradas, valendo transcrever o voto condutor do Acórdão, relatado pelo ministro Humberto Gomes de Barros – Embargos de Divergência no REsp. 444.931-SP, DJ 1.2.2006 -, como reforço da argumentação: "As taxas de manutenção criadas por associação de moradores não podem ser impostas a proprietário de imóvel que não é associado, nem aderiu ao ato que instituiu o encargo. A questão é simples: o embargado não participou da constituição da associação embargante. Já era proprietário do imóvel, antes mesmo de criada a associação. As deliberações desta, ainda que revertam em prol de todos os moradores do loteamento, não podem ser impostas ao embargado. Ele tinha a faculdade – mais que isso, o direito constitucional de associar-se ou não. E não o fez. Assim, não pode ser atingido no rateio das despesas de manutenção do loteamento, decididas e implementadas pela associação. Em nosso ordenamento jurídico há somente três fontes de obrigações: a lei, o contrato ou o débito. No caso, não atuam qualquer dessas fontes. Com escusas ao eminente relator, rejeito os embargos de divergência". O ilustre Magistrado, em sua criteriosa sentença, mencionou exemplar julgado do colendo STJ, relator o ministro Carlos Alberto Menezes Direito - REsp. 78.460-RJ -, quando se deu ênfase para a natureza jurídica da obrigação *propter rem* – que existe em condomínio, da Lei 4.591/64, artigo 12 -, mas que não existe em bairros residenciais tradicionais. Também poderá ser afirmado que esse assunto também aflige os moradores de Camboinhas, na região oceânica de Niterói, o que motivou enérgica reação de Sérgio Couto – *Seleções Jurídicas ADV*, dezembro de 2004, edição COAD, p. 32: "No instante em que se admitir que associações como essa possam cobrar os valores que pretendem corretos, para que possamos morar em nossa propriedade, perdemos a identidade e a referência como seres humanos, transformados que somos em robôs, verdadeiras máquinas sem funções espirituais, inclusive a do exercício da representação da vontade, o mais sublime direito da vida". Realmente, se a Constituição não obriga o proprietário a se associar – artigo 5°, XX – não cabe obrigá-lo a pagar taxas por serviços que são prestados pelo Estado; o que se admite, nos termos da Lei 6.766/79 e 4.591/64, é a cobrança de taxas como encargos de conservação de coisa comum, desde que convencionados em documentos que vinculem a propriedade. O apelado, que não está preso a uma obrigação *propter rem* por lei ou por contrato, está, na forma do artigo 524, do CC, de 1916 – correspondente ao artigo 1.228, do CC, de 2002 -, livre para usar e gozar da propriedade imóvel, em injunções de associações que se fundaram e se desenvolvem sem sua adesão".

9.5.7 Modelo de estatuto de associação

Segue, abaixo, modelo de estatuto de associação disponibilizado pelo Instituto de Registro de Títulos e Documentos e de Pessoas Jurídicas do Brasil.[30]

CAPÍTULO I – DA DENOMINAÇÃO, SEDE E FINS

Art. 1° – A(o) .... também designada (o) pela sigla, ... (se usar sigla), fundada (o) em .... de .... de .... é uma associação, sem fins econômicos, que terá duração por tempo indeterminado, sede no Município de ....

Art. 2° – A Associação tem por finalidade(s)

Art. 3° – No desenvolvimento de suas atividades, a Associação não fará qualquer discriminação de raça, cor, sexo ou religião.

Art. 4° – A Associação poderá ter um Regimento Interno, que aprovado pela Assembleia Geral, disciplinará o seu funcionamento.

Art. 5° – A fim de cumprir sua(s) finalidade(s), a Associação poderá organizar-se em tantas unidades de prestação de serviços, quantas se fizerem necessárias, as quais se regerão pelo Regimento Interno.

CAPÍTULO II – DOS ASSOCIADOS

Art. 6° – A Associação é constituída por número ilimitado de associados, que serão admitidos, a juízo da diretoria, dentre pessoas idôneas.

Art. 7° – Haverá as seguintes categorias de associados:

1) – Fundadores, os que assinarem a ata de fundação da Associação;

2) – Beneméritos, aqueles aos quais a Assembleia Geral conferir esta distinção, espontaneamente ou por proposta da diretoria, em virtude dos relevantes serviços prestados à Associação.

3) – Honorários, aqueles que se fizerem credores dessa homenagem por serviços de notoriedade prestados à Associação, por proposta da diretoria à Assembleia Geral;

4) – Contribuintes, os que pagarem a mensalidade estabelecida pela Diretoria.

Art. 8° – São direitos dos associados quites com suas obrigações sociais:

30 Disponível em : <www.irtdpjbrasil.com.br> Acesso em 04 ago. 2007.

I – votar e ser votado para os cargos eletivos;
II – tomar parte nas assembleias gerais.

Parágrafo único. Os associados beneméritos e honorários não terão direito a voto e nem poderão ser votados.
Art. 9° – São deveres dos associados:
I – cumprir as disposições estatutárias e regimentais;
II – acatar as determinações da Diretoria.
Parágrafo único. Havendo justa causa, o associado poderá ser demitido ou excluído da Associação por decisão da diretoria, após o exercício do direito de defesa. Da decisão caberá recurso à Assembleia Geral.
Art. 10 – Os associados da entidade não respondem, nem mesmo subsidiariamente, pelas obrigações e encargos sociais da instituição.

CAPÍTULO III – DA ADMINISTRAÇÃO

Art. 11 – A Associação será administrada por:
I – Assembleia Geral;
II – Diretoria; e
III – Conselho Fiscal.
Art. 12 – A Assembleia Geral, órgão soberano da instituição, constituir-se-á dos associados em pleno gozo de seus direitos estatutários.
Art. 13 – Compete à Assembleia Geral:
I – eleger a Diretoria e o Conselho Fiscal;
II – destituir os administradores;
III – apreciar recursos contra decisões da diretoria;
IV – decidir sobre reformas do Estatuto;
V – conceder o título de associado benemérito e honorário por proposta da diretoria;
VI – decidir sobre a conveniência de alienar, transigir, hipotecar ou permutar bens patrimoniais;
VII – decidir sobre a extinção da entidade, nos termos do artigo 33;
VIII – aprovar as contas;
IX – aprovar o regimento interno.
Art. 14 – A Assembleia Geral realizar-se-á, ordinariamente, uma vez por ano para:
I – apreciar o relatório anual da Diretoria;
II – discutir e homologar as contas e o balanço aprovado pelo Conselho Fiscal.

Art. 15 – A Assembleia Geral realizar-se-á, extraordinariamente, quando convocada:
I – pelo presidente da Diretoria;
II – pela Diretoria;
III – pelo Conselho Fiscal;

IV- por requerimento de 1/5 dos associados quites com as obrigações sociais.
Art. 16 - A convocação da Assembleia Geral será feita por meio de edital afixado na sede da Instituição, por circulares ou outros meios convenientes, com antecedência mínima de (número) ....dias.
Parágrafo único - Qualquer Assembleia instalar-se-á em primeira convocação com a maioria dos associados e, em segunda convocação, com qualquer número, não exigindo a lei quórum especial.
Art. 17 - A Diretoria será constituída por um presidente, um vice-presidente, primeiro e segundo-secretários, primeiro e segundo-tesoureiros. Parágrafo Único - O mandato da diretoria será de (número)..............anos, vedada mais de uma reeleição consecutiva.
Art. 18 - Compete à Diretoria:
I - elaborar e executar programa anual de atividades;
II - elaborar e apresentar, à Assembleia Geral, o relatório anual;
III - estabelecer o valor da mensalidade para os sócios contribuintes;
IV- entrosar-se com instituições públicas e privadas para mútua colaboração em atividades de interesse comum;
V - contratar e demitir funcionários;
VI- convocar a Assembleia Geral;

Art. 19 - A diretoria reunir-se-á no mínimo...........

Art. 20 - Compete ao presidente:
I - representar a Associação ativa e passivamente, judicial e extrajudicialmente;
II - cumprir e fazer cumprir este Estatuto e o Regimento Interno;
III - convocar e presidir a Assembleia Geral:
IV- convocar e presidir as reuniões da Diretoria;
V - assinar, com o primeiro tesoureiro, todos os cheques, ordens de pagamento e títulos que representem obrigações financeiras da Associação;
Art. 21 - Compete ao vice-presidente:
I - substituir o presidente em suas faltas ou impedimentos;
II - assumir o mandato, em caso de vacância, até o seu término;
III - prestar, de modo geral, a sua colaboração ao presidente.

Art. 22 - Compete o primeiro-secretário:
I - secretariar as reuniões da Diretoria e Assembleia Geral e redigir as atas;
II - publicar todas as notícias das atividades da entidade

Art. 23 - Compete ao segundo-secretário:
I - substituir o primeiro-secretário em suas faltas ou impedimentos;
II - assumir o mandato, em caso de vacância, até o seu término; e
III - prestar, de modo geral, a sua colaboração ao primeiro-secretário.

Art. 24 – Compete ao primeiro-tesoureiro:
I – arrecadar e contabilizar as contribuições dos associados, rendas, auxílios e donativos, mantendo em dia a escrituração;

II – pagar as contas autorizadas pelo presidente:
III – apresentar relatórios de receita e despesas, sempre que forem solicitados:
IV – apresentar o relatório financeiro para ser submetido à Assembleia Geral;
V – apresentar semestralmente o balancete ao Conselho Fiscal;
VI – conservar, sob sua guarda e responsabilidade, os documentos relativos à tesouraria;
VII – manter todo o numerário em estabelecimento de crédito;
VIII – assinar, com o presidente, todos os cheques, ordens de pagamento e títulos que representem obrigações financeiras da Associação;

Art. 25 – Compete ao segundo-tesoureiro:
I – substituir o primeiro-tesoureiro em suas faltas ou impedimentos;
II – assumir o mandato, em caso de vacância, até o seu término;
III – prestar, de modo geral, a sua colaboração ao primeiro-tesoureiro.

Art. 26 – O Conselho Fiscal será constituído por (número) .... mem bros, e seus respectivos suplentes, eleitos pela Assembleia Geral.
§ 1° – O mandato do Conselho Fiscal será coincidente com o mandato da Diretoria.
§ 2° – Em caso de vacância, o mandato será assumido pelo respectivo suplente, até seu término.

Art. 27 – Compete ao Conselho Fiscal:
I – examinar os livros de escrituração da entidade;
II – examinar o balancete semestral apresentado pelo tesoureiro, opinando a respeito;
III – apresentar relatórios de receitas e despesas, sempre que forem solicitados.
IV – opinar sobre a aquisição e alienação de bens.

Parágrafo Único – O Conselho reunir-se-á ordinariamente a cada (número) meses e, extraordinariamente, sempre que necessário.
Art. 28 – As atividades dos diretores e conselheiros, bem como as dos associados, serão inteiramente gratuitas, sendo-lhes vedado o recebimento de qualquer lucro, gratificação, bonificação ou vantagem.
Art. 29 – A instituição não distribuirá lucros, resultados, dividendos, bonificações, participações ou parcela de seu patrimônio, sob nenhuma forma ou pretexto.
Art. 30 – A Associação manter-se-á através de contribuições dos associados e de outras atividades, sendo que essas rendas, recursos e eventual resultado operacional serão aplicados integralmente na manutenção e desenvolvimento dos objetivos institucionais, no território nacional.

CAPÍTULO IV – DO PATRIMÔNIO

Art. 31 – O patrimônio da Associação será constituído de bens móveis, imóveis, veículos, semoventes, ações e apólices de dívida pública.

Art. 32 – No caso de dissolução da Instituição, os bens remanescentes serão destinados a outra instituição congênere, com personalidade jurídica, que esteja registrada no Conselho Nacional de Assistência Social – CNAS ou entidade Pública.

CAPÍTULO V – DAS DISPOSIÇÕES GERAIS

Art. 33 – A Associação será dissolvida por decisão da Assembleia Geral Extraordinária, especialmente convocada para esse fim, quando se tornar impossível a continuação de suas atividades.

Art. 34 – O presente estatuto poderá ser reformado, em qualquer tempo, por decisão de 2/3 (dois terços) dos presentes à Assembleia Geral especialmente convocada para esse fim, não podendo ela deliberar, em primeira convocação, sem a maioria absoluta dos associados, ou com menos de 1/3 (um terço) nas convocações seguintes, e entrará em vigor na data de seu registro em cartório.

Art. 35 – Os casos omissos serão resolvidos pela Diretoria e referendados pela Assembleia Geral.

O presente estatuto foi aprovado pela Assembleia Geral realizada no dia
...../.../.........
Cidade, em .... de...................... de 2004.
Nome e assinatura do presidente

9.6 Sociedades

9.6.1 Introdução

Como visto acima, as *associações* foram tratadas nos artigo 53 a 61 do Código Civil. As *sociedades* constituem tema de direito empresarial e estão disciplinadas nos artigos 981 a 1.141 do nosso Código Civil.

De acordo com o art. 44 do Código Civil, tanto as associações quanto as sociedades são pessoas jurídicas de direito privado. Todavia, associação e sociedade não se confundem. As principais diferenças entre uma e outra podem ser apresentadas no quadro abaixo:

Em relação ao artigo 61 do CCB, a V Jornada de Direito Civil estabeleceu que "Enunciado 407 – Art. 61. A obrigatoriedade de destinação do patrimônio líquido, remanescente da associação a instituição municipal, estadual ou federal de fins idênticos ou semelhantes, em face da omissão do estatuto, possui caráter subsidiário, devendo prevalecer a vontade dos associados, desde que seja contemplada entidade que persiga fins não econômicos."

	OBJETO	CRIADA POR	DIREITOS E OBRIGAÇÕES
SOCIEDADE	Atividade econômica	Sócios	Assumem obrigações recíprocas de contribuir para sua formação e partilhar dos resultados
ASSOCIAÇÃO	Fins não econômicos	Associados	Não há direitos e obrigações recíprocos

As sociedades podem ser classificadas em *sociedades empresárias e sociedades simples.*

De acordo com o art. 981 do nosso Código Civil, celebram contrato de sociedade as *pessoas que reciprocamente se obrigam* a contribuir, com bens ou serviços, para o exercício de *atividade econômica* e a partilha, entre si, dos resultados. Note-se que as pessoas se obrigam (natureza jurídica de contrato) para uma atividade econômica.

Nos termos do artigo 982 do CC, considera-se *empresária* a sociedade que tem por finalidade o exercício de atividade própria de empresário sujeito a registro (art. 967); e, *simples*, as demais.

O empresário, por definição legal (art. 966, CC/02), é quem exerce profissionalmente atividade econômica organizada para a produção ou circulação de bens ou de serviços.

9.6.2 Espécies de sociedades

De acordo com o diagrama elaborado por Amélia de Pádua, Danielle Riegermann e Érica Guerra, são, portanto, *espécies de sociedades:* [31]

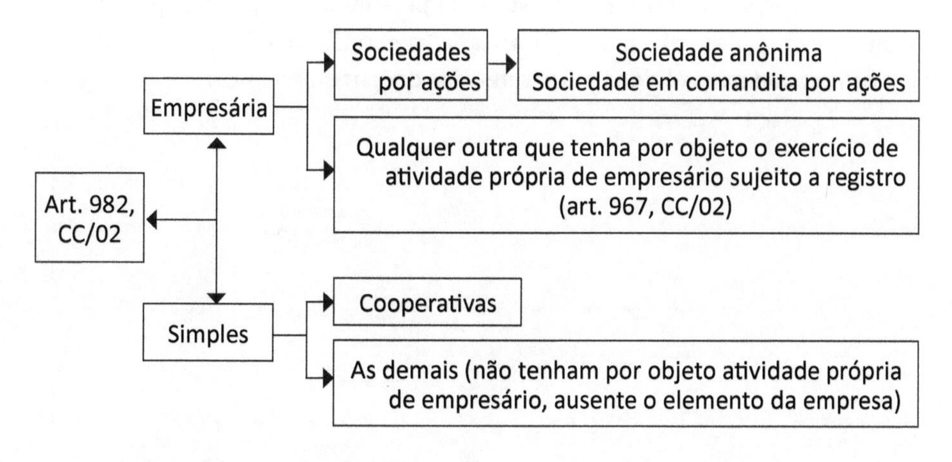

31 PÁDUA, Amélia de; BUCZYNSKI, Danielle Riegermann; GUERRA, Érica. Direito empresarial. Volume I. Rio de Janeiro: Rio, 2005, p. 106.

Obs. A sociedade de advogados está prevista no Estatuto da Advocacia e da Ordem dos Advogados do Brasil (Lei nº 8.906/94) e sempre será sociedade simples (art. 15), sendo o registro de seus atos constitutivos de competência da OAB.

O *contrato de sociedade* apresenta as seguintes características: a) pluralidade de pessoas; b) obrigatoriedade dos sócios de contribuir com bens ou serviços; c) direito dos sócios à participação dos resultados; d) o objeto da sociedade é o desenvolvimento de uma atividade econômica.

Em relação ao artigo 982, o Conselho da Justiça Federal, nas III e IV Jornadas de Direito Civil, publicou os seguintes enunciados:

a) III Jornada de Direito Civil: CJF – Enunciado 196 – Arts. 966 e 982: A sociedade de natureza simples não tem seu objeto restrito às atividades intelectuais.
b) III Jornada de Direito Civil: CJF – Enunciado 207 – Art. 982: A natureza de sociedade simples da cooperativa, por força legal, não a impede de ser sócia de qualquer tipo societário, tampouco de praticar ato de empresa.
c) IV Jornada de Direito Civil: CJF – Enunciado 382 – Nas sociedades, o registro observa a natureza da atividade (empresarial ou não – art. 966); as demais questões seguem as normas pertinentes ao tipo societário adotado (art. 983). São exceções as sociedades por ações e as cooperativas (art. 982, parágrafo único).

Amélia de Pádua, Danielle Riegermann e Érica Guerra ensinam que o legislador adotou o critério da aquisição da personalidade jurídica para classificar as sociedades "não personificadas" e "personificadas". Abaixo, o quadro e o esquema desenvolvidos pelas referidas docentes:

Tipos Societários

	NÃO PERSONIFICADAS (Subtítulo I do CC/02)	PERSONIFICADAS (Subtítulo II do CC/02)
Sociedades	Constituída mediante contrato, mas não arquivado no registro competente.	Regularmente constituída e registrada no órgão competente (art. 45 c/c art. 985 e 1.150, todos do CC/02)

	NÃO PERSONIFICADAS (Subtítulo I do CC/02)	PERSONIFICADAS (Subtítulo II do CC/02)
TIPOS	Em Comum (art. 986 a 990 do CC/02) Em Conta de Participação (art. 991 a 996 do CC/02)	Simples (art. 997 a 1.038, CC/02) Em Nome Coletivo (art. 1.039 a 1.044, CC/02) Em Comandita Simples (art. 1.045 a 1.051, CC/02) Limitada (art. 1.052 a 1.087, CC/02) Anônima (art. 1.088 e 1.089, CC/02 e Lei no 6.404/76 – LSA) Em Comandita por Ações (art. 1.090 a 1.092, CC/02 e Lei nº 6.404/76 – LSA) Cooperativa (art. 1.093 a 1.096, CC/02 e Lei de n° 5.764/71)

O Código Civil prevê os tipos societários admissíveis pelo ordenamento e quais podem ser adotados pelas sociedades empresárias e sociedade simples (art. 983, *caput* e parágrafo único do CC), conforme quadro abaixo.

Tipos de Sociedades

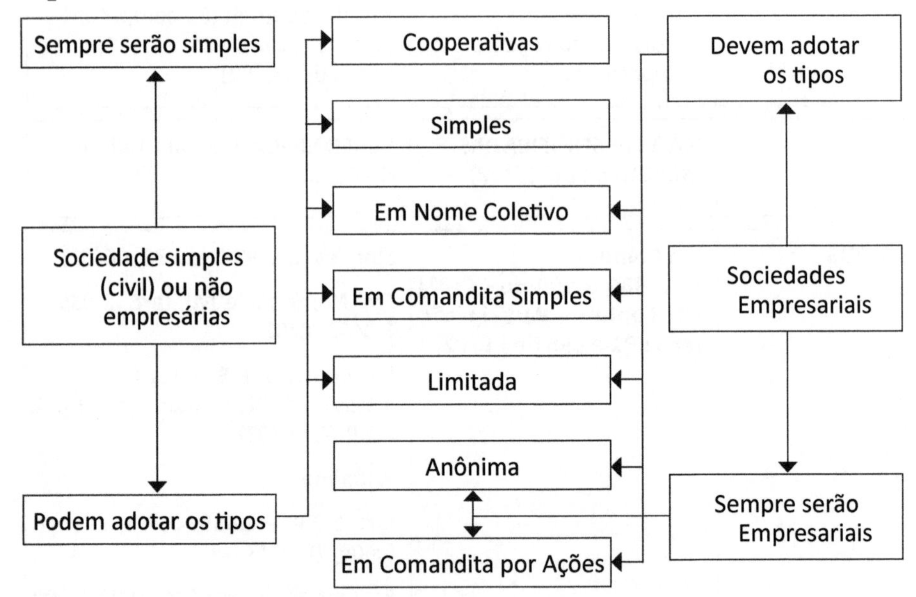

9.6.3 Sociedades irregulares ou de fato

Se a sociedade não registrar seus atos constitutivos ela não terá personalidade jurídica, sendo considerada uma *sociedade irregular* ou *de fato*.

Somente com o registro, a pessoa jurídica obtém personalidade jurídica e começa a existir legalmente, com aptidão para ser titular de direitos e deveres na órbita civil. Vale lembrar que todos os atos praticados pela sociedade até o registro serão tratados e interpretados pelos princípios que ensejam a sociedade irregular ou de fato.

A *sociedade irregular* ou *de fato* é tratada no Código Civil, no livro referente ao Direito de Empresa, em especial no subtítulo I, da Sociedade Não Personificada, Capítulo I, da Sociedade em Comum. O artigo 986 preceitua que "enquanto não inscritos os atos constitutivos, reger-se-á a sociedade, exceto por ações em organização, pelo disposto neste Capítulo, observadas, subsidiariamente e no que com ele forem compatíveis, as normas da sociedade simples".

O Conselho da Justiça Federal, na I Jornada de Direito Civil, editou o Enunciado 58 que diz: "a sociedade em comum compreende as figuras doutrinárias da sociedade de fato e da irregular".

Na III Jornada de Direito Civil, o Conselho da Justiça Federal, publicou o Enunciado 209 que informa: "O art. 986 deve ser interpretado em sintonia com os arts. 985 e 1.150, de modo a ser considerada em comum a sociedade que não tenha seu ato constitutivo inscrito no registro próprio ou em desacordo com as normas legais previstas para esse registro (art. 1.150), ressalvadas as hipóteses de registros efetuados de boa-fé".[32]

Os sócios, nas relações entre si ou com terceiros, somente por escrito podem provar a existência da sociedade, mas os terceiros podem prová-la de qualquer modo (CC, art. 987).

Os bens e dívidas sociais constituem patrimônio especial, do qual os sócios são titulares em comum (CC, art. 988).[33]

Em relação ao artigo 988, o Conselho da Justiça Federal, na III Jornada de Direito Civil, publicou o Enunciado 210 que determina que "o patrimônio especial a que se refere o art. 988 é aquele afetado ao exercício da atividade, garantidor de terceiro, e de titularidade dos sócios em comum, em face da ausência de personalidade jurídica".

Os bens sociais respondem pelos atos de gestão praticados por qualquer dos sócios, salvo pacto expresso limitativo de poderes, que somente terá eficácia contra o terceiro que o conheça ou deva conhecer (CC, art. 989).[34]

De acordo com o artigo 990 do nosso Código Civil, todos "os sócios respondem solidária e ilimitadamente pelas obrigações sociais, excluído do benefício de ordem, previsto no art. 1.024", através do qual os bens particulares dos sócios não poderão ser executados por débitos da sociedade, senão depois de executados os bens sociais.

---

32 Conselho da Justiça Federal – IV Jornada de Direito Civil. CJF – Enunciado 383 – A falta de registro do contrato social (irregularidade originária – art. 998) ou de alteração contratual versando sobre matéria referida no art. 997 (irregularidade superveniente – art. 999, parágrafo único) conduzem à aplicação das regras da sociedade em comum (art. 986).
CJF – Enunciado 384 – Nas sociedades personificadas previstas no Código Civil, exceto a cooperativa, é admissível o acordo de sócios, por aplicação analógica das normas relativas às sociedades por ações pertinentes ao acordo de acionistas.

33 CC 2002 – Art. 1.026. O credor particular de sócio pode, na insuficiência de outros bens do devedor, fazer recair a execução sobre o que a este couber nos lucros da sociedade, ou na parte que lhe tocar em liquidação. Parágrafo único. Se a sociedade não estiver dissolvida, pode o credor requerer a liquidação da quota do devedor, cujo valor, apurado na forma do art. 1.031, será depositado em dinheiro, no juízo da execução, até noventa dias após aquela liquidação.

34 CC 2002 – Art. 1.031. Nos casos em que a sociedade se resolver em relação a um sócio, o valor da sua quota, considerada pelo montante efetivamente realizado, liquidar-se-á, salvo disposição contratual em contrário, com base na situação patrimonial da sociedade, à data da resolução, verificada em balanço especialmente levantado. § 1° O capital social sofrerá a correspondente redução, salvo se os demais sócios suprirem o valor da quota. § 2° A quota liquidada será paga em dinheiro, no prazo de noventa dias, a partir da liquidação, salvo acordo, ou estipulação contratual em contrário.
38 Conselho da Justiça Federal – III Jornada de Direito Civil. CJF – Enunciado 211 – Art. 989: Presume-se disjuntiva a administração dos sócios a que se refere o art. 989.

Os bens particulares dos sócios não respondem pelas dívidas da sociedade senão nos casos previstos em lei; o sócio, demandado pelo pagamento da dívida, tem direito a exigir que sejam primeiro excutidos os bens da sociedade (CPC, art. 596).

Em relação ao artigo 990, o Conselho da Justiça Federal, nas I e III Jornadas de Direito Civil, editou os seguintes enunciados:

a) I Jornada de Direito Civil: CJF - Enunciado 59 - Arts. 990, 1.009, 1.016, 1.017 e 1.091: os sócios-gestores e os administradores das empresas são responsáveis subsidiária e ilimitadamente pelos atos ilícitos praticados, de má gestão ou contrários ao previsto no contrato social ou estatuto, consoante estabelecem os arts. 990, 1.009, 1.016, 1.017 e 1.091, todos do Código Civil.
b) III Jornada de Direito Civil: CJF - Enunciado 212 - Art. 990: Embora a sociedade em comum não tenha personalidade jurídica, o sócio que tem seus bens constritos por dívida contraída em favor da sociedade, e não participou do ato por meio do qual foi contraída a obrigação, tem o direito de indicar bens afetados às atividades empresariais para substituir a constrição.

Por fim, as sociedades sem personalidade jurídica são representadas em juízo, ativa e passivamente, pela pessoa a quem couber a administração de seus bens. É o que determina o artigo 12, inciso VII, do Código de Processo Civil. Ainda que sem personalidade jurídica, a sociedade irregular ou de fato poderá cobrar seus créditos em juízo, já que o devedor não arguir a irregularidade da sociedade como fundamento para não pagar o que deve.

9.7 Fundações

9.7.1 Introdução

As *fundações* pessoas jurídicas cuja organização está centrada em um patrimônio *(universitas bonorum)*. As fundações são regidas pelos artigos 62 a 69 do diploma civilístico.

9.7.2 Constituição das Fundações

O artigo 62 do Código Civil preceitua que "para criar uma fundação, o seu instituidor fará, por escritura pública ou testamento, dotação especial de bens livres, especificando o fim a que se destina, e declarando, se quiser, a maneira de administrá-la".

A fundação, de acordo com os termos do parágrafo único do artigo 62, somente poderá constituir-se para fins de:

(Redação dada pela Lei nº 13.151, de 2015)
I – assistência social; (Incluído pela Lei nº 13.151, de 2015)
II – cultura, defesa e conservação do patrimônio histórico e artístico; (Incluído pela Lei nº 13.151, de 2015)
III – educação; (Incluído pela Lei nº 13.151, de 2015)
IV – saúde; (Incluído pela Lei nº 13.151, de 2015)
V – segurança alimentar e nutricional; (Incluído pela Lei nº 13.151, de 2015)
VI – defesa, preservação e conservação do meio ambiente e promoção do desenvolvimento sustentável; (Incluído pela Lei nº 13.151, de 2015)
VII – pesquisa científica, desenvolvimento de tecnologias alternativas, modernização de sistemas de gestão, produção e divulgação de informações e conhecimentos técnicos e científicos; (Incluído pela Lei nº 13.151, de 2015)
VIII – promoção da ética, da cidadania, da democracia e dos direitos humanos; (Incluído pela Lei nº 13.151, de 2015)
IX – atividades religiosas; e (Incluído pela Lei nº 13.151, de 2015)
X – (VETADO). (Incluído pela Lei nº 13.151, de 2015)

O Conselho da Justiça Federal, na I Jornada de Direito Civil, editou os seguintes enunciados em relação ao artigo 62, parágrafo único:

a) CJF – 8 – Art. 62, parágrafo único: a constituição de fundação para fins científicos, educacionais ou de promoção do meio ambiente está compreendida no CC, art. 62, parágrafo único.
b) CJF – 9 – Art. 62, parágrafo único: o art. 62, parágrafo único, deve ser interpretado de modo a excluir apenas as fundações com fins lucrativos.
   Vale destacar que com o advento do Código Civil de 2002, as fundações constituídas na forma das leis anteriores devem respeitar os artigos 2.031 e 2.032 do novo Código Civil que informam:
c) CC 2002 - Art. 2.031. As associações, sociedades e fundações, constituídas na forma das leis anteriores, bem como os empresários, deverão se adaptar às disposições deste Código até 11 de janeiro de 2007 (Redação dada pela Lei n° 11.127, de 2005). Parágrafo único. O disposto neste artigo não se aplica às organizações religiosas nem aos partidos políticos. (Incluído pela Lei n° 10.825, de 22.12.2003).
d) CC 2002 – Art. 2.032. As fundações, instituídas segundo a legislação anterior, inclusive as de fins diversos dos previstos no parágrafo único do art. 62, subordinam-se, quanto ao seu funcionamento, ao disposto neste Código.

Outrossim, as organizações destinadas a fins de interesse coletivo, como as *sociedades* e as *fundações*, obedecem à lei do Estado em que se constituírem (LINDB - Art. 11).

A fundação poderá ser criada conforme o artigo 62 por atos *inter vivos* ou por ato de última vontade *(causa mortis)*. A escritura pública, no primeiro caso, e o testamento válido, na segunda hipótese são indispensáveis. Quando a instituição da fundação ocorrer por testamento, deve ser observado a regra do artigo 1.799, inciso III, do CC que afirma "Na sucessão testamentária podem ainda ser chamados a suceder: [...] III - as pessoas jurídicas, cuja organização for determinada pelo testador sob a forma de fundação".

Assim, para a constituição da fundação torna-se necessário que exista:

a) um instituidor; b) uma escritura pública ou testamento válido; c) uma dotação patrimonial *(universitas bonorum)* realizada pelo instituidor; d) que a fundação seja constituída para fins religiosos, morais, culturais ou de assistência; e) elaboração do estatuto; f) aprovação pelo Ministério Público; g) registro no Cartório de Pessoas Jurídicas.

Quando insuficientes para constituir a fundação, os bens a ela destinados serão, se de outro modo não dispuser o instituidor, incorporados em outra fundação que se proponha a fim igual ou semelhante (CC, art. 63).[35]

Constituída a fundação por negócio jurídico entre vivos, o instituidor é obrigado a transferir-lhe a propriedade, ou outro direito real, sobre os bens dotados, e, se não o fizer, serão registrados, em nome dela, por mandado judicial (CC, art. 64).[36]

9.7.3 Elaboração do Estatuto

De acordo com o artigo 65 do Código Civil, as pessoas legitimadas para a elaboração do estatuto da fundação são: a) aquelas pessoas incumbidas pelo instituidor de aplicar o patrimônio em conformidade com a finalidade especificada por este;[37] b) O Ministério Público se o estatuto não for elaborado no prazo estabelecido pelo instituidor, ou, não existindo prazo, em cento e oitenta dias (art. 65, parágrafo único).[38]

De acordo com o artigo 764 do Código de Processo Civil, o juiz decidirá sobre a aprovação do estatuto das fundações e de suas alterações sempre que o requeira o interessado, quando:

I - ela for negada previamente pelo Ministério Público ou por este forem exigidas modificações com as quais o interessado não concorde;

---

35 Correspondente ao art. 25, *caput*, do CC de 1916.
36 Sem Correspondente ao CC de 1916.
37 Correspondente ao art. 27, *caput*, do CC de 1916.
38 Sem Correspondente ao CC de 1916.

II – o interessado discordar do estatuto elaborado pelo Ministério Público.

Antes de suprir a aprovação, o juiz poderá mandar fazer no estatuto modificações a fim de adaptá-lo ao objetivo do instituidor (CPC, artigo 764, § 2º)

9.7.4 Organização e fiscalização das Fundações. Ministério Público

As fundações são controladas e fiscalizadas pelo Ministério Público, em especial, pela curadoria de fundações. No Código Civil, a regra do artigo 66 preceitua que "velará pelas fundações o Ministério Público do Estado onde situadas".[39] Velar no sentido de proteger, guardar, estar em alerta com os assuntos fundacionais.

Se funcionarem no Distrito Federal ou em Território, caberá o encargo ao Ministério Público do Distrito Federal e Territórios. (CC, art. 66, § 1°). (Redação dada pela Lei nº 13.151, de 2015)

Se a fundação estender sua atividade por mais de um Estado, caberá o encargo, em cada um deles, ao respectivo Ministério Público (CC, art. 66, § 2°)

Neste sentido, o Superior Tribunal de Justiça – STJ já decidiu que o Ministério Público tem legitimidade para propor ação de destituição de curador. Vejamos: "O Ministério Público tem legitimidade para propor ação de destituição de curador de fundação, no desempenho do seu dever de velar pelas fundações. O artigo 26 do CC não foi revogado pelo CPC/39 e está em vigor. A destituição, porém, não pode ser em caráter "definitivo", como pena perpétua do exercício de direito civil. Cerceamento de defesa inexistente. (STJ – REsp. n° 162.114 – SP – 4ª T – Rel. Min. Ruy Rosado de Aguiar – DJU 26.10.98).Tribunal de Justiça do Distrito Federal – TJDF.

No Rio de Janeiro, por exemplo, o Ministério Público fiscaliza as seguintes fundações: Fundação Vale do Rio Doce – FVRD, Fundação Roberto Marinho, Fundação Rubem Berta, Fundação Ford etc.

9.7.5 Alteração do Estatuto

Para que se possa alterar o estatuto da fundação é necessário que a reforma (CC, art. 67):[40]

I – seja deliberada por dois terços dos competentes para gerir e representar a fundação;

II - não contrarie ou desvirtue o fim desta;

39 Correspondente ao art. 26, *caput*, do CC de 1916.

40 Correspondente ao art. 28, *caput*, do CC de 1916.

III – seja aprovada pelo órgão do Ministério Público no prazo máximo de 45 (quarenta e cinco) dias, findo o qual ou no caso de o Ministério Público a denegar, poderá o juiz supri-la, a requerimento do interessado. (Redação dada pela Lei nº 13.151, de 2015)

Quando a alteração não houver sido aprovada por votação unânime, os administradores da fundação, ao submeterem o estatuto ao órgão do Ministério Público, requererão que se dê ciência à minoria vencida para impugná-la, se quiser, em dez dias (CC, art. 68).[41]

9.7.6 Extinção das Fundações

Qualquer interessado ou o Ministério Público promoverá em juízo a extinção da fundação quando:[42] I – se tornar ilícito o seu objeto; II – for impossível a sua manutenção; III – vencer o prazo de sua existência.

Já o artigo 69 do Código Civil preceitua que o órgão do Ministério Público ou qualquer interessado pode promover a extinção da fundação quando tornar-se ilícita, impossível ou inútil a finalidade a que visa a fundação, ou vencido o prazo de sua existência.

Com a extinção da fundação, o seu patrimônio deverá ser incorporado, salvo disposição em contrário no ato constitutivo, ou no estatuto, em outra fundação, designada pelo juiz, que se proponha a fim igual ou semelhante.[52]

9.8 Organizações Religiosas

Com a Lei n° 10.825, de 22.12.2003, o inciso IV foi incluído ao artigo 44 do Código Civil e as *organizações religiosas* passaram a fazer parte do das pessoas jurídicas de direito privado.

As organizações religiosas são entidades que estão revestidas da garantia constitucional da liberdade de culto e de associação, consoante os incisos XVII e VI do artigo 5° constitucional.

O art. 5°, inciso VI, determina que "é inviolável a liberdade de consciência e de crença, sendo assegurado o livre exercício dos cultos religiosos e garantida, na forma da lei, a proteção aos locais de culto e a suas liturgias".

Vale destacar, ainda, que é considerado crime, de acordo com o artigo 208 do Código Penal, "escarnecer de alguém publicamente, por motivo de crença ou função religiosa; impedir ou perturbar cerimônia ou prática de culto religioso; vilipendiar publicamente ato ou objeto de culto religioso" com pena de detenção de 1 mês a 1 ano, ou multa.

São livres a criação, a organização, a estruturação interna e o funcionamento das organizações religiosas, sendo vedado ao poder público negar-lhes

41 Sem Correspondente ao CC de 1916.
42 CPC – artigo 765.

reconhecimento ou registro dos atos constitutivos e necessários ao seu funcionamento. (CC, art. 44, § 1°, incluído pela Lei n° 10.825, de 22.12.2003).

O Conselho da Justiça Federal, na III Jornada de Direito Civil, editou o Enunciado 143 que "a liberdade de funcionamento das organizações religiosas não afasta o controle de legalidade e legitimidade constitucional de seu registro, nem a possibilidade de reexame pelo Judiciário da compatibilidade de seus atos com a lei e com seus estatutos".

No mesmo encontro, o CJF publicou o Enunciado 142, que diz "os partidos políticos, os sindicatos e as associações religiosas possuem natureza associativa, aplicando-se-lhes o Código Civil".

9.9 Partidos Políticos

Com a Lei n° 10.825, de 22.12.2003, o inciso V foi incluído ao artigo 44 do Código Civil e os *partidos políticos* passaram a fazer parte das pessoas jurídicas de direito privado.

O § 3° do artigo 44 determina que os partidos políticos serão organizados e funcionarão conforme o disposto em lei específica (Incluído pela Lei n° 10.825, de 22.12.2003).

A lei que regulamenta os partidos políticos é a Lei n° 9.096, de 19.9.95.

O partido político, pessoa jurídica de direito privado, destina-se a assegurar, no interesse do regime democrático, a autenticidade do sistema representativo e a defender os direitos fundamentais definidos na Constituição Federal (art. 1°, Lei 9.096/95) .

É livre a criação, fusão, incorporação e extinção de partidos políticos cujos programas respeitem a soberania nacional, o regime democrático, o pluripartidarismo e os direitos fundamentais da pessoa humana (art. 2°, Lei 9.096/95) .

O partido político, após adquirir personalidade jurídica na forma da lei civil, registra seu estatuto no Tribunal Superior Eleitoral (art. 7°, Lei 9.096/95).

Só é admitido o registro do estatuto de partido político que tenha caráter nacional, considerando-se como tal aquele que comprove o apoiamento de eleitores correspondente a, pelo menos, meio por cento dos votos dados na última eleição geral para a Câmara dos Deputados, não computados os votos em branco e os nulos, distribuídos por um terço, ou mais, dos Estados, com um mínimo de um décimo por cento do eleitorado que haja votado em cada um deles (art. 7°, § 1°, Lei 9.096/95).

Só o partido que tenha registrado seu estatuto no Tribunal Superior Eleitoral pode participar do processo eleitoral, receber recursos do Fundo

Partidário e ter acesso gratuito ao rádio e à televisão, nos termos fixados nesta Lei (art. 7°, § 2°, Lei 9.096/95).

Somente o registro do estatuto do partido no Tribunal Superior Eleitoral assegura a exclusividade da sua denominação, sigla e símbolos, vedada a utilização, por outros partidos, de variações que venham a induzir a erro ou confusão (art. 7°, § 3°, Lei 9.096/95).

Os artigos 8° a 11, da Lei 9.096/95 tratam da criação e do registro dos partidos políticos. Vejamos:

Art. 8° O requerimento do registro de partido político, dirigido ao cartório competente do Registro Civil das Pessoas Jurídicas, da Capital Federal, deve ser subscrito pelos seus fundadores, em número nunca inferior a cento e um, com domicílio eleitoral em, no mínimo, um terço dos Estados, e será acompanhado de:

I - cópia autêntica da ata da reunião de fundação do partido;

II - exemplares do Diário Oficial que publicou, no seu inteiro teor, o programa e o estatuto;

III - relação de todos os fundadores com o nome completo, naturali dade, número do título eleitoral com a Zona, Seção, Município e Estado, profissão e endereço da residência.

§ 1° - O requerimento indicará o nome e função dos dirigentes provisórios e o endereço da sede do partido na Capital Federal.

§ 2° - Satisfeitas as exigências deste artigo, o Oficial do Registro Civil efetua o registro no livro correspondente, expedindo certidão de inteiro teor.

§ 3° - Adquirida a personalidade jurídica na forma deste artigo, o partido promove a obtenção do apoiamento mínimo de eleitores a que se refere o § 1° do art. 7° e realiza os atos necessários para a constituição definitiva de seus órgãos e designação dos dirigentes, na forma do seu estatuto.

Art. 9° Feita a constituição e designação, referidas no § 3° do artigo anterior, os dirigentes nacionais promoverão o registro do estatuto do partido junto ao Tribunal Superior Eleitoral, através de requerimento acompanhado de:

I - exemplar autenticado do inteiro teor do programa e do estatuto partidários, inscritos no Registro Civil;

II - certidão do registro civil da pessoa jurídica, a que se refere o § 2° do artigo anterior;

III - certidões dos cartórios eleitorais que comprovem ter o partido obtido o apoiamento mínimo de eleitores a que se refere o § 1° do art. 7°.

§ 1° - A prova do apoiamento mínimo de eleitores é feita por meio de suas assinaturas, com menção ao número do respectivo título eleitoral, em listas organizadas para cada Zona, sendo a veracidade das respectivas assinaturas e o número dos títulos atestados pelo Escrivão Eleitoral.

§ 2° - O Escrivão Eleitoral dá imediato recibo de cada lista que lhe for apresentada e, no prazo de quinze dias, lavra o seu atestado, devolvendo-a ao interessado.

§ 3° – Protocolado o pedido de registro no Tribunal Superior Eleitoral, o processo respectivo, no prazo de quarenta e oito horas, é distribuído a um relator, que, ouvida a Procuradoria-Geral, em dez dias, determina, em igual prazo, diligências para sanar eventuais falhas do processo.

§ 4° – Se não houver diligências a determinar, ou após o seu atendimento, o Tribunal Superior Eleitoral registra o estatuto do partido, no prazo de trinta dias.

Art. 10. As alterações programáticas ou estatutárias, após registradas no Ofício Civil competente, devem ser encaminhadas, para o mesmo fim, ao Tribunal Superior Eleitoral.

Art. 11. O partido com registro no Tribunal Superior Eleitoral pode credenciar, respectivamente:

I - delegados perante o Juiz Eleitoral;
II - delegados perante o Tribunal Regional Eleitoral;
III - delegados perante o Tribunal Superior Eleitoral.

Parágrafo único. Os delegados credenciados pelo órgão de direção nacional representam o partido perante quaisquer Tribunais ou Juízes Eleitorais; os credenciados pelos órgãos estaduais, somente perante o Tribunal Regional Eleitoral e os Juízes Eleitorais do respectivo Estado, do Distrito Federal ou Território Federal; e os credenciados pelo órgão municipal, perante o Juiz Eleitoral da respectiva jurisdição.

9.10 Empresa Individual de Responsabilidade Limitada (EIRELI)

Com a Lei n° 12.441, de 11.07.2011, o inciso VI foi incluído ao artigo 44 do Código Civil e a *empresa individual de responsabilidade limitada* (EIRELI) passa a fazer parte das pessoas jurídicas de direito privado.

Esta lei, além de acrescentar inciso VI ao art. 44, acrescenta o art. 980-A ao Livro II da Parte Especial e altera o parágrafo único do art. 1.033, de modo a instituir a empresa individual de responsabilidade limitada.

A EIRELI é, pois, pessoa jurídica de direito privado que será constituída por uma única pessoa titular da integralidade do capital.

De acordo com o artigo 980-A, do nosso Código Civil brasileiro, "A empresa individual de responsabilidade limitada será constituída por uma única pessoa titular da totalidade do capital social, devidamente integralizado, que não será inferior a 100 (cem) vezes o maior salário-mínimo vigente no País".

O nome empresarial deverá ser formado pela inclusão da expressão "EIRELI", após a firma ou a denominação social da empresa individual de responsabilidade limitada (art.980-A, § 1°, CCB).

A pessoa natural que constituir empresa individual de responsabilidade limitada somente poderá figurar em uma única empresa dessa modalidade (art.980-A, § 2°, CCB).

A empresa individual de responsabilidade limitada também poderá resultar da concentração das quotas de outra modalidade societária num único sócio, independentemente das razões que motivaram tal concentração (art. 980-A, § 3°, CCB).[43]

Poderá ser atribuída à empresa individual de responsabilidade limitada constituída para a prestação de serviços de qualquer natureza a remuneração decorrente da cessão de direitos patrimoniais de autor ou de imagem, nome, marca ou voz de que seja detentor o titular da pessoa jurídica, vinculados à atividade profissional (art.980-A, § 5°, CCB).

Aplicam-se à empresa individual de responsabilidade limitada, no que couber, as regras previstas para as sociedades limitadas (art.980-A, § 6°, CCB).

Em relação ao artigo 980-A do CCB, o CJF publicou os seguintes enunciados:

Conselho da Justiça Federal – V Jornada de Direito Civil:

a) CJF – Enunciado 468 – Art. 980-A. A empresa individual de responsabilidade limitada só poderá ser constituída por pessoa natural;
b) CJF – Enunciado 469 – Arts. 44 e 980-A. A empresa individual de responsabilidade limitada (EIRELI) não é sociedade, mas novo ente jurídico personificado;
c) CJF – Enunciado 470 – Art. 980-A. O patrimônio da empresa individual de responsabilidade limitada responderá pelas dívidas da pessoa jurídica, não se confundindo com o patrimônio da pessoa natural que a constitui, sem prejuízo da aplicação do instituto da desconsideração da personalidade jurídica;
d) CJF – Enunciado 471 – Os atos constitutivos da EIRELI devem ser arquivados no registro competente, para fins de aquisição de personalidade jurídica. A falta de arquivamento ou de registro de alterações dos atos constitutivos configura irregularidade superveniente;
e) CJF – Enunciado 472 – Art. 980-A. É inadequada a utilização da expressão "social" para as empresas individuais de responsabilidade limitada;
f) CJF – Enunciado 473 – Art. 980-A, § 5°. A imagem, o nome ou a voz não podem ser utilizados para a integralização do capital da EIRELI.

---

43 O parágrafo 4o da referida lei foi vetado.

Vale lembrar ainda que o mesmo Conselho da Justiça Federal, por meio do Centro de Estudos Judiciários (CEJ), promoveu em outubro de 2012, a I Jornada de Direito Comercial, publicando os seguintes enunciados que trataram diretamente da Empresa Individual de Responsabilidade Limitada:

a) Enunciado 3. A Empresa Individual de Responsabilidade Limitada – EIRELI não é sociedade unipessoal, mas um novo ente, distinto da pessoa do empresário e da sociedade empresária.

b) Enunciado 4. Uma vez subscrito e efetivamente integralizado, o capital da empresa individual de responsabilidade limitada não sofrerá nenhuma influência decorrente das ulteriores alterações do salário-mínimo.

De acordo com Gabriel Soares Queiroz,[44] decorrido mais de um ano de publicação da lei, esta recebe várias críticas. Vejamos: "Em relação ao novo instituto, são criticados principalmente a exigência de um valor mínimo para constituição do capital social da empresa e o rol de pessoas legitimadas a figurar como titulares da EIRELI.

O capital social da EIRELI deve atender a alguns requisitos, uma vez que se exige a integralização de um valor mínimo referente a 100 vezes o salário-mínimo vigente no país. Tal quantia exigida tem sido considerada elevada por parte dos empresários brasileiros e tem inviabilizado a adoção desta modalidade de pessoa jurídica, principalmente por parte do pequeno empreendedor, já que o montante final mínimo resulta, na data atual, em nada menos do que R$ 62,2 mil. Vale ressaltar que esta exigência de capital mínimo é inexistente, quando se trata da constituição de uma sociedade empresária limitada.

Segue, atualmente em caráter conclusivo, uma proposta de modificação de algumas disposições referentes à EIRELI, apresentada pelo deputado Carlos Bezerra (PMDB-MT), a qual propõe a redução do valor mínimo do capital de 100 para 50 salários-mínimos vigentes, para sua constituição. O Projeto de Lei será ainda examinado pelas Comissões de Desenvolvimento Econômico, Indústria e Comércio; de Finanças e Tributação; e de Constituição e Justiça e de Cidadania.

Outro ponto que vem dificultando a utilização desta modalidade societária tem sido a interpretação do termo "pessoa", constante no artigo 980-A do Código Civil brasileiro, introduzido pela referida Lei, em relação ao titular do capital social.

---

44 Especialista em Direito Societário do escritório Peixoto e Cury Advogados. Disponível em: <http://www.conjur.com.br/2012-jul-20/gabriel-queiroz-ano-eireli-ainda-aprimoramentos>. Acesso em: 25 fev 2013.

A instrução Normativa 117 do Departamento Nacional de Registro do Comércio (DNRC) limitou somente às pessoas físicas a titularidade do capital social da EIRELI, impossibilitando, assim, que esta fosse constituída por pessoas jurídicas. Impede-se, deste modo, por exemplo, que empresas estrangeiras estabeleçam-se no Brasil por meio desta modalidade societária, o que constitui um atraso, quando se visa ao desenvolvimento econômico do País.

Vale observar que tal limitação não se encontra expressamente prevista no dispositivo legal alterado pela referida lei, sendo decorrência da interpretação atribuída pelo DNRC ao mesmo.

Em função de tais dificuldades, muitos empresários ainda optam por constituir uma sociedade limitada, utilizando-se de um segundo sócio meramente figurativo (comumente denominado "sócio-laranja"), unicamente com a finalidade de cumprir a exigência legal referente à pluralidade de sócios, quando na verdade não há intenção de se associar entre eles. Apesar da constatação de alguns empecilhos, para a aplicação da lei na prática empresarial, a EIRELI trouxe um avanço no direito societário brasileiro. Seus verdadeiros efeitos, entretanto, ainda dependem de determinados aprimoramentos, que certamente virão com o tempo."

9.11 Início e Fim da Personalidade da Pessoa Jurídica de Direito Público

O início e o fim da personalidade da pessoa jurídica de direito público ocorre através de lei.

9.11.1 Início da Existência Legal das Pessoas Jurídicas de Direito Privado

O início da existência legal das pessoas jurídicas de direito privado ocorre com a inscrição do ato constitutivo no respectivo registro, precedida, quando necessário, de autorização ou aprovação do Poder Executivo, averbando-se no registro todas as alterações por que passar o ato constitutivo (CC, art. 45).[45]

O registro do contrato social de uma sociedade empresária é realizado nas Juntas Comerciais, já que o empresário e a sociedade empresária vinculam-se ao Registro Público de Empresas Mercantis (CC, art. 1.150, 1ª parte).

Já os demais estatutos e atos constitutivos das demais pessoas jurídicas de direito privado serão registrados no Cartório de Registro Civil das Pessoas Jurídicas (CC, art. 1.150, 2ª parte).[46]

45 Correspondente ao art. 18, *caput* e § Único do CC de 1916

46 Art. 1.150. O empresário e a sociedade empresária vinculam-se ao Registro Público de

Vale destacar que as sociedades simples de advogados são registrados na Ordem dos Advogados do Brasil – OAB, consoante as regras dos artigos 15 e 16 estabelecidas no EOAB.

A Lei de Registros Públicos, Lei 6.015/73, trata da escrituração do Registro Civil das pessoas jurídicas nos artigos 114 a 119. Vejamos:

Art. 114. No Registro Civil de Pessoas Jurídicas serão inscritos:

I – os contratos, os atos constitutivos, o estatuto ou compromissos das sociedades civis, religiosas, pias, morais, científicas ou literárias,[47] bem como o das fundações e das associações de utilidade pública;

II – as sociedades civis que revestirem as formas estabelecidas nas leis comerciais, salvo as anônimas.

III – os atos constitutivos e os estatutos dos partidos políticos. (Incluído pela Lei nº 9.096, de 1995)

Parágrafo único. No mesmo cartório será feito o registro dos jornais, periódicos, oficinas impressoras, empresas de radiodifusão e agências de notícias a que se refere o art. 8º da Lei nº 5.250, de 9.2.1967.

Empresas Mercantis a cargo das Juntas Comerciais, e a sociedade simples ao Registro Civil das Pessoas Jurídicas, o qual deverá obedecer às normas fixadas para aquele registro, se a sociedade simples adotar um dos tipos de sociedade empresária.

Art. 1.151. O registro dos atos sujeitos à formalidade exigida no artigo antecedente será requerido pela pessoa obrigada em lei, e, no caso de omissão ou demora, pelo sócio ou qualquer interessado. § 1º Os documentos necessários ao registro deverão ser apresentados no prazo de trinta dias, contado da lavratura dos atos respectivos. § 2º Requerido além do prazo previsto neste artigo, o registro somente produzirá efeito a partir da data de sua concessão. § 3º As pessoas obrigadas a requerer o registro responderão por perdas e danos, em caso de omissão ou demora.

47 Art. 1.152. Cabe ao órgão incumbido do registro verificar a regularidade das publicações determinadas em lei, de acordo com o disposto nos parágrafos deste artigo. § 1º Salvo exceção expressa, as publicações ordenadas neste Livro serão feitas no órgão oficial da União ou do Estado, conforme o local da sede do empresário ou da sociedade, e em jornal de grande circulação. § 2º As publicações das sociedades estrangeiras serão feitas nos órgãos oficiais da União e do Estado onde tiverem sucursais, filiais ou agências. § 3º O anúncio de convocação da assembleia de sócios será publicado por três vezes, ao menos, devendo mediar, entre a data da primeira inserção e a da realização da assembleia, o prazo mínimo de oito dias, para a primeira convocação, e de cinco dias, para as posteriores.

Art. 1.153. Cumpre à autoridade competente, antes de efetivar o registro, verificar a autenticidade e a legitimidade do signatário do requerimento, bem como fiscalizar a observância das prescrições legais concernentes ao ato ou aos documentos apresentados. Parágrafo único. Das irregularidades encontradas deve ser notificado o requerente, que, se for o caso, poderá saná-las, obedecendo às formalidades da lei.

Art. 1.154. O ato sujeito a registro, ressalvadas disposições especiais da lei, não pode, antes do cumprimento das respectivas formalidades, ser oposto a terceiro, salvo prova de que este o conhecia. Parágrafo único. O terceiro não pode alegar ignorância, desde que cumpridas as referidas formalidades.

Art. 115. Não poderão ser registrados os atos constitutivos de pessoas jurídicas, quando o seu objeto ou circunstâncias relevantes indiquem destino ou atividades ilícitos ou contrários, nocivos ou perigosos ao bem público, à segurança do Estado e da coletividade, à ordem pública ou social, à moral e aos bons costumes.

Parágrafo único. Ocorrendo qualquer dos motivos previstos neste artigo, o oficial do registro, de ofício ou por provocação de qualquer autoridade, sobrestará no processo de registro e suscitará dúvida para o Juiz, que a decidirá.

Art. 116. Haverá, para o fim previsto nos artigos anteriores, os seguintes livros:

I - Livro A, para os fins indicados nos números I e II, do art. 114, com 300 folhas;

II - Livro B, para matrícula das oficinas impressoras, jornais, periódicos, empresas de radiodifusão e agências de notícias, com 150 folhas.

Art. 117. Todos os exemplares de contratos, de atos, de estatuto e de publicações, registrados e arquivados serão encadernados por períodos certos, acompanhados de índice que facilite a busca e o exame.

Art. 118. Os oficiais farão índices, pela ordem cronológica e alfabética, de todos os registros e arquivamentos, podendo adotar o sistema de fichas, mas ficando sempre responsáveis por qualquer erro ou omissão.

Art. 119. A existência legal das pessoas jurídicas só começa com o registro de seus atos constitutivos.

Parágrafo único. Quando o funcionamento da sociedade depender de aprovação da autoridade, sem esta não poderá ser feito o registro.

Decai em três anos o direito de anular a constituição das pessoas jurídicas de direito privado, por defeito do ato respectivo, contado o prazo da publicação de sua inscrição no registro (CC, artigo 45, parágrafo único).[48]

O Código Civil, no artigo 46, incisos I a VI, indica os elementos que o registro deverá conter, a saber:[49]

I - a denominação, os fins, a sede, o tempo de duração e o fundo social, quando houver;

II - o nome e a individualização dos fundadores ou instituidores, e dos diretores;

III - o modo por que se administra e representa, ativa e passivamente, judicial e extrajudicialmente;

---

48 Sem Correspondente ao CC de 1916.

49 Correspondente ao art. 19 do CC de 1916.

IV – se o ato constitutivo é reformável no tocante à administração, e de que modo;

V – se os membros respondem, ou não, subsidiariamente, pelas obrigações sociais;

VI – as condições de extinção da pessoa jurídica e o destino do seu patrimônio, nesse caso.

O procedimento do registro da pessoa jurídica encontra-se previsto nos artigos 120 e 121 da LRP:

Art. 120. O registro das sociedades, fundações e partidos políticos consistirá na declaração, feita em livro, pelo oficial, do número de ordem, da data da apresentação e da espécie do ato constitutivo, com as seguintes indicações: (Redação dada pela Lei n° 9.096, de 1995)

I – a denominação, o fundo social, quando houver, os fins e a sede da associação ou fundação, bem como o tempo de sua duração;

II – o modo por que se administra e representa a sociedade, ativa e passivamente, judicial e extrajudicialmente;

III – se o estatuto, o contrato ou o compromisso é reformável, no tocante à administração, e de que modo;

IV – se os membros respondem ou não, subsidiariamente, pelas obrigações sociais;

V – as condições de extinção da pessoa jurídica e nesse caso o destino do seu patrimônio;

VI – os nomes dos fundadores ou instituidores e dos membros da diretoria, provisória ou definitiva, com indicação da nacionalidade, estado civil e profissão de cada um, bem como o nome e residência do apresentante dos exemplares. Parágrafo único. Para o registro dos partidos políticos, serão obedecidos, além dos requisitos deste artigo, os estabelecidos em lei específica. (Incluído pela Lei n° 9.096, de 1995)

Art. 121. Para o registro serão apresentadas duas vias do estatuto, compromisso ou contrato, pelas quais far-se-á o registro mediante petição do representante legal da sociedade, lançando o oficial, nas duas vias, a competente certidão do registro, com o respectivo número de ordem, livro e folha. Uma das vias será entregue ao representante e a outra arquivada em cartório, rubricando o oficial as folhas em que estiver impresso o contrato, compromisso ou estatuto. (Redação dada pela Lei n° 9.042, de 1995)

9.11.2 Término da Existência das Pessoas Jurídicas de Direito Privado

Os motivos da dissolução da pessoa jurídica podem ser encontrados no artigo 21 do anterior Código Civil (CC-1916) ao informar que o término da existência da pessoa jurídica ocorria:

I - pela sua dissolução, deliberada entre os seus membros, salvo o direito da minoria e de terceiros;

II - pela sua dissolução, quando a lei determine;

III - pela sua dissolução em virtude de ato do Governo, que lhe casse a autorização para funcionar, quando a pessoa jurídica incorra em atos opostos aos seus fins ou nocivos ao bem público.

Dessa maneira, a dissolução poderá ocorrer porque o governo cessou a autorização para funcionamento, porque os membros não querem mais ficar reunidos, ou porque a finalidade não é mais permitida em lei.

Ocorre que o cancelamento do registro da pessoa jurídica somente poderá ocorrer após encerrada a sua liquidação. O artigo 51 do Código Civil dispõe que "nos casos de dissolução da pessoa jurídica ou cassada a autorização para seu funcionamento, ela subsistirá para os fins de liquidação, até que esta se conclua".

Far-se-á, no registro onde a pessoa jurídica estiver inscrita, a averbação de sua dissolução (CC, art. 51, § 1°).

As disposições para a liquidação das sociedades aplicam-se, no que couber, às demais pessoas jurídicas de direito privado (CC, art. 51, § 2°).

Encerrada a liquidação, promover-se-á o cancelamento da inscrição da pessoa jurídica (CC, art. 51, § 3°).

9.12 Autonomia Patrimonial das Pessoas Jurídicas

A pessoa jurídica não se confunde com os seus sócios, associados, instituidores ou administradores (artigo 49-A do Código Civil)[50]

A autonomia patrimonial das pessoas jurídicas é um instrumento lícito de alocação e segregação de riscos, estabelecido pela lei com a finalidade de estimular empreendimentos, para a geração de empregos, tributo, renda e inovação em benefício de todos (artigo 49-A, parágrafo único do CC).

9.13 Desconsideração da Personalidade Jurídica

9.13.1 Conceito

É certo que a personalidade da pessoa jurídica difere da personalidade jurídica de seus membros.

Nesse sentido, Fábio Ulhoa Coelho ensina que "O instituto da pessoa jurídica é uma técnica de separação patrimonial. Os membros dela não são os titulares dos direitos e obrigações imputados à pessoa jurídica. Tais direitos e obrigações formam um patrimônio distinto do correspondente aos direitos

50 Incluido pela Lei 13.874/2019, de 20 de setembro de 2019, intitulada "Declaração de Direitos de Liberdade Econômica"

e obrigações imputados a cada membro da pessoa jurídica. A pessoa jurídica é uma técnica de separação patrimonial em que se atribui personalidade própria ao patrimônio segregado. Nenhuma outra das técnicas desenvolvidas pelo direito apresenta esse traço"[51]

É, pois, princípio da autonomia patrimonial uma vez que as pessoas jurídicas não se confundem com as pessoas que a compõem. Daí que o patrimônio da pessoa jurídica é distinto dos sujeitos que as integram.[52]

Ocorre que a personalidade jurídica atribuída à pessoa jurídica pode, de forma transitória, ser desconsiderada, quando a autonomia patrimonial servir para acobertar práticas fraudulentas dos sócios. Daí que com a *desconsideração da personalidade jurídica* é possível inibir os atos sociais fraudulentos. É a denominada *teoria da desconsideração da personalidade jurídica*, denominada no direito anglo-americano de *disregard douctrine* ou *disregard of legal entity;* chamada de teoria da separação no direito alemão *(Durchgriff der Juristischen*

---

51 COELHO, Fábio Ulhoa. Curso de Direito Civil, I (Parte Geral), 4. ed. São Paulo: Saraiva, 2010, p. 247.

52 O Projeto de Código Comercial (2013), correspondente ao Projeto de Lei do Senado nº 487/2013, em seu artigo 11 consagra o princípio da autonomia patrimonial. Vejamos: Art. 11º Pelo princípio da autonomia patrimonial, a sociedade é sujeito de direito diverso de seus sócios e, em consequência, estes respondem apenas pelas obrigações que este Código ou a lei expressamente lhes atribui. Parágrafo único. Quando a lei atribui a sócio responsabilidade por obrigação da sociedade, esta tem sempre caráter subsidiário, pressupondo que o patrimônio social está prévia e completamente exaurido, e não podendo ultrapassar os limites previstos neste Código ou na lei.

Na parte final, o referido projeto também prevê *a desconsideração da personalidade jurídica das sociedades comerciais* (artigos 196 a 199) da seguinte forma:

Art. 196 – Em caso de confusão patrimonial, desvio de finalidade, abuso da forma societária ou de fraude perpetrada por meio da autonomia patrimonial da sociedade, o juiz pode desconsiderar a personalidade jurídica própria desta, mediante requerimento da parte interessada ou do Ministério Público, quando intervier no feito, para imputar a responsabilidade ao sócio ou administrador. § 1º Será imputada responsabilidade exclusivamente ao sócio ou administrador que tiver praticado a irregularidade que deu ensejo à desconsideração da personalidade jurídica da sociedade. § 2º Em caso de atuação conjunta na realização da irregularidade que deu ensejo à desconsideração da personalidade jurídica da sociedade, a responsabilidade dos envolvidos será solidária. § 3º Na hipótese do parágrafo anterior, cada um dos responsabilizados responderá, em regresso, proporcionalmente à respectiva participação na irregularidade que deu ensejo à desconsideração da personalidade jurídica da sociedade.

Art. 197 – A simples insuficiência de bens no patrimônio da sociedade para a satisfação de direito de credor não autoriza a desconsideração de sua personalidade jurídica.

Art. 198 – A imputação de responsabilidade ao sócio ou administrador, ou a outra sociedade, em decorrência da desconsideração da personalidade jurídica da sociedade, só pode ser determinada pelo juiz, para qualquer fim, em ação ou incidente próprio, depois de assegurado o direito à ampla defesa e ao contraditório.

Art. 199 – Decretada a desconsideração da personalidade jurídica, deve ser incluído no processo o nome do sócio, administrador ou da pessoa, natural ou jurídica, a quem se imputar responsabilidade.

Personen); ou teoria do *superamento della personalitàgiuridica*, no direito civil italiano.

A desconsideração da personalidade jurídica permite que o magistrado, em casos de fraude e má-fé, coloque de lado, naquele caso concreto decidendo, a autonomia patrimonial da sociedade, possibilitando a responsabilização direta e ilimitada do sócio por obrigação que, em princípio, é da sociedade.

A finalidade deste ato é impossibilitar que a sociedade seja utilizada por seus sócios como um escudo protetor de seus atos fraudulentos no dia a dia das transações comerciais.

9.13.2 Desconsideração da personalidade jurídica no Código Civil

As hipóteses de aplicação da teoria da desconsideração da personalidade jurídica são apontadas no artigo 50 do nosso Código Civil.

O referido artigo afirma que "em caso de abuso da personalidade jurídica, caracterizado pelo desvio de finalidade ou pela confusão patrimonial, pode o juiz, a requerimento da parte, ou do Ministério Público quando lhe couber intervir no processo, desconsiderá-la para que os efeitos de certas e determinadas relações de obrigações sejam estendidos aos bens particulares de administradores ou de sócios da pessoa jurídica beneficiados direta ou indiretamente pelo abuso".

O desvio de finalidade é a utilização da pessoa jurídica com o propósito de lesar credores e para a prática de atos ilícitos de qualquer natureza (artigo 50, § 1º, do Código Civil).

A confusão patrimonial (commingling of funds da experiência norte-americana) é caracterizada pela ausência de separação de fato entre os patrimônios, caracterizada por (artigo 50, § 2º, do Código Civil):

> I – cumprimento repetitivo pela sociedade de obrigações do sócio ou do administrador ou vice-versa;
> II – transferência de ativos ou de passivos sem efetivas contraprestações, exceto os de valor proporcionalmente insignificante; e
> III – outros atos de descumprimento da autonomia patrimonial.

As regras acima mencionadas também se aplicam à extensão das obrigações de sócios ou de administradores à pessoa jurídica (artigo 50, § 3º, do Código Civil).

A mera existência de grupo econômico sem a presença dos requisitos do *caput* do artigo 50 do CC não autoriza a desconsideração da personalidade da pessoa jurídica (artigo 50, § 4º, do Código Civil).

Não constitui desvio de finalidade a mera expansão ou a alteração da finalidade original da atividade econômica específica da pessoa jurídica (artigo 50, § 4º, do Código Civil).

9.13.3 Desconsideração da personalidade jurídica no Código de Defesa do Consumidor - CDC

A desconsideração da personalidade jurídica já havia sido prevista pelo legislador na Lei nº 8.078/90 (CDC) onde, pela natureza da proteção, tem aplicação mais abrangente, chegando a ser prevista no caso de falência, estado de insolvência, encerramento ou inatividade da pessoa jurídica, provocadas por má administração (art. 28, *caput* do CDC); quando a personalidade jurídica constituir obstáculo ao ressarcimento de prejuízos causados ao consumidor (art. 28, § 5° do CDC).

Neste sentido, a decisão do STJ. Vejamos:

"1. É possível a desconsideração da personalidade jurídica da sociedade empresária - acolhida em nosso ordenamento jurídico, excepcionalmente, no Direito do Consumidor - bastando, para tanto, a mera prova de insolvência da pessoa jurídica para o pagamento de suas obrigações, independentemente da existência de desvio de finalidade ou de confusão patrimonial, é o suficiente para se "levantar o véu" da personalidade jurídica da sociedade empresária. Precedentes do STJ: REsp 737.000/MG, Rel. Ministro Paulo de Tarso Sanseverino, DJe 12/9/2011; (Resp 279.273, Rel. Ministro Ari Pargendler, Rel. p/ acórdão Ministra Nancy Andrighi, 29.3.2004; REsp 1111153/RJ, Rel. Min. Luis Felipe Salomão, DJe de 04/02/2013; REsp 63981/SP, Rel. Min. Aldir Passarinho Júnior, Rel. p/acórdão Min. Sálvio de Figueiredo Teixeira, DJe de 20/11/2000.

2. "No contexto das relações de consumo, em atenção ao art. 28, § 5º, do CDC, os credores não negociais da pessoa jurídica podem ter acesso ao patrimônio dos sócios, mediante a aplicação da disregard doctrine, bastando a caracterização da dificuldade de reparação dos prejuízos sofridos em face da insolvência da sociedade empresária" (REsp 737.000/MG, Rel. Ministro Paulo de Tarso Sanseverino, Terceira Turma, DJe 12/9/2011).

3. Agravo regimental desprovido. (AgRg no REsp 1106072/MS, Rel. Ministro MARCO BUZZI, QUARTA TURMA, julgado em 02/09/2014, DJe 18/09/2014).

É possível, em linha de princípio, em se tratando de vínculo de índole consumerista, a utilização da chamada Teoria Menor da desconsideração da personalidade jurídica, a qual se contenta com o estado de insolvência do fornecedor, somado à má administração da empresa, ou, ainda, com o fato de a personalidade jurídica representar um "obstáculo ao ressarcimento de prejuízos causados aos consumidores" (art. 28 e seu § 5º, do Código de Defesa do Consumidor). (REsp 1111153/RJ, Rel. Ministro LUIS FELIPE SALOMÃO, QUARTA TURMA, julgado em 06/12/2012, DJe 04/02/2013)

9.13.4 Desconsideração da personalidade jurídica no Código Tributário Nacional - CTN

A desconsideração da personalidade jurídica, também, é encontrada no Código Tributário Nacional, em especial, no artigo 135, inciso III, que preceitua que "são pessoalmente responsáveis pelos créditos correspondentes a obrigações tributárias resultantes de atos praticados com excesso de poderes ou infração de lei, contrato social ou estatutos: [...] III – os diretores, gerentes ou representantes de pessoas jurídicas de direito privado".

O Tribunal de Justiça de Santa Catarina - TJSC enfrentou a questão na Apelação 2006.003252-4, na 2ª Câmara de Direito Público, em 6.7.2006, através da decisão do Des. Jaime Ramos, com a seguinte ementa: "RESPONSABILIDADE TRIBUTÁRIA - SÓCIO-GERENTE - INDÍCIOS DE DISSOLUÇÃO IRREGULAR DA SOCIEDADE. O encerramento das atividades empresariais sem a devida comunicação ao órgão estadual competente e o não pagamento dos tributos devidos constituem forte indício de infração à lei, autorizando a desconsideração da personalidade jurídica da executada e o redirecionamento da execução fiscal para o sócio-gerente, eis que preenchidos os requisitos mencionados para ocorrer a responsabilidade tributária prevista no artigo 135, III, do CTN, daí porque cabe a rejeição da chamada "exceção de pré-executividade", nada impedindo, contudo, a rediscussão da matéria em embargos do devedor, em que é possível a coleta de prova em contrário".

Da mesma forma, o Agravo de Instrumento n° 2006.023285-6, de Camboriú foi decidido pela Juíza Sônia Maria Schmitz, em 31.10.06.[53]

---

53 "Agravo de Instrumento. Dissolução irregular da sociedade. Redirecionamento da ação de execução fiscal. Comprovada a dissolução irregular de sociedade inadimplente perante a Fazenda Pública, é possível a constrição de bens do patrimônio pessoal do sócio que, à época da ocorrência dos fatos geradores, exercia poderes típicos de gerência.
Vistos, relatados e discutidos estes autos de Agravo de Instrumento n° 2006.023285-6, da Comarca de Camboriú, em que é agravante o Estado de Santa Catarina e agravada Drogaria e Farmácia Santa Inês Ltda.:
ACORDAM, em Terceira Câmara de Direito Público, por votação unânime, conhecer e prover o recurso.
Custas na forma da lei.
RELATÓRIO:
O Estado de Santa Catarina interpôs agravo de instrumento em face da decisão proferida pelo MM. Juiz de Direito da Comarca de Camboriú que, nos autos da ação de execução fiscal n° 113.4.007566-6, indeferiu o redirecionamento da actio aos sócios da pessoa jurídica, entendendo necessária a substituição ou emenda do título executivo. Postulando a desconsideração da personalidade jurídica, a inexigibilidade de alteração da CDA e o prosseguimento da execução em face dos sócios, pugnou pela concessão de efeito ativo e, a final, pelo provimento do agravo (fls. 02/31).
Deferida a carga suspensiva almejada (fls. 81/84), transcorreu in albis o prazo para oferecimento das contrarrazões (fl. 42).
É o sucinto relatório.
VOTO:
A rigor, a matéria dispensa maiores digressões, porquanto o tema já foi objeto de apre-

ciação pela Segunda Câmara de Direito Público desta Corte, no julgamento da AC n° 2002.009775-1, restando assentada a legitimidade passiva do sócio para responder pelas dívidas fiscais da empresa executada. Do acórdão, por brevidade, vale transcrever o seguinte excerto:

"[...]

"É irrelevante o fato de o nome do embargante não constar da certidão de dívida, porque a responsabilidade pessoal do sócio pelas obrigações da sociedade não decorre de acordo de vontades, mas de imposição da lei, na hipótese de desconsideração da personalidade jurídica da empresa.

"Sobre o tema, este Tribunal tem decidido:

"TRIBUTÁRIO - EXECUÇÃO FISCAL - PENHORA - BENS DO SÓCIO - EXEGESE DOS ARTS. 134, INC. VII E 135, INCS. I E III, DO CTN E ART. 4°, INC. V, E §§ 2° E 3°, DA LEI n° 6.830/80 - DISSOLUÇÃO IRREGULAR DA SOCIEDADE - INFRAÇÃO À LEI - DESCONSIDERAÇÃO DA PERSONALIDADE JURÍDICA - ADMISSIBILIDADE - DESNECESSIDADE DE CONSTAR O NOME DO COOBRIGADO NO TÍTULO EXECUTIVO - PRECEDENTES DO STF, DO STJ E DESTA CORTE - RECURSO DESPROVIDO

"A dissolução irregular da sociedade mediante mera paralisação de suas atividades, por si só, já constitui infração à lei. Decorrendo prejuízos à Fazenda Pública em razão de débito fiscal pendente e inexistindo bens passíveis de penhora em nome da sociedade, à exegese das disposições específicas inseridas no Código Tributário Nacional (arts. 134, inc. VII, e 135, incs. I e III) e na Lei de Execuções Fiscais (art. 4°, inc. V e §§ 2° e 3°) fica o juiz autorizado a aplicar a doutrina da desconsideração da personalidade jurídica ou disregard of legal entity.

"As pessoas referidas no inc. III do art. 135 do CTN são sujeitos passivos da obrigação tributária, na qualidade de responsáveis por substituição, e, assim sendo, aplica-se-lhes o disposto no art. 568, V, do CPC, apesar de seus nomes não constarem no título extrajudicial. Assim, podem ser citadas e terem seus bens penhorados, independentemente de processo judicial prévio para a verificação de ocorrência inequívoca das circunstâncias de fato, aludidas no art. 135, *caput*, do CTN, matéria essa que, no entanto, poderá ser discutida, amplamente, em embargos do executado (art. 745, parte final, do CPC) (STF - RTJ 106/878) (TJ-SC - 2a Câm. de Direito Público - Apelação Cível n° 1998.016406-0, de Videira, Rel. Des. Luiz Cezar Medeiros, j. 17.2.2003).

"AGRAVO DE INSTRUMENTO - EXECUÇÃO FISCAL - EMPRESA NÃO MAIS ENCONTRADA EM SEU DOMICÍLIO - RESPONSABILIDADE DOS SÓCIOS - TEORIA DA DESCONSIDERAÇÃO DA PESSOA JURÍDICA - DESNECESSIDADE, ADEMAIS, DE CONSTAR NA RESPECTIVA CERTIDÃO DE DÍVIDA ATIVA O NOME DO REPRESENTANTE LEGAL DA SOCIEDADE, PODENDO A EXECUÇÃO ATINGIR O PATRIMÔNIO DESTE - RECURSO PROVIDO.

"Não encontrada a empresa no endereço tradicional ou constante da inscrição estadual da Secretaria da Fazenda, a sugerir dissolução irregular, possível é a citação dos sócios na ação de execução, responsáveis pela dívida social.

"1. A execução fiscal pode incidir contra o devedor ou contra o responsável tributário, não sendo necessário que o nome deste conste na certidão de dívida ativa'" (STJ - REsp. 4.168-SP) (TJ-SC - 4ª Câm. Civil - Agravo de Instrumento n° 00.006621-4, de Balneário Camboriú, Rel. Des. Alcides Aguiar, j. 8.6.2000).

"Como se vê, é irrelevante o fato de o nome do sócio não constar da certidão de dívida ativa.

"Passa-se a analisar a outra alegação do embargante, quanto à ilegitimidade passiva por não praticar atos de gerência.

"A responsabilidade do sócio-gerente por dívidas tributárias da pessoa jurídica é tratada no art. 135 do Código Tributário Nacional, que dispõe: 'Art. 135. São pessoalmente responsáveis pelos créditos correspondentes a obrigações tributárias resultantes de atos praticados com excesso de poderes ou infração da lei, contrato social ou estatutos: (...) III - os diretores, gerentes ou representantes de pessoas jurídicas de direito privado'. Isso

9.13.5 Desconsideração da personalidade jurídica na Lei 9.605/98

A Lei relativa a atividades lesivas ao meio ambiente (Lei nº 9605, de 12-fev.-1998), determina no seu art. 4º: Art. 4º Poderá ser desconsiderada a pessoa jurídica sempre que sua personalidade for obstáculo ao ressarcimento de prejuízos causados à qualidade do meio ambiente." [54] [55]

---

quer dizer que, havendo infração da lei ou do contrato social, o gerente será pessoalmente responsável pelas obrigações tributárias da pessoa jurídica de direito privado.
"No caso dos autos, o Oficial de Justiça, visando a cumprir mandado de penhora, dirigiu-se ao endereço da empresa Real Acessórios Ltda., onde constatou que ela já não mais funcionava no local; ali passou a ser a sede da firma "Ponto Certo" (certidão de fl. 87v. da execução apensa).
"Esses fatos configuram, bem se vê, uma hipótese de dissolução irregular da pessoa jurídica, ou seja, de infração à lei, e portanto ensejam a responsabilização pessoal do gerente da empresa, nos termos da legislação mencionada. Além disso, a simples falta de pagamento do débito tributário, que até pode configurar crime contra a ordem tributária, também já representa infração de lei, o que acarreta a responsabilidade do gerente.
"Em ocasiões semelhantes, este Tribunal de Justiça decidiu:
"TRIBUTÁRIO – EXECUÇÃO FISCAL – PENHORA EM BENS DO SÓCIO – EXEGESE DOS ARTS. 134, VII 135 INCISOS I E III DO CTN E 4° INCISO V E §§ 2° E 3° DA LEI n° 6.830/80 – DISSOLUÇÃO IRREGULAR DA SOCIEDADE
- INFRAÇÃO À LEI – DESCONSIDERAÇÃO DA PERSONALIDADE JURÍDICA – ADMISSIBILIDADE – DESNECESSIDADE DE CONSTAR O NOME DO COOBRIGADO NO TÍTULO EXECUTIVO – PRECEDENTES DO STF – DO STJ E DESTA CORTE – RECURSO PROVIDO.
"A dissolução irregular da sociedade mediante mera paralisação de suas atividades, por si só, já constitui infração à lei. Decorrendo prejuízos à Fazenda Pública em razão de débito fiscal pendente e, inexistindo bens passíveis de penhora em nome da sociedade, à exegese das disposições específicas inseridas no Código Tributário Nacional (arts. 134, VII e 135, I e III) e na Lei de Execuções Fiscais (art. 4°, V e §§ 2° e 3°), fica o juiz autorizado a aplicar a doutrina da desconsideração da personalidade jurídica ou disregard of legal entity.
As pessoas referidas no inciso III do art. 135 do CTN são sujeitos passivos da obrigação tributária, na qualidade de responsáveis por substituição, e, assim sendo, aplica-se-lhes o disposto no art. 568, V, do CPC, apesar de seus nomes não constarem no título extrajudicial. Assim, podem ser citadas e terem seus bens penhorados, independentemente de processo judicial prévio para a verificação de ocorrência inequívoca das circunstâncias de fato, aludidas no art. 135, *caput*, do CTN, matéria essa que, no entanto, poderá ser discutida, amplamente, em embargos do executado (art. 745, parte final, do CPC) (STF – RTJ 106/878)'" (TJ-SC – 6ª Câm. Civil – Agravo de Instrumento n° 2001.014990-7, de Timbó, Rel. Des. Luiz Cezar Medeiros, j. 25.10.2001). [...]". (Rel. Des. Jaime Ramos).
Consoante se depara, portanto, deve a ação de execução fiscal ser redirecionada aos sócios-gerentes da pessoa jurídica, em razão de serem sujeitos passivos da obrigação tributária, na condição de responsáveis por substituição.
Diante do exposto, vota-se pelo conhecimento e provimento do agravo de instrumento.
DECISÃO: Nos termos do voto da relatora, a Terceira Câmara de Direito Público, por unanimidade, decidiu conhecer e prover o recurso. Participou do julgamento o desembargador Rui Fortes. Florianópolis, 31 de outubro de 2006. Luiz Cezar Medeiros. PRESIDENTE COM VOTO. Sônia Maria Schmitz. RELATORA

54 O art. 24º do mesmo diploma, afirma que: "A pessoa jurídica constituída ou utilizada, preponderantemente, com o fim de permitir, facilitar ou ocultar a prática de crime definido nesta Lei terá decretada sua liquidação forçada, seu patrimônio será considerado instrumento do crime e como tal perdido em favor do Fundo Penitenciário Nacional."

55 STJ, REsp 1339046/SC, 2ª T., Rel. Min. Herman Benjamin, julg. 5.3.2013, DJe 7.11.2016.

9.13.6 Desconsideração da personalidade jurídica na Lei 12.846/2013 - Lei Anticorrupção

A lei de responsabilização de pessoas jurídicas pela prática de atos contra a administração pública - conhecida como Lei anticorrupção (Lei nº 12846, de 01/08/2013) -, diz no artigo 14: "A personalidade jurídica poderá ser desconsiderada sempre que utilizada com abuso do direito para facilitar, encobrir ou dissimular a prática dos atos ilícitos previstos nesta Lei ou para provocar confusão patrimonial, sendo estendidos todos os efeitos das sanções aplicadas à pessoa jurídica aos seus administradores e sócios com poderes de administração, observados o contraditório e a ampla defesa."

9.13.7 Desconsideração da personalidade jurídica na Lei 13.105/2015 - Código de Processo Civil

O novo Código de Processo Civil (2015) prevê um incidente de desconsideração da personalidade jurídica, nos arts. 133 a 137.[56]

"No que tange à aplicação do art. 4º da Lei 9.605/1998 (= lei especial), basta tão somente que a personalidade da pessoa jurídica seja 'obstáculo ao ressarcimento de prejuízos causados à qualidade do meio ambiente', dispensado, por força do princípio da reparação in integrum e do princípio poluidor-pagador, o requisito do 'abuso', caracterizado tanto pelo 'desvio de finalidade', como pela 'confusão patrimonial', ambos próprios do regime comum do art. 50 do Código Civil (= lei geral)".

56 CPC - DO INCIDENTE DE DESCONSIDERAÇÃO DA PERSONALIDADE JURÍDICA
Art. 133. O incidente de desconsideração da personalidade jurídica será instaurado a pedido da parte ou do Ministério Público, quando lhe couber intervir no processo.
§ 1º O pedido de desconsideração da personalidade jurídica observará os pressupostos previstos em lei.
§ 2º Aplica-se o disposto neste Capítulo à hipótese de desconsideração inversa da personalidade jurídica.
Art. 134. O incidente de desconsideração é cabível em todas as fases do processo de conhecimento, no cumprimento de sentença e na execução fundada em título executivo extrajudicial.
§ 1º A instauração do incidente será imediatamente comunicada ao distribuidor para as anotações devidas.
§ 2º Dispensa-se a instauração do incidente se a desconsideração da personalidade jurídica for requerida na petição inicial, hipótese em que será citado o sócio ou a pessoa jurídica.
§ 3º A instauração do incidente suspenderá o processo, salvo na hipótese do § 2º.
§ 4º O requerimento deve demonstrar o preenchimento dos pressupostos legais específicos para desconsideração da personalidade jurídica.
Art. 135. Instaurado o incidente, o sócio ou a pessoa jurídica será citado para manifestar-se e requerer as provas cabíveis no prazo de 15 (quinze) dias.
Art. 136. Concluída a instrução, se necessária, o incidente será resolvido por decisão interlocutória.
Parágrafo único. Se a decisão for proferida pelo relator, cabe agravo interno.
Art. 137. Acolhido o pedido de desconsideração, a alienação ou a oneração de bens, havida em fraude de execução, será ineficaz em relação ao requerente.

9.13.8 Teoria Maior e Teoria Menor da Desconsideração da personalidade jurídica

A *teoria maior* é aquela adotada pelo art. 50, do Código Civil brasileiro, isto é, para efeito de desconsideração, exige-se o requisito específico do abuso caracterizado pelo desvio de finalidade ou confusão patrimonial. Já a *teoria menor*, é a mais fácil de ser aplicada ao caso concreto decidendo, adotada pelo CDC e pela legislação ambiental, não exigindo a demonstração de tal requisito.

"A teoria maior da desconsideração, regra geral no sistema jurídico brasileiro, não pode ser aplicada com a mera demonstração de estar a pessoa jurídica insolvente para o cumprimento de suas obrigações.

Exige-se, aqui, para além da prova de insolvência, ou a demonstração de desvio de finalidade (teoria subjetiva da desconsideração), ou a demonstração de confusão patrimonial (teoria objetiva da desconsideração).

A teoria menor da desconsideração, acolhida em nosso ordenamento jurídico excepcionalmente no Direito do Consumidor e no Direito Ambiental, incide com a mera prova de insolvência da pessoa jurídica para o pagamento de suas obrigações, independentemente da existência de desvio de finalidade ou de confusão patrimonial.

Para a teoria menor, o risco empresarial normal às atividades econômicas não pode ser suportado pelo terceiro que contratou com a pessoa jurídica, mas pelos sócios e/ou administradores desta, ainda que estes demonstrem conduta administrativa proba, isto é, mesmo que não exista qualquer prova capaz de identificar conduta culposa ou dolosa por parte dos sócios e/ou administradores da pessoa jurídica.

A aplicação da teoria menor da desconsideração às relações de consumo está calcada na exegese autônoma do § 5º do art. 28, do CDC, porquanto a incidência desse dispositivo não se subordina à demonstração dos requisitos previstos no *caput* do artigo indicado, mas apenas à prova de causar, a mera existência da pessoa jurídica, obstáculo ao ressarcimento de prejuízos causados aos consumidores." (REsp 279.273/SP, Rel. ministro ARI PARGENDLER, Rel. p/ Acórdão ministra NANCY ANDRIGHI, TERCEIRA TURMA, julgado em 04/12/2003, DJ 29/03/2004, p. 230).[57]

---

57 Responsabilidade civil e Direito do consumidor. Recurso especial. Shopping Center de Osasco-SP. Explosão. Consumidores. Danos materiais e morais. Ministério Público. Legitimidade ativa. Pessoa jurídica. Desconsideração. Teoria maior e teoria menor. Limite de responsabilização dos sócios. Código de Defesa do Consumidor. Requisitos. Obstáculo ao ressarcimento de prejuízos causados aos consumidores. Art. 28, § 5º.

9.13.9 A Desconsideração Inversa da personalidade jurídica

9.13.9.1 Conceito

De forma contrária, a desconsideração inversa pressupõe a desconsideração da personalidade jurídica da sociedade para responsabilizá-la por dívidas dos sócios. Neste caso, a finalidade precípua é evitar o desvio de bens da pessoa física para a pessoa jurídica.

Vejamos a jurisprudência do Superior Tribunal de Justiça: "incide o instituto da desconsideração inversa da personalidade jurídica (art. 50 do CC/2002 c/c art. 133, § 2°, do CPC/2015) na hipótese em que o administrador ou sócio esvazia seu patrimônio pessoal para ocultá-lo de credores sob o manto de uma pessoa jurídica".[58]

"[...] É admissível a desconsideração inversa da pessoa jurídica a fim de possibilitar a responsabilização patrimonial dessa por dívidas próprias dos sócios, quando demonstrada a confusão patrimonial e utilização abusiva. Precedentes. 2.1. No caso concreto, derruir a convicção formada nas instâncias ordinárias quanto a estar configurada a confusão patrimonial e o uso da pessoa jurídica para ocultar os rendimentos do demandado, exigiria reexame das provas contidas nos autos, providência incabível no recurso especial. [...]" (AgInt no AREsp 1699952/SP, Rel. Ministro MARCO BUZZI, QUARTA TURMA, julgado em 30/11/2020, DJe 04/12/2020).

No mesmo sentido, a Desconsideração da Personalidade Jurídica Inversa foi enfrentada pelo STJ da seguinte forma:

> Discute-se, no REsp, se a regra contida no art. 50 do CC/2002 autoriza a chamada desconsideração da personalidade jurídica inversa. Destacou a Min. relatora, em princípio, que, a par de divergências doutrinárias, este Superior Tribunal sedimentou o entendimento de ser possível a desconstituição da personalidade jurídica dentro do processo de execução ou falimentar, independentemente de ação própria. Por outro lado, expõe que, da análise do art. 50 do CC/2002, depreende-se que o ordenamento jurídico pátrio adotou a chamada teoria maior da desconsideração, segundo a qual se exige, além da prova de insolvência,

58 STJ, REsp 1.810.414, 2ª T., Rel. Min. Francisco Falcão, julg. 15.10.2019, DJe 18.10.2019. V. tb. STJ, REsp 1.584.404, 3ª T., Rel. Min. Paulo de Tarso Sanseverino, julg. 13.9.2016, DJe 27.9.2016.

a demonstração ou de desvio de finalidade (teoria subjetiva da desconsideração) ou de confusão patrimonial (teoria objetiva da desconsideração). Também explica que a interpretação literal do referido artigo, de que esse preceito de lei somente serviria para atingir bens dos sócios em razão de dívidas da sociedade e não o inverso, não deve prevalecer. Anota, após essas considerações, que a desconsideração inversa da personalidade jurídica caracteriza-se pelo afastamento da autonomia patrimonial da sociedade, para, contrariamente do que ocorre na desconsideração da personalidade propriamente dita, atingir, então, o ente coletivo e seu patrimônio social, de modo a responsabilizar a pessoa jurídica por obrigações de seus sócios ou administradores. Assim, observa que o citado dispositivo, sob a ótica de uma interpretação teleológica, legitima a inferência de ser possível a teoria da desconsideração da personalidade jurídica em sua modalidade inversa, que encontra justificativa nos princípios éticos e jurídicos intrínsecos à própria disregard doctrine, que vedam o abuso de direito e a fraude contra credores. Dessa forma, a finalidade maior da disregard doctrine contida no preceito legal em comento é combater a utilização indevida do ente societário por seus sócios. Ressalta que, diante da desconsideração da personalidade jurídica inversa, com os efeitos sobre o patrimônio do ente societário, os sócios ou administradores possuem legitimidade para defesa de seus direitos mediante a interposição dos recursos tidos por cabíveis, sem ofensa ao contraditório, à ampla defesa e ao devido processo legal. No entanto, a Min. relatora assinala que o juiz só poderá decidir por essa medida excepcional quando forem atendidos todos os pressupostos relacionados à fraude ou abuso de direito estabelecidos no art. 50 do CC/2002. No caso dos autos, tanto o juiz como o tribunal a quo entenderam haver confusão patrimonial e abuso de direito por parte do recorrente. Nesse contexto, a Turma negou provimento ao recurso. Precedentes citados: REsp 279.273-SP, DJ 29/3/2004; REsp 970.635-SP, DJe 1°/12/2009, e REsp 693.235-MT, DJe 30/11/2009. REsp 948.117-MS, Rel. Min. Nancy Andrighi, julgado em 22/6/2010.

9.13.9.2 Desconsideração Inversa da Personalidade Jurídica C/C Partilha de Bens. Tentativa de Sonegar Bens da Meação.

Vejamos a decisão do STJ:

"1. O acórdão do Tribunal de origem, analisando os elementos fático-probatórios dos autos, assentou que a causa de pedir seria a transferência, pelo réu, de quotas sociais a terceiros, mantendo-se, todavia, no comando das referidas empresas, com intuito de esvaziar patrimônio, não se sujeitar ao regime de bens da união estável e burlar eventual partilha. Daí decorreu, segundo a Corte Estadual o pedido da necessária desconsideração inversa da personalidade jurídica das empresas para se declarar a ineficácia da transferência em relação à autora.

2. O posicionamento do Tribunal de origem está em harmonia com o entendimento consolidado em julgados desta Corte Superior que, acerca da temática, entenderam, em situações análogas à deste processo (união estável), ser "possível a desconsideração inversa da personalidade jurídica sempre que o cônjuge ou companheiro empresário valer-se de pessoa jurídica por ele controlada, ou de interposta pessoa física, a fim de subtrair do outro cônjuge ou companheiro direitos oriundos da sociedade afetiva".

3. "A jurisprudência desta Corte admite a aplicação da desconsideração inversa da personalidade jurídica toda vez que um dos cônjuges ou companheiros utilizar-se da sociedade empresária que detém controle, ou de interposta pessoa física, com a intenção de retirar do outro consorte ou companheiro direitos provenientes da relação conjugal". (REsp 1522142/PR, Rel. Ministro MARCO AURÉLIO BELLIZZE, TERCEIRA TURMA, julgado em 13/06/2017, DJe 22/06/2017) 4. A petição inicial não é inepta quando da narração dos fatos decorre logicamente o pedido.

5. O acórdão recorrido assentou que a pretensão da autora foi de desconsideração inversa da personalidade jurídica, não constando dos autos "pedido declaratório de nulidade de negócio jurídico por fraude, caso em que caberia a ação pauliana ou revocatória e se aplicaria, então, o prazo decadencial de 4 (quatro) anos" 6. "Correspondendo a direito potestativo, sujeito a prazo decadencial, para cujo exercício a lei não previu prazo especial, prevalece a regra geral da inesgotabilidade ou da perpetuidade, segundo a qual os direitos não se extinguem pelo não-uso. Assim, à míngua de previsão legal, o pedido de desconsideração da personalidade jurídica, quando preenchidos os requisitos da medida, poderá ser realizado a qualquer tempo". (REsp 1312591/

RS, Rel.Ministro LUIS FELIPE SALOMÃO, QUARTA TURMA, julgado em 11/06/2013, DJe 01/07/2013) 7. Agravo interno a que se nega provimento.

(AgInt no AREsp 1243409/PR, Rel. Ministro LUIS FELIPE SALOMÃO, QUARTA TURMA, julgado em 08/06/2020, DJe 12/06/2020)

> LEGITIMIDADE ATIVA PARA REQUERER DESCONSIDERAÇÃO. INVERSA DE PERSONALIDADE JURÍDICA.
> Se o sócio controlador de sociedade empresária transferir parte de seus bens à pessoa jurídica controlada com o intuito de fraudar partilha em dissolução de união estável, a companheira prejudicada, ainda que integre a sociedade empresária na condição de sócia minoritária, terá legitimidade para requerer a desconsideração inversa da personalidade jurídica de modo a resguardar sua meação. Inicialmente, ressalte-se que a Terceira Turma do STJ já decidiu pela possibilidade de desconsideração inversa da personalidade jurídica – que se caracteriza pelo afastamento da autonomia patrimonial da sociedade, para, contrariamente do que ocorre na desconsideração da personalidade jurídica propriamente dita, atingir o ente coletivo e seu patrimônio social, de modo a responsabilizar a pessoa jurídica por obrigações do sócio -, em razão de uma interpretação teleológica do art. 50 do CC/2002 (REsp 948.117-MS, DJe 3/8/2010). Quanto à legitimidade para atuar como parte no processo, por possuir, em regra, vinculação com o direito material, é conferida, na maioria das vezes, somente aos titulares da relação de direito material. Dessa forma, a legitimidade para requerer a desconsideração é atribuída, em regra, ao familiar que tenha sido lesado, titular do direito material perseguido, consoante a regra segundo a qual "Ninguém poderá pleitear, em nome próprio, direito alheio, salvo quando autorizado por lei" (art. 6º do CPC). Nota-se, nesse contexto, que a legitimidade para requerer a desconsideração inversa da personalidade jurídica da sociedade não decorre da condição de sócia, mas sim da condição de companheira do sócio controlador acusado de cometer abuso de direito com o intuito de fraudar a partilha. Além do mais, embora a companheira que se considera lesada também seja sócia, seria muito difícil a ela, quando não impossível, investigar os bens da empresa e garantir que eles não seriam indevidamente dissipados antes da conclusão da partilha, haja vista a condição de sócia minoritá-

ria. REsp 1.236.916-RS, Rel. Min. Nancy Andrighi, julgado em 22/10/2013.

DESCONSIDERAÇÃO DA PERSONALIDADE JURÍDICA INVERSA.

Discute-se, no REsp, se a regra contida no art. 50 do CC/2002 autoriza a chamada desconsideração da personalidade jurídica inversa. Destacou a Min. relatora, em princípio, que, a par de divergências doutrinárias, este Superior Tribunal sedimentou o entendimento de ser possível a desconstituição da personalidade jurídica dentro do processo de execução ou falimentar, independentemente de ação própria. Por outro lado, expõe que, da análise do art. 50 do CC/2002, depreende-se que o ordenamento jurídico pátrio adotou a chamada teoria maior da desconsideração, segundo a qual se exige, além da prova de insolvência, a demonstração ou de desvio de finalidade (teoria subjetiva da desconsideração) ou de confusão patrimonial (teoria objetiva da desconsideração). Também explica que a interpretação literal do referido artigo, de que esse preceito de lei somente serviria para atingir bens dos sócios em razão de dívidas da sociedade e não o inverso, não deve prevalecer. Anota, após essas considerações, que a desconsideração inversa da personalidade jurídica caracteriza-se pelo afastamento da autonomia patrimonial da sociedade, para, contrariamente do que ocorre na desconsideração da personalidade propriamente dita, atingir, então, o ente coletivo e seu patrimônio social, de modo a responsabilizar a pessoa jurídica por obrigações de seus sócios ou administradores. Assim, observa que o citado dispositivo, sob a ótica de uma interpretação teleológica, legitima a inferência de ser possível a teoria da desconsideração da personalidade jurídica em sua modalidade inversa, que encontra justificativa nos princípios éticos e jurídicos intrínsecos à própria *disregard doctrine*, que vedam o abuso de direito e a fraude contra credores. Dessa forma, a finalidade maior da *disregard doctrine* contida no preceito legal em comento é combater a utilização indevida do ente societário por seus sócios. Ressalta que, diante da desconsideração da personalidade jurídica inversa, com os efeitos sobre o patrimônio do ente societário, os sócios ou administradores possuem legitimidade para defesa de seus direitos mediante a interposição dos recursos tidos por cabíveis, sem ofensa ao contraditório, à ampla defesa e ao devido processo legal. No entanto, a Min. relatora assinala que o juiz só poderá decidir por essa medida excepcional quando forem atendidos todos os pressupostos relacionados à fraude ou abuso de direito estabelecidos no art. 50 do CC/2002. No caso dos autos, tanto o juiz como o tribunal *a quo* entenderam haver confusão patrimonial e abuso de direito por parte do recorrente. Nesse contexto, a Turma negou provimento ao recurso. Precedentes citados: REsp 279.273-SP, DJ 29/3/2004; REsp 970.635-SP, DJe 1°/12/2009, e REsp 693.235-MT, DJe 30/11/2009. REsp 948.117-MS, Rel. Min. Nancy Andrighi, julgado em 22/6/2010.

9.14 Teoria *Ultra Vires Societatis*

Não se pode confundir a teoria *ultra vires societatis* e a teoria da desconsideração da personalidade jurídica.

A teoria dos atos *ultra vires* está relacionada com os atos que extrapolam o objeto social, isto é, representa um uso indevido do nome empresarial. Melhor dizendo, os atos praticados *ultra vires* são nulos, já que extrapolam os limites impostos à sociedade pela cláusula do objeto social. Na teoria dos atos *ultra vires*, ocorre excesso ou abuso de poder por parte do administrador.

9.15 Grupos Despersonalizados

9.15.1 Conceito e Espécies

Os grupos despersonalizados ou com personificação anômala constituem um conjunto de direitos e obrigações, de pessoas e de bens sem personalidade jurídica e com capacidade processual, mediante representação.

O nosso Código de Processo Civil, em seu artigo 75, permite que alguns entes despersonalizados possam ser representados em juízo, na condição de autor ou réu (ativa e passivamente). Daí que alguns o chamam de *pessoas formais*. Dentre eles podemos citar:

a) as sociedades sem personalidade jurídica, pela pessoa a quem couber a administração dos seus bens (CPC, art. 12, VII);
b) a massa falida, pelo administrador judicial (CPC, art. 12, V);
c) a herança jacente ou vacante, por seu curador (CPC, art. 75, VI)[59]

59 Da Herança Jacente. Art. 1.819. Falecendo alguém sem deixar testamento nem herdeiro legítimo notoriamente conhecido, os bens da herança, depois de arrecadados, ficarão sob a guarda e administração de um curador, até a sua entrega ao sucessor devidamente

d) o espólio, pelo inventariante (CPC, art. 75, VII);
e) a sociedade e a associação irregulares e outros entes organizados sem personalidade jurídica, pela pessoa a quem couber a administração de seus bens (CPC, art. 75, IX);
f) o condomínio, pelo administrador ou pelo síndico (CPC, art. 75, XI).

Uma questão controvertida é aquela que está relacionada à personalidade jurídica do condomínio edilício ou horizontal (condomínio em edificações). Qual seja: O condomínio seria pessoa jurídica apta para adquirir, conservar e transmitir direitos? Há quem diga que sim; há quem diga que não, desta corrente fazendo parte, dentre outros, Caio Mário da Silva Pereira, e Serpa Lopes.

Ocorre que o artigo 63, § 3°, da Lei 4.591/64 admite implicitamente a personalidade jurídica do condomínio: "§ 3° No prazo de 24 horas após a realização do leilão final, o condomínio, por decisão unânime de Assembleia-Geral em condições de igualdade com terceiros, terá preferência na aquisição dos bens, caso em que serão adjudicados ao condomínio".

Ademais, o Conselho da Justiça Federal, na III Jornada de Direito Civil, editou o Enunciado 90 em que afirma: "Deve ser reconhecida personalidade jurídica ao condomínio edilício".

Daí que não obstante o condomínio não figurar no rol das pessoas jurídicas de direito privado (CC, art. 44), este possui personalidade jurídica.

Neste diapasão, o condomínio, por ser uma massa patrimonial, não possui honra objetiva apta a sofrer dano moral (REsp 1.736.593-SP, Rel. Min. Nancy Andrighi, Terceira Turma, por unanimidade, julgado em 11/02/2020, DJe 13/02/2020). Vejamos:

> Os condomínios são entes despersonalizados, pois não são titulares das unidades autônomas, tampouco das partes comuns,

---

habilitado ou à declaração de sua vacância.
Art. 1.820. Praticadas as diligências de arrecadação e ultimado o inventário, serão expedidos editais na forma da lei processual, e, decorrido um ano de sua primeira publicação, sem que haja herdeiro habilitado, ou penda habilitação, será a herança declarada vacante.
Art. 1.821. É assegurado aos credores o direito de pedir o pagamento das dívidas reconhecidas, nos limites das forças da herança.
Art. 1.822. A declaração de vacância da herança não prejudicará os herdeiros que legalmente se habilitarem; mas, decorridos cinco anos da abertura da sucessão, os bens arrecadados passarão ao domínio do Município ou do Distrito Federal, se localizados nas respectivas circunscrições, incorporando-se ao domínio da União quando situados em território federal.
Parágrafo único. Não se habilitando até a declaração de vacância, os colaterais ficarão excluídos da sucessão.
Art. 1.823. Quando todos os chamados a suceder renunciarem à herança, será esta desde logo declarada vacante.

> além de não haver, entre os condôminos, a affectio societatis, tendo em vista a ausência de intenção dos condôminos de estabelecerem, entre si, uma relação jurídica, sendo o vínculo entre eles decorrente do direito exercido sobre a coisa e que é necessário à administração da propriedade comum. Com efeito, caracterizado o condomínio como uma massa patrimonial, não há como reconhecer que seja ele próprio dotado de honra objetiva, senão admitir que qualquer ofensa ao conceito que possui perante a comunidade representa, em verdade, uma ofensa individualmente dirigida a cada um dos condôminos, pois quem goza de reputação são os condôminos e não o condomínio, ainda que o ato lesivo seja a este endereçado. Isso porque, concretamente, essa pretensão compensatória deduzida em juízo limita-se subjetivamente aos condôminos que se sentiram realmente ofendidos, não refletindo, por óbvio, pretensão do condomínio, enquanto complexo jurídico de interesses de toda coletividade e que se faz representar pelo síndico. Assim, diferentemente do que ocorre com as pessoas jurídicas, qualquer repercussão econômica negativa será suportada pelos próprios condôminos, a quem incumbe contribuir para todas as despesas condominiais, e/ou pelos respectivos proprietários, no caso de eventual desvalorização dos imóveis no mercado imobiliário. (Informativo 665)

Vale lembrar, mais uma vez, que na III Jornada de Direito Civil, o Conselho da Justiça Federal concluiu que "a relação das pessoas jurídicas de Direito Privado, constante do art. 44, incs. I a V, do Código Civil, não é exaustiva" (Enunciado 144). Logo, se a relação do artigo 44 não é exaustiva, o condomínio pode ser considerado uma pessoa jurídica de direito privado, ainda que não conste da referida relação.

9.15.2 Personificação de Mecanismos de Inteligência Artificial

EDUARDO NUNES DE SOUZA enfrenta o debate acerca da personificação de mecanismos dotados de inteligência artificial, embora não propriamente novo, tem sido bastante fomentado, nos últimos anos, por conta de uma proposta do Parlamento Europeu que resultou na edição de uma Resolução fortemente marcada pelo problema da responsabilidade civil por danos causados por tais mecanismos.[60]

---

60 SOUZA, Eduardo Nunes de. *Dilemas atuais do conceito jurídico de personalidade*: uma crítica às propostas de subjetivação de animais e de mecanismos de inteligência artificial. Civilistica.com. Rio de Janeiro, a. 9, nº 2, 2020. Disponível em: <https://civilistica.com/

De acordo com o autor, a "referida proposta constou do Relatório que contém recomendações à Comissão sobre disposições de Direito Civil sobre Robótica (2015/2103(INL)), elaborado pela Comissão dos Assuntos Jurídicos em 2015".[61] O relatório considerou "que a responsabilidade civil pelos danos causados por robôs constitui uma questão crucial que tem de ser igualmente resolvida ao nível da União" e instou a criação de "um estatuto jurídico específico para os robôs a longo prazo, de modo a que, pelo menos, os robôs autónomos mais sofisticados possam ser determinados como detentores do estatuto de pessoas eletrônicas responsáveis por sanar quaisquer danos que possam causar e, eventualmente, aplicar a personalidade eletrônica a casos em que os robôs tomam decisões autónomas ou em que interagem por qualquer outro modo com terceiros de forma independente. [...] Em uma ordem constitucional como a brasileira, esse tipo de comparação deve ser evitado tanto quanto possível. Do ponto de vista técnico, como visto anteriormente, o recurso a tais argumentos para justificar a personificação de mecanismos dotados de inteligência artificial incorre no equívoco de supor que o expediente técnico da subjetivação jurídica traz em seu âmago algum tipo de juízo de valor sobre o ente personificado – o que poderia, em um momento posterior, conduzir inclusive a propostas de atribuição de direitos a tais figuras, supostamente tão semelhantes ao homem".[62] [63] [64]

---

wp-content/uploads1/2020/09/Souza-civilistica.com-a.9.n.2.2020.pdf>. Acesso em: 09 fev. 2021.

61 Ibid.

62 Ibid.

63 "Um propósito que é reconhecido, inclusive, pelo estudo crítico que embasou a edição da Resolução (NEVEJANS, Nathalie. European Civil Law Rules in Robotics: Study for the JURI Committee. European Union, 2016, p. 15). Na doutrina portuguesa, sintetiza Mafalda Miranda BARBOSA: "o que se debate é se se deverá responsabilizar o mecanismo dotado de inteligência artificial per se ou se a responsabilidade deverá ser assacada ao produtor, proprietário ou utilizador" (Inteligência artificial, e-persons e direito: desafios e perspectivas, cit., p. 1479). Assim também concluem, no direito brasileiro, Danilo DONEDA et al.: "No cenário europeu, impulsionado por indagações sobre responsabilidade, a questão da personalidade aparece muito mais ligada à construção de um mecanismo de reparação à vítima de danos do que como resultado de uma discussão sobre o que é um robô inteligente e seu estatuto jurídico de forma mais abrangente. [...] São, assim, questões estritamente patrimoniais que levam à criação da figura da personalidade jurídica dos robôs" (Considerações iniciais sobre inteligência artificial, ética e autonomia pessoal. Pensar, vol. 23, nº 4. Fortaleza: UNIFOR, out.-dez./2018, p. 9)". *apud* SOUZA, Eduardo Nunes de. *Dilemas atuais do conceito jurídico de personalidade*: uma crítica às propostas de subjetivação de animais e de mecanismos de inteligência artificial. Civilistica.com. Rio de Janeiro, a. 9, nº 2, 2020. Disponível em: <https://civilistica.com/wp-content/uploads1/2020/09/Souza-civilistica.com-a.9.n.2.2020.pdf>. Acesso em: 09 fev. 2021.

64 Essa preocupante equiparação entre pessoa humana e mecanismos inteligentes parece ser fomentada não apenas pela já referida tendência social à personificação das coisas, mas também pelo fato de que muitos mecanismos dotados de inteligência artificial assumem efetivamente uma aparência material antropomórfica. Robôs com feições humanas, androides e figuras afins povoam não apenas as mídias populares e o imaginário social

9.16 Responsabilidade das Pessoas Jurídicas

9.16.1 Introdução

A responsabilidade civil das pessoas jurídicas encontra assento constitucional no artigo 173, § 5° da Constituição da República Federativa do Brasil de 1988 ao preceituar que "a lei, sem prejuízo da responsabilidade individual dos dirigentes da pessoa jurídica, estabelecerá a responsabilidade desta, sujeitando-a às punições compatíveis com sua natureza, nos atos praticados contra a ordem econômica e financeira e contra a economia popular.

Assim, ocorrendo um dano ocasionado pela pessoa jurídica, esta será obrigado a repará-lo.

A responsabilidade civil da pessoa jurídica (responsabilidade empresarial) pode ser contratual ou extracontratual.

A *responsabilidade civil contratual* está lastreada no artigo 389 do nosso Código Civil, que afirma "não cumprida a obrigação, responde o devedor por perdas e danos, mais juros e atualização monetária segundo índices oficiais regularmente estabelecidos, e honorários de advogados". Na responsabilidade contratual, existe um vínculo contratual entre as partes, cuja violação do dever jurídico implica a responsabilidade civil. Por exemplo, no contrato de transporte: existência da cláusula de incolumidade.

A *responsabilidade civil em acidentes de consumo* traduz um risco coletivo. O fornecedor tem o dever de segurança, isto é, dever de não lançar no mercado produto defeituoso. O artigo 12 do CDC preceitua que "O fabricante, o produtor, o construtor, nacional ou estrangeiro, e o importador respondem, independentemente da existência de culpa, pela reparação dos danos causados aos consumidores por defeitos decorrentes de projeto, fabricação, construção, montagem, fórmulas, manipulação, apresentação ou acondicionamento de seus produtos, bem como por informações insuficientes ou inadequadas sobre sua utilização e riscos. [...] § 3° O fabricante, o construtor, o produtor ou importador só não será responsabilizado quando provar: I – que não colocou o

---

como se tornam, cada vez mais, uma realidade, frequentemente aberta a interpretações ilusórias. Exemplo muito lembrado (talvez mais pela curiosidade que desperta do que pelos desafios jurídicos que oferece) é o de robôs sexuais, fabricados para reproduzir, ao máximo possível, a aparência e o comportamento humanos e programados para satisfazerem necessidades sexuais de seus usuários. Qualquer proposta no sentido de se regular o uso de tais ferramentas (por exemplo, para se impedirem utilizações degradantes, violentas e assim por diante) não deve, absolutamente, ser confundida com a consideração de uma suposta dignidade desses mecanismos do ponto de vista jurídico ou, mais amplamente, no plano ético. Trata-se, ao contrário, de considerações sobre os interesses humanos direta ou indiretamente tangenciados pelo uso de tais tecnologias – por exemplo, o potencial incentivo que certos usos desses robôs poderiam representar para a reprodução de comportamentos socialmente nocivos por parte dos usuários". SOUZA, Eduardo Nunes de. *Dilemas atuais do conceito jurídico de personalidade*: uma crítica às propostas de subjetivação de animais e de mecanismos de inteligência artificial. Civilistica.com. Rio de Janeiro, a. 9, nº 2, 2020. Disponível em: <https://civilistica.com/wp-content/uploads1/2020/09/Souza-civilistica.com-a.9.n.2.2020.pdf>. Acesso em: 09 fev. 2021.

produto no mercado; II – que, embora haja colocado o produto no mercado, o defeito inexiste; III – a culpa exclusiva do consumidor ou de terceiro".

Na *responsabilidade civil extracontratual* (responsabilidade aquiliana) a âncora provém dos artigos 186, 187 e 927, como também dos artigos 932, III e 933 do Código Civil.

O artigo 927 determina que "aquele que, por ato ilícito (arts. 186 e 187),[65] causar dano a outrem, fica obrigado a repará-lo". E o parágrafo único do referido dispositivo legal afirma que "haverá obrigação de reparar o dano, independentemente de culpa, nos casos especificados em lei, ou quando a atividade normalmente desenvolvida pelo autor do dano implicar, por sua natureza, risco para os direitos de outrem".

O artigo 932, inciso III, preceitua que "são também responsáveis pela reparação civil: [...] III – o empregador ou comitente, por seus empregados, serviçais e prepostos, no exercício do trabalho que lhes competir, ou em razão dele;".

E o artigo 933 dispõe: "As pessoas indicadas nos incisos I a V do artigo antecedente, ainda que não haja culpa de sua parte, responderão pelos atos praticados pelos terceiros ali referidos".

As distinções entre a responsabilidade civil contratual e extracontratual podem ser agrupadas no quadro abaixo:

9.16.2 Responsabilidade civil da pessoa jurídica pelos atos de seus administradores

A responsabilidade civil da pessoa jurídica pelos atos de seus administradores está prevista no artigo 47 do nosso Código Civil ao dizer que "obrigam a pessoa jurídica os atos dos administradores, exercidos nos limites de seus poderes definidos no ato constitutivo".[66]

Aqui é tratada a questão da responsabilidade patrimonial da pessoa jurídica pelos atos celebrados pelos seus administradores.

Em relação ao artigo 47, o Conselho da Justiça Federal, na III Jornada de Direito Civil, editou o Enunciado 145 que indica o seguinte: "o art. 47 não afasta a aplicação da teoria da aparência".

9.16.3 Teoria da aparência

A *teoria da aparência* ocorre no momento em que o sujeito pratica atos em nome da sociedade, extrapolando os limites da representação, ou até mesmo inexistindo tais poderes, de forma reiterada e sem oposição desta, presentes os requisitos da aparência escusável e boa-fé do terceiro.

---

65 Art. 186. Aquele que, por ação ou omissão voluntária, negligência ou imprudência, violar direito e causar dano a outrem, ainda que exclusivamente moral, comete ato ilícito.

Art. 187. Também comete ato ilícito o titular de um direito que, ao exercê-lo, excede manifestamente os limites impostos pelo seu fim econômico ou social, pela boa-fé ou pelos bons costumes.

66 Sem Correspondente ao CC de 1916.

Thelma Fraga ensina que "uma vez caracterizada a teoria da aparência, responderá a pessoa jurídica pelos atos praticados por aquele que não detinha poderes para agir em nome da empresa, em proteção aos interesses do terceiro de boa-fé, assegurando o direito de regresso em benefício da pessoa jurídica e em detrimento do verdadeiro causador do ato".[67]

Cristiano Chaves de Farias e Nélson Rosenvald afirmam que a responsabilidade civil decorrente da aparência é o acolhimento do princípio da boa-fé, "fazendo com que terceiros que estão, *aparentemente*, negociando com a pessoa jurídica estejam protegidos, responsabilizando-a mesmo não se tratando de ato próprio da sociedade".[68]

Da mesma forma, Leoni afirma que a teoria da aparência "baseia-se na realidade exterior, diante de certas circunstâncias, que fazem, fundando-se na boa-fé, acreditar que o sujeito que exercita o direito tem efetivamente poderes para tanto".[69]

Podemos elencar, abaixo, algumas decisões jurisprudenciais que são fundamentadas na teoria do direito aparente:

> "RESPONSABILIDADE CIVIL. FURTO DE CARTÃO DE CRÉDITO. GRUPO OU CONGLOMERADO FINANCEIRO. TEORIA DA APARÊNCIA. LEGITIMIDADE. GASTOS REALIZADOS POR ESTELIONATÁRIO. FALTA DE FISCALIZAÇÃO PELO COMERCIANTE. CULPA DO BANCO OU ADMINISTRADORA. SUCUMBÊNCIA RECÍPROCA. DISTRIBUIÇÃO DOS ENCARGOS. Legitimidade passiva reconhecida ao Banco que detém o controle de conglomerado financeiro. Administradora de cartão de crédito que faz parte do mesmo grupo empresarial. Incidência da teoria da aparência. São nulas as cláusulas contratuais que impõem ao consumidor a responsabilidade absoluta por compras realizadas com cartão de crédito furtado até o momento (data e hora) da comunicação do furto. Tais avenças de adesão colocam o consumidor em desvantagem exagerada e militam contra a boa-fé e a equidade, pois as administradoras e os vendedores têm o dever de apurar a regularidade no uso dos cartões, entendimento do STJ, com precedentes desta Corte. Pedidos de indenização por danos material e moral. Negativa ao prejuízo extrapatrimonial, cujo montante indicado pela parte é meramente estimativo, não podendo ser tomado como conteúdo econômico para divisão da sucumbência. Recurso improvido.

67 MELLO, Cleyson de Moraes; FRAGA, Thelma Araújo Esteves. *Direito civil: introdução e parte geral*. Niterói: Impetus, 2005, p. 150.

68 FARIAS, Cristiano Chaves de; ROSENVALD, Nélson. *Direito civil: teoria geral*. 6. ed. Rio de Janeiro: Lumen Juris, 2007, p. 290.

69 OLIVEIRA, J. M. Leoni Lopes de. *Introdução ao direito*. Rio de Janeiro: Lumen Juris, 2004, p. 498.

> Unânime" (Apelação Cível n° 70016992414, Décima Câmara Cível, Tribunal de Justiça do RS, relator: Jorge Alberto Schreiner Pestana, Julgado em 12.7.2007).
>
> CITAÇÃO. TEORIA DA APARÊNCIA.
>
> A pessoa jurídica – ente evidentemente abstrato – faz-se representar por pessoas físicas que compõem seus quadros dirigentes. Se a própria diretora geral, mesmo não sendo a pessoa indicada pelo estatuto para falar judicialmente em nome da associação, recebe a citação e, na ocasião, não levanta nenhum óbice ao oficial de justiça, há de se considerar válido o ato de chamamento, sob pena de, consagrando exacerbado formalismo, erigir inaceitável entrave ao andamento do processo. Precedente citado: AgRg nos EREsp 205.275-PR, DJ 28/10/2002. EREsp 864.947-SC, Rel. Min. ministra Laurita Vaz, julgados em 6/6/2012.

No Tribunal de Justiça do Estado de Minas Gerais – TJMG, na 15ª Câmara Cível, em 12.5.2005, o desembargador Unias Silvas decidiu "Se é criada toda uma situação de fato que leva o consumidor, terceiro de boa-fé, a acreditar que o negócio jurídico estava sendo celebrado com a intermediadora de uma das empresas de um mesmo grupo econômico-financeiro, deve-se aplicar a Teoria da Aparência, ocorrendo a sua inclusão no polo passivo da relação jurídica" (Ap. 459.850-9).

9.16.4 Responsabilidade das pessoas jurídicas de direito público

A responsabilidade civil do Estado e dos prestadores de serviços públicos encontra-se lastreada constitucionalmente no artigo 37, § 6°: "CRFB/88. Art. 37 – A administração pública direta e indireta de qualquer dos Poderes da União, dos Estados, do Distrito Federal e dos Municípios obedecerá aos princípios de legalidade, impessoalidade, moralidade, publicidade e eficiência e, também, ao seguinte: § 6° – As pessoas jurídicas de direito público e as de direito privado prestadoras de serviços públicos responderão pelos danos que seus agentes, nessa qualidade, causarem a terceiros, assegurado o direito de regresso contra o responsável nos casos de dolo ou culpa".

Já o Código Civil brasileiro, em seu artigo 43, dispõe que "as pessoas jurídicas de direito público interno são civilmente responsáveis por atos dos seus agentes que nessa qualidade causem danos a terceiros, ressalvado direito regressivo contra os causadores do dano, se houver, por parte destes, culpa ou dolo".[70]

A responsabilidade civil por ato judicial está prevista na Constituição da República Federativa do Brasil de 1988, no artigo 5°, inciso LXXV: "CRFB/88

---

70 Correspondente ao art. 15 do CC de 1916.

- Art. 5° – Todos são iguais perante a lei, sem distinção de qualquer natureza, garantindo-se aos brasileiros e aos estrangeiros residentes no País a inviolabilidade do direito à vida, à liberdade, à igualdade, à segurança e à propriedade, nos termos seguintes: [...]LXXV – o Estado indenizará o condenado por erro judiciário, assim como o que ficar preso além do tempo fixado na sentença".

9.17 Administração Coletiva

Se a pessoa jurídica tiver administração coletiva, as decisões se tomarão pela maioria de votos dos presentes, salvo se o ato constitutivo dispuser de modo diverso (CC, art. 48).

O prazo decadencial para anular tais decisões é de três anos, quando violarem a lei ou estatuto, ou forem eivadas de erro, dolo, simulação ou fraude (CC, art. 48, parágrafo único).[71]

9.18 Administração Provisória

Se a administração da pessoa jurídica vier a faltar, o juiz, a requerimento de qualquer interessado, nomear-lhe-á administrador provisório (CC, art. 49).[72]

9.19 A Pessoa Jurídica e os Direitos da Personalidade

O artigo 52 do nosso Código Civil determina que se aplique às pessoas jurídicas, no que couber, a proteção dos direitos da personalidade.[73]

O Superior Tribunal de Justiça – STJ, na Súmula 227, decidiu que "a pessoa jurídica pode sofrer dano moral".

Nesse sentido, o ministro Ruy Rosado de Aguiar, no Recurso Especial 60033-2-MG, entende que a pessoa jurídica pode sofrer dano moral. Vejamos a decisão: "A honra objetiva da pessoa jurídica pode ser ofendida pelo protesto indevido de título cambial, cabendo indenização pelo dano extrapatrimonial daí decorrente".

Em relação ao artigo 52, o Conselho da Justiça Federal, na IV Jornada de Direito Civil, publicou o Enunciado 286, que preceitua: "CJF – Enunciado 286 – Art. 52. Os direitos da personalidade são direitos inerentes e essenciais à pessoa humana, decorrentes de sua dignidade, não sendo as pessoas jurídicas titulares de tais direitos".

---

71 Sem Correspondente ao CC de 1916.
72 Sem Correspondente ao CC de 1916.
73 Sem Correspondente ao CC de 1916.

9.20 Quadro Sinótico

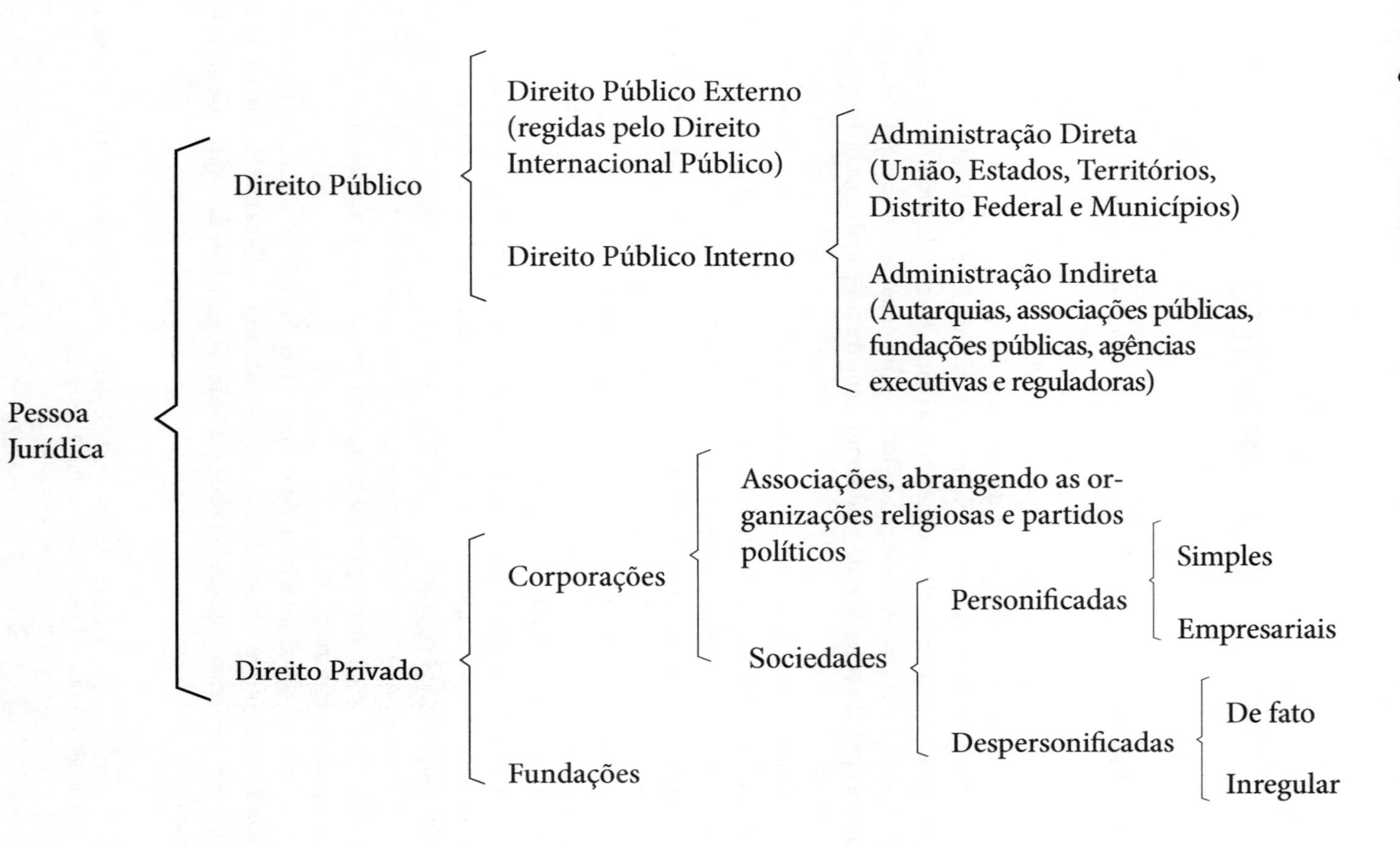

Capítulo 10

DO DOMICÍLIO

10.1 Conceito

De acordo com o conceito clássico de Clóvis Beviláqua, o domicílio civil é "o lugar onde a pessoa se supõe localizada, para exercer certos direitos e responder por suas obrigações de ordem privada".[1]

No mundo vivido, as pessoas escolhem livremente o local em que querem viver e trabalhar de acordo com as vicissitudes da vida. É necessário, pois, que a pessoa tenha um domicílio, uma espécie de sede jurídica, para que ela possa ser localizada, exercendo seus direitos e obrigações no mundo jurídico.

O instituto jurídico do domicílio é de grande valia para o direito, já que se relaciona de forma relevante com outros dispositivos legais. O artigo 7° da Lei de Introdução às normas do Direito Brasileiro informa que "a lei do país em que domiciliada a pessoa determina as regras sobre o começo e o fim da personalidade, o nome, a capacidade e os direitos de família".

A sucessão por morte ou por ausência obedece à lei do país em que domiciliado o defunto ou o desaparecido, qualquer que seja a natureza e a situação dos bens (LINDB, art. 10).

Ademais, o artigo 12 da LINDB determina: "É competente a autoridade judiciária brasileira, quando for o réu domiciliado no Brasil ou aqui tiver de ser cumprida a obrigação".

De acordo com a definição expressa no artigo 70 do nosso Código Civil, o domicílio da pessoa natural é o lugar onde ela estabelece a sua residência com ânimo definitivo.[2]

Daí é possível inferir os dois elementos básicos do domicílio: a) o *elemento objetivo* que é a residência, representando o elemento de fato; e b) o *elemento subjetivo (intencional)* que é o ânimo definitivo da pessoa de ali permanecer.

---

1 BEVILÁQUA, Clóvis. *Código civil dos Estados Unidos do Brasil comentado por Clóvis Beviláqua.* V. 1. Edição histórica. Rio de Janeiro: Rio, 1976, p. 249.

2 Correspondente ao art. 31 do CC de 1916.

A V Jornada de Direito Civil do CJF publicou o Enunciado 408 que dispõe arts. 7° e 70 da Lei de Introdução às Normas do Direito Brasileiro. Para efeitos de interpretação da expressão "domicílio" do art. 7° da Lei de Introdução às Normas do Direito Brasileiro, deve ser considerada, nas hipóteses de litígio internacional relativo a criança ou adolescente, a residência habitual destes, pois se trata de situação fática internacionalmente aceita e conhecida.

10.2 Distinção entre Habitação, Residência e Domicílio

Antes de prosseguirmos, é necessário apresentar a distinção entre *habitação, residência e domicílio.* A professora e magistrada Thelma Araújo Esteves Fraga, de maneira bastante clara, demonstrou essa distinção ao afirmar que "Habitação: Na escala dos conceitos seria a classificação que representaria o primeiro dos degraus, vez que, traduz a relação de fato da pessoa natural com o local onde permaneça em caráter transitório. Residência: Estaria situada no segundo degrau da conceituação e seria descrita como a presença real da pessoa natural no local onde habita, teria um caráter de permanência fática. Domicílio: Já sabemos que o domicílio seria o terceiro degrau da classificação, pois, significa a relação jurídica que nasce da situação de fato de estabelecer-se residência em determinado local, acrescida do elemento subjetivo, que é o ânimo definitivo de ali permanecer ou ainda o local onde se exerça as relações concernentes à profissão".

10.3 Classificação do Domicílio

O domicílio pode ser classificado de várias formas.

Quanto à sua origem o domicílio pode ser: a) *voluntário* (escolhido pela pessoa através de sua manifestação de vontade); b) *legal* ou *necessário* (decorre de determinação legal).[3]

Quanto à sua natureza, o domicílio pode ser: a) *geral* (é o lugar em que a pessoa é encontrada para exercer os atos da vida civil); b) *profissional* (é o local onde a pessoa exerce a sua profissão); c) *especial* (é aquele avençado entre as partes contratantes para a solução de possíveis controvérsias acerca do contrato firmado).

10.4 Natureza Jurídica do Domicílio

O domicílio é um ato jurídico em sentido estrito, já que representa uma manifestação de vontade cujos efeitos estão previstos em lei.

---

3 É aquele determinado pelo ordenamento jurídico para algumas pessoas em razão de uma característica pessoal (incapazes), em razão do ofício ou função (diplomatas, funcionários públicos) ou para aqueles que se encontram presos.

10.5 Pluralidade de Domicílios

O artigo 71 do Código Civil trata da possibilidade da pessoa possuir pluralidade de domicílios. A regra determina que "se, porém, a pessoa natural tiver diversas residências, onde, alternadamente, viva, considerar-se-á domicílio seu qualquer delas".[4]

É o caso de uma pessoa que possua diversas residências e mantenha ocupações habituais em vários centros.

10.6 Domicílio Profissional

O domicílio profissional é aquele em que a pessoa exerce as suas atividades profissionais. O Código Civil trata no artigo 72 do domicílio profissional, ao afirmar que "é também domicílio da pessoa natural, quanto às relações concernentes à profissão, o lugar onde esta é exercida". O parágrafo único dispõe que "se a pessoa exercitar profissão em lugares diversos, cada um deles constituirá domicílio para as relações que lhe corresponderem".[5]

Dessa maneira, um engenheiro que more em Teresópolis e exerça suas atividades profissionais na sede da Companhia Vale do Rio Doce, na cidade do Rio de Janeiro, terá seu domicílio profissional nesta cidade (RJ).

Todavia, se a pessoa exercer suas atividades em diversos lugares, cada um deles constituirá seu domicílio. É o caso, por exemplo, de um médico veterinário que exerça suas atividades profissionais em clínicas localizadas nas cidades do Rio de Janeiro, Volta Redonda e Valença.

10.7 Ausência de Domicílio Habitual

A ausência de domicílio ocorre quando a pessoa natural não tenha residência habitual. Neste caso, o artigo 73 preceitua que "ter-se-á por domicílio da pessoa natural, que não tenha residência habitual, o lugar onde for encontrada".[6] É o caso dos ciganos e das pessoas tradicionalmente nomádicas/nômades e que hoje vivem espalhadas pelo mundo. Também se aplica aos casos das pessoas que trabalham no circo.

10.8 Mudança de Domicílio

Muda-se o domicílio, transferindo a residência, com a intenção manifesta de o mudar (CC, art. 74).[7]

---

4 Correspondente ao art. 32 do CC de 1916.

5 (Sem Correspondente ao CC de 1916.

6 Correspondente ao art. 33 do CC de 1916.

7 STJ – Súmula 58: Proposta a execução fiscal, a posterior mudança de domicílio do execu-

A prova da intenção resultará do que declarar a pessoa às municipalidades dos lugares, que deixa, e para onde vai, ou, se tais declarações não fizer, da própria mudança, com as circunstâncias que a acompanharem (CC, art. 74, parágrafo único).[8]

10.9 Domicílio Necessário

O domicílio *legal* ou *necessário* é aquele que decorre expressamente da lei. O artigo 76 afirma que "têm domicílio necessário o incapaz, o servidor público, o militar, o marítimo e o preso".

O *domicílio do incapaz* é o do seu representante ou assistente. Se este tiver sido confiado, por decisão judicial, a outra pessoa, o seu domicílio legal será o do tutor. O domicílio do pródigo é o do seu curador.[9] Qual o domicílio no caso de o menor possuir pais separados? O domicílio será o do genitor que detiver a guarda do menor.[10]

O *domicílio do servidor público* é o lugar em que este exercer permanentemente suas funções.

O *domicílio do militar* será onde este servir, e, sendo da Marinha ou da Aeronáutica, a sede do comando a que se encontrar imediatamente subordinado.

O *domicílio do marítimo* será onde o navio estiver matriculado.

E o *domicílio do preso*, o lugar onde este cumprir a sentença penal condenatória transitada em julgado.[11] Dessa forma, uma pessoa presa por prisão temporária, prisão preventiva, prisão em flagrante e até mesmo prisão proveniente da sentença penal condenatória não transitada em julgado, não há que se falar em domicílio necessário, já que representa a prisão provisória. Nesse caso, a ação contra o preso deverá ser proposta no local de seu domicílio determinado pela regra geral. Somente depois que o preso estiver cumprindo pena, o seu domicílio deixará de ser encontrado pela regra geral e considerar-se-á como domicílio necessário.

---

tado não desloca a competência já fixada. (PRIMEIRA SEÇÃO, julgado em 29.9.1992, DJ 6.10.1992 p. 17215).

8 Correspondente ao art. 34 do CC de 1916.

9 INVENTÁRIO – Interdito – Foro competente. Em sendo interdito o autor da herança, o foro competente para o inventário é o do seu curador, "ex vi" dos artigos 36 do CC e 96 do CPC, não admitida prova em contrário, sendo irrelevante o lugar da situação dos bens ou da sua residência ou do óbito.(STJ – REsp. nº 32.23-7 – SP – 4ª T – Rel. Min. Torreão Braz – DJU 27.6.94). Superior Tribunal de Justiça – STJ.

10 Domicílio conjugal. CC 2002 – Art. 1.566. São deveres de ambos os cônjuges: II – vida em comum, no domicílio conjugal. CC 2002 – Art. 1.569. O domicílio do casal será escolhido por ambos os cônjuges, mas um e outro podem ausentar-se do domicílio conjugal para atender a encargos públicos, ao exercício de sua profissão, ou a interesses particulares relevantes.

11 Correspondente aos arts. 36, 37, 38, 39, 40 do CC de 1916.

O artigo 77 trata do domicílio do agente diplomático: "O agente diplomático do Brasil, que, citado no estrangeiro, alegar extraterritorialidade sem designar onde tem, no país, o seu domicílio, poderá ser demandado no Distrito Federal ou no último ponto do território brasileiro onde o teve".

10.10 Domicílio de Eleição ou Contratual

De acordo com o artigo 78, o domicílio de eleição, também denominado de domicílio contratual, é aquele determinado e escolhido entre as partes contratantes no momento de formação do contrato. Dessa maneira, as partes acordam o foro competente para dirimir eventuais conflitos judiciais.

O *domicílio contratual* produz efeitos tanto para pessoa natural quanto para a pessoa jurídica. Vale destacar que as pessoas que possuem domicílio necessário, podem firmar no instrumento contratual seu domicílio de eleição ou contratual. A cláusula deve estar expressa no contrato. Daí a impossibilidade de se firmar domicílio contratual nos contratos verbais.

E no caso do contrato de adesão? Neste caso, não poderá haver cláusula de eleição, já que pelo diploma consumerista, indica que o foro será aquele do domicílio do consumidor. O artigo 51, inciso IV, do CDC afirma que "São nulas de pleno direito, entre outras, as cláusulas contratuais relativas ao fornecimento de produtos e serviços que: [...] IV – estabeleçam obrigações consideradas iníquas, abusivas, que coloquem o consumidor em desvantagem exagerada, ou seja, incompatíveis com a boa-fé ou a equidade;".

Neste sentido, a decisão do ministro Antônio de Pádua Ribeiro do STJ: "Competência. Foro de eleição. Contrato de adesão. Código de Defesa do Consumidor. I. – A eleição de foro diverso do domicílio do réu, previsto em contrato de adesão, não deve prevalecer quando acarreta desequilíbrio contratual, dificultando a própria defesa do devedor. No caso, trata-se de incompetência absoluta, podendo ser declarada de ofício. Precedentes da Corte. II. – Recurso Especial a que se nega seguimento (AgRg no Ag 455.965/ MG, Rel. ministro ANTÔNIO DE PÁDUA RIBEIRO, TERCEIRA TURMA, julgado em 24.8.2004, DJ 11.10.2004 p. 314)".

No caso de contrato particular de compra e venda de quotas sociais, não se tratando de contrato de adesão, não há razão para ser ignorado o foro livremente eleito pelas partes (REsp 573.794/SP, Rel. ministro CARLOS ALBERTO MENEZES DIREITO, TERCEIRA TURMA, julgado em 26.8.2004, DJ 6.12.2004 p. 293).

No contrato de representação comercial, o foro de eleição previsto em contrato de adesão não vale, já que há disposição legal expressa fixando a competência do foro do domicílio do representante (L. 4.886, Art. 39) (AgRg no REsp 532.545/RS, Rel. ministro HUMBERTO GOMES DE BARROS, TERCEIRA TURMA, julgado em 29.11.2006, DJ 18.12.2006 p. 363).

10.11 Domicílio do Devedor

O artigo 327 do Código Civil determina o domicílio do devedor ao dizer: "Efetuar-se-á o pagamento no domicílio do devedor, salvo se as partes convencionarem diversamente, ou se o contrário resultar da lei, da natureza da obrigação ou das circunstâncias".

10.12 Domicílio da Pessoa Jurídica

Quanto ao domicílio da pessoa jurídica, devem ser observadas as regras do artigo 75 do Código Civil: "Quanto às pessoas jurídicas, o domicílio é: I – da União, o Distrito Federal; II – dos Estados e Territórios, as respectivas capitais; III - do Município, o lugar onde funcione a administração municipal; IV – das demais pessoas jurídicas, o lugar onde funcionarem as respectivas diretorias e administrações, ou onde elegerem domicílio especial no seu estatuto ou atos constitutivos".[18]

Tendo a pessoa jurídica diversos estabelecimentos em lugares diferentes, cada um deles será considerado domicílio para os atos nele praticados (CC, art. 75, § 1°).

Se a administração, ou diretoria, tiver a sede no estrangeiro, haver-se-á por domicílio da pessoa jurídica, no tocante às obrigações contraídas por cada uma das suas agências, o lugar do estabelecimento, sito no Brasil, a que ela corresponder (CC, art. 75, § 2°).

O artigo 109 da Constituição da República Federativa do Brasil de 1988 trata da competência dos juízes federais. Vejamos: "Aos juízes federais compete processar e julgar: [...] § 1° – As causas em que a União for autora serão aforadas na seção judiciária onde tiver domicílio a outra parte. § 2° – As causas intentadas contra a União poderão ser aforadas na seção judiciária em que for domiciliado o autor, naquela onde houver ocorrido o ato ou fato que deu origem à demanda ou onde esteja situada a coisa, ou ainda, no Distrito Federal. § 3° – Serão processadas e julgadas na justiça estadual, no foro do domicílio dos segurados ou beneficiários, as causas em que forem parte instituição de previdência social e segurado, sempre que a comarca não seja sede de vara do juízo federal, e, se verificada essa condição, a lei poderá permitir que outras causas sejam também processadas e julgadas pela justiça estadual. § 4° – Na hipótese do parágrafo anterior, o recurso cabível será sempre para o Tribunal Regional Federal na área de jurisdição do juiz de primeiro grau".

O STF, através da Súmula 363, afirmou que "a pessoa jurídica de direito privado pode ser demandada no domicílio da agência, ou no estabelecimento, em que se praticou o ato".

10.13 Importância Prática do Domicílio

Vários artigos do Código de Processo Civil relacionam a questão do domicilio à determinação da competência.

> Art. 46. A ação fundada em direito pessoal ou em direito real sobre bens móveis será proposta, em regra, no foro de domicílio do réu.
> § 1º Tendo mais de um domicílio, o réu será demandado no foro de qualquer deles.
> § 2º Sendo incerto ou desconhecido o domicílio do réu, ele poderá ser demandado onde for encontrado ou no foro de domicílio do autor.
> § 3º Quando o réu não tiver domicílio ou residência no Brasil, a ação será proposta no foro de domicílio do autor, e, se este também residir fora do Brasil, a ação será proposta em qualquer foro.
> § 4º Havendo 2 (dois) ou mais réus com diferentes domicílios, serão demandados no foro de qualquer deles, à escolha do autor.
> § 5º A execução fiscal será proposta no foro de domicílio do réu, no de sua residência ou no do lugar onde for encontrado.
> Art. 47. Para as ações fundadas em direito real sobre imóveis é competente o foro de situação da coisa.
> § 1º O autor pode optar pelo foro de domicílio do réu ou pelo foro de eleição se o litígio não recair sobre direito de propriedade, vizinhança, servidão, divisão e demarcação de terras e de nunciação de obra nova.
> § 2º A ação possessória imobiliária será proposta no foro de situação da coisa, cujo juízo tem competência absoluta.
> Art. 48. O foro de domicílio do autor da herança, no Brasil, é o competente para o inventário, a partilha, a arrecadação, o cumprimento de disposições de última vontade, a impugnação ou anulação de partilha extrajudicial e para todas as ações em que o espólio for réu, ainda que o óbito tenha ocorrido no estrangeiro.
> Parágrafo único. Se o autor da herança não possuía domicílio certo, é competente:
> I – o foro de situação dos bens imóveis;
> II – havendo bens imóveis em foros diferentes, qualquer destes;
> III – não havendo bens imóveis, o foro do local de qualquer dos bens do espólio.
> Art. 49. A ação em que o ausente for réu será proposta no foro de seu último domicílio, também competente para a arrecadação, o inventário, a partilha e o cumprimento de disposições testamentárias.

Art. 50. A ação em que o incapaz for réu será proposta no foro de domicílio de seu representante ou assistente.

Art. 51. É competente o foro de domicílio do réu para as causas em que seja autora a União.

Parágrafo único. Se a União for a demandada, a ação poderá ser proposta no foro de domicílio do autor, no de ocorrência do ato ou fato que originou a demanda, no de situação da coisa ou no Distrito Federal.

Art. 52. É competente o foro de domicílio do réu para as causas em que seja autor Estado ou o Distrito Federal.

Parágrafo único. Se Estado ou o Distrito Federal for o demandado, a ação poderá ser proposta no foro de domicílio do autor, no de ocorrência do ato ou fato que originou a demanda, no de situação da coisa ou na capital do respectivo ente federado.

Art. 53. É competente o foro:

I – para a ação de divórcio, separação, anulação de casamento e reconhecimento ou dissolução de união estável:

a) de domicílio do guardião de filho incapaz;

b) do último domicílio do casal, caso não haja filho incapaz;

c) de domicílio do réu, se nenhuma das partes residir no antigo domicílio do casal;

II – de domicílio ou residência do alimentando, para a ação em que se pedem alimentos;

III – do lugar:

a) onde está a sede, para a ação em que for ré pessoa jurídica;

b) onde se acha agência ou sucursal, quanto às obrigações que a pessoa jurídica contraiu;

c) onde exerce suas atividades, para a ação em que for ré sociedade ou associação sem personalidade jurídica;

d) onde a obrigação deve ser satisfeita, para a ação em que se lhe exigir o cumprimento;

e) de residência do idoso, para a causa que verse sobre direito previsto no respectivo estatuto;

f) da sede da serventia notarial ou de registro, para a ação de reparação de dano por ato praticado em razão do ofício;

IV – do lugar do ato ou fato para a ação:

a) de reparação de dano;

b) em que for réu administrador ou gestor de negócios alheios;

V – de domicílio do autor ou do local do fato, para a ação de reparação de dano sofrido em razão de delito ou acidente de veículos, inclusive aeronaves.

10.14 Direito Comparado

O Código Civil português trata do domicílio nos artigos 82° a 88°, da seguinte forma: "ARTIGO 82° (Domicílio voluntário geral). 1. A pessoa tem domicílio no lugar da sua residência habitual; se residir alternadamente em diversos lugares, tem-se por domiciliada em qualquer deles. 2. Na falta de residência habitual, considera-se domiciliada no lugar da sua residência ocasional ou, se esta não puder ser determinada, no lugar onde se encontrar.

ARTIGO 83° (Domicílio profissional). 1. A pessoa que exerce uma profissão tem, quanto às relações a que esta se refere, domicílio profissional no lugar onde a profissão é exercida. 2. Se exercer a profissão em lugares diversos, cada um deles constitui domicílio para as relações que lhe correspondem.

ARTIGO 84° (Domicílio electivo). É permitido estipular domicílio particular para determinados negócios, contanto que a estipulação seja reduzida a escrito.

ARTIGO 85° (Domicílio legal dos menores e interditos). 1. O menor tem domicílio no lugar da residência da família; se ela não existir, tem por domicílio o do progenitor a cuja guarda estiver. 2. O domicílio do menor que em virtude de decisão judicial foi confiado a terceira pessoa ou a estabelecimento de educação ou assistência é o do progenitor que exerce o poder paternal. 3. O domicílio do menor sujeito a tutela e do interdito é o do respectivo tutor. 4. Quando tenha sido instituído o regime de administração de bens, o domicílio do menor ou do interdito é o do administrador, nas relações a que essa administração se refere. 5. Não são aplicáveis as regras dos números anteriores se delas resultar que o menor ou interdito não tem domicílio em território nacional.

ARTIGO 87° (Domicílio legal dos empregados públicos). 1. Os empregados públicos, civis ou militares, quando haja lugar certo para o exercício dos seus empregos, têm nele domicílio necessário, sem prejuízo do seu domicílio voluntário no lugar da residência habitual. 2. O domicílio necessário é determinado pela posse do cargo ou pelo exercício das respectivas funções.

ARTIGO 88° (Domicílio legal dos agentes diplomáticos portugueses). Os agentes diplomáticos portugueses, quando invoquem extraterritorialidade, consideram-se domiciliados em Lisboa.

Já o *Código Civil espanhol* determina que "Artículo 40. Del domicilio. Para el ejercicio de los derechos y el cumplimiento de las obligaciones civiles, el domicilio de las personas naturales es el lugar de su residencia habitual, y en su caso, el que determine la Ley de Enjuiciamiento Civil. El domicilio de los diplomáticos residentes por razón de su cargo en el extranjero, que gocen del derecho de extraterritorialidad, será el último que hubieren tenido en territorio espanol.

Artículo 41. Cuando ni la ley que las haya creado o reconocido, ni los estatutos o las reglas de fundación fijaren el domicilio de las personas jurídicas, se entenderá que lo tienen en el lugar en que se halle establecida su representación legal, o donde ejerzan las principales funciones de su instituto".

E o *Código Civil italiano* trata da questão do domicílio e residência no artigo 43: "Domcilio e residenza. Il domicilio di una persona è nel luogo in cui essa há stabilito la sede principale dei suoi affari e interessi (Cod. Proc. Civ. 139). La residenza è nel luogo in cui la persona há la dimora abituale".

Capítulo 11

OS BENS

11.1 O Objeto

O objeto em seu significado filosófico está relacionado diretamente com a essência do conhecimento. É o clássico problema da relação entre sujeito e objeto. Dentro desta dicotomia sujeito-objeto existem duas concepções fundamentais acerca do objeto: a) uns admitem que todos os objetos possuem um ser ideal, mental. É o chamado objeto do conhecimento (objeto construído); b) outros afirmam a existência de objetos reais, independentes do pensamento. Aqui o objeto é real.

O pensamento da idade moderna, em especial a filosofia da consciência, procura fundamentar o conhecimento humano no sujeito. O sujeito como fundamento sobre o qual se pode estruturar cognitivamente a realidade, apresentando-se como ponto central sobre a verdade do conhecimento humano. Desde então a verdade está fundada numa consciência, num sujeito. Aqui não se fala em objetos independentes da consciência, já que todos os objetos são parte desta, ou seja, produtos do pensamento.

Na dicotomia sujeito-objeto, a subjetividade contrapõe-se à objetividade, materializada nas coisas.

O Direito ainda se encontra amparado no paradigma epistemológico da filosofia da consciência e na subjetividade. Observa-se a entificação do Direito. O Direito em desarmonia com o modo de ser-no-mundo (mundo da vida).

O pensamento jurídico não pode ser concebido a partir de um predomínio imposto pelos limites da razão e edificado com os poderes da racionalidade abstrata.

Daí que nos últimos tempos têm crescido os contestadores da filosofia da consciência, em especial aplicada ao Direito. Razão e sujeito são acusados de hegemonia e dominação, já que o binômio sujeito-objeto é sempre já derivado, e não originário, redutor do ser ao ente, incapaz de dar espaço ao desvelar ontológico e de pensar a intersubjetividade.

O pensamento jurídico civilístico não pode ficar adstrito a um sistema de pretensão absoluta, isto é, à pretensão do Código Civil bastar a si mesmo, de ser completo, fechado, de ter tudo. Isso quer dizer que o direito não pode ser explicado a partir de uma relação sujeito-objeto, em que se instaura a subjetividade do sujeito com a objetividade do objeto.

A superação da filosofia da consciência, da relação sujeito-objeto, do subjetivismo, é a busca do homem em sua essência, como possibilidade e modo de ser-no-mundo, ou seja, é o caminho em direção a uma humanização do Direito Civil. É o caminho para a (de)sentificação do Direito, já que um ente não pode fundar os entes. É a partir da hermenêutica como modo de ser- no-mundo que o Direito deve procurar caminhar por uma área de valores humanos peculiares, subtraídos à lógica formal do direito positivo.[1]

De outra forma, Habermas, em sua clássica obra Teoria do agir comunicativo, procura superar o paradigma filosófico-consciencial. O filósofo o considera inadequado para pensar criticamente a sociedade contemporânea. Sua filosofia se estrutura sobre a base de uma racionalidade comunicativa.

11.2 Objeto da Relação Jurídica e Características

Os bens são tudo aquilo que possa vir a satisfazer a necessidade humana. Os bens por sua própria essência natural são escassos, daí serem objeto frequente de litígio entre as pessoas. Dessa maneira, a ciência jurídica exerce papel fundamental não só na regulação e disciplinamento da circulação dos bens, bem como na resolução de conflitos de interesses através da tutela jurisdicional.

As pessoas físicas e jurídicas no mundo da vida possuem apetências que precisam ser satisfeitas. O bom deve servir de fundamento a tais faculdades de apetição. KANT, em sua Crítica da razão prática, afirma que os únicos objetos de uma razão prática são o bom e o mau. "Pois pelo primeiro entende-se um objeto necessário da faculdade de apetição; pelo segundo, da faculdade de aversão, ambos, porém, de acordo com um princípio da razão".[2]

Seguindo CLÓVIS BEVILÁQUA, devem ser entendidos como bens, no sentido jurídico, "os valores materiais ou imateriais que servem de objeto a uma relação jurídica. É um conceito mais amplo do que o de uma coisa".[3]

EDUARDO ESPÍNOLA, professor de Direito Civil na Faculdade da Bahia, declara, em 1918, que "a palavra bens que, na ciência econômica, pode

---

1 Nessa linha de pensamento, Gianni Vattimo afirma que "se é verdade que é preciso procurar obter também no campo das ciências humanas uma forma de rigor e de exatidão que satisfaça as exigências de um ser metódico, isto deve fazer-se desde que se reconheça o que existe no homem de irredutível e peculiar; e esse núcleo é o humanismo da tradição, centrado em torno da liberdade, da escolha, da imprevisibilidade do comportamento, isto é, da sua constitutiva historicidade". VATTIMO, Gianni. *O fim da modernidade:* niilismo e hermenêutica na cultura pós-moderna. Tradução Maria de Fátima Boavida. Lisboa: Presença, 1987. p. 32.

2 KANT, Immanuel. *Crítica da razão prática.* Tradução Valério Rohden. São Paulo: Martins Fontes, 2002, p. 93.

3 BEVILÁQUA, Clóvis. *Código civil dos Estados Unidos do Brasil comentado por Clóvis Beviláqua.* V. 1. Edição histórica. Rio de Janeiro: Rio, 1976, p. 269.

ser empregada para exprimir tudo quanto é capaz de satisfazer as necessidades humanas, na terminologia jurídica indica, em sentido lato, tudo quanto é suscetível de se tornar objeto dos direitos, que formam o nosso patrimônio, ou a nossa riqueza".[4]

BAUDRY-LACANTINERIE e ALBERT WAHL definem bem, na linguagem tradicional, como toda coisa que, podendo prestar ao homem certa utilidade, é susceptível de apropriação privada.[5]

SÁ FREIRE lembra que "TEIXEIRA DE FREITAS define coisa como "todo o objeto material susceptível de valor" (Esboço, art. 317), distingue o bem da coisa, como a espécie se distingue do gênero. Todos os bens são coisas, mas nem todas as coisas são bens".[6]

É o fim específico almejado pelos sujeitos da relação jurídica. Em linhas gerais, o objeto de uma relação jurídica são as coisas que possuem existência material. Assim, coisa é tudo aquilo que pode ser objeto de uma relação jurídica. A noção de objeto da relação jurídica resolve-se na de coisa.1 Melhor a definição de FRANCISCO AMARAL ao dizer que objeto da relação jurídica é "tudo o que se pode submeter ao poder dos sujeitos de direito, como instrumento de realização de suas finalidades jurídicas".[7] Ocorre que o objeto de uma relação jurídica pode ser, ainda, constituído de uma ação (comportamento positivo – fazer ou uma abstenção – não fazer), de um direito (cessão de um crédito) ou da própria pessoa (nos direitos pessoais de família – a disputa da guarda de um filho, a adoção de uma criança).[8]

CUNHA GONÇALVES ensina que o objeto do direito subjetivo é a "prestação sobre que recai o poder jurídico e se manifesta a vontade do sujeito ou representa o meio para a realização do seu fim. O objeto do direito constituí sempre um bem ou uma utilidade, a que estão associadas a ideia de valor, que exprime a medida da utilidade, e a ideia de interesse, que exprime o valor em relação com o sujeito e seus fins".[9]

A relação entre coisas e bens é anotada por VICENTE RÁO ao dizer que "alguns juristas, é certo, preferem dizer que o objeto dos direitos é formado pelas coisas, empregando a esta palavra um sentido amplo, ontológico, que abrange as coisas corpóreas e as incorpóreas, incluindo nestas os próprios di-

---

4 ESPÍNOLA, Eduardo. *Breves anotações ao código civil brasileiro.* Vol. I Introdução e parte geral. Bahia: Joaquim Ribeiro & Co., 1918, p. 126.

5 "Dei Bem", vol. Único, com apêndice do Prof. Bonfante. Ed. Ital., p. 11 apud SÁ FREIRE, Milciades Mário de. *Manual do código civil brasileiro:* parte geral. Vol. II. Rio de Janeiro: Jacintho Ribeiro dos Santos, 1930, p. 400.

6 SÁ FREIRE, Milciades Mário de. *Manual do código civil brasileiro*: parte geral. Vol. II. Rio de Janeiro: Jacintho Ribeiro dos Santos, 1930, p. 400-401.

7 AMARAL, Francisco. *Direito civil:* introdução. 6. ed. Rio de Janeiro: Renovar, 2006, p. 308.

8 MELLO, Cleyson de Moraes. *Introdução ao estudo do direito.* Rio de Janeiro: Freitas Bastos, 2006, p. 324.

9 CUNHA GONÇALVES, Luiz da. *Tratado de direito civil.* Vol. I, Tomo I, 2. ed. São Paulo: Max Limonad, 1955, p. 336.

reitos; mas acrescentam que as coisas se denominam bens ao adquirirem um valor jurídico e, pois, ao serem reconhecidas pela ordem jurídica como objeto dos direitos subjetivos".[10]

Quanto às características dos bens, em sentido jurídico, é possível afirmar que eles devem apresentar: a) utilidade, já que devem servir para a realização dos fins e objetivos das pessoas; b) idoneidade e licitude, uma vez que os bens devem servir de meios idôneos e lícitos para o atingimento dos objetivos das pessoas; c) susceptibilidade de apropriação, a partir do momento que tais bens devem ser apropriáveis pelas pessoas, com o firme propósito de serem utilizados na realização de seus objetivos; d) individualidade no sentido sociojurídico, já que a coisa deve ser individualizada como instrumento a ser utilizado na realização idônea de um determinado fim; e) deve possuir uma estimativa econômica; f) disponibilidade, ou seja, a possibilidade de poder dispor de tais bens.

As características acima não devem ser entendidas num sentido puramente econômico, já que existem direitos insusceptíveis de avaliação econômica, como o direito à vida, à honra, à liberdade etc. Estes são classificados como bens não apreciáveis economicamente, aqueles, pelo contrário, apreciáveis economicamente.

O Código Civil brasileiro de 2002 utiliza a expressão bem para designar valores materiais e imateriais. O Livro II, da Parte Geral, é denominado DOS BENS, iniciando-se com o Título Único chamado Das Diferentes Classes de Bens.

Já o Código Civil português prefere utilizar a expressão coisas. No artigo 202.1 define coisa como "tudo aquilo que pode ser objeto de relações jurídicas" e no artigo subsequente elenca uma série de classificações de coisas. Vejamos: "As coisas são imóveis ou móveis, simples ou compostas, fungíveis ou não fungíveis, consumíveis ou não consumíveis, divisíveis ou indivisíveis, principais ou acessórias, presentes ou futuras".

11.3 Classificação dos Bens

A classificação dos bens, a partir do Código Civil brasileiro, pode ser apresentada da seguinte forma:

a) os considerados em si mesmos;
b) os reciprocamente considerados;
c) os considerados em relação ao titular do domínio;
d) os considerados em relação à sua comercialidade, e
e) os que têm uma destinação particular.

Ocorre que outras classificações existem e que não integram a classificação legal acima mencionada. É, pois, uma classificação incompleta, já que não

10 RÁO, Vicente. *O direito e a vida dos direitos*. 4. ed. V. 2. São Paulo: *Revista dos Tribunais*, 1997, p. 799.

compreende os bens corpóreos e incorpóreos. Todavia, tal distinção poderá ser incluída na classificação dos bens considerados em si mesmos.[11]

11.4 Bens Corpóreos e Incorpóreos

Os bens corpóreos (materiais) são aqueles que possuem existência material e podem ser perceptíveis pelos sentidos, ou seja, são aqueles que podem ser sensorialmente constatáveis, tais como um livro, um telefone celular, uma fruta etc., e os bens incorpóreos (ou imateriais) são os que não possuem existência tangível, v.g. os bens intelectuais, tais como as obras literárias e artísticas, as marcas, as patentes de invenção. O conceito de direitos intelectuais é encontrado no Código Civil italiano, no artigo 2.576, que determina "*Il titolo originario del Vacquisto del diritto di autore è costituito dalla creazione del Vopera, quale particolare espressione del lavoro intellettuale*" (o título originário de aquisição do direito de autor é constituído pela criação da obra como particular expressão do trabalho intelectual).

11.5 Bens Considerados em si Mesmos

O Código Civil brasileiro trata dos bens considerados em si mesmos em cinco seções, no Capítulo I, do Título Único do Livro II da Parte Geral (arts. 79 a 91),[12] denominadas: a) dos bens imóveis; b) dos bens móveis; c) dos bens fungíveis e consumíveis; d) dos bens divisíveis; e) dos bens singulares e coletivos.

11.5.1 Bens imóveis, móveis e semoventes

11.5.1.1 Bens Imóveis

Os bens imóveis são aqueles que não podem ser transportados ou deslocados de um lugar para o outro, sem que ocorra sua destruição total ou parcial. Os bens imóveis o são por natureza ou por determinação legal.

CARVALHO SANTOS ensina que os bens imóveis, "também por alguns denominados 'bens de raiz', são os que absolutamente não se podem transportar sem alteração de sua essência, tais como: o solo, com uma superfície, com os seus acessórios e adjacências naturais, compreendendo as árvores, os frutos pendentes, o espaço aéreo e o subsolo".[13]

A doutrina clássica tinha por hábito classificar os bens imóveis em: a) por natureza; b) por acessão física artificial, p. ex., árvores, edifícios etc.; c) por acessão intelectual; e d) por determinação legal.

---

11 FRAGA, Thelma Araújo Esteves; MELLO, Cleyson de Moraes. *Direito civil:* introdução e parte geral. Niterói: Impetus, 2004, p. 213.

12 CC-1916 – Arts. 43 a 57.

13 CARVALHO SANTOS, J. M. de. *Código civil brasileiro interpretado.* 6. ed. Vol. II. Rio de Janeiro: Freitas Bastos, 1955, p. 8.

O artigo 79 do nosso Código Civil determina que "são bens imóveis o solo e tudo quanto se lhe incorporar natural ou artificialmente".[14]

> "A propriedade do solo abrange a do espaço aéreo e subsolo correspondentes, em altura e profundidade úteis ao seu exercício, não podendo o proprietário opor-se a atividades que sejam realizadas, por terceiros, a uma altura ou profundidade tais, que não tenha ele interesse legítimo em impedi-las" (CC, art. 1.229).[15]

Ao analisar o artigo 79, o Conselho da Justiça Federal, na I Jornada de Direito Civil, editou o Enunciado 11 que informa "não persiste no novo sistema legislativo a categoria dos bens imóveis por acessão intelectual, não obstante a expressão 'tudo quanto se lhe incorporar natural ou artificialmente', constante da parte final do art. 79 do CC".

Necessário é convir que, certamente, a razão do enunciado satisfaz o conceito de pertença que traduz tudo aquilo que o proprietário mantinha no imóvel intencionalmente para fins de sua exploração industrial, aformoseamento, ou comodidade, como as máquinas, tratores, ferramentas, objetos de decoração etc. O Código Civil de 2002 optou por tratar a pertença nos bens reciprocamente considerados, no artigo 93, ao determinar que "são pertenças os bens que, não constituindo partes integrantes, se destinam, de modo duradouro, ao uso, ao serviço ou ao aformoseamento de outro".

As jazidas ou lavras e as quedas-d'água e outras fontes de energia hidráulica, também, são consideradas bens imóveis distintos do solo.

O artigo 176 da Constituição da República Federativa do Brasil de 1988 informa que "as jazidas, em lavra ou não, e demais recursos minerais e os potenciais de energia hidráulica constituem propriedade distinta da do solo, para efeito de exploração ou aproveitamento, e pertencem à União, garantida ao concessionário a propriedade do produto da lavra".

O artigo 84 do Decreto-Lei n° 227/67, dispõe que "a jazida é bem imóvel, distinto do solo onde se encontra, não abrangendo a propriedade deste o minério ou a substância mineral útil que a constitui. (Renumerado do Art. 85 para Art. 84 pelo Decreto-Lei n° 318, de 1967.)

O Código de Águas, Decreto n° 24.643, de 10 de julho de 1934, em seu artigo 145 preceitua que "as quedas-d'água e outras fontes de energia hidráulica são bens imóveis e tidas como coisas distintas e não integrantes das terras em que se encontrem. Assim a propriedade superficial não abrange a água, o álveo do curso no trecho em que se acha a queda-d'água, nem a res-

---

14 Correspondente ao art. 43 do CC de 1916.

15 CRFB/88 – Art. 20 – São bens da União: [...] VIII – os potenciais de energia hidráulica; IX – os recursos minerais, inclusive os do subsolo; X – as cavidades naturais subterrâneas e os sítios arqueológicos e pré-históricos;

pectiva energia hidráulica, para o efeito de seu aproveitamento industrial".

O artigo 80 considera bens imóveis para os efeitos legais:[16] I – os direitos reais sobre imóveis e as ações que os asseguram; II – o direito à sucessão aberta.[17]

São direitos reais: I – a propriedade; II – a superfície; III – as servidões; IV – o usufruto; V – o uso; VI – a habitação; VII – o direito do promitente comprador do imóvel; VIII – o penhor; IX – a hipoteca; X – a anticrese.[18]

Já o artigo 81 preceitua que não perdem o caráter de imóveis: I – as edificações que, separadas do solo, mas conservando a sua unidade, forem removidas para outro local; II – os materiais provisoriamente separados de um prédio, para nele se reempregarem.[19]

A partir dessas ideias, é possível classificar os bens imóveis em:

a) imóveis por sua natureza, referindo-se ao solo, com sua superfície, subsolo e espaço aéreo, já que tudo o que for aderido ao solo será considerado, pois, acessão;
b) imóveis por acessão natural, aí incluído as árvores e os frutos pendentes, bem como todos os acessórios e adjacências naturais. Quanto à questão das árvores, CARVALHO SANTOS adverte que "nem sempre a aderência ao solo, por meio de raízes, importa no caráter de imóvel para a árvore. Assim, quando a árvore é plantada e colocada momentaneamente pelo proprietário em seu terreno para esperar o tempo e a oportunidade de vendê-la, o que acontece geralmente com floristas, que, v.g., plantam roseiras para esse fim, não se pode nunca dizer que se trate de imóveis.

Se, porém, embora o plantio tenha sido feito em caráter provisório, o que se visa é fortificar a árvore, a fim de transferi-la depois para uma plantação definitiva, já não se trata de móvel, mas de verdadeiro imóvel".[20]

Outros acessórios ao solo podem ser considerados, tais como: a formação de ilhas, aluvião, avulsão e abandono de álveo, conforme assinalado pelo artigo 1.248 do Código Civil;[21]

---

16 Correspondente ao art. 44 do CC de 1916.

17 CC 2002 – Art. 1.784. Aberta a sucessão, a herança transmite-se, desde logo, aos herdeiros legítimos e testamentários.

18 CC 2002 – Art. 1.225.

19 Correspondente ao art. 46 do CC de 1916.

20 CARVALHO SANTOS, J. M. de. Código civil brasileiro interpretado. 6. ed. Vol. II. Rio de Janeiro: Freitas Bastos, 1955, p. 13.

21 CC – 2002 – Art. 1.248. A acessão pode dar-se: I – por formação de ilhas; II – por aluvião; III – por avulsão; IV – por abandono de álveo; V – por plantações ou construções.

c) Imóveis por acessão artificial ou industrial. A acessão significa a incorporação de bens móveis ao solo realizado pelo homem. São exemplos de acessão artificial ou industrial as construções e as sementes. Estes não podem ser destacados do solo sem destruição, modificação ou dano. Não estão incluídas aqui as construções desmontáveis, tais como as barracas e tendas das feiras de exposição, parque de diversões, circo, barracas de camping, já que não são destinadas à utilização permanente do solo;
d) Imóveis por determinação legal. São as hipóteses previstas no artigo 80 do nosso Código Civil:[22] I – os direitos reais sobre imóveis e as ações que os asseguram; II – o direito à sucessão aberta.[23]

Em relação ao direito comparado, verifica-se, pois, que o Direito Civil italiano, em seu artigo 812 determina que "Art. 812 *Distinzione dei beni. Sono beni immobili il suolo, le sorgenti e i corsi d'acqua, gli alberi, gli edifici e le altre costruzioni, anche se unite al suolo a scopo trânsitorio, e in gene- re tutto ciò che naturalmente o artificialmente è incorporato al suolo. Sono reputati immobili i mulini, i bagni e gli altri edifici galleggianti quando sono saldamente assicurati alla riva o all'alveo e sono destinati ad esserlo in modo permanente per la loro utilizzazione* (1350). *Sono mobili tutti gli altri beni* (923, 1153)". Portanto, são bens imóveis para os italianos: o solo, as nascentes, os cursos d'água, as árvores, os edifícios e outras construções, ainda que unidas ao solo para fins transitórios e, em gênero, tudo quanto, naturalmente ou artificialmente, é incorporado ao solo. Reputam-se imóveis os moinhos, os balneários e outros edifícios flutuantes quando solidariamente presos à margem ou ao álveo e destinados a assim continuarem de modo permanente, para a sua utilização. Todos os demais bens são móveis.

Já o Direito Civil português optou por utilizar o termo coisas, sem os definir em coisas móveis ou imóveis, já que apenas enumera as coisas imóveis, no artigo 204°, e as coisas móveis de forma residual e por exclusão, no artigo 205°.

No artigo 204°, pois, a enumeração das coisas consideradas imóveis: "Artigo 204° (Coisas imóveis). 1. São coisas imóveis: a) Os prédios rústicos e urbanos; b) As águas; c) As árvores, os arbustos e os frutos naturais, enquanto estiverem ligados ao solo; d) Os direitos inerentes aos imóveis mencionados nas alíneas anteriores; e) As partes integrantes dos prédios rústicos e urbanos. 2. Entende-se por prédio rústico uma parte delimitada do solo e as construções nele existentes que não tenham autonomia económica, e por prédio urbano qualquer edifício incorporado no solo, com os terrenos que lhe

22 Correspondente ao art. 44 do CC de 1916.
23 CC 2002 – Art. 1.784. Aberta a sucessão, a herança transmite-se, desde logo, aos herdeiros legítimos e testamentários.

sirvam de logradouro. 3. É parte integrante toda a coisa móvel ligada materialmente ao prédio com carácter de permanência".

E no artigo 205° as coisas móveis: "(Coisas móveis) 1. São móveis todas as coisas não compreendidas no artigo anterior. 2. Às coisas móveis sujeitas a registo público é aplicável o regime das coisas móveis em tudo o que não seja especialmente regulado".

Por último, o Código Civil espanhol, no artigo 334 enumera e apresenta os bens imóveis:

> "Artículo 334. Son bienes inmuebles: 1. Las tierras, edificios, caminos y construcciones de todo género adheridas al suelo. 2. Los árboles y plantas y los frutos pendientes, mientras estuvieren unidos a la tierra o formaren parte integrante de un inmueble. 3. Todo lo que esté unido a un inmueble de una manera fija, de suerte que no pueda separarse de él sin quebrantamiento de la materia o deterioro del objeto. 4. Las estatuas, relieves, pinturas u otros objetos de uso u ornamentación, colocados en edificios o heredades por el dueno del inmueble en tal forma que revele el propósito de unirlos de un modo permanente al fundo. 5. Las máquinas, vasos, instrumentos o utensilios destinados por el propietario de la finca a la industria o explotación que se realice en un edificio o heredad, y que directamente concurran a satisfacer las necesidades de la explotación misma. 6. Los viveros de animales, palomares, colmenas, estanques de peces o criaderos análogos, cuando el propietario los haya colocado o los conserve con el propósito de mantenerlos unidos a la finca, y formando parte de ella de un modo permanente. 7. Los abonos destinados al cultivo de una heredad, que estén en las tierras donde hayan de utilizarse. 8. Las minas, canteras y escoriales, mientras su materia permanece unida al yacimiento y las aguas vivas o estancadas. 9. Los diques y construcciones que, aun cuando sean flotantes, estén destinados por su objeto y condiciones a permanecer en un punto fijo de un río, lago o costa. 10. Las concesiones administrativas de obras públicas y las servidumbres y demás derechos reales sobre bienes inmuebles".

11.5.1.2 Bens móveis

Os bens móveis são aqueles que podem ser deslocados ou removidos de um lugar para o outro sem alteração de sua substância ou de sua destinação econômico-social. Se os bens móveis forem suscetíveis de movimento próprio são chamados de semoventes, tais como o cavalo, o cachorro, ou seja, os animais de modo geral. O artigo 82 determina que "são móveis os bens suscetíveis de movimento próprio, ou de remoção por força alheia, sem alteração da substância ou da destinação econômico-social".

Os bens móveis podem ser classificados em três espécies, a saber:

a) bens móveis pela própria natureza, são aqueles bens que podem ser removidos de um lugar para o outro, bem como os animais (semoventes), sem causar danos a sua substância.
b) bens móveis por determinação legal, são aqueles estabelecidos no artigo 83 do nosso Código Civil e representam: I – as energias[24] que tenham valor econômico; II – os direitos reais sobre objetos móveis e as ações correspondentes; e, III – os direitos pessoais de caráter patrimonial e respectivas ações.[25]

A Lei n° 9.279, de 14 de maio de 1996, em seu artigo 5°, considera bens móveis, para os efeitos legais, os direitos de propriedade industrial.

Da mesma forma, a Lei n° 9.456, de 25 de abril de 1997, que institui a Lei de Proteção de Cultivares, em seu artigo 2°, preceitua que "a proteção dos direitos relativos à propriedade intelectual referente a cultivar se efetua mediante a concessão de Certificado de Proteção de Cultivar, considerado bem móvel para todos os efeitos legais e única forma de proteção de cultivares e de direito que poderá obstar a livre utilização de plantas ou de suas partes de reprodução ou de multiplicação vegetativa, no País".

c) bens móveis por antecipação, são aqueles bens imóveis por natureza, mobilizados pela vontade do homem, em razão de sua função econômica, tais como as árvores para corte de lenha ou a safra futura.

Quanto à energia, vale destacar que é considerado crime de furto, a subtração, para si ou para outrem, coisa alheia móvel, com pena de reclusão, de um a quatro anos, e multa. O art. 155, § 3°, do Código Penal determina que "equipara-se à coisa móvel a energia elétrica ou qualquer outra que tenha valor econômico".

Outrossim, verifica-se que o direito pessoal é considerado um bem móvel (art. 83, III) e o direito hereditário é um bem imóvel (art. 80, II). Daí não há que se confundir a cessão de crédito (cessão de um bem móvel) com a cessão de direitos hereditários (cessão de um bem imóvel).

Também, são considerados bens móveis "os materiais destinados a alguma construção, enquanto não forem empregados" (CC, art. 84, 1ª parte).[26]

Da mesma forma, os materiais da demolição de algum prédio readquirem a qualidade de bens móveis. (CC, art. 84, 2ª parte).[27] Todavia, os ma-

24 Energia elétrica, eletromagnética, térmica, nuclear etc.
25 Correspondente ao art. 48 do CC de 1916.
26 Correspondente ao art. 49 do CC de 1916.
27 Correspondente ao art. 49 do CC de 1916.

teriais retirados do prédio para manutenção ou conserto não perdem a sua imobilidade jurídica. É o caso de portas, fechaduras, azulejos, tijolos etc. retirados intencionalmente pelo homem visando determinado reparo não perdem, pois, o seu caráter de bem imóvel.

O Código Civil espanhol considera bens móveis:

> "Artículo 335. Se reputan bienes muebles los susceptibles de apropiación no comprendidos en el capítulo anterior, y en general todos los que se pueden transportar de un punto a otro sin menoscabo de la cosa inmueble a que estuvieren unidos".
> "Artículo 336. Tienen también la consideración de cosas muebles las rentas o pensiones, sean vitalicias o hereditarias, afectas a una persona o familia, siempre que nograven con carga real una cosa inmueble, los oficios enajenados, los contratos sobre servicios públicos y las cédulas y títulos representativos de préstamos hipotecarios".

	Bens Imóveis	Bens Móveis
Aquisição	Através de escritura pública registrada no Cartório de Imóveis	Através da tradição, ou seja, pela efetiva entrega da coisa
Prazos de usucapião	Maiores (5, 10 ou 15 anos)	Menores (3 ou 5 anos)
Alienação por pessoas casadas	Em regra, independentemente de seu valor, exige o consentimento (outorga) do cônjuge.	Não há necessidade de consentimento do outro cônjuge.

11.5.1.3 Distinções práticas fundamentais entre bens imóveis e bens móveis

As principais distinções entre os *bens imóveis* e os *bens móveis* para o dia a dia forense podem ser apresentadas da seguinte forma:

11.5.1.4 Animais são seres sencientes

Com o novo status, os animais ficam equiparados, no tocante à sensibilidade, aos homens, porém cada um carregando as diferenças específicas relacionadas a seus interesses e necessidades.[28]

---

28 Disponível em: <https://migalhas.uol.com.br/depeso/309993/animais-sao-seres-sencientes> Disponível em: 06 fev. 2021.

O Plenário do Senado Federal aprovou o PL 27/18, que teve origem na Câmara dos Deputados, visando criar o regime jurídico *sui generis* de sujeitos de direitos despersonalizados para os animais que, até então, pela legislação vigente nos crimes ambientais (lei 9.605/98), recebiam a consideração civil de bens móveis e eram considerados coisas.[29] [30]

Eudes Quintino de Oliveira Júnior afirma que "a palavra senciência não guarda afinidade etimológica com a palavra sapiência. Ambas carregam raízes provenientes do latim. Enquanto sapiência (*sapere*) tem o significado de inteligência, conhecimento, senciência (*sentire*) tem o significado de sentir, ou na capacidade de sentir. Então, quando se fala agora da futura *novatio legis* em respeito à sensibilidade do animal, deve compreender que se trata de um ser vivo, detentor de uma vida incorporada à dignidade de sua natureza. Quer isto significar que, assim como o humano estabeleceu suas regras e quer ser bem tratado, de igual forma o animal, pelo regramento natural, quer idêntico tratamento".[31]

Isabel Carmo destaca que "não se trata de uma inovação – sistemas normativos existem, dentro e fora do velho continente, que plasmam os animais, enquanto seres vivos sencientes na lei a que todos os normativos nacionais devem obediência. Veja-se o caso da Alemanha, Suíça e Áustria, países conhecidos pelo seu ambicioso e constante progresso. A faceta social e cultural destes países espelha a evolução da mentalidade dos seus povos e, com esta, a evolução dos direitos dos animais não humanos".[32]

Portugal já deu os primeiros passos no reconhecimento de alguns "direitos" aos animais: corroborou a declaração universal dos direitos dos animais, está vinculado à legislação comunitária, adotou normas penais e civis no seu ordenamento jurídico.[33]

Isabel Carmo destaca ainda que[34]

---

29 Ibid.

30 O projeto de lei que cria o regime jurídico especial para os animais. Pelo texto (PLC 27/2018), os animais não poderão mais ser considerados objetos. Como foi modificada no Senado, a matéria retorna para a Câmara dos Deputados.
De iniciativa do deputado Ricardo Izar (PP-SP), o projeto estabelece que os animais passam a ter natureza jurídica *sui generis*, como sujeitos de direitos despersonificados. Eles serão reconhecidos como seres sencientes, ou seja, dotados de natureza biológica e emocional e passíveis de sofrimento.
O texto também acrescenta dispositivo à Lei dos Crimes Ambientais (Lei 9.605, de 1998) para determinar que os animais não sejam mais considerados bens móveis para fins do Código Civil (Lei 10.402, de 2002). Com as mudanças na legislação, os animais ganham mais uma defesa jurídica em caso de maus tratos, já que não mais serão considerados coisas, mas seres passíveis de sentir dor ou sofrimento emocional. Fonte: Agência Senado.

31 Ibid.

32 CARMO, Isabel. O Animal Não Humano na Constituição da República Portuguesa. In: RJLB, Ano 5 (2019), nº 2. Disponível em: < http://www.cidp.pt/revistas/rjlb/2019/2/2019_02_0393_0518.pdf> Acesso em: 06 fev. 2021.

33 Ibid.

34 Ibid.

> O conceito de pessoa não humana já existe em países como a Nova Zelândia e a Índia. Este mais não é que uma criação do homem – pode ser alterado através de uma simples manifestação de vontade, adaptando-se a realidades distintas que mereçam um tratamento de superior dignidade. Como realidades distintas que são é dessa forma que têm de ser estudadas e representadas. Ora, se o animal não é uma coisa, não está (ou não deve estar) afeto aos interesses do ser humano, porque tem um valor em si mesmo, o que é então? Um tertium genus, i.e., um ser senciente sem direitos? É, por certo, um ser vivo merecedor de respeito e de dignidade. Portugal ratificou convenções que o comprometem perante si e outros países na defesa da causa animal: a Convenção Europeia para a proteção dos animais nos locais de criação (1976), a Convenção Europeia sobre a Proteção dos Animais em Transporte Internacional e o respetivo Protocolo Adicional (1968 e 1976) e a Convenção Europeia para a Proteção dos Animais de Companhia (1987). Não é uma preocupação nova, mas talvez, porque fruto da destruição humana, as preocupações ambientais aumentaram e, com elas, o papel de todos os seres vivos nos ecossistemas. Esta preocupação deve assumir assento legislativo e ser enraizada sem possibilidade de retrocesso na Constituição da República. Hoje, o animal é referenciado enquanto subtema do direito ao ambiente35, não gozando da posição de relevância já assumida na legislação ordinária. Não se pretende humanizar o que não é humanizável, mas sim dignificar o que é digno.

Vejamos o Código Civil de alguns países referente à evolução da categorização dos animais de coisas para seres sencientes:[35]

Áustria – 1988 (ABGB) – não são coisas
Alemanha – 1990 (BGB) – não são coisas
Suíça – 2000 (BGB) – não são coisas
Catalunha – 2006 (CC) – não são coisas
França – 2015 (CC) – seres vivos dotados de sensibilidade = sensibilidade
Colômbia – 2015 (CC) – seres vivos dotados de sensibilidade = sensibilidade
Portugal – 2016 (CC) – seres vivos dotados de sensibilidade = sensibilidade

35 Ibid.

EDUARDO NUNES DE SOUZA também aborda a questão dos semoventes ao afirma que "em diversos outros países da família romano-germânica, porém, reformas legislativas têm modificado o enquadramento dos animais, para impedir sua qualificação como bens – ainda que, contraditoriamente, muitas vezes se afirme ser aplicável a eles, em suposta analogia, todas as regras incidentes sobre os bens jurídicos. Assim ocorre, por exemplo, na experiência austríaca desde 1988, dispondo o ABGB (§ 285a) que os animais não são coisas, sendo protegidos por normas específicas, mas que se aplicam a eles as disposições relativas às coisas, ressalvadas previsões normativas em contrário. Disposições idênticas, que definem os animais por um viés negativo (isto é, pelo fato de que não seriam coisas), foram previstas pelo legislador alemão em 1990 (BGB, § 90a) e pelo suíço em 2002 (art. 641a). Outros países, por seu turno, têm optado por conceitos positivos, como no caso francês: desde 2015, o Code civil passou a dispor, no seu art. 515-14, que os animais são "seres viventes dotados de sensibilidade", mas que, reservadas as leis que os protegem, permanecem eles submetidos ao regime jurídico dos bens. Analogamente, o codificador português criou, em 2017, o art. 201-B, segundo o qual "os animais são seres vivos dotados de sensibilidade e objeto de proteção jurídica em virtude da sua natureza"; foram criados, conjuntamente, o art. 201-C, que esclarece que a proteção dos animais se dá por meio de disposições específicas do Código e de leis especiais, e o art. 201-D, que prevê serem aplicáveis "subsidiariamente" aos animais as normas relativas às coisas, desde que compatíveis com sua natureza".[36] [37] [38]

36 SOUZA, Eduardo Nunes de. *Dilemas atuais do conceito jurídico de personalidade*: uma crítica às propostas de subjetivação de animais e de mecanismos de inteligência artificial. Civilistica.com. Rio de Janeiro, a. 9, nº 2, 2020. Disponível em: <https://civilistica.com/wp-content/uploads1/2020/09/Souza-civilistica.com-a.9.n.2.2020.pdf>. Acesso em: 09 fev. 2021.

37 "Como se percebe, a despeito de sua variedade, as alterações legislativas que buscaram, em outros sistemas, subtrair os animais da categoria dos bens jurídicos aparentam ser meramente simbólicas, não logrando esclarecer qual natureza, afinal, deveria ser reconhecida aos semoventes. A dificuldade não é acidental, mas decorre da própria inadequação da tentativa de inserir um tertium genus em um arcabouço teórico que foi construído em torno da dicotomia entre pessoa (sujeito de relações jurídicas, titular de interesses juridicamente relevantes) e bem (objeto desses interesses).53 De fato, saber se e em que medida os animais são capazes de desenvolverem interesses (em sentido coloquial) à semelhança dos homens parece estar além das possibilidades humanas. Mas o interesse na proteção dos animais que é albergado pelo Direito é, sem dúvida, o próprio interesse (em sentido jurídico) humano sobre esse valor. São as pessoas que despertam, cada vez mais, para a imprescindibilidade da proteção da fauna, da flora e dos ecossistemas, bem como reconhecem nos animais seres "sencientes", formam vínculos afetivos com eles e são capazes de sentir empatia com sua dor ou sofrimento". SOUZA, Eduardo Nunes de. *Dilemas atuais do conceito jurídico de personalidade*: uma crítica às propostas de subjetivação de animais e de mecanismos de inteligência artificial. Civilistica.com. Rio de Janeiro, a. 9, nº 2, 2020. Disponível em: <https://civilistica.com/wp-content/uploads1/2020/09/Souza-civilistica.com-a.9.n.2.2020.pdf>. Acesso em: 09 fev. 2021.

38 "O termo "senciência" (*sentience* na língua inglesa) tem sido utilizado para designar a

11.5.2 Bens fungíveis e infungíveis

A *fungibilidade* é a possibilidade de substituição. Logo, os *bens fungíveis* são os substituíveis por outros da mesma espécie, qualidade e quantidade. É o que determina o artigo 85 do nosso Código Civil: "São fungíveis os móveis que podem substituir-se por outros da mesma espécie, qualidade e quantidade".[30] São exemplos de bens fungíveis o dinheiro, os gêneros alimentícios em geral (açúcar, sal, feijão, arroz etc.), dentre outros.

Já os *bens infungíveis*, a *contrario sensu*, são aqueles que não podem ser substituídos por outros da mesma espécie, qualidade e quantidade. Por exemplo, se uma pessoa empresta a outra pessoa seu cachorro para a guarda de uma residência. Esta somente poderá devolver àquela o mesmo animal.

Alguns doutrinadores sustentam que os bens imóveis são sempre considerados infungíveis, já que a regra do artigo 85 é clara ao afirmar que "são fungíveis os móveis que..." e, portanto, somente os bens móveis poderiam ser considerados fungíveis ou infungíveis.

Anota-se que um *bem imóvel* pode ser considerado um *bem fungível* no caso de loteamento de que trata da Lei 6.766/79 (dispõe sobre o parcelamento do solo urbano).

Dessa maneira, os pressupostos da fungibilidade são: a) a característica de serem móveis e b) a homogeneidade, já que poderiam ser trocados por outros bens da mesma espécie, qualidade e quantidade.

Ademais, a fungibilidade não resulta exclusivamente da natureza das coisas, mas, também, pode nascer a partir da vontade das partes. Vejamos: Um Código Civil, em regra, é um bem fungível, já que pode ser adquirido outro da mesma espécie, qualidade e quantidade. Ocorre que se o referido Código estiver recheado de anotações pessoais e remissões, com vistas a ser utilizado em um prova de concurso público, certamente, ele será considerado pelo seu proprietário um bem infungível. Da mesma forma, uma camisa oficial do Clube de Regatas Vasco da Gama, em tese, é um bem fungível. Todavia, para muitos, a camiseta oficial utilizada pelo jogador de futebol Romário ao marcar seu milésimo gol na carreira, será considerada um bem infungível.

---

habilidade de um ser para perceber o ambiente ao seu redor ou experimentar a sensação de subjetividade. Tornou-se célebre, no tema, a Cambridge Declaration on Consciousness, documento firmado por neurocientistas reunidos na Universidade de Cambridge em 2012. Alguns autores identificam raízes da noção de "senciência" já no pensamento de Jeremy Bentham, como analisa, com maior desenvolvimento sobre o tema, BASTOS, Elísio Augusto Velloso. Direitos para os animais não humanos? Algumas teorias filosóficas a respeito. Revista Brasileira de Direito Animal, nº 2, vol. 13, 2018, pp. 46 e ss". apud SOUZA, Eduardo Nunes de. *Dilemas atuais do conceito jurídico de personalidade*: uma crítica às propostas de subjetivação de animais e de mecanismos de inteligência artificial. Civilistica.com. Rio de Janeiro, a. 9, nº 2, 2020. Disponível em: <https://civilistica.com/wp-content/uploads1/2020/09/Souza-civilistica.com-a.9.n.2.2020.pdf>. Acesso em: 09 fev. 2021.

Esta classificação é de suma importância no direito obrigacional. As obrigações infungíveis são firmadas através de negócio jurídico *intuito personae*, ou seja, a pessoa contratada (o devedor da obrigação) apresenta qualidades e dotes específicos para a feitura da prestação, tais como: a elaboração de um parecer jurídico, a realização de uma cirurgia plástica, a pintura de quadro por um artista famoso, a realização de um show etc. Por outro lado, existem obrigações que podem ser realizadas, de modo geral, por qualquer pessoa, tais como a pintura de um muro, o levantamento de um muro, a costura de calça etc. Em tese, não interessa quem irá realizar o trabalho. Estas são consideradas fungíveis, aquelas infungíveis.

É o caso das obrigações de fazer, previstas no artigo 247: "Incorre na obrigação de indenizar perdas e danos o devedor que recusar a prestação a ele só imposta, ou só por ele exequível".

De outra forma, existem vários contratos que utilizam a classificação da fungibilidade ou não:

a) o contrato de *mútuo* é o empréstimo de coisas fungíveis. O mutuário é obrigado a restituir ao mutuante o que dele recebeu em coisa do mesmo gênero, qualidade e quantidade (CC, art. 586). Este empréstimo transfere o domínio da coisa emprestada ao mutuário, por cuja conta correm todos os riscos dela desde a tradição (CC, art. 587);
b) O *depósito*, previsto no artigo 645, é "o depósito de coisas fungíveis, em que o depositário se obrigue a restituir objetos do mesmo gênero, qualidade e quantidade, regular-se-á pelo disposto acerca do mútuo". É o denominado, pela doutrina, de depósito irregular;
c) O artigo 369 preceitua que "a *compensação* efetua-se entre dívidas líquidas, vencidas e de coisas fungíveis".

O Código Civil português consagra a classificação das coisas em fungíveis e infungíveis no artigo 207°: "(Coisas fungíveis). São fungíveis as coisas que se determinam pelo seu género, qualidade e quantidade, quando constituam objecto de relações jurídicas".

11.5.3 Bens consumíveis e inconsumíveis

Os *bens consumíveis* são aqueles que se extinguem pelo uso normal da coisa, ou aqueles que se destinam à alienação. O artigo 86 do nosso Código Civil informa que "são consumíveis os bens móveis cujo uso importa destruição imediata da própria substância, sendo também considerados tais os destinados à alienação". São exemplos de bens consumíveis a bebida, os alimentos, a matéria-prima utilizada na fabricação de outros bens. Também são considerados consumíveis os bens que se destinam à alienação, isto é, bens considerados não consumíveis são tidos por consumíveis para quem os vende ou comercializa. Exemplificando: um Código Civil é considerado um bem não consumível para quem o usa (estudante, leitor) e um bem consumí- vel para o livreiro ou para quem o aliena.

Daí que os *bens inconsumíveis* são aqueles que não são destruídos pelo uso, tais como os livros, os eletrodomésticos, os automóveis, as roupas etc., ainda que se desgastem com o passar do tempo.

O Código Civil português adota o critério da consumibilidade das coisas em seu artigo 208°: (Coisas consumíveis). São consumíveis as coisas cujo uso regular importa a sua destruição ou a sua alienação.

11.5.4 Bens divisíveis e indivisíveis

Bens divisíveis são os que se podem fracionar sem alteração na sua substância, diminuição considerável de valor, ou prejuízo do uso a que se destinam (CC, art. 87).[39] Portanto, os *bens divisíveis* são aqueles que podem ser repartidos sem perder a sua essencialidade. A divisibilidade aqui tratada é a divisibilidade jurídica, e não física, já que tudo é divisível até ao infinito. Daí que, juridicamente, os bens podem ser divisíveis ou indivisíveis.

Não perder a sua substância ou identidade ao ser fracionado, significa dizer que a fração terá a mesma essência do todo, ou seja, a parte menor manterá as características principais do inteiro (todo). Por exemplo, ao retirarmos uma fatia de bolo, esta manterá as mesmas qualidades do bolo como um todo.

Já não sofrer diminuição considerável de valor significa que o bem dividido, do ponto de vista econômico, mantém o uso a que se destina, sofrendo apenas uma desvalorização em razão da diminuição do seu tamanho.

Por conseguinte, os *bens indivisíveis* são aqueles que não podem ser divisões, já que irão perder a sua individualidade própria, não servindo, pois, para a utilidade a que se destina. Um automóvel, por exemplo, é um bem indivisível, malgrado possa ser desmontado em várias peças, já que se o automóvel for dividido ao meio, perderá a sua utilidade específica e a sua substância e essência enquanto automóvel.

Nesse mesmo sentido, a jurisprudência ao afirmar que "A divisibilidade de um prédio é apreciada por seu aspecto econômico. São indivisíveis, sob o ponto de vista legal, embora sejam divisíveis fisicamente, os bens que não se podem partir sem dano. Assim, impedida a divisão direta, o condômino procura na indireta a divisão do valor da coisa" (RF, 187:237).

Um outro exemplo de bem indivisível é o *módulo rural*, já que se fracionado perde o seu valor econômico. O Estatuto da Terra (Lei 4.504/64),

39 Correspondente ao art. 52 do CC de 1916.

em seu artigo 65, determina que "O imóvel rural não é divisível em áreas de dimensão inferior à constitutiva do módulo de propriedade rural". Este dispositivo tem por objetivo precípuo de evitar a proliferação de novos minifúndios, proibindo os desmembramentos de imóveis rurais quando esses resultem na criação de novas propriedades minifundiárias. Daí que o módulo rural é o tamanho mínimo que o imóvel rural possa valer economicamente, já que não se pode dividir o terreno além do tamanho do módulo rural, sob pena de perder o valor econômico. O módulo rural é, pois a unidade fundamental da terra. Ainda que duas pessoas queiram dividir fisicamente o referido módulo, tal ato não poderá ser regularizado junto ao Registro de Imóveis.

Ainda que duas pessoas desejem dividir um mesmo módulo, isto deve ser feito informalmente, sem muro e sem regularização junto ao Registro de imóveis e à Prefeitura, pois o módulo é indivisível.

Os bens naturalmente divisíveis podem tornar-se indivisíveis por *determinação da lei* ou *por vontade das partes* (CC, art. 88). Por exemplo, o artigo 1.320 e parágrafos do Código Civil determinam "a todo tempo será lícito ao condômino exigir a divisão da coisa comum, respondendo o quinhão de cada um pela sua parte nas despesas da divisão. § 1° Podem os condôminos acordar que fique indivisa a coisa comum por prazo não maior de cinco anos, suscetível de prorrogação ulterior. § 2° Não poderá exceder de cinco anos a indivisão estabelecida pelo doador ou pelo testador".

Assim, a indivisibilidade pode ocorrer a partir de diferentes origens, a saber: a) por natureza ou substância; b) por determinação legal; e, c) por vontade das partes.

Tal classificação, também, interfere de forma direta no estudo do direito obrigacional. O artigo 259 do nosso Código Civil informa que "se, havendo dois ou mais devedores, a prestação não for divisível, cada um será obrigado pela dívida toda". E o parágrafo único: "O devedor, que paga a dívida, sub-roga-se no direito do credor em relação aos outros coobrigados".

Da mesma forma, o artigo 504 determina que "não pode um condômino em coisa indivisível vender a sua parte a estranhos, se outro consorte a quiser, tanto por tanto. O condômino, a quem não se der conhecimento da venda, poderá, depositando o preço, haver para si a parte vendida a estranhos, se o requerer no prazo de cento e oitenta dias, sob pena de decadência". E o seu parágrafo único preceitua que "sendo muitos os condôminos, preferirá o que tiver benfeitorias de maior valor e, na falta de benfeitorias, o de quinhão maior. Se as partes forem iguais, haverão a parte vendida os coproprietários, que a quiserem, depositando previamente o preço".

O Código Civil português trata da questão da divisibilidade em seu artigo 209° ao afirmar que "(Coisas divisíveis) – São divisíveis as coisas que podem ser fraccionadas sem alteração da sua substância, diminuição de valor ou prejuízo para o uso a que se destinam".

11.5.5 Bens singulares e coletivos

Os *bens singulares* estão conceituados no artigo 89 do nosso Código Civil ao dizer que "são singulares os bens que, embora reunidos, se consideram de per si, independentemente dos demais".[40] Exemplo de um bem singular é o livro inserido numa biblioteca ou o peixe em um cardume.

A *contrario sensu*, os *bens coletivos* são aqueles que são considerados em seu conjunto, agrupados, formando um todo, tais como a biblioteca.

Os bens singulares ou coletivos podem proceder de coisas simples ou compostas. Aquelas possuem a mesma natureza, estas possuem natureza diferente. CLÓVIS BEVILÁQUA ensina que "*coisas simples* são, em direito, as que formam um todo homogêneo, cujas partes ligadas pela natureza, ou pela arte humana, nenhuma determinação especial reclamam da lei, como: um cavalo, uma planta num vaso, uma esmeralda solta, uma cadeira. *Compostas* são as que se formam de partes ligadas pela indústria humana, *ex contingentibus, hoc est pluribus inter se cohaerentibus constant,* como: um edifício, onde há paredes, traves, portas, quadros, jardins; um navio, onde há o casco, os aparelhos e mais acessórios".[41]

Os bens coletivos são denominados de universalidades. *A universalidade (bens coletivos) pode ser de dois tipos, a saber:* universalidade de fato (universitates facti) *e* universalidade de direito (universitatis juris).

A *universalidade de fato,* prevista no artigo 90 do nosso Código Civil, é constituída pela "pluralidade de bens singulares que, pertinentes à mesma pessoa, tenham destinação unitária".[42] A *universalidade de fato* é produto da vontade humana e difere da *coisa composta*, já que aquela representa uma pluralidade de bens autônomos que o proprietário dá uma destinação unitária, tais como um rebanho, uma biblioteca, uma pinacoteca, estabelecimento comercial etc. Os bens reunidos pela vontade humana adquirem, pois, um valor superior à soma dos bens individualmente considerados. A alienação de tais bens pode ocorrer de forma conjunta (todos os bens reunidos) em um único ato ou, até mesmo, a alienação individual Daí, RIZZARDO anota que "essas universalidades fazem exsurgir relações próprias, envolvendo-as, o que não afasta a formação de relações específicas dos bens, ou atinentes aos bens que as compõem".[43] O parágrafo único do artigo 90 afirma que "os bens que formam essa universalidade podem ser objeto de relações jurídicas próprias".

O Conselho da Justiça Federal, na IV Jornada de Direito Civil, editou o Enunciado 288 afirmando que "Enunciado – 288 – Arts. 90 e 91. A pertinência subjetiva não constitui requisito imprescindível para a configuração das universalidades de fato e de direito".

---

40 Correspondente ao art. 54, I, do CC de 1916.

41 BEVILÁQUA, Clóvis. *Código civil dos Estados Unidos do Brasil comentado por Clóvis Beviláqua.* V. 1. Edição histórica. Rio de Janeiro: Rio, 1976, p. 288.

42 Correspondente ao art. 54, II, do CC de 1916.

43 RIZZARDO, Arnaldo. *Parte geral do código civil.* 4 ed. Rio de Janeiro: Forense, 2006, p. 362.

A *universalidade de direito (universitatis juris)* está definida no artigo 91 do Código Civil ao estatuir que "constitui universalidade de direito o complexo de relações jurídicas, de uma pessoa, dotadas de valor econômico".[44] Na universalidade de direito, a lei determina que os bens de uma pessoa sejam considerados em seu conjunto, tais como o patrimônio e a herança.

Do exposto acima, resta claro que a *universalidade de fato* é produto da vontade do homem, enquanto a *universalidade de direito* provém da vontade da lei.

11.6 Bens Reciprocamente Considerados

Os bens reciprocamente considerados são aqueles que podem ser classificados em relação a si mesmos. Neste sentido, os bens podem ser classificados em bens principais e acessórios.

11.6.1 Bens principais e acessórios

O *bem principal* é aquele que "existe sobre si, abstrata ou concretamente", ou seja, é um bem que possui existência autônoma (própria). Já os *bens acessórios* não possuem existência autônoma, já que dependem da existência de outro bem. No artigo 92, o nosso Código Civil afirma que "principal é o bem que existe sobre si, abstrata ou concretamente; acessório, aquele cuja existência supõe a do principal".[45]

O *princípio da gravitação jurídica*, expresso no artigo 59 do Código Civil de 1916, não obstante não ter sido reproduzido pelo nosso Código Civil de 2002, ainda possui aplicação no direito pátrio. Por este princípio, o bem acessório segue a sorte do bem principal, ou seja, o bem acessório gravita juridicamente em torno do bem principal, seguindo, destarte, o seu destino. Melhor dizendo: a natureza do acessório é a mesma do principal.

De acordo com as lições de BEVILÁQUA, significa dizer: "1°) Que o acessório acompanha o principal em seu destino. 2°) Que o acessório assume a natureza do principal. Por exemplo: o móvel, que adere ao imóvel ou nele é colocado para completar-lhe a entidade econômico-jurídica, torna-se imóvel. 3°) Que o proprietário do principal, em regra, o é também do acessório. Exemplo: o proprietário do solo é dono dos frutos pendentes, se a outrem não for conferido o direito de usufruto".[46]

44 Correspondente ao art. 57 do CC de 1916.
45 Correspondente ao art. 58 do CC de 1916.
46 BEVILÁQUA, Clóvis. *Código civil dos Estados Unidos do Brasil comentado por Clóvis Beviláqua*. V. 1. Edição histórica. Rio de Janeiro: Rio, 1976, p. 293.

Várias são as normas jurídicas civilísticas que recebem o influxo deste princípio. Por exemplo, o artigo 233 prescreve que "a obrigação de dar coisa certa abrange os acessórios dela embora não mencionados, salvo se o contrário resultar do título ou das circunstâncias do caso"; o artigo 364 determina que "a novação extingue os acessórios e garantias da dívida, sempre que não houver estipulação em contrário. Não aproveitará, contudo, ao credor ressalvar o penhor, a hipoteca ou a anticrese, se os bens dados em garantia pertencerem a terceiro que não foi parte na novação"; o artigo 366 informa que "importa exoneração do fiador a novação feita sem seu consenso com o devedor principal".

Dentro do princípio mencionado, o artigo 287 dispõe que "salvo disposição em contrário, na cessão de um crédito abrangem-se todos os seus acessórios".

Da mesma forma, "art. 1.209. A posse do imóvel faz presumir, até prova contrária, a das coisas móveis que nele estiverem" (CC, art. 1.209).

11.6.1.1. Pertenças

De forma inovadora e com inspiração no Direito Civil português, o legislador conceitua *pertenças* no artigo 93 do Código Civil brasileiro de 2002 ao afirmar que "são pertenças os bens que, não constituindo partes integrantes, se destinam, de modo duradouro, ao uso, ao serviço ou ao aformoseamento de outro".

O Código Civil português, em seu artigo 210°, define coisas acessórias como "(Coisas acessórias) 1. São coisas acessórias, ou pertenças, as coisas móveis que, não constituindo partes integrantes, estão afectadas por forma duradoura ao serviço ou ornamentação de uma outra. 2. Os negócios jurídicos que têm por objecto a coisa principal não abrangem, salvo declaração em contrário, as coisas acessórias".

De acordo com Francisco Amaral, as pertenças "são coisas, móveis ou imóveis, que se destinam ao serviço ou ornamento de outras. Não há aderência material. Destinam-se a explorar, embelezar ou aumentar a utilidade de outro bem e caracterizam-se por servir à finalidade da coisa principal".[47]

Em relação ao artigo 93, importante lembrar o Enunciado 535 publicado na VI Jornada de Direito Civil, realizada em abril de 2013: "Enunciado 535 – Para a existência da pertença, o art. 93 do Código Civil não exige elemento subjetivo como requisito para o ato de destinação.

Justificativa: Parte da doutrina pátria tem sustentado que, para a qualificação de determinada coisa como pertença, é necessária a existência de requisito subjetivo. O requisito subjetivo existiria assentado em ato de von-

---

47 AMARAL, Francisco. *Direito civil:* introdução. 6. ed. Rio de Janeiro: Renovar, 2006, p. 332.

tade do titular da coisa principal ao destinar determinada coisa para atender a finalidade econômico-social de outra. Esse ato, chamado de ato de afetação, é classificado ou como ato jurídico *stricto sensu,* segundo alguns, ou como negócio jurídico. Entretanto, não se pode pensar o instituto das pertenças com os olhos voltados ao instituto dos imóveis por destinação, na forma como foi regrado no inc. III do art. 43 do Código Civil ab-rogado, em que era exigido do proprietário de coisa móvel o elemento intencional para que fosse concretizado o referido suporte fático. O legislador pátrio não impôs, ao tratar da pertença nos arts. 93 e 94 do Código Civil, o elemento volitivo como requisito para configurar a destinação de certa coisa para atender a função econômico-social de coisa principal ou ser a destinação efetuada pelo proprietário. Pela concreção dos elementos do suporte fático do art. 93 do Código Civil, a relação de pertinência é tutelada de modo objetivo. Dessarte, sendo irrelevante a vontade de quem pratica o ato da destinação, importando tão somente o fato de submeter determinada coisa, de modo duradouro, ao fim econômico-social de outra, a destinação tem de ser classificada como ato-fato jurídico. Bastará à realização dessa destinação ter o destinador o poder fático de dispor da coisa principal e da coisa a ser pertença. Não é preciso que seja dono da coisa principal ou da coisa a ser pertença nem que as possua.

O artigo 94 preceitua que "os negócios jurídicos que dizem respeito ao bem principal não abrangem as pertenças, salvo se o contrário resultar da lei, da manifestação de vontade, ou das circunstâncias do caso".[48]

Face ao exposto, qual a natureza jurídica da *pertença*? Para uns é *bem acessório*, para outros *bem principal*. Vejamos os argumentos de cada uma dessas correntes:

1) *Primeira corrente*, pertença como bem acessório: a) a pertença está inserida no capítulo de bens acessórios; b) o legislador inspirou-se no Código Civil português que trata a pertença como bem acessório; c) a redação do artigo 94 do nosso Código Civil determina que *"os negócios jurídicos que dizem respeito ao bem principal não abrangem as pertenças,* [...]".

1. *Segunda corrente*, pertença como bem principal: a) a pertença, ao contrário dos bens acessórios, possui existência autônoma; b) a partir da exegese do artigo 94, a pertença não respeita o princípio da gravitação jurídica, salvo se o contrário resultar da lei, da manifestação de vontade, ou das circunstâncias do caso. Tal princípio é seguido pelos bens acessórios; c) a redação do artigo 1.712 trata a pertença de forma distinta de bens acessórios. (CC 2002 – Art.1.712. O bem de família consistirá em prédio residencial urbano ou rural, *com suas pertenças e acessórios*, destinando-se em ambos os casos a domicílio familiar, e poderá abranger valores mobiliários, cuja renda será aplicada na conservação do imóvel e no sustento da família.)

48 Sem Correspondente ao do CC de 1916.

Melhor razão está com FRANCISCO AMARAL, ao dizer que *pertenças* "são coisas acessórias que estão a serviço da finalidade econômica de outras, mantendo sua individualidade e autonomia, tanto que podem ser objeto de direito especial, de titular diverso da coisa principal".[49]

Da mesma forma, VICENTE RÁO afirma que *pertences* são "as coisas destinadas e empregadas ao uso, ao serviço, ou ao ornamento duradouros de outra coisa, a qual, segundo a opinião comum, continuaria a ser considerada como completa, ainda que estes acessórios lhe faltassem: tais são as coisas imóveis por destino, os acessórios que servem ao uso das coisas móveis como o estojo das joias, a bainha da espada etc.".[50]

CARVALHO SANTOS, lastreado na doutrina de ENDEMANN, ensina que "o Código Civil alemão adota uma distinção entre a coisa que faz parte integrante de outra e as pertenças (art. 97), distinção hoje geralmente admitida na doutrina e reconhecida por muitos tratadistas como tendo incontestável utilidade.

Para essa doutrina, de duas formas se pode verificar a subordinação do acessório ao principal: ou como consequência de uma relação natural, que torna uma coisa parte física integrante de outra, ou em consequência de uma relação jurídica, que destina uma coisa a servir a outra para vários fins, como reservá-la, melhorá-la, garanti-la ou assegurar-lhe o uso, participando de sua sorte jurídica".[51]

EDUARDO ESPÍNOLA anota que "as coisas acessórias, que não se confundem com a principal, dizem-se *pertenças*, e nessa classe há muitas vezes dificuldade em precisar se se trata efetivamente de uma coisa acessória. Um para-raios é pertença duma casa, da mesma forma que um jardim (Unger). Um estojo é pertença duma joia ou dum instrumento. Um tapete, ainda que pregado no chão, e o linolium colado não constituem pertenças (Gianturco). Não se pode falar em pertença, quando uma das coisas não se reputa principal em relação à outra: uma faca e um garfo, embora formem um talher e se destinem ao mesmo fim, não se acham em relação de subordinação; nenhum deles é principal".[52]

KARL LARENZ, baseado no artigo 97 do Código Civil alemão,[53] *conceitua*

---

49 AMARAL, Francisco. *Direito civil:* introdução. 6. ed. Rio de Janeiro: Renovar, 2006, p.333.

50 RÁO, Vicente. *O direito e a vida dos direitos*. 4. ed. V. 2. São Paulo: *Revista dos Tribunais*, 1997, p. 853.

51 CARVALHO SANTOS, J. M. de. *Código civil brasileiro Interpretado*. 6. ed. Vol. II. Rio de Janeiro: Freitas Bastos, 1955, p. 66-67.

52 ESPÍNOLA, Eduardo. *Breves anotações ao código civil brasileiro*. Vol. I. Introdução e parte geral. Bahia: Joaquim Ribeiro & Co., 1918, p. 148-149.

53 BGB § 97° (1) Zubehor sind bewegliche Sachen, die, ohne Bestandteile der Hauptsa- che zu sein, dem wirtschaftlichen Zwecke der Hauptsache zu dienen bestimmt sind und zu ihr in einem dieser Bestimmung entsprechenden ràumlichen Verhàltnis ste- hen. Eine Sache ist nicht Zubehor, wenn sie im Verkehr nicht als Zubehor angesehen wird.

pertença como "una cosa, sin ser parte integrante de otra – y por tanto, sin formar con ella una cosa unitaria –, puede estar destinada a servir de modo pemanen- te a la finalidad económica de otra cosa y, por ello, puede tener en relación con ella la función económica de medio auxiliar. La ley habla en este caso de pertenencias".[54]

Assim, as pertenças serão sempre acessórias aos bens principais, embora a recíproca não seja sempre verdadeira.

11.6.1.2 Frutos, produtos e rendimentos

Os frutos, produtos e rendimentos são bens acessórios. O artigo 60 do Código Civil brasileiro de 1916 afirmava que "entram na classe das coisas acessórias os frutos, produtos e rendimentos".

O artigo 95 do Código Civil atual dispõe que "apesar de ainda não separados do bem principal, os frutos e produtos podem ser objeto de negócio jurídico".[55] Não obstante, a omissão quanto aos rendimentos, estes continuam sendo bens acessórios.

Os *frutos* são as utilidades que a coisa principal gera, de forma normal e periódica, sem desfalcar a sua substância. São, pois, características dos frutos: a) a periodicidade de sua produção; b) preservação da substância da coisa frutífera.

Os *frutos* quanto à origem podem ser classificados como: *frutos naturais*, *frutos industriais* e *frutos civis*. Os *frutos naturais* são aqueles provenientes da natureza (vegetais e animais, e.g., a cria de um animal); os *frutos industriais* são aqueles gerados pela participação humana, através do trabalho das pessoas, tais como a fabricação de calçados. Estes são considerados bens acessórios (frutos industriais) em relação à fábrica de calçados; e os *frutos civis* são aqueles que decorrem da lei, como por exemplo, os juros (frutos civis que o capital é capaz de gerar, sem perder a sua substância),[56] aluguéis (contrapres-

---

(2) Die vorübergehende Benutzung einer Sache für den wirtschaftlichen Zweck einer anderen begründet nicht die Zubehoreigenschaft. Die vorübergehende Trennung eines Zubehorstücks von der Hauptsache hebt die Zubehoreigenschaft nicht auf.

54 LARENZ, Karl. *Derecho civil:* parte general. Traducción y notas de Miguel Izquierdo y Macías-Picavea. Madrid: Editoriales de Derecho Reunidas, 1978, p. 388.

55 Sem Correspondente ao do CC de 1916.

56 CC – 2002 – Art. 406. Quando os juros moratórios não forem convencionados, ou o forem sem taxa estipulada, ou quando provierem de determinação da lei, serão fixados segundo a taxa que estiver em vigor para a mora do pagamento de impostos devidos à Fazenda Nacional.

CC – 2002 – Art. 407. Ainda que se não alegue prejuízo, é obrigado o devedor aos juros da mora que se contarão assim às dívidas em dinheiro, como às prestações de outra natureza, uma vez que lhes esteja fixado o valor pecuniário por sentença judicial, arbitramento, ou acordo entre as partes.

tação pela utilização da coisa principal, sem perder a sua substância), dividendos (parcela do lucro de uma sociedade anônima atribuída a cada ação, sem perder a sua substância) etc.

Os *rendimentos* são os frutos civis. Estas são expressões sinônimas. Daí que quando se afirma que uma pessoa vive de "rendimentos", significa dizer que esta pessoa sobrevive com os rendimentos dos aluguéis, juros, dividendos, que representam os frutos civis. Logo, os rendimentos são bens acessórios.

Os *frutos* quanto ao estado podem ser classificados como: frutos pendentes; frutos percebidos ou colhidos; frutos percipiendos e frutos consumidos.

Os *frutos pendentes* são aqueles já gerados e ainda não colhidos, por exemplo, os cajus que estão no cajuzeiro. O parágrafo único do artigo 1.214 do nosso Código Civil determina que "os frutos pendentes ao tempo em que cessar a boa-fé devem ser restituídos, depois de deduzidas as despesas da produção e custeio; devem ser também restituídos os frutos colhidos com antecipação".

Os *frutos percebidos ou colhidos* são aqueles que já foram gerados e já estão colhidos, por exemplo, os cajus já colhidos de determinada plantação. O artigo 1.214, *caput*, informa que "o possuidor de boa-fé tem direito, enquanto ela durar, aos frutos percebidos". Da mesma forma, os frutos percebidos aparecem na redação do artigo 1.216 ao dizer que "o possuidor de má-fé responde por todos os frutos colhidos e percebidos, bem como pelos que, por culpa sua, deixou de perceber, desde o momento em que se constituiu de má-fé; tem direito às despesas da produção e custeio". Estes frutos podem ser subdivididos em *estantes* e *consumidos*. Aquele é o fruto já colhido e armazenado ou acondicionado para a venda e este já foi colhido e consumido (destruído ou alienado).

E os *frutos percipiendos* são aqueles que se encontram ligados à coisa e já deveriam ter sido colhidos. O próprio artigo 1.216 faz menção a tais frutos ao afirmar que "[...], bem como pelos que, por sua culpa, deixou de perceber...".

Por sua vez, os *produtos* são tudo aquilo que pode ser retirado do bem principal, diminuindo sua substância, tais como o petróleo, as pedras, o sal etc. Os *produtos* se distinguem dos *frutos*, já que estes são gerados pela coisa sem que ocorra desfalque em sua substância, enquanto que aqueles são retirados da coisa principal, de forma a causar uma redução na substância da coisa.

Nesta linha, o artigo 212, nº 1, do Código Civil português define fruto de uma coisa como "tudo o que ela produz periodicamente, sem prejuízo da sua substância". O artigo 212, nº 2, afirma que "os frutos são naturais ou civis; dizem-se naturais os que provêm diretamente da coisa, e civis as rendas ou interesses que a coisa produz em consequência de uma relação jurídica". E o n° 3 do referido artigo preceitua que "consideram-se frutos das universalidades de animais as crias não destinadas à substituição das cabeças que por qualquer causa vierem a faltar, os despojos, e todos os proventos auferidos, ainda que a título eventual".

11.6.1.3 Benfeitorias

Benfeitoria é toda obra ou despesa feita na coisa principal para conservá-la, melhorá-la ou embelezá-la. As benfeitorias são bens acessórios que podem ser classificadas em *necessárias, úteis* e *voluptuárias.* As *benfeitorias necessárias* são aquelas que evitam a deterioração da coisa (é o caso da troca de um telhado no imóvel), as *benfeitorias úteis* têm por finalidade aumentar o valor da coisa (p. ex., a construção de mais um banheiro no imóvel) e as *benfeitorias voluptuárias* são aquelas destinadas ao simples deleite de quem as realiza (p. ex., a construção de uma piscina).

O artigo 96 do nosso Código Civil trata a questão das benfeitorias da seguinte forma:

> "Art. 96. As benfeitorias podem ser voluptuárias, úteis ou necessárias.[57]
> § 1° São voluptuárias as de mero deleite ou recreio, que não aumentam o uso habitual do bem, ainda que o tornem mais agradável ou sejam de elevado valor.[58]
> § 2° São úteis as que aumentam ou facilitam o uso do bem.[59]
>
> § 3° São necessárias as que têm por fim conservar o bem ou evitar que se deteriore".

A referida classificação dzas benfeitorias em três espécies – voluptuárias, úteis e necessárias – tem fundamental importância em outras áreas do direito, em especial quando se trata dos efeitos da posse, do direito de retenção, do contrato de locação, dentre outros.

O possuidor de boa-fé tem direito à indenização das benfeitorias necessárias e úteis, bem como, quanto às voluptuárias, se não lhe forem pagas, a levantá-las, quando o puder sem detrimento da coisa, e poderá exercer o direito de retenção pelo valor das benfeitorias necessárias e úteis (CC – Art. 1.219).

Ao possuidor de má-fé serão ressarcidas somente as benfeitorias necessárias; não lhe assiste o direito de retenção pela importância destas, nem o de levantar as voluptuárias (CC – Art. 1.220).

---

57 Correspondente ao art. 63, *caput*, do CC de 1916.
58 Correspondente ao art. 63, § 1° do CC de 1916.
59 Correspondente ao art. 63, § 2° do CC de 1916.

As benfeitorias compensam-se com os danos, e só obrigam ao ressarcimento se ao tempo da evicção ainda existirem (CC - Art. 1.221).

O reivindicante, obrigado a indenizar as benfeitorias ao possuidor de má-fé, tem o direito de optar entre o seu valor atual e o seu custo; ao possuidor de boa-fé indenizará pelo valor atual (CC - Art. 1.222).

Da mesma forma, os efeitos das benfeitorias espraiam suas consequências na extinção do condomínio, já que o artigo 1.322 determina que "quando a coisa for indivisível, e os consortes não quiserem adjudicá-la a um só, indenizando os outros, será vendida e repartido o apurado, preferindo-se, na venda, em condições iguais de oferta, o condômino ao estranho, e entre os condôminos aquele que tiver na coisa benfeitorias mais valiosas, e, não as havendo, o de quinhão maior. Parágrafo único. Se nenhum dos condôminos tem benfeitorias na coisa comum e participam todos do condomínio em partes iguais, realizar-se-á licitação entre estranhos e, antes de adjudicada a coisa àquele que ofereceu maior lanço, proceder-se-á à licitação entre os condôminos, a fim de que a coisa seja adjudicada a quem afinal oferecer melhor lanço, preferindo, em condições iguais, o condômino ao estranho".

As benfeitorias derramam seus efeitos, também, no direito de família, uma vez que o artigo 1.660 dispõe que "entram na comunhão" as "benfeitorias em bens particulares de cada cônjuge" (inciso IV, art. 1.660).

No contrato de locação de coisas, previsto no Código Civil brasileiro, o artigo 587 estabelece que "salvo disposição em contrário, o locatário goza do direito de retenção, no caso de benfeitorias necessárias, ou no de benfeitorias úteis, se estas houverem sido feitas com expresso consentimento do locador".

Em se tratando de contrato de comodato que traduz o empréstimo gratuito de bens infungíveis, preceitua o artigo 584 que "o comodatário não poderá jamais recobrar do comodante as despesas feitas com o uso e gozo da coisa emprestada". Daí que o possuidor de boa-fé tem direito à indenização pelas benfeitorias úteis e necessárias, e à retenção do bem.

É possível equiparar as acessões artificiais às benfeitorias necessárias, porquanto podem representar instrumento adequado para a conservação da coisa, evitando que se deteriore. (REsp 565.483/SP, Rel. ministro CARLOS ALBERTO MENEZES DIREITO, TERCEIRA TURMA, julgado em 8.11.2005, DJ 20.3.2006 p. 264).

No direito sucessório, também, se revela a importância do instituto jurídico das benfeitorias.

O artigo 1.922 assegura que "aquele que legar um imóvel lhe ajuntar depois novas aquisições, estas, ainda que contíguas, não se compreendem no legado, salvo expressa declaração em contrário do testador". Não se aplica o disposto neste artigo às benfeitorias necessárias, úteis ou voluptuárias feitas no prédio legado (CC, art. 1.922, parágrafo único).

Na colação, determina o artigo 2.004 e parágrafos: "Art. 2.004. O valor de colação dos bens doados será aquele, certo ou estimativo, que lhes atribuir o ato de liberalidade. § 1° Se do ato de doação não constar valor certo, nem houver estimação feita naquela época, os bens serão conferidos na partilha pelo que então se calcular valessem ao tempo da liberalidade. § 2° Só o valor dos bens doados entrará em colação; não assim o das benfeitorias acrescidas, as quais pertencerão ao herdeiro donatário, correndo também à conta deste os rendimentos ou lucros, assim como os danos e perdas que eles sofrerem".

Na Lei de Locação (Lei 8.245/91), salvo expressa disposição contratual em contrário, as benfeitorias necessárias introduzidas pelo locatário, ainda que não autorizadas pelo locador, bem como as úteis, desde que autorizadas, serão indenizáveis e permitem o exercício do direito de retenção (art. 35).

As benfeitorias voluptuárias não serão indenizáveis, podendo ser levantadas pelo locatário, finda a locação, desde que sua retirada não afete a estrutura e a substância do imóvel (Lei 8.245/91, art. 36).

Nesse sentido, o julgado do STJ no Recurso Especial 276.153-GO, na 5ª Turma, em 1.8.2006, de relatoria do ministro Arnaldo Esteves Lima, ao decidir que "LOCAÇÃO COMERCIAL – AÇÃO DE DESPEJO – DIREITO DE RETENÇÃO E INDENIZAÇÃO POR BENFEITORIAS – RENÚNCIA EXPRESSA. Realizada a necessária notificação da recorrente e decorrido o lapso temporal nela previsto, poderá a respectiva ação de despejo ser ajuizada a qualquer tempo, uma vez que não está ela subordinada a nenhum prazo. Malgrado o artigo 35 da Lei 8.245/91 assegure ao locatário o direito de indenização e retenção pelas benfeitorias, é válida a cláusula inserida nos contratos de locação urbana de renúncia aos benefícios assegurados. Hipótese em que a recorrente renunciou expressamente ao seu direito".

Da mesma forma: "APELAÇÃO CÍVEL. LOCAÇÃO. AÇÃO DE DESPEJO POR DENÚNCIA VAZIA. BENFEITORIAS. INDENIZAÇÃO. PRELIMINAR DE EXTINÇÃO DO PROCESSO DESACOLHIDA. Desnecessária a juntada do cálculo prevista no art. 62, I, da Lei 8.245/91, pois a demanda não é movida com base em inadimplemento. PRODUÇÃO DE PROVAS. Matéria preclusa, conforme julgado em Agravo de Instrumento. Pedido rejeitado. MÉRITO. Havendo cláusula contratual vedando expressamente a indenização de benfeitorias, ainda que autorizadas pelo locador, não merece acolhimento o pedido de indenização. SENTENÇA MANTIDA. PRELIMINAR REJEITADA E APELO DESPROVIDO (Apelação Cível n° 70019672880, Décima Sexta Câmara Cível, Tribunal de Justiça do RS, relator: Helena Ruppenthal Cunha, Julgado em 4.7.2007)".

Vale acrescentar o teor da Súmula 335, do Superior Tribunal de Justiça, que afirma: "nos contratos de locação, é válida a cláusula de renúncia à indenização das benfeitorias e ao direito de retenção (TERCEIRA SEÇÃO, julgado em 25.4.2007, DJ 7.5.2007 p. 456)".

Quanto à ocupação indevida de bem público, não há que se falar em direito de retenção por benfeitorias. Assim decidiu o ministro Carlos Alberto Menezes Direito, no Recurso Especial 699.374/DF, da Terceira Turma, julgado em 22.3.2007, DJ 18.6.2007 p. 257: "Bem público. Ocupação indevida. Direito de retenção por benfeitorias. Precedentes da Corte. 1. Configurada a ocupação indevida de bem público, não há falar em posse, mas em mera detenção, de natureza precária, o que afasta o direito de retenção por benfeitorias.

2. Recurso Especial conhecido e provido".

Da mesma forma a decisão: "RECURSO ESPECIAL. AÇÃO REIVINDICATÓRIA. TERRA PÚBLICA. OCUPAÇÃO IRREGULAR. DETENÇÃO. BENFEITORIAS. INDENIZAÇÃO. DIREITO DE RETENÇÃO. - Não reconhecida na instância ordinária a posse dos recorridos, mas mera detenção de terra pública irregularmente ocupada, tendo em conta as especiais circunstâncias do caso, não pode ser admitida a indenização por benfeitorias e o direito de retenção. - Recurso conhecido e provido. (REsp 788.057/DF, Rel. ministro CÉSAR ASFOR ROCHA, QUARTA TURMA, julgado em 21.9.2006, DJ 23.10.2006 p. 323)".

Na união estável as benfeitorias devem restar provadas para serem indenizadas. Dessa forma decidiu o Tribunal de Justiça do Estado do Rio Grande do Sul - TJRS: "UNIÃO ESTÁVEL. DISSOLUÇÃO. PARTILHA DE BENS. BENFEITORIAS. PROVA. 1. Reconhecida a união estável havida entre as partes, imperiosa a partilha igualitária dos bens adquiridos pelo casal, a título oneroso, na constância da relação, pois se presume produto do esforço comum.

2. Descabe estabelecer partilha de benfeitorias feitas no imóvel da virago, quando não comprovada a época em que teriam sido realizadas, ou seja, se antes ou durante a convivência das partes, sequer sendo demonstrado o numerário investido pelo par. 3. Descabe promover a partilha dos bens móveis quando o próprio autor reconheceu, em juízo, que haviam sido adquiridos pela ré antes de iniciar a convivência marital. Recurso desprovido (Apelação Cível n° 70019400381, Sétima Câmara Cível, Tribunal de Justiça do RS, relator: Sérgio Fernando de Vasconcellos Chaves, Julgado em 27.6.2007)".

As benfeitorias originam direitos em favor de quem as executa, já que este poderá levantá-la, no caso das benfeitorias voluptuárias ou exigir indenização nas espécies de benfeitorias úteis e necessárias.

A indenização tem, pois, como valor primordial o princípio de que não é lícito ninguém se enriquecer com esforço alheio.

Dessa maneira, caso não ocorra esforço da pessoa que executa o melhoramento na coisa, não há, pois, que se falar em benfeitorias.

Daí a regra do artigo 97 do nosso Código Civil ao determinar que "não se consideram benfeitorias os melhoramentos ou acréscimos sobrevindos ao bem sem a intervenção do proprietário, possuidor ou detentor".[60] A hipótese em tela refere-se a *acessão natural* (hipóteses de aluvião, avulsão, formação de ilhas e abandono de álveo, conforme o artigo 1.248 do CCB) já que os melhoramentos ou acréscimos sobrevindo ao bem decorrem da inexistência de esforço humano.

Anota CARLOS ROBERTO GONÇALVES que as benfeitorias não se confundem com as acessões industriais ou artificiais, previstas nos arts. 1.253 a 1.259 do Código Civil e que constituem construções e plantações. Afirma que "benfeitorias são obras ou despesas feitas em bem *já existente.* As acessões industriais são obras que criam *coisas novas,* como a edificação de uma casa, e têm regime jurídico diverso, sendo um dos modos de aquisição da propriedade imóvel. A pintura ou os reparos feitos em casa já existentes constituem benfeitorias".[61]

O Código Civil português define benfeitoria no artigo 216°, n° 1, ao afirmar que "consideram-se benfeitorias todas as despesas feitas para conservar ou melhorar a coisa".

As benfeitorias, no direito português, também, se classificam em necessárias, úteis ou voluptuárias (art. 216°, n° 2). "São benfeitorias necessárias as que têm por fim evitar a perda, destruição ou deterioração da coisa; úteis as que, não sendo indispensáveis para a sua conservação, lhe aumentam, todavia, o valor; voluptuárias as que, não sendo indispensáveis para a sua conservação nem lhe aumentando o valor, servem apenas para recreio do benfeitorizante" (art. 216°, n° 3).

11.7 Bens considerados em relação ao titular do domínio: bens públicos e bens particulares

Os bens quanto ao titular do domínio podem ser classificados como: *bens públicos* e *bens particulares.*

O artigo 98 determina que "são *públicos* os bens do domínio nacional pertencentes às pessoas jurídicas de direito público interno; todos os outros são *particulares*, seja qual for a pessoa a que pertencerem".[62]

Em relação ao artigo 98, o Conselho da Justiça Federal, na IV Jornada de Direito Civil, editou o Enunciado 287, que diz: "O critério da classificação de bens indicado no art. 98 do Código Civil não exaure a enumeração dos bens públicos, podendo ainda ser classificado como tal o bem pertencente a

60 Correspondente ao art. 64 do CC de 1916.

61 GONÇALVES, Carlos Roberto. *Direito civil brasileiro:* parte geral. Vol. I. São Paulo: Saraiva, 2003, p. 265.

62 Correspondente ao art. 65 do CC de 1916.

pessoa jurídica de direito privado que esteja afetado à prestação de serviços públicos".

Quanto à destinação, os bens públicos são classificados, consoante o artigo 99, em:

I – os de *uso comum do povo,* tais como rios, mares, estradas, ruas e praças;

II – os de *uso especial,* tais como edifícios ou terrenos destinados a servi ço ou estabelecimento da administração federal, estadual, territorial ou municipal, inclusive os de suas autarquias;

III – os *dominicais*, que constituem o patrimônio das pessoas jurídicas de direito público, como objeto de direito pessoal, ou real, de cada uma dessas entidades.

Não dispondo a lei em contrário, consideram-se *dominicais* os bens pertencentes às *pessoas jurídicas de direito público a que se tenha dado estrutura de direito privado* (CC, artigo 99, parágrafo único).[63]

Os *bens de uso comum* são aqueles que podem ser utilizados por todos (*res communis omnium*). Tais bens são acessíveis a qualquer pessoa, tais como a praia, ruas, praça, estrada, mares etc.[64]

O artigo 10, da Lei 7.661, de 16 de maio de 1988, afirma que "as praias são bens públicos de uso comum do povo, sendo assegurado, sempre, livre e franco acesso a elas e ao mar, em qualquer direção e sentido, ressalvados os trechos considerados de interesse de segurança nacional ou incluídos em áreas protegidas por legislação específica".

O *uso comum dos bens públicos* pode ser *gratuito* ou *retribuído,* conforme for estabelecido legalmente pela entidade a cuja administração pertencerem (CC, art. 103).[65] Um exemplo é o valor do pedágio cobrado em estradas ou o pagamento de ingressos em zoológicos, museus ou até mesmo o pagamento para utilização dos banheiros públicos nos postos de salvamento localizados nas praias do Rio de Janeiro.

O logradouro público, de uso comum do povo, pode ser gradeado, sempre que necessário à sua própria conservação ou à segurança da coletividade

---

63 Correspondente ao art. 66 do CC de 1916.

64 Apelação cível. Ação anulatória. Obras de pavimentação em rua. Cobrança do serviço por empresa publica através de duplicatas. As ruas constituem-se em bens públicos de uso comum do povo, na forma do art. 66, I, do Código Civil. A sua pavimentação é obra pública, cuja repartição do custo entre os interessados se dá unicamente através da instituição de contribuição de melhoria, atendidos os pressupostos do art. 81 e seguintes do CTN. Ilegalidade da contratação do serviço de pavimentação de rua entre o lindeiro e a companhia executora da obra, bem assim como a cobrança através de duplicatas. Ação anulatória de título procedente. Apelação provida. (Apelação Cível n° 70004016861, Vigésima Primeira Câmara Cível, Tribunal de Justiça do RS, relator: Marco Aurélio Heinz, Julgado em 2.10.2002).

65 Correspondente ao art. 68 do CC de 1916.

que dele usufrui (STJ – Recurso Especial n° 195.473 – SP – 2ª Turma – relator: ministro Ari Pargendler).

Os *bens públicos de uso especial* são aqueles destinados ao serviço público, tais como os prédios, escolas, repartições públicas etc.

De acordo com o artigo 100 do nosso Código Civil, os *bens públicos de uso comum do povo* e os de *uso especial* são inalienáveis, enquanto conservarem a sua qualificação, na forma que a lei determinar.[66]

Ademais, os imóveis públicos não serão adquiridos por usucapião, conforme o artigo 183, § 3° da nossa Constituição.

Vale destacar que os *bens públicos de uso comum do povo* e os *bens públicos de uso especial* somente são inalienáveis quando se atribui uma destinação pública. Com a desafetação, um bem público deixa de ter a sua finalidade pública e, a partir daí, poderá ser alienado. Portanto, a afetação pode ser conceituada como sendo o "fato administrativo pelo qual se atribui ao bem público uma destinação pública especial de interesse direto ou indireto da Administração". A desafetação é o inverso, ou seja, "é o fato administrativo pelo qual um bem público é desativado, deixando de servir à finalidade pública anterior".[67]

Dessa forma, qualquer bem público poderá ser alienado desde que cumpridos os requisitos legais da desafetação.[68]

Os *bens dominicais* (ou bens dominiais) são aqueles que integram o patrimônio das pessoas jurídicas de direito público, como objeto de direito pessoal, ou real, de cada uma dessas entidades, tais como os imóveis e móveis, as ações, os terrenos de marinha, as faixas de fronteira, as ilhas formadas em mares territoriais.

Já o artigo 101 determina que "os bens públicos dominicais podem ser alienados, observadas as exigências da lei".

Os bens públicos não estão sujeitos a usucapião (CC, art. 102). Tal dispositivo encontra-se em harmonia com o artigo 191, parágrafo único, do Texto Maior ao afirmar que "os imóveis públicos não serão adquiridos por usucapião".

O artigo 20 de nossa Constituição contempla os bens da União: I – os que atualmente lhe pertencem e os que lhe vierem a ser atribuídos; II – as

---

66 Correspondente ao art. 67 do CC de 1916.

67 CARVALHO FILHO, José dos Santos. *Manual de direito administrativo.* 15. ed. Rio de Janeiro: Lumen Juris, 2006, p. 931.

68 TRT10aR. – BENS PÚBLICOS – Impenhorabilidade. Revestidos da inalienabilidade, os bens públicos (artigo 65, do CC) somente perdem essa característica que lhes é peculiar nos casos e na forma que a lei prescrever (artigo 67 do CC), donde resultarem absolutamente impenhoráveis (artigos 648 e 649, I, do CPC) não se sujeitando, pois a penhora, devendo a execução contra a Fazenda Pública observar a via do precatório (artigo 730, do CPC), tendo o artigo 100 da CF/88 apenas autorizado a "quebra" da ordem cronológica da apresentação dos precatórios relativos aos créditos de natureza alimentícia como é o caso de certos créditos trabalhistas. (TRT 10a r. – ap n°. 239/90 – Ac. 2a T. 2.826/90 – Rel. Juiz Sebastião Machado Filho – J. em 24.1.91).

terras devolutas indispensáveis à defesa das fronteiras, das fortificações e construções militares, das vias federais de comunicação e à preservação ambiental, definidas em lei; III – os lagos, rios e quaisquer correntes de água em terrenos de seu domínio, ou que banhem mais de um Estado, sirvam de limites com outros países, ou se estendam a território estrangeiro ou dele provenham, bem como os terrenos marginais e as praias fluviais; IV – as ilhas fluviais e lacustres nas zonas limítrofes com outros países; as praias marítimas; as ilhas oceânicas e as costeiras, excluídas, destas, as que contenham a sede de Municípios, exceto aquelas áreas afetadas ao serviço público e a unidade ambiental federal, e as referidas no art. 26, II;[69] V – os recursos naturais da plataforma continental e da zona econômica exclusiva; VI – o mar territorial; VII – os terrenos de marinha e seus acrescidos; VIII – os potenciais de energia hidráulica; IX – os recursos minerais, inclusive os do subsolo; X – as cavidades naturais subterrâneas e os sítios arqueológicos e pré-históricos; XI – as terras tradicionalmente ocupadas pelos índios".[70]

Incluem-se entre os bens dos Estados: I – as águas superficiais ou subterrâneas, fluentes, emergentes e em depósito, ressalvadas, neste caso, na forma da lei, as decorrentes de obras da União; II – as áreas, nas ilhas oceânicas e costeiras, que estiverem no seu domínio, excluídas aquelas sob domínio da União, Municípios ou terceiros; III – as ilhas fluviais e lacustres não pertencentes à União; IV – as terras devolutas não compreendidas entre as da União (CRFB/88, art. 26).

Verifica-se, pois, que os bens públicos são inalienáveis (desde que não sofram desafetação), impenhoráveis e imprescritíveis. Além do mais, tais bens não podem ser onerados com a incidência de hipoteca, penhor, anticrese e alienação fiduciária em garantia.

11.8 Bens considerados em relação à sua comercialidade: bens no comércio e bens fora do comércio

Quanto à sua comercialidade, os bens podem ser classificados como: bens *no comércio* e bens *fora do comércio*. Aqueles são bens que podem ser

---

69 Inciso IV com redação dada pela Emenda Constitucional nº 46, de 5 de maio de 2005. Redação anterior:
IV – as ilhas fluviais e lacustres nas zonas limítrofes com outros países; as praias marítimas; as ilhas oceânicas e as costeiras, excluídas, destas, as áreas referidas no art. 26, II;

70 CRFB/88 – Art. 5º – Todos são iguais perante a lei, sem distinção de qualquer natureza, garantindo-se aos brasileiros e aos estrangeiros residentes no País a inviolabilidade do direito à vida, à liberdade, à igualdade, à segurança e à propriedade, nos termos seguintes: [...] LXXIII – qualquer cidadão é parte legítima para propor ação popular que vise a anular ato lesivo ao patrimônio público ou de entidade de que o Estado participe, à moralidade administrativa, ao meio ambiente e ao patrimônio histórico e cultural, ficando o autor, salvo comprovada má-fé, isento de custas judiciais e do ônus da sucumbência;

objeto de contrato de compra e venda, permuta, troca, doação, comodato etc. Estes, pelo contrário, não podem figurar como objeto da relação jurídica contratual, já que se encontram fora do comércio.

Os bens fora do comércio podem ser classificados como:

a) bens fora do comércio em si, ou seja, são bens fora do comércio em razão da sua própria essência, tais como: a luz solar, a água do mar, o ar atmosférico;
b) bens fora do comércio por força de lei, isto é, são bens legalmente inalienáveis, tais como: os bens públicos (CC, art. 100); os bens que pertencem às fundações (CC, arts. 62 a 69); os bens dos menores (CC, art. 1.691); o bem de família convencional (CC, art. 1.711); a herança de pessoa viva (CC, art. 426), dentre outros;
c) bens fora do comércio por força da manifestação de vontade humana, por exemplo, uma doação de um imóvel com cláusula de inalienabilidade. O artigo 1.911 do Código Civil determina que a cláusula de inalienabilidade imposta aos bens por ato de liberalidade, implica impenhorabilidade e incomunicabilidade. Da mesma forma, a Súmula 49 do Supremo Tribunal Federal.

São, também, inalienáveis os diretos da personalidade, tais como liberdade, vida, honra, nome etc., bem como os órgãos do corpo humano, em decorrência de vedação constitucional (CRFB/88, art. 199, § 4°).

11.9 Bem de Família

11.9.1 Conceito

De acordo com PAULO LOBO, o *bem de família* "é o imóvel destinado à moradia da família do devedor, com os bens móveis que o guarnecem, que não pode ser objeto de penhora judicial para pagamento de dívida. Tem por objeto proteger os membros da família que nele vivem da constrição decorrente da responsabilidade patrimonial, que todos os bens econômicos do devedor ficam submetidos, os quais, na execução, podem ser judicialmente alienados a terceiros ou adjudicados ao credor. O bem ou os bens que integram o bem de família ficam afetados à finalidade de proteção da entidade familiar".[71]

Todos aqueles que integram a entidade familiar e que habitem no imóvel, e não apenas o titular do domínio, são beneficiários do bem de família.

71 LOBO, Paulo. *Direito Civil*: Famílias. São Paulo: Saraiva, 2008, p. 369.

O *bem de família* já constava do Código Civil brasileiro de 1916, fruto da inspiração no *Homestead Exemption Act*, da República do Texas, em 26 de janeiro de 1839 (antes da integração aos Estados Unidos da América), cuja finalidade era assegurar aos agricultores texanos uma porção de terra que ficasse livre de execuções, uma vez que destinado ao domicílio da família, incluindo os móveis aí instalados. ÁLVARO VILLAÇA AZEVEDO diz que o bem de família é um "um meio de garantir um asilo à família, tornando-se o imóvel onde a mesma se instala domicílio impenhorável e inalienável, enquanto forem vivos os cônjuges e até que os filhos completem sua maioridade"[72]

O Código Civil brasileiro de 2002 destinou ao instituto do bem de família, as regras jurídicas dos artigos 1.711 a 1.722. O Código Civil trata, pois, do *bem de família voluntário*, ou seja, aquele formado pela vontade do casal ou de terceiro.

Ademais, outras regras sobre bem de família constam no ordenamento jurídico brasileiro. A Lei 8.009/90 trata do *bem de família* denominado *legal ou involuntário*.

Por fim, a Lei de Registros Públicos (Lei 6.015/73), nos artigos 260 a 265, cuida dos aspectos formais da *instituição do bem de família voluntário*, dispondo sobre a escritura pública, publicidade e registro.

11.9.2 Bem de Família Voluntário

Como dito acima, o Código Civil destinou ao instituto do *bem de família*, as regras jurídicas dos artigos 1.711 a 1.722. O Código Civil trata, pois, do *bem de família voluntário*, ou seja, aquele formado pela vontade do casal ou de terceiro.

11.9.2.1 Conceito

O *bem de família* consistirá em prédio residencial urbano ou rural, com suas pertenças e acessórios, destinando-se em ambos os casos a domicílio familiar, e poderá abranger valores mobiliários, cuja renda será aplicada na conservação do imóvel e no sustento da família (artigo 1.712).

O prédio e os valores mobiliários, constituídos como bem da família, não podem ter destino diverso (ou seja, domicílio familiar) ou serem alienados sem o consentimento dos interessados e seus representantes legais, ouvido o Ministério Público (artigo 1.717).

---

72 AZEVEDO, Álvaro Villaça. *Bem de família*. São Paulo: Revista dos Tribunais, 1999, p.94.

O conceito de impenhorabilidade de bem de família abrange também o imóvel pertencente a pessoas solteiras, separadas e viúvas (Súmula 364 do STJ).

De forma inovadora e com inspiração no Direito Civil português, o legislador conceitua *pertenças* no artigo 93 do Código Civil brasileiro de 2002 ao afirmar que "são pertenças os bens que, não constituindo partes integrantes, se destinam, de modo duradouro, ao uso, ao serviço ou ao aformoseamento de outro".

De acordo com FRANCISCO AMARAL, as pertenças "são coisas, móveis ou imóveis, que se destinam ao serviço ou ornamento de outras. Não há aderência material. Destinam-se a explorar, embelezar ou aumentar a utilidade de outro bem e caracterizam-se por servir à finalidade da coisa principal".[73]

O *bem principal* é aquele que "existe sobre si, abstrata ou concretamente", ou seja, é um bem que possui existência autônoma (própria). Já os *bens acessórios* não possuem existência autônoma, já que dependem da existência de outro bem. No artigo 92, o nosso Código Civil afirma que "principal é o bem que existe sobre si, abstrata ou concretamente; acessório, aquele cuja existência supõe a do principal".[74]

O *princípio da gravitação jurídica,* expresso no artigo 59 do Código Civil de 1916, não obstante não ter sido reproduzido pelo nosso Código Civil de 2002, ainda possui aplicação no direito pátrio. Por este princípio, o bem acessório segue a sorte do bem principal, ou seja, o bem acessório gravita juridicamente em torno do bem principal, seguindo, destarte, o seu destino. Melhor dizendo: a natureza do acessório é a mesma do principal.

De acordo com as lições de BEVILÁQUA, significa dizer: "1°) Que o acessório acompanha o principal em seu destino. 2°) Que o acessório assume a natureza do principal. Por exemplo: o móvel, que adere ao imóvel ou nele é colocado para completar-lhe a entidade econômico-jurídica, torna-se imóvel. 3°) Que o proprietário do principal, em regra, o é também do acessório. Exemplo: o proprietário do solo é dono dos frutos pendentes, se a outrem não for conferido o direito de usufruto".[75]

---

73 AMARAL, Francisco. Direito civil: introdução. 6. ed. Rio de Janeiro: Renovar, 2006, p. 332.

74 Correspondente ao art. 58 do CC de 1916.

75 BEVILÁQUA, Clóvis. Código civil dos Estados Unidos do Brasil comentado por Clóvis Beviláqua. V. 1. Edição histórica. Rio de Janeiro: Rio, 1976, p. 293.

Já os *valores mobiliários* são os títulos representativos de propriedade, crédito, poupanças, depósitos bancários, dentre outros. Os valores mobiliários não poderão exceder o valor do prédio instituído em bem de família, à época de sua instituição (artigo 1.713). Estes deverão ser devidamente individualizados no instrumento de instituição do bem de família (artigo 1.713, § 1º). Se se tratar de títulos nominativos, a sua instituição como bem de família deverá constar dos respectivos livros de registro (artigo 1.713, § 2º). O instituidor poderá determinar que a administração dos valores mobiliários seja confiada a instituição financeira, bem como disciplinar a forma de pagamento da respectiva renda aos beneficiários, caso em que a responsabilidade dos administradores obedecerá às regras do contrato de depósito (artigo 1.713, § 3º). Qualquer forma de liquidação da entidade administradora, não será atingido os valores a ela confiados, ordenando o juiz a sua transferência para outra instituição semelhante, obedecendo-se, no caso de falência, ao disposto sobre pedido de restituição (artigo 1.718).

11.9.3 Forma de Instituição

Podem os cônjuges, ou a entidade familiar, mediante escritura pública ou testamento, destinar parte de seu patrimônio para instituir bem de família, desde que não ultrapasse um terço do patrimônio líquido existente ao tempo da instituição, mantidas as regras sobre a impenhorabilidade do imóvel residencial (artigo 1.711). No mesmo sentido, o artigo 260 da Lei de Registros Públicos (LRP) diz que "A instituição do bem de família far-se-á por escritura pública, declarando o instituidor que determinado prédio se destina a domicílio de sua família e ficará isento de execução por dívida

O *terceiro* poderá igualmente instituir bem de família por testamento ou doação, dependendo a eficácia do ato da aceitação expressa de ambos os cônjuges beneficiados ou da entidade familiar beneficiada (artigo 1.711, parágrafo único).

O bem de família, quer instituído pelos cônjuges ou por terceiro, constitui-se pelo registro de seu título no Registro de Imóveis (artigo 1.714).

11.9.3.1 Procedimentos

Para a inscrição do bem de família, o instituidor apresentará ao oficial do registro a escritura pública de instituição, para que mande publicá-la na imprensa local e, à falta, na da Capital do Estado ou do Território (artigo 261, LRP). Se não ocorrer razão para dúvida, o oficial fará a publicação, em forma de edital, do qual constará: I – o resumo da escritura, nome, naturalidade e profissão do instituidor, data do instrumento e nome do tabelião que o fez, situação e característicos do prédio; II – o aviso de que, se alguém se julgar prejudicado, deverá, dentro em trinta (30) dias, contados da data da publicação, reclamar contra a instituição, por escrito e perante o oficial (artigo 262, LRP).

Findo o prazo de 30 dias, sem que tenha havido reclamação, o oficial transcreverá a escritura, integralmente, no livro nº 3 e fará a inscrição na competente matrícula, arquivando um exemplar do jornal em que a publicação houver sido feita e restituindo o instrumento ao apresentante, com a nota da inscrição (artigo 263, LRP).

Se for apresentada reclamação, dela fornecerá o oficial, ao instituidor, cópia autêntica e lhe restituirá a escritura, com a declaração de haver sido suspenso o registro, cancelando a prenotação. O instituidor poderá requerer ao Juiz que ordene o registro, sem embargo da reclamação. Se o Juiz determinar que proceda ao registro, ressalvará ao reclamante o direito de recorrer à ação competente para anular a instituição ou de fazer execução sobre o prédio instituído, na hipótese de tratar-se de dívida anterior e cuja solução se tornou inexequível em virtude do ato da instituição. O despacho do Juiz será irrecorrível e, se deferir o pedido será transcrito integralmente, juntamente com o instrumento (artigo 264 e parágrafos, LRP).

Quando o bem de família for instituído juntamente com a transmissão da propriedade (Decreto-Lei nº 3.200, de 19 de abril de 1941, art. 8°, § 5º), a inscrição far-se-á imediatamente após o registro da transmissão ou, se for o caso, com a matrícula (artigo 265, LRP).

11.9.3.2 Execução por Dívidas

O *bem de família* é isento de execução por dívidas posteriores à sua instituição, salvo as que provierem de tributos relativos ao prédio, ou de despesas de condomínio (artigo 1.715). No caso de execução pelas dívidas mencionadas, o saldo existente será aplicado em outro prédio, como bem de família, ou em títulos da dívida pública, para sustento familiar, salvo se motivos relevantes aconselharem outra solução, a critério do juiz (artigo 1.715, parágrafo único).

Qual a duração da impenhorabilidade do bem de família? A isenção durará enquanto viver um dos cônjuges, ou, na falta destes, até que os filhos completem a maioridade (artigo 1.716).

11.9.4 Administração do bem de família

Salvo disposição em contrário do ato de instituição, a administração do bem de família compete a ambos os cônjuges, resolvendo o juiz em caso de divergência (artigo 1.720). Com o falecimento de ambos os cônjuges, a administração passará ao filho mais velho, se for maior, e, do contrário, a seu tutor (artigo 1.720, parágrafo único).

11.9.5 Dissolução da sociedade conjugal

A dissolução da sociedade conjugal não extingue o bem de família (artigo 1.721). Dissolvida a sociedade conjugal pela morte de um dos cônjuges, o sobrevivente poderá pedir a extinção do bem de família, se for o único bem do casal (artigo 1.721, parágrafo único).

11.9.6 Extinção e Sub-rogação do bem de família

Comprovada a impossibilidade da manutenção do bem de família nas condições em que foi instituído, poderá o juiz, a requerimento dos interessados, extingui-lo ou autorizar a sub-rogação dos bens que o constituem em outros, ouvidos o instituidor e o Ministério Público (artigo 1.719).

O *bem de família*, também, será extinto com a morte de ambos os cônjuges e a maioridade dos filhos, desde que não sujeitos a curatela (artigo 1.722).

11.9.7 Bem de Família Legal ou Involuntário

O *bem de família legal* ou *involuntário* é aquele disciplinado na Lei 8.009/90. A instituição do bem de família ocorre pelo simples fato de a família residir no imóvel de sua propriedade, seja urbano ou rural (aqui basta uma simples prova documental para provar o bem de família legal). O artigo 1º da Lei 8.009/90 prescreve que "o imóvel residencial próprio do casal, ou da entidade familiar,[76] é impenhorável e não responderá por qualquer tipo de dívida civil, comercial, fiscal, previdenciária ou de outra natureza, contraída pelos cônjuges ou pelos pais ou filhos que sejam seus proprietários e nele residam, salvo nas hipóteses previstas nesta lei. A impenhorabilidade compreende o imóvel sobre o qual se assentam a construção, as plantações, as benfeitorias de qualquer natureza e todos os equipamentos, inclusive os de uso profissional, ou móveis que guarnecem a casa, desde que quitados (artigo 1º, parágrafo único, da Lei 8009/90). Estão excluídos da impenhorabilidade os veículos de transporte, obras de arte e adornos suntuosos (artigo 2º, Lei 8.009/90).

---

76 DIREITO CIVIL. CARACTERIZAÇÃO COMO BEM DE FAMÍLIA DO ÚNICO IMÓVEL RESIDENCIAL DO DEVEDOR CEDIDO A FAMILIARES. Constitui bem de família, insuscetível de penhora, o único imóvel residencial do devedor em que resida seu familiar, ainda que o proprietário nele não habite. De fato, deve ser dada a maior amplitude possível à proteção consignada na lei que dispõe sobre o bem de família (Lei 8.009/1990), que decorre do direito constitucional à moradia estabelecido no *caput* do art. 6º da CF, para concluir que a ocupação do imóvel por qualquer integrante da entidade familiar não descaracteriza a natureza jurídica do bem de família. Antes, porém, isso reafirma esta condição. Impõe-se lembrar, a propósito, o preceito contido no art. 226, *caput*, da CF – segundo o qual

Para os efeitos de impenhorabilidade, considera-se residência um único imóvel utilizado pelo casal ou pela entidade familiar para moradia permanente. Na hipótese de o casal, ou entidade familiar, ser possuidor de vários imóveis utilizados como residência, a impenhorabilidade recairá sobre o de menor valor, salvo se outro tiver sido registrado, para esse fim, no Registro de Imóveis (artigo 5º e parágrafo único da Lei 8.009/90).

Se o imóvel for locado? No caso de imóvel locado, a impenhorabilidade aplica-se aos bens móveis quitados que guarneçam a residência e que sejam de propriedade do locatário (artigo 2º, parágrafo único, Lei 8.009/90).

Vale mencionar, ainda, a Súmula 486 do STJ que traduz o *bem de família indireto*, eis que "é impenhorável o único imóvel residencial do devedor que esteja locado a terceiros, desde que a renda obtida com a locação seja revertida para a subsistência ou a moradia da sua família".

É viável a penhora de parte do imóvel caracterizado como bem de família, quando desmembrável. (AgRg no Ag 1406830/SC, Rel. Ministro MARCO BUZZI, QUARTA TURMA, julgado em 26/06/2012, DJe 01/08/2012).

11.9.8 Lei 8.009/90 (impenhorabilidade do bem de família)

O bem de família pode ser classificado em duas espécies, a saber: bem de família *voluntário ou convencional* (o bem de família passou a ser objeto de estudo do direito de família, nos artigos 1.711 a 1.722)[77] e bem de família *legal* (previsto na Lei 8.009/90).

---

a família, base da sociedade, tem especial proteção do Estado –, de modo a indicar que aos dispositivos infraconstitucionais pertinentes se confira interpretação que se harmonize com o comando constitucional, a fim de assegurar efetividade à proteção a todas as entidades familiares em igualdade de condições. Dessa forma, tem-se que a Lei 8.009/1990 protege, em verdade, o único imóvel residencial de penhora. Se esse imóvel encontra-se cedido a familiares, filhos, enteados ou netos, que nele residem, ainda continua sendo bem de família. A circunstância de o devedor não residir no imóvel não constitui óbice ao reconhecimento do favor legal. Observe que o art. 5º da Lei 8.009/1990 considera não só a utilização pelo casal, geralmente proprietário do imóvel residencial, mas pela entidade familiar. Basta uma pessoa da família do devedor residir para obstar a constrição judicial. Ressalte-se que o STJ reconhece como impenhorável o imóvel residencial cuja propriedade seja de pessoas sozinhas, nos termos da Súmula 364, que dispõe: "O conceito de impenhorabilidade de bem de família abrange também o imóvel pertencente a pessoas solteiras, separadas e viúvas". Além do mais, é oportuno registrar que essa orientação coaduna-se com a adotada pela Segunda Seção do STJ há longa data, que reconhece como bem de família, inclusive, o único imóvel residencial do devedor oferecido à locação, de modo a garantir a subsistência da entidade familiar. EREsp 1.216.187-SC, Rel. Min. Arnaldo Esteves Lima, julgado em 14/5/2014.

77 Código Civil brasileiro – Do Bem de Família

Art. 1.711. Podem os cônjuges, ou a entidade familiar, mediante escritura pública ou testamento, destinar parte de seu patrimônio para instituir bem de família, desde que não ultrapasse um terço do patrimônio líquido existente ao tempo da instituição, mantidas as regras sobre a impenhorabilidade do imóvel residencial estabelecida em lei especial.

A lei que dispõe sobre a impenhorabilidade do bem de família é a Lei n° 8.009/90.

O artigo 1° da lei diz que "o imóvel residencial próprio do casal, ou da entidade familiar, é impenhorável e não responderá por qualquer tipo de dí-

---

Parágrafo único. O terceiro poderá igualmente instituir bem de família por testamento ou doação, dependendo a eficácia do ato da aceitação expressa de ambos os cônjuges beneficiados ou da entidade familiar beneficiada.
Art. 1.712. O bem de família consistirá em prédio residencial urbano ou rural, com suas pertenças e acessórios, destinando-se em ambos os casos a domicílio familiar, e poderá abranger valores mobiliários, cuja renda será aplicada na conservação do imóvel e no sustento da família.
Art. 1.713. Os valores mobiliários, destinados aos fins previstos no artigo antecedente, não poderão exceder o valor do prédio instituído em bem de família, à época de sua instituição.
§ 1º Deverão os valores mobiliários ser devidamente individualizados no instrumento de instituição do bem de família.
§ 2º Se se tratar de títulos nominativos, a sua instituição como bem de família deverá constar dos respectivos livros de registro.
§ 3º O instituidor poderá determinar que a administração dos valores mobiliários seja confiada a instituição financeira, bem como disciplinar a forma de pagamento da respectiva renda aos beneficiários, caso em que a responsabilidade dos administradores obedecerá às regras do contrato de depósito.
Art. 1.714. O bem de família, quer instituído pelos cônjuges ou por terceiro, constitui-se pelo registro de seu título no Registro de Imóveis.
Art. 1.715. O bem de família é isento de execução por dívidas posteriores à sua instituição, salvo as que provierem de tributos relativos ao prédio, ou de despesas de condomínio.
Parágrafo único. No caso de execução pelas dívidas referidas neste artigo, o saldo existente será aplicado em outro prédio, como bem de família, ou em títulos da dívida pública, para sustento familiar, salvo se motivos relevantes aconselharem outra solução, a critério do juiz.
Art. 1.716. A isenção de que trata o artigo antecedente durará enquanto viver um dos cônjuges, ou, na falta destes, até que os filhos completem a maioridade.
Art. 1.717. O prédio e os valores mobiliários, constituídos como bem da família, não podem ter destino diverso do previsto no art. 1.712 ou serem alienados sem o consentimento dos interessados e seus representantes legais, ouvido o Ministério Público.
Art. 1.718. Qualquer forma de liquidação da entidade administradora, a que se refere o § 3ª do art. 1.713, não atingirá os valores a ela confiados, ordenando o juiz a sua transfer°ncia para outra instituição semelhante, obedecendo-se, no caso de falência, ao disposto sobre pedido de restituição.
Art. 1.719. Comprovada a impossibilidade da manutenção do bem de família nas condições em que foi instituído, poderá o juiz, a requerimento dos interessados, extingui-lo ou autorizar a sub-rogação dos bens que o constituem em outros, ouvidos o instituidor e o Ministério Público.
Art. 1.720. Salvo disposição em contrário do ato de instituição, a administração do bem de família compete a ambos os cônjuges, resolvendo o juiz em caso de divergência.
Parágrafo único. Com o falecimento de ambos os cônjuges, a administração passará ao filho mais velho, se for maior, e, do contrário, a seu tutor.
Art. 1.721. A dissolução da sociedade conjugal não extingue o bem de família.
Parágrafo único. Dissolvida a sociedade conjugal pela morte de um dos cônjuges, o sobrevivente poderá pedir a extinção do bem de família, se for o único bem do casal.
Art. 1.722. Extingue-se, igualmente, o bem de família com a morte de ambos os cônjuges e a maioridade dos filhos, desde que não sujeitos a curatela.

vida civil, comercial, fiscal, previdenciária ou de outra natureza, contraída pelos cônjuges ou pelos pais ou filhos que sejam seus proprietários e nele residam, salvo nas hipóteses previstas nesta lei."

A impenhorabilidade compreende o imóvel sobre o qual se assentam a construção, as plantações, as benfeitorias de qualquer natureza e todos os equipamentos, inclusive os de uso profissional, ou móveis que guarnecem a casa, desde que quitados (Lei 8.009/90, artigo 1°, parágrafo único).

Excluem-se da impenhorabilidade os veículos de transporte, obras de arte e adornos suntuosos. (Lei 8.009/90, artigo 2°).

No caso de imóvel locado, a impenhorabilidade aplica-se aos bens móveis quitados que guarneçam a residência e que sejam de propriedade do locatário, observado o disposto neste artigo. (Lei 8.009/90, artigo 2°, parágrafo único).

A proteção conferida ao bem de família pela Lei 8.009/90 não importa em sua inalienabilidade, revelando-se possível a disposição do imóvel pelo proprietário, inclusive no âmbito de alienação fiduciária.[78]

11.9.8.1 Exceções à regra da impenhorabilidade do bem de família legal

O artigo 3° da Lei 8.009/90 apresenta um rol taxativo de impenhorabilidade do bem de família legal. De acordo com o texto normativo, "a impenhorabilidade é oponível em qualquer processo de execução civil, fiscal, previdenciária, trabalhista ou de outra natureza, salvo se movido:

I – (Revogado pela Lei Complementar n° 150, de 2015)

78 Cinge-se a controvérsia a definir se é válida a pactuação da alienação fiduciária em garantia de imóvel de moradia em contrato de mútuo, na hipótese em que inexistente qualquer alegação de vício de consentimento do beneficiário da proteção.
Importante assinalar, de início, que o o bem de família legal (proteção estatal disciplinada pela Lei n° 8.009/1990) apresenta características diferentes do bem de família voluntário ou convencional (artigos 1.711 a 1.722 do Código Civil).
Segundo a doutrina, o bem de família voluntário, que depende de ato voluntário, gera a inalienabilidade e impenhorabilidade, vez que instituído o bem de família, através do procedimento público no Cartório Imobiliário, torna-se impenhorável e inalienável, restringindo sua comerciabilidade. Por outro lado, o bem de família legal, regulado pela Lei n° 8.009/1990, gera, apenas, a impenhorabilidade, não respondendo pelas dívidas civis, trabalhistas, comerciais, fiscais, previdenciárias e de qualquer natureza, não se revelando crível pudesse a norma legal impedir a livre disposição (alienação) do bem por parte de seu titular.
Desse modo, à luz da jurisprudência dominante das Turmas de Direito Privado: (a) a proteção conferida ao bem de família pela Lei n° 8.009/1990 não importa em sua inalienabilidade, revelando-se possível a disposição do imóvel pelo proprietário, inclusive no âmbito de alienação fiduciária; e (b) a utilização abusiva de tal direito, com evidente violação do princípio da boa-fé objetiva, não deve ser tolerada, afastando-se o benefício conferido ao titular que exerce o direito em desconformidade com o ordenamento jurídico". (Informativo 664) REsp 1.595.832-SC, Rel. Min. Luis Felipe Salomão, Quarta Turma, por unanimidade, julgado em 29/10/2019, DJe 04/02/2020.

II - pelo titular do crédito decorrente do financiamento destinado à construção ou à aquisição do imóvel, no limite dos créditos e acréscimos constituídos em função do respectivo contrato;[79]

III - pelo credor da pensão alimentícia, resguardados os direitos, sobre o bem, do seu coproprietário que, com o devedor, integre união estável ou conjugal, observadas as hipóteses em que ambos responderão pela dívida; (Redação dada pela Lei nº 13.144 de 2015)

IV - para cobrança de impostos, predial ou territorial, taxas e contribuições devidas em função do imóvel familiar;[80]

---

79 "O artigo 3º, inciso II, da Lei nº 8.009/1990, dispõe que a impenhorabilidade do bem de família é oponível em qualquer processo de execução civil, fiscal, previdenciária, trabalhista ou de outra natureza, salvo se movido pelo titular do crédito decorrente do financiamento destinado à construção ou à aquisição do imóvel, no limite dos créditos e acréscimos constituídos em função do respectivo contrato. Para os efeitos estabelecidos no citado dispositivo legal, o financiamento referido pelo legislador abarca operações de crédito destinadas à aquisição ou construção do imóvel residencial, podendo essas serem *stricto sensu* - decorrente de uma operação na qual a financiadora, mediante mútuo/empréstimo, fornece recursos para outra a fim de que essa possa executar benfeitorias ou aquisições específicas, segundo o previamente acordado - como aquelas em sentido amplo, nas quais se inclui o contrato de compra e venda em prestações, o consórcio ou a empreitada com pagamento parcelado durante ou após a entrega da obra, pois todas essas modalidades viabilizam a aquisição/construção do bem pelo tomador que não pode ou não deseja pagar o preço à vista. Em todas essas situações, dá-se a constituição de uma operação de crédito, efetiva dívida para a aquisição/construção do imóvel na modalidade parcelada". (Informativo 658) REsp 1.221.372-RS, Rel. Min. Marco Buzzi, Quarta Turma, por unanimidade, julgado em 15/10/2019, DJe 21/10/2019.

80 Para a aplicação da exceção à impenhorabilidade do bem de família prevista no art. 3º, IV, da Lei nº 8.009/1990 é preciso que o débito de natureza tributária seja proveniente do próprio imóvel que se pretende penhorar.

Cinge-se a controvérsia a definir se é possível a penhora de imóvel, no bojo de ação de cobrança em fase de cumprimento de sentença, em razão da exceção à impenhorabilidade do bem de família prevista no art. 3º, IV, da Lei nº 8.009/1990.

No caso, celebrou-se entre as partes um contrato particular de permuta de imóveis urbanos, em que seria transmitida uma casa residencial em troca de um lote de terreno. Por ocasião da celebração do referido contrato, pactuou-se que cada parte assumiria os tributos e taxas que viessem a incidir sobre os imóveis permutados, responsabilizando-se pela existência de débitos pendentes.

Após a concretização da permuta e transferência da posse, constatou-se que o imóvel cedido por uma das partes possuía débitos de IPTU relacionados a anos anteriores à celebração do contrato. Assim, a parte adversa quitou os débitos fiscais junto à Municipalidade e ajuizou ação de cobrança contra o ora recorrente buscando o reembolso dos valores pagos, a qual foi julgada procedente pelas instâncias ordinárias.

Na fase de cumprimento de sentença, o imóvel transferido ao recorrente (casa residencial), que antes pertencia aos recorridos, e que não possuía débitos tributários, foi penhorado para garantia da dívida objeto da referida ação de cobrança, com base no art. 3º, IV, da Lei nº 8.009/1990, o qual dispõe que poderá ser penhorado o bem de família "para cobrança de impostos, predial ou territorial, taxas e contribuições devidas em função do imóvel familiar".

V – para execução de hipoteca sobre o imóvel oferecido como garantia real pelo casal ou pela entidade familiar;

VI – por ter sido adquirido com produto de crime ou para execução de sentença penal condenatória a ressarcimento, indenização ou perdimento de bens.[81]

Não obstante, para a aplicação da exceção à impenhorabilidade do bem de família prevista no aludido dispositivo legal é preciso que o débito de natureza tributária seja proveniente do próprio imóvel que se pretende penhorar. Em outras palavras, era preciso que os débitos de IPTU fossem do próprio imóvel penhorado. Na hipótese, contudo, o imóvel penhorado não tinha qualquer débito tributário.
Ademais, o débito referente ao IPTU do imóvel repassado pelo recorrente foi integralmente quitado pela outra parte, razão pela qual não se está cobrando "impostos, predial ou territorial, taxas e contribuições devidas", mas, sim, o reembolso dos valores pagos pelos autores em função do não cumprimento de cláusula contratual pelo recorrente, a qual estabelecia que a permuta dos imóveis deveria ser efetivada sem qualquer pendência fiscal.
Com efeito, por se tratar de norma de exceção à ampla proteção legal conferida ao bem de família, a interpretação do art. 3°, inciso IV, da Lei n° 8.009/1990, deve se dar de maneira restritiva, não podendo ser ampliada a ponto de alcançar outras situações não previstas pelo legislador. (REsp 1.332.071-SP, Rel. Min. Marco Aurélio Bellizze, Terceira Turma, por unanimidade, julgado em 18/02/2020, DJe 20/02/2020).

81 A Lei n° 8.009/1990 institui a impenhorabilidade do bem de família como instrumento de tutela do direito fundamental à moradia da família e, portanto, indispensável à composição de um mínimo existencial para uma vida digna.
No entanto, mesmo esse importantíssimo instituto possui limites de aplicações. A depender das circunstâncias, a própria Lei n° 8.009/1990 prevê exceções à regra da impenhorabilidade. Assim, o art. 3°, VI, da mencionada lei dispõe que não é possível opor a impenhorabilidade quando o bem em questão for adquirido como produto de crime ou para execução de sentença penal condenatória.
Nessas hipóteses, no cotejo entre os bens jurídicos envolvidos, o legislador preferiu defender o ofendido por conduta criminosa ao autor da ofensa, conforme nota a doutrina: "essas exceções significam que a Lei do Bem de Família teve a intenção de balancear valores, privilegiando o valor moradia, mas ressalvando que o bem de família será penhorável em benefício dos credores por alimentos, ou por verbas devidas aos trabalhadores da própria residência, ou por garantia real constituída pelo devedor residente no imóvel etc".
Sobre efeitos da condenação penal sobre o âmbito cível, é fato que a sentença penal condenatória produz também efeitos extrapenais, tanto genéricos quanto específicos. Os efeitos genéricos decorrem automaticamente da sentença, sem necessidade de abordagem direta pelo juiz. Entre esses efeitos genéricos, há a obrigação de reparar o dano causado, tal como previsto no art. 91, I, do Código Penal.
Por se tratar de regra que excepciona a impenhorabilidade do bem de família e decorrer automaticamente de sentença penal condenatória, a jurisprudência do STJ já se posicionou sobre a impossibilidade de interpretação extensiva de outros incisos contidos no art. 3° da Lei n° 8.009/1990.
Por fim, anota-se ser inegável que, para a incidência da exceção prevista no art. 3°, VI, da Lei n° 8.009/1990, faz-se necessária a presença de sentença penal condenatória transitada em julgado, por não ser possível a interpretação extensiva. (REsp 1.823.159-SP, Rel. Min. Nancy Andrighi, Terceira Turma, por unanimidade, julgado em 13/10/2020, DJe 19/10/2020).

VII - por obrigação decorrente de fiança concedida em contrato de locação. O STJ já decidiu que é legítima a penhora de apontado bem de família pertencente a fiador de contrato de locação, ante o que dispõe o art. 3º, inciso VII, da Lei nº 8.009/1990". (REsp 1363368/MS, Rel. ministro LUIS FELIPE SALOMÃO, SEGUNDA SEÇÃO, julgado em 12/11/2014, DJe 21/11/2014).

O artigo 4º e parágrafos da referida lei determinam que "não se beneficiará do disposto nesta lei aquele que, sabendo-se insolvente, adquire de má-fé imóvel mais valioso para transferir a residência familiar, desfazendo-se ou não da moradia antiga.

§ 1º Neste caso, poderá o juiz, na respectiva ação do credor, transferir a impenhorabilidade para a moradia familiar anterior, ou anular-lhe a venda, liberando a mais valiosa para execução ou concurso, conforme a hipótese.

§ 2º Quando a residência familiar constituir-se em imóvel rural, a impenhorabilidade restringir-se-á à sede de moradia, com os respectivos bens móveis, e, nos casos do art. 5º, inciso XXVI, da Constituição, à área limitada como pequena propriedade rural.

Para os efeitos de impenhorabilidade, de que trata esta lei, considera-se residência um único imóvel utilizado pelo casal ou pela entidade familiar para moradia permanente. (Lei 8.009/90, artigo 5º).

Na hipótese de o casal, ou entidade familiar, ser possuidor de vários imóveis utilizados como residência, a impenhorabilidade recairá sobre o de menor valor, salvo se outro tiver sido registrado, para esse fim, no Registro de Imóveis e na forma do art. 70 do Código Civil. (Lei 8.009/90, artigo 5º, parágrafo único).

Interessante notar que o imóvel locado a terceiro é Bem de Família, desde que os seus aluguéis sejam utilizados para a locação de um outro, destinado à residência da família.[82]

11.9.8.2 Imóvel bem de família. Caução imobiliária. Contrato de locação.

Imóvel bem de família oferecido como caução imobiliária em contrato de locação não pode ser objeto de penhora.

82 "Processual civil. Execução. Penhora de imóvel. Bem de família. Locação a terceiros. Renda que serve a aluguel de outro que serve de residência ao núcleo familiar. Constrição. Impossibilidade. Lei 8.009/1990, art. 1º. Exegese. Súmula 7-STJ. I. A orientação predominante no STJ é no sentido de que a impenhorabilidade prevista na Lei 8.009/1990 se estende ao único imóvel do devedor, ainda que este se ache locado a terceiros, por gerar frutos que possibilitam à família constituir moradia em outro bem alugado. II. Caso, ademais, em que as demais considerações sobre a situação fática do imóvel encontram obstáculo ao seu reexame na Súmula 7 do STJ. III. Agravo improvido" (STJ, AGA 385.692/RS, julgado 09.04.2002, 4ª Turma, rel. Min. Aldir Passarinho Junior, *DJ* 19.08.2002, p. 177. Veja: STJ, REsp 114.119/RS, 302781/SP, 159.213/ES (*RDR* 15/385) e 183.042/AL).

"Nos termos do art. 37 da Lei nº 8.245/1991, no contrato de locação de imóveis urbanos podem ser exigidos pelo locador certas modalidades de garantia, podendo-se citar, dentre elas, a caução (inciso I) e a fiança (inciso II).

Em paralelo, mister destacar, também, que a Lei nº 8.245/1991 inseriu o inciso VII ao art. 3º da Lei nº 8.009/1990, que dispõe acerca de exceções à regra geral da impenhorabilidade do bem de família, fazendo constar que a penhora do bem de família será autorizada quando se tratar de obrigação decorrente de fiança concedida em contrato de locação.

Como se sabe, as hipóteses de exceção à regra da impenhorabilidade do bem de família, previstas na Lei nº 8.009/1990, são taxativas, não comportando interpretação extensiva.

Dentre elas, como se infere, não consta a hipótese da caução imobiliária oferecida em contrato de locação, razão pela qual inviável que se admita a penhora do imóvel residencial familiar.

De fato, considerando que a possibilidade de expropriação do imóvel residencial é exceção à garantia da impenhorabilidade, a interpretação às ressalvas legais deve ser restritiva, sobretudo na hipótese sob exame, em que o legislador optou, expressamente, pela espécie (fiança), e não pelo gênero (caução), não deixando, por conseguinte, margem a dúvidas (REsp 866.027/SP, 5ª Turma, DJ 29/10/2007)". (REsp 1.873.203-SP, Rel. Min. Nancy Andrighi, Terceira Turma, por unanimidade, julgado em 24/11/2020, DJe 01/12/2020).

11.9.8.3 Imóvel bem de família. Contrato de Locação Comercial

O bem de família de fiador em contrato de locação é penhorável, mas não em caso de contrato de locação comercial. Esse foi o entendimento da ministra Cármen Lúcia, do Supremo Tribunal Federal, em fevereiro de 2021, no Recurso Extraordinário 1.296.835, de 01/02/2021, ao reverter decisão que determinava a penhora de residência colocada como garantia em uma locação de imóvel comercial.[83]

O STF já reconheceu a constitucionalidade da penhora de bem de família de fiador em contrato de locação no Tema 295 da repercussão geral. Mas o tema não se aplicaria ao processo devido ao caráter comercial da locação.[84]

Ela fundamentou seu voto em decisões anteriores do Supremo. Uma delas, da 2ª Turma, com relatoria do ministro Edson Fachin (RE 127.7481), e outra da 1ª Turma, de relatoria da ministra Rosa Weber (RE 605.709).[85]

---

83 Disponível em: <https://www.conjur.com.br/2021-fev-05/imovel-fiador-locacao-comercial-impenhoravel-decide-carmen-lucia> Acesso em: 07 fev. 2021.

84 Ibid.

85 Ibid.

O entendimento consolidado na decisão desta segunda é que não deve se exigir sacrifício do bem de moradia do fiador para satisfazer o crédito do locador ou estimular a livre iniciativa. O fiador estaria, portanto, sofrendo consequências desproporcionais em detrimento do real devedor.[86]

11.9.9 Súmulas STJ

Vale lembrar as Súmulas do STJ referentes ao Bem de Família:

O conceito de impenhorabilidade de bem de família abrange também o imóvel pertencente a pessoas solteiras, separadas e viúvas. (Súmula 364, CORTE ESPECIAL, julgado em 15/10/2008, DJe 03/11/2008)

A vaga de garagem que possui matrícula própria no registro de imóveis não constitui bem de família para efeito de penhora. Súmula 449, CORTE ESPECIAL, julgado em 02/06/2010, DJe 21/06/2010)

É válida a penhora de bem de família pertencente a fiador de contrato de locação. (Súmula 549, SEGUNDA SEÇÃO, julgado em 14/10/2015, DJe 19/10/2015)

11.9.10 Jurisprudências

A ausência de registro da hipoteca em cartório de registro de imóveis não afasta a exceção à regra de impenhorabilidade prevista no art. 3º, V, da Lei nº 8.009/1990, a qual autoriza a penhora de bem de família dado em garantia hipotecária na hipótese de dívida constituída em favor de entidade familiar. A hipoteca é um direito real de garantia (art. 1.225, IX, do CC) incidente, em regra, sobre bens imóveis e que dá ao credor o poder de excutir o bem, alienando-o judicialmente e dando-lhe primazia sobre o produto da arrematação para satisfazer sua dívida. Por um lado, a constituição da hipoteca pode dar-se por meio de contrato (convencional), pela lei (legal) ou por sentença (judicial) e, desde então, já tem validade *inter partes* como um direito pessoal. Por outro lado, nos termos do art. 1.227 do CC, só se dá a constituição de um direito real após a sua inscrição no cartório de registro de imóveis da circunscrição imobiliária competente. Assim é que essa inscrição confere à hipoteca a eficácia de direito real oponível *erga omnes*. Nesse sentido, há entendimento doutrinário de acordo com o qual "Somente com o registro da hipoteca nasce o direito real. Antes dessa providência o aludido gravame não passará de um crédito pessoal, por subsistente apenas *inter partes*; depois do registro, vale *erga omnes*". Se a ausência de registro da hipoteca não a torna inexistente, mas apenas válida *inter partes* como crédito pessoal, a ausência de registro da hipoteca não afasta a exceção à regra de impenhorabilidade prevista no art. 3º, V, da Lei nº 8.009/1990. REsp 1.455.554-RN, Rel. Min.

86 Ibid.

João Otávio de Noronha, julgado em 14/6/2016, DJe 16/6/2016.

A impenhorabilidade do bem de família no qual reside o sócio devedor não é afastada pelo fato de o imóvel pertencer à sociedade empresária. A jurisprudência do STJ tem, de forma reiterada e inequívoca, pontuado que a impenhorabilidade do bem de família estabelecida pela Lei nº 8.009/1990 está prevista em norma cogente, que contém princípio de ordem pública, e a incidência do referido diploma somente é afastada se caracterizada alguma hipótese descrita em seu art. 3º (EREsp 182.223-SP, Corte Especial, DJ 7/4/2003). Nesse passo, a proteção conferida ao instituto de bem de família é princípio concernente às questões de ordem pública, não se admitindo sequer a renúncia por seu titular do benefício conferido pela lei, sendo possível, inclusive, a desconstituição de penhora anteriormente feita (AgRg no AREsp 537.034-MS, Quarta Turma, DJe 1º/10/2014; e REsp 1.126.173-MG, Terceira Turma, DJe 12/4/2013). Precedentes citados: REsp 949.499-RS, Segunda Turma, DJe 22/8/2008; e REsp 356.077-MG, Terceira Turma, DJ 14/10/2002. EDcl no AREsp 511.486-SC, Rel. Min. Raul Araújo, julgado em 3/3/2016, DJe 10/3/2016.

Na execução civil movida pela vítima, não é oponível a impenhorabilidade do bem de família adquirido com o produto do crime, ainda que a punibilidade do acusado tenha sido extinta em razão do cumprimento das condições estipuladas para a suspensão condicional do processo. De acordo com o art. 3º da Lei nº 8.009/1990, "A impenhorabilidade é oponível em qualquer processo de execução civil, fiscal, previdenciária, trabalhista ou de outra natureza, salvo se movido: [...] VI – por ter sido adquirido com produto de crime ou para execução de sentença penal condenatória a ressarcimento, indenização ou perdimento de bens". Especificamente acerca da exceção mencionada (inciso VI), infere-se que o legislador, entre a preservação da moradia do devedor e o dever de reparação dos danos oriundos de conduta criminosa, optou por privilegiar o ofendido em detrimento do infrator, afastando a impenhorabilidade do bem de família. Percebe-se que o legislador especificou duas hipóteses distintas de exceção à impenhorabilidade no mencionado inciso VI, quais sejam: a) bem adquirido com produto de crime; b) para execução de sentença penal condenatória a ressarcimento, indenização ou perdimento de bens. Com efeito, à incidência da norma inserta no inciso VI do art. 3º da Lei nº 8.009/1990, isto é, da exceção à impenhorabilidade do bem de família em virtude de ter sido adquirido com o produto de crime, forçoso reconhecer a dispensa de condenação criminal transitada em julgado, porquanto inexiste determinação legal neste sentido. Afinal, caso fosse a intenção do legislador exigir sentença penal condenatória para a exceção prevista na primeira parte do inciso VI, teria assim feito expressamente, como o fez com a segunda parte do referido dispositivo. Logo, não havendo determinação expressa na lei no sentido de que a exceção (bem adquirido com produto de crime) exija a existência de sentença penal condenatória, temerário seria adotar outra interpretação, sob pena de malograr o propósito expressamente almejado pela norma, direcionado a não estimular a prática ou reiteração de ilícitos. Assim, o cometimento de crime e o fato de o imóvel ter sido adquirido com seus proveitos é suficiente para afastar a impenhorabilidade do bem de família. Na hipótese, a conduta ilícita praticada consubstancia-se no cometimento de crime, tanto que fora oferecida e recebida denúncia, bem assim ofertada proposta de suspensão condicional do processo, cujo pressuposto para sua concessão é a prática de crime em que a pena mínima cominada seja igual ou inferior a um ano (art. 89, *caput*, Lei nº 9.099/1995). REsp 1.091.236-RJ, Rel. Min. Marco Buzzi, julgado em 15/12/2015, DJe 1º/2/2016.

Não se deve desconstituir a penhora de imóvel sob o argumento de se tratar de bem de família na hipótese em que, mediante acordo homologado judicialmente, o executado tenha pactuado com o exequente a prorrogação do prazo para pagamento e a redução do valor de dívida que contraíra em benefício da família, oferecendo o imóvel em garantia e renunciando expressamente ao oferecimento de qualquer defesa, de modo que, descumprido o acordo, a execução prosseguiria com a avaliação e praça do imóvel. De fato, a jurisprudência do STJ inclinou-se no sentido de que o bem de família é impenhorável, mesmo quando indicado à constrição pelo devedor. No entanto, o caso em exame apresenta certas peculiaridades que torna válida a renúncia. Com efeito, no caso em análise, o executado agiu em descompasso com o princípio *nemo venire contra factum proprium*, adotando comportamento contraditório, num momento ofertando o bem à penhora e, no instante seguinte, arguindo a impenhorabilidade do mesmo bem, o que evidencia a ausência de boa-fé. Essa conduta antiética deve ser coibida, sob pena de desprestígio do próprio Poder Judiciário, que validou o acordo celebrado. Se, por um lado, é verdade que a Lei 8.009/1990 veio para proteger o núcleo familiar, resguardando-lhe a moradia, não é menos correto afirmar que aquele diploma legal não pretendeu estimular o comportamento dissimulado. Como se trata de acordo judicial celebrado nos próprios autos da execução, a garantia somente podia ser constituída mediante formalização de penhora incidente sobre o bem. Nada impedia, no entanto, que houvesse a celebração do pacto por escritura pública, com a constituição de hipoteca sobre o imóvel e posterior juntada aos autos com vistas à homologação judicial. Se tivesse ocorrido dessa forma, seria plenamente válida a penhora sobre o bem em razão da exceção à impenhorabilidade prevista no inciso V do art. 3º da Lei 8.009/1990, não existindo, portanto, nenhuma diferença substancial entre um ato e outro no que interessa às partes. Acrescente-se, finalmente, que a decisão homologatória do acordo tornou preclusa a discussão da matéria, de forma que o mero inconformismo do devedor contra uma das cláusulas pactuadas, manifestado tempos depois, quando já novamente inadimplentes, não tem força suficiente para tornar ineficaz a avença. Dessa forma, não se pode permitir, em razão da boa-fé que deve reger as relações jurídicas, a desconstituição da penhora, sob pena de desprestígio do próprio Poder Judiciário. REsp 1.461.301-MT, Rel. Min. João Otávio de Noronha, julgado em 5/3/2015, DJe 23/3/2015.

É legítima a penhora de apontado bem de família pertencente a fiador de contrato de locação, ante o que dispõe o art. 3º, VII, da Lei 8.009/1990. A Lei 8.009/1990 institui a proteção legal do bem de família como instrumento de tutela do direito fundamental à moradia da entidade familiar e, portanto, indispensável à composição de um mínimo existencial para uma vida digna. Nos termos do art. 1º da Lei 8.009/1990, o bem imóvel destinado à moradia da entidade familiar é impenhorável e não responderá pela dívida contraída pelos cônjuges, pais ou filhos que sejam seus proprietários e nele residam, salvo nas hipóteses previstas no art. 3º da aludida norma. Nessa linha, o art. 3º excetua, em seu inciso VII, a obrigação decorrente de fiança concedida em contrato de locação, isto é, autoriza a constrição de imóvel – considerado bem de família - de propriedade do fiador de contrato locatício. Convém ressaltar que o STF assentou a constitucionalidade do art. 3º, VII, da Lei 8.009/1990 em face do art. 6º da CF, que, a partir da edição da Emenda Constitucional 26/2000, incluiu o direito à moradia no rol dos direitos sociais (RE 407.688-AC, Tribunal Pleno, DJ 6/10/2006 e RE 612.360-RG, Tribunal Pleno, DJe 3/9/2010). Precedentes citados: AgRg no REsp 1.347.068-SP, Terceira Turma, DJe 15/9/2014; AgRg no AREsp 151.216-SP, Terceira Turma, DJe 2/8/2012; AgRg no AREsp 31.070-SP, Quarta Turma, DJe 25/10/2011; e AgRg no Ag 1.181.586-PR, Quarta Turma, DJe 12/4/2011. REsp 1.363.368-MS, Rel. Min. Luis Felipe Salomão, julgado em 12/11/2014.

A desconsideração da personalidade jurídica de sociedade empresária falida que tenha sido decretada em decorrência de fraude contra a massa falida não implica, por si só, o afastamento da impenhorabilidade dos bens de família dos sócios. A desconsideração da personalidade jurídica, de um modo geral, não pode, por si só, afastar a impenhorabilidade do bem de família, salvo se os atos que ensejaram a *disregard* também se ajustarem às exceções legais previstas no art. 3º da Lei 8.009/1990. Embora o instituto da desconsideração da personalidade jurídica se apresente como importante mecanismo de recuperação de crédito, combate a fraude e, por consequência, fortalecimento da segurança do mercado, esses nobres propósitos não se sobrepõem aos valores legais e constitucionais subjacentes à proteção do bem de família. É por isso que a fraude à execução ou contra credores não se encontra prevista como exceção à regra legal da impenhorabilidade de bens de família. Além disso, a proteção legal conferida pela Lei 8.009/1990, consectária da proteção constitucional e internacional do direito à moradia, não tem como destinatária apenas a pessoa do devedor; na verdade, protege-se também a sua família quanto ao fundamental direito à vida digna. REsp 1.433.636-SP, Rel. Min. Luis Felipe Salomão, julgado em 2/10/2014.

Deve ser afastada a impenhorabilidade do único imóvel pertencente à família na hipótese em que os devedores, com o objetivo de proteger o seu patrimônio, doem em fraude à execução o bem a seu filho menor impúbere após serem intimados para o cumprimento espontâneo da sentença exequenda. De início, cabe ressaltar que o STJ tem restringido a proteção ao bem de família com o objetivo de prevenir fraudes, evitando prestigiar a má-fé do devedor. Nesse sentido: "o bem que retorna ao patrimônio do devedor, por força de reconhecimento de fraude à execução, não goza da proteção da impenhorabilidade disposta na Lei nº 8.009/90" (AgRg no REsp 1.085.381-SP, Sexta Turma, DJe de 30/3/2009); "é possível, com fundamento em abuso de direito, afastar a proteção conferida pela Lei 8.009/90" (REsp 1.299.580-RJ, Terceira Turma, DJe de 25/10/2012). Nessa conjuntura, a doação feita a menor impúbere, nas circunstâncias ora em análise, além de configurar tentativa de fraude à execução, caracteriza abuso de direito apto a afastar a proteção dada pela Lei 8.009/1990. Com efeito, nenhuma norma, em nosso sistema jurídico, pode ser interpretada de modo apartado aos cânones da boa-fé. No que tange à aplicação das disposições jurídicas da Lei 8.009/1990, há uma ponderação de valores que se exige do Juiz, em cada situação particular: de um lado, o direito ao mínimo existencial do devedor ou sua família; de outro, o direito à tutela executiva do credor; ambos, frise-se, direitos fundamentais das partes. Trata-se de sopesar a impenhorabilidade do bem de família e a ocorrência de fraude de execução. Assim, é preciso considerar que, em regra, o devedor que aliena, gratuita ou onerosamente, o único imóvel, onde reside a família, está, ao mesmo tempo, dispondo da proteção da Lei 8.009/1990, na medida em que seu comportamento evidencia que o bem não lhe serve mais à moradia ou subsistência. Do contrário, estar-se-ia a admitir o *venire contra factum proprium*. REsp 1.364.509-RS, Rel. Min. Nancy Andrighi, julgado em 10/6/2014.

11.10 Patrimônio

O patrimônio, de acordo com as lições de CLÓVIS BEVILÁQUA, é o complexo das relações jurídicas de uma pessoa, que tiverem valor econômico. Nele se compreendem os direitos privados economicamente apreciáveis (elementos ativos) e as dívidas (elementos passivos).[87]

O artigo 91 do nosso Código Civil determina que "constitui universalidade de direito o complexo de relações jurídicas, de uma pessoa, dotadas de valor econômico".

---

87 BEVILÁQUA, Clóvis. *Código civil dos Estados Unidos do Brasil comentado por Clóvis Beviláqua*. V. 1. Edição histórica. Rio de Janeiro: Rio, 1976, p. 290.

O patrimônio na linguagem jurídica possui diversas significações, tais como: a) um conjunto de direitos e obrigações (*patrimônio bruto*); b) o ativo dos direitos com dedução do passivo das obrigações (*patrimônio líquido*); c) uma *universalidade de direito* como a herança.[88]

Dentro da esfera jurídica de um sujeito, existe um grupo de direitos que constituem o seu *patrimônio*. Isto porque a esfera jurídica pode bipartir-se em dois elementos: a esfera jurídica pessoal e a esfera jurídica patrimonial. Em linhas gerais o patrimônio de uma pessoa corresponde à sua esfera jurídica patrimonial e compreende as situações jurídicas ativas e passivas de cariz patrimonial desta pessoa. Portanto, o patrimônio pode sofrer variações ao longo da vida do sujeito, já que é possível a alienação/aquisição de bens patrimoniais no mundo da vida.

Na linha da *despatrimonialização do direito civil*, vale citar a tese construída por LUIZ EDSON FACHIN, denominada "estrutura jurídica do patrimônio mínimo", através da qual o autor defende a existência de uma garantia patrimonial mínima inerente a toda a pessoa humana, integrante da respectiva esfera jurídica individual ao lado dos atributos pertinentes à própria condição humana. É uma tese que se fundamenta no princípio constitucional da dignidade da pessoa humana e de uma hermenêutica crítica e construtiva na linha do direito civil-constitucional.[89]

---

88 CC 2002 – Art. 1.791. A herança defere-se como um todo unitário, ainda que vários sejam os herdeiros.
Parágrafo único. Até a partilha, o direito dos coerdeiros, quanto à propriedade e posse da herança, será indivisível, e regular-se-á pelas normas relativas ao condomínio.

89 FACHIN, Luiz Edson. *Estatuto jurídico do patrimônio mínimo*. 2. ed. Rio de Janeiro: Renovar, 2006.

Capítulo 12

DOS FATOS JURÍDICOS

12.1 Fatos Jurídicos

12.1.1 Conceito

São acontecimentos que produzem efeitos no mundo jurídico, causando o nascimento, a modificação ou a extinção da relação jurídica. Os fatos jurídicos podem ser classificados em *fatos naturais* (simples manifestação da natureza) e *fatos humanos ou voluntários*.

Os fatos jurídicos são, pois, acontecimentos com relevância na esfera do direito. O nascimento de uma pessoa, a sua morte, a aquisição de um imóvel, o decurso do tempo, o casamento, a união estável, o aluguel de um automóvel, a prestação de serviços, a doação de um computador, dentre outras situações do mundo da vida são fatos que interessam ao mundo jurídico. Outros fatos são irrelevantes para o Direito. Estes são nominados de *fatos simples*, tais como as normas de trato social.

A convivência entre os indivíduos forma a sociedade. Isto quer dizer que o homem vive em sociedade numa ambiência de costumes, hábitos e práticas diárias. Essa ambiência geral que permeia a sociedade acolhe o indivíduo desde o seu nascimento. Os costumes, hábitos e práticas reiteradas passam a condicionar a conduta do homem no seio social.

Essa ambiência cultural é composta de uma série de juízos de valor, ideias, padrões costumeiros, religiosos, morais e jurídicos. Isso porque o homem tem liberdade para se organizar na sociedade e estabelecer tais padrões de conduta. Daí que cada sociedade possui um patrimônio ético de valores que por fim acaba se convertendo em normas de conduta. Estes valores, considerando o tempo e o espaço, podem sofrer alterações.

Os valores éticos de uma sociedade refletem a atividade social dos indivíduos. Tais valores influenciam as normas jurídicas. O Direito é composto, portanto, de valores morais, normas sociais e normas técnicas que são sancionadas por uma autoridade competente e se convertem em normas jurídicas. Estas são obrigatórias e impõem direitos e deveres para toda a comunidade, já que indicam como os indivíduos devem se conduzir na vida social. Desse modo, as normas jurídicas devem se ajustar às exigências e necessidades da vida em sociedade.

As normas jurídicas apresentam uma característica peculiar que é a sua obrigatoriedade. Isso porque os homens podem ser compelidos a cumprir as normas jurídicas, caso contrário, estarão sujeitos a penalidades e castigos.

12.1.2 Elementos de fato e elementos normativos

JOSÉ DE OLIVEIRA ASCENSÃO, professor catedrático da Faculdade de Direito de Lisboa, distingue dois momentos distintos da ordem social. São eles: as componentes fática e normativa da ordem social.[1]

Os elementos de fato se baseiam em padrões de comportamento vigentes em determinado meio e se violados não possuem previsivelmente significado. Melhor dizendo: os elementos de mero fato contribuem para a ordem social, sem qualquer reflexo no viés normativo. É uma ordem do ser da sociedade.

Os elementos normativos estão atrelados à ordem do *dever ser* (dever ser assim). Ascensão ensina que a convivência humana é uma realidade ética, que acorda considerações do dever ser.[2]

Desse modo, na ordem social encontra-se uma dicotomia entre o mundo do *ser* (elemento fático) e o mundo do *dever ser* (elemento normativo). A ordem normativa é um fato qualificado pelo Direito. Isso representa que ela é um ser (uma vez que essa ordem é ordem enquanto é), porém com um sentido de dever ser.

Assim sendo, o Direito apresenta sua natureza normativa e pertence ao mundo do dever ser. Daí que os indivíduos de uma sociedade devem adequar e sujeitar as suas condutas aos modelos normativos existentes em dada comunidade.

Nas lições de GREGORIO PECES-BARBA o Direito é um sistema normativo, já que é "una técnica de organización de las conductas humanas que pretende conseguir sus objetivos a través de establecimiento de determinados modelos o patrones de conducta, expresados a través de normas".[3]

Dessa maneira, ANDREAS Von TUHR, professor das Universidades de Estrasburgo, Heldelberg, Basiléia e Zurique ensina que "cada norma abstracta enuncia los hechos; si éstos existen, deben producirse el efecto jurídico. Con término recibido del derecho penal, el conjunto de los hechos suele designarse como factum (Tatbestand) de la norma. Cuando existe in concreto el factum de cierta norma, el efecto jurídico se produce con necesidad lógica. De ahí que la aplicación del derecho esencialmente consista en la comprobación de hechos y en su clasificación conforme a las normas. Como toda consecuencia jurídica exige la existencia de una norma y de un factum que la preceda, según el punto de vista desde el cual se observe, se puede concebir como efecto de la ley o del factum; por ejemplo, de la voluntad de las partes".[4]

---

1 ASCENSÃO, José de Oliveira. *O direito:* introdução e teoria geral. 2. ed. Rio de Janeiro: Renovar, 2001. p. 20-21.

2 Ibid., p. 21.

3 PECES-BARBA, Gregorio; FERNÁNDEZ, Eusebio; ASÍS, Rafael de. *Curso de teoría del derecho.* 2. ed. Madrid: Marcial Pons, 2000. p. 23.

4 Von TUHR, Andreas. *Derecho civil:* teoria general del derecho civil alemán. Vol. III. Tradu-

12.1.3 Classificação dos fatos jurídicos

Os fatos jurídicos em sentido amplo podem ser classificados em:

a) fatos naturais;

b) fatos humanos ou voluntários;

c) atos-fatos jurídicos.

12.1.3.1 Fatos naturais

É denominado de *fato jurídico em sentido estrito*. Podem ser classificados em *fatos naturais ordinários* (nascimento, morte, decurso do tempo) e *fatos naturais extraordinários* (caso fortuito e força maior).

São fatos naturais que podem agir sobre as pessoas marcando, pois, o início ou o fim da personalidade ou de sua capacidade, sobre as coisas tais como a formação de ilhas, aluvião, avulsão, abandono de álveo e sobre direitos e obrigações preexistentes criadas por forças da natureza caracterizando as figuras jurídicas da força maior ou caso fortuito.[5]

12.1.3.2 Fatos humanos ou voluntários

São aqueles fatos jurídicos manifestados pela *vontade humana* (casamento, fixação de domicílio, testamento etc.). São chamados, também, de atos jurídicos em sentido amplo, já que decorrentes da manifestação da vontade humana. Podem ser considerados fatos lícitos ou ilícitos. Estes são praticados com culpa, produzindo lesão a um bem jurídico. Aqueles podem ser subdivididos em *atos jurídicos em sentido estrito* e *negócio jurídico*.

12.1.3.3 Atos-fatos jurídicos

Não existe unanimidade entre os doutrinadores sobre o tratamento do *ato-fato jurídico*. No ato-fato jurídico o elemento humano é essencial, mas os efeitos jurídicos independem da vontade da pessoa. Neste sentido, MARCOS BERNARDES DE MELLO afirma que "como o ato que está à base do fato é da substância do fato jurídico, a norma jurídica o recebe como avolitivo, abstraindo dele qualquer elemento volitivo que, porventura, possa existir em sua origem; não importa, assim, *se houve, ou não, vontade* em praticá-lo. Com esse tratamento, em coerência com a natureza das coisas, ressalta-se a consequência fática do ato, o fato resultante, sem se dar maior significância à vontade em realizá-lo. A essa espécie Pontes de Miranda denomina ato-fato jurídico, com o que procura destacar a relação essencial que existe entre o ato humano e o fato de que decorre".[6]

ção: Tito Ravà. Buenos Aires: Depalma, 1948, p. 4-5.

5 RÁO, Vicente. *Ato jurídico*. 4. ed. São Paulo: *Revista dos Tribunais*, 1997, p. 30-31.

6 MELLO, Marcos Bernardes de. *Teoria do fato jurídico:* plano da existência. 13. ed. São Paulo: Saraiva, 2007, p. 134.

12.1.3.4 Quadro Sinóptico

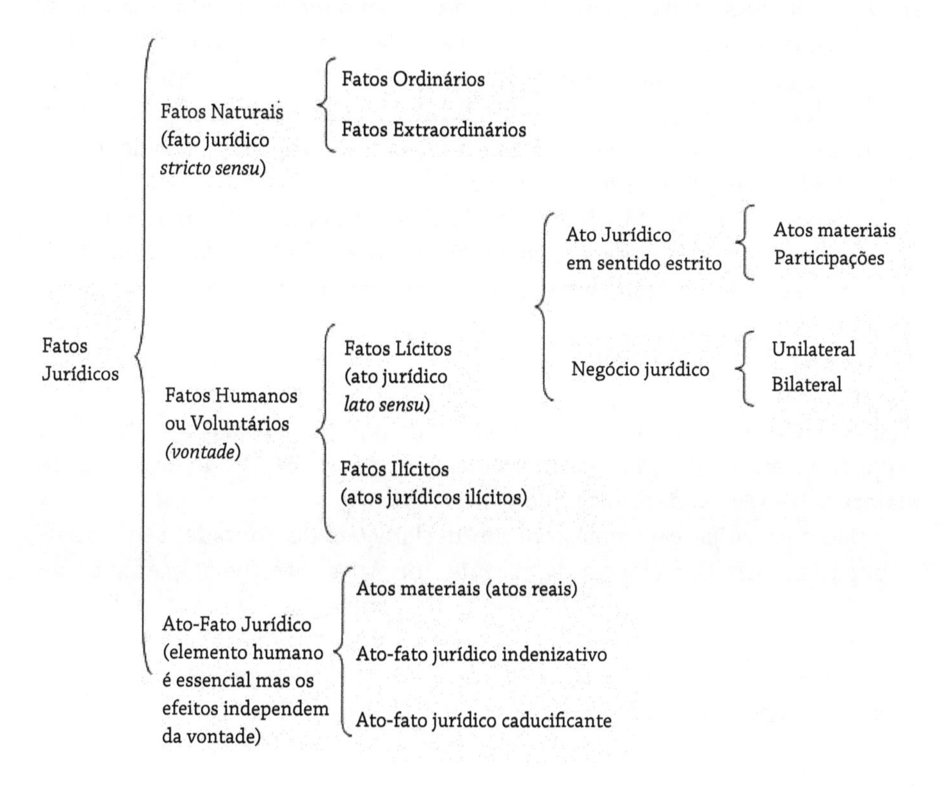

12.2 Atos Jurídicos Lícitos

Os atos lícitos são aqueles que são praticados em conformidade com o ordenamento jurídico. Os atos lícitos podem ser subdivididos em: a) *ato jurídico em sentido estrito;* b) *negócio jurídico* e c) *ato-fato jurídico.* Nos dois primeiros, exige-se a manifestação de vontade do agente, no último, o elemento humano é essencial, mas os efeitos jurídicos independem da vontade do agente.

12.2.1 Atos jurídicos em sentido estrito

É a simples declaração de vontade, cujos efeitos já se encontram estabelecidos em lei e são imodificáveis pelo mero consentimento das partes. São exemplos de atos jurídicos em sentido estrito o casamento, o reconhecimento de filho etc.

Para ORLANDO GOMES os atos jurídicos *stricto sensu* subdividem-se em *atos materiais* e *participações*.[7] De acordo com o mestre os atos materiais, também chamados *atos reais*, são "expressão de simples atuação da vontade, manifestações do comportamento humano, nas quais o elemento intencional é irrelevante, eis que não têm a finalidade de produzir evento psíquico na mente de outrem. Não se destinam a ser levados ao conhecimento de outras pessoas. Não têm *destinatário* em suma".[8]

Da mesma forma, FRANCISCO AMARAL anota que atos materiais são "as manifestações de vontade sem destinatário e sem finalidade específica, como no caso de ocupação, derrelição, fixação de domicílio, descoberta de tesouro, comissão, confusão, adjunção, especificação, pagamento indevido etc.".[9]

MANICK, citado por ORLANDO GOMES, subdivide os *atos materiais*, distinguindo aqueles nos quais a consciência e a vontade do sujeito não têm qualquer relevância dos outros em que a ordem jurídica leva em conta o fato psíquico interior, não se preocupando apenas com o resultado da atividade material. Nestes, há determinação volitiva."[10]

Já as *participações* consistem em declarações de vontade, sem intento negocial, para dar ciência de *intenções* ou *fatos*. São, pois, exemplos de participações: as intimações, notificações, interpelações, avisos etc. ORGANDO GOMES anota que estas não se confundem com as declarações de vontade dos negócios jurídicos, já que estas são manifestações de um intento, enquanto as *participações* consistem em simples *comunicação*.[11]

12.2.2 Negócio Jurídico

É a declaração de vontade destinada a produzir efeitos jurídicos desejados pelos agentes. O negócio jurídico apresenta cunho negocial e representa a livre atuação das partes em face dos efeitos jurídicos. No plano volitivo (plano da vontade), o negócio jurídico pode ser classificado como negócio jurídico unilateral (apenas uma vontade para a produção de efeitos jurídicos) e negócio jurídico bilateral (duas vontades para a produção de efeitos no mundo do direito).

EDUARDO ESPÍNOLA ensina que o negócio jurídico é "a declaração de vontade privada, manifestada de modo válido, isto é, de acordo com o direito objetivo, no intuito de produzir efeitos jurídicos".[12]

---

7 GOMES, Orlando. *Introdução ao direito civil*. 19. ed. Rio de Janeiro: Forense, 2007, p. 231.
8 Ibid.
9 AMARAL, Francisco. *Direito civil:* introdução. 6. ed. Rio de Janeiro: Renovar, 2006, p. 243.
10 GOMES, Orlando. *Introdução ao direito civil*. 19. ed. Rio de Janeiro: Forense, 2007, p. 232.
11 Ibid., p. 231.
12 ESPÍNOLA, Eduardo.Parte Geral: dos fatos jurídicos. In: LACERDA, Paulo de. *Manual do Código Civil Brasileiro*. Vol. III. Rio de Janeiro: Jacintho Ribeiro dos Santos, 1923, p. 148.

12.2.2.1 Negócio jurídico unilateral

É aquele que com apenas uma vontade já produz efeitos jurídicos. Por exemplo: o testamento, a revogação do mandato etc.

12.2.2.2 Negócio jurídico bilateral

É aquele ato jurídico que apresenta duas vontades para a produção de efeitos jurídicos desejados pelos agentes. Exemplo: contrato. O contrato que é um negócio jurídico bilateral (duas vontades para a produção de efeitos jurídicos) pode ser classificado quanto a questão obrigacional em: contrato unilateral (duas vontades e uma obrigação. Ex.: contrato de doação pura) e contrato bilateral (duas vontades e duas obrigações. Ex.: contrato de compra e venda).

12.2.2.3 Quadro Sinóptico

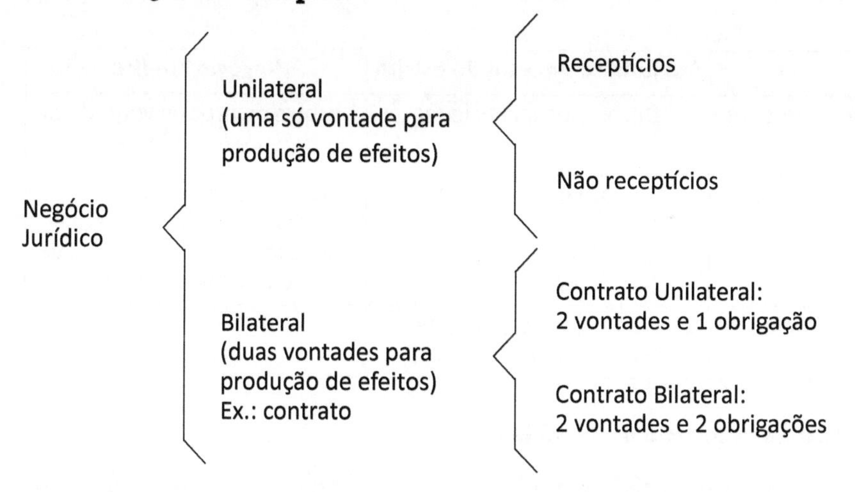

12.2.3 Diferença entre ato jurídico em sentido estrito e negócio jurídico

O negócio jurídico é diferente do ato jurídico em sentido estrito.

O negócio jurídico é a declaração de vontade destinada a produzir efeitos jurídicos desejados pelos agentes. O negócio jurídico apresenta cunho negocial e representa a livre atuação das partes em face dos efeitos jurídicos. No plano volitivo (plano da vontade), o negócio jurídico pode ser classificado como negócio jurídico unilateral (apenas uma vontade para a produção de efeitos jurídicos) e negócio jurídico bilateral (duas vontades para a produção de efeitos no mundo do direito). Assim, o negócio jurídico unilateral é aquele que com apenas uma vontade já produz efeitos jurídicos. Por exemplo: o testamento, a revogação do mandato etc. Já o negócio jurídico bilateral é aquele ato jurídico que apresenta duas vontades para a produção de efeitos jurídicos desejados pelos agentes. Exemplo: contrato. O contrato, negócio jurídico bilateral (duas vontades para a produção de efeitos jurídicos), pode ser classificado quanto a questão obrigacional em: contrato unilateral (duas vontades e uma obrigação. Ex.: contrato de doação pura) e contrato bilateral (duas vontades e duas obrigações. Ex.: contrato de compra e venda).

O ato jurídico em sentido estrito é a simples declaração de vontade, cujos efeitos já se encontram estabelecidos em lei e são imodificáveis pelo mero consentimento das partes. São exemplos de atos jurídicos em sentido estrito o casamento, o reconhecimento de filho, o usucapião etc.

Dessa maneira, as principais diferenças entre ato jurídico em sentido estrito e negócio jurídico podem ser apresentadas da seguinte forma:

	Ato jurídico em sentido estrito	**Negócio jurídico**
Eficácia / efeitos	Decorre da lei (ex lege)	Decorre da própria vontade do agente (ex voluntate)
Liberdade	Pouca ou nenhuma	Ampla (instrumento da autonomia privada). Existem limitações na esfera do Direito civil-constitucional
Exemplo	Casamento, usucapião (efeitos estabelecidos pelo CCB)	Contrato. Efeitos: vontade negocial.

12.3 Ato-fato Jurídico. Espécies

Os atos-fatos jurídicos podem ser classificados em: atos reais (atos materiais), atos-fatos jurídicos indenizativos; e atos-fatos jurídicos caducificantes.[13]

12.3.1 Atos reais ou atos materiais

Nestes atos não se considera a vontade em praticá-los, mas sim o seu resultado. São exemplos: o louco que pinta um quadro e adquire a sua propriedade. O absolutamente incapaz que descobre o tesouro enterrado no fundo do quintal de imóvel de seu domínio, adquire-lhe a propriedade, independentemente de ter querido, ou não, descobri-lo.

---

13 MELLO, Marcos Bernardes de. *Teoria do fato jurídico:* plano da existência. 13. ed. São Paulo: Saraiva, 2007, p. 134-135.

12.3.2 Atos-fatos jurídicos indenizativos

São casos de indenizabilidade sem culpa, isto é, casos em que, de um ato humano não contrário ao direito decorre prejuízo a terceiro, com o dever de indenizar. É o caso previsto no artigo 188, inciso I do CCB 2002. Não constituem atos ilícitos: I – os praticados em legítima defesa ou no exercício regular de um direito reconhecido. Estes atos não são contrários ao direito, mas existe o dever de indenizar. Aqui, "a vontade na prática do ato é, absolutamente, irrelevante para a incidência da norma jurídica e, portanto, para a constituição do fato jurídico. Por isso, configura ato-fato jurídico o fato produzido pelo homem (= ato), ou a ele imputável, de que decorra dever de indenizar os prejuízos resultantes, mesmo quando não haja contrariedade a direito".[14]

12.3.3 Atos-fatos jurídicos caducificantes

É o caso em que ocorre a caducidade, independentemente de ato culposo, e, dessa maneira, não constitui ato ilícito. São exemplos: a caducidade das ações redibitória e, *quanti minoris,* de anulação de casamento etc.[15]

12.4 Efeitos dos Fatos Jurídicos

Os efeitos dos fatos jurídicos podem ser classificados em: *aquisitivo* (originário: não existe titular anterior ou derivado: transmissão de um direito), *modificativo* (titulares ou conteúdo), *conservativo* (visa a manutenção de um direito. CC 2002 – Da Manutenção ou Reintegração de Posse. Art. 926) e *extintivo* (forma absoluta ou relativa).

14 Ibid., p. 136.
15 Ibid., p. 140.

Capítulo 13
NEGÓCIO JURÍDICO

13.1 Conceito e Importância

O conceito de negócio jurídico é um tema eivado de divergências o que traduz uma série de teorias definidoras do negócio jurídico. A doutrina, de modo geral, procura emoldurar a questão a partir da apresentação de diversas teorias sobre o negócio jurídico, a partir da manifestação da vontade, suas limitações, sua eficácia, dentre outros aspectos.

O negócio jurídico é por excelência o instrumento da *autonomia privada,* através do qual os particulares *autorregulam* seus interesses privados. Os conceitos de autodeterminação, autonomia privada e liberdade contratual frequentemente são utilizados como sinônimos.

De acordo com Joaquim de Souza Ribeiro a *autodeterminação* é um conceito pré-jurídico que assinala o "poder de cada indivíduo gerir livremente a sua esfera de interesses, orientando a sua vida de acordo com as suas preferências".[1] É um conceito amplo que traduz um valor relacionado à pessoa humana. É uma ideia diretiva básica, que, "no quadro de certas concepções políticas, ideológicas, éticas e econômicas, se condensa num princípio fundante e estruturante do sistema de direito privado".[2] Da mesma forma, Karl Larenz afirma que "la autodeterminación es una de las capacidades fundamentales del hombre. La posibilidad de celebrar contratos y de regular mediante ellos sus relaciones jurídicas con otros es un importante tipo de actuación de esta capacidad. Por esto la libertad contractual es un principio del Derecho justo".[3]

A autonomia privada é "um processo de ordenação que faculta a livre constituição e modelação de relações jurídicas pelos sujeitos que nelas participam".[4]

A autonomia se contrapõe à heteronomia, já que é possível que as pessoas fixem as regras que devem obedecer a partir de seus próprios interesses, com vistas a uma maior dinâmica social.

---

1 RIBEIRO, Joaquim de Souza. *O problema do contrato:* as cláusulas contratuais gerais e o princípio da liberdade contratual. Coimbra: Almedina, 2003, p. 22.

2 Ibid., p. 23.

3 LARENZ, Karl. *Derecho justo:* fundamentos de ética jurídica. Tradução: Luis Díez-Picazo. Madrid: Civitas, 2001, p. 74.

4 RIBEIRO, Op. Cit., p. 21.

De certa forma, a autodeterminação e a autovinculação estabelecida na esfera pessoal e familiar é uma marca indelével da modernidade. O homem possui liberdade para fomentar suas relações contratuais, bem como exerce o poder de dispor sobre sua propriedade. Neste momento, a burguesia primava pela livre circulação das riquezas sem as amarras do Estado e visava o incremento do comércio e da economia.

Daí que a autodeterminação se entrelaça com a autonomia privada, já que para alcançar aquele valor é necessário dar proeminência à autonomia privada, uma vez que esta configura o princípio diretor das relações intersubjetivas.

Nessa linha, Ribeiro entrança o conceito de autonomia privada com a autodeterminação. Vejamos: "o conceito contenta-se com uma atividade de autorregulação de interesses privados, com uma manifestação de vontade que utilize o negócio jurídico como operador. Mas a questão institucional da autonomia privada, a da definição de seu campo, requer um complexo de valorações que atenda, em primeira linha, à típica possibilidade de realização pessoal dos sujeitos envolvidos. Por aqui se vê a indispensabilidade do pensamento da autodeterminação, apto, à partida, porque valorativamente cunhado por aquela ideia fundante, a traduzir as exigências que dela decorrem".[5]

A autodeterminação, na área negocial, representa, assim, a capacidade humana de auto-organização em sociedade, sempre presente como uma funcionalidade da autonomia privada.

Assim, os conceitos de autonomia privada e manifestação de vontade estão relacionados ao conceito de negócio jurídico.

13.2 Teorias

Na dogmática jurídica, como dito inicialmente, continua controvertida a conceituação do negócio jurídico. Vejamos, pois, as suas principais teorias: a *voluntarista*, a *objetiva*, a *estruturalista* e da *autorresponsabilidade*.

13.2.1 Corrente voluntarista

Para a corrente *voluntarista*, o negócio jurídico é a manifestação de vontade da pessoa com o intuito de atingir determinados efeitos jurídicos, ou seja, é uma manifestação de vontade visando constituir, modificar ou extinguir uma relação jurídica. É a posição mais tradicional na doutrina brasileira que relaciona o conceito de *negócio jurídico* com o *ato de vontade*. Uma das razões é o teor do artigo 81 do Código Civil de 1916 que afirmava: "Todo o ato lícito, que tenha por fim imediato adquirir, resguardar, transferir, modificar ou extinguir direitos, se denomina ato jurídico". O Código Civil de 1916 tratava o negócio jurídico como espécie de ato jurídico.

CLÓVIS BEVILÁQUA ao comentar o referido artigo 81 do Código Civil de 1916 anota que "o ato jurídico deve ser conforme a vontade do agente e as normas de direito. É toda a manifestação de vontade individual, a que a lei atribui o efeito de movimentar as relações jurídicas".[5]

Os defensores da corrente voluntarista ainda se dividem em duas correntes, a saber: a corrente voluntarista dos *efeitos queridos* e a corrente voluntarista dos *efeitos práticos*.

Pela *corrente voluntarista dos efeitos queridos*, o negócio jurídico é a manifestação de vontade que traduz o *efeito querido* do declarante e se distingue ao ato jurídico *stricto sensu*. Neste sentido, CAIO MÁRIO DA SILVA PEREIRA afirma que "os negócios jurídicos são, portanto, declarações de vontade destinadas à produção de efeitos jurídicos queridos pelo agente; os atos jurídicos *stricto sensu* são as manifestações de vontade, obedientes à lei, porém geradoras de efeitos que nascem da própria lei".[6]

ANDREAS Von TUHR, anota que "el derecho civil se basa en la opinión de que el orden más adecuado para las relaciones jurídicas de los individuos es el que ellos mismos establecen y, por tanto, en este sentido da amplia facultad a los interesados. Para ese propósito, el instrumento de que ellos disponen es la especie más importante de acto jurídico, es decir, el negocio. El elemento esencial del factum correspondiente es la manifestación de voluntad de un individuo, dirigida a un efecto jurídico (creación, extinción o modificación e una relación jurídica o de un derecho*)"*.[7]

O conceito de negócio jurídico nasceu, portanto, a partir da vontade das partes como ordenadora das relações jurídicas. A dogmática do negócio jurídico nasceu no século XVIII, sendo desenvolvida pelos pandectistas alemães. De acordo com MANICK, o termo "negócio jurídico" aparece, primeiramente, na doutrina em HUGO, na obra *Lehrbuch der Pandekten* e na legislação no Código da Saxônia (art. 88).[8]

WINDSCHEID conceitua negócio jurídico como uma declaração de vontade por força do qual se declara querer a produção de determinado efeito jurídico, incumbindo à ordem jurídica fazer com que este efeito jurídico se realize, por ser ele querido pelo seu autor.[9]

Na mesma linha dos *efeitos queridos,* ENNECERUS-KIPP-WOLFF define o negócio jurídico como: "o negócio é um suposto de fato que contém uma ou

5 BEVILÁQUA, Clóvis. *Código civil dos Estados Unidos do Brasil comentado por Clóvis Beviláqua.* V. 1. Edição histórica. Rio de Janeiro: Rio, 1976, p. 327.

6 PEREIRA, Cáio Mário da Silva. *Instituições de direito civil.* Vol. I. 20. ed. Rio de Janeiro: Forense, 2004, p. 476.

7 Von TUHR, Andreas. *Derecho civil:* teoria general del derecho civil alemán. Vol. III. Tradução: Tito Ravà. Buenos Aires: Depalma, 1948, p. 161-162.

8 Ibid.

9 SERPA LOPES, Miguel Maria de. *Curso de direito civil.* Vol. I. 9. ed. Rio de Janeiro: 2000, p. 422.

mais de uma declaração de vontade, e que o ordenamento jurídico reconhece como base para produzir o efeito jurídico qualificado de efeito querido".[10]

De forma mais sintética, SERPA LOPES ensina que o negócio jurídico é "a manifestação de vontade, mas uma manifestação da vontade destinada diretamente a dar vida a uma relação jurídica tutelada pelo direito".[11]

Já *corrente voluntarista dos efeitos práticos* entende o negócio jurídico como uma manifestação de vontade com o fim de produzir determinados *efeitos práticos* entre as partes, cuja lei os traduz em efeitos jurídicos. Esta corrente é defendida dentre outros por ORLANDO GOMES e ROBERTO DE RUGGIERO. Aquele define negócio jurídico como "toda declaração de vontade destinada à produção de efeitos jurídicos correspondentes ao *intento prático* do declarante, se reconhecido e garantido pela lei".[12] Este anota que "enquanto uns exigem uma vontade tendente a conseguir aqueles efeitos jurídicos que lhes são atribuídos pelo ordenamento, ou pelo menos tendente genericamente a produzir uma relação jurídica (mesmo sem que se tenha a consciência de cada um dos efeitos concretos), outros acham bastante que a vontade tenha em mira um efeito prático, que se dirija empiricamente à consecução de um fim jurídico. Julgo que a verdade está na segunda, e não na primeira concepção". [13]

Já CARIOTA FERRARA citado por VICENTE RÁO procura superar a questão apontando que "não se pode afirmar que a vontade produza efeitos jurídicos, nem, tampouco, que estes efeitos sejam produzidos pelo ordenamento; há de se dizer, sim, que a lei autoriza a autonomia privada de modo a permitir a produção de efeitos jurídicos pelos negócios, quando, por ela, com esta eficácia forem dotados".[14] O autor continua afirmando que "quer se atribua a força criadora dos efeitos à vontade, quer se atribua ao ordenamento, jamais se poderá negar, quando o fato é negócio, que o direito estabelece tais efeitos como à vontade correspondem, assim se conferindo, em última análise à vontade, um valor máximo, ainda que se julgue ser esse resultado causado, sempre, pela ordem jurídica, por si" *(Il negozio giuridico nel diritto privato italiano,* n° 17)".[15] VICENTE RÁO conclui que CARIOTA FERRARA sustenta esta conclusão seja perante a doutrina que exige se dirija a vontade do agente à consecução dos efeitos jurídicos tais quais são determinados pela norma, seja perante a doutrina que se satisfaz com a perseguição dos fins práticos protegidos pela norma e isto porque o autor italiano ensina que "os efeitos

---

10 Ibid.

11 Ibid., p. 423.

12 GOMES, Orlando. *Introdução ao direito civil.* 19. ed. Rio de Janeiro: Forense, 2007, p. 245.

13 DE RUGGIERO, Roberto. *Instituições de direito civil.* Vol. I. São Paulo: Saraiva, 1972, p. 316-317.

14 RÁO, Vicente. *Ato jurídico.* 4. ed. São Paulo: *Revista dos Tribunais*, 1997, p. 36-37.

15 Ibid., p. 37.

jurídicos produzidos ou são os que se julgam previstos e queridos pelo agente, ou os que refletem e sancionam, juridicamente, tais fins práticos, pouco importando, pois, que advenham do negócio, ou do ordenamento".[16]

13.2.2 Corrente objetivista

Para os defensores da *corrente objetivista,* o negócio jurídico é expressão da autonomia privada. É a chamada doutrina preceptiva de caráter objetivista. O fundamento do negócio jurídico não está no *querer,* mas sim na objetividade dos atos praticados.[17] Esta teoria esboçada por Von BULOW foi abraçada posteriormente por doutrinadores italianos de escol, tais como EMÍLIO BETTI, SCOGNAMIGLIO, FERRI, e HENLE e LARENZ, na Alemanha. Para estes doutrinadores, o negócio jurídico se caracteriza pelo *dever* e não pelo *querer*, ou seja, o negócio jurídico representa um mandamento (preceito) reconhecido pelo direito, independentemente do querer interno do sujeito, conferindo-lhe, pois, uma força normativa.

VICENTE RÁO anota que de "conformidade com a teoria preceptiva objetivista de BETTI, a vontade, como fato interno e anteriormente determinado, esgota-se na declaração, que a absorve: assim considerada, confunde-se com a pessoa, da qual se não pode separar, ao passo que o preceito da autonomia privada, exatamente, por sua essência preceptiva e não psicológica, adquire vida exterior própria e destacada da pessoa de seu autor".[18]

---

16 Ibid.

17 De acordo com VASCONCELOS, "a teoria da vontade e a teoria da declaração, exprimem os modos de ver do subjetivismo e do objetivismo e representam visões dificilmente conciliáveis do negócio jurídico.

A teoria da vontade parte da concepção do negócio como um ato de liberdade e de vontade do declarante. A vontade do declarante é, nesta concepção, a fonte da juridicidade e dos efeitos jurídicos do contrato e este, como autovinculação, não pode valer sem ou contra essa vontade. Em caso de dúvida ou de divergência entre a vontade real e a vontade declarada, ou de divergência na interpretação entre a vontade do declarante e a interpretação que dela foi feita pelo declaratário, o negócio tem o sentido com que o declarante o quis e não pode valer sem a sua vontade. A posição do declaratário fica desprotegida perante a do declarante. O declaratário corre o risco de ficar vinculado a um negócio com um conteúdo que não é afinal aquele com que ele o entendeu, ou de ver invalidado um negócio por vício ou deficiência da vontade do declarante, sem que os seus interesses sejam suficientemente protegidos.

A teoria da declaração, ao contrário, encara o negócio como uma declaração negocial objetivada que deve valer, não necessariamente com o sentido querido pelo declarante, mas com o sentido objetivo que dela resulta ou com que o declaratário a entender. Ao subjetivismo da teoria da vontade opõe o objetivismo da declaração autonomiza- da do seu autor. Emitida uma declaração de vontade, o seu autor corre o risco de que ela seja interpretada de modo diferente do que ele lhe quis imprimir. O risco da divergência entre a vontade e a declaração recai então sobre o declarante, que deve acautelar-se quanto ao modo como essa declaração possa vir a ser entendida pelo seu destinatário". VASCONCELOS, Pedro Pais de. *Teoria geral do direito civil.* Coimbra: Almedina, 2005, p. 250-251.

18 RÁO, Op. Cit., p. 52.

Daí, o negócio jurídico é antes um preceito legal reconhecido pelo ordenamento jurídico, fruto da autonomia privada, que propriamente originado pela manifestação de vontade do sujeito, de cariz psicológico.

13.2.3 Corrente estruturalista

A corrente estruturalista é capitaneada por ANTÔNIO JUNQUEIRA DE AZEVEDO.[19] Para este autor, as duas correntes acima mencionadas são insuficientes. O conceito de negócio jurídico deve ser formulado, pois, a partir de um ponto de vista estritamente estrutural.[20] Isto quer dizer que "não se procurará mais saber como o negócio jurídico *surge*, nem como ele *atua*, mas sim, simplesmente, o que ele é".[21]

Para JUNQUEIRA DE AZEVEDO, o negócio jurídico *in concreto* é "todo o fato jurídico consistente em declaração de vontade, a que o ordenamento jurídico atribui os efeitos designados como queridos, respeitados os pressupostos de existência, validade e eficácia impostos pela norma jurídica que sobre ele incide".[22]

Esta teoria se afasta da concepção voluntarista, já que não entende o negócio jurídico como um ato de vontade do agente, mas sim a partir de "um ato que *socialmente* é visto como ato de vontade destinado a produzir efeitos jurídicos. *A perspectiva muda inteiramente, já que de psicológica passa a social.* O negócio não é o que o agente quer, mas sim o que a sociedade vê como declaração de vontade do agente. Deixa-se, pois, de examinar o negócio através da ótica estreita do seu autor e, alargando-se extraordinariamente o campo de visão, passa-se a fazer o exame pelo prisma social e mais propriamente jurídico".[23]

13.2.4 Corrente da autorresponsabilidade

A teoria da *autorresponsabilidade* ou *teoria do crédito social* não é pautada na manifestação de vontade efetivamente querida pelo agente, mas sim no que a declaração emitida suscitou, provocando a confiança no destinatário. A teoria da autorresponsabilidade conforma com novas cores o princípio da autodeterminação entre as partes. A questão que se põe é: o Direito protege a

19 AZEVEDO, Antônio Junqueira de. *Negócio jurídico:* existência, validade e eficácia. 4. ed. São Paulo: Saraiva, 2007.

20 O autor revela que *Giuseppe Stolfi* e *Santoro Passarelli*, também, ressaltam a importância do elemento estrutural do negócio jurídico.

21 Ibid, p. 15.

22 Ibid., p. 16.

23 Ibid., p. 21.

vontade ou a *confiança*?[24] KRAMER afirma que autorresponsabilidade e tutela da confiança constituem o verso e reverso de uma mesma medalha.[25]

ORLANDO GOMES, consubstanciado nas lições de EMANUELE GIANTURCO, afirma que a teoria do crédito social, "prestigia a vontade aparente, se esta não é destruída por circunstâncias que indiquem má-fé em quem acreditou ser verdadeira. Havendo divergência entre a vontade interna e a declaração, o contraente de boa-fé, a respeito dos quais tal vontade foi imperfeitamente manifestada, tem direito a considerar firme a declaração que se podia admitir como vontade efetiva da outra parte, ainda quando esta houvesse errado de boa-fé ao declará-la. Enquanto, pois, um dos contratantes tiver razão para acreditar que a declaração corresponde à vontade do outro, há de considerá-la perfeita, por ter suscitado a legítima confiança em sua veracidade".[26]

13.2.5 Corrente constitucionalista. Novas tendências

É patente a mudança de perspectiva: A Constituição é a fonte dos valores que informam as regras do direito civil, ou seja, das relações jurídicas interprivadas.

O direito autêntico surge com a (re)leitura das normas do direito privado a partir dos valores expressos no texto constitucional. Daí que as correntes subjetivistas e objetivistas que procuram conceituar o negócio jurídico são insuficientes, já que traduzem uma órbita jurídica de índole liberal-individualista.

Dessa maneira é possível afirmar que o negócio jurídico somente é, se conformado pelas diretrizes éticas e de solidariedade social, posta pela ordem jurídica constitucional. É o negócio jurídico desvelado a partir da sua integridade, a partir de sua constitucionalização.

O negócio jurídico é, pois, uma manifestação de vontade, a que o ordenamento jurídico civilístico atribui os seus efeitos como queridos, que revela uma *relação intersubjetiva (relação sujeito-sujeito)*, através da ótica constitucional.

Em síntese, o negócio jurídico retrata um agir pensando no outro, ajustado às expectativas do direito civil-constitucional, com vistas no princípio da dignidade da pessoa humana.

O *lócus* hermenêutico está na Constituição e não apenas no Código Civil. Daí que a *Constitucionalização do Direito Civil* representa um fenômeno

---

24 GOMES, Orlando. *Introdução ao direito civil.* 19. ed. Rio de Janeiro: Forense, 2007, p. 257.

25 RIBEIRO, Joaquim de Souza. *O problema do contrato:* as cláusulas contratuais gerais e o princípio da liberdade contratual. Coimbra: Almedina, 2003, p. 296.

26 GIANTURCO, Emanuele. *Sistema di diritto civile italiano.*, p. 291 do 1° volume, 3. ed. apud GOMES, Op. Cit., p. 252.

desintegrador da tradição civilística, já que implica uma mudança na postura hermenêutica que governava a prática anterior.

Nessa medida, a Constituição tem uma função purificadora e restritiva da eficácia vinculativa da atuação volitiva do agente: somente os negócios jurídicos depurados constitucionalmente estão livres de correção ou desvinculação. Inversamente, a manifestação de vontade cujos efeitos queridos pelo agente estejam em desarmonia com os cânones constitucionais retira a eficácia do negócio jurídico. Daí que a constitucionalização do direito civil, a partir da relação jurídica de cooperação entre os membros de uma sociedade, sustenta o poder negocial dos indivíduos, já que fundamenta, nesta perspectiva, o controle do conteúdo do negócio jurídico.

A autonomia e a autorregulamentação são, pois, um poder conferido aos sujeitos, desde que a relação jurídica intersubjetiva se traduza numa nova dimensionalidade ética que perpassa e adorna com novas cores as relações interprivadas. O negócio jurídico tendo um caráter ético dele deve resultar, pois, uma vinculação.

A Lei de Liberdade Econômica (Lei 13.874/2019) alterou substancialmente o artigo 113 que trata da interpretação do negócio jurídico visando ampliar a liberdade contratual na esfera privada. Vejamos:

Os negócios jurídicos devem ser interpretados conforme a boa-fé e os usos do lugar de sua celebração (artigo 113, *caput*, CC).

A interpretação do negócio jurídico deve lhe atribuir o sentido que (artigo 113, § 1º, CC):

I – for confirmado pelo comportamento das partes posterior à celebração do negócio;

II – corresponder aos usos, costumes e práticas do mercado relativas ao tipo de negócio;

III – corresponder à boa-fé;

IV – for mais benéfico à parte que não redigiu o dispositivo, se identificável; e

V – corresponder a qual seria a razoável negociação das partes sobre a questão discutida, inferida das demais disposições do negócio e da racionalidade econômica das partes, consideradas as informações disponíveis no momento de sua celebração.

As partes poderão livremente pactuar regras de interpretação, de preenchimento de lacunas e de integração dos negócios jurídicos diversas daquelas previstas em lei. (artigo 113, § 2º, CC).

A finalidade precípua da Lei da Liberdade Econômica procura trazer maior segurança jurídica para as relações empresariais e civis paritárias, inclusive na esfera da interpretação do negócio jurídico, de forma que possa estimular o empreendedorismo, e a consequente retomada do crescimento econômico.

Isto sem contar que a exegese dos atos jurídicos deve ser conduzida pelo intérprete a partir de um ponto originário chamado boa-fé.

Essa matriz hermenêutica é tão importante que o Código Civil brasileiro reforça esta conduta nas relações jurídicas contratuais ao estabelecer no artigo 422 que "os contratantes são obrigados a guardar, assim na conclusão do contrato, como em sua execução, os princípios de probidade e boa-fé".

Pode-se afirmar que as normas previstas nos artigos 421 e 422 representam cláusulas abertas implícitas em todos os contratos. Assim, a probidade e a boa-fé exprimem-se através de cláusulas gerais de conduta que devem regular os atos jurídicos. As cláusulas gerais possibilitam ao julgador uma maior autonomia e liberdade na tarefa hermenêutica de analisar o caso concreto decidendo. É uma espécie de correção normativa efetuada pelo magistrado com o firme propósito de superar o positivismo científico e legalista.

O artigo 421 diz que a liberdade contratual será exercida nos limites da função social do contrato.

Vale lembrar que a Lei 13.874/2019 inseriu um parágrafo único ao artigo 421 no sentido de que nas relações contratuais privadas, prevalecerão o princípio da intervenção mínima e a excepcionalidade da revisão contratual. O Estado destaca, portanto, uma maior liberdade econômica na esfera privada.

No mesmo sentido foi incluído o artigo 421-A no Código Civil com a seguinte redação:

> Art. 421-A. Os contratos civis e empresariais presumem-se paritários e simétricos até a presença de elementos concretos que justifiquem o afastamento dessa presunção, ressalvados os regimes jurídicos previstos em leis especiais, garantido também que: (Incluído pela Lei nº 13.874, de 2019)
>
> I – as partes negociantes poderão estabelecer parâmetros objetivos para a interpretação das cláusulas negociais e de seus pressupostos de revisão ou de resolução; (Incluído pela Lei nº 13.874, de 2019)
>
> II – a alocação de riscos definida pelas partes deve ser respeitada e observada; e (Incluído pela Lei nº 13.874, de 2019)
>
> III – a revisão contratual somente ocorrerá de maneira excepcional e limitada. (Incluído pela Lei nº 13.874, de 2019)

13.3 Classificação dos Negócios Jurídicos

Os negócios jurídicos podem ser classificados em várias espécies:

13.3.1 Quanto ao número de partes

Quanto ao número de partes, o negócio jurídico pode ser dividido em *unilaterais* e *bilaterais*. Os primeiros, como os testamentos, as renúncias, as promessas de recompensas, se constituem com uma só declaração de vontade; os negócios jurídicos bilaterais, como os contratos, são aqueles que requerem a manifestação concorde de duas ou mais vontades.

Parte não se confunde com *pessoa*. Isto porque várias pessoas podem constituir uma única parte em dada relação jurídica, já que todas elas possuem um *mesmo interesse*. Daí que um *negócio jurídico unilateral* pode ser constituído por várias pessoas que representam, como uma unidade, *uma única parte* que manifesta a sua declaração de vontade.

Se a parte for constituída de uma só *pessoa*, o negócio é chamado de *uni- pessoal*, caso contrário, se a parte for composta de várias pessoas (pluripessoais), é denominado de negócios jurídicos *plúrimos*. Por exemplo, se dois advogados, em conjunto, constituindo uma única parte, com os mesmos interesses, renunciam a uma procuração, este fato jurídico é denominado de negócio jurídico unilateral. Daí que representa um negócio jurídico plúrimo (pluripessoais), porém unilateral, já que o negócio jurídico é formado com a declaração de vontade de uma só parte.

No contrato de compra e venda, que significa um *negócio jurídico bilateral*, temos duas partes na relação jurídica contratual, a saber: a *parte vendedora* e a *parte compradora*, cada uma delas manifestando a sua vontade (uma parte com interesse de comprar e a outra com interesse de vender). Cada parte poderá conter uma ou várias pessoas. Dessa maneira, a parte determina-se, não pelo número de pessoas, mas sim pela unidade do interesse desejado no negócio jurídico.

O contrato é, pois, um negócio jurídico bilateral ou plurilateral[27] que representa um acordo (pacto) de duas ou mais vontades, cujos interesses se contrapõem, já que uma das partes contratantes quer a prestação e a outra a contraprestação. É um acordo de vontades, capaz de criar, modificar ou extinguir relações jurídicas.

13.3.2 Quanto às vantagens

Quanto às vantagens, o negócio jurídico pode ser classificado como *onerosos* com vantagens e contraprestação para ambas as partes e *gratuitos*, nestes uma parte concede vantagens sem contraprestação. A classificação aqui é, pois, orientada pelo sistema de contrapartidas ou contraprestações. Por exemplo, o contrato de compra e venda é tipicamente oneroso, já que este negócio jurídico apresenta vantagens e contraprestação para ambas as partes contratantes. Enquanto uma das partes entrega a coisa, a outra é obrigada a dar em contrapartida o respectivo preço. Da mesma forma, o contrato de locação, uma das partes utiliza a coisa locada e em contrapartida paga o preço do aluguel.

---

27 Os contratos são considerados negócios jurídicos bilaterais e os acordos negócios jurídicos plurilaterais.

Já o contrato de doação é essencialmente gratuito, uma vez que o doador concede vantagens ao donatário sem a respectiva contraprestação.

13.3.2.1 Negócios comutativos e aleatórios

Os contratos onerosos podem, ainda, ser classificados em *comutativos* e *aleatórios*. Naqueles existe equivalência entre prestação e contraprestação. É o que ocorre nos contratos de compra e venda, já que, em regra, a atribuição patrimonial da coisa vendida se equivale com o valor pago. Nestes, existe uma *álea* como essência do negócio, ou seja, o risco é intrínseco ao negócio. Isto quer dizer que as partes contraentes ao celebrarem um contrato aleatório estão assumindo um risco no que diz respeito a um eventual desequilíbrio contratual.

13.3.3 Quanto às formalidades

Quanto às formalidades, os negócios jurídicos podem ser *solenes* quando existe uma forma prescrita em lei para a realização do negócio, tais como o testamento, o casamento, a alienação de imóvel acima de 30 salários-mínimos etc., ou *não solenes*, os quais podem ser realizados de qualquer modo, isto é, sem obediência a uma forma prevista em lei.

THELMA ARAÚJO ESTEVES FRAGA ensina que "a forma ou a solenidade pode ser para fins de prova, ou seja, necessárias para a comprovação de alguns efeitos ou, ainda, da própria substância do ato. Podemos citar, a título de exemplo, respectivamente, compra e venda de bem imóvel por escritura pública – comprovação da existência do negócio jurídico com o consequente reconhecimento dos seus efeitos jurídicos e manifestação de vontade no rito do casamento – substância do ato.

As formas e a solenidade poderão ser ainda consideradas:

a) *ad solenitatem:* em que é essencial a existência do negócio jurídico;
b) *ad probationem tantum:* em que determinada forma ou solenidade é utilizada para facilitar a comprovação do negócio jurídico".[28]

13.3.4 Quanto ao tempo

Outra classificação dos negócios jurídicos é quanto ao tempo. Os negócios jurídicos podem ser celebrados *intervivos* com eficácia durante a vida e *mortis causa* que possuem eficácia com a morte da pessoa, tal como o testamento. Nestes, os efeitos jurídicos são produzidos após a morte da pessoa.

---

28 FRAGA, Thelma Araújo Esteves; MELLO, Cleyson de Moraes. *Direito civil:* introdução e parte geral. Niterói: Impetus, 2005, p. 274.

13.3.5 Quanto ao conteúdo do negócio

Outra classificação dos negócios jurídicos é quanto ao seu conteúdo, já que podem ser classificados como *pessoais* e *patrimoniais*. Os negócios jurídicos *pessoais* ou *extrapatrimoniais* são aqueles relacionados aos direitos da personalidade, ao direito de família e, em regra, quanto aqueles que possuem relevância na esfera jurídica pessoal das partes, como o casamento, a adoção etc. Os negócios jurídicos *patrimoniais* estão relacionados ao conteúdo do negócio jurídico que possa ser avaliado em dinheiro.

13.3.6 Quanto à causa

Quanto à causa, o negócio jurídico pode ser classificado como *causal* ou *não causal*. Os negócios jurídicos causais apresentam um fundamento da juridicidade que as partes têm em vista, ou seja, as partes podem argumentar que o negócio jurídico foi celebrado com vistas ao cumprimento de uma obrigação (*causa solvendi*) ou com a finalidade de executar uma liberalidade (*causa donandi*).

De acordo com as lições do jurista português PEDRO PAIS DE VASCONCELOS, professor da Faculdade de Direito de Lisboa, a causa do negócio jurídico, seja ele um contrato ou uma promessa unilateral, é "o fundamento da sua qualidade e força jurídica. Esse fundamento reside, em primeiro lugar, na autonomia privada que confere poder jurígeno, de criação de direito, ao agir negocial privado. É ainda necessário que o conteúdo do negócio não seja incompatível com a constelação de valores que regem a Ordem Jurídica, isto é, que não seja contrário à lei injuntiva, nem aos bons costumes, nem à ordem pública. É na dualidade de autonomia e licitude de conteúdo que se funda a juridicidade do negócio".[29]

ORLANDO GOMES, lastreado pela doutrina alemã, afirma que os negócios jurídicos patrimoniais distinguem-se pelo enriquecimento, denominado de atribuição *(zuwindung)*. Esta *atribuição patrimonial* "realiza-se para a consecução de determinado fim. Quem delibera desfazer-se de um bem, deslocando-o para o patrimônio de outra pessoa, tem em mira alcançar algum resultado. Ninguém dispõe de valor patrimonial senão para alcançar fim determinado".[30]

Neste diapasão, FRANCISCO AMARAL afirma a importância de verificação desta causa, uma vez que nos casos em que existe atribuição patrimonial sem causa, configura-se o *enriquecimento sem causa*, que é fonte de responsabilidade civil.[31]

29 VASCONCELOS, Pedro Pais de. *Teoria geral do direito civil*. Coimbra: Almedina, 2005, p. 626.

30 GOMES, Orlando. *Introdução ao direito civil*. 19. ed. Rio de Janeiro: Forense, 2007, p. 307.

31 AMARAL, Francisco. *Direito civil:* introdução. 6. ed. Rio de Janeiro: Renovar, 2006. p. 387.

Já os negócios *não causais* ou *abstratos* são aqueles em que a causa é irrelevante. Estes são mais utilizados no direito empresarial, tais como os negócios cambiários: o saque, o aceite, o endosso, o aval. Em regra, o direito civil é mais *causalista* e o direito empresarial é mais *abstracionista*.

13.3.7 Quanto à sua existência em si

Quanto à sua existência, os negócios jurídicos podem ser classificados como *principais* e *acessórios*. Aqueles possuem existência em si, tais como o contrato de locação; estes dependem da existência de outro, como o contrato de fiança.

13.3.8 Negócio fiduciário

É aquele que se baseia na confiança ou fidúcia. De acordo com as lições de FRANCISCO AMARAL, o negócio fiduciário "é aquele em que alguém, o fiduciante, transmite um direito a outrem, o fiduciário, que se obriga a devolver esse direito ao patrimônio do transferente ou a destiná-lo a outro fim".[32]

É, pois, a conjugação de dois elementos, a saber: a) a transmissão de um direito (real ou de crédito) e, b) a obrigação desse direito ser restituído ao transmitente ou a outrem.

São negócios fiduciários presentes no ordenamento jurídico civilístico a *alienação fiduciária em garantia*, negócio jurídico bilateral em que uma das partes transfere à outra a propriedade de coisa móvel ou imóvel, como garantia de pagamento de obrigação contratual e o instituto jurídico do fideicomisso, previsto no artigo 1.951 do nosso Código Civil.[33]

13.4 Negócio Jurídico Bilateral (Contrato)

13.4.1 Conceito

Como dito acima, o contrato é um negócio jurídico bilateral que representa um acordo (pacto) de duas ou mais vontades, cujos interesses se contrapõem, já que uma das partes contratantes quer a prestação e a outra a contraprestação. É um acordo de vontades, capaz de criar, modificar ou extinguir relações jurídicas.

O contrato deve ser analisado não só a partir do plano de interação entre as partes contratantes, bem como deve refletir as suas conexões externas (relação do contrato com o mercado – plano econômico) e a sua inserção no

32 Ibid., p. 390.

33 Art. 1.951. Pode o testador instituir herdeiros ou legatários, estabelecendo que, por ocasião de sua morte, a herança ou o legado se transmita ao fiduciário, resolvendo-se o direito deste, por sua morte, a certo tempo ou sob certa condição, em favor de outrem, que se qualifica de fideicomissário.

"mundo da vida" (mundo vivido, *Dasein*, ser-no-mundo), traduzindo, destarte, uma dinâmica socioeconômica a relação jurídica contratual.

Assim, o contrato deve ser pensado numa visão alargada "em conjunto com o 'ambiente' em que se manifesta, integrando, como fator constitutivo e modelador, um sistema de coordenação vinculativa de ações individuais aberto à comunicação com outros sistemas de enquadramento e de referência. As declarações de vontade não são *o* contrato, mas apenas uma componente da sua complexa estrutura normativa, que integra, num todo orgânico e unitário, 'elementos não consensuais', fontes de vinculação que não promanan *ex voluntate,* mas da ação performativa dos contextos situacionais em que a relação se estabelece e se desenrola".[34]

Da mesma forma, ENZO ROPPO afirma que o contrato não pode ser entendido a fundo, na sua essência íntima, limitado a uma dimensão exclusivamente jurídica, já que o contrato reflete sempre uma "realidade exterior a si próprio, uma realidade de interesses, de relações, de situações econômico-sociais, relativamente aos quais cumprem, de diversas maneiras, uma função instrumental".[35]

Portanto, a relação jurídica contratual deve estar em harmonia com os aspectos estruturais e funcionais de nossa realidade, e, segundo Joaquim de Souza Ribeiro, por isso, "a ligação entre as partes ganha então novas tonalidades, que lhes são transmitidas pela sua inserção num determinado campo objetivo de actividade, com as suas exigências próprias e conexões de sentido que ultrapassam a relação e o querer individual. A esta luz, tem cabimento a consideração dos pressupostos e efeitos, em nível dos sistemas econômico e jurídico, dos actos de contratação. Os factores de ordem institucional ingressam no âmbito temático do contrato, sendo analisada e tratada a sua repercussão nos conteúdos volitivos e na estabilização e uniformização de padrões de conduta negocial".[36]

Daí que o contrato pode ser definido como uma relação jurídica de cooperação que representa um sistema de ação interindividual[37] que se comunica com outros sistemas supraindividuais e metajurídicos.

Compreende-se, portanto, que, o contrato outrora de índole individualista e liberal deve sofrer uma abertura de modernos horizontes hermenêuticos, com o firme propósito de refletir o fenômeno da publicização ou socialização do direito privado, a partir de imperiosas exigências contemporâneas, como a pujança da atividade econômica do nosso tempo e as vicissitudes de uma sociedade transnacionalizada, globalizada ou pós-moderna. A título

34 RIBEIRO, Joaquim de Souza. *O problema do contrato:* as cláusulas contratuais gerais e o princípio da liberdade contratual. Coimbra: Almedina, 2003, p. 15-16.
35 ROPPO, Enzo. *O contrato.* Coimbra: Almedina, 1988, p. 7.
36 RIBEIRO, Op. Cit., p. 18-19.
37 Ibid., p. 21.

exemplificativo, os contratos eletrônicos executados através da Internet representam uma renovação da dinamicidade contratual.

Portanto, o direito contratual contemporâneo, de índole social e tutelar, deve ser permeado e orientado pelo princípio da tutela da dignidade da pessoa humana, Princípio da solidariedade social (art. 3°, I, CRFB/88); Princípio da livre iniciativa (art. 1°, IV, CRFB/88); Princípio da proteção à dignidade humana (art. 1°, III, CRFB/88); e, Princípio da Igualdade Substancial (art. 3°, III, CRFB/88).

As relações jurídicas privadas devem ser analisadas e interpretadas à luz de uma hermenêutica prospectiva, onde o ser-aí, ser-no-mundo, estar-aí, ser enquanto ser ocupa lugar de destaque neste processo de concretude judicial.

Dessa maneira, "substitui-se a ótica liberal, individualista e patrimonialista do século passado, por uma visão que se pode denominar humanista. O homem continua como centro de estruturação do sistema jurídico, porém, não mais como produtor e motor da circulação das riquezas, e sim como ser humano, que deve ser respeitado e assegurado em todas as suas potencialidades como tal. O patrimônio deixa de ser o eixo da estrutura social, para se tornar instrumento da realização das pessoas humanas. Em outras palavras, o homem não mais deve ser ator no cenário econômico, mas regente das atividades econômicas. Insista-se: o homem deve se servir do patrimônio e não ao patrimônio".[38]

Liberdade e solidariedade devem coexistir na relação jurídica contratual. Maria Celina Bodin de Moraes ensina que "a imposição de solidariedade, se excessiva, anula a liberdade; a liberdade desmedida é incompatível com a solidariedade. Todavia, quando ponderados, seus conteúdos se tornam complementares: regulamenta-se a liberdade em prol da solidariedade social, isto é, da relação de cada um com o interesse geral, o que, reduzindo a desigualdade, possibilita o livre desenvolvimento da personalidade de cada um dos membros a comunidade".[39]

13.4.2 Diferença entre Contrato, Convenção, Convênio e Protocolo de Intenções

O Contrato é um acordo de vontades cujos interesses são opostos, enquanto uma parte quer a prestação, a outra quer a contraprestação. O contrato é acompanhado da proposta e as partes são denominadas, contratantes e contratadas.

A convenção, do latim *conventione,* forma composta e *cum,* com, e *venire,* vir, comparecer, indica a reunião de um grupo com o objetivo de deliberação

38 BARBOZA, Heloísa Helena. Perspectivas do direito civil brasileiro para o próximo século. In *Revista da Faculdade de Direito,* RJ: UERJ/Renovar, 1998-1999, p. 27-39

39 MORAES, Maria Celina Bodin de. Constituição e direito civil: tendências. *Revista Direito, Estado e Sociedade,* n° 15, Rio de Janeiro: PUC-Rio. Ago-dez 1999, p. 95-113

conjunta.[40] Segundo De Plácido e Silva, convenção é o vocábulo aplicado, geralmente, no sentido de ajuste, pacto, tratado, contrato. Na técnica jurídica, explica o vocábulo o acordo ou o ajuste que, fundado na manifestação da vontade das partes, ou seja, no mútuo consentimento, é firmado entre elas, com a intenção de regular ou estabelecer uma relação jurídica que possa surgir. Outrora se procurava distinguir a convenção do contrato, sob anotação de que nem sempre a convenção fazia gerar a obrigação, enquanto este efeito seria sempre o do contrato. Mas no conceito moderno, tanto como o contrato, a convenção faz gerar novas obrigações, como pode vir alterar, modificar ou extinguir obrigações anteriormente firmadas.[41]

O convênio é o instrumento pelo qual o interesse dos partícipes é recíproco, comum e coincidente, ou seja, as partes envidam esforços na realização do objeto do convênio. A feitura e execução do convênio se perfazem sob o regime de mútua cooperação.[42] Os partícipes são classificados em: a) *Concedente*: partícipe responsável pela transferência de recursos financeiros destinados à execução do objeto do convênio; b) *Convenente:* partícipe que pactua a execução do objeto do convênio; c) *Interveniente*: entidade que participa do convênio para manifestar consentimento ou assumir obrigações em nome próprio; d) *Executor*: partícipe responsável diretamente pela execução do objeto pactuado no convênio.

Já o Protocolo de Intenções é o instrumento genérico que pode preceder o convênio ou o contrato. Deste documento não decorre nenhuma obrigação ou encargo para os partícipes. Instrumento muito utilizado por empresas visando à materialização preliminar de grandes projetos.

13.4.3 O contrato e o Código Civil brasileiro

O Código Civil brasileiro estabelece uma teoria geral dos contratos (arts. 421 a 480), que contempla as normas que, em princípio, disciplinam toda e qualquer relação jurídica contratual, tanto os previstos pelo legislador (contratos típicos ou nominados), como quaisquer outros celebrados pelos parceiros contratuais.

O Código Civil, no Título VI, do Livro I da Parte Especial, contém um catálogo de tipos contratuais: compra e venda, troca, doação, locação de coisas, empréstimo, dentre outros (arts. 481 a 853).

40 ACQUAVIVA, Marcus Cláudio. *Dicionário jurídico brasileiro Acquaviva*. 11. ed. São Paulo: Jurídica Brasileira, 2000, p. 416.

41 SILVA, De Plácido e. *Vocabulário jurídico*. Rio de Janeiro: Forense, 1982, p. 558

42 "Instrumento, qualquer que disciplina a transferência de recursos públicos e tenha como partícipe órgão da administração pública federal direta, autárquica ou fundacional, empresa pública ou sociedade de economia mista que estejam gerindo recursos dos orçamentos da União, visando à execução de programas de trabalho projeto/unidade ou evento de interesse recíproco, em regime de mútua cooperação" (Instrução Normativa STN 001/97).

13.4.4 Fonte negocial do direito

Fonte do direito é aquilo que o origina ou o produz, ou seja, sua origem e causa da norma jurídica. Miguel Reale designa fonte do direito "como os processos ou meios em virtude dos quais as regras jurídicas se positivam com legítima força obrigatória, isto é, com vigência e eficácia no contexto de uma estrutura normativa".[43] Toda fonte de direito implica uma estrutura normativa do poder.[44] A fonte negocial é uma fonte do direito elaborada entre particulares que se vincularam através de uma relação jurídica contratual (cláusulas contratuais). Pelo contrato as pessoas podem criar, modificar ou extinguir direitos. Segundo Reale o que caracteriza a fonte negocial é a convergência dos seguintes elementos:[45] a) manifestação de vontade de pessoas legitimadas a fazê-lo; b) forma de querer que não contrarie a exigida em lei; c) objeto lícito, possível e determinado; d) quando não paridade, pelo menos uma devida proporção entre os partícipes da relação jurídica.

Daí a importância da autonomia privada, já que representa o poder que o sujeito possui de autorregulamentação de seus próprios interesses. É a manifestação de vontade de cunho negocial denominada negócio jurídico. O negócio jurídico é o "modo de expressão das regras jurídicas criadas pela vontade dos particulares".[46]

13.5 Interpretação dos Negócios Jurídicos

13.5.1 Novos paradigmas

Os paradigmas são "realizações científicas universalmente reconhecidas que, durante algum tempo, fornecem problemas e soluções modelares para uma comunidade de praticantes de uma ciência".[47]

FRANCISCO AMARAL ensina que "os novos princípios do Código Civil são o da socialidade, que limita o exercício dos direitos subjetivos, o da eticidade, que privilegia os critérios ético-jurídicos em detrimento dos tradicionais lógico-formais, no processo de construção ou concreção jurídica, e o da operabilidade, um princípio metodológico da realização do direito, que recomenda tenha-se em vista mais o ser humano in concreto, situado, do que o sujeito in abstrato, próprio do direito liberal da modernidade (século XIV e XX).[48]

---

43 REALE, Miguel. *Lições preliminares do direito.* 25. ed., São Paulo: Saraiva. 2001, p. 140.
44 REALE, Op. Cit. p. 141
45 REALE, Op. Cit. p. 180.
46 AMARAL, Francisco. *Direito civil*: introdução. 6. ed. Rio de Janeiro: Renovar, 2006, p. 85.
47 KUHN, Thomas S. *A estrutura das revoluções científicas.* Tradução: Beatriz Vianna Boe- ira e Nélson Boeira. 9. ed. São Paulo: Perspectiva, 2006, p. 13.
48 AMARAL, Francisco. *Direito civil:* introdução. In: Prefácio à 5a edição.

Em relação aos contratos, o novo Código Civil brasileiro inseriu no ordenamento jurídico pátrio os novos paradigmas contratuais, tais como: princípio da boa-fé objetiva, equilíbrio econômico, transparência, eticidade, e função social dos contratos.

13.5.2 Princípios da função social, probidade e boa-fé

É uma mudança de valores éticos, uma nova dimensionalidade ética que perpassa e adorna com novas cores as relações interprivadas. Dessa maneira, os princípios da liberdade contratual e autonomia da vontade não são absolutos, já que são condicionados pelos limites traçados pelo ordenamento jurídico, mas também conformados e temperados pelos princípios da boa-fé, probidade, transparência, eticidade, equilíbrio econômico etc.

Essa mitigação se mostra ainda mais visível na regra do artigo 421, que informa que a liberdade contratual será exercida nos limites da função social do contrato (redação dada pela Lei de Liberdade Econômica). O objetivo primordial da referida lei, ao estabelecer a declaração dos direitos da liberdade econômica, foi o de promover a livre inciativa, impondo limites à regulação estatal da atividade econômica e conferir ampla liberdade no âmbito das relações empresariais e civis paritárias.[49]

---

49 "Saiba ponto a ponto do que trata a lei da liberdade econômica:

Liberação de atividade econômica

A lei libera os horários de funcionamento dos estabelecimentos, inclusive em feriados, "sem que para isso esteja sujeita a cobranças ou encargos adicionais", tendo apenas algumas restrições, como normas de proteção ao meio ambiente (repressão à poluição sonora, inclusive), regulamento condominial e legislação trabalhista.

Carteira de trabalho eletrônica

- as carteiras de trabalho serão emitidas pelo Ministério da Economia «preferencialmente em meio eletrônico» — a impressão em papel será exceção. O documento terá como identificação única do empregado o número do CPF;
- os empregadores terão cinco dias úteis, a partir da admissão do trabalhador, para fazer as anotações. O trabalhador deverá ter acesso às informações em até 48 horas, contadas a partir da inscrição das informações.

Registro de ponto

- registros de entrada e de saída no trabalho serão obrigatórios somente em empresas com mais de 20 funcionários. Atualmente, a anotação é obrigatória para empresas com mais de 10 trabalhadores. Pelo texto aprovado, o registro deve ser feito também quando o trabalho for realizado fora do estabelecimento;
- fica permitido o uso do registro de ponto por exceção à jornada regular de trabalho, mediante acordo individual escrito, convenção coletiva ou acordo coletivo de trabalho.

Fim de alvará para atividades de baixo risco

A lei dispensa o alvará para quem exerce atividade de baixo risco (costureiras e sapateiros, por exemplo). A definição das atividades de baixo risco será estabelecida em um ato do Poder Executivo, caso não haja regras estaduais, distritais ou municipais sobre o tema.

Substituição do e-Social

O Sistema de Escrituração Digital de Obrigações Fiscais, Previdenciárias e Trabalhistas, que unifica o envio de dados sobre trabalhadores, será substituído por um sistema de informações digitais de obrigações previdenciárias e trabalhistas. A nova plataforma ainda não tem data de lançamento.

'Abuso regulatório'

A lei cria a figura do "abuso regulatório", infração cometida pela administração pública quando editar norma que "afete ou possa afetar a exploração da atividade econômica". O texto estabelece as situações que poderão ser enquadradas como "abuso regulatório" e determina que normas ou atos administrativos como os descritos abaixo estarão inválidos:

- criar reservas de mercado para favorecer um grupo econômico em prejuízo de concorrentes;
- redigir normas que impeçam a entrada de novos competidores nacionais ou estrangeiros no mercado;
- exigir especificação técnica desnecessária para o objetivo da atividade econômica;
- criar demanda artificial ou compulsória de produto, serviço ou atividade profissional, "inclusive de uso de cartórios, registros ou cadastros";
- colocar limites à livre formação de sociedades empresariais ou atividades econômicas não proibidas em lei federal.

Desconsideração da personalidade jurídica

A desconsideração da personalidade jurídica é um mecanismo estabelecido no Código Civil de 2002 que permite que sócios e proprietários de um negócio sejam responsabilizados pelas dívidas da empresa. A desconsideração é aplicada em processo judicial, por um juiz, a pedido de um credor ou do Ministério Público. O texto sancionado altera as regras para a desconsideração da personalidade jurídica, detalhando o que é desvio de finalidade e confusão patrimonial.

Negócios jurídicos

O texto muda o trecho do Código Civil que trata dos negócios jurídicos — acordos celebrados entre partes, com um objetivo determinado, com consequências jurídicas. Foi incluído um dispositivo no Código Civil que prevê que as partes de um negócio poderão pactuar regras de interpretação das regras oficializadas no acordo, mesmo que diferentes das previstas em lei.

Documentos públicos digitais

A MP sancionada alterou a lei sobre a digitalização de documentos, autorizando a digitalização a alcançar também documentos públicos. Agora, os documentos digitais terão o mesmo valor probatório do documento original.

Registros públicos em meio eletrônico

A lei prevê que registros públicos, realizados em cartório, podem ser escriturados, publicados e conservados em meio eletrônico. Entre os registros que podem atender às novas regras estão o registro civil de pessoas naturais, o de constituição de pessoas jurídicas; e o registro de imóveis.

Comitê para súmulas tributárias

A lei cria um comitê formado por integrantes do Conselho Administrativo de Recursos Fiscais, da Receita Federal, do Ministério da Economia e da Procuradoria-Geral da Fazenda Nacional. O grupo poderá editar súmulas da Administração Tributária Federal, que passarão a vincular os atos normativos praticados pelas entidades.

Fundos de investimento

Foram criadas uma série de regras para os fundos de investimento, definidos como "comunhão de recursos" destinados à aplicação em ativos financeiros e bens. A lei estabelece as regras de registro de fundos na Comissão de Valores Imobiliários, as informações que deverão constar nos regulamentos dos fundos e as regras para solicitar a insolvência.

Fim do Fundo Soberano

O texto extingue o Fundo Soberano, vinculado ao Ministério da Economia". Disponível em: < https://g1.globo.com/economia/noticia/2019/09/20/entenda-o-que-muda-com-a-lei-

Da mesma forma, o parágrafo único do artigo 2.035 determina que "nenhuma convenção prevalecerá se contrariar preceitos de ordem pública, tais como os estabelecidos por este Código para assegurar a função social da propriedade e dos contratos".

Ocorre que, em 2019, a Lei 13.874/2019 inseriu um parágrafo único ao artigo 421 no sentido de que nas relações contratuais privadas, prevalecerão o princípio da intervenção mínima e a excepcionalidade da revisão contratual. O Estado aponta para maior liberdade econômica na esfera privada.

No mesmo sentido foi incluído o artigo 421-A no Código Civil com a seguinte redação:

> Art. 421-A. Os contratos civis e empresariais presumem-se paritários e simétricos até a presença de elementos concretos que justifiquem o afastamento dessa presunção, ressalvados os regimes jurídicos previstos em leis especiais, garantido também que: (Incluído pela Lei nº 13.874, de 2019)
> I – as partes negociantes poderão estabelecer parâmetros objetivos para a interpretação das cláusulas negociais e de seus pressupostos de revisão ou de resolução; (Incluído pela Lei nº 13.874, de 2019)
> II – a alocação de riscos definida pelas partes deve ser respeitada e observada; e (Incluído pela Lei nº 13.874, de 2019)
> III – a revisão contratual somente ocorrerá de maneira excepcional e limitada. (Incluído pela Lei nº 13.874, de 2019)

Portanto, as inovações efetivadas pela Lei no 13.874/2019 no regime contratual possuem como escopo principal as relações empresariais paritárias.

De acordo com FRANCISCO AMARAL "As cláusulas gerais, por sua vez, como disposições normativas abertas, preceitos jurídicos vazios ou incompletos, podem compreender, por sua generalidade e abstração, grande número de casos, permitindo ao intérprete criar, com mais liberdade, as normas jurídicas adequadas aos casos concretos que enfrentem. Cláusulas gerais no novo Código Civil são as que dizem respeito à boa-fé, aos bons costumes, à ordem pública, à correção, à diligência do bom pai de família, ao abuso de direito, aos usos do comércio, à equidade. Princípios e cláusulas gerais fazem com que o Código Civil de 2002 se apresente como um sistema aberto, no sentido de uma ordem axiológica ou teleológica de princípios jurídicos gerais, o que lhe permite superar o formalismo do sistema de 1916 e promover significativa mudança no modelo metodológico de interpretação jurídica, uma verdadeira "principialização" do modelo interpretativo."[50]

-da-liberdade-economica.ghtml> Acesso em: 07 fev. 2021.

50 AMARAL, Francisco. O Código Civil Brasileiro e o Problema Metodológico de sua Reali-

13.5.3 Função Social do Contrato

O artigo 421 do Código Civil diz que "a liberdade de contratar será exercida em razão e nos limites da função social do contrato". Vale lembrar que a redação deste dispositivo ganhou nova roupagem com a Lei de Liberdade Econômica (Lei 13.874/2019 sancionada pelo Presidente Jair Bolsonaro) ao dizer que "a liberdade contratual será exercida nos limites da função social do contrato".

Como visto acima, a lei inseriu, ainda, o artigo 421-A no Código Civil.

Esta regra jurídica denota uma ruptura epistemológica da visão liberal individualista do século XIX em direção a uma concepção contratual voltada ao interesse social e o bem comum. São novos valores ético-jurídicos incorporados ao Código Civil de cariz socializante.

Neste sentido GUSTAVO TEPEDINO ensina que "a função social do contrato deve ser entendida como princípio que, informado pelos princípios constitucionais da dignidade da pessoa humana (art. 1° , III), do valor social da livre iniciativa (art. 1°, IV) - fundamentos da República - e da igualdade substancial (art. 3°, III) e da solidariedade social (art. 3°, I) - objetivos da República - impõe às partes o dever de perseguir, ao lado de seus interesses individuais, a interesses extracontratuais socialmente relevantes, dignos de tutela jurídica, que se relacionam com o contrato ou são por ele atingidos."[51]

A função social associa-se ao fenômeno conhecido como funcionalização das estruturas jurídicas, processo que atinge todos os fatos jurídicos.[52] Com esteio nas lições de PIETRO PERLINGIERI, TEPEDINO destaca que "as situações jurídicas subjetivas apresentam dois aspectos distintos - o estrutural e o funcional. O primeiro identifica a estruturação de poderes conferida ao titular da situação jurídica subjetiva, enquanto o segundo explicita a finalidade prático-social a que se destina."[53]

Dessa maneira, o princípio da função social (da propriedade, contratos, direito da empresa, direito da cidade) espraia, em linhas gerais, a expressão

---

zação. Do Paradigma da Aplicação ao Paradigma Judicativo-Decisório. Revista do Direito Privado da UEL - Volume 1 - Número 1 . Disponível em: < http://www.uel.br/revistas/direitoprivado/artigos/Codcivileoproblemadesuarealiza%C3%A7%C3%A3oFranciscoAmaral.pdf>. Acesso em: 05 out. 2016.

51 Tepedino, Gustavo. Notas sobre a Função Social dos Contratos. Disponível em: < http://www.tepedino.adv.br/wp/wp-content/uploads/2012/09/biblioteca12.pdf>. Acesso em: 03 out. 2016.

52 Ibid.

53 Perlingieri, Pietro. *Manuale de Diritto Civile*, Napoli: Edizioni Scientifiche Italiane, 1997, p. 60 e ss. apud Tepedino, Gustavo. Notas sobre a Função Social dos Contratos. Disponível em: < http://www.tepedino.adv.br/wp/wp-content/uploads/2012/09/biblioteca12.pdf>. Acesso em: 03 out. 2016.

da *socialidade* no Direito Privado. É, pois, um efeito densificador do princípio constitucional da solidariedade social (CR, art. 3.º, III, in fine).

JUDITH MARTINS-COSTA, neste diapasão, acentua que "seguindo a perspectiva estrutural e funcional, constataremos de imediato que o art. 421 indica três sendas que vale a pena trilhar: a) vem colado ao princípio da liberdade de contratar, inaugurando a regulação, em caráter geral, do Direito dos contratos e situando-se como princípio desse setor; b) refere a função social como limite da liberdade de contratar; e c) situa a função social como fundamento da mesma liberdade."[54]

A liberdade de contratar, expressa no artigo 421 do Código Civil, é fruto da *autonomia privada*. Todavia ela é mitigada pelo princípio da *função social do contrato*. Melhor dizendo: a liberdade de contratar deve estar em sintonia com os valores sociais e fundantes de uma comunidade. Vale dizer que o contrato não deve refletir os valores individualistas e atomistas do século XIX, mas sobretudo deve produzir seus efeitos jurídicos respeitando os princípios e cânones constitucionais, especialmente, a existência digna e solidária entre os membros da sociedade.

JUDITH MARTINS-COSTA, mais uma vez, apresenta, com perfeição, as linhas e diretrizes hermenêuticas na esfera contratual: "estabelecido esse cunho instrumental da liberdade de contratar, perceberemos que o seu perfil será traçado num quadro amplo e flexível, mas cuidadosamente delineado por certos pontos que dão fisionomia e identidade à ordem econômica numa ordem jurídico-social que valoriza, antes de mais, a dignidade da pessoa e o livre desenvolvimento de sua personalidade. Os pontos identitários de uma ordem econômica normativamente considerada 38 são constituídos por valores, diretrizes (ou escopos), garantias e direitos, alguns deles limitáveis a uma dimensão interindividual, outros apenas pensáveis na dimensão transindividual. Assim, exemplificativamente, os valores da cidadania, dignidade da pessoa humana e valorização do trabalho e da livre iniciativa; as diretrizes da liberdade social, justiça; existência digna, solidariedade; desenvolvimento nacional, erradicação da pobreza e da marginalização; a redução das desigualdades sociais e regionais; a promoção do bem de todos, sem quaisquer preconceitos ou outras formas de discriminação; as garantias à pequena propriedade rural, à defesa do consumidor e à liberdade de concorrência, bem como a garantia da responsabilização por danos causados à intimidade, à vida privada, à honra e à imagem das pessoas; pelos direitos à liberdade de expressão da atividade intelectual, artística, científica e de comunicação, entre outros."[55]

---

54 MARTINS-COSTA Judith. Reflexões Sobre o Princípio da Função Social dos Contratos. Revista DireitoGV. São Paulo, v.1, nº 1, maio/2005. Disponível em: <http://bibliotecadigital.fgv.br/ojs/index.php/revdireitogv/article/view/35261/34057>. Acesso em: 03 out. 2016.

55 Ibid.

Um bom exemplo é a Súmula 302 do Superior Tribunal de Justiça que considera abusiva a cláusula contratual de plano de saúde que limita o tempo de internação do consumidor/paciente.[56]

13.5.4 Boa-fé Contratual

13.5.4.1 Diferença entre boa-fé subjetiva e boa-fé objetiva

Na *boa-fé subjetiva* procura-se analisar o estado de consciência do agente no momento da produção do ato jurídico, ou seja, procura-se analisar as intenções do agente. Por exemplo, a regra do artigo 1.201 do CC 2002 determina que "é de boa-fé a posse, se o possuidor ignora o vício, ou o obstáculo que impede a aquisição da coisa". Da mesma forma, o *casamento putativo* contraído pelo cônjuge de boa-fé, nos termos do artigo 1.561, do Código Civil. São, pois, exemplos de boa-fé subjetiva (ou boa-fé psicológica). Nestes casos, o sujeito desconhece os vícios incidentes no próprio ato praticado.

Já a *boa-fé objetiva* é uma norma de conduta esperada dos parceiros contratuais, ou seja, é um dever jurídico imposto às partes contratantes. Em linhas gerais, o que se espera dos contratantes é uma conduta de recíproca cooperação, um respeito mútuo, um agir leal e honesto que dignifique o exercício de sua capacidade civil com vistas à construção de uma sociedade justa, fraterna e solidária. A cláusula geral de boa-fé objetiva se aplica não só as relações jurídicas de direito obrigacional, mas também as relações jurídicas existenciais, tais como as relações existências de família.

13.5.4.2 Boa-fé contratual

O princípio da boa-fé tem sua origem no estoicismo, em Atenas, no início do século III a.C. Mais tarde, a boa-fé foi introduzida no direito romano

56 DIREITO CIVIL E DO CONSUMIDOR. PLANO DE SAÚDE. LIMITAÇÃO TEMPORAL DE INTERNAÇÃO. CLÁUSULA ABUSIVA. CÓDIGO DE DEFESA DO CONSUMIDOR, ART. 51-IV. UNIFORMIZAÇÃO INTERPRETATIVA. PREQUESTIONAMENTO IMPLÍCITO. RECURSO CONHECIDO E PROVIDO.

I – É abusiva, nos termos da lei (CDC, art. 51-IV), a cláusula prevista em contrato de seguro-saúde que limita o tempo de internação do segurado.

II – Tem-se por abusiva a cláusula, no caso, notadamente em face da impossibilidade de previsão do tempo da cura, da irrazoabilidade da suspensão do tratamento indispensável, da vedação de restringir-se em contrato direitos fundamentais e da regra de sobredireito, contida no art. 5º da Lei de Introdução ao Código Civil, segundo a qual, na aplicação da lei, o juiz deve atender aos fins sociais a que ela se dirige a às exigências do bem comum.

III – Desde que a tese jurídica tenha sido apreciada e decidida, a circunstância de não ter constado do acórdão impugnado referência ao dispositivo legal não é obstáculo ao conhecimento do recurso especial.

(REsp 251.024/SP, Rel. ministro SÁLVIO DE FIGUEIREDO TEIXEIRA, SEGUNDA SEÇÃO, julgado em 27/09/2000, DJ 04/02/2002, p. 270).

por Marco Túlio Cícero (106-43 a.C) como princípio norteador das relações jurídicas, aliando a honestidade (ética) ao direito.

No direito romano, a boa-fé é desvelada pelas noções de *fides* (confiança, honradez, lealdade, fidelidade no cumprimento das expectativas alheias), *bona fides* (dever jurídico genérico de comportar-se com retidão que se aproxima a boa-fé objetiva, ou seja, uma espécie de princípio de justiça nas relações contratuais) e a *bonai fidei iudicia* (juízos de boa-fé formulados no curso de um processo).

O princípio da boa-fé se justifica no interesse coletivo de cooperação, de forma a garantir a concreção dos valores constitucionais, especialmente, o *solidarismo*, previsto no artigo 3º, inciso I, da Constituição da República.

Os contratantes devem agir, pois, de acordo com a boa-fé. É um padrão de conduta que representa correção, veracidade, lealdade, confiança, cooperação de onde decorrem as legítimas expectativas entre os parceiros contratuais, em todas as fases de realização do negócio jurídico (fase pré-contratual, contratual e pós-contratual).

O princípio da boa-fé objetiva exercer três funções: (i) instrumento hermenêutico; (ii) fonte de direitos e deveres jurídicos; e (iii) limite ao exercício de direitos subjetivos. A essa última função aplica-se a teoria do adimplemento substancial das obrigações e a teoria dos atos próprios, como meio de rever a amplitude e o alcance dos deveres contratuais, daí derivando os seguintes institutos: *tu quoque*, *venire contra facutm proprium*, *surrectio* e *supressio*. (REsp 1202514/RS, Rel. ministra NANCY ANDRIGHI).[57]

---

57 CIVIL. CONTRATOS. DÍVIDAS DE VALOR. CORREÇÃO MONETÁRIA. OBRIGATORIEDADE. RECOMPOSIÇÃO DO PODER AQUISITIVO DA MOEDA. RENÚNCIA AO DIREITO. POSSIBILIDADE. COBRANÇA RETROATIVA APÓS A RESCISÃO DO CONTRATO. NÃO CABIMENTO. PRINCÍPIO DA BOA-FÉ OBJETIVA. TEORIA DOS ATOS PRÓPRIOS. SUPRESSIO.

1. Trata-se de situação na qual, mais do que simples renúncia do direito à correção monetária, a recorrente abdicou do reajuste para evitar a majoração da parcela mensal paga pela recorrida, assegurando, como isso, a manutenção do contrato. Portanto, não se cuidou propriamente de liberalidade da recorrente, mas de uma medida que teve como contrapartida a preservação do vínculo contratual por 06 anos. Diante desse panorama, o princípio da boa-fé objetiva torna inviável a pretensão da recorrente, de exigir retroativamente valores a título de correção monetária, que vinha regularmente dispensado, frustrando uma expectativa legítima, construída e mantida ao longo de toda a relação contratual.

2. A correção monetária nada acrescenta ao valor da moeda, servindo apenas para recompor o seu poder aquisitivo, corroído pelos efeitos da inflação. Cuida-se de fator de reajuste intrínseco às dívidas de valor, aplicável independentemente de previsão expressa. Precedentes.

3. Nada impede o beneficiário de abrir mão da correção monetária como forma de persuadir a parte contrária a manter o vínculo contratual. Dada a natureza disponível desse direito, sua supressão pode perfeitamente ser aceita a qualquer tempo pelo titular.

4. O princípio da boa-fé objetiva exercer três funções: (i) instrumento hermenêutico; (ii) fonte de direitos e deveres jurídicos; e (iii) limite ao exercício de direitos subjetivos. A essa última função aplica-se a teoria do adimplemento substancial das obrigações e a teoria

A boa-fé contratual é uma norma de conduta. É a conduta ética, leal, honesta e transparente esperada dos parceiros contratuais. Isto representa que a exegese dos atos jurídicos deve ser conduzida pelo intérprete a partir de um ponto originário chamado boa-fé.

Essa matriz hermenêutica é tão importante que o Código Civil brasileiro reforça esta conduta nas relações jurídicas contratuais ao estabelecer no artigo 422 que "os contratantes são obrigados a guardar, assim na conclusão do contrato, como em sua execução, os princípios de probidade e boa-fé".

Pode-se afirmar que as normas previstas nos artigos 421 e 422 representam cláusulas abertas implícitas em todos os contratos. Assim, a probidade e a boa-fé exprimem-se através de cláusulas gerais de conduta que devem regular os atos jurídicos. As cláusulas gerais possibilitam ao julgador uma maior autonomia e liberdade na tarefa hermenêutica de analisar o caso concreto decidendo. É uma espécie de correção normativa efetuada pelo magistrado com o firme propósito de superar o positivismo científico e legalista.

Neste sentido, FRANCISCO AMARAL ensina que "O princípio da boa-fé boa-fé objetiva, primeiro, como norma interpretativa-integrativa, no artigo 113, que recomenda sejam os negócios jurídicos interpretados conforme a boa-fé e os usos do lugar de sua celebração, depois, como regra de comportamento no artigo 422, que dispõe serem os contratantes obrigados a guardar, na conclusão do contrato como em sua execução, os princípios da probidade e da boa-fé, valor ético que se exprime em um dever de lealdade e correção no surgimento e desenvolvimento de uma relação contratual."[58]

Kantorowicz, citado por Karl Gareis,[59] já lecionava acerca da necessidade da correlação entre as regras e fatos sociais. É muito interessante refletir sobre a análise de Gareis:

> Kantorowicz induz o magistrado a buscar um ideal jurídico, o Direito Justo (richtiges recht), onde quer que se encontre, dentro ou fora da lei,

---

dos atos próprios, como meio de rever a amplitude e o alcance dos deveres contratuais, daí derivando os seguintes institutos: tu quoque, venire contra facutm proprium, surrectio e supressio.

5. A supressio indica a possibilidade de redução do conteúdo obrigacional pela inércia qualificada de uma das partes, ao longo da execução do contrato, em exercer direito ou faculdade, criando para a outra a legítima expectativa de ter havido a renúncia àquela prerrogativa. 6. Recurso especial a que se nega provimento. (REsp 1202514/RS, Rel. ministra NANCY ANDRIGHI, TERCEIRA TURMA, julgado em 21/06/2011, DJe 30/06/2011)

58 AMARAL, Francisco. O Código Civil Brasileiro e o Problema Metodológico de sua Realização. Do Paradigma da Aplicação ao Paradigma Judicativo-Decisório. Revista do Direito Privado da UEL - Volume 1 - Número 1 . Disponível em: < http://www.uel.br/revistas/direitoprivado/artigos/Codcivileoproblemadesuarealiza%C3%A7%C3%A3oFranciscoAmaral.pdf>. Acesso em: 05 out. 2016.

59 GAREIS Karl, Rechtsenzyklopaedie und Methodologie, 5. ed. 1920, p. 28-30. In: MAXIMILIANO, Carlos. *Hermenêutica e interpretação do direito*. Rio de Janeiro: Forense, 1995, p. 73.

> na ausência desta ou a despeito da mesma; isto é, a decidir proeter e também contra legem: não se preocupe com os textos; despreze qualquer interpretação, construção, ficção ou analogia; inspire-se de preferência, nos dados sociológicos e siga o determinismo dos fenômenos, atenha-se à observação e à experiência, tome como guias os ditames imediatos do seu sentimento, do seu tato profissional, da sua consciência jurídica. A doutrina revolucionária olha demasiado para o foro íntimo, quando deveria, como os moderados e a escola histórico-evolutiva, tomar por ponto de partida a lei, interpretada e compreendida não somente à luz dos preceitos lógicos, mas também de acordo com as ideias, aspirações e interesses legítimos da coletividade.

Observa-se a invocação e uso cada vez maior dos princípios da probidade e boa-fé em decisões judiciais com vistas a alinhar possíveis distorções na constituição das relações jurídicas interprivadas. Ademais, o fenômeno da globalização e a consequente mudança de valores e culturas nas sociedade pós-modernas alimentam, destarte, soluções judiciais mais flexíveis, numa intenção de ajuste a nova realidade.

Dessa forma, os contratantes devem adotar um padrão de correção e probidade, tanto na constituição de relações entre eles como no desempenho das relações constituídas. Isso sem contar que na fase pré-contratual, ou seja, na fase das tratativas preliminares, as pessoas devem agir, também, de boa-fé com lealdade, dignidade e correção.

Vale destacar que o princípio da boa-fé, em razão de constituir uma cláusula geral, não se apresenta pronto e acabado (tipo "self-executing") estando apto a ser aplicado pelo julgador. Pelo contrário, carece ainda de uma concreção ou concretização hermenêutica a ser efetuada pelo juiz, levando em consideração todas as especificidades do caso concreto decidendo, em especial, as exigências fundamentais da ética jurídica.

13.5.4.3 Proibição do venire contra factum proprium, do inciviliter agere, e da tu quoque

Caio Mário da Silva Pereira afirma que a boa-fé serve "como elemento interpretativo do contrato, como elemento de criação de deveres jurídicos (dever de correção, de cuidado e segurança, de informação, de cooperação, de sigilo, de prestar contas) e até como elemento de limitação e ruptura de direitos (proibição do *venire contra factum proprium*, que veda que a conduta da parte entre em contradição com conduta anterior, do *inciviliter agere*, que proíbe comportamentos que violem o princípio da dignidade humana, e da *tu quoque*,[60] que é a invocação

60 O *tu quoque* ("você também") é um ardil (falácia) que consiste em argumentar e justificar uma conduta apenas porque a outra parte encontra-se também na mesma posição. Por exemplo: Uma parte afirma: "- Você não foi à escola, e isso é errado." A outra parte argu-

de uma cláusula ou regra que a própria parte já tenha violado)".[61]

A vedação do comportamento contraditório encontra-se consubstanciada na máxima *venire contra factum proprium non potest*. O fundamento da vedação de comportamento contraditório é a tutela jurídica da confiança que deve permear as partes contratantes, de forma a não violar as legítimas expectativas despertadas no parceiro. Essa confiança é fruto cláusula geral de boa-fé objetiva (*dever geral de lealdade e confiança recíproca entre as partes*).[62]

A proibição de tal comportamento contraditório já se encontra amparado pela doutrina e jurisprudência pátria.[63] Vejamos algumas decisões do Superior Tribunal de Justiça e do Tribunal de Justiça do Estado do Rio Grande do Sul:

> Administrativo e processual civil. Título de propriedade outorgado pelo poder publico, através de funcionário de alto escalão. Alegação de nulidade pela própria administração, objetivando prejudicar o adquirente: inadmissibilidade. Alteração no polo ativo da relação processual na fase recursal: impossibilidade, tendo em vista o princípio da estabilização subjetiva do processo. Ação de indenização por desapropriação indireta. Instituição de parque estadual. Preservação da mata inserta em lote de particular. Direito à indenização pela indisponibilidade do imóvel, e não só da mata. Precedentes do STF e do STJ. Recursos parcialmente providos.
>
> I – se o suposto equívoco no título de propriedade foi causado pela

menta: "- Não, porque você também não foi." (O fato do primeiro não ter ido à escola não torna a negligência do segundo menos grave).

61 SILVA PEREIRA, Caio Mário da. *Instituições de direito civil*. 11. ed. Volume III. Rio de Janeiro: Forense, 2003, p. 21.

62 APELAÇÃO CÍVEL. DIREITO PRIVADO NÃO ESPECIFICADO. AÇÃO ANULATÓRIA DE TITULO. CHEQUE RASGADO. FATO PRATICADO PELO PRÓPRIO EMITENTE. INEXISTÊNCIA DE FATO NOVO. PRECLUSÃO INOCORRENTE. JULGAMENTO DO MÉRITO. ART. 1013, DO CPC. COMPORTAMENTO CONTRADITÓRIO. VENIRE CONTRA FACTUM PROPRIUM. IMPROCEDÊNCIA DA DEMANDA. [...] Comprovado nos autos que o cheque foi rasgado pelo próprio emitente, não há como este alegar a nulidade do título por fato praticado pelo mesmo, uma vez que o nosso ordenamento jurídico veda o comportamento contraditório venire contra factum proprium, por afrontar os princípios da confiança, lealdade e boa-fé objetiva. Diante da persistência do apelante na alteração da verdade dos fatos que o levaram ao ajuizamento de lide temerária, bem como se mostrando o recurso meramente protelatório, aumento para 10% sobre o valor atualizado da causa a multa pela litigância de má-fé, não abarcada pela gratuidade judiciária deferida. APELO PROVIDO. DEMANDA ANULATÓRIA JULGADA IMPROCEDENTE, COM BASE NO ART. 1013, DO CPC. UNÂNIME. (Apelação Cível nº 70079198560, Décima Segunda Câmara Cível, Tribunal de Justiça do RS, Relator: Pedro Luiz Pozza, Julgado em 30/01/2019)

63 "Seguro. Obrigatório (DPVAT). Alegação pela apelante de ilegitimidade de parte. Não acolhimento. *Venire contra factum proprium*. Pagamento do seguro que foi efetuado pela apelante. Tendo sido responsável pelo pagamento a menor, cabe à apelante complementá-lo. Recurso improvido" (Tribunal de Justiça de São Paulo, Apelação Cível nº 959.000-00/8, Martinópolis, 26ª Câmara de Direito Privado, relator: Ronnie Herbert Barros Soares, j. 13.3.06, V.U., Voto nº 01).

própria administração, através de funcionário de alto escalão, não há que se alegar o vício com o escopo de prejudicar aquele que, de boa-fé, pagou o preço estipulado para fins de aquisição. Aplicação dos princípios de que "*memo potest venire contra factum proprium*" e de que "*memo creditur turpitudinem suam allegans*".
II – feita a citação validamente, não é mais possível alterar a composição dos polos da relação processual, salvo as substituições permitidas por lei (v.g., arts. 41 a 43, e arts. 1.055 a 1.062, todos do CPC). Aplicação do princípio da estabilização subjetiva do processo. Inteligência dos arts. 41 e 264 do CPC. Precedente do STF: RE nº 83.983/RJ.
III – o proprietário que teve o seu imóvel abrangido por parque criado pela administração faz jus a integral indenização da área atingida, e não apenas em relação à mata a ser preservada. Precedente do STJ: REsp nº 39.842/SP.
IV – recursos especiais conhecidos e parcialmente providos.
(REsp 47.015/SP, Rel. ministro Adhemar Maciel, Segunda Turma, julgado em 16.10.1997, DJ 09.12.1997 p. 64655.)
Promessa de compra e venda. Consentimento da mulher. Atos posteriores. "*venire contra factum proprium.*" Boa-fé. Preparo. Férias.
1. Tendo a parte protocolado seu recurso e, depois disso, recolhido a importância relativa ao preparo, tudo no período de férias forenses, não se pode dizer que descumpriu o disposto no artigo 511 do CPC. Votos vencidos.
2. A mulher que deixa de assinar o contrato de promessa de compra e venda juntamente com o marido, mas depois disso, em juízo, expressamente admite a existência e validade do contrato, fundamento para a denunciação de outra lide, e nada impugna contra a execução do contrato durante mais de 17 anos, tempo em que os promissários compradores exerceram pacificamente a posse sobre o imóvel, não pode depois se opor ao pedido de fornecimento de escritura definitiva. Doutrina dos atos próprios. Art. 132 do CC.
3. Recurso conhecido e provido.
(REsp 95.539/SP, Rel. ministro Ruy Rosado de Aguiar, Quarta Turma, julgado em 3.9.1996, DJ 14.10.1996 p. 39015.)
APELAÇÃO CÍVEL. CORTE DE FORNECIMENTO DE ÁGUA. DÉBITOS PASSADOS. POSIÇÕES CONTRADITÓRIAS. ATITUDE EM AFRONTA À BOA-FÉ E AOS DEVERES DO VENIRE CONTRA FACTUM PROPRIUM E NEMO AUDITUR TURPITUDINEM SUAM ALLEGANS. A atitude do autor de, por um lado, firmar contrato de locação e se comprometer a pagar os débitos pendentes de água e energia elétrica do imóvel em troca do não pagamento de quatro meses dos aluguéis e, por outro lado, vir a juízo contestar o débito e pretender a religação do fornecimento sem pagar a fatura, mostra-se contraditória e viola a boa-fé objetiva e os deveres do ve-

nire contra factum proprium e nemo auditur turpitudinem suam allegans. Ademais, é vedado ao usuário usufruir do serviço sem fornecer a contrapartida financeira e sem comprovar que não pode arcar com a fatura. APELO PROVIDO E AÇÃO JULGADA IMPROCEDENTE, POR MAIORIA, VENCIDO O DES. JOÃO ARMANDO. (Apelação Cível nº 70018113944, Segunda Câmara Cível, Tribunal de Justiça do RS, relator: Adão Sérgio do Nascimento Cassiano, Julgado em 7.3.2007.)

COBRANÇA. SEGURO PLANO FÁCIL AES SUL. MORTE DO SEGURADO. AUSÊNCIA DE INDICAÇÃO FORMAL DOS BENEFICIÁRIOS. LEGITIMIDADE ATIVA DA ESPOSA APENAS PARA PLEITEAR METADE DA INDENIZAÇÃO. 1. Em se tratando de seguro de pessoa no qual não há indicação formal dos beneficiários por parte do titular do seguro, de se aplicar a regra insculpida no art. 792 do CC, segundo o qual a indenização, nesses casos, será paga ao cônjuge sobrevivente e aos herdeiros do segurado. Daí por que não pode a viúva, por si, pretender postular em juízo a metade da indenização, à qual fazem jus, em igualdade de condições, também os herdeiros do falecido. 2. O recebimento, mesmo que em mora do pagamento do prêmio do seguro, afasta a alegação de falta de vigência da cobertura. Princípio da boa-fé objetiva do contrato a impedir o venire contra factum proprium. RECURSO PARCIALMENTE PROVIDO. (Recurso Cível nº 71001116565, Terceira Turma Recursal Cível, Turmas Recursais, relator: Ricardo Torres Hermann, Julgado em 14.11.2006.)

O *tu quoque* ("você também") é um ardil (falácia) que consiste em argumentar e justificar uma conduta apenas porque a outra parte encontra-se também na mesma posição. Por exemplo: Uma parte afirma: "– Você não foi à escola, e isso é errado". A outra parte argumenta: "- Não, porque você também não foi". O fato do primeiro não ter ido à escola não torna a negligência do segundo menos grave.[64] Dessa maneira, a invocação deste argumento não deve ser aceita, já que fere o princípio da boa-fé. Melhor dizendo: aquele que descumpriu um comando ou cláusula contratual, não pode exgir de outrem o cumprimento da norma que ele próprio já tenha descumprido.

O fundamento da *tu quoque* é a manutenção da proporcionalidade contratual (no sentido de se manter o equilíbrio do substrato material do sinalagma, base do negócio jurídico), bem como a própria estrututara da boa-fé (e.g., na concretização da exceção de contrato não cumprido). Seria, pois, uma espécie de três patamares: a *boa-fé objetiva*[65] como gênero, seguida do

64 Os ditames da boa-fé objetiva, especificamente, o tu quoque, encontra ressonância no artigo 565 do Código de Processo Penal, ao dispor que não cabe a arguição de nulidade pela própria parte que lhe deu causa ou que tenha concorrido para a sua existência (RHC 63.622/SC, Rel. ministra Maria Thereza de Assis Moura, Sexta Turma, DJe 22/10/2015).

65 DIREITO CIVIL. RECURSO ESPECIAL. PACTUAÇÃO, POR ACORDO DE VONTADES, DE

princípio do *tu quoque* que por sua vez teria como espécie a *exceptio non adimpleti contractus*.

O princípio da boa-fé objetiva exercer três funções: (i) instrumento hermenêutico; (ii) fonte de direitos e deveres jurídicos; e (iii) limite ao exercício de direitos subjetivos. A essa última função aplica-se a teoria do adimplemento substancial das obrigações e a teoria dos atos próprios, como meio de rever a amplitude e o alcance dos deveres contratuais, daí derivando os seguintes institutos: *tu quoque, venire contra facutm proprium, surrectio e supressio.* (REsp 1202514/RS, Rel. ministra NANCY ANDRIGHI, TERCEIRA TURMA, julgado em 21/06/2011, DJe 30/06/2011)

13.5.4.4 *Supressio e Surrectio*

Outra questão é aquela que relaciona a boa-fé diretamente com o componente obrigacional, podendo ampliá-lo ou minorá-lo. É o caso dos institutos da *supressio* e *surrectio*.

A *surrectio* (*Erwirkung*, no direito alemão) representa a criação de um direito em virtude de sua prática reiterada e aceita pelo outro contratante, ainda que haja sido convencionada em sentido contrário. Aqui, um bom exemplo é a regra jurídica expressa no artigo 330 do Código Civil, ao tratar do local do pagamento realizado, reiteradamente, em local diverso daquele fixado no contrato.

A *supressio* (ou *Verwirkung* da doutrina alemã), ao contrário, é a extinção de um direito em razão da constante ausência de seu exercício.

Melhor dizendo: em razão da boa-fé objetiva, no caso da *surrectio*, a atitude de um dos contraentes gera no outro uma expectativa de direito ou faculdade não prevista na avença e na hipótese da *supressio*, a inércia qualificada de uma das partes gera no parceiro contratual uma expectativa legítima de que a faculdade ou direito previsto na avença não será exercido.

DISTRATO. RECALCITRÂNCIA DA DEVEDORA EM ASSINAR O INSTRUMENTO CONTRATUAL. ARGUIÇÃO DE VÍCIO DE FORMA PELA PARTE QUE DEU CAUSA AO VÍCIO. IMPOSSIBILIDADE. AUFERIMENTO DE VANTAGEM IGNORANDO A EXTINÇÃO DO CONTRATO. DESCABIMENTO.

1. É incontroverso que o imóvel não estava na posse da locatária e as partes pactuaram distrato, tendo sido redigido o instrumento, todavia a ré locadora se recusou a assiná-lo, não podendo suscitar depois a inobservância ao paralelismo das formas para a extinção contratual. É que os institutos ligados à boa-fé objetiva, notadamente a proibição do venire contra factum proprium, a supressio, a surrectio e o tu quoque, repelem atos que atentem contra a boa-fé objetiva.

2. Destarte, não pode a locadora alegar nulidade da avença (distrato), buscando manter o contrato rompido, e ainda obstar a devolução dos valores desembolsados pela locatária, ao argumento de que a lei exige forma para conferir validade à avença.

3. Recurso especial não provido.

(REsp 1040606/ES, Rel. ministro LUIS FELIPE SALOMÃO, QUARTA TURMA, julgado em 24/04/2012, DJe 16/05/2012)

Como de sabença, "a supressio inibe o exercício de um direito, até então reconhecido, pelo seu não exercício. Por outro lado, e em direção oposta à supressio, mas com ela intimamente ligada, tem-se a teoria da surrectio, cujo desdobramento é a aquisição de um direito pelo decurso do tempo, pela expectativa legitimamente despertada por ação ou comportamento". (REsp 1338432/SP, Rel. Ministro LUIS FELIPE SALOMÃO, QUARTA TURMA, julgado em 24/10/2017, DJe 29/11/2017).

A aplicação da boa-fé sob a forma da *surrectio* tem recebido respaldo da jurisprudência. Vejamos:

> AÇÃO DE COBRANÇA. SÓCIO QUE DEMANDA A SOCIEDADE. TRAMITAÇÃO, NA JUSTIÇA COMUM, DE AÇÃO DE EXCLUSÃO DE SÓCIO. SÓCIO JÁ AFASTADO DA GERÊNCIA DA EMPRESA MAS QUE, AO LONGO DOS ANOS, VINHA RECEBENDO UMA QUANTIA MENSAL A TÍTULO DE ADIANTAMENTO POR CONTA DE LUCROS FUTUROS. APLICAÇÃO DA FIGURA DA **SURRECTIO**, UMA DAS FIGURAS QUE EVIDENCIAM A FUNÇÃO DE CONTROLE DA BOA-FÉ, COM LIMITAÇÃO DO EXERCÍCIO DE DIREITOS SUBJETIVOS. IMPOSSIBILIDADE DE SUSPENSÃO UNILATERAL E IMOTIVADA DO PAGAMENTO, UMA VEZ QUE PERMANECE A CONDIÇÃO DE SÓCIO DO AUTOR. Dentre as funções desempenhadas pelo princípio da boa-fé objetiva, sobressai a de controle, que limita o exercício de direitos subjetivos. Dentre as várias figuras que se incluem nessa categoria, uma delas é a da **surrectio**, que impede a supressão imotivada de uma vantagem que tenha sido concedida por período de tempo razoável, ainda que em desconformidade com os estatutos, regulamentos ou contrato social, gerando no beneficiário a convicção de que pode contar com aquela vantagem. RECURSO PROVIDO, A FIM DE SER JULGADA PARCIALMENTE PROCEDENTE A AÇÃO. (Recurso Cível nº 71000867416, Terceira Turma Recursal Cível, Turmas Recursais, relator: Eugênio Facchini Neto, Julgado em 27.6.2006.)
>
> AGRAVO PARCIALMENTE PROCEDENTE. No caso, além de a necessidade alimentar ter aumentado, o alimentante já vem depositando os alimentos em quantia maior do que a estipulada desde um bom tempo, verificando-se, na espécie, a ocorrência do instituto da surrectio. Todavia, como estamos em sede limiar do feito, sem qualquer manifestação do recorrido, a majoração pleiteada não vai atendida em sua integralidade. AGRAVO PARCIALMENTE PROVIDO EM MONOCRÁTICA. (Agravo de Instrumento Nº 70011961133, Oitava Câmara Cível, Tribunal de Justiça do RS, relator: Rui Portanova, Julgado em 8.6.2005).
>
> *Decisão:*
>
> O agravante ingressou com ação revisional de alimentos contra o agravado. Requereu que os alimentos, originalmente fixados em

R$ 1.500,00 mensais, fossem majorados para 25 salários-mínimos (fls. 15-25). O pedido liminar foi indeferido (f. 162). Contra esta decisão se insurge o agravo.

Assim a decisão agravada:

"Sem qualquer prova ou demonstração se tenha alterado a situação financeira do alimentante, ainda que estivesse fornecendo ao alimentando valores superiores a título de complementação dos alimentos devidos, indefiro a liminar perseguida" (fl. 162).

No caso, é bem de ver que os alimentos devidos ao recorrente foram fixados, em agosto/2002, na quantia de R$ 1.500,00, a ser pago diretamente pelo recorrido (fls. 163-167).

Vem agora o recorrente pleitear majoração da pensão alimentícia, dizendo que, além de a necessidade alimentar ter aumentado, o alimentante tem boa condição financeira e já vem depositando os alimentos em quantia maior do que a estipulada (fls. 02-14).

Necessidade alimentar.

Quanto à necessidade alimentar, verifico que o alimentado, que hoje possui 12 anos de idade (f. 29), estuda em colégio particular (f. 30), frequenta clube social (f. 38) e realiza gastos com despesas pessoais a denotar um bom padrão de vida, tais como roupas de marca, assinatura de revistas etc. (fls. 39-46).

Possibilidade alimentar.

Já no que diz com a possibilidade alimentar, pelos documentos juntados às fls. 52-112, observa-se que desde o ano de 2002 o alimentante vem depositando valor a maior do que o estabelecido pelo título alimentar (fls. 52-113). Embora os depósitos bancários realizados pelo agravado em nome da representante legal do agravante sejam bastante varáveis, indo desde R$ 1.313,69 até R$ 7.967,99, verifico que perfazem uma média de quase R$ 5.000,00 mensais (fls. 52-113/114-161), que são aproximados 15 salários-mínimos.

Como se verifica, no caso, estamos diante do instituto da *surrectio*.

A *surrectio* expressa a circunstância do surgimento, de forma complementar ao direito legislado, contratado ou judicial, de um direito não existente antes (em termos jurídicos). Direito este que, na efetividade social, já vinha sendo considerado como presente.

Os requisitos da *surrectio*, basicamente, são:

"Exige-se um certo lapso de tempo, por excelência variável, durante o qual se atua uma situação jurídica em tudo semelhante ao direito subjetivo que vai surgir; requer-se uma conjunção objectiva de factores que concitem, em nome do Direito, a constituição do novo direito; impõe-se a ausência de previsões negativas que impeçam a surrectio". (Antônio Manuel da Rocha e Menezes Cordeiro, *Da boa-fé no direito civil*, vol. II, Livraria Almedina: Coimbra, 1984, p. 821/822.)

Para haver *surrectio*, o que se requer, portanto, é uma previsão de confiança, pois a repetição sistemática, constante e continuada

> de um determinado comportamento cria direito, de modo a imputar ao prejudicado a boa-fé subjetiva do beneficiário. Direito esse que se consubstancia na expectativa, a ser mantida pelo menos como probabilidade, da regularidade e continuidade da situação fática subjacente, ou, por outro lado, da ausência de qualquer outra solução ou resolução diferente.
> Essa é exatamente a situação dos autos.
> E, como no caso estamos em sede de liminar da ação que busca a revisão dos alimentos, diante dos valores dos depósitos realizados pelo recorrido em prol do agravante, entendo razoável que, por ora, devam os alimentos ser majorados, provisoriamente, para o montante de 13 salários-mínimos mensais.
> Nesta alçada, verifica-se que o presente agravo é parcialmente procedente, sendo caso de parcial provimento recursal sem necessidade de maior dilação probatória.
> APELAÇÃO. AÇÃO DECLARATÓRIA DE EXISTÊNCIA DE DEPENDÊNCIA ECONÔMICA. INDEFERIMENTO DA INICIAL. DESCABIMENTO. RELAÇÃO OBRIGACIONAL. SURGIMENTO. SURRECTIO. O autor-apelante tem interesse de agir ao postular a declaração de existência de dependência econômica de sua ex-esposa para consigo. Ele afirmou alcançar valores a ela há mais de 40 anos. Se isso for verdade, ainda que não haja determinação judicial para pagamento de alimentos, então a repetição sistemática do comportamento fez surgir entre as partes uma verdadeira relação obrigacional, cabendo ao Poder Judiciário apenas e tão somente declarar que tal obrigação já existe na efetividade social. Daí a adequação do procedimento escolhido pelo autor-apelante. Se a ex-esposa for mesmo financeiramente dependente do autor-apelante, nada mais justo do que permitir a ele que se valha desta situação para ver declarado em juízo a existência de um fato que engrandece e favorece ao apelante. DERAM PROVIMENTO. (Apelação Cível nº 70011362936, Oitava Câmara Cível, Tribunal de Justiça do RS, relator: Rui Portanova, Julgado em 12.5.2005.)

Da mesma forma, o instituto da *supressio* é encontrado em nossas decisões judiciais da seguinte forma:

> RELAÇÃO DE CONSUMO. AQUISIÇÃO DE COLCHÃO. Problemas com o produto que surgiram cinco anos após, quando já esgotado prazo de garantia. Concordância da empresa vendedora em tentar reparar o problema. Entrega de colchão provisório, em substituição ao adquirido, enquanto se procedia ao conserto. Adquirente que só procura novamente a ré, para efetuar a troca, mais de ano e meio depois, quando então recebe a notícia de que o primitivo colchão já fora vendido. Aplicabilidade da figura da *supressio*. Sentença que, em reconhecendo a revelia da ré, acolhe a pretensão do

autor. Recurso do autor para obter a entrega de um colchão novo – ou seu equivalente em dinheiro – e não um colchão usado, como determinado na sentença. Recurso desprovido. (Recurso Cível nº 71000621383, Terceira Turma Recursal Cível, Turmas Recursais, relator: Eugênio Facchini Neto, Julgado em 22.3.2005)

LOCAÇÃO. AÇÃO DE DESPEJO POR FALTA DE PAGAMENTO. PEDIDO DE ANTECIPAÇÃO DE TUTELA. NÃO CONCESSÃO DO PLEITO. NÃO VERIFICAÇÃO DOS REQUISITOS LEGAIS AUTORIZADORES DA CONCESSÃO DO PEDIDO DE ANTECIPAÇÃO DE TUTELA. Não configurada qualquer das hipóteses previstas pelo artigo 273 do Código de Processo Civil, traduz-se inviável o pedido de antecipação de tutela formulado pela agravante no sentido de que ocorra a desocupação do imóvel. PRINCÍPIO DA BOA-FÉ. SUPRESSIO. Na hipótese dos autos, restou clara a ocorrência e uma das funções mitigadoras das obrigações (mais especificamente, da chamada supressio), a qual se traduz na diminuição dos direitos que uma parte tem contra a outra, com base no princípio da boa-fé. Verifica-se a supressio quando, pelo modo como as partes vêm se comportando ao longo da vida contratual, certas atitudes que poderiam ser exigidas originalmente passam a não mais poderem ser exigidas na sua forma original (sofrem uma minoração), por ter se criado uma expectativa de que aquelas disposições iniciais não seriam exigidas daquela forma inicialmente prevista. Recurso desprovido. (Agravo de Instrumento nº 70010323012, Décima Quinta Câmara Cível, Tribunal de Justiça do RS, relator: Ricardo Raupp Ruschel, Julgado em 22.11.2004)

ADMINISTRATIVO. SERVIÇO PÚBLICO DE FORNECIMENTO DE ENERGIA ELÉTRICA. CONTRATO DE MÚTUO FIRMADO PELO USUÁRIO E A CONCESSIONÁRIA. CORREÇÃO MONETÁRIA. CLÁUSULA CONTRATUAL. PRINCÍPIO DA BOA-FÉ. LIMITAÇÃO DO EXERCÍCIO DO DIREITO SUBJETIVO. "SUPRESSIO". 1. A "SUPRESSIO" constitui-se em limitação ao exercício de direito subjetivo que paralisa a pretensão em razão do princípio da boa-fé objetiva. Para sua configuração, exige-se (i) decurso de prazo sem exercício do direito com indícios objetivos de que o direito não mais seria exercido e (ii) desequilíbrio, pela ação do tempo, entre o benefício do credor e o prejuízo do devedor. Lição de MENEZES CORDEIRO. 2. NÃO caracteriza conduta contrária à boa-fé o exercício do direito de exigir a restituição de quantia emprestada depois de transcorridos mais de quinze anos se tal não gera desvantagem desproporcional ao devedor em relação ao benefício do credor. Hipótese em que o mútuo não só permitiu a expansão da rede pública de concessionário de serviço público de energia elétrica como também a exploração econômica do serviço mediante a cobrança da tarifa, sendo que esta, a par da contraprestação, engloba a amortização dos bens reversíveis. Ausente, portanto, desequilíbrio entre

> o valor atualizado a ser restituído e o benefício fruído pelo apelado durante todo este tempo, não há falar em paralisação do direito subjetivo. 3. Conquanto tenha o contrato de mútuo firmado entre o usuário e a concessionária do serviço público de energia elétrica para custeio das despesas a cargo desta de implantação do fornecimento estabelecido que a quantia seria restituída sem correção monetária, tem direito o usuário de receber o montante atualizado pena de arcar com os encargos que devem ser suportados pela concessionária e para cuja prestação é remunerado na forma do contrato de concessão. Recurso provido por ato do relator. ART-557 DO CPC. PRECEDENTE DO STJ. (9 FLS.) (Apelação Cível nº 70001911684, Segunda Câmara Cível, Tribunal de Justiça do RS, relator: Maria Isabel de Azevedo Souza, Julgado em 4.12.2000.)

13.5.4.5 Dever de Cooperação

Ao comentar o princípio da boa-fé, Karl Larenz afirma que "*dicho principio consagra que una confianza despertada de un modo imputable debe ser mantenida cuando efectivamente se ha creído en ella. La suscitación de la confianza es "imputable" cuando el que la suscita sabía o tenía que saber que el otro iba a confiar. En esta medida es idéntico al principio de la confianza. Sin embargo, lo sobrepasa y va más allá. Demanda también un respeto recíproco ante todo en aquellas relaciones jurídicas que requerien una larga y continuada colaboración, respeto al outro también en el ejercicio de los derechos y en general el comportamiento que se puede esperar entre los sujetos que intervienen honestamente en el tráfico*".[66]

Assim, toda e qualquer relação jurídica contratual deve ser permeada por obrigações de recíproca cooperação entre os contraentes, bem como por condutas de lealdade, ética e respeito à outra parte. Estas normas de conduta, de cunho objetivo, devem ser obedecidas não só na formação como na conclusão do contrato, mas também na fase pré-contratual (fases das tratativas ou negociações preliminares).

Um exemplo interessante sobre o tema referido é apontado por Teresa Negreiros em seu artigo "O princípio da boa-fé contratual".[67] Vejamos: "Pense-se, por exemplo, naquele caso "midiático" que se passou entre nós recentemente a envolver a atuação do cantor Zeca Pagodinho em sucessivas campanhas publicitárias de cervejarias rivais. Como relataram os principais jornais na ocasião, Zeca Pagodinho, "garoto propaganda" de uma milioná-

---

66 LARENZ, Karl. *Derecho justo*: fundamentos de ética jurídica. Traducción Luis Díez-Picazo. Madrid: 2001, p. 96.

67 NEGREIROS, Teresa. O princípio da boa-fé contratual. In: MORAES, Maria Celina Bodin de (Org.). *Princípios do direito civil contemporâneo*. Rio de Janeiro: Renovar, 2006, p. 247-248.

ria campanha publicitária de lançamento da marca de cerveja Nova Schin, promovida pela agência Fischer América, celebrou contrato com a agência África para passar a fazer publicidade da marca Brahma, por meio de peças publicitárias que desmereciam, quase expressamente, a própria campanha da Nova Schin.

Supondo-se, por hipótese, que não houvesse sido pactuada uma cláusula de exclusividade entre o cantor e a primeira agência que o contratara, seria ainda assim exigível, com base na boa-fé, que Zeca Pagodinho se abstivesse de realizar anúncios em favor da cervejaria rival? Será compatível com os deveres decorrentes da boa-fé realizar anúncios que fazem alusão óbvia, embora implícita, à marca rival e que na sequência imediata da campanha anterior têm o efeito de a desmerecer?"

Mais uma vez, a título de ilustração, segue, abaixo, parte do Voto 7.970 do desembargador Roberto Mortari, do Tribunal de Justiça do Estado de São Paulo, nos Agravos de Instrumento números 346.328.4/5 e 346.344.4/8 sobre a questão ética nos contratos envolvendo o caso concreto com o cantor Zeca Pagodinho. Frise-se que o princípio da boa-fé impõe aos contraentes um padrão de conduta leal, correto, honesto e de confiança e cooperação recíprocas que representam estratos de ética jurídica que devem orientar as relações jurídicas interprivadas.

PODER JUDICIÁRIO
TRIBUNAL DE JUSTIÇA DO ESTADO DE SÃO PAULO

VOTO N° 7.970 - DESEMBARGADOR ROBERTO MORTARI
Agravos de Instrumento n°s 346.328.4/5 - São Paulo e
346.344.4/8 - São Paulo
Agravantes: Primo Schincariol Indústria de Cervejas e Refrigerantes S/A e Companhia de Bebidas das Américas - AMBEV
Agravados: JGS Produções Artísticas,
Jessé Gomes da Silva Filho ou Zeca Pagodinho,
Companhia de Bebidas das Américas - AMBEV e
Primo Schincariol Indústria de Cervejas e Refrigerantes S/A

EMENTA: Cautelar - Concessão de liminar para impedir a veiculação de campanha publicitária, sob pena de multa diária - Existência de elementos que indicam que a campanha publicitária em questão se contrapõe a pacto de exclusividade preexistente e estimula práticas nocivas à sociedade - Presença de periculum in mora e funnus boni juris - Medida confirmada, inclusive no que se refere ao valor da multa, que atende suas funções inibitória - Agravos desprovidos.

Não é difícil identificar, na campanha publicitária veiculada pela AMBEV, pontos contrários à ética. No mínimo, ela estimula a traição e o desrespeito aos contratos, práticas nocivas à sociedade, que não pode ficar exposta a tal aviltamento, enquanto as partes discutem, dentro dos autos, suas razões, e eventuais perdas e danos.

Por isso, andou bem o douto Magistrado da origem, Dr. Vítor Frederico Kümpel, ao reconhecer a existência do periculum in mora e do fumus boni juris na hipótese retratada, de molde a deferir liminarmente a medida cautelar que foi submetida ao seu julgamento, impondo o respeito ao contrato e evitando que a coletividade continue sendo exposta a campanha publicitária nociva e antiética.

No que pertine à multa arbitrada para o caso de descumprimento da liminar em questão, é de se observar que o valor estipulado, de R$ 500.000,00 por dia, atende perfeitamente sua função inibitória, na medida em que praticamente guarda correspondência com o valor do contrato que se pretende cumprir. De consequência, não comporta majoração.

Finalizando, cumpre registrar que a nova peça publicitária veiculada pela AMBEV e seus publicitários desde o último final de semana (26.3.04) – "A CERVEJA DE TODOS OS ZECAS" –, só veio roborar a conclusão da lastimável ausência de ética dos seus idealizadores e mantenedores. Subliminarmente, está-se como a recomendar a subversão de valores, e até mesmo a desobediência civil, com manifesto desprezo.

O respeito recíproco para Larenz é um princípio que atravessa todo o ordenamento jurídico e, em especial, no direito contratual reflete toda a sua luminosidade, já que devo reconhecer os interesses legítimos de meu parceiro contratual, "pues cuando yo concluyo un contrato con otro y dejo que valga tanto su voluntad como la mía, reconozco que tanto él como yo somos personas".[68]

13.5.4.6 Violação positiva do contrato

A violação positiva do contrato é uma espécie de inadimplemento obrigacional, desvelada da criação de deveres jurídicos advindos da boa-fé. Por exemplo, o enunciado 24 da I Jornada de Direito Civil diz que em virtude do princípio da boa-fé, positivado no art. 422 do novo Código Civil, a violação dos deveres anexos constitui espécie de inadimplemento, independentemente de culpa".

A violação positiva do contrato é, pois, um tipo de inadimplemento contratual relacionado à inobservância dos deveres laterais do contrato, tais como: deveres de lealdade, de informação, de assistência, de cooperação, de sigilo, dentre outros.[69]

---

68 LARENZ, op. cit., p. 64.

69 CIVIL E PROCESSO CIVIL. PRELIMINAR DE NÃO CONHECIMENTO DO RECURSO. RE-

Vejamos a aplicação da violação positiva do contrato em decisão do desembargador MARCOS ALCINO DE AZEVEDO TORRES, do TJRJ:

"Apelação Cível. Ação Indenizatória. Cancelamento de bilhetes aéreos a revelia do consumidor. Violação positiva do contrato, consubstanciada na quebra dos deveres resultantes da boa-fé, tais como o de lealdade, fidúcia e transparência. Dano moral caracterizado. Dever de indenizar. 1. O caso dos autos retrata relação de consumo, em virtude da perfeita adequação aos conceitos de consumidor (art. 2º), fornecedor (art. 3º, *caput*) e serviço (art. 3º, § 2º), contidos na Lei 8.078/90. 2. *In casu*, a autora nega ter solicitado o cancelamento das passagens aéreas. Assim, como não se pode impor à demandante comprovar fato negativo, cabia à ré demonstrar que foi a autora quem cancelou as passagens, o que não logrou fazer. Ademais, a aquisição de novas passagens – fato esse não contestado pela demandada – contribui para corroborar a assertiva da autora de que não efetuou o cancelamento das passagens, pois não faria sentido algum a autora cancelar as passagens para, em seguida, adquirir novas passagens. 3. O dano moral advém da postura abusiva e desrespeitosa da fornecedora, que diante do cancelamento indevido dos bilhetes aéreos vulnerou o princípio da boa-fé objetiva, do qual se extraem os chamados deveres anexos ou laterais de conduta, tais como os deveres de colaboração, fidúcia, respeito, honestidade e transparência, que devem estar presentes nas relações contratuais como a que ora se examina, com o intuito de reequilibrar-se a relação jurídica entre os ora litigantes; trata-se de buscar o equilíbrio (equivalência) e a justiça contratual. 4. Não pode ser considerado como um mero aborrecimento a situação

---

JEITADA. COMPRA E VENDA DE AUTOMÓVEL. AUSÊNCIA DE REGISTRO DA TRANSFERÊNCIA. VIOLAÇÃO POSITIVA DO CONTRATO. DANO MORAL. CONFIGURAÇÃO. 1. Atendidos os requisitos do artigo 514 do Código Processual Civil, bem como os demais pressupostos de admissibilidade, o recurso apelatório deve ser conhecido. 2. Em uma relação jurídica, os contratantes devem pautar-se em certo padrão ético de confiançae lealdade, em atenção ao princípio da boa-fé, que orienta as atuais relações negociais pela probidade, moralidade e honradez. 3. Comprovada a violação positiva do contrato, com patente desrespeito ao seu conteúdo ético, cabível a responsabilização da parte ofensora. 4. Comprovado que a conduta omissiva perpetrada pelas Recorrentes resultou em vários transtornos ao Autor, tanto de ordem material quanto na órbita de seus direitos da personalidade, notadamente, pela inclusão de seu nome em dívida ativa, além da emissão de diversas multas de trânsito, sobre as quais não tinha mais responsabilidade, resta evidenciada a responsabilidade civil das Demandadas. 5. Atentando-se às peculiaridades do caso concreto, especialmente quanto à conduta da parte ofensora, a repercussão dos fatos, a natureza do direito subjetivo fundamental violado, entendeu-se razoável o importe fixado pelo ilustre Magistrado, a título de indenização por danos morais. 6. Rejeitou-se a preliminar. Negou-se provimento ao recurso. (TJ-DF – APC: 20120111824517, relator: FLAVIO ROSTIROLA, Data de Julgamento: 03/06/2015, 3ª Turma Cível, Data de Publicação: Publicado no DJE : 11/06/2015 . Pág.: 159)

fática ocorrida no curso ou em razão da prestação de serviço de consumo, a qual o fornecedor não soluciona a reclamação, levando o consumidor a contratar advogado ou servir-se da assistência judiciária do Estado para demandar pela solução judicial de algo que administrativamente facilmente seria solucionado quando pelo crivo Juiz ou Tribunal se reconhece a falha do fornecedor. Tal conduta estimula o crescimento desnecessário do número de demandas, onerando a sociedade e o Tribunal. Ao contrário, o mero aborrecimento é aquele resultante de situação em que o fornecedor soluciona o problema em tempo razoável e sem maiores consequências para o consumidor. O dano moral advém da postura abusiva e desrespeitosa da empresa, impondo o arbitramento de valor indenizatório justo e adequado ao caso, arcando a ré, ainda, com os ônus da sucumbência. 5. Nesta parte, considerando os critérios sugeridos pela doutrina e jurisprudência e em observância aos princípios da razoabilidade e da vedação ao enriquecimento sem causa, entendo que o valor de R$ 5.000,00 revela-se justo e adequado ao caso, devendo ser mantido. 6. Negativa de seguimento ao recurso. (TJ-RJ – APL: 00290978120128190014 RJ 0029097-81.2012.8.19.0014, relator: DES. MARCOS ALCINO DE AZEVEDO TORRES, Data de Julgamento: 13/08/2015, VIGÉSIMA SÉTIMA CÂMARA CÍVEL/ CONSUMIDOR, Data de Publicação: 27/08/2015)".

13.5.4.7 O dever de mitigar a perda (duty to mitigate the loss)

O *duty to mitigate the loss*, utilizado no sistema da *common Law*, significa, grosso modo, o dever de a própria vítima minimizar a sua perda. O enunciado 169 do Conselho da Justiça Federal (III Jornada de Direito Civil) afirma que Art. 422: o princípio da boa-fé objetiva deve levar o credor a evitar o agravamento do próprio prejuízo.

O *duty to mitigate the loss* é a possibilidade de se exigir da vítima um comportamento voltado para a minimização ou redução do próprio prejuízo. É, pois, um comportamento que se espera da vítima, uma vez que com tal comportamento acarreta uma redução do prejuízo, beneficiando o ofensor (este pagará uma indenização menor em virtude do comportamento da vítima). Na realidade, ofensor e vítima se beneficiarão. Aquele porque pagará uma indenização menor, este porque com seu comportamento diminuirá o dano.

O *duty to mitigate the loss* vem sendo invocado pela doutrina e jurisprudência brasileiras. Vejamos:

"1.Boa-fé objetiva. Standard ético-jurídico. Observância pelos contratantes em todas as fases. Condutas pautadas pela probidade, cooperação e lealdade.

2. Relações obrigacionais. Atuação das partes. Preservação dos direitos dos contratantes na consecução dos fins. Impossibilidade de violação aos preceitos éticos insertos no ordenamento jurídico.

3. Preceito decorrente da boa-fé objetiva. Duty to mitigate the loss: o dever de mitigar o próprio prejuízo. Os contratantes devem tomar as medidas necessárias e possíveis para que o dano não seja agravado. A parte a que a perda aproveita não pode permanecer deliberadamente inerte diante do dano. Agravamento do prejuízo, em razão da inércia do credor. Infringência aos deveres de cooperação e lealdade.

4. Lição da doutrinadora Véra Maria Jacob de Fradera. Descuido com o dever de mitigar o prejuízo sofrido. O fato de ter deixado o devedor na posse do imóvel por quase 7 (sete) anos, sem que este cumprisse com o seu dever contratual (pagamento das prestações relativas ao contrato de compra e venda), evidencia a ausência de zelo com o patrimônio do credor, com o consequente agravamento significativo das perdas, uma vez que a realização mais célere dos atos de defesa possessória diminuiriam a extensão do dano.

5. Violação ao princípio da boa-fé objetiva. Caracterização de inadimplemento contratual a justificar a penalidade imposta pela Corte originária, (exclusão de um ano de ressarcimento).

(REsp 758.518/PR, Rel. ministro VASCO DELLA GIUSTINA (DESEMBARGADOR CONVOCADO DO TJ/RS), TERCEIRA TURMA, julgado em 17/06/2010, REPDJe 01/07/2010, DJe 28/06/2010).

RESPONSABILIDADE CIVIL. SENTENÇA PUBLICADA ERRONEAMENTE. CONDENAÇÃO DO ESTADO A MULTA POR LITIGÂNCIA DE MÁ-FÉ. INFORMAÇÃO EQUIVOCADA.

AÇÃO INDENIZATÓRIA AJUIZADA EM FACE DA SERVENTUÁRIA. LEGITIMIDADE PASSIVA. DANO MORAL. PROCURADOR DO ESTADO. INEXISTÊNCIA. MERO DISSABOR. APLICAÇÃO, ADEMAIS, DO PRINCÍPIO DO DUTY TO MITIGATE THE LOSS. BOA-FÉ OBJETIVA. DEVER DE MITIGAR O PRÓPRIO DANO.

1. O art. 37, § 6º, da CF/1988 prevê uma garantia para o administrado de buscar a recomposição dos danos sofridos diretamente da pessoa jurídica que, em princípio, é mais solvente que o servidor, independentemente de demonstração de culpa do agente público. Vale dizer, a Constituição, nesse particular, simplesmente impõe ônus maior ao Estado decorrente do risco administrativo; não prevê, porém, uma demanda de curso forçado em face da Administração Pública quando o particular livremente dispõe do bônus contraposto.

Tampouco confere ao agente público imunidade de não ser demandado diretamente por seus atos, o qual, aliás, se ficar comprovado dolo ou culpa, responderá de outra forma, em regresso, perante a Administração.

2. Assim, há de se franquear ao particular a possibilidade de ajuizar a ação diretamente contra o servidor, suposto causador do dano, contra o Estado ou contra ambos, se assim desejar. A avaliação quanto ao ajuizamento da ação contra o servidor público ou contra o Estado deve ser decisão do suposto lesado. Se, por um lado, o particular abre mão do sistema de responsabilidade objetiva do Estado, por outro também não se sujeita ao regime de precatórios.

Doutrina e precedentes do STF e do STJ.

3. A publicação de certidão equivocada de ter sido o Estado condenado a multa por litigância de má-fé gera, quando muito, mero aborrecimento ao Procurador que atuou no feito, mesmo porque é situação absolutamente corriqueira no âmbito forense incorreções na comunicação de atos processuais, notadamente em razão do volume de processos que tramitam no Judiciário. Ademais, não é exatamente um fato excepcional que, verdadeiramente, o Estado tem sido amiúde condenado por demandas temerárias ou por recalcitrância injustificada, circunstância que, na consciência coletiva dos partícipes do cenário forense, torna desconexa a causa de aplicação da multa a uma concreta conduta maliciosa do Procurador.

4. Não fosse por isso, é incontroverso nos autos que o recorrente, depois da publicação equivocada, manejou embargos contra a sentença sem nada mencionar quanto ao erro, não fez também nenhuma menção na apelação que se seguiu e não requereu administrativamente a correção da publicação. Assim, aplica-se magistério de doutrina de vanguarda e a jurisprudência que têm reconhecido como decorrência da boa- fé objetiva o princípio do Duty to mitigate the loss, um dever de mitigar o próprio dano, segundo o qual a parte que invoca violações a um dever legal ou contratual deve proceder a medidas possíveis e razoáveis para limitar seu prejuízo. É consectário direto dos deveres conexos à boa-fé o encargo de que a parte a quem a perda aproveita não se mantenha inerte diante da possibilidade de agravamento desnecessário do próprio dano, na esperança de se ressarcir posteriormente com uma ação indenizatória, comportamento esse que afronta, a toda evidência, os deveres de cooperação e de eticidade.

5. Recurso especial não provido.

(REsp 1325862/PR, Rel. ministro LUIS FELIPE SALOMÃO, QUARTA TURMA, julgado em 05/09/2013, DJe 10/12/2013).

13.5.4.8 A Boa-fé e o Princípio da Confiança

A boa-fé objetiva está relacionada a tutela da confiança. [70]

De acordo com JUSSARA SUZI ASSIS BORGES NASSER FERREIRA e GUILHERME STREIT CARRARO "a boa-fé objetiva e a confiança, embora próximas, são distintas e não devem ser confundidas. A primeira é uma regra de conduta que pressupõe um dever de fidelidade, nas relações negociais; no segundo caso, o confiante é que, em razão de suas próprias expectativas, espera do outro um determinado comportamento. Logo, pode-se afirmar que há uma ideia de complementariedade entre confiança e boa-fé, ambas vistas a partir dos seus conceitos principiológicos". [71]

13.5.5 Boa-fé nas relações de consumo

As relações consumeiras, também, são pautadas na boa-fé e equidade. Os artigos 4º e 51 do Código de Defesa do Consumidor determinam que

> CDC – Art. 4º A Política Nacional das Relações de Consumo tem por objetivo o atendimento das necessidades dos consumidores, o respeito à sua dignidade, saúde e segurança, a proteção de seus

70 RIO GRANDE DO SUL Tribunal de Justiça do Estado do Rio Grande do Sul. Recurso Cível Nº 71004414603, Terceira Turma Recursal Cível, Turmas Recursais, Relator: Carlos Eduardo Richinitti, Julgado em 25/09/2013. Disponível em: http://www.tjrs.jus.br/site/jurisprudencia/pesquisa_jurisprudencia/. Acesso em: 04 fev. 2021. INDENIZATÓRIA. LOCAÇÃO RESIDENCIAL. CONTRATO NÃO FORMALIZADO APÓS A APROVAÇÃO DO SEGURO-FIANÇA E REALIZAÇÃO DA CONTRAVISTORIA. CONTEXTO PROBATÓRIO QUE NÃO RESPALDA O ARGUMENTO DA RÉ PARA A FRUSTRAÇÃO DO NEGÓCIO, SABEDORA QUE ERA A IMOBILIÁRIA DA HIPÓTESE DE O CONTRATO SER REDIGIDO EM NOME DO PAI PARA SERVIR DE RESIDÊNCIA À FILHA. TEORIA DO VENIRE CONTRA FACTUM PROPRIUM. TUTELA DA CONFIANÇA. ABUSO DE DIREITO. BOA-FÉ QUE DEVE PAUTAR INCLUSIVE A FASE PRÉ-CONTRATUAL. PREJUÍZOS MATERIAIS NÃO COMPROVADOS PELA PRETENDENTE LOCATÁRIA. DANOS MORAIS, CONTUDO, NÃO CONFIGURADOS NO CASO CONCRETO. INADIMPLEMENTO CONTRATUAL QUE NÃO ATINGE O PATAMAR DE MÁCULA A ATRIBUTO DE PERSONALIDADE. RECURSO IMPROVIDO. (Recurso Cível Nº 71004414603, Terceira Turma Recursal Cível, Turmas Recursais, Relator: Carlos Eduardo Richinitti, Julgado em 25/09/2013). [...] [...] prevalecer a tutela da confiança, razão de ser do princípio da boa-fé objetiva que deve pautar inclusive a fase précontratual.[...]. A imobiliária, ao encaminhar locação nos termos trazidos na inicial (contrato em nome do pai para moradia da filha) e, após, refutar a concretização do contrato sob o argumento de 'fraude' e 'sublocação/cessão/empréstimo não autorizados' incorre em contradição à situação de confiança legitimamente esperada daquela relação contratual: venire contra factum proprium, o que também traduz abuso de direito. Desse modo, independentemente do motivo que gerou a alteração de conduta da ré – o que inclusive pode ter decorrido do fato de autora não acatar as condições de conservação do imóvel retratadas na vistoria prévia – houve conduta abusiva por parte da imobiliária (RICHINITTI, 2013, p. 3-4).

71 FERREIRA, Jussara Suzi Assis Borges Nasser; CARRARO, Guilherme Streit. Análise Do Princípio Da Confiança Legítima a Partir da Teoria do Negócio Jurídico. In: Revista Argumentum – RA, eISSN 2359-6889, Marília/SP, V. 21, Nº 1, pp. 65-88, Jan.-Abr. 2020.

> interesses econômicos, a melhoria da sua qualidade de vida, bem como a transparência e harmonia das relações de consumo, atendidos os seguintes princípios: III – harmonização dos interesses dos participantes das relações de consumo e compatibilização da proteção do consumidor com a necessidade de desenvolvimento econômico e tecnológico, de modo a viabilizar os princípios nos quais se funda a ordem econômica (art. 170, da Constituição Federal), sempre com base na boa-fé e equilíbrio nas relações entre consumidores e fornecedores;
>
> CDC – Art. 51. São nulas de pleno direito, entre outras, as cláusulas contratuais relativas ao fornecimento de produtos e serviços que: IV – estabeleçam obrigações consideradas iníquas, abusivas, que coloquem o consumidor em desvantagem exagerada, ou sejam incompatíveis com a boa-fé ou a equidade;

O princípio da boa-fé contratual nas relações consumeiras já foi invocado pelo Superior Tribunal de Justiça em decisão cuja relatora foi a ministra Nancy Andrighi:

> "Recurso especial. Civil. Indenização. Aplicação do princípio da boa-fé contratual. Deveres anexos ao contrato. – O princípio da boa-fé se aplica às relações contratuais regidas pelo CDC, impondo, por conseguinte, a obediência aos deveres anexos ao contrato, que são decorrência lógica deste princípio. – O dever anexo de cooperação pressupõe ações recíprocas de lealdade dentro da relação contratual. – A violação a qualquer dos deveres anexos implica inadimplemento contratual de quem lhe tenha dado causa. – A alteração dos valores arbitrados a título de reparação de danos extrapatrimoniais somente é possível, em sede de Recurso Especial, nos casos em que o quantum determinado revela-se irrisório ou exagerado. Recursos não providos (REsp 595631/SC, Rel. ministra NANCY ANDRIGHI, TERCEIRA TURMA, julgado em 8.6.2004, DJ 2.8.2004 p. 391)".

Da mesma forma, em decisão no Tribunal de Justiça do Estado do Rio Grande do Sul, a magistrada destaca o princípio da boa-fé contratual com os seus desdobramentos dos deveres de lealdade e cooperação:

> "AGRAVO DE INSTRUMENTO. REVISÃO DE CONTRATO. DECISÃO MONOCRÁTICA. INVERSÃO DO ÔNUS DA PROVA E EXIBIÇÃO DE DOCUMENTOS. É princípio básico em matéria de relações de consumo que, sendo verossímil a afirmação do consumidor sobre um determinado fato, inverte-se o ônus da prova a esse respeito (art. 6º, VIII, do CDC). O princípio reitor da boa-fé, com os seus des-

dobramentos dos deveres de lealdade e cooperação, impõe ao Banco a obrigação de trazer aos autos cópia dos documentos de que dispõe acerca da contratualidade afirmada. AGRAVO PROVIDO DE PLANO, COM FUNDAMENTO NO ART. 557, § 1º-A, DO CPC (Agravo de Instrumento nº 70018103747, Décima Terceira Câmara Cível, Tribunal de Justiça do RS, relator: Angela Terezinha de Oliveira Brito, Julgado em 1.2.2007)."

De igual forma, o princípio da boa-fé ganha destaque na norma do artigo 187 do Código Civil que determina que "Também comete ato ilícito o titular de um direito que, ao exercê-lo, excede manifestamente os limites impostos pelo seu fim econômico ou social, pela boa-fé ou pelos bons costumes". Esta norma se faz necessária porque os membros da sociedade nem sempre agem de forma honesta, leal, digna e com respeito ao semelhante.

Ademais, repise-se, todo e qualquer negócio jurídico deve ser interpretado conforme a boa-fé e os usos do lugar de sua celebração, conforme resta consignado na regra do artigo 113 do nosso Código Civil, conhecida como a regra da "boa-fé hermenêutica".

Evidentemente, que a combinação dos artigos 113, 187 e 422 do Código Civil brasileiro representa a trilogia da boa-fé objetiva em nosso ordenamento jurídico civilístico. Mais que isso: tais condutas representam um componente ético-jurídico nas relações interprivadas consagradas pelos elementos de cooperação, lealdade, confiança e probidade entre os agentes envolvidos.

13.5.6 O princípio da boa-fé e teoria do abuso do direito

Existe uma interpenetração entre o princípio da boa-fé e a teoria do abuso do direito. Vejamos um acórdão de 12.4.1984 do Tribunal de Évora – Portugal: "A boa-fé procura assegurar uma perfeita execução do ordenamento contratual de acordo com o sentido e o fim tendo como finalidade a plena realização dos interesses coenvolvidos. [...] A actuação dos intervenientes deverá estar sempre subjacente um espírito de lealdade e cooperação. A boa-fé na sua dimensão essencial de limite ao exercício de um direito subjectivo é, ainda, um elemento constitutivo do abuso do direito".

A doutrina do abuso do direito está, pois, fincada na eticidade do exercício dos direitos e coloca a questão moral no epicentro do debate doutrinário e jurisprudencial.

Observa Heloísa Carpena Vieira de Mello que "tanto o ato ilícito quanto o ato abusivo são fonte do dever de indenizar quando o comportamento do agente seja passível de um juízo de censura. O dever de não abusar traduz-se no dever de atuar segundo a boa-fé, consentâneo com os bons costumes ou conforme a finalidade econômica ou social do mesmo direito, ou seja, dentro dos limites que, para o direito em questão, resultam do seu fundamento axiológico".[72]

13.5.7 O princípio da boa-fé e a responsabilidade pré-contratual

A teoria da responsabilidade pré-contratual surgiu com Rudolf von Jhering no direito alemão. O que se pretende é a responsabilização do culpado pela frustação na relação jurídica negocial ou pré-contratual.

Ora, Isso significa dizer que a boa-fé perpassa todas as fases de formação dos contratos, ou seja, a fase pré-contratual, a contratual e a fase pós-contratual. Frise-se que na fase pré-contratual não existe a formação do vínculo jurídico, mas se ferido o princípio da boa-fé, vai gerar o dever de indenizar em desfavor da parte culposa. Esse dever de indenizar tem a finalidade precípua de proteger os deveres preliminares, evitando, destarte, uma postura antissocial desenvolvida por uma das partes.

De acordo com as lições de REGIS FICHTNER PEREIRA, "o que se tutela, repita-se, é a confiança da parte na celebração do contrato que acabou por não se estabelecer. Os danos indenizáveis, nessa linha de ideias, serão os que a parte sofreu por ter confiado na outra parte. Esses danos podem englobar, em certas situações excepcionais, o que a parte obteria, na hipótese de o contrato ter sido estabelecido. Isso ocorre quando a infringência dos deveres de lealdade e correção pela parte que rompe as negociações acarretarem na perda da possibilidade de a outra parte realizar o mesmo negócio com outra pessoa."[73]

As negociações preliminares ou tratativas antecedem a formação do vínculo contratual. Portanto, aqui, não há falar-se em vínculo obrigacional, mas o princípio da boa-fé deve ser respeitado e acolhido pelas partes envolvidas nas negociações.

De acordo com as lições de MENEZES CORDEIRO, existem três grupos de casos da culpa *in contrahendo*. Vejamos: a) um dever de proteção dos negociantes na fase preliminar, isto é, não se pode gerar prejuízos pessoais ou patrimoniais, diretos ou indiretos à outra parte; b) um dever de esclarecimento/informação, ou seja, espera-se que as partes forneçam informações necessárias e transparentes que possam ser relevantes para a conclusão do contrato; e, finalmente, c) um dever de lealdade entre as futuras partes contratantes, o que impede a criação de obstáculos injustificáveis à conclusão do contrato, bem como a vedação de comportamentos que induzam a outra parte em erro.[74]

---

72 VIEIRA DE MELLO, Heloísa Carpena. A boa-fé como parâmetro da abusividade no direito contratual. In: TEPEDINO, Gustavo. *Problemas de direito civil-constitucional*. Rio de Janeiro: Renovar, 2000, p. 315.

73 PEREIRA, Regis Fichtner. A responsabilidade civil pré-contratual. Rio de Janeiro, Renovar, 2001, p. 385.

74 MENEZES CORDEIRO, Antonio. Da boa-fé no direito civil. Coimbra: Almedina, 2013, p.

O Código Civil brasileiro, no artigo 422, consagra o instituto da responsabilidade pré-contratual. O citado artigo determina que "os contratantes são obrigados a guardar, assim na conclusão do contrato, como em sua execução, os princípios de probidade e boa-fé".

Daí que a violação do preceito constitui ato ilícito e implica a obrigação de reparar os danos causados a outrem.

Neste sentido, Dário Manuel Lentz de Moura Vicente afirma que "o nosso Código Civil consagrou o instituto conhecido por "responsabilidade pré-contratual", também dita responsabilidade por culpa *in contrahendo* ou culpa na formação dos contratos, isto é, a responsabilidade civil por danos decorrentes de atos ou omissões verificados no período que antecede a celebração do contrato.[75]

Observa, ainda, o autor que "não se trata, em rigor, de uma novidade absoluta, porquanto o referido preceito é complementado por outros, que constituem concretizações da mesma ideia fundamental relativamente a certas matérias particulares, os quais já existiam no Código Civil de 1916. São eles: o art. 430 (antigo art. 1.082), relativo à hipótese de a aceitação, por circunstância imprevista, chegar tarde ao conhecimento do proponente, o qual deve comunicar imediatamente o fato ao aceitante, sob pena de responder por perdas e danos; e o art. 443 (o antigo art. 1.103), que, a respeito dos vícios redibitórios, impõe ao alienante que conhecia o vício ou defeito da coisa o dever de restituir o recebido com perdas e danos, e àquele que o não conhecia, o de restituir o valor recebido, acrescido das despesas do contrato.

É, pois, sobretudo pela amplitude e pela generalidade com que consagra a sujeição dos contraentes à boa-fé na formação do contrato que o novo Código Civil brasileiro se distingue do seu antecessor.

O art. 422 tampouco pode-se considerar um caso isolado numa perspectiva de Direito comparado: ele insere-se numa importante corrente de pensamento, que tem hoje expressão em diversos ordenamentos jurídicos. Tal corrente foi iniciada pelo ilustre jurista alemão Rudolph Von Jhering, em ensaio publicado em 18612, no qual o autor defendeu que, nos preliminares do contrato, há entre os negociadores uma relação obrigacional integrada por deveres de conduta cuja violação faz incorrer o infrator na obrigação de indenizar os danos desse modo causados à outra parte.

Essa concepção aflorou em várias regras do Código Civil alemão de 1896 e obteve consagração no Código italiano de 1942. Deste, ela passou para o

547-553.

75 VICENTE, Dário Manuel Lentz de Moura. *A Responsabilidade Pré-Contratual no Código Civil brasileiro de 2002*. Conferência proferida na "II Jornada de Direito Civil", realizada pelo Centro de Estudos Judiciários do Conselho da Justiça Federal, nos dias 17 a 25 de novembro de 2003, nos auditórios do Tribunal Regional Federal da 5ª Região, Superior Tribunal de Justiça e Tribunal Regional Federal da 4ª Região. www.cjf.gov.br/revista/numero25/artigo05.pdf, acesso em 1.7.2007.

Código Civil português de 1966, cujo art. 227º, nº 1, dispõe: *quem negocia com outrem para a conclusão de um contrato deve, tanto nos preliminares como na formação dele, proceder segundo as regras* da boa-fé, sob pena de responder pelos danos que culposamente causar à outra parte.

Mais recentemente, essa orientação foi acolhida na Lei alemã de Modernização do Direito das Obrigações, de 2001, que estendeu aos preliminares e à conclusão do contrato os deveres de cuidado que vinculam as partes na sua execução e sujeitou a sua violação às regras gerais relativas ao incumprimento dos deveres emergentes da relação obrigacional".[76]

O STJ, no Recurso Especial 1.051.065-AM, de relatoria do ministro Ricardo Villas Boas Cueva, em 21/02/2013, já decidiu: "Com o advento do CC/2002, dispôs-se, de forma expressa, a respeito da boa-fé (art. 422), da qual se extrai a necessidade de observância dos chamados deveres anexos ou de proteção. Com base nesse regramento, deve-se reconhecer a responsabilidade pela reparação de danos originados na fase pré-contratual caso verificadas a ocorrência de consentimento prévio e mútuo no início das tratativas, a afronta à boa-fé objetiva com o rompimento ilegítimo destas, a existência de prejuízo e a relação de causalidade entre a ruptura das tratativas e o dano sofrido. Nesse contexto, o dever de reparação não decorre do simples fato de as tratativas terem sido rompidas e o contrato não ter sido concluído, mas da situação de uma das partes ter gerado à outra, além da expectativa legítima de que o contrato seria concluído, efetivo prejuízo material."

Na legislação alienígena, verifica-se que o direito civil português trata da responsabilidade pré-contratual no artigo 227 ao afirmar que "(Culpa na formação dos contratos) 1. Quem negoceia com outrem para conclusão de um contrato deve, tanto nos preliminares como na formação dele, proceder segundo as regras da boa-fé, sob pena de responder pelos danos que culposamente causar à outra parte."

Já o Código Civil italiano enfrenta a questão no artigo 1337 ao dizer que "Trattative e responsabilità precontrattuale. Le parti, nello svolgimento delle trattative e nella formazione del contratto, devono comportarsi secondo buona fede."

A aplicabilidade da boa-fé objetiva na fase pré-contratual, em sede jurisprudencial, ganhou destaque com a decisão proferida no Tribunal do Rio Grande do Sul, no famoso "Caso CICA" ou "Caso dos Tomates".

O litígio envolvia um pequeno grupo de agricultores do município de Canguçu e a Companhia Industrial de Conservas Alimentícias - CICA. A decisão judicial foi no sentido de que a empresa havia gerado expectativa de compra de toda a safra de tomates, causando, pois, danos aos agricultores, uma vez que estes tinham plantado os tomates na confiança de realização do

76 Ibid.

negócio jurídico, uma vez que já tinham vendido toda a safra de tomates dos anos anteriores a CICA. A empresa, inclusive, fomentou o plantio dos tomates com a doação de sementes da fruta.[77]

13.5.8 O princípio da boa-fé e a responsabilidade pós-contratual

A conduta de cooperação, leal, honesta e verdadeira deve continuar entre os contratantes na fase pós-contratual. Um exemplo desta conduta é o recall realizado pelos fabricantes nas indústrias automobilísticas, de informática, medicamentos, brinquedos, alimentos etc.

Por exemplo, a *Samsung* suspendeu a fabricação do telefone Galaxy Note 7. A iniciativa ocorre após um recall de 2,5 milhões de aparelhos no mundo todo por conta do risco de explosão da bateria.

A empresa também anunciou que ordenou a suspensão das vendas e trocas de unidades do Galaxy Note 7 enquanto acontecem as investigações sobre os problemas recentes.[78]

13.5.9 Enunciados do Conselho da Justiça Federal (Jornadas de Direito Civil)

Referindo-se aos artigos 113, 421 e 422, o Conselho da Justiça Federal nas Jornadas de Direito Civil publicou os seguintes enunciados:

Conselho da Justiça Federal - I Jornada de Direito Civil

- CJF - Enunciado 21 - Art. 421: a função social do contrato, prevista no art. 421 do novo Código Civil, constitui cláusula geral a impor a revisão do princípio da relatividade dos efeitos do contrato em relação a terceiros, implicando a tutela externa do crédito.
- CJF - Enunciado 22 - Art. 421: a função social do contrato, prevista no art. 421 do novo Código Civil, constitui cláusula geral que reforça o princípio de conservação do contrato, assegurando trocas úteis e justas.

---

77 CONTRATO. TEORIA DA APARÊNCIA. INADIMPLEMENTO. O trato, contido na intenção, configura contrato, porquanto os produtores, nos anos anteriores, plantaram para a CICA e, não tinham por que plantar, sem garantia da compra (TJRS, Embargos Infringentes nº 591083357, Terceiro Grupo de Câmaras Cíveis, Rel. Juiz Adalberto Libório Barros, j. 01/11/91)

78 O caso. Fabricante número 1 de smartphones no mundo, a Samsung enfrenta tempos difíceis desde que, em 2 de setembro, semanas após o lançamento antecipado do Galaxy Note 7, teve de anunciar o recall de 2,5 milhões de unidades vendidas em 10 países. O motivo era que as baterias podiam explodir. A decisão de suspender temporariamente a produção foi tomada em coordenação com as autoridades de proteção ao consumidor da Coreia do Sul, Estados Unidos e China, informou a fonte, que pediu anonimato, à agência. Disponível em: < http://g1.globo.com/tecnologia/noticia/2016/10/samsung-suspende-producao-do-galaxy-note-7.html>. Acesso em: 11 out. 2016.

• CJF - Enunciado 23 - Art. 421: a função social do contrato, prevista no art. 421 do novo Código Civil, não elimina o princípio da autonomia contratual, mas atenua ou reduz o alcance desse princípio quando presentes interesses metaindividuais ou interesse individual relativo à dignidade da pessoa humana.

Conselho da Justiça Federal - III Jornada de Direito Civil

• CJF - Enunciado 166 - Arts. 421 e 422 ou 113: A frustração do fim do contrato, como hipótese que não se confunde com a impossibilidade da prestação ou com a excessiva onerosidade, tem guarida no Direito brasileiro pela aplicação do art. 421 do Código Civil.

• CJF - Enunciado 167 - Arts. 421 a 424: Com o advento do Código Civil de 2002, houve forte aproximação principiológica entre esse Código e o Código de Defesa do Consumidor, no que respeita à regulação contratual, uma vez que ambos são incorporadores de uma nova teoria geral dos contratos.

Conselho da Justiça Federal - IV Jornada de Direito Civil

• CJF - Enunciado 360 - Art. 421. O princípio da função social dos contratos também pode ter eficácia interna entre as partes contratantes.

• CJF - Enunciado 361 - Arts. 421, 422 e 475. O adimplemento substancial decorre dos princípios gerais contratuais, de modo a fazer preponderar a função social do contrato e o princípio da boa-fé objetiva, balizando a aplicação do art. 475.

Conselho da Justiça Federal - V Jornada de Direito Civil

• CJF - Enunciado 431 - Art. 421. A violação do art. 421 conduz à invalidade ou à ineficácia do contrato ou de cláusulas contratuais.

Conselho da Justiça Federal - VII Jornada de Direito Civil

• CJF - Enunciado 582 - Com suporte na liberdade contratual e, portanto, em concretização da autonomia privada, as partes podem pactuar garantias contratuais atípicas. Parte da legislação: arts. 421 e 425 do Código Civil Justificativa: A dicotomia pessoais/reais não exaure o universo das garantias contratuais. "Apesar da correção da bipartição tradicional, desde sempre houve figuras que a ela não se podiam reconduzir, como os privilégios gerais ou a separação de patrimónios, tendo a evolução da prática vindo ainda a admitir outros casos especiais de garantia, como a transmissão da propriedade com esse fim ou as garantias especiais sobre certos direitos." (LEITÃO, Luís Manuel Teles de Menezes. Garantias das Obrigações. Coimbra: Almedina, 2008, p. 15). No mesmo sentido, afirma Vera Maria Jacob de Fradera que "as clássicas garantias fidejussórias, fiança e aval, não esgotam todas as hipóteses possíveis de prestação de garantia, do tipo pessoal, admitindo-se, neste âmbito, contratos inominados e atípicos". (FRADERA, Vera Maria Jacob de. Os contratos autônomos de garantia. Ajuris, nº 53, nov. 1991, p. 242). A liberdade contratual abrange a faculdade de contratar e não contratar, a liberdade de escolha da pessoa com quem contratar, bem como a liberdade de fixar o conteúdo do contrato. No direito de escolher o conteúdo do contrato encontra-se o de construir a garantia contratual que convém às partes. Ensina ainda Vera Maria Jacob de Fradera que "as prestações de garantia não se submetem a numerus clausus nem à nomenclatura exaustiva." (IDEM).

O Conselho da Justiça Federal nas Jornadas de Direito Civil publicou os seguintes enunciados em relação ao artigo 422:

Conselho da Justiça Federal - I Jornada de Direito Civil

• CJF - Enunciado 24 - Art. 422: em virtude do princípio da boa-fé, positivado no art. 422 do novo Código Civil, a violação dos deveres anexos constitui espécie de inadimplemento, independentemente de culpa.

• CJF - Enunciado 25 - Art. 422: o art. 422 do Código Civil não inviabiliza a aplicação pelo julgador do princípio da boa-fé nas fases pré-contratual e pós -contratual.

• CJF - Enunciado 26 - Art. 422: a cláusula geral contida no art. 422 do novo Código Civil impõe ao juiz interpretar e, quando necessário, suprir e corrigir o contrato segundo a boa-fé objetiva, entendida como a exigência de comportamento leal dos contratantes.

• CJF - Enunciado 27 - Art. 422: na interpretação da cláusula geral da boa-fé, deve-se levar em conta o sistema do Código Civil e as conexões sistemáticas com outros estatutos normativos e fatores metajurídicos.

Conselho da Justiça Federal - III Jornada de Direito Civil

• CJF - Enunciado 166 - Arts. 421 e 422 ou 113: A frustração do fim do contrato, como hipótese que não se confunde com a impossibilidade da prestação ou com a excessiva onerosidade, tem guarida no Direito brasileiro pela aplicação do art. 421 do Código Civil.

• CJF - Enunciado 167 - Arts. 421 a 424: Com o advento do Código Civil de 2002, houve forte aproximação principiológica entre esse Código e o Código de Defesa do Consumidor, no que respeita à regulação contratual, uma vez que ambos são incorporadores de uma nova teoria geral dos contratos.

• CJF - Enunciado 168 - Art. 422: O princípio da boa-fé objetiva importa no reconhecimento de um direito a cumprir em favor do titular passivo da obrigação.

• CJF - Enunciado 169 - Art. 422: O princípio da boa-fé objetiva deve levar o credor a evitar o agravamento do próprio prejuízo.

• CJF - Enunciado 170 - Art. 422. A boa-fé objetiva deve ser observada pelas partes na fase de negociações preliminares e após a execução do contrato, quando tal exigência decorrer da natureza do contrato.

Conselho da Justiça Federal - IV Jornada de Direito Civil

• CJF - Enunciado 361 - Arts. 421, 422 e 475. O adimplemento substancial decorre dos princípios gerais contratuais, de modo a fazer preponderar a função social do contrato e o princípio da boa-fé objetiva, balizando a aplicação do art. 475.

• CJF - Enunciado 362 - Art. 422. A vedação do comportamento contraditório (*venire contra factum proprium*) funda-se na proteção da confiança, tal como se extrai dos arts. 187 e 422 do Código Civil.

• CJF - Enunciado 363 - Art. 422. Os princípios da probidade e da confiança são de ordem pública, estando a parte lesada somente obrigada a demonstrar a existência da violação.

13.6 Manifestação e Declaração de Vontade

13.6.1 Elemento interno

A vontade interna do sujeito não tem relevância para o Direito, isto é, o ordenamento jurídico não imputa efeito jurídico à vontade interna das partes. A razão é anotada por ANDREAS von TUHR: "las personas a que se refieren los efectos del negocio jurídico, en particular el destinatario de la declaración, al principio, únicamente conocen la declaración y sólo pueden concebirla y observarla según el sentido que fluye de la misma. Por eso, el declarante debe aceptar lo que de su declaración resulta como su voluntad; si el sentido no corresponde a la intención, corre con el riesgo de su acto en la medida en que la ley no le socorre por motivos de equidad".[79]

13.6.2 Elemento externo

A manifestação de vontade do agente é um elemento essencial para a formação do negócio jurídico, já que a vontade interna não possui relevância para o Direito. Daí que a manifestação de vontade deve ser externada pelo sujeito.

CAIO MÁRIO DA SILVA PEREIRA, baseado em SALEILLES, afirma que "a vontade interna ou real é a que traz a força jurígena, mas é a sua exteriorização pela declaração que a torna conhecida, o que permite dizer que a produção de efeitos é um resultado da vontade, mas que esta não basta sem a manifestação exterior".[80]

---

79 Von TUHR, Andreas. *Derecho civil:* teoria general del derecho civil alemán. Vol. II. Tradução: Tito Ravà. Buenos Aires: Depalma, 1947, p. 77.

80 PEREIRA, Caio Mário da Silva. *Instituições de direito civil.* 20. ed. Vol. I. Atualizadora: Maria

No negócio jurídico unilateral, a declaração unilateral de vontade já produz efeitos jurídicos. Nos contratos (negócio jurídico bilateral) são necessárias duas manifestações de vontades (e.g., no contrato de compra e venda são necessárias duas manifestações de vontades: do adquirente e alienante) para que ocorra produção de efeitos jurídicos.

Esta manifestação de vontade pode ser: verbal, escrita, tácita ou o próprio silêncio. Por exemplo, movimentos com a cabeça, acenos de mão para contratar uma "corrida de táxi", o sinal de positivo, o levantar em votações, a redação de um documento e, eventualmente, o próprio silêncio caracterizam a manifestação de vontade do declarante.

É necessário, portanto, que a vontade de declarar, isto é, a vontade de praticar um ato jurídico seja manifestada pelo sujeito a outra pessoa.

A vontade do agente pode manifestar-se, também, através de um ato que venha a produzir efeitos jurídicos, tais como: o ato do testador que destrói seu testamento, revogando-o; a pessoa que rasga um título de crédito, a pessoa que pesca o peixe em alto-mar constitui um negócio de aquisição da propriedade móvel por ocupação, da mesma forma, o sujeito que junta as latinhas de alumínio descartadas na praia ou as crianças que recolhem "tatuís" (pequenos crustáceos) fazendo escavações na areia da praia.

13.6.3 Forma de expressão da vontade

A forma do negócio jurídico é o meio pelo qual o sujeito manifesta a sua vontade. Em relação ao elemento formal, as declarações de vontade se apresentam de vários modos.

13.6.3.1 Declaração expressa (direta) e declaração mediata

A *declaração expressa (direta)* ocorre quando à vontade de uma pessoa chega diretamente ao conhecimento da outra, como acontece nos casos das declarações orais entre pessoas ou com as comunicações escritas entregues diretamente pelo sujeito à outra pessoa.

A *declaração mediata* ocorre quando a declaração chega à outra pessoa através de um mensageiro, através de uma carta ou telegrama, ou com a notificação entregue pelo oficial de justiça. Neste caso a possibilidade de erro na transmissão da declaração deste modo é maior do que daquela.

13.6.3.2 Declaração materializada e declaração mediata

A *declaração materializada* é aquela que é declarada por meio material, como uma carta, um telegrama. E a *declaração não materializada* é aquela que é transmitida oralmente (através de contato telefônico).

Celina Bodin de Moraes. Rio de Janeiro: Forense, 2004, p. 482.

13.6.3.3 Declaração tácita

A *declaração tácita* é aquela que se desvela pela conduta (comissivas ou omissivas) do agente que venha a traduzir o seu querer. O artigo 1.079 do Código Civil de 1916 afirmava que "a manifestação da vontade, nos contratos, pode ser tácita, quando a lei não exigir que seja expressa".

O Código Civil português, no artigo 217°, distingue as declarações *expressas* e *tácitas*. A declaração é *expressa* quando é feita por palavras, escrito ou outro meio direto de manifestação da vontade; é tácita quando se deduz de fatos que, com toda a probabilidade a revelam.

Para a apuração da declaração tácita, VICENTE RÁO afirma que "basta observar-se a maneira comum e razoável de apreciação dos fatos humanos, de conformidade com o que, no respectivo meio ambiente, se considera se a ordem normal das coisas, até se alcançar a convicção honesta de que os fatos examinados equivalem, inequivocamente, à revelação de certa vontade".[81] Por exemplo, se aquele a quem foi feita a proposta contratual, sem que declare de forma expressa a sua aceitação, dê início ao contrato proposto, devemos deduzir que é um comportamento alinhado de quem aceitou a proposta de forma tácita.

Em regra, as declarações expressas e tácitas possuem o mesmo valor.

13.6.3.4 Silêncio

Em regra, o silêncio é a ausência de declaração. Ocorre que, em determinadas hipóteses legais, acarreta aceitação, tais como no contrato de doação (Art. 539. O doador pode fixar prazo ao donatário, para declarar se aceita ou não a liberalidade. Desde que o donatário, ciente do prazo, não faça, dentro dele, a declaração, entender-se-á que aceitou, se a doação não for sujeita a encargo).

O silêncio é, pois, uma manifestação de vontade que importa anuência e, consequentemente, produzirá vontade jurígena. O artigo 111 do nosso Código Civil afirma que "o silêncio importa anuência, quando as circunstâncias ou os usos o autorizarem, e não for necessária a declaração de vontade expressa".[82]

Daí não ser possível afirmar, em Direito, que "quem cala consente", já que o silêncio, em tese, traduz-se no estado de quem se cala, representando uma privação de falar. O silêncio no sentido técnico-jurídico deve ser interpretado consoante a regra do artigo 111. Melhor dizendo: o seu valor jurídico somente traduzirá manifestação de vontade negocial, quando as circunstâncias ou os usos o autorizarem, e o ato jurídico não exigir manifestação expressa.

81 RÁO, Vicente. *Ato jurídico*. 4. ed. São Paulo: *Revista dos Tribunais*, 1997, p. 121.
82 Sem Correspondente ao CC de 1916.

O silêncio não deve ser confundido com a declaração tácita, já que esta traduz atitudes do declarante que tornam clara a sua vontade e o silêncio representa a inércia do sujeito.

SERPA LOPES aponta como elementos caracterizadores do silêncio:[83]

a) manifestação da vontade por meio de um comportamento negativo;
b) deduzida de circunstâncias concludentes;
c) caracterizada pelo dever e possibilidade de falar por parte do silente;
d) convicção da outra parte de haver, nesse comportamento negativo e nessas circunstâncias, uma direção de vontade inequívoca e incompatível com a expressão de uma vontade oposta.

13.6.4 Declaração de vontade receptícia e não receptícia

As declarações de vontade podem ser classificadas como receptícias e não receptícias. As *declarações receptícias* dirigem-se a determinadas pessoas, para ciência destas, com vistas à produção de seus efeitos. É o caso da revogação do mandato, renúncia do mandato, a proposta do contrato que deve chegar o conhecimento do oblato (aceitante) etc.

As *declarações não receptícias*, ao contrário, são aquelas que produzem seus efeitos independentemente da recepção ou de qualquer declaração de outra pessoa. É a hipótese do testamento, promessa de recompensa etc.

13.7 Plano de Existência

Preliminarmente, o negócio jurídico deve conter seus elementos essenciais para que exista e para que o ordenamento jurídico reconheça nesta vontade, os efeitos jurídicos desejados pelo agente.

A partir de então, o negócio jurídico deve satisfazer os requisitos impostos pelo ordenamento jurídico para que tenha validade. E por fim, deve-se analisar a concretude e a produção de efeitos do ato jurídico.

O resultado buscado pelo agente é, pois, o seguinte conjunto: a) os elementos essenciais do negócio jurídico para que ele exista; b) os requisitos jurídicos de validade; c) os fatores de eficácia.

13.7.1 Elementos essenciais ou gerais

Os elementos essenciais ou gerais do negócio jurídico são: a) vontade; b) a manifestação de vontade; e c) possibilidade de produção de efeitos.

Além dos *elementos essenciais ou gerais* necessários para a configuração do negócio jurídico (comuns a todos os negócios), existem os *elementos cate-*

83 *SERPA LOPES, Miguel Maria de. O silêncio como manifestação de vontade nas obrigações.* Rio: Livraria Suíça, 1944.

goriais (ou específicos) exigidos para cada tipo de negócio (e.g., não haverá contrato de compra e venda se não houver consenso sobre coisa e preço).

O elemento da *possibilidade de produção de efeitos* não está, aqui, inserido na ambiência do plano da eficácia, mas sim relacionado à possibilidade da vontade manifestada produzir uma situação jurídica. THELMA FRAGA ensina que a possibilidade de produção de efeitos "se cinge à verificação da manifestação de vontade ser passível de fazer nascer uma situação jurídica, ou seja, se poderá produzir efeitos à conduta em exame ou se padece de possibilidade, v.g., manifestação que nasça com o intuito de brincadeira, ou seja, dotada de *animus jocandi*".[84]

É em face dos elementos essenciais que se pode cogitar da inexistência.

13.7.2 Inexistência

Caso o ato jurídico não apresente os seus pressupostos de existência, ele *não existe* (*inexiste no plano do ser*. É o não ser). Nesse caso, não há necessidade de discutir se o ato é *nulo* ou *ineficaz*, nem mesmo se exige a sua desconstituição judicial.

13.8 Plano de Validade

Após a verificação da existência do negócio jurídico, é necessário apreciar a sua validade. O negócio jurídico reclama para a sua validade os requisitos elencados no artigo 104 do Código Civil brasileiro, a saber:[65]

I – agente capaz;
II – objeto lícito, possível, determinado ou determinável;
III – forma prescrita ou não defesa em lei.

O negócio jurídico será considerado válido se estiver de acordo com as regras jurídicas. Daí, é no plano de validade que ocorre a justificação técnico-jurídica do negócio jurídico.

13.8.1 Agente capaz

Os negócios jurídicos são celebrados por pessoas (pessoas naturais ou pessoas jurídicas) no seu livre exercício da autonomia privada. Um dos requisitos para a validade do negócio jurídico é a capacidade do agente. A regra é a capacidade das pessoas em realizar os negócios jurídicos. Toda pessoa que se acha no exercício dos seus direitos tem capacidade para estar em juízo (CPC, art. 70). A incapacidade ou falta de capacidade é a restrição legal ao exercício

---

84 FRAGA, Thelma Araújo Esteves; MELLO, Cleyson de Moraes. *Direito civil:* introdução e parte geral. Niterói: Impetus, 2005, p. 320.

dos atos da vida civil. Quanto à capacidade, as pessoas estão agrupadas em três espécies, a saber: a) as pessoas absolutamente incapazes, b) as pessoas relativamente incapazes e c) as pessoas capazes.

Um dos fundamentos do instituto jurídico da incapacidade é a proteção aos incapazes, na medida em que a lei restringe ou limita que a pessoa incapaz realize os atos da vida civil, sem a *representação* ou *assistência* de outra pessoa. Daí que os incapazes serão representados ou assistidos por seus pais, tutores ou curadores, na forma da lei civil (CPC, art. 8°).

Vale lembrar, mais uma vez que a *capacidade* não se confunde com a *legitimidade*. A *capacidade* é a aptidão para ser titular de direitos e deveres no mundo jurídico e a *legitimidade* é a posição em que a pessoa se encontra em relação a um interesse, bens ou situação jurídica, os quais possa agir sobre eles. Melhor dizendo, a *legitimidade* é a possibilidade que a pessoa tem de agir, de manifestar sua vontade, autorizada pela lei, sobre um interesse, bens ou situação jurídica.

Em regra, a pessoa que possui legitimidade para agir sobre determinado interesse, bens ou situação jurídica é o próprio titular de direitos e deveres. Neste caso, legitimidade e titularidade coincidem. Porém, isto pode não acontecer. Há casos, no ordenamento jurídico, em que terceiros estão legitimados a agir sem que sejam titulares de direitos e deveres, como no caso do pagamento efetuado por terceiro que não o devedor.

Uma pessoa proprietária de vários bens pode ter capacidade de realizar uma doação, mas não terá legitimidade de doar todos os seus bens sem reserva de parte, ou renda suficiente para a sua subsistência, já que a lei não autoriza a realização da referida manifestação de vontade (CC, art. 548), ou seja, falta de autorização para o exercício do ato jurídico.

Em regra, a ausência de legitimidade tem como consequência a ineficácia do ato jurídico que representa a impossibilidade de produção (total ou parcial) dos efeitos jurídicos.

13.8.2 Objeto

Outro requisito para a validade do negócio jurídico é o objeto. Este há de ser lícito, possível, determinado ou determinável.

Quanto à liceidade do objeto, CLÓVIS BEVILÁQUA esclarece que "a declaração de vontade deve ser conforme aos fins éticos do direito, que não pode dar apoio a institutos imorais, cercar de garantias combinações contrárias aos seus preceitos fundamentais. [...] Consequentemente, se o objeto do ato for ofensivo da moral ou das leis de ordem pública, o direito não lhe reconhece validade".[85]

85 BEVILÁQUA, Clóvis. *Código civil dos Estados Unidos do Brasil comentado por Clóvis Beviláqua*. V. 1. Edição histórica. Rio de Janeiro: Rio, 1976, p. 329.

A possibilidade do objeto deve ser analisada sob o ponto de vista natural e jurídico. A impossibilidade natural está relacionada com os atos jurídicos que têm por objeto qualquer contrato que recaia sobre indivíduos ou gêneros que inexistem ou cujo objeto seja insuscetível de apropriação (*v.g.*, o ar, a luz, o mar). A impossibilidade jurídica acontece, por exemplo, quando alguém procura transacionar algo fora do comércio ou renuncia os direitos da personalidade.

A impossibilidade pode ser originária (inicial) ou superveniente. Aquela existe desde logo, ou seja, com a formação do negócio jurídico; esta surgirá após a celebração do negócio jurídico.

Ainda é possível classificar a impossibilidade como absoluta (erga omnes) ou relativa. A impossibilidade absoluta é aquela que existe em relação a qualquer devedor. A impossibilidade relativa se refere a este ou àquele sujeito somente. Neste caso, um exemplo, é a obrigação do devedor em ministrar uma aula de direito civil, sem que tenha conhecimentos e habilidades para a realização do ato. Outra pessoa dotada de conhecimentos jurídicos na esfera cível poderia cumprir a obrigação.

O artigo 106 do nosso Código Civil determina que "a impossibilidade inicial do objeto não invalida o negócio jurídico se for relativa, ou se cessar antes de realizada a condição a que ele estiver subordinado".[86]

Por fim, a impossibilidade pode ser *temporária* ou *perpétua*. Aquela desaparece com o decurso do tempo, esta não.

O objeto deve ainda ser *determinado* ou *determinável*, ou seja, se exige a sua descrição e individualização.

13.8.3 Forma do negócio jurídico

A regra geral é que as declarações de vontade não dependem de forma especial, senão quando a lei expressamente a exigir (CC, art. 107).[87] Assim, o consensualismo é a regra, e o formalismo, a exceção.

CAIO MÁRIO DA SILVA PEREIRA esclarece: "o direito considera, então, a forma do negócio em dois sentidos: num primeiro é a própria 'manifestação' da vontade, expressão exterior da elaboração psíquica; num segundo, é o conjunto de requisitos materiais ou extrínsecos, de que a lei entende deva o ato negocial se revestir para ter eficácia ou para ser apurada a sua existência".[88]

Assim, em alguns momentos, o ordenamento jurídico exige determinada forma para o ato negocial, sendo este um dos requisitos de validade do negócio jurídico. Por exemplo, o artigo 1.653 preceitua que "é nulo o pacto

---

86 Sem Correspondente ao CC de 1916.

87 Correspondente ao art. 129 do CC de 1916.

88 PEREIRA, Caio Mário da Silva. *Instituições de direito civil*. 20. ed. Vol. I. Atualizadora: Maria Celina Bodin de Moraes. Rio de Janeiro: Forense, 2004, p. 488.

antenupcial se não for feito por escritura pública, e ineficaz se não lhe seguir o casamento".

O artigo 108 do nosso Código Civil determina que "não dispondo a lei em contrário, a escritura pública é essencial à validade dos negócios jurídicos que visem à constituição, transferência, modificação ou renúncia de direitos reais sobre imóveis de valor superior a trinta vezes o maior salário-mínimo vigente no País".[89] [90] É, pois um negócio jurídico ad solemnitatem, também denominada ad substantiam, eis que a forma é da substância do ato, indispensável para que a vontade produza efeitos (*forma dat esse rei*).

---

89 LEI N° 9.514, DE 20 DE NOVEMBRO DE 1997. Dispõe sobre o Sistema de Financiamento Imobiliário, institui a alienação fiduciária de coisa imóvel e dá outras providências. Art. 38. Os atos e contratos referidos nesta Lei ou resultantes da sua aplicação, mesmo aqueles que visem à constituição, transferência, modificação ou renúncia de direitos reais sobre imóveis, poderão ser celebrados por escritura pública ou por instrumento particular com efeitos de escritura pública. (Redação dada pela Lei n° 11.076, de 2004).

90 LEI No 6.766, DE 19 DE DEZEMBRO DE 1979. Dispõe sobre o Parcelamento do Solo Urbano e dá outras Providências. Art. 26 – Os compromissos de compra e venda, as cessões ou promessas de cessão poderão ser feitos por escritura pública ou por instrumento particular, de acordo com o modelo depositado na forma do inciso VI do art. 18 e conterão, pelo menos, as seguintes indicações: I – nome, registro civil, cadastro fiscal no Ministério da Fazenda, nacionalidade, estado civil e residência dos contratantes; II – denominação e situação do loteamento, número e data da inscrição; III – descrição do lote ou dos lotes que forem objeto de compromissos, confrontações, área e outras características; IV – preço, prazo, forma e local de pagamento bem como a importância do sinal; V – taxa de juros incidentes sobre o débito em aberto e sobre as prestações vencidas e não pagas, bem como a cláusula penal, nunca excedente a 10% (dez por cento) do débito e só exigível nos casos de intervenção judicial ou de mora superior a 3 (três) meses; VI – indicação sobre a quem incumbe o pagamento dos impostos e taxas incidentes sobre o lote compromissado; VII – declaração das restrições urbanísticas convencionais do loteamento, supletivas da legislação pertinente. § 1° – O contrato deverá ser firmado em três vias ou extraído em três traslados, sendo um para cada parte e o terceiro para arquivo no registro imobiliário, após o registro e anotações devidas. § 2° – Quando o contrato houver sido firmado por procurador de qualquer das partes, será obrigatório o arquivamento da procuração no Registro Imobiliário. § 3° Admite-se, nos parcelamentos populares, a cessão da posse em que estiverem provisoriamente imitidas a União, Estados, Distrito Federal, Municípios e suas entidades delegadas, o que poderá ocorrer por instrumento particular, ao qual se atribui, para todos os fins de direito, caráter de escritura pública, não se aplicando a disposição do inciso II do art. 134 do Código Civil. (Incluído pela Lei n° 9.785, 29.1.99) § 4° A cessão da posse referida no § 3°, cumpridas as obrigações do cessionário, constitui crédito contra o expropriante, de aceitação obrigatória em garantia de contratos de financiamentos habitacionais. (Incluído pela Lei n° 9.785, 29/01/99). § 5° Com o registro da sentença que, em processo de desapropriação, fixar o valor da indenização, a posse referida no § 3° converter-se-á em propriedade e a sua cessão, em compromisso de compra e venda ou venda e compra, conforme haja obrigações a cumprir ou estejam elas cumpridas, circunstância que, demonstradas ao Registro de Imóveis, serão averbadas na matrícula relativa ao lote. (Incluído pela Lei n° 9.785, 29.1.99) § 6° Os compromissos de compra e venda, as cessões e as promessas de cessão valerão como título para o registro da propriedade do lote adquirido, quando acompanhados da respectiva prova de quitação. (Incluído pela Lei n° 9.785, 29/01/99).

Já o negócio jurídico ad probationem tantum é aquele que a forma destina-se a facilitar a prova do ato. Aqui é o caso, e.g. da lavratura do assento de casamento no livro de registro (art. 1.536, CC), haja vista que se destina a prova do casamento, embora não seja essencial à sua validade.

O Conselho da Justiça Federal, na IV Jornada de Direito Civil, editou o Enunciado 289 que diz: "Art. 108. O valor de 30 salários-mínimos constante no art. 108 do Código Civil brasileiro, em referência à forma pública ou particular dos negócios jurídicos que envolvam bens imóveis, é o atribuído pelas partes contratantes e não qualquer outro valor arbitrado pela Administração Pública com finalidade tributária".

As partes podem estabelecer em cláusula contratual que o negócio jurídico não tenha valor sem instrumento público. É o que prescreve a regra do artigo 109 do CC ao dizer: "No negócio jurídico celebrado com a cláusula de não valer sem instrumento público, este é da substância do ato".[91]

No mesmo sentido o artigo 366 do nosso diploma processual civil: "Quando a lei exigir, como da substância do ato, o instrumento público, nenhuma outra prova, por mais especial que seja, pode suprir-lhe a falta".

13.9 invocação da incapacidade relativa em proveito próprio

Não é razoável que alguém celebre um contrato com uma pessoa incapaz para, posteriormente, invocar a incapacidade relativa do mesmo, visando desconstituir o negócio jurídico. Daí que o artigo 105 dispõe que "a incapacidade relativa de uma das partes não pode ser invocada pela outra em benefício próprio, nem aproveita aos cointeressados capazes, salvo se, neste caso, for indivisível o objeto do direito ou da obrigação comum".[92]

A exceção ocorrerá na hipótese da existência de uma relação jurídica em que de um lado existe uma pessoa capaz, e de outro, uma pessoa capaz e uma pessoa relativamente incapaz, e, neste caso, este poderá anular o negócio jurídico, somente a este aproveitando a anulação, salvo se for indivisível o objeto do direito ou da obrigação comum.[93]

---

91 Correspondente ao art. 133 do CC de 1916.

92 Correspondente ao art. 83 do CC de 1916.

93 CC 2002 – Art. 257. Havendo mais de um devedor ou mais de um credor em obrigação divisível, esta presume-se dividida em tantas obrigações, iguais e distintas, quantos os credores ou devedores.

CC 2002 – Art. 258. A obrigação é indivisível quando a prestação tem por objeto uma coisa ou um fato não suscetíveis de divisão, por sua natureza, por motivo de ordem econômica, ou dada a razão determinante do negócio jurídico.

CC 2002 – Art. 259. Se, havendo dois ou mais devedores, a prestação não for divisível, cada um será obrigado pela dívida toda. Parágrafo único. O devedor, que paga a dívida, sub-roga-se no direito do credor em relação aos outros coobrigados.

CC 2002 – Art. 260. Se a pluralidade for dos credores, poderá cada um destes exigir a dívida inteira; mas o devedor ou devedores se desobrigarão, pagando: I – a todos conjuntamente; II – a

13.10 Causa do negócio jurídico

Não é fácil apontar uma orientação dominante da *causa* do negócio jurídico. Isto porque existem países causalistas que adotam a *causa* como um dos elementos essenciais do negócio jurídico e outros considerados anticausalistas.

A doutrina atual costuma partir das concepções de DOMAT e de POTHIER na exposição dos problemas da causa. O legislador francês adotou a causa como um dos elementos essenciais do negócio jurídico no artigo 1.131: "a obrigação sem causa ou sobre uma falsa causa ou sobre uma causa ilícita não pode ter efeito algum".

A causa é entendida de modo diverso em vários países. De acordo com as lições de FLUME e GIORGIANNI, PEDRO PAIS DE VASCONCELOS escreve que, "em França, é dominante a concepção subjetiva da causa, como motivo, como 'causa impulsiva'. Na Alemanha, a causa é entendida como *'Grund'*, como fundamento, e distingue-se consoante é referida a atos abstratos de disposição, que têm como causa os atos, contratos ou relações jurídicas subjacentes, ou quando é referida a contratos obrigacionais causais, em que se confunde com o conteúdo do contrato. Na Itália, a causa é predominantemente entendida como função econômica e social típica que funda o reconhecimento da juridicidade do contrato. Na Inglaterra e nos Estados Unidos da América, a causa é entendida como *consideration*. Em Portugal a causa é entendida de modo diferenciado pelos autores, não sendo possível caracterizar orientação dominante".[94]

O anticausalismo sustentado por PLANIOL, adotado por CLÓVIS BEVILÁQUA, foi desenvolvido por LAURENT, inspirado nas ideias de ERNEST, professor na Universidade de Liège.[95] Os principais argumentos anticausalistas podem ser assim enunciados: "a) impossibilidade para os causalistas em estabelecerem nitidamente o que é *causa* o que é *motivo*; b) impossibilidade

---

um, dando este caução de ratificação dos outros credores.

CC 2002 – Art. 261. Se um só dos credores receber a prestação por inteiro, a cada um dos outros assistirá o direito de exigir dele em dinheiro a parte que lhe caiba no total.

CC 2002 – Art. 262. Se um dos credores remitir a dívida, a obrigação não ficará extinta para com os outros; mas estes só a poderão exigir, descontada a quota do credor remitente. Parágrafo único. O mesmo critério se observará no caso de transação, novação, compensação ou confusão.

CC 2002 – Art. 263. Perde a qualidade de indivisível a obrigação que se resolver em perdas e danos. § 1° Se, para efeito do disposto neste artigo, houver culpa de todos os devedores, responderão todos por partes iguais. § 2° Se for de um só a culpa, ficarão exonerados os outros, respondendo só esse pelas perdas e danos.

94 VASCONCELOS, Pedro Pais de. *Teoria geral do direito civil.* 3. ed. Coimbra: Almedina, 2005, p. 620-621.

95 SERPA LOPES, Miguel Maria de. *Curso de direito civil.* Vol. I. 9. ed. Rio de Janeiro: 2000, p. 485.

lógica, nos contratos sinalagmáticos, de uma obrigação ser causa da outra, pois suscita um círculo vicioso, noção inútil, pois, quando ao contrato falta causa, é nulo por lhe faltar o objeto; c) o mesmo ocorre nos contratos reais, pois a não entrega da coisa torna o contrato inexistente, visto que o contrato se forma em razão dessa entrega da coisa, como no contrato de depósito; d) nos contratos a título gratuito, representa uma pura tautologia fundar a sua causa na *intenção liberal*, pois importa em afirmar que a causa de uma liberalidade é ser ela uma liberalidade".[96]

SERPA LOPES afirma que "dentre os juristas franceses e italianos que condenam a teoria da causa encontram-se Laurent, B. Lacantinerie, J. Dabin, Planiol, Demogue, Giorgio Giorgi e J. Hémard. Reputam o requisito da causa como inútil, um quarto elemento que se introduz num triângulo, composto pela vontade, o objeto e a forma".[97]

Assim, em linhas gerais, quanto à causa, o negócio jurídico pode ser classificado como *causal* ou *não causal*. Os negócios jurídicos causais apresentam um fundamento da juridicidade que as partes têm em vista, ou seja, as partes podem argumentar que o negócio jurídico foi celebrado com vistas ao cumprimento de uma obrigação (*causa solvendi*) ou com a finalidade de executar uma liberalidade (*causa donandi*).

Já os negócios *não causais* ou *abstratos* são aqueles em que a causa é irrelevante. Estes são mais utilizados no direito empresarial, tais como os negócios cambiários: o saque, o aceite, o endosso, o aval.

O sistema adotado pelo nosso Código Civil de 1916 inspirou-se no Código Civil alemão, partindo de CLÓVIS BEVILÁQUA a ideia de excluir a causa como elemento do negócio jurídico. Era o caso da hipótese do artigo 90 do CCB de 1916 que dizia: "A *falsa causa só vicia a declaração de vontade quando expresso como razão determinante*".

BEVILÁQUA observa que "os motivos do ato são do domínio da psicologia e da moral. O direito os não investiga, nem lhes sofre a influência; exceto quando fazem parte integrante do ato, quer apareçam como razão dele, quer como condição de que dependa".[98] Isto decorre da circunstância do agente não querer e não ter interesse em divulgar a causa do ato.

O Código Civil argentino, o alemão, o português e o federal suíço das obrigações não mencionam a causa entre os requisitos dos atos jurídicos. A mesma orientação seguiu o peruano.[99]

---

96 Ibid.

97 Ibid.

98 BEVILÁQUA, Clóvis. *Código civil dos Estados Unidos do Brasil comentado por Clóvis Beviláqua*. V. 1. Edição histórica. Rio de Janeiro: Rio, 1976, p. 338.

99 Ibid., p. 339.

O Código Civil brasileiro de 2002 substitui a palavra causa por motivo ao afirmar no artigo 140 que "*O falso motivo só vicia a declaração de vontade quando expresso como razão determinante*".

Dessa maneira, não interessa se o agente adquiriu uma casa para utilizá-la como morada ou pretendeu realizar um investimento alugando-a.

13.11 Plano de Eficácia

Vários são os fatores que condicionam a produção de efeitos do negócio jurídico. O negócio válido, mas sujeito a termo ou condição suspensiva, não se reveste de EFICÁCIA imediata. Outras vezes a lei cria um mecanismo de INEFICÁCIA PARCIAL ou RELATIVA: a declaração de vontade atinge as partes, mas não produz efeitos em relação a certa pessoa ou a terceiros (inoponibilidade). Exemplo típico de INEFICÁCIA RELATIVA é o contrato de locação de imóveis: seus efeitos operam sempre em relação ao locador e locatário. Se houver cláusula de validade contra terceiros, devidamente inscrita no RGI, os efeitos serão oponíveis também ao eventual comprador do prédio locado (Lei 8.245/91, art. 8°). A ineficácia pode decorrer da própria estrutura do negócio jurídico (termo, condição etc.).

13.12 Invalidade e Ineficácia do Negócio Jurídico

A validade dos contratos está relacionada à observância das regras legais relativas a seus pressupostos e requisitos. Logo, a invalidade implica ineficácia. São, pois, institutos jurídicos distintos. Um contrato inválido é ineficaz, todavia, a recíproca não é verdadeira. O contrato pode ser válido e ineficaz, ou inválido e eficaz.

O negócio jurídico poderá ser considerado inválido na ausência de um dos seus pressupostos (e.g., contrato celebrado pelo absolutamente incapaz) ou na hipótese de defeito do negócio jurídico (por exemplo, consentimento manifestado por erro, dolo etc.).

O contrato será considerado ineficaz, *stricto sensu,* quando, embora válido, não produz, temporária ou definitivamente, total ou parcialmente, seus efeitos. É o caso do contrato apresentar uma cláusula subordinando sua execução a condição suspensiva. Daí seus efeitos somente serão produzidos se a condição se verificar e a partir de seu implemento.

Assim, a ineficácia, *lato sensu,* compreende a ineficácia *(stricto sensu),* a invalidade propriamente dita e a inexistência. São situações distintas que impossibilitam a produção de efeitos nos contratos.

13.13 Quadro. Plano da Existência, Plano da Validade e Plano da Eficácia

PLANO DA EXISTÊNCIA	Existir
	Inexistir
PLANO DA VALIDADE	Validade
	Invalidade (nulidade)
PLANO DA EFICÁCIA	Eficaz
	Ineficaz

13.14 Negócio Jurídico Processual

O Código de Processo Civil inovou, ao tratar do "negócio jurídico processual" no art. 190, *in verbis*:

> "Versando o processo sobre direitos que admitam autocomposição, é lícito às partes plenamente capazes estipular mudanças no procedimento para ajustá-lo às especifici-dades da causa e convencionar sobre os seus ônus, poderes, faculdades e deveres processuais, antes ou durante o processo".

É uma inovação da área processual, pois autoriza as partes capazes, em cláusula aberta e geral, a influir diretamente sobre o procedimento e o prazo.

Vale lembrar o Enunciado da ENFAM nº 38: "Somente partes absolutamente capazes podem celebrar convenção pré-processual atípica (arts. 190 e 191 do CPC/2015)".

"Cumpre salientar que não se vislumbra possibilidade de convenção processual por parte que não seja capaz, mesmo incidentalmente ao processo. Todavia, assumindo a premissa que a convenção processual durante o processo seja possível, desde que a parte esteja legalmente representada e assistida por advogado, não haveria óbice para que, preenchidas as mesmas condições, seja possibilitada a convenção pré-processual."[100]

Sobre o objeto da convenção, Enunciado da ENFAM nº 37 diz que: "são nulas, por ilicitude do objeto, as convenções processuais que violem as garantias constitucionais do processo, tais como as que: a) autorizem o uso de prova ilícita; b) limitem a publicidade do processo para além das hipóteses

100 MACHADO JUNIOR, Dario Ribeiro e outros. *Novo Código de Processo Civil*: anotado e comparado: Lei nº 13.105, de 16 de março de 2015 / Dario Ribeiro Machado Junior e outros; coordenação Paulo Cezar Pinheiro Carneiro, Humberto Dalla Bernardina de Pinho. 2. ed. Rio de Janeiro: Forense, 2016. (Versão on line).

expressamente previstas em lei; c) modifiquem o regime de competência absoluta; e d) dispensem o dever de motivação".

"São admissíveis os seguintes negócios processuais, dentre outros: pacto de impenhorabilidade, acordo de ampliação de prazos das partes de qualquer natureza, acordo de rateio de despesas processuais, dispensa consensual de assistente técnico, acordo para retirar o efeito suspensivo de recurso, acordo para não promover execução provisória; pacto de mediação ou conciliação extrajudicial prévia obrigatória, inclusive com a correlata previsão de exclusão da audiência de conciliação ou de mediação; pacto de disponibilização prévia de documentação (pacto de disclosure), inclusive com estipulação de sanção negocial, sem prejuízo de medidas coercitivas, mandamentais, sub-rogatórias ou indutivas; previsão de meios alternativos de comunicação das partes entre si; acordo de produção antecipada de prova; a escolha consensual de depositário-administrador; convenção que permita a presença da parte contrária no decorrer da colheita de depoimento pessoal."[101]

101 MACHADO JUNIOR, Dario Ribeiro e outros. *Novo Código de Processo Civil*: anotado e comparado: Lei nº 13.105, de 16 de março de 2015 / Dario Ribeiro Machado Junior e outros; coordenação Paulo Cezar Pinheiro Carneiro, Humberto Dalla Bernardina de Pinho. 2. ed. Rio de Janeiro: Forense, 2016. (Versão on line).

Capítulo 14

DOS DEFEITOS DO NEGÓCIO JURÍDICO

14.1 Introdução

A manifestação de vontade é um dos requisitos essenciais da existência do negócio jurídico. Para que este tenha validade e possa produzir efeitos jurídicos é necessário que a vontade seja manifestada de forma *livre* e *consciente*. No entanto, é possível que ocorra algum *defeito jurídico* na declaração de vontade, por deficiência de esclarecimento ou de liberdade, o que dará azo a anulação do negócio jurídico.

O fundamento da teoria dos defeitos do negócio jurídico é a ruptura do equilíbrio de seus elementos essenciais. É o desequilíbrio na atuação da vontade relativamente à sua própria declaração (vícios do consentimento) ou às exigências da ordem legal (vício social).

A vontade negocial viciada poderá ser anulada pela parte prejudicada, uma vez que o regime da *anulabilidade* visa a sua proteção. O *erro, dolo, coação, estado de perigo, lesão* e *fraude contra credores* são defeitos que tornam anulável o negócio jurídico (CC, art. 171, II).[1]

De acordo com o artigo 178 do nosso Código Civil, "é de quatro anos o prazo de decadência para pleitear-se a anulação do negócio jurídico, contado:

II - no de erro, dolo, fraude contra credores, estado de perigo ou lesão, do dia em que se realizou o negócio jurídico;".

O *erro, dolo, estado de perigo* e *lesão* são chamados de *vícios do consentimento*, já que existe uma influência externa sobre a vontade manifestada, o que causa uma desarmonia entre o querer do agente e sua manifestação externa.

O *vício social* é a desconformidade do resultado com o imperativo da lei, ou seja, reflete a vontade real do agente em oposição ao mandamento legal. É o que ocorre com a *fraude contra credores* que é exteriorizada com a finalidade de prejudicar terceiros.

---

1 CC 2002 – Art. 171. Além dos casos expressamente declarados na lei, é anulável o negócio jurídico: II – por vício resultante de erro, dolo, coação, estado de perigo, lesão ou fraude contra credores.

14.2 Erro ou Ignorância

O *erro* consiste na falsa percepção da realidade. A *ignorância* é o desconhecimento da realidade. O nosso Código Civil de 2002 equipara erro à ignorância.

O *erro* é o conhecimento falso sobre a substância da *natureza* do negócio jurídico, do seu *objeto* ou da *pessoa* com quem se negocia. É um agir de um modo que não seria a vontade real do agente, se este conhecesse a verdadeira situação. É a falsa percepção dos fatos. Daí ocasionar uma não concordância entre a *vontade real* e a *vontade declarada*. Existe um desacordo (descompasso, desarmonia) entre o *querer manifestado* e o que deveria ser o *querer efetivo*. É um vício de vontade que determina a anulação do negócio jurídico.

O fundamento do erro é o princípio de que ninguém deve ficar vinculado a um negócio jurídico, se sua vontade não se formou livre e espontaneamente.

Se o erro for provocado por terceiro, estaremos diante do defeito do negócio jurídico denominado *dolo* (arts. 145 a 150).

O *erro*, também, não se confunde com o *vício redibitório*. O erro é a falsa percepção da realidade e o agente firma o negócio jurídico com uma vontade já viciada. O vício redibitório é decorrente de um defeito oculto da coisa negociada, que a tornem imprópria ao uso a que é destinada, ou lhe diminuam o valor (CC, art. 441). São pressupostos existenciais do vício redibitório: a) ser antecedente ao contrato; b) ser um defeito; c) estar oculto; d) afetar a utilidade ou o valor da coisa; e) desconhecimento do vício pelo comprador.

O erro que afeta a formação da vontade é designado como *erro próprio* ou *erro-vício (erro na formação da vontade)*, como na hipótese de se adquirir um anel de prata pensando que é de ouro. O *erro obstáculo* ou *impróprio (erreur obstacle, errore ostativo, erro na declaração)* é aquele que a vontade não chega a gerar qualquer negócio jurídico, v.g., A vende uma coisa a B; B entende recebê-la por doação de A. Aqui o erro recai sobre a natureza do negócio (quero vender e escrevo doar). Neste caso, não há nem venda nem doação.

O Código Civil brasileiro de 2002 não diferencia o erro obstáculo (erro impróprio) do erro vício (erro próprio), "desacolhendo a distinção, equipara-os, por lhe parecer que o erro sobre a natureza do negócio ou sobre a identidade do objeto (*erro obstativo*) traduz, em última análise, uma declaração volitiva, cujo resultado jurídico difere do efetivo querer do agente, mas que nem por isso deixa de ser uma declaração de vontade".[2]

Ademais, o "erro não prejudica a validade do negócio jurídico quando a pessoa, a quem a manifestação de vontade se dirige, se oferecer para execu-

2 PEREIRA, Caio Mário da Silva. *Instituições de direito civil*. 20. ed. Vol. I. Atualizadora: Maria Celina Bodin de Moraes. Rio de Janeiro: Forense, 2004, p. 518.

tá-la na conformidade da vontade real do manifestante" (CC, art. 144).[3] Aqui prevalece o princípio da conservação do negócio jurídico.

14.2.1 Erro escusável

De acordo com o artigo 138 do nosso Código Civil, "são anuláveis os negócios jurídicos, quando as declarações de vontade emanarem de erro substancial que poderia ser percebido por pessoa de diligência normal, em face das circunstâncias do negócio".[4]

O Código Civil brasileiro de 2002 adotou a mesma orientação do Código Civil italiano (art. 1.428) através do qual a anulação do negócio jurídico por defeito ocasionado por erro se dá quando presentes os seguintes requisitos:

a) o erro for substancial; b) o erro for reconhecível pelo outro contratante.

Nesse sentido, o Conselho da Justiça Federal, na I Jornada de Direito Civil, editou o Enunciado 12 afirmando que "na sistemática do art. 138, é irrelevante ser ou não escusável o erro, porque o dispositivo adota o princípio da confiança".

É uma mudança de paradigma operada pelo legislador de 2002, já que o foco da anulabilidade deslocou-se da conduta do agente que pratica o ato para aquele que se beneficia dos efeitos do negócio jurídico.

É a lealdade, a confiança recíproca e a boa-fé objetiva que devem permear as relações jurídicas.

Segundo HUMBERTO THEODORO JÚNIOR, "o problema da escusabilidade ou inescusabilidade do erro, por parte de quem o comete, perde totalmente o significado. A causa de anulação é o *erro perceptível* em face do outro contratante, vício que prevalecerá ainda que inescusável o erro cometido. Despreza-se no regime atual o requisito da *escusabilidade do erro* porque era dado vinculado à doutrina voluntarista, que foi superada pela moderna preocupação com a segurança das relações jurídicas e com a objetiva partilha dos riscos dos erros acaso ocorridos durante a formação do contrato".[5]

Dessa maneira rompe-se com a escusabilidade e caminha-se em direção da cognoscibilidade do erro pelo outro contratante, já que a anulação do negócio jurídico fica condicionada à circunstância de o outro contratante poder verificá-lo.

Portanto, a conduta daquele que contrata com a pessoa em erro será de fundamental importância para a análise da anulação do negócio jurídico. Frise-se, mais uma vez, que o Código Civil, em harmonia com o ordenamen-

---

3 Sem Correspondência ao CCB de 1916.

4 Correspondente ao art. 86 do CC de 1916.

5 THEODORO JÚNIOR, Humberto. *Comentários ao novo código civil.* Vol. III. Tomo I. Rio de Janeiro: Forense, 2003, p. 41-42.

to jurídico civilístico italiano, está lastreado na reconhecibilidade e não na escusabilidade do erro.

HUMBERTO THEODORO JÚNIOR, mais uma vez, lembra que "quem declara vontade sob falsa noção da realidade em torno de causa ou elemento essencial do negócio sempre cometerá erro substancial, tenha ou não culpa pelo evento. A anulabilidade, contudo, não dependerá apenas do erro. A ele terá de associar-se a conduta culposa do destinatário da declaração, que tendo condições de perceber o erro do declarante, não o fez e, assim, se tornou responsável pela conclusão do negócio equivocado do outro contratante".[6]

Pelo *princípio da confiança* é irrelevante ser ou não escusável o erro, porque o que define o vício de erro na declaração de vontade é a conduta do destinatário. Daí a anulação do negócio jurídico estará fundada não só na formação da vontade interna do declarante, mas porque o destinatário da manifestação de vontade não agiu com cautela necessária para perceber o erro cometido por aquele que manifestou a sua vontade.

No mesmo sentido, o Código Civil italiano (arts. 1.428 e 1.431) e o Código Civil português (arts. 247° e 251°) tratam da essencialidade (substancialidade) do erro e da sua reconhecibilidade pelo outro contratante.

Para que o negócio jurídico seja anulável é necessário, pois, que se verifiquem dois pressupostos, a saber: a *essencialidade* (substancialidade) e a *cognoscibilidade.*

A *substancialidade* ou *essencialidade* significa que o sujeito que manifestou a vontade (declarante) não teria celebrado o negócio se soubesse que estava em erro.

É necessário ainda que o declaratário conhecesse ou não ignorasse a essencialidade. É o que determina o artigo 247° do Código Civil português: "(Erro na declaração) Quando, em virtude de erro, a vontade declarada não corresponda à vontade real do autor, a declaração negocial é anulável, desde que o declaratório conhecesse ou não devesse ignorar a essencialidade, para o declarante, do elemento sobre que incidiu o erro".

14.2.2 Erro substancial e erro acidental

O erro substancial ou essencial é aquele que se fosse conhecido pelo declarante, este não realizaria o negócio jurídico. De acordo com o artigo 139, o erro é substancial quando:[7]

I – interessa à natureza do negócio, ao objeto principal da declaração, ou a alguma das qualidades a ele essenciais;

---

6 Ibid., p. 46-47.

7 Correspondente aos arts. 87 e 88 do CC de 1916.

II – concerne à identidade ou à qualidade essencial da pessoa a quem se refira a declaração de vontade, desde que tenha influído nesta de modo relevante;

III – sendo de direito e não implicando recusa à aplicação da lei, for o motivo único ou principal do negócio jurídico.

Vejamos, portanto, as modalidades do erro substancial:

a) Erro substancial quanto à natureza do negócio (*error in negotio*) – é o erro que afeta a própria natureza do ato. Caracteriza-se quando alguém celebra contrato de locação acreditando celebrar contrato de compra e venda. Outro exemplo: João empresta o carro a José, que o recebe como doação.
b) Erro no objeto principal *(error in corpore)* – é o erro que afeta o objeto do negócio jurídico, v.g., João adquire um lote acreditando que é de frente para o mar e não o é.
c) Erro sobre alguma das qualidades essenciais do objeto principal (*error in substancia* ou *error in qualitate*) – Este erro ocorre quando o objeto não possui as qualidades essenciais que reputava o agente e que influíram decisivamente na realização do negócio jurídico. EDUARDO ESPÍNOLA apresenta o seguinte exemplo: "Um indivíduo que adquira por elevado preço uma coisa de baixo valor, por supô-la lembrança de família, pode declarar que efetua o negócio com essa pressuposição ou estabelecer a condição de prevalecer a venda verificado que se trate efetivamente dum objeto que pertencera aos seus antepassados. Pouco importa que o vendedor saiba ou não ser falso o que presumira o comprador: apurado que não tem a coisa aquela qualidade, pode este anular o contrato. Diferente seria a solução, se o motivo não tivesse sido comunicado ao vendedor. Nos contratos em que certas qualidades do objeto se consideram essenciais, de acordo com a prática e os usos civis e comerciais, presumem-se queridas pelas partes, ainda que não expressamente enunciadas".[8]
d) Erro na pessoa (*error in persona*) – ocorre quando o erro incide sobre a identidade física ou moral da pessoa, por exemplo, João negocia com uma pessoa acreditando que é outra (irmãos gêmeos); uma pessoa se engana quanto a características pessoais do inquilino, quando ele seja, v.g., um traficante de drogas; ou na hipótese de uma pessoa se casar com outra e depois verificar que esta é homossexual. Pode-se afirmar que o erro sobre a pessoa, ou sobre as qualidades é significan-

8 ESPÍNOLA, Eduardo. Parte geral: dos fatos jurídicos. In: LACERDA, Paulo de. *Manual do código civil brasileiro*. Vol. III. Rio de Janeiro: Jacintho Ribeiro dos Santos, 1923, p. 245.

> te em contratos de doação, fiança, comodato, já que é preponderante a consideração da pessoa. Da mesma forma, os contratos que têm por objeto um fato, positivo ou negativo, infungível. A contratação de um artista famoso, um advogado notável, um professor conceituado dará azo a anulação do negócio jurídico se ocorrer erro sobre a identidade da pessoa, já que em tais casos as qualidades pressupostas são essenciais à formação da avença.

O erro sobre a pessoa no direito de família é tratado nos artigos 1.556 e 1.557. O artigo 1.556 do nosso Código Civil determina que "O casamento pode ser anulado por vício da vontade, se houve por parte de um dos nubentes, ao consentir, erro essencial quanto à pessoa do outro".

Consoante o artigo 1.557, considera-se *erro essencial* sobre a pessoa do outro cônjuge: I – o que diz respeito à sua identidade, sua honra e boa fama, sendo esse erro tal que o seu conhecimento ulterior torne insuportável a vida em comum ao cônjuge enganado; II – a ignorância de crime, anterior ao casamento, que, por sua natureza, torne insuportável a vida conjugal; III – a ignorância, anterior ao casamento, de defeito físico irremediável, ou de moléstia grave e transmissível, pelo contágio ou herança, capaz de pôr em risco a saúde do outro cônjuge ou de sua descendência; IV – a ignorância, anterior ao casamento, de doença mental grave que, por sua natureza, torne insuportável a vida em comum ao cônjuge enganado.[9]

Em relação ao direito sucessório, o artigo 1.903 preceitua que "o erro na designação da pessoa do herdeiro, do legatário, ou da coisa legada anula a disposição, salvo se, pelo contexto do testamento, por outros documentos, ou por fatos inequívocos, se puder identificar a pessoa ou coisa a que o testador queria referir-se".

Vale lembrar que o artigo 142 preceitua: "o erro de indicação da pessoa ou da coisa, a que se referir a declaração de vontade, não viciará o negócio quando, por seu contexto e pelas circunstâncias, se puder identificar a coisa ou pessoa cogitada".[10]

e) Erro de direito *(error juris)* – O erro de direito foi tratado no artigo 139, inciso II do Código Civil de 2002. O erro de direito é aceito como gerador da anulação do ato negocial "quando tenha sido determinante da declaração de vontade, no sentido de que o agente não a emitiria se tivesse real conhecimento do que dispõe a norma legal".[11]

---

9 CC 2002 – Art. 1.559. Somente o cônjuge que incidiu em erro, ou sofreu coação, pode demandar a anulação do casamento; mas a coabitação, havendo ciência do vício, valida o ato, ressalvadas as hipóteses dos incisos III e IV do art. 1.557.

10 Correspondente ao art. 91 do CC de 1916.

11 PEREIRA, Caio Mário da Silva. *Instituições de direito civil.* 20. ed. Vol. I. Atualizadora: Maria

Dessa maneira, o nosso Código trata do *erro de fato* nos incisos I e II do artigo 139 e *erro de direito* no inciso III do mesmo dispositivo legal.

Vale destacar que a teoria clássica não tolera o erro de direito consubstanciado no princípio obrigatório de presunção das leis. O artigo 3° da Lei de Introdução às normas do Direito Brasileiro afirma que "ninguém se escusa de cumprir a lei, alegando que não a conhece".

SERPA LOPES anota que a concepção moderna segue outra diretriz. "Impugna o erro de direito fundado na ignorância da lei, por isso que as normas jurídicas, impostas pelo Estado com caráter obrigatório, se apliquem em todos os casos para os quais hajam sido ditadas, sem que se torne possível ilidir seu cumprimento invocando ignorância ou erro. Mas é preciso sobrelevar que o princípio da obrigatoriedade da lei publicada e a consequente inescusabilidade do seu cumprimento, fundado na ignorância do seu texto, decorrem, não de uma presunção de conhecimento ou da ficção de tal conhecimento, senão da natureza própria da norma, de um dos seus atributos. O que justifica o erro de direito não é a ignorância da lei, senão a própria razão do consentimento viciado, como acentuou Fiore, pelo fato do que assim consentiu ter agido tão só levado pela ignorância, tendo sido esta a causa única de contratar".[12]

Em relação ao direito civil alemão, CARL CROME ensina: "Da essência da ordem jurídica procede que as normas de direito devem encontrar aplicação nas situações de fato correspondentes ao seu conteúdo, quer as pessoas interessadas conheçam ou não os seus dispositivos. Sem isso o direito não seria coercitivo. Com essa questão, porém, não se confunde a de saber se é possível invocar a falta de conhecimento jurídico ou o erro de direito, quando se trata dum determinado conhecimento ou está em jogo a boa-fé ou a culpa de alguma pessoa. Há aqui a pressuposição de outras circunstâncias, que condicionam a eficácia jurídica (a culpa, a boa ou má-fé). Uma vez que se trate, apenas, de estabelecer essas circunstâncias, pode fazer-se valer para sua prova o apelo ao erro de direito, desde que nenhuma regra jurídica o proíba".[13]

Exemplo de erro de direito é apresentado por CARLOS ROBERTO GONÇALVES: "pessoa que contrata a importação de determinada mercadoria ignorando existir lei que proíbe tal importação. Como tal ignorância foi a causa determinante do ato, pode ser alegada para anular o contrato, sem com isso se pretender que a lei seja descumprida".[14]

Celina Bodin de Moraes. Rio de Janeiro: Forense, 2004, p. 526.

12 SERPA LOPES, Miguel Maria de. *Curso de direito civil.* Vol. I. 9. ed. Rio de Janeiro: Freitas Bastos, 2000, p. 448.

13 CROME, Carl. *System des Deutschen Bürgerlichen Rechts,* vol.1, p. 108. In: ESPÍNOLA, Eduardo. Parte geral: dos fatos jurídicos. In: LACERDA, Paulo de. *Manual do código civil brasileiro.* Vol. III. Rio de Janeiro: Jacintho Ribeiro dos Santos, 1923, p. 289.

14 GONÇALVES, Carlos Roberto. *Direito civil brasileiro.* Vol. I. São Paulo: Saraiva, 2003, p. 361.

Outrossim, o *erro substancial* difere do *erro acidental*. Este é o erro relacionado aos motivos ou qualidades secundárias do objeto ou da pessoa, e não altera a validade do negócio jurídico.

Quanto ao erro acidental, o Tribunal de Justiça do Estado do Rio de Janeiro, em 29.6.2004, na Apelação Cível 2004.001.06421, na Nona Câmara Cível, com relatoria do desembargador Maldonado de Carvalho, decidiu da seguinte forma: "ANULAÇÃO DE ESCRITURA DE COMPRA E VENDA DE IMÓVEL RESIDENCIAL. VÍCIO NA MANIFESTAÇÃO DA VONTADE. ERRO ACIDENTAL. VALIDADE DO NEGÓCIO JURÍDICO. Não ganha qualquer ressonância jurídica a indicação sobre a ocorrência de "vício oculto" como causa direta da anulabilidade do negócio jurídico, uma vez que o imóvel adquirido, por ausência de qualquer indicação neste sentido, não se mostra impróprio ao uso a que se destina, ou, em razão de vício redibitório, teve prejudicado sensivelmente o valor. O vício redibitório, como os doutrinadores o definem, é o defeito oculto que torna a coisa imprópria ao uso o que se destina, ou lhe prejudico sensivelmente o valor. Já o erro, na linha conclusiva de CARVALHO DE MENDONÇA, deve ser visto como seu fundamento, uma vez que o agente não faria o contrato se conhecesse a verdadeira situação. Impedindo, assim, que a vontade se forme em consonância com a verdadeira motivação do contratante, apenas o erro substancial influi sobre a validade do negócio jurídico. Exclui-se, portanto, o erro acidental que, não recaindo na essência da declaração, não provoca divergência capaz de justificar a anulação do negócio jurídico. E necessário, pois, que o erro recaia na substância do ato, no objeto principal da declaração ou em alguma das suas qualidades substanciais. São anuláveis somente as declarações de vontade decorrentes de erro essencial, porquanto o erro acidental não recai nos motivos determinantes da vontade. RECURSO IMPROVIDO".

O erro pode ser provado através de prova documental, testemunhal e pericial, e o negócio jurídico produzirá efeitos até a sua anulação.

14.2.3 Falso motivo

Os motivos, os elementos psicológicos internos do sujeito, não influenciam o negócio jurídico, v.g., não interessa se alguém adquiriu uma casa para utilizá-la nas férias, ou se alugou um imóvel porque acreditou que seria transferido etc. Os motivos são de foro íntimo, irrelevantes, salvo se as partes estabelecerem a *causa* como fator determinante do negócio jurídico ou a estipularem sob as condições, então ela poderá influenciar o negócio jurídico, ensejando sua anulação. Assim, o artigo 140 do nosso Código Civil afirma que "o falso motivo só vicia a declaração de vontade quando expresso como razão determinante".[15]

15 Correspondente ao art. 90 do CC de 1916.

14.2.4 Transmissão errônea da vontade

O artigo 141 dispõe que "a transmissão errônea da vontade por meios interpostos é anulável nos mesmos casos em que o é a declaração direta".[16] Neste caso, a transmissão defeituosa de vontade (v.g., a utilização de mensageiro, e-mail, fax etc.) é equiparada ao erro.

14.2.5 Erro de cálculo

O erro de cálculo apenas autoriza a retificação da declaração de vontade (CC, art. 143).

14.2.6 Direito Comparado

Código Civil português

ARTIGO 247° (Erro na declaração). Quando, em virtude de erro, a vontade declarada não corresponda à vontade real do autor, a declaração negocial é anulável, desde que o declaratário conhecesse ou não devesse ignorar a essencialidade, para o declarante, do elemento sobre que incidiu o erro.

ARTIGO 248° (Validação do negócio). A anulabilidade fundada em erro na declaração não procede, se o declaratário aceitar o negócio como o declarante o queria.

ARTIGO 249° (Erro de cálculo ou de escrita). O simples erro de cálculo ou de escrita, revelado no próprio contexto da declaração ou através das circunstâncias em que a declaração é feita, apenas dá o direito à rectificação desta.

ARTIGO 250° (Erro na transmissão da declaração). 1. A declaração negocial inexactamente transmitida por quem seja incumbido da transmissão pode ser anulada nos termos do artigo 247°. 2. Quando, porém, a inexactidão for devida a dolo do intermediário, a declaração é sempre anulável.

ARTIGO 251° (Erro sobre a pessoa ou sobre o objecto do negócio). O erro que atinja os motivos determinantes da vontade, quando se refira à pessoa do declaratário ou ao objecto do negócio, torna este anulável nos termos do artigo 247°.

ARTIGO 252° (Erro sobre os motivos). 1. O erro que recaia nos motivos determinantes da vontade, mas se não refira à pessoa do declaratário nem ao objecto do negócio, só é causa de anulação se as partes houverem reconhecido, por acordo, a essencialidade do motivo. 2. Se, porém, recair sobre as

---

16 Correspondente ao art. 89 do CC de 1916.

circunstâncias que constituem a base do negócio, é aplicável ao erro do declarante o disposto sobre a resolução ou modificação do contrato por alteração das circunstâncias vigentes no momento em que o negócio foi concluído.

14.3 Dolo

14.3.1 Introdução

O dolo é o erro induzido por um dos contratantes, ou seja, é uma ação ou omissão que produza na vítima um estado de erro. O dolo é um vício de consentimento que traduz a utilização de um artifício malicioso empregado por uma pessoa com o firme propósito de induzir o outro a erro, prejudicando-o em benefício do autor do dolo ou de terceiro. O dolo dará azo a anulação do negócio jurídico celebrado entre o declarante e o autor do dolo (CC, art. 171, II).

ANDREAS Von TUHR conceitua o dolo como "la conducta que intencionadamente provoca, refuerza o deja subsistir una Idea errónea en otra persona, con la conciencia de que ese error tendrá valor determinante en la emisión de su declaración de voluntad".[17]

Para HUMBERTO THEODORO JÚNIOR, o dolo é um "erro que, entretanto, não ocorre casualmente, mas é provocado pelo comportamento enganoso de outrem, que se endereça à obtenção de uma declaração, que afinal será emitida devido àquela maquinação astuciosa".[18]

É o caso, por exemplo, de uma pessoa que aliena um automóvel de 1.000 cilindradas, afirmando tratar de um motor de 2.000 cilindradas turbinado.

São requisitos do dolo: a) intenção de enganar o outro contratante *(animus decipiendi)*; b) induzir o outro a erro ou engano; c) causar prejuízo ao outro; d) angariar benefício para seu autor ou terceiro; e) que o dolo tenha sido causa determinante da realização do negócio jurídico.

Este dolo não se confunde com o *dolus bonus*, já que este significa um elogio exagerado das qualidades do produto por parte do vendedor. O dolus bonus difere da publicidade enganosa e abusiva.[19] Somente o dolo essencial,

---

17 Von TUHR, Andreas. *Derecho civil:* teoria general del derecho civil alemán. Vol. II. Tradução: Tito Ravà. Buenos Aires: Depalma, 1947, p. 293.

18 THEODORO JÚNIOR, Humberto. *Comentários ao novo código civil.* Vol. III. Tomo I. Rio de Janeiro: Forense, 2003, p. 115.

19 CDC – Art. 37. É proibida toda publicidade enganosa ou abusiva. § 1° É enganosa qualquer modalidade de informação ou comunicação de caráter publicitário, inteira ou parcialmente falsa, ou, por qualquer outro modo, mesmo por omissão, capaz de induzir em erro o consumidor a respeito da natureza, características, qualidade, quantidade, propriedades, origem, preço e quaisquer outros dados sobre produtos e serviços. § 2° É abusiva, dentre outras a publicidade discriminatória de qualquer natureza, a que incite à violência, explore o medo ou a superstição, se aproveite da deficiência de julgamento e experiência da criança, desrespeite valores ambientais, ou que seja capaz de induzir o consumidor a se comportar de forma prejudicial ou perigosa à sua saúde ou segurança. § 3° Para os efeitos

o dolo principal, o *dolus causan dans*, o dolo que influencia a declaração de vontade, é capaz de viciar o consentimento do declarante, possibilitando-lhe anular o negócio jurídico.

O dolo, também, não se confunde com a fraude, porque esta exprime uma violação a lei ou o prejuízo de um número indeterminado de pessoas, enquanto que o dolo prejudica o outro em benefício do autor do dolo ou de terceiro.

Vale lembrar que o dolo não apenas provoca a anulabilidade do negócio jurídico, como também fomenta o direito a perdas e danos, já que representa um ato ilícito.

São efeitos que o prejudicado poderá pleitear em juízo cumulativamente ou não.

Anulado o negócio jurídico, restituir-se-ão as partes ao estado em que antes dele se achavam, e, não sendo possível restituí-las, serão indenizadas com o equivalente (CC, art. 182).

O dolo não se presume, ou seja, deve ser provado por quem o alega, admitindo-se qualquer meio de prova.

De acordo com o artigo 178 do nosso Código Civil, "é de quatro anos o prazo de decadência para pleitear-se a anulação do negócio jurídico, contado: II – no de erro, dolo, fraude contra credores, estado de perigo ou lesão, do dia em que se realizou o negócio jurídico;".

14.3.2 Dolo principal e dolo acidental

O artigo 145 determina que "são os negócios jurídicos anuláveis por dolo, quando este for a sua causa".[20] Assim, o dolo principal (dolus causan dans) vicia o negócio jurídico, já que é a causa determinante da declaração de vontade, ou seja, a vítima não realizaria o negócio jurídico se não houvesse induzi- mento malicioso de uma das partes.

O dolo acidental (*dolus incidens*) é aquele em que os ardis e artifícios empreendidos não têm o poder de alterar o consentimento da vítima, que de qualquer maneira teria celebrado o negócio jurídico. Entretanto, poderá ensejar perdas e danos. É o que determina o artigo 146 do nosso Código Civil ao afirmar que "o dolo acidental só obriga à satisfação das perdas e danos, e é acidental quando, a seu despeito, o negócio seria realizado, embora por outro modo".[21]

EDUARDO ESPÍNOLA anota a diferença do dolo principal e dolo incidental: "Ao passo que o dolo principal ou essencial, no caráter de vício do

deste código, a publicidade é enganosa por omissão quando deixar de informar sobre dado essencial do produto ou serviço.

20 Correspondente ao art. 92 do CC de 1916.

21 Correspondente ao art. 93 do CC de 1916.

consentimento, produz a anulabilidade do negócio jurídico, o dolo meramente acidental deixa-o subsistir, ou antes, não permite que o impugnem, quer em sua origem e constituição, quer no desdobramento de sua eficácia. Não se deve aqui deduzir que seja indiferente à lei o procedimento do autor do dolo, empregando artifícios que produziram no declarante erro sobre o conteúdo da declaração, erro que, embora não fosse a causa determinante do ato, fez com que se aceitassem cláusulas ou condições não desejadas. Cabe ao declarante em tal hipótese, indenização dos prejuízos que tenha sofrido, por efeito dos artifícios dolosos".[22]

14.3.3 Dolo por omissão (dolo negativo ou reticência)

Nos negócios jurídicos bilaterais, o silêncio intencional de uma das partes a respeito de fato ou qualidade que a outra parte haja ignorado, constitui omissão dolosa, provando-se que sem ela o negócio não se teria celebrado (CC, art. 147).[23]

É o chamado *dolo por omissão, dolo negativo* ou *reticência*. CLÓVIS BEVILÁQUA assinala que para que se dê a omissão dolosa, "não basta o silêncio de uma das partes sobre alguma circunstância anterior ou a respeito de alguma qualidade do objeto do contrato. É necessário que a omissão seja tal que, sem ela, não se teria celebrado o ato. Embora por omissão, o dolo deve ser principal, *causam dans*, para tornar o ato anulável".

De modo geral, o legislador pune com mais rigor a conduta de má-fé e a conduta dolosa.[24] Por exemplo: João vende a Fernanda, por alto preço, um

22 ESPÍNOLA, Eduardo. Parte geral: dos fatos jurídicos. In: LACERDA, Paulo de. *Manual do código civil brasileiro*. Vol. III. Rio de Janeiro: Jacintho Ribeiro dos Santos, 1923, p. 327.

23 Correspondente ao art. 94 do CC de 1916.

24 CC 2002 – Art. 443. Se o alienante conhecia o vício ou defeito da coisa, restituirá o que recebeu com perdas e danos; se o não conhecia, tão somente restituirá o valor recebido, mais as despesas do contrato.

CC 2002 – Art. 766. Se o segurado, por si ou por seu representante, fizer declarações inexatas ou omitir circunstâncias que possam influir na aceitação da proposta ou na taxa do prêmio, perderá o direito à garantia, além de ficar obrigado ao prêmio vencido. Parágrafo único. Se a inexatidão ou omissão nas declarações não resultar de má-fé do segurado, o segurador terá direito a resolver o contrato, ou a cobrar, mesmo após o sinistro, a diferença do prêmio.

CC 2002 – Art. 767. No seguro à conta de outrem, o segurador pode opor ao segurado quaisquer defesas que tenha contra o estipulante, por descumprimento das normas de conclusão do contrato, ou de pagamento do prêmio.

CC 2002 – Art. 768. O segurado perderá o direito à garantia se agravar intencionalmente o risco objeto do contrato.

CC 2002 – Art. 769. O segurado é obrigado a comunicar ao segurador, logo que saiba, todo incidente suscetível de agravar consideravelmente o risco coberto, sob pena de perder o direito à garantia, se provar que silenciou de má-fé. § 1° O segurador, desde que o faça nos quinze dias seguintes ao recebimento do aviso da agravação do risco sem culpa do segurado, poderá dar-lhe ciência, por escrito, de sua decisão de resolver

ingresso para apresentação de um circo. É um lugar que ele sabia péssimo, ao passo que Fernanda, acreditava o contrário, sem ter, todavia, questionado o vendedor. Neste caso, o silêncio malicioso de João sobre as circunstâncias da relação jurídica contratual levou a parte enganada a fazer à declaração de vontade, constituindo, pois, artifício doloso. De acordo com a boa-fé, *in casu*, João tinha o dever de esclarecer a Fernanda sobre o verdadeiro estado de coisas.

A distinção dicotômica do *dolo ativo* (positivo ou comissivo) e *dolo omissivo* não tem muita relevância, senão acadêmica, já que ambos traduzem um artifício, ardil, trama para prejudicar o outro.

A omissão dolosa já foi apreciada pelo Tribunal de Alçada de Minas Gerais, no seguinte acórdão: Incorporação imobiliária - Vício redibitório - omissão dolosa - CCB, artigo 94 - Rescisão contratual - Perdas e danos - (Há voto vencido). "A alienação de móvel edificado em local impróprio, capaz de comprometer sua utilização, sem que o adquirente tenha sido cientificado do vício, configura omissão dolosa do incorporador, acarretando-lhe responsabilidade aquiliana e contratual, a autorizar a rescisão do contrato de compra e venda, com a consequente devolução do preço e indenização por perdas e danos. Tratando-se de imóvel que apresente defeito visível, não se admite o reconhecimento de conduta dolosa do alienante, a que se refere o artigo 94 do CCB, respondendo este por perdas e danos, consoante a regra contida no artigo 93 do citado texto legal (Juiz Maciel Pereira)" (TAMG - Ap. Cív. n° 192.402 - Montes Claros - Rel. Juiz Francisco Bueno - J. 4.5.95).

Da mesma forma, a decisão do Superior Tribunal de Justiça - STJ: "Anulação de ato jurídico praticado com dolo. Compra e venda de imóvel quando em curso ação demolitória. Omissão dolosa do vendedor. Prescrição. 1. Pretendida a rescisão do contrato por omissão dolosa do vendedor do imóvel, que escondeu a existência de ação demolitória em curso na época da transação, o ato jurídico é anulável, incidindo quanto à prescrição o art. 178, § 9°, V, "b", do Código Civil de 1916. 2. Recurso Especial não conhecido (REsp 664.499/SC, Rel. ministro CARLOS ALBERTO MENEZES DIREITO, TERCEIRA TURMA, julgado em 1.3.2005, DJ 2.5.2005 p. 349)".

14.3.4 Dolo de terceiro

Na mesma linha, "pode também ser anulado o negócio jurídico por dolo de terceiro, se a parte a quem aproveite dele tivesse ou devesse ter conhecimento;

---

o contrato. § 2° A resolução só será eficaz trinta dias após a notificação, devendo ser restituída pelo segurador a diferença do prêmio.

CC 2002 - Art. 770. Salvo disposição em contrário, a diminuição do risco no curso do contrato não acarreta a redução do prêmio estipulado; mas, se a redução do risco for considerável, o segurado poderá exigir a revisão do prêmio, ou a resolução do contrato.

CC 2002 - Art. 773. O segurador que, ao tempo do contrato, sabe estar passado o risco de que o segurado se pretende cobrir, e, não obstante, expede a apólice, pagará em dobro o prêmio estipulado.

em caso contrário, ainda que subsista o negócio jurídico, o terceiro responderá por todas as perdas e danos da parte a quem ludibriou" (CC, art. 148).[25]

Aqui, também, se desvela o princípio da confiança, uma vez que o negócio jurídico será anulado se a parte a quem aproveite dele tivesse ou devesse ter conhecimento. Se o beneficiado pelo dolo não adverte a outra parte, estará, de forma tácita, aderindo à trama maliciosa. Neste caso, o contratante e o terceiro deverão ser responsabilizados de forma solidária, já que ambos são responsáveis pelo ato ilícito.

Caso contrário, se a parte a quem aproveite o dolo de terceiro não conhecesse do dolo, não se anula o negócio jurídico, mas o terceiro responderá por perdas e danos.

14.3.5 Dolo do representante

O artigo 115 do nosso Código Civil determina que "os poderes de representação conferem-se por lei ou pelo interessado". Os poderes de representação conferidos por lei são a denominada *representação legal ou necessária*, tais como os casos de tutela, curatela, pátrio poder etc. Já os poderes de representação conferidos pelo interessado traduzem a *representação convencional ou voluntária* de cariz negocial, fruto da autonomia da vontade.

Quanto ao dolo, o artigo 149 aduz: "O dolo do representante legal de uma das partes só obriga o representado a responder civilmente até a importância do proveito que teve; se, porém, o dolo for do representante convencional, o representado responderá solidariamente com ele por perdas e danos".[26]

14.3.6 Dolo bilateral

O dolo bilateral se caracteriza "se ambas as partes procederem com dolo". "Nenhuma das partes poderá alegá-lo para anular o negócio, ou reclamar indenização" (CC, art. 150).[27]

14.3.7 Direito comparado

> Código Civil português
>
> ARTIGO 253° (Dolo). 1. Entende-se por dolo qualquer sugestão ou artifício que alguém empregue com a intenção ou consciência de induzir ou manter em erro o autor da declaração, bem

25 Correspondente ao art. 95 do CC de 1916.
26 Correspondente ao art. 96 do CC de 1916.
27 Correspondente ao art. 97 do CC de 1916.

> como a dissimulação, pelo declaratário ou terceiro, do erro do declarante. 2. Não constituem dolo ilícito as sugestões ou artifícios usuais, considerados legítimos segundo as concepções dominantes no comércio jurídico, nem a dissimulação do erro, quando nenhum dever de elucidar o declarante resulte da lei, de estipulação negocial ou daquelas concepções.
>
> ARTIGO 254° (Efeitos do dolo). 1. O declarante cuja vontade tenha sido determinada por dolo pode anular a declaração; a anulabilidade não é excluída pelo facto de o dolo ser bilateral. 2. Quando o dolo provier de terceiro, a declaração só é anulável se o destinatário tinha ou devia ter conhecimento dele; mas, se alguém tiver adquirido
> directamente algum direito por virtude da declaração, esta é anulável em relação ao beneficiário, se tiver sido ele o autor do dolo ou se o conhecia ou devia ter conhecido.

14.4 Coação

14.4.1 Introdução

O Código Civil brasileiro emprega o vocábulo – *coação* – no mesmo sentido em que os Códigos francês e italiano – *violence* e *violenza* –, o alemão – *Druhung* (ameaça) –, e os Códigos chileno e argentino – *fuerza*.

THELMA ARAÚJO ESTEVES FRAGA define coação como "um defeito que macula o elemento manifestação de vontade, e ocorre quando a vontade manifesta nasce de um constrangimento que se opera através do artifício da ameaça grave, dirigida contra o próprio emissor, alguém da sua família ou um ente querido".[28]

A coação é, pois, o emprego da força para compelir que alguém faça ou não faça alguma coisa. São requisitos da coação: a) ser causa do negócio jurídico; b) ser grave; c) ser injusta; d) ser atual ou iminente; e) recair sobre a pessoa da vítima, família ou bens; f) o medo deve ser intenso.

De acordo com o artigo 178 do nosso Código Civil, "é de quatro anos o prazo de decadência para pleitear-se a anulação do negócio jurídico, contado: [...] II – no de erro, dolo, fraude contra credores, estado de perigo ou lesão, do dia em que se realizou o negócio jurídico;".

14.4.2 Espécies

A coação pode ser física (vis *absoluta)* ou moral (vis *compulsiva)*. Na coação física (*vis absoluta*) a vítima é desprovida de vontade, por exemplo, no

28 MELLO, Cleyson de Moraes; FRAGA, Thelma Araújo Esteves. *Direito civil: introdução e parte geral.* Niterói: Impetus, 2005, p. 287.

caso de ser constrangida a assinar um documento. Na coação moral (*vis compulsiva*), a vítima pratica o ato (pode realizá-lo ou não), já que se encontra ameaçada.

No mesmo sentido, PEDRO PAIS DE VASCONCELOS, professor da Faculdade de Direito de Lisboa, anota: "A coação moral distingue-se assim, com facilidade, da chamada coação física, a coação absoluta, porque no caso da coação moral existe vontade negocial, embora viciada pelo medo (coacta voluntas sed voluntas), enquanto na coação absoluta, simplesmente não há vontade negocial".[29]

Na coação física se emprega a força física sobre o corpo da vítima e na coação moral é empregado a pressão psicológica, através de ameaça, sobre a vítima.

O ato jurídico praticado sob o manto da *coação física* gera *nulidade* para uns e *inexistência* para outros (neste caso ocorre divergência doutrinária). Como visto anteriormente, o negócio jurídico deve ser analisado inicialmente no plano da existência. Neste plano, a manifestação de vontade é requisito essencial. Na coação física se emprega força física sobre o corpo da vítima, já que esta se recusa a manifestar sua vontade, praticando qualquer ato. Logo, se inexiste manifestação de vontade da vítima, o ato é inexistente, não gerando, portanto, nulidade ou anulabilidade.

A coação que gera anulabilidade do negócio jurídico e constitui defeito do negócio jurídico é a coação moral (CC, art. 171, II).

A *coação* se difere do negócio jurídico chamado *Estado de Perigo*. Ambos os defeitos possuem como ponto nodal o medo. Entretanto, naquela, o medo é implantado por uma ação humana, neste, o medo é causado por fatos externos.

14.4.3 Coação moral

O artigo 151 informa que "a coação, para viciar a declaração da vontade, há de ser tal que incuta ao paciente fundado temor de dano iminente e considerável à sua pessoa, à sua família, ou aos seus bens".

Se disser respeito a pessoa não pertencente à família do paciente, o juiz, com base nas circunstâncias, decidirá se houve coação (CC, art. 151, parágrafo único).

A coação moral é, pois, uma ameaça de um mal que constrinja a pessoa a manifestar uma vontade não desejada, já que teme um dano *iminente* e *considerável* à sua pessoa, à sua família, ou aos seus bens, causado pelo coator.

A regra exige que o dano seja *iminente*, ou seja, que possa ser realizado em breve, sem que a vítima (coacto) possa socorrer-se da autoridade pública.

---

29 VASCONCELOS, Pedro Pais de. *Teoria geral do direito civil*. 3. ed. Coimbra: Almedina, 2005, p. 515.

Na opinião de AUBRY et RAU "não é indispensável, para que as ameaças viciem o consentimento, que se realizem imediatamente; basta que inspirem atualmente um temor suficientemente intenso para determinar o paciente a contratar. Assim, por exemplo, ameaças de um incêndio podem viciar o consentimento, ainda que o seu efeito pela própria natureza das coisas, tenha de ficar suspenso algum tempo".[30]

Para SALVAT, o mal iminente é aquele que deve realizar-se em futuro mais ou menos próximo, não sendo possível estabelecer um intervalo certo a decorrer da ameaça ao dano.[31]

O dano *considerável* é o dano grave, ou seja, aquele que é temido pelo coacto. Este deve temer um perigo de vida, saúde, liberdade ou honra, para que produza uma força compulsiva capaz de viciar a manifestação de vontade, dando azo a anulação do negócio jurídico.

14.4.4 Aferição da coação

Para a aferição da coação é necessário apreciar e levar "em conta o sexo, a idade, a condição, a saúde, o temperamento do paciente e todas as demais circunstâncias que possam influir na gravidade dela" (CC, art. 152).[32]

O magistrado deverá analisar em cada caso concreto decidindo se as circunstâncias apresentadas têm o condão do espírito ameaçador capaz de viciar a manifestação de vontade, levando a vítima a realizar uma declaração em distonia com a sua vontade.

14.4.5 Causas de exclusão da coação: exercício regular do direito e temor reverencial

Não se considera coação a ameaça do exercício normal de um direito, nem o simples temor reverencial (CC, art. 153).[33]

O artigo 153 do Código Civil apresenta as causas de exclusão da coação. Não se considera coação a ameaça do *exercício normal de um direito*, v.g., a promessa de executar um título vencido; nem o *simples temor reverencial*, fruto da relação entre pais e filhos; patrão e empregado; professor e aluno.

A ameaça do exercício normal de um direito não se considera coação. Como acentua CLÓVIS BEVILÁQUA, "se, porém, houver excesso, se a pessoa, armada do seu direito, procurar incutir pavor ou grave apreensão no âni-

30 Cours cit. Vol. IV. 5. ed. p. 498. In: ESPÍNOLA, Eduardo. Parte geral: dos fatos jurídicos. In: LACERDA, Paulo de. *Manual do código civil brasileiro.* Vol. III. Rio de Janeiro: Jacintho Ribeiro dos Santos, 1923, p. 409.

31 Tratado de derecho civil argentino, vol. 1, 1917, p. 775. In: Ibid., p. 412.

32 Correspondente ao art. 99 do CC de 1916.

33 Correspondente ao art. 100 do CC de 1916.

mo de outrem, esse cortejo de ameaças torna *anormal* o exercício do direito e constitui coação".[34]

O exercício anormal será, pois, considerado abuso do direito.

14.4.6 Coação exercida por terceiro

A coação exercida por terceiro vicia o negócio jurídico, se dela tivesse ou devesse ter conhecimento a parte a que aproveite, e esta responderá solidariamente[35] com aquele por perdas e danos (CC, art. 154).[36]

Neste caso, além da anulação do negócio jurídico pelo defeito na manifestação de vontade, caberá à parte prejudicada indenização de todos os prejuízos provenientes da coação, sendo certo que a responsabilidade é solidária entre o terceiro coactor e a parte beneficiada.

Outrossim, subsistirá o negócio jurídico, se a coação decorrer de terceiro, sem que a parte a que aproveite dela tivesse ou devesse ter conhecimento; mas o autor da coação responderá por todas as perdas e danos que houver causado ao coacto (CC, art. 155).

Assim, a coação exercida por um terceiro sem conhecimento da parte que a aproveita não será anulado, já que as partes encontram-se de boa-fé. A conduta ilícita de terceiro será punida com perdas e danos (danos emergentes e lucro cessante, conforme art. 402).

14.4.7 Direito comparado

Código Civil português

ARTIGO 255° (Coacção moral). 1. Diz-se feita sob coacção moral a declaração negocial determinada pelo receio de um mal de que o declarante foi ilicitamente ameaçado com o fim de obter dele a declaração. 2. A ameaça tanto pode respeitar à pessoa como à honra ou fazenda do declarante ou de terceiro. 3. Não constitui coacção a ameaça do exercício normal de um direito nem o simples temor reverencial.

ARTIGO 256° (Efeitos da coacção). A declaração negocial extorquida por coacção é anulável, ainda que esta provenha de terceiro; neste caso, porém, é necessário que seja grave o mal e justificado o receio da sua consumação.

---

34 BEVILÁQUA, Clóvis. *Código civil dos Estados Unidos do Brasil comentado por Clóvis Beviláqua*. V. 1. Edição histórica. Rio de Janeiro: Rio, 1976, p. 349.

35 CC 2002 – Da Solidariedade Passiva. Arts. 275 a 285.

36 Correspondente ao art. 101 e § 1° do CC de 1916.

> ARTIGO 257° (Incapacidade acidental). 1. A declaração negocial feita por quem, devido a qualquer causa, se encontrava acidentalmente incapacitado de entender o sentido dela ou não tinha o livre exercício da sua vontade é anulável, desde que o facto seja notório ou conhecido do declaratário. 2. O facto é notório, quando uma pessoa de normal diligência o teria podido notar.

14.5 Estado de perigo

De acordo com o artigo 156 do nosso Código Civil, configura-se o *estado de perigo* quando alguém, premido da necessidade de salvar-se, ou a pessoa de sua família, de grave dano conhecido pela outra parte, assume obrigação excessivamente onerosa. É causa excludente de ilicitude.

Para a caracterização do estado de perigo é necessário, pois, a existência de dois elementos: a) a assunção de obrigação exageradamente onerosa no momento da manifestação de vontade, para salvar de *grave dano* a si ou a pessoa de sua família;[37] b) o dano deve ser atual e iminente, no sentido de inexistir tempo para que a vítima evite a sua consumação; c) condição de inferioridade da vítima que se encontra compelida a celebrar o negócio jurídico, bem como o conhecimento da situação de perigo por aquele que se aproveita da referida situação.

Caracteriza *estado de perigo* o doente que pagou honorários excessivamente onerosos a médicos ou dentistas com a finalidade de salvar-se ou a pessoa de sua família.

O STJ já analisou o instituto jurídico do estado de perigo e decidiu: - O estado de perigo é tratado pelo Código Civil de 2002 como defeito do negócio jurídico, um verdadeiro vício do consentimento, que tem como pressupostos: (i) a "necessidade de salvar-se, ou a pessoa de sua família"; (ii) o dolo de aproveitamento da outra parte ("grave dano conhecido pela outra parte"); e (iii) assunção de "obrigação excessivamente onerosa".

---

37 AÇÃO ANULATÓRIA. ESTADO DE PERIGO. PRESTAÇÃO DE SERVIÇO HOSPITALAR. RECONVENÇÃO. LEGITIMIDADE PASSIVA. Na reconvenção, somente pode figurar no polo passivo o autor da demanda, sem possibilidade de se buscarem os respectivos valores contra quem não é parte na ação principal. O fato de o autor ter se submetido a um procedimento cirúrgico sem prévio conhecimento dos valores a serem despendidos, por si só, não caracteriza "estado de perigo", e, consequentemente, não enseja a possibilidade de anulação da dívida, porque a obrigação assumida não se mostra excessivamente onerosa, bem como pelo fato de que o autor tinha conhecimento de que a AFPERGS não custeava a integralidade dos procedimentos médico-hospitalares, tanto que pagou uma parte da internação anterior, para a realização de amputação dos dedos do pé direito. Igualmente não há falar em coação exercida pelo hospital quando da constituição dos títulos, pois estes foram preenchidos após a realização do procedimento, e não como condição para o atendimento. Apelo e recurso adesivo desprovidos. (Apelação Cível n° 70011587185, Quinta Câmara Cível, Tribunal de Justiça do RS, relator: Umberto Guaspari Sudbrack, Julgado em 8.9.2005)

- Deve-se aceitar a aplicação do estado de perigo para contratos aleatórios, como o seguro, e até mesmo para negócios jurídicos unilaterais.
- O segurado e seus familiares que são levados a assinar aditivo contratual durante procedimento cirúrgico, para que possam gozar de cobertura securitária ampliada, precisam demonstrar a ocorrência de onerosidade excessiva para que possam anular o negócio jurídico.
- A onerosidade configura-se se o segurado foi levado a pagar valor excessivamente superior ao preço de mercado para apólice equivalente, se o prêmio é demasiado face às suas possibilidades econômicas ou se sua apólice anterior já o assegurava contra o risco e a assinatura de novo contrato era desnecessária.
- É considerada abusiva, mesmo para contratos celebrados anteriormente à Lei 9.656/98, a recusa em conferir cobertura securitária, para indenizar o valor de próteses necessárias ao restabelecimento da saúde.
- Impõem-se condições negociais excessivamente onerosas, quando o aderente é levado a pagar maior valor por cobertura securitária da qual já gozava, revelando-se desnecessária a assinatura de aditivo contratual.
- O direito subjetivo assegurado em contrato não pode ser exercido de forma a subtrair do negócio sua finalidade precípua. Assim, se determinado procedimento cirúrgico está incluído na cobertura securitária, não é legítimo exigir que o segurado se submeta a ele, mas não instale as próteses necessárias para a plena recuperação de sua saúde.
- É abusiva a cláusula contratual que exclui de cobertura a colocação de "stent", quando este é necessário ao bom êxito do procedimento cirúrgico coberto pelo plano de saúde. Precedentes.
- Conquanto geralmente nos contratos o mero inadimplemento não seja causa para ocorrência de danos morais, a jurisprudência desta Corte vem reconhecendo o direito ao ressarcimento dos danos morais advindos da injusta recusa de cobertura de seguro saúde, pois tal fato agrava a situação de aflição psicológica e de angústia no espírito do segurado, uma vez que, ao pedir a autorização da seguradora, já se encontra em condição de dor, de abalo psicológico e com a saúde debilitada. Recurso Especial provido. (REsp 918.392/RN, Rel. ministra NANCY ANDRIGHI, TERCEIRA TURMA, julgado em 11/03/2008, DJe 01/04/2008)."

Por outro lado, "não se questiona que ao assinar o termo de responsabilidade o pai da menor, o fez em estado de perigo, como, aliás, se encontram todos aqueles que autorizam a internação hospitalar em caso de emergência ou de iminência de dano grave. Mas, para configurar o estado de perigo que leva à anulação da obrigação contraída, é preciso a demonstração inequívoca de que, na situação de necessidade em que se viu o representante do paciente ao assinar o termo de responsabilidade, houve abuso por parte do Hospital na cobrança das respectivas despesas. (9231794582007826

SP 9231794-58.2007.8.26.0000, relator: S. Oscar Feltrin, Data de Julgamento: 15/02/2012, 29ª Câmara de Direito Privado, Data de Publicação: 15/02/2012).

"[...] O estado de perigo é vício de consentimento dual, que exige para a sua caracterização, a premência da pessoa em se salvar, ou a membro de sua família e, de outra banda, a ocorrência de obrigação excessivamente onerosa, aí incluída a imposição de serviços desnecessários, conscientemente fixada pela contraparte da relação negocial. O tão-só sacrifício patrimonial extremo de alguém, na busca de assegurar a sua sobrevida ou de algum familiar próximo, não caracteriza o estado de perigo, pois embora se reconheça que a conjuntura tenha premido a pessoa a se desfazer de seu patrimônio, a depauperação ocorrida foi conscientemente realizada, na busca pelo resguardo da própria integridade física, ou de familiar.

Atividades empresariais voltadas especificamente para o atendimento de pessoas em condição de perigo iminente, como se dá com as emergências de hospitais particulares, não podem ser obrigadas a suportar o ônus financeiro do tratamento de todos que lá aportam em situação de risco à integridade física, ou mesmo à vida, pois esse é o público-alvo desses locais, e a atividade que desenvolvem com fins lucrativos é legítima, e detalhadamente regulamentada pelo Poder Público.

Se o nosocômio não exigir, nessas circunstâncias, nenhuma paga exagerada, tampouco impor a utilização de serviços não necessários, ou mesmo garantias extralegais, mas se restringir a cobrar o justo e usual, pelos esforços realizados para a manutenção da vida, não há defeito no negócio jurídico que dê ensejo à sua anulação. [...] (REsp 1578474/SP, Rel. Ministra NANCY ANDRIGHI, TERCEIRA TURMA, julgado em 11/12/2018, DJe 13/12/2018)

Caberá ao magistrado, ao avaliar a onerosidade excessiva, considerar as circunstâncias em que o contrato foi celebrado. O CCB 2002 não prevê a possibilidade de o juiz reduzir o valor e estabelecer um *equo compenso,* conforme as circunstâncias, a fim de remunerar a outra parte pelo serviço prestado, evitando, assim, um enriquecimento ilícito. Aplica-se por analogia o art. 157, § 2°, do CCB.[38]

Tratando-se de pessoa não pertencente à família do declarante, o juiz decidirá segundo as circunstâncias (CC, art. 156, parágrafo único).

O estado de perigo torna anulável o negócio (art. 171, II – CC) e o prazo decadencial para pleitear a referida anulação é de quatro anos a contar do dia em que se realizou o negócio jurídico (art. 178, II – CC).

Vale destacar que o estado de perigo não se confunde com a lesão. No ESTADO DE PERIGO, o sujeito submete-se para salvar-se, ou a pessoa de sua família, de grave dano conhecido pela outra parte; na LESÃO o sujeito se

---

38 Conselho da Justiça Federal - III Jornada de Direito Civil. CJF - Enunciado 148 - Art. 156: Ao "estado de perigo" (art. 156) aplica-se, por analogia, o disposto no § 2° do art. 157.

submete em virtude de necessidade econômica ($) ou inexperiência.

Sobre o assunto, pondera Humberto Theodoro Júnior: "No *estado de perigo*, o que determina a submissão da vítima ao negócio iníquo é o risco pessoal (perigo de vida ou de grave dano à saúde ou a integridade física de uma pessoa). Na *lesão* (ou estado de necessidade), o risco provém da iminência de danos patrimoniais, como a urgência de honrar compromissos, de evitar a falência ou a ruína dos negócios".[39]

14.6 Lesão

A lesão ocorre quando uma pessoa, sob premente necessidade, ou por inexperiência, se obriga a prestação manifestamente desproporcional ao valor da prestação oposta. (CC, art. 157). A lesão ocorre no momento da celebração do contrato.

Caberá ao magistrado, ao analisar o caso concreto decidendo, apreciar a desproporção das prestações segundo os valores vigentes ao tempo em que foi celebrado o negócio jurídico (CC, art. 157, § 1°).

A *premente necessidade* não exige um estado de miserabilidade da vítima. O lesado encontra-se em estado de premente necessidade por circunstâncias exteriores ao negócio celebrado, que o levam a manifestar vontade maculada.

A *inexperiência* é a falta de conhecimentos que se adquirem com o uso e a prática. Pode ocorrer com pessoas de pouca cultura ou pouca idade. É diferente de erro.

Assim, a lesão se caracteriza a partir da existência dos seguintes elementos: a) o elemento objetivo fincado na manifesta desproporção entre as prestações recíprocas; b) e o elemento subjetivo desvelado pela "inexperiência" ou "premente necessidade" do lesado.

O que se procura ao reconhecer a lesão nos contratos é a manutenção do princípio da equivalência que deve nortear os contratos comutativos, ou seja, deve se manter um certo equilibro e equivalência entre prestação e contraprestação. Daí que o desequilíbrio entre as prestações dá azo ao vício denominado de lesão.[40]

A lesão, de certa forma, já era prevista no Decreto-Lei n° 869/38, modificado pela Lei n° 1.521/51, de 26 de dezembro de 1951, alterando dis-

---

39 THEODORO JÚNIOR, Humberto. *Comentários ao novo código civil*. Vol. III, Tomo I. Rio de Janeiro: Forense. 2003. p. 204

40 Lesão é o prejuízo que uma pessoa sofre na conclusão de um negócio jurídico, em face da desproporção existente entre as prestações das duas partes. Assim, o mutuário contumaz arrependido não pode arguir a lesão como defeito do negócio jurídico celebrado para requerer a rescisão do contrato e dessa forma livrar-se da obrigação de pagar as prestações mensais ajustadas. Aliás, diferente da pretensão de rescisão do contrato de mútuo é a de revisão dos encargos financeiros cobrados, que pode ser deduzida em ação própria (TJMG. relator: Saldanha da Fonseca, 10.2.2007).

positivos da legislação vigente sobre crimes contra a economia popular. O artigo 4° da referida lei preceitua que "constitui crime da mesma natureza a usura pecuniária ou real, assim se considerando: [...] b) obter, ou estipular, em qualquer contrato, abusando da premente necessidade, inexperiência ou leviandade de outra parte, lucro patrimonial que exceda o quinto do valor corrente ou justo da prestação feita ou prometida".

O desembargador Roberto de Abreu e Silva ensina que "a lesão no Código Civil de 2002 constitui vício de consentimento suficiente a invalidar os contratos perpetrados sob os seus efeitos, culminando em anulação e revisão contratual, se demonstrados. A despeito de não se demonstrar a lesão, como vício de consentimento, essa norma do novel Código Civil somente afeta os negócios perpetrados sob sua vigência (a partir de 11.1.2003), não podendo retroagir para alcançar os negócios destes autos, concluídos em 1.12.1999, sob a vigência do Código Civil de 1916. Por seu turno, a lesão enorme na previsão do art. 4°, da Lei n° 1.521/51 pressupõe "desproporção superior a um quinto do valor recebido" o que não ocorreu na situação dos autos. (TJRJ – 2005.001.14341 – APELAÇÃO CÍVEL – DES. ROBERTO DE ABREU E SILVA – Julgamento: 20.9.2005 – NONA CÂMARA CÍVEL

A aplicação do instituto da lesão foi analisada pela ministra Nancy Andrigui da seguinte forma: "PROCESSUAL CIVIL, CIVIL E CONSUMIDOR. FUNDAMENTO DO ACÓRDÃO NÃO IMPUGNADO. SÚMULA 283/STF. HARMONIA ENTRE O ACÓRDÃO RECORRIDO E A JURISPRUDÊNCIA DO STJ. SÚMULA 83/STJ. FUNDAMENTAÇÃO. DEFICIENTE. SÚMULA 284/STF. CONTRATO DE PRESTAÇÃO DE SERVIÇOS ADVOCATÍCIOS. CDC. INAPLICABILIDADE. LESÃO. ART. 157 DO CC/02. REQUISITOS. NECESSIDADE PREMENTE OU INEXPERIÊNCIA.

- No particular, inexistindo circunstância geradora de onerosidade excessiva, o equilíbrio entre os encargos assumidos pelas partes deve ser analisado à luz da situação existente no momento da celebração do acordo e não a posteriori. É evidente que, depois de confirmada a improcedência dos pedidos formulados nas reclamações trabalhistas, objeto da ação de cobrança ajuizada pela sociedade de advogados, pode considerar-se elevado o valor dos honorários, correspondente a um quarto da pretensão dos reclamantes. Todavia, deve-se ter em mente que, no ato da contratação, existia o risco de a recorrente ser condenada ao pagamento de todas as verbas pleiteadas, de sorte que a atuação da recorrida resultou, na realidade, numa economia para a recorrente de 75% do valor dessas verbas.

- A existência de fundamento do acórdão recorrido não impugnado – quando suficiente para a manutenção de suas conclusões – impede a apreciação do recurso especial;

- O acórdão recorrido que adota a orientação firmada pela jurisprudência do STJ não merece reforma;

- A ausente ou deficiente fundamentação do recurso importa seu não conhecimento;

- O CDC não incide nos contratos de prestação de serviços advocatícios. Precedentes.

- O art. 157 do CC/02 contempla a lesão que se caracteriza, quando uma pessoa, sob premente necessidade ou por inexperiência, obriga-se à prestação manifestamente desproporcional ao valor da prestação oposta. O referido instituto não se aplica à hipótese dos autos, de celebração de contrato de prestação de serviços advocatícios por sociedade anônima de grande porte. Além de não ter ficado configurada a urgência da contratação, não há de se cogitar a inexperiência dos representantes da empresa. Ademais, a fixação dos honorários foi estipulada de maneira clara e precisa, exigindo tão somente a realização de cálculos aritméticos, atividade corriqueira para empresários. Recurso especial a que se nega provimento. (REsp 1117137/RS, Rel. ministra NANCY ANDRIGHI, TERCEIRA TURMA, julgado em 17/06/2010, DJe 30/06/2010)."

A lesão, também, é aferida quando violado o artigo 4°, V, b da Lei n° 4.717/65. Assim decidiu Roberto de Abreu e Silva: "TJRJ - 2003.001.15522 - APELAÇÃO CÍVEL - DES. ROBERTO DE ABREU E SILVA - Julgamento: 29.7.2003 - SEXTA CÂMARA CÍVEL - RESPONSABILIDADE CIVIL. MUNICÍPIO. COMPRA E VENDA. AÇÃO POPULAR E ANULAÇÃO PREÇO SUPERFATURADO. DESFAZIMENTO. Lei n° 4.717/65. Inteligência do artigo 4°, V, b. O bem imóvel adquirido pelo Município no valor de R$ 168.300,00 foi avaliado no laudo pericial submetido ao crivo do contraditório em R$ 42.125,00, evidenciando o efetivo super faturamento no preço, causando prejuízos ao erário público. Insuficiência da prova dos vendedores para a abalar a força probante do laudo pericial. Em tais circunstâncias, o negócio jurídico de compra e venda do imóvel assinalado na inicial realizado pelas partes litigantes, por preço bem superior ao do mercado, evidenciando lesão enorme, malferiu a norma do artigo 4°, V, b da Lei n° 4.717/65, que proclama a nulidade dos atos de compra e venda de bem móveis ou imóveis, em casos não cabíveis de concorrência pública ou quando "o preço de compra dos bens for superior ao corrente no mercado, na época da operação".

Da mesma forma, o Código de Defesa do Consumidor (CDC) com a finalidade de proteger os consumidores de eventuais lesões estabeleceu que:[41]

41 Plano de saúde. Ação ordinária revisional de obrigação creditícia, cumulada com pedidos de repetição do indébito em dobro e de indenização por danos morais. Mensalidade reajustada em 165%, a pretexto da mudança de faixa etária da contratante, invocando a prestadora do serviço a Lei n° 9.656/98. Hipótese que envolve relação de consumo. Aplicação do Código de Defesa do Consumidor, lei de natureza principiológica, ditada pela Constituição Federal, à qual se devem amoldar todas as leis posteriores que envolvam relações de consumo. Repactuação do contrato, nele se inserindo a cláusula permitindo o reajuste, em razão da mudança de faixa etária, no percentual antes mencionado, sem que

CDC - Art. 6° São direitos básicos do consumidor: [...] V - a modificação das cláusulas contratuais que estabeleçam prestações desproporcionais ou sua revisão em razão de fatos supervenientes que as tornem excessivamente onerosas;

CDC - Art. 39. É vedado ao fornecedor de produtos ou serviços, dentre outras práticas abusivas: [...] V - exigir do consumidor vantagem manifestamente excessiva;

CDC - Art. 51. São nulas de pleno direito, entre outras, as cláusulas contratuais relativas ao fornecimento de produtos e serviços que: [...] IV - estabeleçam obrigações consideradas iníquas, abusivas, que coloquem o consumidor em desvantagem exagerada, ou sejam incompatíveis com a boa-fé ou a equidade;

É anulável o negócio jurídico por vício de lesão (CC 2002 - Art. 171, II). É de quatro anos o prazo de decadência para pleitear-se a anulação do negócio jurídico viciado por lesão, contado do dia em que se realizou o negócio jurídico (CC 2002 - Art. 178, II).

Não se decretará a anulação do negócio, se for oferecido suplemento suficiente, ou se a parte favorecida concordar com a redução do proveito (CC, art. 157, § 2°).

Em relação ao artigo 157, o Conselho da Justiça Federal, nas III, IV e V Jornadas de Direito Civil, editou os seguintes enunciados:

a) CJF - III Jornada - Enunciado 149 - Art. 157: Em atenção ao princípio da conservação dos contratos, a verificação da lesão deverá conduzir, sempre que possível, à revisão judicial do negócio jurídico e não à sua anulação, sendo dever do magistrado incitar os contratantes a seguir as regras do art. 157, § 2°, do Código Civil de 2002.
b) CJF - III Jornada - Enunciado 150 - Art. 157: A lesão de que trata o art. 157 do Código Civil não exige dolo de aproveitamento.
c) CJF - IV Jornada - Enunciado 290 - Art. 157. A lesão acarretará a anulação do negócio jurídico quando verificada, na formação deste, a desproporção manifesta entre as prestações assumidas pelas par-

se indique os parâmetros utilizados para ele se chegar. Abusividade. Lesão como defeito do negócio jurídico (art. 157 do Código Civil vigente). Conquanto não contemplada expressamente no Código Civil de 1916, a lesão já era tida, por farto entendimento doutrinário e jurisprudencial, como causa de invalidação do negócio. Estatuto do Idoso, vedando a discriminação dos idosos nos planos de saúde pela cobrança de valores diferenciados em razão da idade (art. 15, § 3°). O contrato de plano de saúde é de trato sucessivo, de sorte que as normas de ordem pública têm aplicação imediata sobre efeitos que se protraem no tempo. Repetição do indébito que se impõe, mas não em dobro, pois a hipótese é de engano justificável. Danos morais não configurados, não tendo a ré se negado a prestar os serviços a que se obrigara. (2007.001.31490 - APELAÇÃO CÍVEL. DES. FABRICIO BANDEIRA FILHO - Julgamento: 27.6.2007 - DÉCIMA SÉTIMA CÂMARA CÍVEL)

tes, não se presumindo a premente necessidade ou a inexperiência do lesado.

d) CJF - IV Jornada - Enunciado 291 - Art. 157. Nas hipóteses de lesão previstas no art. 157 do Código Civil, pode o lesionado optar por não pleitear a anulação do negócio jurídico, deduzindo, desde logo, pretensão com vista à revisão judicial do negócio por meio da redução do proveito do lesionador ou do complemento do preço.

e) CJF - V Jornada - Enunciado 410 - Art. 157. A inexperiência a que se refere o art. 157 não deve necessariamente significar imaturidade ou desconhecimento em relação à prática de negócios jurídicos em geral, podendo ocorrer também quando o lesado, ainda que estipule contratos costumeiramente, não tenha conhecimento específico sobre o negócio em causa.

14.7 Da Fraude Contra Credores

14.7.1 Introdução

A fraude contra credores é um defeito do negócio jurídico que não representa um vício do consentimento, senão um vício social. A fraude contra credores não representa uma distonia entre o querer do agente e sua manifestação de vontade. De acordo com LEONI, a fraude contra credores "é todo ato de disposição, a título gratuito ou oneroso, pelo qual o devedor deteriora a própria situação patrimonial, de modo que, em consequência de tais atos, o remanescente de seu patrimônio não possa mais exercer a sua função de garantia patrimonial genérica".[42]

O artigo 158 do nosso Código Civil determina que "os negócios de transmissão gratuita de bens ou remissão de dívida, se os praticar o devedor já insolvente, ou por eles reduzido à insolvência, ainda quando o ignore, poderão ser anulados pelos credores quirografários, como lesivos dos seus direitos.[43]

§ 1° Igual direito assiste aos credores cuja garantia se tornar insuficiente.

§ 2° Só os credores que já o eram ao tempo daqueles atos podem pleitear a anulação deles.

A fraude é, portanto, todo ato que venha a prejudicar ou causar prejuízos para os credores (eventus damni), no sentido de o devedor reduzir a sua situação patrimonial com o firme propósito de não garantir o pagamento de suas dívidas.

Em nosso ordenamento jurídico civilístico, o devedor responde, para o cumprimento de suas obrigações, com todos os seus bens presentes e futu-

42 OLIVEIRA, J. M. Leoni Lopes de. *Novo código civil anotado.* Vol. I. Rio de Janeiro: Lumen Juris, 2004, p. 300.

43 Correspondente ao art. 106 do CC de 1916.

ros, salvo as restrições estabelecidas em lei (CPC – art. 789). É o princípio da responsabilidade patrimonial do devedor.

CLÓVIS BEVILÁQUA afirma que "não exige o Código o requisito da má-fé *(consilium fraudis)*, que, aliás, ordinariamente, se presume, porém que não é essencial para determinar a fraude e tornar anulável o ato".[44]

Os credores quirografários (aqueles que têm como garantia de seu crédito o patrimônio do devedor, ou seja, possui simplesmente a garantia genérica) que não possuem garantia real, bem como os credores com garantia insuficiente para satisfazer os seus créditos possuem legitimação *ad causam* para anular as transmissões gratuitas de bens (doações, repúdio de heranças) e as remissões de dívidas, que praticarem os devedores insolventes. O artigo 158, § 2°, dispõe que somente os credores que já o eram ao tempo daqueles atos podem pleitear a anulação dos referidos atos jurídicos. A estes, a lei confere a ação revocatória ou pauliana.

A ação pauliana poderá ser intentada contra o devedor insolvente, a pessoa que com ele celebrou a estipulação considerada fraudulenta, ou terceiros adquirentes que hajam procedido de má-fé (CC, art. 161).[45] É, pois, um litisconsórcio necessário entre o devedor, o terceiro que com ele celebrou o negócio jurídico, bem como os subadquirentes que tenham agido de má-fé.

Os requisitos indispensáveis para a caracterização da fraude contra credores a título gratuito são: a) existência de um crédito quirografário; b) a insolvência do devedor; c) ato que venha a prejudicar ou causar prejuízos para os credores *(eventus damni)*.

O Conselho da Justiça Federal ao analisar o artigo em comento, nas III e IV Jornadas de Direito Civil, publicou os seguintes enunciados, respectivamente: a) CJF – Enunciado 151 – Art. 158: O ajuizamento da ação pauliana pelo credor com garantia real (art. 158, § 1°) prescinde de prévio reconhecimento judicial da insuficiência da garantia; b) CJF – Enunciado 292 – Art. 158. Para os efeitos do art. 158, § 2°, a anterioridade do crédito é determinada pela causa que lhe dá origem, independentemente de seu reconhecimento por decisão judicial.

Contra atos de alienação a título oneroso, estabelece o artigo 159 que "serão igualmente anuláveis os contratos onerosos do devedor insolvente, quando a insolvência for notória, ou houver motivo para ser conhecida do outro contratante".[46] Neste caso, são pressupostos para a caracterização da fraude contra credores: a) ato de alienação; b) *eventus damni* (prejuízo para os credores); c) conhecimento, por parte do 3°, da insolvência do alienante *(scientia fraudis)*.[47]

---

44 BEVILÁQUA, Clóvis. *Código civil dos Estados Unidos do Brasil comentado por Clóvis Beviláqua*. V. 1. Edição histórica. Rio de Janeiro: Rio, 1976, p. 358.

45 Correspondente ao art. 109 do CC de 1916.

46 Correspondente ao art. 107 do CC de 1916.

47 CIVIL E PROCESSUAL. AÇÃO PAULIANA. FRAUDE CONTRA CREDOR RECONHECIDA

HUMBERTO THEODORO JÚNIOR comunga da mesma ideia. Vejamos as suas lições: "O Código, como se vê, não exigiu, nem mesmo no caso dos negócios onerosos, a comprovação do *consilium fraudis* (intenção de lesar credores) da parte do devedor alienante. Presumiu-o, portanto. Mas, do lado do terceiro adquirente, impôs a demonstração de sua *scientia fraudis*, necessária à configuração da má-fé, sem a qual o ato dispositivo do devedor não será revogável. Aqui, diversamente do que se passa com os atos gratuitos, não é bastante o estado de insolvência do alienante. O adquirente tem de se apresentar como *particeps fraudis*, conduta esta que, se não exige o direito propósito de causar prejuízo aos credores *(animus nocendi)*, deve retratar seu real ou presumível "conhecimento acerca da insolvência do devedor" e, consequentemente, "do resultado que o ato ou contrato provocará para os credores destes".[48]

Por outro lado, boa parte dos doutrinadores e julgadores exige como um dos requisitos da fraude contra credor o *concilium fraudis* o conhecimento da situação de insolvência pelo terceiro adquirente.[49] Este deve ser presumido no comportamento do devedor, ou seja, presume-se a fraude. Neste sentido: "APELAÇÃO. AÇÃO PAULIANA. FRAUDE CONTRA CREDORES CONFIGURADA. NULIDADE DA DOAÇÃO DE BEM IMÓVEL PARA A FILHA. 1. Incidente a legislação do Código Civil de 1916, em vigor quando da realização do negócio jurídico impugnado. Arts.106 e 107. Presentes os requisitos necessários para o reconhecimento da fraude a credores: existência do crédito anterior; a insolvabilidade do devedor *(eventus damni)*; e o elemento subjetivo *(consilium fraudis)*. 2. Anterioridade do crédito. Embora ainda não existisse sentença na demanda indenizatória, quando da doação dos pais em favor da filha, já existia a origem do direito, em face de acidente de trânsito que ocasionou a morte dos pais dos demandantes-credores. A anterioridade se

PELO TRIBUNAL DE JUSTIÇA. MATÉRIA DE PROVA. REVISÃO. IMPOSSIBILIDADE. SÚMULA n° 7-STJ. INCIDÊNCIA. CC, ART. 107. Firmado pelo Tribunal estadual, soberano no exame fático, que a substancial transferência patrimonial dos réus para empresa construtora por eles constituída na pendência de cobrança de dívidas configurava o esvaziamento da capacidade de honrá-las e a fraude contra credor, a revisão da matéria recai na apreciação da prova, obstada pela Súmula n° 7 do STJ. II. Recurso Especial não conhecido. (REsp 57.826/SP, Rel. ministro ALDIR PASSARINHO JÚNIOR, QUARTA TURMA, julgado em 16.6.2005, DJ 24.10.2005 p. 326).

48 THEODORO JÚNIOR, Humberto. *Comentários ao novo código civil.* Vol. III, Tomo I. Rio de Janeiro: Forense. 2003, p. 347.

49 EMENTA: ANULATÓRIA DE NEGÓCIO JURÍDICO POR FRAUDE CONTRA TERCEIROS (AÇÃO PAULIANA). IMPRESCINDIBILIDADE DE DEMONSTRAÇÃO DO CONLUIO ENTRE O DEVEDOR E O ADQUIRENTE (CONSILIUM FRAUDIS), QUE NÃO SE PRESUME PARA OS CONTRATOS ONEROSOS. ART. 159 DO CC. INTENÇÃO DE FRUSTRAR O RECEBIMENTO DO CRÉDITO NÃO EVIDENCIADA NO CASO DOS AUTOS. FRAUDE NÃO CARACTERIZADA. RECURSO PROVIDO PARA JULGAR IMPROCEDENTE O PEDIDO. (Recurso Cível N° 71001159847, Terceira Turma Recursal Cível, Turmas Recursais, relator: Eugênio Facchini Neto, Julgado em 17.4.2007).

determina pela causa que dá origem ao referido crédito, não se confundindo o direito de crédito em si com o documento ou a sentença que apenas o reconhece e o declara. 3. Insolvabilidade do devedor. Considerando o montante de seu patrimônio, segundo avaliação apresentada nos autos, a ressalva da meação sobre os bens imóveis e a impenhorabilidade do bem residencial, conclui-se pela incapacidade para suportar a satisfação do crédito dos autores, de modo que a doação resultou na insolvabilidade, causando inequívoco prejuízo aos credores. 4. A presença do elemento subjetivo é presumida, em se tratando de negócio jurídico realizado entre pais e filha, bastando que o devedor tenha conhecimento de que a alienação poderá acarretar prejuízo a seus credores. Precedentes jurisprudenciais. Apelo dos réus improvido (Apelação Cível n° 70018693812, Décima Segunda Câmara Cível, Tribunal de Justiça do RS, relator: Orlando Hermann Júnior, Julgado em 28.6.2007).

"Não é suficiente para afastar a anterioridade do crédito que se busca garantir — requisito exigido para a caracterização de fraude contra credores — a assinatura de contrato particular de promessa de compra e venda de imóvel não registrado e desacompanhado de qualquer outro elemento que possa evidenciar, perante terceiros, a realização prévia desse negócio jurídico. O art. 106, parágrafo único, do CC/1916 disciplinou o instituto da fraude contra credores, visando coibir o devedor de praticar atos fraudulentos que acarretem a diminuição de seu patrimônio com o propósito de prejudicar seus credores. Para isso, instituiu a ação pauliana ou revocatória, possibilitando ao credor prejudicado anular o negócio jurídico fraudulento e conservar no patrimônio do devedor determinados bens para a garantia do cumprimento das obrigações assumidas por este. Para a caracterização dessa fraude, exigem-se os seguintes pressupostos: a existência de dano ao direito do credor *(eventus damni);* o consenso entre o devedor e o adquirente do bem *(consilium fraudis);* e a anterioridade do crédito que se busca garantir em relação ao negócio jurídico tido por fraudulento, pois somente os credores que já ostentavam essa condição ao tempo do ato fraudulento é que podem demandar a anulação, visto que, apenas em relação a eles, esse ato diminui a garantia oferecida pelo patrimônio do devedor. Nesse contexto, na hipótese em que o devedor tenha firmado contrato particular de promessa de compra e venda de imóvel, para fins de constatar a anterioridade de crédito em relação ao ato fraudulento, deve ser considerada a data do registro do instrumento particular no Cartório de Registro de Imóveis, e não a data da sua elaboração. Isso porque o registro do contrato de promessa de compra e venda de imóvel, conquanto não interfira na relação de direito obrigacional — existente entre promitente comprador e promitente vendedor —, é necessário para que a eficácia da promessa de compra e venda se dê perante terceiros, de forma a gerar um direito real à aquisição do promitente comprador, em caráter *erga omnes*. Dessa forma, dispõe o art. 1.417 do CC/2002 que, mediante promessa de compra e venda em que não foi pactuado o arrependimento, celebrada por instrumento público ou particular e registrada no Cartório de Registro de Imóveis, adquire o promitente comprador direito real à aquisição do imóvel. Assim, não estando o contrato registrado, o promitente comprador pode exigir do promitente vendedor a outorga da escritura, mas não poderá opor seu direito a terceiros. Ademais, ao permitir o contrário, estar-se-ia enfraquecendo o instituto da fraude contra credores, tendo em vista a facilidade em dar a um documento uma data falsa e, ao mesmo tempo, a dificuldade em demonstrar essa fraude. REsp 1.217.593- RS, Rel. Min. Nancy Andrighi, julgado em 12/3/2013."

O artigo 171, inciso II, do nosso Código Civil determina que é anulável o negócio jurídico por fraude contra credores. É de quatro anos o prazo de decadência para pleitear a anulação do negócio jurídico, contado do dia de realização do referido ato. Ocorre que a jurisprudência tem contado o prazo a partir da data da transcrição do título no registro imobiliário competente. Assim, o termo inicial do prazo decadencial para o credor ajuizar ação objetivando a anulação do negócio jurídico deve coincidir com o momento em que este teve ou podia ter ciência inequívoca da existência do contrato a ser invalidado.

O prazo é decadencial, logo não há que se falar em suspensão ou interrupção do prazo. É, pois, um prazo fatal.

Neste sentido: "Direito civil. Agravo no recurso especial. Ação pauliana. Prazo Decadencial. Termo inicial. Registro Imobiliário. – A decadência é causa extintiva de direito pelo seu não exercício no prazo estipulado em lei, cujo termo inicial deve coincidir com o conhecimento do fato gerador do direito a ser pleiteado. – O termo inicial do prazo decadencial de quatro anos para propositura da ação pauliana é o da data do registro do título aquisitivo no Cartório Imobiliário, ocasião em que o ato registrado passa a ter validade contra terceiros. Precedentes. Agravo no recurso especial não provido (AgRg no REsp 743.890/SP, Rel. ministra NANCY ANDRIGHI, TERCEIRA TURMA, julgado em 20.9.2005, DJ 3.10.2005 p. 250)".

14.7.2 Fraude contra credores: ato anulável ou ineficaz?

Leoni afirma que os atos praticados em fraude contra credores são atos válidos. Simplesmente, como aquele que aliena, quer a título oneroso, quer a título gratuito, não possuía legitimidade para tanto, o caso é de declarar-se a INEFICÁCIA de tais atos. O CCB afirma que tais atos podem ser ANULADOS. Trata-se de impropriedade do legislador pátrio. Direito civil italiano.

A fraude contra credores não deveria ser tratada na Parte Geral do Código e sim no Direito Obrigacional, como um dos meios de conservação da garantia patrimonial. Daí que o caso é de INEFICÁCIA e não de invalidade.[50]

Da mesma forma, HUMBERTO THEODORO JÚNIOR aponta que "o novo Código Civil volta a reproduzir quase que textualmente o regime da fraude contra credores concebido pelo código de 1916, mantendo-a como causa de anulabilidade do negócio jurídico e ignorando, por completo, a categoria dos atos ineficazes. [...] Isto quer dizer que a circunstância de o novo Código Civil repetir ipsis litteris o rótulo de anulabilidade aplicado ao negócio em fraude contra credores, não impede que a sua natureza jurídica e seus efeitos práticos sejam, na verdade, os da ineficácia relativa".[51]

14.7.3 Fraude não concluída (elisão do eventus damni)

O artigo 160 do nosso Código Civil informa que "se o adquirente dos bens do devedor insolvente ainda não tiver pago o preço e este for, aproximadamente, o corrente, desobrigar-se-á depositando-o em juízo, com a citação de todos os interessados".[52] E o parágrafo único diz que "se inferior, o adquirente, para conservar os bens, poderá depositar o preço que lhes corresponda ao valor real".

O depósito poderá ocorrer no curso da ação pauliana, antes do seu início e até mesmo após o julgamento desta ação. Isso porque o adquirente, efetuando o pagamento por consignação (CPC – Da Ação de Consignação em Pagamento. Arts. 539 a 549), tem o firme propósito de não restituir o objeto comprado.

14.7.4 Subadquirente (terceiro) de boa-fé

Como dito acima, a ação pauliana poderá ser intentada contra o devedor insolvente, a pessoa que com ele celebrou a estipulação considerada fraudulenta, ou terceiros adquirentes que hajam procedido de má-fé (CC, art. 161).[53]

E a situação do terceiro de boa-fé? Este não será alcançado pelos efeitos da sentença pauliana, já que não tinha ciência da fraude contra credores.

Neste sentido decidiu o ministro Ruy Rosado de Aguiar, da Quarta Turma do STJ, no Recurso Especial 102.401/MG, com a seguinte ementa: "Ação pauliana. Terceiro adquirente. Boa-fé. O terceiro adquirente de boa-fé não é atingido pelo efeito de sentença de procedência de ação pauliana, satisfazendo-se o interesse dos credores, contra os fraudadores, em cobrar-se sobre

50 OLIVEIRA, J. M. Leoni Lopes de. *Novo código civil anotado*. Vol. I. Rio de Janeiro: Lumen Juris, 2004, p. 303.

51 THEODORO JÚNIOR, Humberto. *Comentários ao novo código civil*. Vol. III, Tomo I. Rio de Janeiro: Forense. 2003. p. 379-380.

52 Correspondente ao art. 108 do CC de 1916.

53 Correspondente ao art. 109 do CC de 1916.

o equivalente do valor do bem. Art. 109 do CC. Recurso conhecido e provido (REsp 102.401/MG, Rel. ministro RUY ROSADO DE AGUIAR, QUARTA TURMA, julgado em 24.2.1997, DJ 31.3.1997 p. 9635).

No mesmo sentido, a decisão proferida no Tribunal de Justiça do Estado do Rio Grande do Sul – TJRS: "APELAÇÃO CÍVEL. EMBARGOS DE TERCEIRO. ALIENAÇÃO DE VEÍCULO. CONLUIO. NÃO CONFIGURAÇÃO. FRAUDE CONTRA CREDORES. NECESSIDADE DE AÇÃO PAULIANA. SÚMULA 195 DO STJ. 1. Dos fatos – O embargante busca a liberação da constrição que recai sobre o veículo Mercedes-Benz de placas IGR 5675, imposta em razão do deferimento de liminar na ação cautelar inominada movida pela ora embargada. A embargada, por sua vez, ressalta que a alienação se deu em fraude contra credores, e daí a necessidade de manutenção da restrição. 2. Da conceituação de fraude contra credores – Com efeito, na forma do art. 107 do CC de 1916 – reeditado no art. 159 do CC de 2002 -, são anuláveis por fraude contra credores os contratos onerosos do devedor insolvente, quando a in- solvência for notória, ou houver motivo para ser conhecida do outro contratante. Há proteção legal, a toda evidência, ao terceiro de boa-fé, pois somente serão anulados por fraude a credores os contratos onerosos quando o adqui- rente tiver conhecimento, ou puder-se presumir que conheça, a situação de insolvência do alienante. 3. Da não configuração de conluio – Convenci-me, no caso sob exame, de que, tendo o embargado vendido outro veículo para adquirir o caminhão de placas IGR 5675, e que desde a aquisição havida em momento anterior ao ajuizamento da ação cautelar, ressalto utiliza o bem em sua atividade laboral, não resta afastada a presunção de que tenha agido de boa-fé na efetivação do negócio. Até porque, em que pese existam contradições quanto ao valor pago pelo veículo, há indícios de que tenha sido cobrado o valor de mercado. 4. Da boa-fé – O Direito prestigia e assegura a boa-fé, de modo que, aquele que sustentar a má-fé a seu favor, deverá dela fazer prova inequívoca. 5. Da impossibilidade de tratar-se de fraude contra credores em sede de embargos de terceiro – Ademais, em sede de embargos de terceiro vedado é cuidar da fraude a credores, sendo necessário para tal o ajuizamento de ação própria, qual seja, a ação pauliana. Súmula 195 do STJ. APELO DESPROVIDO. (Apelação Cível n° 70013633672, Nona Câmara Cível, Tribunal de Justiça do RS, relator: Iris Helena Medeiros Nogueira, Julgado em 11.1.2006)".

Para o Tribunal de Justiça de Minas Gerais - TJMG prevalece a mesma tese. A relatora Teresa Cristina da Cunha Peixoto, no Processo 2.000.00.3735097/000 (1), decidiu em 18.12.2002 que "O remédio processual adequado à pretensão de que sejam anulados negócios jurídicos praticados em fraude contra credores, nos termos do artigo 109 do Código Civil em vigor, é a ação pauliana.

Caracteriza-se a fraude contra credores pela presença, no ato de transferência dos bens pelo devedor, do *eventus damni,* representado pelo estado de insolvência da parte e pelo consilium fraudis, representado pela intenção fraudulenta e bilateral, entre o devedor e o adquirente, que implique prejuízo aos credores.

Havendo, no caso concreto, a presença posterior de adquirente de boa-fé que, sem a intenção de fraudar credores, adquiriu bens do vendedor que agiu em conluio com o devedor insolvente, o ordenamento jurídico protege a propriedade desse terceiro, entendendo como solução jurídica adequada para a ação pauliana movida contra todos a manutenção da propriedade quanto ao terceiro de boa-fé e a conversão do valor dos bens perseguidos no equivalente em dinheiro, a ser devido pelos fraudadores de forma solidária".

Assim, "o subadquirente de boa-fé não fica atingido pela fraude ocorrida no negócio precedente (ou seja, na venda do devedor ao conluiado), desde que haja adquirido antes de julgada procedente a ação pauliana. Isso é consequência direta da configuração de ineficácia sucessiva, ou ulterior, como efeito da fraude contra credores".[54]

14.7.5 Pagamento de dívida não vencida

O artigo 162 determina que "o credor quirografário, que receber do devedor insolvente o pagamento da dívida ainda não vencida, ficará obrigado a repor, em proveito do acervo sobre que se tenha de efetuar o concurso de credores, aquilo que recebeu".[55]

O pagamento de dívida não vencida efetuada pelo devedor insolvente poderá ser atacada por ação pauliana proposta pelo credor quirografário prejudicado pela antecipação de pagamento.

O regime a ser aplicado é o mesmo ditado pelo artigo 159 do Código Civil brasileiro, ou seja, aquele que receber seu crédito antecipado deverá ter ciência do estado de insolvência do devedor, ou ter motivo para conhecê-lo.

Neste caso, qual o efeito da ação revocatória? O credor será obrigado a devolver o valor recebido em razão da antecipação do vencimento ao acervo sobre que se tenha de efetuar o concurso de credores. Este credor não ficará prejudicado já que irá concorrer com os demais credores o recebimento de seu crédito no curso da ação pauliana.

---

54 DINAMARCO, Cândido Rangel. *Execução civil,* 8. ed. São Paulo: Malheiros, 2002, p. 283.
55 Correspondente ao art. 110 do CC de 1916.

14.7.6 Presunção de privilégio fraudulento

Se o devedor insolvente tiver dado a algum credor uma garantia real (penhor, hipoteca etc.),[56] estará agindo em detrimento aos demais credores quirografários, já que com o estabelecimento da garantia real em favor de determinado credor, esse bem ficará excluído do conjunto da garantia genérica. Dessa maneira, a regra do artigo 163 permite que o prejudicado ingresse com ação pauliana, visando tornar ineficaz a garantia oferecida.

O artigo 163 determina que "presumem-se fraudatórias dos direitos dos outros credores as garantias de dívidas que o devedor insolvente tiver dado a algum credor".[57]

Para que ocorra a presunção de fraude estabelecida no artigo referido é necessária a ocorrência dos seguintes requisitos: a) insolvência do devedor;

b) a existência de vários credores preexistentes; c) a garantia real dada a apenas um deles, em detrimento dos demais credores.

14.7.7 Negócios ordinários

O artigo 164 dispõe que "presumem-se, porém, de boa-fé e valem os negócios ordinários indispensáveis à manutenção de estabelecimento mercantil, rural, ou industrial, ou à subsistência do devedor e de sua família".[58]

Os negócios ordinários são aqueles negócios onerosos praticados pelo devedor insolvente com o intuito de assegurar uma fonte de renda para si e sua família, bem como para a manutenção de estabelecimento mercantil, rural ou industrial.

Esta presunção não é absoluta e admite prova em contrário (presunção *iuris tantum*). Esta presunção deve ser analisada com muita cautela pelo magistrado, já que pode ser utilizada pelo devedor insolvente para encobrir eventuais artimanhas para enganar os credores.

14.7.8 Efeitos da ação revocatória

Anulados os negócios fraudulentos, a vantagem resultante reverterá em proveito do acervo sobre que se tenha de efetuar o concurso de credores (CC, art. 165).[59]

Se esses negócios tinham por único objeto atribuir direitos preferenciais, mediante hipoteca, penhor ou anticrese, sua invalidade importará somente na anulação da preferência ajustada (CC, art. 165, parágrafo único).

---

56 CC 2002 – Do Penhor, da Hipoteca e da Anticrese. Arts. 1.419 a 1510.

57 Correspondente ao art. 111 do CC de 1916.

58 Correspondente ao art. 112 do CC de 1916

59 Correspondente ao art. 113 do CC de 1916.

14.7.9 Fraude contra credores e fraude à execução

A *fraude contra credores* não se identifica com a *fraude à execução*, apesar de possuírem elementos em comum, tais como: a) a fraude na alienação de bens pelo devedor visando prejudicar o credor; b) prejuízo sofrido pelo credor *(eventus damni)*.

A alienação ou a oneração de bem é considerada *fraude à execução*, conforme artigo 792 do Código de Processo Civil:[60]

I – quando sobre o bem pender ação fundada em direito real ou com pretensão reipersecutória, desde que a pendência do processo tenha sido averbada no respectivo registro público, se houver;

---

60 CPC – Art. 792. A alienação ou a oneração de bem é considerada fraude à execução:
I – quando sobre o bem pender ação fundada em direito real ou com pretensão reipersecutória, desde que a pendência do processo tenha sido averbada no respectivo registro público, se houver;
II – quando tiver sido averbada, no registro do bem, a pendência do processo de execução, na forma do art. 828;
III – quando tiver sido averbado, no registro do bem, hipoteca judiciária ou outro ato de constrição judicial originário do processo onde foi arguida a fraude;
IV – quando, ao tempo da alienação ou da oneração, tramitava contra o devedor ação capaz de reduzi-lo à insolvência;
V – nos demais casos expressos em lei.
§ 1º A alienação em fraude à execução é ineficaz em relação ao exequente.
§ 2º No caso de aquisição de bem não sujeito a registro, o terceiro adquirente tem o ônus de provar que adotou as cautelas necessárias para a aquisição, mediante a exibição das certidões pertinentes, obtidas no domicílio do vendedor e no local onde se encontra o bem.
§ 3º Nos casos de desconsideração da personalidade jurídica, a fraude à execução verifica-se a partir da citação da parte cuja personalidade se pretende desconsiderar.
§ 4º Antes de declarar a fraude à execução, o juiz deverá intimar o terceiro adquirente, que, se quiser, poderá opor embargos de terceiro, no prazo de 15 (quinze) dias.
Art. 793. O exequente que estiver, por direito de retenção, na posse de coisa pertencente ao devedor não poderá promover a execução sobre outros bens senão depois de excutida a coisa que se achar em seu poder.
Art. 794. O fiador, quando executado, tem o direito de exigir que primeiro sejam executados os bens do devedor situados na mesma comarca, livres e desembargados, indicando-os pormenorizadamente à penhora.
§ 1º Os bens do fiador ficarão sujeitos à execução se os do devedor, situados na mesma comarca que os seus, forem insuficientes à satisfação do direito do credor.
§ 2º O fiador que pagar a dívida poderá executar o afiançado nos autos do mesmo processo.
§ 3º O disposto no *caput* não se aplica se o fiador houver renunciado ao benefício de ordem.
Art. 795. Os bens particulares dos sócios não respondem pelas dívidas da sociedade, senão nos casos previstos em lei.
§ 1º O sócio réu, quando responsável pelo pagamento da dívida da sociedade, tem o direito de exigir que primeiro sejam excutidos os bens da sociedade.
§ 2º Incumbe ao sócio que alegar o benefício do § 1º nomear quantos bens da sociedade situados na mesma comarca, livres e desembargados, bastem para pagar o débito.
§ 3º O sócio que pagar a dívida poderá executar a sociedade nos autos do mesmo processo.

II – quando tiver sido averbada, no registro do bem, a pendência do processo de execução, na forma do artigo 828 do CPC;

III – quando tiver sido averbado, no registro do bem, hipoteca judiciária ou outro ato de constrição judicial originário do processo onde foi arguida a fraude;

IV – quando, ao tempo da alienação ou da oneração, tramitava contra o devedor ação capaz de reduzi-lo à insolvência;

V – nos demais casos expressos em lei.

Em relação à fraude de execução, o ministro Luiz Fux afirma que "qualquer alienação que comprometa os fins de um processo em curso, seja ele de qualquer natureza e que vá desaguar em processo satisfativo, importa fraude de execução. Assim, há fraude de execução, se a parte aliena bens durante o processo de condenação para que, no momento de execução de sentença, o seu patrimônio se encontre esvaziado. Ocorre, ainda, a fraude quando, no curso de execução de obrigação de entrega, o executado vende o objeto do processo, ou ainda se o bem é objeto de uma constrição cautelar e o requerido o aliena. Como se pode observar, a lei pune, no primeiro momento, o *atentado contra a dignidade da jurisdição,* fato que se verifica, quando a alienação tem o escopo de frustar a satisfação da parte, através do juízo, inviabilizando o resultado ideal do processo. O que é preciso comprovar, 'quando da execução', é que aquela 'alienação pretérita' frustou a atividade jurisdicional executiva. Assim, a fraude comprova-se no processo de execução, mas considera-se perpetrada antes deste. A sua verificação realiza-se na execução, porém, tem caráter declaratório, posto que reconhece o vício processual com eficácia ex tunc.

Destarte, pouco importa o elemento volitivo-subjetivo no sentido de que a venda, que causa o malogro da execução, tenha sido praticada com esse fim específico. A fraude, ao revés, constata-se, objetivamente, sem indagar a intenção dos partícipes do negócio jurídico. Basta que na prática tenha havido frustração da execução em razão da alienação, quando pendia qualquer processo, para que se considere fraudulenta a alienação ou oneração dos bens.

Esta é a expressiva diferença entre a 'fraude de execução', instituto de 'índole marcadamente processual' e a 'fraude contra credores', de 'natureza material', prevista no Código Civil, como vício social que acarreta a anulação do negócio jurídico. Esse vício civil exige vontade de fraudar (*concilium fraudis*) para caracterizá-lo, ao passo que a fraude de execução configura-se pela simples alienação nas condições previstas em lei *(in re ipsa)*."[61]

61 FUX, Luiz. Curso de *Direito Processual Civil.* Rio de Janeiro: Forense, 2004, p.1295-1296.

14.7.10 Diferenças entre fráude contra credores e fraude à execução

Fraude contra credores	Fraude à execução
Instituto de direito material civil	Instituto de direito processual civil (abordada no CPC no tópico de responsabilidade patrimonial)
Ação anulatória (ação pauliana). Atuação no plano de validade do negócio jurídico.	A alienação ocorrida em fraude à execução pode ser declarada ineficaz e reconhecida no processo de execução, através de requerimento da parte lesada. Atuação no plano de eficácia do negócio jurídico.
É um defeito do negócio jurídico	É um ato atentatório a dignidade da justiça, envolvendo a ordem pública.
Não pode ser reconhecida de ofício (a anulabilidade não se pronuncia de ofício e o Ministério Público não pode requerer a sua anulação). Artigo 177 do Código Civil.	Pode ser pronunciada de ofício ou a requerimento do credor prejudicado (STJ, REsp 1.252.353/SP, Quarta Turma, Rel. Min. Luis Felipe Salomão).
A ação pauliana ou revocatória é constitutiva negativa (anulatória), sujeita a prazo decadencial de 4 anos, conforme o artigo 178.	A ação possui natureza declaratória, podendo ser requerida a qualquer tempo.

Capítulo 15

DA INVALIDADE DO NEGÓCIO JURÍDICO

15.1 Introdução

O Código Civil de 2002, no Livro III (Dos Fatos Jurídicos), Título I (Do Negócio Jurídico), Capítulo V, trata "da invalidade do negócio jurídico".

A validade do negócio jurídico requer, conforme a regra estabelecida no artigo 104 do nosso Código Civil: I – agente capaz; II – objeto lícito, possível, determinado ou determinável; III – forma prescrita ou não defesa em lei.

Se o negócio jurídico for inválido ele não será capaz de produzir seus efeitos. O sistema de invalidade do Código Civil é composto pelos seguintes vícios invalidantes: a) *nulidade* (CC, art. 166), e b) *anulabilidade* (CC, art. 171).

15.2 Invalidade e Ineficácia do Negócio Jurídico

A validade dos negócios jurídicos está relacionada à observância das regras legais relativas a seus pressupostos e requisitos. Logo, a invalidade implica ineficácia. São, pois, institutos jurídicos distintos. Um contrato inválido é ineficaz, todavia, a recíproca não é verdadeira. O contrato pode ser válido e ineficaz, ou inválido e eficaz.

O contrato poderá ser considerado inválido na ausência de um dos seus pressupostos (*e.g.*, contrato celebrado pelo absolutamente incapaz) ou na hipótese de defeito do negócio jurídico (por exemplo, consentimento manifestado por erro, dolo etc.).

O contrato será considerado ineficaz, *stricto sensu,* quando, embora válido, não produz, temporária ou definitivamente, total ou parcialmente, seus efeitos. É o caso do contrato apresentar uma cláusula subordinando sua execução a condição suspensiva. Daí seus efeitos somente serão produzidos se a condição se verificar e a partir de seu implemento.

Assim, a ineficácia, lato sensu, compreende a ineficácia (*stricto sensu),* a invalidade propriamente dita e a inexistência. São situações distintas que impossibilitam a produção de efeitos nos contratos.

15.3 Diferença entre Nulidade e Anulabilidade

A nulidade se desvela quando falta ao negócio jurídico um de seus requisitos essenciais. A nulidade é cogitada no artigo 166 do nosso Código Civil.

O *ato jurídico inexistente* difere do *ato jurídico nulo*, já que este existe como fato impotente para produzir efeitos jurídicos, enquanto aquele nem existe como fato.

A anulabilidade representa um grau menor de eficácia, porque o defeito do negócio jurídico não o afeta tão profundamente, como a falta de um requisito essencial. Assim, o ato jurídico existe e tem aptidão de produzir efeitos, todavia a lei confere a uma das partes a faculdade de requerer sua ANULAÇÃO, eliminando, retroativamente, todos os seus efeitos. Ao contrário da NULIDADE, a ANULABILIDADE não opera de pleno direito; reclama, portanto, sentença em ação promovida pela parte interessada usando a des-constituição do ato defeituoso.

A diferença, portanto, entre *nulidade* e *anulabilidade* não é de substância, é apenas de intensidade ou grau. No caso de nulidade, encontra-se ultrajado um preceito de ordem pública. Já no caso de ANULABILIDADE, resta violado um preceito de ordem privada. A valoração é feita pela própria lei, já que em alguns momentos comina NULIDADE, outros ANULABILIDADE. O que se mostra fundamental em qualquer tipo de NULIDADE é a sua origem num ato de violação à lei. *Nulo é o ato praticado contra a vontade da lei*. O efeito que se verifica na sanção do negócio anulável é o mesmo do ato nulo: a privação de seus efeitos e a reposição das partes no estado anterior ao ato viciado (CC, art. 182).[1]

De acordo com as lições de Humberto Theodoro Júnior as distinções entre nulidade e anulabilidade podem ser apontadas da seguinte forma: 1) A NULIDADE decorre de ofensa a interesse público; é no interesse de toda a coletividade que se impõe a nulidade, sendo geral o seu alcance e operando *erga omnes* sua eficácia (art. 168); a ANULABILIDADE corresponde a ofensa a interesse privado; seu decreto se dá no interesse do prejudicado, ou de um grupo determinado de pessoas, ficando sua eficácia restrita aos que a alegaram (art. 177, 2ª parte). 2) A NULIDADE não se sujeita a prazo extintivo, prescricional ou decadencial, podendo ser arguida e reconhecida a qualquer tempo (art. 169); a ANULABILIDADE corresponde a direito potestativo do prejudicado, que se extingue em curto prazo de natureza decadencial (arts. 178 e 179). 3) A NULIDADE, quando manifesta, é decretável de ofício pelo juiz, e pode ser, sempre, arguida pelo Ministério Público (art. 168 e parágrafo único); a ANULABILIDADE não permite declaração *ex officio*, nem por provocação do Ministério Público, visto que "só os interessados a podem alegar"

---

1 Alguns autores chamam a nulidade de *nulidade absoluta* e a anulabilidade de *nulidade relativa*.

(art. 177, 2ª parte). 4) A NULIDADE, em princípio, impede que o negócio produza efeitos jurídicos; enquanto o negócio ANULÁVEL tem assegurada a produção de todos os seus efeitos jurídicos, enquanto o interessado não promover-lhe a invalidação (art. 177, 1ª parte); 5) A NULIDADE, quando objeto de sentença, corresponde ao provimento de ação declaratória; a ANULABILIDADE é sempre objeto de ação constitutiva.[2]

15.4 Causas de nulidade

O artigo 166 do Código Civil aponta as causas de nulidade ao afirmar que "é nulo o negócio jurídico quando:"[3]

I – celebrado por pessoa absolutamente incapaz;[4]
II – for ilícito, impossível ou indeterminável o seu objeto;[5]
III – o motivo determinante, comum a ambas as partes, for ilícito;[6]
IV – não revestir a forma prescrita em lei;[7]
V – for preterida alguma solenidade que a lei considere essencial para a sua validade;[8]
VI – tiver por objetivo fraudar lei imperativa;[9]
VII – a lei taxativamente o declarar nulo, ou proibir-lhe a prática, sem cominar sanção.[10]

Os incisos I, II, IV e V do referido artigo devem ser interpretados em consonância com a norma do artigo 104 que elenca os requisitos de validade do negócio jurídico.

A manifestação de vontade do incapaz existe no mundo da vida, mas não vale no mundo jurídico, se não for manifestada por seu representante legal. Também será nulo o negócio jurídico quando seu objeto for ilícito, impossível ou indeterminável. Da mesma forma, o negócio jurídico será nulo se não estiver revestido da forma prescrita em lei ou for preterida alguma solenidade determinada pela lei.

Na mesma linha, o negócio jurídico será nulo se o motivo determinante (a razão determinante de ambas as partes para a realização do negócio jurídico) for ilícito. Aqui o motivo se insere no conteúdo do negócio jurídico.

2 THEODORO JÚNIOR, Humberto. *Comentários ao novo código civil.* Vol. III, Tomo I. Rio de Janeiro: Forense. 2003. p. 548-550.
3 Correspondente ao art. 145, *caput*, do CC de 1916.
4 Correspondente ao art. 145, I, do CC de 1916.
5 Correspondente ao art. 145, II, do CC de 1916.
6 Sem Correspondência ao CCB de 1916.
7 Correspondente ao art. 145, III, do CC de 1916.
8 Correspondente ao art. 145, IV, do CC de 1916.
9 Sem Correspondência ao CCB de 1916.
10 Correspondente ao art. 145, V, do CC de 1916.

Os motivos, os elementos psicológicos internos do sujeito, não influenciam o negócio jurídico, *v.g.*, não interessa se alguém adquiriu uma casa para utilizá-la nas férias, ou se alugou um imóvel porque acreditou que seria transferido etc.. Os motivos são de foro íntimo, irrelevantes, salvo se as partes estabelecerem a causa como fator determinante do negócio jurídico ou a estipularem sob as condições, então ela poderá influenciar o negócio jurídico, ensejando sua anulação. Assim, o artigo 140 do nosso Código Civil afirma que "o falso motivo só vicia a declaração de vontade quando expresso como razão determinante".[11]

O negócio jurídico que tem por objetivo fraudar lei imperativa será nulo. No dizer de HUMBERTO THEODORO JÚNIOR, a atuação contra a lei imperativa pode dar-se de duas formas: "a) por meio da ofensa frontal ou direta *(agere contra legem)*, convencionando-se claramente o que a lei proíbe; b) por meio de um negócio em si lícito e válido, mas que atinge, por via reflexa, o resultado proibido (*agere in fraudem legis*)".[12]

Um exemplo de agir em fraude à lei é apresentado por Leoni. Vejamos: "A norma do art. 549 proíbe a doação inoficiosa ao determinar que: 'Nula é também a doação quanto à parte que exceder à de que o doador, no momento da liberalidade, poderia dispor em testamento'. Diante disso, suponha-se que o sujeito realize várias doações sucessivas, em espaço de tempo relativamente pequeno, por exemplo, mensalmente, sempre respeitando em cada uma delas a metade indisponível: Pedro doa 50 de seu patrimônio de 100. No mês seguinte, com o patrimônio de 50, Pedro doa 25. No outro mês, com o patrimônio de 25, doa 10 e, finalmente, com o patrimônio de 15, Pedro doa 7,5. Ora, em todas as doações, no momento em que foram realizadas, Pedro respeitou a metade indisponível. Mas é evidente que, realizando as doações sucessivas, violou o princípio da intangibilidade da legítima pertencente aos herdeiros legitimários (descendentes, ascendentes e cônjuge, conforme o artigo 1.845). Pedro violou a norma do art. 1.846 do Código Civil. Portanto, agiu em fraude à lei". [13]

Outra causa de nulidade do negócio jurídico ocorre quando a lei taxativamente o declarar nulo, ou proibir-lhe a prática, sem cominar sanção. Aquela é o caso de nulidade expressa determinada pela lei. É a hipótese prevista na regra do artigo 548 que afirma: É nula a doação de todos os bens sem reserva de parte, ou renda suficiente para a subsistência do doador". Já quando a lei proíbe a prática do ato, sem cominar sanção, é o caso de nulidade tácita. É a hipótese da regra prevista no Art. 1.860 que diz: "Além dos incapazes, não

11 Correspondente ao art. 90 do CC de 1916.

12 THEODORO JÚNIOR, Humberto. *Comentários ao novo código civil.* Vol. III, Tomo I. Rio de Janeiro: Forense. 2003. p. 460-461.

13 OLIVEIRA, J. M. Leoni Lopes de. *Novo código civil anotado.* Vol. I. Rio de Janeiro: Lumen Juris, 2004, p. 320.

podem testar os que, no ato de fazê-lo, não tiverem pleno discernimento. Parágrafo único. Podem testar os maiores de dezesseis anos".

15.5 Simulação

15.5.1 Conceito

A simulação é um vício social. Simular (do latim *simulare)* quer dizer imitar, fingir, disfarçar. Consiste a simulação em celebrar-se um ato, que tem aparência normal, mas que, na verdade, não visa ao efeito que juridicamente deveria produzir. De acordo com o artigo 167 do Código Civil brasileiro de 2002, é causa de NULIDADE do negócio jurídico (c/c § 117 BGB). Vale destacar que no Código Civil 1916 a simulação gerava anulabilidade do ato. A simulação é, pois, uma divergência entre a vontade declarada e a real vontade do agente com o propósito de enganar terceiros.

De acordo com PEDRO PAIS DE VASCONCELOS, são três os elementos estruturais da simulação:[14]

a) Acordo entre as partes com o fim de criar uma falsa aparência de negócio (*pactum simulationis*);
b) Divergência entre a vontade declarada e a vontade real, isto é, entre a aparência criada (negócio exteriorizado) e a realidade negocial (negócio realmente celebrado);
c) Intuito de enganar terceiros.

Para FRANCISCO AMARAL, mais do que uma divergência entre vontade e declaração, o que existe é uma divergência entre um negócio aparente forjado por duas vontades combinadas entre si e a relação jurídica que efetivamente nasceu desse negócio. A divergência não é entre a vontade e a declaração, mas entre esta e os efeitos realmente desejados pelas partes.[15]

A simulação pode ser *absoluta* ou *relativa*.

15.5.2 Simulação absoluta e simulação relativa (dissimulação)

A *simulação absoluta* ocorre quando o negócio encerra confissão, declaração, condição ou cláusula não verdadeira, realizando-se para não ter eficácia nenhuma. *É uma declaração de vontade que se destina a não produzir resultado.* Quando as partes envolvidas no negócio jurídico de comum acordo, emitirem, deliberadamente, declarações divergentes de sua vontade (a

14 VASCONCELOS, Pedro Pais de. *Teoria Geral do Direito Civil.* 3. ed. Coimbra: Almedina, 2005, p.520.

15 AMARAL, Francisco. *Direito Civil*: Introdução. 6. ed. Rio de Janeiro: Renovar, 2006, p.521.

declaração é mentirosa, falsa) com o objetivo de enganar terceiros. Daí que pela versão enganosa, terceiros são ludibriados (iludidos) diante de um pacto (convenção, acordo) que somente apresenta aparência. Esse é o ponto nodal (versão enganosa) e não o prejuízo de outrem que ocorre com a simulação. A *simulação absoluta* ocorre quando o negócio celebrado nada tem de real, isto é, quando o negócio aparente é completamente falso, não ocultando negócio algum que, de fato, tenham querido praticar os sujeitos.

A *simulação invalidante* apresenta as seguintes características: a) divergência intencional, deliberada, entre a vontade e a manifestação; b) acordo simulatório entre as partes contratantes; c) escopo de enganar terceiros, estranhos ao ato (*animus deficiendi*), que não se confunde com o intuito de prejudicar terceiros (*animus nocendi*).

São consequências da simulação: a) entre as partes tem-se como inexistente o contrato aparente e como válido o negócio verdadeiro; b) para terceiros de boa-fé, o que prevalece é a aparência, para eles invencível.

O cônjuge que cria dívidas fictícias para desviar bens da partilha no divórcio, ou o devedor que aliena falsamente seus bens para evitar que sejam penhorados são exemplos de simulação. Um exemplo sem o propósito de lesar terceiros é a hipótese da pessoa que é assediada por parentes para prestar fianças e avais e, para livrar-se dessa situação incômoda, passa seus bens para o nome de outrem. Também, quando o dono do imóvel o coloca em nome de outrem apenas para criar lastro patrimonial para sustentar operações de crédito.

A *simulação relativa* ou *dissimulação* ocorre quando o negócio jurídico tem por objeto encobrir outro de natureza diversa (compra e venda para dissimular uma doação). É a hipótese de venda a um terceiro para que este passe para o descendente. É relativa porque à declaração de vontade deve seguir-se um resultado, efetivamente querido pelo agente, porém diferente do que é o resultado normal do negócio jurídico. Isto é, quando sob a aparência de um negócio (falso) oculta outro (verdadeiro). Exemplos: Afirma-se vender, quando na verdade é uma doação. Realiza-se comodato sob a roupagem aparente de doação. *A simulação relativa provoca sempre um conflito entre 2 negócios diferentes*: o ***negócio simulado***, aparente, mas não efetivo, porque não desejado pelas partes (declaração sem intenção) e o ***negócio dissimulado*** que, embora não aparente, é o real e desejado pelas partes (oculto detrás da declaração). Esse tipo de simulação, ao contrário do que se dá com a simulação absoluta, não acarreta, necessariamente, a nulidade de todo o relacionamento jurídico estabelecido entre os sujeitos. A nulidade irrecusável é a do negócio aparente, porque falso. O negócio oculto, após o reconhecimento da simulação, passa a ser o único existente, e poderá subsistir, ou não, conforme se verifique, ou não, a licitude de seu objeto e os demais requisitos de validade.

A *simulação relativa* ou *dissimulação* pode ocorrer de duas formas: simulação subjetiva (em relação às partes envolvidas no negócio jurídico) e simulação objetiva (em relação ao conteúdo do negócio jurídico). Na simulação subjetiva, um das partes se oculta, ou seja, existe um acordo simulatório envolvendo três pessoas. Uma delas é o conhecida "testa de ferro", não sendo, pois, o verdadeiro destinatário dos efeitos do negócio jurídico. Já na simulação objetiva ocorre a mentira em relação a natureza do negócio jurídico, por exemplo, fingem vender um imóvel, mas na realidade é uma verdadeira doação.

A simulação pode ser ainda *total* ou *parcial*. Aquela quando atinge a totalidade do negócio jurídico, esta quando a mentira é sobre uma cláusula ou condição do ato jurídico.

O artigo 167 do nosso Código Civil preceitua que "é nulo o negócio jurídico simulado, mas subsistirá o que se dissimulou, se válido for na substância e na forma".[16]

Dessa maneira, a primeira parte do dispositivo refere-se à *simulação absoluta*; a segunda a *simulação relativa* ou *dissimulação*.

Vale destacar que "ressalvam-se os direitos de terceiros de boa-fé em face dos contraentes do negócio jurídico simulado" (CC, art. 167, § 2°).[17] Assim, terceiros que, de boa-fé, adquiriram direitos, em decorrência de negócio jurídico simulado, não são alcançados pela nulidade. Aqui aplica-se o princípio da aparência, através do qual o terceiro que negociou de boa-fé não é prejudicado, já que a aparência prevalece sobre a realidade. A teoria da confiança mais uma vez se desvela como diretriz social do Estado contemporâneo.

Em relação à simulação, o Conselho da Justiça Federal, nas III e IV Jornadas de Direito Civil, editou os seguintes enunciados:

a) CJF – III Jornada – Enunciado 152 – Art. 167: Toda simulação, inclusive a inocente, é invalidante;[18]
b) CJF – III Jornada – Enunciado 153 – Art. 167: Na simulação relativa, o negócio simulado (aparente) é nulo, mas o dissimulado será válido se não ofender a lei nem causar prejuízos a terceiros;
c) CJF – IV Jornada – Enunciado 293 – Art. 167. Na simulação relativa, o aproveitamento do negócio jurídico dissimulado não decorre tão somente do afastamento do negócio jurídico simulado, mas do necessário preenchimento de todos os requisitos substanciais e formais de validade daquele;
d) CJF – IV Jornada – Enunciado 294 – Arts. 167 e 168. Sendo a simulação uma causa de nulidade do negócio jurídico, pode ser alegada por uma das partes contra a outra;

16 Sem Correspondência ao CCB de 1916.
17 Sem Correspondência ao CCB de 1916.
18 Não se distingue mais a simulação inocente da fraudulenta ou maliciosa. Essa distinção era realizada pelo artigo 103 do CCB de 1916.

e) CJF - VII Jornada - Enunciado 578 - Sendo a simulação causa de nulidade do negócio jurídico, sua alegação prescinde de ação própria.[19]

As nulidades podem ser alegadas por qualquer interessado, ou pelo Ministério Público, quando lhe couber intervir (CC, art. 168).[20]

As nulidades devem ser pronunciadas pelo juiz, quando conhecer do negócio jurídico ou dos seus efeitos e as encontrar provadas, não lhe sendo permitido supri-las, ainda que a requerimento das partes (CC, art. 168, parágrafo único).[21]

O negócio jurídico nulo não é suscetível de confirmação, nem convalesce pelo decurso do tempo (CC, art. 169).

Em relação ao artigo 169, na VI Jornada de Direito Civil, realizada em abril de 2013, foram publicados os Enunciados 536 e 537. Vejamos:

a) Enunciado 536 - Resultando do negócio jurídico nulo consequências patrimoniais capazes de ensejar pretensões, é possível, quanto a estas, a incidência da prescrição.[22]

---

19 Com o advento do Código Civil de 2002 e o fortalecimento do princípio da boa-fé nas relações jurídicas, o "vício social" da simulação passou a receber tratamento jurídico distinto daquele conferido aos demais vícios do negócio jurídico. Diferentemente das consequências impostas aos negócios jurídicos que contenham os vícios do erro, dolo, coação, estado de perigo, lesão e fraude contra credores, os quais podem ensejar a anulação do negócio (art. 171, II, 177 e 182 CO), no caso do negócio jurídico simulado, a consequência será a de nulidade (art. 167, 166, VII, 168 e 169 CO). Ocorre que ainda tem sido frequente, no âmbito dos tribunais, aplicar-se à simulação tratamento jurídico análogo àquele conferido à fraude contra credores, invocando-se, inclusive, a Súmula 195/STJ (editada em 1997). Contudo, salvo melhor juízo, referido tratamento jurídico conferido à simulação mostra-se equivocado na vigência do Código Civil atual, pois tecnicamente a simulação não se encontra mais inserida no capítulo destinado a tratar dos "defeitos do negócio jurídico", mas sim no capítulo seguinte, que regula o sistema das invalidades do negócio jurídico. Assim, tratando-se de hipótese que gera a nulidade absoluta do negócio, aplica-se o disposto nos arts. 168, *caput* e parágrafo único, e 169 do mesmo diploma legal, os quais estabelecem, inclusive, que o juiz deverá se pronunciar a respeito de hipótese de nulidade "quando conhecer do negócio jurídico ou dos seus efeitos e as encontrar provadas", pronunciando-se, portanto, de ofício.

20 Correspondente ao art. 146, *caput*, do CC de 1916.

21 Correspondente ao art. 146, parágrafo único do CC de 1916.

22 Justificativa: Parece preponderar na doutrina pátria, não sem discordância respeitável, o entendimento de que não há prescrição da pretensão ao reconhecimento de nulidade em negócio jurídico, embora os seus adeptos optem pela apresentação de fundamentos distintos. Nesse sentido, argumenta-se que a ação de nulidade é de natureza constitutiva e, quando não se encontra submetida a prazo decadencial específico, é imprescritível. Na direção contrária, sustenta-se que, quanto às nulidades, a ação manejável é a declaratória, insuscetível de prescrição ou decadência. O tema, na seara pretoriana, ainda não recebeu tratamento uniforme, havendo precedentes tanto pela sujeição à prescrição com a aplicação do prazo geral, quanto pela imprescritibilidade. A redação do art. 169 do Código Civil, ao explicitar que o negócio jurídico eivado de nulidade não subsiste pelo decurso do tempo, favorece a corrente da imprescritibilidade por qualquer dos raciocínios acima,

(b) Enunciado 537 – A previsão contida no art. 169 não impossibilita que, excepcionalmente, negócios jurídicos nulos produzam efeitos a serem preservados quando justificados por interesses merecedores de tutela.[23]

15.5.3 Hipóteses legais de simulação

De acordo com o art. 167, § 1°, do nosso Código Civil, "haverá simulação nos negócios jurídicos quando:[24]

I - aparentarem conferir ou transmitir direitos a pessoas diversas daquelas às quais realmente se conferem, ou transmitem;[25]
II - contiverem declaração, confissão, condição ou cláusula não verdadeira;[26]
III - os instrumentos particulares forem antedatados, ou pós-datados".

Daí que a simulação poderá ocorrer nas seguintes hipóteses de negócio jurídico: a) negócio que aparenta conferir ou transmitir direitos a pessoa di-

---

principalmente diante do fato de que o art. 179, em complemento, somente estabelece o prazo genérico de decadência para as hipóteses de negócios anuláveis. Considerada como premissa a imprescritibilidade, deve-se proceder à diferenciação entre o pleito tendente unicamente ao reconhecimento da invalidade dos efeitos patrimoniais dela decorrentes. Quanto a estes, não se pode desconhecer a possibilidade de surgimento de pretensão, de modo a tornar inelutável a incidência da prescrição.

23 Justificativa: A tradição jurídica brasileira afirma que a nulidade, por ser vício insanável, com fundamento na ordem pública, conduz à absoluta ineficácia do negócio jurídico, sendo o art. 169 a referência para esse raciocínio. No entanto, o próprio CC relativiza essa conclusão ao reconhecer, em diversos dispositivos, a possibilidade de negócios nulos produzirem efeitos merecedores de tutela pelo ordenamento (ex.: art. 182, que, ao dispor sobre a indenização com o equivalente, considera que o negócio nulo pode ter produzido efeitos perante terceiros de boa-fé; e art. 1.561, que assegura ao casamento putativo a produção de efeitos até o reconhecimento da invalidade). A jurisprudência do STJ também relativiza a regra do art. 169 em casos em que a ordem social justifica a preservação dos efeitos produzidos pelo ato nulo, como ocorre na "adoção à brasileira". Além disso, o CC consagrou o princípio da preservação do negócio jurídico nulo e anulável nos arts. 170, 172 e 184, impondo-se que se busque, sempre que possível, a conservação dos negócios e seus efeitos de modo a proteger os que, de boa-fé, confiaram na estabilidade das relações jurídicas e também a prestigiar a função social do contrato. É necessário, assim, reler a tese da ineficácia absoluta da nulidade à luz dos valores e interesses envolvidos no caso concreto, sendo certo que somente se justifica a incidência do art. 169 quando o interesse subjacente à causa da nulidade se mostrar mais relevante para o ordenamento do que o interesse social na preservação do negócio jurídico, competindo ao juízo de merecimento de tutela, por meio do controle funcional da invalidade, o reconhecimento dos efeitos decorrentes do negócio nulo.

24 Correspondente ao art. 102, *caput*, do CC de 1916.

25 Correspondente ao art. 102, I, do CC de 1916.

26 Correspondente ao art. 102, II, do CC de 1916.

versa à qual realmente se confere ou transmite (simulação *ad personam*). É o caso do testa de ferro. O declarante quer realmente vender, doar, permutar, emprestar etc.; o que não é verdadeiro é o sujeito a quem a declaração se refere: uma das partes do negócio é aparente (interposta pessoa). b) negócio que contém declaração, confissão, condição ou cláusula não verdadeira. É o falseamento do objeto negocial: forja-se um negócio que nunca se quis realmente praticar (simulação absoluta); ou declara-se um tipo de negócio, quando o verdadeiro é outro (simulação relativa).

15.6 Reserva Mental ou Reticência

A reserva mental *(reservatio mentalis)* é a manifestação de vontade não desejada, em seu conteúdo e resultado, emitida pelo declarante com a finalidade de enganar o declaratário. Existe uma distonia entre a vontade real e a vontade declarada com a finalidade de enganar as pessoas a quem se dirige a declaração. É uma espécie de *"simulação unilateral"*.

FRANCISCO AMARAL ensina que a simulação não se confunde com a reserva mental, "pelo fato de nesta não existir um acordo entre as partes para enganar terceiros, apenas uma atitude pessoal do agente, uma declaração não conforme à sua vontade para o fim de enganar o declaratário".[27]

O Código Civil brasileiro de 1916 não fazia menção a reserva mental, como registra CLÓVIS BEVILÁQUA: "Uma forma da simulação, a que se não referiu o Código, porém que o *Projeto primitivo* destacara, acompanhando o Código alemão, é a reserva mental. Se a pessoa, que faz a declaração, guarda na mente, reservadamente, a intenção de não cumprir o que declara, subsiste, não obstante, a declaração, salvo se aquele, a quem esta se dirige, tiver conhecimento da reserva, porque, então, se verificará a forma da simulação no art. 102, II: há uma declaração, que não é verdadeira".[28]

Já o Código Civil brasileiro de 2002 positivou a reserva mental no artigo 110 ao afirmar que "a manifestação de vontade subsiste ainda que o seu autor haja feito a reserva mental de não querer o que manifestou, salvo se dela o destinatário tinha conhecimento".[29]

A reserva mental é um desvio de conduta que cede lugar à boa-fé contratual, na medida em que as relações obrigacionais são vistas como um espaço de cooperação e solidariedade entre as partes.

A reserva mental, que é cogitada no artigo 110, já foi enfrentada pelo Tribunal de Justiça do Estado do Rio Grande do Sul – TJRS: "APELAÇÕES

27 AMARAL, Francisco. *Direito Civil*: Introdução. 6. ed. Rio de Janeiro: Renovar, 2006, p.521.
28 BEVILÁQUA, Clóvis. *Código civil dos Estados Unidos do Brasil comentado por Clóvis Beviláqua*. V. 1. Edição histórica. Rio de Janeiro: Rio, 1976, p. 353.
29 Sem Correspondente ao CC de 1916.

CÍVEIS. AÇÃO REVISIONAL DE CONTRATO. CUMULAÇÃO COM PERDAS E DANOS. EXTENSÃO DE REDE DE ENERGIA ELÉTRICA EM TERRAS PARTICULARES. ONEROSIDADE CONTRATUAL. INEXISTÊNCIA. OPÇÕES. Não se apresenta verossímil, tampouco há comprovação nos autos, a alegação de coação irresistível, mormente se considerado que a parte possuía outras opções de instalação de serviços, inclusive mais baratas. Age em flagrante *reserva mental* aquele que confessa em depoimento pessoal que, ao contratar, não tinha intenção de pagar espontaneamente. Considerando as particulares circunstâncias do caso em concreto, em especial por ser o autor sólido comerciante e grande produtor rural, é admissível a suspensão do fornecimento de energia elétrica, fundamentalmente ao fim a que se destina. Apelação do autor improvida e provida a da ré. Sucumbência redefinida (Apelação Cível n° 70013362157, Décima Nona Câmara Cível, Tribunal de Justiça do RS, relator: Guinther Spode, Julgado em 28.3.2006).

Na mesma linha, a jurisprudência do Tribunal de Justiça do Estado do Rio de Janeiro – TJRJ, na pena do desembargador Elton Leme, ao decidir a Apelação Cível 2007.001.08074, na Sexta Câmara Cível, em 30.5.2007: "Ação de Manutenção de Posse julgada improcedente e pedido contraposto de reintegração julgado procedente. Validade de ajuste para desocupação do prédio firmado pela autora comodatária. Manifestação de vontade sob alegada reserva mental (Art. 110 do Código Civil). Desconhecimento do destinatário. Prova oral que demonstra a regularidade da avença e o esbulho praticado pela autora. 1. Sendo desconhecida a reserva mental pelo destinatário do ajuste, reputa-se válido o negócio jurídico mesmo se uma das partes, secretamente, guarda a intenção de não cumprir o contrato (art. 110, CC), o que constitui a chamada simulação unilateral. 2. Fica afastada a coação se restou demonstrado que a autora foi regularmente assistida por profissional do Direito. 3. A permanência da autora no imóvel após o prazo formalmente estabelecido para desocupação caracteriza esbulho a ensejar a correspondente proteção possessória. Desprovimento do recurso".

Da mesma forma, a decisão da Apelação Cível 2006.001.10830, de relatoria do desembargador Azevedo Pinto, em 13.12.2006, da Décima Terceira Câmara Cível: "Apelação. Indenização. Ex-funcionárias de universidade que gozavam de bolsa de estudos, tendo sido posteriormente demitidas e obrigadas a pagar mensalidade. Pretensão com base em dissídio coletivo em que há previsão de bolsa na hipótese demissão, requerendo as autoras a matrícula e indenização por dano moral, além da anulação da confissão de dívida pactuada por uma delas com a instituição de ensino. Sentença de improcedência. Recurso das autoras. Provimento parcial. A Convenção Coletiva de Trabalho, de fls.101, traz cláusula que é clara ao permitir que os funcionários demitidos possam concluir o curso com bolsa integral, com a ressalva de que seja até o final do semestre. Assim, rescindido contrato de trabalho, as alunas, ex-funcionárias, fariam jus à manutenção das bolsas contratadas, uma vez que foram demitidas no segundo semestre de 2003 (agosto). Reparação a título de dano extrapatrimonial, tendo em vista que o dano suportado vai muito além dos dissabores e desagrados experimentados pela vida cotidiana. Merece acolhida, também, o pedido de anulação da confissão de dívida, efetuada por uma das apelantes junto à faculdade, tendo em vista que, diante da recusa da matrícula, por parte da instituição de ensino, viu-se a aluna em situação difícil, assinando o termo, com reserva mental, para não perder a matrícula, sofrendo com a onerosidade excessiva. Assim sendo, de acordo com acervo fático/probatório, chega-se facilmente a essa conclusão, decretando-se a nulidade do contrato de fls. 61. Aplicação do disposto nos artigos 110 c/c 478 do Código Civil de 2002. Recurso conhecido e parcialmente provido".

No mesmo sentido, "PROMESSA DE DOAÇÃO. INOCORRÊNCIA. INSTITUTO DA CONVERSÃO. APLICÁVEL. REVOGAÇÃO DA DOAÇÃO. IMPOSSIBILIDADE. RESERVA MENTAL. INTELIGÊNCIA DO ART 110 DO CÓDIGO CIVIL. 110. CÓDIGO CIVIL 1- Recurso interposto contra r. sentença que julgou improcedente a ação, sob o fundamento de que a vontade dos doadores não pode ser substituída por uma ordem judicial, diante da não efetivação da intenção manifestada em contrato preliminar. 2- Não prevalece a denominação do documento, devendo ser analisado o seu conteúdo. Não se trata de promessa de doação, mas de doação consumada. 3- Alegação de nulidade da doação em razão da forma adotada. Não é absoluta a regra de invalidade total do ato nulo. Instituto da conversão substancial do negócio jurídico. 4- A declaração e a real vontade dos apelantes são divergentes, impondo-se o reconhecimento da reserva mental. Subsiste a doação. Aplicação do artigo 110 do Código Civil.110. Código Civil 5- Conversão da doação em perdas e danos, tendo em vista a impossibilidade de desmembramento do imóvel em área inferior a 2 hectares. Valor a ser apurado em liquidação de sentença. 6- Apelação da autora provida.(35500920108260695 SP 0003550-09.2010.8.26.0695, relator: Alexandre Lazzarini, Data de Julgamento: 18/10/2012, 6a Câmara de Direito Privado, Data de Publicação: 20/10/2012).

A *reserva mental* também é encontrada no direito civil português. O artigo 244° do Código Civil português apresenta a seguinte definição: "há reserva mental, sempre que é emitida uma declaração contrária à vontade real com o intuito de enganar o declaratário". Na reserva mental, portanto, o declarante mente e engana o declaratário, já que possui a intenção (preordenada) de não cumprir o negócio jurídico avençado. De acordo com o n° 2 do artigo 244°, a reserva mental, quando conhecida pelo declaratário, segue o regime da declaração.

15.7 Conversão do Ato Jurídico

O artigo 170 do nosso Código Civil contém norma jurídica expressa sobre a *conversão do ato jurídico* que consiste no aproveitamento do ato jurídico inválido (nulo) como outro negócio jurídico válido. É o princípio da conservação do ato jurídico.

O referido artigo informa que "se, porém, o negócio jurídico nulo contiver os requisitos de outro, subsistirá este quando o fim a que visavam as partes permitir supor que o teriam querido, se houvessem previsto a nulidade".[27]

Os pressupostos essenciais para aplicação do princípio da conservação são os seguintes: a) suficiência do suporte fático, ou seja, o suporte fático do ato em que se converte há de ser menor do que o do ato convertido; b) invalidade do ato que se converte, isto é, o ato que se converte deve ser nulo ou anulável; c) convergência da vontade das partes no resultado do ato convertido; d) ignorância da invalidade do ato a ser convertido.

A conversão do ato jurídico pode ser aplicada nos casos de incapacidade do agente ou de não atendimento a forma prescrita em lei. Por razões óbvias, não se aplica o princípio do aproveitamento do ato jurídicos nos casos de ilicitude, imoralidade ou impossibilidade do objeto.

Por exemplo, o contrato de compra e venda de um imóvel (CC 2002 – Art. 108) que seria nulo (CC 2002 – Art. 166, I), já que foi realizado por instrumento particular se converte em promessa de compra e venda. (CC 2002 – Art. 1.417).

O Conselho da Justiça Federal, na I Jornada de Direito Civil, editou o Enunciado 13, que diz "o aspecto objetivo da convenção requer a existência do suporte fático no negócio a converter-se".

O Código Civil português apresenta a possibilidade de conversão do ato jurídico em seu artigo 293° ao afirma que "ARTIGO 293° (Conversão). O negócio nulo ou anulado pode converter-se num negócio de tipo ou conteúdo diferente, do qual contenha os requisitos essenciais de substância e de forma, quando o fim prosseguido pelas partes permita supor que elas o teriam querido, se tivessem previsto a invalidade".

Assim, a questão que se apresenta é a possibilidade de converter um determinado negócio em outro, ou seja, verifica-se se ele pode subsistir uma vez *qualificado de outro modo*. A natureza jurídica da conversão é, pois, a *qualificação jurídica* do ato jurídico.

HUMBERTO THEODORO JÚNIOR afirma que o fenômeno da conversão é "uma das modalidades da qualificação jurídica do ato negocial. No momento em que o juízo de subsunção reconhece a falta de algum elemento indispensável à sua conformação com o padrão definido no ordenamento jurídico, o resultado seria a negação de eficácia à declaração de vontade para produzir o efeito jurídico visado. O ato de vontade não consegue penetrar no mundo dos negócios jurídicos, ou seja, dos negócios tutelados pelo direito. A operação de subsunção é negativa. Nem sempre, porém, deve encerrar-se nesse primeiro estágio, pois é possível salvar-se o negócio programado convertendo-o em outro que, embora diverso do arquitetado pelas partes, pode, de alguma maneira, atingir seus objetivos práticos, se não inteiramente, pelo menos em parte".[30]

Na lição de CARVALHO FERNANDES, a conversão corresponde a "uma revaloração do comportamento negocial das partes, mediante a atribuição de uma eficácia sucedânea da que a ela se ajustaria se respeitasse os requisitos de validade e eficácia do negócio. Ora, pode acontecer que os elementos que o integram – tal como as partes o adotaram – constituam título bastante para outros efeitos que, com menor 'eficácia' embora, permitam ainda alcançar o fim prático determinante da atuação dos autores do negócio". Conclui o autor que "quando esta solução não seja possível, não faz sentido dizer que passou a haver outro negócio, mas sim que se fez a revaloração jurídica do comportamento das partes, enquanto realidade de fato na sua projeção no mundo do Direito, e que ela permite apurar que os seus elementos – tais quais existem – bastam para servir de causa jurídica a outros efeitos". "Estes são imputados a esse comportamento negocial assim revalorado". "Esta imputação é o resultado do que se chama a conversão do negócio jurídico".[31]

Na construção de HEINRICH EWALD HORSTER, a conversão *(Umdeutung)* não opera automaticamente – "não basta que o negócio anulado ou declarado nulo contenha os requisitos essenciais de um negócio de tipo ou conteúdo diferente que possa vir a substituí-lo – mas é necessário que ela se harmonize com a vontade hipotética dos contraentes, ou seja, a vontade que estes teriam quanto ao negócio se tivessem previsto a sua invalidade".[32]

15.8 Causas de Anulabilidade

O artigo 171 do Código Civil brasileiro declara que "além dos casos expressamente declarados na lei, é anulável o negócio jurídico:[33]

I - por incapacidade relativa do agente;

II - por vício resultante de erro, dolo, coação, estado de perigo, lesão ou fraude contra credores.

30 THEODORO JÚNIOR, Humberto. *Comentários ao novo código civil.* Vol. III, Tomo I. Rio de Janeiro: Forense. 2003. p. 535-536.

31 CARVALHO FERNANDES. A conversão dos negócios jurídicos civis, cit., p. 472-473. In: VASCONCELOS, Pedro Pais de. *Teoria geral do direito civil.* Coimbra: Almedina, 2005, p. 598.

32 HORSTER, Heinrich Ewald. *A parte geral do código civil português:* teoria geral do direito civil. Coimbra: Almedina, 2002, p. 600.

33 Correspondente ao art. 147 do CC de 1916.

Mencionamos abaixo, a título exemplificativo, algumas hipóteses de anulabilidade expressamente declarada na lei:

a) CC 2002 – Art. 117. Salvo se o permitir a lei ou o representado, é anulável o negócio jurídico que o representante, no seu interesse ou por conta de outrem, celebrar consigo mesmo. Parágrafo único. Para esse efeito, tem-se como celebrado pelo representante o negócio realizado por aquele em quem os poderes houverem sido subestabelecidos.
b) CC 2002 – Art. 119. É anulável o negócio concluído pelo representante em conflito de interesses com o representado, se tal fato era ou devia ser do conhecimento de quem com aquele tratou. Parágrafo único. É de cento e oitenta dias, a contar da conclusão do negócio ou da cessação da incapacidade, o prazo de decadência para pleitear-se a anulação prevista neste artigo.
c) CC 2002 – Art. 141. A transmissão errônea da vontade por meios interpostos é anulável nos mesmos casos em que o é a declaração direta.
d) CC 2002 – Art. 1.550. É anulável o casamento: I – de quem não completou a idade mínima para casar; II – do menor em idade núbil, quando não autorizado por seu representante legal; III – por vício da vontade, nos termos dos arts. 1.556 a 1.558; IV – do incapaz de consentir ou manifestar, de modo inequívoco, o consentimento; V – realizado pelo mandatário, sem que ele ou o outro contraente soubesse da revogação do mandato, e não sobrevindo coabitação entre os cônjuges; VI – por incompetência da autoridade celebrante. Parágrafo único. Equipara-se à revogação a invalidade do mandato judicialmente decretada.
e) CC 2002 – Art. 1.558. É anulável o casamento em virtude de coação, quando o consentimento de um ou de ambos os cônjuges houver sido captado mediante fundado temor de mal considerável e iminente para a vida, a saúde e a honra, sua ou de seus familiares.

CC 2002 – Art. 1.561. Embora anulável ou mesmo nulo, se contraído de boa-fé por ambos os cônjuges, o casamento, em relação a estes como aos filhos, produz todos os efeitos até o dia da sentença anulatória. § 1° Se um dos cônjuges estava de boa-fé ao celebrar o casamento, os seus efeitos civis só a ele e aos filhos aproveitarão. § 2° Se ambos os cônjuges estavam de má-fé ao celebrar o casamento, os seus efeitos civis só aos filhos aproveitarão.

f) CC 2002 – Art. 1.649. A falta de autorização, não suprida pelo juiz, quando necessária (art. 1.647), tornará anulável o ato praticado, podendo o outro cônjuge pleitear-lhe a anulação, até dois anos depois de terminada a sociedade conjugal. Parágrafo único.

A aprovação torna válido o ato, desde que feita por instrumento público, ou particular, autenticado.

g) CC 2002 - Art. 2.027. A partilha, uma vez feita e julgada, só é anulável pelos vícios e defeitos que invalidam, em geral, os negócios jurídicos. Parágrafo único. Extingue-se em um ano o direito de anular a partilha.

O negócio anulável pode ser confirmado pelas partes, salvo direito de terceiro (CC, art. 172).[34] A *confirmação* é, pois, uma declaração de vontade que irá sanear o negócio viciado.

A confirmação pode ocorrer de duas formas, a saber: a) O ato de confirmação deve conter a substância do negócio celebrado e a *vontade expressa de mantê-lo* (CC, art. 173);[35] b) de *forma tácita*, quando o negócio já foi cumprido em parte pelo devedor, ciente do vício que o inquinava (CC, art. 174).[36]

O artigo 175 diz que "a confirmação expressa, ou a execução voluntária de negócio anulável, nos termos dos arts. 172 a 174, importa a extinção de todas as ações, ou exceções, de que contra ele dispusesse o devedor".[37]

Quando a anulabilidade do ato resultar da falta de autorização de terceiro, será validado se este a der posteriormente (CC, art. 176).[38] Isso ocorre em razão da existência de negócios cuja validade depende da anuência de outrem. É o caso, por exemplo, da regra estabelecida no artigo 1.647 que dispõe: "Art. 1.647. Ressalvado o disposto no art. 1.648, nenhum dos cônjuges pode, sem autorização do outro, exceto no regime da separação absoluta: I – alienar ou gravar de ônus real os bens imóveis; II – pleitear, como autor ou réu, acerca desses bens ou direitos; III – prestar fiança ou aval; IV – fazer doação, não sendo remuneratória, de bens comuns, ou dos que possam integrar futura meação. Parágrafo único. São válidas as doações nupciais feitas aos filhos quando casarem ou estabelecerem economia separada".

O Código Civil português trata a confirmação no artigo 288°. Vejamos: ARTIGO 288° (Confirmação). 1. A anulabilidade é sanável mediante confirmação. 2. A confirmação compete à pessoa a quem pertencer o direito de anulação, e só é eficaz quando for posterior à cessação do vício que serve de fundamento à anulabilidade e o seu autor tiver conhecimento do vício e do direito à anulação. 3. A confirmação pode ser expressa ou tácita e não depende de forma especial. 4. A confirmação tem eficácia retroactiva, mesmo em relação a terceiro.

34 Correspondente ao art. 148 do CC de 1916.

35 Correspondente ao art. 149 do CC de 1916.

36 Correspondente ao art. 150 do CC de 1916.

37 Correspondente ao art. 151 do CC de 1916.

38 Sem Correspondência ao CCB de 1916.

15.9 Prazo Decadencial para Pleitear a Anulabilidade

De acordo com o artigo 178 do nosso Código Civil, "é de quatro anos o prazo de decadência para pleitear-se a anulação do negócio jurídico, contado:[39]

I - no caso de coação, do dia em que ela cessar;[40]
II - no de erro, dolo, fraude contra credores, estado de perigo ou lesão, do dia em que se realizou o negócio jurídico;[41]
III - no de atos de incapazes, do dia em que cessar a incapacidade.[42]

Quando a lei dispuser que determinado ato é anulável, sem estabelecer prazo para pleitear-se a anulação, será este de dois anos, a contar da data da conclusão do ato (CC, art. 179).[43] Um exemplo de prazo de decadência bienal é aquela de que trata o artigo 496: "É anulável a venda de ascendente a descendente, salvo se os outros descendentes e o cônjuge do alienante expressamente houverem consentido". Vale destacar que o STJ já decidiu a este respeito. Vejamos: A venda de bem entre ascendente e descendente, por meio de interposta pessoa, é ato jurídico anulável, aplicando-se o prazo decadencial de 2 (dois) anos previsto no art. 179 do CC/2002, conforme Informativo 667. (REsp 1.679.501-GO, Rel. Min. Nancy Andrighi, Terceira Turma, por unanimidade, julgado em 10/03/2020, DJe 13/03/2020).[44]

---

39 Correspondente ao art. 178, § 9°, V do CC de 1916.
40 Correspondente ao art. 178, § 9°, V, a, do CC de 1916.
41 Correspondente ao art. 178, § 9°, V, b, do CC de 1916.
42 Correspondente ao art. 178, § 9°, V, c, do CC de 1916.
43 Sem Correspondência ao CCB de 1916.
44 O propósito recursal é definir se a venda de bem entre ascendente e descendente, por meio de interposta pessoa, é ato jurídico nulo ou anulável, bem como se está fulminada pela decadência a pretensão de desconstituição do referido ato.O STJ, ao interpretar a norma inserta no artigo 496 do CC/2002, perfilhou o entendimento de que a alienação de bens de ascendente a descendente, sem o consentimento dos demais, é ato jurídico anulável, cujo reconhecimento reclama: (i) a iniciativa da parte interessada; (ii) a ocorrência do fato jurídico, qual seja, a venda inquinada de inválida; (iii) a existência de relação de ascendência e descendência entre vendedor e comprador; (iv) a falta de consentimento de outros descendentes; e (v) a comprovação de simulação com o objetivo de dissimular doação ou pagamento de preço inferior ao valor de mercado. Quando ocorrida a venda direta, não pairam dúvidas acerca do prazo para pleitear a desconstituição do ato, pois o CC/2002 declara expressamente a natureza do vício da venda - qual seja, o de anulabilidade (art. 496) -, bem como o prazo decadencial para providenciar a sua anulação - 2 (dois) anos, a contar da data da conclusão do ato (art. 179). Anota-se que, nas hipóteses de venda direta de ascendente a descendente, a comprovação da simulação é exigida, de forma que, caso comprovado que a venda tenha sido real, e não simulada para mascarar doação - isto é, evidenciado que o preço foi realmente pago pelo descendente, consentâneo com o valor de mercado do bem objeto da venda, ou que não tenha havido prejuízo à legítima dos demais herdeiros -, a mesma poderá ser mantida.Destarte, considerando que a venda por interposta pessoa não é outra coisa que não a tentativa reprovável de contornarse a exigência da concordância dos demais descendentes, bem como do cônjuge, para que seja hígida

Outros prazos são estabelecidos pelo próprio Código Civil. A título de exemplo, verificam-se as seguintes hipóteses:

a) Art. 1.302. O proprietário pode, *no lapso de ano e dia após a conclusão da obra*, exigir que se desfaça janela, sacada, terraço ou goteira sobre o seu prédio; escoado o prazo, não poderá, por sua vez, edificar sem atender ao disposto no artigo antecedente, nem impedir, ou dificultar, o escoamento das águas da goteira, com prejuízo para o prédio vizinho.
Parágrafo único. Em se tratando de vãos, ou aberturas para luz, seja qual for a quantidade, altura e disposição, o vizinho poderá, a todo tempo, levantar a sua edificação, ou contramuro, ainda que lhes vede a claridade.
b) Art. 1.555. O casamento do menor em idade núbil, quando não autorizado por seu representante legal, *só poderá ser anulado se a ação for proposta em cento e oitenta dias*, por iniciativa do incapaz, ao deixar de sê-lo, de seus representantes legais ou de seus herdeiros necessários.
§ 1° O prazo estabelecido neste artigo será contado do dia em que cessou a incapacidade, no primeiro caso; a partir do casamento, no segundo; e, no terceiro, da morte do incapaz.
§ 2° Não se anulará o casamento quando à sua celebração houverem assistido os representantes legais do incapaz, ou tiverem, por qualquer modo, manifestado sua aprovação.
c) Art. 2.027. A partilha, uma vez feita e julgada, só é anulável pelos vícios e defeitos que invalidam, em geral, os negócios jurídicos. Parágrafo único. Extingue-se em um ano o direito de anular a partilha.

Na VI Jornada de Direito Civil, realizada em abril de 2013, em relação ao artigo 179, foram publicados os seguintes enunciados:

Enunciado 538 – No que diz respeito a terceiros eventualmente prejudicados, o prazo decadencial de que trata o art. 179 do Código Civil não se conta da celebração do negócio jurídico, mas da ciência que dele tiverem.[45]

---

a venda de ascendente a descendente, deverá receber o mesmo tratamento conferido à venda direta que se faça sem tal aquiescência.Assim, considerando igualmente anulável a venda, será aplicável o art. 179 do CC/2002, que prevê o prazo decadencial de 2 (dois) anos para a anulação do negócio.Destaca-se que a causa real de anulabilidade do negócio jurídico não é propriamente a simulação em si, mas a infringência taxativa ao preceito legal contido no art. 496 do CC/2002. Por esta razão, não há se falar na aplicabilidade dos arts. 167, § 1°, I, e 169 do CC/2002. (Informativo 667). Disponível em: < https://processo.stj.jus.br/docs_internet/informativos/ramosdedireito.pdf> Acesso em: 08 fev. 2021.

45 Justificativa: O art. 178 do Código Civil, embora estabeleça o mesmo prazo decadencial para todos os casos de anulabilidade previstos, de forma agrupada, no art. 171, ou seja, 4

Enunciado 545 – O prazo para pleitear a anulação de venda de ascendente a descendente sem anuência dos demais descendentes e/ou do cônjuge do alienante é de 2 (dois) anos, contados da ciência do ato, que se presume absolutamente, em se tratando de transferência imobiliária, a partir da data do registro de imóveis.[46]

Artigos: 179 e 496 do Código Civil.

15.10 Outras Disposições sobre Anulabilidade

A anulabilidade não tem efeito antes de julgada por sentença, nem se pronuncia de ofício; só os interessados a podem alegar, e aproveita exclusivamente aos que a alegarem, salvo o caso de solidariedade ou indivisibilidade (CC, art. 177).[47]

O menor, entre dezesseis e dezoito anos,[48] não pode, para eximir-se de uma obrigação, invocar a sua idade se dolosamente a ocultou quando inqui-

---

(quatro) anos, prevê termos iniciais distintos, a depender da hipótese versada. Assim é que, havendo erro, dolo, fraude contra credores, estado de perigo ou lesão, o prazo para pleitear a anulação se conta da celebração do negócio jurídico. Já na hipótese de coação, o prazo tem início no "dia em que ela cessar", ao passo que, em se tratando de ato praticado por incapaz, o *dies a quo* é o da cessação da incapacidade. O art. 179, por seu turno, versando sobre os demais casos de anulabilidade dispersos pelo código, unifica não apenas o prazo para demandar a anulação – 2 (dois) anos -, mas também seu termo *a quo*, que coincidirá, em todas aquelas hipóteses, com a "data da conclusão do ato", salvo disposição legal em contrário. Sucede que, entre as anulabilidades espalhadas pelo Código, há aquelas que resultam da proteção dispensada a interesses de terceiros não envolvidos na celebração do negócio jurídico. É o que ocorre, v.g., na venda de ascendente a descendente sem a anuência dos demais descendentes do alienante (CC/2002, art. 496). Ora, exatamente porque os descendentes, enquanto vivo o autor da herança, não são credores dos respectivos quinhões (tendo, em relação a estes, apenas expectativa), não se pode exigir deles nenhuma postura de "vigilância" sobre os atos de seus ascendentes. Daí não ser incomum que a celebração de compra e venda com infringência ao art. 496 do Código Civil apenas venha ao conhecimento dos prejudicados anos depois, quando da abertura da sucessão. Frustra-se, assim, por inação, que não se pode imputar a eventual desídia dos interessados, a finalidade da regra. Desse modo, a fim de resguardar a efetividade dos dispositivos legais a que se aplica o prazo decadencial previsto no art. 179 do Código Civil, é razoável e conveniente que se lhe dê a interpretação proposta.

46 Justificativa: O art. 496 do Código Civil não estabeleceu prazo para o requerimento da anulação da venda de ascendente a descendente, impondo ao intérprete a necessidade de conhecer o prazo prescricional no capítulo que trata da invalidade do negócio jurídico. No referido capítulo, por sua vez, encontra-se a regra do art. 179, que assim dispõe: "Quando a lei dispuser que determinado ato é anulável, sem estabelecer prazo para pleitear-se a anulação, será este de dois anos, a contar da data da conclusão do ato". O artigo, porém, limitou-se a dizer que o prazo inicia-se da conclusão do ato. A regra, como está posta e por ser de ordem geral, não considera que, no caso de compra e venda, a parte interessada muitas vezes tem ciência do ato e, consequentemente, da sua conclusão. No caso de transferência imobiliária, o termo *a quo* flui a partir do momento em que for realizado o registro em nome do adquirente. O enunciado, no entanto, não exclui outras hipóteses distintas da transferência imobiliária.

47 Correspondente ao art. 152 do CC de 1916.

48 CC 2002 – Art. 4° São incapazes, relativamente a certos atos, ou à maneira de os exercer: I – os maiores de dezesseis e menores de dezoito anos;

rido pela outra parte, ou se, no ato de obrigar-se, declarou-se maior (CC, art. 180).[49]

Ninguém pode reclamar o que, por uma obrigação anulada, pagou a um incapaz, se não provar que reverteu em proveito dele a importância paga (CC, art. 181).[50]

Na mesma linha exegética, a regra estabelecida no artigo 310 que diz: "não vale o pagamento cientemente feito ao credor incapaz de quitar, se o devedor não provar que em benefício dele efetivamente reverteu".

Anulado o negócio jurídico, restituir-se-ão as partes ao estado em que antes dele se achavam, e, não sendo possível restituí-las, serão indenizadas com o equivalente (CC, art. 182).[51]

Neste sentido, "o credor, no caso em que tenha recebido em dação em pagamento imóvel de sociedade empresarial posteriormente declarada falida, poderá ser condenado a ressarcir a massa pelo valor do objeto do negócio jurídico, se este vier a ser declarado nulo e for inviável o retorno à situação fática anterior, diante da transferência do imóvel a terceiro de boa-fé. Incide, na situação descrita, o disposto no art. 182 do CC/2002, de acordo com o qual, anulado o negócio jurídico, restituir-se-ão as partes ao estado em que antes dele se achavam, e, não sendo possível restituí-las, serão indenizadas com o equivalente. Trata-se, a propósito, de dispositivo legal que, quanto aos seus efeitos práticos, também tem aplicabilidade nos casos de nulidade absoluta, não tendo incidência restrita às hipóteses de nulidade relativa. Ademais, deve-se preservar a boa-fé de terceiros que sequer participaram do negócio jurídico viciado. REsp 1.353.864-GO, Rel. Min. Sidnei Beneti, julgado em 7/3/2013".

A invalidade do instrumento não induz a do negócio jurídico sempre que este puder provar-se por outro meio (CC, art. 183).[52]

Salvo o negócio a que se impõe forma especial, o fato jurídico pode ser provado mediante: I – confissão; II – documento; III – testemunha; IV – presunção; V – perícia (CC, art. 212)

Respeitada a intenção das partes, a invalidade parcial de um negócio jurídico não o prejudicará na parte válida, se esta for separável; a invalidade da obrigação principal implica a das obrigações acessórias, mas a destas não induz a da obrigação principal (CC, art. 184).

---

49 Correspondente ao art. 155 do CC de 1916.

50 Correspondente ao art. 157 do CC de 1916.

51 Correspondente ao art. 158 do CC de 1916.

52 Correspondente ao art. 152, parágrafo único, do CC de 1916.

Capítulo 16

DA EFICÁCIA – DA CONDIÇÃO, DO TERMO E DO ENCARGO

16.1 Introdução

Pode ocorrer que um sujeito ao celebrar um negócio jurídico queira que o mesmo somente produza efeitos a partir de determinado evento ou até determinado evento.

Vários são os fatores que condicionam a produção de efeitos do negócio jurídico. O negócio válido, mas sujeito a termo ou condição suspensiva, não se reveste de eficácia imediata. A ineficácia pode decorrer da própria estrutura do negócio jurídico (termo, condição etc.). São os chamados elementos acidentais do negócio jurídico.

A ineficácia, *lato sensu*, compreende a ineficácia (*stricto sensu)*, a *invalidade propriamente dita* e a *inexistência*. São situações distintas que impossibilitam a produção de efeitos nos contratos.

A validade dos negócios está relacionada à observância das regras legais relativas a seus pressupostos e requisitos. Logo, a *invalidade* implica *ineficácia*. São, pois, institutos jurídicos distintos.

O negócio jurídico será considerado ineficaz, *stricto sensu*, quando, embora válido, não produz, temporária ou definitivamente, total ou parcialmente, seus efeitos. É o caso do contrato apresentar uma cláusula subordinando sua execução a condição suspensiva. Daí seus efeitos somente serão produzidos se a condição se verificar e a partir de seu implemento.

16.2 Condição

A condição constitui um dos elementos acidentais do negócio jurídico. A condição é uma cláusula inserida pela vontade das partes, que subordina a eficácia do negócio a um evento futuro e incerto. É o que determina o teor do artigo 121 ao preceituar que "considera-se condição a cláusula que, derivando exclusivamente da vontade das partes, subordina o efeito do negócio jurídico a evento futuro e incerto". Dessa maneira, a condição é a ocorrência de um evento futuro e incerto que condiciona a eficácia do negócio jurídico, ou seja, deste acontecimento depende o nascimento ou extinção do próprio direito.

São requisitos da *condição*: a) voluntariedade; b) futuridade; c) incerteza; d) possibilidade; e) licitude.

A *voluntariedade* significa que a condição é estabelecida pela vontade das partes. É a chamada *condictio facti*, ou seja, a condição voluntária estabelecida pelas partes visando condicionar a eficácia do negócio jurídico a um evento futuro e incerto. A condição voluntária (*condictio facti*) não se confunde com a condição legal (*condictio iuris*), já que esta é estabelecida pela lei. É considerada imprópria a denominada condição legal, uma vez que trata-se dos requisitos ou pressupostos legais de um certo efeito jurídico. As condições legais não possuem natureza negocial, já que são estatuídas por lei.

A *futuridade* traduz que o evento que condiciona a eficácia do negócio jurídico terá de ser futuro.

A *incerteza* significa que o evento que condiciona a eficácia do negócio poderá ocorrer ou não. Se o evento for certo, haverá termo, e não condição.

O elemento *possibilidade* está relacionado ao fato do evento condicionador ser física e juridicamente possível.

Quanto à *licitude*, o artigo 122, 1ª parte, informa que "são lícitas, em geral, todas as condições não contrárias à lei, à ordem pública ou aos bons costumes" Isto quer dizer que as condições estipuladas pelas partes, no seio da autonomia privada, estão sujeitas ao juízo de mérito da licitude.

Vale destacar que as condições são admitidas nos atos de caráter patrimonial, não sendo admitidas nos atos relacionados aos direitos de família puros e os direitos personalíssimos. Daí que não comportam o elemento condição, por exemplo, o casamento, o reconhecimento de filho,[1] a adoção, a emancipação, dentre outros.[2]

Em relação ao reconhecimento da paternidade, JOSÉ ROBERTO DE CASTRO NEVES afirma que "entendia-se que esse ato não poderia ser condicionado de forma alguma. Entretanto, esse entendimento data da época em que a paternidade era declarada por meio de presunções, ao contrário do que ocorre nos dias de hoje, nos quais a paternidade, quando há dúvida, é aferida por testes científicos, cuja precisão é quase absoluta. Não haveria nenhum problema se uma pessoa ajustasse o reconhecimento da paternidade, desde que fosse feito o teste de seu DNA e que o resultado fosse positivo. Essa condição parece ser válida. Imoral seria a condição que subordinasse o reconhecimento da paternidade a que a criança fizesse, representada por

---

1 CC 2002 – Art. 1.613. São ineficazes a condição e o termo apostos ao ato de reconhecimento do filho.

2 CC 2002 – Art. 1.808. Não se pode aceitar ou renunciar a herança em parte, sob condição ou a termo.

sua mãe, uma declaração abrindo mão de todos os seus direitos patrimoniais decorrentes da filiação".[3]

As *condições proibidas* ou *defesas* se incluem as que privarem de todo efeito o negócio jurídico, ou o sujeitarem ao puro arbítrio de uma das partes (CC, art. 122, 2ª parte).

16.2.1 Classificação das condições

As condições podem ser classificadas em: a) quanto à atuação: suspensi-vas e resolutivas; b) quanto à fonte: causais, potestativas e mistas; c) quanto à possibilidade: possíveis e impossíveis; d) quanto à licitude: lícitas ou ilícitas.

16.2.1.1 Condições suspensivas e condições resolutivas

A *condição suspensiva* é aquela que depende de um evento condicional para que se origine o próprio direito. Daí que com a verificação do fato con-dicionante se desencadeia a eficácia do negócio condicionado, produzindo, pois, os seus efeitos jurídicos. A condição é tida por suspensiva, uma vez que o negócio condicionado se mantém suspenso enquanto a condição não se verifica.[4]

O artigo 125 determina que "subordinando-se a eficácia do negócio jurídico à condição suspensiva, enquanto esta se não verificar, não se terá adquirido o direito, a que ele visa".

As *obrigações condicionais* cumprem-se na data do implemento da condição, cabendo ao credor a prova de que deste teve ciência o devedor (CC, art. 332).

Os efeitos da disposição da coisa sob condição suspensiva estão previstos na regra do artigo 126, que determina: "se alguém dispuser de uma coisa sob condição suspensiva, e, pendente esta, fizer quanto àquela novas disposições, estas não terão valor, realizada a condição, se com ela forem incompatíveis".[5]

Assim, verificada a ocorrência da condição suspensiva, dá-se eficácia ao negócio que estava sujeito à referida condição, ainda que o sujeito tenha alie-

---

3 NEVES, José Roberto de Castro. *Uma introdução ao direito civil.* Parte geral. Rio de Janeiro: Letra Legal, 2005, p. 123-124.

4 APELAÇÃO CÍVEL. EMBARGOS À EXECUÇÃO. OBRIGAÇÃO CONDICIONAL SUSPENSIVA. LITIGÂNCIA DE MÁ-FÉ. A obrigação com condição suspensiva só se torna exigível após a verificação da condição estabelecida pelas partes, o que não ocorreu no caso em exame, impossibilitando o processo de execução dos valores contratados em face da inexigibilidade do título executivo. Aplicação dos artigos 121 e 125 do Código Civil e art. 586 do CPC. [...]. (Apelação Cível n° 70010045854, Décima Oitava Câmara Cível, Tribunal de Justiça do RS, relator: André Luiz Planella Villarinho, Julgado em 21.12.2006).

5 Correspondente ao art. 122 do CC de 1916.

nado a coisa para terceiros. Implementada a condição, as novas disposições não terão valor. É o caso, por exemplo, da propriedade resolúvel, prevista no Código Civil nos artigos 1.359 e 1.360. Vejamos:

> Art. 1.359. Resolvida a propriedade pelo implemento da condição ou pelo advento do termo, entendem-se também resolvidos os direitos reais concedidos na sua pendência, e o proprietário, em cujo favor se opera a resolução, pode reivindicar a coisa do poder de quem a possua ou detenha.
>
> Art. 1.360. Se a propriedade se resolver por outra causa superveniente, o possuidor, que a tiver adquirido por título anterior à sua resolução, será considerado proprietário perfeito, restando à pessoa, em cujo benefício houve a resolução, ação contra aquele cuja propriedade se resolveu para haver a própria coisa ou o seu valor.

Quanto à perda da coisa pendente a condição suspensiva, aplica-se a regra prevista no artigo 234: "Se, no caso do artigo antecedente, a coisa se perder, sem culpa do devedor, antes da tradição, ou pendente a condição suspensiva, fica resolvida a obrigação para ambas as partes; se a perda resultar de culpa do devedor, responderá este pelo equivalente e mais perdas e danos".[6]

A *condição resolutiva* é aquela que traduz efeitos ao negócio jurídico desde logo, até o implemento de uma condição. A *condição resolutiva* pode ser expressa ou tácita. A expressa opera de pleno direito e a tácita opera por interpelação judicial. Nas condições resolutivas a verificação do fato condicionante determina a imediata cessação da eficácia do negócio jurídico.

Nesse sentido, o artigo 127 do Código Civil afirma que "se for resolutiva a condição, enquanto esta se não realizar, vigorará o negócio jurídico, podendo exercer-se desde a conclusão deste o direito por ele estabelecido".

O artigo 128 preceitua que "sobrevindo a condição resolutiva, extingue-se, para todos os efeitos, o direito a que ela se opõe; mas, se aposta a um negócio de execução continuada ou periódica, a sua realização, salvo disposição em contrário, não tem eficácia quanto aos atos já praticados, desde que compatíveis com a natureza da condição pendente e conforme aos ditames de boa-fé".

Na primeira parte do referido dispositivo, verifica-se que, implementada a condição, extinguem-se os efeitos do negócio jurídico que a ela estava subordinado. Já a segunda parte do artigo refere-se a aplicação da condição re- solutiva em negócio de execução continuada ou periódica. É uma regra nova inserida no Código Civil de 2002, uma vez que o Código Civil de 1916 não tratava do assunto em tela.

---

6 Art. 235. Deteriorada a coisa, não sendo o devedor culpado, poderá o credor resolver a obrigação, ou aceitar a coisa, abatido de seu preço o valor que perdeu.

O negócio de execução continuada ou periódica é aquele em que sua execução se protrai no tempo, tal como o contrato de locação com prazo indeterminado. Por exemplo, as partes contratantes podem estipular no contrato de locação que este terá eficácia até o implemento de uma condição. Verificada, pois, a condição, não será possível a devolução dos aluguéis anteriormente pagos pelo locatário.

Ao titular do direito eventual, nos casos de condição suspensiva ou reso-lutiva, é permitido praticar os atos destinados a conservá-lo (CC, art. 130).[7]

16.2.1.2 Condições causais, potestativas e mistas

A *condição causal* é aquela que depende de um acontecimento fortuito, ou seja, uma causa alheia à vontade das partes contratantes. É o caso, por exemplo, da condição de ocorrência de um incêndio que venha a destruir uma casa, ou um caso de inundação.

A *condição potestativa* é a condição que depende da vontade de apenas uma das partes. Postestade significa poder. Estas condições podem ser classificadas em: a) *condição puramente potestativa* e b) *condição simplesmente ou meramente potestativa*.

As *condições puramente potestativas* são consideradas proibidas conforme artigo 122 do nosso Código Civil. Já as *condições simplesmente potestativas* são permitidas pelo ordenamento jurídico e representam a vontade de apenas uma das partes, bem como dependem de um acontecimento que escapa ao seu controle. CARLOS ROBERTO GONÇALVES apresenta alguns exemplos de condições simplesmente potestativas previstas no Código Civil:[8] a) art. 420, que permite às partes estipular o direito de se arrepender;[9] b) art. 505, que trata da retrovenda;[10] c) art. 509, concernente à venda a contento;[11] d) art. 513, que regula o direito de preempção ou preferência.[12]

---

7 Correspondente ao art. 121 do CC de 1916.

8 GONÇALVES, Carlos Roberto. *Direito civil brasileiro*. Vol. I. São Paulo: Saraiva, 2003, p. 343.

9 Art. 420. Se no contrato for estipulado o direito de arrependimento para qualquer das partes, as arras ou sinal terão função unicamente indenizatória. Neste caso, quem as deu perdê-las-á em benefício da outra parte; e quem as recebeu devolvê-las-á, mais o equivalente. Em ambos os casos não haverá direito a indenização suplementar.

10 Art. 505. O vendedor de coisa imóvel pode reservar-se o direito de recobrá-la no prazo máximo de decadência de três anos, restituindo o preço recebido e reembolsando as despesas do comprador, inclusive as que, durante o período de resgate, se efetuaram com a sua autorização escrita, ou para a realização de benfeitorias necessárias.

11 Art. 509. A venda feita a contento do comprador entende-se realizada sob condição suspensiva, ainda que a coisa lhe tenha sido entregue; e não se reputará perfeita, enquanto o adquirente não manifestar seu agrado.

12 Art. 513. A preempção, ou preferência, impõe ao comprador a obrigação de oferecer ao vendedor a coisa que aquele vai vender, ou dar em pagamento, para que este use de seu

Por fim, a *condição mista* é aquela que depende, ao mesmo tempo, da vontade de uma das partes e do acaso ou da vontade de terceiro. THELMA FRAGA, aqui exemplifica da seguinte forma: "doação de uma biblioteca a Antônio se este casar com Jaqueline: a) vontade de um dos contraentes (Antônio ter vontade de se casar); b) outro fato (Jaqueline aceitar o casamento)".[13]

16.2.1.3 Condições possíveis e impossíveis

As condições podem ser *possíveis* ou *impossíveis*. O elemento *possibilidade* está relacionado ao fato do evento condicionador ser física e juridicamente possível.

Portanto, a impossibilidade da condição pode ser física ou jurídica. Aqui não há falar-se em incerteza do resultado, senão de sua impossibilidade.

De acordo com a regra do artigo 124 do nosso Código Civil tem-se por *inexistentes*:[14]

a) a condição impossível como cláusula resolutiva;
b) a condição de não fazer coisa impossível.

16.2.1.4 Condições lícitas e ilícitas

São lícitas, em geral, todas as condições não contrárias à lei, à ordem pública ou aos bons costumes.

As condições ilícitas admitem a seguinte classificação, de acordo com as lições de THELMA FRAGA:[15]

a) condições ilícitas propriamente ditas: quando versem sobre evento que envolva conduta reprimida em lei, v.g., estipulação da doação de uma verba a Ricardo se o mesmo danificar o computador de Hian;
b) condições imorais: quando versem sobre evento que traduza comportamentos atentatórios à moral, sendo contrária à ordem pública ou aos bons costumes, v.g., Alfredo promete a Shirlei, maior e capaz, uma bolsa nova da Louis Vitton, desde que ela pratique atos libidinosos com ele;
c) condições impossíveis: quando versem sobre eventos onde exista uma impossibilidade jurídica (obstáculo legal e permanente, que

---

direito de prelação na compra, tanto por tanto. Parágrafo único. O prazo para exercer o direito de preferência não poderá exceder a cento e oitenta dias, se a coisa for móvel, ou a dois anos, se imóvel.

13 FRAGA, Thelma Araújo Esteves; MELLO, Cleyson de Moraes. Direito civil: introdução e parte geral. Niterói: Impetus, 2005, p. 345.

14 Art. 124. Têm-se por inexistentes as condições impossíveis, quando resolutivas, e as de não fazer coisa impossível.

15 FRAGA; MELLO, Op. Cit., p. 342.

não pode desaparecer senão mediante reforma da legislação), ou impossibilidade física ou fática, v.g., darei um autorama a Fernando, se ele voar, com asas próprias.

16.2.2 Condições que invalidam o negócio jurídico a elas subordinado

De acordo com a redação do artigo 123, "invalidam os negócios jurídicos que lhes são subordinados:[16]

I – as condições física ou juridicamente impossíveis, quando suspensivas;
II – as condições ilícitas, ou de fazer coisa ilícita;
III – as condições incompreensíveis ou contraditórias".

O artigo 123, inciso III, trata das condições perplexas ou contraditórias. Estas condições resultam em nulidade do negócio jurídico, já que são logicamente impossíveis. Por exemplo, Belisário será meu herdeiro se morrer antes de mim.

16.2.3 Condição maliciosa

A regra do artigo 129 do nosso Código Civil trata da malícia, ou seja, da condição maliciosamente obstada ou provocada pelo interessado. Diz a regra: "Reputa-se verificada, quanto aos efeitos jurídicos, a condição cujo implemento for maliciosamente obstado pela parte a quem desfavorecer, considerando-se, ao contrário, não verificada a condição maliciosamente levada a efeito por aquele a quem aproveita o seu implemento (CC, art. 129).

Assim, se uma das partes, maliciosamente, impedir que a condição ocorra, já que, na ocorrência da condição, este seria prejudicado, ou por qualquer outro motivo, a condição se considerará realizada, e o negócio produzirá os seus efeitos jurídicos.

Por outro lado, caso a condição tenha ocorrido por ato malicioso de quem ela favoreça, considerar-se-á que ela não se verificou.

16.2.4 Direito comparado

No direito comparado, em especial, no direito civil português a condição é objeto de estudo como cláusula acessória típica do negócio jurídico, dedicando o Código Civil português, na Parte Geral, os artigos 270° a 277°. Vejamos:

16 Correspondente ao art. 116 do CC de 1916.

ARTIGO 270° (Noção de condição). As partes podem subordinar a um acontecimento futuro e incerto a produção dos efeitos do negócio jurídico ou a sua resolução: no primeiro caso, diz-se suspensiva a condição; no segundo, resolutiva.

ARTIGO 271° (Condições ilícitas ou impossíveis). 1. É nulo o negócio jurídico subordinado a uma condição contrária à lei ou à ordem pública, ou ofensiva dos bons costumes. 2. É igualmente nulo o negócio sujeito a uma condição suspensiva que seja física ou legalmente impossível; se for resolutiva, tem-se a condição por não escrita.

ARTIGO 272° (Pendência da condição). Aquele que contrair uma obrigação ou alienar um direito sob condição suspensiva, ou adquirir um direito sob condição resolutiva, deve agir, na pendência da condição, segundo os ditames da boa-fé, por forma que não comprometa a integridade do direito da outra parte.

ARTIGO 273° (Pendência da condição: actos conservatórios). Na pendência da condição suspensiva, o adquirente do direito pode praticar actos conservatórios, e igualmente os pode realizar, na pendência da condição resolutiva, o devedor ou o alienante condicional.

ARTIGO 274° (Pendência da condição: actos dispositivos). 1. Os actos de disposição dos bens ou direitos que constituem objecto do negócio condicional, realizados na pendência da condição, ficam sujeitos à eficácia ou ineficácia do próprio negócio, salvo estipulação em contrário. 2. Se houver lugar à restituição do que tiver sido alienado, é aplicável, directamente ou por analogia, o disposto nos artigos 1269° e seguintes em relação ao possuidor de boa-fé.

ARTIGO 275° (Verificação e não verificação da condição). 1. A certeza de que a condição se não pode verificar equivale à sua não verificação. 2. Se a verificação da condição for impedida, contra as regras da boa-fé, por aquele a quem prejudica, tem-se por verificada; se for provocada, nos mesmos termos, por aquele a quem aproveita, considera-se como não verificada.

ARTIGO 276° (Retroactividade da condição). Os efeitos do preenchimento da condição retrotraem-se à data da conclusão do negócio, a não ser que, pela vontade das partes ou pela natureza do acto, hajam de ser reportados a outro momento.

ARTIGO 277° (Não retroactividade). 1. Sendo a condição resolutiva aposta a um contrato de execução continuada ou periódica, é aplicável o disposto no n° 2 do art. 434°. 2. O preenchimento da condição não prejudica a validade dos actos de administração ordinária realizados, e quanto a condição estiver pendente, pela parte a quem incumbir o exercício do direito. 3. À aquisição de frutos pela parte a que se refere o número anterior são aplicáveis as disposições relativas à aquisição de frutos pelo possuidor de boa-fé.

16.3 Termo

16.3.1 Introdução

O *termo* é o momento determinante do início e fim de um prazo. Este pode ser medido em horas, dias, meses e anos.

O artigo 131 determina que "o termo inicial suspende o exercício, mas não a aquisição do direito".[17] Portanto, o termo não suspende a aquisição do direito, já que traduz um evento futuro e certo. De forma contrária, a condição subordina a eficácia do negócio a evento futuro e incerto.

O *termo* pode ser *convencional* ou *legal*. Aquele é estabelecido entre as partes, este é estabelecido pela norma jurídica.

Nem todos os atos jurídicos admitem termo, tais como a aceitação ou a renúncia da herança (CC, art. 1.808); a adoção (CC, art. 1.626); a emancipação; o casamento; o reconhecimento de filho (CC, art. 1.613), dentre outros.

16.3.2 Termo inicial e termo final

O termo pode determinar o início ou a cessação da eficácia do negócio jurídico. Aquele que dá início, denomina-se termo inicial *(dies a quo)*, caso contrário, se determinar a cessação da eficácia do negócio será chamado de termo final (*dies ad quem*).

Ao termo inicial e final aplicam-se, no que couber, as disposições relativas à condição suspensiva e resolutiva (CC, art. 135).[18]

16.3.3 Termo certo e termo incerto

O termo é certo, todavia, seu grau de certeza pode variar. VASCONCELOS afirma que a doutrina portuguesa costuma distinguir, neste caso, os casos em que existe certeza do evento e certeza da data em que irá ocorrer – *dies certus an, certus quando* –, ou em que existe certeza do evento, mas incerteza quanto à data em que virá a acontecer – *dies certus an, incertus quando*.[19]

Na primeira hipótese, o termo é certo, sendo possível saber de antemão qual a sua duração e quando ele terminará. Quanto ao termo incerto, o autor afirma: "o termo pode, porém, ser estipulado de tal modo que se não saiba antecipadamente quando termina, chama-se, então termo incerto. Tal sucede quando se estipula um termo certo a contar de data incerta, por exemplo, cinco dias, a contar da interpelação, ou quando, havendo certeza de que virá

17 Correspondente ao art. 123 do CC de 1916.

18 Correspondente ao art. 124 do CC de 1916.

19 VASCONCELOS, Pedro Pais de. *Teoria geral do direito civil.* Coimbra: Almedina, 2005, p. 454.

a acontecer, se não sabe de antemão quando tal irá suceder, por exemplo, quando cair a primeira chuva depois das vindimas".[20]

16.3.4 Os prazos e sua contagem

O prazo é o lapso temporal entre o termo inicial *(dies a quo)* e o termo final *(dies ad quem)*.

De acordo com a regra do artigo 132, "salvo disposição legal ou convencional em contrário, computam-se os prazos, excluído o dia do começo, e incluído o do vencimento".

São feriados, para efeito forense, os domingos e os dias declarados por lei. (CPC, art. 216).

Se o dia do vencimento cair em feriado, considerar-se-á prorrogado o prazo até o seguinte dia útil (CC, art. 132, § 1°).[21]

Meado considera-se, em qualquer mês, o seu décimo quinto dia (CC, art. 132, § 2°).[22]

Os prazos de meses e anos expiram no dia de igual número do de início, ou no imediato, se faltar exata correspondência (CC, art. 132, § 3°).[23]

Os prazos fixados por hora contar-se-ão de minuto a minuto (CC, art. 132, § 4°).[24]

16.3.5 Prazos em testamentos e contratos

Nos testamentos, presume-se o prazo em favor do herdeiro, e, nos contratos, em proveito do devedor, salvo, quanto a esses, se do teor do instrumento, ou das circunstâncias, resultar que se estabeleceu a benefício do credor, ou de ambos os contratantes (CC, art. 133).[25]

16.3.6 Negócios jurídicos entre vivos, sem prazo

Os negócios jurídicos entre vivos, sem prazo, são exequíveis desde logo, salvo se a execução tiver de ser feita em lugar diverso ou depender de tempo (CC, art. 134).[26]

---

20 Ibid.
21 Correspondente ao art. 125, § 1° do CC de 1916.
22 Correspondente ao art. 125 § 2° do CC de 1916.
23 Sem correspondência ao CC de 1916.
24 Correspondente ao art. 125 § 4° do CC de 1916.
25 Correspondente ao art. 126 do CC de 1916.
26 Correspondente ao art. 127 do CC de 1916.

16.3.7 O termo no direito civil português

Quanto ao termo, o Código Civil português estatui que:

> ARTIGO 278° (Termo). Se for estipulado que os efeitos do negócio jurídico comecem ou cessem a partir de certo momento, é aplicável à estipulação, com as necessárias adaptações, o disposto nos artigos 272° e 273°.
>
> ARTIGO 279° (Cômputo do termo). À fixação do termo são aplicáveis, em caso de dúvida, as seguintes regras: a) Se o termo se referir ao princípio, meio ou fim do mês, entende-se como tal, respectivamente, o primeiro dia, o dia 15 e o último dia do mês; se for fixado no princípio, meio ou fim do ano, entende-se, respectivamente, o primeiro dia do ano, o dia 30 de junho e o dia 31 de dezembro; b) Na contagem de qualquer prazo não se inclui o dia, nem a hora, se o prazo for de horas, em que ocorrer o evento a partir do qual o prazo começa a correr; c) O prazo fixado em semanas, meses ou anos, a contar de certa data, termina às 24 horas do dia que corresponda, dentro da última semana, mês ou ano, a essa data; mas, se no último mês não existir dia correspondente, o prazo finda no último dia desse mês; d) É havido, respectivamente, como prazo de uma ou duas semanas o designado por oito ou quinze dias, sendo havido como prazo de um ou dois dias o designado por 24 ou 48 horas; e) O prazo que termine em domingo ou dia feriado transfere-se para o primeiro dia útil; aos domingos e dias feriados são equiparadas as férias judiciais, se o acto sujeito a prazo tiver de ser praticado em juízo.

16.4 Encargo

O *encargo* ou *modo* é uma determinação imposta pelo autor da *liberalidade* que não suspende a aquisição nem o exercício do direito, salvo quando imposto como condição suspensiva. O encargo é muito utilizado na espécie de doação modal (doação com encargo). O encargo é um ônus atribuído ao beneficiário da liberalidade.[27]

O artigo 136 do nosso Código Civil informa que "o encargo não suspende a aquisição nem o exercício do direito, salvo quando expressamente imposto no negócio jurídico, pelo disponente, como condição suspensiva".[28]

Considera-se não escrito o encargo ilícito ou impossível, salvo se constituir o motivo determinante da liberalidade, caso em que se invalida o negócio jurídico (CC, art. 137).

O Código Civil português não tratou do modo ou encargo na Parte Geral. Dedicou-lhe, pois, os artigos 963 e seguintes, no contrato de doação, e os artigos 2244° e seguintes, no testamento.

---

27 CC 2002 – Art. 555. A doação pode ser revogada por ingratidão do donatário, ou por inexecução do encargo.

CC 2002 – Art. 559. A revogação por qualquer desses motivos deverá ser pleiteada dentro de um ano, a contar de quando chegue ao conhecimento do doador o fato que a autorizar, e de ter sido o donatário o seu autor.

28 Correspondente ao art. 128 do CC de 1916.

16.5 Quadro Sinóptico

Interessante notar o quadro comparativo dos três elementos acidentais do negócio jurídico elaborado por CARLOS ROBERTO GONÇALVES:[29]

CONDIÇÃO	TERMO	ENCARGO
■ Subordina o efeito do negócio jurídico a evento futuro e incerto	■ Subordina a eficácia do negócio a evento futuro e certo	■ Constitui cláusula acessória às liberalidades. Impõe uma obrigação ao beneficiário
■ É imposta com o emprego das partículas "se", "enquanto", "com a condição de não..."	■ Identifica-se pelas expressões "quando", "a partir de", "até tal data" etc.	■ É imposto com as expressões "para que", "com a obrigação de" etc.
■ Suspensiva: impede que o ato produza efeitos ■ Resolutiva: resolve o direito transferido pelo negócio	■ Inicial: suspende o exercício, mas não a aquisição do direito ■ Final: resolve os efeitos do negócio jurídico	■ Não suspende a aquisição nem o exercício do direito. Se não for cumprido, a liberalidade poderá ser revogada

29 GONÇALVES, Carlos Roberto. *Direito civil*: parte geral – obrigações – contratos esquematizado / Carlos Roberto Gonçalves. – Coleção esquematizado® / coordenador Pedro Lenza volume 1 – 10. ed. – São Paulo: Saraiva Educação, 2020. p.346.

Capítulo 17
DA REPRESENTAÇÃO

17.1 Conceito e Características

É o instituto jurídico pelo qual o representante atua, praticando um ato, em nome do representado.

A representação pode ser classificada em *representação legal* e *representação convencional* (ou voluntária). Aquela é o poder de representação que decorre diretamente da lei, como por exemplo, as previstas nos artigos 1.364, V, 1.747, I e 1.767, I todos do CC 2002.[1] A representação voluntária é estabelecida entre as partes (representante e representado), já que decorre do princípio basilar da autonomia da vontade. Por exemplo, o caso do mandato. CC 2002 – Art. 653. Opera-se o mandato quando alguém recebe de outrem poderes para, em seu nome, praticar atos ou administrar interesses. A procuração é o instrumento do mandato.

Neste sentido, o artigo 115 do nosso Código Civil determina que "os poderes de representação conferem-se por lei ou pelo interessado".[2]

São, pois, espécies de representantes: *Legal* (decorre da lei, por exemplo, CC 2002, art. 1634, V), *judicial* (nomeado pelo magistrado, nos casos de in-ventariante etc.) e *convencional* (através do mandato).

A manifestação de vontade pelo representante, nos limites de seus poderes, produz efeitos em relação ao representado (CC, art. 116).[3]

---

1 CC 2002 – Art. 1.634. Compete aos pais, quanto à pessoa dos filhos menores: [...] V – representá-los, até aos dezesseis anos, nos atos da vida civil, e assisti-los, após essa idade, nos atos em que forem partes, suprindo-lhes o consentimento;
CC 2002 – Art. 1.747. Compete mais ao tutor: I – representar o menor, até os dezesseis anos, nos atos da vida civil, e assisti-lo, após essa idade, nos atos em que for parte; CC 2002 – Art. 1.767. Estão sujeitos a curatela: I – aqueles que, por enfermidade ou deficiência mental, não tiverem o necessário discernimento para os atos da vida civil; II – aqueles que, por outra causa duradoura, não puderem exprimir a sua vontade; III – os deficientes mentais, os ébrios habituais e os viciados em tóxicos; IV – os excepcionais sem completo desenvolvimento mental; V – os pródigos.

2 Sem Correspondência ao CCB de 1916.

3 Sem Correspondência ao CCB de 1916.

17.2 Outras Disposições

O artigo 117 dispõe que "salvo se o permitir a lei ou o representado, é anulável o negócio jurídico que o representante, no seu interesse ou por conta de outrem, celebrar consigo mesmo".[4] O parágrafo único do referido dispositivo determina que "para esse efeito, tem-se como celebrado pelo representante o negócio realizado por aquele em quem os poderes houverem sido substabelecidos".[5]

O representante é obrigado a provar às pessoas, com quem tratar em nome do representado, a sua qualidade e a extensão de seus poderes, sob pena de, não o fazendo, responder pelos atos que a estes excederem (CC, art. 118).

O conflito de interesses entre o representante e o representado torna anulável o negócio jurídico. É o que determina a regra do artigo 119 ao dizer que "é anulável o negócio concluído pelo representante em conflito de interesses com o representado, se tal fato era ou devia ser do conhecimento de quem com aquele tratou".[6]

O prazo é decadencial e de cento e oitenta dias para pleitear a anulação do negócio jurídico. O parágrafo único do artigo 119 preceitua que "é de cento e oitenta dias, a contar da conclusão do negócio ou da cessação da incapacidade, o prazo de decadência para pleitear-se a anulação prevista neste artigo".[7]

Por fim, o artigo 120 dispõe que "os requisitos e os efeitos da representação legal são os estabelecidos nas normas respectivas; os da representação voluntária são os da Parte Especial deste Código".

São requisitos da representação: a) uma atuação em nome de outrem; b) prática de atos negociais; c) no interesse do representado; d) incidência dos efeitos jurídicos do negócio na esfera jurídica do representado.

17.3 Direito Comparado

Código Civil português

> ARTIGO 258° (Efeitos da representação). O negócio jurídico realizado pelo representante em nome do representado, nos limites dos poderes que lhe competem, produz os seus efeitos na esfera jurídica deste último.

4 Sem Correspondência ao CCB de 1916.

5 Sem Correspondência ao CCB de 1916.

6 CC 2002 – Art. 1.692. Sempre que no exercício do poder familiar colidir o interesse dos pais com o do filho, a requerimento deste ou do Ministério Público o juiz lhe dará curador especial.

7 Sem Correspondência ao CCB de 1916.

ARTIGO 259° (Falta ou vícios da vontade e estados subjectivos relevantes). 1. À excepção dos elementos em que tenha sido decisiva a vontade do representado, é na pessoa do representante que deve verificar-se, para efeitos de nulidade ou anulabilidade da declaração, a falta ou vício da vontade, bem como o conhecimento ou ignorância dos factos que podem influir nos efeitos do negócio. 2. Ao representado de má-fé não aproveita a boa-fé do representante.

ARTIGO 260° (Justificação dos poderes do representante). 1. Se uma pessoa dirigir em nome de outrem uma declaração a terceiro, pode este exigir que o representante, dentro de prazo razoável, faça prova dos seus poderes, sob pena de a declaração não produzir efeitos. 2. Se os poderes de representação constarem de documento, pode o terceiro exigir uma cópia dele assinada pelo representante.

ARTIGO 261° (Negócio consigo mesmo). 1. É anulável o negócio celebrado pelo representante consigo mesmo, seja em nome próprio, seja em representação de terceiro, a não ser que o representado tenha especificadamente consentido na celebração, ou que o negócio excluía por sua natureza a possibilidade de um conflito de interesses. 2. Considera-se celebrado pelo representante, para o efeito do número precedente, o negócio realizado por aquele em quem tiverem sido substabelecidos os poderes de representação.

Capítulo 18

ATOS ILÍCITOS

18.1. Conceitos e caracteristicas

Os *atos ilícitos* são ações praticadas pelo homem condenadas pelo ordenamento jurídico. O ato ilícito pode ser penal ou civil, de acordo com a infração a ordem jurídica civilística ou penalista, ou seja, quando houver infração a uma norma de direito público penal ou norma de direito privado respectivamente.

O ato ilícito é, portanto, um ato jurídico praticado com infração de um dever legal ou contratual, resultando dano material ou imaterial para outra pessoa. O artigo 186 do nosso Código Civil afirma que "aquele que, por ação ou omissão voluntária, negligência ou imprudência, violar direito e causar dano a outrem, ainda que exclusivamente moral, comete ato ilícito".[1]

Em relação ao dano moral, o Conselho da Justiça Federal, na III Jornada de Direito Civil, editou o Enunciado 159, que diz: "O dano moral, assim compreendido todo o dano extrapatrimonial, não se caracteriza quando há mero aborrecimento inerente a prejuízo material". Já, na V Jornada de Direito Civil, publicou o Enunciado 411 que diz: "Art. 186. O descumprimento de contrato pode gerar dano moral, quando envolver valor fundamental protegido pela Constituição Federal de 1988".

O *abuso de direito,* também, é considerado ato ilícito. Neste sentido, o artigo 187 preceitua que "também comete ato ilícito o titular de um direito que, ao exercê-lo, excede manifestamente os limites impostos pelo seu fim econômico ou social, pela boa-fé ou pelos bons costumes".

O Código Civil de 2002 manteve a *teoria subjetiva da responsabilidade civil*, exigindo a demonstração da culpa do agente, definindo, pois, que todo aquele que, mediante ação ou omissão voluntária, negligência ou imprudência, violar direito e causar dano a outrem, comete ato ilícito (art. 186). Todavia, verifica-se, que o artigo 187 ampliou a noção de ato ilícito, estabelecendo a ilicitude do exercício de um direito quando violar seu fim econômico, social ou os limites da boa-fé e bons costumes.

Em relação a este dispositivo, o Conselho da Justiça Federal, na I Jornada de Direito Civil, publicou o Enunciado 37, afirmando que "a responsabilidade civil decorrente do abuso do direito independe de culpa e fundamenta-se somente no critério objetivo-finalístico".

1 Correspondente ao art. 159 do CC de 1916.

Na V Jornada de Direito Civil estabeleceu os seguintes enunciados:

a) Enunciado 412 – Art. 187. As diversas hipóteses de exercício inadmissível de uma situação jurídica subjetiva, tais como *supressio, tu quoque, surrectio* e *venire contra factum proprium*, são concreções da boa-fé objetiva.
b) Enunciado 413 – Art. 187. Os bons costumes previstos no art. 187 do CC possuem natureza subjetiva, destinada ao controle da moralidade social de determinada época, e objetiva, para permitir a sindicância da violação dos negócios jurídicos em questões não abrangidas pela função social e pela boa-fé objetiva.
c) Enunciado 414 – Art. 187. A cláusula geral do art. 187 do Código Civil tem fundamento constitucional nos princípios da solidariedade, devido processo legal e proteção da confiança e aplica-se a todos os ramos do direito.

Já na VI Jornada de Direito Civil, realizada em abril de 2013, foram publicados os seguintes enunciados:

a) Enunciado 539 – O abuso de direito é uma categoria jurídica autônoma em relação à responsabilidade civil. Por isso, o exercício abusivo de posições jurídicas desafia controle independentemente de dano.[2]
b) Enunciado 550 – A quantificação da reparação por danos extrapatrimoniais não deve estar sujeita a tabelamento ou a valores fixos.[3]

---

2 Justificativa: A indesejável vinculação do abuso de direito a responsabilidade civil, consequência de uma opção legislativa equívoca, que o define no capítulo relativo ao ato ilícito (art. 187) e o refere especificamente na obrigação de indenizar (art. 927 do CC), lamentavelmente tem subtraído bastante as potencialidades dessa categoria jurídica e comprometido a sua principal função (de controle), modificando-lhe indevidamente a estrutura. Não resta dúvida sobre a possibilidade de a responsabilidade civil surgir por danos decorrentes do exercício abusivo de uma posição jurídica. Por outro lado, não é menos possível o exercício abusivo dispensar qualquer espécie de dano, embora, ainda assim, mereça ser duramente coibido com respostas jurisdicionais eficazes. Pode haver abuso sem dano e, portanto, sem responsabilidade civil. Será rara, inclusive, a aplicação do abuso como fundamento para o dever de indenizar, sendo mais útil admiti-lo como base para frear o exercício. E isso torna a aplicação da categoria bastante cerimoniosa pela jurisprudência, mesmo após uma década de vigência do código. O abuso de direito também deve ser utilizado para o controle preventivo e repressivo. No primeiro caso, em demandas inibitórias, buscando a abstenção de condutas antes mesmo de elas ocorrerem irregularmente, não para reparar, mas para prevenir a ocorrência do dano. No segundo caso, para fazer cessar (exercício inadmissível) um ato ou para impor um agir (não exercício inadmissível). Pouco importa se haverá ou não cumulação com a pretensão de reparação civil.

3 Justificativa: "Cada caso é um caso". Essa frase, comumente aplicada na medicina para explicar que o que está descrito nos livros pode diferir da aplicação prática, deve ser trazida para o âmbito jurídico, no tocante aos danos morais. Há três anos, o

Artigos: 186 e 944 do Código Civil

c) Enunciado 551 – Nas violações aos direitos relativos a marcas, patentes e desenhos industriais, será assegurada a reparação civil ao seu titular, incluídos tanto os danos patrimoniais como os danos extrapatrimoniais.[4]

Artigos: 186, 884, 927 e 944 do Código Civil

O abuso de direito refletido na regra do artigo 187 sofreu forte influência do Código Civil português, em especial, quanto ao seu artigo 334°. A respeito do abuso de direito diz o artigo 334° da legislação portuguesa: "É ilegítimo o exercício de um direito, quando o titular exceda manifestamente os limites impostos pela boa-fé, pelos costumes ou pelo fim social ou econômico desse direito".

O *ato abusivo*, portanto, apresenta cariz antissocial. HELOÍSA CARPENA afirma que "a pedra de toque da teoria consagrada pela lei é a adoção do critério do 'motivo legítimo', para a identificação do abuso, noção que se extrai das condições objetivas nas quais o direito foi exercido, cotejando-os com a sua finalidade e com a missão social que lhe é atribuída, com o padrão

---

STJ buscou parâmetros para uniformizar os valores dos danos morais com base em jurisprudências e fixou alguns valores, por exemplo, para os casos de morte de filho no parto (250 salários) e paraplegia (600 salários). Da análise desse fato, devemos lembrar que a linha entre a indenização ínfima e o enriquecimento sem causa é muito tênue; entretanto, a análise do caso concreto deve ser sempre priorizada. Caso contrário, corremos o risco de voltar ao tempo da Lei das XII Tábuas, em que um osso quebrado tinha um valor e a violência moral, outro. Quando um julgador posiciona-se acerca de um dano moral, deve atentar para alguns pontos, entre os quais a gravidade do fato, a extensão do dano, a posição social e profissional do ofendido, a condição financeira do agressor e do agredido, baseando-se nos princípios da razoabilidade, equidade e proporcionalidade, além da teoria do desestímulo. Dessa forma, a chance de resultados finais serem idênticos é praticamente nula. O juiz não pode eximir-se do seu dever de analisar, calcular e arbitrar a indenização dentro daquilo que é pretendido entre as partes. Assim, considerando o que temos exposto, conclui-se que não deve existir limitação prévia de valores, sob o risco de fomentarmos a diabólica indústria do dano moral.

4 Justificativa: A relevância da temática está, inicialmente, no fato de existir ainda hoje discussão doutrinária a respeito da natureza jurídica dos direitos da propriedade industrial. Além disso, uma vez verificada a infração ao direito da propriedade, é fundamental que se estabeleça a devida reparação pelos danos causados ao seu detentor, mormente porque essa espécie de lesão se reflete seja na esfera patrimonial, com a redução nas vendas de um produto ou serviço, seja na esfera moral, com prejuízos para a imagem do produto ou serviço através de mácula a sua reputação, de associação com outro de qualidade inferior ou cujo conceito é moralmente reprovável pela sociedade, de ofuscamento da sua distintividade e/ou de adulteração do seu conceito (teoria da diluição). Por fim, é evidente o enriquecimento ilícito daquele que se aproveita do direito de propriedade alheio sem mencionar as perdas impostas à sociedade pelo atraso no desenvolvimento de tecnologias, do desestímulo ao processo criativo e da limitação na oferta de produtos e serviços, em flagrante afronta ao que estabelece o princípio da função social da propriedade.

de comportamento dado pela boa-fé e com a consciência jurídica dominante, expressa no conceito de bons costumes".[5]

ANDRÉ UCHÔA CAVALCANTI ensina que os conceitos estabelecidos no bojo do artigo 187 deverão ser interpretados à luz dos princípios constitucionais. Vejamos: "Todavia, tais conceitos, embora indeterminados na norma abstrata, devem ser determinados quando postos ao julgamento do magistrado. E ele deverá fazê-lo à luz dos princípios constitucionais: o da dignidade da pessoa humana, do bem comum, da solidariedade social, da igualdade, dentre outros.

De fato, o titular de um direito não deve obediência, no seu exercício, somente à lei formal, mas, também, aos fins econômicos e sociais, à boa-fé e aos bons costumes. Os dois primeiros são limites específicos a serem preenchidos, tendo em conta o resultado da incidência das normas constitutivas do direito sobre a realidade concreta em que ele é exercido. Os dois últimos, boa-fé e bons costumes, são limites gerais, que devem ser respeitados no exercício de todo e qualquer direito subjetivo".[6]

THELMA ARAÚJO ESTEVES FRAGA considera ato ilícito "toda a manifestação de vontade contrária à ordem jurídica, por isso diz-se ser o ilícito a contrariedade entre a conduta e a norma jurídica, seja pelo ato de estar em desacordo com a adequação esperada pelo ordenamento, seja pelo seu exercício, ainda que previsto pelo sistema, importa em uma prática anormal, exacerbada e, portanto, lesiva".[7]

Os elementos caracterizadores do ato ilícito podem ser apontados na seguinte ordem: a) ação ou omissão do agente; b) ilicitude; c) culpa; d) nexo de causalidade e e) dano.

O comportamento do agente que venha a causar dano a outrem pode ser resultante de uma ação ou omissão. A omissão, por exemplo, ocorrerá no caso de uma pessoa não prestar auxílio à vítima.

A ilicitude se desvela a partir de uma contrariedade a um dever jurídico, na infração a norma jurídica ou no abuso de direito.

A culpa não foi definida pelo legislador brasileiro e em sentido amplo (*lato sensu*) abrange "toda espécie de comportamento contrário ao Direito, seja intencional, como no caso de dolo, ou não, como na culpa".[8]

---

5 CARPENA, Heloisa. . Abuso do direito no código de 2002: relativização de direitos na ótica civil-constitucional. In: TEPEDINO, Gustavo. *A parte geral do novo código civil:* estudos na perspectiva civil-constitucional. Rio de Janeiro: Renovar, 2002, p. 382.

6 CAVALCANTI, André Uchoa. Abuso do direito. In: MELLO, Cleyson de Moraes; FRAGA, Thelma Araújo Esteves. *Novos direitos:* os paradigmas da pós-modernidade. Niterói: Impetus, 2004, p. 212-213.

7 FRAGA, Thelma Araújo Esteves; MELLO, Cleyson de Moraes. *Direito civil:* introdução e parte geral. Niterói: Impetus, 2005, p. 406.

8 CAVALIERI FILHO, Sérgio. *Programa de responsabilidade civil.* 6. ed. São Paulo: Malheiros, 2005, p. 54.

Dessa forma, duas são as espécies de culpa: o dolo e a culpa em sentido estrito. Aquele é a ação ou omissão voluntária, esta é a negligência ou imprudência. De acordo com as lições de FRANCISCO AMARAL, "negligência é a omissão, é a inobservância das normas que nos mandam operar com atenção, capacidade, solicitude e discernimento. Imprudência é a precipitação, procedimento sem cautela".[9]

A culpa pode ser classificada em várias espécies. A culpa in eligendo é aquela decorrente da má escolha de seu representante ou preposto que, ao realizar a tarefa determinada, viola o direito. É o caso, por exemplo, da empresa responder pelos acidentes causados por seus motoristas, já que os elegeram para a realização de uma tarefa. Nestes casos, a culpa do patrão é presumida, na forma da Súmula 341 do STF: "É presumida a culpa do patrão ou comitente pelo ato culposo do empregado ou preposto".

A culpa *in vigilando* é decorrente de ausência de fiscalização, como no caso da falta de vigilância dos pais em relação aos atos praticados pelos filhos absolutamente incapazes.

A culpa *in custodiando* é caracterizada pela falta de atenção em relação ao animal ou coisa que estava sob os cuidados do agente. Aqui é o caso da responsabilidade do dono do animal que venha a ferir uma pessoa.

A culpa *in committendo* ou *in faciendo* é aquela que está relacionada a um agir com imprudência e a culpa *in omittendo* resulta da negligência.

Quanto à graduação, a culpa pode ser classificada em grave, leve e levíssima. A culpa grave é o erro grosseiro que pode ser equiparado ao dolo. Aqui o agente atua com displicência, assumindo o risco do resultado, o qual era plenamente previsível. Na culpa leve o resultado poderia ter sido evitado com a atenção ordinária (com o cuidado de um homem comum) e a culpa levíssima é aquela em que o agente somente poderia ter evitado o dano, se tivesse agido com atenção extraordinária.

A culpa diz-se ainda contratual e extracontratual (aquiliana). A culpa contratual é aquela em que o dever violado tem origem num contrato (CC, art. 389).[10] É uma infração cujo dever violado estava inserido numa relação jurídica obrigacional preexistente. A culpa extracontratual ou aquiliana é a violação de um dever geral, que todos devem respeitar (CC, art. 186).

Quanto aos modos de sua apreciação a culpa pode ser classificada em culpa *in concreto* e culpa *in abstrato*. O nosso ordenamento jurídico adota o critério da culpa *in abstrato* nos casos de responsabilidade civil extracontratual.

---

9 AMARAL, Francisco. *Direito civil:* introdução. 6. ed. Rio de Janeiro: Renovar, 2006. p. 540.

10 CC, Art. 389. Não cumprida a obrigação, responde o devedor por perdas e danos, mais juros e atualização monetária segundo índices oficiais regularmente estabelecidos, e honorários de advogado.

Por fim, a culpa é considerada presumida quando o ordenamento jurídico, com o intuito de facilitar a prova do ato ilícito, estabelece a referida presunção de culpa. Melhor dizendo: o agente causador do dano é presumi-damente considerado culpado até prova em contrário. É uma presunção relativa *(juris tantum)*, podendo ser ilidida com prova em contrário. A culpa presumida permanece fincada no sistema da responsabilidade subjetiva.

O *nexo de causalidade* ou *nexo causal* é a relação entre o fato (causa) e o dano ocorrido (efeito). O nexo de causalidade é elemento essencial nos casos de indenização, já que a responsabilidade civil existe a partir da existência do nexo causal entre o fato e o resultado danoso.

O *dano* é a lesão a um bem jurídico, pode ser classificado como danos materiais ou patrimoniais e danos imateriais ou morais.

O Código Civil de 2002 impõe a reparação do dano causado por ato ilícito (arts. 186 e 187), inclusive com a obrigação de reparação do prejuízo, independentemente de culpa, nos casos especificados pela lei, ou quando a atividade normalmente desenvolvida pelo autor do dano implicar, por sua natureza, risco para os direitos de outrem. É, pois, a aplicação da teoria do risco.

18.2 Dano Moral

Em apontamentos inéditos, ANTÔNIO CAMPOS RIBEIRO traça breve estudo de direito comparado relativo ao dano moral. Vejamos as suas lições:

a) Direito francês – Adota-se como artigo-chave para a indenização do dano moral, o artigo 1.382 do Código Civil francês que não distingue na sua redação tratar-se de dano material ou moral, quando determina que qualquer fato praticado por uma pessoa que cause dano a outrem, obriga-o a reparar tal dano. Especificamente, o dano moral tem previsibilidade no artigo 117 do Código Penal, 179 do Código Civil e 246 e outros do Código de Processo Civil.

Podemos destacar o importante papel representado pelas Constituições francesas no tocante à proteção dos direitos da personalidade; assim, a Constituição de 4.10.58, quando proclamou, em seu preâmbulo, a adesão aos princípios da Declaração de Direitos do Homem de 1789. Esta orientação foi complementada pela Lei 643 de 17.7.70 que assegura ao indivíduo o respeito de sua vida privada, referendando-se o disposto na Lei de Imprensa de 29.7.1881, arts. 29 e 32, e a Lei sobre a justiça de paz (art. 6) que permitem a reclamação de perdas e danos no caso de ilícito difamatório.

b) Direito espanhol – O seu Código Civil de 1890, no seu artigo 1.902, mantido inalterável até o presente momento, sofreu clara influência do artigo 1.382 do Código Civil francês quando declara que aquele que por ação venha causar dano a outrem, agindo com culpa e negligência, está obrigado a reparar o dano causado, sem estabelecer distinção entre dano material ou moral. A jurisprudência tem exercido uma função importante na caracterização do dano moral, destacando-se, a posição do Tribunal Supremo da Espanha de que os danos morais são sempre ressarcíveis.

A Constituição espanhola de 27.12.78 no Cap. II, Título I, Seção 1ª, cuidando dos direitos fundamentais e das liberdades públicas, determinou no seu artigo 10: a dignidade da pessoa, os direitos invioláveis que lhes são inerentes, o livre desenvolvimento da personalidade, o respeito à lei, e aos direitos dos demais, são fundamento da ordem política e da paz social e, no artigo 18, complementa que se garantirá o direito à honra, a intimidade pessoal e familiar e à própria imagem. Complementa-se a garantia destes direitos com o disposto no artigo 53, Cap. IX, do mesmo Título II: "Os direitos e liberdades reconhecidos no Cap. II do presente Título, vinculam todos os poderes públicos. Somente por lei, que em todos os casos deverá respeitar seu conteúdo essencial, poderá regulamentar o exercício de tais direitos e liberdades que se tutelarão de acordo com o previsto no artigo 161, I, A".

c) Direito italiano – A indenização pelo dano moral lastreia-se no art. 2059 do Código Civil que prescreve que o dano não patrimonial deverá ser ressarcido unicamente nos casos determinados pela lei, o que, embora por tal redação possa entender-se extremamente limitado. A doutrina e a jurisprudência italianas vêm conseguindo estender a eficácia da limitação ali contida para que possam abranger situações jurídicas atualizadas.

Destacaríamos ainda o previsto no art. 185 do Código Penal que prevê reparação do prejuízo não patrimonial, e, ainda, o que se destaca no Código Civil no Livro I, referente às pessoas e a família, como limitação dos atos de disposição do próprio corpo (art. 5°, tutela do direito ao nome e pseudônimo) arts. 6° ao 9°, e proteção à imagem (art. 10). A Lei 11.723 de 22.4.41, que dispõe sobre a proteção do direito de autor e conexos, estabelece, no art. 97, que retratos não poderão, todavia, ser expostos ou colocados no comércio quando o retratado possa sofrer prejuízos na sua honra, reputação ou decoro. E finalmente, destacaremos o papel fundamental na Constituição italiana de 1948, quando, no seu artigo 2°, destaca como princípios fundamentais os direitos invioláveis do homem, seja individualmente, seja nas formações sociais, acrescentando-se o conteúdo do artigo 3°, que determina, que todo cidadão possui "igual dignidade social".

d) Direito português – A própria Constituição da República Portuguesa promulgada em 1933, art. 8° n° 17, declara ser uma das garantias dos cidadãos portugueses: "o direito de reparação de toda a lesão afetiva, conforme dispuser a lei, podendo esta, quanto a lesões de ordem moral, prescrever a reparação seja pecuniária e o Código de Processo Penal no artigo 34° § 2° determina ao juiz que quando a sentença for condenatória, seja obrigado à arbitrar, a favor dos ofendidos, ou de terceiros, quantias capazes de reparar perdas e danos, mesmo *ex officio,* atendidos os danos materiais e morais causados pelo delito.

O Código Civil português, no artigo 70°, e, posteriormente, no artigo 71°, III, protege a honra, pela forma indireta da tutela da imagem, ao preceituar que "o retrato, não pode, porém, ser reproduzido, exposto ou lançado no comércio, se do fato resultar prejuízo para a honra, reputação ou simples decoro da pessoa", o art. 484 trata da ofensa ao crédito ou do bom nome: "quem afirmar ou difundir um fato capaz de prejudicar o crédito ou o bom nome de qualquer pessoa, singular ou coletiva, responde pelos danos causados".

e) Direito austríaco – Encontramos no Código Civil e em legislação extravagante disposições determinantes de reparações por danos morais, como se depreende do artigo 1.293 do Código Civil: "Dano é qualquer prejuízo levado ao efeito contra a pessoa ou direito de alguém" permitindo-se com tal disposição genérica, abranger-se tanto os danos materiais quanto os danos morais. Leve-se em conta ainda que no § 1.325 que se refere às lesões corporais, determina-se que se aplique, nas indenizações, tanto as despesas comuns, de natureza material, bem como ficará obrigado o agente a pagar determinada quantia pela dor sofrido pelo lesado.

f) Direito argentino – Consagrou o dano moral no artigo 1.078 do seu Código Civil: "Se o fato for um delito do direito criminal, a obrigação de perdas e danos e também a do agravo moral que o delito houvesse causado à pessoa, causando-lhe dano em sua segurança pessoal ou no gozo de seus bens ou lesionando seus interesses legítimos". Complementando-se a fundamentação legal do dano moral, aplicam-se os artigos 1.068 e 1.078 do Código Civil, em que o primeiro dos acima citados determina que "haverá dano sempre que se cause a outrem um prejuízo suscetível de apreciação pecuniária, ou diretamente sobre as coisas objeto de seu domínio ou posse ou indiretamente, pelo mal causado à sua pessoa e a seus direitos ou faculdades.

g) Direito boliviano – O Código Civil da Bolívia (2.4.76), no seu artigo 21, expressamente prevê a proteção aos direitos da personalidade, disciplinando-os especificamente, nos artigos 6 a 20 e, ao lado dos direitos da liberdade pessoal, nome, pseudônimo, imagem, intimidade etc.. destacou, no artigo 17 o Direito à honra.

h) Direito venezuelano – A reparação pelos danos morais está plenamente atendida no artigo 1.196 do Código Civil de 1942, onde se impõe que a reparação por danos estende-se tanto aos prejuízos patrimoniais como ainda também, unicamente, aos morais.

i) Direito colombiano – O Código Civil no artigo 1.494 reconhece como fonte de obrigação o fato injurioso, ao determinar que as obrigações constituem-se também por consequência de um fato em que haja injúria ou dano a outra pessoa como nos delitos. A Constituição colombiana reconheceu como Direito fundamental, no seu artigo 16, a proteção da honra, ao instituir a proteção de todas as pessoas residentes na Colômbia, e suas vidas, honra e bens.

j) Direito chileno – O Código Civil, no seu artigo 2.331, determina que as imputações injuriosas contra a honra ou crédito de uma pessoa dar-lhe-ão direito de demandar indenização pecuniária ou lucro cessante que possa apreciar-se em dinheiro, porém, não terá direito a nenhuma indenização pecuniária caso seja provada verdadeira a imputação. A proteção da lesão ao bem da honra, fixou-se na Constituição chilena – Decreto 1.345 de 8.10.81, art. 19: "A Constituição assegura a todas as pessoas: 4° – O respeito e proteção à vida privada e pública e à honra da pessoa e de sua família" e, no artigo seguinte reconhece e assegura ao acusado criminal, se absolvido, o direito à indenização pelos prejuízos efetivos ou meramente morais que houver sofrido injustamente (art. 20).

k) Direito brasileiro – Poderíamos distinguir duas fases na análise do direito moral em nosso país. Até a Constituição Federal de 1988, a jurisprudência dominante e praticamente unificada, apenas fixava em julgamentos de responsabilidade civil, uma parcela referente a danos morais, como complemento da reparação de danos materiais e, desta forma, jamais se admitia a possibilidade da fixação de valores indenizatórios apenas e unicamente por danos morais; estes sempre tinham uma posição secundária, conexa e subordinado à verificação comprovada de um dano material. Tal posição cristaliza-se de forma inequívoca em julgados em que eram vítimas menores, seja pela sua morte, seja por lesões corporais que lhes causavam deformidades ou impossibilidades laborativas, ou lesões de natureza permanente em que se negava qualquer indenização, se tais menores não concorressem com seu trabalho para a economia doméstica. Tal situação sofreu uma modificação radical por força da Súmula 491 do STF: "É indenizável o acidente que cause a morte de filho menor, ainda que não exerça trabalho remunerado". A partir desta súmula, iniciaram-se, ainda que timidamente, nos Pretórios nacionais algumas decisões em que se reconheciam indenizações a menores que não concorriam para a economia doméstica e, por extensão, algumas decisões a favor de pessoas maiores, APENAS por lesões sem repercussão patrimonial.

No entanto, apenas com a CF de 88, no seu art. 5°, nos seus incisos V e X, instituiu-se, obrigatoriamente, a indenização, única, do dano moral, portanto independentemente de qualquer dano patrimonial conexo. No entanto, os Tribunais ainda resistiam a tal realidade passando a negar, em numerosa quantidade de julgados, a possibilidade de cumulação do dano material e do dano moral pelo mesmo fato. De tal ordem foram as decisões em sua quantidade que tornou-se imprescindível prolatar-se a Súmula n° 37 do STJ: "São cumuláveis as indenizações por dano material e dano moral oriundos do mesmo fato".

Mas ainda não estava vencida integralmente a batalha pela implantação definitiva do dano moral em toda a sua potencialidade, visto a quantidade de julgados que entendiam da impossibilidade de cumular-se a responsabilidade civil do empregador por dolo ou culpa pelos acidentes de trabalho de que eram vítimas os empregados, se estes já tivessem percebido a indenização acidentária. Tornou-se imprescindível, mais uma vez, a sumulação do STF n° 229 *in verbis*: "A indenização acidentária, não exclui a do Direito comum em caso de dolo ou culpa grave do empregador".

No entanto, o que me parece de maior gravidade, nas decisões judiciais dos tribunais brasileiros que envolvam a indenização por dano moral são alegações reiteradas no sentido de evitar "a indústria do dano moral" ou, "enriquecimento sem causa" dos lesados. Tais alegações parecem-me, no entanto, totalmente divorciadas da realidade socioeconômica do mundo atual. As fixações de valores para indenização de tais danos com base naqueles entendimentos acima, são verdadeiramente ridículas, que funcionam como incentivo aos agentes lesivos, diante da insignificância que representam como forma de punibilidade, que regra geral, funciona ao contrário... Fica barato a uma organização comercial, industrial ou mesmo pública, desrespeitar os direitos da personalidade dos cidadãos, diante das irrisórias quantias que lhes poderão ser determinadas como penas: são penas, sim, para os lesados...

Basta fazermos algumas comparações de fatos semelhantes ocorridos no Brasil e nos Estados Unidos. Veja-se a decisão oriunda da 3ª Turma do STJ em março de 2001, por condenação a um comerciário do Rio de Janeiro agredido verbalmente por ofensas de natureza racista em 16.9.1997 quando instalava um portão eletrônico no Grajaú. O ofensor aproximou-se e fez comentários contra a instalação do portão e, diante da ponderação do comerciário, usou as seguintes agressões verbais: "Eu não sou minoria, você sim, seu preto, que é" e acrescentou em seguida: "aliás, você é maioria, pois sua bolsa e a grade são pretas". Em primeiro grau, na 21ª Vara Cível, a sentença condenou o réu na importância equivalente a 25 salários-mínimos acrescidos do pagamento dos honorários do advogado e do pagamento das custas. O pedido do comerciário havia sido de 200 salários; o Tribunal de Justiça negou a apelação, e declarou que as dívidas com o advogado deveriam ser repartidas com as duas partes e a 3ª Turma, ratificou o entendimento mantendo o valor da condenação que na ocasião, correspondeu a R$ 5.500,00.

No ano de 2000, nos Estados Unidos, funcionários negros da Coca-Cola foram preteridos com relação aos brancos que exerciam a mesma função, nas provas de promoção e ingressaram com uma ação judicial de indenização por violação do seu direito de igualdade racial. A Coca-Cola, na Corte Federal americana em Atlanta, ofereceu aos empregados, por volta de 20 mil funcionários, a quantia de 192 milhões e 500 mil dólares, para estabelecer um acordo, que aceito, propiciou a cada funcionário cerca de 95.000 dólares; além do que, gastou mais 113 milhões de dólares em indenizações diretas e mais 43 milhões e 500 mil dólares no aumento de salários. Concordou também em criar, ao custo de 36 milhões, um grupo de supervisores, com 7 membros, que durante 4 anos, vai monitorar as práticas trabalhistas na Coca-Cola. Comparem-se os valores das indenizações pelo mesmo fato...

No mesmo diapasão, a agência de modelos Elite de Nova Iorque foi condenada, no dia 14 de maio de 2003, a pagar multa de 5 milhões e 300 mil dólares a sua ex-funcionária Victória Gallegos, face a tê-la demitido porque a mesma reclamou contra fumaça de cigarro no local de trabalho porque ela é asmática. De acordo com o júri da Corte do Estado de Nova Iorque a Elite violou a Lei de Direitos Humanos ao demitir uma funcionária em razão de seus problemas de saúde; em comparação, a distribuidora farmacêutica Panarello ltda. de Belo Horizonte, de Minas Gerais, terá de pagar indenização por danos morais no valor de 20 mil reais a um ex-empregado por submetê-lo diariamente a revista íntima como forma de coibir o furto de medicamentos. A condenação foi imposta pela 2ª Turma do Tribunal Superior do Trabalho em dezembro de 2003, acolhendo recurso do empregado contra decisão do Tribunal Regional do Trabalho de Minas Gerais, que havia considerado a prática compatível com a atividade da empresa. Segundo o TRT/MG, o procedimento de revista era praticado respeitosamente, além de ser necessário para o bem da sociedade, já que grupos que atuam no crime organizado têm interesse na aquisição clandestina de psicotrópicos, para tráfico ou falsificação de remédios. O relator do recurso, o juiz convocado Samuel Corrêa Leite, afirmou que não há circunstância que autorize o empregador a proceder à revista de seus empregados, quanto mais, se ela os constrange, a despirem-se, completamente, por mais respeitosa que seja a conduta do preposto responsável pela vistoria.

Na Bélgica, a empresa pública de Correios a Poste foi condenada por incitar o suicídio de um jovem funcionário de 130 quilos de peso, submetido a assédio moral em seu ambiente de trabalho. A decisão foi anunciada em janeiro de 2004 pelo Tribunal Correcional de Bruxelas, que condenou a Poste e 5 empregados seus, considerando que o assédio moral ao qual foi submetido o jovem que se suicidou em 2000, "foi o motivo direto de sua morte". A condenação foi para a empresa de correios equivalente a 238 mil Euros (850 mil reais) enquanto o chefe da agência bruxelense e outros 4 empregados foram sentenciados a penas entre 22 e 18 meses de prisão com suspensão de cumprimento e diversas multas.

Um Tribunal da Flórida decidiu que um homem que teve a genitália queimada com café fervente, num restaurante da Disneyworld, receberia uma indenização de 668 mil dólares em 12 de setembro de 2003. A vítima de 33 anos sofreu as queimaduras no dia 7 de outubro de 2001 quando estava no restaurante do parque da Disney em Orlando e sofreu queimaduras na pele da genitália e na entrecoxa. Ressalte-se que pelo mesmo fato, ocorrido em 1994, a vítima Stela Liebeck sofreu uma queda de jarra de café fervente num restaurante da cadeia McDonald's na cidade de Albuquerque, no Estado de Novo México, e recebeu indenização no valor de 2 milhões e 900 mil, dólares, que foi posteriormente reduzida para 640 mil dólares, depois de um recurso e um acordo fora do Tribunal.

A Arquidiocese Católica de Boston chegou a um acordo para encerrar 552 processos por abusos sexuais cometidos por padres em troca do pagamento de 85 Milhões de dólares de indenizações. Os abusos sexuais na arquidiocese de Boston deixaram mais de mil vítimas e, segundo os termos do acordo divulgados por advogados, cada vítima deverá receber entre 80 mil e 300 mil dólares, dependendo do tipo e da frequência de abusos a que tiver sido submetida (ano de 2004).

Enquanto isto, no Brasil, a 9ª Câmara Cível do TJ/RS deu provimento à apelação de uma consumidora que iniciou a degustação de um chocolate contendo larvas incrustadas e detectadas no momento em que iniciava a citada degustação, sendo a ré KRAFT Foods do Brasil S/A condenada a pagar indenização por dano moral de 10 salários-mínimos, à apelante. (28.7.2005). A empresa alegou não existir o dano moral já que este não acontece pelo simples fato do produto estar com defeito. Assegurou que é impossível a infestação ser proveniente da fábrica e que o acontecimento só pode ter acontecido nos estoques dos pontos de venda ou mesmo quando estava no poder da consumidora.

No entanto, às vezes, até nos surpreendemos com algumas decisões em que o lesado é melhor contemplado do que usualmente ocorre no Brasil. Assim por exemplo, o acórdão oriundo do Tribunal de Justiça do Distrito Federal no dia 30 de março de 2005, pelo qual o Banco Bradesco, neste local, foi condenado a pagar, com base no Código de Defesa do Consumidor, artigo 14, 30 mil reais de indenização a sua cliente que foi vítima de um atentado de natureza sexual, dentro da agência quando um indivíduo postou-se atrás dela na fila do caixa e, masturbando-se, ejaculou na sua roupa; no entanto, em janeiro de 2003, um negociante de obras de arte, dono de uma galeria no Shopping da Gávea, ,e seu irmão foram condenados por racismo, por ofender a um ex-segurança do mesmo Shopping na 1ª Vara Cível do Rio de Janeiro, sendo a condenação de 150 salários-mínimos para cada um dos ofensores. O autor que trabalhava como segurança no Shopping pediu aos convidados que desocupassem uma determinada área do mesmo quando foi ofendido pelos comerciantes com as expressões de: "cocô de gente" e "tinha que ser preto".

18.3 Responsabilidade Civil Subjetiva E Objetiva

A *responsabilidade civil subjetiva* é aquela que pressupõe a existência de culpa. Logo, não havendo culpa, não há falar-se em responsabilidade. A culpa é o pressuposto da responsabilidade civil subjetiva.

A responsabilidade civil subjetiva poderá ocorrer por violação à norma contratual válida (responsabilidade subjetiva contratual) ou em virtude de violação a um dever genérico de conduta (responsabilidade subjetiva extracontratual).

O artigo 927, *caput*, do nosso Código Civil afirma que "aquele que, por ato ilícito (arts. 186 e 187), causar dano a outrem, fica obrigado a repará-lo".[11] Aqui, se desvela a responsabilidade subjetiva extracontratual, a partir da violação do dever genérico de conduta.

Sobre a segunda parte do parágrafo único do artigo 927, restou formulado na V Jornada de Direito Civil, no Conselho da Justiça Federal, o enunciado 446. "Art. 927. A responsabilidade civil prevista na segunda parte do parágrafo único do art. 927 do Código Civil deve levar em consideração não apenas a proteção da vítima e a atividade do ofensor, mas também a prevenção e o interesse da sociedade".

A *responsabilidade civil objetiva* dispensa a análise do elemento culpa. O parágrafo único do artigo 927 determina que "haverá obrigação de reparar o dano, *independentemente de culpa*, nos casos especificados em lei, ou quando a atividade normalmente desenvolvida pelo autor do dano implicar, por sua natureza, *risco* para os direitos de outrem".

O artigo 931 do diploma civilístico representa uma cláusula geral de responsabilidade objetiva ao dizer que "ressalvados outros casos previstos

---

11 Correspondente ao art. 159 do CCB/1916.

em lei especial, os empresários individuais e as empresas respondem independentemente de culpa pelos danos causados pelos produtos postos em circulação".[12]

A responsabilidade civil objetiva é justificada pela teoria do risco do empreendimento. De acordo com as lições de CARLOS ALBERTO MENEZES DIREITO e SÉRGIO CAVALIERI FILHO, pela Teoria do Risco do Empreendimento, "todo aquele que se disponha a exercer alguma atividade no mercado de consumo tem o dever de responder pelos eventuais vícios ou defeitos dos bens e serviços fornecidos, independentemente de culpa. Esse dever é imanente ao dever de obediência às normas técnicas e de segurança,, bem como aos critérios de lealdade, quer perante os bens e serviços ofertados, quer perante os destinatários dessas ofertas. A responsabilidade decorre do simples fato de dispor-se alguém a realizar atividade de produzir, estocar, distribuir e comercializar produtos ou executar determinados serviços. O fornecedor passa a ser o garante dos produtos e serviços que oferece no mercado de consumo, respondendo pela qualidade e segurança destes".[13]

Na *responsabilidade civil objetiva,* o causador do dano se exime do dever jurídico de indenizar se ficar provado: caso fortuito, força maior, fato exclusivo da vítima ou de terceiro. O fundamento é, pois, a teoria do risco. A teoria do risco pode ser agrupada nas seguintes subespécies: teoria do risco-proveito; teoria do risco profissional; teoria do risco excepcional; teoria do risco criado e teoria do risco integral.

Em relação às teorias que fundamentam a responsabilidade civil objetiva, AMÉLIA DE PÁDUA apresenta o seguinte quadro comparativo:[14]

	Risco-proveito	**Risco profissional**	**Risco criado**	**Risco integral**
AGENTE	Aquele que tira proveito da atividade danosa	Quem contrata alguém para atividade de risco	Quem cria perigo em razão da atividade ou profissão e a ele expõe a coletividade	Aquele que desempenha a atividade
JUSTIF	Quem tira proveito ou vantagem do fato lesivo deve reparar o dano	O fato prejudicial é decorrente da atividade ou profissão do lesado e ocorre em razão dela	Quem põe em funcionamento uma atividade qualquer, responde pelos eventos danosos independente de culpa	Ocorrência de dano (dispensa o elemento culpa e a relação de causalidade)

12 Sem Correspondente ao CCB/1916.

13 DIREITO, Carlos Alberto Menezes; CAVALIERI FILHO, Sérgio. *Comentários ao novo código civil.* Volume XIII. Rio de Janeiro: Forense, 2004, p. 183.

14 PÁDUA, Amélia. *Responsabilidade civil.* (material inédito).

Constituição da República Federativa do Brasil de 1988, em especial, no artigo 36, § 6°.[15]

O artigo 403 do Código Civil diz que "ainda que a inexecução resulte de dolo do devedor, as perdas e danos só incluem os prejuízos efetivos e os lucros cessantes *por efeito dela direto e imediato*". A teoria da causalidade direta e imediata acabou sendo positivada em nosso ordenamento jurídico civilístico, já que considera causa jurídica apenas o evento que se vincula diretamente com o dano. Melhor dizendo: a causa direta e adequada é aquela que desvela um liame necessário entre a causa e o dano. Na responsabilidade civil objetiva é necessário um cuidado todo especial com o nexo de causalidade, já que este pode decidir sobre a exclusão do deve jurídico de indenizar.

18.4 Responsabilidade Civil Contratual e Extracontratual

A responsabilidade civil contratual e extracontratual apresentam as seguintes distinções:

Distinções entre Responsabilidade Civil		
	Contratual	**Extracontratual**
Fonte	Vontade dos contratantes	Dever legal, ordem jurídica
Relação jurídica	Preexistente	Inexiste liame jurídico anterior
Violação de dever	Positivo de adimplir	Negativo (não causar dano, não prejudicar ninguém)
Culpa	Em regra é presumida (inverte o ônus da prova), podendo ser comprovada (ob. de meio)	Em regra deve ser provada (ônus da vítima), podendo ser presumida

15 Responsabilidade civil do Estado e dos prestadores de serviços públicos. CRFB/88. Art. 37 – A administração pública direta e indireta de qualquer dos Poderes da União, dos Estados, do Distrito Federal e dos Municípios obedecerá aos princípios de legalidade, impessoalidade, moralidade, publicidade e eficiência e, também, ao seguinte: § 6° – As pessoas jurídicas de direito público e as de direito privado prestadoras de serviços públicos responderão pelos danos que seus agentes, nessa qualidade, causarem a terceiros, assegurado o direito de regresso contra o responsável nos casos de dolo ou culpa.

18.5 Exclusão da Ilicitude

De acordo com o artigo 188 do nosso Código Civil não constituem atos ilícitos:[16]

I – os praticados em legítima defesa ou no exercício regular de um direito reconhecido;[17]

II – a deterioração ou destruição da coisa alheia, ou a lesão a pessoa, a fim de remover perigo iminente.[18]

O parágrafo único do artigo 188 afirma que "no caso do inciso II, o ato será legítimo somente quando as circunstâncias o tornarem absolutamente necessário, não excedendo os limites do indispensável para a remoção do perigo".[19] [20]

---

16 Correspondente ao art. 160 do CC de 1916.

17 "Não são ilícitos os atos praticados em legítima defesa ou no exercício regular de um direito reconhecido, como prevê o artigo 188, inciso I, do Código Civil. Logo, esta excludente de responsabilidade, devidamente comprovada, afasta a aplicação automática do artigo 186 do mesmo Código, que vê como ilícito qualquer ação ou omissão que cause dano a outrem. Com este fundamento, a 10ª Câmara Cível do Tribunal de Justiça do Rio Grande do Sul livrou o Estado de pagar indenização por danos morais e materiais a uma mulher que perdeu o filho no confronto com a polícia. A decisão, de forma unânime, manteve sentença que negou os pedidos da mãe do motoboy morto, pois ela dependia financeiramente dele.
Perseguição e morte
Segundo os autos, dois filhos da autora circulavam numa motocicleta quando se depararam com policiais militares num posto de gasolina da zona norte de Porto Alegre. Sem atender a ordem de parada, o piloto empreendeu fuga, sendo perseguido pela viatura da Brigada Militar. Num dado momento, o piloto desferiu tiros em direção aos agentes, atingindo a viatura. Os policiais reagiram, baleando o piloto no tórax. No fim, o caroneiro levou um tiro de raspão na orelha e se machucou na queda da moto com o meio-fio da calçada.
Em juízo, a defesa do Estado disse que o rapaz morto na ação policial era suspeito de assalto a postos de gasolina, pilotava moto com a placa dobrada – para evitar identificação – e não obedeceu à ordem de parada na abordagem. Como o piloto começou a atirar nos policiais, argumentou a defesa, estes revidaram, causando a morte dele e ferimento em seu irmão. [...]
Em complemento aos fundamentos jurídicos, a relatora da Apelação no TJ-RS, desembargadora Catarina Rita Krieger Martins, afirmou que a perseguição teve fim trágico porque os policiais militares não tiveram opção senão revidar aos tiros. Agiram, assim, no "exercício regular da profissão", como acena o artigo 188, inciso I, do Código Civil – a chamada "exclusão de ilicitude". Processo 001/1.11.0010148-0 (Comarca de Porto Alegre). Disponível em: <https://www.conjur.com.br/2019-jan-08/morte-troca-tiros-policia-nao-rende-indenizacao> Acesso em: 08 fev. 2021.

18 Correspondente ao art. 160, II, do CC de 1916.

19 Correspondente ao art. 160, parágrafo único, do CC de 1916.

20 "Exige-se, para que o estado de necessidade (v. parágrafo único do art. 188) e a legítima defesa autorizem o dano, a obediência a certos limites. Preleciona Pontes de Miranda que, se o ato praticado em legítima defesa for excessivo, no que ele é excesso torna-se contrário ao direito. Entretanto, mesmo assim pode o agente alegar e provar que o excesso resultou do terror, do medo, ou de algum distúrbio ocasional, para se livrar da aplicação da lei penal. Na esfera civil, a extrapolação da legítima defesa, por negligência ou imprudência,

As causas de exclusão de ilicitude estão previstas no art. 188 do Código Civil. São os casos em que a conduta do agente, embora cause dano a outrem, não viola dever jurídico.

A *legítima defesa* é aquela definida no artigo 25 do Código Penal. SERGIO CAVALIERI FILHO ensina que neste caso "o agente, usando moderadamente dos meios necessários, repele injusta agressão, atual ou iminente, a direito seu ou de outrem. Ninguém pode fazer justiça pelas próprias mãos, essa é a regra básica. Em certos casos, entretanto, não é possível esperar pela justiça estatal. O agente se vê em face de agressão injusta, atual ou iminente, de sorte que, se não reagir, sofrerá dano injusto, quando, então, a legítima defesa faz lícito o ato, excluindo a obrigação de indenizar o ofendido pelo que vier a sofrer em virtude da repulsa à sua agressão".[21]

Já o *exercício regular do direito* é o "direito exercido regularmente, normalmente, razoavelmente, de acordo com seu fim econômico, social, a boa-fé e os bons costumes. Quem exerce seu direito subjetivo nesses limites age licitamente, e o lícito exclui o ilícito. O direito e o ilícito são antíteses absolutas, um exclui o outro; onde há ilícito não há direito; onde há direito não há ilícito. Vem daí que o agir em conformidade com a lei não gera responsabilidade civil ainda que seja nocivo a outrem – como, por exemplo, a cobrança de uma dívida, a propositura de uma ação, a penhora numa execução forçada".[22]

O Código Civil português prevê, nos artigos 336, 337, 338, 339 e 340[23] da sua parte geral, que excluem a ilicitude a ação direta, a legítima defesa, o estado de necessidade e o consentimento do lesado. No Código Civil brasileiro, como visto acima, o mesmo ocorre quanto à legítima defesa e o estado de necessidade, referidos nos incisos I e II do artigo 188.

18.6 Indenização (ressarcimento) por ato lícito

Interessante notar que o artigo 929 do Código Civil brasileiro diz que "se a pessoa lesada, ou o dono da coisa, no caso do inciso II do art. 188, não forem culpados do perigo, assistir-lhes-á direito à indenização do prejuízo que sofreram".[24]

---

configura a situação do art. 186 do Código Civil". GONÇALVES, Carlos Roberto. Responsabilidade civil. 19. ed. São Paulo: Saraiva Educação, 2020, p. 719.

21 CAVALIERI FILHO, Sergio. *Programa de responsabilidade civil.* 14. ed. São Paulo: Atlas, 2020 (livro on line).

22 Ibid.

23 Código Civil Portugues: Artigo 340: 1. O ato lesivo dos direitos de outrem é lícito, desde que este tenha consentido na lesão. 2. O consentimento do lesado não exclui, porém, a ilicitude do ato, quando este for contrário a uma proibição legal ou aos bons costumes. 3. Tem-se por consentida a lesão, quando esta se deu no interesse do lesado e de acordo com sua vontade presumível.

24 "se refere expressamente ao dever de indenizar em relação àquele que, agindo em estado de necessi-dade, acaba causando dano a um terceiro. A despeito do equívoco desse dis-

E o artigo 930 do Código Civil brasileiro afirma que "no caso do inciso II do art. 188, se o perigo ocorrer por culpa de terceiro, contra este terá o autor do dano ação regressiva para haver a importância que tiver ressarcido ao lesado".

A mesma solução é encontrada no parágrafo único do artigo 930 ao dizer que "a mesma ação competirá contra aquele em defesa de quem se causou o dano (art. 188, inciso I)".

Aqui se desvelam as hipóteses de *ressarcimento por ato lícito*, que têm por fundamento a equidade, e não a responsabilidade.

CARLOS ROBERTO GONÇALVES afirma que "em regra, pois, todo ato ilícito é indenizável. A restrição a essa regra geral está consa-grada no art. 188, I e II, do Código Civil, que excepciona os praticados em legítima defesa, no exercício regular de um direito reconhecido e a deterioração ou destruição da coisa alheia, a fim de remover perigo iminente, fazendo expressa remissão aos arts. 929 e 930. Os arts. 929 e 930 designam casos em que, embora o agente tenha atuado sob o amparo dessas circunstâncias inibidoras do ilícito, subsiste a obrigação de indenizar o eventual dano causado a outrem. Mesmo não sendo considerada ilícita a conduta daquele que age em estado de necessidade, exige-se que repare o prejuízo causado ao dono da coisa, se este não for cul-pado pelo perigo. A legítima defesa, que exclui a responsabilidade civil do agente, é a real (a putativa, não) e desde que o lesado seja o próprio injusto agressor. Se terceiro é prejudicado, por erro de pontaria, subsiste a obrigação de indenizar".[25]

---

positivo legal, por fazer referência apenas ao estado de necessidade (art. 188, II, do CC), é possível chegar à mes-ma conclusão em se tratando de legítima defesa, bastando para tanto o recurso à analogia (art. 4º da Lei de Introdução às Normas do Direito Brasileiro) enquanto mecanismo de integração da norma jurídica, pois as hipóteses são semelhantes e há uma lacuna, exigindo do julgador a mesma razão de decidir. Afinal de contas, quem se vê na contingência de tomar uma postura de legítima defesa encontra-se também em estado de necessidade e não será obrigado a indenizar se o ato de legítima defesa for dirigido com moderação contra a pessoa que realizou a agressão injusta. Entretanto, se no uso regular da legítima defesa vier a ser atingido bem de um terceiro que nada tem a ver com o fato, este terá direito à reparação do dano com ação regressiva em face do culpado. Dessa forma, numa hipótese de agressão injusta, o defendente deverá reparar os danos causados a uma criança se, ao desferir um soco em seu agressor, este acabar sendo projetado para cima dela, vindo a causar dano físico, sendo-lhe assegurado o direito de regres-so contra o causador efetivo do evento danos, ex vi do disposto no artigo 930 do Código Civil". OLIVEIRA, J. M. Leoni Lopes de; MELO, Marco Aurélio Bezerra de. *Direito civil*: responsabilidade civil. 3. ed. Rio de Janeiro: GEN/Forense, 2018, p. 29.

25 GONÇALVES, Carlos Roberto. *Responsabilidade civil*. 19. ed. São Paulo: Saraiva Educação, 2020, p.719.

Capítulo 19
DA PRESCRIÇÃO

19.1. Conceitos e caracteristicas

O decurso do tempo é um fato jurídico natural, já que determina efeitos no mundo jurídico. A usucapião é um exemplo de tais efeitos na ordem jurídica civilística, uma vez que o tempo funciona como causa de aquisição de direitos.

O nosso Código Civil de 2002 resolveu conceituar o instituto jurídico da prescrição como *perda ou extinção da pretensão* (art. 189, CCB). É uma opção que se coaduna com o direito alemão e suíço. Já o direito italiano considera a prescrição como a perda do próprio direito.[1]

A pretensão quando não exercida no prazo legal, impossibilita uma pessoa exigir de outra uma determinada prestação, ou seja, o cumprimento do direito subjetivo (ação ou omissão). O direito subjetivo é o poder que a ordem jurídica confere às pessoas de agir de determinada forma e exigir de outrem algum comportamento. O direito é chamado de subjetivo, já que pertence ao sujeito titular do direito, constituindo-se um poder de atuação do sujeito reconhecido e limitado pelo ordenamento jurídico. FRANCISCO AMARAL define direito subjetivo como "um poder de agir conferido a uma pessoa individual ou coletiva, para realizar seus interesses nos limites da lei, constituindo-se juntamente com o respectivo titular, o sujeito de direito, em elemento fundamental do ordenamento jurídico".[2] Frise-se que a prescrição não extingue o direito subjetivo, mas sim a pretensão de seu exercício. Daí que a relação jurídica obrigacional (credor e devedor) continua existindo e o pagamento do débito prescrito é considerado válido, não sendo considerado pagamento indevido (Art. 882, CCB – Não se pode repetir o que se pagou para solver dívida prescrita, ou cumprir obrigação judicialmente inexigível). Dessa forma, *a prescrição atinge somente a pretensão de obtenção da prestação devida, restando íntegro o direito subjetivo material da parte e seu respectivo direito processual de ação*.

1 Codigo Civile. Art. 2934 *Estinzione dei diritti.* Ogni diritto si estingue per prescrizione, quando il titolare non lo esercita per il tempo determinato dalla legge. Non sono sog- getti alla prescrizione i diritti indisponibili e gli altri diritti indicati dalla legge (248 e seguente, 263, 272, 533, 715, 948, 1422).

2 AMARAL, Francisco. Direito civil: introdução. 3. ed. Rio de Janeiro: Renovar, 2000. p. 167.

CLÓVIS BEVILÁQUA ao analisar o instituto jurídico da prescrição no Código Civil brasileiro de 1916 definiu-a como "a perda da ação atribuída a um direito, de toda a sua capacidade defensiva, em consequência do não uso delas, durante um determinado espaço de tempo. Não é a falta de exercício do direito, que lhe tira o vigor; o direito pode conservar-se inativo, por longo tempo, sem perder a sua eficácia. É o não uso da ação que lhe atrofia a capacidade de reagir".[3]

Para o Dr. Luiz Frederico Sauerbronn CARPENTER a prescrição é, em última análise, a extinção do direito pelo *não uso da demanda prolongada durante certo tempo*. O professor afirma: "Eis aqui uma noção importantíssima da qual não tem a consciência clara grande número de tratadistas da prescrição, os quais, por isso, se entregam a estafantes e nebulosas distinções entre esta e o *não uso dos direitos*. A prescrição *é a extinção dos direitos pelo não uso das demandas*".[4]

Da mesma forma, ORLANDO GOMES afirma que a prescrição "é o modo pelo qual um direito se extingue em virtude da inércia, durante certo lapso de tempo, do seu titular, que, em consequência, fica sem ação para assegurá-lo".[5]

É possível, pois, ver pontos de vista antagônicos acerca do conceito da prescrição, ora atingindo a ação, ora recaindo sobre o próprio direito.

Não obstante, com o advento do Código Civil brasileiro de 2002, este muito mais técnico do que o Código de 1916, a prescrição deve ser compreendida como a *perda ou extinção da pretensão*.

Neste sentido, THELMA FRAGA alerta que "bastante comum nos livros de doutrina a citação do conceito de prescrição extintiva como sendo a perda do direito de ação pelo efeito do tempo aliado à inércia do sujeito. Todavia, tal definição não deverá ser mais utilizada, primeiro em razão de que o que se extingue não é o direito de ação, e sim a exigibilidade da pretensão e, em segundo lugar, em razão de o novo Código Civil ter adotado textualmente tal definição".[6]

Anota HUMBERTO THEODORO JÚNIOR, em seus *Comentários ao novo código civil*, que "não é o direito subjetivo descumprido pelo sujeito passivo que a inércia do titular faz desaparecer, mas o direito de exigir em juízo a prestação inadimplida que fica comprometido pela prescrição. O direito subjetivo, embora desguarnecido da pretensão, subsiste, ainda que de maneira

3 BEVILÁQUA, Clóvis. *Código civil dos Estados Unidos do Brasil comentado por Clóvis Beviláqua*. V. 1. Edição histórica. Rio de Janeiro: Rio, 1976, p. 434.

4 CARPENTER, Luiz Frederico Sauerbronn. Prescrição. In: LACERDA. Paulo de. Manual do *código civil brasileiro: parte geral*. Vol. IV. Rio de Janeiro: Jacintho Ribeiro dos Santos, 1929, p. 75.

5 GOMES, Orlando. *Introdução ao direito civil*. 19. ed. Rio de Janeiro: Forense, 2007, p. 444.

6 FRAGA, Thelma Araújo Esteves; MELLO, Cleyson de Moraes. *Direito civil: introdução e parte geral*. Niterói: Impetus, 2005, p. 460.

débil (porque não amparado pelo direito de forçar o seu cumprimento pelas vias jurisdicionais), tanto que se o devedor se dispuser a cumpri-lo, o pagamento será válido e eficaz, não autorizando repetição do indébito (art. 882) [...]".[7]

O artigo 189 prevê "violado o direito, nasce para o titular a pretensão, a qual se extingue, pela prescrição, nos prazos a que aludem os arts. 205 e 206".[8]

Em se tratando de pretensão e do consectário da prescrição incumbe referir-se ao direito de ação que, de acordo com MÁRCIA IGNACIO DA ROSA, é ínsito ao princípio da inafastabilidade decorrente do monopólio da justiça estatal. Registre-se por oportuno que o direito de ação refere-se ao dever estatal da tutela jurisdicional, não se confundindo com o direito de petição que se refere ao direito do cidadão de postular junto aos órgãos da administração pública.

A prescrição, também, não se confunde com a *preclusão* que significa a perda de uma faculdade processual, por não ter sido exercida no momento próprio nem com a *preempção* de cunho processual que representa a perda do direito de ação pelo autor contumaz, já que deu azo a três arquivamentos sucessivos, conforme o artigo 486, § 3º do Código de Processo Civil.

O Conselho da Justiça Federal, na I Jornada de Direito Civil, editou o Enunciado 14, que dispõe "(1) o início do prazo prescricional ocorre com o surgimento da pretensão, que decorre da exigibilidade do direito subjetivo; (2) o art. 189 diz respeito a casos em que a pretensão nasce imediatamente após a violação do direito absoluto ou da obrigação de não fazer".

Para haver prescrição torna-se necessário:[9]

a) exista um direito material da parte a uma prestação a ser cumprida, a seu tempo, por meio de ação ou omissão do devedor;
b) ocorra a violação desse direito material por parte do obrigado, configurando o inadimplemento da prestação devida;
c) surja, então, a pretensão, como consequência da violação do direito subjetivo, isto é, nasça o poder de exigir a prestação pelas vias judiciais; e,
d) se verifique a inércia do titular da pretensão em fazê-la exercitar durante o prazo extintivo fixado em lei.

O *objeto da prescrição*. A prescrição incide sobre os direitos subjetivos patrimoniais, ou seja, em regra ocorre a prescritibilidade. Todavia, existem exceções: os direitos indisponíveis (direitos da personalidade, direitos extra-

7 THEODORO JÚNIOR, Humberto. *Comentários ao novo código civil*. 2. ed. Vol. III, Tomo II. Rio de Janeiro: Forense, 2003. p. 152.

8 Sem Correspondente ao CC de 1916.

9 THEODORO JÚNIOR, Humberto. *Comentários ao novo código civil*. 2. ed. Vol. III, Tomo II. Rio de Janeiro: Forense, 2003. p. 172-173.

patrimoniais, as pretensões relativas ao estado das pessoas) não se sujeitam ao regime prescricional. Da mesma forma as ações de cunho declaratório e a ação reivindicatória.

De modo geral, o fenômeno prescricional ocorre a partir da: inércia do credor e decurso do prazo estabelecido em lei.

São estabelecidas duas espécies de prescrição no direito brasileiro: a prescrição extintiva ou liberatória e a prescrição aquisitiva. Aquela já mencionada acima; esta se encontra em harmonia e regulada no direito das coisas, e denomina-se usucapião. É, pois, um conceito dualístico da prescrição, já que o Código Civil trata, de forma simultânea, da prescrição aquisitiva e da prescrição extintiva.

O decurso do tempo derrama seus efeitos sobre os direitos subjetivos, porque é um fato jurídico que influencia no nascimento e extinção de numerosas relações jurídicas. Daí que a propriedade pode ser adquirida pelo decurso do tempo, bem como se o credor não aciona o devedor no prazo legal, aquele poderá sofrer os efeitos da prescrição como a perda da pretensão de exigir a prestação inadimplida.

Verifica-se, portanto, que o Código Civil brasileiro, seguindo o Código Civil alemão, tratou tais fenômenos temporais em disciplinas distintas, já que cuidou da usucapião dentro do direito das coisas e a prescrição e decadência na parte geral do Código. Da mesma forma ocorreu com o Código Civil português (arts. 300° a 333°). Outros Códigos optaram por reunir os fenômenos temporais numa única disciplina, tais como o Código Civil espanhol (arts. 1.930 a 1.975). O artigo 1.930 do Código Civil espanhol estabelece que *"por la prescripción se adquieren, de la manera y con las condiciones determinadas en la ley, el dominio y demás derechos reales. También se extinguen del propio modo por la prescripción los derechos y las acciones, de cualquier clase que sean"*. Da mesma forma o Código Civil francês (arts. 2.219 a 2.281) preceitua em seu artigo 2.219 que *"La prescription est un moyen dacquérir ou de se libérer par un certain laps de temps, et sous les conditions déterminées par la loi"*.

O fundamento do instituto jurídico da prescrição são os transtornos sociais oriundos da perpetuosidade das relações jurídicas. Melhor dizendo: o fundamento da prescrição é a necessidade de ordem social, já que tudo deve ter um fim. É, pois, a necessidade de se diluir a insegurança jurídica, a partir de um termo extintivo. A possibilidade de exercício da pretensão de forma eterna, certamente, ocasionaria uma intranquilidade e incerteza no seio social. Daí o que se busca é a estabilidade das relações jurídicas e a prescrição existe como um mecanismo de estabilização do próprio Direito.

Acrescenta LUIZ DA CUNHA GONÇALVES que "a prescrição, dum lado, consolida as aquisições legítimas da propriedade; doutro lado, tranquiliza o devedor que pagou a sua dívida, pondo-o a coberto de injustas exigências.

É certo que o reverso da medalha é menos agradável. A prescrição favorece o usurpador contra o verdadeiro proprietário; liberta o devedor que tem a consciência de não ter pago. Não seria justo, pelo menos, exigir-lhes permanentemente a boa-fé, como no direito canônico? A negligência do proprietário ou do credor será motivo suficiente para se premiar as pessoas de má-fé, garantindo-lhes a fruição do que não lhes pertence? Como é defensável um tal resultado perante um dos princípios fundamentais do direito e da justiça: *"suum cuique tribuere?"* [...]

Estas considerações, porém, a despeito da sua lógica e força jurídica aparente, têm de ceder perante outras razões, que se baseiam, não só no direito individual, mas principalmente no interesse social".[10]

Na VII Jornada de Direito Civil publicou-se o enunciado 579 que informa: "Nas pretensões decorrentes de doenças profissionais ou de caráter progressivo, o cômputo da prescrição iniciar-se-á somente a partir da ciência inequívoca da incapacidade do indivíduo, da origem e da natureza dos danos causados".[11]

Vale ainda destacar que a *prescritibilidade é a regra*. Todavia, existem situações que não prescrevem. Vejamos: a) as que protegem os direitos da personalidade; b) as relacionadas ao estado das pessoas (estado de filiação, a condição conjugal, tais como: separação judicial, interdição, investigação de paternidade dentre outras); c) as relações jurídicas envolvendo o exercício do direito potestativo, eis que não existe direito subjetivo violado (*e.g.*, ação de divisão ou de venda da coisa comum – CC, art. 1.320); as ações reivindicatórias que protegem o direito de propriedade etc.

FLÁVIO TARTUCE reúne as hipóteses de imprescritibilidade da seguinte forma:[12]

---

10 CUNHA GONÇALVES, Luiz da. *Tratado de direito civil.* Volume III. Tomo II. São Paulo: Max Limonad, 1956, p. 742.

11 Justificativa: Considerando a premissa jurídico-axiológica, segundo a qual a pessoa humana qualificada na concreta relação jurídica em que se insere, de acordo com o valor social de sua atividade, figura na condição de categoria central do atual direito privado, e não mais o sujeito de direito neutro, anônimo e titular de patrimônio (TEPEDINO, Do sujeito de direito..., 2006), imperioso concluir por uma interpretação que se harmonize com os direitos fundamentais e princípios constitucionais (FACHIN, Teoria crítica..., 2003). A jurisprudência do Superior Tribunal de Justiça evidencia-se em consonância com a proposta ora apresentada, nos termos do julgamento do REsp-291.159/SP. De forma similar, ilustra o Tema de Recurso Repetitivo nº 875/STJ. Entretanto, a presente proposta de enunciado possui amplitude mais larga, na medida em que não se restringe às situações de "acidente típico", nem somente ao "teste fático da invalidez", pois dirige sua incidência para as hipóteses de doença profissional ou de caráter progressivo, com conjugada avaliação acerca da origem, natureza e, especialmente, da extensão dos danos que lhe sejam originários, diante de sua evolução diferida no tempo.

12 TARTUCE, Flávio. Direito Civil: lei de introdução e parte geral. 17. ed. Rio de Janeiro: Forense, 2021. (livro on line)

- Os direitos da personalidade, relacionados com a vida, a integridade físico-psíquica, a honra, o nome, a imagem e a intimidade. Ressalte-se que, seguindo esta linha, o Superior Tribunal de Justiça tem entendido pela imprescritibilidade da ação reparatória que diz respeito a torturas praticadas quando da ditadura militar no Brasil (por todos, um dos primeiros julgados sobre o tema: STJ, REsp 379.414/PR, Primeira Turma, Rel. Min. José Delgado, DJ 17.02.2003. Mais recentemente, ver acórdão publicado no Informativo nº 523 daquela Corte Superior).
- O estado da pessoa, como a filiação, a condição conjugal e a cidadania. Exemplificando, o filho nascido fora de um casamento pode mover ação de investigação de paternidade a qualquer momento, não havendo prescrição para tanto. Cite-se ainda a previsão do tão criticado art. 1.601 do CC pelo qual "cabe ao marido o direito de contestar a paternidade dos filhos nascidos de sua mulher, sendo tal ação imprescritível", bem como da Súmula nº 149 do STF de que "é imprescritível a ação de investigação de paternidade, mas não o é a de petição de herança".
- As ações declaratórias de nulidades absolutas, por envolverem questões de ordem pública. A nulidade não convalesce pelo decurso do tempo (art. 169 do CC/2002).
- As pretensões relativas ao Direito de Família no que concerne à questão inerente à existência de pensão alimentícia, à vida conjugal, à nulidade do casamento, à separação, ao divórcio, ao reconhecimento e à dissolução de união estável.
- As ações referentes a bens públicos de qualquer natureza, que são bens imprescritíveis, uma vez que não podem ser objeto de usucapião (arts. 183, § 3º, e 191, parágrafo único, da CF/1988).

Por fim, interessante destacar a relação da prescrição com a *suppressio* apontada por GUSTAVO TEPEDINO e MILENA DONATO OLIVA. Vejamos: "O não exercício continuado de certo direito pode criar a legítima expectativa de que essa inatividade será definitiva, de modo que a pretensão do titular seja reputada extinta antes mesmo do decurso formal do prazo prescricional, em nome da proteção da confiança despertada, fundamento na *suppressio*. A *suppressio* pressupõe, para além do comportamento omissivo do titular do direito, circunstâncias fáticas específicas que inspirem na outra parte a confiança legítima de que o direito não mais seria exercido. Trata-se de instituto peculiar, que revela a imbricação da disciplina da prescrição com o princípio da boa-fé objetiva. Desse modo, diante do cenário em que ao comportamento inerte sobrepõe-se a legítima expectativa suscitada pelo próprio credor quanto ao não exercício de sua pretensão, é possível configurar a suppressio, superando-se a incompatibilidade conceitual de sua admissibilidade com os institutos da prescrição e da decadência".[13]

19.2 Prescrição e Exceção

Já o artigo 190 do nosso Código Civil estabelece que "a exceção prescreve no mesmo prazo em que a pretensão".[14]

Considerando que a prescrição não extingue o direito do credor, e sim a pretensão do titular do direito subjetivo, pode o devedor (amparado no decurso do tempo) não cumprir a prestação devida alegando o fenômeno da prescrição, haja vista que aquela somente foi exigida após o prazo legal. Daí que surge para o devedor uma defesa (exceção) que poderá ser usada, inclusive, no processo judicial.

Vale lembrar a validade do pagamento da dívida prescrita, ainda que a defesa (exceção) tenha sido acolhida em sede judicial.

A prescrição é, pois, um meio de defesa do devedor. PEDRO PAIS DE VASCONCELOS, professor da Faculdade de Direito de Lisboa, ensina que a prescrição "é um efeito jurídico da inércia prolongada do titular do direito no seu exercício, e traduz-se em o direito prescrito sofrer na sua eficácia um enfraquecimento consistente em a pessoa vinculada poder recusar o cumprimento ou a conduta a que esteja adstrita. Se o credor, ou o titular do direito, deixar de o exercer durante certo tempo, fixado na lei, o devedor, ou a pessoa vinculada, pode recusar o cumprimento, invocando a prescrição".[15]

A *exceção* é, pois, uma defesa do réu que, sem negar o fato constitutivo do direito do autor, impõe a seu benefício outro direito capaz de neutralizar o direito material do demandante. Os exemplos típicos de exceção substancial são o direito de retenção por benfeitorias, a *exceptio non adimpleti contractus* e a prescrição extintiva.[16]

Todavia, para se compreender o exato sentido da regra expressa no artigo 190, é necessário se fazer a distinção entre *exceção independente* (ou autônoma) e *exceção dependente* (ou não autônoma). HUMBERTO THEODORO JÚNIOR explica que "há exceções que pressupõem uma pretensão a ser exercida pelo titular, e outras que são desvinculadas de qualquer pretensão. Para

13 TEPEDINO, Gustavo; OLIVA, Milena Donato. *Teoria Geral do Direito Civil*. 2. ed. Rio de Janeiro: Forense, 2021, p. 383 (livro on line).

14 Sem Correspondente ao CC de 1916.

15 VASCONCELOS, Pedro Pais de. *Teoria geral do direito civil.* Coimbra: Almedina, 2005, p. 756.

16 THEODORO JÚNIOR, Humberto. *Comentários ao novo código civil*. 2. ed. Vol. III, Tomo II. Rio de Janeiro: Forense, 2003. p. 183.

as dependentes, seria natural que prescrita a pretensão, extinta também estaria a exceção dela proveniente".

Para as independentes, não se haveria de pensar em prescrição alguma. Como a exceção, por natureza, é algo que se manifesta posteriormente à ação, não se teria como pensar em prescrição acontecida antes desta. O excipiente não poderia perder o direito à sua defesa antes de ter podido exercê-lo".[17]

Portanto, a regra do artigo 190 refere-se à *exceção dependente*, ou seja, prescrita a pretensão, a exceção também estaria extinta.

A questão poderá ser esclarecida com as lições de CARPENTER que utiliza um exemplo fornecido por SAVIGNY. Vejamos: "Um cavalo vendido morre, de vícios ocultos, pouco depois da venda. Aqui o comprador tem uma *redhibitoria actio* para exonerar-se do pagamento do preço, ação que prescreve em seis meses, e uma exceção contra a ação do credor para o pagamento do preço. Pergunta-se, a despeito de prescrita a ação redibitória, a exceção possa ainda ser invocada no caso em que a *actio venditi* seja proposta depois de seis meses. [...]

Com efeito: no segundo exemplo de SAVIGNY o comprador do cavalo tem, é certo, contra o vendedor, uma ação e uma exceção. O conteúdo da exceção, porém, é o mesmo conteúdo da ação. Efetivamente, se o comprador move demanda contra o vendedor, o conteúdo da ação é enjeitar o cavalo ou pedir abatimento no preço; por outro lado, se o comprador é demandado pelo vendedor para pagar o preço, o conteúdo da exceção do comprador é o mesmo, a saber, este se recusa a pagar o preço pedido, alegando que tem ação de enjeitar o cavalo ou de obter abatimento no preço. Isto posto, desde que a parte tem a seu favor uma ação e uma exceção, desde que o conteúdo desta é o mesmo daquela, claro é que prescrita a ação não pode mais subsistir a exceção. É que no caso a exceção se funda na ação e, portanto, prescrita a ação extinta está também a exceção. Não há aqui uma verdadeira exceção: há uma ação alegada pela via processual da exceção".

Em relação ao artigo 190 do CCB, o CJF, na V Jornada de Direito Civil, publicou o Enunciado 415 que determina: "Enunciado 415 – Art. 190. O art. 190 do Código Civil refere-se apenas às exceções impróprias (dependentes/ não autônomas). As exceções propriamente ditas (independentes/autônomas) são imprescritíveis.

19.3 Renúncia da Prescrição

A renúncia é um ato jurídico unilateral. O artigo 191 determina que "a renúncia da prescrição pode ser expressa ou tácita, e só valerá, sendo feita, sem prejuízo de terceiro, depois que a prescrição se consumar; tácita é a

---

17 Ibid., p. 185.

renúncia quando se presume de fatos do interessado, incompatíveis com a prescrição".[18]

Assim, a renúncia prescricional somente poderá ocorrer se: a) a prescrição já estiver consumada, e b) a renúncia não causar prejuízos a terceiros.

Isto representa a impossibilidade de renúncia prévia da prescrição. Com a renúncia da prescrição efetuada pelo devedor, o prazo prescricional voltará a fluir normalmente, já que o devedor abdicou de sua defesa (exceção), fruto do fenômeno prescricional.

Considerando o advento da Lei nº 11.280/06, o Conselho da Justiça Federal, na IV Jornada de Direito Civil, publicou o Enunciado 295, que diz: "A revogação do art. 194 do Código Civil pela Lei nº 11.280/2006, que determina ao juiz o reconhecimento de ofício da prescrição, não retira do devedor a possibilidade de renúncia admitida no art. 191 do texto codificado".

Em complemento ao Enunciado 295, a decretação *ex officio* da prescrição ou da decadência deve ser precedida de oitiva das partes.[19] (Enunciado 581, da VII Jornada de Direito Civil)

Com a renúncia da prescrição começará a fluir um novo prazo prescricional. Portanto, nova prescrição terá início.

Anota CLÓVIS BEVILÁQUA que a prescrição não pode ser, previamente, renunciada, já que ela é um instituto de ordem pública, independente da vontade das partes. "Depois de consumada, porém, é um direito, uma vantagem, um valor patrimonial, de que o indivíduo dispõe".[20]

Dessa maneira, a prescrição, lastreada no interesse público, não pode ser renunciada, uma vez que a finalidade precípua do referido instituto jurí-

---

18 Correspondente ao art. 161 do CC de 1916.

19 Justificativa: A redação original da Lei 10.406/2002 previa que "Art. 194. O juiz não pode suprir, de ofício, a alegação de prescrição, salvo se favorecer a absolutamente incapaz". A palavra "pode" suscitou dúvidas, de forma que foi aprovado o Enunciado 154, afirmando que "O juiz deve suprir, de ofício, a alegação de prescrição em favor do absolutamente incapaz". (A matéria também foi objeto dos Enunciados 155 e 295). A Lei 11.280/2006 revogou o art. 194 do CO e modificou o art. 219, § 5º do CPC para constar que "O juiz pronunciará, de ofício, a prescrição". Consolidou-se a posição de que a prescrição deveria ser pronunciada ex officio. A Lei 13.105/2015 (novo CPC) trouxe redação que pode trazer margem para dúvida, suscitando novamente conflitos já vivenciados na jurisprudência. O art. 332 no novo CPC dispõe que o juiz "julgará liminarmente improcedente" o pedido formulado na inicial em determinadas hipóteses previstas nos respectivos incisos. No entanto, relegou topograficamente as hipóteses de prescrição e decadência para o § 1º e afirmou que o juiz "poderá" julgar liminarmente improcedente em tais casos ("§ 1º O juiz também poderá julgar liminarmente improcedente o pedido se verificar, desde logo, a ocorrência de decadência ou de prescrição"). A imprecisão terminológica e o formato adotado pode permitir a compreensão de que não há dever de julgar liminarmente improcedente o pedido formulado nas hipóteses de prescrição e decadência.

20 BEVILÁQUA, Clóvis. *Código civil dos Estados Unidos do Brasil comentado por Clóvis Beviláqua*. V. 1. Edição histórica. Rio de Janeiro: Rio, 1976, p. 438.

dico é a paz social. Todavia, realizando-se a prescrição; a finalidade legal foi atendida e, a partir deste momento, é possível a ocorrência da renúncia pelo devedor ou usurpador, posto que agora se fala em direito individual. Isto se não causar prejuízos a terceiros.

A renúncia pode ser expressa ou tácita, sem que seja necessária qualquer formalidade especial. Aquela pode ser realizada através de uma declaração verbal ou escrita; esta resulta de uma abstenção, fato ou circunstâncias incompatíveis com a prescrição.

São exemplos caracterizadores da renúncia da prescrição: o pagamento da dívida já prescrita, uma vez que o devedor não pode pleitear a restituição do valor pago; o pedido de compensação da dívida, a realização de uma conciliação entre credor e devedor, um pedido de dilação para o pagamento da dívida prescrita, um pedido de acerto de contas etc.

O ato de renunciar a prescrição não pode causar prejuízos a terceiros. Portanto, se a renúncia é um ato pelo qual o renunciante "abre mão" do seu direito, deixando, pois, de enriquecer seu patrimônio, este ato não poderá prejudicar eventuais credores do renunciante.

No caso de prejuízos a terceiros, estes não poderão intervir na ação em que o renunciante da prescrição abdicou de seus créditos. Daí, a necessidade de ingressar com a ação pauliana ou revocatória.[21]

19.4 Ajuste de Prazos

No mundo jurídico todo prazo possui um termo inicial (*a quo*) e um termo final (*ad quem*). O termo *a quo* é aquele em que nasce a pretensão para o titular do direito subjetivo e o termo *ad quem* é aquele em que se completa o decurso do tempo estabelecido pela lei.

A contagem do tempo é realizada da seguinte forma: não se conta o dia do começo e leva-se em consideração o dia final.

No direito civil brasileiro veda-se o ajuste dos prazos efetuado pelas partes. É uma norma cogente. É o que determina o artigo 192 do nosso Código Civil ao afirmar que "os prazos de prescrição não podem ser alterados por acordo das partes".[22]

---

21 CC – 2002 – Art. 158. Os negócios de transmissão gratuita de bens ou remissão de dívida, se os praticar o devedor já insolvente, ou por eles reduzido à insolvência, ainda quando o ignore, poderão ser anulados pelos credores quirografários, como lesivos dos seus direitos. § 1° Igual direito assiste aos credores cuja garantia se tornar insuficiente. § 2° Só os credores que já o eram ao tempo daqueles atos podem pleitear a anulação deles.
CC - 2002 - Art. 159. Serão igualmente anuláveis os contratos onerosos do devedor insolvente, quando a insolvência for notória, ou houver motivo para ser conhecida do outro contratante.

22 Sem Correspondente ao CC de 1916.

No mesmo diapasão, o direito português determina sanção de nulidade a qualquer convenção destinada a alteração dos prazos prescricionais. (art. 300°, CC português).

19.5 Momento em que se Pode Alegar a Prescrição

A prescrição pode ser alegada em qualquer grau de jurisdição, pela parte a quem aproveita (CC, art. 193).[23] A regra expressa no artigo 193 do diploma civilístico representa uma exceção ao *princípio da eventualidade*, pelo qual o devedor deve apresentar na peça defensiva (contestação) todas as questões contra a alegação do autor.

19.6 Conhecimento da Prescrição, "De Ofício, Pelo Juiz"

O artigo 194 foi revogado pela Lei 11.280/06.[24] Com o advento desta lei, o magistrado deve reconhecer de ofício a prescrição, ou seja, sem necessidade de provocação das partes, em qualquer caso, o juiz deve reconhecer e decretar de ofício a prescrição, sem considerar a natureza dos direitos em litígio e a capacidade das partes.

Alerta MÁRCIA IGNACIO DA ROSA, em sua dissertação de mestrado, que "a Lei n° 11.280, também no ano de 2006, disciplina os atos processuais por meio eletrônico e o reconhecimento de ofício pelo juiz da prescrição dando a esta, tratamento similar ao da decadência. Assim, a possibilidade do cumprimento da obrigação prescrita ficará no campo da moral. O devedor que deseje desobrigar-se moralmente deve cumprir voluntariamente a obrigação, mesmo após prescrita. *Contudo acreditamos que à pronúncia deve anteceder a intimação do credor, pois é possível a existência de causa de suspensão ou interrupção da prescrição, por ser medida de cautela que permitirá a acertada decisão do juiz e a efetividade dos consequentes efeitos*". *(grifo nosso).*[25]

HUMBERTO THEODORO JÚNIOR, comentando as novas reformas do Código de Processo Civil, esclarece que a celeridade na resolução do litígio e a pressa de julgar a causa no nascedouro gerará mais problemas do que benefícios para a prestação jurisdicional. Entende que "nenhum juiz, portanto, tem condições de, pela simples leitura da inicial, reconhecer ou rejeitar uma prescrição. Não se trata de uma questão apenas de direito, como é a decadência, que se afere por meio de um simples cálculo do tempo ocorrido após o

23 A Correspondente ao art. 162 do CC de 1916.

24 CC 2002 – Art. 194. O juiz não pode suprir, de ofício, a alegação de prescrição, salvo se favorecer a absolutamente incapaz. (Revogado pela Lei n° 11.280, de 2006) (Correspondente ao art. 166 do CC de 1916). Revogado pela Lei n° 11.280, de 2006

25 ROSA, Márcia Ignacio da. *Razoável duração do processo.* Rio de Janeiro: Universidade Estácio de Sá, 2007.

nascimento do direito potestativo de duração predeterminada. A prescrição não opera *ipso iure*; envolve necessariamente fatos verificáveis no exterior da relação jurídica, cuja presença ou ausência são decisivas para a configuração da causa extintiva da pretensão do credor insatisfeito. Sem dúvida, as questões de fato e de direito se entrelaçam profundamente, de sorte que não se pode tratar a prescrição como uma simples questão de direito que o juiz possa, *ex officio*, levantar e resolver liminarmente, sem o contraditório entre os litigantes".[26]

O novo CPC manteve o reconhecimento da prescrição de ofício, ampliando esta atuação até mesmo para a decadência. Dessa maneira, o artigo 332, § 1° do Código de Processo Civil reconhece a possibilidade de julgamento liminar do pedido ao afirmar que "o juiz também poderá julgar liminarmente improcedente o pedido se verificar, desde logo, a ocorrência de decadência ou de prescrição".

Da mesma forma, o artigo 487 do CPC atual informa que "haverá resolução de mérito quando o juiz: [...] II – decidir, de ofício ou a requerimento, sobre a ocorrência de decadência ou prescrição".

O reconhecimento da prescrição de ofício pelo magistrado tem como finalidade precípua assegurar o razoável andamento do processo, direito fundamental processual previsto no artigo 5º, inciso LXXVIII, da Constituição da República.

Mais uma vez vale lembrar os enunciados 295 (IV Jornada de Direito Civil) e 581 (VII Jornada de Direito Civil), respectivamente:

"A revogação do art. 194 do Código Civil pela Lei n° 11.280/2006, que determina ao juiz o reconhecimento de ofício da prescrição, não retira do devedor a possibilidade de renúncia admitida no art. 191 do texto codificado".

"A decretação *ex officio* da prescrição ou da decadência deve ser precedida de oitiva das partes".[27]

---

26 THEODORO JÚNIOR, Humberto. *As novas reformas do código de processo civil.* Rio de Janeiro: Forense, 2006. p. 26-27.

27 Justificativa: A redação original da Lei 10.406/2002 previa que "Art. 194. O juiz não pode suprir, de ofício, a alegação de prescrição, salvo se favorecer a absolutamente incapaz". A palavra "pode" suscitou dúvidas, de forma que foi aprovado o Enunciado 154, afirmando que "O juiz deve suprir, de ofício, a alegação de prescrição em favor do absolutamente incapaz". (A matéria também foi objeto dos Enunciados 155 e 295). A Lei 11.280/2006 revogou o art. 194 do CO e modificou o art. 219, § 5º do CPC para constar que "O juiz pronunciará, de ofício, a prescrição". Consolidou-se a posição de que a prescrição deveria ser pronunciada ex officio. A Lei 13.105/2015 (novo CPC) trouxe redação que pode trazer margem para dúvida, suscitando novamente conflitos já vivenciados na jurisprudência. O art. 332 no novo CPC dispõe que o juiz "julgará liminarmente improcedente" o pedido formulado na inicial em determinadas hipóteses previstas nos respectivos incisos. No entanto, relegou topograficamente as hipóteses de prescrição e decadência para o § 1º e afirmou que o juiz "poderá" julgar liminarmente improcedente em tais casos ("§ 1º O juiz também poderá julgar liminarmente improcedente o pedido se verificar, desde logo,

Neste diapasão:

"É vedado ao juiz, ressalvada a hipótese do § 1º do art. 332 do CPC, segundo a exata dicção do parágrafo único do art. 487 do CPC, reconhecer a prescrição, ou mesmo a decadência, sem que antes seja dada às partes a oportunidade de manifestar-se (arts. 9º e 10 do CPC)" (TJDF, Apelação Cível 2011.01.1.044711-7, Acórdão 103.6046, 2ª Turma Cível, Rel. Des. Sandra Reves, j. 02.08.2017, DJDFTE 08.08.2017).

Na mesma linha, o artigo 487, parágrafo único, do CPC diz que "ressalvada a hipótese do § 1º do art. 332, a prescrição e a decadência não serão reconhecidas sem que antes seja dada às partes oportunidade de manifestar-se".

19.7 Responsabilidade Civil do Assistente dos Relativamente Incapazes do Representante Legal das Pessoas Jurídicas

A prescrição não corre contra os *absolutamente incapazes*, conforme resta estabelecido no artigo 198, inciso I, do nosso Código Civil.

Os relativamente incapazes necessitam da assistência dos pais ou tutores para a prática dos atos da vida civil. Quando estes derem causa a prescrição ou não a alegarem oportunamente, os relativamente incapazes possuem ação regressiva contra os seus assistentes. É o que determina o artigo 195: "Os relativamente incapazes e as pessoas jurídicas têm ação contra os seus assistentes ou representantes legais, que derem causa à prescrição, ou não a alegarem oportunamente".[28]

E no caso de um relativamente incapaz, um menor entre 16 e 18 anos, que não possua um representante legal? O Código Civil brasileiro é silente a este respeito. CARVALHO SANTOS indica, ao comentar o artigo 164 do anterior Código Civil de 1916, que a referida omissão não passou despercebida pelos membros da Faculdade de Direito de Minas Gerais: "O projeto estabelecendo que a prescrição não corre contra os absolutamente incapazes, exclui a suspensão dela quanto aos relativamente incapazes. Este preceito, justo como regra, não deve ser absoluto, isto é, deve sofrer uma exceção no caso em que o incapaz relativamente não tenha representante legal e para o tempo em que dele estiver privado, pois que será injusto permitir que a prescrição corra contra aquele que não tem quem defenda o seu direito. Esta exceção é consagrada no art. 1.389 do projeto FELÍCIO DOS SANTOS e no art. 549 do Código Civil português".[29]

---

a ocorrência de decadência ou de prescrição"). A imprecisão terminológica e o formato adotado pode permitir a compreensão de que não há dever de julgar liminarmente improcedente o pedido formulado nas hipóteses de prescrição e decadência.

28 Correspondente ao art. 164 do CC de 1916.

29 CARVALHO SANTOS, J. M. de. *Código civil brasileiro Interpretado*. 5. ed. Vol. III. Rio de Janeiro: Freitas Bastos, 1953, p. 391.

Entende-se que em se tratando de relativamente incapazes, com ou sem representante legal, e não ocorrer a invocação da prescrição quer por omissão, quer por ausência de representação legal, caberá ao Ministério Público fazê-la, respeitando, destarte, os princípios da ampla defesa e do contraditório em homenagem aos fundamentos do Estado Democrático de Direito.

O Código Civil alemão prevê a hipótese e determina que a prescrição não se consumará senão depois de seis meses da nomeação do assistente (art. 206).

O Código Civil português trata da suspensão a favor de menores, interditos ou inabilitados no artigo 320 que diz: "1. A prescrição não começa nem corre contra menores enquanto não tiverem quem os represente ou administre seus bens, salvo se respeitar a actos para os quais o menor tenha capacidade; e, ainda que o menor tenha representante legal ou quem administre os seus bens, a prescrição contra ele não se completa sem ter decorrido um ano a partir do termo da incapacidade. 2. Tratando-se de prescrições presuntivas, a prescrição não se suspende, mas não se completa sem ter decorrido um ano sobre a data em que o menor passou a ter representante legal ou administrador dos seus bens ou adquiriu plena capacidade. 3. O disposto nos números anteriores é aplicável aos interditos e inabilitados que não tenham capacidade para exercer o seu direito, com a diferença de que a incapacidade se considera finda, caso não tenha cessado antes, passados três anos sobre o termo do prazo que seria aplicável se a suspensão se não houvesse verificado".

O administrador, também, será responsabilizado civilmente se der causa a prescrição ou não a alegar oportunamente, causando prejuízos à pessoa jurídica. O artigo 1.011 determina que o administrador de qualquer sociedade deve ter, no exercício de suas funções, o cuidado e a diligência que todo homem ativo e probo costuma empregar na administração de seus próprios negócios.

Ademais, o artigo 1.016 preceitua que "os administradores respondem solidariamente perante a sociedade e os terceiros prejudicados, por culpa no desempenho de suas funções".

19.8 A Prescrição contra o Sucessor

A prescrição iniciada contra uma pessoa continua a correr contra o seu sucessor (CC, art. 196).[30] Da mesma forma, a prescrição que corria a favor de uma pessoa beneficia o seu sucessor.[31]

30 Correspondente ao art. 165 do CC de 1916.

31 CC 2002 – Art. 1.243. O possuidor pode, para o fim de contar o tempo exigido pelos artigos antecedentes, acrescentar à sua posse a dos seus antecessores (art. 1.207), contanto que todas sejam contínuas, pacíficas e, nos casos do art. 1.242, com justo título e de boa-

Vale lembrar que o artigo 165 do Código Civil de 1916 se referia a *herdeiro* e não *sucessor*. À época, CARPENTER já alertava que o então artigo 165 "não teve por fim acentuar que a prescrição extintiva das ações iniciada contra uma pessoa continua a correr contra o seu sucessor a título universal (herdeiro), mas não contra o seu sucessor a título singular (cessionário, legatário etc..)".[32] Daí como dizer que a prescrição iniciada contra uma pessoa não corre contra o seu sucessor a título singular? Neste sentido, o Código Civil brasileiro de 2002 acolheu o sentido dado por CARPENTER. Vejamos um exemplo referido pelo mestre: "João, devedor de Antônio, está prescrevendo contra este uma dívida civil de empréstimo de dinheiro provada por escritura (pública ou particular), e vendida em 1 de Janeiro de 1900. A prescrição ficará consumada, a favor de João e contra Antônio, ao terminar o dia 1 de Janeiro de 1930 (Código Civil, art. 177). Se o credor Antônio, faltando horas ou dias, ou meses, ou anos para a consumação da prescrição, legar ou transferir a aludida dívida a alguém, contra esse legatário ou cessionário continuará a correr a mesma prescrição, de maneira que, findo que seja o dia 1 de janeiro de 1930, o devedor João poderá invocar a prescrição e deixar de pagar o débito".[33]

19.9 Das Causas que Impedem ou Suspendem a Prescrição

As causas que impedem ou suspendem a prescrição são idênticas (CCB, arts. 197 a 199). Daí como distinguir uma causa impeditiva ou suspensiva? HUMBERTO THEODORO JÚNIOR ensina que "se o obstáculo é anterior ao momento em que o prazo deveria começar a correr, diz que há um impedimento; se acontece já no curso do respectivo prazo, diz que há suspensão ou interrupção da prescrição, conforme a extensão do efeito sobre o tempo já transcorrido".[34]

Daí deve-se atentar para o momento de ocorrência do evento obstativo. Vejamos:[35] Se o evento obstativo PRECEDE à pretensão, é causa de IMPEDIMENTO; se POSTERIOR o evento obstativo, é causa de SUSPENSÃO.

As causas *suspensivas* ou *impeditivas* relacionadas no Código Civil são as seguintes (CC, arts. 197, 198 e 199):

-fé.

32 CARPENTER, Luiz Frederico Sauerbronn. Prescrição. In: LACERDA. Paulo de. *Manual do código civil brasileiro:* parte geral. Vol. IV. Rio de Janeiro: Jacintho Ribeiro dos Santos, 1929, p. 176.

33 Ibid., p. 177.

34 THEODORO JÚNIOR, Humberto. *Comentários ao novo código civil.* 2. ed. Vol. III, Tomo II. Rio de Janeiro: Forense, 2003. p. 222.

35 LEAL, Câmara. Da prescrição e da decadência, nº 96, p. 146. In: THEODORO JÚNIOR, Humberto. *Comentários ao novo código civil.* 2. ed. Vol. III, Tomo II. Rio de Janeiro: Forense, 2003. p. 222.

Art. 197. Não corre a prescrição:[36]

I – entre os cônjuges, na constância da sociedade conjugal;[37] O fundamento da norma é manutenção da paz familiar.[38]

II – entre ascendentes e descendentes, durante o poder familiar;[39] Da mesma forma, a finalidade maior é a manutenção da paz familiar.

III – entre tutelados ou curatelados e seus tutores ou curadores, durante a tutela ou curatela.[40] O interesse é a proteção dos tutelados e curatelados.

Art. 198. Também não corre a prescrição:[41]

I – contra os incapazes de que trata o art. 3°;

II – contra os ausentes do País em serviço público da União, dos Estados ou dos Municípios;[42]

III – contra os que se acharem servindo nas Forças Armadas, em tempo de guerra.[43]

Art. 199. Não corre igualmente a prescrição:[44 45]

I – pendendo condição suspensiva;

II – não estando vencido o prazo;

III – pendendo ação de evicção. [46]

---

36 Correspondente ao art. 168, *caput*, do CC de 1916.

37 Correspondente ao art. 168, I, do CC de 1916.

38 "na linha da doutrina especializada, razões de ordem moral ensejam o impedimento da fluência do curso do prazo prescricional na vigência da sociedade conjugal (art. 197, I, do CC/02), cuja finalidade consistiria na preservação da harmonia e da estabilidade do matrimônio. Tanto a separação judicial (negócio jurídico) como a separação de fato (fato jurídico), comprovadas por prazo razoável, produzem o efeito de pôr termo aos deveres de coabitação, de fidelidade recíproca e ao regime matrimonial de bens (elementos objetivos), e revelam a vontade de dar por encerrada a sociedade conjugal (elemento subjetivo). Não subsistindo a finalidade de preservação da entidade familiar e do respectivo patrimônio comum, não há óbice em considerar passível de término a sociedade de fato e a sociedade conjugal. Por conseguinte, não há empecilho à fluência da prescrição nas relações com tais coloridos jurídicos. Por isso, a pretensão de partilha de bem comum após mais de 30 (trinta) anos da separação de fato e da partilha amigável dos bens comuns do ex-casal está fulminada pela prescrição" (STJ, REsp 1.660.947/TO, 3ª Turma, Rel. Min. Moura Ribeiro, j. 05.11.2019, DJe 07.11.2019).

39 Correspondente ao art. 168, II, do CC de 1916.

40 Correspondente ao art. 168, III, do CC de 1916.

41 Correspondente ao art. 169, *caput*, do CC de 1916.

42 Correspondente ao art. 169, II, do CC de 1916.

43 Correspondente ao art. 169, III, do CC de 1916.

44 Correspondente ao art. 170, *caput*, do CC de 1916.

45 O artigo 199 retrata a aplicação do princípio da actio nata dos romanos, segundo o qual somente se pode falar em fluência de prazo prescricional desde que haja uma ação a ser exercitada, em virtude da violação do direito. Enquanto não nasce a pretensão, não começa a fluir o prazo prescricional.

46 CC 2002 – Da Evicção – Arts. 447 a 457.

O Conselho da Justiça Federal, na IV Jornada de Direito Civil, editou o Enunciado 296, que preceitua: "Não corre a prescrição entre os companheiros, na constância da união estável".

No mesmo diapasão, poder-se-ia acrescentar que não corre a prescrição durante as uniões homoafetivas.

Quanto ao ausente, o Conselho da Justiça Federal, na III Jornada de Direito Civil, redigiu o Enunciado - 156 acerca do artigo 198: "Desde o termo inicial do desaparecimento, declarado em sentença, não corre a prescrição contra o ausente".

Conforme acabamos de ver as causas que suspendem ou impedem a prescrição são as mesmas e estão elencadas taxativamente nos artigos 197 a 199.

Vamos ilustrar a questão com um exemplo: Um sujeito realiza um contrato de mútuo (empréstimo de coisas fungíveis) com a sua namorada, já que firmou um empréstimo de R$ 500,00. Vencido o prazo para o pagamento da dívida, inicia-se a contagem do prazo prescricional. Ocorre que 3 meses após o início da contagem do prazo prescricional, eles (mutuante e mutuário) se casam. Aqui é caso de SUSPENSÃO, uma vez que o prazo já se iniciou e em face de incidência de causa suspensiva o mesmo fica paralisado (Art. 197, I, do CCB).

Todavia, se o mesmo sujeito contrai outro empréstimo, no valor de R$ 1.000,00, com a mesma pessoa, agora, como sua esposa, já que o negócio jurídico foi realizado na constância do casamento, o caso será de IMPEDIMENTO, porque não corre a prescrição entre os cônjuges, na constância da sociedade conjugal (Art. 197, I, do CCB). No impedimento, o prazo prescricional ainda não se iniciou face a existência de causa impeditiva.

Assim, com fundamento no mesmo dispositivo legal, têm-se as hipóteses de *impedimento* ou *suspensão*. A diferença é verificada, pois, a partir da temporalidade do evento obstativo. Vejamos: se o evento obstativo (no exemplo apresentado, o casamento) precede à pretensão, é causa de impedimento; se posterior o evento obstativo (casamento), é causa de suspensão.

As causas de impedimento ou suspensão podem ser classificadas como:

a) *causas subjetivas bilaterais* - são aquelas expressas no artigo 197 e relacionadas à situação pessoal de ambas as partes na relação jurídica obrigacional (cônjuges, ascendentes, descendentes e entre incapazes e seus representantes legais);
b) *causas subjetivas unilaterais* - são as que se relacionam à situação jurídica de apenas uma das partes na relação jurídica. É o caso dos incapazes de que trata o artigo 3° do CCB, ausentes do País em

serviço público, serviço das forças armadas em tempo de guerra. Tais situações estão elencadas no artigo 198;

c) *causas objetivas ou materiais* – Estão previstas no artigo 199 e se ligam aos casos de obrigação com condição suspensiva, a termo e evicção.[47]

Importante destacar que em relação ao artigo 197, I, do Código Civil, o STJ já decidiu que a separação de fato por tempo razoável mitiga a regra do art. 197, I, do Código Civil de 2002 (REsp 1.660.947-TO, Rel. Min. Moura Ribeiro, Terceira Turma, por unanimidade, julgado em 05/11/2019, DJe 07/11/2019). Vejamos:

Inicialmente cumpre salientar que a interpretação literal dos artigos 197 e 1.571, ambos do Código Civil, de fato, conduzem ao entendimento de que a prescrição entre os cônjuges somente flui pela morte de um deles, pela nulidade ou anulação do casamento, pela separação judicial e pelo divórcio, ou seja, diante de uma das causas do término da sociedade conjugal, não abarcando a legislação em comento, a hipótese da separação de fato. Ocorre que tanto a separação judicial (negócio jurídico), como a separação de fato (fato jurídico), comprovadas por prazo razoável, produzem o efeito de pôr termo aos deveres de coabitação, de fidelidade recíproca e ao regime matrimonial de bens (elementos objetivos), e revelam a vontade de dar por encerrada a sociedade conjugal (elemento subjetivo). Apesar do art. 1.571 do CC/2002 não incluir nos seus incisos a separação de fato no rol das causas da dissolução da sociedade conjugal, dele consta a separação judicial, cujas consequências jurídicas são semelhantes. Assim, não subsistindo a finalidade de preservação da entidade familiar e do respectivo patrimônio comum, não há óbice em considerar passível de término a sociedade de fato e a sociedade conjugal. Por conseguinte, não há empecilho à fluência da prescrição nas causas envolvendo direitos e deveres matrimoniais. (Informativo nº 660.)

Outrossim, o artigo 200 do nosso Código Civil afirma que "quando a ação se originar de fato que deva ser apurado no juízo criminal, não correrá a prescrição antes da respectiva sentença definitiva".[48] É certo que a sentença penal condenatória constitui título executivo judicial de acordo com o artigo 63 do Código de Processo Penal: "Transitada em julgado a sentença condenatória, poderão promover-lhe a execução, no juízo cível, para o efeito da reparação do dano, o ofendido, seu representante legal ou seus herdeiros".

Aqui não há que se falar em causa suspensiva da prescrição, mas sim *causa suspensiva do termo da prescrição*. O termo inicial terá início, pois, após o trânsito em julgado da sentença penal.

Assim, a decretação da prescrição da pretensão punitiva do Estado na

47 Ibid., p. 223.
48 Sem Correspondente ao CC de 1916.

ação penal não fulmina o interesse processual no exercício da pretensão indenizatória a ser deduzida no juízo cível pelo mesmo fato (REsp 1.802.170-SP, Rel. Min. Nancy Andrighi, Terceira Turma, por unanimidade, julgado em 20/02/2020, DJe 26/02/2020).[49]

Por fim, o artigo 201 dispõe que "suspensa a prescrição em favor de um dos credores solidários, só aproveitam os outros se a obrigação for indivisível".[57 58]

CLÓVIS BEVILÁQUA anota que "a suspensão do curso da prescrição ou a impossibilidade de seu início, importa num benefício, e este somente pode ser invocado pela pessoa, em favor de quem foi estabelecido. Por isso, apesar da solidariedade da obrigação, os credores não favorecidos pelo benefício da suspensão sujeitam-se aos efeitos da prescrição, que não corre contra o seu consorte beneficiado, por qualquer dos motivos de incapacidade, de ausência ou outro dos que a lei contempla. Se porém, a obrigação é indivisível, o benefício se estende a todos pela própria natureza das coisas".[50]

Ilustremos, para melhor entendimento, com alguns exemplos, o artigo em comento. O primeiro exemplo é de CARPENTER e refere-se, de forma equivalente, ao Código Civil de 1916: "A, B, C obtêm de D uma escritura, na qual este confessa dever-lhes solidariamente, a quantia de nove contos de réis.

Vencida a divida e não paga, nascem para A, B, C as ações pessoais de cobrança[51] contra D, cada ação para cobrança do débito integral de nove contos, e nasce ao mesmo tempo para D a prescrição daquelas ações, prescrição que

---

49 O propósito recursal consiste em decidir sobre o interesse processual para o ajuizamento de ação civil ex delicto, quando declara a extinção da punibilidade em virtude da prescrição da pretensão punitiva do Estado. O ordenamento jurídico estabelece a relativa independência entre as jurisdições cível e penal, de tal modo que quem pretende ser ressarcido dos danos sofridos com a prática de um delito pode escolher, de duas, uma das opções: ajuizar a correspondente ação cível de indenização ou aguardar o desfecho da ação penal, para, então, liquidar ou executar o título judicial eventualmente constituído pela sentença penal condenatória transitada em julgado.A decretação da prescrição da pretensão punitiva do Estado impede, tão somente, a formação do título executivo judicial na esfera penal, indispensável ao exercício da pretensão executória pelo ofendido, mas não fulmina o interesse processual no exercício da pretensão indenizatória a ser deduzida no juízo cível pelo mesmo fato. O art. 200 do CC/2002 dispõe que, quando a ação se originar de fato que deva ser apurado no juízo criminal, não correrá a prescrição antes da respectiva sentença definitiva. Logo, conquanto a ação de conhecimento possa ser ajuizada a partir do momento em que nasce a pretensão do ofendido, o prazo em curso da prescrição da pretensão reparatória se suspende no momento em que o mesmo fato é apurado na esfera criminal, passando ele a ter também a faculdade de liquidar ou executar eventual sentença penal condenatória transitada em julgado.Assim, considerando a suspensão do prazo prescricional desde o ajuizamento da ação penal até a sentença penal definitiva, não há falar em inércia e, por conseguinte, em prescrição da pretensão indenizatória. (Informativo 666)

50 BEVILÁQUA, Clóvis. *Código civil dos Estados Unidos do Brasil comentado por Clóvis Beviláqua*. V. 1. Edição histórica. Rio de Janeiro: Rio, 1976, p. 449-450.

51 Leia-se, na ambiência do CC de 2002, "pretensões".

começa a correr e que ficará consumada ao cabo de 30 anos.

Sucede, porém, que, mobilizado o exercício nacional em tempo de guerra, vai A nele servir por dez anos.

Porquanto, A poderá exercitar sua ação enquanto não estiver completo o prazo de quarenta anos, porque a prescrição da sua ação esteve suspensa por dez anos, ao passo que B e C somente poderão exercitar as suas ações enquanto não estiver completo o prazo de trinta anos, porque o favor da suspensão concedido a A não lhes aproveita".[52]

O segundo exemplo, mais recente, é fornecido por CARLOS ROBERTO GONÇALVES: "existindo três credores contra devedor comum, de importância em dinheiro, sendo um dos credores absolutamente incapaz, por exemplo, a prescrição correrá contra os demais credores, pois a obrigação de efetuar o pagamento em dinheiro é divisível, ficando suspensa somente em relação ao menor. Se se tratasse, porém, de obrigação indivisível (de entregar um animal, p. ex.) a prestação somente começaria a fluir, para todos, quando o incapaz completasse 16 anos. Sendo o direito indivisível, a suspensão aproveita a todos os credores".[53]

19.10 Das Causas que Interrompem a Prescrição

As causas de *interrupção da prescrição* se diferem das causas de *impedimento* e *suspensão*. Aquelas estão traçadas no artigo 202 do Código Civil. A diferença conceitual basilar entre elas pode ser apresentada da seguinte forma:

a) *Im*pedimento – o prazo prescricional ainda não se iniciou face existência de causa impeditiva (CCB, arts. 197, 198 e 199);
b) Suspensão – o prazo já se iniciou e em face de incidência de causa suspensiva o mesmo fica paralisado (CCB, arts. 197 e 198);
c) Interrupção – o prazo prescricional já se iniciou, no entanto, em face de incidência de uma causa interruptiva (CCB, art. 202) o referido prazo é destruído (eliminado) e novo prazo volta a correr. A interrupção do prazo prescricional somente poderá ocorrer uma única vez (unicidade da interrupção).

São diferenças básicas entre suspensão e interrupção, de acordo com os ensinamentos de Câmara Leal:[54]

52 CARPENTER, Luiz Frederico Sauerbronn. Prescrição. In: LACERDA. Paulo de. *Manual do código civil brasileiro*: parte geral. Vol. IV. Rio de Janeiro: Jacintho Ribeiro dos Santos, 1929, p. 275-276.

53 GONÇALVES, Carlos Roberto. *Direito civil brasileiro:* parte geral. Vol. I, São Paulo: Saraiva, 2003, p. 476.

54 THEODORO JÚNIOR, Humberto. *Comentários ao novo código civil.* 2. ed. Vol. III, Tomo II. Rio de Janeiro: Forense, 2003. p. 253.

SUSPENSÃO

O fundamento é a impossibilidade ou dificuldade, reconhecida pela lei, para o exercício da ação, de modo que a inércia do titular não pode ser atribuída à negligência.

Paralisa, apenas o curso da prescrição, de modo que, cessada a causa que a determinou, o seu curso anterior prossegue.

Independem da vontade das partes, são fatos objetivos que ocorrem sem que essas tenham para isso cooperado.

INTERRUPÇÃO

O fundamento é o exercício do direito, posto judicialmente (ou não) em atividade, cessando, assim a inércia do titular.

Faz cessar o curso já iniciado; se inicia um novo curso, começando a correr novamente a prescrição.

Dependem da vontade das partes, são fatos subjetivos, provocados e determinados pelas partes.

Assim, as causas que interrompem a prescrição estão elencadas, de forma taxativa, no artigo 202 do Código Civil brasileiro. A interrupção é o fenômeno jurídico que inutiliza (apaga, destrói) o prazo prescricional em andamento. Isso representa que o decurso do tempo já iniciado, a partir do nascimento da pretensão do titular do direito subjetivo, é desprezado e inutilizado. Neste caso, o prazo prescricional voltará a correr novamente. Diferentemente do CCB de 1916, a interrupção da prescrição somente poderá ocorrer uma única vez (CCB, art. 202).[55] É o que se chama de unicidade da interrupção.

São assim consideradas as seguintes causas interruptivas da prescrição:

a) por despacho do juiz, mesmo incompetente, que ordenar a citação, se o interessado a promover no prazo e na forma da lei processual;[65 66] b) por protesto, nas condições do inciso antecedente;[56] c) por protesto cambial;[57] d) pela apresentação do título de crédito em juízo de inventário ou em concurso de credores;[58] e) por qualquer ato judicial que constitua em mora o devedor;[59] e f) por qualquer ato inequívoco, ainda que extrajudicial, que importe reconhecimento do direito pelo devedor.[60]

---

55 Correspondente ao art. 172, *caput*, do CC de 1916.
56 Correspondente ao art. 172, II, do CC de 1916.
57 Sem Correspondente ao CC de 1916.
58 Correspondente ao art. 172, III, do CC de 1916.
59 Correspondente ao art. 172, IV, do CC de 1916.
60 Correspondente ao art. 172, V, do CC de 1916.

Em relação ao artigo 202 do CCB, a V Jornada de Direito Civil estabeleceu: "Enunciado 416 – Art. 202. A propositura de demanda judicial pelo devedor, que importe impugnação do débito contratual ou de cártula representativa do direito do credor, é causa interruptiva da prescrição".

19.10.1 Citação

O despacho do juiz, mesmo incompetente, que ordenar a citação, se o interessado a promover no prazo e na forma da lei processual, interrompe a prescrição (art. 202, I). O citado dispositivo deverá ser interpretado, de forma harmônica, com o artigo 240 do Código de Processo Civil que determina que "a citação válida, ainda quando ordenada por juízo incompetente, induz litispendência, torna litigiosa a coisa e constitui em mora o devedor, ressalvado o disposto nos arts. 397 e 398 da Lei nº 10.406, de 10 de janeiro de 2002 (Código Civil).

A interrupção da prescrição, operada pelo despacho que ordena a citação, ainda que proferido por juízo incompetente, retroagirá à data de propositura da ação. (CPC, art. 240, § 1°).

Incumbe ao autor adotar, no prazo de 10 (dez) dias, as providências necessárias para viabilizar a citação, sob pena de não se aplicar o disposto no § 1º. (CPC, art. 240, § 2°).

A parte não será prejudicada pela demora imputável exclusivamente ao serviço judiciário. (CPC, art. 240, § 3°).

O efeito retroativo a que se refere o § 1º aplica-se à decadência e aos demais prazos extintivos previstos em lei. (CPC, art. 240, § 4°).

Aqui vale lembrar o Enunciado 417 da V Jornada de Direito Civil que informa: "Enunciado 417 – Art. 202, I. O art. 202, I, do CC deve ser interpretado sistematicamente com o art. 219, § 1°, do CPC, de modo a se entender que o efeito interruptivo da prescrição produzido pelo despacho que ordena a citação é retroativo até a data da propositura da demanda". O artigo 219, § 1°, refere-se ao anterior Código de Processo Civil. O novo CPC amplia a extensão desta regra, agora, para a decadência, conforme artigo 240, § 4°, do atual CPC.

De acordo com o artigo 802 do CPC, "na execução, o despacho que ordena a citação, desde que realizada em observância ao disposto no § 2° do art. 240, interrompe a prescrição, ainda que proferido por juízo incompetente.

Parágrafo único. A interrupção da prescrição retroagirá à data de propositura da ação".

19.10.2 Protesto judicial

O protesto processado judicialmente, também, interrompe a prescrição conforme a regra do artigo 202, II, do nosso Código Civil. [61]

---

61 CPC – Art. 726. Quem tiver interesse em manifestar formalmente sua vontade a outrem

19.10.3 Protesto cambial

O protesto cambial interrompe a prescrição (CC, art. 202, III). O *protesto cambial* não se confunde com o judicial, já que aquele apresenta uma natureza extrajudicial solene e seu processamento ocorre perante o Oficial Público.

A Lei 9.492/97 define a competência e regulamenta os serviços concernentes ao protesto de títulos e outros documentos de dívida.

O protesto é o ato formal e solene pelo qual se prova a inadimplência e o descumprimento de obrigação originada em títulos e outros documentos de dívida (Lei 9.492/97, art. 1°).

Compete privativamente ao *Tabelião de Protesto de Títulos,* na tutela dos interesses públicos e privados, a protocolização, a intimação, o acolhimento da devolução ou do aceite, o recebimento do pagamento, do título e de outros documentos de dívida, bem como lavrar e registrar o protesto ou acatar a desistência do credor em relação ao mesmo, proceder às averbações, prestar informações e fornecer certidões relativas a todos os atos praticados (Lei 9.492/97, art. 3°).

19.10.4 Apresentação do título de crédito em juízo sucessório ou em concurso de credores

Outra modalidade de interromper a prescrição é a habilitação do credor em inventário ou em concurso de credores (falência ou insolvência civil), consoante o artigo 202, inciso IV, do CCB.

19.10.5 Por qualquer ato judicial que constitua em mora o devedor

Qualquer ato que coloque o devedor em mora, interrompe a prescrição de acordo com o artigo 202, inciso V, do Código Civil. A *notificação,* por exemplo, é um instrumento apto para interromper a prescrição. A *interpelação,* em

---

sobre assunto juridicamente relevante poderá notificar pessoas participantes da mesma relação jurídica para dar-lhes ciência de seu propósito.

§ 1º Se a pretensão for a de dar conhecimento geral ao público, mediante edital, o juiz só a deferirá se a tiver por fundada e necessária ao resguardo de direito.

§ 2º Aplica-se o disposto nesta Seção, no que couber, ao protesto judicial.

Art. 727. Também poderá o interessado interpelar o requerido, no caso do art. 726, para que faça ou deixe de fazer o que o requerente entenda ser de seu direito.

Art. 728. O requerido será previamente ouvido antes do deferimento da notificação ou do respectivo edital:

I – se houver suspeita de que o requerente, por meio da notificação ou do edital, pretende alcançar fim ilícito;

II – se tiver sido requerida a averbação da notificação em registro público.

Art. 729. Deferida e realizada a notificação ou interpelação, os autos serão entregues ao requerente.

tese, não interrompe a prescrição, já que esta tem como finalidade precípua constituir de pleno direito em mora o devedor, conforme o artigo 397 do nosso Código Civil.[62] Se o devedor ainda não está em mora, não há falar-se em pretensão.

19.10.6 Por qualquer ato inequívoco que importe reconhecimento do direito pelo devedor

Por fim, o artigo 202, inciso VI, determina que a prescrição poderá ser interrompida por qualquer ato inequívoco, ainda que extrajudicial, que importe reconhecimento do direito pelo devedor. Esta é a única hipótese em que a interrupção se dá através da manifestação de vontade do devedor, tais como: a confissão de dívida, a novação, pedido de dilação de prazo, pagamento parcial da dívida, pagamento de juros etc.

19.11 Recomeço da Contagem do Prazo Prescricional

Um dos efeitos da interrupção da prescrição é a sua retomada, já que o prazo anteriormente decorrido desaparecerá e um novo prazo prescricional recomeçará a ser contado da data do ato que a interrompeu ou do último ato do processo para a interromper.

Daí a regra do parágrafo único do artigo 202 do Código Civil: "A prescrição interrompida recomeça a correr da data do ato que a interrompeu, ou do último ato do processo para a interromper".[63]

19.12 Prescrição Intercorrente

A prescrição intercorrente não foi prevista pelo legislador do CC 2002 e ocorre no momento da não aplicação da regra do artigo 202, § único. Isso porque em determinados casos poderá ocorrer a paralisação do processo judicial (que deve ser dinâmico) por culpa exclusiva do autor (credor). Neste caso, o prazo prescricional volta a correr e uma vez alcançado o prazo legal, poderá o devedor requerer ao magistrado, nos próprios autos, o decreto da prescrição intercorrente.

De acordo com a Súmula 114 do Tribunal Superior do Trabalho "é inaplicável na Justiça do Trabalho a prescrição intercorrente".[64]

---

62 CC 2002 – Art. 397. O inadimplemento da obrigação, positiva e líquida, no seu termo, constitui de pleno direito em mora o devedor. Parágrafo único. Não havendo termo, a mora se constitui mediante interpelação judicial ou extrajudicial.

63 Correspondente ao art. 173 do CC de 1916.

64 Em 12.9.2005, o TST noticiou que "PRESCRIÇÃO INTERCORRENTE DE DÍVIDA TRABALHISTA É REJEITADA PELO TST". O Tribunal Superior do Trabalho determinou o prosseguimento de execução de um débito trabalhista da Universidade Federal de Sergipe (UFS),

O CPC no artigo 921, inciso III, diz que "suspende-se a execução: III – quando o executado não possuir bens penhoráveis".

Neste caso, o juiz suspenderá a execução pelo prazo de 1 (um) ano, durante o qual se suspenderá a prescrição (CPC, art. 921, § 1º).

Decorrido este prazo sem manifestação do exequente, começa a correr o prazo de prescrição intercorrente (CPC, art. 921, § 4º).

O CPC proíbe a decisão¬-surpresa, dispondo no § 5º do artigo 921: "O juiz, depois de ouvidas as partes, no prazo de 15 (quinze) dias, poderá, de ofício, reconhecer a prescrição de que trata o § 4º e extinguir o processo". E, no artigo 924, V, diz "extingue¬se a execução quando ocorrer a prescrição intercorrente".

19.13 Legitimidade Para Promover A Interrupção Da Prescrição

São legitimados para interromper a prescrição: o próprio titular do direito em via de prescrição, quem legalmente o represente ou, ainda, por terceiro que tenha legítimo interesse. Estes eram os legitimados de acordo com o artigo 174 do Código Civil de 1916. O Código Civil atual resolveu simplificar e adotou a seguinte regra no artigo 203: "A prescrição pode ser interrompida por qualquer interessado".

19.14 Limites Subjetivos Da Interrupção Da Prescrição

O *caput* do artigo 204 determina que "a interrupção da prescrição por um credor não aproveita aos outros; semelhantemente, a interrupção ope-

---

extinta pelo juízo de primeiro grau que julgou ter ocorrido a prescrição intercorrente, aquela que se verifica em plena tramitação da ação. A dívida foi considerada prescrita, pois o caso foi enquadrado pela segunda instância na situação em que o credor "por inércia, não promove ou impede o início da execução por mais de dois anos". A Segunda Turma do TST deu provimento ao recurso da servidora da UFS, credora da verba trabalhista reconhecida pela Justiça do Trabalho, decisão, agora, confirmada pela Subseção de Dissídios Individuais 1 (SDI-1). "Nos termos da Súmula 114 do TST, é inaplicável, na Justiça do Trabalho, a prescrição intercorrente", disse a relatora dos embargos, ministra Maria Cristina Peduzzi. Para a relatora, a prescrição em plena tramitação do processo, ou seja, intercorrente, vai de encontro ao dispositivo constitucional (artigo 7°, XXIX) que estabelece prazo prescricional de cinco anos, até o limite de dois anos após a extinção do contrato de trabalho, para ajuizar ação trabalhista. De acordo com obra publicada pelo professor Estêvão Mallet, Cristina Peduzzi distinguiu a prescrição que ocorre durante a tramitação da ação daquela que é chamada de prescrição da pretensão executiva, na qual se pressupõe uma ação autônoma para a execução. Ela ocorre quando o credor, por meio de ação própria, não reivindica a verba devida. A relatora esclareceu que "a primeira hipótese é que cientificamente denomina-se prescrição intercorrente". O juízo de primeiro grau aplicou a prescrição intercorrente porque a servidora da Universidade Federal de Sergipe, intimada a trazer aos autos novas contas de liquidação em 4 de outubro de 1999 – só o fez, apresentando valor atualizado de R$ 57.677,47, em 16 de maio de 2002, passados mais de dois anos. O crédito é referente às diferenças salariais pelo novo enquadramento no plano de cargos e salários reconhecidas pela Justiça em decisão transitada em julgado. (ERR 1407/2002) Fonte: TST

rada contra o codevedor, ou seu herdeiro, não prejudica aos demais coobrigados".[65] Esta é a regra geral, pela qual os efeitos da prescrição são pessoais. Trata-se, pois, do princípio de *personam ad personam non fit interruptio civilis nec active nec passive.*[66] Por este princípio, a interrupção da prescrição somente produz efeitos entre as pessoas que tomam parte dela.

As exceções à regra geral prevista no artigo 204, *caput*, do CCB estão nos parágrafos do referido artigo. Vejamos:

> "§ 1° A interrupção por um dos credores solidários aproveita aos outros; assim como a interrupção efetuada contra o devedor solidário envolve os demais e seus herdeiros".[67] A regra deste parágrafo é uma consequência da solidariedade ativa ou passiva.[68] Neste sentido, o ministro Ari Pargendler, da 3ª Turma do STJ, decidiu, em 7.5.2007, no Recurso Especial 846.470/RS que "A prescrição intercorrente supõe a inércia do credor, e – quando os devedores são solidários – só pode ser reconhecida se beneficia a todos (CC, art. 176, § 1°); enquanto o credor perseguiu a penhora ou aguardou o desfecho dos embargos opostos pelos codevedores, o prazo de prescrição intercorrente sequer iniciou. Recurso Especial não conhecido".
>
> "§ 2° A interrupção operada contra um dos herdeiros do devedor solidário não prejudica os outros herdeiros ou devedores, senão quando se trate de obrigações e direitos indivisíveis". Na sucessão em que existem vários herdeiros, não há que se falar em solidariedade, salvo quando se tratar de obrigações e direitos indivisíveis. Logo, a indivisibilidade não se altera pela sucessão.
>
> "§ 3° A interrupção produzida contra o principal devedor prejudica o fiador".[69] Aqui, é o caso de uma prestação que encontra-se garantida pela fiança. A interrupção operada contra o principal devedor prejudica o fiador, já que a regra desvela o princípio da acessoriedade, pelo qual "o acessório segue o principal".

19.15 Os Prazos da Prescrição

Dez anos é o prazo ordinário (tanto para as ações pessoais, quanto para as ações reais) estipulado pelo Código Civil brasileiro, quando este não houver

---

65 Correspondente ao art. 176, *caput*, do CC de 1916.

66 CARVALHO SANTOS, J. M. de. *Código civil brasileiro Interpretado*. 5. ed. Vol. III. Rio de Janeiro: Freitas Bastos, 1953, p. 452.

67 Correspondente ao art. 176, § 1°, do CC de 1916.

68 Art. 264. Há solidariedade, quando na mesma obrigação concorre mais de um credor, ou mais de um devedor, cada um com direito, ou obrigado, à dívida toda.
Art. 265. A solidariedade não se presume; resulta da lei ou da vontade das partes.
Art. 266. A obrigação solidária pode ser pura e simples para um dos cocredores ou codevedores, e condicional, ou a prazo, ou pagável em lugar diferente, para o outro.

69 Correspondente ao art. 176, § 3° do CC de 1916.

fixado prazo menor. É o que diz a regra do artigo 205: "A prescrição ocorre em dez anos, quando a lei não lhe haja fixado prazo menor".[70] É, pois, um prazo para ser aplicado às relações jurídicas interprivadas, já que as prescrições estabelecidas em leis específicas devem ser respeitadas, como por exemplo, a legislação tributária.

O *Código Tributário Nacional,* em seu artigo 174, preceitua que "a ação para a cobrança do crédito tributário prescreve em cinco anos, contados da data da sua constituição definitiva". O parágrafo único do referido dispositivo tributário informa que "a prescrição se interrompe: I – pelo despacho do juiz que ordenar a citação em execução fiscal; II – pelo protesto judicial; III – por qualquer ato judicial que constitua em mora o devedor; IV – por qualquer ato inequívoco ainda que extrajudicial, que importe em reconhecimento do débito pelo devedor".

Ainda em relação aos prazos prescricionais, o Código Civil estabelece:

> Art. 206. Prescreve:[71] § 1° Em um ano:[72]
>
> I - a pretensão dos hospedeiros ou fornecedores de víveres destinados a consumo no próprio estabelecimento, para o pagamento da hospedagem ou dos alimentos;[73]
>
> II - a pretensão do segurado contra o segurador, ou a deste contra aquele, contado o prazo:[74]
>
> a) para o segurado, no caso de seguro de responsabilidade civil, da data em que é citado para responder à ação de indenização proposta pelo terceiro prejudicado, ou da data que a este indeniza, com a anuência do segurador;[75]
>
> b) quanto aos demais seguros, da ciência do fato gerador da pretensão;[76]
>
> III - a pretensão dos tabeliães, auxiliares da justiça, serventuários judiciais, árbitros e peritos, pela percepção de emolumentos, custas e honorários;[77]
>
> IV - a pretensão contra os peritos, pela avaliação dos bens que entraram para a formação do capital de sociedade anônima, contado da publicação da ata da assembleia que aprovar o laudo;[78]
>
> V - a pretensão dos credores não pagos contra os sócios ou acionistas e os liquidantes, contado o prazo da publicação da ata de encerramento da liquidação da sociedade.[79]

---

70 Correspondente ao art. 177 e 179 do CC de 1916.
71 Correspondente ao art. 178, *caput*, do CC de 1916.
72 Correspondente ao art. 178, § 6°, do CC de 1916.
73 Correspondente ao art. 178, § 5°, V, do CC de 1916.
74 Correspondente ao art. 178, § 6°, II e § 7°, V, do CC de 1916.
75 Sem Correspondente ao CC de 1916.
76 Correspondente ao art. 178, § 6°, II do CC de 1916.
77 Correspondente ao art. 178, § 6°, VIII do CC de 1916.
78 Sem Correspondente ao CC de 1916.
79 Sem Correspondente ao CC de 1916.

§ 2° Em dois anos, a pretensão para haver prestações alimentares, a partir da data em que se vencerem.[80]

§ 3° Em três anos:

I – a pretensão relativa a aluguéis de prédios urbanos ou rústicos;[81]

II – a pretensão para receber prestações vencidas de rendas temporárias ou vitalícias;[82]

III – a pretensão para haver juros, dividendos ou quaisquer prestações acessórias, pagáveis, em períodos não maiores de um ano, com capitalização ou sem ela;[83]

IV – a pretensão de ressarcimento de enriquecimento sem causa;[84]

V – a pretensão de reparação civil;[85] [86]

VI – a pretensão de restituição dos lucros ou dividendos recebidos de má-fé, correndo o prazo da data em que foi deliberada a distribuição;[87]

VII – a pretensão contra as pessoas em seguida indicadas por violação da lei ou do estatuto, contado o prazo:

---

80 Correspondente ao art. 178, § 10°, I, do CC de 1916.

81 Correspondente ao art. 178, § 10°, IV, do CC de 1916.

82 Correspondente ao art. 178, § 10°, II, do CC de 1916.

83 Correspondente ao art. 178, § 10°, III, do CC de 1916.

84 Sem Correspondente ao CC de 1916.

85 Sem Correspondente ao CC de 1916.

86 O acórdão embargado, da Terceira Turma, reconheceu a aplicabilidade do prazo prescricional trienal (art. 206, § 3º, V, do Código Civil) aos casos de responsabilidade civil contratual. Já os acórdãos paradigmas, provenientes das Turmas integrantes da Primeira Seção, reconhecem que a pretensão indenizatória decorrente do inadimplemento contratual sujeita-se ao prazo prescricional decenal (art. 205, do Código Civil). Um primeiro aspecto que deve ser levado em conta é que o diploma civil detém unidade lógica e deve ser interpretado em sua totalidade, de forma sistemática. Destarte, a partir do exame do Código Civil, é possível se inferir que o termo "reparação civil" empregado no art. 206, § 3º, V, somente se repete no Título IX, do Livro I, da Parte Especial do diploma, o qual se debruça sobre a responsabilidade civil extracontratual. De modo oposto, no Título IV do mesmo Livro, da Parte Especial do Código, voltado ao inadimplemento das obrigações, inexiste qualquer menção à "reparação civil". Tal sistematização permite extrair que o código, quando emprega o termo "reparação civil", está se referindo unicamente à responsabilidade civil aquiliana, restringindo a abrangência do seu art. 206, § 3º, V. E tal sistemática não advém do acaso, e sim da majoritária doutrina nacional que, inspirada nos ensinamentos internacionais provenientes desde o direito romano, há tempos reserva o termo "reparação civil" para apontar a responsabilidade por ato ilícito stricto sensu, bipartindo a responsabilidade civil entre extracontratual e contratual (teoria dualista), ante a distinção ontológica, estrutural e funcional entre ambas, o que vedaria inclusive seu tratamento isonômico. Sob outro enfoque, o contrato e seu cumprimento constituem regime principal, ao qual segue o dever de indenizar, de caráter nitidamente acessório. A obrigação de indenizar assume na hipótese caráter acessório, pois advém do descumprimento de uma obrigação principal anterior. É de se concluir, portanto, que, enquanto não prescrita a pretensão central alusiva à execução específica da obrigação, sujeita ao prazo de 10 anos (caso não exista outro prazo específico), não pode estar fulminado pela prescrição o provimento acessório relativo às perdas e danos advindos do descumprimento de tal obrigação pactuada, sob pena de manifesta incongruência, reforçando assim a inaplicabilidade ao caso de responsabilidade contratual do art. 206, § 3º, V, do Código Civil. (Informativo nº 649.) EREsp 1.281.594-SP, Rel. Min. Benedito Gonçalves, Rel. Acd. Min. Felix Fischer, Corte Especial, por maioria,

87 Sem Correspondente ao CC de 1916.

a) para os fundadores, da publicação dos atos constitutivos da sociedade anônima;
b) para os administradores, ou fiscais, da apresentação, aos sócios, do balanço referente ao exercício em que a violação tenha sido praticada, ou da reunião ou Assembleia Geral que dela deva tomar conhecimento;
c) para os liquidantes, da primeira assembleia semestral posterior à violação;[88]
VIII – a pretensão para haver o pagamento de título de crédito, a contar do vencimento, ressalvadas as disposições de lei especial;[89]
IX – a pretensão do beneficiário contra o segurador, e a do terceiro prejudicado, no caso de seguro de responsabilidade civil obrigatório.[90]
§ 4° Em quatro anos, a pretensão relativa à tutela, a contar da data da aprovação das contas.[91]
§ 5° Em cinco anos:[92]
I – a pretensão de cobrança de dívidas líquidas constantes de instrumento público ou particular;[93] [94]
II – a pretensão dos profissionais liberais em geral, procuradores judiciais, curadores e professores pelos seus honorários, contado o prazo da conclusão dos serviços, da cessação dos respectivos contratos ou mandato;[95]

---

88 Sem Correspondente ao CC de 1916.
89 Sem Correspondente ao CC de 1916.
90 Sem Correspondente ao CC de 1916.
91 Sem Correspondente ao CC de 1916
92 Correspondente ao art. 178, § 10°, do CC de 1916.
93 Sem Correspondente ao CC de 1916.
94 É quinquenal o prazo prescricional aplicável à pretensão de cobrança, materializada em boleto bancário, ajuizada por operadora do plano de saúde contra empresa que contratou o serviço de assistência médicohospitalar para seus empregados (REsp 1.763.160-SP, Rel. Min. Ricardo Villas Bôas Cueva, Terceira Turma, por unanimidade, julgado em 17/09/2019, DJe 20/09/2019). Registre-se, de início, que não se desconhece que a jurisprudência desta Corte Superior tem entendido ser aplicável o prazo prescricional de 10 (dez) anos para as pretensões resultantes do inadimplemento contratual (EREsp 1.280.825/RJ, Rel. Ministra Nancy Andrighi, Segunda Seção, julgado em 27/6/2018, DJe 2/8/2018). Contudo, conforme disposição expressa do art. 205 do Código Civil, o prazo de 10 (dez) anos é residual, devendo ser aplicado apenas quando não houver regra específica prevendo prazo inferior. Na espécie, apesar de existir uma relação contratual entre as partes, pois trata-se de ação ajuizada pela operadora do plano de saúde em face de empresa que contratou a assistência médico-hospitalar para seus empregados, verifica-se que a ação de cobrança está amparada em um boleto de cobrança e que o pedido se limita ao valor constante no documento. Nesse contexto, a hipótese atrai a incidência do disposto no inciso I do § 5° do art. 206 do Código Civil, que prevê o prazo prescricional de 5 (cinco) anos para a pretensão de cobrança de dívidas líquidas constantes de instrumento público ou particular. Convém destacar que o boleto bancário não constitui uma obrigação de crédito por si só. Contudo, a jurisprudência tem entendido que ele pode, inclusive, amparar execução extrajudicial quando acompanhado de outros documentos que comprovem a dívida. (Informativo n° 657.)
95 Correspondente ao art. 178, § 6°, VI, IX, X do CC de 1916.

III - a pretensão do vencedor para haver do vencido o que despendeu em juízo.[96]

Vale destacar que o artigo 2.028 do nosso Código Civil determina que "serão os da lei anterior os prazos, quando reduzidos por este Código, e se, na data de sua entrada em vigor, já houver transcorrido mais da metade do tempo estabelecido na lei revogada". Neste sentido o julgamento do Recurso Especial 870.299-SP no STJ, de relatoria do ministro Humberto Gomes de Barros, em 15.5.2007: "De acordo com o art. 2.028 do CC/2002, lei anterior a esse código pode continuar a reger prazo se a nova lei civil o houver reduzido e se, na data da vigência do novel Código Civil, já se mostrar exaurido mais da metade do prazo fixado pela lei revogada. Na hipótese, o acidente em questão ocorreu em janeiro de 1997, data considerada pelo acórdão ora recorrido como marco da contagem da prescrição, a qual era vintenária em razão do disposto no art. 177 do CC/1916. Assim, quando da entrada em vigor do novo código, o antigo prazo vintenal estava longe de atingir sua metade, o que determina a regência da lei nova, que reduziu o prazo prescricional a três anos. Contudo a lei nova não retroage, o que leva a contar-se o novo prazo a partir da vigência do CC/2002".

Enunciados do CJF publicados na V Jornada de Direito Civil:

- Enunciado 418 – Art. 206. O prazo prescricional de três anos, para a pretensão relativa a aluguéis, aplica-se aos contratos de locação de imóveis celebrados com a administração pública;

- Enunciado 419 – Art. 206, § 3°, V. O prazo prescricional de três anos, para a pretensão de reparação civil, aplica-se tanto à responsabilidade contratual quanto à responsabilidade extracontratual;

- Enunciado 420 – Art. 206, § 3°, V. Não se aplica o art. 206, § 3°, V, do Código Civil, às pretensões indenizatórias decorrentes de acidente de trabalho, após a vigência da Emenda Constitucional nº 45, incidindo a regra do art. 7°, XXIX, da Constituição da República.

Na VII Jornada de Direito Civil foi publicado o enunciado 580 que diz "é de três anos, pelo art. 206, § 3º, V, do CC, o prazo prescricional para a pretensão indenizatória da seguradora contra o causador de dano ao segurado, pois a seguradora sub-roga-se em seus direitos.[97]

---

96 Sem Correspondente ao CC de 1916

97 Justificativa: Controverte-se sobre o prazo prescricional aplicável na hipótese de sub-rogação, pela seguradora, nos direitos do segurado. De acordo com o art. 786 do CO, "paga a indenização, o segurador sub-roga-se, nos limites do valor respectivo, nos direitos e ações que competirem ao segurado contra o autor do dano". Como sabido, é de um ano o prazo prescricional da pretensão do segurado contra a seguradora e vice-versa (art. 206, § 1º, II, CO). Em regra, o termo inicial para a contagem do prazo recai sobre a ciência do fato gerador da pretensão, excepcionada a hipótese do seguro de responsabilidade civil, cuja

19.16 Prescrição e Direitos Humanos

O Superior Tribunal de Justiça – STJ, no Recurso Especial 816.209-RJ, enfrentou a questão da prescrição associada aos direitos fundamentais da pessoa humana e decidiu da seguinte forma: "Discutiu-se acerca da prescri-tibilidade da ação tendente a reparar a violação dos direitos humanos ou dos direitos fundamentais da pessoa humana (indenização lastreada no art. 8°, § 3°, do ADCT da CF/1988) causada pela prisão e tortura por delito de opinião durante o regime militar de exceção, se aplicável o prazo prescricional quin-quenal do art. 1° do Dec. n° 20.910/1932, tal como entendeu o juízo singular. Quanto a isso, ao prosseguir o julgamento, a Turma, por maioria, firmou que a proteção da dignidade da pessoa humana (direito inato, universal, absoluto, inalienável e imprescritível, conforme a doutrina), como corroborado pelas cláusulas pétreas constitucionais, perdura enquanto subsistente a própria República Federativa, pois se cuida de seu fundamento, de um de seus pilares, e, como tal, não há que se falar em prescrição da pretensão tendente a implementá-la, quanto mais se a Constituição Federal não estipulou lapso prescricional ao direito de agir correspondente àquele direito à dignidade. Asseverou que o art. 14 da Lei n° 9.140/1995 previu ação condenatória correspondente a essas violações da dignidade humana durante o período de supressão das liberdades públicas, mas não previu prazo prescricional para o caso. Assim, concluiu que a *lex specialis* convive com a *lex generalis,* arredada a aplicação analógica do Código Civil ou do Decreto n° 20.910/1932 ao caso. Por fim, determinou o retorno dos autos à origem para que se dê prosseguimento ao feito, obstado pela decretação da prescrição. Precedentes citados do STF: HC 70.389-SP, DJ 10.8.2001; HC 80.031-RS, DJ 14.12.2001; do STJ: REsp 529.804-PR, DJ 24.5.2004; REsp 449.000-PE, DJ 3.6.2003, e REsp 379.414-PR, DJ 17.2.2003. REsp 816.209-RJ, Rel. Min. Luiz Fux, julgado em 10.4.2007".

Da mesma forma, o julgado: "A Turma decidiu que o direito de reclamar indenização assegurada em virtude da morte de pessoas desaparecidas durante o período da ditadura militar, *ex vi* da Lei n° 9.140/1995, não pode ser afetado por quaisquer prazos prescricionais. Precedentes citados:

---

contagem é feita após a citação na ação ajuizada pelo terceiro prejudicado. No caso de segurado vítima de dano, a relação jurídica é obrigacional e absolutamente diversa, sendo o ato ilícito sua fonte. O segurado torna-se credor do autor da lesão. Sendo a sub-rogação a substituição naquela relação jurídica, automaticamente o prazo prescricional do credor originário (segurado) passará a ser o da seguradora, ou seja, o prazo para a responsabilidade civil prevista pelo art. 206, § 3°, V, do CO. Essa posição vai ao encontro do que admitia o Egrégio STJ antes da entrada em vigor do CO/02 (REsp 191162/DF), embora se aplicando o prazo geral de 20 anos, pois não havia prazo específico para a pretensão de responsabilidade civil, ao contrário do que ocorre no CO/02 (3 anos), cujo art. 206, § 3°, V, do CO, aplica-se tanto para a responsabilidade contratual como para a extracontratual (Enunciado 419 da V Jornada de Direito Civil). E, no mesmo sentido, existe precedente no STJ posterior ao CO/02 (REsp 1162649 / SP)

REsp 379.414-PR, DJ 17.2.2003; REsp 449.000-PE, DJ 30.6.2003, e REsp 529.804-PR, DJ 24.5.2004. REsp 651.512-GO, Rel. Min. João Otávio de Noronha, julgado em 10.4.2007".

19.17 SÚMULAS

- STF – Súmula 154: Simples vistoria não interrompe a prescrição.
- STJ – Súmula 314: Em execução fiscal, não localizados bens penhoráveis, suspende-se o processo por um ano, findo o qual se inicia o prazo da prescrição quinquenal intercorrente.
- STJ – Súmula 229: O pedido do pagamento de indenização à seguradora suspende o prazo de prescrição até que o segurado tenha ciência da decisão.
- STJ – Súmula 220: A reincidência não influi no prazo da prescrição da pretensão punitiva.
- STJ – Súmula 106: proposta a ação no prazo fixado para o seu exercício, a demora na citação, por motivos inerentes ao mecanismo da justiça, não justifica o acolhimento da arguição de prescrição ou decadência.
- STJ – Súmula 85: nas relações jurídicas de trato sucessivo em que a Fazenda Pública figure como devedora, quando não tiver sido negado o próprio direito reclamado, a prescrição atinge apenas as prestações vencidas antes do quinquênio anterior à propositura.

19.18 Jurisprudência

- Trata-se de ação ordinária de cobrança de valores devidos em razão de contrato de adesão de previdência privada contra a associação dos funcionários de banco. Nas instâncias ordinárias, o pedido foi julgado procedente, condenando o banco a pagar as parcelas vencidas e vincendas devidamente corrigidas. Isso posto, explica o Min. relator que a Súm. n° 291-STJ não se aplica à hipótese de complementação de aposentadoria quando ela for continuada, isto é, por o beneficiário continuar segurado. Essa Súmula só se aplicaria em relação a ex-segurado que pleiteasse devolução de valores pagos a título de reserva de poupança, porque, quando a relação previdenciária está em curso, o segurado é vinculado, então seria uma prescrição que não atingiria o fundo do direito. Neste caso em que a relação é continuada, só há prescrição das parcelas não pagas anteriores ao quinquênio que precederam a propositura da ação - de acordo com a lei que trata, especificamente, da previdência privada (Lei n° 8.213/1991), que se reporta à legislação da previdência oficial, e que, por sua vez, estabelece o prazo de cinco anos. A citada Súmula só incide quando forem ex-segurados. Com esse entendimento, a Seção, ao prosseguir o julgamento, deu provimento, em parte, ao REsp do banco para declarar prescritas as parcelas vencidas até o quinquênio anterior ao ajuizamento da ação. REsp 431.071-RS, Rel. Min. Ari Pargendler, julgado em 13.6.2007.

• ALIMENTOS. EXONERAÇÃO. MAIORIDADE. PRESCRIÇÃO. PARCELAS VENCIDAS. Duas são as questões em debate nesse processo. A primeira trata da possibilidade ou não de haver exoneração automática da obrigação alimentícia. No caso, o juiz fez retroagir tal exoneração à data em que cada filha atingiu a maioridade. Essa decisão foi mantida pelo TJ. A Min. relatora lembrou que este Superior Tribunal tem entendido que não tem lugar a exoneração automática do dever de prestar alimentos em decorrência do advento da maioridade do alimentando, devendo-se propiciar a ele a oportunidade de se manifestar e comprovar, se for o caso, a impossibilidade de prover a própria subsistência. Isso porque, a despeito de extinguir-se o poder familiar com a maioridade, não cessa o dever de prestar alimentos fundados no parentesco. A segunda questão cuida da incidência ou não do instituto da prescrição sobre a pretensão da ex-cônjuge de obter o pagamento das parcelas alimentares vencidas. A Min. relatora esclareceu que o acórdão recorrido, ao manter o instituto da prescrição sobre a pretensão da alimentanda, vulnerou o art. 178, § 10, I, do CC/1916. A prescrição aqui tratada não é a do direito a alimentos em si, esse imprescritível, e sim a das prestações vencidas e não cobradas dentro do quinquênio legal (art. 178, § 10, I, do CC/1916). Na hipótese, a ação foi ajuizada em 13.12.2000, por meio da qual pugna a recorrente, ex-cônjuge do recorrido, prestações alimentícias por ele não pagas desde janeiro de 1994 até novembro de 2000. Aplicando-se o dispositivo mencionado, há de incidir o instituto da prescrição tão somente sobre as parcelas vencidas anteriormente ao mês de dezembro de 1995. REsp 896.739-RJ, Rel. Min. Nancy Andrighi, julgado em 14.6.2007.

• PRISÃO CIVIL. NOVAÇÃO. PRESCRIÇÃO. Depois de citado na execução das notas promissórias, o devedor celebrou acordo que foi homologado pelo juízo, no qual se previa a imediata execução se não pago o valor referente a uma segunda parcela. Inadimplida, foi requerida a execução do acordo, ocorrida a penhora, restou nomeado o devedor como depositário judicial. Nesse panorama, criada uma obrigação nova que extinguiu a anterior, tal como defendido pelo acórdão recorrido, a prescrição deve ser contada da sentença homologatória da transação, título executivo subsistente que veio a substituir as primeiras notas promissórias. Quanto à prisão civil pela infidelidade do depositário judicial, sua prescrição é regulada pelo direito civil, no caso, pelo art. 177 do CC/1916. Precedentes citados: Ag 768.311-SP, DJ 6.12.2006; HC 10.045-RS, DJ 29.11.1999; HC 7.535-RJ, DJ 14.6.1999; RHC 7.943-SC, DJ 21.6.1999, e HC 17.105-MG, DJ 26.8.2002. HC 63.562-SP, Rel. Min. Aldir Passarinho Júnior, julgado em 3.5.2007.

• DESISTÊNCIA. DESAPROPRIAÇÃO. INDENIZAÇÃO. PRESCRIÇÃO. Em demanda com objetivo de indenização pelos prejuízos oriundos da desistência de desapropriação pelo município, o Tribunal a quo manteve a sentença de extinção com julgamento do mérito ante o reconhecimento da prescrição. A questão consiste em saber se o termo inicial do lapso prescricional para ajuizamento da ação indenizatória pelos prejuízos decorrentes do período em que o município deteve o domínio do bem é a data da reintegração da posse ao proprietário ou da própria desistência da desapropriação. Para o Min. relator, citando Pontes de Miranda, em nosso sistema, o prazo prescricional está submetido ao princípio *actio nata*, segundo o qual a prescrição inicia-se com o nascimento da pretensão ou ação. Sendo assim, no caso dos autos, a ciência inequívoca da violação do direito deu-se com a homologação da desistência da desapropriação pelo município, independentemente da data em que a devolução consumar-se-ia com a efetiva reintegração do desapropriado na posse. Outrossim, destacou que a jurisprudência deste Superior Tribunal é farta no sentido de considerar a data da ciência da lesão o termo inicial do lapso prescricional para propositura de ação de indenização pelas perdas decorrentes do ato lesivo. Com esse entendimento, ao prosseguir o julgamento, a Turma negou provimento ao recurso. Precedentes citados: AgRg na AR 3.230-MG, DJ 26.6.2006; REsp 700.716-MS, DJ 17.4.2006; REsp 683.187-RJ, DJ 15.5.2006; REsp 777.560-DF, DJ 7.11.2005; REsp 712.721-MG, DJ 8.5.2006, e REsp 735.377-RJ, DJ 27.6.2005. REsp 816.131-SP. Rel. Min. Teori Albino Zavascki, julgado em 27.3.2007.

• AÇÃO. INDENIZAÇÃO. ACIDENTE AÉREO. PRESCRIÇÃO. CDC. O Min. relator anotou que o acidente aéreo ocorreu no dia 11.11.1991 e a ação indenizatória só foi ajuizada em 6.4.1994. Entendeu que o prazo da prescrição da pretensão indenizatória é bienal, contado na forma do art. 317 do CBA. Assim, segundo ele, efetivamente, mediaram mais de dois anos entre o dano e o ajuizamento da ação, operando-se a prescrição. O Min. Ari Pargendler, divergindo do Min. relator, acrescentou que o transporte aéreo de pessoas constitui uma relação de consumo e, sendo doméstico, está disciplinado pelo Código de Defesa do Consumidor – CDC. A reparação de danos resultantes da má prestação do serviço pode, por conseguinte, ser pleiteada no prazo de cinco anos. Aduziu que a Convenção de Varsóvia é irrelevante para esse efeito, porque dispõe sobre o transporte aéreo internacional. Essa tem sido a jurisprudência deste Superior Tribunal, que não conflita com a do STF, tal como se depreende do acórdão proferido no RE 297.901-RN, DJ 11. 11.1999. Assim, ocorrido o acidente em 11.11.1991, os lesados tinham o prazo de cinco anos para propor a ação visando à reparação do dano. Ajuizaram a demanda antes disso, em 6.4.1994, tempestivamente, portanto. Com essas considerações, a Turma, ao prosseguir o julgamento, por maioria, não conheceu do recurso. REsp 742.447-AL, Rel. originário Min. Humberto Gomes de Barros, Rel. para acórdão Min. Ari Pargendler, julgado em 20.3.2007.

- QUESTÃO DE ORDEM. SUGESTÃO. REVISÃO. SÚM. 323-STJ. A Seção, em questão de ordem, por maioria, deliberou encaminhar à Comissão de Jurisprudência propostas de alteração do enunciado da Súmula n° 323-STJ: "A inscrição de inadimplente pode ser mantida nos serviços de proteção ao crédito por, no máximo, cinco anos". Acolheu sugestão da Min. Nancy Andrighi, relatora do REsp 873.690-RS – o qual deverá ser precedente da Súmula citada com o novo enunciado. Para a Min. relatora, diante da omissão do RISTJ, a alteração deveria ser feita naquela mesma sessão, uma vez que havia precedentes da Súmula a apoiar essa nova redação. Entretanto a maioria dos ministros desse colegiado entendeu que existe o procedimento das propostas de súmulas do STJ, e deve-se obedecer a ele. Assim, deveriam encaminhar-se à Comissão de Jurisprudência as propostas da Seção para revisão da Súm. n° 323-STJ, de acordo com a explanação do Min. César Asfor Rocha. O Min. Carlos Alberto Menezes Direito também lembrou que, quando a matéria foi sumulada, considerou-se apenas o prazo de permanência do registro no Serasa ou SPC, posteriormente é que a Seção examinou a questão do prazo de prescrição: se é da ação de cobrança ou da ação de execução, chegando-se à conclusão de que se contaria a prescrição da ação de cobrança. Em função desse julgamento, argumentou Sua Excelência que a Súmula ficou com uma defasagem, dando margem a se entender que o prazo da prescrição poderia se contar da ação de execução ou da ação de cobrança. Assim, concluiu que a revisão da citada Súmula terá de explicitar que se leva em consideração, para efeito da prescrição, a ação de cobrança. QO no REsp 873.690-RS, Rel. Min. Nancy Andrighi, julgada em 8.11.2006.

- RESPONSABILIDADE CIVIL. ACIDENTE RODOVIÁRIO. MORTE. PRESCRIÇÃO. VERBETE n° 106 DA SÚMULA DO STJ. DANO MORAL. QUANTUM INDENIZATÓRIO. "Proposta a ação no prazo fixado para o seu exercício, a demora na citação, por motivos inerentes ao mecanismo da Justiça, não justifica o acolhimento da arguição de prescrição ou decadência" (verbete n° 106 da Súmula do STJ). Inaplicável ao caso, outrossim, o prazo prescricional quinquenal previsto no Código de Defesa do Consumidor. Precedentes. O valor arbitrado a título de danos morais pelo Tribunal a quo não se revela exagerado ou desproporcional às peculiaridades da espécie, não justificando a excepcional intervenção desta Corte para revê-lo. Recurso Especial não conhecido (REsp 711.887/PR, Rel. ministro CÉSAR ASFOR ROCHA, QUARTA TURMA, julgado em 21.9.2006, DJ 6.11.2006 p. 330).

- SEGURO. PRÊMIO. PAGAMENTO. EXCESSO. RESTITUIÇÃO. PRESCRIÇÃO ÂNUA. CÓDIGO CIVIL. APLICAÇÃO. ESPECIALIDADE. I – A ação para discussão de validade de cláusula contratual reguladora do critério de reajuste dos prêmios mensais pagos ao seguro de saúde, por ser inerente à relação entre segurado e segurador e não relacionada a defeito do serviço, sujeita-se ao prazo ânuo previsto no Código Civil. II – No caso de seguro de saúde, em que o prêmio é pago mensalmente, constituindo relação de trato sucessivo, o lapso prescricional nasce a partir do pagamento de cada parcela indevida. Sendo assim, são passíveis de cobrança tão somente as quantias indevidamente desembolsadas nos doze meses que precederam à propositura da demanda. Recurso não conhecido, com ressalva quanto à terminologia (REsp 794.583/RJ, Rel. ministro CASTRO FILHO, TERCEIRA TURMA, julgado em 26.9.2006, DJ 23.10.2006 p. 312).

- DIREITO CIVIL. AÇÃO DE COBRANÇA. SEGURO DE VIDA EM GRUPO CONTRATADO PELA EMPREGADORA. SEGURO FACULTATIVO. PRESCRIÇÃO ÂNUA. SÚMULA 101/STJ. ARTIGO 178, § 6°, II, DO CÓDIGO CIVIL/1916. No seguro facultativo em grupo, a estipulante (no caso, empregador contratante do seguro) qualifica-se como mera mandatária dos segurados, e não como terceira para fins da relação securitária, sujeitando-se a pretensão deste ao prazo prescricional de um ano, para o ajuizamento de ação de cobrança, nos termos do artigo 178, § 6°, II, do Código Civil/1916. Embargos de divergência acolhidos (EREsp 286.328/DF, Rel. ministro ARI PARGENDLER, Rel. p/ Acórdão ministro CASTRO FILHO, SEGUNDA SEÇÃO, julgado em 24.5.2006, DJ 19.10.2006 p. 238).
- RECURSO ESPECIAL. DOAÇÃO DE TERRENO PÚBLICO. REVOGAÇÃO. INEXECUÇÃO DE ENCARGO. PRESCRIÇÃO VINTENÁRIA. ART. 177 DO CÓDIGO CIVIL/16. PRECEDENTES. 1. O prazo prescricional para revogação de doação de terreno público por inexecução de encargo é de vinte anos, nos termos do art. 177 do Código Civil de 1916. 2. O art. 178, § 6°, I, do Código Civil de 1916 aplica-se apenas às hipóteses de revogação de doação por ingratidão do donatário. Precedentes. 3. Recurso Especial provido. (REsp 231.945/SP, Rel. ministro JOÃO OTÁVIO DE NORONHA, SEGUNDA TURMA, julgado em 3.8.2006, DJ 18.8.2006 p. 357)
- RECURSO ESPECIAL. ACIDENTE AÉREO. AUTORA QUE BUSCA INDENIZAÇÃO PELA MORTE DE SEU ESPOSO, TRIPULANTE DA AERONAVE ACIDENTADA. PRESCRIÇÃO VINTENÁRIA. 1. A prescrição bienal fixada na Lei 7.565/86, não atinge as ações de indenização promovidas contra companhias aéreas pelos danos causados a tripulante (Art. 317, I, CBA). O Art. 317, I, do CBA não se refere aos danos causados à tripulação. Trata apenas dos danos sofridos por passageiros, bagagem ou carga transportada. Se assim é, a ação em que se busca ressarcimento por danos causados a tripulante deve ser regida pelo Código Civil, com prescrição vintenária. 2. "O prazo prescricional da ação não está sujeito à escolha. Para cada ação só há uma prescrição, fixada em lei" (REsp 304.724/HUMBERTO). 3. Se não há norma especial a regular a espécie, incide a prescrição vintenária do Art. 177 do Código Beviláqua, que vigorava à época do acidente (REsp 758.606/ MT, Rel. ministro HUMBERTO GOMES DE BARROS, TERCEIRA TURMA, julgado em 6.4.2006, DJ 15.5.2006 p. 212).

• Venda de ascendente para descendente por interposta pessoa. Ato jurídico anulável. Prescrição de quatro anos, na forma do art. 178, § 9°, V, "b", do Código Civil de 1916. Precedentes da Corte e do Supremo Tribunal Federal. 1. A anulação da venda de ascendente para descendente por interposta pessoa, sob o regime do Código Civil anterior, prescreve em quatro anos. A configuração de ato anulável, de resto, já está consolidada no Código Civil vigente (art. 496) que reduziu o prazo para dois anos, "a contar da data da conclusão do ato" (art. 179). 2. Recurso Especial conhecido e provido. (REsp 771.736/SC, Rel. ministro CARLOS ALBERTO MENEZES DIREITO, TERCEIRA TURMA, julgado em 7.2.2006, DJ 15.5.2006 p. 212).

• Previdência privada. Prescrição. Contrato benéfico. Precedentes da Corte. 1. A prescrição das parcelas recebidas em decorrência da complementação de aposentadoria é de cinco anos (Súmula n° 291 e REsp n° 771.638/MG, Segunda Seção, da minha relatoria, DJ de 12.12.05). 2. O art. 1.090 Código Civil de 1916 não incide em casos como o presente, porque não se trata de contrato benéfico. 3. Recurso Especial conhecido e provido, em parte (REsp 647.428/RS, Rel. ministro CARLOS ALBERTO MENEZES DIREITO, TERCEIRA TURMA, julgado em 15.12.2005, DJ 8.5.2006 p. 200).

• Direito civil. Ação por acidente do trabalho. Morte de piloto de helicóptero em decorrência da queda da aeronave por pene seca. Alegação de prescrição formulada com base nas disposições do Código Brasileiro de Aeronáutica, que fixariam o prazo de dois anos para a propositura da ação. Exceção afastada pelo tribunal de origem sob o argumento de que se trata de ação de indenização por acidente do trabalho, que é excepcionada pela lei. Decisão mantida. - A prescrição bienal de que tratam os arts. 256, inc. I, § 2°, alínea "a" e 317, inc. I, do Código Brasileiro de Aeronáutica (Lei n° 7.565/86) não atinge a ação de indenização por acidente do trabalho, que se sujeita ao prazo prescricional ordinário aplicável às ações pessoais. Isso porque, em primeiro lugar, tal hipótese é excepcionada de maneira expressa pela lei. E, em segundo lugar, porque aplicar às hipóteses de pedido de indenização formulado por tripulante, o mesmo prazo prescricional estabelecido pela lei apenas para o passageiro da aeronave, implicaria promover interpretação extensiva em matéria de prescrição, o que não é possível fazer conforme autorizada doutrina. - O pedido de reconhecimento de má valoração da prova pelo tribunal esbarra no óbice da Súmula 7/STJ. - Não é possível conhecer do recurso com base em divergência jurisprudencial na hipótese em que o recorrente se limita a transcrever ementas dos acórdãos selecionados como paradigmas. Recursos especiais não conhecidos (REsp 792.935/RJ, Rel. ministra NANCY ANDRIGHI, TERCEIRA TURMA, julgado em 6.4.2006, DJ 2.5.2006 p. 326).

• COMERCIAL. SOCIEDADES. INCORPORAÇÃO. RESGATE. AÇÕES. PRESCRIÇÃO. I - Na incorporação, a sociedade incorporada extingue-se, sendo absorvida pela entidade incorporadora. Em razão da extinção, nasce para os acionistas o direito de pleitear o resgate das ações, seja pelo recebimento de ações da nova companhia ou pelo pagamento da quantia equivalente em dinheiro, nos termos do artigo 44, § 1°, da Lei n° 6.404/76. II - Pleiteado o resgate das ações da companhia extinta tão somente após o transcurso de mais de 21 (vinte e um) anos, contados desde o ato incorporador, inexoravelmente a pretensão encontra-se fulminada pela prescrição, cujo prazo máximo nas ações pessoais, segundo o artigo 177 do Código Civil de 1916, era de 20 (vinte) anos. Recurso não conhecido. (REsp 786.227/RS, Rel. ministro CASTRO FILHO, TERCEIRA TURMA, julgado em 15.12.2005, DJ 1.2.2006 p. 558).

- Ação de cobrança. Mensalidades escolares. Prescrição. Lei n° 9.870/99. Precedentes da Corte. 1. O art. 6° da Lei n° 9.870/99 trata de sanções legais e administrativas em caso de inadimplência que perdure por mais de noventa dias, proibindo qualquer tipo de penalidade pedagógica, não tendo o condão de alterar a regra do art. 178, § 6°, VII, do Código Civil de 1916 que se aplica para aferir a prescrição para a cobrança de mensalidades escolares. 2. Recurso Especial conhecido e provido (REsp 637.617/RJ, Rel. ministro CARLOS ALBERTO MENEZES DIREITO, TERCEIRA TURMA, julgado em 28.6.2005, DJ 3.10.2005 p. 245).

- CIVIL. CONTRATO. POUPANÇA. PLANO BRESSER E PLANO VERÃO. PRESCRIÇÃO. VINTENÁRIA. 1. Os juros remuneratórios de conta de poupança, incidentes mensalmente e capitalizados, agregam-se ao capital, assim como a correção monetária, perdendo, pois, a natureza de acessórios, fazendo concluir, em consequência, que a prescrição não é a de cinco anos, prevista no art. 178, § 10, III, do Código Civil de 1916, mas a vintenária. Precedentes. 2. Agravo regimental não provido (AgRg no Ag 634.850/ SP, Rel. ministro FERNANDO GONÇALVES, QUARTA TURMA, julgado em 6.9.2005, DJ 26.9.2005 p. 384).

- CIVIL. SEPARAÇÃO CONSENSUAL. PARTILHA. BENS SONEGADOS. SOBREPARTILHA. CAUSA DE PEDIR. PRESCRIÇÃO. - O nome atribuído à ação é irrelevante para a aferição da sua natureza jurídica, que tem a sua definição com base no pedido e na causa de pedir, aspectos decisivos para a definição da natureza da ação proposta. Precedentes. - O prazo pres-cricional da ação de sonegação de bens em partilha de separação consensual, é regulada pelo Art. 177 do Código Civil. Precedentes (REsp 509.300/SC, Rel. ministro HUMBERTO GOMES DE BARROS, TERCEIRA TURMA, julgado em 28.6.2005, DJ 5.9.2005 p. 397)

- REGIMENTAL. SEGURO. PRESCRIÇÃO. ÂNUA. PRAZO. ART. 178, § 6°, II, DO CÓDIGO BEVILÁQUA. CDC INAPLICÁVEL. - A ação de segurado contra seguradora, expõe-se a prescrição ânua (Art. 178, § 6°, II, do Código Civil, e não à do Art. 27 do Código de Defesa do Consumidor, que é aplicável às hipóteses de danos decorrentes de vícios ou defeitos na qualidade de produtos ou no fornecimento de serviços (acidentes de consumo). – Prescreve a ação para complementar indenização securitária, se o segurado, após receber pagamento que reputa incompleto, se manteve inerte, por mais de um ano.

- Para fugir à prescrição, antes de esta se consumar, o autor deve comprovar que cobrou extrajudicialmente o crédito encontrando resistência da devedora (AgRg no REsp 319.242/RJ, Rel. ministro HUMBERTO GOMES DE BARROS, TERCEIRA TURMA, julgado em 24.5.2005, DJ 27.6.2005 p. 363).

• NEGATÓRIA DE PATERNIDADE, CUMULADA COM INVESTIGAÇÃO E PETIÇÃO DE HERANÇA. DECADÊNCIA/PRESCRIÇÃO. – Não se extingue o direito de o filho investigar a paternidade e pleitear a alteração do registro de nascimento tido como falso, mesmo quando vencido integralmente, depois da maioridade, o prazo de quatro anos. Inaplicabilidade dos arts. 178, § 9°, VI, e 362 do Código Civil de 1916. Precedentes do STJ. Recurso Especial conhecido e provido (REsp 485.511/MG, Rel. ministro BARROS MONTEIRO, QUARTA TURMA, julgado em 5.5.2005, DJ 13.6.2005 p. 309).

• DIREITO CIVIL. INVESTIGAÇÃO DE PATERNIDADE. PRESCRIÇÃO. ARTS. 178, § 9°, VI, E 362, DO CÓDIGO CIVIL. ORIENTAÇÃO DA SEGUNDA SEÇÃO. É imprescritível o direito de o filho, mesmo já tendo atingido a maioridade, investigar a paternidade e pleitear a alteração do registro, não se aplicando, no caso, o prazo de quatro anos, sendo, pois, desinfluentes as regras dos artigos 178, § 9°, VI, e 362 do Código Civil então vigente. Precedentes. Recurso Especial não conhecido (REsp 466.783/RS, Rel. ministro CASTRO FILHO, TERCEIRA TURMA, julgado em 19.4.2005, DJ 23.5.2005 p. 267).

• Anulação de ato jurídico praticado com dolo. Compra e venda de imóvel quando em curso ação demolitória. Omissão dolosa do vendedor. Prescrição. 1. Pretendida a rescisão do contrato por omissão dolosa do vendedor do imóvel, que escondeu a existência de ação demolitória em curso na época da transação, o ato jurídico é anulável, incidindo quanto à prescrição o art. 178, § 9°, V, "b", do Código Civil de 1916. 2. Recurso Especial não conhecido (REsp 664.499/SC, Rel. ministro CARLOS ALBERTO MENEZES DIREITO, TERCEIRA TURMA, julgado em 1.3.2005, DJ 2.5.2005 p. 349).

• Civil. Usucapião. Prescrição. Contestação. I. – A contestação na ação de usucapião não pode ser erigida à oposição prevista em lei, não tendo o condão de interromper, só por si, o prazo da prescrição aquisitiva. II. – Comprovada a posse desde o ano de 1947, sem que fosse intentada qualquer medida judicial ou extrajudicial para desalojar os possuidores, é de ser reconhecido o direito ao usucapião pretendido. III. – Recurso Especial conhecido e provido (REsp 234.240/SC, Rel. ministro ANTÔNIO DE PÁDUA RIBEIRO, TERCEIRA TURMA, julgado em 2.12.2004, DJ 11.4.2005 p. 288).

Capítulo 20
DA DECADÊNCIA

20.1. Conceitos e caracteristicas

A *decadência* é a perda do direito potestativo em razão da inércia do seu titular. O direito potestativo é o *poder jurídico* atribuído ao titular do direito no qual uma outra pessoa deve suportar os efeitos do ato (estado de sujeição).

O fundamento da decadência está relacionado à necessidade de certeza jurídica que determina a subordinação de certos direitos potestativos.

Aqui, não há falar-se em prescrição dos direitos potestativos, já que não há pretensão relacionada a estes. Neste sentido, a Comissão Revisora do atual Código Civil esclarece que "os direitos potestativos são direitos sem pretensão, pois são insuscetíveis de violação, já que a eles não se opõe um dever de quem quer que seja, mas uma sujeição de alguém (o meu direito de anular o negócio jurídico não pode ser violado pela parte a quem a anulação prejudica, pois esta está apenas sujeita a sofrer as consequências da anulação decretada pelo juiz, não tendo, portanto, dever algum que possa descumprir)".[1]

Neste sentido a decadência espelha uma limitação ao exercício de um direito potestativo, extinguindo o estado de sujeito existente, e.g., a doação ao cônjuge adúltero, conforme artigo 550 do Código civil brasileiro (a doação do cônjuge adúltero ao seu cúmplice pode ser anulada pelo outro cônjuge, ou por seus herdeiros necessários, até dois anos depois de dissolvida a sociedade conjugal).

Vejamos alguns dispositivos que tratam do fenômeno jurídico da decadência no Código Civil brasileiro e Código de Defesa do Consumidor:

a) CC 2002 – Art. 119. É anulável o negócio concluído pelo representante em conflito de interesses com o representado, se tal fato era ou devia ser do conhecimento de quem com aquele tratou. Parágrafo único. É de cento e oitenta dias, a contar da conclusão do negócio ou da cessação da incapacidade, o prazo de decadência para pleitear-se a anulação prevista neste artigo.

---

1 ALVES, José Carlos Moreira. A Parte Geral do Projeto do Código Civil brasileiro, São Paulo: Saraiva, 1986, p.155.

b) CC 2002 – Art. 178. É de quatro anos o prazo de decadência para pleitear-se a anulação do negócio jurídico, contado: I – no caso de coação, do dia em que ela cessar; II – no de erro, dolo, fraude contra credores, estado de perigo ou lesão, do dia em que se realizou o negócio jurídico; III – no de atos de incapazes, do dia em que cessar a incapacidade.
c) CC 2002 – Art. 446. Não correrão os prazos do artigo antecedente na constância de cláusula de garantia; mas o adquirente deve denunciar o defeito ao alienante nos trinta dias seguintes ao seu descobrimento, sob pena de decadência.
d) CC 2002 – Art. 501. Decai do direito de propor as ações previstas no artigo antecedente o vendedor ou o comprador que não o fizer no prazo de um ano, a contar do registro do título. Parágrafo único. Se houver atraso na imissão de posse no imóvel, atribuível ao alienante, a partir dela fluirá o prazo de decadência.
e) CC 2002 – Art. 504. Não pode um condômino em coisa indivisível vender a sua parte a estranhos, se outro consorte a quiser, tanto por tanto. O condômino, a quem não se der conhecimento da venda, poderá, depositando o preço, haver para si a parte vendida a estranhos, se o requerer no prazo de cento e oitenta dias, sob pena de decadência.
f) CC 2002 – Da Retrovenda. Art. 505. O vendedor de coisa imóvel pode reservar-se o direito de recobrá-la no prazo máximo de decadência de três anos, restituindo o preço recebido e reembolsando as despesas do comprador, inclusive as que, durante o período de resgate, se efetuaram com a sua autorização escrita, ou para a realização de benfeitorias necessárias.
g) CC 2002 – Art. 516. Inexistindo prazo estipulado, o direito de preempção caducará, se a coisa for móvel, não se exercendo nos três dias, e, se for imóvel, não se exercendo nos sessenta dias subsequentes à data em que o comprador tiver notificado o vendedor.
h) CC 2002 – Art. 554. A doação a entidade futura caducará se, em dois anos, esta não estiver constituída regularmente.
i) CC 2002 – Art. 559. A revogação por qualquer desses motivos deverá ser pleiteada dentro de um ano, a contar de quando chegue ao conhecimento do doador o fato que a autorizar, e de ter sido o donatário o seu autor.
j) CC 2002 – Art. 618. Nos contratos de empreitada de edifícios ou outras construções consideráveis, o empreiteiro de materiais e execução responderá, durante o prazo irredutível de cinco anos, pela solidez e segurança do trabalho, assim em razão dos materiais, como do solo. Parágrafo único. Decairá do direito assegura-

do neste artigo o dono da obra que não propuser a ação contra o empreiteiro, nos cento e oitenta dias seguintes ao aparecimento do vício ou defeito.

k) CC 2002 - Art. 745. Em caso de informação inexata ou falsa descrição no documento a que se refere o artigo antecedente, será o transportador indenizado pelo prejuízo que sofrer, devendo a ação respectiva ser ajuizada no prazo de cento e vinte dias, a contar daquele ato, sob pena de decadência.

l) CC 2002 - Art. 754. As mercadorias devem ser entregues ao destinatário, ou a quem apresentar o conhecimento endossado, devendo aquele que as receber conferi-las e apresentar as reclamações que tiver, sob pena de decadência dos direitos.

m) CDC - Art. 26. O direito de reclamar pelos vícios aparentes ou de fácil constatação caduca em: I - trinta dias, tratando-se de fornecimento de serviço e de produtos não duráveis; II - noventa dias, tratando-se de fornecimento de serviço e de produtos duráveis. § 1° Inicia-se a contagem do prazo decadencial a partir da entrega efetiva do produto ou do término da execução dos serviços. § 2° Obstam a decadência: I - a reclamação comprovadamente formulada pelo consumidor perante o fornecedor de produtos e serviços até a resposta negativa correspondente, que deve ser transmitida de forma inequívoca; II - (Vetado). III - a instauração de inquérito civil, até seu encerramento. § 3° Tratando-se de vício oculto, o prazo decadencial inicia-se no momento em que ficar evidenciado o defeito.

20.2 Disposições Legais

Salvo disposição legal em contrário, não se aplicam à decadência as normas que impedem, suspendem ou interrompem a prescrição (CC, art. 207).[2]

O artigo 240 do Código de Processo Civil que determina que "a citação válida, ainda quando ordenada por juízo incompetente, induz litispendência, torna litigiosa a coisa e constitui em mora o devedor, ressalvado o disposto nos arts. 397 e 398 da Lei n° 10.406, de 10 de janeiro de 2002 (Código Civil).

A interrupção da prescrição, operada pelo despacho que ordena a citação, ainda que proferido por juízo incompetente, retroagirá à data de propositura da ação. (CPC, art. 240, § 1°).

Incumbe ao autor adotar, no prazo de 10 (dez) dias, as providências necessárias para viabilizar a citação, sob pena de não se aplicar o disposto no § 1º. (CPC, art. 240, § 2°).

A parte não será prejudicada pela demora imputável exclusivamente ao serviço judiciário. (CPC, art. 240, § 3°).

2 Sem Correspondente ao CC de 1916.

O efeito retroativo a que se refere o § 1º aplica-se à decadência e aos demais prazos extintivos previstos em lei. (CPC, art. 240, § 4°).

O artigo 208 determina que "aplica-se à decadência o disposto nos arts. 195 e 198, inciso I".[3] Isto quer dizer que se os assistentes de pessoas relativamente incapazes ou os representantes legais de pessoas jurídicas derem azo à decadência, responderão pelos prejuízos que causarem. Da mesma forma, o artigo 198, inciso I, prevê causa de impedimento ou suspensão de prescrição contra pessoas absolutamente incapazes. Esta regra também será aplicada na hipótese de decadência.

É nula a renúncia à decadência fixada em lei (CC, art. 209).[4]

A decretação da decadência é *ex officio*, já que a regra do artigo 210 determina que "deve o juiz, de ofício, conhecer da decadência, quando estabelecida por lei".[5]

O artigo 210 trata da *decadência legal*, ou seja, de prazos decadenciais relacionados à matéria de ordem pública, de interesse geral. Neste caso, o magistrado deve conhecer de ofício a decadência, independentemente da manifestação de vontade da parte.

Diversa é a hipótese de *decadência convencional*, vinculada ao interesse dos sujeitos na relação jurídica. Aqui, deve prevalecer o interesse dos particulares, já que deriva da autonomia negocial. O magistrado não pode conhecer da decadência de ofício, salvo se houver requerimento da parte a quem aproveite.

Por fim, o artigo 211 do nosso Código Civil afirma que "se a decadência for convencional, a parte a quem aproveita pode alegá-la em qualquer grau de jurisdição, mas o juiz não pode suprir a alegação".[6]

A *decadência convencional* é aquela estabelecida pelas partes, podendo ser alegada em qualquer grau de jurisdição, sendo vedado ao magistrado conhecê-la e decretá-la de ofício. Vale lembrar que a decadência criada por convênção, opera exclusivamente na seara dos direitos disponíveis.

Vale lembrar que o artigo 295, inciso IV, do Código de Processo Civil prescreve que a petição inicial será indeferida "quando o juiz verificar, desde logo, a decadência". Esta regra deve ser interpretada em harmonia com as regras estabelecidas no direito material, em especial, com os artigos 210 e 211 do nosso diploma civilístico. Dessa maneira, o indeferimento liminar da petição inicial somente deverá ocorrer nos casos de decadência legal (decadência prevista em lei).

---

3 Sem Correspondente ao CC de 1916.
4 Sem Correspondente ao CC de 1916.
5 Sem Correspondente ao CC de 1916.

Capítulo 21

DA PROVA

21.1. Conceitos e caracteristicas

A regra geral é a *liberdade de forma,* ou seja, em regra o negócio jurídico possui forma livre, de modo que as partes possuem a liberdade de escolha em adotar a forma que mais lhes convier. É o que traduz a regra expressa no artigo 107 do nosso Código Civil ao dizer que "a validade da declaração de vontade não dependerá de forma especial, senão quando a lei expressamente a exigir".

Prova é o meio utilizado para demonstrar a existência do ato ou negócio jurídico. As regras relativas à *prova* são encontradas não só no Código Civil, como também, no Código de Processo Civil. As normas de direito material disciplinam a determinação das provas, o seu valor jurídico e as condições de admissibilidade; as normas de direito processual indicam o modo de constituição e produção das provas em juízo. O Código de Processo Civil apresenta um capítulo específico destinado às disposições sobre as provas, seus meios legais, necessidade, momento, autoria e espécies de provas.

De acordo com CLÓVIS BEVILÁQUA, a prova em direito "é o conjunto dos meios empregados para demonstrar, legalmente, a existência de um ato jurídico".[1]

ADRIANO MOURA DA FONSECA PINTO afirma que a prova "cumpre um papel duplo no mundo jurídico, tendo uma característica objetiva, que diz respeito ao modo de produção de determinado conteúdo e outra subjetiva, de ser capaz de provocar no julgador, uma razoável posição de convencimento jurídico em cada caso concreto.

Isso significa que não basta a parte, seja em ação ou defesa, simplesmente alegar determinados fatos. Essas alegações precisam de um respaldo probatório que possa ao mesmo tempo ofertar o direito ao contraditório da outra parte e também convencer o magistrado da existência dos fatos alegados no processo".[2]

Quando a lei exigir instrumento público como da substância do ato, nenhuma outra prova, por mais especial que seja, pode suprir-lhe a falta. (CPC - art. 406)

---

1 BEVILÁQUA, Clóvis. *Código civil dos Estados Unidos do Brasil,* 3. ed. Rio de Janeiro: Francisco Alves, 1927; p. 378-379.

2 PINTO, Adriano Moura da Fonseca. *Curso de direito processual civil.* Rio de Janeiro: Freitas Bastos, 2006, p. 381.

As partes têm o direito de empregar todos os meios legais, bem como os moralmente legítimos, ainda que não especificados neste Código, para provar a verdade dos fatos em que se funda o pedido ou a defesa e influir eficazmente na convicção do juiz. (CPC – Art. 369).

De acordo com o artigo 212 do Código Civil, "salvo o negócio a que se impõe forma especial, o fato jurídico pode ser provado mediante: I – confissão; II – documento; III – testemunha; IV – presunção; V – perícia".[3]

Além dos dispositivos previstos no Código Civil brasileiro, o Código de Processo Civil também prevê os meios de prova:

a) depoimento pessoal (arts. 385 a 388); b) confissão (arts. 389 a 395); c) exibição de documento ou coisa (arts. 396 a 404); d) prova documental (arts. 405 a 429); e) documentos eletrônicos (arts. 439 a 441) f) prova testemunhal (arts. 442 a 449); g) prova pericial (arts. 464 a 480) e h) inspeção judicial (arts. 481 a 484).

As características das provas são a *admissibilidade,* a *pertinência* e a *concludência.* Tais características são analisadas por CARLOS SANTOS DE OLIVEIRA. Vejamos as suas lições: "A característica da admissibilidade vem diretamente relacionada com a licitude da prova que se pretende produzir, na medida em que a prova obtida por meio inidôneo é considerada ilícita e, portanto, não produz qualquer efeito. De acordo com o princípio da liberdade da prova, qualquer meio de prova, desde que lícito, é admitido em juízo, quer seja para comprovar um negócio jurídico solene, quer seja para comprovar um negócio jurídico não solene. Tem ainda a prova que ser aplicável ao caso em questão, para que possa ser admitida a sua produção em juízo. Não há como se autorizar a produção de prova que não tenha nenhuma aplicabilidade ao ponto controvertido da causa pendente de solução, sob pena de nenhum efeito produzir na busca da verdade".[4]

Vale lembrar que o requisito da admissibilidade (ou legalidade) encontra lastro no artigo 5°, inciso LVI, da Constituição da República Federativa do Brasil de 1988 que diz: "São inadmissíveis, no processo, as provas obtidas por meios ilícitos".[5]

---

3 Correspondente ao art. 136 do CC de 1916.

4 OLIVEIRA, Carlos Santos de. Da prova dos negócios jurídicos. In: TEPEDINO, Gustavo. *A parte geral do novo código civil:* estudos na perspectiva constitucional. Rio de Janeiro: Renovar, 2002, p. 433.

5 Quanto à interceptação de comunicações telefônicas: Lei n° 9.296, de 24 de julho de 1996. Regulamenta o inciso XII, parte final, do art. 5° da Constituição Federal. Art. 1° A interceptação de comunicações telefônicas, de qualquer natureza, para prova em investigação criminal e em instrução processual penal, observará o disposto nesta Lei e dependerá de ordem do juiz competente da ação principal, sob segredo de justiça. Parágrafo único. O disposto nesta Lei aplica-se à interceptação do fluxo de comunicações em sistemas de informática e telemática. Art. 2° Não será admitida a interceptação de comunicações telefônicas quando ocorrer qualquer das seguintes hipóteses: I – não houver indícios razoáveis da autoria ou participação em infração penal; II – a prova puder ser feita por outros meios

Em relação à pertinência afirma o desembargador que: "A característica da pertinência induz necessariamente a adequabilidade da prova para a demonstração do fato em apuração. Pertinente é a prova que sirva para demonstrar o fato, que tenha correlação direta com o fato em apuração, com o ponto controvertido da causa".[6]

Por fim, a prova será concludente quando "efetivamente esclarece a verdade sobre o ponto controvertido da questão em julgamento, quando confirma as alegações feitas pelas partes, levando convicção ao julgador. A concludência induz uma prova plena, uma prova extreme de dúvidas, que demonstre a verdade dos fatos, não se confundindo com um mero indício. Podemos destacar, como exemplo, a apresentação do recibo de pagamento, pelo réu, em ação de cobrança de dívida que lhe é direcionada".[7]

21.2 Da Valoração da Prova

Ainda de acordo com as lições de ADRIANO MOURA DA FONSECA PINTO, historicamente no Direito Processual Civil, três são os sistemas conhecidos sobre a apreciação da prova pelo magistrado.[8] Vejamos:

> "– LEGALISTA, no qual o magistrado apenas atribuía à prova um peso, uma valoração sempre predefinida em lei, ainda que por esta razão a efetiva justiça cedesse lugar a um critério formalista. O magistrado se limitava a conferir a valoração de determinada prova sem critérios próprios, mas emprestados da legislação em vigor a sua época. Era muito utilizado no direito romano inicial e também na época medieval. Seu produto era a verdade formal absoluta em detrimento da verdade real.
>
> – LIVRE CONVENCIMENTO, que é o oposto do sistema anterior. O magistrado salta do papel de mero examinador de peso de provas previamente determinados em lei e passa a ter a total autonomia para formar a sua convicção para decidir. É um extremo também não desejável, na medida em que coloca nas mãos do magistrado, decidir o processo também contrariando a verdade real, ainda que desta vez provada nos autos pela simples afirmação do não convencimento pelas provas produzidas.

disponíveis; III – o fato investigado constituir infração penal punida, no máximo, com pena de detenção. Parágrafo único. Em qualquer hipótese deve ser descrita com clareza a situação objeto da investigação, inclusive com a indicação e qualificação dos investigados, salvo impossibilidade manifesta, devidamente justificada.

6 Ibid.

7 Ibid., p. 433-434.

8 PINTO, Op. Cit., p. 385-386.

Era uma saída infalível que podia a tudo afetar no processo, deixando as partes envolvidas sem um mínimo de garantia de um devido processo legal.

- LIVRE CONVENCIMENTO MOTIVADO, que acabou sendo o sistema adotado pelo legislador brasileiro, à luz do art. 131 do CPC e merece aplauso por conciliar a liberdade de análise do magistrado dentro das provas produzidas dentro de cada processo com a necessidade da fundamentação de suas decisões. Permite ao mesmo tempo que o magistrado atenda ao disposto no art. 130 do CPC ". No novo CPC, artigos 370 e 371.[9]

21.3 Do Ônus da Prova

A regra geral do ônus da prova está fincada no artigo 373 do Código de Processo Civil.

O ônus da prova incumbe: I – ao autor, quanto ao fato constitutivo de seu direito; II – ao réu, quanto à existência de fato impeditivo, modificativo ou extintivo do direito do autor.

§ 1º Nos casos previstos em lei ou diante de peculiaridades da causa relacionadas à impossibilidade ou à excessiva dificuldade de cumprir o encargo nos termos do *caput* ou à maior facilidade de obtenção da prova do fato contrário, poderá o juiz atribuir o ônus da prova de modo diverso, desde que o faça por decisão fundamentada, caso em que deverá dar à parte a oportunidade de se desincumbir do ônus que lhe foi atribuído.

§ 2º A decisão prevista no § 1º deste artigo não pode gerar situação em que a desincumbência do encargo pela parte seja impossível ou excessivamente difícil.

§ 3º A distribuição diversa do ônus da prova também pode ocorrer por convenção das partes, salvo quando:

I – recair sobre direito indisponível da parte;

II – tornar excessivamente difícil a uma parte o exercício do direito.

§ 4º A convenção de que trata o § 3º pode ser celebrada antes ou durante o processo.

Assim, o princípio que se desvela do referido dispositivo processual é: a parte autora com o ônus de sustentar suas alegações sobre fatos em juízo e a

---

9 CPC – Art. 370. Caberá ao juiz, de ofício ou a requerimento da parte, determinar as provas necessárias ao julgamento do mérito.

Parágrafo único. O juiz indeferirá, em decisão fundamentada, as diligências inúteis ou meramente protelatórias.

CPC – Art. 371. O juiz apreciará a prova constante dos autos, independentemente do sujeito que a tiver promovido, e indicará na decisão as razões da formação de seu convencimento.

parte ré, deve alegar por sua vez fatos impeditivos, modificativos ou extintivos do direito alheio deve também produzir prova de tais fatos.

Vale destacar a exceção prevista no Código de Defesa do Consumidor, em especial, em seu artigo 6°, inciso VIII, que traduz a possibilidade da inversão do ônus da prova: "Art. 6° São direitos básicos do consumidor: VIII – a facilitação da defesa de seus direitos, inclusive com a inversão do ônus da prova, a seu favor, no processo civil, quando, a critério do juiz, for verossímil a alegação ou quando for ele hipossuficiente, segundo as regras ordinárias de experiências;".

21.4 Das Provas em Espécie

21.4.1 Confissão

Há confissão, quando a parte admite a verdade de um fato, contrário ao seu interesse e favorável ao adversário (CPC, art. 389). A confissão poderá ser judicial ou extrajudicial.

A confissão judicial pode ser espontânea ou provocada (CPC, art. 390).

O Conselho da Justiça Federal, na III Jornada de Direito Civil, editou o Enunciado 157, que diz: "CJF – Enunciado 157 – Art. 212: O termo "confissão" deve abarcar o conceito lato de depoimento pessoal, tendo em vista que este consiste em meio de prova de maior abrangência, plenamente admissível no ordenamento jurídico brasileiro".

Não tem eficácia a confissão se provém de quem não é capaz de dispor do direito a que se referem os fatos confessados (CC, art. 213).[10]

Se feita a confissão por um representante, somente é eficaz nos limites em que este pode vincular o representado (CC, art. 213, parágrafo único).

A confissão é irrevogável, mas pode ser anulada se decorreu de erro de fato ou de coação (CC, art. 214).

Neste sentido, o artigo 393 e parágrafo único do CPC afirmam que "a confissão é irrevogável, mas pode ser anulada se decorreu de erro de fato ou de coação.

Parágrafo único. A legitimidade para a ação prevista no *caput* é exclusiva do confitente e pode ser transferida a seus herdeiros se ele falecer após a propositura.

21.4.2 Documento

O *documento* é o meio de prova material capaz de provar um fato jurídico.

10 Sem Correspondente ao CC de 1916.

O documento pode ser público ou particular. Documentos não se confundem com os instrumentos públicos ou particulares, já que aqueles representam o gênero e estes são espécies.

HUMBERTO THEODORO JÚNIOR comenta que "no plano dos atos e negócios jurídicos, o documento é a coisa em que se fixa materialmente e de modo permanente a declaração de vontade, tornando o registro meio idôneo para sua reprodução em juízo, caso se instale litígio a respeito".[11]

21.4.2.1 Documentos e arquivos eletrônicos

Em relação aos documentos e arquivos eletrônicos, o Conselho da Justiça Federal, IV Jornada de Direito Civil, editou os Enunciados 297 e 298. Vejamos:

a) CJF – Enunciado 297 – Art. 212. O documento eletrônico tem valor probante, desde que seja apto a conservar a integridade de seu conteúdo e idôneo a apontar sua autoria, independentemente da tecnologia empregada.
b) CJF – Enunciado 298 – Arts. 212 e 225. Os arquivos eletrônicos incluem-se no conceito de "reproduções eletrônicas de fatos ou de coisas", do art. 225 do Código Civil, aos quais deve ser aplicado o regime jurídico da prova documental.

21.4.2.2 Escritura pública

A escritura pública é um documento público e pressupõe competência do oficial público para a função notarial. O artigo 215 e parágrafos do nosso Código Civil dispõem que:

> Art. 215. A escritura pública, lavrada em notas de tabelião, é documento dotado de fé pública, fazendo prova plena.[12]
> § 1° Salvo quando exigidos por lei outros requisitos, a escritura pública deve conter:[13]
> I - data e local de sua realização;[14]
> II - reconhecimento da identidade e capacidade das partes e de quantos hajam comparecido ao ato, por si, como representantes, intervenientes ou testemunhas;[15]
> III - nome, nacionalidade, estado civil, profissão, domicílio e residência das partes e demais comparecentes, com a indicação, quando ne-

11 THEODORO JÚNIOR, Humberto. *Comentários ao novo código civil.* 2. ed. Vol. III, Tomo II. Rio de Janeiro: Forense, 2003. p. 436.
12 Correspondente ao art. 134, § 1° do CC de 1916.
13 Correspondente ao art. 134, § 1° do CC de 1916.
14 Correspondente ao art. 134, § 1°, a, do CC de 1916.
15 Correspondente ao art. 134, § 1°, b, do CC de 1916.

cessário, do regime de bens do casamento, nome do outro cônjuge e filiação;[16]

IV - manifestação clara da vontade das partes e dos intervenientes;[17]

V - referência ao cumprimento das exigências legais e fiscais inerentes à legitimidade do ato;[18]

VI - declaração de ter sido lida na presença das partes e demais comparecentes, ou de que todos a leram;[19]

VII - assinatura das partes e dos demais comparecentes, bem como a do tabelião ou seu substituto legal, encerrando o ato.[20]

§ 2° Se algum comparecente não puder ou não souber escrever, outra pessoa capaz assinará por ele, a seu rogo.[21]

§ 3° A escritura será redigida na língua nacional.[22]

§ 4° Se qualquer dos comparecentes não souber a língua nacional e o tabelião não entender o idioma em que se expressa, deverá comparecer tradutor público para servir de intérprete, ou, não o havendo na localidade, outra pessoa capaz que, a juízo do tabelião, tenha idoneidade e conhecimento bastantes.[23]

§ 5° Se algum dos comparecentes não for conhecido do tabelião, nem puder identificar-se por documento, deverão participar do ato pelo menos duas testemunhas que o conheçam e atestem sua identidade.[24]

Em relação ao artigo 215, o Conselho da Justiça Federal, na III Jornada de Direito Civil, publicou o Enunciado 158, que preceitua: "CJF – Enunciado 158 – Art. 215: A amplitude da noção de "prova plena" (isto é, "completa") importa presunção relativa acerca dos elementos indicados nos incisos do § 1°, devendo ser conjugada com o disposto no parágrafo único do art. 219".

21.4.2.3 Atos processados em juízo

O artigo 216 do nosso Código Civil brasileiro determina que "farão a mesma prova que os originais as certidões textuais de qualquer peça judicial, do protocolo das audiências, ou de outro qualquer livro a cargo do escrivão, sendo extraídas por ele, ou sob a sua vigilância, e por ele subscritas, assim como os traslados de autos, quando por outro escrivão consertados". [25]

Vale lembrar que o Código de Processo Civil, afirma em seu artigo 425 "fazem a mesma prova que os originais:

16 Correspondente ao art. 134, § 1°, c, do CC de 1916.
17 Correspondente ao art. 134, § 1°, d, do CC de 1916
18 Sem Correspondente ao CC de 1916.
19 Correspondente ao art. 134, § 1°, e, do CC de 1916.
20 Correspondente ao art. 134, § 1°, f, do CC de 1916.
21 Correspondente ao art. 134, § 2°, do CC de 1916.
22 Correspondente ao art. 134, § 3°, do CC de 1916.
23 Correspondente ao art. 134, § 4°, do CC de 1916.
24 Correspondente ao art. 134, § 5°, do CC de 1916.
25 Correspondente ao art. 137 do CC de 1916.

I – as certidões textuais de qualquer peça dos autos, do protocolo das audiências ou de outro livro a cargo do escrivão ou do chefe de secretaria, se extraídas por ele ou sob sua vigilância e por ele subscritas;

II – os traslados e as certidões extraídas por oficial público de instrumentos ou documentos lançados em suas notas;

III – as reproduções dos documentos públicos, desde que autenticadas por oficial público ou conferidas em cartório com os respectivos originais;

IV – as cópias reprográficas de peças do próprio processo judicial declaradas autênticas pelo advogado, sob sua responsabilidade pessoal, se não lhes for impugnada a autenticidade;

V – os extratos digitais de bancos de dados públicos e privados, desde que atestado pelo seu emitente, sob as penas da lei, que as informações conferem com o que consta na origem;

VI – as reproduções digitalizadas de qualquer documento público ou particular, quando juntadas aos autos pelos órgãos da justiça e seus auxiliares, pelo Ministério Público e seus auxiliares, pela Defensoria Pública e seus auxiliares, pelas procuradorias, pelas repartições públicas em geral e por advogados, ressalvada a alegação motivada e fundamentada de adulteração.

21.4.2.4 Certidões e traslados

Terão a mesma força probante os traslados e as certidões, extraídos por tabelião ou oficial de registro, de instrumentos ou documentos lançados em suas notas (CC, art. 217).[26]

De igual forma, a regra do artigo 425 do CPC determina que "fazem a mesma prova que os originais: II – os traslados e as certidões extraídas por oficial público, de instrumentos ou documentos lançados em suas notas;".

Os traslados e as certidões considerar-se-ão instrumentos públicos, se os originais se houverem produzido em juízo como prova de algum ato (CC, art. 218).

21.4.2.5 Instrumento particular

O *instrumento particular,* feito e assinado, ou somente assinado por quem esteja na livre disposição e administração de seus bens, prova as obrigações convencionais de qualquer valor; mas os seus efeitos, bem como os da cessão, não se operam, a respeito de terceiros, antes de registrado no registro público (CC, art. 221).[27]

A prova do instrumento particular pode suprir-se pelas outras de caráter legal (CC, art. 221, parágrafo único).

---

26 Correspondente ao art. 138 do CC de 1916.
27 Correspondente ao art. 135 do CC de 1916.

As declarações constantes do documento particular, escrito e assinado, ou somente assinado, presumem-se verdadeiras em relação ao signatário (CPC, art. 408).

No Registro de Títulos e Documentos será feita a transcrição: I – dos instrumentos particulares, para a prova das obrigações convencionais de qualquer valor; (LRP, art. 127, inciso I).

Da mesma forma, o artigo 219 do nosso Código Civil afirma que "as declarações constantes de documentos assinados presumem-se verdadeiras em relação aos signatários".

Preceitua o artigo 220 que "a anuência ou a autorização de outrem, necessária à validade de um ato, provar-se-á do mesmo modo que este, e constará, sempre que se possa, do próprio instrumento".[28]

O telegrama, quando lhe for contestada a autenticidade, faz prova mediante conferência com o original assinado (CC, art. 222).[29]

O telegrama, o radiograma ou qualquer outro meio de transmissão tem a mesma força probatória do documento particular, se o original constante da estação expedidora foi assinado pelo remetente. A firma do remetente poderá ser reconhecida pelo tabelião, declarando-se essa circunstância no original depositado na estação expedidora (CPC, art. 413).

O telegrama ou o radiograma presume-se conforme com o original, provando a data de sua expedição e do recebimento pelo destinatário (CPC, art. 414).

A cópia fotográfica de documento, conferida por tabelião de notas, valerá como prova de declaração da vontade, mas, impugnada sua autenticidade, deverá ser exibido o original (CC, art. 223).[30]

A prova não supre a ausência do título de crédito, ou do original, nos casos em que a lei ou as circunstâncias condicionarem o exercício do direito à sua exibição (CC, art. 223, parágrafo único).[31]

De acordo com o artigo 422 do CPC: "Qualquer reprodução mecânica, como a fotográfica, a cinematográfica, a fonográfica ou de outra espécie, tem aptidão para fazer prova dos fatos ou das coisas representadas, se a sua conformidade com o documento original não for impugnada por aquele contra quem foi produzida.

§ 1º As fotografias digitais e as extraídas da rede mundial de computadores fazem prova das imagens que reproduzem, devendo, se impugnadas, ser apresentada a respectiva autenticação eletrônica ou, não sendo possível, realizada perícia.

28 Correspondente ao art. 132 do CC de 1916.
29 Sem Correspondente ao CC de 1916.
30 Sem Correspondente ao CC de 1916.
31 Sem Correspondente ao CC de 1916.

§ 2º Se se tratar de fotografia publicada em jornal ou revista, será exigido um exemplar original do periódico, caso impugnada a veracidade pela outra parte.

§ 3º Aplica-se o disposto neste artigo à forma impressa de mensagem eletrônica".

As reproduções dos documentos particulares, fotográficas ou obtidas por outros processos de repetição, valem como certidões sempre que o escrivão ou o chefe de secretaria certificar sua conformidade com o original (CPC, artigo 423).

A cópia de documento particular tem o mesmo valor probante que o original, cabendo ao escrivão, intimadas as partes, proceder à conferência e certificar a conformidade entre a cópia e o original (CPC, artigo 424).

Os documentos redigidos em língua estrangeira serão traduzidos para o português para ter efeitos legais no País (CC, art. 224).

As reproduções fotográficas, cinematográficas, os registros fonográficos e, em geral, quaisquer outras reproduções mecânicas ou eletrônicas de fatos ou de coisas fazem prova plena destes, se a parte, contra quem forem exibidos, não lhes impugnar a exatidão (CC, art. 225).[32]

Os livros e fichas dos empresários e sociedades provam contra as pessoas a que pertencem, e, em seu favor, quando, escriturados sem vício extrínseco ou intrínseco, forem confirmados por outros subsídios (CC, art. 226).

A prova resultante dos livros e fichas não é bastante nos casos em que a lei exige escritura pública, ou escrito particular revestido de requisitos especiais, e pode ser ilidida pela comprovação da falsidade ou inexatidão dos lançamentos (CC, art. 226, parágrafo único).

21.5 Da Prova Testemunhal

O artigo 227, *caput*, foi revogado pela lei 13.105/2015.[33]

Qualquer que seja o valor do negócio jurídico, a prova testemunhal é admissível como subsidiária ou complementar da prova por escrito (CC, art. 227, parágrafo único).

De acordo com o artigo 228 do nosso Código Civil, não podem ser admitidos como testemunhas:[34]

I – os menores de dezesseis anos;

II – (Revogado); (Redação dada pela Lei nº 13.146, de 2015) (Vigência)

32 Sem Correspondente ao CC de 1916.

33 Salvo os casos expressos, a prova exclusivamente testemunhal só se admite nos negócios jurídicos cujo valor não ultrapasse o décuplo do maior salário-mínimo vigente no País ao tempo em que foram celebrados (CC, art. 227).

34 Correspondente ao art. 142 do CC de 1916.

III - (Revogado); (Redação dada pela Lei nº 13.146, de 2015) (Vigência)

IV – os cegos e surdos, quando a ciência do fato que se quer provar dependa dos sentidos que lhes faltam;

V – o interessado no litígio, o amigo íntimo ou o inimigo capital das partes;

VI- os cônjuges, os ascendentes, os descendentes e os colaterais, até o terceiro grau de alguma das partes, por consanguinidade, ou afinidade.

Todavia, para a prova de fatos que só elas conheçam, pode o juiz admitir o depoimento das pessoas (CC, art. 228, § 1º).

O § 2º do artigo 228 foi incluído pela Lei 13.146/2015 e diz que "a pessoa com deficiência poderá testemunhar em igualdade de condições com as demais pessoas, sendo-lhe assegurados todos os recursos de tecnologia assistiva.

Já o Código de Processo Civil, no artigo 447 e parágrafos, preceitua que podem depor como testemunhas todas as pessoas, exceto as incapazes, impedidas ou suspeitas. Frise-se que os incisos que tratam da pessoa com deficiência devem ser interpretados à luz do Estatuto da Pessoa com Deficiência (Lei 13.146/2015).

§ 1º São incapazes:

I – o interdito por enfermidade ou deficiência mental;

II – o que, acometido por enfermidade ou retardamento mental, ao tempo em que ocorreram os fatos, não podia discerni-los, ou, ao tempo em que deve depor, não está habilitado a transmitir as percepções;

III – o que tiver menos de 16 (dezesseis) anos;

IV – o cego e o surdo, quando a ciência do fato depender dos sentidos que lhes faltam.

§ 2º São impedidos:

I – o cônjuge, o companheiro, o ascendente e o descendente em qualquer grau e o colateral, até o terceiro grau, de alguma das partes, por consanguinidade ou afinidade, salvo se o exigir o interesse público ou, tratando-se de causa relativa ao estado da pessoa, não se puder obter de outro modo a prova que o juiz repute necessária ao julgamento do mérito;

II – o que é parte na causa;

III – o que intervém em nome de uma parte, como o tutor, o representante legal da pessoa jurídica, o juiz, o advogado e outros que assistam ou tenham assistido as partes.

§ 3º São suspeitos:

I – o inimigo da parte ou o seu amigo íntimo;

II – o que tiver interesse no litígio.

§ 4º Sendo necessário, pode o juiz admitir o depoimento das testemunhas menores, impedidas ou suspeitas.

§ 5º Os depoimentos referidos no § 4º serão prestados independentemente de compromisso, e o juiz lhes atribuirá o valor que possam merecer.

Por fim, os artigo 229 e 230 do Código Civil foram revogados pela Lei 13.105/2015.

21.5.1 Da Produção da Prova Testemunhal

A produção da prova testemunhal é tratada no Código de Processo Civil nos artigos 450 a 463. Vejamos:

> Art. 450. O rol de testemunhas conterá, sempre que possível, o nome, a profissão, o estado civil, a idade, o número de inscrição no Cadastro de Pessoas Físicas, o número de registro de identidade e o endereço completo da residência e do local de trabalho.
> Art. 451. Depois de apresentado o rol de que tratam os §§ 4° e 5° do art. 357, a parte só pode substituir a testemunha:
> I – que falecer;
> II – que, por enfermidade, não estiver em condições de depor;
> III – que, tendo mudado de residência ou de local de trabalho, não for encontrada.
> Art. 452. Quando for arrolado como testemunha, o juiz da causa:
> I – declarar-se-á impedido, se tiver conhecimento de fatos que possam influir na decisão, caso em que será vedado à parte que o incluiu no rol desistir de seu depoimento;
> II – se nada souber, mandará excluir o seu nome.
> Art. 453. As testemunhas depõem, na audiência de instrução e julgamento, perante o juiz da causa, exceto:
> I – as que prestam depoimento antecipadamente;
> II – as que são inquiridas por carta.
> § 1º A oitiva de testemunha que residir em comarca, seção ou subseção judiciária diversa daquela onde tramita o processo poderá ser realizada por meio de videoconferência ou outro recurso tecnológico de transmissão e recepção de sons e imagens em tempo real, o que poderá ocorrer, inclusive, durante a audiência de instrução e julgamento.
> § 2º Os juízos deverão manter equipamento para a transmissão e recepção de sons e imagens a que se refere o § 1º.
> Art. 454. São inquiridos em sua residência ou onde exercem sua função:
> I – o presidente e o vice-presidente da República;
> II – os ministros de Estado;
> III – os ministros do Supremo Tribunal Federal, os conselheiros do Conselho Nacional de Justiça e os ministros do Superior Tribunal de Justiça, do Superior Tribunal Militar, do Tribunal Superior Eleitoral, do Tribunal Superior do Trabalho e do Tribunal de Contas da União;

IV – o procurador-geral da República e os conselheiros do Conselho Nacional do Ministério Público;
V – o advogado-geral da União, o procurador-geral do Estado, o procurador-geral do Município, o defensor público-geral federal e o defensor público-geral do Estado;
VI – os senadores e os deputados federais;
VII – os governadores dos Estados e do Distrito Federal;
VIII – o prefeito;
IX – os deputados estaduais e distritais;
X – os desembargadores dos Tribunais de Justiça, dos Tribunais Regionais Federais, dos Tribunais Regionais do Trabalho e dos Tribunais Regionais Eleitorais e os conselheiros dos Tribunais de Contas dos Estados e do Distrito Federal;
XI – o procurador-geral de justiça;
XII – o embaixador de país que, por lei ou tratado, concede idêntica prerrogativa a agente diplomático do Brasil.
§ 1º O juiz solicitará à autoridade que indique dia, hora e local a fim de ser inquirida, remetendo-lhe cópia da petição inicial ou da defesa oferecida pela parte que a arrolou como testemunha.
§ 2º Passado 1 (um) mês sem manifestação da autoridade, o juiz designará dia, hora e local para o depoimento, preferencialmente na sede do juízo.
§ 3º O juiz também designará dia, hora e local para o depoimento, quando a autoridade não comparecer, injustificadamente, à sessão agendada para a colheita de seu testemunho no dia, hora e local por ela mesma indicados.
Art. 455. Cabe ao advogado da parte informar ou intimar a testemunha por ele arrolada do dia, da hora e do local da audiência designada, dispensando-se a intimação do juízo.
§ 1º A intimação deverá ser realizada por carta com aviso de recebimento, cumprindo ao advogado juntar aos autos, com antecedência de pelo menos 3 (três) dias da data da audiência, cópia da correspondência de intimação e do comprovante de recebimento.
§ 2º A parte pode comprometer-se a levar a testemunha à audiência, independentemente da intimação de que trata o § 1º, presumindo-se, caso a testemunha não compareça, que a parte desistiu de sua inquirição.
§ 3º A inércia na realização da intimação a que se refere o § 1º importa desistência da inquirição da testemunha.
§ 4º A intimação será feita pela via judicial quando:
I – for frustrada a intimação prevista no § 1º deste artigo;
II – sua necessidade for devidamente demonstrada pela parte ao juiz;
III – figurar no rol de testemunhas servidor público ou militar, hipótese em que o juiz o requisitará ao chefe da repartição ou ao comando do corpo em que servir;
IV – a testemunha houver sido arrolada pelo Ministério Público ou pela Defensoria Pública;

V – a testemunha for uma daquelas previstas no art. 454.
§ 5º A testemunha que, intimada na forma do § 1º ou do § 4º, deixar de comparecer sem motivo justificado será conduzida e responderá pelas despesas do adiamento.
Art. 456. O juiz inquirirá as testemunhas separada e sucessivamente, primeiro as do autor e depois as do réu, e providenciará para que uma não ouça o depoimento das outras.
Parágrafo único. O juiz poderá alterar a ordem estabelecida no *caput* se as partes concordarem.
Art. 457. Antes de depor, a testemunha será qualificada, declarará ou confirmará seus dados e informará se tem relações de parentesco com a parte ou interesse no objeto do processo.
§ 1º É lícito à parte contraditar a testemunha, arguindo-lhe a incapacidade, o impedimento ou a suspeição, bem como, caso a testemunha negue os fatos que lhe são imputados, provar a contradita com documentos ou com testemunhas, até 3 (três), apresentadas no ato e inquiridas em separado.
§ 2º Sendo provados ou confessados os fatos a que se refere o § 1º, o juiz dispensará a testemunha ou lhe tomará o depoimento como informante.
§ 3º A testemunha pode requerer ao juiz que a escuse de depor, alegando os motivos previstos neste Código, decidindo o juiz de plano após ouvidas as partes.
Art. 458. Ao início da inquirição, a testemunha prestará o compromisso de dizer a verdade do que souber e lhe for perguntado.
Parágrafo único. O juiz advertirá à testemunha que incorre em sanção penal quem faz afirmação falsa, cala ou oculta a verdade.
Art. 459. As perguntas serão formuladas pelas partes diretamente à testemunha, começando pela que a arrolou, não admitindo o juiz aquelas que puderem induzir a resposta, não tiverem relação com as questões de fato objeto da atividade probatória ou importarem repetição de outra já respondida.
§ 1º O juiz poderá inquirir a testemunha tanto antes quanto depois da inquirição feita pelas partes.
§ 2º As testemunhas devem ser tratadas com urbanidade, não se lhes fazendo perguntas ou considerações impertinentes, capciosas ou vexatórias.
§ 3º As perguntas que o juiz indeferir serão transcritas no termo, se a parte o requerer.
Art. 460. O depoimento poderá ser documentado por meio de gravação.
§ 1º Quando digitado ou registrado por taquigrafia, estenotipia ou outro método idôneo de documentação, o depoimento será assinado pelo juiz, pelo depoente e pelos procuradores.
§ 2º Se houver recurso em processo em autos não eletrônicos, o depoimento somente será digitado quando for impossível o envio de sua documentação eletrônica.

> § 3º Tratando-se de autos eletrônicos, observar-se-á o disposto neste Código e na legislação específica sobre a prática eletrônica de atos processuais.
> Art. 461. O juiz pode ordenar, de ofício ou a requerimento da parte:
> I – a inquirição de testemunhas referidas nas declarações da parte ou das testemunhas;
> II – a acareação de 2 (duas) ou mais testemunhas ou de alguma delas com a parte, quando, sobre fato determinado que possa influir na decisão da causa, divergirem as suas declarações.
> § 1º Os acareados serão reperguntados para que expliquem os pontos de divergência, reduzindo-se a termo o ato de acareação.
> § 2º A acareação pode ser realizada por videoconferência ou por outro recurso tecnológico de transmissão de sons e imagens em tempo real.
> Art. 462. A testemunha pode requerer ao juiz o pagamento da despesa que efetuou para comparecimento à audiência, devendo a parte pagá-la logo que arbitrada ou depositá-la em cartório dentro de 3 (três) dias.
> Art. 463. O depoimento prestado em juízo é considerado serviço público.
> Parágrafo único. A testemunha, quando sujeita ao regime da legislação trabalhista, não sofre, por comparecer à audiência, perda de salário nem desconto no tempo de serviço.

A presunção é a ilação ou inferência que se retira de um fato conhecido para se concluir pela existência de outro que se desconhece.

Existem dois tipos de presunção: as presunções legais (referidas pelo legislador) e as presunções comuns ou de fato (presunção *hominis)* que se baseiam no mundo da vida, na cotidianidade, ou seja, na experiência do que normalmente acontece. Esta é uma observação do que habitualmente ocorre, cabendo prova em contrário.

As presunções legais podem ser classificadas em relativas ou absolutas. Na presunção relativa *(iuris tantum)* admite-se prova em contrário, como na hipótese de que o sujeito seja o pai de uma criança (presunção de paternidade, CC, art. 1.601). A presunção absoluta *(iuris et de iure)* é uma situação que a lei cria a presunção e não se admite prova em contrário, como por exemplo, a presunção de que todos conhecem a lei.[35]

O artigo 230 do nosso Código Civil refere-se à presunção comum ou de fato ou do homem e afirmando que "as presunções, que não as legais, não se

---

35 Da mesma forma: CC 2002 – Art. 163. Presumem-se fraudatórias dos direitos dos outros credores as garantias de dívidas que o devedor insolvente tiver dado a algum credor.
CC 2002 – Art. 174. É escusada a confirmação expressa, quando o negócio já foi cumprido em parte pelo devedor, ciente do vício que o inquinava.
CC 2002 – Art. 574. Se, findo o prazo, o locatário continuar na posse da coisa alugada, sem oposição do locador, presumir-se-á prorrogada a locação pelo mesmo aluguel, mas sem prazo determinado.

admitem nos casos em que a lei exclui a prova testemunhal".[36] Este artigo está relacionado à hipótese do *caput* do artigo 227, já que não se admite a presunção comum, simples, *hominis,* ou de fato, nos casos de negócios jurídicos cujo valor ultrapasse a dez salários-mínimos.

HUMBERTO THEODORO JÚNIOR alerta que "sempre, porém, que for admissível a acolhida dessa prova crítica ter-se-á de contar com indícios graves, precisos e concludentes. Não bastam simples suposições ou meras conjecturas. O nexo entre os fatos conhecidos (indícios) e a conclusão (presunção) tem de apresentar-se verossímil, por corresponder de fato ao que comumente acontece em situações iguais".[37]

21.6 Perícia

De acordo com o artigo 464 do Código de Processo Civil, a prova pericial consiste em: a) exame, b) vistoria e c) avaliação.[38]

---

36 Sem Correspondente ao CC de 1916.

37 THEODORO JÚNIOR, Humberto. *Comentários ao novo código civil.* 2. ed. Vol. III, Tomo II. Rio de Janeiro: Forense, 2003. p. 565.

38 CPC – Art. 464. A prova pericial consiste em exame, vistoria ou avaliação.

§ 1º O juiz indeferirá a perícia quando:

I – a prova do fato não depender de conhecimento especial de técnico;

II – for desnecessária em vista de outras provas produzidas;

III – a verificação for impraticável.

§ 2º De ofício ou a requerimento das partes, o juiz poderá, em substituição à perícia, determinar a produção de prova técnica simplificada, quando o ponto controvertido for de menor complexidade.

§ 3º A prova técnica simplificada consistirá apenas na inquirição de especialista, pelo juiz, sobre ponto controvertido da causa que demande especial conhecimento científico ou técnico.

§ 4º Durante a arguição, o especialista, que deverá ter formação acadêmica específica na área objeto de seu depoimento, poderá valer-se de qualquer recurso tecnológico de transmissão de sons e imagens com o fim de esclarecer os pontos controvertidos da causa.

Art. 465. O juiz nomeará perito especializado no objeto da perícia e fixará de imediato o prazo para a entrega do laudo.

§ 1º Incumbe às partes, dentro de 15 (quinze) dias contados da intimação do despacho de nomeação do perito:

I – arguir o impedimento ou a suspeição do perito, se for o caso;

II – indicar assistente técnico;

III – apresentar quesitos.

§ 2º Ciente da nomeação, o perito apresentará em 5 (cinco) dias:

I – proposta de honorários;

II – currículo, com comprovação de especialização;

III – contatos profissionais, em especial o endereço eletrônico, para onde serão dirigidas as intimações pessoais.

§ 3º As partes serão intimadas da proposta de honorários para, querendo, manifestar-se no prazo comum de 5 (cinco) dias, após o que o juiz arbitrará o valor, intimando-se as partes para os fins do art. 95.

§ 4º O juiz poderá autorizar o pagamento de até cinquenta por cento dos honorários arbi-

trados a favor do perito no início dos trabalhos, devendo o remanescente ser pago apenas ao final, depois de entregue o laudo e prestados todos os esclarecimentos necessários.
§ 5º Quando a perícia for inconclusiva ou deficiente, o juiz poderá reduzir a remuneração inicialmente arbitrada para o trabalho.
§ 6º Quando tiver de realizar-se por carta, poder-se-á proceder à nomeação de perito e à indicação de assistentes técnicos no juízo ao qual se requisitar a perícia.
Art. 466. O perito cumprirá escrupulosamente o encargo que lhe foi cometido, independentemente de termo de compromisso.
§ 1º Os assistentes técnicos são de confiança da parte e não estão sujeitos a impedimento ou suspeição.
§ 2º O perito deve assegurar aos assistentes das partes o acesso e o acompanhamento das diligências e dos exames que realizar, com prévia comunicação, comprovada nos autos, com antecedência mínima de 5 (cinco) dias.
Art. 467. O perito pode escusar-se ou ser recusado por impedimento ou suspeição.
Parágrafo único. O juiz, ao aceitar a escusa ou ao julgar procedente a impugnação, nomeará novo perito.
Art. 468. O perito pode ser substituído quando:
I – faltar-lhe conhecimento técnico ou científico;
II – sem motivo legítimo, deixar de cumprir o encargo no prazo que lhe foi assinado.
§ 1º No caso previsto no inciso II, o juiz comunicará a ocorrência à corporação profissional respectiva, podendo, ainda, impor multa ao perito, fixada tendo em vista o valor da causa e o possível prejuízo decorrente do atraso no processo.
§ 2º O perito substituído restituirá, no prazo de 15 (quinze) dias, os valores recebidos pelo trabalho não realizado, sob pena de ficar impedido de atuar como perito judicial pelo prazo de 5 (cinco) anos.
§ 3º Não ocorrendo a restituição voluntária de que trata o § 2º, a parte que tiver realizado o adiantamento dos honorários poderá promover execução contra o perito, na forma dos arts. 513 e seguintes deste Código, com fundamento na decisão que determinar a devolução do numerário.
Art. 469. As partes poderão apresentar quesitos suplementares durante a diligência, que poderão ser respondidos pelo perito previamente ou na audiência de instrução e julgamento.
Parágrafo único. O escrivão dará à parte contrária ciência da juntada dos quesitos aos autos.
Art. 470. Incumbe ao juiz:
I – indeferir quesitos impertinentes;
II – formular os quesitos que entender necessários ao esclarecimento da causa.
Art. 471. As partes podem, de comum acordo, escolher o perito, indicando-o mediante requerimento, desde que:
I – sejam plenamente capazes;
II – a causa possa ser resolvida por autocomposição.
§ 1º As partes, ao escolher o perito, já devem indicar os respectivos assistentes técnicos para acompanhar a realização da perícia, que se realizará em data e local previamente anunciados.
§ 2º O perito e os assistentes técnicos devem entregar, respectivamente, laudo e pareceres em prazo fixado pelo juiz.
§ 3º A perícia consensual substitui, para todos os efeitos, a que seria realizada por perito nomeado pelo juiz.
Art. 472. O juiz poderá dispensar prova pericial quando as partes, na inicial e na contestação, apresentarem, sobre as questões de fato, pareceres técnicos ou documentos elucidativos que considerar suficientes.

Art. 473. O laudo pericial deverá conter:
I – a exposição do objeto da perícia;
II – a análise técnica ou científica realizada pelo perito;
III – a indicação do método utilizado, esclarecendo-o e demonstrando ser predominantemente aceito pelos especialistas da área do conhecimento da qual se originou;
IV – resposta conclusiva a todos os quesitos apresentados pelo juiz, pelas partes e pelo órgão do Ministério Público.
§ 1º No laudo, o perito deve apresentar sua fundamentação em linguagem simples e com coerência lógica, indicando como alcançou suas conclusões.
§ 2º É vedado ao perito ultrapassar os limites de sua designação, bem como emitir opiniões pessoais que excedam o exame técnico ou científico do objeto da perícia.
§ 3º Para o desempenho de sua função, o perito e os assistentes técnicos podem valer-se de todos os meios necessários, ouvindo testemunhas, obtendo informações, solicitando documentos que estejam em poder da parte, de terceiros ou em repartições públicas, bem como instruir o laudo com planilhas, mapas, plantas, desenhos, fotografias ou outros elementos necessários ao esclarecimento do objeto da perícia.
Art. 474. As partes terão ciência da data e do local designados pelo juiz ou indicados pelo perito para ter início a produção da prova.
Art. 475. Tratando-se de perícia complexa que abranja mais de uma área de conhecimento especializado, o juiz poderá nomear mais de um perito, e a parte, indicar mais de um assistente técnico.
Art. 476. Se o perito, por motivo justificado, não puder apresentar o laudo dentro do prazo, o juiz poderá conceder-lhe, por uma vez, prorrogação pela metade do prazo originalmente fixado.
Art. 477. O perito protocolará o laudo em juízo, no prazo fixado pelo juiz, pelo menos 20 (vinte) dias antes da audiência de instrução e julgamento.
§ 1º As partes serão intimadas para, querendo, manifestar-se sobre o laudo do perito do juízo no prazo comum de 15 (quinze) dias, podendo o assistente técnico de cada uma das partes, em igual prazo, apresentar seu respectivo parecer.
§ 2º O perito do juízo tem o dever de, no prazo de 15 (quinze) dias, esclarecer ponto:
I – sobre o qual exista divergência ou dúvida de qualquer das partes, do juiz ou do órgão do Ministério Público;
II – divergente apresentado no parecer do assistente técnico da parte.
§ 3º Se ainda houver necessidade de esclarecimentos, a parte requererá ao juiz que mande intimar o perito ou o assistente técnico a comparecer à audiência de instrução e julgamento, formulando, desde logo, as perguntas, sob forma de quesitos.
§ 4º O perito ou o assistente técnico será intimado por meio eletrônico, com pelo menos 10 (dez) dias de antecedência da audiência.
Art. 478. Quando o exame tiver por objeto a autenticidade ou a falsidade de documento ou for de natureza médico-legal, o perito será escolhido, de preferência, entre os técnicos dos estabelecimentos oficiais especializados, a cujos diretores o juiz autorizará a remessa dos autos, bem como do material sujeito a exame.
§ 1º Nas hipóteses de gratuidade de justiça, os órgãos e as repartições oficiais deverão cumprir a determinação judicial com preferência, no prazo estabelecido.
§ 2º A prorrogação do prazo referido no § 1º pode ser requerida motivadamente.
§ 3º Quando o exame tiver por objeto a autenticidade da letra e da firma, o perito poderá requisitar, para efeito de comparação, documentos existentes em repartições públicas e, na falta destes, poderá requerer ao juiz que a pessoa a quem se atribuir a autoria do documento lance em folha de papel, por cópia ou sob ditado, dizeres diferentes, para fins de comparação.

O exame é a apreciação de algo com a finalidade de auxiliar o magistrado a formar a sua convicção, por exemplo, o exame grafotécnico ou exame de DNA.

A vistoria é a perícia realizada por inspeção ocular, tal como as realizadas nas ações imobiliárias, possessórias e demarcatórias.

A avaliação destina a apurar o valor de determinado bem, com utilização nas desapropriações e ações de indenização.

O artigo 231 do nosso Código Civil afirma que "aquele que se nega a submeter-se a exame médico necessário não poderá aproveitar-se de sua recusa".

LEONI explica que "nas hipóteses em que para a solução da lide seja necessário o exame médico (prova da doença para receber indenização, negatória de paternidade etc.) o ônus da prova fica a cargo do autor. Neste caso, se o autor se negou a submeter-se a exame médico, não poderá futuramente alegar que a insuficiência probatória se deve à falta de perícia. Nesta hipótese, a insuficiência probatória reverterá contrariamente ao autor que terá seu pedido julgado improcedente".[39] Melhor dizendo: aquele que se nega a submeter-se a exame médico, necessário, não poderá pretender tirar vantagem de sua própria recusa. Do contrário, franquear-se-ia ao faltoso locupletamento da própria torpeza, o que notoriamente ao direito repugna.[40]

A importância da perícia médica nas causas de filiação é apontada por HUMBERTO THEODORO JÚNIOR ao lembrar que "a norma do art. 231 (em conjunção com o art. 232) deverá ser aplicada em prejuízo da parte que impediu o exame médico nas ações de paternidade, quando a possibilidade de sua realização tiver sido completamente frustrada, não havendo como remediar o ocorrido, e podendo o juiz contar com outros elementos indiciários de prova capazes de permitir-lhe, juntamente com a presunção decorrente da recusa do demandado de submeter-se à perícia, um razoável convencimento em torno da veracidade dos fundamentos fáticos da petição inicial".[41]

Art. 479. O juiz apreciará a prova pericial de acordo com o disposto no art. 371, indicando na sentença os motivos que o levaram a considerar ou a deixar de considerar as conclusões do laudo, levando em conta o método utilizado pelo perito.

Art. 480. O juiz determinará, de ofício ou a requerimento da parte, a realização de nova perícia quando a matéria não estiver suficientemente esclarecida.

§ 1º A segunda perícia tem por objeto os mesmos fatos sobre os quais recaiu a primeira e destina-se a corrigir eventual omissão ou inexatidão dos resultados a que esta conduziu.

§ 2º A segunda perícia rege-se pelas disposições estabelecidas para a primeira.

§ 3º A segunda perícia não substitui a primeira, cabendo ao juiz apreciar o valor de uma e de outra.

39 OLIVEIRA, J. M. Leoni Lopes de. Novo código civil anotado. Vol. I. Rio de Janeiro: Lumen Juris, 2004, p. 482.

40 THEODORO JÚNIOR, Humberto. *Comentários ao novo código civil.* 2. ed. Vol. III, Tomo II. Rio de Janeiro: Forense, 2003. p. 568.

41 Ibid., p. 570.

Não pode, pois, o magistrado obrigar a parte a submeter-se a exame médico, mesmo que este seja necessário para o deslinde do caso concreto decidendo.

E o artigo 232 dispõe que "a recusa à perícia médica ordenada pelo juiz poderá suprir a prova que se pretendia obter com o exame".[42] Aqui, tem-se uma presunção legal relativa.

Sobre o assunto, pondera CARLOS SANTOS DE OLIVEIRA: "no caso de haver a recusa da parte em se submeter a exame ou perícia médica, a referida recusa poderá ser utilizada pelo juiz, quando da apreciação da prova, como indício de que se deu em razão do medo ou da certeza de que o exame provaria contra aquele que se recusou. Assim, havendo indício neste sentido, corroborado este por demais provas constantes nos autos, o juiz terá base legal para julgar contra aquele que se recusou a realizar a perícia que fora determinada".[43]

Quanto à recusa dos investigados em submeterem-se ao exame do DNA, o Superior Tribunal de Justiça - STJ, no Recurso Especial 292.543-PA, de relatoria do ministro Aldir Passarinho, da 4ª Turma, em 8.9.2003 decidiu que "INVESTIGAÇÃO DE PATERNIDADE - AÇÃO MOVIDA CONTRA OS AVÓS - RECUSA EM SUBMETER-SE AO EXAME DE DNA - EXAME DO CONTEXTO PROBATÓRIO. O julgamento da ação de investigação de paternidade deve obrigatoriamente considerar todo o contexto probatório trazido as autos, e não apenas a recusa dos investigados em submeterem-se ao exame de DNA, que embora constituindo prova desfavorável, pela presunção que induz de que o resultado, se realizado fosse o teste, seria positivo em relação aos fatos narrados na inicial, sofre, no caso dos autos, razoável enfraquecimento por se cuidar de processo movido apenas contra os supostos avó - porque já falecido o suposto pai - a demandar, por isso mesmo, minucioso exame dos fatos pelo Tribunal de Justiça, já que, na sentença, tais elementos, minuciosamente examinados pelo magistrado de 1ª instância, foram tidos como insuficientes à procedência da demanda. Ressalvas de fundamentação em votos vogais. Verificado, assim, que a Corte a quo, sem apreciar, como lhe cabe, a prova, omitiu-se a respeito, exclusivamente aplicando o princípio da confissão ficta contra os avós, inclusive incorrendo em contradição entre a ementa e o voto condutor ao tecer afirmações sobre a fertilidade do de cujus, filho dos réus, impõe-se a nulidade do julgamento, para que outro seja proferido, suprindo as faltas apontadas. Recurso Especial dos réus conhecido em parte e parcialmente provido, prejudicado o recurso da autora.

O Tribunal de Justiça de São Paulo - TJSP, ao enfrentar a recusa ao exame de DNA, decidiu que "INVESTIGAÇÃO DE PATERNIDADE - DNA - RECUSA AO EXAME. O artigo 232, do novo Código Civil, ao dispor que "a

---

42 Sem Correspondente ao CC de 1916.

43 OLIVEIRA, Op. Cit., p. 456.

recusa à perícia médica ordenada pelo juiz poderá suprir a prova que se pretendia obter com o exame", permite que o juiz interprete "a negativa como verdadeira confissão", conforme enfatiza o Des. Renan Lotufo – *Código civil comentando,* Saraiva, 2004, vol. 1, p. 597. Esse revolucionário dispositivo foi introduzido no direito material para resolver, de vez, o problema que decorre da recusa de comparecimento dos litigantes aos exames que permitem identificar o código genético das pessoas - e que, por isso, é imprescindível para a garantia da descoberta do vínculo biológico da paternidade -, um procedimento que beira a má-fé e que prejudica valores fundamentais do ser humano que reclama integração de seus dados biográficos. A ordem jurídica coloca, em primeiro plano, o direito de a pessoa ser reconhecida como filho, uma condição necessária para o exercício da cidadania digna – artigo 1°, III, da CF –, como para proteção da saúde, visto que a filiação permite a descoberta de doenças hereditárias de tratamento preventivo. Peço licença para transcrever ementa de Acórdão por mim relatado em julgamento anterior – Ap. 255.242-4/4, j. 2611-2002, RT 812/212: "A ação de investigação de paternidade que apresenta, no contexto probatório, uma situação sui generis, por absoluta falta de provas orais, documentais e periciais, deverá merecer do juiz que a julga interpretação que favoreça os direitos da personalidade do menor interessado na descoberta de sua identidade genética e não o inverso, notadamente porque há razoável justificativa da falta de prova oral – artigo 363, II, do CC de 1916 – e nenhuma explicação para a recusa do réu ao exame de DNA – artigos 1°, III, 227, § 6°, da CF e 27, da Lei 8.069/90". Cumpre registrar que esse julgado serviu de referência para que o eminente advogado e professor, Adolfo Mamoru Nishiyama, concluísse estudo – *Revista de Direito Privado,* RT, n° 20, p. 50 – reconhecendo a preponderância do direito do menor em ações marcadas pela escassez da prova, aduzindo que mesmo quando a recusa do réu em participar do exame constituir a única peça valorativa do contexto probatório deverá ser admitida à filiação investigada, porque os efeitos da recusa nunca aproveitam o réu – artigo 231, do CC. Convém sublinhar estar a diretriz do voto do digno relator com forte apoio doutrinário. Zeno Veloso defendeu que a recusa ao exame de DNA, por ser faculdade do réu, não conduz, sozinha, à presunção ficta da paternidade, sugerindo que o juiz leve em conta outros elementos de convicção para bem decidir a causa – *Revista Brasileira de Direito de Família,* Síntese, vol. 14, p. 55. O que resolve a questão é o princípio da proporcionalidade ou razoabilidade. Existe, em favor do réu que se recusa comparecer ao exame de DNA, garantia de não se submeter, contra sua vontade, a uma perícia capaz de desvendar sua privatividade – relações sexuais férteis com alguém. Contudo, do outro lado da questão, há, em favor do autor da ação, direito de obter acesso amplo à ordem jurídica, o que se obtém com a certeza de que todas as provas lícitas e producentes serão realizadas para subsidiar um julgamento correto – artigo

5°, XXXV, da CF. Pesando os dois valores, deve prevalecer o do menor, porque a recusa do réu que frustra a prova, é sempre ditada por interesses individuais, enquanto que a expectativa de proteção do direito do menor é grandiosa, envolve aspectos sociais relevantes e que supera o individual negativo que não se explica diante da moral – colaborar para que o processo seja efetivo. (Decisão: Ac. unân. da 4a Câm. de Direito Privado, de 9.5.2005. Recurso: Ap. Cív. 375.325-4/9-00. relator: Rel. Des. Ênio Zuliani).

REFERÊNCIAS BIBLIOGRÁFICAS

A

ACQUAVIVA, Marcus Cláudio. *Dicionário jurídico brasileiro Acquaviva*. 11. ed. São Paulo: Jurídica Brasileira, 2000.

AQUINO, São Tomás de. *Suma de Teología*. 4. ed. Madri: Biblioteca de Autores Cristianos, 2001.

ALMEIDA, Vitor. A proteção do nome da pessoa humana entre a exigência registral e a identidade pessoal: a superação do princípio da imutabilidade do prenome no direito brasileiro. In *Revista trimestral de direito civil – RTDC*. Vol. 52, outubro a dezembro de 2012. Rio de Janeiro: Ed. Padma, 2000. p.215-216.

ALVES, Alexandre Ferreira de Assumpção, *A Pessoa Jurídica e os Direitos da Personalidade*. Rio de Janeiro: Renovar, 1998.

ALVES, José Carlos Moreira. A Parte Geral do Projeto do Código Civil brasileiro, São Paulo: Saraiva, 1986.

AMARAL, Francisco. *Direito civil*: introdução. 3. ed. Rio de Janeiro: Renovar, 2000.

______. *Direito civil:* introdução. 6. ed. Rio de Janeiro: Renovar, 2006.

ANDRADE, Manuel A. de Andrade. *Teoria geral da relação jurídica*. Vol. I. Coimbra: Livraria Almedina, 1997.

ASCENÇÃO, José de Oliveira. *O direito:* introdução e teoria geral. 2. ed. Rio de Janeiro: Renovar, 2001.

ÁVILA, Humberto. *Teoria dos Princípios*: da definição à aplicação dos princípios jurídicos. 5. ed. São Paulo: Malheiros, 2006.

AZEVEDO, Antônio Junqueira de. Negócio jurídico: existência, validade e eficácia. 4. ed. São Paulo: Saraiva, 2007.

______. *Bem de Família*. 5. ed. São Paulo: Revista dos Tribunais, 2002,

______. *Bem de família*. São Paulo: Revista dos Tribunais, 1999.

B

BARACHO, José Alfredo de Oliveira. *Direito Processual Constitucional*. Belo Horizonte: Fórum, 2006.

BARCELLOS, Ana Paula. *A Eficácia Jurídica dos Princípios Constitucionais*. O princípio da Dignidade da Pessoa Humana. Rio de Janeiro: Renovar, 2002.

BARBOZA, Heloísa Helena. Perspectivas do direito civil brasileiro para o próximo século. In *Revista da Faculdade de Direito,* RJ: UERJ/Renovar, 1998-1999.

_____. BARBOSA, Heloisa Helena; ALMEIDA JUNIOR, Vitor de Azevedo. Notas sobre o regime das invalidades e a (in)capacidade da pessoa com deficiência intelectual. In: TEPEDINO, Gustavo; TEIXEIRA, Ana Carolina Brochado; MATOS, Ana Carla Harmatiuk. Direito civil, Constituição e unidade do sistema: Anais do Congresso Internacional de Direito Civil Constitucional – V Congresso do IBDCivil. Belo Horizonte: Fórum, 2019, p. 301

BARBOSA, Heloisa Helena; MENDONÇA, Bruna Lima de; ALMEIDA JUNIOR, Vitor de Azevedo (coord.). O Código Civil e o Estatuto da Pessoa com Deficiência. Rio de Janeiro: Processo, 2017.

BARRETTO, Vicente de Paulo; MOTA, Mauricio. *Por que estudar Filosofia do Direito?* Aplicações da Filosofia do Direito nas Decisões Judiciais. Brasília: ENFAM, 2011, p. 191.

BARROSO, Luís Roberto. *O direito constitucional e a efetividade de suas normas*. 5. ed. Rio de Janeiro: Renovar, 2001.

______. *A Dignidade da Pessoa Humana no Direito Constitucional Contemporâneo*: Natureza Jurídica, Conteúdos Mínimos e Critérios de Aplicação. Disponível em: <http://www.luisrobertobarroso.com.br/wp-content/uploads/2010/12/Dignidade_texto-base_11dez2010.pdf>. Acesso em: 10 fev. 2014.

______. *Curso de Direito Constitucional Contemporâneo*. Os conceitos fundamentais e a construção do novo modelo. São Paulo: Saraiva, 2009.

______. *Fundamentos Teóricos e Filosóficos do Novo Direito Constitucional Brasileiro*. Revista de Direito da Procuradoria Geral do Estado do Rio de Janeiro. Rio de Janeiro, volume 54, 2001, p. 72.

BECCARIA, Cesare. *Dos Delitos e das Penas*. Tradução Torrieri Guimarães. 2. ed. São Paulo: Martin Claret, 2000

BEVILÁQUA, Clóvis. Código civil dos Estados Unidos do Brasil comentado por Clóvis Beviláqua. V. 1. Edição histórica. Rio de Janeiro: Rio, 1976.

BITTAR, Carlos Alberto. *Os direitos da personalidade*. 7. ed. Rio de Janeiro: Forense Universitária, 2004.

______. *Os Direitos da Personalidade*. 6. ed. Rio de Janeiro: Forense Universitária, 2003.

BOÉCIO. *Escritos* (OPUSCULA SACRA). Tradução, introdução, estudos introdutórios e notas Juvenal Savian Filho. Prefácio de Marilena Chauí. São Paulo: Martins Fontes, 2005.

BULOS, Uadi Lammego. *Curso de Direito Constitucional*. 2. ed. São Paulo: Saraiva, 2008

C

CANELLAS, Alfredo. *Constituição interpretada pelo STF, tribunais superiores e textos legais*. 2. ed. Rio de Janeiro: Freitas Bastos, 2006.

CANOTILHO, José Joaquim Gomes. *Direito constitucional e teoria da constituição*. 7. ed. Coimbra: Almedina, 2003.

______. MOREIRA, Vital. *Constituição da República Portuguesa Anotada*. Vol. I Coimbra: Coimbra, 2007.

CARAMELO, Gustavo. *Código Civil y Comercial de la Nación comentado* / Gustavo Caramelo; Sebastián Picasso; Marisa Herrera. – 1a ed. – Ciudad Autónoma de Buenos. Aires: Infojus, 2015, p.59-60.

CARMO, Isabel. O Animal Não Humano na Constituição da República Portuguesa. In: RJLB, Ano 5 (2019), nº 2. Disponível em: < http://www.cidp.pt/revistas/rjlb/2019/2/2019_02_0393_0518.pdf> Acesso em: 06 fev. 2021.

CARPENA, Heloisa. Abuso do direito no código de 2002: relativização de direitos na ótica civil-constitucional. In: TEPEDINO, Gustavo. *A parte geral do novo código civil*: estudos na perspectiva civil-constitucional. Rio de Janeiro: Renovar, 2002.CARPENTER, Luiz Frederico Sauerbronn. Prescrição. In: LACERDA. Paulo de. *Manual do código civil brasileiro:* parte geral. Vol. IV. Rio de Janeiro: Jacintho Ribeiro dos Santos, 1929.

CARVALHO FILHO, José dos Santos. *Manual de direito administrativo.* 15. ed. Rio de Janeiro: Lumen Juris, 2006, p. 373.

CARVALHO SANTOS, J. M. de. *Código civil brasileiro Interpretado.* 5. ed. Vol. III. Rio de Janeiro: Freitas Bastos, 1953.

______. Código civil brasileiro interpretado. *Volume I. 6. ed. Rio de Janeiro:*Freitas Bastos. 1955.

CAVALCANTI, André Uchoa. Abuso do direito. In: MELLO, Cleyson de Moraes; FRAGA, Thelma Araújo Esteves. *Novos direitos*: os paradigmas da pós-modernidade. Niterói: Impetus, 2004.

CAVALIERI FILHO, Sérgio. *Programa de responsabilidade civil.* 6. ed. São Paulo: Malheiros, 2005.

______. *Programa de responsabilidade civil.* 14. ed. São Paulo: Atlas, 2020 (livro on line).

CENEVIVA, Walter. *Lei dos Registros Publicos comentada.* 17. ed. São Paulo: Saraiva, 2007.

CUNHA GONÇALVES, Luiz da. *Tratado de direito civil.* Vol. I, Tomo I, 2. ed. São Paulo: Max Limonad, 1955.

______. Vol. III, Tomo II. São Paulo: Max Limonad, 1956.

D

DE CUPIS, Adriano. *Os Direitos da Personalidade.* Tradução de Adriano Vera Jardim e Antonio Miguel Caeiro. Lisboa: Livraria Morais, 1961.

DE RUGGIERO, Roberto. *Instituições de direito civil.* Vol. I. São Paulo: Saraiva, 1972.

DINIZ, Maria Helena. *Norma constitucional e seus efeitos.* 6. ed. São Paulo: Saraiva, 2003.

______. *Curso de Direito Civil Brasileiro.* Volume 1: Teoria Geral do Direito
Civil. 25. ed. São Paulo: Saraiva, 2008.

DIREITO, Carlos Alberto Menezes; CAVALIERI FILHO, Sérgio. *Comentários ao novo código civil.* Volume XIII. Rio de Janeiro: Forense, 2004.

E

EDELMAN, Bernard. La personne em danger. Paris: Presses Universitaires de France, 1999, p.508. In: BARRETTO, Vicente de Paulo; MOTA, Mauricio. *Por que estudar Filosofia do Direito?* Aplicações da Filosofia do Direito nas Decisões Judiciais. Brasília: ENFAM, 2011, p. 193.

F

FARIAS, Cristiano Chaves de; ROSENVALD, Nélson. *Direito civil:* teoria geral. 6. ed. Rio de Janeiro: Lumen Juris, 2007.

FARIAS, Cristiano Chaves de. CUNHA, Rogério Sanches; PINTO, Ronaldo Batista. Estatuto da pessoa com deficiência comentado: artigo por artigo. 2. ed. Salvador: Juspodivm, 2016.

FERREIRA, Jussara Suzi Assis Borges Nasser; CARRARO, Guilherme Streit. Análise Do Princípio Da Confiança Legítima a Partir da Teoria do Negócio Jurídico. In: *Revista Argumentum* – RA, eISSN 2359-6889, Marília/SP, V. 21, nº 1, pp. 65-88, Jan.-Abr. 2020.

FRAGA, Thelma Araújo Esteves; MELLO, Cleyson de Moraes. *Direito civil*: introdução e parte geral. Niterói: Impetus, 2004.

G

GADAMER, Hans-Georg. *Verdade e método:* traços fundamentais de uma hermenêutica filosófica. Tradução Flávio Paulo Meurer. Petrópolis: Vozes, 1997.

GALUPPO, Marcelo Campos. O que são direitos fundamentais? In: SAMPAIO, José Adércio Leite. (Coord.) *Jurisdição constitucional e direitos fundamentais*. Belo Horizonte: Del Rey, 2003.

GOMES, Orlando. *Introdução ao direito civil.* 19. ed. Rio de Janeiro: Forense, 2007.

GONÇALVES, Carlos Roberto. *Direito civil brasileiro:* parte geral. Vol. I. São Paulo: Saraiva, 2003.

______. *Direito civil*: parte geral - obrigações - contratos esquema-tizado / Carlos Roberto Gonçalves. - Coleção esquematizado® / coordenador Pedro Lenza volume 1. 10. ed. São Paulo: Saraiva Educação, 2020.

______. *Responsabilidade civil*. 19. ed. São Paulo: Saraiva Educação, 2020.

GOUVEA, Jorge Bacelar. *Manual de Direito Constitucional*, V.II. 3. ed. Coimbra: Almedina, 2010.

GRAU, Eros Roberto; GUERRA FILHO, Willis Santiago. *Direito constitucional:* estudos em homenagem a Paulo Bonavides. São Paulo: Malheiros, 2001.

GRONDIN, Jean. *Introdução à hermenêutica filosófica.* Tradução: Benno Dischinger. São Leopoldo: Unisinos, 1999.

GUASTINI, Ricardo. *Estudios de teoria constitucional.* UNAM/Fontamara, México, 2003.

GUSMÃO, Paulo Dourado de. *Introdução ao estudo do direito.* 33. ed. Rio de Janeiro: Forense, 2003.

H

HABERMAS, Jürgen. Um Ensaio sobre a Constituição da Europa. Tradução de Mirian Toldy; Teresa Toldy. Lisboa: Edições 70, 2012.

HEIDEGGER, Martin. Sobre o Humanismo. Tradução de Emmanuel Carneiro Leão. 2. ed. Rio de Janeiro: Tempo Brasileiro, 1995.

HEIDEGGER, Martin. Ser e Tempo. Parte I. Tradução de Márcia Sá Cavalcante Schuback. 12. ed. Petrópolis: Vozes, 2002.

HIRONAKA, Giselda Maria Fernandes. As inovações biotecnológicas e o direito das sucessões. Direitos Culturais, v.2, nº 3, p. 63-72, 2007.

HOFFE, Otfried. Immanuel Kant. Tradução Christian Viktor Hamm e Valerio Rohden. São Paulo: Martins Fontes, 2005.

J

JUSTEM FILHO, Marçal. *Curso de Direito Administrativo*. 8. ed. Belo Horizonte: Fórum, 2012.

K

KANT, Immanuel. Crítica da razão prática. Tradução Valerio Rohden. São Paulo: Martins Fontes, 2002.

______. Fondements de la métaphysique des Moeurs. Paris: Librairie Philosophique J. Vrin, 1992.

KELSEN, Hans. Teoria pu*ra do direito.* Tradução João Baptista Machado. São Paulo: Martins Fontes, 1995.

L

LACERDA, Bruno Amaro. *A Dignidade Humana Em Giovanni Pico Della Mirandola. In:* Revista *Legis Augustus* (Revista Jurídica) Vol. 3, nº 1, p. 16-23, setembro 2010.

LARENZ, Karl. *Derecho civil:* parte general. Traducción y notas de Miguel Izquierdo y Macías-Picavea. Madrid: Editoriales de Derecho Reunidas, 1978.

______. *Derecho justo:* fundamentos de ética jurídica. Tradução: Luis Díez--Picazo. Madrid: Civitas, 2001.

______. *Metodologia da Ciência do Direito.* Lisboa: Fundação Calouste Gulbenkian, 1997.

LEAL, Câmara. Da prescrição e da decadência, nº 96, p. 146. In: THEODORO JÚNIOR, Humberto. *Comentários ao novo código civil.* 2. ed. Vol. III, Tomo II. Rio de Janeiro: Forense, 2003.

LÔBO, Paulo. *Direito Civil*: parte geral. 3. ed. São Paulo: Saraiva, 2012.

LOPES DE OLIVEIRA, J. M. Leoni. *Introdução ao direito.* Rio de Janeiro: Lumen Juris, 2004.

M

MACHADO JUNIOR, Dario Ribeiro e outros. *Novo Código de Processo Civil*: anotado e comparado: Lei nº 13.105, de 16 de março de 2015 / Dario Ribeiro Machado Junior e outros; coordenação Paulo Cezar Pinheiro Carneiro, Humberto Dalla Bernardina de Pinho. 2. ed. Rio de Janeiro: Forense, 2016. (Versão on line).

MARTÍNEZ, Gregorio Peces-Barba. *Lecciones de derechos fundamentales.* Madrid: Dykinson, 2004.

MARTINS. Andréia. Sexting: Vingança, exposição e a intimidade compartilhada na internet. Disponível em: <http://vestibular.uol.com.br/resumo-das-disciplinas/atualidades/sexting-vinganca-exposicao-e-a-intimidade-compartilhada-na-internet.htm>. Acesso em: 03 nov. 2016.

MARTINS-COSTA, Judith. Direito e cultura: entre as veredas da existência e da história. In: MARTINS-COSTA, Judith; BRANCO, Gerson. *Diretrizes teóricas do novo Código Civil.* São Paulo: Saraiva. 2002, p. 180-181

MARTINS FILHO, Ives Gandra. *O que significa dignidade da pessoa humana?* Jornal Correio Braziliense de 08-09-08. p. 27.

MASSAÚ, Guilherme Camargo. Dignidade Humana e *Marsilio Ficino:* a perspectiva do Renascimento. In: *Revista Direitos Humanos e Democracia* Unijuí: Unijuí, ano 2, nº 3, jan./jun, 2014, p.128-124.

MEIRELES, Rose Melo Vencelau. *A Necessária Distinção entre Negócios Jurídicos Patrimoniais e Existenciais*: o Exemplo da Capacidade Civil. In: MORAES, Carlos Eduardo Guerra de; RIBEIRO, Ricardo Lodi (Coord.); MONTEIRO FILHO, Carlos Edison ddo Rêgo; GUEDES, Gisela Sampaio da Cruz; MEIRELES, Rose Melo Vencelau. Coleção Direito UERJ 80 anos, Direito Civil. Vol. 2. Rio de Janeiro: Freitas Bastos, 2015.

MELLO, Cleyson de Moraes. *Hermenêutica e direito.* Rio de Janeiro: Freitas Bastos, 2006.

______. *Introdução ao estudo do direito.* Rio de Janeiro: Freitas Bastos, 2006.

______. *Código civil interpretado.* Rio de Janeiro: Freitas Bastos, 2007.

______; e FRAGA, Thelma Araújo Esteves (Orgs.). *Direitos humanos:* coletânea de legislação. Rio de Janeiro: Freitas Bastos Editora. 2003.

______. *Direito civil:* introdução e parte geral. Niterói: Impetus, 2005.

______. *Direitos da Personalidade*. Rio de Janeiro: Processo, 2020.

MELLO, Marcos Bernardes de. *Teoria do fato jurídico:* plano da existência. 13. ed. São Paulo: Saraiva, 2007.

MENDES, Gilmar Ferreira; COELHO, Inocêncio Mártires; BRANCO, Paulo Gustavo Gonet. *Curso de Direito Constitucional*. São Paulo: Saraiva, 2007, p. 374.

MENEZES, Joyceane Bezerra de. Tomada de Decisão Apoiada: Instrumento de Apoio ao Exercício da Capacidade Civil da Pessoa com Deficiência instituído pela Lei Brasileira de Inclusão (Lei nº 13.146/2015). In: *Revista Brasileira de Direito Civil*. Vol.–Jul/Set 2016, p.31-57. Disponível em: < https://www.ibdcivil.org.br/rbdc.php?ip=123&titulo=VOLUME%209%20|%20Jul-Set%20 2016&category_id=147&arquivo=data/revista/volume9/rbdcivil_vol_9_completo-(final).pdf>. Acesso em: 31 out. 2016.

MIRANDA, Jorge. *Manual de Direito Constitucional*, Tomo IV, 3. ed. Coimbra: Coimbra Editora, 2000.

______. Manual de Direito Constitucional. v.4. Coimbra: Coimbra Editores, 1988.

MORAES, Maria Celina Bodin de. *Princípios do direito civil contemporâneo*. Rio de Janeiro: Renovar, 2006.

______. Constituição e direito civil: tendências. *Revista Direito, Estado e Sociedade*, nº 15, Rio de Janeiro: PUC-Rio. Ago-dez 1999.

______. O conceito de dignidade humana: substrato axiológico e conteúdo normativo. In: SARLET, Ingo Wolfgang (org). *Constituição, Direitos Fundamentais e Direito Privado*. 3. ed. rev. e ampl. Porto Alegre: Livraria do Advogado, 2010, p. 141.

MORENTE, Manuel García. *Fundamentos de filosofia*: lições preliminares. Tradução Guillermo de la Cruz Coronado. 8. ed. São Paulo: Mestre Jou, 1980.

MOTA, Mauricio; BARRETTO, Vicente de Paulo; *Por que estudar Filosofia do Direito?* Aplicações da Filosofia do Direito nas Decisões Judiciais. Brasília: ENFAM, 2011.

MULLER, Friedrich. *Métodos de trabalho do direito constitucional*. 3. ed. Rio de Janeiro: Renovar, 2005.

N

NEVES, Castanheira. O actual problema metodológico da interpretação jurídica I. Coimbra: Coimbra Editores, 2003.

NERY JÚNIOR, Nélson; ANDRADE NERY, Rosa Maria de. *Código civil comentado*. 4. ed. São Paulo: Revista do Tribunais, 2006.

NOVAIS, Jorge Reis. *Direitos fundamentais:* trunfos contra a maioria. Coimbra: Coimbra Editora, 2006.

______. *A Dignidade da Pessoa Humana*: Dignidade e Direitos Fundamentais. Vol.1. Coimbra: Almedina, 2015.

O

OLIVA; Milena Donato; TEPEDINO; Gustavo. *Teoria Geral do Direito Civil*. 2. ed. Rio de Janeiro: Forense, 2021, p. 383 (livro on line).

OLIVEIRA, J. M. Leoni Lopes de. *Introdução ao direito*. Rio de Janeiro: Lumen Juris, 2004.

______; MELO, Marco Aurélio Bezerra de. *Direito civil*: responsabilidade civil. 3. ed. Rio de Janeiro: GEN/Forense, 2018.

OLIVEIRA, Carlos Santos de. Da prova dos negócios jurídicos. In: TEPEDINO, Gustavo. *A parte geral do novo código civil*: estudos na perspectiva constitucional. Rio de Janeiro: Renovar, 2002.

P

PÁDUA, Amélia de; BUCZYNSKI, Danielle Riegermann; GUERRA, Érica. *Direito empresarial*. Volume I. Rio de Janeiro: Rio, 2005.

PECES-BARBA, Gregorio; FERNÁNDEZ, Eusebio; ASÍS, Rafael de. *Curso de teoría del derecho*. 2. ed. Madrid: Marcial Pons, 2000.

PEREZ LUNO, Antonio-Enrique. *Los derechos fundamentales*. 8. ed. Madrid: Tecnos, 2004.

PERLINGIERI, Pietro. *Normas constitucionais nas relações privadas*. Revista da Faculdade de Direito da UERJ, nº 6 e 7, 1998/1999, p. 63-64.

PEREIRA, Cáio Mário da Silva. *Instituições de direito civil*. Vol. I. 20. ed. Rio de Janeiro: Forense, 2004.

PINTO, Adriano Moura da Fonseca. *Curso de direito processual civil*. Rio de Janeiro: Freitas Bastos, 2006.

PIOVESAN, Flávia. *Direitos Humanos e o Direito Constitucional Internacional*. 13. ed. São Paulo: Saraiva, 2012.

Q

QUEIROZ, Cristina. *Direitos Fundamentais Sociais*. Coimbra: Coimbra, 2006. ______. *Direito Constitucional*: As Instituições do Estado Democrático e Constitucional. Coimbra: Coimbra Editora, 2009.

R

RAMOS, André de Carvalho. *Dignidade Humana como Obstáculo à Homologação de Sentença Estrangeira*. In: Revista de Processo, vol. 249. Ano 40. São Paulo: RT, 2015, p.43.

RÁO, Vicente. *Ato jurídico*. 4. ed. São Paulo: *Revista dos Tribunais*, 1997.

______. *O direito e a vida dos direitos*. 4. ed. V. 2. São Paulo: *Revista dos Tribunais*, 1997.

REALE, Miguel. *Filosofia do direito*. 19. ed. São Paulo: Saraiva, 1999.

______. *Lições preliminares de direito*. 27. ed. São Paulo: Saraiva, 2003.

RENNER, Rafael Henrique. *O novo direito contratual*: a tutela do equilíbrio contratual no código civil. Rio de Janeiro: Freitas Bastos, 2007.

RIBEIRO, Joaquim de Souza. *O problema do contrato*: as cláusulas contratuais gerais e o princípio da liberdade contratual. Coimbra: Almedina, 2003.

RIZZARDO, Arnaldo. *Parte geral do código civil*. 4. ed. Rio de Janeiro: Forense, 2006.

______. *Direito das sucessões*. 6 ed. Rio de Janeiro: Forense, 2011.

ROCHA, Cármen Lúcia Antunes. *O princípio da dignidade da pessoa humana e a exclusão social*. In: Revista interesse público. Belo Horizonte. nº 4. 1999. p. 24.

RODRIGUES, Ricardo Antonio. *Severino Boécio e a Invenção Filosófica da Dignidade Humana*. In: Seara Filosófica. Nº 5, Verão, 2012, p. 3-20.

______. *A Pessoa Humana é Relação*. In: Thaumazein, Ano IV, número 08, Santa Maria (dezembro de 2011), pp. 73-87.

RODRIGUES JUNIOR, Otávio Luiz. *Testamento vital e seu perfil normativo (parte 1). Disponível em: <http://www.conjur.com.br/2013-ago-14/direito-comparado--testamento-vital-perfil-normativo-parte>*. Acesso em: 22 jan 2016.

______. *Direito de apagar dados e a decisão do tribunal europeu no caso Google* (Parte I). Disponível em: http://www.conjur.com.br/2014-mai-21/direito-apagar--dados-decisao-tribunal-europeu-google-espanha. Acesso em: 05 nov. 2016.

______. *Direito de apagar dados e a decisão do tribunal europeu no caso Google* (Parte II). Disponível em: http://www.conjur.com.br/2014-mai-28/direito-apagar--dados-decisao-tribunal-europeu-google-espanha. Acesso em: 05 nov. 2016.

ROPPO, Enzo. *O contrato*. Coimbra: Almedina, 1988.

ROSA, Márcia Ignacio da. *Razoável duração do processo*. Rio de Janeiro: Universidade Estácio de Sá, 2007.

S

SARLET, Ingo Wolfgang. *A eficácia dos direitos fundamentais*. 3. ed. Porto Alegre: Livraria do Advogado, 2003.

______. O novo código civil e a constituição. *2. ed. Porto Alegre: Livraria do* Advogado, 2006.

______. *A eficácia dos direitos fundamentais: uma teoria geral dos direitos fundamentais na perspectiva constitucional*. 10. ed. Porto Alegre: Livraria dos Advogados; 2011.

______. *Dignidade da pessoa humana e os direitos fundamentais na constituição Federal de 1988*. Porto Alegre, RS: Livraria do Advogado, 2001.

SARMENTO, Daniel. *Direitos fundamentais e relações privadas*. 2. ed. Rio de Janeiro: Lumen Juris, 2006.

______. *A Ponderação de Interesses na Constituição Federal. Rio de Janeiro*: Lumen Juris, 2002.

SCARPARO, Mônica Sartori. *Fertilização Assistida:* questão aberta, aspectos científicos e legais. Rio de Janeiro: Forense Universitária, 1991.

SCHREIBER, Anderson. *Direitos da Personalidade*. 2. ed. São Paulo: Atlas, 2013.

SERPA LOPES, Miguel Maria de. *Curso de direito civil.* Vol. I. 9. ed. Rio de Janeiro: 2000.

SILVA, De Plácido e. *Vocabulário jurídico*. Rio de Janeiro: Forense, 1982.

SILVA, José Afonso da. *Aplicabilidade das normas constitucionais*. 3. ed. São Paulo: Malheiros, 1998.

______. *Curso de Direito Constitucional Positivo*. 24. ed. São Paulo: Malheiros, 2004.

______. *A Dignidade da Pessoa Humana como Valor Supremo da Democracia*. Revista de Direito Administrativo, nº 212, 1998, p.91.

SILVA, Júlio César Casarin Barroso. *Democracia e Liberdade de Expressão*: Contribuições para uma Interpretação Política da Liberdade da Palavra. Tese de Doutorado. São Paulo: USP, 2009, p.140.

SOUZA, Eduardo Nunes de. *Dilemas atuais do conceito jurídico de personalidade*: uma crítica às propostas de subjetivação de animais e de mecanismos de inteligência artificial. Civilistica.com. Rio de Janeiro, a. 9, nº 2, 2020. Disponível em: <https://civilistica.com/wp-content/uploads1/2020/09/Souza-civilistica.com-a.9.n.2.2020.pdf>. Acesso em: 09 fev. 2021.

SOUZA NETO; Cláudio Pereira de. SARMENTO, Daniel. (Orgs.) *A constitucionalização do direito:* fundamentos teóricos e aplicações específicas. Rio de Janeiro. Lumen Juris, Renovar. 2007.

STEIN, Ernildo. *Nas Proximidades da Antropologia*: Ensaios e Conferências Filosóficas. Ijuí: Unijuí, 2003.

STRECK, Lenio. O pan-principiologismo e o sorriso do lagarto. Disponível em: < http://www.conjur.com.br/2012-mar-22/senso-incomum-pan-principiologismo-sorriso-lagarto>. Acesso em: 02 nov. 2016.

T

TARTUCE, Flavio. A lei 13.811/2019 e o casamento do menor de 16 anos – Primeiras reflexões. Disponível em: <https://migalhas.uol.com.br/coluna/familia-e-sucessoes/298911/a-lei-13-811-2019-e-o-casamento-do-menor-de-16-anos-primeiras-reflexoes> Acesso em: 03 fev. 2021.

______. TARTUCE, Flávio. *Direito Civil*: lei de introdução e parte geral. 17. ed. Rio de Janeiro: Forense, 2021. (livro on line)

TAVEIRA, Christiano de Oliveira. *Democracia e Pluralismo na Esfera Comunicativa*: Uma Proposta de Reformulação do Papel do Estado na Garantia da Liberdade de Expressão. Tese de Doutorado, RJ: UERJ, 2010, p.115.

TEPEDINO, Gustavo. Direitos humanos e relações jurídicas privadas. In: *Temas de direito civil.* Rio de Janeiro: Renovar: 1999.

______. O código civil, os chamados microssistemas e a constituição: premissas para uma reforma legislativa. In: TEPEDINO, Gustavo (Org.) *Problemas de direito civil-constitucional.* Rio de Janeiro. Renovar. 2000.

_____; OLIVA, Milena Donato. *Teoria Geral do Direito Civil.* 2. ed. Rio de Janeiro: Forense, 2021, p. 383 (livro on line).

TORRES, Ricardo Lobo. *O Direito ao Mínimo Existencial.* Rio de Janeiro: Renovar, 2009.

THEODORO JÚNIOR, Humberto. *Comentários ao novo código civil.* Vol. III. Tomo I. Rio de Janeiro: Forense, 2003, p. 41-42.

______ ______. As novas reformas do código de processo civil. Rio de Janeiro: Forense, 2006.

V

VASCONCELOS, Pedro Pais de. *Teoria geral do direito civil.* Coimbra: Almedina, 2005.

VATTIMO, Gianni. *O Fim da Modernidade:* Niilismo e Hermenêutica na Cultura Pós-Moderna. Tradução Maria de Fátima Boavida. Lisboa: Presença, 1987.

VAZ, Henrique Cláudio Lima. *Antropologia Filosófica II.* 4. ed. São Paulo: Loyola, 2003.

Von TUHR, Andreas. *Derecho civil:* teoría general del derecho civil alemán. Vol. I. Tradução: Tito Ravà. Buenos Aires: Depalma, 1946.

______. *Derecho civil:* teoria general del derecho civil alemán. Vol. III. Tradução: Tito Ravà. Buenos Aires: Depalma, 1948.

Z

ZAGREBELSKY. Gustavo. *Historia y Constitución.* Madrid: Trotta, 2005.

ÍNDICE REMISSIVO